Las Normas NIIF

Normas emitidas a 1 de enero de
todavía no requeridos

Esta edición se publica en tres partes

PARTE B
contiene los ejemplos ilustrativos ilustrados y las guías de
implementación que acompañan a las Normas,
junto con los documentos de práctica de las NIIF ilustrados

Véanse también las Partes A y C de esta edición:

Parte A
*contiene el texto ilustrado de las Normas NIIF incluyendo
las Normas NIC, Interpretaciones CINIIF e Interpretaciones
SIC®, junto con el* Marco Conceptual para la Información
Financiera

Parte C
*contiene los fundamentos de las conclusiones ilustrados que
acompañan a las Normas, el* Marco Conceptual para la
Información Financiera *y los documentos de Práctica de las NIIF,
junto con la* Constitución *y el* Manual del Procedimiento a Seguir
de la Fundación IFRS

Las Normas NIIF®, junto con los documentos complementarios, se emiten por el Consejo de Normas Internacionales de Contabilidad (el IASB).

Las ilustraciones contenidas en esta publicación no han sido aprobadas por el IASB.

ISBN para esta parte: 978-1-914113-51-2

ISBN para la publicación completa (tres partes): 978-1-914113-49-9

Índice

continúa...

Documentos del IASB publicados para acompañar a la

NIIF 1

Adopción por Primera Vez de las Normas Internacionales de Información Financiera

El texto normativo de la NIIF 1 se encuentra en la Parte A de esta edición. Su fecha de vigencia en el momento de la emisión era el 1 de julio de 2009. El texto de los Fundamentos de las Conclusiones de la NIIF 1 se encuentra en la Parte C de esta edición. Esta parte presenta los siguientes documentos:

GUÍA DE IMPLEMENTACIÓN

TABLA DE CONCORDANCIAS

ÍNDICE

continúa...

...continuación

TABLA DE CONCORDANCIAS

Guía de Implementación de la
NIIF 1 *Adopción por Primera Vez de las Normas Internacionales de Información Financiera*

Esta guía acompaña a la NIIF 1, pero no forma parte de la misma.

Introducción

GI1   Esta guía de implementación:

(a)   Explica cómo se relacionan los requerimientos de esta NIIF con los contenidos en otras NIIF (párrafos GI2 a GI62, GI64 y GI65). Esta explicación se centra en aquellas NIIF que con mayor probabilidad van a tener relación con cuestiones que se plantean a los adoptantes por primera vez.

(b)   Incluye un ejemplo ilustrativo para mostrar cómo un adoptante por primera vez podría revelar la forma en que la transición a las NIIF ha afectado a su situación financiera, su rendimiento financiero y los flujos de efectivo, según se establece en los párrafos 24(a) y (b), 25 y 26 de la NIIF (párrafo GI63).

NIC 10 *Hechos Ocurridos después del Periodo sobre el que se Informa*

GI2   A excepción de lo descrito en el párrafo GI3, la entidad aplicará la NIC 10 para determinar si:

(a)   su estado de situación financiera de apertura según NIIF refleja un hecho que ha tenido lugar tras la fecha de transición a las NIIF; y

(b)   las cifras comparativas en sus primeros estados financieros conforme a las NIIF, reflejan un hecho ocurrido después de la finalización de dicho periodo comparativo.

GI3   Los párrafos 14 a 17 de la NIIF requieren algunas modificaciones a los principios contenidos en la NIC 10, cuando un adoptante por primera vez está determinando si los cambios en las estimaciones son hechos que implican o no ajustes en la fecha de transición a las NIIF (o, cuando corresponda, al término del periodo comparativo). Los casos 1 y 2, que se pueden ver a continuación, ilustran tales modificaciones. En el caso 3, los párrafos 14 a 17 de la NIIF no requieren la modificación de los principios contenidos en la NIC 10.

(a)   Caso 1—Los PCGA anteriores requerirían estimaciones de partidas similares para la fecha de transición a las NIIF, usando una política contable que es uniforme con las NIIF. En este caso, las estimaciones según las NIIF necesitan ser uniformes con las estimaciones hechas para esa fecha según los PCGA anteriores, a menos que exista evidencia objetiva de que aquellas estimaciones fueron erróneas (véase la NIC 8 *Políticas Contables, Cambios en las Estimaciones Contables y Errores*). La entidad reconocerá las revisiones posteriores de aquellas estimaciones como hechos del periodo en el que hace las revisiones, pero no como eventos a ajustar a consecuencia de la obtención de posterior evidencia acerca de las condiciones que existían en la fecha de transición a las NIIF.

[Referencia: párrafos 14 y 15]

(b)   Caso 2 — Los PCGA anteriores requerían estimaciones de partidas similares para la fecha de transición a las NIIF, pero la entidad hizo esas estimaciones usando políticas contables que no son uniformes con sus políticas contables según las NIIF. En este caso, las estimaciones según las NIIF necesitan ser uniformes con las estimaciones requeridas según los PCGA anteriores en esa fecha (a menos que exista evidencia objetiva de que aquellas estimaciones fueron erróneas), después de ajustar por las diferencias en las políticas contables. El estado de situación financiera de apertura conforme a las NIIF reflejará estos ajustes por la diferencia en políticas contables. Como en el caso 1, la entidad reconocerá revisiones posteriores a aquellas estimaciones como hechos del periodo en el que se hicieron las revisiones.

Por ejemplo, los PCGA anteriores pueden haber requerido a una entidad que reconozca y mida provisiones sobre una base congruente con la NIC 37 *Provisiones, Pasivos Contingentes y Activos Contingentes*, salvo que dicha medición con los PCGA anteriores se realizó sin descontar los importes. En este ejemplo, la entidad usará las estimaciones según los PCGA anteriores como datos a la hora de realizar la medición descontada que requiere la NIC 37.

[Referencia: párrafos 14 y 15]

(c)   Caso 3 — Los PCGA anteriores no requerían estimaciones de partidas similares en la fecha de transición a las NIIF. Las estimaciones según las NIIF a esa fecha reflejan las condiciones existentes en dicha fecha. En concreto, las estimaciones de los precios de mercado, tasas de interés o tasas de cambio en moneda extranjera a la fecha de transición a las NIIF reflejan las condiciones de mercado en ese momento. Esto es congruente con la distinción en la NIC 10 entre hechos que se ajustan después del periodo sobre el que se informa y hechos que no se ajustan después de dicho periodo.

[Referencia: párrafos 14 y 15]

GI Ejemplo 1: Estimaciones

Antecedentes

Los primeros estados financieros según las NIIF de la entidad A son para un periodo que termina el 31 de diciembre de 20X5 e incluye información comparativa **[Referencia: párrafos 21 y 22]** para un año. En sus estados financieros, elaborados según los PCGA anteriores, para 31 de diciembre de 20X3 y 20X4, la entidad A:

(a)   realizó estimaciones para los gastos acumulados (devengados) y las provisiones en las respectivas fechas;

(b)   contabilizó el plan de beneficios definidos utilizando una base contable de efectivo; y

(c)   no reconoció una provisión por un litigio que surgió de hechos ocurridos en septiembre de 20X4. Cuando el litigio se concluyó en 30 de junio de 20X5, se requirió a la entidad A pagar 1.000 u.m.[a] y pagó el 10 de julio de 20X5.

Al preparar sus primeros estados financieros conforme a las NIIF, la entidad A concluyó que sus estimaciones de gastos acumulados (devengados) y provisiones, según PCGA anteriores, a 31 de diciembre de 20X3 y 20X4, fueron realizadas de forma congruente con sus políticas contables conforme a las NIIF. Aunque algunos de los importes para los gastos acumulados (devengados) y para las provisiones podrían haberse considerado ahora subestimados y otros sobreestimados, la entidad A concluyó que tales estimaciones fueron razonables y que, por tanto, no se había producido ningún error. Como consecuencia, la contabilización de tales desviaciones implica realizar los ajustes rutinarios de las estimaciones según la NIC 8.

continúa...

...continuación

GI Ejemplo 1: Estimaciones

Aplicación de los requerimientos

Al preparar su estado de situación financiera de apertura según las NIIF a 1 de enero de 20X4 y en su estados de situación financiera comparativo a 31 de diciembre de 20X4, la entidad A:

(a)   no ajustará las estimaciones previas para los gastos acumulados (devengados) y las provisiones; y **[Referencia: párrafos 14 y 15]**

(b)   hará las estimaciones necesarias (en forma de suposiciones actuariales) para contabilizar el plan de pensiones según la NIC 19 *Beneficios a los Empleados*. Las suposiciones actuariales de la entidad A, a 1 de enero de 20X4 y a 31 de diciembre de 20X4, no reflejan las condiciones que aparecieron después de tales fechas. Por ejemplo, la entidad A utilizó:

     (i)   tasas de descuento para el plan de pensiones y para las provisiones, a 1 de enero de 20X4 y 31 de diciembre de 20X4, que reflejaban las condiciones del mercado en esas fechas; y

     (ii)   suposiciones actuariales sobre tasas de rotación futura de empleados, a 1 de enero de 20X4 y 31 de diciembre de 20X4, que no reflejan las condiciones que aparecieron tras las mismas—tales como un incremento significativo en las tasas de rotación estimadas para los empleados, a consecuencia de una reducción de los beneficios del plan de pensiones en 20X5. **[Referencia: párrafos 14 y 16]**

El tratamiento del litigio judicial a 31 de diciembre de 20X4 depende de la razón por la que la entidad A no reconoció la provisión según los PCGA anteriores en tal fecha.

Suposición 1 – Los PCGA anteriores eran congruentes con la NIC 37 *Provisiones, Pasivos Contingentes y Activos Contingentes*. La entidad A concluyó que no se cumplían los criterios para el reconocimiento. **[Referencia: párrafo 14, NIC 37]** En este caso, la suposición de la entidad A, conforme a las NIIF, son congruentes con las realizadas según los PCGA previos. Por ello, la entidad A no reconoce una provisión a 31 de diciembre de 20X4. **[Referencia: párrafos 14 y 15]**

continúa...

...continuación

GI Ejemplo 1: Estimaciones

Suposición 2 – Los PCGA anteriores no eran congruentes con la NIC 37. Por tanto, la entidad A desarrollará las estimaciones según la NIC 37. Según la NIC 37, una entidad determinará si existe la obligación, al final del periodo sobre el que se informa, teniendo en cuenta toda la evidencia disponible, incluyendo cualquier evidencia adicional proporcionada por hechos ocurridos después del periodo sobre el que se informa. **[Referencia: párrafos 14 a 16, NIC 37]** De forma similar, según la NIC 10 *Hechos Ocurridos Después del Periodo sobre el que se Informa*, la resolución de un litigio judicial después del periodo sobre el que se informa es un suceso que implica ajuste si confirma que la entidad tenía una obligación presente en tal fecha. **[Referencia: párrafos 8 y 9, NIC 10]** En este caso, la resolución del litigio judicial confirma que la entidad tenía un pasivo en septiembre de 20X4 (cuando ocurrieron los sucesos que dieron lugar al litigio). Por tanto, la entidad A reconocerá una provisión a 31 de diciembre de 20X4. La entidad A medirá esta provisión descontando los 1.000, pagados a 10 de julio de 20X5, para calcular su valor presente, utilizando una tasa de interés que cumpla con lo dispuesto en la NIC 37 y refleje las condiciones de mercado a 31 de diciembre de 20X4.
[Referencia: párrafos 36 a 47, NIC 37]

[Referencia: párrafos 31 y 33]

(a) En esta guía, los importes monetarios se denominan en "unidades monetarias (u.m.)".

GI4   Los párrafos 14 a 17 de la NIIF no invalidan los requerimientos contenidos en otras NIIF, que basan sus consideraciones o mediciones en las circunstancias existentes en una determinada fecha. Algunos ejemplos son:

(a) la distinción entre arrendamientos financieros y arrendamientos operativos (véase la NIIF 16 *Arrendamientos* **[Referencia: párrafos 61 a 66 y B53 a B57, NIIF 16]** y párrafo GI14);

(b) las restricciones contenidas en la NIC 38 *Activos Intangibles,* que prohíben la capitalización de los desembolsos de un activo intangible generado internamente si el activo no se consideró apto para su reconocimiento cuando el desembolso fue realizado; **[Referencia: párrafos 48 a 67, NIC 38]** y

(c) la distinción entre pasivos financieros e instrumentos de patrimonio (véase NIC 32 *Instrumentos Financieros: Presentación*). **[Referencia: párrafos 11 (definiciones de un pasivo financiero y de un instrumento de patrimonio), 15 a 32 y GA3 a GA35, NIC 32]**

NIC 12 *Impuesto a las Ganancias*

GI5   Una entidad aplicará la NIC 12 a las diferencias temporarias entre el importe en libros de los activos y pasivos en su estado de situación financiera inicial según las NIIF y las bases fiscales correspondientes.
[Referencia: párrafos 7 a 9]

GI6   Según la NIC 12, la medición del impuesto corriente y diferido refleja las tasas impositivas y las leyes fiscales que han sido promulgadas o están a punto de serlo al final del periodo sobre el que se informa. **[Referencia: párrafos 46 a 49, NIC 12]** La entidad contabilizará el efecto de los cambios en las tasas impositivas y en las leyes fiscales cuando dichos cambios hayan sido promulgadas o están a punto de serlo. **[Referencia: párrafos 47 y 60, NIC 12]**
[Referencia: párrafos 7 a 9]

NIC 16 *Propiedades, Planta y Equipo*

GI7   En caso de que los métodos y tasas de depreciación de la entidad, según los PCGA anteriores, sean aceptables al aplicar las NIIF, **[Referencia: párrafos 43 a 62, NIC 16]** contabilizará los posibles cambios de la vida útil estimada o del patrón de depreciación de forma prospectiva, es decir, desde el momento en que se haga dicho cambio en la estimación (párrafos 14 y 15 de la NIIF y párrafo 61 de la NIC 16). Sin embargo, en ciertos casos, los métodos y tasas de depreciación de la entidad, según los PCGA anteriores, pueden diferir de los que serían aceptables según las NIIF (por ejemplo, si fueran adoptados únicamente con fines fiscales y no reflejan una estimación razonable de la vida útil del activo). Si tales diferencias tuvieran un efecto relevante en los estados financieros, la entidad ajustará retroactivamente la depreciación acumulada en su estado de situación financiera de apertura NIIF, de forma que satisfaga los criterios de la NIIF. **[Referencia: párrafos 14 y 16]**

GI8   La entidad puede elegir el empleo de uno de los siguientes importes como costo atribuido de una partida de propiedades, planta y equipo:

    (a)   el valor razonable, en la fecha de transición a las NIIF (párrafo D5 de la NIIF), en cuyo caso la entidad revelará las informaciones exigidas por el párrafo 30 de la NIIF;

    (b)   el importe que proceda de la revaluación según los PCGA anteriores, siempre que satisfaga los criterios del párrafo D6 de la NIIF;

    (c)   el valor razonable en la fecha de un hecho tal como una privatización o una oferta pública de compra (párrafo D8 de la NIIF).

    (d)   una distribución de un importe determinado según PCGA anteriores que cumple los criterios del párrafo D8A de la NIIF; o

    (e)   el importe en libros según PCGA anteriores de una partida de propiedades, planta y equipo que se utiliza o se utilizó con anterioridad en operaciones sujetas a regulación de tarifas (párrafo D8B de la NIIF).

GI9   La depreciación posterior se basará en ese costo atribuido, y deberá comenzar desde la fecha para la que la entidad fijó ese costo atribuido.

GI10   Si la entidad hubiera adoptado como política contable el modelo de revaluación de la NIC 16, para algunas o todas las clases de propiedades, planta y equipo, presentará la plusvalía por revaluación acumulada como un componente independiente del patrimonio. **[Referencia: párrafos 31 a 42, NIC 16]** La plusvalía de revaluación en la fecha de transición a las NIIF se basará en la comparación del importe en libros del activo en esa fecha con su costo o costo atribuido. Si el costo atribuido es el valor razonable en la fecha de transición a las NIIF, la entidad revelará las informaciones exigidas por el párrafo 30 de la NIIF.

GI11   Si las revaluaciones, efectuadas según los PCGA anteriores, no cumplían los criterios contenidos en el párrafo D6 o D8 de la NIIF, una entidad medirá los activos revaluados en su estado de situación financiera de apertura según una de las siguientes bases:

   (a)   costo (o costo atribuido) menos cualquier depreciación acumulada y cualquier pérdida por deterioro acumulada según el modelo del costo de la NIC 16; **[Referencia: párrafo 30, NIC 16]**

   (b)   costo atribuido, que vendrá dado por el valor razonable en la fecha de transición a las NIIF (párrafo D5 de la NIIF); o

   (c)   importe revaluado, si la entidad adopta el modelo de revaluación establecido en la NIC 16 **[Referencia: párrafos 31 a 42, NIC 16]** como política contable según las NIIF para todas las partidas de una misma clase de propiedades, planta y equipo.

GI12   En la NIC 16 se establece la depreciación por separado de cada componente de una partida de propiedades, planta y equipo que tenga un costo significativo en relación al total de la partida. No obstante, la NIC 16 no establece la unidad de medición para propósitos de reconocimiento de un activo, por ejemplo no dice en qué consiste una partida de propiedades, planta y equipo. Por esta razón, se requiere que la entidad realice juicios para aplicar los criterios de reconocimiento, teniendo en cuenta las circunstancias específicas de la misma (véanse los párrafos 9 y 43 de la NIC 16).

GI13   En algunos casos, la construcción para sí misma o la construcción por encargo de un activo dan lugar a una obligación para la entidad, si tiene que desmantelar o retirar el activo y restaurar el lugar sobre el que se asienta. La entidad aplicará la NIC 37 *Provisiones, Pasivos Contingentes* y *Activos Contingentes* para el reconocimiento y medición de cualquier provisión resultante. **[Referencia: párrafos 14 a 26 y 36 a 52, NIC 37, y ejemplo 3, Guía de Implementación, parte C NIC 37]** La entidad aplicará la NIC 16 para determinar el importe resultante incluido en el costo del activo, antes de la depreciación y de las pérdidas por deterioro. **[Referencia: párrafo 16(c), NIC 16]** Partidas tales como la depreciación y, cuando sea aplicable, las pérdidas por deterioro ocasionan diferencias entre el importe en libros de la provisión y la cantidad incluida como importe en libros del activo. Una entidad registrará contablemente los cambios en tales pasivos según la *CINIIF 1 Cambios en Pasivos Existentes por Retiro del Servicio, Restauración y Similares*. Sin embargo, el párrafo D21 de la NIIF 1 proporciona una exención para cambios que ocurran antes de la fecha de transición a las NIIF, e indica un tratamiento alternativo cuando se aplica la exención. Un ejemplo de la adopción por primera vez de la CINIIF 1, que refleja el uso de esta exención, se recoge en los párrafos GI201 a GI203.

NIIF 16 *Arrendamientos*

GI14   En la fecha de transición a las NIIF, un arrendatario o un arrendador clasifica los arrendamientos como arrendamientos operativos o arrendamientos financieros, sobre la base de las circunstancias existentes al inicio del arrendamiento (NIIF 16, párrafo 66). La clasificación del arrendamiento se evalúa nuevamente si existe una modificación de éste. Sin embargo, cambios en las estimaciones (por ejemplo, cambios en las estimaciones de la vida útil o del valor residual de la propiedad arrendada), o cambios en las circunstancias (por ejemplo, incumplimientos del arrendatario), no darán lugar a una nueva consideración del arrendamiento.

[Referencia:
párrafos 7 y 10
párrafo 66, NIIF 16]

GI15   [Eliminado]

GI16   [Eliminado]

NIIF 15 *Ingresos de Actividades Ordinarias procedentes de Contratos con Clientes*

GI17   Si una entidad ha recibido importes que todavía no cumplen los requisitos para reconocerse como ingresos de actividades ordinarias según la NIIF 15 (por ejemplo, los importes de una venta que no cumple todavía con los requisitos para su reconocimiento), la entidad reconocerá un pasivo en su estado de situación financiera de apertura de acuerdo a las NIIF, y medirá ese pasivo por el importe recibido, ajustado (si procede) por un componente de financiación significativo de acuerdo con la NIIF 15.

[Referencia: párrafos 7 a 9]

NIC 19 *Beneficios a los Empleados*

GI18   [Eliminado]

GI19   Las hipótesis actuariales de una entidad **[Referencia: párrafos 75 a 98, NIC 19]** en la fecha de transición a las NIIF serán congruentes con las hipótesis actuariales hechas en la misma fecha según los PCGA anteriores (después de los ajustes para reflejar cualquier diferencia en las políticas contables), a menos que exista evidencia objetiva de que tales hipótesis fueran erróneas (párrafo 14 de la NIIF). El impacto de cualquier revisión posterior a dichas hipótesis es una ganancia o pérdida actuarial del periodo en el que la entidad realiza las revisiones.

[Referencia: párrafo 15]

GI20   Una entidad puede necesitar realizar hipótesis actuariales **[Referencia: párrafos 75 a 98, NIC 19]** en la fecha de transición a las NIIF que no fueran necesarias según los PCGA anteriores. Tales hipótesis actuariales no reflejan las condiciones que surgieron después de la fecha de transición a las NIIF. En concreto, las tasas de descuento y el valor razonable de los activos del plan en la fecha de transición a las NIIF reflejan las condiciones del mercado en esa fecha. De forma parecida, las hipótesis actuariales de la entidad en la fecha de transición a las NIIF acerca de las tasas de reemplazo futuras de los trabajadores no reflejan un aumento significativo en las tasas de reemplazo estimadas de los trabajadores como resultado de un reducción del plan de pensiones que tuvo lugar después de la fecha de transición a las NIIF (párrafo 16 de las NIIF).

GI21   En muchos casos, los primeros estados financieros conforme a las NIIF reflejarán mediciones de las obligaciones por beneficios de los empleados en tres fechas: la fecha de cierre del primer periodo sobre el que se informa según las NIIF, la fecha del estado de situación financiera comparativo y la fecha de transición a las NIIF. La NIC 19 aconseja a la entidad que utilice a un actuario en la medición de todas las posibles obligaciones de beneficios por retiro. Para disminuir costos, la entidad puede requerir al actuario que lleve a cabo una valoración actuarial detallada en una o dos de estas fechas, y extienda la(s) valoración(es) hacia delante o hacia atrás hasta la(s) otra(s) fecha(s). Cualquier extensión hacia delante o hacia atrás reflejará todas las transacciones significativas y demás hechos relevantes ocurridos (incluyendo cambios en los precios de mercado y en las tasas de interés) entre esas dos fechas (NIC 19, párrafo 57).

NIC 21 *Efectos de las Variaciones en las Tasas de Cambio de la Moneda Extranjera*

GI21A   La entidad puede, siguiendo PCGA anteriores, haber tratado la plusvalía surgida en la adquisición de un negocio en el extranjero y cualquier ajuste a valor razonable sobre los importes en libros de los activos y pasivos surgidos en la adquisición de dicho negocio como activos y pasivos de la entidad más que como activos y pasivos del negocio en el extranjero. En ese caso, la entidad puede aplicar prospectivamente los requerimientos del párrafo 47 de la NIC 21 a todas las adquisiciones que hayan tenido lugar con posterioridad a la fecha de transición a las NIIF.

   [Referencia: párrafos D12 y D13]

NIIF 3 *Combinaciones de Negocios*

GI22   Los siguientes ejemplos ilustran el efecto del Apéndice C de la NIIF, asumiendo que una entidad que adopta por primera vez las NIIF usa esta exención.

   [Referencia: párrafo C1]

GI Ejemplo 2: Combinación de negocios

Antecedentes

Los primeros estados financieros según las NIIF de la entidad B son para un periodo que termina el 31 de diciembre de 20X5 e incluye información comparativa **[Referencia: párrafos 21 y 22]** solo para 20X4. El 1 de julio de 20X1, la entidad B adquirió el 100 por cien de la subsidiaria C. Según sus PCGA anteriores, la entidad B:

(a)   Clasificó la combinación de negocios como una adquisición llevada a cabo por la entidad B.

(b)   Midió los activos adquiridos y los pasivos asumidos por los siguientes importes, según los PGCA anteriores, a 31 de diciembre de 20X3 (fecha de transición a las NIIF):

   (i)   Activos identificables menos pasivos identificables, para los que las NIIF requieren una medición basada en el costo, a la fecha de la combinación: 200 (con una base fiscal de 150 y una tasa aplicable del 30 por ciento).

   (ii)   Pasivo por pensiones (cuyo valor presente de la obligación por beneficios definidos, medido según la NIC 19 *Beneficios a Empleados*, es de 130, mientras que el valor razonable de los activos del plan es de 100): nulo (puesto que la entidad B usaba el método de pago sobre la marcha para contabilizar las pensiones, según sus PCGA anteriores). La base fiscal del pasivo por pensiones es también nula.

   (iii)   plusvalía: 180 u.m.

(c)   No reconoció, en la fecha de la adquisición, el impuesto diferido de las diferencias temporarias asociadas con los activos identificables adquiridos y los pasivos identificables asumidos.

continúa...

...continuación

GI Ejemplo 2: Combinación de negocios

Aplicación de los requerimientos
[Referencia: párrafo C1]

En su estado de situación financiera (consolidado) de apertura conforme a las NIIF, la entidad B:

(a) Clasificará la combinación de negocios como una adquisición por parte de B, incluso si la misma hubiera cumplido, según la NIIF 3, las condiciones de una adquisición inversa por parte de la subsidiaria C (párrafo C4(a) de la NIIF).

(b) No ajustará la amortización acumulada de la plusvalía. La entidad B realizará la comprobación del deterioro, según la NIC 36 *Deterioro del Valor de los Activos* **[Referencia: párrafos 80 a 99, NIC 36]** y reconocerá la eventual pérdida por deterioro, a partir de las condiciones existentes en la fecha de transición a las NIIF. Si no existiera deterioro, se conservaría el importe en libros de la plusvalía en 180 u.m. (párrafo C4(g) de la NIIF).

(c) En los activos identificables netos para los que las NIIF requieran mediciones basadas en el costo para fechas posteriores a la combinación de negocios, tratará su importe en libros inmediatamente posterior a la combinación, según los PCGA anteriores, como el costo atribuido en esa fecha [párrafo C4(e) de la NIIF].

(d) No reexpresará la depreciación o amortización acumulada de los activos identificables netos mencionados en (c), excepto si los métodos y tasas de depreciación, según los PCGA anteriores, dieran como resultado importes significativamente diferentes de los requeridos por las NIIF (por ejemplo, si hubiesen sido adoptados sólo por motivos fiscales y no reflejasen una estimación razonable de las vidas útiles de los activos según las NIIF). Si no se llevase a cabo ninguna reexpresión, el importe en libros de tales activos, en el estado de situación financiera de apertura conforme a las NIIF, sería igual al importe en libros según los PCGA anteriores, en la fecha de transición a las NIIF, esto es, (200 u.m.) (párrafo GI7).
[Referencia: párrafos 14 y 15]

(e) Si hubiera alguna indicación de que se ha deteriorado el valor de los activos identificables, haría las comprobaciones del deterioro a partir de las condiciones existentes en la fecha de transición a las NIIF (véase la NIC 36).
[Referencia: párrafos GI39 a GI43, Guía de Implementación]

---

continúa...

...continuación

GI Ejemplo 2: Combinación de negocios

(f)   Reconocerá el pasivo por pensiones, y lo medirá por valor presente de la obligación por beneficios definidos (130 u.m.) menos el valor razonable de los activos del plan (100 u.m.), lo que da un importe en libros de 30 u.m., con el débito correspondiente a ganancias acumuladas [párrafo C4(d) de la NIIF]. No obstante, si la subsidiaria C hubiera adoptado las NIIF en un periodo anterior, la entidad B mediría el pasivo por pensiones por el mismo importe que lo haga la subsidiaria C en sus estados financieros (párrafo D17 de la NIIF y GI Ejemplo 9).

(g)   Reconocerá un pasivo neto por impuestos diferidos de 6 u.m. (20 u.m. al 30 por ciento), que surge de:

    (i)   la diferencia temporaria tributable de 50 u.m. (200 u.m. menos 150 u.m.) asociada con los activos identificables adquiridos y con los pasivos asumidos, diferentes de los que corresponden a pensiones, menos

    (ii)   la diferencia temporaria deducible de 30 u.m. (30 u.m. menos cero) asociada con el pasivo por pensiones.

La entidad reconocerá el incremento resultante en el pasivo por impuestos diferidos como una reducción de las ganancias acumuladas (apartado k del párrafo C4 de la NIIF). Si apareciera una diferencia temporaria tributable por el reconocimiento inicial de la plusvalía, la entidad B no reconocería el pasivo por impuestos diferidos (apartado a del párrafo 15 de la NIC 12 *Impuesto a las Ganancias*).

GI Ejemplo 3: Combinación de negocios—provisión por reestructuración

Antecedentes

Los primeros estados financieros según las NIIF de la entidad D son para un periodo que termina el 31 de diciembre de 20X5 e incluye información comparativa [Referencia: párrafos 21 y 22] solo para 20X4. El 1 de julio de 20X3, la entidad D adquirió el 100 por ciento de la subsidiaria E. Siguiendo los PCGA anteriores, la entidad D reconoció una provisión por reestructuración por un importe (no descontado) [Referencia: párrafos 70 a 83, NIC 37] de 100 u.m., que no cumple las condiciones de un pasivo identificable según la NIIF 3. [Referencia: párrafos 10 a 17, NIIF 3] El reconocimiento de esta provisión por reestructuración incrementó la plusvalía en 100 u.m. A 31 de diciembre de 20X3 (fecha de transición a las NIIF), la entidad D:

(a)   había pagado costos de reestructuración por 60 u.m.; y

(b)   estimó que pagaría además costos de 40 en 20X4, y que los efectos del descuento no eran significativos. A 31 de diciembre de 20X3, tales costos adicionales no cumplían las condiciones como provisión según la NIC 37 *Provisiones, Pasivos Contingentes y Activos Contingentes*. [Referencia: párrafos 14 a 26, NIC 37]

Aplicación de los requerimientos
[Referencia: párrafo C1]

En su estado de situación financiera de apertura conforme a las NIIF, la entidad D:

(a)   No reconocerá ninguna provisión por reestructuración (apartado c del párrafo C4 de la NIIF).

(b)   No ajustará el importe asignado a la plusvalía. No obstante, la entidad D realizará la comprobación del deterioro según la NIC 36 *Deterioro del Valor de los Activos*, [Referencia: párrafos 80 a 99, NIC 36] y reconocerá la eventual pérdida de valor que resulte [párrafo C4(g) de la NIIF].

(c)   Como resultado de (a) y (b), informará de que las ganancias acumuladas en su estado de situación financiera de apertura conforme a las NIIF son 40 más (antes del impuesto a las ganancias, y después del reconocimiento de cualquier eventual deterioro del valor) que en el estado de situación financiera a la misma fecha según los PCGA anteriores.

GI Ejemplo 4: Combinación de negocios—activos intangibles

Antecedentes

Los primeros estados financieros según las NIIF de la entidad F son para un periodo que termina el 31 de diciembre de 20X5 e incluye información comparativa **[Referencia: párrafos 21 y 22]** solo para 20X4. El 1 de julio de 20X1 la entidad F adquirió el 75 por ciento de la subsidiaria G. Según sus PCGA previos, la entidad F asignó un valor en libros inicial de 200 u.m. a activos intangibles que no habría cumplido los requisitos para su reconocimiento según la NIC 38 *Activos Intangibles*. **[Referencia: párrafos 9 a 17 y 33 a 41, NIC 38]** La base fiscal de estos activos intangibles es nula, lo que da lugar a un pasivo por impuestos diferidos (al 30 por ciento) de 60 u.m.

El 31 de diciembre de 20X3 (fecha de transición a las NIIF), el importe en libros de los activos intangibles, según los PCGA anteriores, era de 160 u.m., y el importe en libros del correspondiente pasivo por impuestos diferidos de 48 u.m. (30 por ciento de 160 u.m.).

Aplicación de los requerimientos
[Referencia: párrafo C1]

Puesto que los activos intangibles no cumplen las condiciones, según la NIC 38, para su reconocimiento por separado, la entidad F los transferirá a la plusvalía, junto con el pasivo por impuestos diferidos (48 u.m.) y las participaciones no controladoras [párrafo C4(g)(i) de la NIIF]. Las correspondientes participaciones no controladoras ascienden a 28 u.m. (25 por ciento de [160 u.m. – 48 u.m. = 112 u.m.]). Así, el incremento en la plusvalía es de 84 u.m. — activos intangibles (160 u.m.) menos pasivos por impuestos diferidos (48 u.m.) menos las participaciones no controladoras (28 u.m.).

La entidad F realizará la comprobación del deterioro, según la NIC 36 *Deterioro del Valor de los Activos* **[Referencia: párrafos 80 a 99, NIC 36]** y reconocerá la eventual pérdida por deterioro, teniendo en cuenta las condiciones existentes en la fecha de transición a las NIIF [párrafo C4(g)(ii) de la NIIF].

GI Ejemplo 5: Combinación de negocios—plusvalía deducida del patrimonio y tratamiento de los activos intangibles correspondientes

Antecedentes

La entidad H adquirió una subsidiaria antes de la fecha de transición a las NIIF. Siguiendo sus PCGA anteriores, la entidad H:

(a)   reconoció la plusvalía deduciéndola inmediatamente del patrimonio;

(b)   reconoció un activo intangible de la subsidiaria que no cumplía las condiciones de reconocimiento según la NIC 38 *Activos Intangibles*; **[Referencia: párrafos 9 a 17 y 33 a 41, NIC 38]** y

(c)   no reconoció un activo intangible de la subsidiaria que podría cumplir, según la NIC 38, las condiciones para su reconocimiento como un activo en los estados financieros de la subsidiaria. Ésta poseía el activo en la fecha de su adquisición por parte de la entidad H.

continúa...

...continuación

GI Ejemplo 5: Combinación de negocios—plusvalía deducida del patrimonio y tratamiento de los activos intangibles correspondientes

Aplicación de los requerimientos
[Referencia: párrafo C1]

En su estado de situación financiera de apertura conforme a las NIIF, la entidad H:

(a) No reconocerá la plusvalía, puesto no la reconoció tampoco como activo según los PCGA anteriores [párrafos C4(g) a (i) de la NIIF].

(b) No reconocerá el activo intangible que no cumple las condiciones para su reconocimiento como activo según la NIC 38. Puesto que la entidad H dedujo, según sus PCGA anteriores, la plusvalía del patrimonio, la eliminación de este activo intangible reducirá las ganancias acumuladas [párrafo C4(c)(ii) de la NIIF].

(c) Reconocerá el activo intangible, que cumple las condiciones para su reconocimiento según la NIC 38, como un activo en los estados financieros de la subsidiaria, incluso aunque el importe asignado al mismo según los PCGA anteriores, en los estados financieros consolidados de la entidad H, fuera nulo [párrafo C4(f) de la NIIF]. Los criterios de reconocimiento de la NIC 38 incluyen la posibilidad de medir de forma fiable del costo (párrafo GI45 a GI48) y la entidad H medirá el activo al costo menos la depreciación acumulada y la eventual pérdida por deterioro del valor identificada según la NIC 36 *Deterioro del Valor de los Activos*. Puesto que la entidad H dedujo, según sus PCGA anteriores, la plusvalía del patrimonio, la eliminación de este activo intangible reducirá las ganancias acumuladas [párrafo C4(c)(ii) de la NIIF]. No obstante, si este activo intangible hubiera quedado subsumido en la plusvalía, reconocida como activo según los PCGA anteriores, la entidad H habría disminuido el importe en libros de tal plusvalía (y, si fuera de aplicación, habría ajustado los impuestos diferidos y las participaciones no controladoras) [párrafo C4(g)(i) de la NIIF].

GI Ejemplo 6: Combinación de negocios—subsidiaria no consolidada según los PCGA anteriores

Antecedentes

La fecha de transición a las NIIF de la controladora J es el 1 de enero de 20X4. Según sus PCGA anteriores, la controladora J no consolidó su 75 por ciento de la subsidiaria K, adquirida en una combinación de negocios el 15 de julio de 20X1. A 1 de enero de 20X4:

(a)   El coste de la inversión de la controladora J en la subsidiaria K es de 180 u.m.

(b)   Según las NIIF, la subsidiaria K mediría sus activos por 500 u.m. y sus pasivos (incluyendo los impuestos diferidos según la NIC 12 *Impuestos a las Ganancias*) por 300 u.m. Según estas premisas, los activos netos de la subsidiaria K son 200 u.m. según las NIIF.

Aplicación de los requerimientos
[Referencia: párrafo C1]

La controladora J consolida la subsidiaria K. El estado de situación financiera consolidado a 1 de enero de 20X4 incluye:

(a)   Activos de la subsidiaria K por 500 u.m., y pasivos de la misma por 300 u.m.;

(b)   Participaciones no controladoras por 50 u.m. (25 por ciento de [500 u.m.-300 u.m.]); y

(c)   Plusvalía por 30 u.m. [el coste de 180 u.m. menos el 75 por ciento de (500 u.m. – 300 u.m.), (párrafo C4(j) de la NIIF]. La controladora J realizará la comprobación del deterioro de la plusvalía, según la NIC 36 *Deterioro del Valor de los Activos* **[Referencia: párrafos 80 a 99, NIC 36]** y reconocerá la eventual pérdida por deterioro, teniendo en cuenta las condiciones existentes en la fecha de transición a las NIIF [párrafo C4(g)(ii) de la NIIF].

GI Ejemplo 7: Combinación de negocios—arrendamiento en el que la adquirida era un arrendatario no capitalizado de acuerdo con los PCGA anteriores.

Antecedentes

La fecha de transición a las NIIF de la controladora L es el 1 de enero de 20X4. La controladora L adquirió la subsidiaria M el 15 de enero de 20X1, y no capitalizó los arrendamientos que en los que la subsidiaria M era arrendataria. Si la subsidiaria M preparó estados financieros conforme a las NIIF, habría reconocido, a 1 de enero de 20X4, pasivos por arrendamiento por 300 u.m., y activos por derecho de uso por 250 u.m.

continúa...

...continuación

> **GI Ejemplo 7: Combinación de negocios—arrendamiento en el que la adquirida era un arrendatario no capitalizado de acuerdo con los PCGA anteriores.**
>
> **Aplicación de los requerimientos**
> **[Referencia: párrafo C1]**
>
> La controladora L ha elegido no aplicar las exenciones de transición de los párrafos D9 y D9B a D9E de esta Norma. En su estado de situación financiera consolidado de apertura conforme a las NIIF, la controladora L reconocerá pasivos por arrendamiento por 300 u.m., y activos por derecho de uso por 250 u.m., cargando a las ganancias acumuladas 50 u.m. (apartado f del párrafo C4).

NIC 23 *Costos por Préstamos*

GI23   En la primera vez que se adoptan las NIIF, una entidad comienza capitalizando los costos por préstamos (NIC 23 revisada en 2007). De acuerdo con el párrafo D23 de la NIIF, una entidad:
[Referencia: párrafos 7 a 9]

(a)   capitalizará los costos por préstamos relacionados con activos aptos para los que la fecha de comienzo de la capitalización sea a partir del 1 de enero de 2009 o la fecha de transición a las NIIF (la que sea posterior);

(b)   podrá elegir designar cualquier fecha anterior a 1 de enero de 2009 o la fecha de transición a las NIIF (la que sea posterior) y capitalizar los costos por préstamos relacionados con todos los activos aptos para los que la fecha de comienzo de capitalización sea a partir de esa fecha.

Sin embargo, si la entidad estableció un costo atribuido para un activo, no procederá a capitalizar los costos por préstamos incurridos antes de la fecha de la medición en que estableció el costo atribuido. **[Referencia: párrafos D5 a D8]**

GI24   La NIC 23 requiere revelar información sobre los intereses capitalizados durante el periodo. **[Referencia: párrafo 26(b), NIC 23]** Ni la NIC 23 ni esta NIIF exigen revelar el importe acumulado capitalizado.

GI25   [Eliminado]

NIIF 10 *Estados Financieros Consolidados*

GI26   Una entidad que adopte por primera vez las NIIF consolidará todas las subsidiarias (tal como se define en la NIIF 10), a menos que la NIIF 10 requiera otra cosa.
[Referencia:
párrafo 7
párrafos 9 a 17, NIC 27]

GI27   Si una entidad que adopte por primera vez las NIIF no consolidó una subsidiaria según los PCGA anteriores:

(a)   En sus estados financieros consolidados, la entidad que adopte por primera vez las NIIF medirá los activos y pasivos de la subsidiaria a los mismos importes en libros con que figuren en los estados financieros de la subsidiaria según las NIIF, después de ajustar a efectos de procedimientos de consolidación [Referencia: párrafos B86 a B96, NIIF 10] y a efectos de la combinación de negocios en la que adquirió la subsidiaria (párrafo D17 de la NIIF). Si la subsidiaria no ha adoptado las NIIF en sus estados financieros, los importes en libros descritos anteriormente son aquellos que las NIIF exigirían en aquellos estados financieros [párrafo C4(j) de la NIIF].

(b)   Si la controladora adquirió la subsidiaria en una combinación de negocios anterior a la fecha de transición a lasa NIIF, la controladora reconocerá la plusvalía, como se explicó en el GI ejemplo 6.

(c)   Si la controladora no adquirió la subsidiaria en una combinación de negocios, sino que participó en su creación, no reconocerá la plusvalía.

[Referencia: párrafos 7 a 10]

GI28   Si una entidad que adopta por primera vez las NIIF ajusta los importes en libros de activos y pasivos de sus subsidiarias para elaborar su estado de situación financiera de apertura conforme a las NIIF, esto puede afectar a las participaciones no controladoras y a los impuestos diferidos.

GI29   Los GI Ejemplos 8 y 9 ilustran los párrafos D16 y D17 de la NIIF, que tratan casos en los que la controladora y sus subsidiarias se convierten en entidades que adoptan por primera vez las NIIF en diferentes fechas.

GI Ejemplo 8: La controladora adopta las NIIF antes que la subsidiaria

Antecedentes

La controladora N presenta sus primeros estados financieros (consolidados) en 20X5. Su subsidiaria O, en la que participa con el 100 por ciento desde la creación, prepara información según las NIIF para propósitos de consolidación interna desde el comienzo, pero no presentará sus primeros estados financieros conforme a las NIIF hasta 20X7.

continúa...

...continuación

GI Ejemplo 8: La controladora adopta las NIIF antes que la subsidiaria

Aplicación de los requerimientos
[Referencia: párrafos D1 y D16]

Si la subsidiaria O aplica el párrafo D16(a) de la NIIF, los importes en libros de sus activos y pasivos serán los mismos, a 1 de enero de 20X6, tanto en su estado de situación financiera de apertura conforme a las NIIF, como en el estado consolidado de situación financiera de la controladora N (salvo por los ajustes derivados de los procedimientos de consolidación), **[Referencia: párrafos B86 a B96, NIIF 10]** y estarán basados en la fecha de transición de la controladora N a las NIIF.

Alternativamente, la subsidiaria O puede, según el párrafo D16(b) de la NIIF, medir todos sus activos o pasivos con referencia a su propia fecha de transición a las NIIF (1 de enero de 20X6). No obstante, el hecho de que la subsidiaria O se convierta en adoptante por primera vez en 20X7 no cambia los importes en libros de sus activos y pasivos en los estados financieros consolidados de la controladora N.

GI Ejemplo 9: La subsidiaria adopta las NIIF antes que la controladora

Antecedentes

La controladora P presenta sus primeros estados financieros (consolidados) conforme a las NIIF en 20X7. Su subsidiaria extranjera Q, en la que participa con el 100 por ciento desde la creación por la controladora P, presentó sus primeros estados financieros conforme a las NIIF en 20X5. Hasta 20X7, la subsidiaria Q ha preparado información para propósitos de consolidación interna según los PCGA anteriores de la controladora P.

Aplicación de los requerimientos
[Referencia: párrafos D1 y D17]

El importe en libros de los activos y pasivos de la subsidiaria Q, a 1 de enero de 20X6, serán los mismos tanto en el estado de situación financiera (consolidado) de apertura de la controladora P, como en los estados financieros de la subsidiaria Q (salvo por los ajustes derivados de los procedimientos de consolidación), **[Referencia: párrafos B86 a B96, NIIF 10]** y estarán basados en la fecha de transición de la subsidiaria Q a las NIIF. El hecho de que la controladora P se convierta en adoptante por primera vez en 20X7, no cambia esos importes en libros (párrafo D17 de la NIIF).

GI30 Los párrafos D16 y D17 de la NIIF no invalidan los siguientes requerimientos:

    (a)   Aplicar el Apéndice C de la NIIF a los activos y pasivos adquiridos en una combinación de negocios que tuvo lugar antes de la fecha de transición a las NIIF. Sin embargo, el párrafo D17 es relevante para los nuevos activos adquiridos y pasivos asumidos por la adquirida después de la combinación de negocios y todavía en su poder en la fecha de transición a las NIIF de la adquirente.

(b)   Aplicar el resto de la NIIF para la medición de todos los activos y pasivos para los que los párrafos D16 y D17 no son relevantes.

(c)   Suministrar toda la información a revelar exigida por la NIIF en la fecha de transición a las NIIF del adoptante por primera vez.

GI31   El párrafo D16 de la NIIF se aplica también cuando una subsidiaria se convierte en adoptante por primera vez después que su controladora, por ejemplo en los casos en que la subsidiaria preparaba un paquete de información conforme a las NIIF a efectos de consolidación, que no constituía un conjunto completo de estados financieros conforme a las NIIF. Esta situación podría ser pertinente no sólo si los estados financieros de la subsidiaria cumplían totalmente con los criterios de reconocimiento y medición de las NIIF, sino también cuando los mismos se ajustaban principalmente por temas tales como revisión de hechos ocurridos después del final del periodo sobre el que se informa y el reparto centralizado de los costos por pensiones. Según la revelación exigida en el párrafo 26 de la NIIF, los ajustes centralizados practicados en un conjunto de información no publicada no son correcciones de errores. Sin embargo, el párrafo D16 no permite a la subsidiaria ignorar errores que son irrelevantes para los estados financieros consolidados de la controladora, pero son materiales para sus propios estados financieros.

NIC 29 *Información Financiera en Economías Hiperinflacionarias*

GI32   La entidad satisface la NIC 21 *Efectos de las Variaciones en las Tasas de Cambio de la Moneda Extranjera* para determinar su moneda de medición y de presentación. **[Referencia: párrafos 8 a 14 y 17 a 19, NIC 21]** Si la entidad elabora su estado de situación financiera de apertura conforme a las NIIF, aplica la NIC 29 a todos los periodos durante los que la economía de la moneda funcional era hiperinflacionaria. **[Referencia: párrafos 1 a 4, NIC 29]**
        [Referencia: párrafos 7 a 9]

GI33   La entidad puede elegir emplear el valor razonable de una partida de propiedades, planta y equipo en la fecha de transición a las NIIF como su costo atribuido en esa fecha (párrafo D5 de las NIIF), en cuyo caso suministrará las revelaciones exigidas por el párrafo 30 de la NIIF.
        [Referencia: párrafos 10 y D1]

GI34   Si la entidad elige acogerse a las excepciones de los párrafos D5 a D8 de la NIIF, aplicará la NIC 29 a los periodos posteriores a la fecha para la que se determinó el importe revaluado o el valor razonable.

NIC 32 *Instrumentos Financieros: Presentación*

GI35   En su estado de situación financiera de apertura conforme a las NIIF, una entidad aplicará el criterio de la NIC 32 de clasificar los instrumentos financieros emitidos (o los componentes de instrumentos financieros emitidos) como pasivos financieros o como instrumentos de patrimonio, de acuerdo con la esencia del acuerdo contractual en el momento en el que dicho instrumento satisface los criterios de reconocimiento de la NIC 32 (párrafos 15 y 30), sin considerar hechos posteriores a esa fecha (distintos de los cambios en los plazos de los instrumentos).

[Referencia: párrafos 7 a 9]

GI36   Para los instrumentos compuestos en circulación en la fecha de transición a las NIIF, la entidad determinará los importes en libros iniciales de los componentes sobre la base de las circunstancias existentes cuando el instrumento se emitió (NIC 32, párrafo 30). Una entidad determinará tales importes en libros usando la versión de la NIC 32 vigente en la fecha de cierre del primer periodo sobre el que se informa conforme a las NIIF. Si el componente de pasivo ya no va a mantenerse en circulación en la fecha de transición a las NIIF, una entidad que adopta por primera vez las NIIF necesita no separar el componente de patrimonio inicial del instrumento de los intereses acumulados abonados del componente de pasivo (párrafo D18 de la NIIF).

[Referencia: párrafos 7 a 10]

NIC 34 *Información Financiera Intermedia*

GI37   La NIC 34 se aplica si una entidad está obligada, o elige, presentar información financiera intermedia de acuerdo con las NIIF. Según esto, ni la NIC 34 ni la NIIF exige a la entidad:

(a)   presentar información financiera intermedia que satisfaga la NIC 34; o

(b)   elaborar nuevas versiones de información financiera intermedia presentada según los PCGA anteriores. Sin embargo, si una entidad elabora información financiera intermedia según la NIC 34 para parte del periodo cubierto por sus primeros estados financieros conforme a las NIIF, la entidad debe reelaborar la información comparativa presentada de forma que satisfaga las NIIF.

[Referencia:

párrafo 2(b)

párrafo 1, NIC 34]

GI38   La entidad aplica la NIIF en cada información financiera intermedia que presenta según la NIC 34 para parte del periodo cubierto por sus primeros estados financieros conforme a las NIIF. En concreto, el párrafo 32 de la NIIF exige a la entidad que revele varias conciliaciones (véase GI ejemplo 10).

[Referencia: párrafos 2(b) y 33]

GI Ejemplo 10: Información financiera intermedia

Antecedentes

Los primeros estados financieros conforme a las NIIF de la entidad R son para el periodo que termina a 31 de diciembre de 20X5, y su primer informe financiero intermedio según la NIC 34 para el trimestre que termina a 31 de marzo de 20X5. La entidad R preparó estados financieros siguiendo los PCGA anteriores **[Referencia: párrafos 36 y 37, NIC 1]** para el año que terminó el 31 de diciembre de 20X4, y también preparó información financiera intermedia a lo largo de 20X4.

Aplicación de los requerimientos

En cada informe financiero intermedio trimestral para 20X5, la entidad R incluirá conciliaciones de:

(a)   su patrimonio, según los PCGA anteriores, al final del trimestre comparable de 20X4, con el que resulte según las NIIF en la misma fecha; y

(b)   su resultado integral total (o, si no informó sobre este total, el resultado) según anteriores PGCA para el trimestre comparable de 20X4 (corriente y hasta la fecha) con respecto a su resultado integral total según las NIIF.

[Referencia: párrafo 32(a)]

Además de las conciliaciones requeridas por (a) y (b), y las revelaciones requeridas por la NIC 34, el informe financiero intermedio del primer trimestre de 20X5 de la entidad R incluirá conciliaciones (o una referencia a otro documento publicado que incluya tales conciliaciones) referentes a:

(a)   su patrimonio según PCGA anteriores a 1 de enero de 20X4 y a 31 de diciembre de 20X4 con respecto a su patrimonio según las NIIF en esas fechas; y

(b)   su resultado integral total (o, si no informó sobre este total, el resultado) para 20X4 según PCGA anteriores con respecto a su resultado integral total para 20X4 según las NIIF.

[Referencia: párrafos 24(a) y (b) y 32(b)]

Cada una de las anteriores conciliaciones contendrá un detalle suficiente para permitir a los usuarios comprender los ajustes significativos **[Referencia: párrafos 23 y 25, NIC 34]** en el estado de situación financiera y en el estado del resultado integral. La entidad R explicará también los ajustes significativos realizados en el estado de flujos de efectivo. **[Referencia: párrafos 25 y 32(b)]**

continúa...

...continuación

GI Ejemplo 10: Información financiera intermedia

Si la entidad R fuese consciente de errores cometidos según los PCGA anteriores, distinguirá en las conciliaciones entre la corrección de esos errores y los cambios en las políticas contables. **[Referencia: párrafos 26 y 32]**

Si la entidad R no reveló, en sus estados financieros anuales más recientes según PCGA, información significativa para la comprensión del periodo intermedio corriente, sus informes financieros intermedios de 20X5 revelarán tal información, o bien incluirán una referencia a otro documento publicado donde se contenga (párrafo 33 de la NIIF).

NIC 36 *Deterioro del Valor de los Activos* y NIC 37 *Provisiones, Pasivos Contingentes y Activos Contingentes*

GI39   La entidad aplicará la NIC 36 para:

(a)   determinar si existe alguna pérdida por deterioro en la fecha de transición a las NIIF; y
[Referencia:
párrafos C1 y C4(g)(ii)
párrafos 7 a 17, NIC 36]

(b)   medir cualquier pérdida por deterioro que exista en esa fecha, **[Referencia: párrafos 18 a 108, NIC 36]** y revertir cualquier pérdida por deterioro que ya no exista en esa fecha. **[Referencia: párrafos 109 a 125, NIC 36]** Los primeros estados financieros de la entidad conforme a las NIIF incluyen información a revelar que la NIC 36 habría exigido si la entidad hubiera reconocido dichas pérdidas por deterioro o la reversión en el periodo que comienza en la fecha de transición a las NIIF [párrafo 24(c) de la NIIF]. **[Referencia: párrafos 126 a 137, NIC 36]**

[Referencia: párrafos 7 a 10]

GI40   Las estimaciones empleadas para determinar si una entidad reconoce una pérdida por deterioro o una provisión (y medir cualquier pérdida por deterioro o provisión) en la fecha de transición de las NIIF son congruentes con las estimaciones hechas en la misma fecha según los PCGA anteriores (después de los ajustes para reflejar cualquier diferencia en las políticas contables), a menos que exista evidencia objetiva de que dichas estimaciones fueran erróneas (párrafos 14 y 15 de las NIIF). La entidad revelará el impacto de cualquier revisión posterior a esas estimaciones como un hecho del periodo en el que hace las revisiones.
[Referencia:
NIC 36
NIC 37]

GI41   Para valorar si es necesario reconocer una pérdida por deterioro o una provisión (y para medir cualquier pérdida por deterioro o provisión) en la fecha de transición a las NIIF, la entidad puede necesitar hacer estimaciones para esa fecha que no fueran necesarias según los PCGA anteriores. Dichas estimaciones e hipótesis no reflejarán condiciones que surgieran después de la fecha de transición a las NIIF (párrafo 16 de las NIIF).

[Referencia:

NIC 36

NIC 37]

GI42   Las disposiciones transitorias de la NIC 36 y NIC 37 no se aplican a estado de situación financiera de apertura según las NIIF de una entidad (párrafo 9 de la NIIF)

GI43   La NIC 36 exige la reversión de las pérdidas por deterioro en algunos casos. **[Referencia: párrafos 109 a 125, NIC 36]** Si el estado de situación financiera de apertura conforme a las NIIF de la entidad refleja pérdidas por deterioro, la entidad reconoce cualquier reversión posterior de dichas pérdidas por deterioro en los resultados (excepto cuando la NIC 36 exige a la entidad que trate la reversión como una revaluación). Esto se aplica tanto a las pérdidas por deterioro reconocidas según los PCGA anteriores, como a las pérdidas por deterioro adicionales reconocidas en la transición a las NIIF. **[Referencia: párrafos 117 a 125, NIC 36]**

NIC 38 *Activos Intangibles*

GI44   El estado de situación financiera de apertura según las NIIF de una entidad:

(a)   excluirá todos los activos intangibles y otras partidas intangibles que no satisfagan los criterios para su reconocimiento según la NIC 38 en la fecha de transición a las NIIF; y

(b)   incluirá todos los activos intangibles que satisfagan el criterio de reconocimiento de la NIC 38 en esa fecha, excepto los activos intangibles adquiridos en una combinación de negocios que no hubieran sido reconocidos en el estado de situación financiera consolidado de la adquirente según los PCGA anteriores y que no cumpliría los requisitos para su reconocimiento según la NIC 38 en estado de situación financiera separado de la adquirida [véase el párrafo C4(f) de la NIIF].

[Referencia: párrafos 7 a 9]

GI45   Los criterios contenidos en la NIC 38 exigen a la entidad reconocer un activo intangible si, y sólo si:

(a)   es probable que los beneficios económicos futuros que son atribuibles al activo fluyan a la entidad; y

(b)   el costo del activo puede ser medido de forma fiable.

[Referencia: párrafo 21, NIC 38]

La NIC 38 complementa estos dos criterios con otros adicionales, y más concretos, para los activos intangibles generados internamente. **[Referencia: párrafos 51 a 67, NIC 38]**

GI46 Según los párrafos 65 y 71 de la NIC 38, la entidad capitalizará los costos de creación de activos intangibles generados internamente de forma prospectiva, esto es, desde la fecha en la que son satisfechos. La NIC 38 no permite a la entidad, utilizar la retrospectiva para concluir retroactivamente que dichos criterios de reconocimiento se satisfacían en un momento pasado. Por tanto, incluso si la entidad concluye de forma retroactiva que es probable obtener los flujos futuros de los beneficios económicos de un activo intangible generado internamente, y la entidad es capaz de reconstruir los costos fiablemente, la NIC 38 prohibiría la capitalización de costos incurridos antes de la fecha en la que la entidad:

(a) concluya, sobre la base en la evaluación hecha y documentada en la fecha de esa conclusión, que era probable que los beneficios económicos futuros del activo fluyan a la entidad; y

(b) cuente con un sistema fiable para la acumulación de los costos de los activos intangibles generados internamente cuando, o inmediatamente después de que, hayan sido incurridos.

GI47 Si un activo intangible generado internamente cumple los requisitos para su reconocimiento en la fecha de transición a las NIIF, la entidad reconocerá el activo en su estado de situación financiera de apertura conforme a las NIIF, incluso si había reconocido el desembolso asociado como un gasto según los PCGA anteriores. Si el activo no puede reconocerse según la NIC 38 hasta una fecha posterior, su costo es la suma de los desembolsos incurridos desde esta última fecha. **[Referencia: párrafos 7 a 10]**

GI48 Los criterios discutidos en el párrafo GI45 también se aplican a un activo intangible adquirido separadamente. En muchos casos, la documentación actual elaborada para apoyar la decisión de adquirir el activo contendrá una valoración de los beneficios económicos futuros. Además, como se explicó en el párrafo 26 de la NIC 38, el costo de un activo intangible adquirido separadamente puede habitualmente ser medido de forma fiable.

GI49 Para el caso de un activo intangible adquirido en una combinación de negocios antes de la fecha de transición a las NIIF, su importe en libros según los PCGA anteriores inmediatamente después de la combinación de negocios es su costo atribuido según las NIIF en esa fecha [párrafo C4(e) de la NIIF]. Si ese importe en libros fuera cero, la adquirente no reconocerá el activo intangible en su estado de situación financiera consolidado de apertura conforme a las NIIF, a menos que cumpliera los requisitos según la NIC 38, aplicando los criterios discutidos en los párrafos GI45 a GI48, para el reconocimiento en la fecha de transición a las NIIF en el estado de situación financiera de la adquirida [párrafo C4(f) de la NIIF]. Si dichos criterios de reconocimiento son satisfechos, la adquirente medirá el activo sobre la base que la NIC 38 exigiría en el estado de situación financiera de la adquirida. El ajuste resultante afecta a la plusvalía [párrafo C4(g)(i) de la NIIF].

GI50 Una entidad que adopta por primera vez las NIIF puede elegir emplear el valor razonable de un activo intangible en la fecha de un hecho tal como una privatización o una oferta pública inicial como su costo atribuido en la fecha del evento (párrafo D8 de la NIIF), con tal de que el activo intangible cumpla los requisitos para ser reconocido según la NIC 38 (párrafo 10 de la NIIF). Además, si, y sólo si, un activo intangible satisface los criterios de reconocimiento según la NIC 38 (incluyendo la medición fiable del costo original) y los criterios de la NIC 38 para la revaluación (incluyendo la existencia de un mercado activo), una entidad que adopta por primera vez las NIIF puede elegir puede elegir entre emplear uno de los siguientes importes como costo atribuido (párrafo D7 de la NIIF):

(a) el valor razonable, en la fecha de transición a las NIIF (párrafo D5 de la NIIF), en cuyo caso la entidad revelará las informaciones exigidas por el párrafo 30 de la NIIF; o

(b) el importe que proceda de la revaluación según los PCGA anteriores, siempre que satisfaga los criterios del párrafo D6 de la NIIF;

GI51 Si los métodos y las tasas de amortización de la entidad según los PCGA anteriores fueran aceptables según las NIIF, la entidad no tiene que reelaborar su amortización acumulada en su estado de situación financiera de apertura conforme a las NIIF. En cambio, la entidad registrará contablemente los cambios en la vida útil estimada o en el modelo de amortización, de forma prospectiva, desde el periodo en el que lleve a cabo el cambio en la estimación (párrafo 14 de esta NIIF y párrafo 104 de la NIC 38). **[Referencia: párrafo 15]** Sin embargo, en ciertos casos, los métodos y tasas de depreciación de la entidad, según los PCGA anteriores, pueden diferir de los que serían aceptables según las NIIF (por ejemplo, si fueran adoptados únicamente con fines fiscales y no reflejan una estimación razonable de la vida útil del activo). Si tales diferencias tienen un efecto relevante en los estados financieros, la entidad ajustará la amortización acumulada en su estado de situación financiera de apertura conforme a las NIIF retroactivamente, de forma que cumpla con las NIIF (párrafo 14 de la NIIF). Sin embargo, si una entidad utiliza la exención del párrafo D8B, se utilizará el importe en libros del activo intangible en la fecha de transición a las NIIF como costo atribuido como si se hubiera adquirido un activo intangible con un potencial de servicio restante equivalente a ese importe en la fecha de transición a las NIIF. La amortización posterior se basa en ese costo atribuido y comienza a partir de la fecha de transición a las NIIF. **[Referencia: párrafos 7 a 10 y 16]**

NIIF 9 *Instrumentos Financieros*

GI52   Una entidad reconocerá y medirá todos los activos financieros y pasivos financieros en su estado de situación financiera de apertura conforme a las NIIF de acuerdo con la NIIF 9, excepto por lo especificado en los párrafos B2 a B6 de la NIIF, que aborda la baja en cuentas y la contabilidad de coberturas.

[Referencia:

párrafos 7 a 12

NIC 32]

Reconocimiento

GI53   La entidad reconocerá todos los activos financieros y pasivos financieros (incluyendo los derivados) que cumplen los requisitos para reconocerse según la NIIF 9 y no han cumplido todavía los requisitos para ser dados de baja en cuentas según esta norma, excepto los activos financieros no derivados y pasivos financieros no derivados dados de baja en cuentas según los PCGA anteriores a la fecha de transición a las NIIF, para los cuales la entidad no escoja aplicar el párrafo B3 (véanse los párrafos B2 y B3 de la NIIF). Por ejemplo, una entidad que no aplique el párrafo B3 no reconoce activos transferidos en una titulización, transferencia u otra transacción de baja en cuentas que haya tenido lugar antes de la fecha de transición a las NIIF si tales transacciones cumplían las condiciones para ser dadas de baja según los PCGA previos. Sin embargo, si la entidad emplea el mismo acuerdo de titulización u otro acuerdo de baja en cuentas para transferencias posteriores después de la fecha de transición a las NIIF, tales transferencias cumplen los requisitos para su baja en cuentas sólo si satisfacen los criterios de baja en cuentas de la NIIF 9.

GI54   Una entidad no reconocerá activos financieros ni pasivos financieros **[Referencia: NIC 32]** que no cumplan los requisitos para ser reconocidos de acuerdo con la NIIF 9, **[Referencia: párrafos 3.1.1 y B3.1.1 y B3.1.2, NIIF 9]** o ya hayan cumplido los requisitos para su baja en cuentas según la NIIF 9. **[Referencia: Secciones 3.2 y 3.3, NIIF 9]**

[Referencia: párrafos 7 a 12, B2 y B3]

Derivados implícitos

GI55   Cuando la NIIF 9 requiere que una entidad separe un derivado implícito de un contrato anfitrión, los importes en libros iniciales de los componentes en la fecha en la que el instrumento satisface por primera vez los criterios de reconocimiento de la NIIF 9 reflejan las circunstancias en esa fecha (NIIF 9, párrafo 4.3.3). Si la entidad no puede determinar fiablemente el importe en libros inicial del derivado implícito y del contrato anfitrión, medirá el contrato combinado completo como al valor razonable con cambios en resultados (NIIF 9, párrafo 4.3.6).

[Referencia:

párrafos 7 a 12

párrafos FC65 y FC66, Fundamentos de las Conclusiones]

Medición

GI56   Al preparar su estado de situación financiera inicial, una entidad aplica los criterios de la NIIF 9 para clasificar los instrumentos financieros sobre la base de los hechos y circunstancias que existen en la fecha de transición a las NIIF. Las clasificaciones resultantes se aplicarán retroactivamente.

GI57   En el caso de los activos financieros y pasivos financieros medidos al costo amortizado en el estado de situación financiera inicial conforme a las NIIF, la entidad determinará el importe en libros bruto de los activos financieros y el costo amortizado de los pasivos financieros sobre la base de las circunstancias existentes cuando los activos y pasivos cumplieron por primera vez los criterios de reconocimiento de la NIIF 9. Sin embargo, si la entidad adquirió tales activos financieros y pasivos financieros en una combinación de negocios anterior, sus importes en libros, según los PCGA anteriores, medidos inmediatamente después de la combinación de negocios, serán su costo atribuido conforme a las NIIF a esa fecha (apartado (e) del párrafo C4 de la NIIF).

[Referencia: párrafos 7 a 12]

GI58   [Eliminado]

Ajustes de transición

GI58A   La entidad tratará un ajuste en el importe en libros de los activos financieros o pasivos financieros como un ajuste de transición que deberá reconocerse en el saldo inicial de las ganancias acumuladas (u otro componente de patrimonio, según proceda) en la fecha de transición a las NIIF solo en la medida que se derive de la adopción de la NIIF 9. Puesto que todos los derivados, distintos de los que son contratos de garantía financiera, un compromiso de proporcionar un préstamo a una tasa de interés por debajo de la de mercado, un compromiso de préstamo que está sujeto a los requerimientos de deterioro de valor de la NIIF 9 o los designados como instrumentos de cobertura eficaces, se miden al valor razonable con cambios en resultados, las diferencias entre el importe en libros previo (que puede haber sido cero) y el valor razonable de los derivados se reconocen como un ajuste del saldo de las ganancias acumuladas al comienzo del año financiero en el que la NIIF 9 se aplica por primera vez (distinto de un derivado que sea un contrato de garantía financiera, un compromiso de proporcionar un préstamo a tasa de interés por debajo del mercado o un instrumento de cobertura efectivo y designado).

[Referencia: párrafos 7 a 12]

GI58B   La NIC 8 (revisada en 2003) se aplica a los ajustes que resultan de cambios en las estimaciones. Si la entidad no es capaz de determinar si una parte concreta del ajuste es un ajuste de transición o un cambio en una estimación, tratará dicha parte como un cambio en la estimación contable según la NIC 8, haciendo las revelaciones adecuadas (NIC 8, párrafos 32 a 40).

GI59 Una entidad podría, utilizando sus PCGA anteriores, haber medido inversiones al valor razonable y reconocido las ganancias por revaluación fuera del resultado del periodo. Si una inversión se clasifica como al valor razonable con cambios en resultados, las ganancias de revaluación anteriores a la aplicación de la NIIF 9 que hubieran sido reconocidas fuera del resultado del periodo, se reclasificarán como ganancias acumuladas al aplicar la NIIF 9 por primera vez. Si, en la aplicación inicial de la NIIF 9 una inversión se mide a valor razonable con cambios en otro resultado integral de acuerdo con el párrafo 4.1.2A de la NIIF 9, o se designa a valor razonable con cambios en otro resultado integral de acuerdo con el párrafo 5.7.5 de la NIIF 9, entonces, la ganancia de revaluación previa a la NIIF 9 se reconoce en un componente separado de patrimonio. Posteriormente, la entidad reconoce las ganancias y pérdidas sobre estos activos financieros de acuerdo con la NIIF 9.

[Referencia: párrafos 7 a 12]

Contabilidad de coberturas

GI60 Los párrafos B4 a B6 de la NIIF tratan la contabilidad de coberturas. La designación y documentación de una relación de cobertura debe completarse antes de la fecha de transición a las NIIF si la relación de cobertura ha de cumplir las condiciones para la contabilidad de coberturas desde esa fecha. La contabilidad de coberturas puede aplicarse prospectivamente solo desde la fecha en que la relación de cobertura está completamente designada y documentada. **[Referencia: párrafo 6.4.1, NIIF 9]**

GI60A La entidad puede, según los PCGA previos, haber diferido o no reconocido ganancias y pérdidas en una cobertura del valor razonable **[Referencia: párrafos 6.5.8 a 6.5.10, NIIF 9]** de una partida cubierta que no se mide a su valor razonable. Para esa cobertura de valor razonable, la entidad ajusta el importe en libros de la partida cubierta en la fecha de transición a las NIIF. El ajuste es el menor entre:

(a) la parte del cambio acumulado en el valor razonable de la partida cubierta que no se reconoció según los PCGA anteriores; y

(b) la parte del cambio acumulado en el valor razonable del instrumento de cobertura y, que de acuerdo con los PCGA anteriores, estaba (i) no reconocido o (ii) diferido en el estado de situación financiera como un activo o un pasivo.

[Referencia: párrafo B4]

GI60B La entidad puede, según sus PCGA anteriores, tener ganancias o pérdidas diferidas sobre una cobertura de flujos de efectivo **[Referencia: párrafos 6.5.11 a 6.5.12, NIIF 9]** de una transacción prevista. Si, en la fecha de transición a las NIIF, la transacción cubierta estimada no es altamente probable, pero se espera que tenga lugar, la totalidad de la ganancia o pérdida diferida se reconoce en la reserva de cobertura de flujos de efectivo dentro del patrimonio. Cualquier ganancia o pérdida acumulada que haya sido reclasificada a la reserva de cobertura de flujos de efectivo, en la aplicación inicial de la NIIF 9, permanece allí hasta que (a) la transacción prevista posterior dé lugar al reconocimiento de un activo no financiero o un pasivo no financiero, (b) la transacción prevista afecte al resultado del periodo o (c) circunstancias posteriores cambien y no se espere que la transacción prevista pueda tener lugar, en cuyo caso cualquier ganancia o pérdida neta acumulada relacionada se reclasifica de la reserva de cobertura de flujos de efectivo al resultado del periodo. Si el instrumento de cobertura todavía se mantiene, pero la cobertura no cumple las condiciones para clasificarla como cobertura de flujos de efectivo según la NIIF 9, la contabilidad de coberturas deja de ser adecuada comenzando desde la fecha de transición a las NIIF.

[Referencia: párrafo B6]

NIC 40 *Propiedades de Inversión*

GI61   La entidad que adopta el modelo de valor razonable de la NIC 40 **[Referencia: párrafos 30 y 33 a 55, NIC 40]** mide sus propiedades de inversión al valor razonable en la fecha de transición a las NIIF. **[Referencia: párrafos 7 y 8]** Los requerimientos transitorios de la NIC 40 no se aplican (párrafo 9 de la NIIF).

GI62   La entidad que adopta el modelo de costo de la NIC 40 aplica **[Referencia: párrafos 30 y 56, NIC 40]** los párrafos GI7 a GI13 sobre propiedades, planta y equipo.

[Referencia: párrafos 7 a 12]

Explicación de la transición a las NIIF

GI63   Los párrafos 24(a) y (b), 25 y 26 de la NIIF exigen a una entidad que adopta por primera vez las NIIF revelar conciliaciones que aporten suficiente detalle para permitir a los usuarios comprender los ajustes materiales en el estado de situación financiera, en el estado del resultado integral y, si es aplicable, en el estado de flujos de efectivo. El párrafo 24(a) y (b) exige conciliaciones específicas del patrimonio y del resultado integral total. El ejemplo 11 de la GI muestra una forma de satisfacer estos requerimientos.

GI Ejemplo 11: Conciliaciones del patrimonio y del resultado integral total

Antecedentes

Una entidad que adopta por primera vez las NIIF en 20X5, con una fecha de transición a las NIIF de 1 de enero de 20X4. Sus últimos estados financieros según PCGA anteriores se referían al año que terminó el 31 de diciembre de 20X4.

Aplicación de los requerimientos

Los primeros estados financieros conforme a las NIIF incluyen las conciliaciones y notas correspondientes que se muestran a continuación:

Entre otras cosas, este ejemplo incluye una conciliación del patrimonio en la fecha de transición a las NIIF (1 de enero de 20X4). **[Referencia: párrafo 24(a)(i)]** La NIIF también requiere una conciliación al final del último periodo presentado según los PCGA anteriores **[Referencia: párrafo 24(a)(ii)]** (no incluido en el ejemplo).

En la práctica, puede ser útil incluir referencias cruzadas a las políticas contables y desgloses complementarios, que den más explicaciones de los ajustes mostrados en las conciliaciones siguientes.

Si la entidad que adopta por primera vez las NIIF fuera consciente de errores cometidos según los PCGA anteriores, las conciliaciones distinguirían entre la corrección de esos errores y los cambios en las políticas contables (párrafo 26 de la NIIF). En este ejemplo no se ilustra la revelación correspondiente a la corrección de un error.

continúa...

...continuación

GI Ejemplo 11: Conciliaciones del patrimonio y del resultado integral total

Conciliación del patrimonio a 1 de enero de 20X4 (fecha de transición a las NIIF)

[Referencia: párrafos 24(a) y 25]

Nota		PCGA anteriores	Efecto de la transición a las NIIF	NIIF
		u.m.	u.m.	u.m.
1	Propiedades, planta y equipo	8.299	100	8.399
2	Plusvalía	1.220	150	1.370
2	Activos intangibles	208	(150)	58
3	Activos financieros	3.471	420	3.891
	Activos no corrientes totales	13.198	520	13.718
	Deudores comerciales y otras cuentas por cobrar	3.710	0	3.710
4	Inventarios	2.962	400	3.362
5	Otras cuentas por cobrar	333	431	764
	Efectivo y equivalentes al efectivo	748	0	748
	Total activos corrientes	7.753	831	8.584
	Total activos	20.951	1.351	22.302
	Préstamos con interés	9.396	0	9.396
	Cuentas por pagar comerciales y otras cuentas por pagar	4.124	0	4.124
6	Beneficios a los empleados	0	66	66
7	Provisión por reestructuración	250	(250)	0
	Pasivo corriente por impuestos	42	0	42
8	Pasivo por impuestos diferidos	579	460	1.039
	Total pasivos	14.391	276	14.667
	Total activos menos total pasivos	6.560	1.075	7.635

continúa...

...continuación

GI Ejemplo 11: Conciliaciones del patrimonio y del resultado integral total			
	Capital emitido	1.500	0	1.500
5	Reserva de cobertura de flujos de efectivo	0	302	302
9	Ganancias acumuladas	5.060	773	5.833
	Total patrimonio	6.560	1.075	7.635

Notas a la conciliación de patrimonio a 1 de enero de 20X4:
[Referencia: párrafos 23 y 25]

1   Según los PCGA anteriores, la depreciación estaba influida por la normativa fiscal, pero según las NIIF refleja la vida útil de los activos. Los ajustes acumulados incrementan la vida útil de las propiedades, planta y equipo en 100. **[Referencia: NIC 16]**

2   Los activos intangibles, según los PCGA anteriores, incluían 150 procedentes de partidas que han sido transferidas a la plusvalía, ya que no cumplen las condiciones para su reconocimiento como activos intangibles según las NIIF. **[Referencia: NIC 38 y NIIF 3]**

3   Los activos financieros se han clasificado en su totalidad como al valor razonable con cambios en resultados, de acuerdo con las NIIF y se llevan al valor razonable por 3.891 u.m. De acuerdo con los PCGA anteriores se llevaban al costo de 3.471 u.m. Las ganancias resultantes por 294 u.m. (420 u.m. menos el correspondiente impuesto diferido por 126 u.m.) se incluyen en las ganancias acumuladas.

4   Los inventarios, conforme a las NIIF, incluyen costos indirectos variables de producción, por importe de 400 u.m., si bien esta parte de los costos indirectos se excluía según los PCGA anteriores. **[Referencia: NIC 2]**

5   Se han reconocido, según las NIIF, ganancias no realizadas por importe de 431 u.m., sobre contratos a término en moneda extranjera pendientes de vencimiento, que no fueron reconocidas según los PCGA anteriores. Las ganancias correspondientes, por importe de 302 u.m. (431 u.m. menos impuestos diferidos por 129 u.m.), están incluidas en la reserva de cobertura de flujos de efectivo puesto que los contratos cubren ventas previstas. **[Referencia: NIC 12, NIC 21, NIIF 9 y NIC 39]**

6   Se ha reconocido, según las NIIF, un pasivo por pensiones de 66 u.m., que no estaba reconocido según los PCGA anteriores, donde se utilizaba una el criterio de contabilización basado en el efectivo pagado. **[Referencia: NIC 19]**

continúa...

...continuación

GI Ejemplo 11: Conciliaciones del patrimonio y del resultado integral total

7   Se reconoció, con los PCGA anteriores, una provisión por reestructuración por 250 u.m., correspondiente a las actividades de la controladora, que no cumple las condiciones para su reconocimiento como pasivo según las NIIF. **[Referencia: NIC 37]**

8   Los anteriores cambios aumentaron el pasivo por impuestos diferidos de la forma siguiente: **[Referencia: NIC 12]**

	u.m.
Reserva de cobertura de flujos de efectivo (nota 5)	129
Ganancias acumuladas	331
Incremento en el pasivo por impuestos diferidos	460

Puesto que la base fiscal, a 1 de enero de 20X4, de las partidas reclasificadas desde los activos intangibles a la plusvalía (nota 2), igualan a su importe en libros en esa fecha, la reclasificación no afecta a los pasivos por impuestos diferidos.

9   Los ajustes en las ganancias acumuladas son los siguientes:

	u.m.
Depreciación (nota 1)	100
Activos financieros (nota 3)	420
Costos indirectos de producción (nota 4)	400
Pasivo por pensiones (nota 6)	(66)
Provisión por reestructuración (nota 7)	250
Efectos fiscales de los ajustes anteriores	(331)
Ajuste total en las ganancias acumuladas	773

---

continúa...

...continuación

	GI Ejemplo 11: Conciliaciones del patrimonio y del resultado integral total			
	Conciliación del resultado integral total para 20X4			
Nota		PCGA anteriores	Efecto de la transición a las NIIF	NIIF
		u.m.	u.m.	u.m.
	Ingresos de actividades ordinarias	20.910	0	20.910
1,2,3	Costo de ventas	(15.283)	(97)	(15.380)
	Ganancia bruta	5.627	(97)	5.530
6	Otros ingresos	0	180	180
1	Costos de distribución	(1.907)	(30)	(1.937)
1,4	Gastos de administración	(2.842)	(300)	(3.142)
	Ingresos financieros	1.446	0	1.446
	Costos financieros	(1.902)	0	(1.902)
	Ganancia antes de impuestos	422	(247)	175
5	Gastos por el impuesto a las ganancias	(158)	74	(84)
	Ganancia (pérdida) del año	264	(173)	91
7	Cobertura de flujos de efectivo	0	(40)	(40)
8	Impuesto a las ganancias relacionado con otro resultado integral	0	(29)	(29)
	Otro resultado integral	0	(69)	(69)
	Resultado integral total	264	(242)	22

continúa...

...continuación

GI Ejemplo 11: Conciliaciones del patrimonio y del resultado integral total

Notas para la conciliación del resultado integral total para 20X4:

1. Según las NIIF, se ha reconocido un pasivo por pensiones que no había sido reconocido según los PCGA anteriores. El pasivo por pensiones aumentó en 130 u.m. durante 20X4, lo que produjo incrementos en el costo de las ventas (50 u.m.), en los costos de distribución (30 u.m.) y en los gastos de administración (50 u.m.).

2. Al utilizar las NIIF, el costo de las ventas ha aumentado en 47 u.m., puesto que los inventarios incluyen tanto costos indirectos fijos como variables, mientras que con los PCGA anteriores sólo incluían los variables.

3. Según los PCGA anteriores, la depreciación estaba influida por la normativa fiscal, pero según las NIIF refleja la vida útil de los activos. El efecto en el resultado de 20X4 no ha sido significativo.

4. Se reconoció a 1 de enero de 20X4, utilizando los PCGA anteriores, una provisión por reestructuración de 250 u.m., que no cumple los requisitos de reconocimiento según las NIIF hasta el periodo contable terminado el 31 de diciembre de 20X4. Esto hizo aumentar los gastos de administración para 20X4 según las NIIF.

5. Los ajustes 1 a 4 anteriores implican una reducción de 128 u.m. en el gasto por impuestos diferidos.

6. Incremento de valor de los activos financieros al valor razonable con cambios en resultados por 180 durante 20X4. De acuerdo con los PCGA anteriores se llevaban al costo. Los cambios en el valor razonable se han incluido en "Otros ingresos".

7. El valor razonable de los contratos a término en moneda extranjera que están eficazmente cubiertos de transacciones previstas disminuyó en 40 u.m. durante 20X4.

8. Los ajustes 6 y 7 anteriores llevan a un incremento de 29 u.m. en los gastos por impuestos diferidos.

Explicación de los ajustes significativos en el estado de flujos de efectivo para 2004:

Impuestos a las ganancias por importe de 133 u.m., pagados durante 20X4, que fueron incluidos en una categoría separada de flujos de efectivo por impuestos, según los PCGA anteriores, han sido clasificados como flujos de efectivo de las actividades de operación según las NIIF. No existen otras diferencias significativas entre el estado de flujos de efectivo presentado según las NIIF y el presentado según los PCGA anteriores.

NIIF 2 *Pagos Basados en Acciones*

GI64   Se aconseja, pero no se requiere, al adoptante por primera vez, que aplique la NIIF 2 *Pagos Basados en Acciones* a los instrumentos de patrimonio concedidos después del 7 de noviembre de 2002, cuyos derechos se consoliden antes de la fecha más tardía de entre las siguientes (a) la fecha de transición a las NIIF, y (b) el 1 de enero de 2005.

GI65   Por ejemplo, si la fecha de transición para una entidad es el 1 de enero de 2004, aplicará la NIIF 2 a las acciones, opciones sobre acciones u otros instrumentos de patrimonio concedidos que fueran concedidos después del 7 de noviembre de 2002 y cuyos derechos no se hayan consolidado a 1 de enero de 2005. Por el contrario, si la fecha de transición fuera el 1 de enero de 2010, la entidad aplicaría la NIIF 2 a las acciones, opciones sobre acciones u otros instrumentos de patrimonio que hubieran sido concedidos después del 7 de noviembre de 2002 y no se hubieran consolidado a 1 de enero de 2010.

NIC 20 *Contabilización de las Subvenciones del Gobierno e Información a Revelar sobre Ayudas Gubernamentales*

GI66   El párrafo B10 de la NIIF requiere que una entidad que adopta por primera vez las NIIF utilice el importe en libros, según sus PCGA anteriores, de los préstamos del gobierno existentes en la fecha de transición a las NIIF, como el importe en libros de estos préstamos según NIIF en esa fecha. Una entidad que adopta por primera vez las NIIF aplicará la NIC 32 *Instrumentos Financieros: Presentación* para clasificar un préstamo como pasivo financiero o instrumento de patrimonio. Posteriormente, la entidad que adopta por primera vez las NIIF aplicará la NIIF 9 a dicho préstamo. Para hacerlo, la entidad calculará la tasa de interés efectiva comparando el importe en libros del préstamo en la fecha de transición a las NIIF con el importe y calendario de reembolsos esperados al gobierno. El GI Ejemplo 12 ilustra la contabilidad de este préstamo.

[Los párrafos GI66 a GI200 se reservan para posibles guías en normas futuras]

GI Ejemplo 12: Préstamos del gobierno a una tasa de interés por debajo de la de mercado en la fecha de transición a las NIIF

Para incentivar que las entidades amplíen sus operaciones en una zona de desarrollo específica en la que les es difícil obtener financiación para sus proyectos, el gobierno proporciona préstamos a una tasa de interés por debajo de la de mercado para financiar la compra de equipamiento de producción.

La fecha de transición a las NIIF de la Entidad S es el 1 de enero de 20X2.

De acuerdo con el plan de desarrollo, en 20X0 la Entidad S recibe un préstamo a una tasa de interés por debajo de la de mercado del gobierno por 100.000 u.m. Según los PCGA anteriores, la Entidad S contabilizó el préstamo como patrimonio y el importe en libros según los PCGA anteriores fue de 100.000 u.m. en la fecha de transición a las NIIF. El importe reembolsable será de 103.030 u.m. a 1 de enero de 20X5.

No se requieren otros pagos según las condiciones del préstamo y no existen condiciones de desempeño futuras asociadas al préstamo. La información necesaria para medir el valor razonable del préstamo no se obtuvo en el momento de su contabilización inicial.

El préstamo cumple la definición de pasivo financiero de acuerdo con la NIC 32. La Entidad S por ello reclasifica el préstamo del gobierno como un pasivo. También utiliza el importe en libros del préstamo según los PCGA anteriores en la fecha de transición a las NIIF como el importe en libros del préstamo en el estado de situación financiera de apertura según las NIIF. La Entidad S, por ello, reclasifica el importe de 100.000 u.m. de patrimonio a pasivo en el estado de situación financiera de apertura según las NIIF. Para medir el préstamo después de la fecha de transición a las NIIF, la tasa de interés efectiva que comienza el 1 de enero de 20X2 se calcula de la forma siguiente:

$$= \sqrt[3]{\left(\frac{103.030}{100.000}\right)} - 1$$
$$= 0,01$$

continúa...

...continuación

GI Ejemplo 12: Préstamos del gobierno a una tasa de interés por debajo de la de mercado en la fecha de transición a las NIIF			
Los importes en libros del préstamo son los siguientes:			
Fecha	Importe en libros	Gastos financieros	Intereses a pagar
	u.m.	u.m.	u.m.
1 de enero de 20X2	100.000		
31 de diciembre de 20X2	101.000	1.000	1.000
31 de diciembre de 20X3	102.010	1.010	2.010
31 de diciembre de 20X4	103.030	1.020	3.030

Interpretaciones CINIIF

CINIIF 1 *Cambios en Pasivos Existentes por Retiro de Servicio, Restauración y Similares*

GI201 La NIC 16 requiere que el costo de un elemento de propiedad, planta y equipo incluya la estimación inicial de los costos de desmantelamiento y retirada del activo y restaurar el lugar donde estaba localizado. La NIC 37 requiere, tanto inicial como posteriormente, que el pasivo sea medido por el importe requerido para la liquidación de la obligación presente al final del periodo sobre el que se informa, reflejando una tasa de descuento corriente de mercado. [Referencia: párrafos 36 a 52, NIC 37]

GI202 La CINIIF 1 requiere que, bajo determinadas condiciones, cambios en un pasivo existente por desmantelamiento, restauración o similares sean añadidos o deducidos del costo del activo correspondiente. El importe depreciable resultante del activo será depreciado a lo largo de su vida útil y la reversión periódica del descuento sobre el pasivo se reconocerá en resultados según se origine. [Referencia: párrafos 4 a 8, CINIIF 1]

GI203 El párrafo D21 de la NIIF 1 indica una exención transitoria. En lugar de contabilizar retroactivamente los cambios en este sentido, las entidades pueden incluir en el costo depreciado del activo un importe calculado descontando el pasivo en la fecha de transición a las NIIF hasta el momento en el que el pasivo surgió por primera vez y depreciándolo también a partir de dicha fecha. El GI Ejemplo 201 refleja el efecto de aplicar esta exención, asumiendo que la entidad registra su propiedad, planta y equipamiento utilizando el modelo de coste. [Referencia: párrafo 30, NIC 16]

> ### GI Ejemplo 201: Cambios en pasivos existentes por desmantelamiento, restauración y similares
>
> **Antecedentes**
>
> Los primeros estados financieros según las NIIF de una entidad son para un periodo que termina el 31 de diciembre de 20X5 e incluye información comparativa **[Referencia: párrafos 21 y 22]** solo para 20X4. Su fecha de transición a las NIIF, por lo tanto, es el 1 de enero de 20X4.
>
> La entidad adquirió una planta de energía el 1 de enero de 20X1, con una vida de 40 años.
>
> En la fecha de transición a las NIIF, la entidad estima que el costo por desmantelamiento en un plazo de 37 años será 470, y estima que la tasa de descuento ajustada por el riesgo para el pasivo es el 5 por ciento. Considera que la tasa de descuento apropiada no ha cambiado desde el 1 de enero de 20X1.
>
> **Aplicación de los requerimientos**
>
> El pasivo por desmantelamiento reconocido en la fecha de transición es 77 u.m. (470 u.m. descontado 37 años al 5 por ciento). **[Referencia: párrafo D21(a) y párrafos 36 a 52, NIC 37]**
>
> Descontando este pasivo otros tres años más hasta el 1 de enero de 20X1 da un pasivo estimado en la adquisición, a ser incluido en el coste del activo, de 67 u.m. **[Referencia: párrafo D21(b)]** La depreciación acumulada sobre el activo es 67 u.m. x 3/40 = 5 u.m. **[Referencia: párrafo D21(c)]**
>
> Los importes reconocidos en el estado de situación financiera de apertura según las NIIF en la fecha de transición a las NIIF (1 de enero de 2004) son, en resumen:
>
> | | u.m. |
> |---|---:|
> | Costo por desmantelamiento incluido en el coste de la planta | 67 |
> | Depreciación acumulada | (5) |
> | Pasivo por desmantelamiento | (77) |
> | Activo neto/ganancias acumuladas | (15) |

GI204 [Eliminado]
a GI206

Tabla de Concordancias

Esta tabla muestra las correspondencias entre los contenidos de la versión suprimida de la NIIF 1 y su versión revisada.

Párrafos de la NIIF 1 suprimidos	Párrafos de la NIIF 1 revisados
1	1
2	2
3	3
4	4
5	5
6	6
7	7
8	8
9	9
10	10
11	11
12	12
13	D1
14	19
15	Ninguno
16	D5
17	D6
18	D7
19	D8
20	D10
20A	D11
21	D12
22	D13
23	D18
23A	D14
23B	D15
24	D16
25	D17
25A	D19
25B	D2

continúa...

...continuación

Párrafos de la NIIF 1 suprimidos	Párrafos de la NIIF 1 revisados
25C	D3
25D	D4
25E	D21
25F	D9
25G	D20
25H	D22
25I	D23
26	B1
27	B2
27A	B3
28	B4
29	B5
30	B6
31	14
32	15
33	16
34	17
34A	Ninguno
34B	Ninguno
34C	B7
35	20
36	21
36A	Ninguno
36B	Ninguno
36C	Ninguno
37	22
38	23
39	24
40	25
41	26
42	27
43	28
43A	29

continúa...

...continuación

Párrafos de la NIIF 1 suprimidos	Párrafos de la NIIF 1 revisados
44	30
44A	31
45	32
46	33
47	34
47A	Ninguno
47B	Ninguno
47C	Ninguno
47D	Ninguno
47E	Ninguno
47F	Ninguno
47G	35
47H	Ninguno
47I	36
47J	37
47K	38
47L	39
Apéndice A	Apéndice A
Apéndice B	Apéndice C
Ninguno	13, 18, 40

Documentos del IASB publicados para acompañar a la

NIIF 2

Pagos Basados en Acciones

El texto normativo de la NIIF 2 se encuentra en la Parte A de esta edición. El texto de los Fundamentos de las Conclusiones de la NIIF 2 se encuentra en la Parte C de esta edición. Su fecha de vigencia en el momento de la emisión era el 1 de enero de 2005. Esta parte presenta los siguientes documentos:

GUÍA DE IMPLEMENTACIÓN

TABLA DE CONCORDANCIAS

ÍNDICE

Guía de Implementación de la NIIF 2 *Pagos Basados en Acciones*

Esta guía acompaña a la NIIF 2, pero no forma parte de la misma.

Definición de la fecha de concesión

GI1   La NIIF 2 define la fecha de concesión como la fecha en la que la entidad y el empleado (u otra parte que presta un servicio similar) alcanzan un acuerdo con pagos basados en acciones, que se produce cuando la entidad y la contraparte llegan a un entendimiento compartido sobre los plazos y condiciones del acuerdo. En la fecha de concesión, la entidad confiere a la contraparte el derecho a recibir efectivo, otros activos, o instrumentos de patrimonio de la misma, sujeto al cumplimiento, en su caso, de determinadas condiciones para la irrevocabilidad de la concesión. Si ese acuerdo está sujeto a un proceso de aprobación (por ejemplo, por los accionistas), la fecha de concesión es aquélla en la que se obtiene la aprobación.

GI2   Como se destacó anteriormente, la fecha de concesión es cuando ambas partes alcanzan el acuerdo con pagos basados en acciones. La palabra "acordar" se usa en su sentido habitual, que significa que debe haber tanto una oferta como una aceptación de la oferta. Por lo tanto, la fecha en que una parte hace la oferta a otra parte no es la fecha de concesión. La fecha de concesión es cuando la otra parte acepta la oferta. En algunos casos, la contraparte acepta el acuerdo explícitamente, por ejemplo firmando un contrato. En otros casos, el acuerdo puede ser implícito, por ejemplo en muchos acuerdos de pagos basados en acciones con empleados, el acuerdo de los empleados se evidencia cuando comienzan a prestar servicios.

GI3   Además, para que ambas partes hayan aceptado el acuerdo con pagos basados en acciones, ambas partes deben llegar a un entendimiento compartido sobre los términos y condiciones del acuerdo. Por tanto, si alguno de los términos y condiciones del acuerdo se acuerdan en una fecha, y los restantes términos y condiciones se acuerdan en una fecha posterior, la fecha de concesión es la fecha posterior, cuando todos los términos y condiciones han sido acordados. Por ejemplo, si una entidad acuerda emitir opciones sobre acciones a un empleado, pero el precio de ejercicio de las opciones se determinará por un comité de compensación que se reúne cada tres meses, la fecha de concesión será cuando el precio de ejercicio se determine por el comité de compensación.

GI4   En algunos casos, la fecha de concesión puede ser posterior al momento en que los empleados a los que se les han concedido los instrumentos de patrimonio hayan empezado a prestar servicios. Por ejemplo, si una concesión de instrumentos de patrimonio está sujeta a la aprobación de los accionistas, la fecha de concesión puede ser meses después de que los empleados hayan empezado los prestar servicios en relación con dicha concesión. La NIIF requiere que la entidad reconozca los servicios cuando los recibe. En esta situación, la entidad debe estimar el valor razonable de los instrumentos de patrimonio en la fecha de concesión (por ejemplo estimando el valor razonable de los instrumentos de patrimonio al final del periodo sobre el que se informa), con el propósito de reconocer los servicios recibidos durante el periodo entre el comienzo del servicio y la fecha de concesión. Una vez se ha establecido la fecha de concesión, la entidad debe revisar su estimación anterior para que los importes reconocidos por los servicios recibidos en relación con la concesión estén finalmente basados en valor razonable de los instrumentos financieros en la fecha de concesión.

Definición de condiciones para la irrevocabilidad de la concesión

GI4A La NIIF 2 define las condiciones para la irrevocabilidad de la concesión como las condiciones que determinan si la entidad recibe los servicios que dan derecho a la contraparte a recibir efectivo, otros activos o instrumentos de patrimonio de la entidad en un acuerdo con pagos basados en acciones. El siguiente flujograma ilustra la evaluación de si una condición es un servicio o una condición de rendimiento o una condición distinta de las de irrevocabilidad de la concesión.

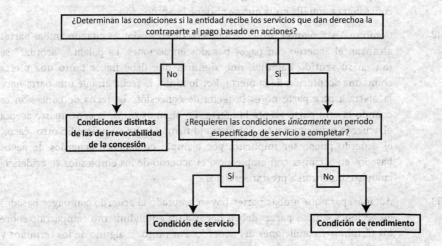

Transacciones con partes que son distintas de los empleados

GI5 Para transacciones con partes distintas a los empleados (y otras que presten servicios similares) que se midan por referencia al valor razonable de los instrumentos de patrimonio concedidos, el párrafo 13 de la NIIF 2 incluye una presunción refutable de que el valor razonable de los bienes o servicios recibidos puede estimarse con fiabilidad. En estas situaciones, el párrafo 13 de la NIIF 2 requiere que la entidad mida dicho valor razonable a la fecha que la entidad obtiene los bienes o la contraparte presta los servicios.

Transacciones en las que la entidad no pueda identificar de forma específica algunos o ninguno de los bienes o servicios recibidos.

GI5A   No obstante, en algunos casos puede ser difícil demostrar que los bienes o servicios han sido (o serán) recibidos. Por ejemplo, una entidad podría donar acciones a una organización no lucrativa sin contraprestación. Generalmente, no será posible identificar los bienes o servicios específicos recibidos a cambio en este tipo de transacciones. Podrían darse situaciones similares en transacciones con terceros.

GI5B   El párrafo 11 de la NIIF 2 requiere que las transacciones en las que los pagos basados en acciones se realicen a empleados, se midan por referencia al valor razonable del pago basado en acciones en la fecha de concesión.[1] Por lo tanto, no se requiere que la entidad mida directamente el valor razonable de los servicios recibidos por parte de los empleados.

GI5C   Debe destacarse que la expresión "el valor razonable de los pagos basados en acciones" se refiere al valor razonable del pago basado en acciones concreto de que se trate. Por ejemplo, una entidad puede ser requerida por la legislación nacional para que emita parte de sus acciones a ciudadanos de un país determinado, y que ellas sólo puedan transferirse a ciudadanos de ese país. Esta restricción en la transferencia puede afectar al valor razonable de las acciones a que se refiere, y por lo tanto esas acciones pueden tener un valor razonable inferior al valor razonable de otras acciones idénticas que no llevan aparejadas tales restricciones. En esta situación, la frase "el valor razonable de los pagos basados en acciones" se referiría al valor razonable de las acciones restringidas, no al valor razonable de otras acciones sin restricciones.

GI5D   El párrafo 13A de la NIIF 2 especifica la forma en que deben medirse estas transacciones. El ejemplo siguiente ilustra la forma en que la entidad debería aplicar los requerimientos de la NIIF a una transacción en la cual la entidad no puede identificar específicamente parte o todos los bienes o servicios recibidos.

---

1   En la NIIF 2, todas las referencias a los empleados se entenderán realizadas a los terceros que suministren servicios similares.

GI Ejemplo 1

Transacciones con pagos basados en acciones en las que la entidad no pueda identificar de forma específica parte o todos los bienes o servicios recibidos.

Antecedentes

Una entidad concedió acciones con un valor razonable total de 100.000 u.m.[a] a partes distintas de sus empleados que pertenecen a un determinado sector de la comunidad (individuos históricamente desfavorecidos), como medio para mejorar su imagen de un buen ciudadano corporativo. Los beneficios económicos derivados de la mejora de su imagen corporativa podrían tomar una variedad de formas, tales como el aumento de su base de clientes, la atracción o conservación de empleados, o la mejora o mantenimiento de su capacidad para realizar ofertas exitosas para contratos de negocio.

La entidad no puede identificar la contraprestación específica recibida. Por ejemplo, no se recibió efectivo alguno y no se impuso la prestación de servicios. Por lo tanto, la contraprestación identificable (nula) es menor que el valor razonable de los instrumentos de patrimonio concedidos (100.000 u.m.).

Aplicación de los requerimientos

Aunque la entidad no puede identificar bienes o servicios específicos recibidos, las circunstancias indican que se han recibido (o serán recibidos) bienes o servicios y, por lo tanto, se aplica la NIIF 2.

En esta situación, dado que la entidad no puede identificar los bienes o servicios específicos recibidos, no se aplica la presunción refutable establecida en el párrafo 13 de la NIIF 2, por la que el valor razonable de los bienes o servicios recibidos puede ser estimado con fiabilidad. En su lugar, la entidad debe medir los bienes o servicios recibidos por referencia al valor razonable de los instrumentos de patrimonio concedidos.

(a) En este ejemplo, y en todos los demás ejemplos de esta guía, los importes monetarios se denominan en "unidades monetarias" (u.m.).

Fecha de medición para transacciones con partes distintas de los empleados

GI6   Si los bienes o servicios se reciben en más de una fecha, la entidad debe medir el valor razonable de los instrumentos de patrimonio concedidos en cada fecha en la que se reciban bienes o servicios. La entidad debe aplicar dicho valor razonable cuando se midan los bienes o servicios recibidos en dicha fecha.

GI7   No obstante, en algunos casos puede utilizarse una aproximación. Por ejemplo, si una entidad recibe servicios de manera continua durante un periodo de tres meses, y el precio de sus acciones no cambia significativamente durante dicho periodo, la entidad puede utilizar el precio promedio de la acción durante el periodo de tres meses cuando estime el valor razonable de los instrumentos de patrimonio concedidos.

Disposiciones transitorias

GI8 En el párrafo 54 de la NIIF 2, se alienta a la entidad, pero no se requiere, que aplique los requerimientos de la NIIF a otras concesiones de instrumentos de patrimonio (es decir, concesiones distintas de las especificadas en el párrafo 53 de la NIIF), si la entidad ha revelado públicamente el valor razonable de dichos instrumentos de patrimonio, medidos a la fecha de medición. Por ejemplo, dichos instrumentos de patrimonio incluyen instrumentos de patrimonio para los cuales la entidad ha revelado en las notas a sus estados financieros la información requerida en Estados Unidos por el SFAS 123 *Contabilización de Compensaciones basadas en Acciones*.

Transacciones con pagos basados en acciones liquidadas mediante instrumentos de patrimonio

GI9 Para las transacciones liquidadas con instrumentos de patrimonio medidas por referencia al valor razonable de los instrumentos de patrimonio concedidos, el párrafo 19 de la NIIF 2 señala que condiciones para la irrevocabilidad de la concesión, distintas de las condiciones referidas al mercado,[2] no se tendrán en cuenta en la estimación del valor razonable de las acciones o de las opciones sobre acciones en la fecha de medición (es decir, fecha de concesión, para transacciones con empleados u otros que presten servicios similares). En cambio, las condiciones para la irrevocabilidad de la concesión se tendrán en cuenta a través del ajuste del número de instrumentos de patrimonio incluidos en la medición del importe de la transacción de forma que, en última instancia, el importe reconocido para los bienes o los servicios recibidos como contrapartida de los instrumentos de patrimonio concedidos se base en el número de instrumentos de patrimonio que eventualmente se consolidarán. Por ello, no se reconocerá ningún importe acumulado por los bienes o servicios recibidos, si los instrumentos de patrimonio concedidos no se consolidan a consecuencia del incumplimiento de alguna condición para la irrevocabilidad de la concesión, por ejemplo, si la contraparte no completa un determinado periodo de prestación de servicios, o no cumple alguna condición relativa al rendimiento. Este método contable se conoce como el método de la fecha de concesión modificada, porque el número de instrumentos de patrimonio incluidos en la determinación del importe de la transacción se ajusta para reflejar el desenlace de las condiciones para la irrevocabilidad de la concesión, pero no se hace un ajuste por el valor razonable de dichos instrumentos de patrimonio. El valor razonable se estima a la fecha de concesión (para transacciones con empleados y otras partes que presten servicios similares) y no se revisa posteriormente. Por lo tanto, no se tienen en cuenta ni incrementos ni decrementos en el valor razonable de los instrumentos de patrimonio después de la fecha de concesión para determinar el importe de la transacción (distintos de los que tienen lugar en el contexto de medición del incremento en el valor razonable transferido si una concesión de instrumentos de patrimonio se modifica posteriormente).

---

2 En el resto de este párrafo, la discusión sobre las condiciones de irrevocabilidad excluye las condiciones de mercado, las cuales están sujetas a los requerimientos del párrafo 21 de la NIIF 2.

GI10   Para aplicar estos requerimientos, el párrafo 20 de la NIIF 2 requiere que la entidad reconozca los bienes o servicios recibidos durante el periodo para la irrevocabilidad de la concesión, basado en la mejor estimación disponible del número de instrumentos de patrimonio que se espere consolidar y revisará esta estimación, si es necesario, si la información posterior indica que el número de instrumentos de patrimonio que se espera consolidar difiera de las estimaciones previas. En la fecha de irrevocabilidad de la concesión, la entidad revisa la estimación para que sea igual al número de instrumentos de patrimonio que finalmente se consolidan (teniendo en cuenta los requerimientos del párrafo 21 referentes a las condiciones de mercado).

GI11   En los siguientes ejemplos, las opciones sobre acciones concedidas se consolidan todas al mismo tiempo, al final del periodo especificado. En algunas situaciones, las opciones sobre acciones u otros instrumentos de patrimonio concedidos pueden consolidarse en varios plazos a lo largo del periodo para la irrevocabilidad de la concesión. Por ejemplo, supongamos que se conceden a un empleado 100 opciones sobre acciones, que se consolidarán en plazos de 25 opciones sobre acciones al final de cada año a lo largo de los próximos cuatro años. Para aplicar los requerimientos de la NIIF, la entidad debe tratar cada plazo como una concesión de opciones sobre acciones independiente, porque cada plazo tiene un periodo para la irrevocabilidad de la concesión diferente, y por tanto el valor razonable de cada plazo diferirá (porque la duración del periodo para la irrevocabilidad de la concesión afecta, por ejemplo, al calendario probable de flujos de efectivo que surgen del ejercicio de las opciones).

GI Ejemplo 1A

Antecedentes

Una entidad concede 100 opciones sobre acciones a sus 500 empleados. Cada concesión está condicionada a que el empleado trabaje para la entidad durante los próximos tres años. **[Nota: es decir, condiciones necesarias para la irrevocabilidad de la concesión es una condición de servicio de tres años—las condiciones de servicio son condiciones no referidas al mercado]** La entidad estima que el valor razonable de cada opción es de 15 u.m.
[Referencia: párrafos 11, 12 y 16 a 19]

Sobre la base del promedio ponderado de probabilidades, la entidad estima que el 20 por ciento de los empleados se irá durante el periodo de tres años y por tanto se anularan sus derechos sobre las opciones sobre acciones.

---

continúa...

...continuación

GI Ejemplo 1A

Aplicación de los requerimientos

Escenario 1

Si todo resulta exactamente como se esperaba, la entidad reconoce los siguientes importes durante el periodo para la irrevocabilidad de la concesión, por los servicios recibidos como contrapartida de las opciones sobre acciones.

Año	Cálculo [Referencia: párrafo 10]	Gasto de la remuneración por periodo	Gasto de la remuneración acumulado
		u.m.	u.m.
1	50.000 opciones × 80% [Referencia: párrafos 19 y 20] × 15 u.m. [Referencia: párrafos 11, 12 y 16 a 19] × $^1/_3$ años [Referencia: párrafo 15(a)]	200.000	200.000
2	(50.000 opciones × 80% × 15 u.m × × $^2/_3$ años) – 200.000 u.m.	200.000	400.000
3	(50.000 opciones × 80% × 15 u.m × $^3/_3$ años) – 400.000 u.m.	200.000	600.000

continúa...

...continuación

GI Ejemplo 1A

Escenario 2

Durante el año 1, se van 20 empleados. La entidad revisa su estimación del total de abandonos de empleados durante el periodo de tres años pasando del 20 por ciento (100 empleados) al 15 por ciento (75 empleados). Durante el año 2, se van otros 22 empleados. La entidad revisa su estimación del total de abandonos de empleados durante el periodo de tres años pasando del 15 por ciento al 12 por ciento (60 empleados). Durante el año 3, se van otros 15 empleados. Por lo tanto, un total de 57 empleados anulan sus derechos de opciones sobre acciones durante el periodo de tres años, y se consolidan un total de 44.300 opciones sobre acciones (443 empleados × 100 opciones por empleado) al final del año 3.

Año	Cálculo [Referencia: párrafo 10]	Gasto de la remuneración por periodo u.m.	Gasto de la remuneración acumulado u.m.
1	50.000 opciones × 85% [Referencia: párrafos 19 y 20] × 15 u.m. [Referencia: párrafos 11, 12 y 16 a 19] × $^{1}/_{3}$ años [Referencia: párrafo 15(a)]	212.500	212.500
2	(50.000 opciones × 88% [Referencia: párrafos 19 y 20] × 15 u.m. × $^{2}/_{3}$ años) – 212.500 u.m.	227.500	440.000
3	(44.300 opciones [Referencia: párrafos 19 y 20] × 15 u.m.) – 440.000 u.m.	224.500	664.500

GI12 En el Ejemplo 1A, las opciones sobre acciones se conceden con la condición de que los empleados completen un periodo de servicio determinado. En algunos casos, una concesión de una opción sobre acción o acción puede estar también condicionada al logro de un objetivo establecido de rendimiento. Los Ejemplos 2, 3 y 4 ilustran la aplicación de la NIIF a concesiones de opciones sobre acciones o acciones con condiciones de rendimiento (distintas de las condiciones referidas al mercado, que se discuten en el párrafo GI 13 y se ilustran en los Ejemplos 5 y 6). En el Ejemplo 2, la duración del periodo para la irrevocabilidad varia, en función de cuando se satisface la condición de rendimiento. El párrafo 15 de la NIIF requiere que la entidad estime la duración esperada del periodo para la irrevocabilidad de la concesión, basándose en el desenlace más probable de la condición de rendimiento, y revisar dicha estimación, si fuera necesario, si información posterior indica que la duración del periodo para la irrevocabilidad de la concesión es probable que difiera de las estimaciones previas.

GI Ejemplo 2

Concesión con condición de rendimiento, en la que varía la duración del periodo para la irrevocabilidad de la concesión.

Antecedentes

Al principio del año 1, la entidad concede 100 acciones a cada uno de sus 500 empleados, a condición de que los empleados permanezcan empleados en la entidad durante el periodo para la irrevocabilidad de la concesión. **[Nota: esta condición necesaria para la irrevocabilidad de la concesión es una condición de servicio—las condiciones de servicio son condiciones no referidas al mercado]** La acciones serán irrevocables al final del año 1 si las ganancias de la entidad se incrementan en más del 18 por cien; al final del año 2 si las ganancias de la entidad aumentan más de un promedio del 13 por ciento al año a lo largo del periodo de dos años; y al final del año 3 si las ganancias de la entidad aumentan más de un promedio de un 10 por ciento al año a lo largo del periodo de tres años. **[Nota: esta condición necesaria para la irrevocabilidad de la concesión es una condición de rendimiento no referida al mercado]** Las acciones tienen un valor razonable de 30 u.m. por acción **[Referencia: párrafos 11, 12 y 16 a 19]** al comienzo del año 1 que equivale al precio de las acciones en la fecha de la concesión. No se espera pagar dividendos a lo largo del periodo de tres años.

Al final del año 1, las ganancias de la entidad han aumentado un 14 por ciento, y 30 empleados se han marchado. La entidad espera que las ganancias continúen aumentando a una tasa similar en el año 2, y por tanto espera que las acciones se consoliden al final del año 2. La entidad espera, a partir de un promedio ponderado de probabilidad, que se vayan otros 30 empleados durante el año 2, y por tanto espera que 440 empleados consolidaren sus 100 acciones cada uno al final del año 2.

Al final del año 2, las ganancias de la entidad han aumentado sólo un 10 por ciento y por tanto las acciones no se han consolidado al final del año 2. Se han marchado 28 empleados a lo largo del año. La entidad espera que otros 25 empleados se marchen a lo largo del año 3, y que las ganancias de la entidad aumenten al menos un 6 por ciento, y por tanto alcancen un promedio del 10 por ciento anual.

Al final del año 3, se han ido 23 empleados y la entidad ha incrementado sus ganancias en un 8 por ciento, dando lugar a un incremento promedio del 10,67 por ciento al año. Por tanto, 419 empleados recibieron las 100 acciones al final del año 3.

continúa...

...continuación

GI Ejemplo 2

Aplicación de los requerimientos

Año	Cálculo [Referencia: párrafo 10]	Gasto de la remuneración por periodo u.m.	Gasto de la remuneración acumulado u.m.
1	440 empleados [Referencia: párrafos 19 y 20] × 100 acciones × 30 u.m. [Referencia: párrafos 11, 12 y 16 a 19] × $^{1}/_{2}$ [Referencia: párrafo 15(b)]	660.000	660.000
2	(417 empleados [Referencia: párrafos 19 y 20] × 100 acciones × 30 u.m. × $^{2}/_{3}$ [Referencia: párrafo 15(b)]) – 660.000 u.m.	174.000	834.000
3	(419 empleados [Referencia: párrafos 19 y 20] × 100 acciones × 30 u.m. × $^{3}/_{3}$ [Referencia: párrafo 15(b)]) – 834.000 u.m.	423.000	1.257.000

GI Ejemplo 3

Concesión con condición de rendimiento, en la que varía el número de instrumentos de patrimonio

Antecedentes

Al principio del año 1, la Entidad A concede opciones sobre acciones a cada uno de sus 100 empleados que trabajan en el departamento de ventas. Las opciones sobre acciones se consolidarán al final del año 3, siempre que el empleado continúe empleado por la entidad y siempre que el volumen de ventas de un producto determinado incremente al menos un promedio de un 5 por ciento al año. Si el volumen de venta del producto aumenta un promedio de entre el 5 por ciento y el 10 por ciento al año, cada empleado recibirá 100 opciones sobre acciones. Si el volumen de ventas aumenta un promedio de entre el 10 por ciento y el 15 por ciento al año cada año, cada empleado recibirá 200 opciones sobre acciones. Si el volumen de ventas aumenta un promedio del 15 por ciento o más, cada empleado recibirá 300 opciones sobre acciones.

[Este pago basado en acciones tiene dos condiciones necesarias para la irrevocabilidad de la concesión. La primera es una condición de servicio de tres años (las condiciones de servicio son condiciones no referidas al mercado). La segunda es una condición de rendimiento no referida al mercado donde el número de opciones que son irrevocables depende del volumen de ventas del producto.]

En la fecha de concesión, la Entidad A estima que las opciones sobre acciones tienen un valor razonable de 20 u.m. la opción. [Referencia: párrafos 11, 12 y 16 a 19] La Entidad A también estima que el volumen de ventas del producto aumentará un promedio de entre el 10 por ciento y el 15 por ciento al año, y por tanto espera que, por cada empleado que permanezca en servicio hasta el final del año 3 se consoliden 200 opciones sobre acciones La Entidad también estima, en base a un promedio ponderado de probabilidad, que el 20 por ciento de los empleados se ira antes del final del año 3.

continúa...

...continuación

GI Ejemplo 3

Al final del año 1, siete empleados se han ido y la entidad espera que un total de 20 empleados se vayan al final del año 3. Por tanto, la entidad espera que 80 empleados continúen en servicio durante el periodo de tres años. Las ventas del producto han aumentado un 12 por ciento y la entidad espera que esta tasa de aumento continúe a lo largo de los próximos 2 años.

Al final del año 2, cinco empleados más se han ido, siendo el total hasta la fecha 12. La entidad ahora espera que sólo se vayan tres empleados más durante el año 3, y por tanto espera que se vayan un total de 15 empleados durante el periodo de tres años, y por tanto espera que permanezcan 85 empleados. Las ventas del producto han aumentado un 18 por ciento, dando lugar hasta la fecha de un promedio superior 15 por ciento durante los dos años. La entidad ahora espera que las ventas alcancen un promedio de un 15 por ciento o más durante el periodo de tres años, y por tanto espera que cada empleado reciba 300 opciones sobre acciones al final del año 3.

Al final del año 3, dos empleados más se han marchado. Por tanto, 14 empleados se han ido a lo largo del periodo de tres años, y 86 permanecen. Las ventas de la entidad han aumentado un promedio del 16 por ciento a lo largo de los tres años. Por lo tanto, cada uno de los 86 empleados recibe 300 opciones sobre acciones.

Aplicación de los requerimientos

Año	Cálculo [Referencia: párrafo 10]	Gasto de la remuneración por periodo u.m.	Gasto de la remuneración acumulado u.m.
1	80 empleados [Referencia: párrafos 19 y 20] × 200 opciones [Referencia: párrafos 19 y 20] × 20 u.m. [Referencia: párrafos 11, 12 y 16 a 19] × $^1/_3$ [Referencia: párrafo 15(a)]	106.667	106.667
2	(85 empleados [Referencia: párrafos 19 y 20] × 300 opciones [Referencia: párrafos 19 y 20] × 20 u.m. × $^2/_3$) − 106.667 u.m.	233.333	340.000
3	(86 empleados [Referencia: párrafos 19 y 20] × 300 opciones [Referencia: párrafos 19 y 20] × 20 u.m. × $^3/_3$) − 340.000 u.m.	176.000	516.000

GI Ejemplo 4

Concesión con condición de rendimiento, en la que varía el precio de ejercicio

Antecedentes

Al principio del año 1, una entidad concede a un alto ejecutivo 10.000 opciones sobre acciones, condicionadas a que el ejecutivo permanezca empleado en la entidad hasta el final de año 3. **[Nota: esta condición necesaria para la irrevocabilidad de la concesión es una condición de servicio—las condiciones de servicio son condiciones no referidas al mercado]** El precio de ejercicio es de 40 u.m. No obstante el precio de ejercicio cae a 30 u.m. si las ganancias de la entidad incrementan al menos en un promedio del 10 por ciento al año a lo largo del periodo de tres años. **[Nota: esta condición necesaria para la irrevocabilidad de la concesión es una condición de rendimiento no referida al mercado]**

En la fecha de concesión **[Referencia: párrafo 11]**, la entidad estima que el valor razonable de las opciones sobre acciones, con un precio de ejercicio de 30 u.m., es 16 u.m. por opción. **[Referencia: párrafos 11, 12 y 16 a 19]** Si el precio de ejercicio es de 40 u.m., la entidad estima que las opciones sobre acciones tienen un valor razonable de 12 u.m. por opción.
[Referencia: párrafos 11, 12 y 16 a 19]

Durante el año 1, las ganancias de la entidad han aumentado un 12 por ciento, y la entidad espera que las ganancias continúen aumentando a esta tasa durante los próximos dos años. La entidad por tanto espera que el objetivo de ganancias se logre, y por tanto que las opciones sobre acciones tengan un precio de ejercicio de 30 u.m.

Durante el año 2, las ganancias de la entidad aumentan un 13 por ciento, y la entidad continua esperando que el objetivo de ganancias se logre.

Durante el año 3, las ganancias de la entidad aumentan sólo un 3 por ciento, y por tanto el objetivo de ganancias no se ha logrado. El ejecutivo completa los tres años de servicio, y por tanto cumple la condición de servicio. Dado que el objetivo de ganancias no se logra, las 10.000 opciones sobre acciones irrevocables tienen un precio de ejercicio de 40 u.m.

Aplicación de los requerimientos

Dado que el precio de ejercicio varía dependiendo del desenlace de la condición de rendimiento que no es una condición referida al mercado, el efecto de la condición de rendimiento (es decir, la posibilidad de que el precio de ejercicio pueda ser 40 u.m. y la posibilidad de que el precio de ejercicio pueda ser 30 u.m.) no se tiene en cuenta cuando se estima el valor razonable de las opciones sobre acciones a la fecha de concesión. En su lugar, la entidad estima el valor razonable de las opciones sobre acciones a la fecha de concesión según cada escenario (es decir, precio de ejercicio de 40 u.m. y precio de ejercicio de 30 u.m.) y en último lugar revisa el importe de la transacción reflejando el desenlace de la condición de rendimiento, como se ilustra a continuación.

continúa...

...continuación

GI Ejemplo 4			
Año	Cálculo [Referencia: párrafo 10]	Gasto de la remuneración por periodo u.m.	Gasto de la remuneración acumulado u.m.
1	10.000 opciones [Referencia: párrafos 19 y 20] × 16 u.m. [Referencia: párrafos 11, 12 y 16 a 19] × $^1/_3$ [Referencia: párrafo 15(a)]	53.333	53.333
2	(10.000 opciones × 16 u.m. [Referencia: párrafos 11, 12 y 16 a 19] × $^2/_3$) − 53.333 u.m.	53.334	106.667
3	(10,000 opciones × 12 u.m. [Referencia: párrafos 11, 12 y 16 a 19] × $^3/_3$) − 106.667 u.m.	13.333	120.000

GI13 El párrafo 21 de la NIIF requiere que las condiciones referidas al mercado, tales como un precio objetivo de la acción al que esté condicionada la irrevocabilidad de la concesión(o su ejercicio), se tengan en cuenta al estimar el valor razonable de los instrumentos de patrimonio concedidos. Por eso, para la concesión de instrumentos de patrimonio con condiciones referidas al mercado, la entidad reconoce los bienes o servicios recibidos de la contraparte que satisfagan el resto de condiciones para la irrevocabilidad de la concesión (por ejemplo, los servicios recibidos de un empleado que permanezca en activo durante el periodo requerido), independientemente de que se cumpla la condición referida al mercado. El ejemplo 5 ilustra estos requerimientos.

GI Ejemplo 5

Concesión con una condición referida al mercado

Antecedentes

Al principio del año 1, una entidad concede a un alto ejecutivo 10.000 opciones sobre acciones, condicionadas a que el ejecutivo permanezca empleado en la entidad hasta el final de año 3. **[Nota: esta condición necesaria para la irrevocabilidad de la concesión es una condición de servicio—las condiciones de servicio son condiciones no referidas al mercado]** Sin embargo, las opciones sobre acciones no podrán ejercitarse a menos que el precio de la acción haya incrementado de 50 u.m. al inicio del año 1 a más de 65 u.m. al final del año 3. **[Nota: esta condición necesaria para la irrevocabilidad de la concesión es una condición de mercado]** Si el precio de la acción está por encima de 65 u.m. al final del año 3, las opciones sobre acciones podrán ejercitarse en cualquier momento durante los próximos siete años, es decir, hasta el final del año 10.

La entidad aplica un modelo de valoración de opciones binomial, que tiene en cuenta la posibilidad de que el precio de la acción exceda 65 u.m. al final del año 3 (y por tanto las opciones sobre acciones sean ejercitables) y la posibilidad de que el precio de la acción no exceda 65 u.m. al final del año 3 (y por tanto las opciones se anulen). Estima que el valor razonable de las opciones sobre acciones con está condición de mercado es de 24 u.m. por opción. **[Referencia: párrafos 11, 12 y 16 a 21]**

Aplicación de los requerimientos

Dado que el párrafo 21 de la NIIF requiere que la entidad reconozca los servicios recibidos de una contraparte que satisfagan el resto de condiciones para la irrevocabilidad de la concesión (por ejemplo, los servicios recibidos de un empleado que permanezca en activo durante el periodo requerido), independientemente de que se cumpla la condición referida al mercado, no crea ninguna diferencia que se alcance o no el precio de acción objetivo. La posibilidad de que el precio de acción objetivo no pueda ser logrado ha sido ya tenida en cuenta para estimar el valor razonable de las opciones sobre acciones a la fecha de concesión. Por tanto, si la entidad espera que el ejecutivo complete el periodo de tres años, y el ejecutivo lo hace, la entidad reconoce los siguientes importes en los años 1, 2 y 3.

continúa...

...continuación

GI Ejemplo 5			
Año	Cálculo [Referencia: párrafo 10]	Gasto de la remuneración por periodo	Gasto de la remuneración acumulado
		u.m.	u.m.
1	10.000 opciones [Referencia: párrafos 19 a 21] × 24 u.m. [Referencia: párrafos 11, 12 y 16 a 21] × $^1/_3$ [Referencia: párrafo 15(a)]	80.000	80.000
2	(10.000 opciones × 24 u.m. × $^2/_3$) − 80.000 u.m.	80.000	160.000
3	(10.000 opciones × 24 u.m.) − 160.000 u.m.	80.000	240.000

Como se destacó anteriormente, estos importes se reconocen independientemente del desenlace de la condición referida al mercado. Sin embargo, si el ejecutivo se va durante el año 2 (o año 3), el importe reconocido durante el año 1 (y año 2) revertirá en el año 2 (o año 3). Esto se debe a que la condición de servicio, a diferencia de la condición referida al mercado, no ha sido tenida en cuenta al estimar el valor razonable de las opciones sobre acciones en la fecha de concesión. En su lugar, la condición de servicio se tiene en cuenta ajustando el importe de la transacción que está basado en el número de instrumentos de patrimonio que se consolidan finalmente, de acuerdo con los párrafos 19 y 20 de la NIIF.

GI14   En el Ejemplo 5, el desenlace de la condición referida al mercado no cambia la duración del periodo para la irrevocabilidad de la concesión. Sin embargo, si la duración del periodo para la irrevocabilidad varía en función de cuando se satisfaga la condición de rendimiento, el párrafo 15 de la NIIF requiere que la entidad presuma que se recibirán en el futuro, a lo largo del periodo necesario para la irrevocabilidad de la concesión, los servicios a prestar por los empleados a cambio de los instrumentos de patrimonio concedidos. Se requiere que la entidad estime la duración del periodo para la irrevocabilidad de la concesiones la fecha de concesión, basándose en el desenlace más probable de la condición de rendimiento. Si el rendimiento se midiese sobre una condición referida al mercado, la estimación de la duración del periodo esperado será congruente con las suposiciones empleadas para estimar el valor razonable de las opciones sobre acciones emitidas, y no se revisa posteriormente. El ejemplo 6 ilustra estos requerimientos.

GI Ejemplo 6

Concesión con condición referida al mercado, en la que varia la duración del periodo para la irrevocabilidad de la concesión.

Antecedentes

Al principio del año 1, la entidad concede 10.000 opciones sobre acciones con una vida de diez años a cada uno de los diez altos ejecutivos. Las opciones sobre acciones se consolidarán y serán ejercitables inmediatamente sí y a partir del momento en que las acciones de la entidad hayan aumentado su precio de 50 u.m. a 70 u.m., **[Nota: esta condición necesaria para la irrevocabilidad de la concesión es una condición de mercado en la que varía la duración del periodo necesario para la irrevocabilidad de la concesión]** siempre que el ejecutivo permanezca en servicio hasta que las acciones hayan alcanzado el precio objetivo. **[Nota: esta condición necesaria para la irrevocabilidad de la concesión es una condición de servicio—las condiciones de servicio son condiciones no referidas al mercado]**

La entidad aplica un modelo de valoración de opciones binomial, que tiene en cuenta la posibilidad de que el precio de acción objetivo sea alcanzado durante el periodo de diez años de las opciones, y la posibilidad de que el objetivo no sea alcanzado. La entidad estima que el valor razonable de las opciones sobre acciones a la fecha de concesión es de 25 u.m. por opción **[Referencia: párrafos 11, 12 y 16 a 21]**. A través del modelo de valoración de opciones, la entidad determina que el modo de distribución de las posibles fechas de irrevocabilidad es de cinco años. En otras palabras, de todos los posibles desenlaces, el desenlace más probable de la condición referida al mercado es que el precio de acción objetivo se alcance al final del año 5. Por tanto, la entidad estima que el periodo esperado de irrevocabilidad de la concesión es cinco años. La entidad también estima que dos ejecutivos se irán al final del año 5, y por tanto espera que se consoliden 80.000 opciones sobre acciones (10.000 opciones sobre acciones × 8 ejecutivos) al final del año 5.

A lo largo de los años 1 a 4 la entidad sigue estimando que un total de dos ejecutivos se marcharan al final del año 5. Sin embargo, se marchan un total de tres ejecutivos, uno en cada uno de los años 3, 4 y 5. El precio de acción objetivo se alcanza al final del año 6. Otro ejecutivo se va a lo largo del año 6, antes de que se alcance el precio de acción objetivo.

continúa...

...continuación

GI Ejemplo 6

Aplicación de los requerimientos

Párrafo 15 **[Referencia: párrafo 15(b)]** de la NIIF requiere que la entidad reconozca los servicios recibidos a lo largo del periodo esperado para la consolidación(irrevocabilidad) de la concesión, estimado en la fecha de concesión, y también requiere que la entidad no revise dicha estimación. Por tanto, la entidad reconoce los servicios recibidos de los ejecutivos a lo largo de los años 1 a 5. Por tanto, el importe de la transacción se basa en último término en 70.000 opciones sobre acciones (10.000 opciones sobre acciones × 7 ejecutivos que siguen en servicio al final del año 5). **[Nota: en efecto el pago basado en acciones se trata como una opción con una condición de mercado y un periodo necesario para la irrevocabilidad de la concesión esperado de cinco años. La duración del periodo para la irrevocabilidad de la concesión no se revisa posteriormente porque es una condición de mercado que afecta a su duración— véase el párrafo 15(b)]**

Aunque otro ejecutivo se va a lo largo del año 6, no se realiza un ajuste, porque el ejecutivo ya ha completado el periodo esperado para la irrevocabilidad de la concesión de cinco años. **[Referencia: párrafo 23]** Por tanto, la entidad reconoce los siguientes importes durante los años 1 a 5.

Año	Cálculo **[Referencia: párrafo 10]**	Gasto de la remuneración por periodo u.m.	Gasto de la remuneración acumulado u.m.
1	80.000 opciones **[Referencia: párrafos 19 a 21]** × 25 u.m. **[Referencia: párrafos 11, 12 y 16 a 21]** × $^1/_5$ **[Referencia: párrafo 15(b)]**	400.000	400.000
2	(80.000 opciones × 25 u.m. × $^2/_5$) – 400.000 u.m.	400.000	800.000
3	(80.000 opciones × 25 u.m. × $^3/_5$) – 800.000 u.m.	400.000	1.200.000
4	(80.000 opciones × 25 u.m. × $^4/_5$) – 1.200.000 u.m.	400.000	1.600.000
5	(70.000 **[Nota: la reducción de 10.000 opciones es como consecuencia de la condición de servicio que no se cumple durante el periodo necesario para irrevocabilidad de la concesión esperado— párrafo FC180]** opciones **[Referencia: párrafos 19 a 20]** × 25 u.m.) – 1.600.000 u.m.	150.000	1.750.000

GI15   Los párrafos 26 a 29 y B42 a B44 de la NIIF establecen requerimientos que se aplican si se revisa el precio de la opción sobre acción (o si de otra forma la entidad modifica los plazos y condiciones del acuerdo con pagos basados en acciones). Los Ejemplos 7 a 9 ilustran algunos de estos requerimientos.

GI Ejemplo 7

Concesión de opciones sobre acciones en las que posteriormente se revisa el precio.

Antecedentes

Al principio del año 1, la entidad concede 100 opciones sobre acciones a cada uno de sus 500 empleados. Cada concesión está condicionada a que los empleados permanezcan en servicio activo los próximos tres años. **[Nota: esta condición necesaria para la irrevocabilidad de la concesión es una condición de servicio—las condiciones de servicio son condiciones no referidas al mercado]** La entidad estima que el valor razonable de cada opción es de 15 u.m. **[Referencia: párrafos 11, 12 y 16 a 19]** En base a un promedio ponderado de probabilidades, la entidad estima que 100 empleados se irán durante el periodo de tres años y por tanto se anularan sus derechos sobre las opciones sobre acciones.

Suponiendo que 40 empleados se van durante el año 1. Suponiendo también que al final del año 1, ha bajado el precio de las acciones de la entidad, y que la entidad ha revisado el precio de sus opciones sobre acciones, **[Referencia: párrafos 26 y 27]** y que las opciones sobre acciones con precio revisado se consolidan al final del año 3. La entidad estima que otros 70 empleados más se irán durante los años 2 y 3, y por tanto espera que se marchen un total de 110 empleados a lo largo del periodo de tres años para la irrevocabilidad de la concesión. Durante el año 2, se marchan otros 35 empleados, y la entidad estima que se irán otros 30 empleados a lo largo del año 3, llegando a un total esperado de abandonos a lo largo del periodo para la irrevocabilidad de la concesión de tres años de 105 empleados. Durante el año 3, se van un total de 28 empleados, y por tanto un total de 103 empleados ha cesado en su empleo a lo largo del periodo para la irrevocabilidad de la concesión hechos. Para los restantes 397 empleados, las opciones sobre acciones se consolidan al final del año 3.

La entidad estima, a la fecha de revisión de precios, que el valor razonable de cada una de las opciones sobre acciones originales concedidas (es decir, antes de tener en cuenta la revisión de precios) es de 5 u.m. y el valor razonable de cada opción sobre acción revisada es de 8 u.m.

continúa...

...continuación

GI Ejemplo 7

Aplicación de los requerimientos

El párrafo 27 de la NIIF requiere que la entidad reconozca los efectos de las modificaciones que aumenten el valor razonable total de los acuerdos sobre pagos basados en acciones o que, en otro caso, sean beneficiosos para los empleados. Si la modificación aumenta el valor razonable del instrumento de patrimonio concedido (por ejemplo, reduciendo el precio de ejercicio), medido inmediatamente antes y después de la modificación, el apartado (a) del párrafo B43 del Apéndice B requiere que la entidad incluya el incremento en el valor razonable concedido (es decir, la diferencia entre el valor razonable del instrumento de patrimonio modificado y el instrumento de patrimonio original, ambos estimados a la fecha de la modificación) en la medición del importe a reconocer por los servicios recibidos como contrapartida los instrumentos de patrimonio concedidos. Si la modificación tiene lugar durante el periodo para la irrevocabilidad de la concesión, el valor razonable incremental concedido se incluirá en la determinación del importe reconocido por los servicios recibidos, a lo largo del periodo que va desde la fecha de modificación hasta la fecha en la que los instrumentos de patrimonio se consolidan, en adición al importe basado en el valor razonable en la fecha de concesión de los instrumentos de patrimonio originales, que son reconocidos a lo largo del periodo restante original para la irrevocabilidad de la concesión.

El valor incremental es de 3 u.m. por opción sobre acción (8 u.m. − 5 u.m.). El importe se reconoce a lo largo de los dos años restantes de periodo para la irrevocabilidad de la concesión, junto con el gasto por remuneración basado en el valor de la opción original de 15 u.m.

continúa...

...continuación

GI Ejemplo 7

Los importes reconocidos en los años 1 a 3 son los siguientes:

Año	Cálculo [Referencia: párrafo 10]	Gasto de la remuneración por periodo u.m.	Gasto de la remuneración acumulado u.m.
1	(500 – 110) empleados [Referencia: párrafos 19 a 20] × 100 opciones × 15 u.m. [Referencia: párrafos 11, 12 y 16 a 19] × $1/_3$ [Referencia: párrafo 15(a)]	195.000	195.000
2	(500 – 105) empleados [Referencia: párrafos 19 y 20] × 100 opciones × (15 u.m. [Referencia: párrafo 27] × $2/_3$ [Referencia: párrafo 27] + 3 u.m. [Referencia: párrafo B43(a)] × $1/_2$ [Referencia: párrafo B43(a)]) – 195.000 u.m.	259.250	454.250
3	(500 – 103) empleados [Referencia: párrafos 19 y 20] × 100 opciones × (15 u.m. + 3 u.m.) – 454.250 u.m.	260.350	714.600

GI Ejemplo 8

Concesión de opciones sobre acciones con una condición para la irrevocabilidad de la concesión que se modifica posteriormente.

Antecedentes

Al inicio del año 1, la entidad concede 1.000 opciones sobre acciones a cada uno de los miembros del equipo de ventas, a condición de que los empleados permanezcan empleados en la entidad durante tres años, [Nota: esta condición necesaria para la irrevocabilidad de la concesión es una condición de servicio] y que el equipo venda más de 50.000 unidades de un producto determinado a lo largo de un periodo de tres años. [Nota: esta condición necesaria para la irrevocabilidad de la concesión es una condición de rendimiento no referida al mercado] El valor razonable de las opciones sobre acciones es de 15 u.m. por opción [Referencia: párrafos 11, 12 y 16 a 19] en la fecha de la concesión.

Durante el año 2, la entidad aumenta el objetivo de venta a 100.000 unidades. [Nota: una modificación de una condición no referida al mercado—véase el párrafo 27] A finales del año 3, la entidad ha vendido 55.000 unidades, y las opciones sobre acciones se anulan. Doce miembros del equipo de ventas han permanecido en servicio durante el periodo de tres años.

continúa...

...continuación

GI Ejemplo 8

Aplicación de los requerimientos

El párrafo 20 de la NIIF requiere, para una condición de rendimiento que no sea una condición referida al mercado, que la entidad reconozca los servicios recibidos durante el periodo para la irrevocabilidad de la concesión, basado en la mejor estimación disponible del número de instrumentos de patrimonio que se espera consolidar y revisará esta estimación, si es necesario, siempre que la información posterior indique que el número de instrumentos de patrimonio que se espere consolidar difiera de las estimaciones previas. En la fecha de irrevocabilidad de la concesión, la entidad revisa la estimación para que sea igual al número de instrumentos de patrimonio que finalmente queden consolidados. Sin embargo, el párrafo 27 de la NIIF requiere que, independientemente de cualquier modificación en los plazos y condiciones sobre los que fueron concedidos los instrumentos de patrimonio, o de la cancelación o liquidación de esa concesión de instrumentos de patrimonio, la entidad reconozca, como mínimo, los servicios recibidos valorados por su valor razonable en la fecha de concesión de los instrumentos de patrimonio concedidos, a menos que esos instrumentos de patrimonio no se consoliden a consecuencia del incumplimiento de alguna condición para la irrevocabilidad de la concesión (distinta de una condición referida al mercado), de las que fueron establecidas en la fecha de concesión. Además, el apartado (c) del párrafo B44 del Apéndice B especifica que, si la entidad modifica las condiciones para la irrevocabilidad de la concesión de forma no beneficiosa para el empleado, la entidad no tendrá en cuenta las condiciones modificadas para la irrevocabilidad de la concesión cuando aplique los requerimientos de los párrafos 19 a 21 de la NIIF.

Por tanto, dado que la modificación de la condición de rendimiento hizo menos probable que las opciones sobre acciones se consolidasen, lo cual no es beneficioso para los empleados, la entidad no tendrá en cuenta la condición de rendimiento modificada cuando reconozca los servicios recibidos. En su lugar, continúa reconociendo los servicios recibidos a lo largo del periodo de tres años a partir de las condiciones originarias para la irrevocabilidad de la concesión. Por tanto, la entidad, en último término, reconoce gastos por remuneración acumulada por 180.000 u.m. a lo largo del periodo de tres años (12 empleados × 1.000 opciones × 15 u.m.).

continúa...

...continuación

GI Ejemplo 8

El mismo resultado se hubiera producido si, en lugar de modificar el objetivo de rendimiento, la entidad hubiese incrementado de tres a diez años el número de años de servicio requeridos para que se consoliden las opciones sobre acciones. Dado que dicha modificación hubiese hecho menos probable que las opciones se hubiesen consolidado, lo que no es beneficioso para los empleados, la entidad no habría tenido en cuenta la condición de servicio modificada al reconocer los servicios recibidos. En su lugar, hubiese reconocido los servicios recibidos de los doce empleados que han permanecido en servicio activo a lo largo del periodo para la irrevocabilidad original de tres años.

GI Ejemplo 9

Concesión de acciones, a la que se añade posteriormente una alternativa de efectivo.

Antecedentes

Al principio del año 1, la entidad concede 10.000 acciones con un valor razonable de 33 u.m por acción a un alto ejecutivo, con la condición de que complete tres años de servicio. **[Nota: es decir, esta condición necesaria para la irrevocabilidad de la concesión es una condición de servicio—las condiciones de servicio son condiciones no referidas al mercado]** Al final del año 2, el precio de las acciones ha caído a 25 u.m. por acción. En dicha fecha, la entidad añade una alternativa de efectivo a la concesión, según la cual el ejecutivo puede elegir entre recibir 10.000 acciones o efectivo que iguale el valor de 10.000 acciones a la fecha de irrevocabilidad de la concesión. El precio de la acción en la fecha de irrevocabilidad de la concesión es de 22 u.m.

Aplicación de los requerimientos

El párrafo 27 de la NIIF requiere que, independientemente de cualquier modificación en los plazos y condiciones sobre los que fueron concedidos los instrumentos de patrimonio, o de la cancelación o liquidación de esa concesión de instrumentos de patrimonio, la entidad reconozca, como mínimo, los servicios recibidos valorados por su valor razonable en la fecha de concesión de los instrumentos de patrimonio concedidos, a menos que esos instrumentos de patrimonio no se consoliden a consecuencia del incumplimiento de alguna condición para la irrevocabilidad de la concesión (distinta de una condición referida al mercado), de las que fueron establecidas en la fecha de concesión. Por tanto, la entidad reconoce los servicios recibidos a lo largo del periodo de tres años, sobre la base del valor razonable de las acciones a la fecha de concesión.

continúa...

...continuación

GI Ejemplo 9

Además, al añadir la alternativa de efectivo al final del año 2 se crea una obligación de liquidar en efectivo. De acuerdo con los requerimientos de transacciones de pagos basados en acciones liquidadas en efectivo (párrafos 30 a 33 de la NIIF), la entidad reconoce la obligación de liquidar en efectivo a la fecha de modificación, a partir del valor razonable de las acciones a la fecha de modificación y en qué medida los servicios especificados han sido recibidos. Además, la entidad volverá a medir el valor razonable del pasivo al final del periodo sobre el que se informa, así como en la fecha de liquidación, llevando cualquier cambio en el valor razonable reconocido al resultado del periodo. Por tanto, la entidad reconoce los siguientes importes:

Año	Cálculo [Referencia: párrafos 10 y 30]	Gasto	Patrimonio	Pasivo
		u.m.	u.m.	u.m.
1	Gasto de la remuneración por año: 10.000 acciones [Referencia: párrafos 19 y 20] × 33 u.m. [Referencia: párrafos 11, 12 y 16 a 19] × 1/3 [Referencia: párrafo 15(a)]	110.000	110.000	
2	Gasto de la remuneración por año: (10.000 opciones × 33 u.m. × 2/3) − 110.000 u.m.	110.000	110.000	
	Reclasificación de patrimonio a pasivo [Referencia: párrafo 42]: 10.000 acciones × 25 u.m. × 2/3		(166.667)	166.667
3	Gasto de la remuneración por año: (10.000 acciones × 33 u.m. × 3/3) [Referencia: párrafo 27] − 220.000 u.m.	110.000[a]	26.667	83.333
	Ajuste del pasivo al valor razonable de cierre: [Referencia: párrafos 30 a 33] (166.667 u.m. + 83.333 u.m.) − (22 u.m. × 10.000 acciones)	(30.000)		(30.000)
	Total	300.000	80.000	220.000

(a) La distribución entre pasivos y patrimonio, que genera un pasivo en el último tercio se basa en el valor razonable de las acciones a la fecha de modificación.

GI15A   Si un pago basado en acciones tiene una condición distinta a la necesaria para la irrevocabilidad de la concesión que la contraparte puede elegir no cumplir y la contraparte no cumple dicha condición durante el periodo para la irrevocabilidad de la concesión, el párrafo 28A de la NIIF requiere que ese evento se trate como una cancelación. El ejemplo 9A ilustra la contabilización de este tipo de eventos.

GI Ejemplo 9A

Pago basado en acciones con condiciones para la irrevocabilidad de la concesión y condiciones distintas de las de irrevocabilidad de la concesión cuando la contraparte puede elegir si cumple o no la condición distinta de las de irrevocabilidad de la concesión.

Antecedentes

Una entidad concede a un empleado la oportunidad de participar en un plan en el que el empleado obtiene opciones sobre acciones si está de acuerdo en ahorrar el 25 por ciento de su salario mensual de 400 u.m. por un periodo de tres años. Los pagos mensuales se hacen por deducción del salario del empleado. El empleado puede utilizar los ahorros acumulados para ejercer sus opciones al final de los tres años, o tomar un reembolso de sus contribuciones en cualquier momento durante el periodo de tres años. El gasto anual estimado para el acuerdo con pagos basados en acciones es de 120 u.m.

Después de 18 meses, el empleado deja de pagar contribuciones al plan y toma un reembolso de las contribuciones pagadas hasta la fecha de 1.800 u.m.

Aplicación de los requerimientos

Existen tres componentes en este plan: el salario pagado, la deducción del salario pagado al plan de ahorro y el pago basado en acciones. La entidad reconocerá un gasto con respecto a cada componente y el incremento en el pasivo o patrimonio que corresponda cuando sea apropiado. El requerimiento de pagar contribuciones al plan es una condición distinta a la necesaria para la irrevocabilidad de la concesión, que el empleado elige no cumplir en el segundo año. Por ello, de acuerdo con los párrafos 28(b) y 28A de la NIIF, el reembolso de contribuciones se trata como una extinción del pasivo y el cese de las contribuciones en el año 2 se trata como una cancelación.

continúa...

...continuación

GI Ejemplo 9A

AÑO 1	Gasto	Efectivo	Pasivo	Patrimonio
	u.m.	u.m.	u.m.	u.m.
Salario pagado	3.600 (75% × 400 × 12)	(3.600)		
Deducción salarial pagada al plan de ahorros	1.200 (25% × 400 × 12)		(1.200)	
Pagos basados en acciones	120			(120)
Total	4.920	(3.600)	(1.200)	(120)
AÑO 2				
Salario pagado	4.200 (75% × 400 × 6 + 100% × 400 × 6)	(4.200)		
Deducción salarial pagada al plan de ahorros	600 (25% × 400 × 6)		(600)	
Reembolso de contribuciones al empleado		(1.800)	1.800	
Pagos basados en acciones (aceleración de los gastos restantes)	240 (120 × 3 – 120)			(240)
Total	5.040	(6.000)	1.200	(240)

GI16   El párrafo 24 de la NIIF requiere que, sólo en casos excepcionales, en los que la NIIF requiere que la entidad mida una transacción con pagos basados en acciones liquidada con instrumentos de patrimonio por referencia al valor razonable del instrumento concedido, pero la entidad no sea capaz de estimar fiablemente el valor razonable a la fecha de medición especificada (por ejemplo la fecha de concesión para transacciones con los empleados), la entidad deberá en su lugar medir la transacción usando un método de medición de valor intrínseco. El párrafo 24 también contiene requerimientos sobre cómo aplicar este método. El siguiente ejemplo ilustra estos requerimientos.

GI Ejemplo 10

Concesión de opciones sobre acciones que se contabilizan aplicando el método del valor intrínseco.

Antecedentes

Al principio del año 1, la entidad concede 1.000 opciones sobre acciones a 50 empleados. Las opciones sobre acciones se consolidan al final del tercer año 3, siempre que el empleado continúe en servicio hasta entonces. **[Nota: esta condición necesaria para la irrevocabilidad de la concesión es una condición de rendimiento no referida al mercado]** Las opciones sobre acciones tienen una vida de 10 años. El precio de ejercicio es de 60 u.m. y el precio de la acción de la entidad a la fecha de concesión también es de 60 u.m.

En la fecha de concesión, la entidad llega a la conclusión de que no puede estimar fiablemente el valor razonable de las opciones sobre acciones concedidas. **[Referencia: párrafo 24]**

Al final de año 1, tres empleados han dejado su empleo y la entidad estima que otros siete se marchen durante los años 2 y 3. Por tanto, la entidad estima que el 80 por ciento de las opciones sobre acciones se consoliden.

Dos empleados se marchan durante el año 2, la entidad revisa su estimación del número de opciones sobre acciones que se consolidarán que pasa a ser un 86 por ciento.

Dos empleados se van durante el año 3. Por tanto, se consolidan al final del año 3, 43.000 opciones sobre acciones.

El precio de la acción de la entidad durante los años 1 a 10, y el número de opciones sobre acciones ejercitadas en los años 4 a 10, aparecen establecidos a continuación. Las opciones sobre acciones que se ejercitaron durante un año en particular se ejercitaron todas al final de dicho año.

Año	Precio de la acción al final del año	Número de opciones sobre acciones ejercitadas al final del año
1	63	0
2	65	0
3	75	0
4	88	6.000
5	100	8.000
6	90	5.000
7	96	9.000
8	105	8.000
9	108	5.000
10	115	2.000

continúa...

...continuación

GI Ejemplo 10

Aplicación de los requerimientos

De acuerdo con el párrafo 24 de la NIIF, la entidad reconocerá los siguientes importes en los años 1 a 10.

Año	Cálculo [Referencia: párrafo 24]	Gasto por periodo u.m.	Gastos acumulados u.m.
1	50.000 opciones × 80% **[Referencia: párrafo 24(b)]** × (63 u.m. − 60 u.m.) **[Referencia: párrafo 24(a)]** × $^1/_3$ años **[Referencia: párrafo 24(b)]**	40.000	40.000
2	50.000 opciones × 86% **[Referencia: párrafo 24(b)]** × (65 u.m. − 60 u.m.) **[Referencia: párrafo 24(a)]** × $^2/_3$ años) − 40.000 u.m.	103.333	143.333
3	43.000 opciones × (75 u.m. − 60 u.m.) − 143.333 u.m.	501.667	645.000
4	37.000 opciones existentes × (88 u.m. − 75 u.m.) **[Referencia: párrafo 24(a)]** + 6.000 opciones ejercitadas × (88 u.m. − 75 u.m.) **[Referencia: párrafo 24(a)]**	559.000	1.204.000
5	29.000 opciones existentes × (100 u.m. − 88 u.m.) + 8.000 opciones ejercitadas × (100 u.m. − 88 u.m.)	444.000	1.648.000
6	24.000 opciones existentes × (90 u.m. − 100 u.m.) + 5.000 opciones ejercitadas × (90 u.m. − 100 u.m.)	(290.000)	1.358.000
7	15.000 opciones existentes × (96 u.m. − 90 u.m.) + 9.000 opciones ejercitadas × (96 u.m. − 90 u.m.)	144.000	1.502.000
8	7.000 opciones existentes × (105 u.m. − 96 u.m.) + 8.000 opciones ejercitadas × (105 u.m. − 96 u.m.)	135.000	1.637.000
9	2.000 opciones existentes × (108 u.m. − 105 u.m.) + 5.000 opciones ejercitadas × (108 u.m. − 105 u.m.)	21.000	1.658.000
10	2.000 opciones ejercitadas × (115 u.m. − 108 u.m)	14.000	1.672.000

GI17 Existen muchos tipos de planes para empleados de acciones y de opciones sobre acciones. El siguiente ejemplo ilustra la aplicación de la NIIF 2 a un tipo particular de plan, un plan de compra de acciones de los empleados. Habitualmente, un plan de compra de acciones de los empleados da a los empleados la oportunidad de comprar acciones de la entidad a un precio con descuento. Los plazos y condiciones según los cuales operan los planes de compra de acciones de los empleados difieren de un país a otro. Lo que significa, que no sólo hay muchos tipos distintos de planes para empleados de acciones y de opciones sobre acciones, sino que también hay muchos planes diferentes de compra de acciones de los empleados. Por tanto, el siguiente ejemplo ilustra la aplicación de la NIIF 2 a un plan específico de compra de acciones de los empleados.

GI Ejemplo 11

Planes de opciones sobre acciones para los empleados

Antecedentes

Una entidad ofrece a sus 1.000 empleados la oportunidad de participar en un plan de compra de acciones para los empleados. Los empleados tienen dos semanas para decidir si aceptan o no la oferta. Según los plazos y condiciones del plan, los empleados tienen derecho a comprar un máximo de 100 acciones cada uno. El precio de compra será un 20 por ciento menos que el precio de mercado de las acciones de la entidad en la fecha que se acepte la oferta, y el precio de compra debe pagarse inmediatamente después de aceptar la oferta. Todas las acciones compradas deben mantenerse en fideicomiso para los empleados, y no pueden venderse durante cinco años. No se permite que los empleados se retiren del plan durante dicho periodo. Por ejemplo, aunque un empleado abandone su empleo durante el periodo de cinco años, las acciones deben mantenerse, no obstante, en el plan hasta que finalice el periodo de cinco años. Cualquier dividendo pagado durante el periodo de cinco años se mantendrá en fideicomiso para los empleados hasta el final del periodo de cinco años.

En total, 800 empleados aceptan la oferta y cada empleado compra, en promedio, 80 acciones, es decir, los empleados compran un total de 64.000 acciones. El precio de mercado promedio ponderado de las acciones a la fecha de compra es de 30 u.m por acción, y el precio medio ponderado de compra es de 24 u.m. por acción.

continúa...

...continuación

GI Ejemplo 11

Aplicación de los requerimientos

Para las transacciones con empleados, la NIIF 2 requiere que el importe de la transacción se mida por referencia al valor razonable de los instrumentos de patrimonio concedidos (NIIF 2, párrafo 11). Para aplicar este requerimiento, primero es necesario determinar el tipo de instrumento de patrimonio concedido a los empleados. Aunque el plan se describe como un plan de compra de acciones para los empleados (PCAE), algunos PCAE incluyen características de opción y por tanto, en realidad, son planes de opciones sobre acciones. Por ejemplo, un PCAE puede incluir una "característica de retroactividad", según la cual el empleado puede comprar las acciones con descuento, y elegir entre que el descuento se aplique al precio de la acción a la fecha de concesión o al precio de la acción a la fecha de compra. O un PCAE puede especificar el precio de compra, y permitir que los empleados decidan si participar o no en el plan durante un periodo amplio de tiempo. Otro ejemplo de característica de opción en un PCAE es que se permita a los empleados que participan cancelar su participación antes o al final del periodo especificado y obtener el reembolso de los importes previamente pagados en el plan.

No obstante, en este ejemplo, el plan no incluye características de opción. El descuento se aplica al precio de la acción a la fecha de compra, y los empleados no pueden abandonar el plan.

Otro factor a considerar es el efecto de restricciones posteriores al periodo para la irrevocabilidad de la concesión, si las hay. En el párrafo B3 de la NIIF 2 se establece que, si las acciones están sujetas a restricciones que afectan a su transmisibilidad con posterioridad a la fecha de irrevocabilidad de la concesión, ese hecho debe tenerse en cuenta al estimar el valor razonable de las acciones, pero sólo en la medida en que las restricciones posteriores al periodo para la irrevocabilidad de la concesión afecten al precio que pagaría por dicha acción un sujeto independiente y bien informado. Por ejemplo, si las acciones cotizan activamente en un mercado líquido y profundo, las restricciones de transmisibilidad posteriores a la fecha de irrevocabilidad de la concesión pueden tener escaso o ningún efecto en el precio que el sujeto independiente e informado pagaría por esas acciones.

continúa...

...continuación

GI Ejemplo 11

En este ejemplo, las acciones se consolidan cuando se compran, pero no se pueden vender durante los cinco años posteriores a la compra. Por tanto, la entidad debe considerar la valoración del efecto de la restricción de transmisibilidad posterior al periodo para la irrevocabilidad del derecho de cinco años. Esto implica utilizar una técnica de valoración para estimar cual habría sido el precio de la acción restringida en la fecha de compra en una transacción realizada en condiciones de independencia mutua entre partes interesadas y debidamente informadas. Supongamos que, en este ejemplo, la entidad estima que el valor razonable de cada acción restringida es de 28 u.m. En este caso, el valor razonable del instrumento de patrimonio concedido es de 4 u.m por acción (siendo el valor razonable de la acción restringida de 28 u.m. menos el precio de compra de 24 u.m.). Dado que se compraron 64.000 acciones, el valor razonable total de los instrumentos de patrimonio concedidos es de 256.000 u.m.

En este ejemplo, no hay periodo para la irrevocabilidad de la concesión. Por lo tanto, de acuerdo con el párrafo 14 de la NIIF 2, la entidad debe reconocer un gasto de 256.000 u.m. inmediatamente.

No obstante, en algunos casos, el gasto relacionado con un PCAE puede no ser material o significativo. La NIC 8 *Políticas Contables, Cambios en las Estimaciones Contables y Errores* establece que las políticas contables de las NIIF no necesitan ser aplicadas cuando el efecto de su aplicación no es material o significativo (NIC 8, párrafo 8). La NIC 1 *Presentación de Estados Financieros* establece que la información es material o tiene importancia relativa si su omisión o expresión inadecuada puede influir sobre decisiones que los usuarios principales de los informes financieros con propósito general adoptan a partir de esos informes, que proporcionan información financiera sobre una entidad que informa específica. La materialidad o con importancia relativa depende de la naturaleza o magnitud de la información, o de ambas. Una entidad evalúa si la información, individualmente o en combinación con otra información, es material o con importancia relativa en el contexto de sus estados financieros tomados como un todo (párrafo 7, NIC 1). Por lo tanto, en este ejemplo, la entidad debe considerar si el gasto de 256.000 u.m. es material.

Transacciones con pagos basados en acciones liquidadas en efectivo

GI18   Los párrafos 30 a 33 de la NIIF establecen requerimientos para transacciones en las que una entidad adquiere bienes o servicios e incurre en pasivos con el suministrador de dichos bienes o servicios por importes basados en el precio de las acciones de la entidad o de otros instrumentos de patrimonio. Se requiere que la entidad reconozca inicialmente los bienes y servicios adquiridos, y el pasivo derivado de la obligación de pagar dichos bienes y servicios, cuando la entidad obtiene los bienes o se prestan los servicios, medidos al valor razonable del pasivo. A partir de ese momento, y hasta que se liquide el pasivo, se requiere que la entidad reconozca los cambios en el valor razonable de la obligación.

GI19 Por ejemplo, la entidad podría conceder a los empleados derechos sobre la revalorización de las acciones como parte de su remuneración, por lo cual los empleados adquirirán el derecho a un pago futuro de efectivo (más que el derecho a un instrumento de patrimonio), que se basará en el incremento del precio de la acción de la entidad a partir de un determinado nivel, a lo largo de un periodo de tiempo determinado. Si los derechos sobre la revalorización de acciones no fuesen consolidados hasta que los empleados hayan completado un determinado periodo de servicio, la entidad reconoce los servicios recibidos, y el pasivo derivado de la obligación de pago, a medida que los empleados presten sus servicios durante el periodo de tiempo correspondiente. El pasivo se mide, inicialmente y al final de cada periodo sobre el que se informa, hasta su liquidación, al valor razonable de los derechos sobre la revaluación de las acciones de acuerdo con los párrafos 30 a 33D de la NIIF 2. Los cambios en el valor razonable se reconocerán en resultados. Por tanto, si el importe reconocido por los servicios recibidos fue incluido en el importe en libros de un activo reconocido en el estado de situación financiera de la entidad (por ejemplo, inventarios), el importe en libros de dicho activo no se ajusta por los efectos en la revisión de la medición del pasivo. El Ejemplo 12 ilustra estos requerimientos para una transacción con pagos basados en acciones que se liquidan en efectivo que está sujeta a una condición de servicio. El Ejemplo 12A ilustra estos requerimientos para una transacción con pagos basados en acciones que se liquidan en efectivo que está sujeta a una condición de rendimiento.

GI Ejemplo 12

Antecedentes

Una entidad concede 100 derechos sobre revalorización de acciones (DRA) en efectivo a cada uno de sus 500 empleados, con la condición de que permanezcan empleados durante los próximos tres años. **[Nota: un pago basado en acciones que se liquidan en efectivo]**

Durante el año 1, se van 35 empleados. La entidad estima que otros 60 se Irán durante los años 2 y 3. Durante el año 2, se marchan 40 empleados y la entidad estima que otros 25 se marchen durante el tercer año. Durante el año 3, se van 22 empleados. Al final del año 3, 150 empleados ejercitan su DRA, otros 140 empleados ejercitan su DRA al final del año 4 y los 113 empleados restantes ejercitan su DRA al final del año 5.

La entidad estima, tal como se muestra a continuación, el valor razonable de los DRA al final de cada año en el que existe un pasivo. Al final del año 3, se consolidan todos los DRA mantenidos por los empleados que restan. Los valores intrínsecos de los DRA a la fecha de ejercicio (igualan lo que se paga el efectivo) al final de los años 3, 4 y 5 también se muestran a continuación.

continúa...

...continuación

GI Ejemplo 12

Año		Valor razonable	Valor intrínseco
1		14,40 u.m.	
2		15,50 u.m.	
3		18,20 u.m.	15,00 u.m.
4		21,40 u.m.	20,00 u.m.
5			25,00 u.m.

Aplicación de los requerimientos

Año	Cálculo [Referencia: párrafos 30 a 33]	Gasto u.m.	Pasivo u.m.
1	(500 – 95) empleados × 100 DRA × 14,40 u.m. [Referencia: párrafos 33] × $^1/_3$	194.400	194.400
2	(500 – 100) empleados × 100 DRA × 15,50 u.m. [Referencia: párrafos 33] × $^2/_3$ – 194.400 u.m.	218.933	413.333
3	(500 – 97 – 150) empleados × 100 DRA × 18,20 u.m. – 413.333 u.m.	47.127	460.460
	+ 150 empleados × 100 DRA × 15,00 u.m.	225.000	
	Total	272.127	
4	(253 – 140) empleados × 100 DRA × 21,40 u.m – 460.460 u.m.	(218.640)	241.820
	+ 140 empleados × 100 DRA × 20,00 u.m.	280.000	
	Total	61.360	
5	0 u.m. – 241.820 u.m.	(241.820)	0
	+ 113 empleados × 100 DRA × 25,00 u.m.	282.500	
	Total	40.680	
	Total	787.500	

GI Ejemplo 12A

Antecedentes

Una entidad concede 100 derechos sobre la revaluación de las acciones (DRA) que se liquidan en efectivo a cada uno de sus 500 empleados con la condición de que se mantengan en sus empleos en los próximos tres años **[es decir, un pago basado en acciones que se liquida en efectivo]** y que la entidad alcance un objetivo de ingresos de actividades ordinarias (1.000 millones de u.m. en ventas) al final de año 3. La entidad espera que todos los empleados se mantengan en su empleo.

Por simplicidad, este ejemplo supone que ninguna de las compensaciones del empleado cumple los requisitos para la capitalización como parte del costo de un activo.

Al final del Año 1, la entidad espera que el objetivo del ingreso de actividades ordinarias no se logrará al final del Año 3. Durante el Año 2, los ingresos de actividades ordinarias de la entidad se incrementan de forma significativa y espera que continuarán creciendo. Por consiguiente, al final del Año 2, la entidad espera que el objetivo del ingreso de actividades ordinarias se logrará al final del Año 3.

Al final del Año 3, el objetivo de ingresos de actividades ordinarias se logra y 150 empleados ejercen sus DRA. Otros 150 empleados ejercitan su DRA al final del Año 4 y los 200 empleados restantes ejercitan su DRA al final del año 5.

Con el uso de un modelo de valoración de opciones, la entidad estima el valor razonable de los DRA, al final de cada año hasta que se cancelan todos los pagos basados en acciones que se liquidan en efectivo, ignorando la condición del objetivo de rendimiento de ingresos de actividades ordinarias y de servicio de empleado. Al final del Año 3, todos los DRA pasan a ser irrevocables. La tabla siguiente muestra el valor razonable estimado de los DRA al final de cada año y los valores intrínsecos de los DAR en la fecha de ejercicio (que iguala el efectivo pagado).

Año	Valor razonable de un DRA	Valor intrínseco de un DRA
1	14,40 u.m.	–
2	15,50 u.m.	–
3	18,20 u.m.	15,00 u.m.
4	21,40 u.m.	20,00 u.m.
5	25,00 u.m.	25,00 u.m.

continúa...

...continuación

GI Ejemplo 12A

Aplicación de los requerimientos

	Número de empleados que se espera que satisfagan la condición de servicio	Mejor estimación de si se alcanzará el objetivo de ingresos de actividades ordinarias
Año 1	500	No
Año 2	500	Sí
Año 3	500	Sí

Año	Cálculo	Gasto u.m.	Pasivo u.m.
1	DRA que no se espera que pasen a ser irrevocables: no se reconoce gasto	–	–
2	DRA que se espera que pasen a ser irrevocables: 500 empleados × 100 DRA × 15,50 u.m. × $^2/_3$	516.667	516.667
3	(500 – 150) empleados × 100 DRA × 18,20 u.m. × $^3/_3$ – 516.667 u.m.	120.333	637.000
	+ 150 empleados × 100 DRA × 15,00 u.m.	225.000	
	Total	345.333	
4	(350 – 150) empleados × 100 DRA × 21,40 u.m. – 637.000 u.m.	(209.000)	428.000
	+ 150 empleados × 100 DRA × 20,00 u.m.	300.000	
	Total	91.000	
5	(200 – 200) empleados × 100 DRA × 25,00 u.m – 428.000 u.m.	(428.000)	–
	+ 200 empleados × 100 DRA × 25,00 u.m.	500.000	
	Total	72.000	
	Total	1.025.000	

Transacciones con pagos basados en acciones con una característica de liquidación por el neto por causa de obligaciones fiscales de retener

GI19A   Los párrafos 33E y 33F requieren que una entidad clasifique un acuerdo en su totalidad como una transacción con pagos basados en acciones que se liquidan con instrumentos de patrimonio si hubiera sido clasificada así en ausencia de una característica de liquidación por el neto que obliga a la entidad a retener un importe por una obligación fiscal del empleado asociada con un pago basado en acciones. La entidad transfiere ese importe, normalmente en efectivo, a la autoridad fiscal en nombre del empleado. El ejemplo 12B ilustra estos requerimientos.

GI Ejemplo 12B

Antecedentes

La legislación fiscal de la jurisdicción X requiere que las entidades retengan un importe de la obligación fiscal de un empleado asociada con un pago basado en acciones y transferir ese importe en efectivo a una autoridad fiscal en nombre del empleado.
[Referencia: párrafos 33E a 33G]

El 1 de enero de 20X1 una entidad en la jurisdicción X concede un incentivo de 100 acciones a un empleado; ese incentivo está condicionado a que se completen cuatro años de servicio. La entidad espera que el empleado completará el periodo de servicio. Por simplicidad, este ejemplo supone que ninguna de las compensaciones del empleado cumple los requisitos para la capitalización como parte del costo de un activo.

Los términos y condiciones del acuerdo con pagos basados en acciones requieren retener acciones de la liquidación del incentivo a su empleado para liquidar la obligación fiscal del empleado (que es, el acuerdo con pagos basados en acciones tiene una "característica de liquidación por el neto"). Por consiguiente, la entidad liquida la transacción sobre una base neta, reteniendo el número de acciones con un valor razonable igual al valor monetario de la obligación fiscal del empleado y emitiendo las acciones restantes para el empleado en el momento de conclusión del periodo para la irrevocabilidad de la concesión.

La obligación fiscal del empleado asociada con el incentivo se calcula sobre la base del valor razonable de las acciones en la fecha de irrevocabilidad de la concesión. La tasa fiscal del empleado aplicable es del 40 por ciento.

En la fecha de la concesión, el valor razonable de cada acción es de 2 u.m. El valor razonable de cada acción a 31 de diciembre de 20X4 es de 10 u.m.

El valor razonable de las acciones en la fecha de irrevocabilidad de la concesión es de 1.000 u.m. (100 acciones × 10 u.m. por acción) y, por ello, la obligación fiscal del empleado es de 400 u.m. (100 acciones × 10 u.m. x 40%). Por consiguiente, en la fecha de irrevocabilidad de la concesión, la entidad emite 60 acciones para el empleado y retiene 40 acciones (400 u.m. = 40 acciones × 10 u.m. por acción). La entidad paga el valor razonable de las acciones retenidas en efectivo a la autoridad fiscal en nombre del empleado. En otras palabras, es como si la entidad hubiera emitido la totalidad de las 100 acciones cuyos derechos son irrevocables para el empleado y, al mismo tiempo, hubiera recomprado 40 acciones a su valor razonable.

continúa...

...continuación

GI Ejemplo 12B

Aplicación de los requerimientos

		Dr.	Cr.	Cr.
		Gasto	Patrimonio	Pasivo
Año	Cálculo	u.m.	u.m.	u.m.
1	100 acciones × 2 u.m. × $^1/_4$	50	(50)	–
2	(100 acciones × 2 u.m. × $^2/_4$ – 50 u.m.	50	(50)	–
3	100 acciones × 2 u.m. × $^3/_4$ – (50 u.m. + 50 u.m.)	50	(50)	–
4	100 acciones × 2 u.m. × $^4/_4$ – (50 u.m. + 50 u.m. + 50 u.m.)	50	(50)	–
	Total	200	(200)	

Los registros del diario por la entidad son de la forma siguiente:

Durante el periodo para la irrevocabilidad de la concesión

Gasto de compensación acumulado reconocido a lo largo del periodo para la irrevocabilidad de la concesión

Dr Gasto   200

   Cr Patrimonio   200

Reconocimiento del pasivo por impuestos[a]

Dr Patrimonio   400

   Cr Pasivo   400

Liquidación de la obligación fiscal

Efectivo pagado a la autoridad fiscal en nombre del empleado en la fecha de la liquidación

Dr Pasivo   400

   Cr Efectivo   400

(a) La entidad está considerando revelar una estimación del importe que espera transferir a la autoridad fiscal al final de cada periodo sobre el que se informa. La entidad revela esta información cuando determina que esta información es necesaria para informar a los usuarios sobre los efectos de los flujos de efectivo asociados con el pago basado en acciones. **[Referencia: párrafo 52]**

Contabilización de una modificación de una transacción con pagos basados en acciones que cambia su clasificación de liquidada en efectivo a liquidada con instrumentos de patrimonio

GI19B   El ejemplo siguiente ilustra la aplicación de los requerimientos de los párrafo B44A de la NIIF 2 a una modificación de los términos y condiciones de una transacción con pagos basados en acciones que se liquida en efectivo que pasa a ser una transacción con pagos basados en acciones que se liquida con instrumentos de patrimonio.

GI Ejemplo 12C

Antecedentes

En 1 de enero de 20X1 una entidad concede 100 derechos sobre la revaluación de las acciones (DRA) que se liquidarán en efectivo para cada uno de los 100 empleados sobre la condición de que los empleados permanecerán empleados por los próximos cuatro años. **[Nota: un pago basado en acciones que se liquidan en efectivo]**

El 31 de diciembre de 20X1 la entidad estima que el valor razonable de cada uno de los DRA es de 10 u.m. y por consiguiente, el valor razonable total del incentivo liquidado es de 100.000 u.m. El 31 de diciembre de 20X2 el valor razonable estimado de cada uno de los DRA es de 12 u.m. y por consiguiente, el valor razonable total del incentivo liquidado en efectivo es de 120.000 u.m.

El 31 de diciembre de 20X2 la entidad cancela los DRA y, en su lugar, concede 100 opciones sobre acciones a cada empleado sobre la condición que cada trabajador permanece en su empleo por los próximos dos años. Por ello, el periodo para la irrevocabilidad de la concesión original no se cambia. En esta fecha el valor razonable de cada una de las opciones sobre acciones es de 13,20 u.m. y por consiguiente, el valor razonable total de la nueva concesión es de 132.000 u.m. Se espera que todos los empleados cumplan, en última instancia, el servicio requerido. **[Referencia: párrafo B44A]**

Por simplicidad, este ejemplo supone que ninguna de las compensaciones del empleado cumple los requisitos para la capitalización como parte del costo de un activo.

continúa...

...continuación

GI Ejemplo 12C

Aplicación de los requerimientos

En la fecha de modificación (31 de diciembre de 20X2), la entidad aplica el párrafo B43A. Por consiguiente:

(a) desde la fecha de la modificación, las opciones sobre acciones se miden por referencia al valor razonable de la fecha de modificación y, en la fecha de modificación, las opciones sobre acciones se reconocen en patrimonio en la medida en que los empleados hayan prestado servicios;

(b) el pasivo por los DRA se da de baja en cuentas en la fecha de modificación; y

(c) la diferencia entre el importe en libros del pasivo dado de baja en libros y el importe de patrimonio reconocido en la fecha de la modificación se reconocerá de forma inmediata en el resultado del periodo.

En la fecha de modificación (31 de diciembre de 20X2), la entidad compara el valor razonable del incentivo de sustitución liquidado con instrumentos de patrimonio por servicios proporcionados hasta la fecha de modificación (132.000 u.m. $\times$ $^2/_4$ = 66.000 u.m.) con el valor razonable del incentivo original liquidado en efectivo para esos servicios (120.000 u.m. $\times$ $^2/_4$ = 60.000 u.m.). La diferencia (6.000 u.m.) se reconoce de forma inmediata en el resultado del periodo en la fecha de la modificación.

El resto del pago basado en acciones que se liquida con instrumentos de patrimonio (medido al valor razonable de la fecha de su modificación) se reconoce en el resultado del periodo a lo largo del periodo para la irrevocabilidad de la concesión de dos años restantes desde la fecha de la modificación.

continúa...

...continuación

GI Ejemplo 12C				
Año	Cálculo	Dr. Gasto u.m.	Gastos acumulados u.m.	Cr. Patrimonio u.m.	Cr. Pasivo u.m.
1	100 empleados ×100 DRA × 10 u.m. × $\frac{1}{4}$	25.000	–	–	25.000
2	*Nueva medición antes de la modificación* 100 empleados × 100 DRA × 12,00 u.m. × $\frac{2}{4}$ – 25.000	35.000	60.000	–	35.000
	Baja en cuentas del pasivo, reconocimiento del importe del valor razonable de la fecha de modificación en patrimonio y reconocimiento del efecto de la liquidación de 6.000 u.m. (100 empleados x 100 opciones sobre acciones × 13,20 u.m. × $\frac{2}{4}$) – (100 empleados × 100 DRA × 12,00 u.m. × $\frac{2}{4}$)	6.000	66.000	66.000	(60.000)
3	100 empleados × 100 opciones sobre acciones × 13,20 u.m. × $\frac{3}{4}$ – 66.000 u.m.	33.000	99.000	33.000	–
4	100 empleados x 100 opciones sobre acciones × 13,20 u.m. × $\frac{4}{4}$ – 99.000 u.m.	33.000	132.000	33.000	–
	Total			132.000	–

Acuerdos con pagos basados en acciones, que dan alternativas de liquidación en efectivo

GI20   Algunos acuerdos con pagos basados en acciones a los empleados permiten que los empleados elijan si recibir efectivo o instrumentos de patrimonio. En esta situación, se concede un instrumento financiero compuesto, es decir, un instrumento financiero con componentes de deuda e instrumento de patrimonio. El párrafo 37 de la NIIF requiere que la entidad estime el valor razonable instrumento financiero compuesto a la fecha de concesión, midiendo primero el valor razonable del componente de deuda, y midiendo después el valor razonable del componente de patrimonio—teniendo en cuenta que el empleado debe anular el derecho a recibir efectivo para recibir el instrumento de patrimonio.

GI21 Habitualmente, los acuerdos con pagos basados en acciones con alternativas de efectivo se estructuran de forma que el valor razonable de una de las liquidaciones alternativas sea el mismo que el de la otra. Por ejemplo, el empleado podría tener la opción de recibir opciones sobre acciones o el efectivo de los derechos de la revaluación de acciones. En estos casos, el valor razonable del componente de patrimonio será nulo, y por tanto, el valor razonable del instrumento financiero compuesto será igual al valor razonable del componente de deuda. No obstante, si los valores razonables de las alternativas de liquidación difieren, el valor razonable del componente de patrimonio habitualmente será mayor que cero, en cuyo caso el valor razonable del instrumento financiero compuesto será mayor que el valor razonable del componente de deuda.

GI22 El párrafo 38 de la NIIF requiere que la entidad contabilice independientemente los servicios recibidos en relación con cada componente del instrumento financiero compuesto. Para el componente de deuda, la entidad reconocerá los bienes o servicios adquiridos, y un pasivo por la obligación de pagar dichos bienes o servicios, a medida que la contraparte suministra bienes o presta servicios, de acuerdo con los requerimientos que se aplican a las transacciones con pagos basados en acciones liquidadas en efectivo (párrafos 30 a 33). **[Referencia: párrafos 30 a 33]** Para el componente de patrimonio (si existiera), la entidad reconoce los servicios recibidos, y un aumento en el patrimonio, a medida que la contraparte preste los servicios, de acuerdo con los requerimientos aplicables a las transacciones con pagos basados en acciones que se liquidan en instrumentos de patrimonio. **[Referencia: párrafos 10 a 29]** El ejemplo 13 ilustra estos requerimientos.

GI Ejemplo 13

Antecedentes

Una entidad concede a un empleado el derecho a elegir entre 1.000 acciones fantasma, es decir, un derecho a recibir un pago en efectivo igual al valor de 1.000 acciones o 1.200 acciones. **[Referencia: párrafos 34 a 40]** La concesión está condicionada a que se completen tres años de servicio. Si el empleado elige la alternativa de acción, las acciones deben mantenerse durante tres años tras la fecha de irrevocabilidad de la concesión.

A la fecha de concesión, el precio de la acción de la entidad es 50 u.m. por acción. Al final de los años 1, 2 y 3, el precio de la acción es 52 u.m., 55 u.m. y 60 u.m. respectivamente. La entidad no espera pagar dividendos durante los próximos tres años. Después de tener en cuenta los efectos de las restricciones de transmisibilidad posteriores al periodo para la irrevocabilidad de la concesión, la entidad estima que el valor razonable a la fecha de irrevocabilidad de la alternativa de acciones es de 48 u.m por acción.

Al final del año 3, el empleado elige:

Escenario 1: La alternativa de efectivo

Escenario 2: La alternativa de instrumento de patrimonio

continúa...

...continuación

GI Ejemplo 13

Aplicación de los requerimientos

El valor razonable de la alternativa de instrumento de patrimonio es de 57.600 (1.200 acciones × 48 u.m.). El valor razonable de la alternativa de efectivo es de 50.000 u.m. (1.000 acciones fantasma × 50 u.m.). Por lo tanto, el valor razonable del componente de patrimonio del instrumento compuesto es 7.600 u.m. (57.600 u.m. – 50.000 u.m.). **[Referencia: párrafos 35 a 37]**

La entidad reconoce los siguientes importes:

Año		Gasto u.m.	Patrimonio u.m.	Pasivo u.m.
1	Componente de pasivo **[Referencia: párrafo 38]**:			
	(1.000 × 52 u.m. × $^1/_3$)			
	[Referencia: párrafos 30 a 33]	17.333		17.333
	Componente de patrimonio **[Referencia: párrafo 38]**:			
	(7.600 u.m. **[Referencia: párrafos 19 y 20]** × $^1/_3$ **[Referencia: párrafo 15(a)]**)	2.533	2.533	
2	Componente de pasivo:			
	(1.000 × 55 u.m. × $^2/_3$) **[Referencia: párrafos 30 a 33]** – 17.333 u.m.	19.333		19.333
	Componente de patrimonio:			
	(7.600 u.m. × $^1/_3$)	2.533	2.533	
3	Componente de pasivo: (1.000 × 60 u.m.) **[Referencia: párrafos 30 a 33]** – 36.666 u.m.	23.334		23.334
	Componente de patrimonio:			
	(7.600 u.m. × $^1/_3$)	2.534	2.534	
Final del Año 3	Escenario 1: efectivo pagado por 60.000 u.m. **[Referencia: párrafo 40]**			
	Totales del escenario 1	67.600	7.600	0
	Escenario 2: 1.200 acciones emitidas **[Referencia: párrafo 39]**		60.000	(60.000)
	Totales del escenario 2	67.600	67.600	0

Transacciones con pagos basados en acciones entre entidades del grupo

GI22A Los párrafos 43A y 43B de la NIIF 2 especifica los requerimientos contables para las transacciones con pagos basados en acciones entre las entidades del grupo en los estados financieros separados o individuales de la entidad que recibe los bienes o servicios. El Ejemplo 14 ilustra los asientos de diario en los estados financieros separados o individuales para una transacción del grupo en la que una controladora concede derechos a sus instrumentos de patrimonio a los empleados de su subsidiaria.

GI Ejemplo 14

Las transacciones con pagos basados en acciones en las que una controladora concede derechos a sus instrumentos de patrimonio a los empleados de sus subsidiaria

Antecedentes

Una controladora concede 200 opciones sobre acciones a cada uno de los 100 empleados de su subsidiaria, con la condición de que completen dos años de servicio en la subsidiaria. El valor razonable de las opciones sobre acciones a la fecha de concesión es de 30 u.m cada una. A la fecha de concesión, la subsidiaria estima que el 80 por ciento de los trabajadores completará el periodo de servicio de dos años. La estimación no cambia durante el periodo para la irrevocabilidad de la concesión. Al final del periodo para la irrevocabilidad de la concesión, 81 empleados completan los dos años de servicio requeridos. La controladora no requiere que la subsidiaria pague por las acciones necesarias para liquidar la concesión de opciones sobre acciones.

Aplicación de los requerimientos

Tal como lo requiere el párrafo B53 de la NIIF, a lo largo del periodo para la irrevocabilidad de dos años, la subsidiaria mide los servicios recibidos de los empleados de acuerdo con los requerimientos aplicables a transacciones con pagos basados en acciones liquidadas con instrumentos de patrimonio. [Referencia: párrafo 43B] Así, la subsidiaria mide los servicios recibidos de los empleados sobre la base del valor razonable de las opciones sobre acciones a la fecha de concesión. Se reconoce un incremento en el patrimonio como una aportación de la controladora en los estados financieros separados o individuales de la subsidiaria.

continúa...

...continuación

GI Ejemplo 14

Los asientos de diario registrados por la subsidiaria en cada uno de los dos años son los siguientes:

Año 1

Dr Gasto en remuneraciones (200 × 100 × 30 u.m. **[Referencia: párrafos 11, 12 y 16 a 19]** × 0,8/2 **[Referencia: párrafos 19, 20 y 15(a)]**)	240.000 u.m.	
Cr Patrimonio (Aportación de la controladora)		240.000 u.m.

Año 2

Dr Gasto en remuneraciones (200 × 100 × 30 u.m. × 0,81 **[Referencia: párrafos 19 y 20]** – 240.000)	246.000 u.m.	
Cr Patrimonio (Aportación de la controladora)		246.000 u.m.

Ejemplo de información a revelar

GI23   El siguiente ejemplo ilustra los requerimientos de revelaciones en los párrafos 44 a 52 de la NIIF.[3]

Extracto de las Notas a los Estados Financieros de la Compañía Z para el año que finaliza el 31 de diciembre de 20X5.

Pagos Basados en Acciones

Durante el periodo que termina el 31 de diciembre de 20X5, la Compañía tenía cuatro acuerdos de pagos basados en acciones que se describen a continuación.

---

3   Obsérvese que el ejemplo ilustrativo no trata de ser una plantilla o modelo y por tanto no es exhaustivo. Por ejemplo, no ilustra los requerimientos de información a revelar de los párrafos 47(c), 48 y 49 de la NIIF.

Tipo de contra-to	Plan de opciones sobre acciones de altos gestores	Plan de opciones sobre acciones para los empleados en general	Plan de acciones para ejecutivos	Plan de efectivo sobre la revalua-ción de acciones de la altos gestores
Fecha de concesión	1 de enero de 20X4	1 de enero de 20X5	1 de enero de 20X5	1 de julio de 20X5
Número concedido	50.000	75.000	50.000	25.000
Vida contractual	10 años	10 años	N/A	10 años
Condiciones para la irrevoca-bilidad de la concesión	Un año y medio de servicio y el logro de un precio de acción objetivo que se ha logrado.	Tres años de servicio	Tres años de servicio y el logro de un objetivo de crecimiento de las ganancias por acción.	Tres años de servicio y el logro de un objetivo de incremento de la cuota de Mercado.

El valor razonable estimado para cada opción sobre acción concedida en el plan de opciones sobre acciones a los empleados en general es de 23,60 u.m. Se ha calculado aplicando un método de valoración de opciones binomial. Las entradas del modelo fueron el precio de la acción a la fecha de concesión, 50 u.m., el precio de ejercicio de 50 u.m., la volatilidad esperada del 30 por ciento, la falta de dividendos esperados, la vida contractual de diez años y una tasa de interés libre de riesgo del 5 por ciento. Para calcular los efectos del ejercicio anticipado, se supuso que los empleados ejercitarían las opciones tras la fecha de irrevocabilidad de la concesión cuando el precio de la acción fuese el doble del precio de ejercicio. La volatilidad histórica fue del 40 por ciento, la cual incluye los primeros años de la vida de la Compañía; la Compañía espera que la volatilidad del precio de sus acciones se reduzca conforme se consolida su situación.

El valor razonable estimado para cada acción concedida en el plan de acciones de ejecutivos es de 50,00 u.m., es igual al precio de la acción en la fecha de concesión.

A continuación aparecen más detalles de los dos planes de opciones sobre acciones:

	20X4		20X5	
	Número de opciones	Promedio ponderado del precio de ejercicio	Número de opciones	Promedio ponderado del precio de ejercicio
Vigentes al inicio del año	0	–	45.000	40 u.m.
Concedidas	50.000	40 u.m.	75.000	50 u.m.
Anuladas	(5.000)	40 u.m.	(8.000)	46 u.m.
Ejercitadas	0	–	(4.000)	40 u.m.
Vigentes al final del periodo	45.000	40 u.m.	108.000	46 u.m.
Ejercitables al final del año	0	40 u.m.	38.000	40 u.m.

El precio un promedio ponderado de las acciones en la fecha de ejercicio para las opciones sobre acciones ejercitadas durante el periodo fue de 52 u.m. Las opciones vigentes a 31 de diciembre de 20X5 tenían un precio de ejercicio de 40 u.m. o 50 u.m., y un promedio ponderado de vida contractual restante de 8,64 años.

	20X4	20X5
	u.m.	u.m.
Gasto que surge de las transacciones con pagos basados en acciones	495.000	1.105.867
Gasto que surge de los planes de acciones y de opciones sobre acciones	495.000	1.007.000
Saldo de cierre del pasivo por el plan de efectivo sobre la revaluación de acciones	–	98.867
Gasto que surge del incremento en el valor razonable del pasivo por el plan de efectivo sobre revalorización de acciones.	–	9.200

Resumen de las condiciones para una contraparte para recibir un instrumento de patrimonio concedido y de los tratamientos contables

GI24   La tabla siguiente clasifica, con ejemplos, las condiciones varias que determinan si una contraparte recibe un instrumento de patrimonio concebido y el tratamiento contable de los pagos basados en acciones con esas condiciones.

Resumen de las condiciones que determinan si una contraparte recibe un instrumento de patrimonio concedido					
	CONDICIONES PARA LA IRREVOCABILIDAD DE LA CONCESIÓN			CONDICIONES DISTINTAS DE LAS DE IRREVOCABILIDAD DE LA CONCESIÓN		
	Condiciones de servicio	Condiciones de rendimiento				
		Condiciones de rendimiento que son condiciones de mercado	Otras condiciones de rendimiento	Ni la entidad ni la contraparte pueden elegir si se cumple o no la condición	La contraparte puede elegir si cumplir o no la condición	La entidad puede elegir si cumplir o no la condición
Condiciones de ejemplo	Requerimientos de permanecer en servicio por tres años	Objetivo basado en el precio de mercado de los instrumentos de patrimonio de la entidad	Objetivo basado en una oferta pública inicial exitosa con un requerimiento de servicio especificado	Objetivo basado en un índice de materia prima cotizada	El pago de aportaciones hacia el precio de ejercicio de un pago basado en acciones	Continuación del plan por la entidad
¿Se incluye en el valor razonable de la fecha de la concesión?	No	Sí	No	Sí	Sí	Sí[a]
Tratamiento contable si no se cumple la condición después de la fecha de la concesión y durante el periodo para la irrevocabilidad de la concesión	Caducidad. La entidad revisa el gasto para reflejar la mejor estimación disponible del número de instrumentos de patrimonio que se espera consolidar.	Ningún cambio contable. La entidad continúa reconociendo el gasto sobre lo que resta del periodo para la irrevocabilidad de la concesión.	Caducidad. La entidad revisa el gasto para reflejar la mejor estimación disponible del número de instrumentos de patrimonio que se espera consolidar.	Ningún cambio contable. La entidad continúa reconociendo el gasto sobre lo que resta del periodo para la irrevocabilidad de la concesión.	Cancelación. La entidad reconoce inmediatamente el importe del gasto que hubiera sido reconocido en otro caso sobre lo que resta del periodo para la irrevocabilidad de la concesión.	Cancelación. La entidad reconoce inmediatamente el importe del gasto que hubiera sido reconocido en otro caso sobre lo que resta del periodo para la irrevocabilidad de la concesión.
	(párrafo 19)	(párrafo 21)	(párrafo 19)	(párrafo 21A)	(párrafo 28A)	(párrafo 28A)

(a) En el cálculo del valor razonable del pago basado en acciones, la probabilidad de continuación del plan por parte de la entidad se supone que es del 100 por cien.

Tabla de Concordancias

Esta tabla muestra la forma en que los contenidos de la CINIIF 8 y la CINIIF 11 se corresponden con la NIIF 2 (modificada en 2009).

Párrafo de la CINIIF 8	NIIF 2 (modificada) párrafo	Párrafo de la CINIIF 11	NIIF 2 (modificada) párrafo
1	2	1	B48
2, 3	GI5A, GI5B	2, 3	B51, B52
4	Ninguno	4 a 6	B46
5	GI5C	7	B49
6	2	8	B53
7, 8	2	9	B59
9	2	10	B61
9 a 12	13A	11	B55
13, 14	64	12, 13	64
EI1 a EI4	GI Ejemplo 1	EI1 a EI4	GI Ejemplo 14
FC1 a FC5	FC18A a FC18D	FC1, FC2	Ninguno
FC6 a FC12	FC128B a FC128H	FC3 a FC18	Ninguno
FC13	Ninguno	FC19	FC268P
		FC20	Ninguno
		FC21, FC22	FC268Q, FC268R

Documentos del IASB publicados para acompañar a la

NIIF 3

Combinaciones de Negocios

El texto normativo de la NIIF 3 se encuentra en la Parte A de esta edición. El texto de los Fundamentos de las Conclusiones de la CINIIF 3 se encuentra en la Parte C de esta edición. Su fecha de vigencia en el momento de la emisión era el 1 de julio de 2009. Esta parte presenta los siguientes documentos:

EJEMPLOS ILUSTRATIVOS

APÉNDICE
Modificaciones a las guías en otras NIIF

ÍNDICE

continúa...

...continuación

APÉNDICE

Modificaciones a las guías establecidas en otras NIIF

NIIF 3 *Combinaciones de Negocios*
Ejemplos Ilustrativos

Estos ejemplos acompañan a la NIIF 3 pero no forman parte de la misma.

Adquisiciones inversas

Ilustración de las consecuencias de reconocer una adquisición inversa al aplicar los párrafos B19 a B27 de la NIIF 3.

EI1   Este ejemplo ilustra la contabilización de una adquisición inversa en la que la Entidad B, la subsidiaria legal, adquiere la Entidad A, la entidad que emite instrumentos de patrimonio y, por ello, la controladora legal, en una adquisición inversa a 30 de septiembre de 20X6. Este ejemplo no considera la contabilización de ningún efecto fiscal.

EI2   Los estados de situación financiera de la Entidad A y la Entidad B inmediatamente antes de la combinación de negocios son:

	Entidad A (controladora legal, entidad contable adquirida) u.m.[(a)]	Entidad B (subsidiaria legal, entidad contable adquirente)
		u.m.
Activos corrientes	500	700
Activos no corrientes	1.300	3.000
Total activos	1.800	3.700

continúa...

...continuación

	Entidad A (controladora legal, entidad contable adquirida) u.m.(a)	Entidad B (subsidiaria legal, entidad contable adquirente) u.m.
Pasivos corrientes	300	600
Pasivos no corrientes	400	1.100
Total pasivos	700	1.700
Patrimonio		
Ganancias acumuladas	800	1.400
Capital emitido		
100 acciones ordinarias	300	
60 acciones ordinarias		600
Total patrimonio	1.100	2.000
Total pasivos y patrimonio	1.800	3.700

(a) En este ejemplo, los importes monetarios se denominan en "unidades monetarias" (u.m.).

EI3   Este ejemplo también utiliza la siguiente información:

(a)   El 30 de septiembre de 20X1, la Entidad A emite 2,5 acciones para intercambiar por cada acción ordinaria de la Entidad B. Todos los accionistas de la Entidad B cambian sus acciones de la Entidad B. Por tanto, la Entidad A emite 150 acciones ordinarias a cambio de las 60 acciones ordinarias de la Entidad B.

(b)   El valor razonable de cada acción ordinaria de la Entidad B a 30 de septiembre de 20X6 es 40 u.m. El precio de mercado cotizado de las acciones ordinarias de la Entidad A en esa fecha es 16 u.m.

(c)   Los valores razonables de los activos y pasivos identificables de la Entidad A el 30 de septiembre de 20X6 son los mismos que sus importes en libros, excepto que el valor razonable de los activos no corrientes de la Entidad A el 30 de septiembre de 20X6 es 1.500 u.m.

Cálculo del valor razonable de la contraprestación transferida

EI4 Como consecuencia de la emisión por la Entidad A (controladora legal, entidad contable adquirida) de 150 acciones ordinarias, los accionistas de la Entidad B poseen el 60 por ciento de las acciones emitidas por la entidad combinada (es decir, 150 acciones de las 250 emitidas). El 40 por ciento restante son poseídas por los accionistas de la Entidad A. Si la combinación de negocios hubiera tomado la forma de la emisión por la Entidad B de acciones ordinarias adicionales para los accionistas de la Entidad A a cambio de sus acciones ordinarias de A, la Entidad B habría tenido que emitir 40 acciones para que la relación de participación en la propiedad de la entidad combinada fuera la misma. Los accionistas de la Entidad B poseerían 60 de las 100 acciones emitidas de la Entidad B−60 por ciento de la entidad combinada. En consecuencia, el valor razonable de la contraprestación efectivamente transferida por la Entidad B y la participación del grupo en la Entidad A es 1.600 u.m. (40 acciones con un valor razonable por acción de 40 u.m.).

EI5 El valor razonable de la contraprestación efectivamente transferida debe basarse en la medida más fiable. En este ejemplo, el precio cotizado de las acciones de la Entidad A en el mercado principal (o más ventajoso) para las acciones proporciona un criterio más fiable para medir la contraprestación efectivamente transferida que el valor razonable de las acciones de la Entidad B, y la contraprestación se mide utilizando el precio de mercado de las acciones de la Entidad A—100 acciones con un valor razonable de 16 u.m. por acción.

Medición de la plusvalía
[Referencia: párrafo B19]

EI6 La plusvalía se mide como el exceso del valor razonable de la contraprestación efectivamente transferida (la participación del grupo de la Entidad A) sobre el importe neto de los activos y pasivos identificables reconocidos, de la siguiente forma:

	u.m.	u.m.
Contraprestación efectivamente transferida		1.600
Valores netos reconocidos de los activos y pasivos identificables de la Entidad A		
Activos corrientes	500	
Activos no corrientes	1.500	
Pasivos corrientes	(300)	
Pasivos no corrientes	(400)	(1.300)
Plusvalía		300

Estado consolidado de situación financiera a 30 de septiembre de 20X6
[Referencia: párrafos B21 y B22]

EI7   El estado consolidado de situación financiera inmediatamente después de la combinación de negocios es:

	u.m.
Activos corrientes [700 u.m. + 500 u.m.]	1.200
[Referencia: párrafos B22(a) y (b)]	
Activos no corrientes [3.000 u.m. + 1.500 u.m.]	4.500
[Referencia: párrafos B22(a) y (b)]	
Plusvalía	
[Referencia: párrafo B19]	300
Total activos	6.000
Pasivos corrientes [600 u.m. + 300 u.m.]	900
[Referencia: párrafos B22(a) y (b)]	
Pasivos no corrientes [1.100 u.m. + 400 u.m.]	
[Referencia: párrafos B22(a) y (b)]	1.500
Total pasivos	2.400
Patrimonio	
Ganancias acumuladas	1.400
[Referencia: párrafo B22(c)]	
Capital emitido	
250 acciones ordinarias [600 u.m. + 1.600 u.m.]	2.200
[Referencia: párrafo B22(d)]	
Total patrimonio	3.600
Total pasivos y patrimonio	6.000

EI8   El importe reconocido en los estados financieros consolidados como participación en el patrimonio emitido (2.200 u.m.) se determina añadiendo el patrimonio emitido de la subsidiaria legal inmediatamente antes de la combinación de negocios (600 u.m.) y el valor razonable de la contraprestación efectivamente transferida (1.600 u.m.). No obstante, la estructura de patrimonio que aparecerá en los estados financieros consolidados (es decir, el número y tipo de participaciones en el patrimonio emitidas) debe reflejar la estructura de patrimonio de la controladora legal, incluyendo las participaciones en el patrimonio emitidas por la controladora legal para llevar a cabo la combinación.

Ganancias por acción
[Referencia: párrafos B25 a B27]

EI9 Supóngase que las ganancias de la Entidad B para el periodo anual finalizado el 31 de diciembre de 20X5 fueron 600 u.m. y que las ganancias consolidadas para el periodo anual finalizado el 31 de diciembre de 20X6 fueron 800 u.m. Supóngase también que no hubo cambio en el número de acciones ordinarias emitidas por la Entidad B durante el periodo anual finalizado el 31 de diciembre de 20X5 y durante el periodo desde el 1 de enero de 20X6 hasta la fecha de la adquisición inversa el 30 de septiembre de 20X6. Las ganancias por acción para el periodo anual que termina el 31 de diciembre de 20X6 se calculan de la siguiente forma:

Número de acciones que se considera estarán en circulación
para el periodo desde el 1 de enero de 20X6 hasta la fecha de la
adquisición (es decir, el número de acciones ordinarias emitidas
por A (controladora legal, entidad contable adquirida) en la
adquisición inversa)
[Referencia: párrafo B26(a), es decir, 2,5 acciones de la Entidad A ×
(emitidas por cada una de) 60 acciones de la Entidad B]

150

Número de acciones en circulación desde la fecha de adquisición hasta el 31 de diciembre de 20X6
[Referencia: párrafo B26(b), es decir, 100 acciones antes de la
adquisición inversa + (60 × 2,5 acciones = 150 acciones emitidas en
la adquisición inversa)]

250

Promedio ponderado del número de acciones ordinarias en
circulación
[(150 [acciones] × 9/12 [meses]) + (250 [acciones] × 3/12
[meses])]
[Referencia: párrafo B26]

175

Ganancias por acción [800/175]

4,57 u.m.

EI10 Las ganancias por acción reexpresadas, para el periodo anual que termina el 31 de diciembre de 20X5, son 4,00 u.m. [calculadas como las ganancias de la Entidad B de 600 divididas entre el número de acciones ordinarias emitidas por la Entidad A en la adquisición inversa (150)].

Participación no controladora
[Referencia: párrafos B23 y B24]

EI11 Supónganse los mismos datos anteriores, excepto que solo se intercambian 56 de las 60 acciones ordinarias de la Entidad B. Debido a que la Entidad A emite 2,5 acciones a cambio de cada acción ordinaria de la Entidad B, la Entidad A emite solo 140 (en lugar de 150) acciones. Como resultado, los accionistas de la Entidad B poseen el 58,3 por ciento de las acciones emitidas de la entidad combinada (es decir, 140 acciones de las 240 emitidas). El valor razonable de la contraprestación transferida a la Entidad A, la entidad contable adquirida, se calcula suponiendo que la contraprestación haya sido efectuada por la Entidad B emitiendo acciones ordinarias adicionales para los accionistas de la Entidad A a cambio de sus acciones ordinarias en la Entidad A. Esto es debido a que la Entidad A es la entidad contable adquirente, y el párrafo B20 de la NIIF 3 requiere que la adquirente mida la contraprestación intercambiada por la entidad contable adquirida.

EI12 Al calcular el número de acciones que la Entidad B tendría que haber emitido, se excluye del cálculo la participación no controladora. Los accionistas mayoritarios poseen 56 acciones de la Entidad B. Para que ello represente el 58,3 por ciento de las participaciones en el patrimonio, la Entidad B tendría que haber emitido 40 acciones adicionales. Los accionistas mayoritarios poseerían entonces 56 de las 96 acciones emitidas de la Entidad B y por tanto el 58,3 por ciento de la entidad combinada. Como resultado, el valor razonable de la contraprestación transferida a la Entidad A, la entidad contable adquirida, es 1.600 u.m. (es decir, 40 acciones, cada una con un valor razonable de 40 u.m.). Este es el mismo importe que cuando todos los 60 accionistas de la Entidad B ofertan las 60 acciones ordinarias para intercambio. El importe reconocido de las participaciones del grupo en la Entidad A, la entidad contable adquirida, no cambia si algunos de los accionistas de la Entidad B no participan en el intercambio.

EI13 Las participaciones no controladoras están representadas por 4 de las 60 acciones de la Entidad B que no se intercambian por acciones de la Entidad A. Por ello, la participación no controladora es el 6,7 por ciento. Las participaciones no controladoras reflejan la participación proporcional de los accionistas no controladores en el importe en libros antes de la combinación de los activos netos de la Entidad B, la subsidiaria legal. Por ello, el estado consolidado de situación financiera se ajusta para mostrar una participación no controladora del 6,7 por ciento del valor en libros de los activos netos de la Entidad B antes de la combinación (es decir, 134 u.m. ó 6,7 por ciento de 2.000 u.m.).

EI14 El estado consolidado de situación financiera a 30 de septiembre de 20X6, que refleja la participación no controladora, es el siguiente:

	u.m.
Activos corrientes [700 u.m. + 500 u.m.] **[Referencia: párrafos B22(a) y (b)]**	1.200
Activos no corrientes [3.000 u.m. + 1.500 u.m.] **[Referencia: párrafos B22(a) y (b)]**	4.500
Plusvalía **[Referencia: párrafo B19]**	300
Total activos	6.000

continúa...

...continuación

	u.m.
Pasivos corrientes [600 u.m. + 300 u.m.] **[Referencia: párrafos B22(a) y (b)]**	900
Pasivos no corrientes [1.100 u.m. + 400 u.m.] **[Referencia: párrafos 22(a) y (b)]**	1.500
Total pasivos	2.400
Patrimonio	
Ganancias acumuladas [1.400 u.m. × 93,3 por ciento] **[Referencia: párrafos B22(c) y B23]**	1.306
Capital emitido	
240 acciones ordinarias [560 u.m. + 1.600 u.m.] **[Referencia: párrafos B22(d) y B23]**	2.160
Participación no controladora **[Referencia: párrafos B23 y B24]**	134
Total patrimonio	3.600
Total pasivos y patrimonio	6.000

EI15　La participación no controladora de 134 u.m. tiene dos componentes. El primer componente es la reclasificación de las acciones de las participaciones no controladoras de las ganancias acumuladas de la entidad contable adquirente inmediatamente antes de la adquisición (1.400 u.m. × 6,7 por ciento de 93,80 u.m.). El segundo componente representa la reclasificación de las acciones de las participaciones no controladoras del capital emitido por la entidad contable adquirente (600 u.m. × 6,7 por ciento de 40,20 u.m.).

Activos intangibles identificables

Ilustración de las consecuencias de aplicar los párrafos 10 a 14 y B31 a B40 de la NIIF 3.

EI16　Los siguientes son ejemplos de activos intangibles identificados adquiridos en una combinación de negocios. Algunos de los ejemplos pueden tener características de activos distintos a activos intangibles. La adquirente debería contabilizar esos activos de acuerdo con su sustancia. Los ejemplos no pretenden ser exhaustivos.

EI17　Los activos intangibles identificados que tienen una base contractual son aquellos que tienen origen contractual u en otros derechos legales. Aquellos designados que no tienen una base contractual no tienen origen contractual o en otros derechos legales, pero son separables. Los activos intangibles identificados que tienen una base contractual también pueden ser separables, pero la separabilidad no es una condición necesaria para que un activo cumpla el criterio contractual-legal.

Activos intangibles relacionados con la mercadotecnia

EI18 Los activos intangibles relacionados con la mercadotecnia son utilizados principalmente en la mercadotecnia o promoción de los productos o servicios. Ejemplos de activos intangibles relacionados con la mercadotecnia son:

Clase	Base
Marcas, nombres comerciales, marcas de servicio, marcas colectivas y marcas con certificación	Contractual
Marca de vestidos (color, forma únicos o diseño completo únicos)	Contractual
Cabecera/Nombre de un periódico	Contractual
Nombres de dominios de Internet	Contractual
Acuerdos de no hacer competencia	Contractual

Marcas, nombres comerciales, marcas de servicio, marcas colectivas y marcas con certificación

EI19 Las marcas son palabras, nombres, símbolos y otros instrumentos utilizados en las relaciones comerciales para indicar el origen de un producto y para distinguirlo de los productos de otros. Una marca de servicio identifica y distingue el origen de un servicio, en lugar de un producto. Las marcas colectivas identifican los productos o servicios de los miembros de un grupo. Las marcas con certificación certifican la procedencia geográfica u otras características de un bien o servicio.

EI20 Las marcas, los nombres comerciales, las marcas de servicios, las marcas colectivas y las marcas con certificación, pueden estar protegidas legalmente a través de su registro en agencias gubernamentales, por su uso continuado en el comercio o por otros medios. Siempre que esté protegida legalmente a través de su registro u otros medios, una marca de cualquier tipo adquirida en una combinación de negocios es un activo intangible que cumple el criterio contractual-legal. En otro caso, una marca de cualquier tipo adquirida en una combinación de negocios puede reconocerse separadamente de la plusvalía, si el criterio de separabilidad se cumple, lo que normalmente sería así.

EI21 Los términos *marca* y *marca comercial*, generalmente utilizados como sinónimos de marcas comerciales y otras marcas, en terminología de mercadotecnia, para hacer referencia a un grupo de activos complementarios tales como una marca (o la marca de servicios) y están relacionados con el nombre de marca, las fórmulas, las recetas y la experiencia tecnológica. La NIIF 3 no impide a una entidad reconocer, como un único activo separadamente de la plusvalía, un grupo de activos intangibles complementarios normalmente referidos como una marca, si los activos que constituyen ese grupo tienen vidas útiles similares.

Nombres de dominios de Internet

EI22   El nombre de un dominio de Internet es una denominación alfanumérica única que se usa para identificar una dirección numérica particular de Internet. El registro del nombre del dominio crea una asociación entre el nombre y un computador designado en Internet para el periodo de registro. Dichos registros son renovables. Un nombre de dominio registrado adquirido en una combinación de negocios cumple el criterio contractual-legal.

Activos intangibles relacionados con el cliente

EI23   Ejemplos de activos intangibles relacionados con el cliente son:

Clase	Base
Listas de clientes	No contractual
Órdenes o producción pendiente	Contractual
Contratos con clientes y correspondientes relaciones comerciales	Contractual
Relaciones no contractuales con el cliente	No contractual

Listas de clientes

EI24   Una lista de clientes consiste en información sobre clientes, como sus nombres e información de contacto. Una lista de clientes también puede estar en forma de base de datos que incluya otra información sobre los clientes como su historial de pedidos e información demográfica. Una lista de clientes generalmente no tiene origen contractual o en derechos legales. Sin embargo, las listas de clientes normalmente son alquiladas o intercambiadas. Por ello, una lista de clientes adquirida en una combinación de negocios normalmente cumple el criterio de separabilidad.

Órdenes o producción pendiente

EI25   Una orden o producción pendiente tiene su origen en contratos tales como pedidos de compra o venta. Una orden o producción pendiente adquirida en una combinación de negocios cumple el criterio contractual-legal, incluso si las órdenes de compra o venta pueden ser canceladas.

Contratos con clientes y las correspondientes relaciones comerciales

EI26   Si una entidad establece relaciones comerciales con sus clientes a través de contratos, esas relaciones con los clientes surgen de derechos contractuales. Por ello, los contratos con clientes y las relaciones comerciales con esos clientes adquiridas en una combinación de negocios cumplen el criterio contractual-legal, incluso si la confidencialidad u otros términos contractuales prohíben la venta o transferencia de un contrato separadamente de la entidad adquirida.

EI27   Un contrato con clientes y la relación comercial con esos clientes puede representar dos activos intangibles distintos. Las vidas útiles y el patrón de consumo con arreglo al cual se consumen los beneficios económicos de los activos pueden diferir.

EI28   Una relación comercial con clientes entre una entidad y sus clientes existe si (a) la entidad tiene información sobre el cliente y tiene contacto regular con él y (b) el cliente tiene la capacidad de mantener contacto directo con la entidad. Las relaciones comerciales con clientes cumplen el criterio contractual-legal, si una entidad tiene como práctica el establecimiento de contratos con sus clientes, independientemente de si los contratos existen en la fecha de adquisición. Las relaciones comerciales con clientes también pueden surgir a través de medios distintos de los contratos, tales como contacto regular mediante representantes de ventas o servicios.

EI29   Tal como se destaca en EI25, una orden o una producción pendiente tiene su origen en contratos tales como pedidos de compra o venta y es, por ello, considerada también un derecho contractual. Por consiguiente, si una entidad tiene unas relaciones comerciales con sus clientes a través de esos tipos de contratos, las relaciones comerciales con los clientes también tienen su origen en derechos contractuales y, por ello, cumplen el criterio contractual-legal.

Ejemplos

EI30   Los siguientes ejemplos ilustran el reconocimiento de un contrato con clientes y activos intangibles de una relación comercial con clientes adquiridos en una combinación de negocios.

(a)   Compañía Adquirente (CA) adquiere Compañía Objetivo (CO) en una combinación de negocios a 31 de diciembre de 20X5. CO tiene un acuerdo de cinco años para suministrar bienes a Cliente. Ambas CO y CA creen que Cliente renovará el acuerdo de suministro al final del periodo del contrato actual. El acuerdo no se puede separar.

El acuerdo, sea cancelable o no, cumple el criterio contractual-legal. Adicionalmente, debido a que CO establece su relación con Cliente mediante un contrato, no solo el acuerdo en sí mismo, sino también la relación comercial de CO con Cliente cumple el criterio contractual-legal.

(b)   CA adquiere CO en una combinación de negocios el 31 de diciembre de 20X5. CO fabrica productos en dos líneas diferentes de negocio: productos deportivos y electrónicos. Cliente compra productos deportivos y electrónicos a CO. CO tiene un contrato con Cliente para ser su proveedor exclusivo de productos deportivos, pero no tiene contrato para el suministro de productos electrónicos a Cliente. CO y CA creen que solo existe una relación comercial global entre CO y Cliente.

El contrato para ser suministrador exclusivo de Cliente de productos deportivos, sea cancelable o no, cumple el criterio contractual-legal. Además, dado que CO establece su relación con Cliente a través de un contrato, la relación comercial cumple el criterio contractual-legal. Ya que CO tiene sólo una relación comercial con Cliente, el valor razonable de dicha relación incorporará supuestos referentes a la relación de CO con Cliente relacionados tanto con los productos deportivos como electrónicos. Sin embargo, si CA determina que las relaciones comerciales con Cliente para productos deportivos y electrónicos se separan de cada una, CA valoraría si la relación comercial para los productos electrónicos cumple el criterio de separabilidad para la identificación como un activo intangible.

(c) CA adquiere CO en una combinación de negocios el 31 de diciembre de 20X5. CO hace negocios con sus clientes exclusivamente a través de pedidos de compra y venta. A 31 de diciembre 20X5, CO tiene pedidos de compra de sus clientes no cumplidos que afectan a un 60 por ciento de sus clientes, siendo todos ellos clientes habituales. El otro 40 por ciento de los clientes de la CO también son clientes habituales. Sin embargo, a 31 de diciembre 20X5, CO no tiene ninguna orden de compra abierta u otros contratos con dichos clientes.

Independiente de si son cancelables o no, las órdenes de compra del 60 por ciento de los clientes de CO cumplen el criterio contractual-legal. Además, ya que CO tiene establecida su relación con el 60 por ciento de sus clientes mediante contratos, no solo las órdenes de compra, sino también las relaciones comerciales de CO cumplen el criterio contractual-legal. Dado que CO tiene como práctica el establecimiento de contratos con el 40 por ciento restante de sus clientes, su relación con esos clientes también se origina mediante derechos contractuales y, por ello, cumple el criterio contractual-legal, incluso aunque CO no tenga contratos con esos clientes a 31 de diciembre de 20X5.

(d) CA adquiere a CO, una compañía de seguros, en una combinación de negocios el 31 de diciembre de 20X5. CO tiene una cartera de seguros de automóviles anuales que pueden cancelarse por los asegurados.

Dado que CO establece sus relaciones con los asegurados mediante contratos de seguro, la relación comercial con los asegurados cumple el criterio contractual-legal. La NIC 36 *Deterioro del Valor de los Activos* y la NIC 38 *Activos Intangibles* son aplicables al activo intangible de la relación comercial con el cliente.

Relaciones no contractuales con el cliente

EI31 Una relación comercial con clientes adquirida en una combinación de negocios que no surge de un contrato puede, en cualquier caso, ser identificable porque la relación se puede separar. Las transacciones de intercambio del mismo activo o un activo similar que indica que otras entidades han vendido o, en otro caso, transferido un tipo particular de relación no contractual con el cliente proporcionarían pruebas de que la relación se puede separar.

Activos intangibles relacionados con temas artísticos

EI32   Ejemplos de activos intangibles relacionados con temas artísticos son:

Clase	Base
Obras de teatro, óperas y ballet	Contractual
Libros, revistas, periódicos y cualquier otro trabajo literario	Contractual
Trabajos musicales tales como composiciones, letras de canciones o ritmos publicitarios	Contractual
Pinturas y fotografías	Contractual
Vídeos o material audiovisual, incluyendo películas, videos musicales o programas de televisión	Contractual

EI33   Los activos relacionados con temas artísticos en una combinación de negocios son identificables si se originan de derechos contractuales o legales, como los provistos por los derechos de autor. El tenedor puede transferir un derecho de autor, en su conjunto a través de cesiones o en partes a través de un acuerdo de licencia. No se impide que una adquirente reconozca como un activo único a un activo intangible por derechos de autor y a cualquier cesión o acuerdo de licencia con él relacionado, siempre que tengan vidas útiles similares.

Activos intangibles basados en contratos

EI34   Los activos intangibles basados en contratos representan el valor de los derechos resultantes de acuerdos contractuales. Los contratos comerciales son un tipo de activos intangibles basados en contratos. Si los términos de un contrato originan un pasivo (por ejemplo, si las condiciones de un arrendamiento operativo o un contrato con un cliente son desfavorables en términos del mercado), la adquirente lo reconoce como un pasivo asumido en la combinación de negocios. Ejemplos de activos intangibles basados en contratos son:

Clase	Base
Licencias, regalías y acuerdos de conservación del status quo	Contractual
Contratos de publicidad, construcción, gestión, servicios o suministro	Contractual
Permisos de construcción	Contractual
Acuerdos de franquicias	Contractual
Derechos de operación y de difusión	Contractual
Contratos de administración de activos financieros, tales como los contratos de administración de hipotecas	Contractual
Contratos de empleo	Contractual
Derechos de uso tales como perforación, agua, aire, tala de madera y concesiones de rutas	Contractual

Contratos de administración de activos financieros, tales como los contratos de administración de hipotecas

EI35   Los contratos de administración de activos financieros son un tipo de activos intangibles basados en un contrato. Aunque la administración es inherente a todos los activos financieros, se convierte en un activo (o pasivo) diferenciado:

(a)   cuando está contractualmente separado del activo financiero subyacente por una venta o garantía de los activos con contrato de administración retenido;

(b)   a través de una compra separada y asunción del servicio de administración.

EI36   Si los créditos hipotecarios, las cuentas por cobrar por tarjetas de crédito u otros activos financieros se adquieren en una combinación de negocios con retención de su administración, los derechos inherentes de administración no son un activo intangible separable, porque el valor razonable de esos derechos está incluido en la medición del valor razonable del activo financiero adquirido.

Contratos de empleo

EI37   Los contratos de empleo que son contratos beneficiosos desde la perspectiva del empleador, porque su precio es favorable en términos del mercado, son un tipo de activos intangibles basados en contratos.

Derechos de uso

EI38   Los derechos de uso incluyen los de perforación, agua, aire, tala de madera y concesiones de rutas. Algunos derechos de uso son activos intangibles basados en contratos que se contabilizan por separado de la plusvalía. Otros derechos de uso pueden tener características de activos tangibles, en lugar de activos intangibles. Una adquirente debería contabilizar los derechos de uso sobre la base de su naturaleza.

Activos intangibles basados en tecnología

EI39   Ejemplos de activos intangibles basados en tecnología son:

Clase	Base
Tecnología patentada	Contractual
Programas de computadora y litografías de circuitos integrados	Contractual
Tecnología no patentada	No contractual
Bases de datos, incluyendo registros de la propiedad inmobiliaria	No contractual
Secretos comerciales tales como fórmulas, procesos y recetas que se guardan en secreto	Contractual

Programas de computadora y litografías de circuitos integrados

EI40   Los programas de computadora y los formatos de programas adquiridos en una combinación de negocios que están protegidos legalmente, por ejemplo por patentes o derechos de autor, cumplen el criterio contractual-legal para su identificación como activos intangibles.

EI41   Los circuitos integrados son programas de computadora almacenados permanentemente en chips de memoria de sólo lectura, ya sea como series de plantillas o integrados en sistemas de circuitos. Los circuitos integrados pueden tener protección legal. Los circuitos integrados con protección legal que han sido adquiridos en una combinación de negocios cumplen el criterio contractual-legal para su identificación como activos intangibles.

Bases de datos, incluyendo registros de la propiedad inmobiliaria

EI42   Las bases de datos son colecciones de información, a menudo almacenada de forma electrónica (por ejemplo en discos o archivos de computadora). Una base de datos que contenga trabajos de autor originales puede tener derecho a protección por derechos de autor. Una base de datos adquirida en una combinación de negocios y protegida por derechos de autor cumple el criterio contractual-legal. Sin embargo, una base de datos habitualmente incluye información que tiene origen en la actividad cotidiana de la entidad, tal como listas de clientes, o información especializada como datos científicos o información de crédito. Las bases de datos que no están protegidas por derechos de autor pueden ser y a menudo son, en su totalidad o en partes, intercambiadas, licenciadas o arrendadas a otros. Por ello, incluso si los beneficios económicos futuros de la base de datos no tuvieran su origen en derecho legales, una base de datos adquirida en una combinación de negocios cumple el criterio de la separabilidad.

EI43   Los registros de la propiedad inmobiliaria constituyen un registro histórico de todos los aspectos que afectan la titularidad de parcelas de tierra en un área geográfica particular. Los activos de registro de la propiedad inmobiliaria se compran y venden, en su conjunto o en partes, en transacciones de intercambio o son licenciados. Por ello, los activos de registro de la propiedad inmobiliaria adquiridos en una combinación de negocios cumplen el criterio de la separabilidad.

Secretos comerciales tales como fórmulas, procesos y recetas que se guardan en secreto

EI44   Un secreto comercial es "información, incluyendo una fórmula, patrón, receta, compilación, programa, mecanismo, método, técnica o proceso que (a) proporciona valor económico independiente, actual o potencial, por no ser generalmente conocido y (b) es el sujeto de esfuerzos que son razonables según las circunstancias para mantener su secreto".[1] Si los beneficios económicos futuros de un secreto comercial adquirido en una combinación de negocios son protegidos legalmente, ese activo cumple el criterio contractual-legal. En otro caso, los secretos comerciales adquiridos en una combinación de negocios son identificables solo si el criterio de separabilidad se cumple, lo cual es probable que sea el caso.

Medición de una participación no controladora (PNC)

Ilustración de las consecuencias de aplicar el párrafo 19 de la NIIF 3.

EI44A   Los siguientes ejemplos ilustran la medición de los componentes de la PNC en la fecha de adquisición en una combinación de negocios.

Medición de la PNC que incluye acciones preferentes

EI44B   CO ha emitido 100 acciones preferentes, que se clasifican como patrimonio. Las acciones preferentes tienen un valor nominal de 1 u.m. cada una. Las acciones preferentes dan a sus tenedores un derecho a dividendos preferentes con prioridad de pago sobre cualquier dividendo a los tenedores de acciones ordinarias. En el momento de la liquidación de CO, los tenedores de acciones preferentes tienen el derecho a recibir de los activos disponibles para su distribución el importe de 1 u.m. por acción con prioridad sobre los tenedores de acciones ordinarias. Los tenedores de acciones preferentes no tienen derechos adicionales en la liquidación.

EI44C   CA adquiere todas las acciones ordinarias de CO La adquisición concede a CA el control de CO. El valor razonable en la fecha de adquisición de las acciones preferentes es de 120 u.m.

EI44D   El párrafo 19 de la NIIF 3 señala que para cada combinación de negocios, la adquirente medirá en la fecha de adquisición los componentes de las participaciones no controladoras en la adquirida que son participaciones en la propiedad actuales y que otorgan a sus tenedores el derecho a una

---

1   Melvin Simensky y Lanning Bryer, *The New Role of Intellectual Property in Commercial Transactions* (New York: John Wiley & Sons, 1998), página 293.

participación proporcional en los activos netos de la entidad en caso de liquidación por el valor razonable o por la participación proporcional en los instrumentos de propiedad actuales en los importes reconocidos de los activos netos identificables de la adquirida Todos los demás componentes de las participaciones no controladoras deben medirse al valor razonable en sus fechas de adquisición, a menos que se requiera otra base de medición por las NIIF.

EI44E   Las participaciones no controladoras que se relacionen con las acciones preferentes de CO no cumplen los requisitos para la elección de medición del párrafo 19 de la NIIF 3 porque no otorgan el derecho a sus tenedores a una participación proporcional en los activos netos de la entidad en el caso de liquidación. La adquirente mide las acciones preferentes a su valor razonable en la fecha de adquisición de 120 u.m.

Primera variación

EI44F   Supóngase que en el momento de la liquidación de CO, las acciones preferentes otorgan a sus tenedores el derecho a recibir una parte proporcional de los activos disponibles para su distribución. Los tenedores de las acciones preferentes tienen igual derecho y prioridad que los tenedores de acciones ordinarias en el caso de liquidación. Supóngase que el valor razonable en la fecha de adquisición de las acciones preferentes es ahora de 160 u.m. y que la parte proporcional de los importes reconocidos de los activos netos identificables de CO que es atribuible a las acciones preferentes es de 140 u.m.

EI44G   Las acciones preferentes cumplen los requisitos para la elección de medición del párrafo 19 de la NIIF 3. CA puede elegir entre medir las acciones preferentes a su valor razonable en la fecha de adquisición de 160 u.m. o por su participación proporcional en los importes reconocidos de los activos netos identificables de la adquirida de 140 u.m.

Variación segunda

EI44H   Supóngase también que CO ha emitido opciones sobre acciones como remuneración a sus empleados. Las opciones sobre acciones se clasifican como patrimonio y se consolidan (son irrevocables) en la fecha de adquisición. Éstas no representan la participación en la propiedad actual y no otorga a sus tenedores el derecho a una participación proporcional de los activos netos de CO en el caso de liquidación. La medición basada en el mercado de las opciones sobre acciones de acuerdo con la NIIF 2 *Pagos Basados en Acciones* en la fecha de adquisición es 200 u.m. Las opciones sobre acciones no expiran en la fecha de adquisición y CA no las sustituye.

EI44I   El párrafo 19 de la NIIF 3 requiere que estas opciones sobre acciones se midan a su valor razonable en la fecha de adquisición, a menos que se requiera otra base de medición por las NIIF. El párrafo 30 de la NIIF 3 señala que la adquirente medirá un instrumento de patrimonio relacionado con las transacciones con pagos basados en acciones de la adquirida de acuerdo con el método de la NIIF 2.

EI44J   La adquirente medirá las participaciones no controladoras que están relacionadas con las opciones sobre acciones a su medición basada en el mercado de 200 u.m.

Ganancia por una compra en condiciones muy ventajosas

Ilustración de las consecuencias de reconocer y medir una ganancia por una compra en condiciones muy ventajosas al aplicar los párrafos 32 a 36 de la NIIF 3.

EI45   El siguiente ejemplo ilustra la contabilización de una combinación de negocios en la que se reconoce una ganancia por una compra en condiciones muy ventajosas.

EI46   A 1 de enero de 20X5 CA adquiere el 80 por ciento de las participaciones en el patrimonio de CO, una entidad no cotizada, a cambio de efectivo de 150 u.m. Dado que los antiguos propietarios de CO necesitan disponer de sus inversiones en CO para una fecha específica, ellos no tienen suficiente tiempo para ofrecer a CO en el mercado a múltiples compradores potenciales. La gerencia de CA mide inicialmente, a la fecha de la adquisición, los activos identificables adquiridos y los pasivos asumidos, que son reconocibles de forma separada, de acuerdo con los requerimientos de la NIIF 3. Los activos identificables se miden por 250 u.m. y los pasivos asumidos se miden por 50 u.m. CA contrata un consultor independiente, quien determina que el valor razonable de la participación no controladora del 20 por ciento en CO es 42 u.m.

EI47   El importe de los activos netos identificables de CO (200 u.m., calculado como 250 u.m. − 50 u.m.) excede el valor razonable de la contraprestación transferida más el valor razonable de la participación no controladora en CO. Por ello, CA revisa los procedimientos que utilizó para identificar y medir los activos adquiridos y pasivos asumidos y para medir el valor razonable de ambas, la participación no controladora en CO y la contraprestación transferida. Después de la revisión, CA decide que los procedimientos y medidas resultantes eran apropiados. CA mide la ganancia de su compra de la participación del 80 por ciento de la siguiente forma:

		u.m.
Importe de los activos netos identificables adquiridos (250 u.m. − 50 u.m.)		200
Menos:	Valor razonable de la contraprestación transferida por la participación en CO del 80 por ciento de CA; más	150
	Valor razonable de la participación no controladora en CO	42
		192
Ganancia por una compra en condiciones muy ventajosas de la participación del 80 por ciento		8

EI48   CA registraría su adquisición de CO en sus estados financieros consolidados de la siguiente forma:

	u.m.	u.m.
Dr Activos identificables adquiridos	250	
Cr Efectivo		150
Cr Pasivos asumidos		50
Cr Ganancia en una compra en términos muy ventajosos		8
Cr Patrimonio—participación no controladora en CO		42

EI49   Si la adquirente elige medir la participación no controladora en CO sobre la base de su participación proporcional en los activos netos identificables de la adquirida, el importe reconocido de la participación no controladora sería 40 u.m. (200 u.m. × 0,20) La ganancia por la compra en condiciones muy ventajosas sería 10 u.m. [200 u.m. – (150 u.m. + 40 u.m.)].

Periodo de medición

Ilustración de las consecuencias de aplicar los párrafos 45 a 50 de la NIIF 3.

EI50   Si la contabilización inicial de una combinación de negocios no está finalizada al final del periodo financiero en que la combinación ocurre, el párrafo 45 de la NIIF 3 requiere que la adquirente reconozca en sus estados financieros importes provisionales de las partidas para los que la contabilización está incompleta. Durante el periodo de medición, la adquirente reconoce ajustes a los importes provisionales necesarios para reflejar la información nueva obtenida sobre hechos y circunstancias que existían en la fecha de adquisición y, que de conocerse, habrían afectado la medición de los importes reconocidos en esa fecha. El párrafo 49 de la NIIF 3 requiere que la entidad adquirente reconozca estos ajustes como si la contabilización de la combinación de negocios hubiera sido finalizada en la fecha de adquisición. Los ajustes del periodo de medición no se incluyen en el resultado.

EI51   Supóngase que CA adquiere CO a 30 de septiembre de 20X7 CA busca una valoración independiente de un elemento de propiedades, planta y equipo adquirido en la combinación, y la valoración no estaba finalizada en el momento que CA autorizó para su publicación sus estados financieros para el año finalizado el 31 de diciembre de 20X7. En sus estados financieros anuales de 20X7, CA reconoció un valor razonable provisional para el activo de 30.000 u.m. En la fecha de adquisición, la partida de propiedades, planta y equipo tenía una vida útil restante de cinco años. Cinco meses después de la fecha de adquisición, CA recibió la evaluación independiente, que estima que el valor razonable del activo en la fecha de adquisición era de 40.000 u.m.

EI52   En sus estados financieros del año que termina el 31 de diciembre de 20X8, CA ajustó retroactivamente la información del año anterior 2007 de la siguiente forma:

(a) El importe en libros de las propiedades, planta y equipo a 31 de diciembre de 20X7 se incrementa en 9.500 u.m. Dicho ajuste se mide como el ajuste a valor razonable en la fecha de adquisición de 10.000 u.m. menos la depreciación adicional que se hubiese reconocido si el activo hubiese sido reconocido a valor razonable desde dicha fecha (500 u.m. por los tres meses de depreciación).

(b) El importe en libros de la plusvalía a 31 de diciembre de 20X7 disminuye en 10.000 u.m.

(c) El gasto de depreciación para 20X7 se incrementa en 500 u.m.

EI53 De acuerdo con el párrafo B67 de la NIIF 3, CA revela:

(a) En sus estados financieros de 20X7, que la contabilización inicial de la combinación de negocios no ha sido finalizada porque la evaluación de las propiedades, planta y equipo no ha sido recibida todavía.

(b) En sus estados financieros de 20X8, los importes y explicaciones de los ajustes de los valores provisionales reconocidos durante el periodo actual sobre el que se informa. Por ello, CA revela que la información comparativa de 20X7 se ajusta retroactivamente para incrementar el valor razonable de la partida de propiedades, planta y equipo en la fecha de adquisición en 9.500 u.m., compensada por una disminución de la plusvalía de 10.000 u.m. y un incremento en el gasto de depreciación de 500 u.m.

Determinación de lo que es parte de la transacción de combinación de negocios

Cancelación de una relación preexistente

Ilustración de las consecuencias de aplicar los párrafos 51, 52 y B50 a B53 de la NIIF 3.

EI54 CA compra componentes electrónicos a CO bajo un contrato de suministro de cinco años a tasas fijas. Actualmente, las tasas fijas son más altas que las tasas a las que CA podría comprar componentes electrónicos similares de otro suministrador. El contrato de suministro permite a CA rescindir el contrato antes del fin del periodo inicial de cinco años, pero solo pagando una penalización de 6 millones de u.m. Quedando tres años del contrato de suministro, CA paga 50 millones de u.m. para adquirir CO, que es el valor razonable de CO basado en lo que otros participantes en el mercado estarían dispuestos a pagar.

EI55 En el valor razonable total de CO se incluyen 8 millones de u.m. relativas al valor razonable del contrato de suministro de CA. Los 8 millones de u.m. representan un componente de 3 millones de u.m. que está "al mercado" porque el precio es comparable a calcular el precio de transacciones de mercado corrientes para elementos iguales o similares (esfuerzo de ventas, relaciones con clientes y demás) y un componente de 5 millones de u.m. para el precio que es desfavorable a CA porque excede el precio de transacciones de mercado corrientes para elementos similares. CO no tiene otros activos o pasivos identificables relativos al contrato de suministro, y CA no ha reconocido ningún activo o pasivo relativo al contrato de oferta antes de la combinación de negocios.

EI56 En este ejemplo, CA calcula una pérdida de 5 millones de u.m. (el menor entre el importe de cancelación señalado de 6 millones de u.m. y el importe por el que el contrato es desfavorable a la adquirente) separadamente de la combinación de negocios. **[Referencia: párrafo B52(b)]** El componente "de mercado" de 3 millones de u.m. del contrato es parte de la plusvalía.

EI57 Si CA hubiera reconocido previamente un importe en sus estados financieros relativo a una relación preexistente afectará al importe reconocido como una ganancia o pérdida para la cancelación efectiva de la relación. Supóngase que las NIIF hubieran requerido que CA reconociera un pasivo de 6 millones de u.m. por el contrato de suministro antes de la combinación de negocios. En esa situación, CA reconoce una ganancia de cancelación de 1 millón de u.m. sobre el contrato en el resultado del ejercicio en la fecha de adquisición (los 5 millones de u.m. de pérdidas medidas en el contrato menos los 6 millones de u.m. de pérdida previamente reconocidos). En otras palabras, CA ha cancelado en efecto un pasivo reconocido de 6 millones de u.m. por 5 millones de u.m., dando lugar a una ganancia de 1 millón de u.m.

Pagos contingentes a empleados

Ilustración de las consecuencias de aplicar los párrafos 51, 52, B50, B54 y B55 de la NIIF 3.

EI58 CO escogió a un candidato como su nuevo Director Ejecutivo bajo un contrato de 10 años. El contrato requería a CO pagar al candidato 5 millones de u.m. si CO es adquirida antes de que el contrato expire. CA adquiere a CO ocho años más tarde. El Director Ejecutivo todavía era un empleado en la fecha de adquisición y recibirá el pago adicional según el contrato existente.

EI59 En este ejemplo, CO acepta los términos del acuerdo de empleo antes de que comenzasen las negociaciones de la combinación, y el propósito del acuerdo era obtener los servicios del Director Ejecutivo. De este modo, no hay evidencia de que el acuerdo fue concertado principalmente para proporcionar beneficios a CA o la entidad combinada. Por ello, el pasivo a pagar de 5 millones de u.m. se incluye en la aplicación del método de la adquisición.
[Referencia: párrafo B50]

EI60 En otras circunstancias, CO podría aceptar los términos de un acuerdo similar con el Director Ejecutivo a propuesta de CA durante las negociaciones para la combinación de negocios. En tal caso, el propósito principal del acuerdo podría ser proporcionar indemnización por cese al Director Ejecutivo, y el acuerdo podría beneficiar principalmente a CA o la entidad combinada en lugar de a CO o sus anteriores propietarios. En esa situación CA contabiliza el pasivo a pagar al Director Ejecutivo en sus estados financieros posteriores a la combinación separadamente de la aplicación del método de la adquisición.
[Referencia: párrafo B50]

Incentivos sustitutivos

Ilustración de las consecuencias de aplicar los párrafos 51, 52 y B56 a B62 de la NIIF 3.

EI61 El siguiente ejemplo ilustra los incentivos sustitutivos que la adquirente estaba obligada a emitir en las siguientes circunstancias:

		Incentivos de la adquirida ¿Se ha completado el periodo de irrevocabilidad de la concesión antes de la combinación de negocios?	
		Completado	No completado
Incentivos sustitutivos ¿Se requiere que los empleados proporcionen servicios adicionales después de la fecha de adquisición?	No se requiere	Ejemplo 1	Ejemplo 4
	Se requiere	Ejemplo 2	Ejemplo 3

EI62 Los ejemplos dan por supuesto que tales indemnizaciones se clasifican como patrimonio.

Ejemplo 1

Incentivos de la adquirida	Periodo hasta la irrevocabilidad de la concesión **completado** antes de la combinación de negocios.
Incentivos sustitutivos	**No** se requieren servicios adicionales de los empleado tras la fecha de adquisición

EI63 CA emite incentivos sustitutivos de 110 u.m. (medición basada en el mercado) en la fecha de adquisición por incentivos de CO de 100 u.m. (medición basada en el mercado) en la fecha de adquisición. No se requieren servicios después de la combinación para los incentivos sustitutivos y los empleados de CO habían prestado todos los servicios requeridos para los incentivos sustitutivos en la fecha de adquisición.

EI64 El importe atribuible al servicio anterior a la combinación es la medición basada en el mercado de los incentivos de CO (100 u.m.) en la fecha de adquisición; ese importe se incluye en la contraprestación transferida en la combinación de negocios. **[Referencia: párrafos B57 y B58]** El importe atribuible al servicio después de la combinación es 10 u.m., que es la diferencia entre el valor total de los incentivos sustitutivos (110 u.m.) y la parte atribuible al servicio anterior a la combinación (100 u.m.). **[Referencia: párrafo B59]** Debido a que no se requiere servicio después de la combinación para los incentivos sustitutivos, CA reconoce inmediatamente 10 u.m. como costo de remuneración en sus estados financieros después de la combinación.

Ejemplo 2

Incentivos de la adquirida	Periodo hasta la irrevocabilidad de la concesión **completado** antes de la combinación de negocios.
Incentivos sustitutivos	**Se** requieren servicios adicionales de los empleados después de la fecha de adquisición

EI65   CA intercambia incentivos sustitutivos que requieren un año de servicios después de la combinación por incentivos de pagos basados en acciones de CO, para los que los empleados habían completado el periodo de consolidación (irrevocabilidad) de la concesión antes de la combinación de negocios. La medición de ambos incentivos basada en el mercado a la fecha de adquisición es 100 u.m. Cuando se acuerdan originalmente, los incentivos tenían un periodo hasta la consolidación (irrevocabilidad) de la concesión de cuatro años. En la fecha de adquisición, los empleados de CO que mantienen incentivos sin ejercitar habían prestado un total de siete años de servicio desde la fecha de concesión.

EI66   Incluso aunque los empleados de CO hayan prestado ya todos los servicios, CA atribuye una parte del incentivo sustitutivo al costo de remuneración posterior a la combinación, de acuerdo con el párrafo B59 de la NIIF 3, porque los incentivos sustitutivos requieren un año de servicios después de la combinación. El periodo hasta la consolidación (irrevocabilidad) de la concesión total es de cinco años—el periodo hasta la consolidación (irrevocabilidad) de la concesión de la adquirida original completado antes de la fecha de adquisición (cuatro años) más el periodo hasta la consolidación (irrevocabilidad) de la concesión para el incentivo sustitutivo (un año).

EI67   La parte atribuible a los servicios antes de la combinación es igual a la medición basada en el mercado de la concesión de la adquirida (100 u.m.) multiplicado por la proporción del periodo hasta la consolidación (irrevocabilidad) de la concesión antes de la combinación (cuatro años) sobre el periodo hasta consolidación (irrevocabilidad) de la concesión total (cinco años). De este modo, 80 u.m. (100 u.m. × 4/5 años) se atribuyen al periodo hasta la consolidación (irrevocabilidad) de la concesión antes de la combinación y, por ello, incluidas en la contraprestación transferida en la combinación de negocios. **[Referencia: párrafo B58]** Las restantes 120 u.m. se atribuyen al periodo hasta la consolidación (irrevocabilidad) de la concesión después de la combinación y, por ello, se reconoce como costo de remuneración en los estados financieros después de la combinación de CA de acuerdo con la NIIF 2. **[Referencia: párrafo B59]**

Ejemplo 3

Incentivos de la adquirida	Periodo hasta la irrevocabilidad de la concesión **no completado** antes de la combinación de negocios.
Incentivos sustitutivos	**Se** requieren servicios adicionales de los empleados después de la fecha de adquisición

EI68   CA intercambia incentivos sustitutivos que requieren un año de servicios después de la combinación por incentivos de pagos basadas en acciones de CO, para las que los empleados no habían prestado todavía todos los servicios a la fecha de adquisición. La medición de ambos incentivos basada en el mercado a la fecha de adquisición es 100 u.m. Cuando se conceden originalmente, los incentivos de CO tenían un periodo hasta la consolidación (irrevocabilidad) de la concesión de cuatro años. En la fecha de adquisición, los empleados de CO habían prestado servicios durante dos años, y se habría requerido que ellos prestasen dos años adicionales de servicio después de la fecha de adquisición para que se consolidasen sus incentivos. Por consiguiente, solo una parte de los incentivos de CO es atribuible a servicios antes de la combinación.

EI69   Los incentivos sustitutivos requieren solo un año de servicio después de la combinación. Debido a que los empleados habían prestado ya dos años de servicio, el periodo hasta la consolidación (irrevocabilidad) de la concesión total es de tres años. La parte atribuible a los servicios anteriores a la combinación es igual a la medida basada en el mercado del incentivo de la adquirida (100 u.m.) multiplicada por el ratio del periodo hasta la consolidación (irrevocabilidad) de la concesión antes de la combinación (dos años) sobre el **mayor** del periodo total hasta la consolidación (irrevocabilidad) de la concesión (tres años) o el periodo hasta la consolidación (irrevocabilidad) de la concesión original del incentivo de CO (cuatro años). De este modo, 50 u.m. (100 u.m. x 2/4 años) se atribuyen al servicio antes de la combinación y, por ello, incluidas en la contraprestación transferida a cambio de la adquirida. **[Referencia: párrafo B58]** Las restantes 50 u.m. se atribuyen al servicio posterior a la combinación y, por ello, son reconocidas como costo de remuneración en los estados financieros después de la combinación de CA. **[Referencia: párrafo B59]**

Ejemplo 4

Incentivos de la adquirida	Periodo hasta la irrevocabilidad de la concesión **no completado** antes de la combinación de negocios.
Incentivos sustitutivos	**No** se requieren servicios adicionales de los empleado tras la fecha de adquisición

EI70   Supóngase los mismos hechos que en el Ejemplo 3 anterior, excepto que CA intercambia incentivos sustitutivos que no requieren servicios después de la combinación por incentivos de pagos basados en acciones de CO, para los que los empleados no habían prestado todavía todos los servicios a la fecha de adquisición. Los términos de los incentivos de CO intercambiados no eliminaron ningún periodo hasta la consolidación (irrevocabilidad) de la concesión restante al haber un cambio en el control. (Si los incentivos de CO hubieran incluido una disposición que eliminara cualquier periodo hasta la consolidación (irrevocabilidad) de la concesión restante al haber un cambio en el control, se aplicarían las guías del Ejemplo 1.) La medida basada en el mercado de ambos incentivos es 100 u.m. Debido a que los empleados ya han prestado dos años de servicio y los incentivos sustitutivos no requieren ningún

servicio después de la combinación, el periodo total hasta la consolidación (irrevocabilidad) de la concesión es de dos años.

EI71　La parte de la medida basada en el mercado de los incentivos sustitutivos atribuibles a los servicios anteriores a la combinación, es igual a la medida basada en el mercado de la concesión de la adquirida (100 u.m.) multiplicada por el ratio del periodo hasta la consolidación (irrevocabilidad) de la concesión antes de la combinación (dos años) sobre el **mayor** del periodo total hasta la consolidación (irrevocabilidad) de la concesión (dos años) o el periodo hasta la consolidación (irrevocabilidad) de la concesión original de la concesión de CO (cuatro años). De este modo, 50 u.m. (100 u.m. × 2/4 años) se atribuyen al servicio antes de la combinación y, por ello, incluidas en la contraprestación transferida a cambio de la adquirida. **[Referencia: párrafo B58]** Las 50 u.m. restantes se atribuyen al servicio después de la combinación. Debido a que no se requiere servicio después de la combinación para consolidar el incentivo sustitutivo, CA reconoce las 50 u.m. como costo de remuneración en sus estados financieros después de la combinación. **[Referencia: párrafo B59]**

Requerimientos de información a revelar

Ilustración de las consecuencias de aplicar los requerimientos de información a revelar en los párrafos 59 a 63 y B64 a B67 de la NIIF 3.

EI72　El siguiente ejemplo ilustra alguno de los requerimientos de información a revelar de la NIIF 3; no está basado en una transacción real. El ejemplo supone que CA es una entidad cotizada y CO no lo es. La ilustración presenta la información a revelar en un formato de tabla para los requerimientos de información a revelar específicos ilustrados. Una nota al pie real podría presentar mucha de la información a revelar ilustrada en un formato narrativo simple.

Nota al pie X: Adquisición

Referencia de párrafo		
B64(a) a (d)	A 30 de junio de 20X0 CA adquiere el 15 por ciento de las acciones ordinarias en circulación de CO. A 30 de junio de 20X2 CA adquirió el 60 por ciento de las acciones ordinarias en circulación de CO y obtuvo el control de CO. CO es un proveedor de productos y servicios de redes de datos en Canadá y México. Como consecuencia de la adquisición, CA espera ser el proveedor líder de productos y servicios de redes de datos en esos mercados. También espera reducir costos mediante economías de escala.	
B64(e)	La plusvalía de 2.500 u.m. surgida de la adquisición se compone en gran parte de las sinergias y economías de escala esperadas de las operaciones que se combinan de CA y CO.	
B64(k)	Se espera que nada de la plusvalía reconocida sea deducible por motivos fiscales. La siguiente tabla resume la contraprestación pagada por CO y los importes de los activos adquiridos y los pasivos asumidos reconocidos en la fecha de adquisición, así como el valor razonable en la fecha de adquisición de las participaciones no controladoras en CO.	

A 30 de junio de 20X2

Referencia	Contraprestación	u.m.
B64(f)(i)	Efectivo	5.000
B64(f)(iv)	Instrumentos de patrimonio (100.000 acciones ordinarias de CA)	4.000
B64(f)(iii); B64(g)(i)	Acuerdo de contraprestación contingente	1.000
B64(f)	**Contraprestación total transferida**	10.000
B64(p)(i)	**Valor razonable de las participaciones de CA en el patrimonio de CO mantenidas antes de la combinación de negocios**	2.000
		12.000
B64(m)	**Costos relativos a la adquisición** (incluidos en la venta, gastos generales y administración en el estado del resultado global del año cerrado a 31 de diciembre de 20X2)	1.250

continúa...

...continuación

Nota al pie X: Adquisición

**Referencia
de párrafo**

B64(i)   **Importes reconocidos de los activos identificables adquiridos y
             los pasivos asumidos**

Activos financieros	3.500
Inventarios	1.000
Propiedades, planta y equipo	10.000
Activos intangibles identificables	3.300
Pasivos financieros	(4.000)
Pasivo contingente	(1.000)
Activos netos identificables totales	12.800

B64(o)(i)	**Participaciones no controladoras en CO**	(3.300)
	Plusvalía	2.500
		12.000

B64(f)(iv)   El valor razonable de las 100.000 acciones ordinarias emitidas como parte
             de la contraprestación pagada por CO (4.000 u.m.) se midió utilizando el
             precio de cierre de mercado de las acciones ordinarias de CA en la fecha de
             adquisición.

B64(f)(iii) El acuerdo de contraprestación contingente requiere que CA pague a los
B64(g)   antiguos propietarios de CO el 5 por ciento de los ingresos de actividades
             ordinarias de CX, una inversión no consolidada en el patrimonio poseída
B67(b)   por CO, que exceden de 7.500 u.m. en 20X3, hasta un importe máximo de
             2.500 u.m. (sin descontar).

             El importe no descontado potencial de todos los pagos futuros que CA
             podría haber requerido hacer bajo el acuerdo de contraprestación contin-
             gente es entre 0 u.m. y 2.500 u.m.

             El valor razonable de los acuerdos de contraprestación contingentes de
             1.000 u.m. se estimó aplicando el método de la renta. Las mediciones del
             valor razonable se basan en datos de entrada significativos que no son
             observables en el mercado a las que hace referencia la NIIF 13 *Medición del
             Valor Razonable* como datos de entrada de Nivel 3. Supuestos clave incluyen
             una tasa de descuento entre el 20 a 25 por ciento y la probabilidad supuesta
             de ingresos de actividades ordinarias ajustados en CX de 10.000 a 20.000
             u.m.

             A 31 de diciembre de 20X2, ni el importe reconocido para el acuerdo de
             contraprestación contingente, ni el rango de resultados o las hipótesis
             usadas para determinar las estimaciones habían cambiado.

continúa...

...continuación

Nota al pie X: Adquisición

Referencia de párrafo	
B64(h)	El valor razonable de los estados financieros adquiridos incluye cuentas por cobrar bajo arrendamientos financieros de equipamiento de redes de datos con un valor razonable de 2.375 u.m. El importe bruto debido según los contratos es 3.100 u.m., del cual 450 u.m. se esperan que sean incobrables.
B67(a)	El valor razonable de los activos intangibles identificables adquiridos de 3.300 u.m. es provisional pendiente de la recepción de las valoraciones finales de esos activos.
B64(j) B67(c) NIC 37.84, 85	Se ha dotado un pasivo contingente de 1.000 u.m. para cubrir las reclamaciones por la garantía de los productos vendidos por CO a lo largo de los últimos tres años. Esperamos que la mayor parte de ese desembolso se produzca en 20X3 y que la totalidad será incurrida a finales de 20X4. El importe no descontado potencial de todos los pagos futuros que CA podría haber requerido hacer según el acuerdo de garantía se estima que sea entre 500 y 1.500 u.m. A 31 de diciembre de 20X2, no ha habido cambios desde el 30 de junio de 20X2 en el importe reconocido por el pasivo o en el rango de resultados o hipótesis usados para realizar las estimaciones.
B64(o)	El valor razonable de las participaciones no controladoras en CO, una compañía no cotizada, se estimó aplicando un método de mercado y un método de la renta. Las mediciones del valor razonable se basan en datos de entrada significativos que no son observables en el mercado y por ello representan una medición del valor razonable clasificada dentro del Nivel 3 de la jerarquía del valor razonable como se describe en la NIIF 13. Las suposiciones clave incluyen las siguientes:
	(a) una tasa de descuento de 20 a 25 por ciento;
	(b) un valor terminal basado en un rango de múltiplos de EBITDA terminal entre 3 y 5 veces (o, si procede, basado en unas tasas de crecimiento sostenible a largo plazo de un 3 a un 6 por ciento);
	(c) múltiplos financieros de compañías que se consideran similares a CO; y
	(d) ajustes debido a la falta de control o falta de comerciabilidad que los participantes en el mercado considerarían al medir el valor razonable de las participaciones no controladoras en CO.
B64(p)(ii)	CA reconoció una ganancia de 500 u.m. como resultado de medir a valor razonable su 15 por ciento de participación en el patrimonio de CO mantenido antes de la combinación de negocios. La ganancia se incluye en otros resultados en el estado del resultado integral de CA para el año que se cierra a 31 de diciembre de 20X2.

continúa...

...continuación

Nota al pie X: Adquisición

**Referencia
de párrafo**

B64(q)(i)   El ingreso de actividades ordinarias en el estado consolidado del resultado
               integral desde el 30 de junio de 20X2 aportado por CO era 4.090 u.m. CO
               también aportó beneficio de 1.710 u.m. durante el mismo periodo.

B64(q)(ii)   Habiendo consolidado CO desde el 1 de enero de 20X2 el estado consolidado
               del resultado global había incluido un ingreso de actividades ordinarias de
               27.670 u.m. y un beneficio de 12.870 u.m.

Definición de un negocio

EI73   Los ejemplos de los párrafos EI74 a EI123 ilustran la aplicación de las guías de
               los párrafos B7 a B12D sobre la definición de un negocio.

               **[Enlace a párrafo FC21R(f) para los motivos por los que el ejemplo de borrador sobre
               la adquisición de operaciones de gas y petróleo no se ha incorporado.]**

Ejemplo A-adquisición de inmuebles

Escenario 1—Antecedentes

EI74   Una entidad (Comprador) compra una cartera de 10 viviendas unifamiliares
               que cada una tiene un arrendamiento en vigor. El valor razonable de la
               contraprestación pagada es igual al valor razonable agregado de las 10
               viviendas unifamiliares adquiridas. Cada vivienda unifamiliar incluye el
               terreno, edificación y mejoras de la propiedad. Cada hogar tiene una base y
               diseño interior diferente. Las 10 viviendas unifamiliares adquiridas están
               ubicadas en la misma área y las clases de clientes (por ejemplo, inquilinos) son
               similares. Los riesgos asociados con la operativa en el mercado inmobiliario de
               vivienda adquirida no son significativamente diferentes. No se transfiere
               ningún empleado, otros activos, procesos u otras actividades.

Escenario 1—Aplicación de los requerimientos

EI75   El Comprador opta por aplicar la prueba de concentración opcional establecida
               en el párrafo B7B y concluye que:

               (a)   cada vivienda familiar se considera un único activo identificable de
                        acuerdo con el párrafo B7B por las siguientes razones:

                        (i)   las mejoras del edificio y de la propiedad están asociadas al
                                 terreno y no pueden eliminarse sin incurrir en costos
                                 significativos; y

                        (ii)   el edificio y el arrendamiento en vigor se consideran un solo
                                 activo, porque se reconocerían y medirían como solo activo
                                 identificable en una combinación de negocios (véase el
                                 párrafo B42).

(b) El grupo de 10 viviendas unifamiliares es un grupo de activos identificables similares porque los activos (todas las viviendas unifamiliares) son similares en naturaleza y los riesgos asociados con la gestión y creación de productos no son significativamente diferentes. Esto es porque los tipos de viviendas y clases de clientes no son significativamente distintos.

(c) Por consiguiente, sustancialmente todo el valor razonable de los activos brutos adquiridos se concentra en un grupo de activos identificables similares.

EI76 Por ello, el comprador concluye que el conjunto adquirido de actividades y activos no es un negocio.

Escenario 2—Antecedentes

EI77 Supóngase los mismos hechos que en el Escenario 1 excepto porque el Comprador también adquiere un parque de oficinas corporativas multi arrendatario con seis edificios de oficinas de 10 plantas que están totalmente alquiladas. El conjunto adquirido adicional de actividades y activos incluye el terreno, edificios, arrendamientos y contratos para la limpieza, seguridad y mantenimiento externalizadas. No se transfiere ningún empleado, otros activos, otros procesos u otras actividades. El valor razonable agregado asociado con el parque de oficinas es similar al valor razonable agregado asociado con las 10 viviendas unifamiliares. Los procesos realizados a través de los contratos de limpieza y seguridad asociada son secundarios o menores dentro del contexto de todos los procesos requeridos para elaborar productos.

Escenario 2—Aplicación de los requerimientos

EI78 El Comprador opta por aplicar la prueba de concentración establecida en el párrafo B7B y concluye que las viviendas unifamiliares y el parque de oficinas no son activos identificables similares, porque difieren de forma significativa en los riesgos asociados con la operativa de los activos, captando y gestionando inquilinos. En concreto, la escala de operaciones y riesgos asociados con las dos clases de clientes son significativamente diferentes. Por consiguiente, el valor razonable de los activos brutos adquiridos no están sustancialmente todos concentrados en un grupo de activos identificables similares, porque el valor razonable del parque de oficinas es similar al valor razonable agregado de las 10 viviendas unifamiliares. Por ello, el Comprador evalúa si el conjunto cumple los requerimientos mínimos para ser considerado un negocio de acuerdo con los párrafos B8 a B12D.

EI79 El conjunto de actividades y activos tiene productos porque genera ingresos de actividades ordinarias a través de los arrendamientos en vigor. Por consiguiente, el Comprador aplica los criterios del párrafo B12C para determinar si los procesos adquiridos son sustantivos.

EI80 El Comprador concluye que no cumple el criterio del párrafo B12C(a) porque:

(a) el conjunto no incluye una plantilla de trabajadores organizada; y

(b)   el Comprador considera que los procesos realizados por el personal de limpieza, seguridad y mantenimiento externalizado (los únicos procesos adquiridos) son secundarios o menores dentro del contexto de todos los procesos adquiridos para elaborar productos [véase el párrafo B12D(c)] y, por ello, no son fundamentales para la capacidad de continuar produciendo productos.

EI81   Tras considerar los únicos procesos adquiridos, los realizados por el personal de limpieza, seguridad y mantenimiento externalizado, el Comprador también concluye que no se cumplen los criterios del párrafo B12C(b). Cualquiera de las siguientes razones justifica esa conclusión:

(a)   los procesos no contribuyen de forma significativa a la capacidad de continuar elaborando productos.

(b)   Los procesos están ya accesibles en el mercado. Por ello, no son únicos o escasos. Además, podrían sustituirse sin costo, esfuerzo, o retraso en la capacidad de continuar elaborando productos.

EI82   Puesto que ninguno de los criterios del párrafo B12C se cumple, el Comprador concluye que el conjunto adquirido de actividades y activos no es un negocio.

Escenario 3—Antecedentes

EI83   Supóngase los mismos hechos que en el Escenario 2 excepto que el conjunto adquirido de actividades y activos incluye a los empleados responsables de los arrendamientos, gestión de los inquilinos, y gestión y supervisión de todos los procesos operativos.

Escenario 3—Aplicación de los requerimientos

EI84   El Comprador opta por no aplicar la prueba de concentración opcional establecida en el párrafo B7B y, por ello, evalúa si el conjunto cumple los requerimientos mínimos para ser considerado como un negocio de acuerdo con los párrafos B8 a B12D.

EI85   El conjunto adquirido de actividades y activos tiene productos porque genera ingresos de actividades ordinarias a través de los arrendamientos en vigor. Por consiguiente, el Comprador aplica los criterios del párrafo B12C.

EI86   El Comprador concluye que se cumple el criterio del párrafo B12C(a), porque el conjunto incluye una plantilla de trabajadores organizada con la necesaria formación, conocimiento o experiencia para ejecutar procesos (es decir, arrendamientos, gestión de inquilinos, y gestión y supervisión de los procesos operativos) que son sustanciales porque son fundamentales para la capacidad de continuar elaborando productos cuando se apliquen a los insumos adquiridos (es decir, el terreno, edificios y arrendamientos en vigor). Por ello, el Comprador concluye que se cumple el criterio del párrafo B8 porque esos procesos e insumos sustantivos juntos de forma significativa contribuyen a la capacidad de elaborar productos. Por consiguiente, el Comprador concluye que el conjunto adquirido de actividades y activos es un negocio.

Ejemplo B-adquisición de un potencial fármaco

Escenario 1—Antecedentes

EI87   Una entidad (Comprador) compra otra entidad legal que contiene:

(a)   Los derechos sobre un proyecto de investigación y desarrollo en proceso que está desarrollando un componente para tratar la diabetes y está en su fase de prueba final (Proyecto 1). El proyecto 1 incluye el conocimiento histórico, protocolos sobre las fórmulas, diseños y procedimientos esperados que sean necesarios para completar la fase final de comprobación.

(b)   Un contrato que proporciona pruebas clínicas externalizadas. El precio del contrato se fija a tasas de mercado corrientes y un cierto número de vendedores en el mercado podría proporcionar los mismos servicios. Por ello, el valor razonable asociado con este contrato es nulo. El Comprador no tiene opción de renovar el contrato.

No se transfiere ningún empleado, otros activos, otros procesos u otras actividades.

Escenario 1—Aplicación de los requerimientos

EI88   El Comprador opta por aplicar la prueba de concentración opcional establecida en el párrafo B7B y concluye que:

(a)   El Proyecto 1 es un único activo identificable porque se reconocería y mediría como un único activo intangible identificable en una combinación de negocios.

(b)   Puesto que el contrato adquirido tiene un valor razonable nulo, sustancialmente todo el valor razonable de los activos brutos adquiridos está concentrado en el Proyecto 1.

EI89   Por consiguiente, el Comprador concluye que el conjunto adquirido de actividades y activos no es un negocio.

Escenario 2—Antecedentes

EI90   Supóngase los mismos hechos que en el Escenario 1 excepto que el conjunto adquirido de actividades y activos también incluye otro proyecto de investigación y desarrollo en proceso que está desarrollando un componente para tratar la enfermedad de Alzheimer y está en la fase de prueba final (Proyecto 2). El Proyecto 2 incluye el conocimiento histórico, protocolos sobre las fórmulas, diseños y procedimientos esperados que sean necesarios para completar la fase final de comprobación. El valor razonable asociado con el Proyecto 2 es similar al valor razonable agregado asociado con el Proyecto 1. No se transfiere ningún empleado, otros activos, procesos u otras actividades.

Escenario 2—Aplicación de los requerimientos

EI91 El Comprador opta por aplicar la prueba de concentración opcional establecida en el párrafo B7B y concluye que:

(a) El Proyecto 1 y el Proyecto 2 son activos intangibles identificables que se reconocerían y medirían cada uno como un activo identificable separado en una combinación de negocios.

(b) El Proyecto 1 y Proyecto 2 no son activos identificables similares porque los riesgos diferentes significativos están asociados con la gestión y creación de productos de cada activo. Cada proyecto tiene riesgos significativamente diferentes asociados con el desarrollo, terminación y comercialización del componente a los clientes. Se pretende que los componentes se pretende que traten situaciones médicas significativamente diferentes, y cada proyecto tiene una base de clientes potencialmente diferentes de forma significativa.

(c) Por consiguiente, el valor razonable de los activos brutos adquiridos no se concentra en su totalidad de forma sustancial en un solo activo identificable o grupo de activos identificables similares. Por ello, el Comprador evalúa si el conjunto cumple los requerimientos mínimos para ser considerado un negocio de acuerdo con los párrafos B8 a B12D.

EI92 El conjunto adquirido de actividades y activos no tiene productos porque no ha comenzado a generar ingresos de actividades ordinarias. Por ello, el Comprador aplica los criterios del párrafo B12B. El Comprador concluye que esos criterios no se cumplen por las siguientes razones:

(a) el conjunto no incluye una plantilla de trabajadores organizada; y

(b) aunque el contrato que proporciona pruebas clínicas externalizadas puede dar acceso a una plantilla de trabajadores organizada que tiene la necesaria formación, conocimiento o experiencia de realización de los procesos necesarios para llevar a cabo las pruebas clínicas, dicha plantilla de trabajadores organizada no puede desarrollar o convertir los insumos adquiridos por el Comprador en productos. Las pruebas clínicas exitosas son una condición previa para elaborar productos, pero llevando a cabo esas pruebas no desarrollarán o convertirán los insumos adquiridos en productos.

Por consiguiente, el Comprador concluye que el conjunto adquirido de actividades y activos no es un negocio.

Ejemplo C—adquisición de una entidad de biotecnología

Antecedentes

EI93 Una entidad (Comprador) compra una entidad legal (Entidad de biotecnología). Las operaciones de la Entidad de biotecnología incluyen: actividades de investigación y desarrollo de diversos componentes de medicamentos que está desarrollando (proyectos de investigación y desarrollo en proceso); alta gerencia y científicos con la necesaria formación, conocimiento o experiencia para realizar las actividades de investigación y desarrollo; y activos tangibles (incluyendo una sede corporativa, un laboratorio y equipo de investigación). La Entidad de biotecnología no tiene todavía un producto comercializable y no ha generado aún ingresos de actividades ordinarias. Cada uno de los activos adquiridos tiene un valor razonable similar.

Aplicación de los requerimientos

EI94 Es evidente que, el valor razonable de los activos brutos adquiridos no se concentra en su totalidad de forma sustancial en un solo activo identificable o grupo de activos identificables similares. Por ello, la prueba de concentración opcional establecida en el párrafo B7B no se cumpliría. Por consiguiente, el Comprador evalúa si el conjunto cumple los requerimientos mínimos para ser considerado un negocio de acuerdo con los párrafos B8 a B12D.

EI95 El Comprador evalúa primero si ha adquirido procesos. Ningún proceso está documentado. No obstante, la plantilla de trabajadores organizada tiene patentados conocimiento de proyectos en curso de biotecnología y tiene experiencia con ellos. Con la aplicación del párrafo B7(b), el Comprador concluye que la capacidad intelectual de una plantilla de trabajadores organizada adquirida que tenga la formación y experiencia necesarias, en el seguimiento de reglas y convenciones, proporciona los procesos necesarios susceptibles de aplicarse a los insumos para elaborar productos.

EI96 El Comprador evalúa a continuación si los procesos adquiridos son sustantivos. El conjunto de actividades y activos no tiene productos. Por ello, el Comprador aplica los criterios del párrafo B12B. El Comprador concluye que esos criterios se cumplen porque:

(a) los procesos adquiridos son fundamentales para la capacidad de desarrollar o convertir los insumos adquiridos en productos; y

(b) los insumos adquiridos incluyen:

(i) una plantilla de trabajadores que tiene la necesaria formación, conocimiento o experiencia para realizar los procesos adquiridos; y

(ii) otros insumos que la plantilla de trabajadores organizada podría desarrollar o convertir en productos. Esos insumos incluyen los proyectos de investigación y desarrollo en proceso.

EI97 Finalmente, aplicando los criterios del párrafo B8, el Comprador concluye que los procesos e insumos sustantivos adquiridos juntos contribuyen de forma significativa a la capacidad de elaborar productos. Por consiguiente, el Comprador concluye que el conjunto adquirido de actividades y activos es un negocio.

Ejemplo D-adquisición de una emisora de televisión

Antecedentes

EI98   Una entidad (Comprador) compra los activos de una emisora de televisión a otra entidad (Vendedor). El conjunto adquirido de actividades y activos incluye únicamente la licencia de comunicaciones, el equipo de televisión y un edificio de oficinas. Cada uno de los activos adquiridos tiene un valor razonable similar. El Comprador no adquiere los procesos necesarios para emitir programas, ni empleados, otros activos, otros procesos u otras actividades. Antes de la fecha de la adquisición, el Vendedor deja de emitir usando el conjunto de actividades y activos adquirido por el Comprador.

Aplicación de los requerimientos

EI99   El Comprador opta por aplicar la prueba de concentración opcional establecida en el párrafo B7B y concluye que:

(a)   el equipo de televisión y el edificio no son un único activo identificable, porque el equipo no está asociado al edificio y puede trasladarse sin costo significativo o disminución en la utilidad o valor razonable de cualquier activo.

(b)   La licencia es un activo intangible, mientras que el equipo de televisión y el edificio son activos tangibles de clases distintas. Por consiguiente, de acuerdo con el párrafo B7B(f), los activos no se consideran similares entre sí.

(c)   Cada uno de los activos identificables únicos tiene un valor razonable similar. Por ello, el valor razonable de los activos brutos adquiridos no se concentra en su totalidad de forma sustancial en un solo activo identificable o grupo de activos identificables similares.

Por consiguiente, el Comprador evalúa si el conjunto de actividades y activos cumple los requerimientos mínimos para ser considerado un negocio de acuerdo con los párrafos B8 a B12D.

EI100   El conjunto de actividades y activos no tiene productos porque el Vendedor ha dejado de emitir. Por ello, el Comprador aplica los criterios del párrafo B12B. El conjunto no incluye una plantilla de trabajadores organizada, de forma que no cumple esos criterios. Por consiguiente, el Comprador concluye que el conjunto adquirido de actividades y activos no es un negocio.

Ejemplo E-adquisición de una planta de producción cerrada

Antecedentes

EI101   Una entidad (Comprador) adquiere una planta de producción cerrada—el terreno y el edificio—así como el equipo relacionado. El valor razonable del equipo y de la planta son similares. Para cumplir las leyes locales, el Comprador debe hacerse cargo de los empleados que trabajan en la planta. No se transfiere ningún otro activo, proceso u otra actividad. El conjunto adquirido de actividades y activos deja de elaborar productos ante de la fecha de la adquisición.

Aplicación de los requerimientos

EI102   El Comprador opta por aplicar la prueba de concentración opcional establecida en el párrafo B7B y concluye que:

(a)   El equipo y la planta no son un único activo identificable porque el primero podría trasladarse de la planta sin costo o disminución significativos de la utilidad o valor razonable del equipo o de la planta —el equipo no está asociado a la planta y puede usarse en muchos otros tipos de plantas de fabricación.

(b)   El equipo y la planta no son activos identificables similares porque son de diferentes clases de activos tangibles.

(c)   Los valores razonables del equipo y de la planta son similares. Por ello, el valor razonable de los activos brutos adquiridos no se concentra en su totalidad de forma sustancial en un solo activo identificable o grupo de activos identificables similares.

Por consiguiente, el Comprador evalúa si el conjunto de actividades y activos cumple los requerimientos mínimos para ser considerado un negocio de acuerdo con los párrafos B8 a B12D.

EI103   El conjunto adquirido de actividades y activos no tiene productos en la fecha de la adquisición porque dejo de elaborar productos con anterioridad. Por consiguiente, el Comprador aplica los criterios del párrafo B12B. El conjunto incluye una plantilla de trabajadores organizada que tiene la necesaria formación, conocimiento o experiencia para usar el equipo, pero no incluye otro insumo adquirido (tal como propiedad intelectual o inventarios) que la plantilla de trabajadores organizada podría desarrollar o convertir en productos. La planta y el equipo no pueden desarrollarse o transformarse en productos. Por consiguiente, el Comprador concluye que el conjunto adquirido de actividades y activos no es un negocio.

Ejemplo F—licencia de derechos de distribución

Antecedentes

EI104   Una entidad (Comprador) adquiere de otra entidad (Vendedor) la sublicencia exclusiva para distribuir el Producto X en una jurisdicción concreta. El Vendedor tiene la licencia mundial para distribuir el Producto X. Como parte de esta transacción, el Comprador también adquiere los contratos de clientes existentes en la jurisdicción y asume un contrato de suministro para comprar el Producto X de un fabricante a tasas de mercado. Ninguno de los activos identificables adquiridos tiene un valor razonable que constituya sustancialmente todo el valor razonable de los activos brutos adquiridos. No se transfiere ningún empleado, otros activos, procesos, capacidades de distribución u otras actividades.

Aplicación de los requerimientos

EI105   El Comprador opta por aplicar la prueba de concentración opcional establecida en el párrafo B7B y concluye que:

(a)   los activos identificables que podrían reconocerse en una combinación de negocios incluyen la sublicencia para distribuir el Producto X, los contratos de clientes y el contrato de suministro;

(b)   la sublicencia y los contratos de clientes son de clases diferentes de activos intangibles, de forma que no son activos identificables similares; y

(c)   Por consiguiente, el valor razonable de los activos brutos adquiridos no se concentra en su totalidad de forma sustancial en un solo activo identificable o grupo de activos identificables similares.

Por consiguiente, el Comprador evalúa si el conjunto de actividades y activos cumple los requerimientos mínimos para ser considerado un negocio de acuerdo con los párrafos B8 a B12D.

EI106   El conjunto de actividades y activos tiene productos porque en la fecha de la adquisición la licencia estaba generando ingresos de actividades ordinarias de clientes en la jurisdicción especificada en la sublicencia. Por consiguiente, el Comprador aplica los criterios del párrafo B12C. Como se explicó en el párrafo B12D(a), los contratos adquiridos son un insumo y no un proceso sustantivo. El Comprador considera a continuación si el contrato de suministro adquirido proporciona acceso a una plantilla de trabajadores organizada que realiza un proceso sustantivo. Puesto que el contrato de suministro no está proporcionando un servicio que aplica un proceso a otro insumo adquirido, el Comprador concluye que la esencia del contrato de suministro es solo de la compra del Producto X, sin adquirir una plantilla de trabajadores organizada, procesos y otros insumos necesarios para producir el Producto X. Además, la sublicencia adquirida es un insumo, no un proceso. El Comprador concluye que el conjunto no es un negocio, porque no incluye una plantilla de trabajadores organizada y no ha adquirido procesos sustantivos adquiridos que pudieran cumplir los criterios del párrafo B12C.

Ejemplo G—adquisición de marcas

Antecedentes

EI107   Supónganse los mismos hechos que en el Ejemplo F, excepto porque el Comprador compra los derechos mundiales del Producto X, incluyendo toda la propiedad intelectual relacionada. El conjunto adquirido de actividades y activos incluye todos los contratos de clientes y relaciones con clientes, inventarios de bienes terminados, materiales de marketing, programas de incentivos de clientes, contratos de suministro de materias primas, equipo especializado específico para la fabricación del Producto X, procesos y protocolos de fabricación documentados para fabricar el Producto X. No se transfiere ningún empleado, otros activos, otros procesos u otras actividades. Ninguno de los activos identificables adquiridos tiene un valor razonable que constituya sustancialmente todo el valor razonable de los activos brutos adquiridos.

Aplicación de los requerimientos

EI108   Como se destacó en los párrafos EI105 y EI107, el valor razonable de los activos brutos adquiridos no se concentra en su totalidad de forma sustancial en un solo activo identificable o grupo de activos identificables similares. Por ello, la prueba de concentración opcional establecida en el párrafo B7B no se cumpliría. Por consiguiente, el Comprador evalúa si el conjunto de actividades y activos cumple los requerimientos mínimos para ser considerado un negocio de acuerdo con los párrafos B8 a B12D.

EI109   El conjunto de actividades y activos tiene productos, de forma que el Comprador aplica los criterios del párrafo B12C. El conjunto no incluye una plantilla de trabajadores organizada y, por ello, no cumple los criterios del párrafo B12C(a). Sin embargo, el Comprador concluye que los procesos de fabricación adquiridos son sustantivos porque, al aplicarlos a los insumos adquiridos, tal como la propiedad intelectual, contratos de suministro de materias primas y equipo especializado, esos procesos contribuyen de forma significativa a la capacidad de continuar elaborando productos y porque son únicos para el Producto X. Por consiguiente, se cumple el criterio del párrafo B12C(b). Por ello, el Comprador concluye que se cumple el criterio del párrafo B8 porque esos procesos e insumos sustantivos juntos de forma significativa contribuyen a la capacidad de elaborar productos. Como resultado, el Comprador concluye que el conjunto adquirido de actividades y activos es un negocio.

Ejemplo H—adquisición de una cartera de préstamos hipotecarios

Escenario 1—Antecedentes

EI110   Una entidad (Comprador) compra cartera de préstamos a otra entidad (Vendedor). La cartera consiste en préstamos de hipotecas residenciales con términos, dimensiones y calificaciones de riesgo que no son significativamente diferentes. No se transfiere ningún empleado, otros activos, procesos u otras actividades.

Escenario 1—Aplicación de los requerimientos

EI111   El Comprador opta por aplicar la prueba de concentración opcional establecida en el párrafo B7B y concluye que:

(a)   los activos (préstamos de hipotecas residenciales) son de naturaleza similar;

(b)   los riesgos asociados con la gestión y creación de productos no son significativamente diferentes porque los términos, dimensiones y calificaciones de riesgo no son significativamente diferentes;

(c)   los préstamos adquiridos son activos similares; y

(d)   por consiguiente, sustancialmente todo el valor razonable de los activos brutos adquiridos se concentra en un grupo de activos identificables similares.

Por consiguiente, el Comprador concluye que el conjunto adquirido de actividades y activos no es un negocio.

Escenario 2—Antecedentes

EI112   Supónganse los mismo hechos que en el Escenario 1 excepto porque la cartera de préstamos consiste en préstamos comerciales con términos, dimensiones y calificaciones de riesgo que son significativamente diferentes. Ninguno de los préstamos adquiridos y ningún grupo de préstamos con términos, dimensiones y calificaciones de riesgo, tiene un valor razonable que constituya sustancialmente todo el valor razonable de la cartera adquirida. No se transfiere ningún empleado, otros activos, procesos u otras actividades.

Escenario 2—Aplicación de los requerimientos

EI113   El Comprador opta por aplicar la prueba de concentración opcional establecida en el párrafo B7B y concluye que:

(a)   los activos (préstamos comerciales) son de naturaleza similar;

(b)   los riesgos asociados con la gestión y creación de productos de los préstamos son significativamente diferentes porque los términos, dimensiones y calificaciones de riesgo son significativamente diferentes;

(c)   los préstamos adquiridos no son activos identificables similares; y

(d)   por consiguiente, el valor razonable de los activos brutos adquiridos no se concentra sustancialmente en su totalidad en un grupo de activos identificables similares.

Por consiguiente, el Comprador evalúa si el conjunto cumple los requerimientos mínimos para ser considerado un negocio de acuerdo con los párrafos B8 a B12D.

EI114   La cartera de préstamos tiene productos porque genera ingresos por intereses. Por consiguiente, el Comprador aplica los criterios del párrafo B12C. Los contratos adquiridos no son un proceso sustantivo, como se explica en el párrafo B12D(a). Más aún, el conjunto adquirido de actividades y activos no incluye una plantilla de trabajadores organizada y no hay procesos adquiridos que podrían cumplir los criterios del párrafo B12C(b). Por consiguiente, el Comprador concluye que el conjunto adquirido de actividades y activos no es un negocio.

Escenario 3—Antecedentes

EI115   Supóngase los mismos hechos que en el Escenario 2, pero el Comprador también se hace cargo de los empleados del Vendedor (tal como corredores, vendedores, y gestores de riesgos) que gestionan el riesgo crediticio de la cartera y la relaciones con los prestatarios. La contraprestación transferida al

Vendedor es significativamente mayor que el valor razonable de la cartera de préstamos adquirida.

Escenario 3—Aplicación de los requerimientos

EI116 Como se destacó en el párrafo EI113, el valor razonable de los activos brutos adquiridos no se concentra sustancialmente en su totalidad en un grupo de activos identificables similares. Por ello, la prueba de concentración opcional establecida en el párrafo B7B no se cumpliría. Por consiguiente, el Comprador evalúa si el conjunto cumple los requerimientos mínimos para ser considerado un negocio de acuerdo con los párrafos B8 a B12D.

EI117 La cartera de préstamos tiene productos porque genera ingresos por intereses. Por consiguiente, el Comprador aplica los criterios del párrafo B12C y concluye que se cumple el criterio del párrafo B12C(a), porque el conjunto incluye una plantilla de trabajadores organizada con la necesaria formación, conocimiento o experiencia para ejecutar procesos (gestión de relaciones con clientes, y gestión del riesgo crediticio) fundamentales para la capacidad de continuar elaborando productos. Por ello, el Comprador concluye que se cumple el criterio del párrafo B8, porque esos procesos e insumos adquiridos sustantivos (la cartera de préstamos) contribuyen conjuntamente y de forma significativa la capacidad de elaborar productos. Por consiguiente, el Comprador concluye que el conjunto adquirido es un negocio.

Ejemplo I—determinación del valor razonable de los activos brutos adquiridos

Antecedentes

EI118 Una entidad (Comprador) mantiene una participación del 20% en otra entidad (Entidad A). En una fecha posterior (a la fecha de adquisición), el Comprador adquiere una participación adicional del 50% en la Entidad A y obtiene su control. Los activos y pasivos de la Entidad A en la fecha de la adquisición son los siguientes:

(a) un edificio con un valor razonable de 500 u.m.;

(b) un activo intangible identificable con un valor razonable de 400 u.m.;

(c) efectivo y equivalentes al efectivo con un valor razonable de 100 u.m.;

(d) pasivos financieros con un valor razonable de 700 u.m.; y

(e) pasivos por impuestos diferidos de 160 u.m. que surgen de diferencias temporarias asociadas con el edificio y el activo intangible.

EI119 El Comprador paga 200 u.m. por la participación adicional del 50% en la Entidad A. El Comprador determina que en la fecha de la adquisición el valor razonable de la Entidad A es de 400 u.m., que el valor razonable de la participación no controladora es de 120 u.m. (30% × 400 u.m.) y que el valor razonable de la participación anteriormente mantenida es de 80 u.m. (20% × 400 u.m.).

Aplicación de los requerimientos

EI120 Para realizar la prueba de concentración opcional establecida en el párrafo B7B, el Comprador necesita determinar el valor razonable de los activos brutos adquiridos. Con la aplicación del párrafo B7B, el Comprador determina que el valor razonable de los activos brutos adquiridos es de 1.000 u.m., calculados de la forma siguiente:

(a) el valor razonable del edificio (500 u.m.); **[Referencia: párrafo B7B(a)]** más

(b) el valor razonable del activo intangible identificable (400 u.m.); **[Referencia: párrafo B7B(a)]** más

(c) el exceso (100 u.m.) de:

(i) la suma (400 u.m.) de la contraprestación transferida (200 u.m.), más el valor razonable de la participación no controladora (120 u.m.), más el valor razonable de la participación mantenida anteriormente (80 u.m.); sobre

(ii) el valor razonable de los activos netos identificables adquiridos (300 u.m. = 500 u.m. + 400 u.m. + 100 u.m. +700 .u.m).

[Referencia: párrafos B7B(a) y (b)]

EI121 El exceso al que hace referencia el párrafo EI120(c) se determina de forma similar a la medición inicial de la plusvalía de acuerdo con el párrafo 32 de la NIIF 3. La introducción de este importe al determinar el valor razonable de los activos brutos adquiridos significa que la prueba de concentración se basa en un importe que se ve afectado por el valor de los procesos sustantivos adquiridos.

EI122 El valor razonable de los activos brutos adquiridos se determina después de realizar las exclusiones siguientes especificadas en el párrafo B7B(a) de la NIIF 3 para elementos que son independientes de si se adquirió un proceso sustantivo:

(a) el valor razonable de los activos brutos adquiridos no incluye el valor razonable del efectivo y equivalentes al efectivo adquiridos (100 u.m.) y no incluye activos por impuestos diferidos (nulos en este ejemplo); y

(b) para el cálculo especificado en el párrafo EI120(c)(ii), el pasivo por impuestos diferidos no se deduce al determinar el valor razonable de los activos netos adquiridos (300 u.m.) y no necesita determinarse. Como resultado, el exceso (100 u.m.) calculado aplicando el párrafo EI120(c) no incluye la plusvalía procedente de los efectos de los pasivos por impuestos diferidos.

EI123 El valor razonable de los activos brutos adquiridos (1.000 u.m.) puede determinarse también de la forma siguiente:

(a) el total (1.100 u.m.) obtenido sumando:

(i) el importe pagado (200 u.m.) [más el valor razonable de la participación no controladora (120 u.m.), más el valor razonable de la participación mantenida anteriormente (80 u.m.)]; a

      (ii)   el valor razonable de los pasivos asumidos (distintos de los pasivos por impuestos diferidos) (700 u.m.); menos

(b)   el efectivo y equivalentes al efectivo adquiridos (100 u.m.); menos

(c)   los activos por impuestos diferidos adquiridos (nulos en este ejemplo). En la práctica, sería necesario determinar el importe de los activos por impuestos diferidos a excluir solo si la introducción de éstos pudiera llevar a que no se cumpliera la prueba de concentración.

[Referencia: párrafo B7B(b)]

Apéndice
Modificaciones a las guías establecidas en otras NIIF

Las siguientes modificaciones de las guías establecidas en otras NIIF son necesarias para asegurar la congruencia con la NIIF 3 (revisada en 2008) y las modificaciones relacionadas de otras NIIF. En los párrafos modificados, el texto nuevo está subrayado y el texto eliminado se ha tachado

* * * * *

Las modificaciones contenidas en este apéndice cuando se emitió la NIIF 3 en 2008 se han incorporado al texto de la Guía para la Implementación de la NIIF 5, Apéndices A y B de la NIC 12 y los Ejemplos Ilustrativos de la NIC 36, emitidos el 10 de enero de 2008.

Documentos del IASB publicados para acompañar a la

NIIF 5

Activos no Corrientes Mantenidos para la Venta y Operaciones Discontinuadas

El texto normativo de la NIIF 5 se encuentra en la Parte A de esta edición. El texto normativo de los Fundamentos de las Conclusiones de la CINIIF 5 se encuentra en la Parte C de esta edición. Su fecha de vigencia en el momento de la emisión era el 1 de enero de 2005. Esta parte presenta el siguiente documento:

GUÍA DE IMPLEMENTACIÓN

Índice

GUÍA PARA LA IMPLEMENTACIÓN DE LA NIIF 5 *ACTIVOS NO CORRIENTES MANTENIDOS PARA LA VENTA Y OPERACIONES DISCONTINUADAS*

Guía de Implementación de la NIIF 5 *Activos no Corrientes Mantenidos para la Venta y Operaciones Discontinuadas*

Esta guía acompaña a la NIIF 5, pero no forma parte de la misma.

Disponibilidad para la venta inmediata (párrafo 7)

Para cumplir las condiciones para su clasificación como mantenido para la venta, un activo no corriente (o grupo de activos para su disposición) debe estar disponible en sus condiciones actuales, para su venta inmediata, sujeto exclusivamente a los términos usuales y habituales para la venta de estos activos (o grupos de activos para su disposición) (párrafo 7). Un activo no corriente (o grupo de activos para su disposición) está disponible para su venta inmediata si una entidad tiene la intención y capacidad, en el momento actual, de transferir el activo (o grupo de activos para su disposición) a un comprador en sus condiciones actuales. Los ejemplos 1 a 3 ilustran situaciones en las que se cumplirían, o no, los criterios establecidos en el párrafo 7.

Ejemplo 1

Una entidad está comprometida con un plan para vender el edificio de su sede central y ha iniciado acciones para encontrar un comprador.

(a) La entidad tiene la intención de transferir el edificio a un comprador después de desalojar el edificio. El tiempo necesario para desalojar el edificio es usual y habitual para la venta de esos activos. El criterio del párrafo 7 se cumpliría en la fecha de compromiso del plan.

(b) La entidad continuará utilizando el edificio hasta que se finalice la construcción de la nueva sede central. La entidad no tiene la intención de transferir el edificio existente a un comprador hasta que la construcción del nuevo edificio se haya finalizado (y desaloje el edificio existente). El retraso en el momento de la transferencia del edificio existente impuesto por la entidad (vendedor) demuestra que el edificio no está disponible para su venta inmediata. El criterio del párrafo 7 no se cumpliría hasta que la construcción del nuevo edificio se haya finalizado, aun cuando se obtenga con anterioridad un compromiso de compra firme para la futura transferencia del edificio existente.

Ejemplo 2

Una entidad está comprometida con un plan para vender una instalación productiva y ha iniciado acciones para encontrar un comprador. En la fecha de compromiso del plan, existe un atraso en los pedidos de clientes no completados.

(a) La entidad tiene la intención de vender la instalación productiva con sus operaciones. Cualquier pedido de clientes no completado en la fecha de la venta será transferido al comprador. La transferencia de pedidos de clientes no completados en la fecha de venta no afectará la transferencia de la instalación. El criterio del párrafo 7 se cumpliría en la fecha de compromiso del plan.

(b) La entidad tiene la intención de vender la instalación productiva, pero sin sus operaciones. La entidad no tiene la intención de transferir la instalación a un comprador hasta que hayan cesado todas las operaciones de la instalación y haya eliminado el atraso en los pedidos de clientes no completados. El retraso en el momento de la transferencia de la instalación impuesto por la entidad (vendedor) demuestra que la instalación no está disponible para su venta inmediata. El criterio del párrafo 7 no se cumpliría hasta que cesen las operaciones de la instalación, aun cuando se obtenga con anterioridad un compromiso de compra firme para la futura transferencia de la instalación.

Ejemplo 3

Una entidad adquiere mediante ejecución de la hipoteca de una propiedad que incluye terreno y edificios y que tiene la intención de vender.

(a) La entidad no tiene la intención de transferir la propiedad a un comprador hasta que haya completado renovaciones para incrementar el valor de venta de la propiedad. El retraso en el momento de la transferencia de la propiedad impuesto por la entidad (vendedor) demuestra que la propiedad no está disponible para su venta inmediata. El criterio del párrafo 7 no se cumpliría hasta que se finalicen las renovaciones.

(b) Tras la finalización de las renovaciones y que la propiedad se haya clasificado como mantenido para la venta **[Referencia: párrafos 6 a 14]** pero antes de que se obtenga un compromiso de venta en firme, la entidad se da cuenta de la existencia de daños medioambientales que requieren rehabilitación. La entidad tiene la intención de vender la propiedad. Sin embargo, la entidad no tiene la capacidad para transferir la propiedad a un comprador hasta que se haya finalizado la rehabilitación. El retraso en el momento de la transferencia de la propiedad impuesto por terceros antes de que se obtenga un compromiso de compra en firme demuestra que la propiedad no está disponible para su venta inmediata. El criterio del párrafo 7 no seguiría cumpliéndose. La propiedad se reclasificaría como mantenida y utilizada de acuerdo con el párrafo 26.

Finalización de la venta esperada en el plazo de un año (párrafo 8)

Ejemplo 4

Para cumplir las condiciones para su clasificación como mantenido para la venta, la venta de un activo no corriente (o grupo de activos para su disposición) debe ser altamente probable (párrafo 7), y la transferencia del activo (o grupo de activos para su disposición) debe esperarse que cumpla las condiciones para su reconocimiento como venta completada en el plazo de un año (párrafo 8). Ese criterio no se cumpliría si, por ejemplo:

(a) Una entidad que es una compañía financiera de arrendamiento financiero comercial está manteniendo para la venta o arrendamiento equipo que ha dejado de ser arrendado recientemente y todavía no se ha determinado la forma última de una futura transacción (compra o arrendamiento).

(b)   Una entidad está comprometida con un plan para "vender" una propiedad que está en uso como parte de una transacción de venta con arrendamiento posterior, pero la transferencia no cumple los requisitos para contabilizarla como una venta de acuerdo con el párrafo 99 de la NIIF 16 *Arrendamientos* y, en su lugar, se contabilizará de acuerdo con el párrafo 103 de la NIIF 16.

Excepciones al criterio de que la venta debe esperarse que esté finalizada en el plazo de un año (párrafos 8 y B1)

Una excepción al requerimiento de un año establecido en el párrafo 8 se aplica en limitadas situaciones en las que el periodo requerido para completar la venta de un activo no corriente (o grupo de activos para su disposición) será (o ha sido) ampliado debido a eventos o circunstancias no sujetas al control de la entidad y se cumplen determinadas condiciones (párrafo 9 y B1). Los ejemplos 5 a 7 ilustran esas situaciones.

Ejemplo 5

Una entidad del sector de generación de energía está comprometida con un plan para vender un grupo de activos para su disposición que representa una porción significativa de sus operaciones reguladas. La venta requiere aprobación legal, lo cual podría alargar el periodo requerido para completar la venta más allá de un año. Las acciones necesarias para obtener la aprobación no pueden ser iniciadas hasta después de que se haya obtenido un compromiso firme de compra. Sin embargo, es altamente probable un compromiso firme de compra en el plazo de un año. En esa situación se cumplirían las condiciones establecidas en el párrafo B1(a) para una excepción al requerimiento de un año establecido en el párrafo 8.

Ejemplo 6

Una entidad está comprometida con un plan para vender una instalación productiva en sus condiciones actuales y clasifica la instalación como mantenida para la venta en esa fecha. Tras la obtención de un compromiso de venta en firme, la inspección de la propiedad por parte del comprador identifica daños medioambientales cuya existencia anteriormente se desconocía. El comprador requiere que la entidad repare los daños causados, lo cual extenderá el periodo requerido para completar la venta más allá de un año. Sin embargo, la entidad ha iniciado acciones para reparar los daños causados, y la rectificación satisfactoria de los daños es altamente probable. En esa situación se cumplirían las condiciones establecidas en el párrafo B1(b) para una excepción al requerimiento de un año establecido en el párrafo 8.

Ejemplo 7

Una entidad está comprometida con un plan para vender un activo no corriente y clasifica dicho activo como mantenido para la venta en esa fecha.

(a)   Durante el periodo inicial de un año, se deterioran las condiciones de mercado que existían en la fecha en la que el activo se clasificó inicialmente como mantenido para la venta y, como resultado, al final de ese periodo el activo no se ha vendido. Durante ese periodo, la entidad solicitó de forma activa, pero no recibió ninguna oferta razonable para comprar el activo y, en respuesta, redujo el precio. El activo continua siendo negociado de forma activa a un precio que es razonable dado el cambio en las condiciones de mercado y, por lo tanto, se cumplen los criterios establecidos en los párrafos 7 y 8. En esa situación se cumplirían las condiciones establecidas en el párrafo B1(c) para una excepción al requerimiento de un año establecido en el párrafo 8. Al final del periodo inicial de un año, el activo seguiría clasificándose como mantenido para la venta. **[Referencia: párrafos 6 a 14]**

(b) Durante el siguiente periodo de un año, las condiciones de mercado se deterioran más y el activo no ha sido vendido al final de ese periodo. La entidad cree que las condiciones del mercado mejorarán y no ha reducido más el precio del activo. El activo continúa siendo mantenido para la venta, pero por un precio superior a su valor razonable actual. En esa situación, la ausencia de una reducción en el precio demuestra que el activo no está disponible para su venta inmediata tal como requiere el párrafo 7. Además, el párrafo 8 también requiere que un activo se negocie a un precio razonable, en relación con su valor razonable actual. Por lo tanto, no se cumplirían las condiciones establecidas en el párrafo B1(c) para una excepción al requerimiento de un año establecido en el párrafo 8. El activo se reclasificaría como mantenido y utilizado de acuerdo con el párrafo 26.

Determinación de si un activo ha sido abandonado

Los párrafos 13 y 14 de la NIIF especifican los requerimientos sobre cuándo deben tratarse los activos como abandonados. El ejemplo 8 ilustra cuándo un activo no ha sido abandonado.

Ejemplo 8

Una entidad deja de utilizar una planta de producción porque la demanda de su producto ha disminuido. Sin embargo, la planta se mantiene en condiciones de funcionamiento y se espera volver a poner en funcionamiento si la demanda se recupera. La planta no se considera como abandonada.

Presentación de una operación discontinuada que ha sido abandonada

El párrafo 13 de la NIIF prohíbe que los activos que serán abandonados se clasifiquen como mantenidos para la venta. **[Referencia: párrafos 6 a 14]** Sin embargo, si los activos que van a ser abandonados son una línea del negocio o un área geográfica de operaciones muy importante se presentarán en operaciones discontinuadas en la fecha en la que sean abandonados. El ejemplo 9 ilustra esto.

Ejemplo 9

En octubre de 20X5 una entidad decide abandonar todas sus fábricas de tejidos de algodón, que constituyen una línea del negocio muy importante. Todo el trabajo se detiene en las fábricas de tejidos de algodón durante el año que termina el 31 de diciembre de 20X6. En los estados financieros para el año terminado el 31 de diciembre de 20X5, los resultados y flujos de efectivo de las fábricas de tejidos de algodón se tratan como operaciones continuadas. En los estados financieros para el año que termina el 31 de diciembre de 20X6, los resultados y los flujos de efectivo de las fábricas de tejidos de algodón se tratan como operaciones discontinuadas y la entidad hace las revelaciones requeridas por los párrafos 33 y 34 de la NIIF.

Distribución de una pérdida por deterioro en un grupo de activos para su disposición

El párrafo 23 de la NIIF requiere que una pérdida por deterioro (o cualquier ganancia posterior) reconocida en un grupo de activos para su disposición, reduzca (o incremente) el importe en libros de los activos no corrientes del grupo, que estén dentro del alcance de los requisitos de medición de la NIIF, en el orden de distribución establecido en los párrafos 104 y 122 de la NIC 36 (revisada en 2004). El ejemplo 10 ilustra la distribución de una pérdida por deterioro en un grupo de activos para su disposición.

Ejemplo 10

Una entidad planea vender o disponer por otra vía un grupo de sus activos (como una venta de activos). Los activos forman un grupo de activos para su disposición, y se miden como se indica a continuación:

	Importe en libros al final del periodo sobre el que se informa antes de la clasificación como mantenido para la venta u.m.[a]	Importe en libros tras la nueva valoración inmediatamente antes de la clasificación como mantenido para la venta u.m.
Plusvalía	1.500	1.500
Propiedades, planta y equipo (contabilizados por sus importes revaluados)	4.600	4.000
Propiedades, planta y equipo (contabilizados al costo)	5.700	5.700
Inventarios	2.400	2.200
Inversiones en instrumentos de patrimonio	1.800	1.500
Total	**16.000**	**14.900**

(a) En esta guía, los importes monetarios se denominan en "unidades monetarias (u.m.)"

La entidad reconoce la pérdida de 1.100 u.m (16.000 u.m. – 14.900 u.m.) inmediatamente antes de clasificar el grupo de activos para su disposición como mantenido para la venta.

La entidad mide que el valor razonable menos los costos de venta del grupo de activos para su disposición asciende a 13.000 u.m. Dado que una entidad mide un grupo de activos para su disposición clasificado como mantenido para la venta **[Referencia: párrafos 6 a 14]** al menor de su importe en libros o su valor razonable menos los costos de venta, la entidad reconocerá una pérdida por deterioro de 1.900 u.m. (14.900 u.m – 13.000 u.m) cuando el grupo se clasifique inicialmente como mantenido para la venta.

La pérdida por deterioro se distribuirá a los activos no corrientes para los cuales sean aplicables los requerimientos de medición de la NIIF. Por ello, las pérdidas por deterioro de valor no se distribuyen al inventario e inversiones en instrumentos de patrimonio. La pérdida por deterioro se distribuirá al resto de activos en el orden de distribución establecido en los párrafos 104 y 122 de la NIC 36 (revisada en 2004).

La distribución puede ilustrarse como sigue:

	Importe en libros tras la nueva valoración inmediatamente antes de la clasificación como mantenido para la venta	Pérdida por deterioro distribuida	Importe en libros después de la distribución de la pérdida por deterioro
	u.m.	u.m.	u.m.
Plusvalía	1.500	(1.500)	0
Propiedades, planta y equipo (contabilizados por sus importes revaluados)	4.000	(165)	3.835
Propiedades, planta y equipo (contabilizados al costo)	5.700	(235)	5.465
Inventarios	2.200	–	2.200
Inversiones en instrumentos de patrimonio	1.500	–	1.500
Total	**14.900**	**(1.900)**	**13.000**

En primer lugar, la pérdida por deterioro reducirá cualquier importe de la plusvalía. A continuación, la pérdida residual se distribuirá al resto de activos en función de una proporcionalidad basada en los importes en libros de esos activos.

Presentación de operaciones discontinuadas en el estado del resultado integral

El párrafo 33 de la NIIF requiere que una entidad revele un único importe en el estado del resultado integral para las operaciones discontinuadas con un desglose en las notas o en una sección del estado del resultado integral separada de las operaciones continuadas. El ejemplo 11 ilustra cómo pueden cumplirse estos requerimientos.

Ejemplo 11

EL GRUPO XYZ – ESTADO DEL RESULTADO INTEGRAL PARA EL AÑO QUE TERMINA A 31 DE DICIEMBRE DE 20X2 (ejemplo de clasificación de gastos por función)

(en miles de unidades monetarias)	20X2	20X1
Actividades continuadas		
Ingresos de actividades ordinarias	X	X
Costo de ventas	(X)	(X)
Ganancia bruta	X	X
Otros ingresos	X	X
Costos de distribución	(X)	(X)
Gastos de administración	(X)	(X)
Otros gastos	(X)	(X)
Costos financieros	(X)	(X)
Participación en las ganancias de asociadas	X	X
Ganancia antes de impuestos	X	X
Gasto por impuestos a las ganancias	(X)	(X)
Ganancia del periodo procedente de actividades continuadas	X	X
Operaciones discontinuadas		
Ganancia del periodo procedente de actividades discontinuadas[a]	X	X
Ganancia del periodo	X	X

continúa...

...continuación

EL GRUPO XYZ – ESTADO DEL RESULTADO INTEGRAL PARA EL AÑO QUE TERMINA A 31 DE DICIEMBRE DE 20X2 (ejemplo de clasificación de gastos por función)

Atribuible a:

Propietarios de la controladora		
Ganancia del periodo procedente de actividades continuadas	X	X
Ganancia del periodo procedente de actividades discontinuadas	X	X
Ganancias del periodo atribuibles a los propietarios de la controladora	X	X
Participaciones no controladoras		
Ganancia del periodo procedente de actividades continuadas	X	X
Ganancia del periodo procedente de actividades discontinuadas	X	X
Ganancias del periodo atribuibles a las participaciones no controladoras	X	X
	X	X

(a) El desglose requerido se proporcionaría en las notas.

Presentación de activos no corrientes o grupos de activos para su disposición clasificados como mantenidos para la venta

El párrafo 38 de la NIIF requiere que una entidad presente en el estado de situación financiera, de forma separada del resto de los activos, los activos no corrientes clasificados como mantenidos para la venta **[Referencia: párrafos 6 a 14]** y Los pasivos que formen parte de un grupo de activos para su disposición clasificado como mantenido para la venta, se presentarán en el estado de situación financiera de forma separada de los otros pasivos. Los pasivos que formen parte de un grupo de activos para su disposición clasificado como mantenido para la venta, se presentarán también en el estado de situación financiera de forma separada de los otros pasivos. Estos activos y pasivos no se compensarán, ni se presentarán como un único importe. El ejemplo 12 ilustra estos requerimientos.

Ejemplo 12

A finales de 20X5, una entidad decide disponer de parte de sus activos (y pasivos directamente asociados). La disposición, que cumple los criterios establecidos en los párrafos 7 y 8 para ser clasificada como mantenida para la venta, **[Referencia: párrafos 6 a 14]** toma la forma de dos grupos de activos para su disposición, como sigue:

	Importe en libros tras reconocer la clasificación como mantenidos para la venta	
	Grupo I de activos para su disposición: u.m.	Grupo II de activos para su disposición: u.m.
Propiedades, planta y equipo	4.900	1.700
Inversiones en instrumentos de patrimonio	1.400[a]	–
Pasivos	(2.400)	(900)
Importe neto en libros del grupo de activos para su disposición	**3.900**	**800**

(a) Un importe de 400 u.m. relativo a estos activos se ha reconocido en otro resultado integral y acumulado en el patrimonio.

La presentación en el estado de situación financiera de la entidad de los grupos de activos para su disposición clasificados como mantenidos para la venta **[Referencia: párrafos 6 a 14]** puede mostrarse como sigue:

	20X5	20X4
ACTIVOS		
Activos no corrientes		
AAA	X	X
BBB	X	X
CCC	X	X
	X	X
Activos corrientes		
DDD	X	X
EEE	X	X
	X	X
Activos no corrientes clasificados como mantenidos para la venta **[Referencia: párrafos 6 a 14]**	8.000	–
	X	X
Total activos	X	X

continúa...

...continuación

	20X5	20X4
PATRIMONIO Y PASIVOS		
Patrimonio atribuible a los propietarios de la controladora		
FFF	X	X
GGG	X	X
Importes reconocidos en otro resultado integral y acumulados en el patrimonio relativos a activos no corrientes mantenidos para la venta	400	–
	X	X
Participaciones no controladoras	X	X
Total Patrimonio	X	X
Pasivos no corrientes		
HHH	X	X
III	X	X
JJJ	X	X
	X	X
Pasivos corrientes		
KKK	X	X
LLL	X	X
MMM	X	X
Pasivos directamente asociados con activos no corrientes clasificados como mantenidos para la venta	3.300	–
	X	X
Total pasivos	X	X
Total patrimonio y pasivos	X	X

Los requerimientos de presentación para activos (o grupos de activos para su disposición) clasificados como mantenidos para la venta **[Referencia: párrafos 6 a 14]** al final del periodo sobre el que se informa no se aplican de forma retroactiva. El estado comparativo de situación financiera para cualquier periodo anterior, por tanto, no se presenta de nuevo.

Medición y presentación de subsidiarias adquiridas con la finalidad de revenderlas y clasificadas como mantenidas para la venta

Una subsidiaria adquirida con el propósito de venderla no está exenta de la consolidación de acuerdo con la NIIF 10 *Estados Financieros Consolidados*, a menos que la adquirente sea una entidad de inversión, tal como se define en la NIIF 10, y se le requiera medir la inversión en esa subsidiaria al valor razonable con cambios en resultados. Sin embargo, si cumple los criterios establecidos en el párrafo 11, se presentará como un grupo de activos para su disposición clasificado como mantenido para la venta. [**Referencia: párrafos 6 a 14**] El ejemplo 13 ilustra estos requerimientos.

Ejemplo 13

La Entidad A adquiere una entidad H, que es una controladora con dos subsidiarias, S1 y S2. S2 es adquirida exclusivamente con la finalidad de venderla y cumple los criterios para ser clasificada como mantenida para la venta. [**Referencia: párrafos 6 a 14**] De acuerdo con el párrafo 32(c), S2 también es una operación discontinuada.

El valor razonable menos los costos de venta de S2 es 135 u.m. A contabiliza S2 como sigue:

- inicialmente, A mide los pasivos identificables de S2 por su valor razonable, de 40 u.m.

- inicialmente, A mide los activos adquiridos como el valor razonable menos los costos de venta de S2 (135 u.m.) más el valor razonable de los pasivos identificables (40 u.m.), es decir, 175 u.m.

- al final del periodo sobre el que se informa, A vuelve a medir el grupo de activos para su disposición por el menor entre su coste y el valor razonable menos los costos de venta, por 130 u.m. Los pasivos se vuelven a medir de acuerdo con las NIIF aplicables, por 35 u.m. Los activos totales se miden por 130 u.m. + 35 u.m., es decir, por 165 u.m.

- al final del periodo sobre el que se informa, A presenta los activos y pasivos separadamente de otros activos y pasivos en sus estados financieros consolidados tal como ilustra el ejemplo 12 *Presentación de activos no corrientes o grupos de activos para su disposición clasificados como mantenidos para la venta*, y

- en el estado del resultado integral, A presentará el total de la ganancia o pérdida después de impuestos de S2 y la ganancia o pérdida después de impuestos reconocida en las mediciones posteriores de S2, lo cual equivale a la nueva medición del grupo de activos para su disposición de 135 u.m. a 130 u.m.

No se requiere ningún análisis adicional de los activos y pasivos o del cambio en el valor del grupo de activos para su disposición.

Documentos del IASB publicados para acompañar a la

NIIF 7

Instrumentos Financieros: Información a Revelar

El texto normativo de la NIIF 7 se encuentra en la Parte A de esta edición. El texto de los Fundamentos de las Conclusiones de la NIIF 7 se encuentra en la Parte C de esta edición. Su fecha de vigencia en el momento de la emisión era el 1 de enero de 2007. Esta parte presenta los siguientes documentos:

GUÍA DE IMPLEMENTACIÓN

APÉNDICE
Modificaciones a las guías establecidas en otras NIIF

ÍNDICE

Guía de Implementación de la
NIIF 7 *Instrumentos Financieros: Información a Revelar*

Esta guía acompaña a la NIIF 7, pero no forma parte de la misma.

Introducción

GI1   Esta guía sugiere posibles formas de aplicación de algunos de los requerimientos de información a revelar establecidos en la NIIF 7. La guía no crea requerimientos adicionales.

GI2   Por conveniencia, cada requerimiento de información a revelar establecido en la NIIF se discute de forma separada. En la práctica, la información a revelar normalmente se presentaría como un paquete integrado y la información a revelar individual puede satisfacer más de un requerimiento. Por ejemplo, la información sobre concentraciones de riesgo puede transmitir también información sobre exposición al riesgo de crédito u otro riesgo.

GI3 a GI4   [Eliminado]

Clases de instrumentos financieros y nivel de información (párrafo 6 y B1 a B3)

GI5   El párrafo B3 establece que "una entidad decidirá, en función de sus circunstancias, el nivel de detalle que ha de suministrar para cumplir lo dispuesto en esta NIIF, qué énfasis dará a los diferentes aspectos de lo exigido y cómo agregará la información para presentar una imagen general sin combinar información con diferentes características." Es posible que, para satisfacer los requerimientos, una entidad no necesite revelar toda la información sugerida en esta guía.

GI6   El apartado (c) del párrafo 17 de la NIC 1 requiere que una entidad "suministre información adicional cuando los requisitos exigidos por las NIIF resulten insuficientes para permitir a los usuarios comprender el impacto de determinadas transacciones, así como de otros eventos o condiciones, sobre la situación y el rendimiento financieros de la entidad".

La importancia de los instrumentos financieros en la situación financiera y en el rendimiento (párrafos 7 a 30, B4 y B5)[1]

GI7 a GI11   [Eliminado]

Incumplimientos y otras infracciones (párrafos 18 y 19)

GI12   Los párrafos 18 y 19 requieren revelar información cuando existe cualquier incumplimiento u otra infracción en los préstamos por pagar. Cualquier incumplimiento u otra infracción puede afectar la clasificación del pasivo como corriente o no corriente de acuerdo con la NIC 1.

---

1   La NIIF 9 *Instrumentos Financieros* eliminó el párrafo B4 de la NIIF 7.

Gasto por intereses total [párrafo 20(b)][2]

GI13   El gasto total por intereses presentados de acuerdo con el apartado (b) del párrafo 20 es un componente de los costos financieros, cuya presentación separada en el estado del resultado integral es requerida por el apartado (b) del párrafo 82 de la NIC 1. La partida de costos financieros puede también incluir importes que surgen de pasivos no financieros.

GI13A a GI13B   [Eliminado]

Contabilidad de coberturas (párrafos 24A a 24C)

GI13C   El párrafo 24A de la NIIF 7 requiere que una entidad revele, en un formato de tabla, los importes relacionados con las partidas designadas como instrumentos de cobertura. El siguiente ejemplo ilustra la forma en que puede revelarse la información.

	Importe nominal del instrumento de cobertura	Importe en libros del instrumento de cobertura		Partida en el estado de situación financiera que incluye el instrumento de cobertura	Cambios en el valor razonable utilizado para calcular la ineficacia de cobertura para 20X1
		Activos	Pasivos		
Cobertura de flujos de efectivo					
Riesgo de precio de materia prima cotizada - Contratos de venta a término	xx	xx	xx	Partida XX	xx
Coberturas del valor razonable					
Riesgo de tasa de interés - Permutas de tasa de interés	xx	xx	xx	Partida XX	xx
Riesgo de tasa de cambio - Préstamo en moneda extranjera	xx	xx	xx	Partida XX	xx

GI13D   El párrafo 24B de la NIIF 7 requiere que una entidad revele, en un formato de tabla, los importes relacionados con las partidas designadas como partidas cubiertas. El siguiente ejemplo ilustra la forma en que puede revelarse la información.

---

2   En *Mejoras a las NIIF*, emitido en mayo de 2008, el Consejo modificó el párrafo GI13 y eliminó "ingreso por intereses total" como un componente de los costos financieros. Esta modificación eliminó una incongruencia con el párrafo 32 de la NIC 1 *Presentación de Estados Financieros*, que impedía compensar ingresos y gastos (excepto cuando lo requiriese o permitiese una NIIF).

	Importe en libros de la partida cubierta		Importe acumulado de los ajustes de cobertura del valor razonable sobre la partida cubierta incluido en el importe en libros de la partida cubierta		Partida en el estado de situación financiera que incluye la partida cubierta	Cambios en el valor utilizado para calcular la ineficacia de cobertura para 20X1	Reserva de cobertura de flujos de efectivo
	Activos	Pasivos	Activos	Pasivos			
Cobertura de flujos de efectivo							
Riesgo de precio de materia prima cotizada							
- Ventas previstas	n/a	n/a	n/a	n/a	n/a	xx	xx
- Coberturas disconti-nuadas (ventas previstas)	n/a	n/a	n/a	n/a	n/a	n/a	xx
Coberturas del valor razonable							
Riesgo de tasa de interés							
- Préstamo por pagar	–	xx	–	xx	Partida XX	xx	n/a
- Coberturas disconti-nuadas (Préstamo por pagar)	–	xx	–	xx	Partida XX	n/a	n/a
Riesgo de tasa de cambio							
- Compromiso en firme	xx	xx	xx	xx	Partida XX	xx	n/a

GI13E El párrafo 24C de la NIIF 7 requiere que una entidad revele, en formato de tabla, los importes que han afectado al estado del resultado integral como consecuencia de la aplicación de la contabilidad de coberturas. El siguiente ejemplo ilustra la forma en que puede revelarse la información.

Cobertura de flujos de efecti-vo(a)	Partida separada reconocida en el resultado del periodo como consecuencia de una cobertura de una posición neta(b)	Cambio en el valor del instru-mento de cobertura reconocido en otro resultado integral	Ineficacia de cobertura reconocida en el resultado del periodo	Partida del resultado del periodo (que incluye la ineficacia de cobertura)	Importe reclasifi-cado de la reserva de cobertura de flujos de efectivo al resultado del periodo	Partida afectada en el resultado del periodo debido a la reclasificación
Riesgo de precio de materia prima cotizada						
Materia prima cotizada X	n/a	xx	xx	Partida XX	xx	Partida XX
- Cobertura descontada	n/a	n/a	n/a	n/a	xx	Partida XX

(a) La información revelada en el estado de cambios en el patrimonio (reserva de cobertura de flujos de efectivo) debe tener el mismo nivel de detalle que esta información a revelar.

(b) Esta información a revelar se aplica a las coberturas de flujos de efectivo del riesgo de tasa de cambio.

Coberturas del valor razonable	Ineficacia reconocida en el resulta-do del periodo	Partida de resultado del periodo (que incluye la ineficacia de cobertura)
Riesgo de tasa de interés	xx	Partida XX
Riesgo de tasa de cambio	xx	Partida XX

Valor razonable (párrafo 28)

GI14   En el momento del reconocimiento inicial una entidad mide el valor razonable de instrumentos financieros que no cotizan en mercados activos. Sin embargo, cuando tras el reconocimiento inicial, una entidad utilice una técnica de valoración que incorpora datos no obtenidos de mercados observables, puede existir una diferencia entre el precio de transacción en el momento del reconocimiento inicial y el importe determinado en esa fecha utilizando esa técnica de valoración. En estas circunstancias, la diferencia se reconocerá en el resultado de periodos posteriores de acuerdo con la NIIF 9 *Instrumentos Financieros* y la política contable de la entidad. Tal reconocimiento refleja cambios en los factores (incluyendo el tiempo) que los participantes del mercado tendrían en cuenta al fijar el precio del activo o pasivo (véase el párrafo B5.1.2A(b) de la NIIF 9). El párrafo 28 requiere en estas circunstancias revelar información. Una entidad puede revelar lo siguiente para cumplir con el párrafo 28:

Antecedentes

El 1 de enero de 20X1 una entidad compra activos financieros que no cotizan en un mercado activo por 15 millones de u.m. La entidad solo posee una clase de dichos activos financieros.

El precio de transacción de 15 millones de u.m. es el valor razonable en el momento del reconocimiento inicial.

Tras el reconocimiento inicial, la entidad aplicará una técnica de valoración para establecer el valor razonable del activo financiero. Esta técnica de valoración incluye datos de entrada distintos a los datos procedentes de mercados observables.

En el momento del reconocimiento inicial, esta misma técnica de valoración habría resultado en un importe de 14 millones de u.m., lo cual difiere del valor razonable en 1 millón de u.m.

El 1 de enero de 20X1 la entidad tiene diferencias por 5 millones de u.m.

---

continúa...

...continuación

Aplicación de los requerimientos

La información a revelar por la entidad en 20X2 incluiría lo siguiente:

Políticas contables

La entidad utiliza la siguiente técnica de valoración para medir el valor razonable de los instrumentos financieros que no cotizan en un mercado activo: [descripción de la técnica, no incluida en este ejemplo]. Pueden surgir diferencias entre el valor razonable en el momento del reconocimiento inicial (que, de acuerdo con la NIIF 13 y la NIIF 9, normalmente es el precio de la transacción) y el importe determinado utilizando la técnica de valoración en el momento del reconocimiento inicial. Cualquiera de esas diferencias son [descripción de la política contable de la entidad].

En las notas a los estados financieros

Como se comenta en la nota X, la entidad utiliza [nombre de la técnica de valoración] para medir el valor razonable de los siguientes instrumentos financieros que no cotizan en un mercado activo. Sin embargo, de acuerdo con la NIIF 13 y la NIIF 9, el valor razonable al inicio de un instrumento financiero es normalmente el precio de transacción. Si el precio de transacción difiere del importe determinado al inicio utilizando la técnica de valoración, esa diferencia es [descripción de la política contable de la entidad].

Las diferencias pendientes de reconocimiento en resultados son las siguientes:

	31 Dic X2	31 Dic X1
	millones de u.m.	millones de u.m.
Saldo inicial	5,3	5,0
Nuevas transacciones	–	1,0
Importes reconocidos en resultados durante el año	(0,7)	(0,8)
Otros incrementos	–	0,2
Otros decrementos	(0,1)	(0,1)
Saldo final	4,5	5,3

Naturaleza y alcance de los riesgos que surgen de los instrumentos financieros (párrafos 31 a 42 y B6 a B28)

Información cualitativa (párrafo 33)

GI15   La clase de información cualitativa que una entidad puede revelar para cumplir los requerimientos establecidos en el párrafo 33 incluye, pero no se limita a, una descripción narrativa de:

(a) Las exposiciones de una entidad al riesgo y cómo surgieron las mismas. La información sobre las exposiciones al riesgo puede describir exposiciones brutas y netas de riesgo transferido y otras transacciones que mitigan el riesgo.

(b) Las políticas y procesos de la entidad para aceptar, medir, supervisar y controlar el riesgo, que pueden incluir:

    (i) la estructura y organización de las funciones de gestión del riesgo de la entidad, incluyendo un análisis de independencia y rendición de cuentas;

    (ii) el alcance y naturaleza de los sistemas de presentación y medición del riesgo de la entidad;

    (iii) las políticas de la entidad para la cobertura o mitigación del riesgo, incluyendo sus políticas y procedimientos para tomar garantías colaterales; y

    (iv) los procesos de la entidad para supervisar la eficacia continuada de tales coberturas o mecanismos de mitigación.

(c) Las políticas y procesos de la entidad para evitar excesivas concentraciones de riesgo.

GI16 La información sobre la naturaleza y el alcance de los riesgos procedentes de instrumentos financieros es más útil si destaca cualquier relación entre instrumentos financieros que pueda afectar al importe, calendario e incertidumbre de los flujos de efectivo futuros de una entidad. El grado en el que una exposición al riesgo se ve alterada por tales relaciones puede quedar claro para los usuarios a partir de las revelaciones requeridas por esta Norma, pero en algunos casos podría ser útil información a revelar adicional.

GI17 De acuerdo con el apartado (c) del párrafo 33, las entidades revelarán cualquier cambio en la información cualitativa respecto al periodo anterior y explicarán las razones para el cambio. Estos cambios pueden derivarse de cambios en la exposición al riesgo o de cambios en el modo en el que se gestionan esas exposiciones.

Información cuantitativa (párrafos 34 a 42 y B7 a B28)

GI18 El párrafo 34 requiere la revelación de datos cuantitativos sobre las concentraciones de riesgo. Por ejemplo, las concentraciones del riesgo de crédito pueden surgir como consecuencia de:

(a) Sectores industriales. Por lo tanto, si las contrapartes de una entidad se concentran en un o más sectores industriales (como venta al por menor o al por mayor), ella debería revelar de forma separada la exposición a los riesgos surgidos de cada concentración de contrapartes.

(b) Calificación crediticia u otra medida de calidad crediticia. Por lo tanto, si las contrapartes de una entidad se concentran en una o más calidades crediticias (como préstamos garantizados o no garantizados) o en una o más calificaciones crediticias (como calificación de inversión o calificación de especulación), ella debería revelar de forma separada la exposición a los riesgos surgidos de cada concentración de contrapartes.

(c) Distribución geográfica. Por lo tanto, si las contrapartes de una entidad se concentran en uno o más mercados geográficos (como Asia o Europa), ella debería revelar de forma separada la exposición a los riesgos surgidos de cada concentración de contrapartes.

(d) Un número limitado de contrapartes individuales o grupos de contrapartes estrechamente relacionadas.

Para la identificación de concentraciones de otros riesgos, incluyendo riesgo de liquidez y riesgo de mercado, se aplican principios similares. Por ejemplo, las concentraciones de riesgo de liquidez pueden surgir de las condiciones de devolución de pasivos financieros, fuentes de préstamos disponibles o dependencia en un determinado mercado en el cual realizar los activos líquidos. Las concentraciones de riesgo de tasa de cambio pueden surgir si una entidad tiene una posición abierta neta significativa en una única moneda extranjera, o posiciones abiertas netas agregadas en varias monedas que tienden a evolucionar de forma conjunta.

[Referencia: párrafos 34(c) y B8]

GI19   De acuerdo con el párrafo B8, la información a revelar sobre concentraciones de riesgo incluye una descripción de la característica común que identifica cada concentración. Por ejemplo, la característica común puede referirse a una distribución geográfica de contrapartes por grupos de países, países individuales o regiones dentro de países.

[Referencia: párrafo 34(c)]

GI20   Cuando la información cuantitativa al final del periodo sobre el que se informa no es representativa de la exposición al riesgo de la entidad durante el período, el párrafo 35 exige revelar información adicional. Para cumplir este requisito, una entidad puede revelar el importe de riesgo mayor, menor o promedio al cual estuvo expuesta durante ese periodo. Por ejemplo, si una entidad habitualmente tiene una gran exposición a una determinada moneda, pero al final del año revierte la posición, la entidad puede presentar un gráfico que muestre la exposición en varios momentos durante el periodo, o revelar las exposiciones mayor, menor y promedio.

Riesgo crediticio (párrafos 35A a 36, B8A a B10)

GI20A   Los ejemplos siguientes ilustran formas posibles en las que una entidad puede revelar la información requerida por los párrafos 35A a 35N de la NIIF 7. Sin embargo, estos ejemplos no tratan todas las formas posibles de aplicar los requerimientos de información a revelar.

Ilustración de la aplicación de los párrafos 35H y 35I

GI20B   El siguiente ejemplo ilustra una forma de proporcionar información sobre los cambios en la corrección de valor por pérdidas y los cambios significativos en el importe en libros bruto de los activos financieros durante el periodo que contribuyó a los cambios en la corrección de valor por pérdidas como requieren los párrafos 35H y 35I. Este ejemplo no ilustra los requerimientos para activos financieros comprados u originados con deterioro crediticio.

Préstamos hipotecarios–corrección de valor por pérdidas	Pérdidas crediticias esperadas de 12 meses	Pérdidas crediticias esperadas durante la vida del activo (evaluado colectivamen-te)	Pérdidas crediticias esperadas durante la vida del activo (evaluado individual-mente)	Activos financieros con deterioro crediticio (pérdidas crediticias esperadas durante el tiempo de vida del activo)
000 u.m.				
Corrección de valor por pérdidas a 1 de enero	X	X	X	X
Cambios debidos a instrumentos financieros reconocidos a 1 de enero:				
- Transferencia a pérdidas crediticias esperadas durante el tiempo de vida del activo	(X)	X	X	–
- Transferencia a activos financieros con deterioro crediticio	(X)	–	(X)	X
- Transferencia a pérdidas crediticias esperadas durante 12 meses	X	(X)	(X)	–
- Activos financieros que han sido dados de baja durante el periodo	(X)	(X)	(X)	(X)
Activos financieros nuevos originados o comprados	X	–	–	–
Cancelaciones	–	–	(X)	(X)
Cambios en modelos/parámetros de riesgo	X	X	X	X
Diferencias de cambio y otros movimientos	X	X	X	X
Corrección de valor por pérdidas a 31 de diciembre	X	X	X	X

Los cambios significativos en el importe en libros bruto de préstamos hipotecarios que contribuyeron a cambios en las correcciones de valor por pérdidas fueron:

- La adquisición de la cartera de hipotecas de bajo riesgo ABC incrementó el paquete de hipotecas residenciales en x por ciento con un incremento correspondiente en la corrección de valor por pérdidas durante 12 meses.

- La cancelación de la cartera DEF por XX u.m. a continuación del derrumbe del mercado local redujo la corrección de valor por pérdidas para activos financieros con evidencia objetiva de deterioro por X u.m.

- El incremento esperado en el desempleo en la Región X causó un incremento neto en los activos financieros cuya corrección de valor por pérdidas es igual a las pérdidas crediticias esperadas durante toda la vida del activo, así como un incremento neto de X u.m. en la corrección de valor por pérdidas crediticias esperadas durante toda la vida del activo.

Los cambios significativos en el importe en libros bruto de los préstamos hipotecarios se explican a continuación:

Préstamos hipotecarios–importe en libros bruto	Pérdidas crediticias esperadas de 12 meses	Pérdidas crediticias esperadas durante la vida del activo (evaluado colectivamente)	Pérdidas crediticias esperadas durante la vida del activo (evaluado individualmente)	Activos financieros con deterioro crediticio (pérdidas crediticias esperadas durante el tiempo de vida del activo)
000 u.m.				
Importe en libros bruto a 1 de enero	X	X	X	X
Activos financieros individuales transferidos a pérdidas crediticias esperadas durante el tiempo de vida del activo	(X)	–	X	–
Activos financieros individuales transferidos a activos financieros con deterioro crediticio	(X)	–	(X)	X
Activos financieros individuales transferidos a activos financieros con deterioro crediticio	X	–	X	(X)
Activos financieros evaluados de forma colectiva	(X)	X	–	–
Activos financieros nuevos originados o comprados	X	–	–	–
Cancelaciones	–	–	(X)	(X)
Activos financieros que han sido dados de baja en cuentas	(X)	(X)	(X)	(X)
Cambios debidos a modificaciones que no dieron lugar a la baja en cuentas	(X)	–	(X)	(X)
Otros cambios	X	X	X	X
Importe en libros bruto a 31 de diciembre	X	X	X	X

Ejemplo de la aplicación de los párrafos 35M y 35N

GI20C   El ejemplo siguiente ilustra algunas formas de proporcionar información sobre la exposición al riesgo crediticio de una entidad y las concentraciones de riesgo crediticio significativo de acuerdo con el párrafo 35M de la NIIF 7. El número de grados utilizado para revelar la información de acuerdo con el párrafo 35M de la NIIF 7 deberá ser congruente con el número que la entidad utiliza para informar internamente al personal clave de la gerencia a efectos de la gestión del riesgo crediticio interno. Sin embargo, si la información sobre grados de calificación del riesgo crediticio no está disponible sin esfuerzo o costo desproporcionado y una entidad utiliza dicha información sobre morosidad para evaluar si se ha incrementado el riesgo crediticio de forma significativa desde el reconocimiento inicial, de acuerdo con el párrafo 5.5.11 de la NIIF 9, la entidad proporcionará un análisis por estatus de morosidad de esos activos financieros.

Exposición al riesgo crediticio de préstamos de consumo por grados de calificación internos

20XX	Consumo—tarjeta de crédito		Consumo—automóvil	
000 u.m.	Importe en libros bruto		Importe en libros bruto	
	Vida del activo	12 meses	Vida del activo	12 meses
Grado interno 1 y 2	X	X	X	X
Grado interno 3 y 4	X	X	X	X
Grado interno 5 y 6	X	X	X	X
Grado interno 7	X	X	X	X
Total	**X**	**X**	**X**	**X**

Perfil de riesgo crediticio de préstamos corporativos por grados de calificación externos

20XX	Corporativo—equipo		Corporativo—construc- ción	
000 u.m.	Importe en libros bruto		Importe en libros bruto	
	Vida del activo	12 meses	Vida del activo	12 meses
AAA-AA	X	X	X	X
A	X	X	X	X
BBB-BB	X	X	X	X
B	X	X	X	X
CCC-CC	X	X	X	X
C	X	X	X	X
D	X	X	X	X
Total	**X**	**X**	**X**	**X**

Perfil de riesgo para préstamos corporativos por probabilidad de incumplimiento				
20XX	Corporativo—sin asegurar		Corporativo—asegurado	
000 u.m.	Importe en libros bruto		Importe en libros bruto	
	Vida del activo	12 meses	Vida del activo	12 meses
0,00 – 0,10	X	X	X	X
0,11 – 0,40	X	X	X	X
0,41 – 1,00	X	X	X	X
1,01 – 3,00	X	X	X	X
3,01 – 6,00	X	X	X	X
6,01 – 11,00	X	X	X	X
11,01 – 17,00	X	X	X	X
17,01 – 25,00	X	X	X	X
25,01 – 50,00	X	X	X	X
50,01+	X	X	X	X
Total	X	X	X	X

GI20D La Entidad A fabrica vehículos y proporciona financiación a intermediarios y consumidores finales. La Entidad A revela su financiación a intermediarios y a consumidores como clases separadas de instrumentos financieros y aplica el enfoque simplificado a sus cuentas comerciales por cobrar, de forma que la corrección de valor por pérdidas se mide siempre por un importe igual a las pérdidas crediticias esperadas durante la vida del activo. La siguiente tabla ilustra el uso de una matriz de provisiones como información a revelar sobre el perfil de riesgo según el enfoque simplificado:

20XX 000 u.m.	Cuentas comerciales por cobrar días de mora				
Financiación a interme-diarios	**Actual**	**Más de 30 días de mora**	**Más de 60 días de mora**	**Más de 90 días de mora**	**Total**
Tasa de pérdidas crediti-cias esperadas Importe en libros bruto total estimado en el incumplimiento	0,10% 20.777 u.m.	2% 1.416 u.m.	5% 673 u.m.	13% 235 u.m.	23.101 u.m.
Pérdidas crediticias esperadas durante la vida del activo—financiación a intermediarios	21 u.m.	28 u.m.	34 u.m.	31 u.m.	114 u.m.
Financiación a clientes					
Tasa de pérdidas crediti-cias esperadas Importe en libros bruto total estimado en el incumplimiento	0,20% 19.222 u.m.	3% 2.010 u.m.	8% 301 u.m.	15% 154 u.m.	21.687 u.m.
Pérdidas crediticias esperadas durante la vida del activo—financiación a clientes	38 u.m.	60 u.m.	24 u.m.	23 u.m.	145 u.m.

GI21   El párrafo 36 requiere que una entidad revele información sobre su exposición al riesgo de crédito por clase de instrumento financiero. Los instrumentos financieros dentro de la misma clase comparten características económicas con respecto al riesgo sobre el que se está revelando información (en este caso, el riesgo de crédito). Por ejemplo, una entidad puede determinar que las hipotecas ordinarias, préstamos al consumo no garantizados y préstamos comerciales tienen características económicas diferentes.

Garantías colaterales y otras mejoras crediticias pignoradas [párrafo 36(b)]

GI22   El párrafo 36(b) requiere que una entidad describa las garantías colaterales disponibles como garantía para activos que posee y otras mejoras crediticias obtenidas. Una entidad puede cumplir este requisito mediante la revelación de:

(a)   las políticas y procesos para valorar y gestionar las garantías colaterales y otras mejoras crediticias pignoradas;

(b)   una descripción de los principales tipos de garantías colaterales y otras mejoras crediticias (ejemplos de estas últimas son los avales, los derivados de crédito, y los acuerdos de liquidación por el neto que no cumplan las condiciones para su compensación de acuerdo con la NIC 32);

(c)   los principales tipos de contrapartes para garantías colaterales y otras mejoras crediticias y su solvencia crediticia; y

(d)   información acerca de concentraciones de riesgo dentro de las garantías colaterales u otras mejoras crediticias.

GI23
a GI31   [Eliminado]

Información a revelar sobre el riesgo de liquidez (párrafo 39(a))

GI31A   El siguiente ejemplo ilustra cómo podría satisfacer una entidad el requerimiento de información a revelar establecido en el párrafo 39(a).

Ilustración de la aplicación del párrafo 39(a)

Flujos de efectivo sin descontar: Pasivos financieros no derivados								
	Vencimiento							
	Total	menos de un mes	1 a 3 meses	3 a 6 meses	6 meses a un año	1 a 3 años	3 a 5 años	más de cinco años
Préstamos bancarios	1.625				285	740	600	
Pasivos por arrenda-miento	2.300	70	140	210	400	750	620	110
[Referencia: párrafo 58, NIIF 16 y párrafo FC221, Fundamentos de las Conclusiones, NIIF 16]								
Cuentas por pagar comerciales y otras cuentas por pagar	350	70	190	90				

Ilustración de la aplicación del párrafo 39(a)

Flujos de efectivo sin descontar: Pasivos financieros no derivados									
Vencimiento									
	Total	menos de un año	1 a 2 años	2 a 3 años	3 a 4 años	4 a 5 años	5 a 7 años	7 a 10 años	más de diez años
Préstamos bancarios	3.100	40	300	38	280	2.442			
Pasivos por arrenda-miento	4.400	500	500	480	430	430	790	800	470
[Referencia: párrafo 58, NIIF 16 y párrafo FC221, Fundamentos de las Conclusiones, NIIF 16]									
Cuentas por pagar comerciales y otras cuentas por pagar	95	95							

Ilustración de la aplicación del párrafo 39(a)

Flujos de efectivo sin descontar: Pasivos financieros no derivados						
Vencimiento						
	Total	menos de un mes	1 a 6 meses	6 meses a 1 año	1 a 2 años	2 a 3 años	más de tres años
Bonos	2.100	7	34	40	79	1.940	
Pasivos por arrenda-miento*	4.970			340	310	290	4.030
Cuentas por pagar comerciales y otras cuentas por pagar	980	280	700				

*En la tabla siguiente se proporciona información adicional sobre el vencimiento de los pasivos arrendamiento [Referencia: párrafo FC221, Fundamentos de las Conclusiones, NIIF 16]:

	Vencimiento						
	Total	menos de un año	1 a 5 años	5 a 10 años	10 a 15 años	15 a 20 años	20 a 25 años
Pasivos por arrenda-miento	4.970	340	1.200	1.110	1.050	970	300

Riesgo de mercado (párrafos 40 a 42 y B17 a B28)

GI32 El apartado (a) del párrafo 40 requiere un análisis de sensibilidad para cada tipo de riesgo de mercado al que la entidad esté expuesta. Existen tres tipos de riesgo de mercado: riesgo de tasa de interés, riesgo de tasa de cambio y otros riesgos de precio. Otros riesgos de precio pueden incluir riesgos como el riesgo de precio de los instrumentos de patrimonio, riesgo de precio de las materias primas cotizadas, riesgo de pago anticipado (es decir, riesgo de que una parte de un activo financiero incurra en una pérdida financiera porque la otra parte paga anticipadamente antes o después de lo esperado), y riesgo de valor residual (por ejemplo, un arrendador de vehículos a motor que emite garantías de valor residual está expuesto al riesgo de valor residual). Las variables de riesgo que son relevantes para la revelación de información sobre riesgo de mercado, incluyen, pero no se limitan a, las siguientes:

(a) La curva de rendimientos de tasas de interés de mercado. Puede ser necesario considerar cambios paralelos y no paralelos en la curva de rendimiento.

(b) Tasas de cambio de moneda extranjera.

(c) Precios de los instrumentos de patrimonio.

(d) Precios de mercado de las materias primas cotizadas.

[Referencia: párrafo B17]

GI33 El apartado (a) del párrafo 40 requiere un análisis de sensibilidad que muestre el efecto en el resultado del período y en el patrimonio, de los cambios razonablemente posibles en la variable relevante de riesgo. Por ejemplo, las variables relevantes de riesgo pueden incluir:

(a) Las tasas de interés de mercado prevalecientes, para instrumentos financieros sensibles a las tasas de interés, como un préstamo a tasa variable; o

(b) Las tasas de cambio y de interés, para instrumentos financieros en moneda extranjera, como bonos en moneda extranjera.

[Referencia: párrafo B18]

GI34　Para el riesgo de tasa de interés, el análisis de sensibilidad podría mostrar de forma separada el efecto de un cambio en las tasas de interés de mercado sobre:

(a)　los ingresos y gastos por intereses;

(b)　otras partidas de resultados (como las ganancias y pérdidas de negociación); y

(c)　el patrimonio, cuando sea aplicable.

Una entidad puede revelar un análisis de sensibilidad para el riesgo de interés para cada moneda en la que la entidad tiene exposiciones materiales o importantes en términos relativos al riesgo de tasa de interés.

[Referencia: párrafos 40(a) y B17 a B22]

GI35　Dado que los factores que afectan al riesgo de mercado varían dependiendo de las circunstancias específicas de cada entidad, el rango apropiado a considerar al proporcionar un análisis de sensibilidad del riesgo de mercado varía para cada entidad y para cada tipo de riesgo de mercado.

[Referencia: párrafos 40 a 42 y B19]

GI36　El siguiente ejemplo ilustra la aplicación del requerimiento de información a revelar establecido en el párrafo 40(a):

Riesgo de tasa de interés

El 31 de diciembre de 20X2, si las tasas de interés en esa fecha hubieran sido 10 puntos básicos inferiores y el resto de las variables hubieran permanecido constantes, la ganancia después de impuestos para ese año hubiera sido mayor en 1,7 millones de u.m. (en 20X1, el incremento hubiera sido de 2,4 millones de u.m.), surgiendo principalmente como consecuencia de un menor gasto por intereses en los préstamos con intereses variables. Si las tasas de interés hubieran sido 10 puntos básicos superiores y el resto de las variables hubieran permanecido constantes, la ganancia después de impuestos hubiera sido menor en 1,5 millones de u.m. (en 20X1, 2,1 millones de u.m.), surgiendo principalmente como consecuencia de un mayor gasto por intereses en los préstamos con intereses variables. La ganancia es más sensible a las disminuciones en las tasas de interés que a los incrementos como consecuencia de los préstamos con tasas de interés limitadas. La sensibilidad es menor en 20X2 que en 20X1 como consecuencia de una reducción en los préstamos pendientes que ha tenido lugar en la medida que ha vencido la deuda de la entidad (véase la nota X).[a]

continúa...

...continuación

Riesgo de tasa de cambio de moneda extranjera

El 31 de diciembre de 20X2, si la u.m. se hubiera debilitado un 10 por ciento respecto al dólar estadounidense, y el resto de las variables hubieran permanecido constantes, la ganancia después de impuestos para el periodo habría sido menor en 2,8 millones de u.m. (en 20X1, 6,4 millones de u.m.), y otro resultado integral habría sido mayor en 1,2 millones de u.m. (en 20X1, 1,1 millones de u.m). Por el contrario, si la u.m. se hubiera fortalecido un 10 por ciento respecto al dólar estadounidense y el resto de las variables hubieran permanecido constantes, la ganancia después de impuestos para el periodo habría sido mayor en 2,8 millones de u.m. (en 20X1, 6,4 millones de u.m.), y otro resultado integral habría sido menores en 1,2 millones de u.m. (en 20X1, 1,1 millones de u.m). La menor sensibilidad de la ganancia a las variaciones en las tasas de cambio de moneda extranjera en 20X2 respecto a 20X1 es atribuible a una reducción en la deuda denominada en moneda extranjera. El patrimonio es más sensible en 20X2 que en 20X1 como consecuencia de la mayor utilización de coberturas de compras en moneda extranjera, que se compensa por la reducción en la deuda en moneda extranjera.

(a)   El párrafo 39(a) requiere la revelación de un análisis de vencimiento de los pasivos.

[Referencia: párrafo FC64, Fundamentos de las Conclusiones]

Otras informaciones a revelar sobre el riesgo de mercado (párrafo 42)

GI37   El párrafo 42 requiere revelar información adicional cuando el análisis de sensibilidad revelado no es representativo del riesgo inherente a un instrumento financiero. Esto puede ocurrir, por ejemplo, cuando:

(a)   un instrumento financiero contiene plazos y condiciones cuyos efectos no resultan evidentes a partir del análisis de sensibilidad, por ejemplo opciones que permanecen con un precio desfavorable (o favorable) para el cambio elegido en la variable de riesgo;
[Referencia: párrafo GI38, Guía de Implementación]

(b)   los activos financieros carecen de liquidez, por ejemplo, cuando existe un reducido volumen de transacciones de activos similares y a una entidad le resulta difícil encontrar una contraparte; o
[Referencia: párrafo GI39, Guía de Implementación]

(c)   una entidad tiene una participación importante de un activo financiero que, si se vendiera en su totalidad, se vendería con un descuento o prima respecto al precio cotizado para una participación menor.
[Referencia: párrafo GI40, Guía de Implementación]

GI38   En el caso del apartado (a) del párrafo GI37, las informaciones a revelar adicionales podrían incluir:

(a)   los plazos y condiciones del instrumento financiero (por ejemplo, las opciones);

(b)   el efecto en resultados si se cumpliera el plazo o la condición (es decir, si la opción se ejercitase); y

(c)   una descripción de cómo se cubre el riesgo.

Por ejemplo, una entidad puede adquirir un contrato que asegure unas tasas de interés máxima y mínima de costo cero que incluya una opción emitida apalancada fuera del dinero (por ejemplo, la entidad paga diez veces el importe de la diferencia entre un contrato específico que asegura una tasa de interés mínima y la tasa de interés de mercado actual). La entidad puede considerar el contrato que asegura unas tasas de interés máxima y mínima como una cobertura económica barata contra un incremento razonablemente posible en las tasas de interés. Sin embargo, una disminución importante inesperada en las tasas de interés podría desencadenar pagos bajo la opción emitida, que como consecuencia del apalancamiento, podrían ser significativamente superiores a los beneficios derivados de las menores tasas de interés. Ni el valor razonable del contrato ni un análisis de sensibilidad basado en los cambios razonablemente posibles en las variables de interés indicaría esta exposición. En este caso, la entidad podría suministrar la información adicional descrita anteriormente.

GI39   En la situación descrita en el apartado (b) del párrafo GI37, la información adicional a revelar podría incluir las razones para la carencia de liquidez y cómo cubre el riesgo la entidad.

GI40   En la situación descrita en el apartado (c) del párrafo GI37, las informaciones adicionales a revelar podrían incluir:

(a)   la naturaleza del título (por ejemplo, el nombre de la entidad);

(b)   el alcance de la participación (por ejemplo, 15 por ciento de las acciones emitidas);

(c)   el efecto en resultados; y

(d)   cómo cubre el riesgo la entidad.

Baja en cuentas (párrafos 42D y 42E)

GI40A   Los siguientes ejemplos ilustran algunas posibles formas de cumplir con los requerimientos de información a revelar cuantitativa de los párrafos 42D y 42E.

GI40B   Los siguientes ejemplos ilustran la forma en que una entidad que ha adoptado la NIIF 9 puede cumplir con los requerimientos de información a revelar cuantitativa de los párrafos 42D y 42E.

Activos financieros transferidos que no se dan de baja en cuentas en su totalidad

Ilustración de la aplicación del párrafo 42D(d) y (e)

	Activos financieros al valor razonable con cambios en resultados		Activos financieros al costo amortizado		Activos financieros al valor razonable con cambios en otro resultado integral
	millones de u.m.		millones de u.m.		millones de u.m.
	Activos de negociación	Derivados	Hipotecas	Préstamos al consumo	Inversiones en patrimonio
Importe en libros de los activos	X	X	X	X	X
Importe en libros del componente de pasivo	(X)	(X)	(X)	(X)	(X)
Para esos pasivos que están respaldados solo por los activos transferidos:					
Valor razonable de los activos	X	X	X	X	X
Valor razonable de los pasivos asociados	(X)	(X)	(X)	(X)	(X)
Posición neta	X	X	X	X	X

Activos financieros transferidos que se dan de baja en su totalidad

Ilustración de la aplicación del párrafo 42E(a) a (d)

	Flujos de salida de efectivo para recomprar activos (dados de baja en cuentas) transferidos	Importe en libros de la implicación continuada en el estado de situación financiera			Valor razonable de la implicación continuada		Exposición máxima a perder
	millones de u.m.	millones de u.m.			millones de u.m.		millones de u.m.
Tipo de implicación continuada		Activos financieros al valor razonable con cambios en resultados	Activos financieros al valor razonable con cambios en otro resultado integral	Pasivos financieros a valor razonable con cambios en resultados	Activos	Pasivos	
Opciones de venta emitidas	(X)			(X)		(X)	X
Opciones de compra adquiridas	(X)	X			X		X
Préstamos de valores	(X)			(X)	X	(X)	X
Total		X		(X)	X	(X)	X

© IFRS Foundation

Ilustración de la aplicación del párrafo 42E(e)

Flujos de efectivo no descontados para recomprar los activos transferidos								
	Vencimiento de la implicación continuada millones de u.m.							
Tipo de implicación continuada	Total	Menos de un mes	1 a 3 meses	3 a 6 meses	6 meses a un año	1 a 3 años	3 a 5 años	más de cinco años
Opciones de venta emitidas	X		X	X	X	X		
Opciones de compra adquiridas	X			X	X	X		X
Préstamos de valores	X	X	X					

GI40C   Los siguientes ejemplos ilustran la forma en que una entidad que ha adoptado la NIIF 9 puede cumplir con los requerimientos de información a revelar cuantitativa de los párrafos 42D y 42E.

Activos financieros transferidos que no se dan de baja en cuentas en su totalidad

Ilustración de la aplicación del párrafo 42D(d) y (e)

	Activos financieros al valor razonable con cambios en resultados		Préstamos y cuentas por cobrar		Activos financieros disponibles para la venta
	millones de u.m.		millones de u.m.		millones de u.m.
	Títulos para negociar	Derivados	Hipotecas	Préstamos al consumo	Inversiones en patrimonio
Importe en libros de los activos	X	X	X	X	X
Importe en libros del componente de pasivo	(X)	(X)	(X)	(X)	(X)
Para esos pasivos que están respaldados solo por los activos transferidos:					
Valor razonable de los activos	X	X	X	X	X
Valor razonable de los pasivos asociados	(X)	(X)	(X)	(X)	(X)
Posición neta	X	X	X	X	X

Activos financieros transferidos que se dan de baja en su totalidad

Ilustración de la aplicación del párrafo 42E(a) a (d)

Tipo de implicación continuada	Flujos de salida de efectivo para recomprar activos (dados de baja en cuentas) transferidos	Importe en libros de la implicación continuada en el estado de situación financiera			Valor razonable de la implicación continuada		Exposición máxima a perder
	millones de u.m.	millones de u.m.			millones de u.m.		millones de u.m.
		Mantenido para negociar	Activos financieros disponibles para la venta	Pasivos financieros a valor razonable con cambios en resultados	Activos	Pasivos	
Opciones de venta emitidas	(X)			(X)		(X)	X
Opciones de compra adquiridas	(X)	X			X		X
Préstamos de valores	(X)		X	(X)	X	(X)	X
Total		X	X	(X)	X	(X)	X

Ilustración de la aplicación del párrafo 42E(e)

Flujos de efectivo no descontados para recomprar los activos transferidos							
Vencimiento de la implicación continuada millones de u.m.							
Tipo de implicación continuada	Total	Menos de un mes	1 a 3 meses	3 a 6 meses	6 meses a un año	1 a 3 años	3 a 5 años	más de cinco años
Opciones de venta emitidas	X		X	X	X	X		
Opciones de compra adquiridas	X			X	X	X		X
Préstamos de valores	X	X	X					

Información a revelar (párrafos 13A a 13F y B40 a B53)

GI40D Los ejemplos siguientes ilustran formas en las que una entidad puede revelar la información cuantitativa requerida por el párrafo 13C. Sin embargo, estas ilustraciones no tratan todas las posibles formas de aplicar los requerimientos de información a revelar tal como se establecen en los párrafos 13B a 13E.

Antecedentes

Una entidad ha realizado transacciones sujetas a un acuerdo maestro de compensación exigible o acuerdo similar con las siguientes contrapartes. La entidad tiene los siguientes activos financieros reconocidos y pasivos financieros reconocidos procedentes de esas transacciones que cumplen el alcance de los requerimientos de información a revelar del párrafo 13A.

Contraparte A:

La entidad tiene un activo derivado (valor razonable de 100 millones de u.m.) y un pasivo derivado (valor razonable 80 millones de u.m.) con la contraparte A que cumple los criterios de compensación del párrafo 42 de la NIC 32. Por consiguiente, el pasivo derivado bruto se compensa contra el activo derivado bruto, dando lugar a la presentación de un activo derivado neto de 20 millones de u.m. en el estado de situación financiera de la entidad. También se ha recibido de la Contraparte A garantía colateral de efectivo para una parte del activo derivado neto (10 millones de u.m.). La garantía colateral de efectivo de 10 millones de u.m. no cumple los criterios de compensación del párrafo 42 de la NIC 32, pero puede compensarse contra el importe neto del activo derivado y el pasivo derivado en el caso de incumplimiento e insolvencia o quiebra, de acuerdo con un acuerdo de colateral garantía colateral asociado.

Contraparte B:

La entidad tiene un activo derivado (valor razonable de 100 millones de u.m.) y un pasivo derivado (valor razonable de 80 millones de u.m.) con la Contraparte B que no cumple los criterios de compensación del párrafo 42 de la NIC 32, pero que la entidad tiene el derecho de compensar en el caso de incumplimiento e insolvencia o quiebra. Por consiguiente, el importe bruto del activo derivado (100 millones de u.m.) y el importe bruto del pasivo derivado (80 millones de u.m.) se presentan de forma separada en el estado de situación financiera de la entidad. También se ha recibido de la Contraparte B garantía colateral de efectivo por el importe neto del activo derivado y pasivo derivado (20 millones de u.m.). La garantía colateral de efectivo de 20 millones de u.m. no cumple los criterios de compensación del párrafo 42 de la NIC 32, pero puede compensarse contra el importe neto del activo derivado y el pasivo derivado en el caso de incumplimiento e insolvencia o quiebra, de acuerdo con un acuerdo de garantía colateral asociado.

continúa...

...continuación

Contraparte C:

La entidad ha realizado un acuerdo de venta y recompra con la Contraparte C que se contabiliza como un préstamo garantizado de forma colateral. El importe en libros del activo financiero (bonos) utilizado como garantía colateral y registrado por la entidad para la transacción es de 79 millones de u.m. y su valor razonable es de 85 millones de u.m. El importe en libros del préstamo con garantía colateral (repo pagadero) es 80 millones de u.m.

La entidad ha realizado un acuerdo de venta inversa y recompra con la Contraparte C que se contabiliza como un préstamo garantizado de forma colateral. El valor razonable de los activos financieros (bonos) recibidos como garantía colateral (y no reconocidos en el estado de situación financiera de la entidad) es de 105 millones de u.m. El importe en libros del préstamo garantizado de forma colateral (repo inverso por cobrar) es 90 millones de u.m.

Las transacciones están sujetas a un acuerdo maestro de recompra global con un derecho de compensación solo en incumplimiento e insolvencia o quiebra y, por tanto, no cumplen los criterios de compensación del párrafo 42 de la NIC 32. Por consiguiente, el repo pagadero y repo por cobrar relacionados se presentan por separado en el estado de situación financiera.

Ilustración de la aplicación del párrafo 13C(a) a (e) por tipo de instrumento financiero

Activos financieros sujetos a compensación, acuerdo maestro de compensación exigible y acuerdos similares

millones de u.m.

A 31 de diciembre de 20XX	(a)	(b)	(c)=(a)-(b)	(d)		(e)=(c)-(d)
				Importes relacionados no compensados en el estado de situación financiera		
	Importes brutos de activos financieros reconocidos	Importes brutos de pasivos financieros reconocidos compensados en el estado de situación financiera	Importe neto de activos financieros presentados en el estado de situación financiera	(d)(i), (d)(ii) Instrumentos financieros	(d)(ii) Garantía colateral de efectivo recibida	Importe neto
Descripción						
Derivados	200	(80)	120	(80)	(30)	10
Recompra inversa, préstamos de títulos valores y acuerdos similares	90	–	90	(90)	–	–
Otros instrumentos financieros	–	–	–	–	–	–
Total	290	(80)	210	(170)	(30)	10

Pasivos financieros sujetos a compensación, acuerdos maestros de compensación exigibles y acuerdos similares

millones de u.m.

A 31 de diciembre de 20XX	(a)	(b)	(c)=(a)-(b)	(d)		(e)=(c)-(d)
				Importes relacionados no compensados en el estado de situación financiera		
	Importes brutos de pasivos financieros reconocidos	Importes brutos de activos financieros reconocidos compensados en el estado de situación financiera	Importe neto de pasivos financieros presentados en el estado de situación financiera	(d)(i), (d)(ii) Instrumentos financieros	(d)(ii) Garantía colateral de efectivo recibida	Importe neto
Descripción						
Derivados	160	(80)	80	(80)	–	–
Recompra, préstamo de títulos valores y acuerdos similares	80	–	80	(80)	–	–
Otros instrumentos financieros	–	–	–	–	–	–
Total	240	(80)	160	(160)	–	–

Ilustración de la aplicación del párrafo 13C(a) a (c) por tipo de instrumento financiero y párrafo 13C(c) a (e) por contraparte

Activos financieros sujetos a compensación, acuerdo maestro de compensación exigible y acuerdos similares

millones de u.m.

A 31 de diciembre de 20XX	(a)	(b)	(c)=(a)-(b)
	Importes brutos de activos financieros reconocidos	Importes brutos de pasivos financieros reconocidos compensados en el estado de situación financiera	Importe neto de activos financieros presentados en el estado de situación financiera
Descripción			
Derivados	200	(80)	120
Recompra inversa, préstamos de títulos valores y acuerdos similares	90	–	90
Otros instrumentos financieros	–	–	–
Total	290	(80)	210

Activos financieros netos sujetos a acuerdos maestros de compensación exigibles y contratos similares, por contraparte

millones de u.m.

A 31 de diciembre de 20XX	(c)	(d)		(e)=(c)-(d)
		Importes relacionados no compensados en el estado de situación financiera		
	Importe neto de activos financieros presentados en el estado de situación financiera	(d)(i), (d)(ii) Instrumentos financieros	(d)(ii) Garantía colateral de efectivo recibida	Importe neto
Contraparte A	20	–	(10)	10
Contraparte B	100	(80)	(20)	–
Contraparte C	90	(90)	–	–
Otros	–	–	–	–
Total	210	(170)	(30)	10

Pasivos financieros sujetos a compensación, acuerdos maestros de compensación exigibles y acuerdos similares

millones de u.m.

A 31 de diciembre de 20XX	(a)	(b)	(c)=(a)-(b)
	Importes brutos de pasivos financieros reconocidos	Importes brutos de activos financieros reconocidos compensados en el estado de situación financiera	Importe neto de pasivos financieros presentados en el estado de situación financiera
Descripción			
Derivados	160	(80)	80
Recompra, préstamo de títulos valores y acuerdos similares	80	–	80
Otros instrumentos financieros	–	–	–
Total	240	(80)	160

Pasivos financieros netos sujetos a acuerdos maestros de compensación exigibles y contratos similares, por contraparte

millones de u.m.

A 31 de diciembre de 20XX	(c)	(d)		(e)=(c)-(d)
		Importes relacionados no compensados en el estado de situación financiera		
	Importe neto de pasivos financieros presentados en el estado de situación financiera	(d)(i), (d)(ii) Instrumentos financieros	(d)(ii) Garantía colateral de efectivo recibida	Importe neto
Contraparte A	–	–	–	–
Contraparte B	80	(80)	–	–
Contraparte C	80	(80)	–	–
Otros	–	–	–	–
Total	160	(160)	–	–

Transición de la NIC 39 a la NIIF 9 (párrafos 42K a 42O)

GI40E   La siguiente ilustración es un ejemplo de una forma posible de cumplir los requerimientos de información a revelar cuantitativa de los párrafos 42K a 42O de la NIIF 7 a la fecha de aplicación inicial de la NIIF 9. Sin embargo, esta ilustración no trata todas las formas posibles de aplicar los requerimientos de información a revelar de esta NIIF.

Conciliación de los saldos del estado de situación financiera de la NIC 39 a la NIIF 9 a 1 de enero de 2018

Activos financieros	(i)	(ii)	(iii)	(iv) = (i) + (ii) + (iii)	(v) = (iii)
	Importe en libros de la NIC 39 a 31 de diciembre 2014 (1)	Reclasificaciones	Nuevas mediciones	Importe en libros de la NIIF 9 a 1 de enero 2018	Efecto en las ganancias acumuladas a 1 de enero de 2018 (2), (3)
Valor razonable con cambios en resultados					
Adiciones:					
Procedente de disponible para la venta (NIC 39)	(a)				(c)
Procedente del costo amortizado (NIC 39) – reclasificación requerida	(b)				
Procedente del costo amortizado (NIC 39) – opción del valor razonable elegida a 1 de enero de 2018					

continúa...

...continuación

Conciliación de los saldos del estado de situación financiera de la NIC 39 a la NIIF 9 a 1 de enero de 2018

Activos financieros	(i)	(ii)	(iii)	(iv) = (i) + (ii) + (iii)	(v) = (iii)
	Importe en libros de la NIC 39 a 31 de diciembre 2014 (1)	Reclasificaciones	Nuevas mediciones	Importe en libros de la NIIF 9 a 1 de enero 2018	Efecto en las ganancias acumuladas a 1 de enero de 2018 (2), (3)
Sustracciones:					
A costo amortizado (NIIF 9)					
A valor razonable con cambios en otro resultado integral – instrumentos de deuda (NIIF 9)					
A valor razonable con cambios en otro resultado integral – instrumentos de patrimonio (NIIF 9)					
Total cambio a valor razonable con cambios en resultados					
Valor razonable con cambios en otro resultado integral					
Adiciones – instrumentos de deuda:					
Procedente de disponible para la venta (NIC 39)					(g)
Procedente del costo amortizado (NIC 39)					(h)
Procedente de a valor razonable con cambios en resultados (NIC 39) – reclasificación requerida basada en los criterios de clasificación					(i)
Procedente de valor razonable con cambios en resultados (opción de valor razonable según la NIC 39) – criterios de la opción del valor razonable no cumplidos 1 de enero de 2018					(j)
Procedente de a valor razonable con cambios en resultados (NIC 39) – opción del valor razonable revocada a 1 de enero de 2018 por elección					(k)

continúa...

...continuación

Conciliación de los saldos del estado de situación financiera de la NIC 39 a la NIIF 9 a 1 de enero de 2018

Activos financieros	(i)	(ii)	(iii)	(iv) = (i) + (ii) + (iii)	(v) = (iii)
	Importe en libros de la NIC 39 a 31 de diciembre 2014 (1)	Reclasificaciones	Nuevas mediciones	Importe en libros de la NIIF 9 a 1 de enero 2018	Efecto en las ganancias acumuladas a 1 de enero de 2018 (2), (3)
Adiciones – instrumentos de patrimonio:					
Procedente disponible para la venta (NIC 39)					
Procedente de valor razonable con cambios en resultados (opción de valor razonable según la NIC 39)—valor razonable con cambios en otro resultado integral elegido a 1 de enero de 2018					
Procedente del costo (NIC 39)					
Disminuciones – instrumentos de deuda y patrimonio:					
Disponible para la venta (NIC 39) a valor razonable con cambios en resultados (NIIF 9) – reclasificación requerida basada en los criterios de clasificación					
Disponible para la venta (NIC 39) a valor razonable con cambios en resultados (NIIF 9) – opción del valor razonable elegida 1 de enero de 2018					
Disponible para la venta (NIC 39) a costo amortizado (NIIF 9)					(e)
Total cambio a valor razonable con cambios en otro resultado integral					

continúa...

...continuación

Conciliación de los saldos del estado de situación financiera de la NIC 39 a la NIIF 9 a 1 de enero de 2018

Activos financieros	(i)	(ii)	(iii)	(iv) = (i) + (ii) + (iii)	(v) = (iii)
	Importe en libros de la NIC 39 a 31 de diciembre 2014 (1)	Reclasificaciones	Nuevas mediciones	Importe en libros de la NIIF 9 a 1 de enero 2018	Efecto en las ganancias acumuladas a 1 de enero de 2018 (2), (3)
Costo amortizado					
Adiciones:					
Procedente de disponible para la venta (NIC 39)					(f)
Procedente de a valor razonable con cambios en resultados (NIC 39) – reclasificación requerida					
Procedente de valor razonable con cambios en resultados (opción de valor razonable según la NIC 39) – criterios de la opción del valor razonable no cumplidos 1 de enero de 2018					
Procedente de a valor razonable con cambios en resultados (NIC 39) – opción del valor razonable revocada a 1 de enero de 2018 por elección					

continúa...

...continuación

Conciliación de los saldos del estado de situación financiera de la NIC 39 a la NIIF 9 a 1 de enero de 2018

Activos financieros	(i)	(ii)	(iii)	(iv) = (i) + (ii) + (iii)	(v) = (iii)
	Importe en libros de la NIC 39 a 31 de diciembre 2014 (1)	Reclasificaciones	Nuevas mediciones	Importe en libros de la NIIF 9 a 1 de enero 2018	Efecto en las ganancias acumuladas a 1 de enero de 2018 (2), (3)
Sustracciones:					
A valor razonable con cambios en otro resultado integral (NIIF 9)					(l)
Procedente de a valor razonable con cambios en resultados (NIIF 9) – reclasificación requerida basada en los criterios de clasificación					
A valor razonable con cambios en resultados (NIIF 9) – opción valor razonable elegida a 1 de enero de 2018					
Total cambio a costo amortizado					
Total saldos de activos financieros, reclasificaciones y nuevas mediciones a 1 de enero de 2018	(i)	Total (ii) = 0	(iii)	(Iv) = (i) + (ii) + (iii)	

1   Incluye el efecto de reclasificar instrumentos híbridos que estaban bifurcados según la NIC 39 con los componentes del contrato anfitrión de (a), que tenía asociados derivados implícitos con un valor razonable de X a 31 de diciembre de 2017, y (b), que tenía asociados derivados implícitos con un valor razonable de Y a 31 de diciembre de 2017.

2   Incluye (c), (d), (e) y (f), que son importes reclasificados de otro resultado integral a ganancias acumuladas a la fecha de aplicación inicial.

3   Incluye (g), (h), (i), (j), (k) y (l), que son importes reclasificados desde ganancias acumuladas a otro resultado integral acumulado a la fecha de la aplicación inicial.

Transición (párrafo 44)

GI41   La siguiente tabla resume el efecto de la exención de la presentación de información contable y de riesgos comparativa para periodos contables iniciados antes del 1 de enero de 2006, antes del 1 de enero de 2007 y a partir del 1 de enero de 2007. En esta tabla:

(a)   Una **entidad que adopta por primera vez** las NIIF es una entidad que prepara sus primeros estados financieros conforme a las NIIF (véase la NIIF 1 *Adopción por Primera Vez de las Normas Internacionales de Información Financiera*).

(b)   Un **usuario actual de las NIIF** es una entidad que prepara sus segundos o subsiguientes estados financieros conforme a las NIIF.

	Información contable a revelar (párrafo 7 a 30)	Informaciones a revelar sobre riesgo (párrafos 31 a 42)
Periodos contables que comienzan antes del 1 de enero de 2006		
Una entidad que adopta por primera vez las NIIF que no aplica la NIIF 7 anticipadamente	*Aplica la NIC 32 pero está exento de suministrar la información comparativa requerida por la NIC 32*	*Aplica la NIC 32 pero está exento de suministrar la información comparativa requerida por la NIC 32*
Una entidad que adopta por primera vez las NIIF que aplica la NIIF 7 anticipadamente	**Exento de presentar la información comparativa requerida por la NIIF 7**	**Exento de presentar la información comparativa requerida por la NIIF 7**
Usuario actual de las NIIF que no aplica la NIIF 7 anticipadamente	Aplica la NIC 32. Proporciona toda la información comparativa requerida por la NIC 32	Aplica la NIC 32. Proporciona toda la información comparativa requerida por la NIC 32
Usuario actual de las NIIF que aplica la NIIF 7 anticipadamente	Proporciona toda la información comparativa requerida por la NIIF 7	**Exento de presentar la información comparativa requerida por la NIIF 7**[a]
Periodos contables que comiencen a partir del 1 de enero de 2006 y antes del 1 de enero de 2007		
Una entidad que adopta por primera vez las NIIF que no aplica la NIIF 7 anticipadamente	Aplica la NIC 32. Proporciona toda la información comparativa requerida por la NIC 32	Aplica la NIC 32. Proporciona toda la información comparativa requerida por la NIC 32
Una entidad que adopta por primera vez las NIIF que aplica la NIIF 7 anticipadamente	Proporciona toda la información comparativa requerida por la NIIF 7	Proporciona toda la información comparativa requerida por la NIIF 7
Usuario actual de las NIIF que no aplica la NIIF 7 anticipadamente	Aplica la NIC 32. Proporciona toda la información comparativa requerida por la NIC 32	Aplica la NIC 32. Proporciona toda la información comparativa requerida por la NIC 32
Usuario actual de las NIIF que aplica la NIIF 7 anticipadamente	Proporciona toda la información comparativa requerida por la NIIF 7	Proporciona toda la información comparativa requerida por la NIIF 7

continúa...

...continuación

	Información contable a revelar (párrafo 7 a 30)	Informaciones a revelar sobre riesgo (párrafos 31 a 42)
Periodos contables que comiencen a partir del 1 de enero de 2007 (aplicación obligatoria de la NIIF 7)		
Entidad que adopta por primera vez las NIIF	Proporciona toda la información comparativa requerida por la NIIF 7	Proporciona toda la información comparativa requerida por la NIIF 7
Usuario actual de las NIIF	Proporciona toda la información comparativa requerida por la NIIF 7	Proporciona toda la información comparativa requerida por la NIIF 7
(a) Véase el párrafo 44 de la NIIF 7		

Apéndice
Modificaciones a las guías establecidas en otras NIIF

Las siguientes modificaciones a las guías establecidas en otras NIIF, excepto para la NIIF 4, son necesarias para garantizar la congruencia con la NIIF 7. Posteriormente se emitirán las modificaciones de la Guía de Implementación de la NIIF 4. En los párrafos modificados, el texto nuevo está subrayado y el texto eliminado se ha tachado

* * * * *

Las modificaciones contenidas en este apéndice cuando se emitió la NIIF 7 en 2005 han sido incorporadas en el texto de la Guía para la Implementación de la NIC 39 como fue emitida el 18 de agosto de 2005. La Guía de Implementación de la NIIF 4 revisada se publicó en diciembre de 2005.

Documentos del IASB publicados para acompañar a la

NIIF 8

Segmentos de Operación

El texto normativo de la NIIF 8 se encuentra en la Parte A de esta edición. El texto de los Fundamentos de las Conclusiones de la NIIF 8 se encuentra en la Parte C de esta edición. Su fecha de vigencia en el momento de la emisión era el 1 de enero de 2009. Esta parte presenta los siguientes documentos:

GUÍA DE IMPLEMENTACIÓN

APÉNDICE
Modificaciones a otras Guías de Implementación

ÍNDICE

Guía de Implementación de la NIIF 8 *Segmentos de Operación*

Esta guía acompaña a la NIIF 8, pero no forma parte de la misma.

Introducción

GI1 Esta guía de implementación proporciona ejemplos que ilustran las revelaciones de información requeridas por la NIIF 8 y un diagrama para ayudar a la identificación de segmentos sobre los que debe informarse. Los formatos en las ilustraciones no son requerimientos. El Consejo recomienda un formato que proporcione la información en el modo más comprensible en las circunstancias específicas. Las siguientes ilustraciones son para una única entidad hipotética denominada Compañía Diversificada.

Información descriptiva sobre los segmentos de una entidad sobre los que debe informarse

GI2 Lo siguiente ilustra información a revelar descriptiva sobre los segmentos de una entidad sobre los que debe informarse (las referencia de párrafo son a los requerimientos correspondientes en la NIIF).

Descripción de los tipos de productos y servicios que proporcionan los ingresos de las actividades ordinarias de cada segmento sobre el que debe informarse [párrafo 22(b)]

La Compañía Diversificada tiene cinco segmentos sobre los que debe informarse: partes de automóviles, barcos de motor, programas informáticos, electrónica y finanzas. El segmento de partes de automóviles fabrica repuestos para su venta a los vendedores al por menor de partes de automóviles. El segmento de barcos de motor fabrica barcos de motor pequeños que sirvan en la industria petrolífera submarina y negocios similares. El segmento de programas informáticos produce programas de aplicaciones informáticas para su venta a los fabricantes y vendedores al por menor de ordenadores. El segmento de electrónica fabrica circuitos integrados y productos relacionados para su venta a los fabricantes de ordenadores. El segmento de finanzas es responsable de partes de las operaciones financieras de la compañía, incluyendo compras con financiación al cliente de productos de otros segmentos y operaciones de préstamos sobre la propiedad.

Medición del resultado, activos y pasivos del segmento de operación (párrafo 27)

La información sobre políticas contables de los segmentos de operación es la misma que la descrita como parte de la información sobre en las políticas contables materiales o con importancia relativa excepto por el gasto por pensiones para cada segmento de operación que se reconoce y se mide sobre la base de los pagos al plan de pensiones. La Compañía Diversificada evalúa el rendimiento sobre la base de los resultados de las operaciones antes del gasto por impuestos sin incluir las ganancias y pérdidas no recurrentes y las ganancias y pérdidas de cambio en moneda extranjera.

La Compañía Diversificada contabiliza las ventas y transferencias entre segmentos como si fueran a terceras partes, es decir, a precios actuales de mercado.

Factores utilizados por la gerencia para identificar los segmentos de la entidad sobre los que debe informarse [párrafo 22(a)]

Los segmentos de la Compañía Diversificada sobre los que debe informarse son unidades estratégicas de negocio que ofrecen diferentes productos y servicios. Son gestionados separadamente porque cada negocio requiere diferentes tecnologías y estrategias de mercadotecnia. La mayoría de los negocios fueron adquiridos como unidades individuales, y se retuvo la dirección en el momento de la adquisición.

Información sobre resultados, activos y pasivos de un segmento sobre el que debe informarse

GI3   La siguiente tabla ilustra un formato sugerido para la revelación de información sobre los resultados, activos y pasivos de un segmento sobre el que debe informarse (párrafos 23 y 24). Se requiere el mismo tipo de información para cada año para el que se presenta un estado del resultado integral. La Compañía Diversificada no distribuye gasto (ingreso) por impuestos o resultados no recurrentes a los segmentos sobre los que debe informarse. Además, no todos los segmentos sobre los que debe informarse tienen en sus resultados partidas no monetarias significativas distintas de la depreciación y la amortización. Se supone que los importes en esta ilustración, expresados en "unidades monetarias (u.m)", son los importes incluidos en los informes utilizados por la máxima autoridad en la toma de decisiones de operación.

	Partes de automóviles	Barcos de motor	Software	Electrónica	Finanzas	Todos los demás	Totales
	u.m.	u.m.	u.m.	u.m.	u.m.	u.m.	u.m.
Ingresos de las actividades ordinarias procedentes de clientes externos	3.000	5.000	9.500	12.000	5.000	1.000(a)	35.500
Ingresos de las actividades ordinarias entre segmentos	–	–	3.000	1.500		–	4.500
Ingresos de actividades ordinarias por intereses	450	800	1.000	1.500	–	–	3.750
Gastos por intereses	350	600	700	1.100	–	–	2.750
Ingresos por intereses netos(b)	–	–	–		1.000	–	1.000
Depreciación y amortización	200	100	50	1.500	1.100	–	2.950
Ganancia del segmento sobre el que se informa	200	70	900	2.300	500	100	4.070
Otras partidas no monetarias significativas:							
Deterioro del valor de los activos	–	200	–			–	200
Activos de los segmentos sobre los que debe informarse	2.000	5.000	3.000	12.000	57.000	2.000	81.000
Desembolsos de los activos no monetarios del segmento sobre el que debe informarse	300	700	500	800	600	–	2.900
Pasivos del segmento sobre el que debe informarse	1.050	3.000	1.800	8.000	30.000	–	43.850

(a) Los ingresos de las actividades ordinarias de los segmentos inferiores a los umbrales cuantitativos se atribuyen a cuatro segmentos de operación de la Compañía Diversificada. Dichos segmentos incluyen un pequeño negocio inmobiliario, un negocio de alquiler de equipamiento electrónico, una consultora sobre programas informáticos de aplicaciones y una operación de alquiler de almacenes. Ninguno de tales segmentos ha alcanzado alguna vez los umbrales cuantitativos para determinar los segmentos sobre los que debe informarse.

(b) El segmento de finanzas obtiene una mayoría de sus ingresos de intereses. Para la administración del segmento, la gerencia se basa principalmente en los ingresos por intereses netos, no en los ingresos de las actividades ordinarias brutos y en los importes de gastos. Por ello, tal como lo permite el párrafo 23, sólo se revela el importe neto.

Conciliaciones de los ingresos de las actividades ordinarias, resultados, activos y pasivos del segmento sobre el que debe informarse

GI4   Lo siguiente ilustra conciliaciones de los ingresos de las actividades ordinarias, resultados, activos y pasivos del segmento sobre el que debe informarse con los importes correspondientes de la entidad [párrafo 28(a) a (d)]. Se requiere que se muestren las conciliaciones para cada partida significativa revelada [párrafo 28(e)]. Se supone que los estados financieros de la entidad no incluyen operaciones discontinuadas. Como se trata en el párrafo GI2, la entidad reconoce y mide el gasto por pensiones de los segmentos sobre los que debe informarse sobre la base de los pagos al plan de pensiones, y no distribuye determinadas partidas a los segmentos sobre los que debe informar.

Ingresos de las actividades ordinarias	u.m.
Ingresos de las actividades ordinarias totales de los segmentos sobre los que debe informarse	39.000
Otros ingresos de las actividades ordinarias	1.000
Eliminación de ingresos de las actividades ordinarias entre segmentos	(4.500)
Ingresos de las actividades ordinarias de la entidad	35.500

Resultado del periodo	u.m.
Resultados totales de los segmentos sobre los que debe informarse	3.970
Otros resultados	100
Eliminación de resultados entre segmentos	(500)
Importes no asignados:	
Pagos recibidos por cancelaciones de litigios	500
Otros gastos de la corporación	(750)
Ajuste al gasto por pensiones en la consolidación	(250)
Resultado antes del gasto por impuesto sobre las ganancias	3.070

Activos	u.m.
Activos totales de los segmentos sobre los que debe informarse	79.000
Otros activos	2.000
Eliminación de las cuentas por cobrar de la sede corporativa	(1.000)
Otros importes no asignados	1.500
Activos de la entidad	81.500

Pasivos	u.m.
Pasivos totales de los segmentos sobre los que debe informarse	43.850
Pasivos por pensiones de beneficios definidos no asignados	25.000
Pasivos de la entidad	68.850

Otras partidas significativas	Totales de segmentos sobre los que debe informarse	Ajustes	Totales de la entidad
	u.m.	u.m.	u.m.
Ingresos de actividades ordinarias por intereses	3.750	75	3.825
Gastos por intereses	2.750	(50)	2.700
Ingresos de actividades ordinarias por intereses netos (sólo el segmento de finanzas)	1.000	–	1.000
Desembolsos por activos	2.900	1.000	3.900
Depreciación y amortización	2.950	–	2.950
Deterioro del valor de los activos	200	–	200

La partida de conciliación para ajustar los desembolsos por activos es el importe incurrido para el edificio de la sede corporativa, que no está incluido en la información por segmentos. Ninguno de los otros ajustes es significativo.

Información geográfica

GI5   Lo siguiente ilustra la información geográfica requerida por el párrafo 33. [Puesto que los segmentos sobre los que debe informar la Compañía Diversificada están basados en diferencias en productos y servicios, no se requiere información a revelar adicional de los ingresos de las actividades ordinarias sobre productos y servicios (párrafo 32).]

Información geográfica	Ingresos de las actividades ordinarias[a]	Activos no corrientes
	u.m.	u.m.
Estados Unidos	19.000	11.000
Canadá	4.200	–
China	3.400	6.500
Japón	2.900	3.500
Otros países	6.000	3.000
Total	35.500	24.000
(a) Los ingresos de las actividades ordinarias se atribuyen a los países según la localización del cliente.		

Información sobre los principales clientes

GI6   Lo siguiente ilustra la información sobre los principales clientes requerida por el párrafo 34. No se requiere ni la identidad del cliente ni el importe de los ingresos de las actividades ordinarias para cada segmento de operación.

> Los ingresos de las actividades ordinarias procedentes de un cliente de los segmentos de programas informáticos y de electrónica de la Compañía Diversificada representan aproximadamente 5.000 u.m. de los ingresos de las actividades ordinarias totales de la Compañía.

Diagrama para ayudar a identificar los segmentos sobre los que debe informarse

GI7   El siguiente diagrama ilustra la manera de aplicar las principales provisiones para identificar los segmentos sobre los que debe informarse tal como se define en la NIIF. El diagrama es un complemento visual a la NIIF. No debe interpretarse como una alteración o añadido a cualquiera de los requerimientos de la NIIF ni debe considerarse como un sustituto de los requerimientos.

Diagrama para la identificación de los segmentos sobre los debe informarse

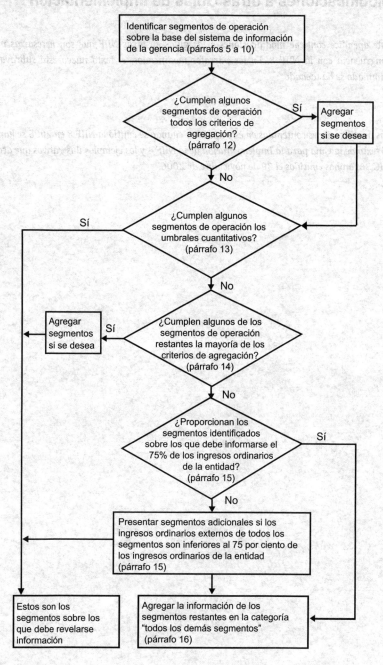

Identificar segmentos de operación sobre la base del sistema de información de la gerencia (párrafos 5 a 10)

¿Cumplen algunos segmentos de operación todos los criterios de agregación? (párrafo 12)

Sí

Agregar segmentos si se desea

No

¿Cumplen algunos segmentos de operación los umbrales cuantitativos? (párrafo 13)

Sí

No

¿Cumplen algunos de los segmentos de operación restantes la mayoría de los criterios de agregación? (párrafo 14)

Sí

Agregar segmentos si se desea

No

¿Proporcionan los segmentos identificados sobre los que debe informarse el 75% de los ingresos ordinarios de la entidad? (párrafo 15)

Sí

No

Presentar segmentos adicionales si los ingresos ordinarios externos de todos los segmentos son inferiores al 75 por ciento de los ingresos ordinarios de la entidad (párrafo 15)

Estos son los segmentos sobre los que debe revelarse información

Agregar la información de los segmentos restantes en la categoría "todos los demás segmentos" (párrafo 16)

Apéndice
Modificaciones a otras Guías de Implementación

Este apéndice contiene modificaciones a las guías en otras NIIF que son necesarias para asegurar congruencia con la NIIF 8. En los párrafos modificados, el texto nuevo está subrayado y el texto eliminado se ha tachado

* * * * *

Las modificaciones contenidas en este apéndice cuando se emitió la NIIF 8 en 2006 se han incorporado al texto de la Guía para la Implementación de la NIIF 4 y los ejemplos ilustrativos que acompañan a la NIC 36, ambos emitidos el 30 de noviembre de 2006.

Documentos del IASB publicados para acompañar a la

NIIF 9

Instrumentos Financieros

El texto normativo de la NIIF 9 se encuentra en la Parte A de esta edición. El texto de los Fundamentos de las Conclusiones de la NIIF 9 se encuentra en la Parte C de esta edición. Su fecha de vigencia en el momento de la emisión era el 1 de enero de 2018. Esta parte presenta los siguientes documentos:

EJEMPLOS ILUSTRATIVOS

GUÍA DE IMPLEMENTACIÓN DE LA NIIF 9 *INSTRUMENTOS FINANCIEROS*

APÉNDICE

Modificaciones a las guías en otras Normas

ÍNDICE

NIIF 9 *Instrumentos Financieros*
Ejemplos Ilustrativos

Estos ejemplos acompañan a la NIIF 9 pero no forman parte de la misma.

Pasivos financieros a valor razonable con cambios en resultados

EI1   El siguiente ejemplo ilustra el cálculo que una entidad podría realizar de acuerdo con el párrafo B5.7.18 de la NIIF 9.

EI2   El 1 de enero de 20X1, una entidad emite un bono a 10 años con un valor nominal de 150.000 u.m[1] y un cupón anual a tasa fija del 8 por ciento, que es congruente con las tasas de mercado para bonos con características similares.

EI3   La entidad utiliza la LIBOR como su tasa de interés observable (o de referencia). En la fecha de emisión del bono, la LIBOR es del 5 por ciento. Al final del primer año:

   (a)   La LIBOR ha disminuido al 4,75 por ciento.

   (b)   El valor razonable para el bono es de 153.811 u.m, congruente con una tasa de interés del 7,6 por ciento.[2]

EI4   La entidad supone una curva de rendimiento plana, todos los cambios en las tasas de interés proceden de un cambio paralelo en la curva de rendimiento, y los cambios en la LIBOR son los únicos cambios relevantes en las condiciones de mercado.

EI5   La entidad estima el importe de la variación del valor razonable que no es atribuible a cambios en las condiciones de mercado que dan lugar al riesgo de mercado de la forma siguiente:

| [párrafo B5.7.18(a)]

En primer lugar, la entidad calcula la tasa interna de rendimiento del pasivo al comienzo del periodo, utilizando el precio de mercado observado del pasivo y los flujos de efectivo contractuales de dicho pasivo en ese momento. Deducirá de esta tasa de rendimiento, la tasa de interés (de referencia) observada al comienzo del periodo, para obtener el componente específico para el instrumento de la tasa interna de retorno. | Al comienzo del periodo de un bono a 10 años con un cupón del 8 por ciento, la tasa interna de rendimiento del bono es del 8 por ciento

Dado que la tasa de interés observada (de referencia) (LIBOR) es el 5 por ciento, el componente específico de la tasa interna de rendimiento para el instrumento es el 3 por ciento |

continúa...

---

1   En esta guía, los importes monetarios se denominan en "unidades monetarias" (u.m.).

2   Esto refleja un cambio en la LIBOR del 5 por ciento al 4,75 por ciento y un movimiento del 0,15 por ciento que, en ausencia de otros cambios relevantes en las condiciones de mercado, se supone que refleja los cambios en el riesgo de crédito del instrumento.

...continuación

[párrafo B5.7.18(b)] A continuación, la entidad calcula el valor presente de los flujos de efectivo asociados con el pasivo utilizando los flujos de efectivo contractuales de dicho pasivo al final del periodo y una tasa de descuento igual a la suma de (i) la tasa de interés observada (de referencia) al final del periodo y (ii) el componente específico de la tasa interna de rendimiento para el instrumento, calculado de acuerdo con el párrafo B5.7.18(a).	Los flujos de efectivo contractuales del instrumento al final del periodo son: • intereses: 12.000 u.m.[a] para cada uno de los años 2 a 10. • principal: 150.000 u.m en el año 10. La tasa de descuento a utilizar para calcular el valor presente del bono es el 7,75 por ciento, que es la tasa del 4,75 por ciento de la LIBOR al final del periodo, más el 3 por ciento del componente específico del instrumento. Esto arroja un valor presente de 152.367 u.m.[b]
[párrafo B5.7.18(c)] La diferencia entre el precio de mercado observado del pasivo, al final del periodo, y el importe determinado de acuerdo con el párrafo B5.7.18(b) es la variación del valor razonable que no es atribuible a cambios en la tasa de interés observada (de referencia). Este es el importe a presentar en otro resultado integral de acuerdo con el párrafo 5.7.7(a).	El precio de mercado del pasivo al final del periodo es 153.811 u.m.[c] Por lo tanto, la entidad presenta 1.444 u.m, en otro resultado integral, que es 153.811 u.m. − 152.367 u.m, como incremento en el valor razonable del bono que no es atribuible a cambios en las condiciones de mercado que dan lugar al riesgo de mercado.

(a) 150.000 u.m. × 8% = 12.000 u.m.

(b) VP = $[12.000 \text{ u.m.} \times (1 − (1 + 0,0775)^{-9})/0,0775] + 150.000 \text{ u.m.} \times (1 + 0,0775)^{-9}$.

(c) precio de mercado = $[12.000 \text{ u.m.} \times (1 − (1 + 0,076)^{-9})/0,076] + 150.000 \text{ u.m.} \times (1 + 0,076)^{-9}$.

Deterioro de valor (Sección 5.5)

Evaluación de incrementos significativos en el riesgo crediticio desde el reconocimiento inicial

EI6   Los ejemplos siguientes ilustran las formas posibles de evaluar si ha habido incrementos significativos en el riesgo crediticio desde el reconocimiento inicial. Por simplicidad de la ilustración, los ejemplos siguientes solo muestran un aspecto del análisis del riesgo crediticio. Sin embargo, la evaluación de si deben reconocerse las pérdidas crediticias esperadas durante el tiempo de vida del activo es un análisis holístico y de múltiples factores que considera información razonable y sustentable que está disponible sin costo o esfuerzo desproporcionado y que es relevante para el instrumento financiero concreto que está siendo evaluado.

Ejemplo 1—Incremento significativo en el riesgo crediticio

[Referencia:
párrafos 5.5.3 a 5.5.5, 5.5.9 y B5.5.7 a B5.5.17
párrafos FC5.143 a FC5.194, Fundamentos de las Conclusiones]

EI7   La Compañía Y tiene una estructura de financiación que incluye una línea de crédito garantizada preferente con diferentes tramos[3]. El Banco X proporciona un tramo de esa línea de crédito a la Compañía Y. En el momento de la iniciación del préstamo por el Banco X, aunque el apalancamiento de la Compañía Y era relativamente alto en comparación con otros emisores con riesgo crediticio similar, se esperaba que fuera capaz de cumplir los acuerdos durante la vida del instrumento. Además, la generación de ingresos de actividades ordinarias y flujos de efectivo se esperaba que fuera estable en el sector industrial de la Compañía Y a lo largo de la duración de la línea de crédito preferente. Sin embargo, había algún riesgo de negocio relacionado con la capacidad para aumentar los márgenes brutos dentro de sus negocios existentes.

EI8   En el reconocimiento inicial, debido a las consideraciones descritas en el párrafo EI7, el Banco X considera que a pesar del nivel del riesgo crediticio en el reconocimiento inicial, el préstamo no es un préstamo con deterioro crediticio inicial porque no cumple la definición de un activo financiero con deterioro crediticio del Apéndice A de la NIIF 9.

EI9   Posteriormente al reconocimiento inicial, cambios macroeconómicos han tenido un efecto negativo sobre el volumen total de ventas y la Compañía Y ha rendido por debajo de lo esperado en su plan de negocio en la generación de ingresos de actividades ordinarias y generación de flujos de efectivo netos. Aunque el gasto en inventario se ha incrementado, las ventas previstas no se han materializado. Para incrementar la liquidez, la Compañía Y ha utilizado más en una línea de crédito automáticamente renovable separada, incrementando de ese modo su razón de apalancamiento. Por consiguiente, la Compañía Y está ahora cerca de infringir sus acuerdos sobre la línea de crédito garantizada preferente con el Banco X.

EI10   El Banco X realiza una evaluación global del riesgo crediticio sobre el préstamo a la Compañía Y a la fecha de presentación teniendo en consideración toda la información razonable y sustentable que está disponible sin costo o esfuerzo desproporcionado y que es relevante para evaluar la dimensión del incremento en el riesgo crediticio desde el reconocimiento inicial. Esto puede incluir factores tales como:

(a)   La expectativa del Banco X de que el deterioro del entorno macroeconómico puede continuar en el futuro próximo, lo que se espera que tenga un impacto negativo adicional en la capacidad de la Compañía Y para generar flujos de efectivo y desapalancarse.

---

3   La garantía del préstamo afecta a la pérdida que se realizaría si ocurriera un incumplimiento, pero no afecta al riesgo de que ocurra un incumplimiento, de forma que ésta no se considera al determinar si ha habido un incremento significativo en el riesgo crediticio desde el reconocimiento inicial como requiere el párrafo 5.5.3 de la NIIF 9.

(b)   La Compañía Y está más cerca de infringir sus acuerdos, lo que podría dar lugar a la necesidad de reestructurar el préstamo o volver a establecer los acuerdos.

(c)   La evaluación del Banco X de que los precios de cotización de los bonos de la Compañía Y han disminuido y de que el margen crediticio sobre los préstamos nuevos iniciados se han incrementado reflejando el incremento en el riesgo crediticio, y que estos cambios no se explican por cambios en el entorno del mercado (por ejemplo, las tasas de interés de referencia se han mantenido sin cambio). Una comparación adicional con la fijación de precios de compañías similares a la Compañía Y muestra que las reducciones en el precio de los bonos de la Compañía Y y los incrementos en el margen crediticio sobre sus préstamos han sido causados probablemente por factores específicos de la compañía.

(d)   El Banco X ha evaluado nuevamente su riesgo interno de clasificación del préstamo sobre la base de la información que está disponible para reflejar el incremento en el riesgo crediticio.

EI11   El Banco X determina que ha habido un incremento significativo en el riesgo crediticio desde el reconocimiento inicial del préstamo de acuerdo con el párrafo 5.5.3 de la NIIF 9. Por consiguiente, el Banco X reconoce las pérdidas crediticias esperadas durante la vida de su préstamo garantizado preferente a la Compañía Y. Incluso si el Banco X no ha cambiado todavía la clasificación de riesgo interna del préstamo aún podría alcanzar esta conclusión—la ausencia o presencia de un cambio en la clasificación del riesgo en sí misma no es determinante de si el riesgo crediticio se ha incrementado de forma significativa desde el reconocimiento inicial.

Ejemplo 2—Incremento no significativo en el riesgo crediticio

[Referencia:
párrafos 5.5.3 a 5.5.5, 5.5.9 y B5.5.7 a B5.5.17
párrafos FC5.143 a FC5.194, Fundamentos de las Conclusiones]

EI12   La Compañía C, es la entidad controladora de un grupo que opera en un sector industrial de producción cíclica. El Banco B concedió un préstamo a la Compañía C. En ese momento, las perspectivas para el sector industrial eran positivas, debido a las expectativas de incrementos adicionales de la demanda global. Sin embargo, los precios de los insumos eran volátiles y dado el punto en el ciclo, se pronosticó una disminución potencial en ventas.

EI13   Además, en el pasado la Compañía C se ha centrado en el crecimiento externo, adquiriendo participaciones mayoritarias en compañías en sectores relacionados. Como consecuencia, la estructura del grupo es compleja y ha estado sujeta al cambio, haciendo difícil para los inversores analizar el rendimiento esperado del grupo y prever el efectivo que estará disponible a nivel de la compañía controladora. Aun cuando el apalancamiento está en un nivel que se considera aceptable por los acreedores de la Compañía C en el momento en que el Banco B concede el préstamo, a sus acreedores les preocupa la capacidad de la Compañía C para refinanciar sus deudas debido a la corta vida restante hasta el vencimiento de la financiación actual. También existe preocupación sobre la capacidad de la Compañía C para continuar pagando los intereses con los dividendos que recibe de sus subsidiarias operativas.

EI14 En el momento de la concesión del préstamo por el Banco B, el apalancamiento de la Compañía C estaba en línea con el de otros clientes con riesgo crediticio similar y basado en proyecciones durante la vida esperada del préstamo, la capacidad disponible (es decir, margen) sobre sus relaciones de cobertura antes de desencadenar un suceso de incumplimiento, era alta. El Banco B aplica sus métodos propios de calificación interna para determinar el riesgo crediticio y asignar una puntuación de calificación interna específica a sus préstamos. Las categorías de calificación internas del Banco B se basan en información histórica, actual y referida al futuro y refleja el riesgo crediticio para el periodo de vigencia de los préstamos. En el reconocimiento inicial, el Banco B determina que el préstamo está sujeto a un riesgo crediticio considerable, tiene elementos especulativos y que las incertidumbres que afectan a la Compañía C, incluyendo las perspectivas de incertidumbre del grupo para la generación de efectivo, podrían conducir al incumplimiento. Sin embargo, el Banco B no considera que el préstamo sea originado con deterioro crediticio porque no cumple la definición de activos financieros comprados u originados con deterioro crediticio del Apéndice A de la NIIF 9.

EI15 Posteriormente al reconocimiento inicial, la Compañía C ha anunciado que tres de sus cinco subsidiarias clave tuvieron una reducción significativa en el volumen de ventas debido al deterioro de las condiciones del mercado, pero que se espera mejorar el volumen de ventas en línea con el ciclo previsto para el sector industrial en los meses siguientes. Las ventas de las otras dos subsidiarias fueron estables. La Compañía C ha anunciado también una reestructuración de la corporación para racionalizar sus subsidiarias operativas. Esta reestructuración incrementará la flexibilidad para refinanciar la deuda existente y la capacidad de las subsidiarias operativas para pagar dividendos a la Compañía C.

EI16 A pesar de que se espera que continúe el deterioro de las condiciones del mercado, el Banco B determina, de acuerdo con el párrafo 5.5.3 de la NIIF 9 que no ha habido un incremento significativo del riesgo crediticio sobre el préstamo a la Compañía C desde el reconocimiento inicial. Esto se demuestra por los factores que incluyen:

(a) Aunque los volúmenes de ventas actuales han caído, esto estaba previsto por el Banco B en el reconocimiento inicial. Además, se espera que mejoren los volúmenes de ventas en los meses siguientes.

(b) Dado el incremento de la flexibilidad para refinanciar la deuda existente a nivel de subsidiarias operativas y el incremento de la disponibilidad de dividendos para la Compañía C, el Banco B considera la reestructuración corporativa como una mejora crediticia. Esto es a pesar de que continúen algunas preocupaciones sobre la capacidad de refinanciar la deuda existente a nivel de la compañía controladora.

(c) El departamento de riesgo crediticio del Banco B, que lleva el seguimiento de la Compañía C, ha determinado que los últimos desarrollos no son suficientemente significativos para justificar un cambio en su calificación de riesgo crediticio interna.

EI17 Como consecuencia, el Banco B no reconoce una corrección de valor por pérdidas por un importe igual a las pérdidas crediticias esperadas durante el tiempo de vida del préstamo. Sin embargo, actualiza su medición de pérdidas crediticias esperadas durante 12 meses por el incremento del riesgo de que ocurra un incumplimiento en los próximos 12 meses y por las expectativas actuales de pérdidas crediticias que surgirían si fuera a ocurrir un incumplimiento.

Ejemplo 3—Activo financiero con garantía colateral alta

[Referencia:
párrafos 5.5.3 a 5.5.5, 5.5.9, B5.5.7 a B5.5.17 y B5.5.55
párrafos FC5.143 a FC5.194, Fundamentos de las Conclusiones]

EI18 La Compañía H posee activos inmobiliarios que están financiados mediante un préstamo a cinco años del Banco Z con una relación de préstamo-a-valor (PAV) del 50 por ciento. El préstamo está garantizado por una garantía de primer nivel sobre los activos inmobiliarios. En el reconocimiento inicial del préstamo, el Banco Z no considera que el préstamo sea originado con deterioro crediticio como se define en el Apéndice A de la NIIF 9.

EI19 Posteriormente al reconocimiento inicial, los ingresos de actividades ordinarias y las ganancias operativas de la Compañía H han disminuido debido a una recesión económica. Además, el incremento esperado en regulaciones tiene el potencial de afectar adicionalmente de forma negativa a los ingresos de actividades ordinarias y a la ganancia operativa. Estos efectos negativos sobre las operaciones de la Compañía H podrían ser significativos y continuados.

EI20 Como consecuencia de estos sucesos recientes, y las condiciones económicas adversas, los flujos de efectivo libres de la Compañía H se espera que se reduzcan hasta el punto de que la cobertura de los pagos del préstamo programados podría pasar a ser ajustada. El Banco Z estima que un deterioro adicional de los flujos de efectivo podría dar lugar a que la Compañía H desatendiera un pago contractual del préstamo y pasase a estar en mora.

EI21 Apreciaciones recientes de terceros han indicado una disminución del valor de las propiedades inmobiliarias, dando lugar a una relación PAV del 70 por ciento.

EI22 A la fecha de presentación, el préstamo a la Compañía H no se considera que tenga un riesgo crediticio bajo de acuerdo con el párrafo 5.5.10 de la NIIF 9. El Banco Z, por ello, necesita evaluar si ha habido un incremento significativo del riesgo crediticio desde el reconocimiento inicial de acuerdo con el párrafo 5.5.3 de la NIIF 9 independientemente del valor de garantía colateral que tenga. Destaca que el préstamo está sujeto a un riesgo crediticio considerable a la fecha de presentación porque incluso un deterioro ligero en los flujos de efectivo podría dar lugar a que la Compañía H desatendiera un pago contractual del préstamo. Como consecuencia, el Banco Z determina que el riesgo crediticio (es decir, el riesgo de que ocurra un incumplimiento) se ha incrementado de forma significativa desde el reconocimiento inicial. Por consiguiente, el Banco Z reconoce las pérdidas crediticias esperadas durante la vida del préstamo a la Compañía H.

EI23   Aunque deben reconocerse las pérdidas crediticias esperadas durante la vida del préstamo, la medición de las pérdidas crediticias esperadas reflejará la recuperación esperada de la garantía colateral sobre la propiedad (ajustando por los costos de obtenerla y venderla) tal como requiere el párrafo B5.5.55 de la NIIF 9 y podría dar lugar a que las pérdidas crediticias esperadas sobre el préstamo fueran muy pequeñas.

Ejemplo 4—Bono cotizado con grado de inversión

[Referencia:
párrafos 5.5.3 a 5.5.5, 5.5.9, 5.5.10 y B5.5.22 a B5.5.24
párrafos FC5.180 a FC5.189, Fundamentos de las Conclusiones]

EI24   La Compañía A es una gran compañía de logística nacional cotizada. La única deuda en la estructura de capital es un bono cotizado a cinco años con una restricción de préstamos adicionales como la única cláusula del bono. La Compañía A informa trimestralmente a sus accionistas. La Entidad B es uno de los muchos inversores en el bono. La Entidad B considera que el bono tiene un riesgo crediticio bajo en el reconocimiento inicial de acuerdo con el párrafo 5.5.10 de la NIIF 9. Esto es porque el bono tiene un riesgo bajo de incumplimiento y se considera que la Compañía A tiene un capacidad fuerte de cumplir con sus obligaciones en el corto plazo. Las expectativas de la Entidad B para el largo plazo son que cambios adversos en las condiciones económicas y de negocio podrían, pero no necesariamente, reducir la capacidad de la Compañía A de satisfacer sus obligaciones para con el bono. Además, en el reconocimiento inicial, el bono tuvo una calificación crediticia interna que está correlacionada con la calificación crediticia externa global de grado de inversión.

EI25   A la fecha de presentación, la principal preocupación sobre el riesgo crediticio de la Entidad B es la presión continua sobre el volumen total de ventas que ha producido una disminución de los flujos de efectivo operativos de la Compañía A.

EI26   Puesto que la Entidad B depende únicamente de la información pública trimestral y no tiene acceso a información de riesgo crediticio privada (porque es un inversor del bono), su evaluación de los cambios en el riesgo crediticio está ligada a los anuncios e información públicos, incluyendo actualizaciones sobre perspectivas crediticias en comunicados de prensa de las agencia de calificación crediticia.

EI27   La Entidad B aplica la simplificación del riesgo crediticio bajo del párrafo 5.5.10 de la NIIF 9. Por consiguiente, a la fecha de presentación, la Entidad B evalúa si se considera que el bono tiene un riesgo crediticio bajo utilizando toda la información sustentable y razonable que está disponible sin esfuerzo o costo desproporcionado. Para realizar esta evaluación, la Entidad B evalúa nuevamente la calificación crediticia interna del bono y concluye que el bono ha dejado de ser equivalente a una calificación crediticia de grado de inversión porque:

    (a)   El último informe trimestral de la Compañía A revelaba una disminución trimestral de los ingresos de actividades ordinarias del 20 por ciento y del 12 por ciento en las ganancias operativas.

    (b)   Las agencias de calificación crediticia han reaccionado negativamente al anuncio de la compañía A de que no alcanzará las expectativas de ganancia y han puesto en estado de revisión la calificación crediticia por una posible reducción de categoría de grado de inversión a grado diferente al de inversión. Sin embargo, a la fecha de presentación la calificación del riesgo crediticio externo no se había modificado.

    (c)   El precio del bono ha disminuido también de forma significativa, lo que dado lugar a un rendimiento más alto al vencimiento. La Entidad B evalúa que los precios del bono han estado disminuyendo como consecuencia del incremento del riesgo crediticio de la Compañía A. Esto es porque el entorno del mercado no ha cambiado (por ejemplo, las tasas de interés de referencia, liquidez, etc. están sin modificación) y la comparación con los precios de bonos similares muestra que las reducciones son probablemente específicas de la compañía (y no son, por ejemplo, cambios en las tasas de interés de referencia que no son indicativas del riesgo crediticio específico de la compañía).

EI28   Aunque la Compañía A actualmente tiene la capacidad de cumplir sus compromisos, las grandes incertidumbres que surgen de su exposición a condiciones económicas y de negocio adversas han incrementado el riesgo de que ocurra un incumplimiento en el bono. Como consecuencia de los factores descritos en el párrafo EI27, la Entidad B determina que el bono no tiene un riesgo crediticio bajo a la fecha de presentación. Como consecuencia, la Entidad B necesita determinar si el incremento en el riesgo crediticio desde el reconocimiento inicial ha sido significativo. Sobre la base de su evaluación, la Compañía B determina que se ha incremento significativamente el riesgo crediticio desde el reconocimiento inicial y que debe reconocerse una corrección de valor por pérdidas por un importe igual a las pérdidas crediticias esperadas durante el tiempo de vida del bono de acuerdo con el párrafo 5.5.3 de la NIIF 9.

Ejemplo 5—Receptividad a cambios en el riesgo crediticio

[Referencia:
párrafos 5.5.4 y B5.5.1 a B5.5.6
párrafos FC5.136 a FC5.142, Fundamentos de las Conclusiones]

EI29   El Banco ABC proporciona hipotecas para financiar inmuebles residenciales en tres regiones diferentes. Los préstamos hipotecarios proceden de un amplio rango de criterios de PAV y un amplio rango de grupos de ingresos. Como parte del proceso de solicitud de las hipotecas, se requiere que los clientes proporcionen información tal como el sector industrial dentro del cual está empleado el cliente y código postal de la propiedad que sirve como garantía colateral de la hipoteca.

EI30   El Banco ABC establece sus criterios de aceptación basados en puntaciones de crédito. Los préstamos con una puntuación de crédito por encima del "nivel de aceptación" son aprobados porque estos prestatarios son considerados capaces de cumplir las obligaciones de pago contractuales. Cuando se originan nuevos préstamos hipotecarios, el Banco ABC utiliza la puntuación de crédito para determinar el riesgo de que ocurra un incumplimiento en el momento del reconocimiento inicial.

EI31   A la fecha de presentación el Banco ABC determina que se espera que las condiciones económicas se deterioren de forma significativa en todas las regiones. Se espera que se incrementen los niveles de desempleo, mientras que el valor de la propiedad residencial se espera que disminuya, por causa del incremento de las relaciones PAV. Como consecuencia del deterioro esperado en las condiciones económicas, el Banco ABC espera que se incrementen las tasas de incumplimiento en la cartera de hipotecas.

Evaluación individual

EI32   En la Región Uno, el Banco ABC evalúa cada uno de sus préstamos hipotecarios mensualmente mediante un proceso de puntuación de la conducta automático. Sus modelos de puntuación se basan en situaciones de mora actuales e históricas, niveles de endeudamiento del cliente, medidas de PAV, comportamiento del cliente en otros instrumentos financieros con el Banco ABC, el tamaño del préstamo y el tiempo desde el que se inició el préstamo. El Banco ABC actualiza las medidas de PAV de forma regular a través de un proceso automático que estima nuevamente los valores de la propiedad utilizando ventas recientes en cada área de código postal y la información referida al futuro razonable y sustentable que está disponible sin costo o esfuerzo desproporcionado.

EI33   El Banco ABC tiene información histórica que indica una fuerte correlación entre el valor de la propiedad residencial y las tasas de incumplimiento de hipotecas. Esto es, cuando el valor de la propiedad residencial disminuye, un cliente tiene menos incentivos económicos para realizar los reembolsos programados, incrementando el riesgo de que ocurra un incumplimiento.

EI34 A través del impacto de la medida de PAV en el modelo de puntuación de la conducta, las puntuaciones de la conducta se ajustan por el incremento del riesgo de que ocurra un incumplimiento debido a una disminución esperada del valor de la propiedad residencial. La puntuación de la conducta puede ajustarse como consecuencia de la disminución esperada del valor de la propiedad incluso cuando el préstamo hipotecario es un préstamo reembolsable al vencimiento con las obligaciones de pago más significativas al vencimiento (y más allá de los próximos 12 meses). Las hipotecas con una relación PAV alta son más sensibles a cambios en el valor de la propiedad residencial y el Banco ABC es capaz de identificar los incrementos significativos en el riesgo crediticio desde el reconocimiento inicial en clientes individuales antes de que una hipoteca pase a estar en mora si ha habido un deterioro en la puntuación de la conducta.

EI35 Cuando el incremento en el riesgo crediticio ha sido significativo, se reconoce una corrección de valor por pérdidas por un importe igual a las pérdidas crediticias esperadas durante la vida de la hipoteca. El Banco ABC mide la corrección de valor por pérdidas utilizando las medidas de PAV para estimar la gravedad de la pérdida, es decir, la pérdida dada por incumplimiento (PDI). Cuanto mayor sea la medida de PAV, mayores serán las pérdidas crediticias esperadas, manteniéndose lo demás igual.

EI36 Si el Banco ABC no pudiera actualizar las puntuaciones de conducta para reflejar las disminuciones esperadas de los precios de la propiedad, utilizaría la información razonable y sustentable que esté disponible sin costo o esfuerzo desproporcionado para llevar a cabo una evaluación colectiva para determinar los préstamos sobre los que ha habido un incremento significativo del riesgo crediticio desde el reconocimiento inicial y reconocer las pérdidas crediticias esperadas durante la vida de esos préstamos.

Evaluación colectiva

EI37 En las Regiones Dos y Tres, el Banco ABC no tiene capacidad para puntuar automáticamente. En su lugar, a efectos de la gestión del riesgo crediticio, el Banco ABC sigue el riesgo de que ocurra un incumplimiento por medio de los estatus de mora. Reconoce una corrección de valor por pérdidas por un importe igual a las pérdidas crediticias esperadas durante la vida de todos los préstamos que tienen un estatus de mora mayor de 30 días de mora. Aunque el Banco ABC, utiliza información de estatus de mora como la única información específica del prestatario, también considera otra información referida al futuro razonable y sustentable que está disponible sin costo o esfuerzo desproporcionado para evaluar si las pérdidas crediticias esperadas durante la vida del préstamo deben reconocerse en los préstamos que no están en mora desde hace más de 30 días. Esto es necesario para cumplir el objetivo del párrafo 5.5.4 de la NIIF 9 de reconocer las pérdidas crediticias esperadas durante la vida del préstamo en todos los incrementos significativos del riesgo crediticio.

Región Dos

EI38   La Región dos incluye una comunidad minera que depende en gran medida de la exportación de carbón y productos relacionados. El Banco ABC es conocedor de una disminución significativa de las exportaciones de carbón y prevé la clausura de varias minas de carbón. Debido al incremento esperado en la tasa de desempleo, se determina que el riesgo de que ocurra un incumplimiento en los préstamos hipotecarios de los prestatarios que están empleados en las minas de carbón se incrementará significativamente, incluso si los clientes no están en mora a la fecha de presentación. El Banco ABC, por ello, segmenta su cartera de hipotecas por el sector industrial en que están empleados los clientes (utilizando la información registrada como parte del proceso de solicitud de la hipoteca) para identificar los que dependen de las minas de carbón como fuente principal de empleo (es decir, un enfoque de "abajo hacia arriba" en el que los préstamos se identifican sobre la base de una característica de riesgo común). Para esas hipotecas, el Banco ABC reconoce una corrección de valor por pérdidas por un importe igual a las pérdidas crediticias esperadas durante la vida del préstamo mientras continúa reconociendo una corrección de valor por pérdidas por un importe igual a las pérdidas crediticias esperadas durante 12 meses para el resto de hipotecas de la Región Dos.[4] Las hipotecas nuevas originadas de prestatarios cuyo empleo depende de las minas de carbón en esta comunidad tendrían, sin embargo, una corrección de valor por pérdidas por un importe igual a las pérdidas crediticias esperadas durante 12 meses porque no habrían experimentado incrementos significativos en el riesgo crediticio desde el reconocimiento inicial. Sin embargo, algunas de estas hipotecas podrían experimentar incrementos significativos en el riesgo crediticio poco después del reconocimiento inicial debido a la clausura esperada de las minas de carbón.

Región Tres

EI39   En la Región Tres, el Banco ABC prevé el riesgo de que ocurra un incumplimiento y, así un incremento en el riesgo crediticio, como consecuencia de un incremento esperado en las tasas de interés durante la vida esperada de las hipotecas. Históricamente, un incremento en las tasas de interés ha sido un indicador previsor de incumplimientos futuros de hipotecas en la Región Tres—especialmente cuando los clientes no tienen una hipoteca de tasa de interés fija. El Banco ABC determina que la cartera de tasas de interés variable de hipotecas de la Región Tres es homogénea y que a diferencia de la Región Dos, no es posible identificar subcarteras concretas sobre la base de las características de riesgo compartidas que representen a los clientes que se espera que tengan un incremento significativo del riesgo crediticio. Sin embargo, como consecuencia de la naturaleza homogénea de las hipotecas de la Región Tres, el Banco ABC determina que puede hacerse una evaluación de una proporción de la cartera global que ha incrementado de forma significativa el riesgo crediticio desde el reconocimiento inicial (es decir,

---

4   Excepto por esas hipotecas que se determina que tienen incrementos significativos del riesgo crediticio sobre la base de una evaluación individual, tal como las que tienen más de 30 días de mora. Las pérdidas crediticias esperadas durante la vida del préstamo también se reconocerían en esas hipotecas.

puede utilizarse un enfoque de "arriba hacia abajo"). Sobre la base de la información histórica, el Banco ABC estima que un incremento en las tasas de interés de 200 puntos básicos provocará un incremento significativo del riesgo crediticio del 20 por ciento de la cartera de tasa de interés variable. Por ello, como consecuencia del incremento previsto en las tasas de interés, el Banco ABC determina que el riesgo crediticio de las hipotecas en la Región Tres se ha incrementado en un 20 por ciento desde el reconocimiento inicial. Por consiguiente, el Banco ABC reconoce pérdidas crediticias esperadas durante la vida del préstamo del 20 por ciento de la cartera de hipotecas de tasa variable y una corrección de valor por pérdidas por un importe igual a las pérdidas crediticias esperadas durante 12 meses por el resto de la cartera.[5]

Ejemplo 6—Comparación con el riesgo crediticio inicial máximo

[Referencia:
párrafos 5.5.3 a 5.5.5, 5.5.9 y B5.5.7 a B5.5.17
párrafo FC5.161, Fundamentos de las Conclusiones]

EI40   El Banco A tiene dos carteras de préstamos de automóviles con términos y condiciones similares en la Región W. La política del Banco A sobre decisiones de financiación para cada préstamo se basa en un sistema de calificación crediticia interna que considera la historia crediticia del cliente, conducta de pagos en otros productos con el Banco A y otros factores, y asigna una calificación crediticia interna de 1 (riesgo crediticio más bajo) a 10 (riesgo crediticio más alto) para cada préstamo en el momento de la concesión. El riesgo de que ocurra un incumplimiento se incrementa de forma exponencial a medida que la calificación del riesgo crediticio se deteriora, de forma que, por ejemplo, la diferencia entre los grados 1 y 2 de la calificación del riesgo crediticio es más pequeña que la diferencia entre los grados de calificación del riesgo crediticio 2 y 3. Los préstamos en la Cartera 1 solo se ofrecían a clientes existentes con una calificación de riesgo crediticio interna similar y en el reconocimiento inicial todos los préstamos se califican 3 o 4 en la escala de calificación interna. El Banco A determina que la calificación de riesgo crediticio inicial máxima en el reconocimiento inicial que se aceptaría para la Cartera 1 es una calificación interna de 4. Los préstamos de la Cartera 2 se ofrecían a clientes que respondían a un anuncio de préstamos para automóviles y las calificaciones de riesgo crediticio internas de estos clientes oscilan entre 4 y 7 en la escala de calificación interna. El Banco A nunca concede un préstamo para automóviles con una calificación de riesgo crediticio interna peor que 7 (es decir, con una calificación interna de 8 a 10).

EI41   A efectos de evaluar si ha habido incrementos significativos en el riesgo crediticio, el Banco A determina que todos los préstamos de la Cartera 1, tenían un riesgo crediticio similar. Determina que dado el riesgo de incumplimiento reflejado en sus grados de calificación de riesgo internos de 3 y 4 no representarían un incremento significativo en el riesgo crediticio pero

---

5   Excepto por esas hipotecas que se determina que tienen incrementos significativos del riesgo crediticio sobre la base de una evaluación individual, tal como las que tienen más de 30 días de mora. Las pérdidas crediticias esperadas durante la vida del préstamo también se reconocerían en esas hipotecas.

que ha habido un incremento significativo en el riesgo crediticio en cualquier préstamo de esta cartera que tenga una calificación interna peor que 5. Esto significa que el Banco A no tiene que conocer la calificación crediticia inicial de cada préstamo de la cartera para evaluar el cambio en el riesgo crediticio desde el reconocimiento inicial. Solo tiene que determinar si el riesgo crediticio es peor que 5 a la fecha de presentación para determinar si las pérdidas crediticias esperadas durante la vida del préstamo deben reconocerse de acuerdo con el párrafo 5.5.3 de la NIIF 9.

EI42   Sin embargo, la determinación del riesgo crediticio inicial máximo aceptado en el reconocimiento inicial para la Cartera 2 en una calificación de riesgo crediticio interna de 7 no cumpliría el objetivo de los requerimientos establecidos en el párrafo 5.5.4 de la NIIF 9. Esto es porque el Banco A determina que los incrementos significativos en el riesgo crediticio surgen no solo cuando el riesgo crediticio se incrementa por encima del nivel al que una entidad crearía nuevos activos financieros (es decir, cuando la calificación interna es peor que 7). Aunque el Banco A nunca origina un préstamo para automóviles con una calificación crediticia interna peor que 7, el riesgo crediticio inicial de los préstamos de la Cartera 2 no es suficientemente similar en el reconocimiento inicial para aplicar el enfoque utilizado para la Cartera 1. Esto significa que el Banco A no puede simplemente comparar el riesgo crediticio a la fecha de presentación con la calidad crediticia más baja en el reconocimiento inicial (por ejemplo, comparando la calificación de riesgo crediticio interna de préstamos de la Cartera 2 con una calificación crediticia interna de 7) para determinar si el riesgo crediticio se ha incrementado de forma significativa porque la calidad crediticia inicial de los préstamos de la cartera es demasiado diversa. Por ejemplo, si un préstamo tenía inicialmente una calificación de riesgo crediticio de 4, el riesgo crediticio del préstamo podría haberse incrementado significativamente si su calificación crediticia interna cambia a 6.

Ejemplo 7—Evaluación de la contraparte del riesgo crediticio

[Referencia:
párrafos 5.5.3 a 5.5.5, 5.5.9 y B5.5.7 a B5.5.17
párrafos FC5.166 a FC5.168, Fundamentos de las Conclusiones]

Escenario 1

EI43   En 20X0 el Banco A concede un préstamo de 10.000 u.m. con una duración contractual de 15 años a la Compañía Q cuando la compañía tenía una calificación crediticia interna de 4 sobre una escala de 1 (riesgo crediticio más bajo) a 10 (riesgo crediticio más alto). El riesgo de que ocurra un incumplimiento se incrementa de forma exponencial a medida que la calificación del riesgo crediticio se deteriora, de forma que, por ejemplo, la diferencia entre los grados 1 y 2 de la calificación del riesgo crediticio es más pequeña que la diferencia entre los grados de calificación del riesgo crediticio 2 y 3. En 20X5 cuando la Compañía Q tenía una calificación crediticia interna de 6, el Banco A concedió otro préstamo a la Compañía Q por 5.000 u.m. con una duración contractual de 10 años. En 20X7 la Compañía Q deja de tener su contrato con un cliente importante y en correspondencia experimenta una gran disminución de sus ingresos de actividades ordinarias. El Banco A considera que como consecuencia de perder el contrato, la Compañía Q tendrá una reducción significativa de su capacidad para cumplir sus obligaciones para con el préstamo y cambia su calificación crediticia interna a 8.

EI44   El Banco A evalúa el riesgo crediticio sobre un nivel de contraparte a efectos de la gestión del riesgo crediticio y determina que el incremento del riesgo crediticio en la Compañía Q es significativo. Aunque el Banco A no realizaba una evaluación individual de los cambios en el riesgo crediticio de cada préstamo desde su reconocimiento inicial, la evaluación del riesgo crediticio sobre un nivel de contraparte y el reconocimiento de las pérdidas crediticias esperadas durante la vida del préstamo de todos los préstamos concedidos a la Compañía Q, cumple el objetivo de los requerimientos de deterioro de valor como se señala en el párrafo 5.5.4 de la NIIF 9. Esto es porque, incluso desde que se originó el préstamo más reciente (en 20X7), cuando la Compañía Q tenía el riesgo crediticio mayor al concederse el préstamo, su riesgo crediticio se ha incrementado de forma significativa. La evaluación de la contraparte lograría, por ello, el mismo resultado que la evaluación del cambio en el riesgo crediticio para cada préstamo individualmente.

Escenario 2

EI45   El Banco A concedió un préstamo de 150.000 u.m. con una duración contractual de 20 años a la Compañía X en 20X0 cuando la compañía tenía una calificación crediticia interna de 4. Durante 20X5 las condiciones económicas se deterioran y la demanda de productos de la Compañía X ha disminuido significativamente. Como consecuencia de la reducción de flujos de efectivo por ventas más bajas, la Compañía X no podría realizar el reembolso completo de sus cuotas del préstamo al Banco A. El Banco A evalúa nuevamente la calificación interna del riesgo crediticio de la Compañía X, y determina que es de 7 a la fecha de presentación. El Banco A consideró el cambio en el riesgo crediticio del préstamo, incluyendo la consideración del cambio en la calificación interna del riesgo crediticio y determina que ha habido un incremento significativo en el riesgo crediticio y reconoce pérdidas crediticias esperadas durante la vida del préstamo de 150.000 u.m.

EI46   A pesar del descenso de la calificación interna del riesgo crediticio, el Banco A concede otro préstamo de 50.000 u.m. a la Compañía X en 20X6 con una duración contractual de 5 años, teniendo en consideración el riesgo crediticio mayor a esa fecha.

EI47   El hecho de que el riesgo crediticio de la Compañía X (evaluado sobre una base de contraparte) haya sido previamente evaluado de haberse incrementado significativamente, no da lugar a que se reconozcan unas pérdidas crediticias esperadas durante la vida del nuevo préstamo. Esto es porque el riesgo crediticio sobre el nuevo préstamo no se ha incrementado de forma significativa desde que el préstamo se reconoció inicialmente. Si el Banco A solo evalúo el riesgo crediticio sobre un nivel de contraparte sin considerar si la conclusión sobre los cambios en el riesgo crediticio se aplica a todos los instrumentos financieros individuales proporcionados al mismo cliente, el objetivo del párrafo 5.5.4 de la NIIF 9 podría no cumplirse.

Reconocimiento y medición de las pérdidas crediticias esperadas

EI48   Los ejemplos siguientes ilustran la aplicación de los requerimientos de reconocimiento y medición de acuerdo con la Sección 5.5 de la NIIF 9, así como la interacción con los requerimientos de la contabilidad de coberturas.

Ejemplo 8—Medición de las pérdidas crediticias esperadas durante 12 meses utilizando un enfoque de "probabilidad de incumplimiento" explícita

[Referencia:
párrafos 5.5.3 a 5.5.5, 5.5.9 y B5.5.12
párrafos FC5.156 a FC5.157, Fundamentos de las Conclusiones]

Escenario 1

EI49   La Entidad A origina un solo préstamo a amortizar en 10 años por 1 millón de u.m. Teniendo en consideración las expectativas para instrumentos con riesgo crediticio similar (utilizando la información razonable y sustentable que esté disponible sin costo o esfuerzo desproporcionado), el riesgo crediticio del prestatario, y las perspectivas económicas para los próximos 12 meses, la Entidad A estima que el préstamo en el reconocimiento inicial tiene una probabilidad de incumplimiento (PI) del 0,5 por ciento en los próximos 12 meses. La Entidad A también determina que los cambios en la PI durante 12 meses son una aproximación razonable de los cambios en la PI durante la vida del préstamo para determinar si ha habido un incremento significativo en el riesgo crediticio desde el reconocimiento inicial.

EI50   A la fecha de presentación (que es antes de que venza el reembolso del préstamo[6]), no ha habido cambio en la PI durante 12 meses y la Entidad A determina que no ha habido incremento significativo en el riesgo crediticio desde el reconocimiento inicial. La Entidad A determina que el 25 por ciento del importe en libros bruto se perderá si se incumple el préstamo (es decir, el PDI es del 25 por ciento).[7] La Entidad A mide la corrección de valor por pérdidas por un importe igual a las pérdidas crediticias esperadas durante 12 meses utilizando una PI del 0,5 por ciento. Implícita en ese cálculo está la probabilidad del 99,5 por ciento de que no haya incumplimiento. A la fecha de presentación la corrección de valor por pérdidas para las pérdidas crediticias esperadas durante 12 meses es de 1.250 u.m. (0,5% × 25% × 1.000.000 u.m.).

---

6   Por ello, por simplicidad de ilustración se supone que no hay amortización del préstamo.

7   Puesto que la PDI representa un porcentaje del valor presente del importe en libros bruto, este ejemplo no ilustra el valor temporal del dinero.

Escenario 2

EI51 La Entidad B adquiere una cartera de 1.000 préstamos a cinco años reembolsables al vencimiento por 1.000 u.m. cada uno (es decir, 1 millón de u.m. en total) con una PI del 0,5 por ciento para la cartera durante 12 meses. La Entidad B determina que puesto que los préstamos solo tienen obligaciones de reembolso significativas más allá de los próximos 12 meses, no sería apropiado considerar cambios en la PI durante 12 meses al determinar si ha habido incrementos significativos en el riesgo crediticio desde el reconocimiento inicial. A la fecha de presentación la Entidad B, por ello, utiliza los cambios en el PI durante la vida del préstamo para determinar si el riesgo crediticio de la cartera se ha incrementado de forma significativa desde el reconocimiento inicial.

EI52 La Entidad B determina que no ha habido un incremento significativo en el riesgo crediticio desde el reconocimiento inicial y estima que la cartera tiene una PDI promedio del 25 por ciento. La Entidad B determina que es apropiado medir la corrección de valor por pérdidas sobre una base colectiva de acuerdo con la NIIF 9. La PI durante 12 meses se mantiene en el 0,5 por ciento a la fecha de presentación. La Entidad B, por ello, mide la corrección de valor por pérdidas sobre una base colectiva por un importe igual a las pérdidas crediticias esperadas durante 12 meses sobre la base del promedio del 0,5 por ciento de PI durante 12 meses. Implícita en el cálculo está la probabilidad del 99,5 por ciento de que no haya incumplimiento. A la fecha de presentación la corrección de valor por pérdidas para las pérdidas crediticias esperadas durante 12 meses es de 1.250 u.m. (0,5% × 25% × 1.000.000 u.m.).

Ejemplo 9—Medición de las pérdidas crediticias esperadas durante 12 meses basada en un enfoque de tasa de pérdidas

[Referencia:
párrafos B5.5.12 y B5.5.53
párrafo FC5.266, Fundamentos de las Conclusiones]

EI53 El Banco A origina 2.000 préstamos con reembolso al vencimiento con un valor en libros bruto total de 500.000 u.m. El Banco A segmenta su cartera en grupos de prestatarios (Grupos X e Y) sobre la base de las características de riesgo crediticio compartidas en el reconocimiento inicial. El Grupo X comprende 1.000 préstamos con un importe en libros bruto por cliente de 200 u.m., para un valor en libros bruto total de 200.000 u.m. El Grupo Y comprende 1.000 préstamos con un importe en libros bruto por cliente de 300 u.m., para un valor en libros bruto total de 300.000 u.m. No existen costos de transacción y los contratos de los préstamos no incluyen opciones (por ejemplo, pago anticipado u opciones de compra), primas o descuentos, puntos pagados u otras comisiones.

EI54 El Banco A mide las pérdidas crediticias esperadas sobre la base de un enfoque de tasa de pérdidas para los Grupos X e Y. Para desarrollar sus tasas de pérdidas, el Banco A considera ejemplos de sus propios incumplimientos históricos y la experiencia de pérdidas para esos tipos de préstamos. Además, el Banco A considera la información referida al futuro, y actualiza su información histórica para las condiciones económicas actuales, así como previsiones razonables y sustentables de las condiciones económicas futuras. Históricamente, para una población de 1.000 préstamos en cada grupo, las tasas de pérdidas del Grupo X son del 0,3 por ciento basadas en cuatro incumplimientos, y tasas de pérdidas históricas para el Grupo Y son del 0,15 por ciento, basada en dos incumplimientos.

	Número de clientes en la muestra	Importe en libros bruto estimado en el incumplimiento por cliente	Importe total en libros bruto estimado en el incumplimiento	Incumplimientos históricos promedio por año	Importe en libros bruto total estimado en el incumplimiento	Valor actual de la pérdida observada[a]	Tasa de pérdidas
Grupo	A	B	C = A × B	D	E = B × D	F	G = F ÷ C
X	1.000	200 u.m.	200.000 u.m.	4	800 u.m.	600 u.m.	0,3%
Y	1.000	300 u.m.	300.000 u.m.	2	600 u.m.	450 u.m.	0,15%

(a) De acuerdo con el párrafo 5.5.17(b) las pérdidas crediticias esperadas deben descontarse utilizando la tasa de interés efectiva. Sin embargo, a efectos de este ejemplo, se supone el valor presente de la pérdida observada.

EI55   A la fecha de presentación, el Banco A espera un incremento en los incumplimientos a lo largo de los próximos 12 meses en comparación con la tasa histórica. En consecuencia, el Banco A estima cinco incumplimientos en los próximos 12 meses para préstamos en el Grupo X y tres para préstamos en el Grupo Y. Estima que el valor presente de la pérdida crediticia observada por cliente se mantendrá congruente con la pérdida histórica por cliente.

EI56   Sobre la base de la vida esperada de los préstamos, el Banco A determina que el incremento esperado de incumplimientos no representa un aumento significativo del riesgo crediticio desde el reconocimiento inicial para las carteras. Sobre la base de sus previsiones, el Banco A mide la corrección de valor por pérdidas por un importe igual a las pérdidas crediticias esperadas durante 12 meses sobre los 1.000 préstamos en cada grupo que asciende a 750 u.m. y 675 u.m. respectivamente. Esto corresponde a una tasa de pérdidas en el primer año del 0,375 por ciento para el Grupo X y de 0,225 por ciento para el Grupo Y.

	Número de clientes en la muestra	Importe en libros bruto estimado en el incumplimiento por cliente	Importe total en libros bruto estimado en el incumplimiento	Incumplimientos esperados	Importe en libros bruto total estimado en el incumplimiento	Valor actual de la pérdida observada	Tasa de pérdidas
Grupo	A	B	C = A × B	D	E = B × D	F	G = F ÷ C
X	1.000	200 u.m.	200.000 u.m.	5	1.000 u.m.	750 u.m.	0,375%
Y	1.000	300 u.m.	300.000 u.m.	3	900 u.m.	675 u.m.	0,225%

EI57   El Banco A utiliza las tasas de pérdidas del 0,375 por ciento y del 0,225 por ciento respectivamente para estimar las pérdidas crediticias esperadas durante 12 meses en los préstamos nuevos en el Grupo X y en el Grupo Y originados durante el año y para los que el riesgo crediticio no se ha incrementado de forma significativa desde el reconocimiento inicial.

Ejemplo 10—Líneas de crédito automáticamente renovables

[Referencia:
párrafos 5.5.20, B5.5.31, B5.5.39 y B5.5.40
párrafos FC5.254 a FC5.261, Fundamentos de las Conclusiones]

EI58   El Banco A proporciona tarjetas de crédito a clientes conjuntamente con unos almacenes locales. Las tarjetas de crédito tienen un periodo de aviso de un día, después del cual el Banco A tiene el derecho contractual de cancelarlas (tanto el componente utilizado como el no utilizado). Sin embargo, el Banco A no hace valer su derecho contractual de cancelar las tarjetas de crédito en la gestión diaria normal de los instrumentos y solo cancela las líneas de crédito cuando es consciente de un incremento del riesgo crediticio y comienza controlar a los clientes de forma individualizada. El Banco A, por ello, no considera el derecho contractual de cancelar las tarjetas de crédito para limitar su exposición a las pérdidas crediticias al periodo de aviso contractual.

EI59   A efectos de la gestión del riesgo crediticio, el Banco A considera que solo existe un conjunto de flujos de efectivo contractuales procedentes de los clientes para evaluar y no distingue entre los saldos utilizados y los no utilizados a la fecha de presentación. La cartera es, por ello, gestionada y las pérdidas crediticias esperadas se miden a nivel de línea de crédito.

EI60   A la fecha de presentación el saldo pendiente sobre la cartera de tarjetas de crédito es de 60.000 u.m. y la línea de crédito no utilizada es de 40.000 u.m. El Banco A determina la vida esperada de la cartera estimando el periodo sobre el que espera estar expuesto al riesgo crediticio de las líneas de crédito a la fecha de presentación, teniendo en cuenta que:

   (a)   el periodo sobre el que estuvo expuesto al riesgo crediticio en una cartera similar de tarjetas de crédito;

   (b)   el plazo para que ocurran incumplimientos relacionados en instrumentos financieros similares; y

   (c)   los sucesos pasados que llevan a acciones de gestión del riesgo crediticio debido a un incremento en el riesgo crediticio en instrumentos financieros similares, tales como reducción o supresión de los límites de crédito no utilizados.

EI61   Sobre la base de la información enumerada en el párrafo EI60, el Banco A determina que la vida esperada de la cartera de tarjetas de crédito es de 30 meses.

EI62   A la fecha de presentación, el Banco A evalúa el cambio en el riesgo crediticio de la cartera desde el reconocimiento inicial y determina de acuerdo con el párrafo 5.5.3 de la NIIF 9 que el riesgo crediticio de una parte de las líneas de crédito de las tarjetas de crédito que representan el 25 por ciento de la cartera, se ha incrementado de forma significativa desde el reconocimiento inicial. El saldo pendiente de estas líneas de crédito para el cual deben reconocerse pérdidas crediticias esperadas durante la vida de la línea de crédito es de 20.000 u.m. y la línea de crédito no utilizada disponible es de 10.000 u.m.

EI63   Al medir las pérdidas crediticias esperadas de acuerdo con el párrafo 5.5.20 de la NIIF 9, el Banco A considera sus expectativas sobre detracciones futuras a lo largo de la vida esperada de la cartera (es decir, 30 meses) de acuerdo con el párrafo B5.5.31 y estima lo que espera que serían los saldos pendientes (es decir, exposición al incumplimiento) de la cartera si los clientes incumplieran. Con el uso de sus modelos de riesgo crediticio el Banco A determina que la exposición al incumplimiento en las líneas de crédito de las tarjetas de crédito para las que deben reconocerse pérdidas crediticias esperadas durante la vida de la línea de crédito es de 25.000 u.m. (es decir, el saldo utilizado de 20.000 u.m. más detracciones de 5.000 u.m. procedente de la asignación no utilizada disponible). La exposición al incumplimiento de las líneas de crédito de las tarjetas de crédito para las que se reconocen pérdidas crediticias esperadas durante 12 meses es de 45.000 u.m. (es decir, el saldo pendiente de 40.000 y una detracción adicional de 5.000 u.m. procedente de la asignación no utilizada a lo largo de los próximos 12 meses).

EI64   La exposición al incumplimiento y la vida esperada determinada por el Banco A se usan para medir las pérdidas crediticias esperadas durante la vida de la línea de crédito y las pérdidas crediticias esperadas durante 12 meses sobre su cartera de tarjetas de crédito.

EI65   El Banco A mide las pérdidas crediticias esperadas a nivel de línea de crédito y, por ello, no puede identificar por separado las pérdidas crediticias esperadas sobre el componente de la asignación no utilizada de las del componente de préstamo. Éste reconoce, en el estado de situación financiera, las pérdidas crediticias esperadas por la asignación no utilizada junto con las correcciones de valor por pérdidas para el componente de préstamo. En la medida en que las pérdidas crediticias esperadas combinadas excedan el importe en libros bruto del activo financiero, las pérdidas crediticias esperadas deben presentarse como una provisión (de acuerdo con la NIIF 7 *Instrumentos Financieros: Información a Revelar*).

Ejemplo 11—Modificación de los flujos de efectivo contractuales

[Referencia:
párrafos 5.4.3, 5.5.3 a 5.5.5, 5.5.9, 5.5.12 y B5.5.25 a B5.5.27
párrafos FC5.227 a FC5.241, Fundamentos de las Conclusiones]

EI66   El Banco A origina un préstamo a cinco años que requiere el reembolso del importe contractual pendiente en su totalidad al vencimiento. Su valor nominal contractual es de 1.000 u.m. con una tasa de interés del 5 por ciento pagadero anualmente. La tasa de interés efectiva es del 5 por ciento. Al final del primer periodo de presentación (Periodo 1), el Banco A reconoce una corrección de valor por pérdidas por un importe igual a las pérdidas crediticias esperadas durante 12 meses porque no ha habido un incremento significativo en el riesgo crediticio desde el reconocimiento inicial. Se reconoce un saldo por corrección de valor por pérdidas de 20 u.m.

EI67 En el periodo siguiente (Periodo 2), el Banco A determina que el riesgo crediticio sobre el préstamo se ha incrementado de forma significativa desde el reconocimiento inicial. Como consecuencia de este incremento, el Banco A reconoce pérdidas crediticias esperadas durante la vida del préstamo. El saldo de la corrección de valor por pérdidas es de 30 u.m.

EI68 Al final del tercer periodo de presentación (Periodo 3) por dificultades financieras significativas del prestatario, el Banco A modifica los flujos de efectivo contractuales del préstamo. El Banco A amplia la duración contractual del préstamo por un año, de forma que el tiempo restante a la fecha de la modificación es de tres años. La modificación no da lugar a la baja en cuentas del préstamo por el Banco A.

EI69 Como consecuencia de esa modificación, el Banco A recalcula el importe bruto en libros del activo financiero al valor actual de los flujos de efectivo modificados descontados a la tasa de interés efectiva original del préstamo del 5 por ciento. De acuerdo con el párrafo 5.4.3 de la NIIF 9, la diferencia entre este importe en libros bruto recalculado y el importe en libros bruto anterior a la modificación se reconoce como ganancia o pérdida por modificación. El Banco A reconoce la pérdida por modificación (calculada en 300 u.m.) contra el importe en libros bruto del préstamo, reduciéndolo a 700 u.m. y una modificación de 300 en el resultado del periodo.

EI70 El Banco A también mide nuevamente las correcciones de valor por pérdidas, teniendo en cuenta los flujos de efectivo contractuales modificados y evalúa si la corrección de valor por pérdidas por el préstamo se continuará midiendo por un importe igual a las pérdidas crediticias esperadas durante la vida del préstamo. El Banco A compara el riesgo crediticio actual (teniendo en consideración los flujos de efectivo modificados) con el riesgo crediticio (sobre los flujos de efectivo no modificados originales) en el reconocimiento inicial. El Banco A determina que el préstamo no tiene deterioro de valor de crédito a la fecha de presentación pero que aun así el riesgo crediticio se ha incrementado significativamente en comparación con el riesgo crediticio en el reconocimiento inicial y continúa midiendo la corrección de valor por pérdidas por un importe igual a la pérdidas crediticias esperadas durante la vida del préstamo. El saldo de la corrección de valor por pérdidas por las pérdidas crediticias esperadas durante la vida del préstamo es de 100 u.m. a la fecha de presentación.

Period o	Importe en libros bruto al comienzo	Deterioro de valor (pérdida)/ ganancia	Modificación (pérdida)/ ganancia	Ingresos por intere- ses	Flujos de efectivo	Importe en libros bruto al final	Corrección de valor por pérdidas	Importe del costo amortizado al final
	A	B	C	D Bruto: A × 5%	E	F = A + C + D − E	G	H = F − G
1	1.000 u.m.	(20 u.m.)		50 u.m.	50 u.m.	1.000 u.m.	20 u.m.	980 u.m.
2	1.000 u.m.	(10 u.m.)		50 u.m.	50 u.m.	1.000 u.m.	30 u.m.	970 u.m.
3	1.000 u.m.	70 u.m.	(300 u.m.)	50 u.m.	50 u.m.	700 u.m.	100 u.m.	600 u.m.

EI71   En cada periodo de presentación siguiente, el Banco A evalúa si existe un incremento significativo del riesgo crediticio en comparación con el riesgo crediticio del préstamo en el reconocimiento inicial (basado en los flujos de efectivo no modificados originales) con el riesgo crediticio a la fecha de presentación (basado en los flujos de efectivo modificados), de acuerdo con el párrafo 5.5.12 de la NIIF 9.

EI72   Dos periodos de presentación posteriores a la modificación del préstamo (Periodo 5), el prestatario ha superado su plan de negocios de forma significativa en comparación con las expectativas a la fecha de la modificación. Además, las perspectivas para el negocio son más positivas de lo previsto anteriormente. Una evaluación de toda la información sustentable y razonable que está disponible sin costo o esfuerzo desproporcionado indica que el riesgo crediticio global del préstamo ha disminuido y que el riesgo de que ocurra un incumplimiento a lo largo de la vida esperada del préstamo ha decrecido, de forma que el Banco A ajusta la calificación interna del riesgo crediticio interna del prestatario al final del periodo de presentación.

EI73   Dado el desarrollo global positivo, el Banco A evalúa nuevamente la situación y concluye que el riesgo crediticio del préstamo ha disminuido y ha dejado de haber un incremento significativo del riesgo crediticio desde el reconocimiento inicial. En consecuencia, el Banco A mide, una vez más, la corrección de valor por pérdidas por un importe igual a las pérdidas crediticias esperadas durante 12 meses.

Ejemplo 12—Matriz de provisiones

[Referencia:
párrafos 5.5.15, 5.5.17 y B5.5.35
párrafos FC5.129, FC5.225 y FC5.242, Fundamentos de las Conclusiones]

EI74   La Compañía M, un fabricante, tiene una cartera de cuentas comerciales por cobrar de 30 millones de u.m. en 20X1 y opera solo en una región geográfica. La base de los clientes consiste en un gran número de pequeños clientes y las cuentas comerciales por cobrar están clasificadas por características de riesgo comunes que representan la capacidad de los clientes de pagar todos los importes adeudados de acuerdo con los términos contractuales. Las cuentas comerciales por cobrar no tienen un componente de financiación significativo de acuerdo con la NIIF 15 *Ingresos de Actividades Ordinarias Procedentes de Contratos con Clientes*. De acuerdo con el párrafo 5.5.15 de la NIIF 9 las correcciones de valor por pérdidas para estas cuentas comerciales por cobrar siempre se miden por un importe igual a las pérdidas crediticias esperadas durante la vida de las cuentas comerciales por cobrar.

EI75 Para determinar las pérdidas crediticias esperadas para la cartera, la Compañía M utiliza una matriz de provisiones. La matriz de provisiones se basa en las tasas de incumplimiento observadas históricas a lo largo de la vida esperada de las cuentas comerciales por cobrar y se ajusta por estimaciones referidas al futuro. En cada fecha de presentación las tasas de incumplimiento observadas históricas se actualizan y se analizan los cambios en las estimaciones referidas al futuro. En este caso se prevé que las condiciones económicas se deteriorarán a lo largo del próximo año.

EI76 Sobre esa base, la Compañía M estima la matriz de provisiones siguiente:

	Actual	1-30 días en mora	31 a 60 días en mora	61 a 90 días en mora	Más de 90 días en mora
Tasa de incumplimiento	0,3%	1,6%	3,6%	6,6%	10,6%

EI77 Las cuentas comerciales por cobrar de gran parte de pequeños clientes ascienden a 30 millones de u.m. y se miden usando la matriz de provisiones.

	Importe en libros bruto	Correcciones por pérdidas crediticias esperadas durante la vida de las cuentas comerciales por cobrar (Importe en libros bruto x la tasa de pérdidas crediticias esperadas durante la vida de las cuentas comerciales por cobrar)
Actual	15.000.000 u.m.	45.000 u.m.
1 a 30 días de mora	7.500.000 u.m.	120.000 u.m.
31 a 60 días de mora	4.000.000 u.m.	144.000 u.m.
61 a 90 días de mora	2.500.000 u.m.	165.000 u.m.
Más de 90 días de mora	1.000.000 u.m.	106.000 u.m.
	30.000.000 u.m.	580.000 u.m.

Ejemplo 13—Instrumentos de deuda medidos al valor razonable con cambios en otro resultado integral

[Referencia:
párrafo 5.5.2
párrafos FC5.119 a FC5.124, Fundamentos de las Conclusiones]

EI78   Una entidad compra un instrumento de deuda con un valor razonable de 1.000 u.m. el 15 de diciembre de 20X0 y mide el instrumento de deuda a valor razonable con cambios en otro resultado integral. El instrumento tiene una tasa de interés del 5 por ciento a lo largo de la duración contractual de 10 años, y tiene un tasa de interés efectiva del 5 por ciento. En el reconocimiento inicial la entidad determina que el activo no es originado o comprado con deterioro crediticio.

	Debe	Haber
Activo financiero—VRORI[(a)]	1.000 u.m.	
Efectivo		1.000 u.m.
(Para reconocer el instrumento de deuda medido a su valor razonable)		

(a)   VRORI significa valor razonable con cambios en otro resultado integral.

EI79   A 31 de diciembre de 20X0 (la fecha de presentación), el valor razonable del instrumento de deuda ha disminuido a 950 u.m. como consecuencia de cambios en las tasas de interés del mercado. La entidad determina que no ha habido un incremento significativo en el riesgo crediticio desde el reconocimiento inicial y que las pérdidas crediticias esperadas deben medirse a un importe igual a las pérdidas crediticias esperadas durante 12 meses que asciende a 30 u.m. Para simplificar, no se proporcionan las entradas en el libro diario para los cobros de ingresos por intereses.

	Debe	Haber
Pérdidas por deterioro de valor (resultado del periodo)	30 u.m.	
Otro resultado integral[(a)]	20 u.m.	
Activo financiero—VRORI		50 u.m.
(Para reconocer pérdidas crediticias esperadas durante 12 meses y otros cambios del valor razonable en el instrumento de deuda)		

(a)   La pérdida acumulada en otro resultado integral a la fecha de presentación era de 20 u.m. Ese importe está formado por el cambio del valor razonable total de 50 u.m. (es decir, 1.000 u.m. − 950 u.m.) compensado por el cambio en el importe de deterioro de valor acumulado que representa pérdidas crediticias esperadas durante 12 meses que se reconocieron (30 u.m.).

EI80   La información a revelar se proporcionaría sobre el importe de deterioro de valor acumulado de 30 u.m.

EI81 El 1 de enero de 20X1, la entidad decide vender el instrumento de deuda por 950 u.m., que es su valor razonable a esa fecha.

	Debe	Haber
Efectivo	950 u.m.	
Activo financiero—VRORI		950 u.m.
Pérdidas (resultado del periodo)	20 u.m.	
Otro resultado integral		20 u.m.
(Para dar de baja el activo a valor razonable con cambios en otro resultado integral e importes reciclados acumulados en otro resultado integral al resultado del periodo)		

Ejemplo 14—Interacción entre la categoría de medición de valor razonable con cambios en otro resultado integral y la denominación en moneda extranjera, contabilidad de cobertura del valor razonable y deterioro de valor

EI82 Este ejemplo ilustra la contabilización relacionada con un instrumento de deuda denominado en una moneda extranjera, medido a valor razonable con cambios en otro resultado integral y designado en una relación de contabilidad de cobertura de valor razonable. Este ejemplo ilustra la interacción con la contabilización del deterioro de valor.

EI83 Una entidad compra un instrumento de deuda (un bono) denominado en una moneda extranjera (ME) por su valor razonable de 100.000 ME el 1 de enero de 20X0 y clasifica el bono como medido a valor razonable con cambios en otro resultado integral. Al bono le quedan cinco años hasta el vencimiento y un cupón fijo del 5 por ciento a lo largo de su vida contractual sobre el importe contractual nominal de 100.000 ME. En el reconocimiento inicial el bono tiene una tasa de interés efectiva del 5 por ciento. La moneda funcional de la entidad es su moneda local (ML). La tasa de cambio es 1 ME a 1 ML al 1 de enero de 20X0. En el reconocimiento inicial la entidad determina que el bono no es originado o comprado con deterioro crediticio. Además, al 1 de enero de 20X0 las pérdidas crediticias esperadas durante 12 meses se determina que son de 1.200 ME. Su costo amortizado en ME al 1 de enero de 20X0 es igual a su importe en libros bruto de 100.000 ME menos las pérdidas crediticias esperadas durante 12 meses (100.000 ME − 1.200 ME).

EI84 La entidad tiene las exposiciones de riesgo siguientes:

(a) el riesgo de tasa de interés del valor razonable en ME: la exposición que surge como consecuencia de comprar un instrumento de tasa de interés fija; y

(b) riesgo de moneda extranjera: la exposición a cambios en las tasas de cambio medida en ML.

© IFRS Foundation

EI85   La entidad cubre sus exposiciones al riesgo utilizando la estrategia de gestión de riesgos siguiente:

(a)   para el riesgo de tasa de interés fija (en ME) la entidad decide vincular sus cobros por intereses a tasas de interés variable actual en ME. Por consiguiente, la entidad utiliza permutas financieras de tasa de interés denominadas en ME según la cual paga intereses fijos y recibe intereses variables en ME; y

(b)   para el riesgo de cambio la entidad decide no cubrirlo contra la variabilidad de la ML que surge de cambios en las tasas de moneda extranjera.

EI86   La entidad designa la siguiente relación de cobertura:[8] una cobertura del valor razonable del bono en ME como la partida cubierta con cambios en el riesgo de tasa de interés de referencia en ME como el riesgo cubierto. La entidad realiza una permuta de mercado que paga interés fijo y recibe variable en el mismo día y designa la permuta como instrumento de cobertura. El periodo de vigencia de la permuta coincide con el de la partida cubierta (es decir, cinco años).

EI87   Por simplicidad, en este ejemplo se supone que no surgen ineficacias de cobertura en la relación de contabilidad de coberturas. Esto se debe a las suposiciones realizadas para centrarse mejor en la ilustración de los mecanismos de contabilización en una situación que implica la medición a valor razonable con cambios en otro resultado integral de un instrumento financiero en moneda extranjera que se designa en una relación de cobertura del valor razonable, y también para centrarse en el reconocimiento de las pérdidas o ganancias por deterioro de valor de este instrumento.

EI88   La entidad realiza las siguientes entradas del libro diario para reconocer el bono y la permuta financiera a 1 de enero de 20X0:

	Debe ML	Haber ML
Activo financiero—VRORI	100.000	
Efectivo		100.000
(Para reconocer el bono a su valor razonable)		
Pérdidas por deterioro de valor (resultado del periodo)	1.200	
Otro resultado integral		1.200
(Para reconocer las pérdidas crediticias esperadas durante 12 meses)[a]		

continúa...

---

8   Este ejemplo supone que se satisfacen todos los criterios requeridos para la contabilidad de coberturas (véase el párrafo 6.4.1 de la NIIF 9). La siguiente descripción de la designación es únicamente a efectos de la comprensión de este ejemplo [es decir, no es un ejemplo de la documentación formal completa requerida de acuerdo con la 6.4.1(b) de la NIIF 9].

...continuación

	Debe ML	Haber ML
Permuta financiera	–	
Efectivo		–
(Para reconocer la permuta financiera a su valor razonable)		

(a) En el caso de partidas medidas en la moneda funcional de una entidad, las entradas del libro diario que reconocen las pérdidas crediticias esperadas habitualmente se hacen a la fecha de presentación.

EI89   Al 31 de diciembre de 20X0 (la fecha de presentación), el valor razonable del bono disminuye de 100.000 ME a 96.370 ME debido a un incremento de las tasas de interés de mercado. El valor razonable de la permuta financiera disminuye a 1.837 ME. Además, al 31 de diciembre de 20X0 la entidad determina que no ha habido cambio en el riesgo crediticio del bono desde el reconocimiento inicial y continúa llevando una corrección por pérdidas crediticias esperadas durante 12 meses de 1.200 ME.[9] A 31 de diciembre de 20X0, la tasa de cambio es de 1 ME a 1,4 ML. Esto se refleja en la tabla siguiente:

	1 de enero 20X0	31 de diciembre de 20X0
Bono		
Valor razonable (ME)	100.000	96.370
Valor razonable (ML)	100.000	134.918
Costo amortizado (CA)	98.800	98.800
Costo amortizado (ML)	98.800	138.320
Permuta de tasas de interés		
Permuta de tasas de interés (ME)	–	1.837
Permuta de tasas de interés (ML)	–	2.572
Deterioro de valor – correcciones por pérdidas		
Correcciones por pérdidas (ML)	1.200	1.200
Correcciones por pérdidas (ML)	1.200	1.680
Tasa de cambio (TC) (ME:ML)	1:1	1:1,4

---

9   Por simplicidad el ejemplo ignora el impacto del descuento al calcular las pérdidas crediticias esperadas.

EI90   El bono es un activo monetario. Por consiguiente, la entidad reconoce los cambios que surgen de movimientos en las tasas de moneda extranjera en el resultado del periodo de acuerdo con los párrafos 23(a) y *28 de la NIC 21 Efectos de las Variaciones en las Tasas de Cambio de la Moneda Extranjera* y reconoce otros cambios de acuerdo con la NIIF 9. A efectos de la aplicación del párrafo 28 de la NIC 21, el activo se trata como un activo medido al costo amortizado en la moneda extranjera.

EI91   Como se muestra en la tabla, al 31 de diciembre de 20X0 el valor razonable del bono es de 134.918 ML (96.370 × 1,4) y su costo amortizado es de 138.320 ML [(100.000−1.200)ME × 1,4].

EI92   La ganancia reconocida en el resultado del periodo debida a los cambios en las tasas de cambio es 39.520 ME (138.320 ME − 98.800 ME), es decir, el cambio en el costo amortizado del bono durante 20X0 en ML. El cambio en el valor razonable del bono en ML, que asciende a 34.918ML, se reconoce como un ajuste al importe en libros. La diferencia entre el valor razonable del bono y su costo amortizado en ML es de 3.402ML (134.918 ML − 138.320 ML). Sin embargo, el cambio en la ganancia o pérdida acumulada reconocida en otro resultado integral durante 20X0 como una reducción es de 4.602 ML (3.402 ML + 1.200 ML).

EI93   Se reconoce una ganancia de 2.572 ML (1.837 ME × 1,4) sobre la permuta en el resultado del periodo y, porque se supone que no hay ineficacia de cobertura, se recicla un importe equivalente de otro resultado integral en el mismo periodo. Por simplicidad, no se proporcionan las entradas en el libro diario para el reconocimiento de ingresos por intereses. Se supone que los intereses acumulados (devengados) se reciben en el periodo.

EI94   La entidad realiza la siguiente entrada en el libro diario para reflejar el 31 de diciembre de 20X0:

	Debe ML	Haber ML
Activo financiero—VRORI	34.918	
Otro resultado integral	4.602	
Resultado del periodo		39.520
(Para reconocer la ganancia de cambio sobre el bono, el ajuste a su importe en libros se mide a valor razonable en ML y el movimiento en el importe por deterioro de valor acumulado debido a cambios en las tasas de cambio)		
Permuta financiera	2.572	
Resultado del periodo		2.572
(Para medir nuevamente la permuta financiera a valor razonable)		
Resultado del periodo	2.572	
Otro resultado integral		2.572
(Para reconocer en el resultado del periodo el cambio en el valor razonable del bono debido a un cambio en el riesgo cubierto)		

EI95   De acuerdo con el párrafo 16A de la NIIF 7, la corrección de valor por pérdidas de activos financieros medidos a valor razonable con cambios en otro resultado integral no se presenta por separado como una reducción del importe en libros del activo financiero. Sin embargo, la información a revelar se proporcionaría sobre el importe del deterioro de valor acumulado reconocido en otro resultado integral.

EI96   Al 31 de diciembre de 20X1 (la fecha de presentación), el valor razonable del bono disminuye a 87.114 ME debido a un incremento en las tasas de interés de mercado y un incremento en el riesgo crediticio del bono. El valor razonable de la permuta financiera se incrementa de 255 ME a 2.092 ME. Además, al 31 de diciembre de 20X1 la entidad determina que ha habido un incremento significativo en el riesgo crediticio del bono desde el reconocimiento inicial, de forma que se reconoce una corrección de valor por pérdidas por un importe igual a las pérdidas crediticias esperadas durante el tiempo de vida del bono.[10] La estimación de las pérdidas crediticias esperadas durante la vida del bono a 31 de diciembre de 20X1 es de 9.700ME. A 31 de diciembre de 20X1, la tasa de cambio es de 1 ME a 1,25 ML. Esto se refleja en la tabla siguiente:

	31 de diciembre 20X0	31 de diciembre 20X1
Bono		
Valor razonable (ME)	96.370	87.114
Valor razonable (ML)	134.918	108.893
Costo amortizado (CA)	98.800	90.300
Costo amortizado (ML)	138.320	112.875
Permuta de tasas de interés		
Permuta de tasas de interés (ME)	1.837	2.092
Permuta de tasas de interés (ML)	2.572	2.615
Deterioro de valor – correcciones por pérdidas		
Correcciones por pérdidas (ML)	1.200	9.700
Correcciones por pérdidas (ML)	1.680	12.125
Tasa de cambio (TC) (ME:ML)	1:1,4	1:1,25

EI97   Como se muestra en la tabla, al 31 de diciembre de 20X1 el valor razonable del bono es de 108.893 ML (87.114 ME × 1,25) y su costo amortizado es de 112.875ML [(100.000 − 9.700) ME × 1,25].

---

10 Por simplicidad, este ejemplo supone que el riesgo crediticio no predomina en la relación de cobertura del valor razonable.

EI98   Las pérdidas crediticias esperadas durante la vida del bono se miden como 9.700 ME al 31 de diciembre de 20X1. Por ello, la pérdida por deterioro de valor reconocida en el resultado del periodo en ML es de 10.625 ML [(9.700 − 1.200)ME × 1,25].

EI99   La pérdida reconocida en el resultado del periodo debido a los cambios en las tasas de cambio es de 14.820 ML (112.875 ML − 138.320 ML + 10.625 ML), que es el cambio en el importe en libros bruto del bono sobre la base del costo amortizado durante 20X1 en ML ajustado por la pérdida de deterioro de valor. La diferencia entre el valor razonable del bono y su costo amortizado en la moneda funcional de la entidad a 31 de diciembre de 20X1 es de 3.982 ML (108.893 ML − 112.875 ML). Sin embargo, el cambio en la ganancia o pérdida acumulada reconocida en otro resultado integral durante 20X1 como una reducción en otro resultado integral es de 11.205 ML (3.982 ML − 3.402 ML + 10.625 ML).

EI100   Una ganancia de 43 ML (2.615 ML − 2.572 ML) sobre la permuta se reconoce en el resultado del periodo y, porque se supone que no hay ineficacia de cobertura, se recicla un importe equivalente de otro resultado integral en el mismo periodo.

EI101   La entidad realiza la siguiente entrada en el libro diario para reflejar el 31 de diciembre de 20X1:

	Debe ML	Haber ML
Activo financiero—VRORI		26.025
Otro resultado integral	11.205	
Resultado del periodo	14.820	
(Para reconocer la ganancia de cambio sobre el bono, el ajuste a su importe en libros se mide a valor razonable en ML y el movimiento en el importe por deterioro de valor acumulado debido a cambios en las tasas de cambio)		
Permuta financiera	43	
Resultado del periodo		43
(Para medir nuevamente la permuta financiera a valor razonable)		
Resultado del periodo	43	
Otro resultado integral		43
(Para reconocer en el resultado del periodo el cambio en el valor razonable del bono debido a un cambio en el riesgo cubierto)		
Resultados del periodo (pérdida por deterioro de valor)	10.625	
Otro resultado integral (importe de deterioro de valor acumulado)		10.625
(Para reconocer las pérdidas crediticias esperadas durante el tiempo de vida del bono)		

EI102   Al 1 de enero de 20X2, la entidad decide vender el bono por 87.114 ME, que es su valor razonable a esa fecha y también liquida la permuta financiera a valor razonable. La tasa de cambio es misma que al 31 de diciembre de 20X1. Las entradas en el libro diario dan de baja el bono y reclasifican las ganancias y pérdidas que se han acumulado en otro resultado integral serían las siguientes:

	Debe ML	Haber ML
Efectivo	108.893	
Activo financiero—VRORI		108.893
Pérdidas sobre la venta (resultado del periodo)	1.367[(a)]	
Otro resultado integral		1.367
(Para dar de baja en cuentas el bono)		
Permuta financiera		2.615
Efectivo	2.615	
(Para liquidar la permuta financiera)		

(a)   Este importe está formado por los cambios en el valor razonable del bono, el importe del deterioro de valor acumulado y los cambios en las tasas de cambio reconocidos en otro resultado integral (2.572 ML + 1.200 ML + 43 ML + 10.625 ML − 4.602 ML − 11.205 ML = 1.367 ML, que se recicla como una pérdida al resultado del periodo).

Aplicación de los requerimientos de deterioro de valor en una fecha de presentación

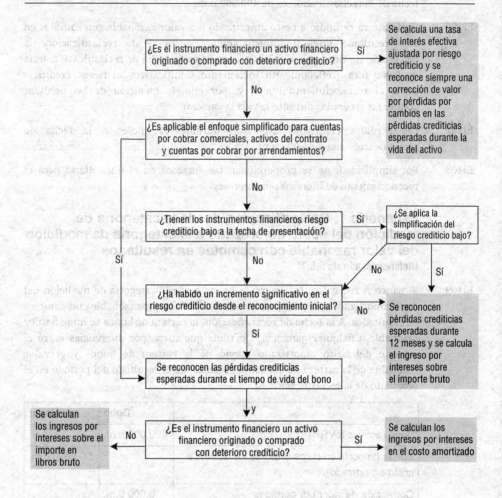

Reclasificación de activos financieros (Sección 5.6)

EI103   Este ejemplo ilustra los requerimientos de contabilización para la reclasificación de activos financieros entre categorías de medición de acuerdo con la Sección 5.6 de la NIIF 9. El ejemplo ilustra la interacción con los requerimientos de deterioro de valor de la Sección 5.5 de la NIIF 9.

Ejemplo 15—Reclasificación de activos financieros

[Referencia: párrafos 4.4.1, 5.6.1 y B4.4.1 a B4.4.3]

EI104   Una entidad compra una cartera de bonos por su valor razonable (importe en libros bruto) de 500.000 u.m.

EI105   La entidad cambia el modelo de negocio para gestionar los bonos de acuerdo con el párrafo 4.4.1 de la NIIF 9. El valor razonable de la cartera de bonos a la fecha de la reclasificación es de 490.000 u.m.

EI106   Si la cartera se midió a costo amortizado o a valor razonable con cambios en otro resultado integral inmediatamente antes de la reclasificación, la corrección de valor por pérdidas reconocida a la fecha de reclasificación sería de 6.000 u.m. (reflejando un incremento significativo del riesgo crediticio desde el reconocimiento inicial y, por ello, la medición de las pérdidas crediticias esperadas durante la vida la cartera).

EI107   Las pérdidas crediticias esperadas durante 12 meses a la fecha de reclasificación son de 4.000 u.m.

EI108   Por simplicidad, no se proporcionan las entradas en el libro diario para el reconocimiento de ingresos por intereses.

Escenario 1: Reclasificación desde la categoría de medición del costo amortizado a la categoría de medición del valor razonable con cambios en resultados
[Referencia: párrafo 5.6.2]

EI109   El Banco A reclasifica la cartera de bonos desde la categoría de medición del costo amortizado a la categoría de medición del valor razonable con cambios en resultados. A la fecha de reclasificación, la cartera de bonos se mide a valor razonable. Cualquier ganancia o pérdida que surja, por diferencias entre el importe del costo amortizado previo de la cartera de bonos y el valor razonable de la cartera de bonos, se reconoce en el resultado del periodo en el momento de la reclasificación.

	Debe	Haber
Bono (activos a VRR)	490.000 u.m.	
Bonos (importe en libros bruto de los activos a costo amortizado)		500.000 u.m.
Corrección de valor por pérdidas	6.000 u.m.	
Pérdidas por reclasificación (resultado del periodo)	4.000 u.m.	
(Para reconocer la reclasificación de los bonos desde el costo amortizado hacia el valor razonable con cambios en resultados y dar de baja en cuentas la corrección de valor por pérdidas)		

Escenario 2: Reclasificación desde la categoría de medición del valor razonable con cambios en resultados hacia la categoría de medición del costo amortizado
[Referencia: párrafos 5.6.3 y B5.6.2]

EI110   El Banco A reclasifica la cartera de bonos desde la categoría de medición del valor razonable con cambios en resultados a la categoría de medición del costo amortizado. A la fecha de reclasificación, el valor razonable de la cartera de bonos pasa a ser el nuevo importe en libros bruto nuevo y la tasa de interés efectiva se determina sobre la base de ese importe en libros bruto. Los requerimientos de deterioro de valor se aplican al bono desde la fecha de reclasificación. A efectos de reconocer las pérdidas crediticias esperadas, el riesgo crediticio de la cartera de bonos en la fecha de reclasificación pasa a ser el riesgo crediticio contra el cual se compararán los cambios futuros en el riesgo crediticio.

	Debe	Haber
Bonos (importe en libros bruto de los activos a costo amortizado)	490.000 u.m.	
Bono (activos a VRR)		490.000 u.m.
Pérdidas por deterioro de valor (resultado del periodo)	4.000 u.m.	
Corrección de valor por pérdidas		4.000 u.m.
(Para reconocer la reclasificación de bonos desde el valor razonable con cambios en resultados hacia costo amortizado incluyendo el comienzo de la contabilización del deterioro de valor.)		

Escenario 3: Reclasificación desde la categoría de medición del costo amortizado hacia la categoría de medición del valor razonable con cambios en otro resultado integral
[Referencia: párrafos 5.6.4 y B5.6.1]

EI111   El Banco A reclasifica la cartera de bonos desde la categoría de medición del costo amortizado hacia la categoría de medición del valor razonable con cambios en otro resultado integral. A la fecha de reclasificación, la cartera de bonos se mide a valor razonable. Cualquier ganancia o pérdida que surja, por diferencias entre el importe del costo amortizado previo de la cartera de bonos y el valor razonable de la cartera de bonos se reconoce en otro resultado integral. La tasa de interés efectiva y la medición de las pérdidas crediticias esperadas no se ajustarán como resultado de la reclasificación. El riesgo crediticio en el reconocimiento inicial continúa usándose para evaluar los cambios en el riesgo crediticio. Desde la fecha de reclasificación deja de reconocerse la corrección de valor por pérdidas como un ajuste al importe en libros bruto del bono y se reconoce como un importe por deterioro de valor acumulado, que se revelaría.

	Debe	Haber
Bono (activos a VRORI)	490.000 u.m.	
Bonos (importe en libros bruto de los activos a costo amortizado)		500.000 u.m.
Corrección de valor por pérdidas	6.000 u.m.	
Otro resultado integral[(a)]	4.000 u.m.	

(Para reconocer la reclasificación desde el costo amortizado al valor razonable con cambios en otro resultado integral. La medición de las pérdidas crediticias esperadas, sin embargo, no cambia.)

(a) Por simplicidad, el importe relativo al deterioro de valor no se muestra por separado. Si así ha sido, esta entrada en el libro diario (es decir, Dr 4.000 u.m.) se dividiría en las siguientes dos entradas en el libro diario: Dr Otro resultado integral 10.000 u.m. (cambios del valor razonable) y CR otro resultado integral 6.000 u.m. (importe de deterioro de valor acumulado).

Escenario 4: Reclasificación desde la categoría de medición del valor razonable con cambios en otro resultado integral a la categoría de medición del costo amortizado
[Referencia: párrafos 5.6.5 y B5.6.1]

EI112   El Banco A reclasifica la cartera de bonos desde la categoría de medición del valor razonable con cambios en otro resultado integral a la categoría de medición del costo amortizado. La cartera de bonos se reclasifica a valor razonable. Sin embargo, a la fecha de reclasificación, las ganancias o pérdidas acumuladas anteriormente reconocidas en otro resultado integral se eliminan del patrimonio y se ajustan contra el valor razonable de la cartera de bonos. Como resultado, la cartera de bonos se medirá a la fecha de reclasificación como si siempre se hubiera medido al costo amortizado. La tasa de interés efectiva y la medición de las pérdidas crediticias esperadas no se ajustarán como resultado de la reclasificación. El riesgo crediticio en el reconocimiento inicial continúa usándose para evaluar los cambios en el riesgo crediticio de los bonos. La corrección de valor por pérdidas se reconoce como un ajuste al importe en libros bruto del bono (para reflejar el importe del costo amortizado) desde la fecha de reclasificación.

	Debe	Haber
Bonos (importe en libros bruto de los activos a costo amortizado)	490.000 u.m.	
Bono (activos a VRORI)		490.000 u.m.
Bonos (importe en libros bruto de los activos a costo amortizado)	10.000 u.m.	
Corrección de valor por pérdidas		6.000 u.m.

continúa...

...continuación

	Debe	Haber
Otro resultado integral[(a)]		4.000 u.m.

(Para reconocer la reclasificación desde el valor razonable con cambios en otro resultado integral al costo amortizado incluyendo el reconocimiento de la corrección de valor por pérdidas deducida para determinar el importe del costo amortizado. La medición de las pérdidas crediticias esperadas, sin embargo, no cambia.)

(a) La pérdida acumulada en otro resultado integral a la fecha de presentación era de 4.000 u.m. Ese importe está formado por el cambio del valor razonable total de 10.000 u.m. (es decir, 500.000 – 490.000 u.m.) compensadas por el importe por deterioro de valor acumulado reconocido (6.000 u.m.) mientras los activos se midieron a valor razonable con cambios en otro resultado integral.

Escenario 5: Reclasificación desde la categoría de medición del valor razonable con cambios en resultados a la categoría de medición del valor razonable con cambios en otro resultado integral
[Referencia: párrafos 5.6.6 y B5.6.2]

EI113   El Banco A reclasifica la cartera de bonos desde la categoría de medición del valor razonable con cambios en resultados a la categoría de medición del valor razonable con cambios en otro resultado integral. La cartera de bonos se continúa midiendo a valor razonable. Sin embargo, a efectos de aplicar el método de interés efectivo, el valor razonable de la cartera de bonos a la fecha de reclasificación pasa a ser el importe en libros bruto nuevo y la tasa de interés efectiva se determina sobre la base de ese importe en libros bruto nuevo. Los requerimientos de deterioro de valor se aplican desde la fecha de reclasificación. A efectos de reconocer las pérdidas crediticias esperadas, el riesgo crediticio de la cartera de bonos en la fecha de reclasificación pasa a ser el riesgo crediticio contra el cual se compararán los cambios futuros en el riesgo crediticio.

	Debe	Haber
Bono (activos a VRORI)	490.000 u.m.	
Bono (activos a VRR)		490.000 u.m.
Pérdidas por deterioro de valor (resultado del periodo)	4.000 u.m.	
Otro resultado integral		4.000 u.m.

continúa...

...continuación

> *(Para reconocer la reclasificación de bonos desde el valor razonable con cambios en resultados hacia el valor razonable con cambios en otro resultado integral incluyendo el comienzo de la contabilización del deterioro de valor. El importe de otro resultado integral refleja la corrección por pérdidas a la fecha de reclasificación (un importe relevante de deterioro de valor acumulado a efectos de información a revelar) de 4.000 u.m.)*

Escenario 6: Reclasificación desde la categoría de medición del valor razonable con cambios en otro resultado integral a la categoría de medición del valor razonable con cambios en resultados
[Referencia: párrafo 5.6.7]

EI114   El Banco A reclasifica la cartera de bonos desde la categoría de medición del valor razonable con cambios en otro resultado integral a la categoría de medición del valor razonable con cambios en resultados. La cartera de bonos se continúa midiendo a valor razonable. Sin embargo, la ganancia o pérdida acumulada anteriormente reconocida en otro resultado integral se reclasificará desde patrimonio al resultado del periodo como un ajuste de reclasificación (véase la NIC 1 *Presentación de Estados Financieros*).

	Debe	Haber
Bono (activos a VRR)	490.000 u.m.	
Bono (activos a VRORI)		490.000 u.m.
Pérdidas por reclasificación (resultado del periodo)	4.000 u.m.	
Otro resultado integral[(a)]		4.000 u.m.

(Para reconocer la reclasificación de los bonos desde el valor razonable con cambios en otro resultado integral al valor razonable con cambios en resultados.)

(a)   La pérdida acumulada en otro resultado integral a la fecha de presentación era de 4.000 u.m. Ese importe está formado por el cambio del valor razonable total de 10.000 u.m. (es decir, 500.000 − 490.000 u.m.) compensadas por la corrección de valor por pérdidas que se reconoció (6.000 u.m.) mientras los activos se midieron a valor razonable con cambios en otro resultado integral.

Contabilidad de coberturas para exposiciones agregadas

EI115   Los ejemplos siguientes ilustran los mecanismos para la contabilidad de coberturas de exposiciones agregadas.

[Referencia: párrafo 6.3.4]

Ejemplo 16—Cobertura combinada de riesgo de precio de materia prima cotizada y de riesgo de tasa de cambio (combinación cobertura de flujos de efectivo/cobertura de flujos de efectivo)

Estructura de hechos

EI116   La Entidad A quiere cubrir una compra de café prevista altamente probable (que se espera que ocurra al final de Periodo 5). La moneda funcional de la Entidad A es su moneda local (ML). El café se negocia en moneda extranjera (ME). La Entidad A tiene las exposiciones de riesgo siguientes:

(a)   riesgo de precio de materia prima cotizada: la variabilidad en los flujos de efectivo para el precio de compra, que procede de fluctuaciones del precio al contado del café en ME; y

(b)   riesgo de tasa de cambio (TC): la variabilidad en los flujos de efectivo que procede de fluctuaciones de la tasa de cambio al contado entre ML y ME.

EI117   La Entidad A cubre sus exposiciones al riesgo utilizando la estrategia de gestión de riesgos siguiente:

(a)   La Entidad A utiliza los contratos a término de materia prima cotizada de referencia, que están denominados en ME para cubrir sus compras de café durante cuatro periodos antes de la entrega. El precio del café que la Entidad A realmente paga por su compra es diferente del precio de referencia debido a las diferencias en el tipo de café, la localización y el acuerdo de entrega.[11] Esto da lugar al riesgo de cambios en la relación entre los dos precios del café (algunas veces denominado como "riesgo de base"), que afecta a la eficacia de la relación de cobertura. La Entidad A no cubre este riesgo porque no es considerado económico según consideraciones costo/beneficio.

(b)   La Entidad A también cubre su riesgo de TC. Sin embargo, el riesgo de TC se cubre a lo largo de un horizonte diferente—solo tres periodos antes de la entrega. La Entidad A considera la exposición a la TC de pagos variables para la compra de café en ME y la ganancia o pérdida sobre el contrato a término de materia prima cotizada en ME como una exposición a la TC agregada. Por ello, la Entidad A utiliza un contrato a término de TC único para cubrir los flujos de efectivo de moneda extranjera de una compra de café prevista y el contrato a término de materia prima cotizada relacionado.

EI118   La tabla siguiente establece los parámetros utilizados para el ejemplo 16 (el "diferencial de la base" es el diferencial, expresado como un porcentaje, entre el precio del café que la Entidad A realmente compra y el precio del café de referencia):

---

[11]   A efectos de este ejemplo se supone que el riesgo cubierto no se designa sobre la base de un componente del riesgo de precio del café de referencia. Por consiguiente, el riesgo del precio del café completo está cubierto.

Ejemplo 16-Parámetros					
Periodo	1	2	3	4	5
Tasas de interés para los vencimientos restantes [ME]	0,26%	0,21%	0,16%	0,06%	0,00%
Tasas de interés para los vencimientos restantes [ML]	1,12%	0,82%	0,46%	0,26%	0,00%
Precio a término [ME/lb]	1,25	1,01	1,43	1,22	2,15
Diferencial de la base	-5,00%	-5,50%	-6,00%	-3,40%	-7,00%
Tasa de cambio (al contado) [ME/ML]	1,3800	1,3300	1,4100	1,4600	1,4300

Mecanismos de contabilización

EI119   La Entidad A designa como coberturas de flujos de efectivo las dos siguientes relaciones de cobertura:[12]

(a)   Una relación de cobertura del riesgo del precio de una materia prima cotizada entre la variabilidad relacionada con el precio del café en los flujos de efectivo atribuible a la compra de café prevista en ME como la partida cubierta y un contrato a término de materia prima cotizada denominado en ME como el instrumento de cobertura (la "relación de primer nivel"). Esta relación de cobertura se designa al final del Periodo 1 con vencimiento al final del Periodo 5. Debido al diferencial de la base entre el precio del café que realmente compra la Entidad A y el precio del café de referencia, la Entidad A designa un volumen de 112.500 libras (lbs) de café como el instrumento de cobertura y un volumen de 118.421 lbs como la partida cubierta.[13]

(b)   Una relación de cobertura de riesgo de TC entre la exposición agregada como partida cubierta y un contrato a término de TC como instrumento de cobertura (la "relación de segundo nivel"). Esta relación de cobertura se designa al final del Periodo 2 con vencimiento al final del Periodo 5. La exposición agregada que se designa como la partida cubierta representa el riesgo de TC que es el efecto de los cambios de la tasa de cambio, comparados con la tasa de TC a término

---

12   Este ejemplo supone que se satisfacen todos los criterios requeridos para la contabilidad de coberturas (véase el párrafo 6.4.1 de la NIIF 9). La siguiente descripción de la designación es únicamente a efectos de la comprensión de este ejemplo [es decir, no es un ejemplo de la documentación formal completa requerida de acuerdo con la NIIF 9.6.4.1(b)].

13   En este ejemplo, el diferencial de la base actual en el momento de la designación es causalmente el mismo que la previsión a largo plazo de la Entidad A del diferencial de la base (-5 por ciento) que determina el volumen de compras de café que cubre realmente. También, este ejemplo supone que la Entidad A designa el instrumento de cobertura en su totalidad y designa cuántas compras previstas altamente previstas altamente probables considera cubiertas. Eso da lugar a una razón de cobertura de 1/(100%-5%). Otras entidades pueden seguir enfoques diferentes al determinar qué volumen de su exposición cubren realmente, lo que puede dar lugar a una razón de cobertura distinta y también designar menos de un instrumento de cobertura en su totalidad (véase el párrafo 6.4.1 de la NIIF 9).

al final del Periodo 2 (es decir, el tiempo de designación de la relación de cobertura del riesgo de TC), sobre los flujos de efectivo de TC combinados en la ME de las dos partidas designadas en la relación de cobertura del riesgo del precio de la materia prima cotizada, que son la compra de café prevista y el contrato a término de materia prima cotizada. La opinión a largo plazo de la Entidad A sobre el diferencial de la base entre el precio del café que compra realmente y el precio del café de referencia no ha cambiado desde el final del Periodo 1. Por consiguiente, el volumen real de instrumento de cobertura que la Entidad A contrata (el importe nominal del contrato a término de TC de 140.625 ME) refleja la exposición de los flujos de efectivo asociada con un diferencial de la base que había permanecido en el –5 por ciento. Sin embargo, la exposición agregada real de la Entidad A es afectada por cambios en el diferencial de la base. Puesto que el diferencial de la base se ha trasladado del –5 por ciento al –5,5 por ciento durante el Periodo 2, la exposición agregada real de la Entidad A al final del Periodo 2 es de 140.027 ME.

EI120   La siguiente tabla establece los valores razonables de los derivados, los cambios en el valor de las partidas cubiertas y el cálculo de las reservas de cobertura de los flujos de efectivo y la ineficacia de cobertura:[14]

---

14   En la siguiente tabla para el cálculo de todos los importes (incluyendo los cálculos a efectos de la contabilidad de los importes de los activos, pasivos, patrimonio y resultado del periodo) están en formato de números positivos (más) y negativos (menos) (por ejemplo, un importe del resultado del periodo que es un número negativo es una pérdida).

Ejemplo 16-Cálculos						
	Periodo	**1**	**2**	**3**	**4**	**5**
Relación de cobertura del riesgo del precio de la materia prima cotizada (relación de primer nivel)						
Contrato de compra a término para el café						
Volumen (lbs)	112.500					
Precio a término [ME/lb]	1.25	Precio (a término) [ME/lb]	1.25	1.01	1.43	1.22	2.15
		Valor razonable [ME]	0	(26.943)	20.219	(3.373)	101.250
		Valor razonable [ML]	0	(20.258)	14.339	(2.310)	70.804
		Cambio en el valor razonable [ML]		(20.258)	34.598	(16.650)	73.114
Compra de café prevista cubierta						
Razón de cobertura	105,26%	Diferencial de la base	-5,00%	-5,50%	-6,00%	-3,40%	-7,00%
Volumen cubierto	118.421	Precio (a término) [ME/lb]	1.19	0.95	1.34	1.18	2.00
Precio a término implícito	1.1875	Valor presente [ME]	0	27.540	(18.528)	1.063	(96.158)
		Valor presente [ML]	0	20.707	(13.140)	728	(67.243)
		Cambio en el valor presente [ML]		20.707	(33.847)	13.868	(67.971)
Contabilización			*ML*	*ML*	*ML*	*ML*	*ML*
Derivado			0	(20.258)	14.339	(2.310)	70.804
Reserva de cobertura de flujos de efectivo			0	(20.258)	13.140	(728)	67.243
Cambio en la reserva de cobertura de flujos de efectivo				(20.258)	33.399	(13.868)	67.971
Resultado del periodo				0	1.199	(2.781)	5.143
Ganancias acumuladas			0	0	1.199	(1.582)	3.561

continúa...

...continuación

Ejemplo 16-Cálculos						
	Periodo	**1**	**2**	**3**	**4**	**5**
Relación de cobertura del riesgo de TC (relación de segundo nivel)						
Tasa de cambio [ME/ML]	Al contado	1.3800	1.3300	1.4100	1.4600	1.4300
	A término	1.3683	1.3220	1.4058	1.4571	1.4300
Contrato a término de TC (compra ME/vende ML)						
Volumen [ML]	140.625					
Tasa a término (en P$_2$)	1.3220	Valor razonable [ML]	0	(6.313)	(9.840)	(8.035)
		Cambio en el valor razonable [ML]		(6.313)	(3.528)	1.805
Riesgo de TC cubierto						
Exposición de TC agregada		Volumen cubierto [ME]		140.027	138.932	142.937	135.533
		Valor presente [ML]		0	6.237	10.002	7.744
		Cambio en el valor presente [ML]			6.237	3.765	(2.258)
Contabilización		*ML*	*ML*	*ML*	*ML*
Derivado			0	(6.313)	(9.840)	(8.035)
Reserva de cobertura de flujos de efectivo			0	(6.237)	(9.840)	(7.744)
Cambio en la reserva de cobertura de flujos de efectivo				(6.237)	(3.604)	2.096
Resultado del periodo					(76)	76	(291)
Ganancias acumuladas				0	(76)	0	(291)

EI121   La relación de cobertura del riesgo del precio de la materia prima cotizada es una cobertura de flujos de efectivo de una transacción prevista altamente probable que comienza al final del Periodo 1 y se conserva cuando la relación de cobertura del riesgo de TC comienza al final del Periodo 2, es decir, la relación de primer nivel continúa como una relación de cobertura separada.

EI122   El volumen de la exposición de TC agregada (en ME), que es el volumen cubierto de la relación de cobertura del riesgo de TC, es el total de:[15]

      (a)   el volumen de compra de café cubierto multiplicado por el precio a término actual (este representa el precio al contado esperado de la compra de café real); y

---

15   Por ejemplo, al final del Periodo 3, la exposición de TC agregada se determina como: 118.421 lbs × 1,34 ME/lb = 159.182 ME para el precio esperado de la compra de café real y 112.500 lbs × (1,25 [ME/lb] − 1,43 [ME/lb]) = (20.250) ME para el diferencial de precio esperado según el contrato a término de materia prima cotizada, que da un total de 138.932 ME —el volumen de la exposición de TC agregada al final del Periodo 3.

(b)   el volumen del instrumento de cobertura (importe nominal designado) multiplicado por la diferencia entre la tasa a término contractual y la tasa a término real (esto representa el diferencial de precio esperado procedente de los movimientos del precio del café de referencia en ME que la Entidad A recibirá o pagará según el contrato a término de materia prima cotizada).

EI123   El valor presente (en ML) de la partida cubierta de la relación de cobertura del riesgo de TC (es decir, la exposición agregada) se calcula como el volumen cubierto (en ME) multiplicado por la diferencia entre la tasa de cambio a término a la fecha de la medición y la tasa de cambio a término a la fecha de designación de la relación de cobertura (es decir, el final del Periodo 2).[16]

EI124   Utilizando el valor presente de la partida cubierta y el valor razonable del instrumento de cobertura, se determinan, a continuación, la reserva de cobertura de flujos de efectivo y la ineficacia de cobertura (véase el párrafo 6.5.11 de la NIIF 9).

EI125   La siguiente tabla muestra el efecto sobre el estado del resultado del periodo y del otro resultado integral de la Entidad B y su estado de situación financiera (en beneficio de la transparencia, algunas partidas[17] se desagregan en el cuerpo de los estados mediante las dos relaciones de cobertura, es decir, la relación de cobertura del riesgo de precio de materia prima cotizada y la relación de cobertura del riesgo de TC):

16 Por ejemplo, al final del Periodo 3 el valor actual de la partida cubierta se determina como el volumen de exposición agregada al final del Periodo 3 (138.932 ME) multiplicado por la diferencia entre la tasa de cambio a término al final del Periodo 3 (1/1,4058) y la tasa de cambio a término al momento de la designación (es decir, el final del Periodo 2: 1/1,3220) y entonces se descuenta utilizando la tasa de interés (en ML) al final del Periodo 3 con una duración de 2 periodos (es decir, hasta el final del Periodo 5 – 0,46%). El cálculo es: 138.932 ME × (1/(1,4058[ME/ML]) - 1/ (1,3220 [ME/ML]))/(1 + 0,46%) = 6.237 ML.

17 Las partidas utilizadas en este ejemplo son una presentación posible. Son también posibles formatos de presentación diferentes utilizando partidas distintas (incluyendo partidas que incluyen los importes mostrados aquí) (la NIIF 7 establece los requerimientos de información a revelar para la contabilidad de coberturas que incluyen información a revelar sobre la ineficacia de cobertura, el importe en libros de los instrumentos de cobertura y la reserva de cobertura de los flujos de efectivo).

Ejemplo 16—Visión general del efecto sobre los estados del rendimiento financiero y la situación financiera

[Todos importes en ML]

Periodo	1	2	3	4	5
Estado del resultado del periodo y otro resultado integral					
Ineficacia de la cobertura					
Cobertura de materia prima cotizada		0	(1.199)	2.781	(5.143)
Cobertura de TC		0	76	(76)	291
Resultado del periodo	0	0	(1.123)	2.705	(4.852)
Otro resultado integral (ORI)					
Cobertura de materia prima cotizada		20.258	(33.399)	13.868	(67.971)
Cobertura de TC	0		6.237	3.604	(2.096)
Total de otro resultado integral total	0	20.258	(27.162)	17.472	(70.067)
Resultado integral	0	20.258	(28.285)	20.177	(74.920)
Estado de situación financiera					
Contrato a término de Materia prima cotizada	0	(20.258)	14.339	(2.310)	70.804
TC a término	0	(6.313)	(9.840)		(8.035)
Total activos netos	0	(20.258)	8.027	(12.150)	62.769
Patrimonio					
ORI acumulado					
Cobertura de materia prima cotizada	0	20.258	(13.140)	728	(67.243)
Cobertura de TC	0		6.237	9.840	7.744
	0	20.258	(6.904)	10.568	(59.499)
Ganancias acumuladas					
Cobertura de materia prima cotizada	0	0	(1.199)	1.582	(3.561)
Cobertura de TC	0	0	76	0	291
	0	0	(1.123)	1.582	(3.270)
Total patrimonio	0	20.258	(8.027)	12.150	(62.769)

EI126 El costo total del inventario después de la cobertura es el siguiente:[18]

Costo del inventario [todos los importes en ML]	
Precio de efectivo (al contado para el riesgo de materia prima cotizada y riesgo de TC)	165.582
Ganancia/pérdida de RCFE para el riesgo del precio de la materia prima cotizada	(67.243)
Ganancia/pérdida de RCFE para el riesgo de TC	7.744
Costo del inventario	106.083

EI127 Los flujos de efectivo globales totales de todas las transacciones (la compra de café real al precio de contado y la cancelación de los dos derivados) es 102.813 ML. Difiere del costo ajustado de cobertura del inventario en 3.270 ML, que es el importe neto de la ineficacia de cobertura acumulada originada en las dos relaciones de cobertura. Esta ineficacia de cobertura tiene un efecto de flujos de efectivo pero está excluida de la medición del inventario.

Ejemplo 17— Cobertura combinada de riesgo de tasa de interés y de riesgo de tasa de cambio (combinación cobertura del valor razonable/cobertura de flujos de efectivo)

Estructura de hechos

EI128 La Entidad B quiere cubrir un pasivo de tasa fija que está denominado en moneda extranjera (ME). El pasivo tiene una duración de cuatro periodos desde el comienzo del Periodo 1 al final del Periodo 4. La moneda funcional de la Entidad B es su moneda local (ML). La Entidad B tiene las exposiciones de riesgo siguientes:

(a) Riesgo de tasa de interés de valor razonable y riesgo de TC: los cambios en el valor razonable del pasivo de tasa fija atribuibles a los cambios de tasa de interés, medidos en ML.

(b) Riesgo de tasa de interés de flujos de efectivo: la exposición que surge como resultado de permutar el riesgo de tasa de interés de valor razonable y la exposición al riesgo de TC combinados, asociados con el pasivo de tasa fija ([véase (a) anterior] en una exposición a la tasa variable en ML de acuerdo con la estrategia de gestión de riesgos de la Entidad B para el pasivo de tasa fija denominado en ME [véase el párrafo EI129(a) siguiente].

EI129 La Entidad B cubre sus exposiciones al riesgo utilizando la estrategia de gestión de riesgos siguiente:

(a) La Entidad B utiliza permutas de tasa de interés de diferentes monedas para permutar sus pasivos de tasa fija denominados en ME en una exposición a tasa variable en ML. La Entidad B cubre sus pasivos denominados en ME (incluyendo el interés) por su vida total. Por

---

18 'RCFE' es la reserva de cobertura de flujos de efectivo, es decir, el importe acumulado en otro resultado integral para una cobertura de flujos de efectivo.

consiguiente, la Entidad B realiza una permuta de tasa de interés de diferentes monedas al mismo tiempo que emite un pasivo denominado en ME. Según una permuta de tasa de interés de diferentes monedas, la Entidad B recibe un interés fijo en ME (utilizado para pagar el interés sobre el pasivo) y paga interés variable en ML.

(b) La Entidad B considera los flujos de efectivo sobre un pasivo cubierto y sobre la permuta de tasa de interés de diferentes monedas como una exposición a la tasa variable agregada en ML. Cada cierto tiempo, de acuerdo con su estrategia de gestión de riesgos para el riesgo de tasa de interés de tasa variable (en ML), la Entidad B decide cerrar sus pagos de interés y, por ello, permuta su exposición a la tasa variable agregada en ML por una exposición a la tasa fija en ML. La Entidad B pretende obtener, como una exposición a la tasa fija, un cupón a tasa fija mixta única (es decir, el cupón a tasa a término uniforme para el plazo cubierto que existe al comienzo de la relación de cobertura).[19] Por consiguiente, la Entidad B utiliza permutas de tasa de interés (denominada totalmente en ML) según las cuales recibe intereses variables (utilizados para pagar el interés sobre la parte del pago de la permuta a tasa de interés de diferentes monedas) y los pagos de intereses fijos.

---

19 Una entidad puede tener una estrategia de gestión de riesgos diferente mediante la cual pretende obtener una exposición a la tasa fija que no es un tasa mixta única, sino una serie de tasas a término que son cada una fija para el periodo de interés individual respectivo. Para esta estrategia la eficacia de cobertura se mide sobre la base de la diferencia entre las tasas a término que existían al comienzo de la relación de cobertura y las tasas a término que existen a la fecha de la medición de la eficacia para los periodos de interés individuales. Para esta estrategia, serían más eficaces una serie de contratos a términos que corresponden a periodos de interés individuales que una permuta de tasas de interés (que tiene un parte de pago fijo con una tasa fija mixta única).

EI130   La tabla siguiente establece los parámetros utilizados en el Ejemplo 17:

Ejemplo 17—Parámetros					
	t_0	Periodo 1	Periodo 2	Periodo 3	Periodo 4
Tasa al contado TC [ML/ME]	1,2000	1,0500	1,4200	1,5100	1,3700
Curvas de interés (presentación vertical de tasas para cada trimestre de un periodo sobre una base p.a.)					
ML	2,50%	5,02%	6,18%	0,34%	[N/A]
	2,75%	5,19%	6,26%	0,49%	
	2,91%	5,47%	6,37%	0,94%	
	3,02%	5,52%	6,56%	1,36%	
	2,98%	5,81%	6,74%		
	3,05%	5,85%	6,93%		
	3,11%	5,91%	7,19%		
	3,15%	6,06%	7,53%		
	3,11%	6,20%			
	3,14%	6,31%			
	3,27%	6,36%			
	3,21%	6,40%			
	3,21%				
	3,25%				
	3,29%				
	3,34%				

continúa...

...continuación

Ejemplo 17—Parámetros

t₀	Periodo 1	Periodo 2	Periodo 3	Periodo 4
ME 3,74%	4,49%	2,82%	0,70%	[N/A]
4,04%	4,61%	2,24%	0,79%	
4,23%	4,63%	2,00%	1,14%	
4,28%	4,34%	2,18%	1,56%	
4,20%	4,21%	2,34%		
4,17%	4,13%	2,53%		
4,27%	4,07%	2,82%		
4,14%	4,09%	3,13%		
4,10%	4,17%			
4,11%	4,13%			
4,11%	4,24%			
4,13%	4,34%			
4,14%				
4,06%				
4,12%				
4,19%				

Mecanismos de contabilización

EI131   La Entidad B designa las siguientes relaciones de cobertura:[20]

(a)   Como una cobertura del valor razonable, una relación de cobertura para el riesgo de tasa de interés del valor razonable y el riesgo de TC entre el pasivo de tasa fija denominado en ME (pasivo de TC de tasa fija) como la partida cubierta y la permuta de tasa de interés de diferentes monedas como el instrumento de cobertura (la "relación de primer nivel"). Esta relación de cobertura se designa al comienzo del Periodo 1 (es decir, t₀) con vencimiento al final del Periodo 4.

(b)   Como una cobertura de flujos de efectivo, una relación de cobertura entre la exposición agregada como la partida cubierta y una permuta de tasa de interés como el instrumento de cobertura (la "relación de segundo nivel"). Esta relación de cobertura se designa al final del Periodo 1 cuando la Entidad B decide cerrar sus pagos de interés y, por ello, permuta su exposición a la tasa variable agregada en ML en una exposición a la tasa fija en ML con vencimiento al final del Periodo 4.

---

20   Este ejemplo supone que se satisfacen todos los criterios requeridos para la contabilidad de coberturas (véase el párrafo 6.4.1 de la NIIF 9). La siguiente descripción de la designación es únicamente a efectos de la comprensión de este ejemplo [es decir, no es un ejemplo de la documentación formal completa requerida de acuerdo con el párrafo 6.4.1(b) de la NIIF 9].

La exposición agregada que se designa como la partida cubierta representa, en ML, la variabilidad de los flujos de efectivo que es el efecto de cambios en los flujos de efectivo combinados de las dos partidas designadas en la cobertura del valor razonable del riesgo de tasa de interés del valor razonable y el riesgo de TC [véase (a) anterior], comparado con las tasas de interés al final del Periodo 1 (es decir, el plazo de designación de la relación de cobertura entre la exposición agregada y la permuta de tasa de interés).

EI132　La siguiente tabla[21] establece la visión global de los valores razonables de los derivados, los cambios en el valor de las partidas cubiertas y el cálculo de las reservas de cobertura de flujos de efectivo y la ineficacia de cobertura.[22] En este ejemplo, la ineficacia de cobertura surge en ambas relaciones de cobertura.[23]

Ejemplo 17-Cálculos					
	t_0	Periodo 1	Periodo 2	Periodo 3	Periodo 4
Pasivo de TC de tasa fija					
Valor razonable [ME]	(1.000.000)	(995.522)	(1.031.008)	(1.030.193)	(1.000.000)
Valor razonable [ML]	(1.200.000)	(1.045.298)	(1.464.031)	(1.555.591)	(1.370.000)
Cambio en el valor razonable [ML]		154.702	(418.733)	(91.560)	185.591
PTIDM (recibe fijo ME/paga variable ML)					
Valor razonable [ML]	0	(154.673)	264.116	355.553	170.000
Cambio en el valor razonable [ML]		(154.673)	418.788	91.437	(185.553)
PTI (recibe variable/paga fijo)					
Valor razonable [ML]		0	18.896	(58.767)	0
Cambio en el valor razonable [ML]			18.896	(77.663)	(58.767)

continúa...

21　Las tablas de este ejemplo utilizan los siguientes acrónimos: "PTIDM" para permuta de tasa de interés de diferentes monedas, "FE" para flujos de efectivo, "CFE" para cobertura de flujos de efectivo, "RCFE" para reserva de cobertura de flujos de efectivo, "CVE" cobertura de valor razonable, "PTI" para permuta de tasa de interés y "VP" para valor presente.

22　En la siguiente tabla para el cálculo de todos los importes (incluyendo los cálculos a efectos de la contabilidad de los importes de los activos, pasivos y patrimonio) están en formato de números positivos (más) y negativos (menos) (por ejemplo, el importe de la reserva de cobertura de flujos de efectivo que es un número negativo es una pérdida).

23　Para una situación como la de este ejemplo, la ineficacia de cobertura puede proceder de varios factores, por ejemplo el riesgo de crédito, diferencias en el método de recuento diario o, dependiendo de si se incluye en la designación del instrumento de cobertura, el cargo por el cambio de monedas diferentes que se incluye en las permutas de tasa de interés de diferentes monedas (comúnmente denominada como la "base de la moneda").

　　　　　© IFRS Foundation

...continuación

Ejemplo 17-Cálculos

	t_0	Periodo 1	Periodo 2	Periodo 3	Periodo 4
FE variabilidad de la exposición agregada					
Valor presente [ML]		0	(18.824)	58.753	0
Cambio en el valor presente [ML]			(18.824)	77.577	(58.753)
RCFE					
Saldo (final del periodo) [ML]		0	18.824	(58.753)	0
Cambio [ML]			18.824	(77.577)	58.753

EI133   La relación de cobertura entre el pasivo de TC de tasa fija y la permuta de tasa de interés de diferentes monedas comienza al inicio del Periodo 1 (es decir, t_0) y permanece cuando la relación de cobertura para la relación de segundo nivel empieza al final del Periodo 1, es decir, la relación de primer nivel continúa como una relación de cobertura separada.

EI134   La variabilidad de los flujos de efectivo de la exposición agregada se calcula de la forma siguiente:

   (a)   En el momento desde el que se cubre la variabilidad de los flujos de efectivo de la exposición agregada (es decir, el comienzo de la relación de segundo nivel al final del Periodo 1), todos los flujos de efectivo esperados del pasivo de TC de tasa fija y la permuta de tasa de interés de diferentes monedas a lo largo del plazo cubierto (es decir hasta el final del Periodo 4) se planifican y equiparan a un cupón de tasa fija mixto único, de forma que el valor presente total (en ML) es cero. Este cálculo establece el cupón de tasa fija mixto único (tasa de referencia) que se usa en fechas sucesivas como el punto de referencia para medir la variabilidad de los flujos de efectivo de la exposición agregada desde el comienzo de la relación de cobertura. Este cálculo se ilustra en la tabla siguiente:

Ejemplo 17—Variabilidad de los flujos de efectivo de la exposición agregada (ajuste)							
			Variabilidad de los flujos de efectivo de la exposición agregada				
		Pasivo de TC		Parte PTIDM ME		Parte PTIDM ML		Ajuste	VP
		FE	VP	FE	VP	FE	VP	1.200.000 Nominal 5,6963% Tasa 4 Frecuencias	
		[ME]	[ME]	[ME]	[ME]	[ML]	[ML]	[ML]	[ML]

	Tiempo	Pasivo de TC FE [ME]	Pasivo de TC VP [ME]	PTIDM ME FE [ME]	PTIDM ME VP [ME]	PTIDM ML FE [ML]	PTIDM ML VP [ML]	Ajuste [ML]	VP [ML]
	t_0								
	t_1								
Periodo 1	t_2								
	t_3								
	t_4								
	t_5	0	0	0	0	(14.771)	(14.591)	17.089	16.881
Periodo 2	t_6	(20.426)	(19.977)	20.246	19.801	(15.271)	(14.896)	17.089	16.669
	t_7	0	0	0	0	(16.076)	(15.473)	17.089	16.449
	t_8	(20.426)	(19.543)	20.582	19.692	(16.241)	(15.424)	17.089	16.229
	t_9	0	0	0	0	(17.060)	(15.974)	17.089	16.002
Periodo 3	t_{10}	(20.426)	(19.148)	20.358	19.084	(17.182)	(15.862)	17.089	15.776
	t_{11}	0	0	0	0	(17.359)	(15.797)	17.089	15.551
	t_{12}	(20.426)	(18.769)	20.582	18.912	(17.778)	(15.942)	17.089	15.324
	t_{13}	0	0	0	0	(18.188)	(16.066)	17.089	15.095
Periodo 4	t_{14}	(20.426)	(18.391)	20.246	18.229	(18.502)	(16.095)	17.089	14.866
	t_{15}	0	0	0	0	(18.646)	(15.972)	17.089	14.638
	t_{16}	(1.020.426)	(899.695)	1.020.582	899.832	(1.218.767)	(1.027.908)	1.217.089	1.026.493
Totales			(995.522)		995.550		(1.200.000)		1.199.971
Totales en ML			(1.045.298)		1.045.327		(1.200.000)		1.199.971
VP de todos los FE [ML]		0 ←				Σ			

El importe nominal que se utiliza para el ajuste de la tasa de referencia es el mismo que el importe nominal de la exposición agregada que crea los flujos de efectivo variables en ML (1.200.000 ML), que coincide con el importe nominal de la permuta de tasa de interés de diferentes monedas para la parte de tasa variable en ML. Esto da lugar a una tasa de referencia de 5,6963 por ciento (determinado por iteración, de forma que el valor presente de todos los flujos de efectivo en total es cero).

(b) En fechas posteriores, la variabilidad de los flujos de efectivo de la exposición agregada se determina por comparación con el punto de referencia establecido al final del Periodo 1. A estos efectos, todos los flujos de efectivo restantes esperados sobre el pasivo de TC de tasa fija y la permuta de tasa de interés de diferentes monedas a lo largo del resto del plazo cubierto (es decir, desde la fecha de medición de la eficacia hasta el final del Periodo 4) se actualizan (cuando proceda) y después se descuentan. También, la tasa de referencia de 5,6963 por ciento se aplica al importe nominal que se utilizó para el ajuste de esa tasa al final del Periodo 1 (1.200.000 ML) para generar un conjunto de flujos de efectivo a lo largo del resto del plazo cubierto que también se descuenta después. El total de todos esos valores actuales representa la variabilidad de los flujos de efectivo de la exposición agregada. Este cálculo se ilustra en la tabla siguiente para el final del Periodo 2:

Ejemplo 17—Variabilidad de los flujos de efectivo de la exposición agregada (al final del Periodo 2)

		Variabilidad de los flujos de efectivo de la exposición agregada						
		Pasivo de TC		Parte PTIDM ME		Parte PTIDM ML		Ajuste	VP
		FE	VP	FE	VP	FE	VP	1.200.000 Nominal 5,6963% Tasa 4 Frecuencias	
		[ME]	[ME]	[ME]	[ME]	[ML]	[ML]	[ML]	[ML]
	Tiempo								
	t_0								
	t_1								
	t_2								
Periodo 1	t_3								
	t_4								
	t_5	0	0	0	0	0	0	0	0
	t_6	0	0	0	0	0	0	0	0
Periodo 2	t_7	0	0	0	0	0	0	0	0
	t_8	0	0	0	0	0	0	0	0

continúa...

...continuación

Ejemplo 17—Variabilidad de los flujos de efectivo de la exposición agregada (al final del Periodo 2)

	Variabilidad de los flujos de efectivo de la exposición agregada							
	Pasivo de TC		Parte PTIDM ME		Parte PTIDM ML		Ajuste	VP
	FE	VP	FE	VP	FE	VP	1.200.000 Nominal 5,6963% Tasa 4 Frecuencias	
	[ME]	[ME]	[ME]	[ME]	[ML]	[ML]	[ML]	[ML]
t_9	0	0	0	0	(18.120)	(17.850)	17.089	16.835
Periodo 3 t_{10}	(20.426)	(20.173)	20.358	20.106	(18.360)	(17.814)	17.089	16.581
t_{11}	0	0	0	0	(18.683)	(17.850)	17.089	16.327
t_{12}	(20.426)	(19.965)	20.582	20.117	(19.203)	(18.058)	17.089	16.070
t_{13}	0	0	0	0	(19.718)	(18.243)	17.089	15.810
Periodo 4 t_{14}	(20.426)	(19.726)	20.246	19.553	(20.279)	(18.449)	17.089	15.547
t_{15}	0	0	0	0	(21.014)	(18.789)	17.089	15.280
t_{16}	(1.020.426)	(971.144)	1.020.582	971.292	(1.221.991)	(1.072.947)	1.217.089	1.068.643
Totales		(1.031.008)		1.031.067		(1.200.000)		1.181.092
Totales en ML		(1.464.031)		1.464.116		(1.200.000)		1.181.092
VP de todos los FE [ML]		(18.824) ←				Σ		

Los cambios en las tasas de interés y en la tasa de cambio dan lugar a un cambio en la variabilidad de los flujos de efectivo de la exposición agregada entre el final del Periodo 1 y el final del Periodo 2 que tiene un valor presente de -18.824 ML.[24]

EI135 Utilizando el valor presente de la partida cubierta y el valor razonable del instrumento de cobertura, se determinan, a continuación, la reserva de cobertura de flujos de efectivo y la ineficacia de cobertura (véase el párrafo 6.5.11 de la NIIF 9).

---

24 Este es el importe que está incluido en la tabla con la visión global de los cálculos (véase el párrafo EI132) como el valor presente de la variabilidad de los flujos de efectivo de la exposición agregada al final del Periodo 2.

EI136   La siguiente tabla muestra el efecto sobre el estado del resultado del periodo y del otro resultado integral de la Entidad B y su estado de situación financiera (en beneficio de la transparencia, algunas partidasLas partidas utilizadas en este ejemplo son una presentación posible[25] se desagregan en el cuerpo de los estados por medio de las dos relaciones de cobertura, es decir, para la cobertura del valor razonable del pasivo de TC de tasa fija y para la cobertura de flujos de efectivo de la exposición agregada):[26]

Ejemplo 17—Visión general del efecto sobre los estados del rendimiento financiero y la situación financiera

[Todos importes en ML]

	t_0	Periodo 1	Periodo 2	Periodo 3	Periodo 4
Estado del resultado del periodo y otro resultado integral					
Gastos financieros					
Pasivo de TC		45.958	50.452	59.848	58.827
Ajuste CVR		(12.731)	11.941	14.385	(49.439)
		33.227	62.393	74.233	9.388
Reclasificación (CFE)			5.990	(5.863)	58.982
Total gastos por intereses		33.227	68.383	68.370	68.370
Otras ganancias/pérdidas					
Cambio en el valor razonable de la PTIDM		154.673	(418.788)	(91.437)	185.553
Ajuste CVR (pasivo TC)		(154.702)	418.733	91.560	(185.591)
Ineficacia de la cobertura		0	(72)	(54)	(19)
Total otras ganancias/pérdidas		(29)	(127)	68	(57)
Resultado del periodo		33.198	68.255	68.438	68.313

continúa...

---

25   Las partidas utilizadas en este ejemplo son una presentación posible. Son también posibles formatos de presentación diferentes utilizando partidas distintas (incluyendo partidas que incluyen los importes mostrados aquí) (la NIIF 7 establece los requerimientos de información a revelar para la contabilidad de coberturas que incluyen información a revelar sobre la ineficacia de cobertura, el importe en libros de los instrumentos de cobertura y la reserva de cobertura de los flujos de efectivo).

26   Para el Periodo 4 los valores en la tabla con la visión global de los cálculos (véase el párrafo EI132) difieren de los de la tabla siguiente. Para los Periodos 1 y 3 los valores "no depurados" [es decir, incluyendo intereses acumulados (o devengados)] igualan a los valores "depurados" [es decir, excluyendo los intereses acumulados (o devengados)] porque el final del periodo es una fecha de liquidación para todas las partes de los derivados y el pasivo de TC de tasa fija. Al final del Periodo 4 la tabla con la visión global de los cálculos utiliza valores depurados para calcular los cambios de valor de forma congruente a lo largo del tiempo. Para la siguiente tabla se presentan los valores no depurados, es decir, los importes de vencimiento incluyendo los intereses acumulados (o devengados) inmediatamente antes de que los instrumentos estén liquidados (esto es a efectos ilustrativos, ya que, en otro caso, todos los importes en libros distintos del efectivo y de las ganancias acumuladas serían cero).

...continuación

Ejemplo 17—Visión general del efecto sobre los estados del rendimiento financiero y la situación financiera

[Todos importes en ML]

	t_0	Periodo 1	Periodo 2	Periodo 3	Periodo 4
Otro resultado integral (ORI)					
Eficacia de CVR ganancia/pérdida			(12.834)	71.713	229
Reclasificaciones			(5.990)	5.863	(58.982)
Total de otro resultado integral total			(18.842)	77.577	(58.753)
Resultado integral		33.198	49.432	146.015	9.560
Estado de situación financiera					
Pasivo de TC	(1.200.000)	(1.045.298)	(1.464.031)	(1.555.591)	(1.397.984)
PTIDM	0	(154.673)	264.116	355.553	194.141
PTI		0	18.896	(58.767)	(13.004)
Efectivo	1.200.000	1.166.773	1.098.390	1.030.160	978.641
Total activos netos	0	(33.198)	(82.630)	(228.645)	(238.205)
Patrimonio					
ORI acumulado		0	(18.824)	58.753	0
Ganancias acumuladas	0	33.198	101.454	169.892	238.205
Total patrimonio	0	33.198	82.630	228.645	238.205

EI137   El gasto total por intereses en el resultado del periodo refleja el gasto por intereses de la Entidad B que procede de sus estrategias de gestión de riesgos:

(a)   En el Periodo 1 la estrategia de gestión de riesgos da lugar a un gasto por intereses que refleja las tasas de interés variable en ML después de tener en cuenta el efecto de la permuta de tasa de interés de diferentes monedas, incluyendo una diferencia entre los flujos de efectivo sobre el pasivo de TC de tasa fija y la parte fija de la permuta de tasa de interés de diferentes monedas que se liquidaron durante el Periodo 1 (esto significa que el gasto por intereses no iguala exactamente el gasto por interés variable que surgiría en ML de un préstamo de 1.200.000 ML). Existe también alguna ineficacia de cobertura que procede de una diferencia en los cambios en el valor del pasivo de TC de tasa fija (representada por el ajuste de cobertura del valor razonable) y la permuta de tasa de interés de diferentes monedas.

(b) Para los Periodos 2 a 4 la estrategia de gestión de riesgos genera gastos por intereses que reflejan, después de tener en cuenta el efecto de la permuta de tasa de interés realizada al final del Periodo 1, tasas de interés fijas en ML (es decir cerradas a un cupón de tasa fija mixto único para un plazo de tres periodos basado en el entorno de tasa de interés al final del Periodo 1). Sin embargo, el gasto por intereses de la Entidad B está afectado por la ineficacia de cobertura que surge de sus relaciones de cobertura. En el Periodo 2 el gasto por intereses es ligeramente superior que los pagos de tasa fija cerrados con la permuta de tasa de interés porque los pagos variables recibidos según la permuta de tasa de interés son menores que el total de los flujos de efectivo procedentes de la exposición agregada.[27] En los Periodos 3 y 4 el gasto por interés es igual a la tasa cerrada porque los pagos variables recibidos según la permuta son mayores que el total de los flujos de efectivo procedentes de la exposición agregada.[28]

Ejemplo 18—Cobertura combinada de riesgo de tasa de interés y de riesgo de tasa de cambio (combinación cobertura de flujos de efectivo/cobertura del valor razonable)

Estructura de hechos

EI138 La Entidad C quiere cubrir un pasivo de tasa variable que está denominado en moneda extranjera (ME). El pasivo tiene una duración de cuatro periodos desde el comienzo del Periodo 1 al final del Periodo 4. La moneda funcional de la Entidad C es su moneda local (ML). La Entidad C tiene las exposiciones de riesgo siguientes:

(a) Riesgo de tasa de interés de flujos de efectivo y riesgo de TC: los cambios en los flujos de efectivo del pasivo de tasa variable atribuible a cambios de tasa de interés, medidos en ML.

(b) Riesgo de tasa de interés del valor razonable: la exposición que surge como resultado de permutar la combinación de un riesgo de tasa de interés de flujos de efectivo y una exposición al riesgo de TC asociada con el pasivo de tasa variable ([véase (a) anterior] en una exposición a la tasa fija en ML de acuerdo con la estrategia de gestión de riesgos de la Entidad C para la estrategia de gestión de riesgos para los pasivos de tasa variable denominados en ME [véase el párrafo EI139(a) siguiente].

---

27 En otras palabras, la variabilidad de los flujos de efectivo de la permuta de tasa de interés era menor, y por ello no compensaba totalmente, la variabilidad de los flujos de efectivo de la exposición agregada en su conjunto (algunas veces denominada como una situación de "infra cobertura"). En esas situaciones, la cobertura de los flujos de efectivo no contribuye a la ineficacia de cobertura que se reconoce en el resultado del periodo porque la ineficacia de cobertura no se reconoce (véase el párrafo 6.5.11 de la NIIF 9). La ineficacia de cobertura que surge de la cobertura del valor razonable afecta al resultado del periodo en todos los periodos.

28 En otras palabras, la variabilidad de los flujos de efectivo de la permuta de tasa de interés era mayor, y por ello compensaba más que totalmente, la variabilidad de los flujos de efectivo de la exposición agregada en su conjunto (algunas veces denominada como una situación de "sobre cobertura"). En esas situaciones, la cobertura de los flujos de efectivo contribuye a la ineficacia de cobertura que se reconoce en el resultado del periodo (véase el párrafo 6.5.11 de la NIIF 9). La ineficacia de cobertura que surge de la cobertura del valor razonable afecta al resultado del periodo en todos los periodos.

EI139 La Entidad C cubre sus exposiciones al riesgo utilizando la estrategia de gestión de riesgos siguiente:

(a) La Entidad C utiliza permutas de tasa de interés de diferentes tipos de monedas para permutar sus pasivos de tasa variable denominados en ME en una exposición a tasa fija en ML. La Entidad C cubre sus pasivos denominados en ME (incluyendo el interés) para su vida total. Por consiguiente, la Entidad C realiza una permuta de tasa de interés de diferentes tipos de monedas al mismo tiempo que emite un pasivo denominado en ME. Bajo una permuta de tasa de interés de diferentes tipos de monedas la Entidad C recibe un interés variable en ME (utilizado para pagar el interés sobre el pasivo) y paga interés fijo en ML.

(b) La Entidad C considera los flujos de efectivo sobre un pasivo cubierto y la permuta de tasa de interés de diferentes tipos de monedas como una exposición a la tasa fija agregada en ML. Cada cierto tiempo, de acuerdo con su estrategia de gestión de riesgos para el riesgo de tasa de interés de tasa fija (en ML), la Entidad C decide vincular sus pagos de intereses con los niveles de tasa de interés variable actual y, por ello, permuta su exposición a la tasa fija agregada en ML por una exposición a la tasa variable. Por consiguiente, la Entidad C utiliza permutas de tasa de interés (denominadas totalmente en ML) según las cuales recibe intereses fijos (utilizados para pagar el interés sobre la parte de pago de la permuta a tasa de interés de diferentes monedas) y los pagos de intereses variables.

EI140   La tabla siguiente establece los parámetros utilizados en el Ejemplo 18:

Ejemplo 18—Visión global de los parámetros

	t_0	Periodo 1	Periodo 2	Periodo 3	Periodo 4
Tasa al contado TC [ML/ME]	1,2	1,05	1,42	1,51	1,37
Curvas de interés (presentación vertical de tasas para cada trimestre de un periodo sobre una base p.a.)					
ML	2,50%	1,00%	3,88%	0,34%	[N/A]
	2,75%	1,21%	4,12%	0,49%	
	2,91%	1,39%	4,22%	0,94%	
	3,02%	1,58%	5,11%	1,36%	
	2,98%	1,77%	5,39%		
	3,05%	1,93%	5,43%		
	3,11%	2,09%	5,50%		
	3,15%	2,16%	5,64%		
	3,11%	2,22%			
	3,14%	2,28%			
	3,27%	2,30%			
	3,21%	2,31%			
	3,21%				
	3,25%				
	3,29%				
	3,34%				

continúa...

...continuación

Ejemplo 18—Visión global de los parámetros					
	t_0	Periodo 1	Periodo 2	Periodo 3	Periodo 4
ME	3,74%	4,49%	2,82%	0,70%	[N/A]
	4,04%	4,61%	2,24%	0,79%	
	4,23%	4,63%	2,00%	1,14%	
	4,28%	4,34%	2,18%	1,56%	
	4,20%	4,21%	2,34%		
	4,17%	4,13%	2,53%		
	4,27%	4,07%	2,82%		
	4,14%	4,09%	3,13%		
	4,10%	4,17%			
	4,11%	4,13%			
	4,11%	4,24%			
	4,13%	4,34%			
	4,14%				
	4,06%				
	4,12%				
	4,19%				

Mecanismos de contabilización

EI141   La Entidad C designa las siguientes relaciones de cobertura:[29]

(a)   Como una cobertura de flujos de efectivo, una relación de cobertura para el riesgo de tasa de interés de los flujos de efectivo y el riesgo de TC entre el pasivo de tasa variable denominado en ME (pasivo de TC de tasa variable) como la partida cubierta y la permuta de tasa de interés de diferentes monedas como el instrumento de cobertura (la "relación de primer nivel"). Esta relación de cobertura se designa al comienzo del Periodo 1 (es decir, t_0) con vencimiento al final del Periodo 4.

(b)   Como una cobertura del valor razonable, una relación de cobertura entre la exposición agregada como la partida cubierta y una permuta de tasa de interés como el instrumento de cobertura (la "relación de segundo nivel"). Esta relación de cobertura se designa al final del Periodo 1 cuando la Entidad C decide vincular sus pagos de interés con los niveles de tasa de interés variable actual y, por ello, permuta su exposición a la tasa fija agregada en ML por una exposición a tasa

---

29   Este ejemplo supone que se satisfacen todos los criterios requeridos para la contabilidad de coberturas (véase el párrafo 6.4.1 de la NIIF 9). La siguiente descripción de la designación es únicamente a efectos de la comprensión de este ejemplo [es decir, no es un ejemplo de la documentación formal completa requerida de acuerdo con la 6.4.1(b) de la NIIF 9].

variable en ML con vencimiento al final del Periodo 4. La exposición agregada que se designa como la partida cubierta representa, en ML, el cambio de valor que es el efecto de cambios en el valor de los flujos de efectivo combinados de las dos partidas designadas en la cobertura de flujos de efectivo del riesgo de tasa de interés de los flujos de efectivo y el riesgo de TC [véase (a) anterior], comparado con las tasas de interés al final del Periodo 1 (es decir, el tiempo de designación de la relación de cobertura entre la exposición agregada y la permuta de tasa de interés).

EI142   La siguiente tabla[30] establece la visión global de los valores razonables de los derivados, los cambios en el valor de las partidas cubiertas y el cálculo de las reservas de cobertura de flujos de efectivo.[31] En este ejemplo no surge ineficacia de cobertura sobre las relaciones de cobertura debido a las suposiciones realizadas.[32]

Ejemplo 18-Cálculos

	t_0	Periodo 1	Periodo 2	Periodo 3	Periodo 4
Pasivo de TC de tasa variable					
Valor razonable [ME]	(1.000.000)	(1.000.000)	(1.000.000)	(1.000.000)	(1.000.000)
Valor razonable [ML]	(1.200.000)	(1.050.000)	(1.420.000)	(1.510.000)	(1.370.000)
Cambio en el valor razonable [ML]		150.000	(370.000)	(90.000)	140.000
VP del cambio en los FE [ML] variables	0	192.310	(260.346)	(282.979)	(170.000)
Cambio en el VP [ML]		192.310	(452.656)	(22.633)	112.979
PTIDM (recibe variable ME/paga fijo ML)					
Valor razonable [ML]	0	(192.310)	260.346	282.979	170.000
Cambio en el valor razonable [ML]		(192.310)	452.656	22.633	(112.979)

continúa...

---

30 Las tablas de este ejemplo utilizan los siguientes acrónimos: "PTIDM" para permuta de tasa de interés de diferentes monedas, "FE" para flujos de efectivo, "CFE" para cobertura de flujos de efectivo, "RCFE" para reserva de cobertura de flujos de efectivo, "CVE" cobertura de valor razonable, "PTI" para permuta de tasa de interés y "VP" para valor presente.

31 En la siguiente tabla para el cálculo de todos los importes (incluyendo los cálculos a efectos de la contabilidad de los importes de los activos, pasivos y patrimonio) están en formato de números positivos (más) y negativos (menos) (por ejemplo, el importe de la reserva de cobertura de flujos de efectivo que es un número negativo es una pérdida).

32 Esos supuestos se han hecho por razones didácticas, para centrar mejor la ilustración de los mecanismos de contabilidad en una combinación de cobertura de los flujos de efectivo/combinación de cobertura del valor razonable. La medición y reconocimiento de la ineficacia de cobertura ya ha sido demostrada en el Ejemplo 16 y en el Ejemplo 17. Sin embargo, en realidad, estas coberturas no son habitualmente perfectamente efectivas porque la ineficacia de cobertura puede proceder de varios factores, por ejemplo el riesgo de crédito, diferencias en el método de recuento diario o, dependiendo de si se incluye en la designación del instrumento de cobertura, el cargo por el cambio de monedas diferentes que se incluye en las permutas de tasa de interés de diferentes monedas (comúnmente denominada como la "base de la moneda").

...continuación

Ejemplo 18-Cálculos

	t_0	Periodo 1	Periodo 2	Periodo 3	Periodo 4
RCFE					
Saldo inicial	0	0	(42.310)	(28.207)	(14.103)
Reclasificación del riesgo de TC		153.008	(378.220)	(91.030)	140.731
Reclasificación (periodo actual de FE)		(8.656)	(18.410)	2.939	21.431
Eficacia de CVR ganancia/pérdida		(186.662)	(479.286)	20.724	(135.141)
Reclasificación del riesgo de tasa de interés		0	(82.656)	67.367	(27.021)
Amortización de RCFE		0	14.103	14.103	14.103
Saldo final		(42.103)	(28.207)	(14.103)	0
PTI (recibe fijo/paga variable)					
Valor razonable [ML]		0	(82.656)	(15.289)	(42.310)
Cambio en el valor razonable			(82.656)	67.367	(27.021)
Cambio en el valor presente de la exposición agregada					
Valor presente [ML]		(1.242.310)	(1.159.654)	(1.227.021)	(1.200.000)
Cambio en el valor presente [ML]			82.656	(67.367)	27.021

EI143   La relación de cobertura entre el pasivo de TC de tasa variable y la permuta de tasa de interés de diferentes monedas comienza al inicio del Periodo 1 (es decir, t_0) y permanece cuando la relación de cobertura para la relación de segundo nivel empieza al final del Periodo 1, es decir, la relación de primer nivel continúa como una relación de cobertura separada. Sin embargo, la contabilidad de coberturas para la relación de primer nivel se ve afectada por el comienzo de la contabilidad de coberturas para la relación de segundo nivel al final del Periodo 1. La cobertura del valor razonable para la relación de segundo nivel afecta al calendario de la reclasificación al resultado del periodo de importes desde la reserva de cobertura de flujos de efectivo para la relación de primer nivel:

(a)   El riesgo de tasa de interés del valor razonable que se cubre por la cobertura del valor razonable se incluye en el importe que se reconoce en otro resultado integral como un resultado de la cobertura de los flujos de efectivo para la relación de cobertura de primer nivel (es decir, la ganancia o pérdida en la permuta de tasa de interés de diferentes monedas que se determina que sea una cobertura efectiva).[33]

---

33   Como consecuencia de la cobertura su exposición al riesgo de tasa de interés de flujos de efectivo por la realización de la permuta de tasa de interés de diferentes monedas que cambió el riesgo de tasa de interés de los flujos de efectivo de pasivo de TC a tasa variable a una exposición a tasa fija (en ML), la Entidad C, de hecho, asumió una exposición al riesgo de tasa de interés del valor razonable (véase el párrafo EI139).

Esto significa que desde el final del Periodo 1, la parte de la ganancia o pérdida de la cobertura de los flujos de efectivo efectiva que representa el riesgo de tasa de interés del valor razonable (en ML), y se reconoce en otro resultado integral en una primera fase, es inmediatamente en una segunda fase (es decir, en el mismo periodo) transferida desde la reserva de cobertura de flujos de efectivo al resultado del periodo. Ese ajuste de reclasificación compensa la ganancia o pérdida en la permuta de tasa de interés que se reconoce en el resultado del periodo.[34] En el contexto de la contabilidad para la exposición agregada como la partida cubierta, ese ajuste por reclasificación es el equivalente de un ajuste de cobertura del valor razonable porque, a diferencia de una partida cubierta que es un instrumento de deuda de tasa fija (en ML) al costo amortizado, la exposición agregada ya se mide nuevamente por cambios relacionados con el riesgo cubierto pero la ganancia o pérdida resultante se reconoce en otro resultado integral debido a la aplicación de la contabilidad de coberturas de flujos de efectivo a la relación de primer nivel. Por consiguiente, la aplicación de la contabilidad de coberturas del valor razonable con la exposición agregada como la partida cubierta no da lugar a cambios en la medición de la partida cubierta pero, en cambio, afecta a dónde se reconocen ganancias y pérdidas de cobertura (es decir, la reclasificación desde la reserva de cobertura de los flujos de efectivo al resultado del periodo).

(b)   El importe en la reserva de cobertura de flujos de efectivo al final del Periodo 1 (42.310 ML) se amortiza a lo largo de la vida restante de la cobertura de flujos de efectivo para la relación de primer nivel (es decir, a lo largo de los Periodos 2 a 4).[35]

EI144   El cambio en el valor de la exposición agregada se calcula de la forma siguiente:

(a)   En el momento desde el que se cubre el cambio en el valor de exposición agregada (es decir, el comienzo de la relación de segundo nivel al final del Periodo 1), se planifican todos los flujos de efectivo esperados del pasivo de TC de tasa variable y la permuta de tasa de interés de diferentes monedas a lo largo del plazo cubierto (es decir hasta el final del Periodo 4) y se calcula su valor presente combinado, en ML. Este cálculo establece el valor presente que se usa en fechas sucesivas como el punto de referencia para medir el cambio en el valor presente de la exposición agregada desde el comienzo de la relación de cobertura. Este cálculo se ilustra en la tabla siguiente:

---

34 En la tabla con la visión global de los cálculos (véase el párrafo EI142) este ajuste por reclasificación es la partida "Reclasificación por riesgo de tasa de interés" en la conciliación de la reserva de cobertura de flujos de efectivo (por ejemplo, al final del Periodo 2, una reclasificación de una ganancia de 82.656 ML de la reserva de cobertura de flujos de efectivo al resultado del periodo—véase el párrafo EI144 sobre cómo se calcula ese importe).

35 En la tabla con la visión global de los cálculos (véase el párrafo EI142) esta amortización da lugar a un ajuste de reclasificación periódica de 14.103 ML que se incluye en la partida "Amortización de RCFE" en la conciliación de la reserva de cobertura de flujos de efectivo.

Ejemplo 18—Valor presente de la exposición agregada (punto de partida)

		Valor presente de la exposición agregada				
		Pasivo de TC		Parte PTIDM ME		Parte PTIDM ML	
		FE [ME]	VP [ME]	FE [ME]	VP [ME]	FE [ML]	VP [ML]
	Tiempo						
Periodo 1	t_0						
	t_1						
	t_2						
	t_3						
	t_4						
Periodo 2	t_5	(11.039)	(10.918)	11.039	10.918	(9.117)	(9.094)
	t_6	(11.331)	(11.082)	11.331	11.082	(9.117)	(9.067)
	t_7	(11.375)	(11.000)	11.375	11.000	(9.117)	(9.035)
	t_8	(10.689)	(10.227)	10.689	10.227	(9.117)	(9.000)
Periodo 3	t_9	(10.375)	(9.824)	10.375	9.824	(9.117)	(8.961)
	t_{10}	(10.164)	(9.528)	10.164	9.528	(9.117)	(8.918)
	t_{11}	(10.028)	(9.307)	10.028	9.307	(9.117)	(8.872)
	t_{12}	(10.072)	(9.255)	10.072	9.255	(9.117)	(8.825)
Periodo 4	t_{13}	(10.256)	(9.328)	10.256	9.328	(9.117)	(8.776)
	t_{14}	(10.159)	(9.147)	10.159	9.147	(9.117)	(8.727)
	t_{15}	(10.426)	(9.290)	10.426	9.290	(9.117)	(8.678)
	t_{16}	(1.010.670)	(891.093)	1.010.670	891.093	(1.209.117)	(1.144.358)
Totales			(1.000.000)		1.000.000		(1.242.310)
Totales en ML			(1.050.000)		1.050.000		(1.242.310)
VP de la exposición agregada [ML]			(1.242.310) ← $\sum$				

El valor presente de todos los flujos de efectivo esperados sobre el pasivo de TC de tasa variable y la permuta de tasa de interés de diferentes monedas a lo largo del plazo cubierto al final del Periodo 1 es -1.242.310 ML.[36]

(b) En las fechas siguientes, el valor presente de la exposición agregada se determina de la misma forma que al final del Periodo 1, pero para el resto del plazo cubierto. A estos efectos, todos los flujos de efectivo restantes esperados sobre el pasivo de TC de tasa variable y la permuta de tasa de interés de diferentes monedas a lo largo del resto del plazo cubierto (es decir, desde la fecha de medición de la eficacia hasta el final del Periodo 4) se actualizan (cuando proceda) y después se descuentan. El total de todos esos valores actuales representa el valor presente de la exposición agregada. Este cálculo se ilustra en la tabla siguiente para el final del Periodo 2:

Ejemplo 18—Valor presente de la exposición agregada (al final del Periodo 2)

	Valor presente de la exposición agregada					
	Pasivo de TC		Parte PTIDM ME		Parte PTIDM ML	
	FE	VP	FE	VP	FE	VP
	[ME]	[ME]	[ME]	[ME]	[ML]	[ML]
Tiempo						
t_0						
t_1						
Periodo 1 t_2						
t_3						
t_4						
t_5	0	0	0	0	0	0
t_6	0	0	0	0	0	0
Periodo 2 t_7	0	0	0	0	0	0
t_8	0	0	0	0	0	0
t_9	(6.969)	(6.921)	6.969	6.921	(9.117)	(9.030)
t_{10}	(5.544)	(5.475)	5.544	5.475	(9.117)	(8.939)
Periodo 3 t_{11}	(4.971)	(4.885)	4.971	4.885	(9.117)	(8.847)
t_{12}	(5.401)	(5.280)	5.401	5.280	(9.117)	(8.738)

continúa...

36 En este ejemplo no surge ineficacia de cobertura sobre las relaciones de cobertura debido a las suposiciones realizadas (véase el párrafo EI142). Por consiguiente, los valores absolutos del pasivo de TC de tasa variable y la parte denominada del FE de la tasa de interés de diferentes monedas son iguales (pero con signos opuestos). En situaciones en las que surge ineficacia de cobertura, esos valores absolutos no serían iguales, de forma que el importe neto restante afectaría al valor presente de la exposición agregada.

...continuación

Ejemplo 18—Valor presente de la exposición agregada (al final del Periodo 2)						
		Valor presente de la exposición agregada				
		Pasivo de TC		Parte PTIDM ME		Parte PTIDM ML
		FE	VP	FE	VP	FE	VP
		[ME]	[ME]	[ME]	[ME]	[ML]	[ML]
Periodo 4	t_{13}	(5.796)	(5.632)	5.796	5.632	(9.117)	(8.624)
	t_{14}	(6.277)	(6.062)	6.277	6.062	(9.117)	(8.511)
	t_{15}	(6.975)	(6.689)	6.975	6.689	(9.117)	(8.397)
	t_{16}	(1.007.725)	(959.056)	1.007.725	956.056	(1.209.117)	(1.098.568)
Totales			(1.000.000)		1.000.000		(1.159.654)
Totales en ML			(1.420.000)		1.420.000		(1.159.654)
VP de la exposición agregada [ML]			(1.159.654) ←		Σ		

Los cambios en las tasas de interés y la tasa de cambio dan lugar a un valor presente de la exposición agregada al final del Periodo 2 de -1.159.654 ML. Por consiguiente, el cambio en el valor presente de la exposición agregada entre el final del Periodo 1 y el final del Periodo 2 es una ganancia de 82.656 ML.[37]

EI145 La utilización del cambio en el valor presente de la partida cubierta (es decir, la exposición agregada) y el valor razonable del instrumento de cobertura (es decir, la permuta de tasa de interés), las reclasificaciones relacionadas desde la reserva de cobertura de flujos de efectivo al resultado del periodo (ajustes de reclasificación) se determinan posteriormente.

EI146 La siguiente tabla muestra el efecto sobre el estado del resultado del periodo y del otro resultado integral de la Entidad B y su estado de situación financiera (en beneficio de la transparencia, algunas partidas[38] se desagregan en el cuerpo de los estados por medio de las dos relaciones de cobertura, es decir, para la

---

37 Este es el importe que está incluido en la tabla con la visión global de los cálculos (véase el párrafo EI142) como el cambio en el valor presente de la exposición agregada al final del Periodo 2.

38 Las partidas utilizadas en este ejemplo son una presentación posible. Son también posibles formatos de presentación diferentes utilizando partidas distintas (incluyendo partidas que incluyen los importes mostrados aquí) (la NIIF 7 establece los requerimientos de información a revelar para la contabilidad de coberturas que incluyen información a revelar sobre la ineficacia de cobertura, el importe en libros de los instrumentos de cobertura y la reserva de cobertura de los flujos de efectivo).

cobertura de los flujos de efectivo del pasivo de TC de tasa variable y la cobertura del valor razonable de la exposición agregada):[39]

Ejemplo 18—Visión general del efecto sobre los estados del rendimiento financiero y la situación financiera

[Todos importes en ML]

	t_0	Periodo 1	Periodo 2	Periodo 3	Periodo 4
Estado del resultado del periodo y otro resultado integral					
Gastos financieros					
Pasivo de TC		45.122	54.876	33.527	15.035
Ajuste CVR		0	(20.478)	16.517	(26.781)
		45.122	34.398	50.045	(11.746)
Reclasificación (CFE)		(8.656)	(18.410)	2.939	21.431
		36.466	15.989	52.983	9.685
Amortización de RCFE		0	14.103	14.103	14.103
Total gastos por intereses		36.466	30.092	67.087	23.788
Otras ganancias/pérdidas					
PTI		0	82.656	(67.367)	27.021
Ganancia/pérdida (pasivo) TC		(150.000)	370.000	90.000	(140.000)
Ganancia/pérdida (interés) TC		(3.008)	8.220	1.030	(731)
Reclasificación del riesgo de TC		153.008	(378.220)	(91.030)	140.731
Reclasificación del riesgo de tasa de interés		0	(82.656)	67.367	(27.021)
Total otras ganancias/pérdidas		0	0	0	0
Resultado del periodo		36.466	30.092	67.087	23.788

continúa...

---

39 Para el Periodo 4 los valores en la tabla con la visión global de los cálculos (véase el párrafo EI142) difieren de los de la tabla siguiente. Para los Periodos 1 y 3 los valores "no depurados" [es decir, incluyendo intereses acumulados (o devengados)] igualan a los valores "depurados" [es decir, excluyendo los intereses acumulados (o devengados)] porque el final del periodo es una fecha de liquidación para todas las partes de los derivados y el pasivo de TC de tasa fija. Al final del Periodo 4 la tabla con la visión global de los cálculos utiliza valores depurados para calcular los cambios de valor de forma congruente a lo largo del tiempo. Para la siguiente tabla se presentan los valores no depurados, es decir, los importes de vencimiento incluyendo los intereses acumulados (o devengados) inmediatamente antes de que los instrumentos estén liquidados (esto es a efectos ilustrativos, ya que, en otro caso, todos los importes en libros distintos del efectivo y de las ganancias acumuladas serían cero).

...continuación

Ejemplo 18—Visión general del efecto sobre los estados del rendimiento financiero y la situación financiera

[Todos importes en ML]

	t_0	Periodo 1	Periodo 2	Periodo 3	Periodo 4
Otro resultado integral (ORI)					
Ganancia/pérdida de eficacia		186.662	(479.286)	(20.724)	135.141
Reclasificación (periodo actual de FE)		8.656	18.410	(2.939)	(21.431)
Reclasificación del riesgo de TC		(153.008)	378.220	91.030	(140.731)
Reclasificación del riesgo de tasa de interés		0	82.656	(67.367)	27.021
Amortización de RCFE		0	(14.103)	(14.103)	(14.103)
Total de otro resultado integral total		42.310	(14.103)	(14.103)	(14.103)
Resultado integral		78.776	15.989	52.983	9.685
Estado de situación financiera					
Pasivo de TC	(1.200.000)	(1.050.000)	(1.420.000)	(1.510.000)	(1.375.306)
PTIDM	0	(192.310)	260.346	282.979	166.190
PTI		0	(82.656)	(15.289)	(37.392)
Efectivo	1.200.000	1.163.534	1.147.545	1.094.562	1.089.076
Total activos netos	0	(78.776)	(94.765)	(147.748)	(157.433)
ORI acumulado	0	42.310	28.207	14.103	0
Ganancias acumuladas	0	36.466	66.558	133.645	157.433
Total patrimonio	0	78.776	94.765	147.748	157.433

EI147   El total de gasto por intereses en el resultado del periodo refleja el gasto por intereses de la Entidad C que procede de su estrategia de gestión de riesgos:

(a)   En el Periodo 1 la estrategia de gestión de riesgos da lugar a gastos por intereses que reflejan las tasas de interés fijas en ML después de tener en cuenta el efecto de la permuta de tasa de interés de diferentes monedas.

(b)   Para los Periodos 2 a 4 después de tener en cuenta el efecto de la permuta de tasa de interés realizada al final del Periodo 1, la estrategia de gestión de riesgos da lugar a un gasto por intereses que cambia con tasas de interés variables en ML (es decir, la tasa de interés variable que predomina en cada periodo). Sin embargo, el importe total del gasto por intereses no es igual al importe del interés de tasa variable debido a la amortización del importe que estaba en la reserva de cobertura de flujos de efectivo para la relación de primer nivel al final del Periodo 1.[40]

---

40 Véase el párrafo EI143(b). Esa amortización pasa a ser un gasto que tiene un efecto como un diferencial sobre la tasa de interés variable.

Ḃ Ḃḃuoss se crean.o para la edición de primer nivel de Niif del
Ḃ Ḃ Ḃ Ḃ Ḃ Ḃ Ḃ Ḃ Ḃ Ḃ Financiera.

Ḃ Ḃ

ÍNDICE

continúa...

...continuación

Guía de Implementación de la
NIIF 9 *Instrumentos Financieros*

Esta guía acompaña a la NIIF 9, pero no forma parte de la misma. Los números utilizados para las preguntas se han mantenido de la guía de implementación que acompaña a la NIC 39 Instrumentos Financieros: Reconocimiento y Medición.

Sección A Alcance

A.1 Práctica de liquidación por el importe neto: contrato a término para comprar una materia prima cotizada
[Referencia:
párrafos 2.4 a 2.6
párrafos FCZ2.18 a FCZ2.38, Fundamentos de las Conclusiones]

La Entidad XYZ realiza un contrato a término a precio fijo para comprar 1 millón de kilos de cobre de acuerdo con sus necesidades de utilización esperadas. El contrato permite a XYZ elegir la entrega física de cobre tras doce meses o pagar o recibir una liquidación por el neto en efectivo, en función del cambio en el valor razonable del cobre. ¿Se contabilizará el contrato como un derivado?

Aunque el contrato cumple la definición de derivado, no necesariamente se contabiliza como un derivado. El contrato es un instrumento derivado porque no hay inversión neta inicial, el contrato está basado en el precio del cobre, y se liquidará en una fecha futura. Sin embargo, si XYZ tiene la intención de liquidar el contrato a través de la entrega e históricamente no ha liquidado por el neto en efectivo en contratos similares o ha elegido la entrega del cobre y vendido en un corto periodo después de la entrega, con el propósito de generar un beneficio por las fluctuaciones a corto plazo en el precio o en el margen del distribuidor, el contrato no se contabiliza como un derivado según la NIIF 9. En su lugar, se contabiliza como un contrato pendiente de ejecución (a menos que la entidad lo designe de forma irrevocable como medido a valor razonable con cambios en resultados, de acuerdo con el párrafo 2.5 de la NIIF 9).

A.2 Opción de vender un activo no financiero
[Referencia:
párrafos 2.4 a 2.7
párrafos FCZ2.18 a FCZ2.38, Fundamentos de las Conclusiones]

La Entidad XYZ posee un edificio de oficinas. XYZ contrata una opción de venta con un inversor que permite a XYZ vender el edificio al inversor por 150 millones de u.m. El valor actual del edificio es 175 millones de u.m.[1] La opción expira en cinco años. La opción, si se ejercita, puede liquidarse a través de la entrega física o por el neto en efectivo, a la elección de XYZ. ¿Cómo contabilizan tanto XYZ como el inversor la opción?

---

1   En esta guía, los importes monetarios se denominan en "unidades monetarias" (u.m.).

La contabilización de XYZ depende de su intención y de su práctica pasada de liquidación. Aunque el contrato cumpla la definición de derivado, XYZ no lo contabilizará como un derivado si XYZ tiene la intención de liquidar el contrato con la entrega del edificio, si XYZ ejercita esta opción y no hay práctica pasada de liquidar en neto (párrafo 2.4 de la NIIF 9; pero véase también el párrafo 2.5 de la NIIF 9).

El inversor, sin embargo, no puede concluir que se contrató la opción para cumplir la compra, venta o necesidad de utilización esperada porque el inversor no tiene la capacidad de requerir la entrega (NIIF 9, párrafo 2.7). Además, la opción puede ser liquidada por el neto en efectivo. Por lo tanto, el inversor tiene que contabilizar el contrato como un derivado. Independientemente de las prácticas pasadas, la intención del inversor no afecta a si la liquidación se hará mediante entrega o en efectivo. El inversor ha emitido una opción, y una opción emitida en la que el tenedor tiene la opción de liquidación física o por el neto en efectivo, nunca puede cumplir el requerimiento normal de entrega para la exención de la NIIF 9, porque el emisor de la opción no tienen la capacidad para requerir la entrega.

Sin embargo, si el contrato fuera un contrato a término en lugar de una opción, y si el contrato requiriese la entrega física y la entidad que informa no tuviese práctica pasada de liquidar por el neto en efectivo o de elegir la entrega del edificio para venderlo en un periodo corto tras la entrega, con el propósito de generar un beneficio por las fluctuaciones a corto plazo en el precio o margen del distribuidor, el contrato no podría contabilizarse como un derivado. (Pero véase también el párrafo 2.5 de la NIIF 9).

Sección B Definiciones

B.1 Definición de instrumento financiero: oro en lingotes

¿Es el oro en lingotes un instrumento financiero (como el efectivo) o es una materia prima cotizada?

Es una materia prima cotizada. Aunque el lingote tiene gran liquidez, no hay un derecho contractual a recibir efectivo u otro activo financiero inherente en el lingote.

B.2 Definición de un derivado: ejemplos de derivados y subyacentes
[Referencia: párrafos BA.1 a BA.5]

¿Cuáles son los ejemplos de contratos derivados comunes y los subyacentes identificados?

La NIIF 9 define derivado de la siguiente forma:

Un derivado es un instrumento financiero u otro contrato dentro del alcance de esta Norma que cumple las tres características siguientes.

(a)   su valor cambia en respuesta a los cambios en una tasa de interés especificada, en el precio de un instrumento financiero, en el de una materia prima cotizada, en una tasa de cambio, en un índice de precios o de tasas de interés, en una calificación o índice de carácter crediticio o en función de otra variable, que en el caso de no ser financiera no sea específica para una de las partes del contrato (a veces se denomina "subyacente" a esta variable).

(b) No requiere una inversión inicial neta o sólo obliga a realizar una inversión inferior a la que se requeriría para otros tipos de contratos, en los que se podría esperar una respuesta similar ante cambios en las condiciones de mercado.

(c) Se liquidará en una fecha futura.

Tipo de contrato	Principal variable de precio-liquidación (variable subyacente)
Permuta de tasas de interés	Tasas de interés
Permuta financiera de divisas (permuta financiera de diferencias de cambio)	Tasas de cambio
Permuta de materias primas cotizadas	Precios de materias primas cotizadas
Permuta financiera de instrumentos patrimonio	Precios del patrimonio (patrimonio de otra entidad)
Permuta financiera de créditos	Calificación crediticia, índice crediticio o precio de los créditos
Permuta de rendimientos totales.	Valor razonable total del activo de referencia y tasas de interés
Opción sobre bonos del tesoro comprada o emitida (de compra o venta)	Tasas de interés
Opción sobre divisas comprada o emitida (de compra o venta)	Tasas de cambio
Opción sobre materia prima cotizada comprada o emitida (de compra o venta)	Precios de materias primas cotizadas
Opción sobre acciones comprada o emitida (de compra o venta)	Precios del patrimonio (patrimonio de otra entidad)
Futuros de tasa de interés vinculados a deuda estatal (instrumentos a plazo del tesoro)	Tasas de interés
Futuros de divisas	Tasas de cambio
Futuros de materia prima cotizada	Precios de materias primas cotizadas
Contratos a término de tasa de interés vinculados a deuda estatal (instrumentos a plazo del tesoro)	Tasas de interés
Contrato a término de divisas	Tasas de cambio
Contrato a término de Materia prima cotizada	Precios de materias primas cotizadas
Contrato a término de patrimonio	Precios del patrimonio (patrimonio de otra entidad)

La lista anterior contiene ejemplos de contratos que normalmente cumplen los requisitos de derivados según la NIIF 9. La lista no es exhaustiva. Cualquier contrato que tenga un subyacente puede ser un derivado. Además, incluso si un instrumento cumple la definición de contrato derivado, se pueden aplicar disposiciones especiales, por ejemplo, si es un derivado climático (véase el párrafo B2.1 de la NIIF 9), un contrato de compra o venta de elementos no financieros como materias primas cotizadas (véanse los párrafos 2.5 a 2.7 y BA.2 de la NIIF 9), o un contrato liquidado con acciones propias de la entidad (véanse los párrafos 21 a 24 de la NIC 32). Por lo tanto, una entidad debe evaluar el contrato para determinar si están presentes el resto de características de un derivado y si se aplican disposiciones especiales.

B.3 Definición de un derivado: liquidación en una fecha futura, permuta de tasas de interés con liquidación en términos netos o brutos
[Referencia: párrafos BA.1 a BA.3]

Con el propósito de determinar si una permuta financiera de tasas de interés es un instrumento financiero derivado según la NIIF 9, ¿Da lugar a alguna diferencia que las partes realicen entre ellas sus pagos de intereses (liquidación en bruto) o liquiden por el neto?

No. La definición de derivado no depende de si la liquidación se realiza en bruto o en neto.

Como ilustración: La Entidad ABC contrata una permuta de tasas de interés con una contraparte (XYZ) que requiere que ABC pague una tasa de interés fija de un 8 por ciento y reciba un importe variable en función del LIBOR a tres meses, revisado trimestralmente. Los importes fijos y variables se determinan en base a un importe nocional de 100 millones de u.m. ABC y XYZ no intercambian el importe nocional. ABC paga o recibe el importe neto en efectivo cada trimestre en base la diferencia entre el 8 por ciento y la tasa LIBOR a tres meses. Alternativamente, la liquidación puede ser en bruto.

El contrato cumple la definición de derivado independientemente de si la liquidación es en neto o en bruto porque su valor cambia en respuesta a los cambios en la variable subyacente (LIBOR), no hay inversión neta inicial, y las liquidaciones tienen lugar en fechas futuras.

B.4 Definición de un derivado: pago anticipado de permuta de tasas de interés (pago anticipado de la obligación de pagos fijos al inicio o posteriormente)
[Referencia: párrafos BA.1 y BA.3]

Si una parte paga por anticipado al inicio su obligación en una permuta financiera de tasas de interés en la que paga fijo y recibe variable, ¿es la permuta financiera un instrumento derivado?

Sí. Como ilustración: La Entidad S contrata con la contraparte C una permuta de tasas de interés con un importe nocional de 100 millones de u.m. a cinco años en la que paga fijo y recibe variable. La tasa de interés de la parte variable de la permuta se revisa trimestralmente con referencia al LIBOR a tres meses. La tasa de interés de la parte fija de la permuta es el 10 por ciento anual. La Entidad S paga por anticipado al inicio su obligación fija en la permuta de 50 millones de u.m. (100 millones de u.m. × 10% × 5 años), descontada utilizando tasas de interés de mercado, mientras mantiene su derecho a recibir pagos por intereses sobre los 100 millones de u.m. en función del LIBOR a tres meses a lo largo de la vida de la permuta.

La inversión neta inicial en la permuta de tasas de interés es significativamente menor que el importe nocional según el cual se calculan los pagos variables de la parte variable. El contrato requiere una inversión neta inicial inferior de la que se requeriría para otros tipos de contratos en los que se podría esperar una respuesta similar ante cambios en las condiciones de mercado, como un bono a tasa de interés variable. Por lo tanto, el contrato cumple la disposición de la NIIF 9 de tener "ninguna inversión neta inicial o bien una inversión inferior a la que se requeriría para otros tipos de contratos, en los que se podría esperar una respuesta similar ante cambios en las condiciones de mercado". Aunque la Entidad S no tiene que desempeñar obligaciones futuras, la liquidación final del contrato es en una fecha futura y el valor del contrato cambia en respuesta a cambios en el índice LIBOR. Por consiguiente, el contrato se considera un contrato derivado.

¿Cambiaría la respuesta si la obligación de pago a interés fijo se paga por anticipado posteriormente al reconocimiento inicial?

Si se paga por anticipado la parte fija durante el plazo, podría considerarse como la terminación de una permuta financiera antigua y el nacimiento de un nuevo instrumento que se evalúa según la NIIF 9.

B.5 Definición de derivado: pago anticipado de permuta financiera a tasas de interés paga variable, recibe fijo
[Referencia: párrafo BA.3]

Si una parte paga por anticipado al inicio o después su obligación en una permuta financiera de tasas de interés en la que paga variable y recibe fijo, ¿es la permuta financiera un instrumento derivado?

No. Un pago anticipado en una permuta financiera en la que se paga variable y se recibe fijo no es un derivado si se paga anticipadamente y no seguirá siendo un derivado si se paga anticipadamente después del inicio porque da lugar a una rentabilidad del importe prepagado (invertido) comparable a la rentabilidad de un instrumento de deuda con flujos de efectivo fijos. El importe prepagado no cumple el criterio de derivado de "no inversión inicial neta, o bien una inversión inferior a la que se requeriría para otros tipos de contratos, en los que se podría esperar una respuesta similar ante cambios en las condiciones de mercado".

Como ilustración: La Entidad S realiza con la Contraparte C una permuta de tasas de interés con un importe nocional de 100 millones de u.m. a cinco años en la que paga variable y recibe fijo. La parte variable de la permuta se revisa trimestralmente con referencia a la tasa LIBOR a tres meses. Los pagos de la permuta a interés fijo se calculan al 10 por ciento del importe nocional de la permuta, es decir, 10 millones de u.m al año. La Entidad S prepaga su obligación de la parte variable de la permuta al inicio según las tasas de interés de mercado actuales, mientras que mantiene el derecho a recibir pagos por intereses fijos del 10 por ciento de 100 millones de u.m. al año.

Las entradas de efectivo del contrato son equivalentes a las de un instrumento financiero con un flujo fijo anual ya que la Entidad S sabe que recibirá 10 millones de u.m. al año a lo largo de la vida de la permuta financiera. Por lo tanto, manteniendo todo lo demás igual, la inversión inicial en el contrato debe ser igual que la de otros instrumentos financieros que consistan en anualidades fijas. De esta forma, la inversión inicial neta en la permuta de tasas de interés con pago variable, recibo fijo es igual a la inversión que requeriría un contrato no derivado que tiene una respuesta similar ante cambios en las condiciones de mercado. Por esta razón, el instrumento no cumple el criterio de la NIIF 9 de "no inversión neta inicial, o bien una inversión inferior a la que se requeriría para otros tipos de contratos, en los que se podría esperar una respuesta similar antes cambios en las condiciones de mercado". Por lo tanto, el contrato no se contabiliza como un derivado según la NIIF 9. Al atender la obligación de pagar los pagos a tasa de interés variable, la Entidad S en la práctica da un préstamo a la Contraparte C.

B.6 Definición de derivado: compensación de préstamos[E1]
[Referencia: párrafo BA.3]

E1 [IFRIC® *Update*, marzo de 2014, Decisión de Agenda, «NIC 39 *Instrumentos Financieros: Reconocimiento y Medición*—contabilización de transacciones de acuerdos de recompra reestructuradas en plazos»

El Comité de Interpretaciones recibió una solicitud de aclaración: (Cuestión 1) si una entidad (Entidad A) debería contabilizar tres transacciones por separado o agregado y tratarlas como un derivado único; y (Cuestión 2) cómo aplicar el párrafo B.6 de la Guía de Implementación de la NIC 39 *Instrumentos Financieros: Reconocimiento y Medición* ("GI B.6 de la NIC 39") [párrafo B.6 de la Guía de Implementación, NIIF 9] al abordar la Cuestión 1. Algunas características clave de las tres transacciones son las siguientes:

a. Transacción 1 (compra de bonos): La Entidad A compra un bono (el bono) a otra entidad (Entidad B).

b. Transacción 2 (tasa de interés de la permuta): La Entidad A realiza un contrato (o contratos) de permuta de tasa de interés con la Entidad B. La Entidad A paga una tasa fija de interés igual a la tasa de cupón fija del bono comprado en la Transacción 1 y recibe una tasa variable de interés.

c. Transacción 3 (acuerdo de recompra): La Entidad A realiza un acuerdo de recompra con la Entidad B, en el cual la Entidad A vende el mismo bono de la Transacción 1 en el mismo día que compra el bono y acuerda volverlo a comprar en su fecha de vencimiento.

El Comité de Interpretaciones destacó que para determinar si la Entidad A debería agregar y contabilizar las tres transacciones anteriores como un derivado único, debería hacerse referencia a los párrafos B.6 y C.6 de la Guía de Implementación de la NIC 39 y al párrafo GA39 de la NIC 32 *Instrumentos Financieros: Presentación*.

El Comité de Interpretaciones también analizó la Cuestión 2, es decir, cómo aplicar el párrafo GI.B.6 de la NIC 39 al abordar la Cuestión 1. El Comité de Interpretaciones destacó que la aplicación del párrafo GI.B.6 de la NIC 39 de la guía requiere juicio profesional. También destacó que los indicadores del párrafo GI.B.6 de la NIC 39 podrían ayudar a que una entidad determine la esencia de la transacción, pero que la presencia o ausencia de cualquier indicador único específico aisladamente podría no ser concluyente.

El Comité de Interpretaciones destacó que proporcionar guías adicionales daría lugar a que el Comité de Interpretaciones intentara especificar la contabilización para una transacción específica, y que eso no sería apropiado.

Sobre la base del análisis anterior, el Comité de Interpretaciones determinó que, a la luz de los requerimientos de las NIIF existentes, no era necesaria ni una interpretación ni una modificación a Normas y, por ello, decidió no añadir esta cuestión a su agenda.]

La Entidad A hace un préstamo a cinco años a tasa de interés fija a la Entidad B, al mismo tiempo B hace un préstamo a cinco años, a tasa de interés variable, por el mismo importe a A. No hay transferencia de importe nominal contractual al inicio de los préstamos, ya que A y B tienen un acuerdo de compensación. ¿Es un derivado según la NIIF 9?

Sí. Cumple la definición de un derivado (es decir, hay una variable subyacente, no inversión neta inicial o bien una inversión neta inicial inferior a la que se requeriría para otros tipos de contratos, en los que se podría esperar una respuesta similar ante cambios en las condiciones de mercado, y liquidación futura). El efecto contractual de los préstamos es equivalente a un acuerdo de permuta de tasas de interés sin inversión neta inicial. Las transacciones con no derivados se agregan y se tratan como un derivado cuando las transacciones dan lugar, en esencia, a un derivado. Indicadores de este hecho podrían incluir:

- son realizadas en el mismo momento y se tienen en cuenta ambas

- tienen la misma contraparte

- están relacionados con el mismo riesgo

- no hay una necesidad económica aparente o propósito de negocio sustantivo para estructurar las transacciones por separado que tampoco podría haberse logrado con una única transacción.

La misma respuesta se aplicaría si la Entidad A y la Entidad B no requiere la liquidación por el neto porque la definición de un instrumento derivado en la NIIF 9 no requiere de una liquidación por el neto.

B.7 Definición de derivado: opción que no se espera ejercitar

La definición de un derivado en la NIIF 9 requiere que el instrumento "se liquide en una fecha futura". ¿Se cumple este criterio aun cuando se espera no ejercer una opción, por ejemplo, porque tiene un precio desfavorable?

Sí. Una opción se liquida cuando se ejerce o a su vencimiento. Expirar al vencimiento es una forma de liquidación aunque no haya ningún intercambio adicional que considerar.

B.8 Definición de un derivado: contrato en moneda extranjera basado en volumen de ventas
[Referencia: párrafos BA.1 y BA.3]

La Entidad XYZ, cuya moneda funcional es el dólar USA, vende productos en Francia denominados en euros. XYZ realiza un contrato con un banco de inversión para convertir euros en dólares USA a una tasa de cambio fija. El contrato requiere que XYZ remita euros basándose en el volumen de sus ventas en Francia a cambio de dólares USA a una tasa fija de cambio de 6,00. ¿Es un contrato derivado?

Sí. El contrato tiene dos variables subyacentes (la tasa de cambio y el volumen de ventas), ninguna inversión neta inicial o bien una inversión neta inicial inferior a la que se requeriría para otros tipos de contratos, en los que se podría esperar una respuesta similar ante cambios en las condiciones de mercado y una provisión de pago. La NIIF 9 no excluye de su alcance los derivados que están basados en volumen de ventas.

B.9 Definición de un derivado: pago anticipado de contrato a término
[Referencia: párrafo BA.3]

Una entidad realiza un contrato a término para comprar acciones a un año al precio del mercado a plazo. Paga por anticipado al inicio basándose en el precio actual de las acciones. ¿Es el contrato a término un derivado?

No. El contrato a término no cumple la prueba para un derivado de "ninguna inversión neta inicial, o bien una inversión neta inicial inferior a la que se requeriría para otros tipos de contratos, en los que se podría esperar una respuesta similar ante cambios en las condiciones de mercado".

Para ilustrar: La Entidad XYZ realiza un contrato a término para comprar 1 millón de acciones ordinarias de T a un año. El precio actual de mercado de T es de 50 u.m por acción; el precio del contrato a término de T a un año es de 55 u.m por acción. Se requiere que XYZ pague por anticipado al inicio el contrato a término con un pago de 50 millones de u.m. La inversión inicial en el contrato a término de 50 millones de u.m. es menor que el importe nocional aplicable al subyacente de 1 millón de acciones al precio del contrato a término de 55 u.m por acción, es decir 55 millones. Sin embargo, la inversión neta inicial se aproxima a la inversión que se requeriría para otros tipos de contratos en los que se podría esperar una respuesta similar ante cambios en las condiciones de mercado porque las acciones de T podrían comprarse al inicio por el mismo precio de 50 u.m. Por consiguiente, el contrato a término pagado por anticipado no cumple el criterio de la inversión inicial neta de un instrumento derivado.

B.10 Definición de un derivado: inversión neta inicial

Muchos instrumentos derivados, como los contratos de futuros y el intercambio de opciones emitidas negociadas, requieren cuentas de margen. ¿Es la cuenta de margen parte de la inversión neta inicial?

No. La cuenta de margen no es parte de la inversión neta inicial de un instrumento derivado. Las cuentas de margen son una forma de garantía colateral de la contraparte o cámara de compensación y pueden ser en efectivo, valores y otros activos específicos, habitualmente activos líquidos. Las cuentas de margen son activos independientes que se contabilizan por separado.

B.11 Definición de mantenido para negociar: cartera con un patrón reciente real de obtención de resultados a corto plazo
[Referencia: párrafo BA.7]

La definición de un activo financiero o pasivo financiero mantenido para negociar establece que "un activo financiero o pasivo financiero se clasificará como mantenido para negociar si es ... parte de una cartera de instrumentos financieros identificados, que se gestionan conjuntamente y para la cual existe evidencia de un patrón reciente real de obtención de resultados a corto plazo". ¿Qué es una "cartera" a propósitos de la aplicación de esta definición?

Aunque el término "cartera" no está definido explícitamente en la NIIF 9, el contexto en el que se utiliza sugiere que una cartera es un grupo de activos financieros o pasivos financieros que se gestionan como parte de ese grupo (Apéndice A de la NIIF 9). Si existe evidencia de un patrón reciente real de obtención de resultados a corto plazo en los instrumentos financieros incluidos en dicha cartera, dichos instrumentos financieros cumplen los requisitos de mantenidos para negociar aunque un instrumento financiero individual pueda, de hecho, mantenerse por un periodo más largo de tiempo.

B.24 Definición de importe en libros bruto: instrumentos de deuda perpetua con tasa fija o tasa variable basada en el mercado

En ocasiones las entidades compran o emiten instrumentos de deuda que requieren una medición al costo amortizado y con respecto a las cuales el emisor no tiene la obligación de devolver el importe en libros bruto. La tasa de interés puede ser fija o variable. ¿Debería amortizase inmediatamente en el reconocimiento inicial la diferencia entre el importe inicial pagado o recibido y cero ('el valor de reembolso en el vencimiento') con el propósito de determinar el costo amortizado si la tasa de interés es fija o especificada en base a una tasa de interés variable de mercado?

No. Ya que no hay devolución del importe en libros bruto, no hay amortización de la diferencia entre el importe inicial y el importe al vencimiento si la tasa de interés es fija o especificada en base a una tasa de interés variable de mercado. Dado que los pagos de intereses son fijos o están basados en el mercado y se pagarán a perpetuidad, el costo amortizado (el valor presente de la serie de pagos de efectivo futuros descontados a una tasa de interés efectiva) es igual al importe en libros bruto en cada periodo.

B.25 Definición de importe en libros bruto: instrumentos de deuda perpetua con tasa de interés decreciente

Si la tasa de interés establecida en un instrumento de deuda perpetua disminuye con el tiempo, ¿sería el importe en libros bruto igual al importe a la par contractual en cada periodo?

No. Desde una perspectiva económica, algunos o todos los pagos de intereses contractuales son reembolsos del importe en libros bruto. Por ejemplo, la tasa de interés puede ser un 16 por ciento durante los primeros 10 años y cero por ciento en los periodos posteriores. En este caso, el importe inicial se amortiza a cero durante los primeros 10 años utilizando el método de la tasa de interés efectiva, dado que una parte de los pagos por intereses contractuales representa un reembolso del importe en libros bruto. El importe en libros bruto es cero después del Año 10 porque el valor presente de la serie de pagos de efectivo futuros en periodos posteriores es cero (no hay más pagos en efectivo contractuales en periodos posteriores).

B.26 Ejemplo de cálculo de importe en libros bruto: activo financiero

¿Cómo se calcula el importe en libros bruto para activos financieros medidos al costo amortizado de acuerdo con la NIIF 9?

El importe en libros bruto se calcula utilizando el método de la tasa de interés efectiva. La tasa de interés efectiva inherente a un instrumento financiero es la tasa de interés que exactamente descuenta los flujos de caja estimados asociados con el instrumentos financiero a lo largo de su vida esperada o, cuando sea aplicable, en un periodo más corto con el importe neto en libros del reconocimiento inicial. El cálculo incluye todas las comisiones y puntos básicos pagados o recibidos que integren la tasa de interés efectiva, los costos de transacción directamente atribuibles y cualquier otra prima o descuento.

El siguiente ejemplo ilustra cómo se calcula el importe en libros bruto utilizando el método de la tasa de interés efectiva. La Entidad A compra un instrumento de deuda faltando cinco años para su vencimiento por un valor razonable de 1.000 u.m. (incluyendo los costos de transacción). El instrumento tiene un importe a la par contractual de 1.250 u.m. y conlleva un interés fijo del 4,7 por ciento que se paga anualmente (1.250u.m. × 4,7 % = 59 u.m al año). El contrato también especifica que el prestatario tiene una opción de pagar por anticipado el instrumento a la par y no se le penalizará por el pago por anticipado. Al comienzo, la entidad espera que el prestatario no pague por adelantado (y, por ello, la entidad determina que el valor razonable de la característica de pago por adelantado es insignificante cuando el activo financiero se reconoce inicialmente).

Como puede apreciarse para distribuir los pagos por intereses y el descuento inicial a lo largo del plazo del instrumento de deuda a una tasa de interés constante sobre el importe en libros, debe acumularse (devengarse) a una tasa de interés del 10 por ciento anual. La siguiente tabla contiene información sobre el importe en libros bruto, el ingreso por intereses y los flujos de efectivo del instrumento de deuda en cada periodo de presentación.

Año	(a) Importe en libros bruto al principio del año	(b = a × 10%) Ingresos por intereses	(c) Flujos de efectivo	(d = a + b – c) Importe en libros bruto al final del año
20X0	1.000	100	59	1.041
20X1	1.041	104	59	1.086
20X2	1.086	109	59	1.136
20X3	1.136	113	59	1.190
20X4	1.190	119	1.250 + 59	–

El primer día del 20X2 la entidad revisa sus flujos de efectivo estimados. Ahora espera que el 50 por ciento del importe a la par contractual sea pagado por anticipado al final de 20X2 y el 50 por ciento restante al final del 20X4. De acuerdo con el párrafo B5.4.6 de la NIIF 9 se ajusta el importe en libros bruto del instrumento de deuda en 20X2. El importe en libros bruto se calcula de nuevo descontando el importe que la entidad espera recibir en 20X2 y años posteriores utilizando la tasa de interés efectiva original (10 por ciento). Dará lugar a un nuevo importe en libros bruto en 20X2 de 1.138 u.m. El ajuste de 52 u.m. (1.138 u.m. − 1.086 u.m.) se registra en resultados en 20X2. La siguiente tabla contiene información sobre el importe en libros bruto, ingresos por intereses y flujos de efectivo tal como se hubieran ajustado teniendo en cuenta el cambio en la estimación.

Año	(a)	(b = a × 10%)	(c)	(d = a + b − c)
	Importe en libros bruto al principio del año	Ingresos por intereses	Flujos de efectivo	Importe en libros bruto al final del año
20X0	1.000	100	59	1.041
20X1	1.041	104	59	1.086
20X2	1.086 + 52	114	625 + 59	568
20X3	568	57	30	595
20X4	595	60	625 + 30	–

B.27 Ejemplo de cálculo del importe en libros bruto: instrumentos con pagos de intereses escalonados

En ocasiones las entidades compran o emiten instrumentos de deuda con una tasa de interés predeterminada que aumenta o disminuye progresivamente ("intereses escalonados") a lo largo del plazo del instrumento de deuda. Si un instrumento de deuda con intereses escalonados se emite a 1.250 u.m. y tiene un importe de vencimiento de 1.250 u.m., ¿sería el importe en libros bruto igual a 1.250 u.m. en cada periodo de presentación a lo largo del plazo del instrumento de deuda?

Aunque no hay diferencia entre el importe inicial y el importe al vencimiento, una entidad utiliza el método de la tasa de interés efectiva para distribuir los pagos por intereses a lo largo del plazo del instrumento de deuda, para lograr una tasa de interés constante en el importe en libros.

El siguiente ejemplo ilustra cómo se calcula el importe en libros bruto utilizando el método de la tasa de interés efectiva, para un instrumento con una tasa de interés predeterminada que aumenta o disminuye a lo largo del plazo del instrumento de deuda ("intereses escalonados").

El 1 de enero de 20X0, la Entidad A emite un instrumento de deuda por un precio de 1.250 u.m. El importe a la par contractual es 1.250 u.m. y el instrumento de deuda es reembolsable el 31 de diciembre de 20X4. La tasa de interés es especificada en el acuerdo de deuda como un porcentaje del importe a la par contractual como se explica a continuación: 6,0 por ciento en 20X0 (75 u.m.), 8,0 por ciento en 20X1 (100 u.m.), 10,0 por ciento en 20X2 (125 u.m.), 12,0 por ciento en 20X3 (150 u.m.), y 16,4 por ciento en 20X4 (205 u.m.). En este caso, la tasa de interés que exactamente descuenta el flujo futuro de pagos en efectivo hasta su vencimiento es el 10 por ciento. Por lo tanto, los pagos por intereses en efectivo se redistribuyen a lo largo del plazo del instrumento de deuda con el propósito de determinar el importe en libros bruto en cada periodo. En cada periodo, el importe en libros bruto al principio del periodo se multiplica por la tasa de interés efectiva del 10 por ciento y se añade al importe en libros bruto. Cualquier pago en efectivo en el periodo se deduce del importe resultante. De acuerdo con lo anterior, el importe en libros bruto en cada periodo es el siguiente:

Año	(a) Importe en libros bruto al principio del año	(b = a × 10%) Ingresos por intereses	(c) Flujos de efectivo	(d = a + b − c) Importe en libros bruto al final del año
20X0	1.250	125	75	1.300
20X1	1.300	130	100	1.330
20X2	1.330	133	125	1.338
20X3	1.338	134	150	1.322
20X4	1.322	133	1.250 + 205	—

B.28 Contratos convencionales: mercado no establecido
[Referencia: párrafos B3.1.3 a B3.1.6]

¿Puede un contrato para comprar un activo financiero considerarse un contrato convencional si no hay un mercado establecido para negociar dicho contrato?

Sí. La NIIF 9 hace referencia a las condiciones que requiere la entrega del activo durante un periodo de tiempo establecido generalmente por la regulación o por una convención establecida en el mercado al que se hace referencia. El mercado no se limita a un mercado de valores formal o mercado organizado no regulado. En su lugar, hace referencia al entorno en que el activo financiero se intercambia habitualmente. Un periodo de tiempo aceptable sería el periodo razonable y habitualmente requerido por las partes para completar la transacción y preparar y ejecutar los documentos de cancelación.

Por ejemplo, un mercado para la emisión privada de instrumentos financieros puede ser un mercado.

B.29 Contratos convencionales: contrato a término
[Referencia: párrafos B3.1.3 a B3.1.6]

La Entidad ABC realiza un contrato a término para comprar 1 millón de acciones ordinarias de M en dos meses a un precio de 10 u.m. la acción. El contrato es con un individuo y no se hace a través de una bolsa de valores. El contrato requiere que ABC realice la entrega física de las acciones y pague a la contraparte 10 millones de u.m. en efectivo. Las acciones de M se negocian en un mercado público activo a un promedio de 100.000 acciones al día. La entrega convencional son tres días. ¿Se considera el contrato a término un contrato convencional?

No. El contrato debe contabilizarse como un derivado porque no se liquida de la forma que establece la regulación o la convención del mercado al que se hace referencia.

B.30 Contratos convencionales: ¿qué condiciones de liquidación habituales son aplicables?
[Referencia: párrafos B3.1.3 a B3.1.6]

¿Si los instrumentos financieros de una entidad se negocian en más de un mercado activo, y las condiciones de liquidación difieren en los distintos mercados activos, qué condiciones se aplican para evaluar si un contrato de compra de dichos instrumentos financieros es un contrato convencional?

Las condiciones que se aplican son aquellas correspondientes al mercado en el que realmente tiene lugar la compra.

Como ilustración: La Entidad XYZ compra 1 millón de acciones de la Entidad ABC en la bolsa de valores de Estados Unidos, por ejemplo, a través de un intermediario. La fecha de liquidación del contrato es seis días hábiles más tarde. La negociación de acciones de patrimonio en la bolsa de Estados Unidos habitualmente se liquida en tres días hábiles. Ya que la negociación se liquida en seis días hábiles, no cumple la exención de negociación convencional.

Sin embargo, si XYZ hubiese hecho la misma transacción en un mercado extranjero que habitualmente liquidase en un periodo de seis días hábiles, el contrato hubiera cumplido la exención de negociación convencional.

B.31 Contratos convencionales: compra de acciones a través de opción de compra
[Referencia: párrafos B3.1.3 a B3.1.6]

La Entidad A compra una opción de compra en un mercado público que le permite comprar 100 acciones de la Entidad XYZ en cualquier momento dentro de los próximos tres meses a un precio de 100 u.m. la acción. Si la Entidad A ejerce esta opción, tiene 14 días para liquidar la transacción de acuerdo con la regulación o convención de opciones en el mercado. Las acciones de XYZ se negocian en un mercado público activo que requiere tres días para la liquidación. ¿Es la compra de acciones a través del ejercicio de la opción una compra de acciones convencional?

Sí. La liquidación de una opción se rige por la regulación o la convención en el mercado de opciones y, por lo tanto, cuando se ejercita se deja de contabilizar como un derivado porque la liquidación por la entrega de las acciones en 14 días es una transacción convencional.

B.32 Reconocimiento y baja en cuentas de pasivos financieros aplicando la contabilidad de la fecha de contratación o de la fecha de liquidación
[Referencia: párrafos B3.1.3 a B3.1.6]

La NIIF 9 contiene reglas especiales sobre el reconocimiento y baja en cuentas de activos financieros en los que se utiliza la contabilidad de la fecha de contratación o de la fecha de liquidación. ¿Se aplican dichas reglas a transacciones con instrumentos financieros que se clasifican como pasivos financieros, como pueden ser transacciones en pasivos por depósitos y pasivos negociables?

No. La NIIF 9 no contiene ningún requerimiento específico sobre la contabilidad en la fecha de contratación y la contabilidad en la fecha de liquidación, en el caso de transacciones con instrumentos financieros clasificados como pasivos financieros. Por lo tanto, se aplican los requerimientos generales de reconocimiento y baja en cuentas de los párrafos 3.1.1 y 3.3.1 de la NIIF 9. El párrafo 3.1.1 de la NIIF 9 establece que los pasivos financieros se reconocen en la fecha en que la entidad "se convierte en una parte obligada según las cláusulas contractuales del instrumento". Dichos contratos generalmente no se reconocen a menos que una de las partes haya ejecutado o el contrato sea un contrato derivado no exento del alcance de la NIIF 9. El párrafo 3.3.1 de la NIIF 9 especifica que los pasivos financieros se dan de baja en cuentas solo cuando se extinguen, es decir cuando la obligación especificada en el contrato se liquida o cancela o ha caducado.

Sección C Derivados implícitos

C.1 Derivados implícitos: separación del instrumento de deuda anfitrión
[Referencia: párrafos 4.3.1, 4.3.3 y B4.3.3]

Si se requiere que un derivado implícito que no sea una opción sea separado del instrumento de deuda anfitrión, ¿cómo se identifican las condiciones del instrumento de deuda y del derivado implícito? ¿Por ejemplo, sería el instrumento de deuda anfitrión un instrumento a tasa fija, un instrumento a tasa variable o un instrumento de cupón cero?

Las condiciones del instrumento de deuda anfitrión reflejan las condiciones sustantivas establecidas o implícitas del contrato híbrido. En ausencia de condiciones implícitas o establecidas, la entidad hará sus propios juicios sobre las condiciones. Sin embargo, una entidad puede no identificar un componente que no está especificado o puede no establecer las condiciones del instrumento de deuda anfitrión de forma que podría dar lugar a la separación del derivado implícito que no está todavía claramente presente en un contrato híbrido, es decir, no puede crear un flujo de efectivo donde no lo hay. Por ejemplo, si un instrumento de deuda a cinco años tiene pagos de intereses fijos de 40.000 u.m. al año y un pago contractual al vencimiento de 1.000.000 multiplicado por el cambio en un índice de precios de patrimonio, sería inapropiado identificar un contrato anfitrión a tasa de interés variable y una permuta de patrimonio implícita que tiene una parte de compensación a tasa de interés variable en lugar de identificar un anfitrión a tasa de interés fija. En dicho ejemplo, el contrato anfitrión es un instrumento de deuda a tasa de interés fija que paga 40.000 u.m. anuales ya que no hay flujos de efectivo a tasa de interés variable en el instrumento híbrido.

Además, las condiciones de un derivado implícito que no es una opción, como puede ser un contrato a término o una permuta, deben determinarse para dar lugar a un derivado implícito con valor razonable cero al inicio del contrato híbrido. Si estuviera permitido separar el derivado implícito que no es una opción en otras condiciones, un único contrato híbrido podría ser descompuesto en una infinita variedad de combinaciones de instrumentos de deuda anfitriones y derivados implícitos, por ejemplo, al separar derivados implícitos con condiciones que den lugar a apalancamiento, asimetría u otras exposiciones al riesgo que no estaban todavía presentes en el contrato híbrido. Por lo tanto, no sería apropiado separar un derivado implícito que no sea una opción en condiciones que den lugar a un valor razonable distinto de cero en el inicio del contrato híbrido. La determinación de las condiciones del instrumento derivado está basada en las condiciones existentes cuando se emitió el instrumento financiero.

C.2 Derivados implícitos: separación de la opción implícita
[Referencia: párrafos 4.3.3 y B4.3.3]

La respuesta a la pregunta C.1 establece que las condiciones de un derivado implícito que no es una opción deben determinarse como resultado de un derivado implícito que tenga valor razonable cero en el reconocimiento inicial del contrato híbrido. Cuando un derivado implícito basado en una opción se separa, ¿Deben las condiciones de la opción implícita determinarse para dar lugar a un derivado implícito que tenga valor razonable cero o un valor intrínseco de cero (es decir tiene el mismo valor que el precio) al inicio del contrato híbrido?

No. El comportamiento económico de un contrato híbrido con un derivado implícito basado en una opción depende principalmente del precio del ejercicio (o tasa del ejercicio) especificado para el componente de opción en el contrato híbrido, como se señala a continuación. Por lo tanto, la separación del derivado implícito basado en una opción (incluyendo los componentes que el contrato híbrido contenga relacionados con las opciones de venta, de compra, de precio máximo y mínimo, de opción sobre una tasa máxima o mínima o de opción sobre una permuta de tasas en un contrato híbrido) debe basarse en las condiciones establecidas del componente de opción tal como esté documentado en el contrato híbrido. Como resultado, el derivado implícito no tendría necesariamente que tener valor razonable o intrínseco igual a cero en el momento inicial del reconocimiento del contrato híbrido.

Si se requiere a una entidad que identifique las condiciones de un derivado implícito basado en una opción de forma que se logre que el valor razonable del derivado implícito sea cero, el precio del ejercicio (o tasa del ejercicio) especificado generalmente tendría que determinarse para dar lugar a una opción que sea infinitamente desfavorable. Esto implicaría una probabilidad cero de que el componente de opción fuera ejercitado. Sin embargo, dado que la probabilidad de que el componente de opción en un contrato híbrido sea ejercitado generalmente no es cero, podría ser incongruente con el comportamiento económico probable del contrato híbrido asumir un valor razonable inicial de cero. Del mismo modo, si se requiere a una entidad que identifique las condiciones de un derivado implícito basado en opciones para lograr un valor intrínseco de cero del derivado implícitos, el precio del ejercicio (o tasa del ejercicio) especificado tendría que ser igual al precio del ejercicio (o tasa del ejercicio) de la variable subyacente en el momento del reconocimiento inicial del contrato híbrido. En este caso, el valor razonable de la opción podría consistir solo en valor temporal. Sin embargo, asumir esto no sería congruente con el comportamiento económico probable del contrato híbrido, incluyendo la probabilidad de que el componente de opción fuera ejercitado, a menos que el precio del ejercicio especificado acordado fuera igual al precio (o tasa del ejercicio) de la variable subyacente en el momento del reconocimiento inicial del contrato híbrido.

La naturaleza económica de un derivado implícito basado en una opción difiere de forma fundamental de un derivado implícito basado en un contrato a término (incluyendo tanto contratos a término como permutas financieras), porque las condiciones de un contrato a término son tales que tendrá lugar un pago basado en una diferencia entre el precio del subyacente y el precio del contrato a término en una fecha específica, mientras que las condiciones de una opción son tales que un pago basado en la diferencia entre el precio del subyacente y el precio especificado de la opción puede tener o no lugar dependiendo de la relación entre los precios especificados acordados y el precio del subyacente a la fecha o fechas especificadas en el futuro. Por tanto, el ajuste del precio del ejercicio especificado en un derivado implícito basado en una opción altera la naturaleza del contrato híbrido. Por otro lado, si las condiciones de un derivado implícito distinto de una opción en un instrumento de deuda anfitrión se determinan para dar lugar a un valor razonable de cualquier importe distinto de cero al inicio del contrato híbrido, dicho importe representará esencialmente otorgar un préstamo o tomar fondos prestados. Por consiguiente, como se argumentaba en la respuesta a la pregunta C.1, no es apropiado separar un derivado implícito distinto de una opción en un instrumento de deuda anfitrión en unas condiciones que den lugar a un valor razonable distinto de cero en el momento del reconocimiento inicial del contrato híbrido.

C.4 Derivados implícitos: bonificación en acciones
[Referencia: párrafo 4.3.1]

En determinadas circunstancias, las entidades de capital de riesgo que conceden préstamos subordinados acuerdan que cuando el prestatario cotice sus acciones en una bolsa de valores, la entidad de capital de riesgo tiene derecho a recibir acciones de la entidad prestataria sin costo o a un precio muy bajo (una bonificación en acciones) además de los pagos contractuales. Como resultado del componente de bonificación en acciones el interés del préstamo subordinado es menor que el que hubiese sido de otro modo. Si suponemos que el préstamo subordinado no se mide a valor razonable con los cambios en el valor razonable reconocidos en el resultado del periodo (párrafo 4.3.3(c) de la NIIF 9), ¿cumple el componente de la bonificación en acciones la definición de derivado implícito aunque dependa de la futura cotización del prestatario?

Sí. Las características económicas y riesgos del rendimiento en patrimonio no están estrechamente relacionadas con las características económicas y riesgos del instrumento de deuda anfitrión (párrafo 4.3.3(a) de la NIIF 9). La bonificación en acciones cumple la definición de derivado porque su valor cambia en respuesta a cambios en el precio de las acciones del prestatario, no requiere una inversión inicial neta, o bien obliga a realizar una inversión neta inicial inferior a la que se requeriría para otros tipos de contratos, en los que se podría esperar una respuesta similar ante cambios en las condiciones de mercado y es liquidada en un fecha futura (párrafo 4.3.3(b) y Apéndice A de la NIIF 9). El componente de la bonificación en acciones cumple la definición de derivado aun cuando el derecho a recibir acciones dependa de la futura cotización del prestatario. El párrafo BA.1 de la NIIF 9 establece que un derivado puede requerir un pago como resultado de un evento futuro que no esté relacionado con el importe nocional. El componente de la bonificación en acciones es similar a dicho derivado excepto que no da derecho a recibir un pago fijo, en su lugar da un derecho de opción, si tiene lugar un evento futuro.

C.6 Derivados implícitos: instrumentos sintéticos
[Referencia: párrafos 4.3.1 y 4.3.3]

La Entidad A emite un instrumento de deuda a cinco años con tasa de interés variable. Al mismo tiempo, contrata una permuta de tasas de interés a cinco años en la que paga fijo y recibe variable con la Entidad B. La Entidad A considera la combinación del instrumento de deuda y la permuta como un instrumento sintético a tasa de interés fija. La Entidad A contempla la contabilización por separado de la permuta como inapropiada dado que el párrafo B4.3.8(a) de la NIIF 9 requiere que un instrumento derivado se clasifique junto con su instrumento anfitrión si el derivado está ligado a una tasa de interés que puede cambiar el importe de los intereses contractuales que de otro modo se pagaría o recibiría por el contrato de deuda anfitrión. ¿Es correcto el análisis de la entidad?

No. Los instrumentos derivados implícitos son plazos y condiciones que se incluyen en contratos anfitriones no derivados. Es por lo general inapropiado tratar dos o más instrumentos financieros separados como un instrumento único combinado (contabilidad de "instrumentos sintéticos") a efectos de aplicar la NIIF 9. Cada uno de los instrumentos financieros tiene sus propios plazos y condiciones y cada uno debe ser transferido y liquidado por separado. Por lo tanto, el instrumento de deuda y la permuta se clasifican por separado. Las transacciones descritas aquí difieren de las transacciones tratadas en la pregunta B.6, que no tienen sustancia con independencia de la permuta de tasas de interés resultante.

C.7 Derivados implícitos: contratos de compra o venta en instrumentos en moneda extranjera
[Referencia: párrafos 4.3.1, 4.3.3 y B4.3.8(d)]

Un contrato de suministro proporciona pagos en una moneda distinta de (a) la moneda funcional de cualquiera de las partes del contrato, (b) la moneda en la cual el producto está habitualmente denominado para transacciones comerciales en todo el mundo y (c) la moneda que se utiliza comúnmente para adquirir o vender elementos no financieros en el entorno económico donde tiene lugar la transacción. ¿Existe un derivado implícito que debería separarse de acuerdo con la NIIF 9?

Sí. Como ilustración: una entidad noruega acuerda vender petróleo a una entidad en Francia. El contrato de petróleo se denomina en francos suizos, aunque los contratos de petróleo habitualmente se denominan en dólares estadounidenses para transacciones comerciales en todo el mundo, y las coronas noruegas se utilizan comúnmente para adquirir o vender elementos no financieros en Noruega. Ninguna de las entidades realiza actividades significativas en francos suizos. En este caso, la entidad noruega considera el contrato de suministro como un contrato anfitrión con un derivado implícito en moneda extranjera a término para comprar francos suizos. La entidad francesa considera el contrato de suministro como un contrato anfitrión con un derivado implícito en moneda extranjera a término para vender francos suizos. Cada entidad incluirá los cambios en el valor razonable del contrato a término en moneda extranjera en el resultado del periodo a menos que la entidad que informa designe dicho contrato como un instrumento de cobertura del flujo de efectivo, si resultara adecuado.

C.8 Derivados implícitos en moneda extranjera: provisión sobre moneda extranjera no relacionada
[Referencia: párrafo 4.3.3]

La Entidad A, que mide las partidas de sus estados financieros en euros (su moneda funcional), realiza un contrato con la Entidad B, que tiene la corona noruega como su moneda funcional, para adquirir petróleo dentro de seis meses por 1.000 dólares estadounidenses. El contrato anfitrión de petróleo no está dentro del alcance de la NIIF 9 porque se realizó, y se mantiene, con el objetivo de entregar un elemento no financiero de acuerdo con las compras, ventas o necesidades de utilización esperadas de la entidad (párrafo 2.4 y BA.2 de la NIIF 9) y la entidad no lo ha designado de forma irrevocable como medido a valor razonable con cambios en resultados de acuerdo con el párrafo 2.5 de la NIIF 9. El contrato de petróleo incluye una provisión apalancada en moneda extranjera que establece que las partes, además de la provisión y del pago del petróleo, intercambiarán un importe equivalente a la fluctuación en la tasa de cambio del dólar estadounidense y la corona noruega aplicada a un importe nocional de 100.000 dólares estadounidenses. De acuerdo con el párrafo 4.3.3 de la NIIF 9, ¿se considera ese derivado implícito (la disposición apalancada en moneda extranjera) como estrechamente relacionado con el contrato anfitrión de petróleo?

No, esa disposición apalancada en moneda extranjera se separará del contrato anfitrión de petróleo porque no está estrechamente relacionada con el contrato anfitrión de petróleo (párrafo B4.3.8(d) de la NIIF 9).

La provisión de pago de 1.000 dólares estadounidenses establecida en el contrato anfitrión de petróleo puede considerarse como un derivado en moneda extranjera porque el dólar estadounidense no es la moneda funcional ni de la Entidad A ni de la Entidad B. El derivado en moneda extranjera no se separaría porque del párrafo B4.3.8(d) de la NIIF 9 se deriva que un contrato de petróleo crudo que requiere el pago en dólares estadounidenses no se considerará como un contrato anfitrión con un derivado en moneda extranjera.

La disposición apalancada en moneda extranjera que establece que las partes intercambiarán un importe equivalente a la fluctuación en la tasa de cambio del dólar estadounidense y la corona noruega aplicada a un importe nocional de 100.000 dólares estadounidenses es adicional al pago requerido para la transacción de petróleo. No está relacionada con el contrato anfitrión de petróleo y, por lo tanto, se separará del contrato anfitrión de petróleo y se contabilizará como un derivado implícito de acuerdo con el párrafo 4.3.3 de la NIIF 9.

C.9 Derivados implícitos en moneda extranjera: moneda de comercio internacional
[Referencia: párrafo 4.3.3]

El párrafo B4.3.8(d) de la NIIF 9 hace referencia a la moneda en la cual el precio de los bienes o servicios relacionados está habitualmente denominado para transacciones comerciales en todo el mundo. ¿Podría ser una moneda que se utiliza para un determinado producto o servicio en las transacciones comerciales dentro del área local de una de las partes sustanciales del contrato?

No. La moneda en la cual el precio de los bienes o servicios relacionados está habitualmente denominado para transacciones comerciales en todo el mundo es únicamente una moneda que se utiliza para transacciones similares en todo el mundo, no solamente en un área local. Por ejemplo, si las transacciones de gas natural entre países norteamericanos habitualmente se denominan en dólares estadounidenses y en Europa tales transacciones habitualmente se denominan en euros, ni el dólar estadounidense ni el euro es una moneda en la cual los bienes o servicios están habitualmente denominados para transacciones comerciales en todo el mundo.

C.10 Derivados implícitos: tenedor autorizado, pero no obligado, a liquidar sin recuperar sustancialmente todas sus inversiones reconocidas
[Referencia: párrafo 4.3.3]

Si las condiciones de un contrato combinado permiten, pero no requieren, que el tenedor liquide dicho contrato combinado de forma tal que no recupere de manera sustancial la inversión que haya reconocido y el emisor no tenga tal derecho (por ejemplo, un instrumento de deuda con opción de venta), ¿satisface el contrato la condición establecida en el párrafo B4.3.8(a) de la NIIF 9 de que el tenedor no recupere de manera sustancial la inversión que haya reconocido?

No. La condición de que "el tenedor no recupere de manera sustancial la inversión que haya reconocido" no se satisface si las condiciones del contrato combinado permiten, pero no requieren, que el inversor liquide dicho contrato combinado de manera tal que no recupere de manera sustancial la inversión que haya reconocido y el emisor no tenga tal derecho. Por consiguiente, un contrato anfitrión que devenga intereses con un derivado implícito de tasa de interés que presente tales condiciones se considerará que está estrechamente relacionado con el contrato anfitrión. La condición de que "el tenedor no recupere de manera sustancial la inversión que haya reconocido" se aplica a situaciones en las que el tenedor puede ser forzado a aceptar la liquidación por un importe que haga que el tenedor no recupere de manera sustancial la inversión que haya reconocido.

Sección D Reconocimiento y baja en cuentas

D.1 Reconocimiento inicial

D.1.1 Reconocimiento: garantía monetaria
[Referencia: párrafos 3.1.1 y B3.1.2(a)]

La Entidad B transfiere efectivo a la Entidad A como garantía por otra transacción con la entidad A (por ejemplo, una transacción de préstamo de valores). El efectivo no se mantiene legalmente segregado del resto de activos de la Entidad A. ¿Debe reconocer la Entidad A la garantía monetaria que ha recibido como un activo?

Sí. La última realización de un activo financiero es su conversión en efectivo y, por lo tanto, no se requiere ninguna transformación adicional antes de que los beneficios económicos del efectivo transferido por la Entidad B puedan ser realizados por la Entidad A. Por lo tanto, la entidad A reconoce el efectivo como un activo y una cuenta por pagar a la Entidad B mientras que la Entidad B da de baja el efectivo y reconoce una cuenta por cobrar de la Entidad A.

D.2 Compra o venta convencional de un activo financiero

D.2.1. Fecha de negociación vs fecha de liquidación: importes a registrar en una compra
[Referencia: párrafos 3.1.2, 5.1.2, B3.1.3, B3.1.5 y B3.1.6]

¿Cómo se aplican los principios de contabilidad de la fecha de negociación y de la fecha de liquidación establecidos en la NIIF 9 a una compra de un activo financiero?

El siguiente ejemplo ilustra la aplicación de los principios de contabilidad de la fecha de negociación y de la fecha de liquidación establecidos en la NIIF 9 para la compra de un activo financiero. El 29 de diciembre de 20X1, una entidad se compromete a adquirir un activo financiero por 1.000 u.m., que es su valor razonable en la fecha del compromiso (negociación). Los costos de transacción no poseen un valor significativo. El 31 de diciembre de 20X1 (final del periodo contable) y el 4 de enero de 20X2 (fecha de liquidación) el valor razonable del activo es de 1.002 u.m y 1.003 u.m, respectivamente. Los importes a registrar para el activo dependerán de cómo se clasifica y de si se utiliza la fecha de negociación o la fecha de liquidación, tal como se muestra en las dos tablas siguientes.

Contabilidad de la fecha de liquidación			
Saldos	Activos financieros medidos al costo amortizado	Activos financieros medidos al valor razonable con cambios en otro resultado integral	Activos financieros medidos al valor razonable con cambios en resultados
29 diciembre de 20X1			
Activo financiero	1.000	–	–
Pasivo financiero	(1.000)	–	–
31 de diciembre de 20X1			
Cuenta por cobrar	–	2	2
Activo financiero	1.000	–	–
Pasivo financiero	(1.000)	–	–
Otro resultado integral (ajuste del valor razonable)	–	(2)	–
Ganancias acumuladas (con cambios en resultados)	–	–	(2)
4 de enero de 20X2			
Cuenta por cobrar	–	–	–
Activo financiero	1.000	1.003	1.003
Pasivo financiero	–	–	–
Otro resultado integral (ajuste del valor razonable)	–	(3)	–
Ganancias acumuladas (con cambios en resultados)	–	–	(3)

Contabilidad de la fecha de contratación			
Saldos	Activos financieros medidos al costo amortizado	Activos financieros medidos al valor razonable con cambios en otro resultado integral	Activos financieros medidos al valor razonable con cambios en resultados
29 diciembre de 20X1			
Activo financiero	1.000	1.000	1.000
Pasivo financiero	(1.000)	(1.000)	(1.000)
31 de diciembre de 20X1			
Cuenta por cobrar	–	–	
Activo financiero	1.000	1.002	1.002
Pasivo financiero	(1.000)	(1.000)	(1.000)
Otro resultado integral (ajuste del valor razonable)	–	(2)	–
Ganancias acumuladas (con cambios en resultados)	–	–	(2)
4 de enero de 20X2			
Cuenta por cobrar	–	–	
Activo financiero	1.000	1.003	1.003
Pasivo financiero	–	–	
Otro resultado integral (ajuste del valor razonable)	–	(3)	–
Ganancias acumuladas (con cambios en resultados)	–	–	(3)

D.2.2 Fecha de negociación vs fecha de liquidación: importes a registrar en una venta
[Referencia: párrafos 3.1.2, B3.1.3, B3.1.5 y B3.1.6]

¿Cómo se aplican los principios de contabilidad de la fecha de negociación y de la fecha de liquidación establecidos en la NIIF 9 a una venta de un activo financiero?

El siguiente ejemplo ilustra la aplicación de los principios de contabilidad de la fecha de negociación y de la fecha de liquidación establecidos en la NIIF 9 para la venta de un activo financiero. El 29 de diciembre de 20X2 (fecha de negociación) una entidad realiza un contrato para vender un activo financiero por su valor razonable actual de 1.010 u.m. El activo fue adquirido un año antes por 1.000 u.m y su importe en libros bruto es 1.000 u.m. El 31 diciembre de 20X2 (final del periodo contable), el valor razonable del activo es 1.012 u.m. El 4 de enero de 20X3 (fecha de liquidación), el valor razonable es 1.013 u.m. Los importes a registrar dependerán de cómo se clasifique el activo y de si se utiliza la fecha de negociación o la fecha de liquidación, tal como se muestra en las dos tablas siguientes (cualquier corrección de valor por pérdidas o ingreso por intereses sobre el activo financiero no se toma en consideración a efectos de este ejemplo).

Un cambio en el valor razonable de un activo financiero que se vende de forma convencional no se registra en los estados financieros entre la fecha de negociación y la fecha de liquidación aun cuando la entidad aplique la contabilidad de la fecha de liquidación porque el derecho del vendedor respecto a los cambios en el valor razonable cesa a la fecha de negociación.

Contabilidad de la fecha de liquidación			
Saldos	Activos financieros medidos al costo amortizado	Activos financieros medidos al valor razonable con cambios en otro resultado integral	Activos financieros medidos al valor razonable con cambios en resultados
29 diciembre de 20X2			
Cuenta por cobrar	–	–	–
Activo financiero	1.000	1.010	1.010
Otro resultado integral (ajuste del valor razonable)	–	10	–
Ganancias acumuladas (con cambios en resultados)	–	–	10
31 de diciembre de 20X2			
Cuenta por cobrar	–	–	–
Activo financiero	1.000	1.010	1.010
Otro resultado integral (ajuste del valor razonable)	–	10	–
Ganancias acumuladas (con cambios en resultados)	–	–	10
4 de enero de 20X3			
Otro resultado integral (ajuste del valor razonable)	–	–	–
Ganancias acumuladas (con cambios en resultados)	10	10	10

Contabilidad de la fecha de contratación			
Saldos	Activos financieros medidos al costo amortizado	Activos financieros medidos al valor razonable con cambios en otro resultado integral	Activos financieros medidos al valor razonable con cambios en resultados
29 diciembre de 20X2			
Cuenta por cobrar	1.010	1.010	1.010
Activo financiero	–	–	–
Otro resultado integral (ajuste del valor razonable)	–	–	–
Ganancias acumuladas (con cambios en resultados)	10	10	10
31 de diciembre de 20X2			
Cuenta por cobrar	1.010	1.010	1.010
Activo financiero	–	–	–
Otro resultado integral (ajuste del valor razonable)	–	–	–
Ganancias acumuladas (con cambios en resultados)	10	10	10
4 de enero de 20X3			
Otro resultado integral (ajuste del valor razonable)	–	–	–
Ganancias acumuladas (con cambios en resultados)	10	10	10

D.2.3 Contabilidad de la fecha de liquidación: intercambio de activos financieros distintos al efectivo
[Referencia: párrafos 3.1.2, B3.1.3, B3.1.5 y B3.1.6]

Si una entidad reconoce ventas de activos financieros utilizando la contabilidad de la fecha de liquidación, ¿se reconocería, de acuerdo con el párrafo 5.7.4 de la NIIF 9 un cambio en el valor razonable de un activo financiero a recibir a cambio del activo financiero distinto al efectivo que se ha vendido?

Depende. Cualquier cambio en el valor razonable del activo financiero a recibir se contabilizaría de acuerdo con el párrafo 5.7.4 de la NIIF 9 si la entidad aplica la contabilidad de la fecha de liquidación para esa categoría de activos financieros. Sin embargo, si la entidad clasifica el activo financiero a recibir en una categoría para la cual aplica la contabilidad de la fecha de negociación, el activo a recibir se reconocerá a la fecha de negociación tal como se describe en el párrafo B3.1.5 de la NIIF 9. En tal caso, la entidad reconocerá un pasivo por un importe igual al importe en libros del activo financiero que se va a entregar a la fecha de liquidación.

Como ilustración: el 29 de diciembre de 20X2 (fecha de negociación) la Entidad A realiza un contrato para vender un Efecto Comercial A, el cual se mide por su costo amortizado, a cambio del Bono B, el cual cumple la definición de mantenido para negociar y se medirá por su valor razonable. El 29 de diciembre ambos activos tienen un valor razonable de 1.010 u.m., mientras que el costo amortizado del Efecto Comercial A es 1.000 u.m. La Entidad A utiliza la contabilidad de la fecha de liquidación para los activos financieros medidos al costo amortizado y la contabilidad de la fecha de negociación para los activos que cumplen la definición de mantenidos para negociar. El 31 de diciembre de 20X2 (final del periodo contable), el valor razonable del Efecto Comercial A es 1.012 u.m. y el valor razonable del Bono B es 1.009 u.m. El 4 de enero de 20X3, el valor razonable del Efecto Comercial A es 1.013 u.m y el valor razonable del Bono B es 1.007 u.m. Se realizan los siguientes asientos contables:

29 diciembre de 20X2

Dr	Bono B	1.010 u.m.
	Cr Cuenta por pagar	1.010 u.m.

31 de diciembre de 20X2

Dr	Pérdida en negociación	1 u.m.
	Cr Bono B	1 u.m.

4 de enero de 20X3

Dr	Cuenta por pagar	1.010 u.m.
Dr	Pérdida en negociación	2 u.m.
	Cr Efecto Comercial a cobrar A	1.000 u.m.
	Cr Bono B	2 u.m.
	Cr Ganancia realizada	10 u.m.

Sección E Medición

E.1 Medición inicial de activos financieros y pasivos financieros

E.1.1 Medición inicial: costos de transacción
[Referencia: párrafo 5.1.1]

Los costos de transacción deben incluirse en la medición inicial de los activos financieros y los pasivos financieros aparte de aquéllos a valor razonable con cambios en resultados. ¿Cómo debe aplicarse este requerimiento en la práctica?

Para los activos financieros que no se midan a valor razonable con cambios en resultados, los costos de transacción se añaden a la medición del valor razonable en el momento del reconocimiento inicial. Para pasivos financieros, los costos de transacción se deducen del valor razonable en el momento del reconocimiento inicial.

Para instrumentos financieros que se midan al costo amortizado, los costos de transacción se incluyen posteriormente en el cálculo del costo amortizado utilizando el método del interés efectivo y, de hecho, amortizado a través del resultado del periodo durante la vida del instrumento.

Para instrumentos financieros que se midan a valor razonable con cambios en otro resultado integral de acuerdo con los párrafos 4.1.2A y 5.7.10 o los párrafos 4.1.4 y 5.7.5 de la NIIF 9, los costos de transacción se reconocen en otro resultado integral como parte de un cambio en el valor razonable en la próxima nueva medición. Si el activo financiero se mide de acuerdo con los párrafos 4.1.2A y 5.7.10 de la NIIF 9, los costos de transacción se amortizan contra el resultado del periodo utilizando el método de la tasa de interés efectiva y, en efecto, amortizados a través del resultado del periodo a lo largo de la vida del instrumento.

Los costos de transacción que se espera incurrir en la transferencia o disposición de un instrumento financiero no se incluyen en la medición de un instrumento financiero.

E.3 Ganancias y pérdidas

E.3.2 La NIIF 9 y la NIC 21—activos financieros medidos al valor razonable con cambios en otro resultado integral: separación de componentes de moneda

[Referencia:

párrafos 4.1.2A, 5.7.10, B5.7.2 y B5.7.2A

párrafos 22, 23(a) y 28, NIC 21]

Un activo financiero medido al valor razonable con cambios en otro resultado integral de acuerdo con el párrafo 4.1.2A de la NIIF 9 se trata como una partida monetaria. Por ello, la entidad reconoce los cambios en el importe en libros relacionados con variaciones en las tasas de cambio en el resultado del periodo de acuerdo con los párrafos 23(a) y 28 de la NIC 21 y reconoce otros cambios en el importe en libros en otro resultado integral de acuerdo con la NIIF 9. ¿Cómo se determinan las ganancias o pérdidas acumuladas que se reconocen en otro resultado integral?

Son la diferencia entre el costo amortizado del activo financiero[2] y su valor razonable en la moneda funcional de la entidad que informa. A efectos de la aplicación del párrafo 28 de la NIC 21, el activo se trata como un activo medido al costo amortizado en la moneda extranjera.

Para ilustrar: a 31 de diciembre de 20X1 la Entidad A adquiere un bono denominado en una moneda extranjera (ME) por su valor razonable de 1.000ME. Al bono le quedan cinco años hasta el vencimiento y un importe nominal contractual de 1.250ME, conlleva un interés fijo del 4,7 por ciento que se paga anualmente (1.250ME × 4,7% = 59ME por año), y tiene una tasa de interés efectiva del 10 por ciento. La Entidad A clasifica el bono como medido posteriormente al valor razonable con cambios en otro resultado integral de acuerdo con el párrafo 4.1.2A de la NIIF 9 y, por ello, reconoce ganancias y pérdidas en

---

2   El objetivo de este ejemplo es ilustrar la separación del componente moneda de un activo financiero que se mide al valor razonable con cambios en otro resultado integral de acuerdo con el párrafo 4.1.2A de la NIIF 9. En consecuencia, por simplicidad, este ejemplo no refleja el efecto de los requerimientos de deterioro de valor de la Sección 5.5 de la NIIF 9.

otro resultado integral. La moneda funcional de la entidad es su moneda local (ML). La tasa de cambio es 1ME a 1,5ML y el importe en libros del bono es 1.500ML (= 1.000 × 1,5).

Dr	Bono	1.500ML	
	Cr Efectivo		1.500ML

A 31 de diciembre de 20X2 la moneda extranjera se ha apreciado y la tasa de cambio es de 1ME a 2ML. El valor razonable del bono es 1.060ME y, por ello, el importe en libros es de 2.120ML (= 1.060 × 2). El costo amortizado es 1.041ME (= 2.082ML). En este caso, la ganancia o pérdida acumulada a reconocer en otro resultado integral y acumulada en patrimonio es la diferencia entre el valor razonable y el costo amortizado a 31 de diciembre de 20X2, es decir, 38ML (= 2.120ML − 2.082ML).

El interés recibido por el bono a 31 de diciembre de 20X2 es de 59ME (= 118ML). El ingreso por intereses determinado de acuerdo el método de la tasa de interés efectiva es 100ME (= 1.000ME × 10 por ciento). La tasa de cambio promedio durante el año es de 1ME por 1,75ML. A efectos de esta pregunta, se asume que el uso de la tasa de cambio promedio proporciona una aproximación fiable de las tasas al contando aplicables a la acumulación (devengo) de ingreso por intereses durante el año (véase el párrafo 22 de la NIC 21). Por ello, los ingresos por intereses presentados son de 175ML (= 100ME × 1,75) incluyendo la adición del descuento inicial de 72ML [= (100ME − 59ME) × 1,75]. Por consiguiente, la diferencia de cambio sobre el bono que se reconoce en el resultado del periodo es de 510ML (= 2.082ML − 1.500ML − 72ML). También, existe una ganancia de cambio sobre la cuenta de intereses por cobrar del año de 15ML [= 59ME × (2,00 − 1,75)].

Dr	Bono	620 ML	
Dr	Efectivo	118 ML	
	Cr Ingresos por intereses		175 ML
	Cr Ganancia de cambio		525 ML
	Cr Valor razonable con cambios en otro resultado integral		38 ML

A 31 de diciembre de 20X3 la moneda extranjera se ha apreciado adicionalmente y la tasa de cambio es de 1ME a 2,50ML. El valor razonable del bono es 1.070ME y, por ello, el importe en libros es de 2.675ML (= 1.070ME × 2,50). El costo amortizado es 1.086ME (= 2.715ML). La ganancia o pérdida a acumular en otro resultado integral es la diferencia entre el valor razonable y el costo amortizado a 31 de diciembre de 20X3, es decir, negativa de 40ML (= 2.675ML − 2.715ML). Por ello, el importe reconocido en otro resultado integral es igual al cambio en la diferencia durante 20X3 de 78ML (= 40ML + 38ML).

El interés recibido por el bono a 31 de diciembre de 20X3 es de 59ME (= 148ML). El ingreso por intereses determinado de acuerdo el método del interés efectivo es 104ME (= 1.041ME × 10%). La tasa de cambio promedio durante el año es de 1ME por 2,25ML. A efectos de esta pregunta, se asume que el uso de la tasa de cambio promedio proporciona una aproximación fiable de las tasas al contando aplicables a la acumulación (devengo) de ingreso por intereses durante el año (véase el párrafo 22 de la NIC 21). Por ello, los ingresos por intereses reconocidos son de 234ML (= 104ME × 2,25) incluyendo la adición del descuento inicial de 101ML [= (104ME − 59ME) × 2,25]. Por consiguiente, la diferencia de cambio sobre el bono que se reconoce en el resultado del periodo es de 532ML (= 2.715ML – 2.082ML – 101ML). También, existe una ganancia de cambio sobre la cuenta de intereses por cobrar del año de 15ML [= 59ME × (2,50 – 2,25)].

Dr	Bono	555 ML
Dr	Efectivo	148 ML
Dr	Valor razonable con cambios en otro resultado integral	78 ML
	Cr Ingresos por intereses	234 ML
	Cr Ganancia de cambio	547 ML

E.3.3 NIIF 9 y NIC 21—diferencias de cambio derivadas de la conversión de entidades extranjeras: ¿otro resultado integral o resultado del periodo?
[Referencia:
párrafos 5.7.10 a 5.7.11 y B5.7.2 a B5.7.2A
NIC 21 párrafos 22, 32, 39 y 48]

Los párrafos 32 y 48 de la NIC 21 establecen que todas las diferencias de cambio resultantes de la conversión de los estados financieros de un negocio extranjero deben reconocerse en otro resultado integral hasta que se disponga de dicha inversión neta. Esto incluiría diferencias de cambio surgidas de instrumentos financieros contabilizados al valor razonable, lo cual incluiría a activos financieros medidos al valor razonable con cambios en resultados y a activos financieros que se miden al valor razonable con cambios en otro resultado integral de acuerdo con la NIIF 9.

La NIIF 9 requiere que los cambios en el valor razonable de los activos financieros medidos al valor razonable con cambios en resultados deben reconocerse en el resultado del periodo y los cambios en el valor razonable de activos financieros medidos a valor razonable con cambios en otro resultado integral deben reconocerse en otro resultado integral.

Si el negocio extranjero es una subsidiaria cuyos estados financieros se consolidan con los de su controladora, ¿cómo se aplican la NIIF 9 y el párrafo 39 de la NIC 21 en los estados financieros consolidados?

La NIIF 9 se aplica en la contabilización de instrumentos financieros en los estados financieros de un negocio extranjero y la NIC 21 se aplica en la conversión de los estados financieros de un negocio extranjero para su incorporación a los estados financieros de la entidad que informa.

Como ilustración: La Entidad A está domiciliada en el País X y su moneda funcional y moneda de presentación son la moneda local del País X (MLX). A tiene una subsidiaria extranjera (Entidad B) en el País Y cuya moneda funcional es la moneda local del País Y (MLY). B es la propietaria de un instrumento de deuda, que cumple la definición de mantenido para negociar y, por lo tanto, se mide por su valor razonable con cambios en resultados de acuerdo con la NIIF 9.

En los estados financieros de B para el año 20X0, el valor razonable e importe en libros del instrumento de deuda es 100 MLY en la moneda local del País Y. En los estados financieros consolidados de A, el activo se convierte a la moneda local del País X utilizando la tasa de cambio de contado correspondiente a la fecha de balance (2,00). Por lo tanto, el importe en libros en los estados financieros consolidados es de 200 MLX (= 100 MLY × 2,00).

Al final del año 20X1, el valor razonable del instrumento de deuda ha aumentado a 110 MLY en la moneda local del País Y. B reconoce el activo de negociación en su estado de situación financiera por 110 MLY y reconoce una ganancia de valor razonable de 10 MLY en su resultado del periodo. Durante el año, la tasa de cambio al contado se ha incrementado de 2,00 a 3,00 resultando en un incremento del valor razonable del instrumento, en la moneda local del País X, de 200 MLX a 330 MLX (= 110 MLY × 3,00). Por tanto, la Entidad A reconoce el activo de negociación por 330 MLX en sus estados financieros consolidados.

La Entidad A convierte el estado del resultado integral de B "a las tasas de cambio de la fecha de cada transacción" [párrafo 39(b) de la NIC 21]. Puesto que la ganancia de valor razonable se ha acumulado (devengado) durante el año, A utiliza el promedio de la tasa como una aproximación práctica ([3,00 + 2,00] / 2 = 2,50, de acuerdo con el párrafo 22 de la NIC 21). Por lo tanto, aunque el valor razonable del activo de negociación se ha incrementado en 130 MLX (= 330 MLX – 200 MLX), la Entidad A únicamente reconoce 25 MLX (= 10 MLY × 2,5) de este incremento en el resultado consolidado para cumplir con el párrafo 39(b) de la NIC 21. La diferencia de cambio resultante, es decir, el incremento restante del valor razonable del instrumento de deuda (130 MLX – 25 MLX = 105 MLX), se acumula en otro resultado integral hasta la disposición de la inversión neta en el negocio extranjero de acuerdo con el párrafo 48 de la NIC 21.

E.3.4 NIIF 9 y NIC 21—interacción entre la NIIF 9 y la NIC 21
[Referencia:
párrafos 5.7.5, 5.7.10, B5.7.2, B5.7.2A y B5.7.3
párrafos 23 a 24, 28 y 32, NIC 21]

La NIIF 9 incluye requerimientos acerca de la medición de activos financieros y pasivos financieros y el reconocimiento de ganancias y pérdidas en el resultado del periodo por la nueva medición. La NIC 21 incluye reglas sobre la presentación de partidas en moneda extranjera y el reconocimiento de diferencias de cambio en resultados. ¿En qué orden se aplican la NIC 21 y la NIIF 9?

Estado de situación financiera

Generalmente, la medición de un activo financiero o pasivo financiero al valor razonable o al costo amortizado se determina en primer lugar en la moneda extranjera en la que se denomina tal partida de acuerdo con la NIIF 9. A continuación, el importe en moneda extranjera se convertirá a la moneda funcional utilizando la tasa de cambio de cierre o una tasa histórica de acuerdo con la NIC 21 (párrafo B5.7.2 de la NIIF 9). Por ejemplo, si un activo financiero monetario (como un instrumento de deuda) se mide por su costo amortizado de acuerdo con la NIIF 9, el costo amortizado se calculará en la moneda en la que dicho activo financiero esté denominado. A continuación, el importe en moneda extranjera se reconocerá en los estados financieros de la entidad utilizando la tasa de cambio de cierre (párrafo 23 de la NIC 21). Esto es aplicable independientemente de si el activo monetario se mide al costo amortizado o al valor razonable en la moneda extranjera (párrafo 24 de la NIC 21). Un activo financiero no monetario (tal como una inversión en un instrumento de patrimonio) que se mide al valor razonable en una moneda extranjera se convierte usando la tasa de cierre [párrafo 23 (c) de la NIC 21].

Como excepción, si el activo financiero o pasivo financiero se designa como una partida cubierta en una cobertura del valor razonable de la exposición a variaciones en las tasas de cambio de moneda extranjera según la NIIF 9 (o la NIC 39 si la entidad elige como su política contable continuar aplicando los requerimientos de la contabilidad de coberturas de la NIC 39), la partida cubierta se vuelve a medir por las variaciones en las tasas de cambio incluso si de otro modo se hubiera reconocido utilizando una tasa de cambio histórica de acuerdo con la NIC 21 (párrafo 6.5.8 de la NIIF 9 o párrafo 89 de la NIC 39), es decir, el importe en moneda extranjera se reconocerá utilizando la tasa de cambio de cierre. Esta excepción se aplica a partidas no monetarias que se contabilizan por su costo histórico en la moneda extranjera y que se cubren contra la exposición a las tasas de cambio de moneda extranjera [párrafo 23(b) de la NIC 21].

Resultado del periodo

El reconocimiento en resultados de un cambio en el importe en libros de un activo financiero o pasivo financiero depende de varios factores, incluyendo si se trata de una diferencia de cambio u otro cambio en el importe en libros, si ha surgido en una partida monetaria (por ejemplo, la mayoría de los instrumentos de deuda) o no monetaria (como la mayoría de las participaciones en el patrimonio de otras entidades), si el activo o pasivo asociado se designa como una cobertura del flujo de efectivo de una exposición a variaciones en las tasas de cambio de moneda extranjera, y si se deriva de la conversión de los estados financieros de un negocio extranjero. El problema de reconocer los cambios en el importe en libros de un activo financiero o pasivo financiero mantenido por un negocio extranjero se trata en una pregunta separada (véase la Pregunta E.3.3).

Cualquier diferencia de cambio derivada del reconocimiento de una *partida monetaria* a una tasa distinta de la tasa a la cual fue inicialmente reconocida durante el periodo, o en estados financieros previos, se reconoce en el resultado del periodo de acuerdo con la NIC 21 (párrafo B5.7.2 de la NIIF 9, párrafos 28 y 32 de la NIC 21), a menos que la partida monetaria se designe como una cobertura de flujos de efectivo de una transacción altamente probable prevista en moneda extranjera, en cuyo caso se aplican los requerimientos para el reconocimiento de ganancias y pérdidas en coberturas de flujos de efectivo (párrafo 6.5.11 de la NIIF 9 o párrafo 95 de la NIC 39). Las diferencias derivadas del reconocimiento de una partida monetaria por un importe en moneda extranjera distinto al que fue reconocido previamente se contabilizarán de modo similar, puesto que todos los cambios en el importe en libros relacionados con los movimientos de la moneda extranjera deben ser tratados de forma congruente. El resto de cambios en la medición en el estado de situación financiera de una partida monetaria se reconocen en resultado del periodo de acuerdo con la NIIF 9. Por ejemplo, aunque una entidad reconoce las ganancias y pérdidas en activos financieros medidos al valor razonable con cambios en otro resultado integral en otro resultado integral (párrafos 5.7.10 y B5.7.2A de la NIIF 9), la entidad, no obstante, registra los cambios en el importe en libros relacionados con cambios en las tasas de cambio en el resultado del periodo [párrafo 23(a) de la NIC 21].

Cualquier cambio en el importe en libros de una *partida no monetaria* se reconoce en el resultado del periodo o en otro resultado integral de acuerdo con la NIIF 9. Por ejemplo, para una inversión en un instrumento de patrimonio que se presenta de acuerdo con el párrafo 5.7.5 de la NIIF 9, el cambio en su totalidad en el importe en libros, incluyendo el efecto de las variaciones en las tasas de cambio se presenta en otro resultado integral (párrafo B5.7.3 de la NIIF 9). Si la partida no monetaria se designa como una cobertura del flujo de efectivo de un compromiso en firme no reconocido o de una transacción prevista en moneda extranjera altamente probable, se aplican los requerimientos para el reconocimiento de ganancias y pérdidas en coberturas de flujos de efectivo (párrafo 6.5.11 de la NIIF 9 o párrafo 95 de la NIC 39).

Cuando se reconoce alguna parte del cambio en el importe en libros en otro resultado integral y alguna parte se reconoce en el resultado del periodo, por ejemplo, si el costo amortizado de un bono en moneda extranjera medido a valor razonable con cambios en otro resultado integral se ha incrementado en moneda extranjera (dando lugar a una ganancia en el resultado del periodo) pero su valor razonable ha disminuido en moneda extranjera (dando lugar a una pérdida reconocida en otro resultado integral), una entidad no puede compensar los dos componentes a efectos de determinar ganancias o pérdidas que deben reconocerse en el resultado del periodo o en otro resultado integral.

Sección G Otros

G.2 NIIF 9 y NIC 7—contabilidad de coberturas: estados de flujo de efectivo

¿Cómo deberían clasificarse los flujos de efectivo que surgen de instrumentos de cobertura en los estados de flujo de efectivo?

Los flujos de efectivo que surgen de instrumentos de cobertura se clasifican como actividades de operación, de inversión o de financiación, según el criterio de clasificación de los flujos de efectivo que surgen de la partida cubierta. Aunque la terminología de la NIC 7 no ha sido actualizada para reflejar la NIIF 9, la clasificación de los flujos de efectivo que surgen de los instrumentos de cobertura en el estado de flujos de efectivo debe ser congruente con la clasificación de esos instrumentos como instrumento de cobertura según la NIIF 9.

Apéndice
Modificaciones a las guías en otras Normas

Las modificaciones en este apéndice a las guías de otras Normas son necesarias para garantizar la congruencia con la NIIF 9 y las modificaciones relacionadas con otras Normas.

* * * * *

Las modificaciones contenidas en este apéndice cuando se emitió la NIIF 9 en 2014 se han incorporado a la guía en las Normas correspondientes publicada en este volumen.

Documentos del IASB publicados para acompañar a la

NIIF 10

Estados Financieros Consolidados

El texto normativo de la NIIF 10 se encuentra en la Parte A de esta edición. El texto normativo de los Fundamentos de las Conclusiones de la NIIF 10 se encuentra en la Parte C de esta edición. Su fecha de vigencia en el momento de la emisión era el 1 de enero de 2013. Esta parte presenta los siguientes documentos:

EJEMPLOS ILUSTRATIVOS

MODIFICACIONES A LAS GUÍAS ESTABLECIDAS EN OTRAS NIIF

Ejemplos Ilustrativos

Estos ejemplos acompañan a la NIIF, pero no forman parte de ella.

Ejemplo 1

EI1   Una entidad, la Sociedad en Comandita, se forma en 20X1 como una sociedad en comandita por acciones con una vida de 10 años. En el memorando de oferta señala que el propósito de la Sociedad en Comandita es invertir en entidades con potencial de crecimiento rápido, con el objetivo de realizar apreciaciones del capital a lo largo de su vida. La Entidad SSRL (el socio sin responsabilidad limitada de la Sociedad en Comandita) proporciona el 1 por ciento del capital de la Sociedad en Comandita y tiene la responsabilidad de identificar las inversiones adecuadas para la sociedad. Aproximadamente 75 socios con responsabilidad limitada que no están relacionados con la Entidad SSRL, proporcionan el 99 por ciento del capital de la sociedad.

EI2   La Sociedad en Comandita comienza sus actividades de inversión en 20X1. Sin embargo, no identifica inversiones adecuadas hasta finales de 20X1. En 20X2 la Sociedad en Comandita adquiere una participación controladora en una entidad, Corporación ABC. La Sociedad en Comandita no es capaz de cerrar otra transacción de inversión hasta 20X3, momento en que adquiere participaciones en el patrimonio de cinco empresas operativas adicionales. La Sociedad en Comandita no lleva a cabo otras actividades distintas a la adquisición de estas participaciones en el patrimonio. La Sociedad en Comandita mide y evalúa sus inversiones sobre la base del valor razonable y esta información la proporciona a la Entidad SSRL y a los inversores externos.

EI3   La Sociedad en Comandita tiene previsto disponer de sus participaciones en cada una de sus participadas a lo largo de los 10 años de vida señalada para la sociedad. Estas disposiciones incluyen la venta total en efectivo, la distribución de los títulos de patrimonio bursátiles a los inversores siguiendo la exitosa oferta pública de los títulos de las participadas y la venta de las inversiones al público u otras entidades no relacionadas.

Conclusión

EI4   A partir de la información proporcionada, la Sociedad en Comandita cumple la definición de una entidad de inversión desde su constitución en 20X1 a 31 de diciembre de 20X3 porque se dan las condiciones siguientes:

(a)   La Sociedad en Comandita ha obtenido fondos de socios con responsabilidad limitada y está prestando a dichos socios servicios de gestión de inversiones; **[Referencia: párrafo 27(a)]**

(b)   La única actividad de la Sociedad en Comandita es adquirir participaciones en el patrimonio de empresas operativas con el propósito de realizar apreciaciones del capital a lo largo de la vida de las inversiones. La Sociedad en Comandita ha identificado y documentado estrategias de salida para sus inversiones, todas ellas son inversiones en patrimonio **[Referencia: párrafos 27(b) y B85B a B85J]**; y

(c) Sociedad en Comandita mide y evalúa sus inversiones sobre la base del valor razonable y presenta esta información financiera a sus inversores. **[Referencia: párrafos 27(c) y B85K a B85M]**

EI5 Además, la Sociedad en Comandita muestra las características típicas siguientes de una entidad de inversión:

(a) La Sociedad en Comandita se financia por muchos inversores; **[Referencia: párrafos 28(b) y B85Q a B85S]**

(b) sus socios con responsabilidad limitada no están relacionados con la Sociedad en Comandita **[Referencia: párrafos 28(c) y B85T a B85U]**; y

(c) la propiedad de la Sociedad en Comandita está representada por unidades de participaciones en la propiedad adquiridas a través de una aportación de capital. **[Referencia: párrafos 28(d) y B85V a B85W]**

EI6 La Sociedad en Comandita no mantiene más de una inversión a lo largo del periodo. Sin embargo, esto es debido a que estaba aún en su periodo inicial y no había identificado oportunidades de inversión adecuadas. **[Referencia: párrafos 28(a) y B85O a B85P]**

Ejemplo 2

EI7 El Fondo de Alta Tecnología se creó por Corporación Tecnológica para invertir en empresas nuevas de tecnología para apreciaciones del capital. Corporación Tecnológica mantiene un 70 por ciento de participación en Fondo de Alta Tecnología y lo controla; el otro 30 por ciento de participación en la propiedad del Fondo de Alta Tecnología pertenece a 10 inversores no relacionados. Corporación Tecnológica mantiene opciones para adquirir inversiones mantenidas por el Fondo de Alta Tecnología, a su valor razonable, que se ejercerían si la tecnología desarrollada por la participada beneficiara a las operaciones de Corporación Tecnológica. No se han identificado planes de salida de las inversiones por el Fondo de Alta Tecnología. El Fondo de Alta Tecnología se gestiona por un asesor de inversiones que actúa como agente para los inversores de Fondo de Alta Tecnología.

Conclusión

EI8 Aun cuando el propósito de negocio del Fondo de Alta Tecnología es invertir para apreciación del capital y presta servicios de gestión de inversiones a sus inversores **[Referencia: párrafo 27(b)]**, el Fondo de Alta Tecnología no es una entidad de inversión debido a los siguientes acuerdos y circunstancias:

(a) Corporación Tecnológica, la controladora del Fondo de Alta Tecnología, mantiene opciones para adquirir inversiones en participadas mantenidas por el Fondo de Alta Tecnología si los activos desarrollados por las participadas beneficiaran a las operaciones de Corporación Tecnológica. Esto proporciona una ventaja además de la apreciación del capital o ingresos de inversiones; y **[Referencia: párrafos 27(b) y B85I]**

(b) los planes de inversión del Fondo de Alta Tecnología no incluyen estrategias de salida para sus inversiones, que son inversiones en patrimonio. Las opciones mantenidas por Corporación Tecnológica no están controladas por el Fondo de Alta Tecnología y no constituyen una estrategia de salida. **[Referencia: párrafos B85F a B85H]**

Ejemplo 3

EI9 La Entidad Bienes Inmuebles se constituyó para desarrollar, poseer y operar al por menor, oficinas y otras propiedades comerciales. La Entidad Bienes Inmuebles habitualmente mantiene su propiedad en subsidiarias totalmente participadas separadas, que no tienen prácticamente otros importantes activos y pasivos distintos de los préstamos utilizados para financiar las propiedades de inversión relacionadas. La Entidad Bienes Inmuebles y cada una de sus subsidiarias presentan sus propiedades de inversión al valor razonable de acuerdo con la NIC 40 *Propiedades de Inversión*. La Entidad Bienes Inmuebles no tiene una programación de tiempo significativa para disponer de sus inversiones en propiedades, pero utiliza el valor razonable para ayudar a identificar el momento óptimo de disposición. Aunque el valor razonable es un indicador de rendimiento, la Entidad Bienes Inmuebles y sus inversores utilizan otras medidas, incluyendo información sobre flujos de efectivo esperados, ingresos y gastos por alquileres, para evaluar el rendimiento y tomar decisiones de inversión. El personal clave de la gerencia de la Entidad Bienes Inmuebles no considera que la información sobre el valor razonable sea el atributo de medición principal para evaluar el rendimiento de sus inversiones sino más bien una parte de un grupo de indicadores de rendimiento claves igualmente relevantes.

EI10 La Entidad Bienes Inmuebles lleva a cabo importantes actividades de gestión de activos y propiedades, incluyendo mantenimiento de propiedades, desembolsos de capital, nuevos desarrollos, comercialización y selección de arrendatarios, algunos de los cuales se externalizan a terceros. Esto incluye la selección de propiedades para la renovación, desarrollo y negociación con proveedores para el diseño y trabajo de construcción a realizar para desarrollar estas propiedades. Esta actividad de desarrollo forma una parte importante separada de las actividades de negocio de la Entidad Bienes Inmuebles.

Conclusión

EI11 La Entidad Bienes Inmuebles no cumple la definición de una entidad de inversión porque:

(a) La Entidad Bienes Inmuebles tiene una actividad de negocio importante separada que involucra la gestión activa de su cartera de propiedades, incluyendo actividades de negociaciones de arrendamiento, renovación y desarrollo, y comercialización de propiedades que proporcionan beneficios distintos de la apreciación del capital, ingresos de inversiones o ambos; **[Referencia: párrafos 27(b) y B85B]**

(b)   los planes de inversión de la Entidad Bienes Inmuebles no incluyen estrategias de salida específicas para sus inversiones. Como consecuencia, la Entidad Bienes Inmuebles prevé mantener las inversiones en propiedades de forma indefinida **[Referencia: párrafos B85F a B85H]**; y

(c)   aunque la Entidad Bienes Inmuebles presenta sus propiedades de inversión al valor razonable de acuerdo con la NIC 40, el valor razonable no es el atributo de medición principal utilizado por la gerencia para evaluar el rendimiento de sus inversiones. Se utilizan otros indicadores de rendimiento para evaluar el rendimiento y tomar decisiones de inversión. **[Referencia: párrafos 27(c) y B85K]**

Ejemplo 4

EI12   Una entidad, Fondo Maestro, se constituyó en 20X1 con una vida de 10 años. El patrimonio del Fondo Maestro lo mantienen dos fondos de inversión colectiva relacionados. Los fondos de inversión colectiva se establecen en conexión unos con otros para cumplir requerimientos legales, de regulación, fiscales o similares. Los fondos de inversión colectiva se capitalizan con un 1 por ciento de inversiones del socio sin responsabilidad limitada y el 99 por ciento de inversores en patrimonio que no están relacionados con el socio sin responsabilidad limitada (sin tener ser parte que mantiene una participación financiera controladora).

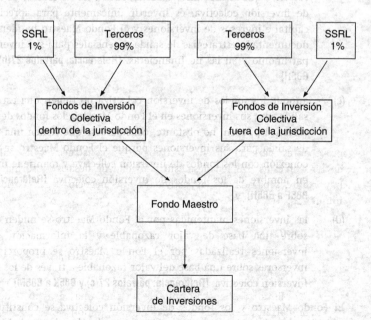

EI13   El propósito del Fondo Maestro es mantener una cartera de inversiones para generar apreciación del capital e ingresos de inversiones (tales como dividendos, intereses e ingresos por rentas). El objetivo de inversión comunicado a los inversores es que el único propósito de la estructura de inversión colectiva maestra es proporcionar oportunidades de inversión para

los inversores en nichos de mercado separados para invertir en grandes combinaciones de activos. El Fondo Maestro ha identificado y documentado estrategias de salida para las inversiones en patrimonio y no financieras que mantiene. El Fondo Maestro mantiene una cartera a corto y medio plazo de inversiones en deuda, algunas de la cuales se mantendrán hasta el vencimiento y otras se negociarán pero el Fondo Maestro no ha identificado de forma específica qué inversiones se mantendrán y cuáles se negociarán. El Fondo Maestro mide y evalúa prácticamente todas sus inversiones, incluyendo sus inversiones en deuda, sobre la base del valor razonable. Además, los inversores reciben información financiera periódica, sobre la base del valor razonable, de los fondos de inversión colectiva. La propiedad del Fondo Maestro y de los fondos de inversión colectiva se representa a través de unidades de patrimonio.

Conclusión

EI14 El Fondo Maestro y cada fondo de inversión colectiva cumplen la definición de una entidad de inversión. Existen las siguientes condiciones:

(a) el Fondo Maestro y los fondos de inversión colectiva han obtenido fondos para el propósito de prestar a los inversores servicios de gestión de inversión; **[Referencia: párrafo 27(a)]**

(b) el propósito de negocio de la estructura del fondo maestro de inversión colectiva que se comunicó directamente a los inversores de los fondos de inversión colectiva, es invertir únicamente para apreciación del capital e ingresos de inversiones y el Fondo Maestro ha identificado y documentado estrategias de salida potenciales para sus inversiones en patrimonio y en las no financieras. **[Referencia: párrafos 27(b) y B85F a B85H]**

(c) aunque los fondos de inversión colectiva no tienen una estrategia de salida para sus inversiones en el Fondo Maestro, los fondos de inversión colectiva pueden, no obstante, considerarse que tienen una estrategia de salida para sus inversiones porque el Fondo Maestro se formó en conexión con los fondos de inversión colectiva y mantiene inversiones en nombre de los fondos de inversión colectiva **[Referencia: párrafos B85F a B85H]**; y

(d) las inversiones mantenidas por el Fondo Maestro se miden y evalúan sobre una base de valor razonable y la información sobre las inversiones realizadas por el Fondo Maestro se proporciona a los inversores sobre una base del valor razonable a través de los fondos de inversión colectiva. **[Referencia: párrafos 27(c) y B85K a B85M]**

EI15 El Fondo Maestro y los fondos de inversión colectiva se constituyeron en conexión de unos con otros por requerimientos legales, de regulación, fiscales o similares. Cuando se consideran conjuntamente, muestran las características típicas siguientes de una entidad de inversión:

(a)   los fondos de inversión colectiva mantienen más de una inversión porque el Fondo Maestro mantiene una cartera de inversiones; [Referencia: párrafos 28(a) y B85O]

(b)   aunque el Fondo Maestro está totalmente capitalizado por los fondos de inversión colectiva, éstos se financian por parte de muchos inversores que no están relacionados con los fondos de inversión colectiva (y con el socio sin responsabilidad limitada) [Referencia: párrafos 28(b), 28(c), B85R y B85T]; y

(c)   la propiedad de los fondos de inversión colectiva está representada por unidades de participaciones en el patrimonio adquiridas a través de una aportación de capital. [Referencia: párrafos 28(d) y B85V]

Modificaciones a las guías establecidas en otras NIIF

Las siguientes modificaciones a guías en las NIIF son necesarias para garantizar la congruencia con la NIIF 10 y las modificaciones relacionadas con otras NIIF. En los párrafos modificados el texto nuevo está subrayado y el texto eliminado se ha tachado.

* * * * *

Las modificaciones contenidas en este apéndice cuando se emitió la NIIF 10 en 2011 se han incorporado a la guía sobre las NIIF correspondientes publicada en este volumen.

Documentos del IASB publicados para acompañar a la

NIIF 11

Acuerdos Conjuntos

El texto normativo de la NIIF 11 se encuentra en la Parte A de esta edición. El texto de los Fundamentos de las Conclusiones de la NIIF 11 se encuentra en la Parte C de esta edición. Su fecha de vigencia en el momento de la emisión era el 1 de enero de 2013. Esta parte presenta el siguiente documento:

EJEMPLOS ILUSTRATIVOS

ÍNDICE

desde el párrafo

NIIF 11 *Acuerdos Conjuntos*
Ejemplos Ilustrativos

Estos ejemplos acompañan a la NIIF 11 pero no forman parte de la misma. Ilustran aspectos de la NIIF 11 pero no pretenden proporcionar guías interpretativas.

EI1   Estos ejemplos representan situaciones hipotéticas que ilustran los juicios profesionales que pueden utilizarse al aplicar la NIIF 11 en situaciones diferentes. Aunque algunos aspectos de los ejemplos pueden darse en hechos y circunstancias de la realidad, al aplicar la NIIF 11 a situaciones reales se deben analizar las características de cada situación concreta en detalle.

Ejemplo 1 - Servicios de construcción

EI2   A y B (las partes) son dos compañías cuyos negocios consisten en la prestación de numerosos tipos de servicios de construcción a los sectores públicos y privados. Estas compañías establecieron un acuerdo contractual para trabajar juntas con el propósito de cumplir un contrato con una administración pública para el diseño y construcción de una carretera entre dos ciudades. El acuerdo contractual determina las cuotas de participación de A y B y establece el control conjunto del acuerdo, el objeto del cual es la entrega de la carretera.

EI3   Las partes constituyen un vehículo separado (entidad Z) que gestiona el acuerdo. La entidad Z, en nombre de A y B realiza el contrato con la administración pública. Además, los activos y pasivos relacionados con el acuerdo se mantienen en la entidad Z. La característica principal de la forma legal de la entidad Z es que las partes, no la entidad Z, tienen derecho a los activos y obligaciones con respecto a los pasivos de la entidad.

EI4   El acuerdo contractual entre A y B establece de forma adicional que:

(a)   los derechos sobre todos activos necesitados para llevar a cabo las actividades del acuerdo se comparten por las partes sobre la base de sus cuotas de participación en el acuerdo;

(b)   las partes tienen responsabilidades diversas y conjuntas sobre todas las obligaciones operativas y financieras relacionadas con las actividades del acuerdo sobre la base de sus cuotas de participación en el acuerdo; y

(c)   el resultado de periodo procedente de las actividades del acuerdo se comparte por A y B sobre la base de sus cuotas de participación en el acuerdo.

EI5   A efectos de la coordinación y supervisión de las actividades, A y B designan un operador, quien será un empleado de una de las partes. Tras un tiempo especificado, el papel de operador rotará a un empleado de la otra parte. A y B acuerdan que las actividades se ejecutarán por los empleados del operador con el criterio de "sin ganancias o pérdidas".

EI6   De acuerdo con las condiciones especificadas en el contrato con la administración pública, la entidad Z factura los servicios de construcción a la administración pública en nombre de las partes.

Análisis

EI7   El acuerdo conjunto se lleva a cabo a través de un vehículo separado cuya forma legal no proporciona separación entre las partes y el vehículo separado (es decir, los activos y pasivos mantenidos por la entidad Z son de las partes). **[Referencia: párrafo B24]** Esto se ve reforzado por las condiciones acordadas por las partes en su acuerdo contractual, que señala que A y B tienen derecho a los activos y obligaciones con respecto a los pasivos, relacionados con el acuerdo que se gestiona a través de la entidad Z. **[Referencia: párrafos B25 y B28]** El acuerdo conjunto es una operación conjunta. **[Referencia: párrafo 15]**

EI8   A y B reconocen cada una en sus estados financieros su parte de los activos (por ejemplo, propiedades, planta y equipo, cuentas por cobrar) y su parte de los pasivos procedentes del acuerdo (por ejemplo, cuentas por pagar a terceros) sobre la base de su cuota de participación en el acuerdo. Cada una también reconoce su parte de los ingresos de actividades ordinarias y gastos procedentes de los servicios de construcción proporcionados a la administración pública a través de la entidad Z.

    [Referencia: párrafo 20]

Ejemplo 2 - Centro comercial operado de forma conjunta

EI9   Dos empresas inmobiliarias (las partes) establecen un vehículo separado (entidad X) a efectos de adquirir y operar un centro comercial. El acuerdo contractual entre las partes establece el control conjunto de las actividades que se gestionan a través de la entidad X. La característica principal de la forma legal de la entidad X es que la entidad, no las partes, tiene derecho a los activos y obligaciones con respecto a los pasivos relacionados con el acuerdo. Estas actividades incluyen el alquiler de los locales comerciales, la gestión del aparcamiento, el mantenimiento del centro y su equipo, tales como ascensores, y en general el crecimiento de la reputación y la base de clientes del centro .

EI10   Las condiciones del acuerdo contractual son que:

    (a)   La entidad X es propietaria del centro comercial. El acuerdo contractual no especifica que las partes tienen derecho sobre el centro comercial.

    (b)   Las partes no son responsables de las deudas, pasivos u obligaciones de la entidad X. Si la entidad X no puede pagar sus deudas u otros pasivos o cumplir con sus obligaciones con terceros, la responsabilidad de cada parte con terceros se limitará al importe no pagado de la aportación de capital de esa parte.

    (c)   Las partes tienen el derecho a vender o pignorar su participación en la entidad X.

(d) Cada una de las partes recibe una participación en el resultado procedente de las operaciones del centro comercial (que es el ingreso por alquileres descontados los costos operativos) de acuerdo con su participación en la entidad X.

Análisis

EI11 El acuerdo conjunto se lleva a cabo a través de un vehículo separado, cuya forma legal hace que el vehículo separado se considere por sí mismo (es decir, los activos y pasivos mantenidos en el vehículo separado lo son de éste y no de las partes). **[Referencia: párrafo B23]** Además, las condiciones del acuerdo contractual no especifican que las partes tengan derecho a los activos, u obligaciones con respecto a los pasivos, relacionados con el acuerdo. En su lugar, las condiciones del acuerdo contractual establecen que las partes tienen derecho a los activos netos de la entidad X. **[Referencia: párrafo B25]**

EI12 Sobre la base de la descripción anterior, no existen otros hechos y circunstancias que indiquen que las partes tienen derecho, de forma sustancial, a todos los beneficios económicos de los activos relacionados con el acuerdo, y que las partes tienen una obligación con respecto a los pasivos relacionados con el acuerdo. **[Referencia: párrafos B29 a B33]** El acuerdo conjunto es un negocio conjunto. **[Referencia: párrafo 16]**

EI13 Las partes reconocen su derecho a los activos netos de la entidad X como inversiones y los contabilizan utilizando el método de la participación. **[Referencia: párrafo 24]**

Ejemplo 3 - Fabricación y distribución conjunta de un producto

EI14 Las compañías A y B (las partes) han establecido un acuerdo estratégico y operativo (el acuerdo marco) en el que han acordado las condiciones según las cuales llevan a cabo la fabricación y distribución de un producto (producto P) en mercados diferentes.

EI15 Las partes han acordado llevar a cabo las actividades de fabricación y distribución estableciendo acuerdos conjuntos, como se describe a continuación:

(a) Actividad de fabricación: las partes han acordado realizar la actividad de fabricación a través de un acuerdo conjunto (el acuerdo de fabricación). El acuerdo de fabricación se estructura a través de un vehículo separado (entidad M), cuya forma legal hace que el vehículo separado se considere por sí mismo (es decir, los activos y pasivos mantenidos en la entidad M lo son de ésta y no de las partes). De acuerdo con el acuerdo marco, las partes se han comprometido entre sí a comprar la producción completa del producto P fabricado por el acuerdo de fabricación de acuerdo con sus participaciones en la propiedad de la entidad M. Las partes posteriormente venden el producto P a otro acuerdo, controlado de forma conjunta por las dos mismas partes, que ha sido establecido exclusivamente para la distribución del producto P como se describe a continuación. Ni el acuerdo marco ni el acuerdo contractual entre A y B, que trata de la actividad de fabricación, especifica que las partes tienen derecho a los activos y obligaciones con respecto a los pasivos relacionados con la actividad de fabricación.

(b) Actividad de distribución: las partes han acordado realizar la actividad de distribución a través de un acuerdo conjunto (el acuerdo de distribución). Las partes han estructurado el acuerdo de distribución a través de un vehículo separado (entidad D), cuya forma legal hace que el vehículo separado se considere por sí mismo (es decir, los activos y pasivos mantenidos en la entidad D lo son de ésta y no de las partes). Según el acuerdo marco, el acuerdo de distribución ordena sus requerimientos para el producto P procedentes de las partes según las necesidades de los mercados diversos en los que el acuerdo de distribución vende el producto. Ni el acuerdo marco ni el acuerdo contractual entre A y B, que trata de la actividad de distribución, especifica que las partes tienen derecho a los activos y obligaciones con respecto a los pasivos relacionados con la actividad de distribución.

EI16 Además, el acuerdo marco establece:

(a) que el acuerdo de fabricación elaborará el producto P para cumplir con los requerimientos del producto P que el acuerdo de distribución sitúa en las partes;

(b) las condiciones comerciales relacionadas con la venta del producto P por parte del acuerdo de fabricación a las partes. El acuerdo de fabricación venderá el producto P a las partes al precio acordado por A y B que cubre todos los costos de producción incurridos. Posteriormente, las partes venden el producto al acuerdo de distribución al precio acordado por A y B.

(c) Que la falta de efectivo en que el acuerdo de fabricación pueda incurrir se financiará por las partes de acuerdo con su participación en la propiedad en la entidad M.

Análisis

EI17 El acuerdo marco establece las condiciones según la cuales las partes A y B gestionan la fabricación y distribución del producto P. Estas actividades se llevan a cabo a través de acuerdos conjuntos cuyo propósito es la fabricación o distribución del producto P.

EI18 Las partes llevan a cabo el acuerdo de fabricación a través de la entidad M cuya forma legal proporciona separación entre las partes y la entidad. [Referencia: párrafo B23] Además, ni el acuerdo marco ni el acuerdo contractual, que trata la actividad de fabricación, especifica que las partes tengan derecho a los activos y obligaciones con respecto a los pasivos relacionados con la actividad de fabricación. [Referencia: párrafos B25 a B28] Sin embargo, al considerar los siguientes hechos y circunstancias [Referencia: párrafos B29 a B33] las partes han concluido que el acuerdo de fabricación es una operación conjunta: [Referencia: párrafo 15]

(a) Las partes se han comprometido a comprar la producción completa del producto P elaborado por el acuerdo de fabricación. Por consiguiente, A y B tienen derecho, de forma sustancial, a los beneficios económicos de los activos del acuerdo de fabricación. **[Referencia: párrafo B31]**

(b) El acuerdo de fabricación elabora el producto P para cumplir con las necesidades de las partes en términos de cantidad y calidad de forma que puedan satisfacer la demanda del producto P del acuerdo de distribución. La dependencia exclusiva del acuerdo de fabricación de las partes para la generación de flujos de efectivo y los compromisos de las partes de proporcionar fondos cuando el acuerdo de fabricación tenga falta de efectivo indica que las partes tienen una obligación con respecto a los pasivos del acuerdo de fabricación, porque esos pasivos se liquidarán a través de compras de las partes del producto P o por la provisión directa por las partes de fondos. **[Referencia: párrafo B32]**

EI19 Las partes llevan a cabo las actividades de distribución a través de la entidad D cuya forma legal proporciona separación entre las partes y la entidad. Además, ni el acuerdo marco ni el acuerdo contractual, que trata la actividad de distribución, especifica que las partes tengan derecho a los activos y obligaciones con respecto a los pasivos relacionados con la actividad de distribución. **[Referencia: párrafo B29]**

EI20 No existen otros hechos y circunstancias que indiquen que las partes tienen derecho, de forma sustancial, a todos los beneficios económicos de los activos relacionados con el acuerdo de distribución, o que las partes tengan una obligación con respecto a los pasivos relacionados con ese acuerdo. **[Referencia: párrafos B29 y B31 a B33]** El acuerdo de distribución es un negocio conjunto. **[Referencia: párrafo 16]**

EI21 A y B cada una reconocen en sus estados financieros su parte de los activos (por ejemplo, propiedades, planta y equipo, efectivo) y su parte de los pasivos procedentes del acuerdo de fabricación (por ejemplo, cuentas por pagar a terceros) sobre la base de su participación en la propiedad de la entidad M. Cada una de las partes también reconoce su participación en los gastos procedentes de la fabricación del producto P incurridos por el acuerdo de fabricación y su participación en los ingresos de actividades ordinarias relacionados con las ventas del producto P al acuerdo de distribución. **[Referencia: párrafo 20]**

EI22 Las partes reconocen su derecho a los activos netos del acuerdo de distribución como inversiones y los contabilizan utilizando el método de la participación. **[Referencia: párrafo 24]**

Variación

EI23 Supóngase que las partes pactan que el acuerdo de fabricación descrito anteriormente se responsabiliza no solo de la elaboración del producto P, pero también de su distribución a terceros clientes.

EI24   Las partes también pactan establecer un acuerdo de distribución como el descrito anteriormente para distribuir el producto P exclusivamente para ayudar a ampliar la distribución del producto P en mercados especificados adicionales.

EI25   El acuerdo de fabricación también vende el producto P directamente al acuerdo de distribución. No existe compromiso de comprar o de reservar, una proporción fija de producción del acuerdo de fabricación por parte del acuerdo de distribución.

Análisis

EI26   La variación no ha afectado a la forma legal del vehículo separado en el que se gestiona la actividad de fabricación ni a las condiciones contractuales relacionadas con el derecho de las partes a los activos y obligaciones con respecto a los pasivos, relacionados con la actividad de fabricación. Sin embargo, hace que el acuerdo de fabricación sea un acuerdo autofinanciado porque es capaz de llevar a cabo actividad comercial en su propio nombre, distribuyendo el producto P a terceros clientes y, por consiguiente, asumir demanda, inventario y riesgos de crédito. Aun cuando el acuerdo de fabricación puede también vender el producto P al acuerdo de distribución, en este escenario el acuerdo de fabricación no depende de que las partes sean capaces de llevar a cabo sus actividades sobre una base de continuidad. **[Referencia: párrafos B29 y B31 a B33]** En este caso, el acuerdo de fabricación es un negocio conjunto. **[Referencia: párrafo 16]**

EI27   La variación no tiene efecto sobre la clasificación del acuerdo de distribución como un negocio conjunto.

EI28   Las partes reconocen su derecho a sus activos netos del acuerdo de fabricación y su derecho a los activos netos del acuerdo de distribución como inversiones y los contabilizarán utilizando el método de la participación. **[Referencia: párrafo 24]**

Ejemplo 4 - Banco operado de forma conjunta

EI29   Los bancos A y B (las partes) acordaron combinar sus corporaciones, bancos de inversión, gestión de activos y actividades de servicios creando un vehículo separado (banco C). Ambas partes esperan que el acuerdo les beneficie de formas diferentes. El banco A considera que el acuerdo podría permitirle lograr sus planes estratégicos para incrementar su tamaño, ofreciendo una oportunidad de explotar todo su potencial de crecimiento orgánico a través de la ampliación de los productos y servicios que ofrece. El banco B espera que el acuerdo refuerce su oferta de ahorros financieros y productos de mercado.

EI30   La principal característica del banco C es la forma legal que hace que el vehículo separado se considere por sí mismo (es decir, los activos y pasivos mantenidos en el vehículo separado lo son de éste y no de las partes). Los bancos A y B cada uno tiene un 40 por ciento de participación en la propiedad del banco C, con el 20 por ciento restante cotizado y ampliamente disperso. El acuerdo de los accionistas entre el banco A y el banco B establece el control conjunto de las actividades del banco C. **[Referencia: párrafos 4 y 5]**

EI31 Además, el banco A y el banco B realizaron un acuerdo irrevocable según el cual, incluso en caso de conflicto, ambos bancos están de acuerdo en proporcionar los fondos necesarios a partes iguales y, si se requiere, de forma conjunta y por separado, para asegurar que el banco C cumple con la legislación y las regulaciones bancarias aplicables y con los compromisos con las autoridades bancarias. Este compromiso representa la asunción por cada una de las partes del 50 por ciento de los fondos necesarios para asegurar que el banco C cumple con la legislación y regulaciones bancarias.

Análisis

EI32 El acuerdo conjunto se llevó a cabo a través de un vehículo separado cuya forma legal concede separación entre las partes y el vehículo separado. **[Referencia: párrafo B23]** Las condiciones del acuerdo contractual no especifican que las partes tengan derecho a los activos u obligaciones con respecto a los pasivos del banco C, pero se establece que las partes tienen derecho a los activos netos del banco C. El compromiso por las partes de proporcionar apoyo si el banco C no es capaz de cumplir con la legislación y las regulaciones bancarias aplicables no es por sí mismo un determinante de que las partes tengan una obligación sobre los pasivos del banco C. **[Referencia: párrafo B25]** No existen otros hechos y circunstancias que indiquen que las partes tienen derecho, de forma sustancial, a todos los beneficios económicos de los activos del banco C y que las partes tienen una obligación con respecto a los pasivos del banco C. **[Referencia: párrafos B29 a B33]** El acuerdo conjunto es un negocio conjunto. **[Referencia: párrafo 16]**

EI33 Ambos bancos A y B reconocen su derecho a los activos netos del banco C como inversiones y los contabilizan utilizando el método de la participación. **[Referencia: párrafo 24]**

Ejemplo 5 - Actividades de exploración, desarrollo y producción de gas y petróleo

EI34 Las compañías A y B (las partes) crean un vehículo separado (entidad H) y un acuerdo de operación conjunta (AOC) para llevar a cabo actividades de exploración, desarrollo y producción de gas y petróleo en el país O. La principal característica de la forma legal de la entidad H es hacer que el vehículo separado se considere por sí mismo (es decir, los activos y pasivos mantenidos en el vehículo separado lo son de éste y no de las partes).

EI35 El país O ha concedido a la entidad H permisos para realizar actividades de exploración, desarrollo y producción de gas y petróleo en un territorio asignado específicamente (campos).

EI36 El acuerdo de los accionistas y el AOC pactado por las partes establece sus derechos y obligaciones relacionados con dichas actividades. Las cláusulas principales de dichos acuerdos se resumen a continuación.

Acuerdo de los accionistas

EI37 El consejo de la entidad H está formado por un director procedente de cada parte. Cada parte tiene un 50 por ciento del accionariado de la entidad H. Se requiere el consentimiento unánime de los directores para aprobar cualquier resolución.

Acuerdo de Operación Conjunta (AOC)

EI38 El AOC establece un Comité Operativo. Este Comité está formado por un representante procedente de cada parte. Cada parte tiene un 50 por ciento de la participación en el Comité Operativo.

EI39 El Comité Operativo aprueba los presupuestos y programas de trabajo relacionados con las actividades, que también requieren el consentimiento unánime de los representantes de cada parte. Una de las partes es nombrada como operador y es responsable de gestionar y conducir los programas de trabajo aprobados.

EI40 El AOC especifica que los derechos y obligaciones que surgen de las actividades de exploración, desarrollo y producción se compartirán entre las partes en proporción a la participación de cada parte en la entidad H. En particular, el AOC establece que las partes comparten:

(a) los derechos y las obligaciones que surgen de los permisos de exploración y desarrollo concedidos a la entidad H (por ejemplo, los permisos, pasivos por rehabilitación, las regalías e impuestos por pagar);

(b) la producción obtenida; y

(c) todos los costos asociados con los programas de trabajo.

EI41 Los costos incurridos en relación con todos los programas de trabajo se cubren por las partes mediante derechos de suscripción de ampliación de capital. Si cualquiera de las partes no atiende sus obligaciones monetarias, se le requiere a la otra que aporte a la entidad H el importe no satisfecho. El importe no satisfecho se considera como una deuda de la parte que incumple con la otra parte.

Análisis

EI42 Las partes llevaron a cabo el acuerdo conjunto a través de un vehículo separado cuya forma legal concede separación entre las partes y el vehículo separado. [Referencia: párrafo B23] Las partes han sido capaces de revocar la evaluación inicial de sus derechos y obligaciones que surgen de la forma legal del vehículo separado mediante el cual se gestiona el acuerdo. Ello se ha realizado mediante el acuerdo de las condiciones del AOC que les otorga el derecho a los activos (por ejemplo, permisos de exploración y desarrollo, producción y cualesquiera otros activos que surjan de las actividades) y obligaciones con respecto a los pasivos (por ejemplo, todos los costos y obligaciones que surjan de los programas de trabajo) que se mantienen en la entidad H. [Referencia: párrafos B26 y B28] El acuerdo conjunto es una operación conjunta. [Referencia: párrafo 15]

EI43 Las compañías A y B reconocen en sus estados financieros su propia parte de los activos y de los pasivos procedentes del acuerdo sobre la base de sus participaciones acordadas. Sobre esa base, cada parte también reconoce su parte de los ingresos de actividades ordinarias (procedente de la venta de su parte de la producción) y su parte de los gastos. **[Referencia: párrafo 20]**

Ejemplo 6 - Acuerdo de gas natural licuado

EI44 La compañía A posee un campo sin explotar de gas que contiene recursos de gas sustanciales. La compañía A determina que el campo de gas será viable económicamente solo si el gas se vende a clientes en mercados transoceánicos. Para ello, deben construirse instalaciones de gas natural licuado (GNL) para licuar el gas de forma que pueda transportarse por barco a los mercados transoceánicos.

EI45 La compañía A realiza un acuerdo conjunto con la compañía B para desarrollar y operar el campo de gas y la instalación de GNL. Según ese acuerdo, las compañías A y B (las partes) acuerdan aportar el campo de gas y el efectivo, respectivamente, a un vehículo separado nuevo, la entidad C. A cambio de esas aportaciones, cada parte toma un 50 por ciento de la participación en la propiedad de la entidad C. La característica principal de la forma legal de la entidad C es hacer que el vehículo separado se considere por sí mismo (es decir, los activos y pasivos mantenidos por el vehículo separado lo son de éste y no de las partes).

EI46 El acuerdo contractual entre las partes específica que:

(a) Las compañías A y B deben cada una nombrar dos miembros del consejo de la entidad C. El consejo de administración debe acordar por unanimidad la estrategia e inversiones realizadas por la entidad C.

(b) La gestión diaria del campo de gas y de la instalación de GNL, incluyendo las actividades de desarrollo y construcción, se realizará por el personal de la compañía B de acuerdo con las indicaciones acordadas de forma conjunta por las partes. La entidad C reembolsará a B los costos en que incurra por gestionar el campo de gas y la instalación de GNL.

(c) La entidad C es responsable de los impuestos y regalías de la producción y venta del GNL, así como de otros pasivos incurridos en curso ordinario del negocio, tales como cuentas por pagar, restauración del lugar y pasivos por desmantelamiento.

(d) Las compañías A y B tienen la misma participación en el beneficio procedente de las actividades llevadas a cabo en el acuerdo y, por ello, tienen derecho a la misma participación en los dividendos distribuidos por la entidad C.

EI47 El acuerdo contractual no especifica que parte alguna tenga derecho a los activos u obligaciones con respecto a los pasivos de la entidad C.

EI48 El consejo de la entidad C decide realizar un acuerdo de financiación con un sindicato de prestamistas para ayudar a financiar el desarrollo del campo de gas y la construcción de la instalación de GNL. El costo total estimado del desarrollo y construcción es de 1.000 millones de u.m.[1]

EI49 El sindicato de prestamistas proporciona a la entidad C un préstamo de 700 millones de u.m. El acuerdo especifica que el sindicato tiene la garantía de las compañías A y B solo si la entidad C incumple el acuerdo del préstamo durante el desarrollo del campo y la construcción de la instalación de GNL. El sindicato prestamista está de acuerdo en que no tendrá la garantía de las compañías A y B una vez que la instalación de GNL esté en producción porque se ha evaluado que las entradas de efectivo que la entidad C debería generar por las ventas de GNL serán suficientes para satisfacer los reembolsos del préstamo. Aunque en este momento los prestamistas no tienen la garantía de las compañías A y B, el sindicato se mantiene protegido contra el incumplimiento de la entidad C mediante el derecho de embargo de la instalación de GNL.

Análisis

EI50 El acuerdo conjunto se llevó a cabo a través de un vehículo separado cuya forma legal concede separación entre las partes y el vehículo separado. **[Referencia: párrafo B23]** Las condiciones del acuerdo contractual no especifican que las partes tienen derecho a los activos, u obligaciones con respecto a los pasivos de la entidad C, pero establecen que las partes tienen derecho a los activos netos de la entidad C. **[Referencia: párrafos B25 a B27]** La naturaleza de garantía del acuerdo de financiación durante el desarrollo del campo de gas y construcción de la instalación de GNL (es decir, las compañías A y B que proporcionan garantías separadas durante este fase) no impone, por sí misma, a las partes una obligación con respecto a los pasivos de la entidad C (es decir, el préstamo es un pasivo de la entidad C). Las compañías A y B tienen pasivos separados, que son su garantía de reembolsar ese préstamo si la entidad C incumple durante la fase de desarrollo y construcción. **[Referencia: NIC 37]**

EI51 No existen otros hechos y circunstancias que indiquen que las partes tienen derecho, de forma sustancial, a todos los beneficios económicos de los activos de la entidad C y que las partes tienen una obligación con respecto a los pasivos de la entidad C. **[Referencia: párrafos B29 a B33]** El acuerdo conjunto es un negocio conjunto. **[Referencia: párrafo 16]**

EI52 Las partes reconocen su derecho a los activos netos de la entidad C como inversiones y los contabilizan utilizando el método de la participación. **[Referencia: párrafo 24]**

---

1 En estos ejemplos, los importes monetarios se denominan en "unidades monetarias" (u.m.).

Ejemplo 7—Contabilización de las adquisiciones de participaciones en operaciones conjuntas en las cuales la actividad constituye un negocio

[Referencia: párrafos 21A y B33A]

EI53   Las Compañías A, B y C tienen el control conjunto de la Operación Conjunta D, cuya actividad constituye un negocio, tal como se define en la NIIF 3 *Combinaciones de Negocios*. **[Referencia: Apéndice A (definición de un negocio) y párrafos B7 a B12, NIIF 3]**

EI54   La Compañía E adquiere el 40 por ciento de la participación en la propiedad en la Operación Conjunta D a un costo de 300 u.m. e incurre en unos costos de adquisición relacionados de 50 u.m.

EI55   El acuerdo contractual entre las partes a las que se une la Compañía E como parte de la adquisición establece que las participaciones de la Compañía E en varios activos y pasivos difieren de su participación en la propiedad de la Operación Conjunta D. La siguiente tabla establece la participación de la Compañía E en los activos y pasivos relacionados con la Operación Conjunta D, tal como se establece en el acuerdo contractual entre las partes:

	La participación de la Compañía E en los activos y pasivos relacionados con la Operación Conjunta D
Propiedades, Planta y Equipo	48%
Activos intangibles (excluida la plusvalía)	90%
Cuentas por cobrar	40%
Inventarios	40%
Obligaciones por beneficios de retiro	15%
Acreedores comerciales	40%
Pasivos contingentes	56%

Análisis

EI56   La Compañía E reconoce en sus estados financieros su participación en los activos y pasivos procedentes del acuerdo contractual (véase el párrafo 20).

EI57   Esta compañía aplica los principios sobre la contabilización de las combinaciones de negocios de la NIIF 3 y otras NIIF, para la identificación, reconocimiento, medición y clasificación de los activos adquiridos y los pasivos asumidos, en el momento de la adquisición de la participación en la Operación Conjunta D. Esto es así porque la Compañía E adquirió una participación en una operación conjunta cuya actividad constituye un negocio (véase el párrafo 21A).

EI58   Sin embargo, la Compañía E no aplica los principios de la contabilización de las combinaciones de negocios de la NIIF 3 y otras NIIF que entren en conflicto con las guías de esta NIIF. Por consiguiente, de acuerdo con el párrafo 20, la Compañía E reconoce y, por ello, mide, en relación con su participación en la Operación Conjunta D, solo su participación en cada uno de los activos que se poseen conjuntamente y en cada uno de los pasivos en los que se incurre conjuntamente, tal como se señala en el acuerdo contractual. La Compañía E no incluye en sus activos y pasivos las participaciones de otras partes en la Operación Conjunta D.

EI59   La NIIF 3 requiere que la adquirente mida los activos adquiridos y los pasivos asumidos identificables a sus valores razonables en la fecha de su adquisición con excepciones limitadas; por ejemplo, los activos por impuestos diferidos y pasivos por impuestos diferidos no se miden al valor razonable, sino que se miden de acuerdo con la NIC 12 *Impuestos a las Ganancias*. Esta medición no entra en conflicto con esta NIIF y, por ello, esos requerimientos se aplican.

EI60   Por consiguiente, la Compañía E determina el valor razonable, u otra medición especificada en la NIIF 3, de su participación en los activos y pasivos identificables relacionados con la Operación Conjunta D. La siguiente tabla establece el valor razonable u otra medición especificada por la NIIF 3 de las participaciones de la Compañía E en los activos y pasivos identificables relacionados con la Operación Conjunta D:

	Valor razonable u otra medición especificada por la NIIF 3 para las participaciones de la Compañía E en los activos y pasivos identificables de la Operación Conjunta D u.m.
Propiedades, planta y equipo	138
Activos intangibles (excluida la plusvalía)	72
Cuentas por cobrar	84
Inventarios	70
Obligaciones por beneficios de retiro	(12)
Acreedores comerciales	(48)
Pasivos contingentes	(52)
Pasivo por impuestos diferidos	(24)
Activos netos	**228**

EI61   De acuerdo con la NIIF 3, el exceso de la contraprestación transferida sobre el importe asignado a las participaciones de la Compañía E en los activos netos identificables se reconoce como plusvalía:

Contraprestación transferida	300 u.m.
Las participaciones de la Compañía E en los activos y pasivos identificables relacionados con su participación en la operación conjunta	228 u.m.
Plusvalía	**72 u.m.**

EI62   Los costos de 50 u.m. relacionados con la adquisición no se consideran que sean parte de la contraprestación transferida por la participación en la operación conjunta. Se reconocen como gasto en el resultado en el periodo en que se incurre en los costos y se reciben los servicios (véase el párrafo 53 de la NIIF 3).

Ejemplo 8—Aportación del derecho de utilizar la aplicación práctica de conocimientos a una operación conjunta cuya actividad constituye un negocio

[Referencia: párrafos 21A y B33A]

EI63   Las Compañías A y B son dos compañías cuyo negocio es la construcción de baterías de alto rendimiento para diversas aplicaciones.

EI64   Para desarrollar baterías para vehículos eléctricos establecen un acuerdo contractual (Operación Conjunta Z) para trabajar juntas. Las Compañías A y B comparten el control conjunto de la Operación Conjunta Z. Este acuerdo es una operación conjunta cuya actividad constituye un negocio, tal como se define en la NIIF 3.

EI65   Después de varios años, los operadores conjuntos (compañías A y B) concluyeron que es factible desarrollar una batería para vehículos eléctricos utilizando el material M. Sin embargo, el procesamiento del material M requiere procedimientos tecnológicos especializados y, hasta el momento, el material M solo se ha utilizado en la producción de cosméticos.

EI66   Para obtener acceso a la aplicación práctica de conocimientos existentes para procesar el material M, las Compañías A y B acuerdan que la Compañía C se una a ellas como otro operador conjunto mediante la adquisición de una participación en la Operación Conjunta Z de las Compañías A y B y pasando a ser una parte de los acuerdos contractuales.

EI67   El negocio de la Compañía C hasta este momento ha sido únicamente el desarrollo y producción de cosméticos. Esta tiene desde hace tiempo un conocimiento amplio sobre el procesamiento del material M.

EI68   A cambio de su participación en la Operación Conjunta Z, la Compañía C paga efectivo a las Compañías A y B y concede el derecho a utilizar su aplicación práctica de conocimientos para procesar el material M para los propósitos de la Operación Conjunta Z. Además, la Compañía C apoya a la Operación Conjunta Z con algunos de sus empleados que tienen experiencia en el procesamiento del material M. Sin embargo, la Compañía C no transfiere el control de la aplicación práctica de conocimientos a las Compañías A y B o a la Operación Conjunta Z porque conserva todos los derechos sobre éstos. En concreto, la Compañía C tiene derecho a retirar los derechos para utilizar su aplicación práctica de conocimientos para procesar el material M y para retirar a sus empleados de apoyo sin restricción alguna o compensación a las Compañías A y B u Operación Conjunta Z si deja su participación en la Operación Conjunta Z.

EI69   El valor razonable de la aplicación práctica de conocimientos de la Compañía C en la fecha de adquisición de la participación en la operación conjunta es de 1.000 u.m. Inmediatamente antes de la adquisición, el valor en libros de la aplicación práctica de conocimientos en los estados financieros de la Compañía C era de 300 u.m.

Análisis

EI70   La Compañía C ha adquirido una participación en la Operación Conjunta Z cuya actividad constituye un negocio, tal como se define en la NIIF 3.

EI71   Para la contabilización de la adquisición de su participación en la operación conjunta, la Compañía C aplica todos los principios de la contabilidad de las combinaciones de negocios de la NIIF 3 y otras NIIF que no entren en conflicto con las guías de esta NIIF (véase el párrafo 21A). La Compañía C, por ello, reconoce en sus estados financieros su participación en los activos y pasivos procedentes del acuerdo contractual (véase el párrafo 20).

EI72   La Compañía C concedió el derecho de utilizar su aplicación práctica de conocimientos para procesar el material M a la Operación Conjunta Z como parte de su incorporación a la Operación Conjunta Z como un operador conjunto. Sin embargo, la Compañía C conserva el control de su derecho porque tiene la facultad de retirar los derechos para utilizar su aplicación práctica de conocimientos para procesar el material M y de retirar a sus empleados de apoyo sin restricción alguna o compensación a las Compañías A y B u Operación Conjunta Z si deja su participación en la Operación Conjunta Z.

EI73   Por consiguiente, la Compañía C continúa reconociendo la aplicación práctica de conocimientos para procesar el material M, después de la adquisición de la participación en la Operación Conjunta Z porque conserva todos los derechos sobre éstos. Esto significa que la Compañía C continuará reconociendo la aplicación práctica de conocimientos sobre la base de su importe en libros de 300 u.m. Como consecuencia de la conservación del control del derecho a utilizar la aplicación práctica de conocimientos que concedió a la operación conjunta, la Compañía C ha otorgado el derecho a utilizar la aplicación práctica de conocimientos para sí misma. Por consiguiente, la Compañía C no mide nuevamente la aplicación práctica de conocimientos y no reconoce una ganancia o pérdida sobre la concesión del derecho a utilizarlos.

Documentos del IASB publicados para acompañar a la

NIIF 13

Medición del Valor Razonable

El texto normativo de la NIIF 13 se encuentra en la Parte A de esta edición. El texto de los Fundamentos de las Conclusiones de la NIIF 13 se encuentra en la Parte C de esta edición. Su fecha de vigencia en el momento de la emisión era el 1 de enero de 2013. Esta parte presenta los siguientes documentos:

EJEMPLOS ILUSTRATIVOS

APÉNDICE

Modificaciones a las guías en otras NIIF

ÍNDICE

NIIF 13 *Medición del Valor Razonable*
Ejemplos Ilustrativos

Estos ejemplos acompañan a la NIIF 13 pero no forman parte de la misma. Ilustran aspectos de la NIIF 13 pero no pretenden proporcionar guías interpretativas.

EI1   Estos ejemplos representan situaciones hipotéticas que ilustran los juicios que pueden aplicarse cuando una entidad mide los activos y pasivos a valor razonable en situaciones de valoración diferentes. Aunque algunos aspectos de los ejemplos pueden darse en hechos y circunstancias de la realidad, al aplicar la NIIF 13 a situaciones reales se deben analizar las características de cada situación concreta en detalle.

Máximo y mejor uso y premisa de valoración

EI2   Los ejemplos 1 a 3 ilustran la aplicación de los conceptos de máximo y mejor uso y premisa de valoración para activos no financieros. **[Referencia: párrafos 27 a 33 y B3]**

Ejemplo 1—Grupo de Activos

EI3   Una entidad adquiere activos y asume pasivos en una combinación de negocios **[Referencia: NIIF 3]**. Uno de los grupos de activos adquiridos comprende los Activos A, B y C. El Activo C es un programa informático integral de facturación para el negocio desarrollado por la entidad adquirida para su propio uso junto con los Activos A y B (es decir, los activos relacionados) **[Referencia: párrafo B3(e)]**. La entidad mide el valor razonable de cada uno de los activos individualmente, de forma coherente con la unidad de cuenta especificada de los activos. La entidad determina que el máximo y mejor uso de los activos es su uso presente y que cada activo proporcionaría el valor máximo para los participantes de mercado a través de su uso en combinación con otros activos o con otros activos y pasivos (es decir, activos complementarios y pasivos asociados). **[Referencia: párrafo 31(a)]** No existe evidencia que sugiera que el uso presente de los activos no es su máximo y mejor uso. **[Referencia: párrafo 29]**

EI4   En esta situación, la entidad vendería los activos en el mercado en el que inicialmente los adquirió (es decir, los mercados de entrada y salida desde la perspectiva de la entidad son los mismos). **[Referencia: párrafo 16]** Los compradores participantes de mercado **[Referencia: párrafos 22 y 23]** con quienes la entidad realizaría una transacción en ese mercado tienen características **[Referencia: párrafo 23]** que son representativas, generalmente, de compradores estratégicos (tales como competidores) y de compradores financieros (tales como patrimonio no cotizado o firmas de capital de riesgo que no tienen inversiones complementarias) e incluyen a los compradores que inicialmente se interesaron por los activos. Aunque los compradores participantes de mercado pueden ser clasificados de forma amplia como compradores estratégicos o financieros, en muchos casos habrá diferencias entre cada uno de esos grupos, reflejando, por ejemplo, usos diferentes para un activo y estrategias operativas diferentes.

EI5 Tal como se señaló anteriormente, las diferencias entre los valores razonables indicados del activo individual relacionado principalmente con el uso de los activos por los participantes de mercado dentro de grupos de activos diferentes:

(a) Grupo de activos del comprador estratégico. La entidad determina que compradores estratégicos han relacionado activos que mejorarían el valor del grupo dentro del que se utilizarían los activos (es decir, sinergias de los participantes de mercado). Esos activos incluyen un activo sustituto para el Activo C (el programa informático de facturación), que se utilizaría solo durante un periodo de transición limitado y no podría venderse por sí solo al final de ese periodo. Puesto que los compradores estratégicos tienen activos sustitutos, el Activo C no se utilizaría durante la totalidad de su vida económica restante. Los valores razonables indicados de los Activos A, B y C dentro del grupo de activos del comprador estratégico (que reflejan las sinergias procedentes del uso de los activos dentro del grupo) son 360 u.m.,[1] 260 u.m. y 30 u.m., respectivamente. Los valores razonables de los activos como un grupo dentro del grupo de activos del comprador estratégico es de 650 u.m.

(b) Grupo de activos de comprador financiero. La entidad determina que los compradores financieros no han relacionado o no tienen activos sustitutos que mejorarían el valor del grupo dentro del cual los activos se utilizarían. Puesto que los compradores financieros no tienen activos sustitutos, el Activo C (es decir, el programa informático de facturación) se utilizaría durante la totalidad de su vida económica restante. Los valores razonables indicados de los Activos A, B y C dentro del grupo de activos del comprador financiero son 300 u.m., 200 u.m. y 100 u.m., respectivamente. Los valores razonables indicados de los activos como un grupo dentro del grupo de activos del comprador financiero es de 600 u.m.

EI6 Los valores razonables de los Activos A, B y C se determinarían sobre la base del uso de los activos como un grupo dentro del grupo del comprador estratégico (360 u.m., 260 u.m., y 30 u.m.). **[Referencia: párrafo 31(a)]** Aunque el uso de los activos dentro del grupo del comprador estratégico no maximiza el valor razonable de cada uno de los activos individualmente, maximiza el valor razonable de los activos como un grupo (650 u.m.).

Ejemplo 2—Terreno

EI7 Una entidad adquiere un terreno en una combinación de negocios **[Referencia: NIIF 3]**. El terreno está en el momento presente urbanizado para uso industrial como un emplazamiento para una fábrica. El uso presente del terreno se supone que es su máximo y mejor uso a menos que el mercado u otros factores sugieran un uso diferente **[Referencia: párrafo 29]**. Emplazamientos cercanos han sido recientemente urbanizados para uso residencial como emplazamientos para torres de apartamentos. Sobre la base

---

1 En este ejemplo, los importes monetarios se denominan en "unidades monetarias (u.m.)".

de esa urbanización y parcelación recientes y otros cambios para facilitar dicha urbanización, la entidad determina que el terreno utilizado en el momento presente como un emplazamiento para una fábrica podría urbanizarse como un emplazamiento para uso residencial (es decir, para torres de apartamentos) porque los participantes de mercado tendrían en cuenta el potencial de urbanizar el emplazamiento para uso residencial al fijar el precio del terreno. [Referencia: párrafo 29]

EI8   El máximo y mejor uso del terreno se determinaría comparando los elementos siguientes:

(a)   El valor del terreno tal como está urbanizado en el momento presente para uso industrial (es decir, el terreno se utilizaría en combinación con otros activos, tal como la fábrica, o con otros activos y pasivos).

(b)   El valor del terreno como un emplazamiento libre para uso residencial, teniendo en cuenta los costos de demolición de la fábrica y otros costos (incluyendo la incertidumbre sobre si la entidad sería capaz de remodelar el activo para el uso alternativo) necesarios para convertir el terreno en un emplazamiento libre (es decir, el terreno se va a utilizar por los participantes de mercado por separado [Referencia: párrafo 31(b)]).

El máximo y mejor uso del terreno se determinaría sobre la base del mayor de esos valores [Referencia: párrafos 27 a 30]. En situaciones que involucran evaluación de propiedad inmobiliaria, la determinación del máximo y mejor uso puede tener en cuenta factores relacionados con las operaciones de la fábrica, incluyendo sus activos y pasivos [Referencia: párrafo 31(a)].

Ejemplo 3—Proyecto de investigación y desarrollo

EI9   Una entidad adquiere un proyecto de investigación y desarrollo (I&D) en una combinación de negocios [Referencia: NIIF 3]. La entidad no pretende completar el proyecto. Si se completa, el proyecto competiría con uno de sus propios proyectos (proporcionar la próxima generación de tecnología comercializada por la entidad). En su lugar, la entidad pretende mantener (es decir, congelar) el proyecto para impedir que sus competidores obtengan acceso a la tecnología. Al hacer esto se espera que el proyecto proporcione un valor defensivo [Referencia: párrafo 30], principalmente mejorando las posibilidades de la tecnología en competencia propia de la entidad. Para medir el valor razonable del proyecto en el reconocimiento inicial, el máximo y mejor uso del proyecto se determinaría sobre la base de su uso por los participantes de mercado. [Referencia: párrafos 22, 23 y 29] Por ejemplo:

(a)   El máximo y mejor uso [Referencia: párrafos 27 a 30] del proyecto de I&D sería continuar el desarrollo si los participantes de mercado continuaran desarrollando el proyecto y ese uso maximizaría el valor del grupo de activos o de activos y pasivos en los que el proyecto se utilizaría (es decir el activo se utilizaría en combinación con otros activos o con otros activos y pasivos). [Referencia: párrafo 31(a)] Ese puede ser el caso si los participantes de mercado no tienen tecnología similar, en desarrollo o comercializada. El valor razonable del proyecto se mediría sobre la base del precio que se recibiría en una transacción presente para vender el proyecto, suponiendo que la I&D se utilizaría con sus activos complementarios y los pasivos asociados y que esos activos y pasivos estarían disponibles para los participantes de mercado.

(b) El máximo y mejor uso del proyecto de I&D sería detener el desarrollo si, por razones competitivas, los participantes de mercado congelarían el proyecto y ese uso maximizaría el valor del grupo de activos o de activos y pasivos en el que se utilizaría el proyecto. **[Referencia: párrafo 31(a)]** Ese puede ser el caso si los participantes de mercado tienen tecnología en un estado más avanzado de desarrollo que competiría con el proyecto si se completara y se esperaría que el proyecto mejore las posibilidades de su propia tecnología en competencia si se congela. El valor razonable del proyecto se mediría sobre la base del precio que se recibiría en una transacción presente para vender el proyecto, suponiendo que la I&D fuera utilizada (es decir, congelada) con sus activos complementarios y los pasivos asociados y que esos activos y pasivos estarían disponibles para los participantes de mercado.

(c) El máximo y mejor uso del proyecto de I&D sería suspender el desarrollo si los participantes de mercado interrumpiesen su desarrollo. Ese puede ser el caso si el proyecto no se espera que proporcione una tasa de rendimiento de mercado si se completa y no proporcionaría de otra forma un valor defensivo si se congela. El valor razonable del proyecto se mediría sobre la base del precio que se recibiría en una transacción presente para vender el proyecto por sí solo (que puede ser cero). **[Referencia: párrafo 31(b)]**

Uso de técnicas de valoración múltiple

EI10 La NIIF destaca que, en algunos casos, una técnica de valoración única será apropiada. En otros casos, serán apropiadas, técnicas de valoración múltiples. Los ejemplos 4 y 5 ilustran el uso de técnicas de valoración múltiples. **[Referencia: párrafos 61 a 66 y B5 a B30]**

Ejemplo 4—Maquinaria mantenida y utilizada

EI11 Una entidad adquiere una máquina en una combinación de negocios **[Referencia: NIIF 3]**. La máquina se mantendrá y utilizará en sus operaciones. La máquina se compró originalmente por la entidad adquirida a un vendedor externo y, antes de la combinación de negocios, la adaptó para utilizarla en sus operaciones. Sin embargo, la adaptación de la máquina no fue exhaustiva. La entidad que la adquiere determina que el activo proporcionaría el valor máximo a los participantes de mercado a través de su uso en combinación con otros activos o con otros activos y pasivos (instalada o configurada de otra forma para su uso). No existe evidencia que sugiera que el uso presente de la máquina no es su máximo y mejor uso **[Referencia: párrafo 29]**. Por ello, el máximo y mejor uso de la máquina es el uso presente en combinación con otros activos o con otros activos y pasivos. **[Referencia: párrafo 31(b)]**

EI12   La entidad determina que están disponibles datos suficientes para aplicar el enfoque del costo **[Referencia: párrafos B8 y B9]** y, puesto que la adaptación de la máquina no es exhaustiva, el enfoque de mercado **[Referencia: párrafos B5 a B7]**. El enfoque del ingreso **[Referencia: párrafos B10 y B11]** no se utiliza porque la máquina no tiene una corriente de ingresos identificable de forma separada a partir de la que desarrollar estimaciones razonables de flujos de efectivo futuros. Además, la información sobre las tasas de arrendamiento a corto e intermedio plazo para maquinaria de uso similar que de otra forma podría utilizarse para proyectar una corriente de ingresos (es decir, pagos por arrendamiento a lo largo de la vida de servicio) no está disponible. Los enfoques de mercado y de costo se aplican de la forma siguiente:

(a)   El enfoque de mercado **[Referencia: párrafos B5 a B7]** se aplica utilizando precios cotizados para máquinas similares ajustadas por las diferencias entre la máquina (adaptada) y las máquinas similares. La medición refleja el precio que se recibiría por la máquina en su condición presente (usada) y localización (instalada y configurada para su uso). El valor razonable indicado por ese enfoque oscila entre 40.000 u.m. y 48.000 u.m.

(b)   El enfoque del costo **[Referencia: párrafos B8 y B9]** se aplica estimando el importe que se requeriría en el momento presente para construir una máquina sustituta (adaptada) de utilidad comparable. La estimación tiene en cuenta la condición de la máquina y el entorno en el que opera, incluyendo el desgaste físico y roturas (es decir, deterioro) mejoras en tecnología (es decir, obsolescencia funcional), condiciones externas a la condición de la máquina tales como una reducción en la demanda de mercado para máquinas similares (es decir, obsolescencia económica) y los costos de instalación. El valor razonable indicado por ese enfoque oscila entre 40.000 u.m. y 52.000 u.m.

EI13   La entidad determina que el extremo superior del rango indicado por el enfoque de mercado es más representativo del valor razonable y, por ello, se le atribuye más peso a los resultados del enfoque de mercado **[Referencia: párrafo 63]**. Esa determinación se realiza sobre la base de la subjetividad relativa de las variables teniendo en cuenta el grado de comparabilidad entre la máquina y las máquinas similares. En particular:

(a)   Las variables utilizadas en el enfoque de mercado (precios cotizados para máquinas similares) requieren menos y menores ajustes subjetivos que las variables utilizadas en el enfoque del costo.

(b)   El rango indicado por el enfoque de mercado se solapa con el indicado para el enfoque del costo, pero es más estrecho que éste.

(c)   No se conocen diferencias sin explicar (entre la máquina y las máquinas similares) dentro de ese rango.

Por consiguiente, la entidad determina que el valor razonable de la máquina es de 48.000 u.m.

EI14   Si la adaptación de la máquina fue amplia o si no había datos suficientes
        disponibles para aplicar el enfoque de mercado (por ejemplo, porque los datos
        de mercado reflejan transacciones para máquinas utilizadas de forma
        autónoma, tales como un valor de material sobrante para activos
        especializados, en lugar de máquinas utilizadas en combinación con otros
        activos o con otros activos y pasivos), la entidad aplicaría el enfoque del costo.
        Cuando un activo se utiliza en combinación con otros activos o con otros
        activos y pasivos, el enfoque del costo supone que la venta de la máquina a un
        comprador participante de mercado con los activos complementarios y los
        pasivos asociados [Referencia: párrafo 31(b)]. El precio recibido por la venta de la
        máquina (es decir, el precio de salida) no sería más que uno de los siguientes
        elementos:

        (a)   el costo en que un comprador participante de mercado incurriría por
               adquirir o construir una máquina sustituta de utilidad comparable; o

        (b)   el beneficio económico que un comprador participante de mercado
               obtendría del uso de la máquina.

Ejemplo 5—Programa informático

EI15   Una entidad adquiere un grupo de activos [Referencia: párrafo 24, NIC 16]. El
        grupo de activos incluye un programa informático que produce ingresos
        desarrollado internamente para concederlo en licencia a clientes y sus activos
        complementarios (incluyendo una base de datos relacionada con la que se
        utiliza el programa informático) y los pasivos asociados. Para distribuir el
        costo del grupo a los activos individuales adquiridos, la entidad mide el valor
        razonable del programa informático. La entidad determina que el programa
        informático proporcionaría el valor máximo a los participantes de mercado
        [Referencia: párrafos 22 y 23] a través de su uso en combinación con otros
        activos o con otros activos y pasivos (es decir sus activos complementarios y los
        pasivos asociados [Referencia: párrafo 31(a)]). No existe evidencia que sugiera
        que el uso presente del programa informático no es su máximo y mejor uso
        [Referencia: párrafo 29]. Por ello, el máximo y mejor uso del programa
        informático es su uso presente. (En este caso la concesión en licencia del
        programa informático, en sí y por sí misma, no indica que el valor razonable
        del activo sería maximizado a través de su uso por participantes de mercado
        de forma autónoma. [Referencia: párrafo 31(b)])

EI16   La entidad determina que, además del enfoque de ingreso
        [Referencia: párrafos B10 y B11], pueden estar disponibles datos suficientes para
        aplicar el enfoque del costo [Referencia: párrafos B8 y B9] pero no el enfoque de
        mercado [Referencia: párrafos B5 a B7]. La información sobre transacciones de
        mercado para programas informáticos no está disponible. Los enfoques de
        ingreso y de costo se aplican de la forma siguiente:

        (a)   El enfoque de ingreso se aplica utilizando una técnica de valor presente
               [Referencia: párrafos B12 a B30]. Los flujos de efectivo utilizados en esa
               técnica reflejan la corriente de ingresos esperada procedentes del
               programa informático (cuotas por licencia procedentes de clientes) a lo

largo de su vida económica. El valor razonable indicado por ese enfoque es de 15 millones de u.m.

(b) El enfoque del costo se aplica estimando el importe que en el momento presente se requeriría construir un programa informático sustituto de utilidad comparable (es decir, teniendo en cuenta obsolescencia funcional y económica). El valor razonable indicado por ese enfoque es de 10 millones de u.m.

EI17 A través de su aplicación del enfoque del costo, la entidad determina que los participantes de mercado no serían capaces de construir un programa informático sustituto de utilidad comparable. Algunas características del programa informático son únicas, habiendo sido desarrollado utilizando información patentada, y no puede ser fácilmente replicado. La entidad determina que el valor razonable del programa informático es de 15 millones de u.m., como indicaba el enfoque de ingreso. [Referencia: párrafo 63]

Mercado principal (o más ventajoso)

EI18 El ejemplo 6 ilustra el uso de variables de Nivel 1 para medir el valor razonable de un activo que se comercializa en mercados activos diferentes a precios distintos. [Referencia: párrafos 15 a 21 y 76 a 80]

Ejemplo 6—Mercado principal (o más ventajoso) de Nivel 1
[Referencia: párrafos 16 y 76 a 80]

EI19 Un activo se vende en dos mercados activos diferentes a distintos precios. Una entidad realiza transacciones en ambos mercados [Referencia: párrafo 17] y puede acceder [Referencia: párrafo 76] al precio en esos mercados para el activo en la fecha de la medición. En el Mercado A, el precio que se recibiría es de 26 u.m., los costos de transacción [Referencia: párrafo 25 y Apéndice A] en ese mercado [Referencia: párrafo 26] son de 3 u.m. y los costos para transportar el activo a ese mercado son 2 u.m. (es decir, el importe neto que se recibiría es de 21 u.m.). En el Mercado B, el precio que se recibiría es de 25 u.m., los costos de transacción en ese mercado son de 1 u.m. y los costos para transportar el activo a ese mercado son 2 u.m. (es decir, el importe neto que se recibiría en el Mercado B es de 22 u.m.).

EI20 Si el Mercado A es el mercado principal [Referencia: párrafo 16(a)] para el activo (es decir, el mercado con el mayor volumen y nivel de actividad para el activo), el valor razonable del activo se mediría utilizando el precio que se recibiría en ese mercado, después de tener en cuenta los costos de transporte (24 u.m.).

EI21 Si tampoco el mercado es el mercado principal para el activo, el valor razonable del activo se mediría utilizando el precio del mercado más ventajoso. [Referencia: párrafo 16(b)] El mercado más ventajoso es el mercado que maximiza el importe que se recibiría por vender el activo, después de tener en cuenta los costos de transacción y de transporte (es decir, el importe neto que se recibiría en los respectivos mercados).

EI22   Puesto que la entidad maximizaría el importe neto que se recibiría para el activo en el Mercado B (22 u.m.), el valor razonable del activo se mediría utilizando el precio en ese mercado (25 u.m.), menos los costos de transporte (2 u.m.), dando lugar a una medición del valor razonable de 23 u.m. Aunque los costos de transacción se tienen en cuenta al determinar qué mercado es el más ventajoso, el precio utilizado para medir el valor razonable del activo no se ajusta por esos costos (aunque se ajusta por los costos de transporte).

Precios de transacción y valor razonable en el reconocimiento inicial

EI23   La NIIF aclara que en muchos casos el precio de transacción, es decir, el precio pagado (recibido) por un activo particular (pasivo), representará el valor razonable de ese activo (pasivo) en el reconocimiento inicial, pero no el presumible. El ejemplo 7 ilustra cuando el precio en una transacción que involucra un instrumento derivado puede (y no puede) igualar el valor razonable del instrumento en el reconocimiento inicial. **[Referencia: párrafos 57 a 60, 64 y B4]**

Ejemplo 7—Permuta de tasa de interés en el reconocimiento inicial

EI24   La Entidad A (una contraparte minorista) realiza un permuta de tasa de interés en un mercado minorista con la Entidad B (un mayorista) sin contraprestación inicial (es decir, el precio de transacción es cero). La Entidad A puede acceder solo al mercado minorista. La Entidad B puede acceder al mercado minorista (es decir, con contrapartes minoristas) y al mercado mayorista (es decir, con contrapartes mayoristas).

EI25   Desde la perspectiva de la Entidad A, el mercado minorista en el que inicialmente realizó la permuta es el mercado principal **[Referencia: párrafo 16(a)]** para la permuta. Si la Entidad A fuera a transferir sus derechos y obligaciones según la permuta, lo haría con la contraparte mayorista en ese mercado minorista. En ese caso el precio de transacción (cero) representaría el valor razonable de la permuta para la Entidad A en el reconocimiento inicial, es decir, el precio que la Entidad A recibiría por vender o pagaría por transferir la permuta en una transacción con una contraparte mayorista en el mercado minorista (es decir, un precio de salida). Ese precio no se ajustaría por ningún aumento de costo (de transacción) **[Referencia: párrafo 25]** que se cargaría por esa contraparte mayorista.

EI26   Desde la perspectiva de la Entidad B, el mercado mayorista (no el mercado minorista) es el mercado principal para la permuta. Si la Entidad B fuera a transferir sus derechos y obligaciones según la permuta, lo haría con la contraparte mayorista en ese mercado. Puesto que el mercado en el que la Entidad B realizaba inicialmente la permuta es diferente del mercado principal para la permuta, el precio de transacción (cero) no representaría necesariamente el valor razonable de la permuta para la Entidad B en el reconocimiento inicial. Si el valor razonable difiere del precio de transacción (cero), la Entidad B aplica las NIC 39 *Instrumentos Financieros: Reconocimiento y*

Medición o NIIF 9 *Instrumentos Financieros* **[Referencia: párrafos 5.1.1A y B5.1.2A, NIIF 9]** para determinar si reconoce esa diferencia como una ganancia o pérdida en el reconocimiento inicial.

Activos restringidos

EI27 El efecto sobre una medición del valor razonable que surge de una restricción sobre la venta o uso de un activo por una entidad diferirá dependiendo de si la restricción se tendría en cuenta por los participantes de mercado al fijar el precio del activo. Los ejemplos 8 y 9 ilustran el efecto de restricciones al medir el valor razonable de un activo. **[Referencia: párrafos 11(b) y 75]**

Ejemplo 8—Restricción en la venta de un instrumento de patrimonio

EI28 Una entidad mantiene un instrumento de patrimonio (un activo financiero) para el que la venta está legal o contractualmente restringida para un periodo especificado. (Por ejemplo, esta restricción podría limitar la venta a inversores que cumplan los requisitos.) La restricción es una característica del instrumento y, por ello, se transferiría a participantes de mercado. **[Referencia: párrafo 11(b)]** En ese caso, el valor razonable del instrumento se mediría sobre la base del precio cotizado para un instrumento de patrimonio idéntico sin restricciones de otro tipo del mismo emisor que opera en un mercado público, ajustado para reflejar el efecto de la restricción. El ajuste reflejaría el importe que los participantes de mercado exigirían debido al riesgo relacionado con la incapacidad de acceder a un mercado público para el instrumento para un periodo específico. El ajuste variará dependiendo de todos los aspectos siguientes:

(a) la naturaleza y duración de la restricción;

(b) la medida en que los compradores están limitados por la restricción (por ejemplo, puede haber un gran número de inversores que cumplen los requisitos); y

(c) factores cualitativos y cuantitativos específicos del instrumento y del emisor.

Ejemplo 9—Restricciones en el uso de un activo
[Referencia: párrafos 11(b) y 75]

EI29 Un donante aporta un terreno en un área residencial urbanizada de otra forma a una asociación vecinal no lucrativa. El terreno está utilizado en el momento presente como un área de recreo. El donante especifica que el terreno debe continuar siendo utilizado por la asociación como un área de recreo a perpetuidad. En la revisión de la documentación correspondiente (por ejemplo legal y otra), la asociación determina que la responsabilidad fiduciaria de cumplir la restricción del donante no se transferiría a los participantes de mercado si la asociación vendiera el activo, es decir, la restricción del donante sobre el uso del terreno es específica de la asociación. Además, la asociación no tiene restricciones en cuanto a la venta del terreno. Sin la restricción sobre el uso del terreno por parte de la asociación, el terreno podría utilizarse como un emplazamiento para urbanización residencial. Además, el terreno está sujeto a una servidumbre (es decir, un derecho legal que permite a una empresa de servicio público tender líneas eléctricas a través del terreno). A continuación se realiza un análisis del efecto sobre la medición del valor razonable del terreno que surge de la restricción y la servidumbre:

(a) *Restricciones del donante sobre el uso del terreno*. Dada esta situación, la restricción del donante sobre el uso del terreno es específica para la asociación, la restricción no se transferiría a los participantes de mercado. **[Referencia: párrafos 22 y 23]** Por ello, el valor razonable del terreno sería el mayor de su valor razonable utilizado como un área de recreo (es decir, el valor razonable del activo sería maximizado a través de su uso por los participantes de mercado en combinación con otros activos o con otros activos y pasivos **[Referencia: párrafo 31(a)]**) y su valor razonable como un emplazamiento para urbanización residencial (es decir, el valor razonable del activo se maximizaría a través de su uso por los participantes de mercado de forma autónoma **[Referencia: párrafo 31(b)]**), independientemente de la restricción sobre el uso del terreno por la asociación.

(b) *Servidumbre por tendido de líneas de empresa de servicio público*. Puesto que la servidumbre por el tendido de líneas de una empresa de servicio público es específica del (es decir, una característica del) terreno, se transferiría a los participantes de mercado con el terreno. Por ello, la medición del valor razonable del terreno tendría en cuenta el efecto de la servidumbre, independientemente de si el máximo y mejor uso **[Referencia: párrafos 27 a 30]** es como un área de recreo o como un emplazamiento para urbanización residencial.

Medición de pasivos

EI30 Una medición del valor razonable de un pasivo **[Referencia: párrafos 34 a 36]** supone que éste, si es un pasivo financiero o un pasivo no financiero, se transfiere a un participante de mercado **[Referencia: párrafos 22 y 23]** en la fecha de la medición (es decir, el pasivo permanecería pendiente y se requeriría al participante de mercado receptor de la transferencia el cumplimiento de la obligación; no se cancelaría con la contraparte o extinguiría de otra forma en la fecha de la medición **[Referencia: párrafo 34(a)]**).

EI31 El valor razonable de un pasivo refleja el efecto del riesgo de incumplimiento **[Referencia: párrafos 42 a 44]**. El riesgo de incumplimiento que se relaciona con un pasivo, incluye pero puede no estar limitado al riesgo crediticio propio de la entidad. Una entidad tiene en cuenta el efecto de su riesgo de crédito (posición de crédito) sobre el valor razonable del pasivo en todos los periodos en los que el pasivo se mide a valor razonable porque los que tienen las obligaciones de la entidad como activos tendrían en cuenta el efecto de la posición de crédito de la entidad al estimar los precios que estarían interesados en pagar.

EI32   Por ejemplo, supóngase que la Entidad X y la Entidad Y cada una lleva a cabo una obligación contractual de pagar efectivo (500 u.m.) a la Entidad Z en cinco años. La Entidad X tiene una calificación crediticia AA y puede solicitar préstamos al 6 por ciento, y la Entidad Y tiene una calificación crediticia BBB y puede solicitar préstamos al 12 por ciento. La Entidad X recibirá sobre 374 u.m. a cambio de su promesa (el valor presente de 500 u.m. a cinco años al 6 por ciento). La Entidad X recibirá sobre 284 u.m. a cambio de su promesa (el valor presente de 500 u.m. a cinco años al 12 por ciento). El valor razonable del pasivo para cada entidad (es decir, los recursos) incorpora esa posición de crédito de la entidad.

EI33   Los ejemplos 10 a 13 ilustran la medición de pasivos y el efecto del riesgo de incumplimiento (incluyendo el riesgo de crédito propio de una entidad) sobre la medición del valor razonable.

Ejemplo 10—Pagaré estructurado
[Referencia: párrafos 37 a 39 y 42 a 44]

EI34   El 1 de enero de 20X7 la Entidad A, un banco de inversión con una calificación crediticia de AA, emite un pagaré de tasa fija a cinco años para la Entidad B. El importe principal contractual a pagar por la Entidad A al vencimiento se vincula un índice de patrimonio. No se emiten mejoras crediticias junto con el contrato o de otro tipo relacionadas con el contrato (es decir, no se anuncian garantías colaterales y no existe garantía de un tercero [Referencia: párrafo 44]). La Entidad A designó este pagaré como a valor razonable con cambios en resultados. El valor razonable del pagaré (es decir, la obligación de la Entidad A) durante 20X7 se mide utilizando una técnica de valor presente esperado [Referencia: párrafos B23 a B30]. Los cambios en el valor razonable son los siguientes:

(a)   *Valor razonable a 1 de enero de 20X7.* Los flujos de efectivo esperados utilizados en la técnica de valor presente esperada se descuentan a la tasa libre de riesgo utilizando la curva del bono gubernamental a 1 de enero de 20X7, más el diferencial de bono corporativo AA observable de mercado en el momento presente para bonos gubernamentales, si el riesgo de incumplimiento no se refleja ya en los flujos de efectivo [Referencia: párrafo B14(c)], ajustados (tanto al alza como a la baja) por el riesgo de crédito especificado de la Entidad A (es decir, dando lugar a una tasa libre de riesgo ajustada de crédito). Por ello, el valor razonable de la obligación de la Entidad A en el reconocimiento inicial tiene en cuenta el riesgo de incumplimiento, incluyendo ese riesgo de crédito de la entidad, que presumiblemente se refleja en los recursos.

(b)   *Valor razonable a 31 de marzo de 20X7.* Durante marzo de 20X7 el diferencial de crédito para bonos corporativos AA se amplia, sin cambios en el riesgo de crédito específico de la Entidad A. Los flujos de efectivo esperados utilizados en la técnica de valor presente esperado se descuentan a la tasa de libre de riesgo utilizando la curva del bono gubernamental en el momento presente a 31 de marzo de 20X7, más el diferencial del bono corporativo AA observable de mercado en el momento presente para bonos gubernamentales, si el riesgo de incumplimiento ya no se refleja en los flujos de efectivo **[Referencia: párrafo B14(c)]**, ajustados por el riesgo de crédito específico de la Entidad A (es decir, dando lugar a una tasa libre de riesgo ajustada de crédito). El riesgo de crédito específico de la Entidad A está sin cambios desde el reconocimiento inicial. Por ello, el valor razonable de la obligación de la Entidad A cambia como resultado de los cambios en el diferencial de crédito generalmente. Los cambios en los diferenciales de crédito reflejan los supuestos de los participantes de mercado en el momento presente sobre los cambios, generalmente, en el riesgo de incumplimiento, cambios en el riesgo de liquidez y la compensación requerida para asumir esos riesgos.

(c) *Valor razonable a 30 de junio de 20X7.* A 30 de junio de 20X7 no había cambios en el diferencial de bonos corporativos AA. Sin embargo, sobre la base de los pagarés estructurados emitidos corroborada con otra información cualitativa, la Entidad A determina que su solvencia de emisor específica propia se ha fortalecido dentro del diferencial de crédito AA. Los flujos de efectivo esperados **[Referencia: párrafo B14(c)]** utilizados en la técnica de valor presente esperada se descuentan a la tasa libre de riesgo utilizando la curva de rendimiento del bono gubernamental a 30 de junio de 20X7, más el diferencial del bono corporativo AA observable de mercado en el momento presente para bonos gubernamentales (sin cambios desde el 31 de marzo de 20X7), si el riesgo de incumplimiento ya no se refleja en los flujos de efectivo, ajustados por el riesgo de crédito específico de la Entidad A (es decir, dando lugar a una tasa libre de riesgo ajustada de crédito). Por ello, el valor razonable de la obligación de la Entidad A cambia como resultado del cambio en su riesgo de crédito específico propio dentro del diferencial del bono corporativo AA.

Ejemplo 11—Pasivo por desmantelamiento
[Referencia: párrafos 40 a 46, B31 a B33 y B36(d)]

EI35 El 1 de enero de 20X1 la Entidad A asume un pasivo por desmantelamiento en una combinación de negocios **[Referencia: NIIF 3]**. Se requiere legalmente que la entidad desmantele y elimine una plataforma de petróleo marítima al final de su vida útil, que se estima que sea de 10 años.

EI36 Sobre la base de los párrafos B23 a B30 de la NIIF, la Entidad A utiliza la técnica del valor presente esperado para medir el valor razonable del pasivo por desmantelamiento.

EI37 Si se permitía contractualmente a la Entidad A transferir su pasivo por desmantelamiento a un participante de mercado **[Referencia: párrafos 22 y 23]**, la Entidad A concluye que un participante de mercado utilizaría todas las variables siguientes, probabilidad ponderada cuando proceda, al estimar el precio que esperaría recibir:

(a) costos de trabajo;

(b) distribución de costos indirectos;

(c)   la compensación que un participante de mercado requeriría para llevar a cabo la actividad y para asumir el riesgo asociado con la obligación de desmantelar y eliminar el activo. Esta compensación incluye los elementos siguientes:

(i)   ganancias por trabajo y costos indirectos; y

(ii)   el riesgo de que las salidas de efectivo reales puedan diferir de las esperadas, excluyendo la inflación;

(d)   efecto de la inflación sobre los costos y ganancias esperados;

(e)   valor temporal del dinero, representado por la tasa libre de riesgo; y

(f)   el riesgo de incumplimiento relacionado con el riesgo de que la Entidad A no cumplirá con la obligación, incluyendo el riesgo de crédito propio de la Entidad A.

EI38   Los supuestos significativos utilizados por la Entidad A para medir el valor razonable son los siguientes:

(a)   Los costos de trabajo se desarrollan sobre la base de los salarios de mercado presentes, ajustados por las expectativas de incrementos de salarios futuros, requeridos para contratar contratistas para desmantelar y eliminar las plataformas de petróleo marítimas. La Entidad A asigna evaluaciones de probabilidad a un rango de estimaciones de flujos de efectivo de la forma siguiente:

Estimaciones de flujos de efectivo (u.m.)	Evaluación de probabilidad	Flujos de efectivo esperados (u.m.)
100.000	25%	25.000
125.000	50%	62.500
175.000	25%	43.750
		131.250 u.m.

Las evaluaciones de probabilidad se desarrollan sobre la base de la experiencia de la Entidad A en el cumplimiento de las obligaciones de este tipo y su conocimiento del mercado.

(b)   La Entidad A estima los costos indirectos y de equipamiento operativo asignados utilizando la tasa que aplica a los costos de trabajo (80 por ciento de los costos de trabajo esperados). Esto es coherente con el costo de estructura de los participantes de mercado.

(c)   La Entidad A estima la compensación que un participante de mercado requeriría para llevar a cabo la actividad y para asumir el riesgo asociado con la obligación **[Referencia: párrafos B31 a B33]** de desmantelar y eliminar el activo de la forma siguiente:

(i) Un contratista tercero habitualmente añade un aumento sobre el trabajo y los costos internos asignados para proporcionar un margen de ganancia al encargo. El margen de ganancia utilizado (20 por ciento) representa el conocimiento por parte de la Entidad A de la ganancia operativa que los contratistas del sector industrial generalmente obtienen de desmantelar y eliminar las plataformas de petróleo marítimas. La Entidad A concluye que esta tasa es coherente con la tasa que un participante de mercado requeriría como compensación para llevar a cabo la actividad.

(ii) Un contratista requeriría habitualmente compensaciones por el riesgo de que las salidas de efectivo reales puedan diferir de las esperadas debido a la incertidumbre inherente a cerrar el precio hoy para un proyecto que no tendrá lugar hasta dentro de 10 años. La Entidad A estima que el importe de esa prima sea del 5 por ciento de los flujos de efectivo esperados, incluyendo el efecto de la inflación.

(d) La Entidad A asume una tasa de inflación del 4 por ciento sobre el periodo de 10 años sobre la base de los datos de mercado disponibles.

(e) La tasa de interés libre de riesgo para un vencimiento a 10 años en enero de 20X1 es del 5 por ciento. La Entidad A ajusta esa tasa por el 3,5 por ciento para reflejar su riesgo de incumplimiento (es decir, el riesgo de que no cumplirá con la obligación), incluyendo su riesgo de crédito **[Referencia: párrafo 43]**. Por ello, la tasa de descuento utilizada para calcular el valor presente de los flujos de efectivo es del 8,5 por ciento.

EI39 La Entidad A concluye que sus supuestos se utilizarían por participantes de mercado **[Referencia: párrafos 69 y 87]**. Además, la Entidad A no ajusta su medición del valor razonable por la existencia de una restricción que le impide transferir el pasivo **[Referencia: párrafos 45 y 46]**. Como se ilustra en la siguiente tabla, la Entidad A mide el valor razonable de su pasivo por desmantelamiento en 194.879 u.m.

	Flujos de efectivo esperados (u.m.) 1 de enero de 20X1
Costos de trabajo esperados	131.250
Costos indirectos y de equipamiento asignados (0,80 × 131.250 u.m.)	105.000
Aumento de la ganancia del contratista [0,20 × (131.250 u.m.+ 105.000 u.m.)]	47.250
Flujos de efectivo esperados antes del ajuste por inflación	283.500
Factor inflación (4% a 10 años)	1.4802
Flujos de efectivo esperados ajustados por inflación	419.637
Prima de riesgo de mercado (0,05 × 419.637 u.m.)	20.982
Flujos de efectivo esperados ajustados por el riesgo de mercado	440.619
Valor presente esperado utilizando la tasa de descuento del 8,5% a 10 años	194.879

Ejemplo 12—Obligación por deuda: precio cotizado
[Referencia: párrafos 37 a 39, 42 a 44 y 72 a 90]

EI40 El 1 de enero de 20X1 la Entidad B emite a la par un instrumento de deuda de tasa fija a cinco años negociado en un mercado de valores con calificación BBB de 2 millones de u.m. con un cupón del 10 por ciento anual. La Entidad B designó este pasivo financiero como al valor razonable con cambios en resultados.

EI41 El 31 de diciembre de 20X1 el instrumento se negocia como un activo en un mercado activo [Referencia: Apéndice A (definición de mercado activo)] a 929 u.m. por 1.000 u.m. de valor a la par después de pagar el interés acumulado (devengado). La Entidad B utiliza el precio cotizado del activo en un mercado activo como su variable inicial en la medición del valor razonable de su pasivo (929 u.m. × [2 millones de u.m. ÷ 1.000 u.m.] = 1.858.000 u.m.).

EI42 Para determinar si el precio cotizado del activo en un mercado activo representa el valor razonable del pasivo, la Entidad B evalúa si el precio cotizado del activo incluye el efecto de factores no aplicables a la medición del valor razonable de un pasivo, por ejemplo, si el precio cotizado del activo incluye el efecto de una mejora crediticia de un tercero si esa mejora de crédito [Referencia: párrafo 39(b)] se contabilizaría de forma separada desde la perspectiva del emisor. La Entidad B determina que no se requieren ajustes al precio cotizado del activo. Por consiguiente, la Entidad B concluye que el valor razonable de su instrumento de deuda a 31 de diciembre de 20X1 es de 1.858.000 u.m. La Entidad B clasifica y revela información sobre la medición del valor razonable de su instrumento de deuda dentro del Nivel 1

[Referencia: párrafos 76 a 80] de la jerarquía del valor razonable.
[Referencia: párrafos 72 a 90]

Ejemplo 13—Obligación por deuda: técnica del valor presente
[Referencia: párrafos 37 a 39, 42 a 44 y B12 a B30]

EI43   El 1 de enero de 20X1 la Entidad C emite a la par en una colocación privada a un inversor institucional un instrumento de deuda de tasa fija a cinco años calificado BBB de 2 millones de u.m. con un cupón del 10 por ciento anual. La Entidad C designó este pasivo financiero como al valor razonable con cambios en resultados.

EI44   El 31 de diciembre de 20X1 la Entidad C aún tiene una calificación crediticia BBB. Las condiciones de mercado, incluyendo tasas de interés disponibles, diferencial de crédito para una calificación de calidad crediticia BBB, se mantienen sin cambios desde la fecha en que se emitió el instrumento de deuda. Sin embargo, el diferencial de crédito de la Entidad C se ha deteriorado en 50 puntos básicos debido a un cambio en su riesgo de incumplimiento **[Referencia: párrafos 42 a 43]**. Después de tener en cuenta todas las condiciones de mercado, la Entidad C concluye que si fuera a emitir el instrumento en la fecha de la medición, éste soportaría una tasa de interés del 10,5 por ciento o la Entidad C recibiría recursos por debajo de la par procedentes de la emisión del instrumento.

EI45   A efectos de este ejemplo, el valor razonable del pasivo de la Entidad C se calcula utilizando una técnica de valor presente **[Referencia: párrafos B12 a B30]**. La Entidad C concluye que un participante de mercado utilizaría todas las variables siguientes (de forma coherente con los párrafos B12 a B30) al estimar el precio que el participante de mercado esperaría recibir al asumir la obligación de la Entidad C:

(a)   las condiciones del instrumento de deuda, incluyendo todos los elementos siguientes:

     (i)   cupón del 10 por ciento;

     (ii)   importe principal de 2 millones de u.m.; y

     (iii)   término de cuatro años.

(b)   La tasa de interés de mercado del 10,5 por ciento (que incluye un cambio de 50 puntos básicos en el riesgo de incumplimiento desde la fecha de emisión).

EI46   Sobre la base de su técnica de valor presente **[Referencia: párrafos B12 a B30]**, la Entidad C concluye que el valor razonable de su pasivo a 31 de diciembre de 20X1 es de 1.968.641 u.m.

EI47   La Entidad C no incluye las variables adicionales en su técnica de valor presente para el riesgo o la ganancia que un participante de mercado puede requerir como compensación por asumir el pasivo **[Referencia: párrafo 41(a)]**. Puesto que la obligación de la Entidad C es un pasivo financiero, la Entidad C concluye que la tasa de interés ya capta el riesgo o ganancia que un participante de mercado requeriría como compensación por asumir el pasivo **[Referencia: párrafo B32]**. Además, la Entidad C no ajusta su medición su técnica del valor presente por la existencia de una restricción que le impide transferir el pasivo. **[Referencia: párrafos 45 y 46]**

Medición del valor razonable cuando el volumen o nivel de actividad de un activo o un pasivo ha disminuido de forma significativa

EI48   El ejemplo 14 **[Referencia: párrafos B37 a B47]** ilustra el uso del juicio al medir el valor razonable de un activo financiero cuando ha habido una disminución significativa en el volumen o nivel de actividad para el activo cuando se compara con la actividad normal del mercado para el activo (o activos similares).

Ejemplo14—Estimación de una tasa de rendimiento de mercado cuando volumen o nivel de actividad para un activo ha disminuido significativamente

EI49   La Entidad A invierte en un tramo calificado AAA no situado en los primeros lugares en el orden de prelación de un título garantizado por hipotecas residenciales el 1 de enero de 20X8 (la fecha de emisión de los títulos). Dicho tramo es el tercero mejor situado de un total de siete tramos. La garantía colateral subyacente para el título garantizado por hipotecas residenciales son préstamos de hipotecas residenciales no conformes sin garantizar que se emitieron en la segunda mitad de 20X6.

EI50   A 31 de marzo de 20X9 (la fecha de medición) el tramo no situado en los primeros lugares en el orden de prelación está calificado ahora como A. Este tramo de título garantizado por hipotecas residenciales se negoció anteriormente a través de un mercado intermediado por agentes corredores. Sin embargo, el volumen de negociación en ese mercado era infrecuente, con solo unas pocas transacciones habidas por mes de 1 de enero de 20X8 a 30 de junio de 20X8 y poca, si alguna, actividad de negociación durante los nueve meses anteriores al 31 de marzo de 20X9.

EI51   La Entidad A tiene en cuenta los factores del párrafo B37 de la NIIF para determinar si ha habido una disminución significativa en el volumen o nivel de actividad del tramo no situado en los primeros lugares en el orden de prelación del título garantizado por hipotecas residenciales en el que ha invertido. Tras la evaluación del significado y relevancia de los factores, la Entidad A concluye que el volumen y nivel de actividad del tramo no situado en los primeros lugares en el orden de prelación del título garantizado por hipotecas residenciales ha disminuido significativamente **[Referencia: párrafo B37]**. La Entidad A apoyaba su juicio principalmente sobre la base de que había poca, si alguna, actividad de negociación durante un periodo amplio antes de la fecha de la medición.

EI52   Puesto que existe poca, si alguna, actividad de negociación para apoyar una técnica de valoración utilizando un enfoque de mercado, la Entidad A decide utilizar un enfoque de ingreso utilizando la técnica de ajuste de la tasa de descuento descrita en los párrafos B18 a B22 de la NIIF para medir el valor razonable del título garantizado por hipotecas residenciales en la fecha de la medición. La Entidad A utiliza los flujos de efectivo contractuales procedentes del título garantizado por hipotecas residenciales (véanse también los párrafos 67 y 68 de la NIIF).

EI53   La Entidad A entonces estima una tasa de descuento (es decir una tasa de rendimiento de mercado) para descontar los flujos de efectivo contractuales **[Referencia: párrafos B13(c) y (d)]**. La tasa de rendimiento de mercado se estima utilizando los siguientes elementos:

(a)   La tasa de interés libre de riesgo.

(b)   Los ajustes estimados **[Referencia: párrafos 87 y 88]** por diferencias entre los datos de mercado disponibles y el tramo no situado en los primeros lugares en el orden de prelación del título garantizado por hipotecas residenciales en los que ha invertido la Entidad A. Esos ajustes reflejan los datos de mercado disponibles sobre el riesgo de incumplimiento esperado y otros riesgos (por ejemplo, el riesgo de incumplimiento, riesgo de valor garantizado de forma colateral y riesgo de liquidez) que los participantes de mercado tendrían en cuenta al fijar el precio del activo en una transacción ordenada en la fecha de la medición bajo condiciones de mercado en el momento presente.

EI54   La Entidad A tuvo en cuenta la siguiente información al estimar los ajustes del párrafo EI53(b):

(a)   El diferencial del crédito para el tramo no situado en los primeros lugares en el orden de prelación del título garantizado por hipotecas residenciales en la fecha de la emisión como da a entender el precio de transacción original.

(b)   El cambio en el diferencial de crédito insinuado por las transacciones observadas desde la fecha de emisión a la fecha de la medición para títulos garantizados por hipotecas residenciales o sobre la base de índices relevantes.

(c)   Las características del tramo no situado en los primeros lugares en el orden de prelación del título garantizado por hipotecas residenciales comparadas con títulos garantizados por hipotecas residenciales comparables o índices, incluyendo todos los siguientes:

(i)   la calidad de los activos subyacentes, es decir, información sobre el rendimiento de los préstamos hipotecarios subyacentes tales como tasas de recargo de mora y ejecución de hipotecas, experiencia de pérdidas y tasas de cancelación anticipada;

(ii)   el grado de prelación o subordinación del tramo que se tiene garantizado por hipotecas residenciales; y

(iii)   otros factores relevantes.

(d) Informes relevantes emitidos por analistas y agencias de calificación crediticia.

(e) Precios estimados procedentes de terceros tales como agentes corredores o servicios de fijación de precios.

EI55 La Entidad A estima que una indicación de la tasa de rendimiento de mercado que los participantes de mercado utilizarían al fijar el precio del tramo no situado en los primeros lugares en el orden de prelación del título garantizado por hipotecas residenciales es del 12 por ciento (1.200 puntos básicos). La tasa de rendimiento de mercado se estimó de la forma siguiente:

(a) Se comienza con 300 puntos básicos para la tasa interés libre de riesgo correspondiente a 31 de marzo de 20X9.

(b) Se añaden 250 puntos básicos para el diferencial de crédito sobre la tasa libre de riesgo cuando el tramo no situado en los primeros lugares en el orden de prelación se emitió en enero de 20X8.

(c) Se añaden 700 puntos básicos por el cambio estimado en el diferencial de crédito sobre la tasa libre de riesgo del tramo no situado en los primeros lugares en el orden de prelación entre el 1 de enero de 20X8 y el 31 de marzo de 2009. Esta estimación se desarrolló sobre la base del cambio en el índice más comparable disponible para ese periodo de tiempo.

(d) Deducir 50 puntos básicos (neto) para ajustar por las diferencias entre el índice utilizado para estimar el cambio en los diferenciales de crédito y el tramo no situado en los primeros lugares en el orden de prelación. El índice referenciado comprende préstamos hipotecarios de alto riesgo, mientras que el título garantizado por hipotecas residenciales consta de préstamos hipotecarios similares con un perfil de crédito más favorable (haciéndolo más atractivo para los participantes de mercado). Sin embargo, el índice no refleja una prima de riesgo de liquidez apropiada para el tramo no situado en los primeros lugares en el orden de prelación según las condiciones de mercado presentes. Por ello, el ajuste de 50 puntos básicos es el neto de los dos ajustes:

(i) El primer ajuste es una reducción de 350 puntos básicos, que se estimó comparando el rendimiento supuesto a partir de las transacciones más recientes para el título garantizado por hipotecas residenciales en junio de 20X8 que insinuaba un rendimiento en el precio del índice en esas mismas fechas. No había información disponible que indicara que ha cambiado la relación entre el título de la Entidad A y el índice.

(ii) El segundo ajuste es una adición de 300 puntos básicos, que es la mejor estimación de la Entidad A del riesgo de liquidez adicional inherente en su título (una posición de efectivo) cuando se compara con el índice (una posición sintética). Esta estimación se obtuvo después de tener en cuenta las primas de riesgo de liquidez insinuadas por transacciones de efectivo recientes para un rango de títulos similares.

EI56   Como indicación adicional de la tasa de rendimiento de mercado, la Entidad A tiene en cuenta dos estimaciones indicativas recientes (es decir, estimaciones no vinculantes) proporcionadas por agentes corredores reputados para el tramo no situado en los primeros lugares en el orden de prelación del título garantizado por hipotecas residenciales que dan a entender rendimientos del 15 al 17 por ciento. La Entidad A es incapaz de evaluar las técnicas de valoración **[Referencia: párrafos 61 a 66]** o variables **[Referencia: párrafos 67 a 71]** utilizadas para desarrollar las estimaciones **[Referencia: párrafos B45 a B47]**. Sin embargo, la Entidad A es capaz de confirmar que las estimaciones no reflejan los resultados de las transacciones.

EI57   Puesto que la Entidad A tiene indicios múltiples de la tasa de rendimiento de mercado que los participantes de mercado tendrían en cuenta al medir el valor razonable, evalúa y pondera los indicios respectivos de la tasa de rendimiento, considerando la razonabilidad del rango indicado por los resultados.

EI58   La Entidad A concluye que el 13 por ciento es el punto dentro del rango de indicios que es más representativo del valor razonable bajo condiciones de mercado presentes. La Entidad A sitúa más peso sobre el indicio del 12 por ciento (es decir, su estimación propia de la tasa de rendimiento de mercado) por las razones siguientes:

(a)   La Entidad A concluyó que su estimación propia incorporaba apropiadamente los riesgos (por ejemplo, riesgo de incumplimiento, riesgo de valor garantizado de forma colateral y riesgo de liquidez) que los participantes de mercado utilizarían al fijar el precio del activo en una transacción ordenada bajo condiciones de mercado presente. **[Referencia: párrafos 24 y 88]**

(b)   Las estimaciones del agente corredor no eran vinculantes y no reflejaban los resultados de las transacciones, y la Entidad A fue incapaz de evaluar las técnicas de valoración o variables utilizadas para desarrollar las estimaciones **[Referencia: párrafos B46 y B47]**.

Información a revelar sobre el valor razonable

EI59   Los ejemplos 15 a 19 ilustra la información a revelar requerida por los párrafos 92, 93(a), (b) y (d) a (h)(i) y 99 de la NIIF.

Ejemplo 15—Activos medidos al valor razonable

EI60   Para activos y pasivos medidos a valor razonable al final de periodo sobre el que se informa, la NIIF requiere información a revelar cuantitativa sobre las mediciones del valor razonable para cada clase de activos y pasivos **[Referencia: párrafo 94]**. Una entidad puede revelar la siguiente información sobre activos para cumplir con el párrafo 93(a) y (b) de la NIIF:

(en millones de u.m.)		Mediciones del valor razonable al final del periodo sobre el que se informa utilizando [Referencia: párrafo 72]			
Descripción	31/12/X9	Precios cotizados en mercados activos para activos idénticos (Nivel 1)	Otros datos de entrada significativos (Nivel 2)	Datos entrada no observables significativos (Nivel 3)	Total ganancias (pérdidas)
Mediciones del valor razonable recurrentes [Referencia: párrafo 93(a)]					
Valores o títulos de patrimonio para negociar: [a]					
Sector de propiedad inmobiliaria	93	70	23		
Sector de gas y petróleo	45	45			
Otros	15	15			
Total valores o títulos de patrimonio para negociar.	153	130	23		
Otros valores o títulos de patrimonio[a]:					
Sector de servicios financieros	150	150			
Sector de atención médica	163	110		53	
Sector de energía	32			32	
Inversiones de fondos de patrimonio no cotizado[b]	25			25	
Otros	15	15			
Total otros valores o títulos de patrimonio	385	275		110	

continúa...

...continuación

(en millones de u.m.)		Mediciones del valor razonable al final del periodo sobre el que se informa utilizando [Referencia: párrafo 72]			
Descripción	31/12/X9	Precios cotizados en mercados activos para activos idénticos (Nivel 1)	Otros datos de entrada significativos (Nivel 2)	Datos entrada no observables significativos (Nivel 3)	Total ganancias (pérdidas)
Títulos de deuda:					
Títulos garantizados por hipotecas residenciales	149			24	125
Títulos garantizados por hipotecas comerciales	50				50
Obligaciones de deuda garantizadas de forma colateral	35				35
Títulos gubernamentales libres de riesgo	85	85			
Bonos corporativos	93	9		84	
Total títulos de deuda	412	94		108	210
Inversiones de fondos de cobertura:					
Patrimonio largo/corto	55			55	
Oportunidades globales	35			35	
Títulos de deuda de alto rendimiento	90				90
Total inversiones en fondos de cobertura	180			90	90
Derivados:					
Contratos de tasa de interés	57			57	
Contratos de tasa de cambio de moneda extranjera	43			43	
Contratos de crédito	38				38
Contratos de futuros de materias primas cotizadas	78	78			
Contratos a término de materias primas cotizadas	20			20	
Total derivados	236	78		120	38

continúa...

...continuación

(en millones de u.m.)		Mediciones del valor razonable al final del periodo sobre el que se informa utilizando [Referencia: párrafo 72]			
Descripción	31/12/X9	Precios cotizados en mercados activos para activos idénticos (Nivel 1)	Otros datos de entrada significativos (Nivel 2)	Datos entrada no observables significativos (Nivel 3)	Total ganancias (pérdidas)
Propiedades de Inversión					
Comercial-Asia	31			31	
Comercial-Europa	27			27	
Total propiedades de inversión	58			58	
Total mediciones del valor razonable recurrentes	1.424	577	341	506	
Total mediciones del valor razonable no recurrentes [Referencia: párrafo 93(a)]					
Activos mantenidos para la venta(c)	26		26		15
Total mediciones del valor razonable no recurrentes	26		26		15

(Nota: Se presentaría una tabla similar para pasivos a menos que se juzgue más adecuado por la entidad otro formato).
[Referencia: párrafo 99]

(a) Sobre la base de su análisis de la naturaleza, características y riesgos de los títulos, la entidad ha determinado que es adecuado presentarlos por sector industrial.

(b) Sobre la base de su análisis de la naturaleza, características y riesgos de los títulos, la entidad ha determinado que es adecuado presentarlos como una clase única.

(c) De acuerdo con la NIIF 5, [Referencia: párrafo 15, NIIF 5] los activos mantenidos para la venta con un importe de 35 millones de u.m. se dieron de baja a su valor razonable de 26 millones de u.m., menos los costos de venta de 6 millones de u.m. (o 20 millones de u.m.), dando lugar a una pérdida de 15 millones de u.m., que se incluyó en el resultado del periodo.

Ejemplo 16—Conciliación de las mediciones del valor razonable clasificadas en el Nivel 3 de la jerarquía del valor razonable

EI61 Para mediciones del valor razonable recurrentes clasificadas dentro del Nivel 3 de la jerarquía del valor razonable [Referencia: párrafos 72, 73 y 86], la NIIF requiere una conciliación de los saldos de apertura y cierre para cada clase de activos y pasivos. Una entidad puede revelar la siguiente información sobre activos para cumplir con el párrafo 93(e) y (f) de la NIIF:

Mediciones del valor razonable que utilizan variables no observables significativas (Nivel 3)

(en millones de u.m.)	Otros Valores o títulos de patrimonio			Títulos de deuda			Inversiones en fondos de cobertura:	Derivados	Propiedades de Inversión		Total
	Sector de atención médica	Sector de energía	Fondo de patrimonio no cotizado	Títulos garantizados por hipotecas residenciales	Títulos garantizados por hipotecas comerciales	Obligaciones de deuda garantizadas de forma colateral	Títulos de deuda de alto rendimiento	Contratos de crédito	Asia	Europa	
Saldo inicial	49	28	20	105	39	25	145	30	28	26	495
Transferencias al Nivel 3				60 (a)/(b)							60
Transferencias desde el Nivel 3				(5) (b),(c)							(5)
Total ganancias o pérdidas del periodo											
Incluidas en el resultado del periodo	3		5	(23)	(5)	(7)	7	5			(14)
Incluida en otro resultado integral									3	1	4

continúa...

...continuación

Mediciones del valor razonable que utilizan variables no observables significativas (Nivel 3)

Compras, emisiones, ventas y cancelaciones						
Compras	1	3	16	17	18	55
Problemas						
Ventas		(62)				(74)
Liquidaciones		(15)				(15)
Saldo final	53	32	25	5	50	35	125	90	38	31	27	506
Cambio en ganancias o pérdidas no realizadas para el periodo incluido en el resultado del periodo para activos mantenidos al final del periodo sobre el que se informa [Referencia: párrafo FC198, Fundamentos de las Conclusiones]	5	3	(5)	(7)	(5)	2	3	1	(9)

(Nota: Se presentaría una tabla similar para pasivos a menos que se juzgue más adecuado por la entidad otro formato). [Referencia: párrafo 99]

(a) Transferidos del Nivel 2 al Nivel 3 debido a una ausencia de datos de mercado observables, procedentes de una disminución en la actividad del mercado para los títulos.

(b) La política de la entidad es reconocer transferencias hacia o desde el Nivel 3 en la fecha del suceso o cambio en las circunstancias que causaron la transferencia. [Referencia: párrafo 95]

(c) Transferidos desde el Nivel 3 al Nivel 2 porque los datos de mercado observables pasaron a estar disponibles para los títulos.

EI62   Las ganancias y pérdidas incluidas en el resultado para el periodo (anterior) se presentan en el resultado financiero y en el resultado no financiero de la forma siguiente:

	Resultado financiero	Resultado no financiero
(en millones de u.m.)		
Total ganancias o pérdidas del periodo incluidas en el resultado del periodo **[Referencia: párrafo 93(e)(i)]**	(18)	4
Cambio en ganancias o pérdidas no realizadas para el **[Referencia: párrafo FC198, Fundamentos de las Conclusiones]** periodo incluido en el resultado del periodo para activos mantenidos al final del periodo sobre el que se informa **[Referencia: párrafo 93(f)]**	(13)	4

(Nota: Se presentaría una tabla similar para pasivos a menos que se juzgue más adecuado por la entidad otro formato).
[Referencia: párrafo 99]

Ejemplo 17—Técnicas y variables de valoración

EI63   Para las mediciones del valor razonable clasificadas dentro del Nivel 2 y Nivel 3 de la jerarquía del valor razonable, la NIIF requiere que una entidad revele una descripción de las técnicas de valoración **[Referencia: párrafos 61 a 66]** y las variables **[Referencia: párrafos 67 a 71]** utilizadas en la medición del valor razonable **[Referencia: párrafo 93(d)]**. Para las mediciones del valor razonable clasificadas dentro del Nivel 3 de la jerarquía del valor razonable **[Referencia: párrafos 72, 73 y 86]**, la información sobre las variables no observables significativas utilizadas debe ser cuantitativa **[Referencia: párrafo 93(d)]**. Una entidad puede revelar los elementos siguientes para los activos que cumplan con el requerimiento de revelar las variables no observables significativas utilizadas en la medición del valor razonable de acuerdo con el párrafo 93(d) de la NIIF:

Información cuantitativa sobre mediciones del valor razonable que utilizan datos de entrada no observables significativos (Nivel 3)				
(en millones de u.m.)				
Descripción	Valor razonable a 31/12/X9	Técnicas de valoración	Variable no observable	Rango (promedio ponderado)
Otros Valores o títulos de patrimonio:				
Sector de atención médica	53	Flujos de efectivo descontados	Costo promedio ponderado del capital	7%–16% (12,1%)
			Tasas de crecimiento de ingresos de actividades ordinarias a largo plazo	2%–5% (4.2%)
			Margen operativo antes de impuestos a largo plazo	3%–20% (10.3%)
			Descuento por falta de comerciabilidad (a)	5%–20% (17%)
			Prima de control(a)	10%–30% (20%)
		Compañías comparables de mercado	Múltiple EBITDA(b)	10–13 (11,3)
			Múltiple ingreso por actividades ordinarias(b)	1,5–2,0 (1,7)
			Descuento por falta de comerciabilidad(a)	5%–20% (17%)
			Prima de control(a)	10%–30% (20%)
Sector de energía	32	Flujos de efectivo descontados	Costo promedio ponderado del capital	8%–12% (11,1%)
			Tasas de crecimiento de ingresos de actividades ordinarias a largo plazo	3%–5,5% (4.2%)
			Margen operativo antes de impuestos a largo plazo	7,5%–13% (9.2%)
			Descuento por falta de comerciabilidad(a)	5%–20% (10%)
			Prima de control(a)	10%–20% (12%)
		Compañías comparables de mercado	Múltiple EBITDA(b)	6,5–12 (9,5)
			Múltiple ingreso por actividades ordinarias(b)	1,0–3,0 (2,0)
			Descuento por falta de comerciabilidad(a)	5%–20% (10%)
			Prima de control(a)	10%–20% (12%)
Inversiones de fondos de patrimonio no cotizado	25	Valor de los activos netos(c)	n/a	n/a

continúa...

...continuación

Información cuantitativa sobre mediciones del valor razonable que utilizan datos de entrada no observables significativos (Nivel 3)

(en millones de u.m.)

Descripción	Valor razonable a 31/12/X9	Técnicas de valoración	Variable no observable	Rango (promedio ponderado)
Títulos de deuda:				
Títulos garantizados por hipotecas residenciales	125	Flujos de efectivo descontados	Tasa de pago anticipado constante	3,5%–5,5% (4.5%)
			probabilidad de incumplimiento	5%–50% (10%)
			gravedad de la pérdida	40%–100% (60%)
Títulos garantizados por hipotecas comerciales	50	Flujos de efectivo descontados	Tasa de pago anticipado constante	3%–5% (4.1%)
			probabilidad de incumplimiento	2%–25% (5%)
			gravedad de la pérdida	10%–50% (20%)
Obligaciones de deuda garantizadas de forma colateral	35	Fijación de precios acordada	estimaciones ofrecidas	20–45
			Ajustes de comparabilidad (%)	-10% – +15% (+5%)
Inversiones de fondos de cobertura:				
Títulos de deuda de alto rendimiento	90	Valor de los activos netos[c]	n/a	n/a
Derivados:				
Contratos de crédito	38	Modelo de opción	Volatilidad anualizada de crédito[d]	10%–20%
			Riesgo de crédito de la contraparte[e]	0,5%–3,5%
			Riesgo crediticio propio[e]	0,3%–2,0%

continúa...

...continuación

Información cuantitativa sobre mediciones del valor razonable que utilizan datos de entrada no observables significativos (Nivel 3)				
(en millones de u.m.)				
Descripción	Valor razonable a 31/12/X9	Técnicas de valoración	Variable no observable	Rango (promedio ponderado)
Propiedades de Inversión				
Comercial-Asia	31	Flujos de efectivo descontados	margen del resultado operativo neto a largo plazo	18%–32% (20%)
			tasa de límite máximo	0,08–0,12 (0,10)
		Enfoque comparable de mercado	precio por metro cuadrado (USD)	3.000$–7.000$ (4.500$)
Comercial-Europa	27	Flujos de efectivo descontados	margen del resultado operativo neto a largo plazo	15%–25% (18%)
			tasa de límite máximo	0,06–0,10 (0,08)
		Enfoque comparable de mercado	precio por metro cuadrado (EUR)	4.000€–12.000€ (8.500€)

(Nota: Se presentaría una tabla similar para pasivos a menos que se juzgue más adecuado por la entidad otro formato).
[Referencia: párrafo 99]

(a) Representa los importes utilizados cuando la entidad que informa ha determinado que los participantes de mercado tendrían en cuenta estas primas y descuentos al fijar el precio de las inversiones. **[Referencia: párrafo 69]**

(b) Representa los importes utilizados cuando la entidad ha determinado que los participantes de mercado utilizarían estos múltiplos al medir las inversiones. **[Referencia: párrafos 82(a), 82(b), 89 y B35(h)]**

(c) La entidad ha determinado que el valor de los activos netos presentado representa el valor razonable en la fecha de presentación.

(d) Representa el rango de las curvas de volatilidad utilizado en el análisis de valoración que la entidad ha determinado que los participantes de mercado utilizarían al fijar el precio de los contratos. **[Referencia: párrafos 82(c)(ii) y B35(d)]**

(e) Representa el rango de las curvas del diferencial de la permuta de incumplimiento de crédito utilizado en el análisis de valoración que la entidad ha determinado que los participantes de mercado utilizarían al fijar el precio de los contratos. **[Referencia: párrafos 82(c)(i), B35(a) y B36(a)]**

EI64 Además, una entidad debería proporcionar información adicional que ayudará a los usuarios de sus estados financieros a evaluar la información cuantitativa revelada **[Referencia: párrafos 91 y 92]**. Una entidad puede revelar parte o toda la información siguiente para cumplir con el párrafo 92 de la NIIF:

(a) La naturaleza de la partida que se está midiendo a valor razonable, incluyendo las características **[Referencia: párrafo 11]** de dicha partida que se están teniendo en cuenta para la determinación de los datos de entrada relevantes. Por ejemplo, para títulos garantizados por hipotecas residenciales, una entidad puede revelar la siguiente información:

(i) los tipos de préstamos subyacentes (por ejemplo, préstamos de bajo y alto riesgo)

   (ii) garantías colaterales

   (iii) garantías y otras mejoras de crédito

   (iv) nivel de prelación de los tramos de los títulos

   (v) el año de emisión

   (vi) el promedio ponderado de la tasa del cupón de los préstamos subyacentes y los títulos

   (vii) el promedio ponderado del vencimiento de los préstamos subyacentes y los títulos

   (viii) la concentración geográfica de los préstamos subyacentes

   (ix) información sobre las calificaciones de crédito de los títulos.

  (b) La forma en que información sobre terceros tales como estimaciones de agentes corredores, servicios de fijación de precios, valores de activos netos y datos de mercado relevantes se tenían en cuenta al medir el valor razonable. **[Referencia: párrafos B45 a B47]**

Ejemplo 18—Procesos de valoración

EI65 Para mediciones del valor razonable clasificadas dentro del Nivel 3 **[Referencia: párrafos 73 y 86]** de la jerarquía del valor razonable, la NIIF requiere que una entidad revele una descripción de los procesos de valoración utilizados por la entidad **[Referencia: párrafo 93(g)]**. Una entidad puede revelar la siguiente información para cumplir con el párrafo 93(g) de la NIIF:

  (a) para el grupo dentro del cual la entidad que decide los procedimientos y políticas de valoración de la entidad:

   (i) su descripción;

   (ii) a quién informa ese grupo; y

   (iii) los procedimientos de información internos en vigor (por ejemplo, si y, si así fuera, cómo se consideran la fijación de precios, la gestión del riesgo o los comités de auditoría y se evalúan las mediciones del valor razonable);

  (b) la frecuencia y métodos para ajustar **[Referencia: párrafo 64]**, validar a posteriori y otros procedimientos de comprobar los modelos de fijación de precios;

  (c) el proceso para analizar los cambios en las mediciones del valor razonable de periodo a periodo;

  (d) la forma en que determinó la entidad que la información de terceros, tales como estimaciones de agentes corredores o servicios de fijación de precios, utilizada en la medición del valor razonable, se desarrolló de acuerdo con la NIIF; **[Referencia: párrafo B45]** y

  (e) los métodos utilizados para desarrollar y corroborar los datos de entrada no observables utilizadas en una medición del valor razonable.

Ejemplo 19—Información sobre sensibilidad a cambios en datos de entrada no observables significativas

EI66 Para mediciones del valor razonable recurrentes clasificadas dentro del Nivel 3 de la jerarquía del valor razonable **[Referencia: párrafos 72, 73 y 86]**, la NIIF requiere que una entidad proporcione una descripción narrativa de la sensibilidad de la medición del valor razonable a cambios en datos de entrada no observables significativas y una descripción de cualquier interrelación entre esas variables no observables. Una entidad puede revelar la siguiente información sobre sus títulos garantizados por hipotecas residenciales para cumplir con el párrafo 93(h)(i) de la NIIF:

> Los datos de entrada no observables significativas utilizadas en la medición del valor razonable de los títulos garantizados por hipotecas residenciales son tasas de pago anticipado, probabilidad de incumplimiento y gravedad de pérdidas en el caso de incumplimiento. Los incrementos (disminuciones) significativos en cualquiera de esos datos de entrada considerados aisladamente darían lugar a una medición del valor razonable significativamente menor (mayor). Generalmente, un cambio en la suposición utilizada para la probabilidad de incumplimiento se acompaña de un cambio en dirección similar en el supuesto utilizado para la gravedad de la pérdida y un cambio en dirección opuesta en el supuesto utilizado para las tasas de pago anticipado.

Apéndice
Modificaciones a las guías establecidas en otras NIIF

Estas modificaciones de las guías de otras NIIF son necesarias para garantizar la coherencia con las modificaciones de la NIIF 13 Medición del Valor Razonable y las modificaciones a otras NIIF relacionadas. En los párrafos modificados, el texto nuevo está subrayado y el texto eliminado se ha tachado.

* * * * *

Las modificaciones contenidas en este apéndice cuando se emitió la NIIF 13 en 2011 se han incorporado a la guía sobre las NIIF correspondientes publicada en este volumen.

Documentos del IASB publicados para acompañar a la

NIIF 14

Cuentas de Diferimientos de Actividades Reguladas

El texto normativo de la NIIF 14 se encuentra en la Parte A de esta edición. El texto de los Fundamentos de las Conclusiones de la NIIF 14 se encuentra en la Parte C de esta edición. Su fecha de vigencia en el momento de la emisión era el 1 de enero de 2016. Esta parte presenta el siguiente documento:

EJEMPLOS ILUSTRATIVOS

NIIF 14 *Cuentas de Diferimientos de Actividades Reguladas*
Ejemplos Ilustrativos

Estos ejemplos acompañan a la NIIF 14 pero no forman parte de la misma.

Saldos de cuentas de diferimientos de actividades reguladas

Ejemplo 1: Presentación ilustrativa de estados financieros

EI1   Los párrafos 20 a 25 de esta Norma requieren que una entidad presente los saldos deudores y acreedores de las cuentas de diferimientos de actividades reguladas y cualquier activo (pasivo) por impuestos diferidos relacionado y el movimiento neto en dichos saldos como partidas separadas en el estado de situación financiera y en el estado (o estados) del resultado del periodo y otro resultado integral respectivamente. Los subtotales se presentan antes de que se presenten las partidas de actividades reguladas. Además, cuando una entidad presenta ganancias por acción de acuerdo con la NIC 33 *Ganancias por Acción*, el párrafo 26 requiere que presente ganancias por acción básicas y diluidas adicionales, las cuales se calculan excluyendo el movimiento neto en los saldos de las cuentas de diferimientos de actividades reguladas. El Ejemplo 1 ilustra la forma en que podrían cumplirse estos requerimientos, pero no se pretende ilustrar, con mayor generalidad, todos los aspectos de esta Norma o NIIF.

Grupo XYZ —Estado de situación financiera a 31 de diciembre de 20X7
(en unidades monetarias)
[Referencia: párrafos 20, 21, 24 y B11 y párrafos FC40 a FC47, Fundamentos de las Conclusiones]

	31 Dic 20X7	31 Dic 20X6
ACTIVOS		
Activos no corrientes		
Propiedades, Planta y Equipo	350.700	360.020
Plusvalía	80.800	91.200
Otros activos intangibles	227.470	227.470
Inversiones en asociadas	100.150	110.770
Inversiones en instrumentos de patrimonio	129.790	146.460
	888.910	935.920
Activos corrientes		
Inventarios	135.230	132.500
Cuentas por cobrar comerciales	91.600	110.800
Otros activos corrientes	25.650	12.540
Efectivo y equivalentes al efectivo	212.160	220.570
	464.640	476.410
Total activos	**1.353.550**	**1.412.330**
Saldos deudores de cuentas de diferimientos de actividades reguladas y activo por impuestos diferidos relacionado	112.950	111.870
Total activos y saldos deudores de cuentas de diferimientos de actividades reguladas	**1.466.500**	**1.524.200**

Nota: El total agregado que se presenta para los saldos deudores de cuentas de diferimientos de actividades reguladas y el activo por impuestos diferidos relacionado incluye la suma de los saldos deudores de las cuentas de diferimientos de actividades reguladas de 100.240 u.m. (20X6 – 102.330 u.m.) más el activo por impuestos diferidos que está relacionado con el reconocimiento de los saldos deudores de las cuentas de diferimientos de actividades reguladas de 12.710 u.m. (20X6 – 9.540 u.m.). Esta presentación agregada está permitida por los párrafos 24 y B11 de esta Norma. En el Ejemplo 2 se ilustra una presentación desagregada alternativa.

Grupo XYZ —Estado de situación financiera a 31 de diciembre de 20X7
(en unidades monetarias)
[Referencia: párrafos 20, 21, 24 y B11 y párrafos FC40 a FC47, Fundamentos de las Conclusiones]

	31 Dic 20X7	31 Dic 20X6
PATRIMONIO Y PASIVOS		
Patrimonio atribuible a los propietarios de la controladora		
Capital en acciones	650.000	600.000
Ganancias acumuladas	243.500	164.500
Otros componentes de patrimonio	10.200	21.200
	903.700	785.700
Participaciones no controladoras	70.050	45.800
Total patrimonio	973.750	831.500
Pasivos no corrientes		
Préstamos a largo plazo	120.000	160.000
Impuestos diferidos	28.800	26.040
Provisiones a largo plazo	28.850	52.240
	177.650	238.280
Pasivos corrientes		
Cuentas por pagar comerciales y otras cuentas por pagar	87.140	111.150
Préstamos corto plazo	80.000	200.000
Parte corriente de préstamos a largo plazo	10.000	20.000
Cuentas por pagar por impuestos corrientes	35.000	42.000
Provisiones a corto plazo	5.000	4.800
	217.140	377.950
Total pasivos	394.790	616.230
Total patrimonio y pasivos	1.368.540	1.447.730
Saldos acreedores de cuentas de diferimientos de actividades reguladas	97.960	76.470
Total patrimonio, pasivos y saldos acreedores de cuentas de diferimientos de actividades reguladas	1.466.500	1.524.200

continúa...

...continuación

Nota: los saldos de las cuentas de diferimientos de actividades reguladas no se describen como activos o pasivos para propósitos de esta Norma. Los subtotales descritos como "Total activos" y "Total pasivos" son comparables con los que se presentarían si los saldos de las cuentas de diferimientos de actividades reguladas no se reconocieran. La diferencia entre estos dos subtotales representa el saldo neto de todos los saldos de las cuentas de diferimientos de actividades reguladas reconocidos y el activo (pasivo) por impuestos diferidos que surge como consecuencia del reconocimiento de los saldos de las cuentas de diferimientos de actividades reguladas que se reconocería, en otro caso, dentro de las ganancias acumuladas u otros componentes de patrimonio.

Grupo XYZ—Estado del resultado del periodo y otro resultado integral para el año finalizado a 31 de diciembre de 20X7
(ilustración de la presentación del resultado del periodo y otro resultado integral en un estado y la clasificación de gastos dentro del resultado del periodo por función)
(en unidades monetarias)
[Referencia: párrafos 22 a 24, 26 y B12 a B14 y párrafos FC44 a FC46, Fundamentos de las Conclusiones]

	20X7	20X6
Ingresos de actividades ordinarias	390.000	358.784
Costo de ventas	(237.062)	(230.000)
Ganancia bruta	152.938	128.784
Otros ingresos	44.247	16.220
Costos de distribución	(9.000)	(13.700)
Gastos de administración	(20.000)	(31.500)
Otros gastos	(2.100)	(1.200)
Costos financieros	(8.000)	(7.500)
Participación en las ganancias de asociadas	35.100	15.100
Ganancia antes de impuestos	**193.185**	**106.204**
Gasto por impuestos a las ganancias	(43.587)	(44.320)
Ganancia del año antes de movimientos netos en saldos de cuentas de diferimientos de actividades reguladas	**149.598**	**61.884**
Movimiento neto en saldos de cuentas de diferimientos de actividades reguladas relacionados con el resultado del periodo y el movimiento de impuestos diferidos relacionado	(27.550)	3.193
Ganancia del año y movimientos netos en saldos de cuentas de diferimientos de actividades reguladas	**122.048**	**65.077**
Otro resultado integral: Partidas que no se reclasifica-rán al resultado del periodo		
Nuevas mediciones de los planes de pensiones de beneficios definidos	(7.938)	(3.784)
Movimiento neto en saldos de cuentas de diferimientos de actividades reguladas relacionados con otro resultado integral	7.140	4.207
Otro resultado integral del año, neto de impuesto a las ganancias	**(798)**	**423**
RESULTADO INTEGRAL TOTAL DEL AÑO	**121.250**	**65.500**

continúa...

...continuación

Ganancia y movimientos netos en saldos de cuentas de diferimientos de actividades reguladas atribuible a:

Propietarios de la controladora	97.798	51.977
Participaciones no controladoras	24.250	13.100
	122.048	65.077

Resultado integral total atribuible a

Propietarios de la controladora	97.000	52.400
Participaciones no controladoras	24.250	13.100
	121.250	65.500

Ganancias por acción (en unidades monetarias):

Básicas y diluidas	0.61	0.35
Básicas y diluidas incluyendo el movimiento neto en saldos de cuentas de diferimientos de actividades reguladas	0.46	0.30

Notas:

(1) Para simplificar el ejemplo, se supone que todos los saldos de cuentas de diferimientos de actividades reguladas se relacionan con actividades que se llevan a cabo en subsidiarias totalmente participadas y, por ello, no hay importes atribuibles a participaciones no controladoras.

(2) El total agregado que se presenta para el movimiento neto en los saldos de las cuentas de diferimientos de actividades reguladas relacionado con el resultado del periodo y el movimiento por impuestos diferidos relacionado incluye el movimiento neto en los saldos de las cuentas de diferimientos de actividades reguladas de 30.720 u.m. **[Referencia: párrafo EI2 Nota (5)]** (20X6 – 9.127 u.m.) y el movimiento neto en el activo por impuestos diferidos relacionado que tiene relación con el reconocimiento de los saldos de las cuentas de diferimientos de actividades reguladas, que es de 3.170 u.m. **[Referencia: 12.710 u.m. menos 9.540 u.m.]** (20X6 – 12.320 u.m.). Esta presentación agregada está permitida por los párrafos 24 y B12 de esta Norma. En el Ejemplo 2 se ilustra una presentación desagregada alternativa.

EI2 Para cada tipo de actividad con tarifas reguladas, el párrafo 33 requiere que una entidad presente para cada clase de saldo de cuentas de diferimientos de actividades reguladas, una conciliación del importe en libros al comienzo y al final del periodo. Este ejemplo, ilustra la forma en que ese requerimiento puede cumplirse por una entidad con dos tipos de actividades con tarifas reguladas (distribución eléctrica y distribución de gas), pero no pretende ilustrar, con mayor generalidad, todos los aspectos de esta Norma o NIIF.

Saldos de cuentas de diferimientos de actividades reguladas

Saldos deudores de cuentas de diferimientos de actividades reguladas	20X6	Saldos surgidos en el periodo	Recuperación/ reversión	20X7	Recuperación/ reversión restante (años)
Distribución eléctrica					
Costos de construcción	18.720	5.440	(80)	24.080	4-10
Daños por tormenta	64.410	–	(12.060)	52.350	4
Otras cuentas de actividades reguladas	6.270	2.320	(950)	7.640	4-10
Distribución de gas					
Costos de pensiones	5.130	10.120	(2.980)	12.270	N/A
Desviaciones de costos de gas	7.800	–	(3.900)	3.900	1
	102.330	17.880	(19.970)	100.240	

Saldos acreedores de cuentas de diferimientos de actividades reguladas					
Distribución eléctrica					
Disposición de terreno		19.000		19.000	10
Impuesto a las ganancias	6.360	3.207	(1.093)	8.474	1-10
Distribución de gas					
Desviaciones de costos de gas	600	4.000	(200)	4.400	2-3
Impuesto a las ganancias	3.180	1.603	(547)	4.236	1-10
Costos de retiro de servicio	66.330	(2.030)	(2.450)	61.850	3-20
	76.470	25.780	(4.290)	97.960	

Notas:

(1) Los costos de construcción están compuestos por costos cuya inclusión no está permitida en el costo de propiedades, planta y equipo, de acuerdo con la NIC 16 *Propiedades, Planta y Equipo.* [Referencia: párrafos FC40 a FC43 y FC45, Fundamentos de las Conclusiones]

(2) Otras cuentas de actividades reguladas incluyen los saldos deudores de las cuentas de diferimientos de actividades reguladas que son individualmente no significativas.

(3) El movimiento neto del saldo de las cuentas de diferimientos de actividades reguladas por costos de pensiones de 7.140 u.m. (12.270 u.m. – 5.130 u.m.) está relacionado con la nueva medición del plan de pensiones de beneficios definidos, que se presenta en otro resultado integral de acuerdo con la NIC 19 *Beneficios a los Empleados.* De acuerdo con el párrafo 22 de esta Norma, el movimiento relacionado en el saldo de las cuentas de diferimientos de actividades reguladas también se presenta en otro resultado integral.

(4) La recuperación proveniente de clientes, o el reembolso a éstos, de impuestos futuros a las ganancias a través de tarifas futuras se reconoce como un saldo de las cuentas de diferimientos de actividades reguladas. La compañía ha reconocido un activo por impuestos diferidos de 12.710 u.m. (20X6 – 9.540 u.m.) que surge del reconocimiento de los saldos de las cuentas de diferimientos de actividades reguladas y un saldo acreedor de cuentas de diferimientos de actividades reguladas correspondiente de 12.710 u.m. (20X6 – 9.540 u.m.). El saldo de activos por impuestos diferidos se presenta dentro de los saldos deudores de las cuentas de diferimientos de actividades reguladas presentados en el estado de situación financiera. [Referencia: párrafo 24 y Apéndice B párrafo B11(a)]

continúa...

...continuación

(5) El movimiento neto de 30.720 u.m. en los saldos restantes de cuentas de diferimientos de actividades reguladas restantes se presenta en la sección del resultado del periodo del estado del resultado de periodo y otro resultado integral, neto del movimiento en el activo por impuestos diferidos relacionado con los saldos de las cuentas de diferimientos de actividades reguladas de 3.170 u.m. [(8.474 – 6.360) u.m. + (4.236 – 3.180) u.m.]. **[Referencia: párrafos 23 y 24 y Apéndice B párrafo B12(a)]** El movimiento neto restante de 30.720 u.m. está compuesto por:

Disminución en los saldos deudores de las cuentas de diferimientos de actividades reguladas (100.240 u.m. – 102.330 u.m.)	(2.090)
Menos: incremento en el saldo deudor de cuentas de diferimientos de actividades reguladas por costos de pensiones presentado en otro resultado integral (12.270 u.m. – 5.130 u.m.)	(7.140)
	(9.230)
Incremento en los saldos acreedores de las cuentas de diferimientos de actividades reguladas (97.960 u.m. – 76.470 u.m.)	(21.490)
Movimiento neto en los saldos de las cuentas de diferimientos de actividades reguladas presentados en el resultado del periodo	30.720

Ejemplo 2—Operaciones discontinuadas e impuestos

EI3 Los párrafos 25 y 34 de esta Norma requieren que una entidad revele los saldos deudores y acreedores de las cuentas de diferimientos de actividades reguladas y el movimiento neto de dichos saldos que se relacionan con operaciones discontinuadas y grupos de activos para su disposición e impuestos diferidos respectivamente. Los párrafos B19 a B22 proporcionan guías adicionales relacionadas con esta información a revelar. En concreto, los párrafos B20 y B21 permiten que una entidad presente los importes de las cuentas de diferimientos de actividades reguladas que se relacionan con operaciones discontinuadas o grupos de activos para su disposición junto a los otros importes de cuentas de diferimientos de actividades reguladas que se presentan en el estado de situación financiera o en el estado del resultado del periodo y otro resultado integral, o revelarlos en la tabla requerida por el párrafo 33. El Ejemplo 2 ilustra la forma en que podrían cumplirse estos requerimientos, pero no se pretende ilustrar, con mayor generalidad, todos los aspectos de esta Norma o NIIF.

EI4 En este ejemplo, la entidad está en proceso de disponer de una de sus subsidiarias con tarifas reguladas totalmente participada y, por consiguiente, presenta los activos y pasivos de dicha subsidiaria como un grupo de activos para su disposición en el estado de situación financiera de acuerdo con la NIIF 5 *Activos no Corrientes Mantenidos para la Venta y Operaciones Discontinuadas*.

Además, los resultados de esa subsidiaria se presentan en una sola partida en el estado del resultado del periodo como una operación discontinuada. La entidad ha decidido que los importes relacionados con los saldos de las cuentas de diferimientos de actividades reguladas incluidos en el grupo de activos para su disposición deben presentarse por separado en el estado de situación financiera tal como está permitido el párrafo B20.

EI5   Además, la entidad ha decidido presentar por separado el saldo del activo por impuestos diferidos que se relaciona con el reconocimiento de los saldos de las cuentas de diferimientos de actividades reguladas que se espera recuperar (revertir) a través de tarifas futuras, presentando partidas adicionales para el saldo del activo por impuestos diferidos y el movimiento en éste, tal como permiten los párrafos 24 y B11 a B12.

Grupo XYZ —Estado de situación financiera a 31 de diciembre de 20X7 (extracto)
(en unidades monetarias)
[Referencia: párrafos 20, 21, 24 y B11 y párrafos FC40 a FC47, Fundamentos de las Conclusiones]

	31 Dic 20X7	31 Dic 20X6
ACTIVOS		
Activos no corrientes		
AAA	x	x
	888.910	935.920
Activos corrientes		
BBB	x	x
	x	x
Activos del grupo para su disposición	15.200	–
	464.640	476.410
Total activos	**1.353.550**	**1.412.330**
Saldos deudores de cuentas de diferimientos de actividades reguladas directamente relacionados con el grupo de activos para su disposición	9.800	–
Otros saldos deudores de cuentas de diferimientos de actividades reguladas	90.440	102.330
Activo por impuestos diferidos asociado con saldos de cuentas de diferimientos de actividades reguladas	12.710	9.540
Total activos y saldos deudores de cuentas de diferimientos de actividades reguladas	**1.466.500**	**1.524.200**

Grupo XYZ —Estado de situación financiera a 31 de diciembre de 20X7 (extracto)
(en unidades monetarias)
[Referencia: párrafos 20, 21, 24 y B11 y párrafos FC40 a FC47, Fundamentos de las Conclusiones]

	31 Dic 20X7	31 Dic 20X6
PATRIMONIO Y PASIVOS		
Patrimonio atribuible a los propietarios de la controladora	x	x
Participaciones no controladoras	x	x
Total Patrimonio	973.750	831.500
Pasivos no corrientes		
DDD	x	x
	177.650	238.280
Pasivos corrientes		
EEE	x	x
	x	x
Pasivos del grupo para su disposición	2.540	–
	217.140	377.950
Total pasivos	394.790	616.230
Total patrimonio y pasivos	1.368.540	1.447.730
Saldos acreedores de cuentas de diferimientos de actividades reguladas directamente relacionados con el grupo de activos para su disposición	17.460	–
Otros saldos acreedores de cuentas de diferimientos de actividades reguladas	80.500	76.470
Total patrimonio, pasivos y saldos acreedores de cuentas de diferimientos de actividades reguladas	1.466.500	1.524.200

Nota: los saldos de las cuentas de diferimientos de actividades reguladas no se describen como activos o pasivos para propósitos de esta Norma. Los subtotales descritos como "Total activos" y "Total pasivos" son comparables con los que se presentarían si los saldos de las cuentas de diferimientos de actividades reguladas no se reconocieran. La diferencia entre estos dos subtotales representa el saldo neto de todos los saldos de las cuentas de diferimientos de actividades reguladas reconocidos y el activo (pasivo) por impuestos diferidos que surge como consecuencia del reconocimiento de los saldos de las cuentas de diferimientos de actividades reguladas que se reconocería, en otro caso, dentro de las ganancias acumuladas u otros componentes de patrimonio.

Grupo XYZ—Estado del resultado del periodo y otro resultado integral para el año finalizado a 31 de diciembre de 20X7 (extracto)
(Ilustración de la presentación del resultado del periodo y otro resultado integral en un estado)
(en unidades monetarias)
[Referencia: párrafos 22 a 24 y B12 y párrafos FC44 a FC46, Fundamentos de las Conclusiones]

	20X7	20X6
Ingresos de actividades ordinarias	390.000	358.784
FFF	x	x
Ganancia antes de impuestos	196.685	106.204
Gasto por impuestos a las ganancias	(43.587)	(44.320)
Ganancia del año procedente de actividades que continúan	153.098	61.884
Pérdida del año procedente de actividades discontinuadas	(3.500)	–
Ganancia del año antes de movimientos netos en saldos de cuentas de diferimientos de actividades reguladas	149.598	61.884
Movimiento neto en saldos de cuentas de diferimientos de actividades reguladas relacionados con el resultado del periodo	(30.720)	(9.127)
Movimiento neto en activos por impuestos diferidos que surgen de saldos de cuentas de diferimientos de actividades reguladas relacionados con el resultado del periodo	3.170	12.320
Ganancia del año y movimientos netos en saldos de cuentas de diferimientos de actividades reguladas	122.048	65.077
Otro resultado integral: Partidas que no se reclasificarán al resultado del periodo		
Nuevas mediciones de los planes de pensiones de beneficios definidos	(7.938)	(3.784)
Movimiento neto en saldos de cuentas de diferimientos de actividades reguladas relacionados con otro resultado integral	7.140	4.207
Otro resultado integral del año, neto de impuesto a las ganancias	(798)	423
RESULTADO INTEGRAL TOTAL DEL AÑO	**121.250**	**65.500**

Saldos de cuentas de diferimientos de actividades reguladas

Saldos deudores de cuentas de diferimientos de actividades reguladas	20X6	Saldos surgidos en el periodo	Recuperación/ reversión	Otros movimientos	20X7	Recuperación/ reversión restante (años)
Distribución eléctrica						
Costos de construcción	18.720	5.440	(80)	–	24.080	4-10
Daños por tormenta	64.410	–	(12.060)	(9.800)	42.550	4
Otros saldos de actividades reguladas	6.270	2.320	(950)	–	7.640	4-10
Distribución de gas						
Costos de pensiones	5.130	10.120	(2.980)	–	12.270	N/A
Desviaciones de costos de gas	7.800	–	(3.900)	–	3.900	1
	102.330	**17.880**	**(19.970)**	**(9.800)**	**90.440**	
Grupo de activos para su disposición	–			9.800	9.800	
	102.330	**17.880**	**(19.970)**		**100.240**	

Saldos acreedores de cuentas de diferimientos de actividades reguladas						
Distribución eléctrica						
Disposición de terreno	–	19.000	–	–	19.000	10
Impuesto a las ganancias	6.360	3.207	(1.093)	–	8.474	1-10
Distribución de gas						
Desviaciones de costos de gas	600	4.000	(200)	–	4.400	2-3
Impuesto a las ganancias	3.180	1.603	(547)	–	4.236	1-10
Costos de retiro de servicio	66.330	(2.030)	(2.450)	(17.460)	44.390	3-20
	76.470	**25.780**	**(4.290)**	**(17.460)**	**80.500**	
Grupo de activos para su disposición	–	–	–	17.460	17.460	
	76.470	**25.780**	**(4.290)**	–	**97.960**	

[Referencia: párrafo 33(a)]

Notas:

(1) El movimiento neto del saldo de las cuentas de diferimientos de actividades reguladas por costos de pensiones de 7.140 u.m. (12.270 u.m. – 5.130 u.m.) está relacionado con la nueva medición del plan de pensiones de beneficios definidos, que se presenta en otro resultado integral de acuerdo con la NIC 19 *Beneficios a los Empleados*. De acuerdo con el párrafo 22 de esta Norma, el movimiento relacionado en el saldo de las cuentas de diferimientos de actividades reguladas también se presenta en otro resultado integral.

(2) La recuperación proveniente de clientes, o el reembolso a éstos, de impuestos futuros a las ganancias a través de tarifas futuras se reconoce como un saldo de las cuentas de diferimientos de actividades reguladas. La compañía ha reconocido un activo por impuestos diferidos de 12.710 u.m. (20X6 – 9.540 u.m.) que surge del reconocimiento de los saldos de las cuentas de diferimientos de actividades reguladas y un saldo acreedor de cuentas de diferimientos de actividades reguladas correspondiente de 12.710 u.m. (20X6 – 9.540 u.m.). El saldo de activos por impuestos diferidos se presenta por separado junto al total de los saldos deudores de las cuentas de diferimientos de actividades reguladas en el estado de situación financiera. **[Referencia: párrafo 24 y Apéndice B párrafo B11(b)]** De forma análoga, el movimiento neto en el activo por impuestos diferidos relacionado con los saldos de las cuentas de diferimientos de actividades reguladas de 3.170 u.m. [(8.474 – 6.360) u.m. + (4.236 – 3.180) u.m.] se presenta por separado en el estado del resultado del periodo. **[Referencia: párrafo 24 y Apéndice B párrafo B12(b)]**

continúa...

...continuación

(3) El movimiento neto de 30.720 u.m. en los saldos de las cuentas de diferimientos de actividades reguladas restantes se presenta en la sección del resultado del periodo del estado de resultado del periodo y otro resultado integral. **[Referencia: párrafo 23]** El movimiento neto restante está compuesto por:

Disminución en los saldos deudores de las cuentas de diferimientos de actividades reguladas (100.240 u.m. − 102.330 u.m.)	(2.090)
Menos: incremento en el saldo deudor de cuentas de diferimientos de actividades reguladas por costos de pensiones presentado en otro resultado integral (12.270 u.m. − 5.130 u.m.)	(7.140)
	(9.230)
Incremento en los saldos acreedores de las cuentas de diferimientos de actividades reguladas (97.960 u.m. − 76.470 u.m.)	(21.490)
Movimiento neto en los saldos de las cuentas de diferimientos de actividades reguladas presentados en el resultado del periodo	(30.720)

(4) En este ejemplo, los otros movimientos representan transferencias al grupo de activos para su disposición y se han mostrado por separado, de acuerdo con el párrafo 33(a)(iii). Si existen otros movimientos que requieren revelar información por separado, tales como los causados por deterioros de valor o por los efectos de cambios en las tasas de cambio o tasas de descuento, podrían mostrarse en una columna separada u otro método de revelar información, tal como una nota al pie de la tabla.

Documentos del IASB publicados para acompañar a la

NIIF 15

Ingresos de Actividades Ordinarias Procedentes de Contratos con Clientes

El texto normativo de la NIIF 15 se encuentra en la Parte A de esta edición. El texto de los Fundamentos de las Conclusiones de la NIIF 15 se encuentra en la Parte C de esta edición. Su fecha de vigencia en el momento de la emisión era el 1 de enero de 2017. En septiembre de 2015 el Consejo emitió *Fecha de Vigencia de la NIIF 15* que difería la fecha de vigencia al 1 de enero de 2018. Esta parte presenta los siguientes documentos:

EJEMPLOS ILUSTRATIVOS

APÉNDICE

Modificaciones a las guías en otras Normas

ÍNDICE

continúa...

...continuación

continúa...

...continuación

© IFRS Foundation

NIIF 15 *Ingresos de Actividades Ordinarias Procedentes de Contratos con Clientes*
Ejemplos Ilustrativos

Estos ejemplos acompañan a la NIIF 15 pero no forman parte de la misma. Ilustran aspectos de la NIIF 15 pero no pretenden proporcionar guías interpretativas.

EI1   Estos ejemplos muestran situaciones hipotéticas que ilustran la forma en que una entidad puede aplicar algunos de los requerimientos de la NIIF 15 a aspectos concretos de un contrato con un cliente sobre la base de los hechos limitados presentados. El análisis de cada ejemplo no pretende representar la única forma en que se podrían aplicar los requerimientos, ni se pretende aplicar los ejemplos solo al sector industrial concreto utilizado. Aunque algunos aspectos de los ejemplos pueden estar presentes en estructuras de hechos reales, al aplicar la NIIF 15 necesitarían evaluarse todos los hechos y circunstancias relevantes de una estructura de hechos concreta.

Identificación del contrato

EI2   Los ejemplos 1 a 4 ilustran los requerimientos de los párrafos 9 a 16 de la NIIF 15 sobre la identificación del contrato. Además, en estos ejemplos se ilustran los requerimientos siguientes:

(a)   la interacción del párrafo 9 de la NIIF 15 con los párrafos 47 a 52 de la NIIF 15 sobre la estimación de la contraprestación variable (ejemplos 2 y 3); e

(b)   el párrafo B63 de la NIIF 15 sobre contraprestación en forma de regalías basadas en ventas o en uso sobre licencias de propiedad intelectual (ejemplo 4).

Ejemplo 1—Cobrabilidad de la contraprestación

EI3   Una entidad, un promotor inmobiliario, realiza un contrato con un cliente para la venta de un edificio por 1 millón de u.m.[1] El cliente pretende abrir un restaurante en el edificio. El edificio está situado en un área en la que los restaurantes nuevos afrontan altos niveles de competencia y el cliente tiene poca experiencia en dicho sector.

EI4   El cliente paga un depósito no reembolsable de 50.000 u.m. al comienzo del contrato y acuerda una financiación a largo plazo con la entidad por el 95 por ciento restante de la contraprestación acordada. El acuerdo de financiación se lleva a cabo sin garantía inmobiliaria, lo que significa que si el cliente incumple, la entidad puede recuperar la propiedad del edificio, pero no puede exigir contraprestaciones adicionales del cliente, incluso si la garantía colateral no cubre el valor total del importe debido. El costo para la entidad del edificio es de 600.000 u.m. El cliente obtiene el control del edificio al comienzo del contrato.

---

1   En este ejemplo, los importes monetarios se denominan en "unidades monetarias" (u.m.).

EI5   Para evaluar si el contrato cumple los criterios del párrafo 9 de la NIIF 15, la entidad concluye que el criterio del párrafo 9(e) de la NIIF 15 no se cumple porque no es probable que la entidad cobre la contraprestación a que tiene derecho a cambio de la transferencia del edificio. Para alcanzar esta conclusión, la entidad observa que la capacidad del cliente y la intención de pagar puede estar en duda debido a los siguientes factores:

(a)   el cliente pretende devolver el préstamo (que tiene un saldo significativo) principalmente de los ingresos derivados de su negocio de restaurantes (que es un negocio que afronta riesgos significativos debido a la alta competencia del sector industrial y la experiencia limitada del cliente);

(b)   el cliente carece de otros ingresos o activos que pudiera utilizar para devolver el préstamo; e

(c)   el pasivo del cliente según el préstamo está limitado porque el préstamo no tiene garantía inmobiliaria.

EI6   Puesto que no se cumplen los criterios del párrafo 9 de la NIIF 15, la entidad aplica los párrafos 15 y 16 de la NIIF 15 para determinar la contabilización del depósito no reembolsable de 50.000 u.m. La entidad observa que ninguno de los sucesos descritos en el párrafo 15 ha ocurrido—es decir, la entidad no ha recibido sustancialmente toda la contraprestación y no ha terminado el contrato. Por consiguiente, de acuerdo con el párrafo 16, la entidad contabiliza el pago no reembolsable de 50.000 u.m. como un pasivo por depósito. La entidad continúa contabilizando el depósito inicial, así como cualquier pago futuro del principal e intereses, como un pasivo por depósito, hasta el momento en que concluya que se cumplen los criterios del párrafo 9 (es decir, puede concluir que es probable que cobrara la contraprestación) o ha ocurrido uno de los sucesos del párrafo 15. La entidad continúa la evaluación del contrato de acuerdo con el párrafo 14 para determinar si los criterios del párrafo 9 se cumplen posteriormente o si han ocurrido los sucesos del párrafo 15 de la NIIF 15.

Ejemplo 2—La contraprestación no es un precio establecido—reducción de precio implícita

EI7   Una entidad vende 1.000 unidades de una receta de fármacos a un cliente por una contraprestación acordada de 1 millón de u.m. Esta es la primera venta de la entidad a un cliente en una región nueva, que está experimentando dificultades económicas significativas. Por ello, la entidad espera que no podrá cobrar del cliente el importe total de la contraprestación acordada. A pesar de la posibilidad de no cobrar el importe total, la entidad espera que la economía de la región se recupere en los dos o tres próximos años y determina que una relación con el cliente podría ayudar a forjar relaciones con otros clientes potenciales en la región.

EI8   Para evaluar si se cumple el criterio del párrafo 9(e) de la NIIF 15, la entidad considera los párrafos 47 y 52(b) de la NIIF 15. Sobre la base de la evaluación de los hechos y circunstancias, la entidad determina que espera proporcionar una reducción de precio y aceptar un importe menor de contraprestación del cliente. Por consiguiente, la entidad concluye que el precio de la transacción no es de 1 millón de u.m. y, por ello, la contraprestación acordada es variable. La entidad estima la contraprestación variable y determina que espera tener derecho a 400.000 u.m.

EI9 La entidad considera la capacidad e intención del cliente de pagar la contraprestación y concluye que aun cuando la región esté experimentando dificultades económicas, es probable que cobrará 400.000 u.m. del cliente. Por consiguiente, la entidad concluye que se cumple el criterio del párrafo 9(e) de la NIIF 15 sobre una estimación de contraprestación variable de 400.000 u.m. Además, sobre la base de una evaluación de las condiciones del contrato y otros hechos y circunstancias, la entidad concluye que los otros criterios del párrafo 9 de la NIIF 15 también se cumplen. Por consiguiente, la entidad contabiliza el contrato con el cliente de acuerdo con los requerimientos de la NIIF 15.

Ejemplo 3—Reducción de precio implícita

EI10 Una entidad, un hospital, proporciona servicios médicos a un paciente no asegurado en la sala de emergencias. La entidad no ha proporcionado servicios médicos con anterioridad a este paciente pero está obligada por ley a proporcionar servicios médicos a todos los pacientes en la sala de emergencias. Debido a las condiciones del paciente en el momento de la llegada al hospital, la entidad proporciona los servicios de forma inmediata y, por ello, antes de que pueda determinar si el paciente se compromete a cumplir con sus obligaciones según el contrato a cambio de los servicios médicos proporcionados. Por consiguiente, el contrato no cumple los criterios del párrafo 9 de la NIIF 15 y, de acuerdo con el párrafo 14 de la NIIF 15, la entidad continuará evaluando su conclusión basada en hechos y circunstancias actualizadas.

EI11 Después de proporcionar los servicios, la entidad obtiene información adicional sobre el paciente incluyendo una revisión de los servicios proporcionados, tarifas estándar para estos servicios y capacidad e intención del paciente de pagar a la entidad los servicios proporcionados. Durante la revisión, la entidad señala que su tarifa estándar para los servicios proporcionados en la sala de emergencias de 10.000 u.m. La entidad también revisa la información del paciente y para ser congruente con sus políticas designa al paciente como una clase de cliente basada en la evaluación de la capacidad e intención del paciente de pagar.

EI12 Antes de evaluar si se han cumplido los criterios del párrafo 9 de la NIIF 15, la entidad considera los párrafos 47 y 52(b) de la NIIF 15. Aunque la tarifa estándar por los servicios es de 10.000 u.m. (que sería el importe facturado al paciente), la entidad espera aceptar un importe menor de contraprestación a cambio de los servicios. Por consiguiente, la entidad concluye que el precio de la transacción no es de 10.000 de u.m. y, por ello, la contraprestación acordada es variable. La entidad revisa sus cobros históricos de esta clase de clientes y otra información relevante sobre el paciente. La entidad estima la contraprestación variable y determina que espera tener derecho a 1.000 u.m.

EI13   De acuerdo con el párrafo 9(e) de la NIIF 15, la entidad evalúa la capacidad e intención del paciente de pagar (es decir, el riesgo crediticio del paciente). Sobre la base de su historia de cobros de pacientes de esta clase de clientes, la entidad concluye que es probable que cobrará 1.000 u.m. (que es la estimación de la contraprestación variable). Además, sobre la base de una evaluación de las condiciones del contrato y otros hechos y circunstancias, la entidad concluye que los otros criterios del párrafo 9 de la NIIF 15 también se cumplen. Por consiguiente, la entidad contabiliza el contrato con el paciente de acuerdo con los requerimientos de la NIIF 15.

Ejemplo 4—Revaluación de los criterios para la identificación de un contrato

EI14   Una entidad concede una licencia de una patente a un cliente a cambio de una regalía basada en uso. Al comienzo del contrato, éste cumple todos los criterios del párrafo 9 de la NIIF 15 y la entidad contabiliza el contrato con el cliente de acuerdo con los requerimientos de la NIIF 15. La entidad reconoce los ingresos de actividades ordinarias cuando tenga lugar el uso posterior del cliente de acuerdo con el párrafo B63 de la NIIF 15.

EI15   A lo largo del primer año del contrato, el cliente proporciona informes trimestrales del uso y paga dentro del periodo acordado.

EI16   Durante el segundo año del contrato, el cliente continúa usando la patente de la entidad, pero empeora la situación financiera del cliente. El acceso actual del cliente al crédito y al efectivo disponible en mano es limitado. La entidad continúa el reconocimiento del ingreso de actividades ordinarias sobre la base del uso del cliente a lo largo del segundo año. El cliente paga las regalías del primer trimestre pero hace pagos simbólicos por el uso de la patente en los trimestres 2 a 4. La entidad contabiliza cualquier deterioro de valor de la cuenta por cobrar existente de acuerdo con la NIIF 9 *Instrumentos Financieros*.

EI17   Durante el tercer año del contrato, el cliente continúa usando la patente de la entidad. Sin embargo, la entidad entiende que el cliente ha perdido el acceso al crédito y sus clientes más importantes y, por ello, la capacidad del cliente de pagar se ha deteriorado de forma significativa. La entidad, por ello, concluye que es improbable que el cliente pueda realizar pagos adicionales por regalías para continuar utilizando la patente de la entidad. Como consecuencia de este cambio significativo en los hechos y circunstancias, de acuerdo con el párrafo 13 de la NIIF 15, la entidad evalúa nuevamente los criterios del párrafo 9 de la NIIF 15 y determina que no se cumplen porque ya no es probable que la entidad cobre la contraprestación a la que tendrá derecho. Por consiguiente, la entidad no reconoce ingresos de actividades ordinarias adicionales asociados con el uso futuro del cliente de su patente. La entidad contabiliza cualquier deterioro de valor de la cuenta por cobrar existente de acuerdo con la NIIF 9 *Instrumentos Financieros*.

Modificaciones del contrato

EI18 Los ejemplos 5 a 9 ilustran los requerimientos de los párrafos 18 a 21 de la NIIF 15 para la modificación del contrato. Además, en estos ejemplos se ilustran los requerimientos siguientes:

(a) párrafos 22 y 30 de la NIIF 15 sobre la identificación de las obligaciones de desempeño (Ejemplos 7 y 8);

(b) párrafos 56 a 58 de la NIIF 15 sobre limitaciones de las estimaciones de la contraprestación variable (Ejemplos 6, 8 a 9); e

(c) párrafos 87 a 90 de la NIIF 15 sobre cambios en el precio de la transacción (Ejemplo 6).

Ejemplo 5—Modificación de un contrato sobre bienes

EI19 Una entidad compromete la venta de 120 productos a un cliente por 12.000 u.m. (100 u.m. por producto). Los productos se transfieren al cliente a lo largo de un periodo de seis meses. La entidad transfiere el control de cada producto en un momento concreto. Después de que la entidad haya transferido el control de 60 productos al cliente, se modifica el contrato para requerir la entrega de 30 productos adicionales (un total de 150 productos idénticos) al cliente. Los 30 productos adicionales no estaban incluidos en el contrato inicial.

Caso A—Productos adicionales por un precio que refleja el precio de venta independiente

EI20 Cuando se modifica el contrato, el precio de la modificación del contrato por 30 productos adicionales es de 2.850 u.m. adicionales o de 95 u.m. por producto. La fijación del precio para los productos adicionales refleja el precio de venta independiente de los productos en el momento de la modificación del contrato y los productos adicionales son distintos (de acuerdo con el párrafo 27 de la NIIF 15) de los productos originales.

EI21 De acuerdo con el párrafo 20 de la NIIF 15, la modificación del contrato por 30 productos adicionales es, en efecto, un contrato nuevo y separado por productos futuros que no afecta a la contabilización del contrato existente. La entidad reconoce ingresos de actividades ordinarias de 100 u.m. por producto para los 120 productos en el contrato original y 95 u.m. por producto para los 30 productos del contrato nuevo.

Caso B—Productos adicionales por un precio que no refleja el precio de venta independiente

EI22 Durante el proceso de negociación de la compra de 30 productos adicionales, las partes acuerdan inicialmente un precio de 80 u.m. por producto. Sin embargo, el cliente descubre que los 60 productos iniciales transferidos al cliente contienen defectos menores que solo se encontraban en esos productos entregados. La entidad acuerda un crédito parcial de 15 u.m. por producto para compensar al cliente por la calidad deficiente de esos productos. La entidad y el cliente acuerdan incorporar el crédito de 900 u.m. (15 u.m. de crédito × 60 productos) al precio que la entidad carga por los 30 productos adicionales. Por consiguiente, la modificación del contrato especifica que el precio de los 30 productos adicionales es de 1.500 u.m. o 50 u.m. por producto. Ese precio comprende el precio acordado para los 30 productos adicionales de 2.400 u.m., o 80 u.m. por producto, menos el crédito de 900 u.m.

EI23   En el momento de la modificación, la entidad reconoce las 900 u.m. como una reducción del precio de la transacción y, por ello, como una reducción de ingresos de actividades ordinarias de los 60 productos iniciales transferidos. Para contabilizar la venta de los 30 productos adicionales, la entidad determina que el precio negociado de 80 u.m. por producto no refleja el precio de venta independiente de los productos adicionales. Por consiguiente, la modificación del contrato no cumple las condiciones del párrafo 20 de la NIIF 15 para ser contabilizada como un contrato separado. Puesto que los productos restantes a entregar son distintos de los ya transferidos, la entidad aplica los requerimientos del párrafo 21(a) de la NIIF 15 y contabiliza la modificación como una terminación del contrato original y la creación de un contrato nuevo.

EI24   Por consiguiente, el importe reconocido como ingresos de actividades ordinarias para cada uno de los productos restantes es una mezcla de precios de 93,33 {[(100 u.m. × 60 productos todavía no transferidos según el contrato original) + (80 u.m. × 30 productos a transferir según la modificación del contrato)] ÷ 90 productos restantes}.

Ejemplo 6—Cambio en el precio de la transacción después de una modificación del contrato

EI25   El 1 de julio de 20X0, una entidad se compromete a transferir dos productos distintos a un cliente. El Producto X se transfiere al cliente al comienzo del contrato y el Producto Y el 31 de marzo de 20X1. La contraprestación acordada por el cliente incluye una contraprestación fija de 1.000 u.m. y una contraprestación variable que se estima en 200 u.m. La entidad incluye su estimación de contraprestación variable en el precio de la transacción porque concluye que es altamente probable que no tenga lugar una reversión significativa de los ingresos de actividades ordinarias acumulados reconocidos cuando se resuelva la incertidumbre. [Referencia: párrafo 56]

EI26   El precio de la transacción de 1.200 u.m. se asigna por igual a la obligación de desempeño del Producto X y a la del Producto Y. Esto es así porque ambos productos tienen los mismos precios de venta independientes y la contraprestación variable no cumple los criterios del párrafo 85 que requiere la asignación de la contraprestación variable a una pero no a las dos de las obligaciones de desempeño.

EI27   Cuando el Producto X se transfiere al cliente al comienzo del contrato, la entidad reconoce un ingreso de actividades ordinarias de 600 u.m.

EI28   El 30 de noviembre de 20X0, se modifica el alcance del contrato para incluir el compromiso de transferir el Producto Z (además del Producto Y no entregado) al cliente el 30 de junio de 20X1 y el precio del contrato se incrementa en 300 u.m. (contraprestación fija), lo cual no representa el precio de venta independiente del Producto Z. Éste precio es el mismo que los precios de venta independientes de los Productos X e Y.

EI29   La entidad contabiliza la modificación como si fuera la terminación del contrato existente y la creación de un contrato nuevo. Esto es así, porque los Productos Y y Z restantes son distintos del Producto X, el cual se había transferido al cliente antes de la modificación, y la contraprestación acordada para el Producto Z adicional no represente su precio de venta independiente. Por consiguiente, de acuerdo con el párrafo 21(a) de la NIIF 15, la contraprestación a asignar a las obligaciones de desempeño pendientes comprende la que se había asignado a la obligación de desempeño del Producto Y (que se mide por el importe del precio de la transacción distribuido de 600 u.m.) y la contraprestación acordada en la modificación (contraprestación fija de 300 u.m.). El precio de la transacción del contrato modificado es de 900 u.m. y ese importe se asigna por igual a la obligación de desempeño del Producto Y y la obligación de desempeño del Producto Z (es decir, se distribuyen 450 u.m. a cada obligación de desempeño).

EI30   Después de la modificación pero antes de la entrega de los Productos Y y Z, la entidad revisa sus estimaciones del importe de la contraprestación variable a la que espera tener derecho de 240 u.m. (en lugar de la estimación anterior de 200 u.m.). La entidad concluye que el cambio en la estimación de la contraprestación variable puede incluirse en el precio de la transacción, porque es altamente probable que no tenga lugar una reversión significativa del ingreso de actividades ordinarias acumulado reconocido cuando se resuelva la incertidumbre. Aun cuando la modificación se contabilizó como si fuera la terminación del contrato existente y la creación de un contrato nuevo de acuerdo con el párrafo 21(a) de la NIIF 15, el incremento en el precio de la transacción de 40 u.m. es atribuible a la contraprestación variable acordada antes de la modificación. Por ello, de acuerdo con el párrafo 90 de la NIIF 15 el cambio en el precio de la transacción se asigna a las obligaciones de desempeño del Producto X y del Producto Y sobre la misma base que el contrato inicial. Por consiguiente, la entidad reconoce ingresos de actividades ordinarias por 20 u.m. para el Producto X en el periodo en que tiene lugar el cambio en el precio de la transacción. Puesto que el Producto Y no se había transferido al cliente antes de la modificación del contrato, el cambio en el precio de la transacción que se atribuye al Producto Y se asigna a las obligaciones de desempeño pendientes en el momento de la modificación del contrato. Esto es congruente con la contabilización que habría requerido el párrafo 21(a) de la NIIF 15 si ese importe de la contraprestación variable se hubiera estimado e incluido en el precio de la transacción en el momento de la modificación del contrato.

EI31   La entidad también asigna el incremento de 20 u.m. en el precio de la transacción por la modificación del contrato a partes iguales a las obligaciones de desempeño del Producto Y y del Producto Z. Esto es así porque los productos tienen los mismos precios de venta independientes y la contraprestación variable no cumple los criterios del párrafo 85 que requiere la asignación de la contraprestación variable a una, pero no a las dos, de las obligaciones de desempeño. Por consiguiente, el importe del precio de la transacción asignado a las obligaciones de desempeño del Producto Y y del Producto Z se incrementa de 10 u.m. a 460 u.m. cada una.

EI32 El 31 de marzo de 20X1, el Producto Y se transfiere al cliente y la entidad reconoce ingresos de actividades ordinarias por 460 u.m. El 30 de junio de 20X1, el Producto Z se transfiere al cliente y la entidad reconoce ingresos de actividades ordinarias por 460 u.m.

Ejemplo 7—Modificación de un contrato de administración

EI33 Una entidad realiza un contrato a tres años para limpiar semanalmente las oficinas de un cliente. El cliente se compromete a pagar 100.000 u.m. por año. El precio de venta independiente de los servicios en el momento del inicio del contrato es de 100.000 u.m. por año. La entidad reconoce ingresos de actividades ordinarias por 100.000 u.m. por año durante los dos primeros años de prestación de servicios. Al final del segundo año, el contrato se modifica y la tarifa para el tercer año se reduce a 80.000 u.m. Además, el cliente acuerda ampliar el contrato por tres años adicionales por una contraprestación de 200.000 u.m. a pagar en tres cuotas anuales iguales de 66.667 u.m. al comienzo de los años 4, 5 y 6. Después de la modificación, el contrato tiene cuatro años restantes a cambio de la contraprestación total de 280.000 u.m. El precio de venta independiente de los servicios al comienzo del tercer año es de 80.000 por año. El precio de venta independiente de la entidad al comienzo del tercer año, multiplicado por el número restante de años a prestar servicios, se considera que es una estimación apropiada del precio de venta independiente del contrato plurianual (es decir, el precio de venta independiente es de 4 años × 80.000 u.m. por año = 320.000 u.m.).

EI34 Al inicio del contrato, la entidad evalúa que cada semana de servicio de limpieza es distinto de acuerdo con el párrafo 27 de la NIIF 15. A pesar de que cada semana de servicio de limpieza sea distinta, la entidad contabiliza el contrato de limpieza como una obligación de desempeño única de acuerdo con el párrafo 22(b) de la NIIF 15. Esto es, porque los servicios de limpieza semanales son una serie de servicios distintos que son sustancialmente los mismos y tienen la misma estructura de transferencia al cliente (los servicios se transfieren al cliente a lo largo del tiempo y usa el mismo método de medir el progreso—que es, una medida de progreso basada en el tiempo).

EI35 En la fecha de la modificación, la entidad evalúa los servicios restantes a prestar y concluye que son distintos. Sin embargo, el importe de contraprestación restante a pagar (280.000 u.m.) no refleja el precio de venta independiente de los servicios a prestar (320.000).

EI36 Por consiguiente, la entidad contabiliza la modificación de acuerdo con el párrafo 21(a) de la NIIF 15 como una finalización del contrato original y la creación de un contrato nuevo con una contraprestación de 280.000 u.m. por cuatro años de servicio de limpieza. La entidad reconoce ingresos de actividades ordinarias por 70.000 u.m. por año (280.000 ÷ 4 años) puesto que los servicios se prestan a lo largo de los cuatro años restantes.

Ejemplo 8—Modificación resultante de ajustes de actualización acumulados en ingresos de actividades ordinarias

EI37 Una entidad, una empresa de construcción, realiza un contrato para construir un edificio comercial para un cliente sobre un terreno propiedad del cliente por una contraprestación acordada de 1 millón de u.m. y una prima de 200.000 u.m. si el edificio está terminado en 24 meses. La entidad contabiliza el paquete acordado de bienes y servicios como una obligación de desempeño única satisfecha a lo largo del tiempo de acuerdo con el párrafo 35(b) de la NIIF 15 porque el cliente controla el edificio durante la construcción. Al comienzo del contrato, la entidad espera lo siguiente:

	u.m.
Precio de la transacción	1.000.000
Costos esperados	700.000
Ganancia esperada (30%)	300.000

EI38 Al comienzo del contrato, la entidad excluye la prima de 200.000 del precio de la transacción porque no puede concluir que sea altamente probable que no tenga lugar una reversión significativa en el importe del ingreso de actividades ordinarias acumulado reconocido. La terminación del edificio es altamente sensible a factores ajenos a la influencia de la entidad, incluyendo el tiempo y las aprobaciones de regulación. Además, la entidad tiene experiencia limitada con tipos similares de contratos.
[Referencia: párrafos 56 y 57]

EI39 La entidad determina que la medición de los datos de entrada, sobre la base de los costos incurridos, proporciona una medida apropiada del progreso hacia la satisfacción completa de la obligación de desempeño. Al final del primer año, la entidad ha satisfecho el 60 por ciento de sus obligaciones de desempeño sobre la base de los costos incurridos hasta la fecha (420.000 u.m.) en relación con los costos totales esperados (700.000 u.m.). La entidad evalúa nuevamente la contraprestación variable y concluye que el importe está todavía limitado de acuerdo con los párrafos 56 a 58 de la NIIF 15. Por consiguiente, los ingresos de actividades ordinarias acumulados y los costos reconocidos en el primer año son los siguientes:

	u.m.
Ingresos de actividades ordinarias	600.000
Costos	420.000
Ganancia bruta	180.000

EI40   En el primer trimestre del segundo año, las partes del contrato acuerdan modificarlo cambiando los planos del edificio. Como consecuencia, la contraprestación fijada y los costos esperados se incrementan en 150.000 u.m. y 120.000 u.m., respectivamente. La contraprestación potencial total después de la modificación es de 1.350.000 u.m. (1.150.000 u.m. de contraprestación fija + 200.000 u.m. de prima por terminación). Además, el tiempo permisible para lograr la prima de 200.000 u.m. se amplía de 6 meses a 30 meses desde la fecha inicial del contrato original. En la fecha de la modificación, sobre la base de su experiencia y el trabajo restante a realizar, que es principalmente dentro del edificio y no sujeto a condiciones climatológicas, la entidad concluye que es altamente probable que la introducción de la prima en el precio de la transacción no dará lugar a reversiones significativas en el importe de los ingresos de actividades ordinarias acumulados reconocidos de acuerdo con el párrafo 56 de la NIIF 15 e incluye 200.000 u.m. en el precio de la transacción. Para evaluar la modificación del contrato, la entidad evalúa el párrafo 27(b) de la NIIF 15 y concluye (sobre la base de los factores del párrafo 29 de la NIIF 15) que los bienes y servicios restantes a prestar utilizando el contrato modificado no son distintos de los transferidos hasta la fecha de la modificación del contrato; esto es, el contrato restante permanece como una obligación de desempeño única.

EI41   Por consiguiente, la entidad contabiliza la modificación del contrato como si fuera parte del contrato original (de acuerdo con el párrafo 21(b) de la NIIF 15). La entidad actualiza su medición del progreso y estima que ha satisfecho el 51,2 por ciento de su obligación de desempeño (420.000 u.m. de costos reales incurridos ÷ 820.000 u.m. de costos totales esperados). La entidad reconoce ingresos de actividades ordinarias adicionales de 91.200 u.m. [(51,2 por ciento terminado × 1.350.000 u.m. de precio de la transacción modificado) – 600.000 u.m. de ingresos de actividades ordinarias reconocidos hasta la fecha] en la fecha de la modificación como un ajuste de actualización acumulado.

Ejemplo 9—Cambio no aprobado en alcance y precio

EI42   Una entidad realiza un contrato con un cliente para construir un edificio sobre el terreno del cliente. El contrato señala que el cliente proporcionará a la entidad acceso al terreno en los 30 días desde el inicio del contrato. Sin embargo, a la entidad no le proporcionó acceso hasta 120 días después del inicio del contrato debido a los daños causados por una tormenta ocurrida en el lugar después del comienzo del contrato. El contrato identifica específicamente cualquier retraso (incluyendo los de fuerza mayor) en el acceso de la entidad al terreno del cliente como un suceso que da derecho a la entidad a una compensación que es igual a los costos reales incurridos como resultado directo del retraso. La entidad puede demostrar que los costos directos específicos en los que incurrió como consecuencia del retraso de acuerdo con los términos del contrato y prepara una reclamación. El cliente inicialmente no está de acuerdo con la reclamación de la entidad.

EI43   La entidad evalúa la base legal de la reclamación y determina, a partir de las condiciones contractuales subyacentes, que tiene derechos exigibles. Por consiguiente, contabiliza la reclamación como una modificación del contrato de acuerdo con los párrafos 18 a 21 de la NIIF 15. La modificación no da lugar a ningún bien o servicio adicional a prestar al cliente. Además, todos los bienes y servicios restantes después de la modificación no son diferentes y forman parte de una obligación de desempeño única. Por consiguiente, la entidad contabiliza la modificación de acuerdo con el párrafo 21(b) de la NIIF 15 actualizando el precio de la transacción y la medición del progreso hacia la satisfacción completa de la obligación de desempeño. La entidad considera la limitación de las estimaciones de la contraprestación variable de los párrafos 56 a 58 de la NIIF 15 al estimar el precio de la transacción.

Identificación de las obligaciones de desempeño

EI44   Los ejemplos 10 a 12 ilustran los requerimientos de los párrafos 22 a 30 de la NIIF 15 para la identificación de las obligaciones de desempeño.

Ejemplo 10—Bienes y servicios que no son distintos

Caso A—Servicio de integración significativo

EI45   Una entidad, un contratista, realiza un contrato para construir un hospital para un cliente. La entidad es responsable de la gestión global del proyecto e identifica varios bienes y servicios comprometidos, incluyendo el diseño, limpieza del lugar, cimentación, abastecimiento, construcción de la estructura, cañerías e instalación eléctrica, instalación de equipamiento y el acabado.

EI46   Los bienes y servicios acordados pueden ser distintos de acuerdo con el párrafo 27(a) de la NIIF 15. Esto es, el cliente puede beneficiarse de los bienes y servicios por sí mismos o junto con otros recursos ya disponibles. Esto se evidencia por el hecho de que la entidad, o los competidores de la entidad, venden regularmente muchos de estos bienes y servicios por separado a otros clientes. Además, el cliente podría generar beneficios económicos a partir de los bienes y servicios individuales utilizando, consumiendo, vendiendo o manteniendo esos bienes o servicios.

EI47   Sin embargo, los compromisos de transferir los bienes y servicios no son identificables por separado de acuerdo con el párrafo 27(b) de la NIIF 15 (sobre la base de los factores del párrafo 29 de la NIIF 15). Esto se evidencia por el hecho de que la entidad presta un servicio significativo de integración de los bienes y servicios (los insumos) en el hospital (el resultado combinado) que ha contratado el cliente.

EI48   Puesto que no se cumplen los dos criterios del párrafo 27 de la NIIF 15, los bienes y servicios no son distintos. La entidad contabiliza todos los bienes y servicios del contrato como una obligación de desempeño única.

Caso B—Servicio de integración significativo
[Referencia: párrafo FC116Q, Fundamentos de las Conclusiones]

EI48A   Una entidad suscribe un contrato con un cliente que dará lugar a la entrega de múltiples unidades de un dispositivo especializado altamente complejo. Los términos del contrato requieren que la entidad establezca un proceso de fabricación para producir las unidades contratadas. Las especificaciones son únicas para el cliente, basadas en un diseño del cliente que es propiedad de éste y que se desarrollaron según los términos de un contrato separado que no es parte del intercambio negociado actualmente. La entidad es responsable de la gestión global del contrato, que requiere la realización e integración de varias actividades incluyendo el suministro de materiales, identificación y gestión de subcontratos, y llevar a cabo la fabricación, ensamblaje y comprobación.

EI48B   La entidad evalúa los compromisos del contrato y determina que cada uno de los dispositivos comprometidos puede ser distinto de acuerdo con el párrafo 27(a) de la NIIF 15, porque el cliente puede beneficiarse de cada dispositivo por sí mismo. Esto es porque cada unidad puede funcionar de forma independiente del resto.

EI48C   La entidad observa que la naturaleza de su compromiso es establecer y proporcionar un servicio de fabricación del complemento completo de dispositivo que ha contratado de acuerdo con las especificaciones del cliente. La entidad considera que es responsable de la gestión global del contrato y de proporcionar un servicio significativo de integración de varios bienes y servicios (los insumos) en un servicio global y los dispositivos resultantes (el producto combinado) y, por ello, los dispositivos y los diversos bienes y servicios comprometidos inherentes a la fabricación de esos dispositivos no son identificables por separado de acuerdo con el párrafo 27(b) y el párrafo 29 de la NIIF 15. En este caso, el proceso de fabricación proporcionado por la entidad es específico de su contrato con el cliente. Además, la naturaleza del desempeño de la entidad y, concretamente, el servicio de integración significativo de las diversas actividades significa que un cambio en una de las actividades de la entidad para fabricar los dispositivos tiene un efecto significativo en el resto de actividades requeridas para fabricar los dispositivos altamente completos y especializados de forma que las actividades de la entidad son altamente interdependientes e interrelacionadas. Puesto que el criterio del párrafo 27(b) de la NIIF 15 no se cumple, los bienes y servicios que se proporcionarán por la entidad no son identificables por separado y, por ello, no son distintos. La entidad contabiliza todos los bienes y servicios comprometidos del contrato como una obligación de desempeño única.

Ejemplo 11—Determinación de si los bienes o servicios son distintos

Caso A—Distintos bienes o servicios

EI49   Una entidad, que desarrolla software, realiza un contrato con un cliente para transferir una licencia de software, realizar un servicio de instalación y proporcionar actualizaciones de software no especificadas y soporte técnico (en línea y por teléfono) por un periodo de dos años. La entidad vende la licencia, servicio de instalación y soporte técnico por separado. El servicio de instalación incluye el cambio de la pantalla de la web para cada tipo de usuario (por ejemplo, marketing, gestión del inventario y tecnología de la información). El servicio de instalación se realiza de forma rutinaria por otras entidades y no modifica de forma significativa el software. El software permanece funcional sin las actualizaciones y el soporte técnico.

EI50   La entidad evalúa los bienes y servicios acordados con el cliente para determinar los que son distintos de acuerdo con el párrafo 27 de la NIIF 15. La entidad observa que el software se entrega antes que los otros bienes y servicios y permanece funcional sin las actualizaciones y el soporte técnico. El cliente puede beneficiarse de las actualizaciones junto con la licencia de software transferida al comienzo del contrato. Por ello, la entidad concluye que el cliente puede beneficiarse de cada uno de los bienes y servicios por sí mismos o junto con otros que ya están disponibles y se cumple el criterio del párrafo 27(a) de la NIIF 15.

EI51   La entidad también considera el principio y los factores del párrafo 29 de la NIIF 15 y determina que el compromiso de transferir cada bien y servicio al cliente es identificable por separado de cada uno de los otros compromisos (así, se cumple el criterio del párrafo 27(b) de la NIIF 15). Para alcanzar esta determinación, la entidad considera que, aunque integra el software en el sistema del cliente, los servicios de instalación no afectan de forma significativa a la capacidad del cliente de usar y beneficiarse de la licencia de software porque los servicios de instalación son rutinarios y pueden obtenerse de proveedores alternativos. Las actualizaciones de software no afectan de forma significativa a la capacidad del cliente de usar y beneficiarse de la licencia de software durante el periodo de la licencia. La entidad observa, además, que ninguno de los bienes o servicios comprometidos se modifica o personalizan de forma significativa unos a otros, ni está proporcionando la entidad un servicio significativo de integración del software y los servicios en un producto combinado. Por último, la entidad concluye que el software y los servicios no se afectan de forma significa unos a otros y, por ello, no son altamente interdependientes o están fuertemente interrelacionados, porque la entidad podría cumplir su compromiso de transferir la licencia de software inicial de forma independiente de su compromiso de proporcionar posteriormente el servicio de instalación, actualización del software o apoyo técnico.

EI52   Sobre la base de esta evaluación, la entidad identifica cuatro obligaciones de desempeño en el contrato para los bienes o servicios siguientes:

(a)   la licencia de software;

(b)   un servicio de instalación;

(c)   las actualizaciones del software; e

(d)   el soporte técnico.

EI53   La entidad aplica los párrafos 31 a 38 de la NIIF 15 para determinar si cada una de las obligaciones de desempeño sobre el servicio de instalación, actualizaciones de software y soporte técnico están satisfechas en un momento concreto o a lo largo del tiempo. La entidad también evalúa la naturaleza del compromiso de la entidad de transferir la licencia de software de acuerdo con el párrafo B58 de la NIIF 15 (véase el Ejemplo 54 en los párrafos EI276 y EI277).

Caso B—Personalización significativa

EI54   Los bienes y servicios acordados son los mismos que en el Caso A, excepto que el contrato especifica que, como parte del servicio de instalación, el software va a ser personalizado de forma sustancial para añadir una nueva funcionalidad significativa para permitir que el software interactúe con otras aplicaciones de software personalizadas utilizadas por el cliente. El servicio de instalación personalizado puede ser proporcionado por otras entidades.

EI55   La entidad evalúa los bienes y servicios acordados con el cliente para determinar los que son distintos de acuerdo con el párrafo 27 de la NIIF 15. La entidad evalúa primero si se ha cumplido el criterio del párrafo 27(a). Por las mismas razones que en el Caso A, la entidad determina que la licencia de software, instalación, actualización del software y apoyo técnico cumplen todos ese criterio. La entidad evalúa a continuación si se ha cumplido el criterio del párrafo 27(b) evaluando el principio y los factores del párrafo 29 de la NIIF 15. La entidad observa que las condiciones del contrato dan lugar a un compromiso de prestar un servicio significativo de integrar el software bajo licencia en el sistema de software existente mediante la realización de un servicio de instalación personalizado como se especificaba en el contrato. En otras palabras, la entidad está utilizando la licencia y el servicio de instalación personalizado como insumos para producir el resultado combinado (es decir, un sistema de software funcional e integrado) especificado en el contrato [véase el párrafo 29(a) de la NIIF 15]. El software se modifica y personaliza de forma significativa mediante el servicio [véase el párrafo 29(b) de la NIIF 15]. Por consiguiente, la entidad determina que el compromiso de transferir la licencia no es identificable por separado del servicio de instalación personalizado y, por ello, no se cumple el criterio del párrafo 27(b) de la NIIF 15. Por ello, la licencia de software y el servicio de instalación personalizado no son distintos.

EI56   Sobre la base del mismo análisis que en el Caso A, la entidad concluye que las actualizaciones de software y el soporte técnico son distintos de los otros compromisos del contrato.

EI57   Sobre la base de esta evaluación, la entidad identifica tres obligaciones de desempeño en el contrato para los bienes o servicios siguientes:

(a) personalización del software (que compromete la licencia por el software y el servicio de instalación personalizado);

(b) las actualizaciones del software; e

(c) el soporte técnico.

EI58 La entidad aplica los párrafos 31 a 38 de la NIIF 15 para determinar si cada una de las obligaciones de desempeño se satisfacen en un momento concreto o a lo largo del tiempo.

Caso C—Compromisos que son identificables de forma separada (instalación)

EI58A Una entidad contrata con un cliente la venta de un elemento de equipo y servicios de instalación. El equipo puede operar sin ninguna personalización o modificación. La instalación requerida no es compleja y puede realizarse por varios proveedores de servicios alternativos.

EI58B La entidad identifica dos bienes y servicios comprometidos en el contrato: (a) el equipo y (b) la instalación. La entidad evalúa los criterios del párrafo 27 de la NIIF 15 para determinar si cada bien o servicio comprometido es distinto. La entidad determina que el equipo y la instalación cumplen cada uno el criterio del párrafo 27(a) de la NIIF 15. El cliente puede beneficiarse del equipo en sí mismo utilizándolo o revendiéndolo por un importe mayor que el valor de desecho o junto con otros recursos fácilmente disponibles (por ejemplo, servicios de instalación disponibles de otros proveedores alternativos. El cliente también puede beneficiarse de los servicios de instalación junto con otros recursos que el cliente ya habrá obtenido de la entidad (es decir, el equipo).

EI58C La entidad determina, además, que su compromiso de transferir el equipo y proporcionar servicios de instalación a lo largo de un periodo de tres años son cada uno identificables por separado (de acuerdo con el párrafo 27(b) de la NIIF 15). La entidad considera el principio y los factores del párrafo 29 de la NIIF 15 para determinar que el equipo y los servicios de instalación no son insumos de un elemento combinado en este contrato. En este caso, cada uno de los factores del párrafo 29 de la NIIF 15 contribuye a la conclusión, pero no son individualmente determinantes, de que el equipo y los servicios de instalación son identificables por separado de la forma siguiente:

(a) La entidad no proporciona un servicio de integración significativo. Es decir, la entidad se ha comprometido a entregar el equipo y a instalarlo a continuación; ésta podría satisfacer su compromiso de transferir el equipo por separado de su compromiso de instalarlo posteriormente. La entidad no se ha comprometido a combinar el equipo y los servicios de instalación de forma que los transformaría en un producto combinado.

(b) Los servicios de instalación de la entidad no personalizarán o modificarán de forma significativa el equipo.

(c)   Aunque el cliente puede beneficiarse de los servicios de instalación solo después de haber obtenido el control del equipo, los servicios de instalación no afectan de forma significativa al equipo porque la entidad podría cumplir su compromiso de transferir el equipo independientemente de su compromiso de proporcionar los servicios de instalación. Puesto que el equipo y los servicios de instalación no afectan el uno al otro de forma significativa, no son altamente interdependientes o están fuertemente interrelacionados.

Sobre la base de esta evaluación, la entidad identifica dos obligaciones de desempeño en el contrato para los bienes o servicios siguientes:

(i)   el equipo; y

(ii)   servicios de instalación.

EI58D   La entidad aplica los párrafos 31 a 38 de la NIIF 15 para determinar si cada una de las obligaciones de desempeño se satisfacen en un momento concreto o a lo largo del tiempo.

Caso D—Compromisos que son identificables por separado (restricciones contractuales)
[Referencia: párrafo FC116O, Fundamentos de las Conclusiones]

EI58E   Supóngase los mismos hechos que en el Caso C, excepto que se le requiere contractualmente al cliente que use los servicios de instalación de la entidad.

EI58F   El requerimiento contractual de usar los servicios de instalación de la entidad no cambia la evaluación de si los bienes o servicios comprometidos son distintos en este caso. Esto es así porque el requerimiento contractual de usar los servicios de instalación de la entidad no cambia las características de los bienes o servicios en sí mismos, ni los compromisos de la entidad con el cliente. Aunque se requiere que el cliente utilice los servicios de instalación de la entidad, el equipo y los servicios de instalación pueden ser distintos [es decir, cada uno cumple el criterio del párrafo 27(a) de la NIIF 15], y los compromisos de la entidad de proporcionar el equipo y los servicios de instalación son cada uno identificables por separado, es decir, cada uno cumple el criterio del párrafo 27(b) de la NIIF 15. El análisis de la entidad a este respecto es congruente con el del Caso C.

Caso E—Compromisos que son identificables de forma separada (consumibles)
[Referencia: párrafo FC116K, Fundamentos de las Conclusiones]

EI58G   Una entidad suscribe un contrato con un cliente para proporcionar un elemento estándar común (es decir, el equipo opera sin ninguna personalización o modificación) y suministra consumibles especializados para su uso en el equipo a intervalos determinados a lo largo de los próximos tres años. Los consumibles se producen solo por la entidad, pero los vende por separado.

EI58H   La entidad determina que el cliente puede beneficiarse del equipo junto con los consumibles fácilmente disponibles. Los consumibles están fácilmente disponibles de acuerdo con el párrafo 28 de la NIIF 15 porque se venden por separado con regularidad por parte de la entidad (es decir, a través de órdenes de repuesto para clientes que compraron anteriormente el equipo). El cliente puede beneficiarse de los consumibles que se entregarán según el contrato junto con el equipo entregado que se transfiere al cliente inicialmente según el contrato. Por ello, el equipo y los consumibles pueden ser cada uno distintos de acuerdo con el párrafo 27(a) de la NIIF 15.

EI58I   La entidad determina que su compromiso de transferir el equipo y proporcionar consumibles a lo largo de un periodo de tres años son cada uno identificables por separado de acuerdo con el párrafo 27(b) de la NIIF 15. Para determinar que el equipo y los consumibles no son insumos de un elemento combinado en este contrato, la entidad considera que no se está proporcionando un servicio de integración significativo que transforma el equipo y los consumibles en un producto combinado. Además, ni el equipo ni los consumibles están personalizados o modificados de forma significativa por el otro. Por último, la entidad concluye que el equipo y los consumibles no son altamente interdependientes o están fuertemente interrelacionados porque no afectan de forma significativa el uno al otro. Aunque el cliente puede beneficiarse de los consumibles en este contrato solo después de haber obtenido el control del equipo (es decir, los consumibles no se habrían usado sin el equipo) y se requieren para que el equipo funcione, el equipo y los consumibles no se afectan mutuamente de forma significativa. Esto es porque la entidad podría cumplir cada uno de sus compromisos del contrato de forma independiente del otro. Es decir, la entidad podría cumplir su compromiso de transferir el equipo incluso si el cliente no comprase ningún consumible y podría cumplir su compromiso de proporcionar consumibles, incluso si el cliente adquiriese el equipo por separado.

EI58J   Sobre la base de esta evaluación, la entidad identifica dos obligaciones de desempeño en el contrato para los bienes o servicios siguientes:

    (a)   el equipo; y

    (b)   los consumibles.

EI58K   La entidad aplica los párrafos 31 a 38 de la NIIF 15 para determinar si cada una de las obligaciones de desempeño se satisfacen en un momento concreto o a lo largo del tiempo.

Ejemplo 12—Compromisos explícitos e implícitos en un contrato

EI59   Una entidad, un fabricante, vende un producto a un distribuidor (es decir, su cliente) quien lo revenderá a continuación a un cliente final.

Caso A—Compromiso explícito de servicio

EI60 En el contrato con el distribuidor, la entidad se compromete a prestar servicios de mantenimiento sin contraprestación adicional (es decir, "gratis") a todas las partes (es decir, el cliente final) que compren el producto al distribuidor. La entidad externaliza la realización de los servicios de mantenimiento al distribuidor y le paga un importe acordado por proporcionar esos servicios en nombre de la entidad. Si el cliente final no utiliza los servicios de mantenimiento, la entidad no está obligada a pagar al distribuidor.

EI61 El contrato con el cliente incluye dos bienes o servicios comprometidos—(a) el producto y (b) servicios de mantenimiento. El compromiso de los servicios de mantenimiento es el de transferir bienes o servicios en el futuro y es parte del intercambio negociado entre la entidad y el distribuidor. La entidad evalúa si cada bien o servicio es distinto de acuerdo con el párrafo 27 de la NIIF 15. La entidad determina que el producto y los servicios de mantenimiento cumplen el criterio del párrafo 27(a) de la NIIF 15. La entidad vende regularmente el producto de forma independiente lo que indica que el cliente puede beneficiarse del producto por sí mismo. El cliente puede beneficiarse de los servicios de mantenimiento junto con un recurso que el cliente ya ha obtenido de la entidad (es decir, el producto).

EI61A La entidad determina, además, que sus compromisos de transferir el producto y de proporcionar los servicios de mantenimiento son identificables por separado (de acuerdo con el párrafo 27(b) de la NIIF 15) sobre la base del principio y los factores del párrafo 29 de la NIIF 15. El producto y los servicios de mantenimiento no son insumos para un elemento combinado del contrato. La entidad no está proporcionando un servicio de integración significativo porque la presencia del producto y los servicios juntos en este contrato no dan lugar a ninguna funcionalidad adicional o combinada. Además, ni el producto ni los servicios modifican o personalizan al otro. Por último, el producto y los servicios de mantenimiento no son altamente interdependientes o están fuertemente interrelacionados porque la entidad podría cumplir con cada compromiso del contrato de forma independiente de sus esfuerzos por satisfacer el otro (es decir, la entidad podría transferir el producto incluso si el cliente declinase los servicios de mantenimiento y podría proporcionar los servicios de mantenimiento en relación a los productos vendidos anteriormente a través de otros distribuidores). La entidad también observa, al aplicar el principio del párrafo 29 de la NIIF 15 que el compromiso de la entidad de proporcionar mantenimiento no es necesario para que el producto continúe proporcionando beneficios significativos al cliente. Por consiguiente, la entidad asigna una parte del precio de la transacción a cada una de las dos obligaciones de desempeño (es decir, el producto y los servicios de mantenimiento) del contrato.

Caso B—Compromiso implícito de servicio

EI62 La entidad ha proporcionado históricamente servicios de mantenimiento sin contraprestación adicional (es decir, "gratis") a los clientes finales que compran el producto de la entidad al distribuidor. La entidad no compromete de forma explícita servicios de mantenimiento durante las negociaciones con el distribuidor y el contrato final entre la entidad y el distribuidor no especifica los términos o condiciones de esos servicios.

EI63 Sin embargo, sobre la base de las prácticas tradicionales del negocio, la entidad determina al inicio del contrato que ha realizado un compromiso implícito de proporcionar servicios de mantenimiento como parte del intercambio negociado con el distribuidor. Esto es, las prácticas pasadas de la entidad de proporcionar estos servicios crean expectativas válidas en los clientes de la entidad (es decir, el distribuidor y los clientes finales) de acuerdo con el párrafo 24 de la NIIF 15. Por consiguiente, la entidad evalúa si el compromiso de los servicios de mantenimiento es una obligación de desempeño. Por las mismas razones que en el Caso A, la entidad determina que el producto y los servicios de mantenimiento son obligaciones de desempeño separadas.

Caso C—Los servicios no son un servicio comprometido

EI64 En el contrato con el distribuidor, la entidad no se compromete a proporcionar ningún servicio de mantenimiento. Además, la entidad habitualmente no presta servicios de mantenimiento, y por ello, las prácticas tradicionales del negocio, políticas publicadas y declaraciones específicas en el momento de realizar el contrato no han creado un compromiso implícito de proporcionar bienes o servicios a sus clientes. La entidad transfiere el control del producto al distribuidor y, por ello, el contrato se completa. Sin embargo, antes de la venta al cliente final, la entidad hace una oferta de proporcionar servicios de mantenimiento a terceros que compren el producto al distribuidor sin contraprestación acordada adicional.

EI65 El compromiso de mantenimiento no está incluido en el contrato entre la entidad y el distribuidor al inicio del contrato. Esto es, de acuerdo con el párrafo 24 de la NIIF 15, la entidad no se compromete de forma explícita o implícita a proporcionar servicios de mantenimiento al distribuidor o a los clientes finales. Por consiguiente, la entidad no identifica el compromiso de proporcionar servicios de mantenimiento como una obligación de desempeño. En su lugar, la obligación de proporcionar servicios de mantenimiento se contabiliza de acuerdo con la NIC 37 *Provisiones, Pasivos Contingentes y Activos Contingentes*.

EI65A Aunque los servicios de mantenimiento no son un servicio comprometido en el contrato actual, en contratos futuros con clientes la entidad evaluaría si ha creado una práctica de negocio dando lugar a un compromiso supuesto de proporcionar servicios de mantenimiento.

Obligaciones de desempeño que se satisfacen a lo largo del tiempo

EI66 Los ejemplos 13 a 17 ilustran los requerimientos de los párrafos 35 a 37 y B2 a B13 de la NIIF 15 sobre obligaciones de desempeño satisfechas a lo largo del tiempo. Además, en estos ejemplos se ilustran los requerimientos siguientes:

(a)   los párrafos 35(a), B3 y B4 de la NIIF 15 sobre cuándo un cliente recibe y consume de forma simultánea los beneficios proporcionados por el desempeño de la entidad a medida que ésta realiza la actividad (Ejemplos 13 y 14);

(b)   los párrafos 35(c), 36 y 37; y B6 a B13 de la NIIF 15 sobre el desempeño de una entidad que no crea un activo con un uso alternativo y el derecho exigible de una entidad a recibir los pagos por el desempeño completado hasta la fecha (Ejemplos 14 a 17); e

(c)   el párrafo 38 de la NIIF 15 sobre obligaciones de desempeño satisfechas en un momento concreto (Ejemplo 17).

Ejemplo 13—El cliente recibe y consume simultáneamente los beneficios

EI67   Una entidad realiza un contrato para proporcionar mensualmente servicios de procesamiento de nóminas a un cliente por un año.

EI68   Los servicios de procesamiento de nóminas acordados se contabilizan como una única obligación de desempeño de acuerdo con el párrafo 22(b) de la NIIF 15. La obligación de desempeño se satisface a lo largo del tiempo de acuerdo con el párrafo 35(a) de la NIIF 15 porque el cliente recibe y consume de forma simultánea los beneficios del desempeño de la entidad al procesar cada transacción de nóminas a medida que y cuándo cada transacción es procesada. El hecho de que otra entidad no necesitara volver a realizar los servicios de procesamiento de nóminas por el servicio que la entidad ha proporcionado hasta la fecha también demuestra que el cliente recibe y consume de forma simultánea los beneficios del desempeño de la entidad a medida que ésta los realiza. (La entidad no considera ninguna limitación práctica en la transferencia de la obligación de desempeño restante, incluyendo actividades de instalación que necesitaran ser realizadas por otra entidad.) La entidad reconoce ingresos de actividades ordinarias a lo largo del tiempo midiendo su progreso hacia la satisfacción completa de esa obligación de desempeño de acuerdo con los párrafos 39 a 45 y B14 a B19 de la NIIF 15.

Ejemplo 14—Evaluación del uso alternativo y derecho a recibir el pago

EI69   Una entidad realiza un contrato con un cliente para prestar servicios de consultoría que da lugar a que la entidad proporcione una opinión profesional al cliente. La opinión profesional se relaciona con hechos y circunstancias que son específicas del cliente. Si el cliente fuera a cancelar el contrato de consultoría por razones distintas al incumplimiento de la entidad de realizar el desempeño como se acordó, el contrato requiere que el cliente compense a la entidad por sus costos incurridos más un 15 por ciento de margen. El 15 por ciento de margen se aproxima al del beneficio que la entidad gana por contratos similares.

EI70 La entidad considera el criterio del párrafo 35(a) de la NIIF 15 y los requerimientos de los párrafos B3 y B4 de la NIIF 15 para determinar si el cliente recibe y consume de forma simultánea los beneficios del desempeño de la entidad. Si la entidad no fuera a poder satisfacer su obligación y el cliente contratara a otra firma de consultoría que le proporcionara la opinión, la otra firma de consultoría necesitaría rehacer sustancialmente el trabajo que la entidad había completado hasta la fecha, porque la otra firma de consultoría no podría beneficiarse del trabajo en proceso realizado por la entidad. La naturaleza de la opinión profesional es tal que el cliente recibirá los beneficios del desempeño de la entidad solo cuando el cliente reciba la opinión profesional. Por consiguiente, la entidad concluye que no se cumple el criterio del párrafo 35(a) de la NIIF 15.

EI71 Sin embargo, la obligación de desempeño de la entidad cumple el criterio del párrafo 35(c) de la NIIF 15 y es una obligación de desempeño satisfecha a lo largo del tiempo debido a los dos factores siguientes:

(a) De acuerdo con los párrafos 36 y B6 a B8 de la NIIF 15 el desarrollo de la opinión profesional no crea un activo con uso alternativo para la entidad porque la opinión profesional se relaciona con hechos y circunstancias que son específicas del cliente. Por ello, existe una limitación práctica sobre la capacidad de la entidad de derivar fácilmente el activo a otro cliente.

(b) De acuerdo con los párrafos 37 y B9 a B13 de la NIIF 15, la entidad tiene un derecho exigible a recibir los pagos por su desempeño completado hasta la fecha por sus costos más un margen razonable, que se aproxime al margen de ganancia de otros contratos.

EI72 Por consiguiente, la entidad reconoce ingresos de actividades ordinarias a lo largo del tiempo midiendo el progreso hacia la satisfacción completa de esa obligación de desempeño de acuerdo con los párrafos 39 a 45 y B14 a B19 de la NIIF 15.

Ejemplo 15—El activo no tiene uso alternativo para la entidad

EI73 Una entidad realiza un contrato con un cliente, una agencia gubernamental, para construir un satélite especializado. La entidad construye satélites para varios clientes, tales como gobiernos y entidades comerciales. El diseño y construcción de cada satélite difiere sustancialmente, sobre la base de las necesidades de cada cliente y el tipo de tecnología que se incorpora al satélite.

EI74 Al inicio del contrato, la entidad evalúa si su obligación de desempeño de construir el satélite es una obligación de desempeño que se satisface a lo largo del tiempo de acuerdo con el párrafo 35 de la NIIF 15.

EI75 Como parte de esa evaluación, la entidad considera si el satélite en su estado completo tendrá un uso alternativo para la entidad. Aunque el contrato no prohíbe que la entidad destine el satélite completado a otra entidad, la primera incurriría en costos significativos de remodelación del diseño y función del satélite para destinar ese activo a otro cliente. Por consiguiente, el activo no tiene uso alternativo para la entidad (véanse los párrafos 35(c), 36 y B6 a B8 de la NIIF 15 porque el diseño específico del satélite para el cliente limita la capacidad práctica de la entidad de destinar fácilmente el satélite a otro cliente.

EI76   Para satisfacer la obligación de desempeño de la entidad a lo largo del tiempo al construir el satélite, el párrafo 35(c) de la NIIF 15 también requiere que la entidad tenga un derecho exigible a recibir los pagos por el desempeño completado hasta la fecha. Esta condición no se ilustra en este ejemplo.

Ejemplo 16—Derecho exigible a recibir los pagos por el desempeño completado hasta la fecha

EI77   Una entidad realiza un contrato con un cliente para construir un elemento de equipamiento. El calendario de pagos en el contrato especifica que el cliente debe realizar un pago anticipado al comienzo del contrato del 10 por ciento del precio del contrato, pagos regulares a lo largo del periodo de construcción (que ascienden al 50 por ciento del precio del contrato) y un pago final del 40 por ciento del precio del contrato después de completarse la construcción y de que el equipo haya pasado las pruebas de funcionamiento prescritas. Los pagos no son reembolsables a menos que la entidad no cumpla según lo acordado. Si el cliente cancela el contrato, la entidad solo tiene derecho a conservar los pagos adelantados recibidos del cliente. La entidad no tiene derechos adicionales de compensación por parte del cliente.

EI78   Al inicio del contrato, la entidad evalúa si su obligación de desempeño para construir el equipamiento es una obligación de desempeño que se satisface a lo largo del tiempo de acuerdo con el párrafo 35 de la NIIF 15.

EI79   Como parte de esa evaluación, la entidad considera si tiene un derecho exigible a recibir los pagos por el desempeño completado hasta la fecha de acuerdo con los párrafos 35(c), 37 y B9 a B13 de la NIIF 15, si el cliente fuera a cancelar el contrato por razones distintas a que la entidad no realizase el desempeño como se acordó. Aun cuando los pagos realizados por el cliente son no reembolsables, no se espera que el importe acumulado de esos pagos, en todo momento a lo largo del contrato, corresponda al menos al importe que sería necesario para compensar a la entidad por el desempeño completado hasta la fecha. Esto es así porque en varias ocasiones durante la construcción el importe acumulado de la contraprestación pagada por el cliente puede ser menor que el precio de venta del elemento de equipo completado parcialmente hasta ese momento. Por consiguiente, la entidad no tiene un derecho a recibir el pago por el desempeño completado hasta la fecha.

EI80   Puesto que la entidad no tiene un derecho a recibir el pago por el desempeño completado hasta la fecha, la obligación de desempeño de la entidad no se satisface a lo largo del tiempo de acuerdo con el párrafo 35(c) de la NIIF 15. Por consiguiente, la entidad no necesita evaluar si el equipo tendría un uso alternativo para la entidad. La entidad también concluye que no cumple los criterios del párrafo 35(a) o (b) de la NIIF 15 y por ello, contabiliza la construcción del equipamiento como una obligación de desempeño satisfecha en un momento concreto de acuerdo con el párrafo 38 de la NIIF 15.

Ejemplo 17—Evaluación de si una obligación de desempeño se satisface en un momento concreto o a lo largo del tiempo

EI81   Una entidad está desarrollando un complejo residencial de unidades múltiples. Un cliente realiza un contrato de ventas vinculante con la entidad por una unidad específica que está en construcción. Cada unidad tiene unos planos similares y es de similar tamaño, pero otros atributos de las unidades son diferentes (por ejemplo, la ubicación de la unidad dentro del complejo).

Caso A—La entidad no tiene un derecho exigible a recibir los pagos por el desempeño completado hasta la fecha

EI82   El cliente paga un depósito al realizar el contrato y el depósito es reembolsable solo si la entidad no completa la construcción de la unidad de acuerdo con el contrato. El precio del contrato restante se paga a la finalización del contrato cuando el cliente obtiene la posesión física de la unidad. Si el cliente incumple el contrato antes de la terminación de la unidad, la entidad solo tiene el derecho de retener el depósito.

EI83   Al inicio del contrato, la entidad aplica el párrafo 35(c) de la NIIF 15 para determinar si su compromiso de construir y transferir la unidad al cliente es una obligación de desempeño que se satisface a lo largo del tiempo. La entidad determina que no tiene un derecho exigible a recibir los pagos por el desempeño completado hasta la fecha, porque, hasta que la construcción de la unidad esté terminada, solo tiene derecho al depósito pagado por el cliente. Puesto que la entidad no tiene un derecho a recibir el pago por el trabajo completado hasta la fecha, la obligación de desempeño de la entidad no es una obligación de desempeño que se satisface a lo largo del tiempo de acuerdo con el párrafo 35(c) de la NIIF 15. En su lugar, la entidad contabiliza la venta de la unidad como una obligación de desempeño satisfecha en un momento concreto de acuerdo con el párrafo 38 de la NIIF 15.

Caso B—La entidad tiene un derecho exigible a recibir los pagos por el desempeño completado hasta la fecha

EI84   El cliente paga un depósito no reembolsable en el momento de realizar el contrato y hará pagos según el progreso durante la construcción de la unidad. El contrato tiene condiciones fundamentales que impiden a la entidad poder destinar la unidad a otro cliente. Además, el cliente no tiene el derecho de cancelar el contrato a menos que la entidad no ejecute el contrato como se acordó. Si el cliente incumple sus obligaciones no realizando los pagos de forma progresiva según lo acordado en la forma y en el momento debidos, la entidad tendría derecho a toda la contraprestación acordada en el contrato si completa la construcción de la unidad. Los tribunales anteriormente han confirmado derechos similares que otorgan derecho a los constructores a requerir al cliente que cumpla, sujeto a que la entidad haga frente a sus obligaciones según el contrato.

EI85   Al inicio del contrato, la entidad aplica el párrafo 35(c) de la NIIF 15 para determinar si su compromiso de construir y transferir la unidad al cliente es una obligación de desempeño que se satisface a lo largo del tiempo. La entidad determina que el activo (unidad) creado por el desempeño de la entidad no tiene un uso alternativo para ella porque el contrato le impide transferir la unidad especificada a otro cliente. La entidad no considera la posibilidad de una cancelación del contrato al evaluar si puede destinar el activo a otro cliente.

EI86   La entidad también tiene un derecho a recibir el pago por el desempeño completado hasta la fecha de acuerdo con los párrafos 37 y B9 a B13 de la NIIF 15. Esto es así, porque si el cliente incumpliera sus obligaciones, la entidad tendría un derecho exigible a toda la contraprestación acordada según el contrato si ésta continúa ejecutando el contrato como se acordó.

EI87   Por ello, las condiciones del contrato y las prácticas en la jurisdicción legal indican que existe un derecho a recibir el pago por el desempeño completado hasta la fecha. Por consiguiente, los criterios del párrafo 35(c) de la NIIF 15 se cumplen y la entidad tiene una obligación de desempeño que ésta satisface a lo largo del tiempo. Para reconocer el ingreso de actividades ordinarias de esa obligación de desempeño, la entidad mide su progreso hacia la satisfacción completa de su obligación de desempeño de acuerdo con los párrafos 39 a 45 y B14 a B19 de la NIIF 15.

EI88   En la construcción de un complejo residencial de unidades múltiples, la entidad puede tener numerosos contratos con clientes individuales para la construcción de unidades individuales dentro del complejo. La entidad contabilizaría cada contrato por separado. Sin embargo, dependiendo de la naturaleza de la construcción, al medir el progreso hacia la satisfacción completa de las obligaciones de desempeño en cada contrato puede ser necesario reflejar el desempeño de la entidad en la realización de los trabajos de construcción iniciales (es decir, los cimientos y la estructura básica), así como de la construcción de las áreas comunes.

Caso C—La entidad tiene un derecho exigible a recibir los pagos por el desempeño completado hasta la fecha

EI89   Los mismos hechos que en el Caso B se aplican al Caso C, excepto que en el caso de un incumplimiento por el cliente, la entidad puede requerirle que cumpla como se exige en el contrato o puede cancelar el contrato a cambio del activo en construcción y un derecho a una penalización por una proporción del precio del contrato.

EI90   A pesar de que la entidad podría cancelar el contrato (en el que la obligación del cliente con la entidad se limitaría a la transferencia del control del activo parcialmente terminado a la entidad y pagar la penalización prescrita), la entidad tiene un derecho a recibir el pago por desempeño completado hasta la fecha porque también podría optar por exigir sus derechos al pago total según el contrato. El hecho de que la entidad pueda optar por cancelar el contrato en caso de que el cliente incumpla sus obligaciones no afectaría a esa evaluación (véase el párrafo B11 de la NIIF 15), siempre que sean exigibles los derechos de

Medición del progreso hacia la satisfacción completa de una obligación de desempeño

EI91 Los ejemplos 18 y 19 ilustran los requerimientos de los párrafos 39 a 45 de la NIIF 15 sobre medición del progreso hacia la satisfacción completa de una obligación de desempeño que se satisface a lo largo del tiempo. El ejemplo 19 también ilustra los requerimientos del párrafo B19 de la NIIF 15 sobre materiales no instalados cuando los costos incurridos no son proporcionales al progreso de la entidad en la satisfacción de una obligación de desempeño.

[Referencia: ejemplo 58, Ejemplos Ilustrativos]

Ejemplo 18—Medición del progreso cuando los bienes o servicios se hacen disponibles

EI92 Una entidad, propietaria y gerente de gimnasios, realiza un contrato con un cliente por un año de acceso a todos sus gimnasios. El cliente tiene uso ilimitado de los gimnasios y se compromete a pagar 100 .u.m. al mes.

EI93 La entidad determina que su compromiso con el cliente es proporcionar el servicio de hacer disponibles los gimnasios para que el cliente los utilice cómo y cuándo lo desee. Esto es así, porque la medida en que el cliente utilice los gimnasios no afecta al importe de bienes y servicios restantes a los que tiene derecho. La entidad concluye que el cliente recibe y consume de forma simultánea los beneficios del desempeño de la entidad a medida que ésta ejecuta al hacer que los gimnasios estén disponibles. Por consiguiente, la obligación de desempeño de la entidad se satisface a lo largo del tiempo de acuerdo con el párrafo 35(a) de la NIIF 15.

EI94 La entidad también determina que el cliente se beneficia de los servicios de la entidad de hacer que los gimnasios estén disponibles de forma continuada a lo largo del año. (Esto es, el cliente se beneficia de tener disponibles los gimnasios, independientemente de si los utiliza o no.) Por consiguiente, la entidad concluye que la mejor medida del progreso hacia la satisfacción completa de la obligación de desempeño a lo largo del tiempo es una medida basada en el tiempo y reconoce el ingreso de actividades ordinarias sobre una base lineal a lo largo del año a 100 u.m. por mes.

Ejemplo 19—Materiales no instalados

EI95 En noviembre de 20X2, una entidad contrata con un cliente reformar un edificio de 3 plantas e instalar nuevos ascensores por una contraprestación total de 5 millones de u.m. El servicio de reforma acordado, incluyendo la instalación de los ascensores, es una obligación de desempeño única satisfecha a lo largo del tiempo. Los costos totales esperados son de 4 millones de u.m., incluyendo 1,5 millones de u.m. por los ascensores. La entidad determina que actúa como un principal de acuerdo con los párrafos B34 a B38 de la NIIF 15 porque obtiene el control de los ascensores antes de transferirlos al cliente.

EI96   A continuación se muestra un resumen del precio de la transacción y de los costos esperados:

	u.m.
Precio de la transacción	5.000.000
Costos esperados:	
Ascensores	1.500.000
Otros costos	2.500.000
Total costos esperados	4.000.000

EI97   La entidad utiliza un método de recursos utilizados basado en costos incurridos para medir su progreso hacia la satisfacción completa de la obligación de desempeño. La entidad evalúa si los costos incurridos para la obtención de los ascensores son proporcionales al progreso de la entidad para satisfacer la obligación de desempeño, de acuerdo con el párrafo B19 de la NIIF 15. El cliente obtiene el control de los ascensores cuando se entregan en el lugar en diciembre de 20X2, aunque no se instalarán hasta junio de 20X3. Los costos de obtener los ascensores (1,5 millones) son relativamente significativos en relación con los costos totales esperados para satisfacer completamente la obligación de desempeño (4 millones de u.m.). La entidad no está involucrada en el diseño o fabricación de los ascensores.

EI98   La entidad concluye que incluir los costos de obtención de los ascensores para la medición del progreso sobredimensionaría el grado de desempeño de la entidad. Por consiguiente, de acuerdo con el párrafo B19 de la NIIF 15, la entidad ajusta su medida del progreso para excluir los costos de obtención de los ascensores de la medición de los costos incurridos y del precio de la transacción. La entidad reconoce los ingresos de actividades ordinarias por la transferencia de los ascensores por un importe igual a los costos de obtención de los ascensores (es decir, a un margen de cero).

EI99   Al 31 de diciembre de 20X2 la entidad observa que:

(a)   otros costos incurridos (excluyendo los ascensores) son de 500.000 u.m.; e

(b)   el desempeño está completado a un 20 por ciento (es decir, 500.000 u.m. ÷ 2.500.000 u.m.).

EI100   Por consiguiente, a 31 de diciembre de 20X2, la entidad reconoce lo siguiente:

u.m.

Ingresos de actividades ordinarias	2.200.000(a)
Costo de bienes vendidos	2.000.000(b)
Ganancia	200.000

(a) Los ingresos de actividades ordinarias reconocidos se calculan como (20 por ciento × 3.500.000 u.m.) + 1.500.000 u.m. (3.500.000 es el precio de la transacción de 5.000.000 u.m. - 1.500.000 u.m. de costos de los ascensores.)

(b) Los costos de los bienes vendidos es de 500.000 u.m. incurridos + 1.500.000 de costos de los ascensores.

Contraprestación variable

EI101   Los ejemplos 20 y 21 ilustran los requerimientos de los párrafos 50 a 54 de la NIIF 15 sobre la identificación de la contraprestación variable.

Ejemplo 20—La penalización da lugar a contraprestación variable

EI102   Una entidad realiza un contrato con un cliente para construir un activo por 1 millón de u.m. Además, los términos del contrato incluyen una penalización de 100.000 u.m. si la construcción no se completa dentro de los tres meses siguientes a una fecha especificada en el contrato.

EI103   La entidad concluye que la contraprestación acordada en el contrato incluye un importe fijo de 900.000 u.m. y un importe variable de 100.000 u.m. (que surge de la penalización).

EI104   La entidad estima la contraprestación variable de acuerdo con los párrafos 50 a 54 de la NIIF 15 y considera los requerimientos de los párrafos 56 a 58 de la NIIF 15 sobre limitaciones de las estimaciones de la contraprestación variable.

Ejemplo 21—Estimación de la contraprestación variable

EI105   Una entidad realiza un contrato con un cliente para construir un activo personalizado. El compromiso de transferir el activo es una obligación de desempeño que se satisface a lo largo del tiempo. La contraprestación acordada es de 2,5 millones de u.m., pero ese importe se reducirá o incrementará dependiendo del plazo de terminación del activo. Específicamente, por cada día después del 31 de marzo de 20X7 que el activo esté sin terminar, la contraprestación acordada se reduce en 10.000 u.m. Por cada día antes del 31 de marzo de 20X7 que el activo esté terminado, la contraprestación acordada se incrementa en 10.000 u.m.

EI106   Además, en el momento de la terminación del activo, un tercero inspeccionará el activo y asignará una calificación de acuerdo con una escala definida en el contrato. Si el activo recibe una calificación especificada, la entidad tendrá derecho a una prima de incentivo de 150.000 u.m.

EI107   Para determinar el precio de la transacción, la entidad prepara una estimación separada para cada elemento de la contraprestación variable a la que la entidad tendrá derecho utilizando los métodos de estimación descritos en el párrafo 53 de la NIIF 15:

   (a)   La entidad decide utilizar el método del valor esperado para estimar la contraprestación variable asociada con la penalización o incentivo diario (es decir, 2,5 millones de u.m., más [o menos] 10.000 u.m. por día). Esto es porque éste es el método que la entidad espera que prediga mejor el importe de la contraprestación a la que tendrá derecho.

   (b)   La entidad decide utilizar el importe más probable para estimar la contraprestación variable asociada con la prima de incentivo. Esto es porque existen solo dos posibles resultados (150.000 u.m. ó 0 u.m.) y es el método que la entidad espera que prediga mejor el importe de la contraprestación a la que tendrá derecho.

EI108   La entidad considera los requerimientos de los párrafos 56 a 58 de la NIIF 15 sobre limitaciones de las estimaciones de la contraprestación variable para determinar si la entidad debería incluir algunas o todas sus estimaciones de la contraprestación variable en el precio de la transacción.

Limitaciones de las estimaciones de la contraprestación variable

EI109   Los ejemplos 22 a 25 ilustran los requerimientos de los párrafos 56 a 58 de la NIIF 15 sobre limitaciones de las estimaciones de la contraprestación variable. Además, en estos ejemplos se ilustran los requerimientos siguientes:

   (a)   el párrafo 55 de la NIIF 15 sobre los pasivos por reembolsos (Ejemplo 22);

   (b)   los párrafos B20 a B27 de la NIIF 15 sobre ventas con derecho a devolución (Ejemplo 22); y

   (c)   los párrafos 84 a 86 de NIIF 15 sobre la asignación de la contraprestación variable a las obligaciones de desempeño (Ejemplo 25).

Ejemplo 22—Derecho de devolución

EI110   Una entidad realiza 100 contratos con clientes. Cada contrato incluye la venta de un producto por 100 u.m. (100 productos totales × 100 u.m. = 10.000 u.m. de contraprestación total). El efectivo se recibe cuando se transfiere el control del producto. La práctica tradicional del negocio de la entidad es permitir que un cliente devuelva los productos no utilizados en el plazo de 30 días y reciba el reembolso total. El costo para la entidad de cada producto es de 60 u.m.

EI111   La entidad aplica los requerimientos de la NIIF 15 para la cartera de 100 contratos porque espera razonablemente que, de acuerdo con el párrafo 4, los efectos sobre los estados financieros de la aplicación de estos requerimientos a la cartera no diferirían de forma significativa de la aplicación de los requerimientos a los contratos individuales dentro de la cartera.

EI112   Puesto que el contrato permite que un cliente devuelva los productos, la contraprestación recibida del cliente es variable. Para estimar la contraprestación variable a la que tendrá derecho la entidad, ésta decide utilizar el método del valor esperado [véase el párrafo 53(a) de la NIIF 15] porque es el método que la entidad espera que prediga mejor el importe de la contraprestación a la que tendrá derecho. Con el uso del método del valor esperado, la entidad estima que 97 productos no se devolverán.

EI113   La entidad también considera que los requerimientos de los párrafos 56 a 58 de la NIIF 15 sobre limitaciones de las estimaciones de la contraprestación variable para determinar si el importe estimado de la contraprestación variable de 9.700 u.m. (100 u.m. × 97 productos que no se espera que sean devueltos) puede incluirse en el precio de la transacción. La entidad considera los factores del párrafo 57 de la NIIF 15 y determina que aunque las devoluciones quedan fuera de la influencia de la entidad, tiene experiencia significativa en la estimación de las devoluciones de clase de producto y de cliente. Además, la incertidumbre se resolverá en un marco temporal breve (es decir, el periodo de devolución de 30 días). Por ello, la entidad concluye que es altamente probable que no ocurra una reversión significativa en el importe acumulado de los ingresos de actividades ordinarias reconocidos (es decir, 9.700 u.m.) a medida que se resuelva la incertidumbre (es decir, a lo largo del periodo de devolución).

EI114   La entidad estima que los costos de recuperación de los productos no serán significativos y espera que los productos devueltos puedan revenderse con una ganancia.

EI115   En el momento de la transferencia del control de los 100 productos, la entidad no reconoce ingresos de actividades ordinarias para los tres productos que espera que se devuelvan. Por consiguiente, de acuerdo con los párrafos 55 y B21 de la NIIF 15, la entidad reconoce lo siguiente:

(a)   ingresos de actividades ordinarias de 9.700 u.m. (100 u.m. × 97 productos que no se espera que sean devueltos);

(b)   un pasivo por devolución de 300 u.m. (100 u.m. devueltas × 3 productos que se espera que sean devueltos); e

(c)   un activo de 180 u.m. (60 u.m. × 3 productos de su derecho a recuperar productos de clientes al establecer el pasivo por reembolso).

Ejemplo 23—Reducciones de precio

EI116   Una entidad realiza un contrato con un cliente, un distribuidor, a 1 de diciembre de 20X7. La entidad transfiere 1.000 productos al comienzo del contrato por un precio establecido en el contrato de 100 u.m. por producto (la contraprestación total es de 100.000 u.m.). El pago procedente del cliente es exigible cuando el cliente vende los productos a los clientes finales. El cliente de la entidad generalmente vende los productos en 90 días desde su obtención. El control de los productos se transfiere al cliente el 1 de diciembre de 20X7.

EI117 Sobre la base de sus prácticas pasadas y para mantener su relación con el cliente, la entidad anticipa la concesión de la reducción de precio a su cliente porque esto permitirá que el cliente descuente el producto y, de ese modo, mover el producto a través de la cadena de distribución. Por consiguiente, la contraprestación en el contrato es variable.

Caso A—La estimación de la contraprestación no está limitada

EI118 La entidad tiene experiencia significativa en la venta de este producto y otros similares. La información observable indica que históricamente la entidad concede una reducción del precio de aproximadamente el 20 por ciento de los precios de venta de estos productos. La información de mercado actual sugiere que una reducción del 20 por ciento en el precio será suficiente para mover los productos a través de la cadena de distribución. La entidad no ha concedido una reducción de precio significativamente mayor del 20 por ciento en muchos años.

EI119 Para estimar la contraprestación variable a la que tendrá derecho la entidad, ésta decide utilizar el método del valor esperado [véase el párrafo 53(a) de la NIIF 15] porque es el método que la entidad espera que prediga mejor el importe de la contraprestación a la que tendrá derecho. Con el uso del método del valor esperado, la entidad estima que el precio de la transacción sea de 80.000 u.m. (80 u.m. × 1.000 productos).

EI120 La entidad también considera los requerimientos de los párrafos 56 a 58 de la NIIF 15 sobre limitaciones de las estimaciones de la contraprestación variable para determinar si el importe estimado de la contraprestación variable de 80.000 u.m. puede incluirse en el precio de la transacción. La entidad considera los factores del párrafo 57 de la NIIF 15 y determina que tiene experiencia anterior significativa con este producto y la información de mercado actual que apoya su estimación. Además, a pesar de algunas incertidumbres que proceden de factores fuera de su influencia, basadas en sus estimaciones de mercado actuales, la entidad espera que el precio se resuelva en un marco temporal breve. Por ello, la entidad concluye que es altamente probable que no ocurra una reversión significativa en el importe acumulado de los ingresos de actividades ordinarias reconocidos (es decir, 80.000 u.m.) cuando se resuelva la incertidumbre (es decir, cuando se determine el importe total de las reducciones de precio). Por consiguiente, la entidad reconoce 80.000 u.m. como ingresos de actividades ordinarias cuando los productos se transfieren el 1 de diciembre de 20X7.

Caso B—La estimación de la contraprestación está limitada

EI121 La entidad tiene experiencia en la venta de productos similares. Sin embargo, los productos de la entidad tienen un riesgo alto de obsolescencia y la entidad está experimentando una volatilidad alta en la fijación del precio de sus productos. La información observable indica que históricamente la entidad reconoce un rango amplio de reducciones de precio del 20 al 60 por ciento de los precios de venta de productos similares. La información de mercado actual también sugiere que una reducción del 15 al 50 por ciento en el precio puede ser necesaria para mover los productos a través la cadena de distribución.

EI122 Para estimar la contraprestación variable a la que tendrá derecho la entidad, ésta decide utilizar el método del valor esperado [véase el párrafo 53(a) de la NIIF 15] porque es el método que la entidad espera que prediga mejor el importe de la contraprestación a la que tendrá derecho. Con el uso del método del valor esperado, la entidad estima que se proporcionará un descuento del 40 por ciento y, por ello, la estimación de la contraprestación variable es de 60.000 (60 u.m. × 1.000 productos).

EI123 La entidad también considera los requerimientos de los párrafos 56 a 58 de la NIIF 15 sobre limitaciones de las estimaciones de la contraprestación variable para determinar si parte o todo el importe estimado de la contraprestación variable de 60.000 u.m. puede incluirse en el precio de la transacción. La entidad considera los factores del párrafo 57 de la NIIF 15 y observa que el importe de la contraprestación es altamente sensible a factores fuera de la influencia de la entidad (es decir, riesgo de obsolescencia) y es probable que se pueda requerir que la entidad proporcione un rango amplio de reducciones de precio para mover los productos a través de la cadena de distribución. Por consiguiente, la entidad no puede incluir su estimación de 60.000 u.m. (es decir un descuento del 40 por ciento) en el precio de la transacción porque no puede concluir que sea altamente probable que no tenga lugar una reversión significativa en el importe del ingreso de actividades ordinarias acumulado reconocido. Aunque las reducciones de precio históricas de la entidad han oscilado del 20 al 60 por ciento, la información del mercado sugiere actualmente que será necesaria una reducción del precio del 15 al 50 por ciento. Los resultados reales de la entidad han sido congruentes con la información del mercado actual en ese momento en transacciones similares anteriores. Por consiguiente, la entidad concluye que es altamente probable que no tenga lugar una reversión significativa del importe acumulado de ingresos de actividades ordinarias si la entidad incluye 50.000 u.m. en el precio de la transacción (100 u.m. de precio de venta y un 50 por ciento de reducción) y por ello, reconoce un ingreso de actividades ordinarias por ese importe. Por ello, la entidad reconoce ingresos de actividades ordinarias de 50.000 u.m. cuando se transfieren los productos y evalúa nuevamente las estimaciones del precio de la transacción en cada fecha de presentación hasta que se resuelva la incertidumbre de acuerdo con el párrafo 59 de la NIIF 15.

Ejemplo 24—Incentivos de descuento por volumen

EI124 Una entidad realiza un contrato con un cliente el 1 de enero de 20X8 para vender el Producto A por 100 u.m. por unidad. Si el cliente compra más de 1.000 unidades del Producto A en un año, el contrato especifica que el precio por unidad se reduce retroactivamente a 90 u.m. por unidad. Por consiguiente, la contraprestación en el contrato es variable.

EI125   Para el primer trimestre finalizado el 31 de marzo de 20X8, la entidad vende 75 unidades del Producto A al cliente. La entidad estima que las compras del cliente no superarán el umbral de 1.000 unidades requerido para el descuento por volumen en el año.

EI126   La entidad considera los requerimientos de los párrafos 56 a 58 de la NIIF 15 sobre limitaciones de las estimaciones de la contraprestación variable, incluyendo los factores del párrafo 57 de la NIIF 15. La entidad determina que tiene experiencia significativa con este producto y con el patrón de compra de la entidad. Por ello, la entidad concluye que es altamente probable que no ocurra una reversión significativa en el importe acumulado de los ingresos de actividades ordinarias reconocidos (es decir, 100 u.m. por unidad) cuando se resuelva la incertidumbre (es decir, cuando se conozca el importe total de compras). Por consiguiente, la entidad reconoce ingresos de actividades ordinarias de 7.500 u.m. (75 unidades × 100 .u.m. por unidad) para el trimestre que termina el 31 de marzo de 20X8.

EI127   En mayo de 20X8, el cliente de la entidad adquiere otra empresa y en el segundo trimestre que termina el 30 de junio de 20X8 la entidad vende 500 unidades adicionales del Producto A al cliente. A la luz del nuevo hecho, la entidad estima que las compras del cliente superarán el umbral de 1.000 unidades para el año y, por ello, se requerirá la reducción retroactiva del precio por unidad a 90 u.m.

EI128   Por consiguiente, la entidad reconoce ingresos de actividades ordinarias por 44.250 u.m. para el trimestre que termina el 30 de junio de 20X8. Ese importe se calcula a partir de 45.000 u.m. por la venta de 500 unidades (500 unidades × 90 u.m. por unidad) menos el cambio en el precio de la transacción de 750 u.m. (75 unidades × 10 u.m. de reducción del precio) para la reducción de ingresos de actividades ordinarias relacionada con las unidades vendidas en el trimestre que termina el 31 de marzo de 20X8 (véanse los párrafos 87 y 88 de la NIIF 15).

Ejemplo 25—Comisiones de gestión sujetas a la restricción

EI129   El 1 de enero de 20X8, una entidad realiza un contrato con un cliente para proporcionar servicios de gestión de activos por cinco años. La entidad recibe una comisión por gestión del dos por ciento trimestral basada en los activos del cliente en gestión al final de cada trimestre. Además, la entidad recibe una comisión por incentivos basados en el rendimiento del 20 por ciento de la rentabilidad de fondos que superen el rendimiento de un índice de mercado observable a lo largo de un periodo de cinco años. Por consiguiente, tanto la comisión por gestión y la comisión por rendimiento del contrato son contraprestación variable.

EI130   La entidad contabiliza los servicios como una obligación de desempeño única de acuerdo con el párrafo 22(b) de la NIIF 15, porque está proporcionando una serie de servicios distintos que son sustancialmente los mismos y tienen el mismo patrón de transferencia (los servicios se transfieren al cliente a lo largo del tiempo y se utiliza el mismo método de medir el progreso — es decir, una medida del progreso basada en el tiempo).

EI131 Al comienzo del contrato, la entidad considera los requerimientos de los párrafos 50 a 54 de la NIIF 15 para estimar la contraprestación variable y los requerimientos de los párrafos 56 a 58 de la NIIF 15 sobre limitaciones de las estimaciones de la contraprestación variable, incluyendo los factores del párrafo 57 de la NIIF 15. La entidad observa que la contraprestación acordada depende del mercado y, por ello, es altamente sensible a factores fuera de la influencia de la entidad. Además, la comisión por incentivos tiene un gran número y un amplio rango de importes de contraprestación posibles. La entidad también observa que aunque tiene experiencia con contratos similares, esa experiencia es de poco valor predictivo para determinar el rendimiento futuro del mercado. Por ello, al inicio del contrato, la entidad no puede concluir que sea altamente probable que no ocurra una reversión significativa del importe acumulado de ingresos de actividades ordinarias reconocidos si la entidad incluyera su estimación de la comisión por gestión o la comisión por incentivos en el precio de la transacción.

EI132 En cada fecha de presentación, la entidad actualiza su estimación del precio de la transacción. Por consiguiente, al final de cada trimestre, la entidad concluye que podría incluir en el precio de la transacción el importe real de la comisión por gestión trimestral porque la incertidumbre se ha resuelto. Sin embargo, la entidad concluye que no puede incluir su estimación de comisión por incentivos en el precio de la transacción en esas fechas. Esto es porque no ha habido un cambio en su evaluación desde el inicio del contrato — la variabilidad de la comisión basada en el índice del mercado indica que la entidad no puede concluir que sea altamente probable que no ocurra una reversión significativa en el importe acumulado de los ingresos de actividades ordinarias reconocidos si la entidad incluyera su estimación de la comisión por incentivos en el precio de la transacción. Al 31 de marzo del 20X8, los activos del cliente en gestión son de 100 millones de u.m. Por ello, la comisión por gestión trimestral resultante y el precio de la transacción es de 2 millones de u.m.

EI133 Al final de cada trimestre, la entidad asigna la comisión por gestión trimestral a los distintos servicios proporcionados durante el trimestre, de acuerdo con los párrafos 84(b) y 85 de la NIIF 15. Esto es así porque la comisión se relaciona de forma específica con los esfuerzos de la entidad para transferir los servicios de ese trimestre, que son distintos de los proporcionados en otros trimestres, y la asignación resultante será congruente con el objetivo de asignación del párrafo 73 de la NIIF 15. Por consiguiente, la entidad reconoce ingresos de actividades ordinarias por 2 millones de u.m. para el trimestre que termina el 31 de marzo de 20X8.

Existencia de un componente de financiación significativo en el contrato

EI134   Los ejemplos 26 a 30 ilustran los requerimientos de los párrafos 60 a 65 de la NIIF 15 sobre la existencia en el contrato de un componente de financiación significativo. Además, los requerimientos siguientes se ilustran el Ejemplo 26:

(a)   párrafos 56 a 58 de la NIIF 15 sobre limitaciones de las estimaciones de la contraprestación variable; e

(b)   párrafos B20 a B27 de la NIIF 15 sobre ventas con derecho a devolución.

Ejemplo 26—Componente de financiación significativo y derecho de devolución

EI135   Una entidad vende un producto a un cliente por 121 u.m. que se pagarán 24 meses después de la entrega. El cliente obtiene el control del producto al comienzo del contrato. El contrato permite al cliente devolver el producto en el plazo de 90 días. El producto es nuevo y la entidad no tiene evidencia histórica relevante de las devoluciones del producto u otra evidencia de mercado disponible.

EI136   El precio de venta al contado del producto es de 100 u.m., que representa el importe que el cliente pagaría en la entrega por el mismo producto vendido por lo demás según términos y condiciones idénticos que los del inicio del contrato. El costo para la entidad del producto es de 80 u.m.

EI137   La entidad no reconoce ingresos de actividades ordinarias cuando se transfiere el control del producto al cliente. Esto es porque la existencia del derecho de devolución y la ausencia de evidencia histórica relevante quiere decir que la entidad no puede concluir que sea altamente probable que no ocurrirá una reversión significativa del importe de ingresos de actividades ordinarias acumulados reconocidos de acuerdo con los párrafos 56 a 58 de la NIIF 15. Por consiguiente, los ingresos de actividades ordinarias se reconocen después de tres meses cuando el derecho de devolución ha vencido.

EI138   El contrato incluye un componente de financiación significativo, de acuerdo con los párrafos 60 a 62 de la NIIF 15. Esto es evidente a partir de la diferencia entre el importe de la contraprestación acordada de 121 u.m. y el precio de venta al contado de 100 u.m. en la fecha en que los bienes se transfieren al cliente.

EI139   El contrato incluye una tasa de interés implícito del 10 por ciento (es decir, la tasa de interés que supera los 24 meses descuenta la contraprestación acordada de 121 u.m. al precio de venta al contado de 100 u.m.). La entidad evalúa la tasa y concluye que es acorde con la tasa que se reflejaría en una transacción de financiación separada entre la entidad y su cliente al inicio del contrato. Los siguientes asientos de diario ilustran la forma en que la entidad contabiliza este contrato de acuerdo con los párrafos B20 a B27 de la NIIF 15.

(a)   Cuando el producto se transfiere al cliente, de acuerdo con el párrafo B21 de la NIIF 15:

Activo por el derecho a recuperar el
producto a ser devuelto   80 u.m.[a]

    Inventarios   80 u.m.

(a) Este ejemplo no considera los costos esperados para recuperar el activo.

(b) Durante el periodo de tres meses de derecho a devolución, no se reconoce interés de acuerdo con el párrafo 65 de la NIIF 15 porque no se ha reconocido un activo o cuenta por cobrar del contrato.

(c) Cuando el derecho de devolución vence (el producto no es devuelto):

Cuenta por cobrar   100 u.m.[a]

    Ingresos de actividades ordinarias   100 u.m.

Costo de ventas   80 u.m.

    Activo por producto a ser devuelto   80 u.m.

(a) La cuenta por cobrar se mediría de acuerdo con la NIIF 9. El ejemplo supone que no existe diferencia importante entre el valor razonable de la cuenta por cobrar al inicio del contrato y el valor razonable de la cuenta por cobrar cuando se reconoce en el momento en que vence el derecho de devolución. Además, este ejemplo no considera la contabilidad del deterioro de valor de la cuenta por cobrar.

EI140   Hasta que la entidad reciba el pago en efectivo del cliente, los ingresos por intereses se reconocerían de acuerdo con la NIIF 9. Para determinar la tasa de interés efectiva de acuerdo con la NIIF 9, la entidad consideraría el tiempo restante del contrato.

Ejemplo 27—Pagos retenidos en un contrato a largo plazo

EI141   Una entidad realiza un contrato para la construcción de un edificio que incluye pagos por hitos programados por el desempeño de la entidad a lo largo de la duración del contrato de tres años. La obligación de desempeño será satisfecha a lo largo del tiempo y los pagos por hitos se programan para coincidir con el desempeño esperado de la entidad. El contrato prevé que un porcentaje especificado de cada pago por hito sea retenido por el cliente a lo largo del acuerdo y pagado a la entidad solo cuando se complete el edificio.

EI142   La entidad concluye que el contrato no incluye un componente financiero significativo. Los pagos por hitos coinciden con el desempeño de la entidad y el contrato requiere un importe a retener por razones distintas a la de proveer financiación de acuerdo con el párrafo 62(c) de la NIIF 15. La retención de un porcentaje especificado de cada pago por hito pretende proteger al cliente de que el contratista no complete de forma adecuada sus obligaciones según el contrato.

Ejemplo 28—Determinación de la tasa de descuento

EI143 Una entidad realiza un contrato con un cliente para vender equipamiento. El control de equipo se transfiere al cliente cuando se firma el contrato. El precio establecido en el contrato es de 1 millón de u.m. más un cinco por ciento de tasa de interés contractual, pagadero en 60 mensualidades de 18.871 u.m.

Caso A—La tasa de descuento contractual refleja la tasa de una transacción financiera separada

EI144 Para evaluar la tasa de descuento en el contrato que contiene un componente financiero significativo, la entidad observa que la tasa de interés contractual del cinco por ciento refleja la tasa que se utilizaría en una transacción financiera separada entre la entidad y su cliente al inicio del contrato (es decir, la tasa de interés contractual del cinco por ciento refleja las características crediticias del cliente).

EI145 Las condiciones de financiación del mercado indican que el precio de venta al contado del equipo es de 1 millón de u.m. Este importe se reconoce como ingreso de actividades ordinarias y como una cuenta por cobrar por préstamos cuando se transfiere el control del equipo al cliente. La entidad contabiliza una cuenta por cobrar de acuerdo con la NIIF 9.

Caso B—La tasa de descuento contractual no refleja la tasa de una transacción financiera separada

EI146 Para evaluar la tasa de descuento en el contrato que contiene un componente financiero significativo, la entidad observa que la tasa de interés contractual del cinco por ciento es significativamente menor que la tasa de interés del 12 por ciento que se utilizaría en una transacción financiera separada entre la entidad y su cliente al inicio del contrato (es decir, la tasa de interés contractual del cinco por ciento no refleja las características crediticias del cliente). Esto sugiere que el precio de venta al contado es menor que 1 millón de u.m.

EI147 De acuerdo con el párrafo 64 de la NIIF 15, la entidad determina el precio de la transacción ajustando el importe acordado de contraprestación para reflejar los pagos contractuales utilizando la tasa de interés del 12 por ciento que refleja las características del crédito del cliente. Por consiguiente, la entidad determina que el precio de la transacción es de 848.357 u.m. (60 pagos mensuales de 18.871 u.m. descontadas al 12 por ciento). La entidad reconoce ingresos de actividades ordinarias y una cuenta por cobrar por ese importe. Una entidad contabiliza una cuenta por cobrar por préstamos de acuerdo con la NIIF 9.

Ejemplo 29—Pago anticipado y evaluación de la tasa de descuento

EI148 Una entidad realiza un contrato con un cliente para vender un activo. El control del activo se transferirá al cliente en dos años (es decir, la obligación de desempeño será satisfecha en un momento concreto). El contrato incluye dos opciones de pago alternativas: pago de 5.000 u.m. en dos años cuando el cliente obtiene el control del activo o pago de 4.000 cuando se firma el contrato. El cliente opta por pagar 4.000 u.m. cuando se firma el contrato.

EI149　La entidad concluye que el contrato contiene un componente de financiación significativo debido a la magnitud de tiempo entre el momento en el que el cliente paga por el activo y el momento en el que la entidad transfiere el activo al cliente, así como a las tasas de interés dominantes en el mercado.

EI150　La tasa de interés implícita en la transacción es del 11,8 por ciento, que es la tasa de interés necesaria para hacer las dos opciones de pago alternativas económicamente equivalentes. Sin embargo, la entidad determina que, de acuerdo con el párrafo 64 de la NIIF 15, la tasa que debe utilizarse para ajustar la contraprestación acordada es del seis por ciento, que es la tasa de préstamo incremental de la entidad.

EI151　Las siguientes entradas en el diario ilustran cómo contabilizaría la entidad el componente financiero significativo:

(a)　reconoce un pasivo del contrato por el pago de 4.000 recibido al inicio del contrato:

Efectivo	4.000 u.m.
Pasivo del contrato	4.000 u.m.

(b)　durante los dos años desde el inicio del contrato hasta la transferencia el activo, la entidad ajusta el importe acordado de contraprestación (de acuerdo con el párrafo 65 de la NIIF 15) y abona al pasivo del contrato por el reconocimiento de intereses sobre 4.000 u.m. al seis por ciento para dos años:

Gastos por intereses	494 u.m.[a]
Pasivo del contrato	494 u.m.

(a)　494 u.m. = 4.000 pasivo del contrato × (6 por ciento de interés por año para dos años).

(c)　Reconoce ingresos de actividades ordinarias por la transferencia del activo:

Pasivo del contrato	4.494 u.m.
Ingresos de actividades ordinarias	4.494 u.m.

Ejemplo 30—Pago anticipado

EI152　Una entidad, fabricante de un producto de tecnología, realiza un contrato con un cliente para proporcionar apoyo y cobertura de reparaciones de tecnología telefónica global por tres años, junto con su producto tecnológico. El cliente compra este servicio de apoyo al mismo tiempo que compra el producto. La contraprestación por el servicio es de 300 u.m. adicionales. Los clientes que optan por comprar este servicio deben pagar por él al inicio (es decir, no está disponible una opción de pago mensual).

EI153 Para determinar si existe un componente financiero significativo en el contrato, la entidad considera la naturaleza del servicio que se ofrece y el propósito de las condiciones de pago. La entidad carga un importe único al inicio, no con el propósito principal de obtener financiación del cliente, sino para maximizar la rentabilidad, teniendo en cuenta los riesgos asociados con la prestación del servicio. Específicamente, si los clientes pudieran pagar mensualmente, sería menos probable que éstos renueven y la población de clientes que continúan usando el servicio de apoyo en los años siguientes podría pasar a ser más pequeña y menos diversa a lo largo del tiempo (es decir, los clientes que optan por renovar históricamente son los que hacen mayor uso del servicio, incrementando de ese modo los costos de la entidad). Además, los clientes tienden a utilizar más los servicios si pagan mensualmente que haciendo un pago al inicio. Finalmente, la entidad incurriría en mayores costos de administración tal como costos relacionados con la administración de las renovaciones y la cobranza de los pagos mensuales.

EI154 Para evaluar los requerimientos del párrafo 62(c) de la NIIF 15, la entidad determina que las condiciones de pago estaban estructuradas principalmente por razones distintas a brindar financiación a la entidad. La entidad carga un importe único al inicio por los servicios porque otras condiciones de pago (tal como un plan de pago mensual) afectarían a la naturaleza de los riesgos asumidos por la entidad para proporcionar el servicio y puede hacer no económico proporcionarlo. Como resultado de su análisis, la entidad concluye que no existe un componente de financiación significativo.

Contraprestación distinta al efectivo

EI155 El ejemplo 31 ilustra los requerimientos de los párrafos 66 a 69 de la NIIF 15 sobre contraprestación distinta al efectivo. Además, los siguientes requerimientos se ilustran en este ejemplo:

(a) párrafo 22 de la NIIF 15 sobre la identificación de las obligaciones de desempeño; e

(b) párrafos 56 a 58 de la NIIF 15 sobre limitaciones de las estimaciones de la contraprestación variable;

Ejemplo 31—Derecho a una contraprestación distinta al efectivo

EI156 Una entidad realiza un contrato con un cliente para proporcionar un servicio semanal por un año. El contrato se firma el 1 de enero de 20X1 y el trabajo comienza de forma inmediata. La entidad concluye que el servicio es una obligación de desempeño única de acuerdo con el párrafo 22(b) de la NIIF 15. Esto es, porque la entidad está proporcionando una serie de servicios distintos que son sustancialmente los mismos y tienen el mismo patrón de transferencia (los servicios se transfieren al cliente a lo largo del tiempo y se usa el mismo método de medir el progreso—es decir, una medida de progreso basada en el tiempo).

EI157   A cambio del servicio, el cliente se compromete a dar 100 acciones de sus acciones ordinarias por semana de servicio (un total de 5.200 acciones por el contrato). Las condiciones del contrato requieren que las acciones deben pagarse en el momento de la terminación correcta de cada semana de servicio.

EI158   La entidad mide su progreso hacia la satisfacción completa de su obligación de desempeño a medida que se completa cada semana de servicio. Para determinar el precio de la transacción (y el importe de ingresos de actividades ordinarias a reconocer), la entidad mide el valor razonable de las 100 acciones que se reciben al término de cada servicio semanal. La entidad no refleja cualesquiera cambios posteriores en el valor razonable de las acciones recibidas (o por recibir) en los ingresos de actividades ordinarias.

Contraprestación pagadera a un cliente

EI159   El ejemplo 32 ilustra los requerimientos de los párrafos 70 a 72 de la NIIF 15 sobre contraprestación a pagar a un cliente.

Ejemplo 32—Contraprestación a pagar a un cliente

EI160   Una entidad que fabrica bienes consumibles realiza un contrato de un año para vender bienes a un cliente que es una gran cadena global de tiendas al detalle. El cliente se compromete a comprar al menos 15 millones de u.m. de productos durante el año. El contrato también requiere que la entidad haga un pago no reembolsable de 1,5 millones de u.m. al cliente al inicio del contrato. El pago de 1,5 millones de u.m. compensará al cliente por los cambios que necesita realizar a sus estanterías para colocar los productos de la entidad.

EI161   La entidad considera los requerimientos de los párrafos 70 a 72 de la NIIF 15 y concluye que el pago al cliente no es a cambio de un bien o servicio distinto que transfiere a la entidad. Esto es porque la entidad no obtiene el control de ninguna clase de derecho a las estanterías del cliente. Por consiguiente, la entidad determina que, de acuerdo con el párrafo 70 de la NIIF 15, el pago de 1,5 millones de u.m. es una reducción del precio de la transacción.

EI162   La entidad aplica los requerimientos del párrafo 72 de la NIIF 15 y concluye que la contraprestación a pagar se contabiliza como una reducción en el precio de la transacción cuando la entidad reconoce el ingreso de actividades ordinarias para la transferencia de los bienes. Por consiguiente, como la entidad transfiere bienes al cliente, reduce el precio de la transacción para cada bien en un 10 por ciento (1,5 millones de u.m. ÷ 15 millones de u.m.). Por ello, en el primer mes en que la entidad transfiere bienes al cliente, reconoce el ingreso de actividades ordinarias de 1,8 millones de u.m. (2,0 millones de u.m. de importes facturados menos 0,2 millones de u.m. de contraprestación a pagar al cliente).

Asignación del precio de la transacción a las obligaciones de desempeño

EI163 Los ejemplos 33 a 35 ilustran los requerimientos de los párrafos 73 a 86 de la NIIF 15 sobre la asignación del precio de la transacción a las obligaciones de desempeño. Además, los requerimientos siguientes se ilustran en el Ejemplo 35:

(a) el párrafo 53 de la NIIF 15 sobre la contraprestación variable; e

(b) el párrafo B63 de la NIIF 15 sobre contraprestación en forma de regalías basadas en ventas o en uso sobre licencias de propiedad intelectual.

Ejemplo 33—Metodología de la asignación

EI164 Una entidad realiza un contrato con un cliente para vender los Productos A, B y C a cambio de 100 u.m. La entidad va a satisfacer las obligaciones de desempeño para cada uno de los productos en momentos diferentes del tiempo. La entidad vende regularmente el Producto A por separado y, por ello, el precio de venta independiente es observable directamente. Los precios de venta independientes de los Productos B y C no son observables directamente.

EI165 Puesto que los precios de venta independientes para los Productos B y C no son observables directamente, la entidad debe estimarlos. Para estimar los precios de venta independientes, la entidad utiliza el enfoque de evaluación del mercado ajustado para el Producto B y los costos esperados más un enfoque de margen para el Producto C. Para hacer esas estimaciones, la entidad maximiza el uso de datos de entrada observables (de acuerdo con el párrafo 78 de la NIIF 15). La entidad estima los precios de venta independientes de la forma siguiente:

Producto	Precio de venta independiente	Método
	u.m.	
Producto A	50	Observable directamente (véase el párrafo 77 de la NIIF 15)
Producto B	25	Enfoque de evaluación del mercado ajustado [véase el párrafo 79(a) de la NIIF 15]
Producto C	75	Costo esperado más un enfoque de margen [véase el párrafo 79(b) de la NIIF 15]
Total	150	

EI166 El cliente recibe un descuento para comprar el conjunto de bienes porque la suma de los precios de venta independientes (150 u.m.) supera la contraprestación acordada (100 u.m.). La entidad considera si se tiene evidencia observable sobre la obligación de desempeño a la que pertenece el

descuento completo (de acuerdo con el párrafo 82 de la NIIF 15) y llega a la conclusión de que no la tiene. Por consiguiente, de acuerdo con los párrafos 76 y 81 de la NIIF 15, el descuento se asigna de forma proporcional entre los Productos A, B y C. El descuento, y por ello el precio de la transacción, se asigna de la forma siguiente:

Producto	Precio de la transacción asignado
	u.m.
Producto A	33 (50 u.m. ÷ 150 u.m. × 100 u.m.)
Producto B	17 (25 u.m. ÷ 150 u.m. × 100 u.m.)
Producto C	50 (75 u.m. ÷ 150 u.m. × 100 u.m.)
Total	100

Ejemplo 34—Asignación de un descuento

EI167 Una entidad vende de forma regular los Productos A, B y C de forma individual, estableciendo de ese modo los precios de venta independientes siguientes:

Producto	Precio de venta independiente
	u.m.
Producto A	40
Producto B	55
Producto C	45
Total	140

EI168 Además, la entidad vende con regularidad los Productos B y C junto con 60 u.m.

Caso A—Asignación de un descuento a una o más obligaciones de desempeño

EI169 La entidad realiza un contrato con un cliente para vender los Productos A, B y C a cambio de 100 u.m. La entidad va a satisfacer las obligaciones de desempeño para cada uno de los productos en momentos diferentes del tiempo.

EI170 El contrato incluye un descuento de 40 u.m. sobre la transacción global, que se distribuirá proporcionalmente entre las tres obligaciones de desempeño al asignar el precio de la transacción utilizando el método del precio de venta independiente relativo (de acuerdo con el párrafo 81 de la NIIF 15). Sin embargo, puesto que la entidad vende de forma regular los Productos B y C juntos por 60 u.m. y el Producto A por 40 u.m., tiene evidencia de que el descuento completo debe asignarse a los compromisos de transferir los Productos B y C de acuerdo con el párrafo 82 de la NIIF 15.

EI171   Si la entidad transfiere el control del Producto B y C en el mismo momento, entonces la entidad podría, como una cuestión práctica, contabilizar la transferencia de dichos productos como una obligación de desempeño única. Esto es, la entidad podría asignar las 60 u.m. del precio de la transacción a la obligación de desempeño única y reconocer ingresos de actividades ordinarias por 60 u.m. cuando los Productos B y C se transfieran simultáneamente al cliente.

EI172   Si el contrato requiere que la entidad transfiera el control de los Productos B y C en momentos diferentes, entonces el importe distribuido de 60 u.m. se asigna de forma individual al compromiso de transferir el Producto B (precio de venta independiente de 55 u.m.) y el Producto C (precio de venta independiente de 45 u.m.) de la forma siguiente:

Producto	Precio de la transacción asignado
	u.m.
Producto B	33 (55 u.m. ÷ 100 u.m. precio de venta total independiente × 60 u.m.)
Producto C	27 (45 u.m. ÷ 100 u.m. precio de venta total independiente × 60 u.m.)
Total	60

Caso B—El enfoque residual es apropiado

EI173   La entidad realiza un contrato con un cliente para vender los Productos A, B y C como se describe en el Caso A. El contrato incluye un compromiso de transferir el Producto D. La contraprestación total del contrato es de 130 u.m. El precio de venta independiente del Producto D es altamente variable [véase el párrafo 79(c) de la NIIF 15] porque la entidad vende el Producto D a clientes diferentes por un amplio rango de importes (de 15 u.m. a 45 u.m.). Por consiguiente, la entidad decide estimar el precio de venta independiente del Producto D utilizando el enfoque residual.

EI174   Antes de estimar el precio de venta independiente del Producto D utilizando el enfoque residual, la entidad determina si debe asignarse algún descuento a las otras obligaciones de desempeño en el contrato de acuerdo con los párrafos 82 y 83 de la NIIF 15.

EI175   Como en el Caso A, puesto que la entidad vende juntos de forma regular los Productos B y C por 60 u.m. y el Producto A por 40 u.m., tiene evidencia observable de que 100 u.m. deben asignarse a estos tres productos y debe asignarse un descuento de 40 u.m. al compromiso de transferir los Productos B y C de acuerdo con el párrafo 82 de la NIIF 15. Con el uso del enfoque residual, la entidad estima que el precio de venta independiente del Producto D es de 30 u.m. de la forma siguiente:

Producto	Precio de venta independiente	Método
	u.m.	
Producto A	40	Observable directamente (véase el párrafo 77 de la NIIF 15)
Productos B y C	60	Observable directamente con descuento (véase el párrafo 82 de la NIIF 15)
Producto D	30	Enfoque residual (véase el párrafo 79(c) de la NIIF 15)
Total	130	

EI176   La entidad observa que las 30 u.m. resultantes asignadas al Producto D quedan dentro del rango de sus precios de venta observables (de 15 u.m. a 45 u.m.). Por ello, la distribución resultante (véase la tabla anterior) es congruente con el objetivo de asignación del párrafo 73 de la NIIF 15 y los requerimientos del párrafo78 de la NIIF 15.

Caso C—El enfoque residual no es apropiado

EI177   Los mismos hechos que en el Caso B se aplican al Caso C excepto que el precio de la transacción es de 105 u.m. en lugar de 130 u.m. Por consiguiente, la aplicación del enfoque residual daría lugar a un precio de venta independiente de 5 u.m. para el Producto D (precio de la transacción de 105 u.m. menos 100 u.m. asignadas a los Productos A, B y C). La entidad concluye que 5 u.m. no reflejaría razonablemente el importe de la contraprestación a la que espera tener derecho la entidad a cambio de satisfacer su obligación de desempeño al transferir el Producto D, porque 5 u.m. no se aproxima al precio de venta independiente del Producto D, que oscila entre 15 u.m. y 45 u.m. Por consiguiente, la entidad revisa su información observable, incluyendo las ventas e informes de márgenes, para estimar el precio de venta independiente del Producto D utilizando otro método adecuado. La entidad asigna el precio de la transacción de 105 u.m. a los Productos A, B y C utilizando los precios de venta independientes relativos a dichos productos de acuerdo con los párrafos 73 a 80 de la NIIF 15.

Ejemplo 35—Asignación de la contraprestación variable

EI178   Una entidad realiza un contrato con un cliente por dos licencias de propiedad intelectual (Licencias X e Y), que la entidad determina que representan dos obligaciones de desempeño que se satisface cada una en un momento concreto. Los precios de venta independientes de las Licencias X e Y son de 800 u.m. y 1.000 u.m., respectivamente.

Caso A—La contraprestación variable se asigna completamente a una obligación de desempeño

EI179 El precio establecido en el contrato para la Licencia X es un importe fijo de 800 u.m. y para la Licencia Y la contraprestación es del tres por ciento de las ventas futuras del cliente de productos que utilicen la Licencia Y. A efectos de asignación, la entidad estima que sus regalías basadas en ventas (es decir, contraprestación variable) sean de 1.000 u.m., de acuerdo con el párrafo 53 de la NIIF 15.

EI180 Para asignar el precio de la transacción, la entidad considera los criterios del párrafo 85 de la NIIF 15 y concluye que la contraprestación variable (es decir, las regalías basadas en ventas) deben asignarse en su totalidad a la Licencia Y. La entidad concluye que los criterios del párrafo 85 de la NIIF 15 se cumplen por las siguientes razones:

(a) El pago variable se relaciona de forma específica con un resultado de la obligación de desempeño de transferir la Licencia Y (es decir, las ventas posteriores del cliente de productos que utilizan la Licencia Y).

(b) La distribución completa a la Licencia Y de los importes de regalías esperados de 1.000 u.m.es congruente con el objetivo de asignación del párrafo 73 de la NIIF 15. Esto es así, porque la estimación de la entidad del importe de regalías basadas en ventas (1.000 u.m.) se aproxima al precio de venta independiente de la Licencia Y, y el importe fijo de 800 u.m. se aproxima al precio de venta independiente de la Licencia X. La entidad asigna 800 u.m. a la Licencia X de acuerdo con el párrafo 86 de la NIIF 15. Esto es así, porque sobre la base de una evaluación de los hechos y circunstancias relativos a ambas licencias, la asignación a la Licencia Y de alguna parte de la contraprestación fija, además de toda la contraprestación variable, no cumpliría el objetivo de distribución del párrafo 73 de la NIIF 15.

EI181 La entidad transfiere la Licencia Y al inicio del contrato y transfiere la Licencia X un mes después. En el momento de la transferencia de la Licencia Y, la entidad no reconoce ingresos de actividades ordinarias porque la contraprestación asignada a la Licencia Y es en forma de regalías basadas en ventas. Por ello, de acuerdo con el párrafo B63 de la NIIF 15 la entidad reconoce ingresos de actividades ordinarias por la regalía basada en ventas cuando dichas ventas tienen lugar posteriormente.

EI182 Cuando la Licencia X se transfiere, la entidad reconoce como ingreso de actividades ordinarias las 800 u.m. asignadas a la Licencia X.

Caso B—Contraprestación variable asignada sobre la base de precios de venta independientes

EI183 El precio establecido en el contrato para la Licencia X es un importe fijo de 300 u.m. y para la Licencia Y la contraprestación es el cinco por ciento de las ventas futuras del cliente de los productos que utilizan la Licencia Y. La estimación de la entidad de las regalías basadas en ventas (es decir, la contraprestación variable) es de 1.500 u.m. de acuerdo con el párrafo 53 de la NIIF 15.

EI184   Para asignar el precio de la transacción, la entidad aplica los criterios del párrafo 85 de la NIIF 15 para determinar si se debe asignar la contraprestación variable (es decir, las regalías basadas en ventas) por completo a la Licencia Y. Para aplicar los criterios, la entidad concluye que aun cuando los pagos variables se relacionan específicamente con un resultado de la obligación de desempeño para transferir la Licencia Y (es decir, las ventas posteriores del cliente de los productos que utilizan la Licencia Y), la asignación de la contraprestación variable por completo a la Licencia Y, sería incongruente con el principio de asignación del precio de la transacción. La asignación de 300 u.m. a la Licencia X y 1.500 u.m. a la Licencia Y no refleja una distribución razonable del precio de la transacción sobre la base de los precios de venta independientes de las Licencias X e Y de 800 u.m. y 1.000 u.m., respectivamente. Por consiguiente, la entidad aplica los requerimientos generales de asignación de los párrafos 76 a 80 de la NIIF 15.

EI185   La entidad asigna el precio de la transacción de 300 u.m. a las Licencias X e Y sobre la base de los precios de venta independientes relativos de 800 u.m. y 1.000 u.m., respectivamente. La entidad también asigna la contraprestación relativa a la regalía basada en ventas sobre una base de precios de venta independientes relativos. Sin embargo, de acuerdo con el párrafo B63 de la NIIF 15, cuando una entidad otorga licencias de propiedad intelectual en las que la contraprestación es en forma de regalías basadas en ventas, la entidad no puede reconocer ingresos de actividades ordinarias hasta que se dé el último de los siguientes sucesos: que tengan lugar las ventas posteriores o que se satisfaga la obligación de desempeño (o se satisfaga parcialmente).

EI186   La Licencia Y se transfiere al cliente al inicio del contrato y la Licencia X se transfiere tres meses después. Cuando se transfiere la Licencia Y, la entidad reconoce como ingreso de actividades ordinarias las 167 u.m. (1.000 u.m. ÷ 1.800 u.m. × 300 u.m.) asignadas a la Licencia Y. Cuando la Licencia X se transfiere, la entidad reconoce como ingreso de actividades ordinarias las 133 u.m. (800 u.m. ÷ 1.800 u.m. × 300 u.m.) asignadas a la Licencia X.

EI187   En el primer mes, la regalía que le corresponde por el primer mes de ventas del cliente es de 200 u.m. Por consiguiente, de acuerdo con el párrafo B63 de la NIIF 15, la entidad reconoce como ingreso de actividades ordinarias las 111 u.m. (1.000 u.m. ÷ 1.800 u.m. × 200 u.m.) asignadas a la Licencia Y (que ha sido transferida al cliente y es, por ello, una obligación de desempeño satisfecha). La entidad reconoce un pasivo del contrato por las 89 u.m. (800 u.m. ÷ 1.800 u.m. × 200 u.m.) asignadas a la Licencia X. Esto es así, porque aunque ha tenido lugar la venta posterior por el cliente de la entidad, la obligación de desempeño a la que se ha asignado la regalía no ha sido satisfecha.

Costos del contrato

EI188   Los ejemplos 36 y 37 ilustran los requerimientos de los párrafos 91 a 94 de la NIIF 15 sobre incrementos de costos por la obtención de un contrato, párrafos 95 a 98 de la NIIF 15 sobre costos para cumplir un contrato y los párrafos 99 a 104 de la NIIF 15 sobre amortización y deterioro de valor de los costos del contrato.

Ejemplo 36—Incrementos de Costos por la obtención de un contrato

EI189   Una entidad, un proveedor de servicios de consultoría, gana una oferta competitiva para proporcionar servicios de consultoría a un cliente nuevo. La entidad incurre en los costos siguientes para obtener el contrato:

	u.m.
Tarifas legales externas por debida diligencia	15.000
Costos de viajes para entregar la propuesta	25.000
Comisiones a empleados de ventas	10.000
Total costos incurridos	50.000

EI190   De acuerdo con el párrafo 91 de la NIIF 15, la entidad reconoce un activo por 10.000 u.m. de incrementos de costos por la obtención del contrato que surge de las comisiones a empleados de ventas porque la entidad espera recuperar dichos costos a través de comisiones futuras por los servicios de consultoría. La entidad también paga discrecionalmente primas anuales a los supervisores de ventas basadas en objetivos de ventas anuales, rentabilidad global de la entidad y evaluaciones de desempeño individuales. De acuerdo con el párrafo 91 de la NIIF 15, la entidad no reconoce un activo por las primas pagadas a los supervisores de ventas porque las primas no cuentan en la obtención de un contrato. Los importes son discrecionales y se basan en otros factores, incluyendo la rentabilidad de la entidad y el desempeño individual. Las primas no son atribuibles de forma directa a contratos identificables.

EI191   La entidad señala que los honorarios legales externos y los costos de viajes se habrían incurrido independientemente de si se obtuviera el contrato. Por ello, de acuerdo con el párrafo 93 de la NIIF 15, dichos costos se reconocen como gastos cuando se incurre en ellos, a menos que queden dentro del alcance de otra Norma, en cuyo caso, se aplican las disposiciones correspondientes de esa Norma.

Ejemplo 37—Costos que dan lugar a un activo

EI192   Una entidad realiza un contrato de servicios para gestionar un centro de información tecnológica de un cliente por cinco años. El contrato es renovable por periodos posteriores de un año. la duración promedio de los clientes es de siete años. La entidad paga a un empleado 10.000 u.m. por comisiones de ventas en el momento en que el cliente firma el contrato. Antes de proporcionar los servicios, la entidad diseña y construye una plataforma tecnológica para uso interno de la entidad que interactúa con los sistemas del cliente. Esa plataforma no se transfiere al cliente, pero se utilizará para prestarle servicios.

Incrementos de costos por la obtención de un contrato

EI193 De acuerdo con el párrafo 91 de la NIIF 15, la entidad reconoce un activo por 10.000 u.m. de incrementos de costos por la obtención del contrato por las comisiones de ventas porque la entidad espera recuperar dichos costos a través de comisiones futuras por los servicios a proporcionar. La entidad amortiza el activo a lo largo de siete años, de acuerdo con el párrafo 99 de la NIIF 15, porque el activo se relaciona con los servicios transferidos al cliente durante la duración del contrato de cinco años y la entidad anticipa que el contrato se renovará por dos periodos posteriores de un año.

Costos de cumplir un contrato

EI194 Los costos iniciales incurridos para establecer la plataforma tecnológica son los siguientes:

	u.m.
Servicios de diseño	40.000
Equipo	120.000
Software	90.000
Migración y comprobación del centro de información	100.000
Total costos	350.000

EI195 Los costos de establecimiento iniciales se relacionan principalmente con actividades para satisfacer el contrato pero no transfieren los bienes o servicios al cliente. La entidad contabiliza los costos de establecimiento iniciales de la forma siguiente:

(a) costos del equipo—contabilizados de acuerdo con la NIC 16 *Propiedades, Planta y Equipo*.

(b) Costos del software—contabilizados de acuerdo con la NIC 38 *Activos Intangibles*.

(c) Costos de diseño, migración y comprobación del centro de información —evaluados de acuerdo con el párrafo 95 de la NIIF 15 para determinar si un activo puede reconocerse por los costos para cumplir con el contrato. Cualquier activo resultante sería amortizado sobre una base sistemática a lo largo del periodo de siete años (es decir el término del contrato de cinco años y dos periodos anuales anticipados de renovación) durante los que la entidad espera proporcionar servicios relacionados con el centro de información.

EI196 Además de los costos iniciales para establecer la plataforma de tecnología, la entidad también asigna dos empleados quienes son responsables principales de proporcionar el servicio al cliente. Aunque en los costos de estos dos empleados se incurre como parte de la prestación del servicio al cliente, la entidad concluye que los costos no generan o mejoran los recursos de la entidad [véase el párrafo 95(b) de la NIIF 15]. Por ello, los costos no cumplen los criterios del párrafo 95 de la NIIF 15 y no pueden reconocerse como un activo utilizando la NIIF 15. De acuerdo con el párrafo 98, la entidad reconoce los gastos de nómina de estos dos empleados cuando tienen lugar.

Presentación

EI197   Los ejemplos 38 a 40 ilustran los requerimientos de los párrafos 105 a 109 de la NIIF 15 para la presentación de los saldos del contrato.

Ejemplo 38—Pasivos y cuentas por cobrar del contrato

Caso A—Contrato cancelable

EI198   El 1 de enero de 20X9, una entidad realiza un contrato cancelable para transferir un producto a un cliente el 31 de marzo de 20X9. El contrato requiere que el cliente pague una contraprestación de 1.000 u.m. por anticipado el 31 de enero de 20X9. El cliente paga la contraprestación el 1 de marzo de 20X9. La entidad transfiere el producto el 31 de marzo de 20X9. Las siguientes entradas en el diario ilustran cómo contabiliza la entidad el contrato:

(a)   La entidad recibe efectivo por 1.000 u.m. el 1 de marzo de 20X9 (el efectivo se recibe como anticipo del desempeño):

Efectivo	1.000 u.m.	
Pasivo del contrato		1.000 u.m.

(b)   La entidad satisface la obligación de desempeño el 31 de marzo de 20X9:

Pasivo del contrato	1.000 u.m.	
Ingresos de actividades ordinarias		1.000 u.m.

Caso B—Contrato no cancelable

EI199   Los mismos hechos que en el Caso A se aplican al Caso B excepto que el contrato no es cancelable. Las siguientes entradas en el diario ilustran cómo contabiliza la entidad el contrato:

(a)   El importe de la contraprestación se adeuda a 31 de enero de 20X9 (que es cuándo reconoce la entidad una cuenta por cobrar porque tiene un derecho incondicional a la contraprestación):

Cuenta por cobrar	1.000 u.m.	
Pasivo del contrato		1.000 u.m.

(b)   La entidad recibe el efectivo el 1 de marzo de 20X9:

Efectivo	1.000 u.m.	
Cuenta por cobrar		1.000 u.m.

(c) La entidad satisface la obligación de desempeño el 31 de marzo de 20X9:

Pasivo del contrato	1.000 u.m.	
Ingresos de actividades ordina-rias		1.000 u.m.

EI200 Si la entidad emitió la factura antes del 31 de enero de 20X9 (la fecha en que le corresponde la contraprestación), la entidad no presentaría la cuenta por cobrar y el pasivo del contrato en términos brutos en el estado de situación financiera, porque no tiene todavía un derecho incondicional a la contraprestación.

Ejemplo 39—Activos del contrato reconocidos por el desempeño de la entidad

EI201 El 1 de enero de 20X8, una entidad realiza un contrato para transferir los Productos A y B a un cliente a cambio de 1.000 u.m. El contrato requiere que el Producto A se entregue primero y establece que el pago por la entrega del Producto A está condicionado a la entrega del Producto B. En otras palabras, la contraprestación de 1.000 u.m. se adeuda solo después de que entidad haya transferido los Productos A y B al cliente. Por consiguiente, la entidad no tiene un derecho a la contraprestación que sea incondicional (una cuenta por cobrar) hasta que los Productos A y B se hayan transferido al cliente.

EI202 La entidad identifica los compromisos de transferir los Productos A y B como obligaciones de desempeño y asigna 400 u.m. a la obligación de desempeño al transferir el Producto A y 600 u.m. de la obligación de desempeño al transferir el Producto B sobre la base de sus precios de venta independientes relativos. La entidad reconoce ingresos de actividades ordinarias por cada obligación de desempeño respectiva cuando se transfiere el control del producto al cliente.

EI203 La entidad satisface la obligación de desempeño al transferir el Producto A:

Activo del contrato	400 u.m.
Ingresos de actividades ordinarias	400 u.m.

EI204 La entidad satisface la obligación de desempeño al transferir el Producto B y reconocer el derecho incondicional a la contraprestación:

Cuenta por cobrar	1.000 u.m.
Activo del contrato	400 u.m.
Ingresos de actividades ordinarias	600 u.m.

Ejemplo 40—Cuentas por cobrar reconocidas por el desempeño de la entidad

EI205   Una entidad realiza un contrato con un cliente el 1 de enero de 20X9 para transferir productos al cliente por 150 u.m. por producto. Si el cliente compra más de 1 millón de productos en un año, el contrato indica que el precio por unidad se reduce retroactivamente a 125 u.m. por producto.

EI206   La contraprestación se adeuda cuando el control de los productos se transfiere al cliente. Por ello, la entidad tiene un derecho incondicional a la contraprestación (es decir, una cuenta por cobrar) por 150 u.m. por producto hasta que se aplique la reducción de precio retroactiva (es decir después de que se envíe 1 millón de productos).

EI207   Para determinar el precio de la transacción, la entidad concluye al inicio del contrato que el cliente alcanzará el umbral de 1 millón de productos y, por ello, estima que el precio de la transacción es de 125 u.m. por producto. Por consiguiente, en el primer envío al cliente de 100 productos la entidad reconoce lo siguiente:

Cuenta por cobrar	15.000 u.m.[a]
Ingresos de actividades ordinarias	12.500 u.m.[b]
Pasivo por reembolso (pasivo del contrato)	2.500 u.m.

(a)   150 u.m. por producto × 100 productos.
(b)   125 u.m. de precio de la transacción por producto × 100 productos.

EI208   El pasivo por reembolso (véase el párrafo 55 de la NIIF 15) representa un reembolso de 25 u.m. por producto, que se espera proporcionar al cliente por la devolución basada en volumen (es decir, la diferencia entre el precio establecido en el contrato de 150 u.m. que la entidad tiene un derecho incondicional a recibir y las 125 u.m. del precio estimado de la transacción.

Información a revelar

EI209   El ejemplo 41 ilustra los requerimientos de los párrafos114 y 115 y B87 a B89 de la NIIF 15 sobre desagregación de la información a revelar de ingresos de actividades ordinarias. Los ejemplos 42 y 43 ilustran los requerimientos de los párrafos 120 y 122 de la NIIF 15 para revelar información del precio de la transacción asignado a las obligaciones de desempeño pendientes. Además, los requerimientos siguientes se ilustran en el ejemplo 42:

(a)   el párrafo 57 de la NIIF 15 sobre limitaciones de las estimaciones de la contraprestación variable; e

(b)   el párrafo B16 de la NIIF 15 sobre métodos de medir el progreso hacia la satisfacción completa de una obligación de desempeño.

Ejemplo 41—Desagregación de los ingresos de actividades ordinarias—información a revelar cuantitativa

EI210 Una entidad presenta los segmentos siguientes: productos de consumo, transporte y energía, de acuerdo con la NIIF 8 *Segmentos de Operación*. Cuando la entidad prepara sus presentaciones para los inversores, desagrega los ingresos de actividades ordinarias en mercados geográficos principales, líneas de producto más importantes y calendario de reconocimiento de ingresos de actividades ordinarias (es decir, bienes transferidos en un momento concreto o servicios transferidos a lo largo del tiempo).

EI211 La entidad determina que las categorías utilizadas en las presentaciones para inversores puede utilizarse para cumplir el objetivo del requerimiento de revelar información desagregada del párrafo 114 de la NIIF 15, que es desagregar los ingresos de actividades ordinarias por contratos con clientes en categorías que describan la forma en que se ven afectados por factores económicos la naturaleza, importe, calendario e incertidumbre de los ingresos de actividades ordinarias y flujos de efectivo. La siguiente tabla ilustra la desagregación de la información a revelar por mercados geográficos principales, líneas de producto más importantes y calendario de reconocimiento de ingresos de actividades ordinarias, incluyendo una conciliación de la forma en que los ingresos de actividades ordinarias desagregados se relacionan con los segmentos de productos de consumo, transporte y energía, de acuerdo con el párrafo 115 de la NIIF 15.

Segmentos	Productos de consumo	Transporte	Energía	Total
	u.m.	u.m.	u.m.	u.m.
Mercados geográficos principales				
América del Norte	990	2.250	5.250	8.490
Europa	300	750	1.000	2.050
Asia	700	260	—	960
	1.990	3.260	6.250	11.500

continúa...

...continuación

Segmentos	Productos de consumo	Transporte	Energía	Total
	u.m.	u.m.	u.m.	u.m.
Bienes/líneas de servicio más importantes				
Suministros de oficina	600	–	–	600
Aparatos eléctricos	990	–	–	990
Ropa	400	–	–	400
Motocicletas	–	500	–	500
Automóviles	–	2.760	–	2.760
Paneles solares	–	–	1.000	1.000
Planta de energía	–	–	5.250	5.250
	1.990	3.260	6.250	11.500
Calendario de reconocimiento de ingresos de actividades ordinarias				
Bienes transferidos en un momento concreto	1.990	3.260	1.000	6.250
Servicios transferidos a lo largo del tiempo	–	–	5.250	5.250
	1.990	3.260	6.250	11.500

Ejemplo 42—Información a revelar sobre el precio de la transacción asignado a las obligaciones de desempeño pendientes

EI212   El 30 de junio de 20X7, una entidad realiza tres contratos (Contratos A, B y C) con clientes separados para la prestación de servicios. Cada contrato tiene una duración no cancelable de dos años. La entidad considera los requerimientos de los párrafos 120 a 122 de la NIIF 15 para determinar la información de cada contrato a incluir en la información a revelar sobre el precio de la transacción asignado a las obligaciones de desempeño pendientes a 31 de diciembre de 20X7.

Contrato A

EI213   Los servicios de limpieza se prestan habitualmente al menos una vez al mes a lo largo de los próximos dos años. Por los servicios prestados, el cliente paga una tarifa horaria de 25 u.m.

EI214   Puesto que la entidad factura un importe fijo por cada hora de servicio prestado, ésta tiene un derecho a facturar al cliente el importe que se corresponda directamente con el valor del desempeño completado hasta la fecha de acuerdo con el párrafo B16 de la NIIF 15. Por consiguiente, no es necesario revelar información si la entidad opta por aplicar la solución práctica del párrafo 121(b) de la NIIF 15.

Contrato B

EI215   Los servicios de limpieza y servicios de mantenimiento del césped que se tienen que prestar cómo y cuándo sea necesario con un máximo de cuatro visitas por mes a lo largo de los dos próximos años. El cliente paga un precio fijo de 400 u.m. por mes por ambos servicios. La entidad mide su progreso hacia la satisfacción completa de su obligación de desempeño utilizando una medida basada en el tiempo.

EI216   La entidad revela el importe del precio de la transacción que no ha sido reconocido todavía como ingreso de actividades ordinarias en una tabla con bandas temporales cuantitativas que ilustran cuándo espera reconocer el importe como ingreso de actividades ordinarias. La información para el Contrato B incluida en la información a revelar general es la siguiente:

	20X8	20X9	Total
	u.m.	u.m.	u.m.
Ingresos de actividades ordinarias que se espera reconocer en este contrato a 31 de diciembre de 20X7	4.800[(a)]	2.400[(b)]	7.200

(a)   4.800 u.m. = 400 u.m. × 12 meses.
(b)   2.400 u.m. = 400 u.m. × 6 meses.

Contrato C

EI217   Los servicios de limpieza se han de prestar cómo y cuándo se necesite a lo largo de los próximos dos años. El cliente paga una contraprestación fija de 100 u.m. por mes más una contraprestación variable en un pago que oscila entre 0 u.m. y 1.000 u.m., que corresponden a una revisión por regulación y certificación de las instalaciones del cliente (es decir, una prima de desempeño). La entidad estima que tendrá derecho a 750 u.m. de la contraprestación variable. Sobre la base de la evaluación de la entidad de los factores del párrafo 57 de la NIIF 15, la entidad incluye su estimación de 750 u.m. de contraprestación variable en el precio de la transacción porque es altamente probable que no tenga lugar una reversión significativa en el importe de los ingresos de actividades ordinarias acumulados reconocidos. La entidad mide su progreso hacia la satisfacción completa de su obligación de desempeño utilizando una medida basada en el tiempo.

EI218   La entidad revela el importe del precio de la transacción que no ha sido reconocido todavía como ingreso de actividades ordinarias en una tabla con bandas temporales cuantitativas que ilustran cuándo espera reconocer el importe como ingreso de actividades ordinarias. La entidad también incluye una explicación cualitativa sobre cualquier contraprestación variable significativa que no esté incluida en la información a revelar. La información sobre el Contrato C incluida en la información a revelar general es la siguiente:

	20X8	20X9	Total
	u.m.	u.m.	u.m.
Ingresos de actividades ordinarias que se espera reconocer en este contrato a 31 de diciembre de 20X7	1.575[(a)]	788[(b)]	2.363

(a) Precio de la transacción = 3.150 u.m. (100 u.m. × 24 meses + 750 u.m. contraprestación variable) reconocida uniformemente a lo largo de 24 meses a 1.575 por año.

(b) 1.575 u.m. ÷ 2 = 788 u.m. (es decir, por 6 meses del año).

EI219 Además, de acuerdo con el párrafo 122 de la NIIF 15, la entidad revela de forma cualitativa que parte de la prima de desempeño ha sido excluida de la información a revelar porque no fue incluida en el precio de la transacción. Esa parte de la prima de desempeño se excluyó del precio de la transacción, de acuerdo con los requerimientos que limitan las estimaciones de la contraprestación variable.

Ejemplo 43—Información a revelar sobre el precio de la transacción asignado a las obligaciones de desempeño pendientes—información a revelar cualitativa

EI220 El 1 de enero de 20X2, una entidad realiza un contrato con un cliente para construir un edificio comercial por una contraprestación fija de 10 millones de u.m. La construcción del edificio es una obligación de desempeño única que la entidad satisface a lo largo del tiempo. Al 31 de diciembre de 20X2, la entidad ha reconocido 3,2 millones de ingresos de actividades ordinarias. La entidad estima que la construcción estará terminada en 20X3, pero es posible que el proyecto se complete en la primera mitad de 20X4.

EI221 Al 31 de diciembre de 20X2, la entidad revela el importe del precio de la transacción que no ha sido reconocido todavía como ingreso de actividades ordinarias en su información a revelar del precio de la transacción asignado a las obligaciones de desempeño pendientes. La entidad también revela una explicación de cuándo espera reconocer ese importe como ingreso de actividades ordinarias. La explicación puede revelarse sobre una base cuantitativa utilizando las bandas temporales que sean más apropiadas para la duración de la obligación de desempeño restante o proporcionando una explicación cualitativa. Puesto que la entidad no tiene certeza sobre el calendario de reconocimiento de los ingresos de actividades ordinarias, ésta revela dicha información de forma cualitativa de la forma siguiente:

"Al 31 de diciembre de 20X2, el importe agregado del precio de la transacción asignado a la obligación de desempeño restante es de 6,8 millones de u.m. y la entidad reconocerá este ingreso de actividades ordinarias a medida que se complete el edificio, que se espera que ocurra a lo largo de los próximos 12 a 18 meses."

Garantías

EI222 El ejemplo 44 ilustra los requerimientos de los párrafos B28 a B33 de la NIIF 15 sobre garantías. Además, el ejemplo 44 ilustra los requerimientos de los párrafos 27 a 29 de la NIIF 15 para la identificación de las obligaciones de desempeño.

Ejemplo 44—Garantías

EI223 Una entidad, un fabricante, proporciona a su cliente una garantía con la compra de un producto. La garantía proporciona seguridad de que el producto cumple con las especificaciones acordadas y funcionará como se acordó por un año desde la fecha de compra. El contrato también proporciona al cliente el derecho a recibir hasta 20 horas de servicios de entrenamiento sin costo adicional sobre cómo operar el producto.

EI224 La entidad evalúa los bienes y servicios del contrato para determinar si son distintos y, por ello, dan lugar a obligaciones de desempeño separadas.

EI225 El producto y los servicios de entrenamiento son pueden cada uno ser distintos de acuerdo con los párrafos 27(a) y 28 de la NIIF 15 porque el cliente puede beneficiarse del producto en sí mismo sin servicios de entrenamiento y puede beneficiarse de los servicios de entrenamiento junto con el producto que ya ha sido transferido por la entidad. La entidad vende con regularidad el producto de forma separada sin los servicios de entrenamiento.

EI226 La entidad evaluará si su compromiso de transferir el producto y proporcionar servicios de entrenamiento son identificables por separado de acuerdo con el párrafo 27(b) y 29 de la NIIF 15. La entidad no proporciona un servicio significativo de integración de los servicios de entrenamiento con el producto [véase el párrafo 29(a) de la NIIF 15]. Los servicios de entrenamiento y el producto no se modifican o personalizan mutuamente de forma significativa (véase el párrafo 29(b) de la NIIF 15). El producto y los servicios de entrenamiento no son altamente interdependientes o están fuertemente interrelacionados [véase el párrafo 29(c) de la NIIF 15]. La entidad podría cumplir su compromiso de transferir el producto de forma independiente de sus esfuerzos por proporcionar posteriormente los servicios de entrenamiento, y podría proporcionar servicios de entrenamiento a cualquier cliente que hubiera adquirido anteriormente su producto. Por consiguiente, la entidad concluye que su compromiso de transferir el producto y su compromiso de proporcionar servicios de entrenamiento no son insumos de un elemento combinado y, por ello, son cada uno identificables por separado.

EI227 El producto y los servicios de entrenamiento son distintos el uno del otro de acuerdo con el párrafo 27 de la NIIF 15 y, por ello, dan lugar a dos obligaciones de desempeño separadas.

EI228   Finalmente, la entidad evalúa el compromiso de proporcionar una garantía y observa que ésta proporciona al cliente la seguridad de que el producto funcionará como está previsto por un año. La entidad concluye, de acuerdo con los párrafos B28 a B33 de la NIIF 15 que la garantía no proporciona al cliente un bien o servicio además del seguro y, por ello, la entidad no la contabiliza como una obligación de desempeño. La entidad contabiliza la garantía tipo seguro de acuerdo con los requerimientos de la NIC 37.

EI229   En consecuencia, la entidad asigna el precio de la transacción a las dos obligaciones de desempeño (el producto y los servicios de entrenamiento) y reconoce los ingresos de actividades ordinarias cuando (o a medida que) se satisfacen dichas obligaciones de desempeño.

Contraprestaciones del principal frente a contraprestaciones del agente

EI230   Los ejemplos 45 a 48A ilustran los requerimientos de los párrafos B34 a B38 de la NIIF 15 para las contraprestaciones del principal y del agente.

Ejemplo 45—Acuerdo para la provisión de bienes o servicios (la entidad es un agente)

EI231   Una entidad opera una página web que permite a los clientes comprar bienes entre un rango de proveedores que entregan los bienes directamente a los clientes. Según los términos de los contratos de la entidad con los proveedores, cuando se compra un bien a través de la página web, la entidad tiene derecho a una comisión que es igual al 10 por ciento del precio de venta. La página web de la entidad facilita el pago entre el proveedor y el cliente a precios que están establecidos por el proveedor. La entidad requiere que los clientes paguen antes de procesar las solicitudes y todas son no reembolsables. La entidad no tiene obligaciones adicionales con el cliente después de organizar que los productos se proporcionen al cliente.

EI232   Para determinar si la obligación de desempeño de la entidad es proporcionar los bienes especificados por sí misma (es decir, la entidad es un principal) u organizar que el proveedor los proporcione (es decir, la entidad es un agente), la entidad identifica el bien o servicio especificado a proporcionar al cliente y evalúa si controla ese bien o servicio antes de transferirlo al cliente.

EI232A   El sitio web operado por la entidad es un mercado en el que los proveedores ofrecen sus bienes y los clientes compran los bienes que se ofertan por los proveedores. Por consiguiente, la entidad observa que los bienes especificados a proporcionar a los clientes que usan el sitio web son los suministrados por los proveedores, y no se comprometen otros con los clientes por parte de la entidad.

EI232B   La entidad concluye que no controla los bienes especificados antes de que se transfieran a los clientes que los ordenan utilizando el sitio web. La entidad no tiene, en ningún momento, la capacidad de dirigir el uso de los bienes transferidos a los clientes. Por ejemplo, no puede dirigir los bienes a terceros distintos del cliente o impedir que los proveedores transfieran dichos bienes al cliente. La entidad no controla el inventario de los proveedores de bienes usados para satisfacer las órdenes realizadas por los clientes que usan el sitio web.

EI232C   Para alcanzar esta conclusión, la entidad considera los indicadores del párrafo B37 de la NIIF 15. La entidad concluye que estos indicadores proporcionan evidencia adicional de que no controla los bienes especificados antes de transferirlos a los clientes:

(a)   El proveedor es el principal responsable del cumplimiento del compromiso de proporcionar los bienes al cliente. La entidad no está obligada a proporcionar los bienes si el proveedor no transfiere los bienes a los clientes, ni es responsable de que dichos bienes sean aceptables.

(b)   La entidad no asume riesgo de inventario en ningún momento antes o después de la transferencia de los bienes o servicios al cliente. Ésta no se compromete ella misma a obtener los bienes del proveedor antes de que sean comprados por el cliente, y no acepta responsabilidades por daños o la devolución de los bienes.

(c)   La entidad no tiene discrecionalidad para establecer los precios sobre los bienes del proveedor. El precio de venta lo establece el proveedor.

EI233   Por consiguiente, la entidad concluye que es un agente y su obligación de desempeño es organizar la provisión de los bienes por parte del proveedor. Cuando la entidad satisface su compromiso de organizar que los bienes se proporcionen por el proveedor al cliente (que, en este ejemplo, es cuando los bienes se compran por el cliente), la entidad reconoce el ingreso de actividades ordinarias por el importe de la comisión a que tiene derecho.

Ejemplo 46—Compromiso de proporcionar bienes o servicios (la entidad es un principal)

EI234   Una entidad realiza un contrato con un cliente por un equipo con especificaciones únicas. La entidad y el cliente desarrollan las especificaciones del equipo, que la entidad comunica a un proveedor que la entidad contrata para fabricar dicho equipo. La entidad también organiza que el proveedor entregue directamente el equipo al cliente. En el momento de la entrega del equipo al cliente, las condiciones del contrato requieren que la entidad pague al proveedor el precio acordado entre la entidad y el proveedor por la fabricación del equipo.

EI235   La entidad y el cliente negocian el precio de venta y la entidad factura al cliente por el precio acordado con unas condiciones de pago a 30 días. La ganancia de la entidad se basa en la diferencia entre el precio de venta negociado con el cliente y el precio cargado por el proveedor.

EI236   El contrato entre la entidad y el cliente requiere que este último se dirija al proveedor para subsanar defectos en el equipo según la garantía del proveedor. Sin embargo, la entidad es responsable por cualquier corrección que requiera el equipo por errores en las especificaciones.

EI237 Para determinar si la obligación de desempeño de la entidad es proporcionar los bienes o servicios especificados por sí misma (es decir, es un principal) u organizar que los proporcione un tercero (es decir, es un agente), la entidad identificará el bien o servicio especificado a proporcionar al cliente y evaluará si lo controla antes de transferirlo a dicho cliente.

EI237A La entidad concluye que se ha comprometido a proporcionar al cliente equipo especializado diseñado por la entidad. Aunque la entidad ha subcontratado la producción del equipo al proveedor, concluye que el diseño y la fabricación del equipo no son distintos porque no son identificables por separado (es decir, existe una única obligación de desempeño). La entidad es responsable de la gestión global del contrato (por ejemplo, asegurando que el servicio de fabricación se ajusta a las especificaciones) y, por ello, proporciona un servicio significativo de integración de los elementos en el producto combinado—el equipo especializado—que el cliente ha contratado. Además, esas actividades están altamente interrelacionadas; Si se identifica que son necesarias modificaciones a las especificaciones a medida que se produce el equipo, la entidad es responsable de desarrollar y comunicar las revisiones al proveedor y de asegurar que cualquier adaptación asociada requerida es acorde con las especificaciones revisadas. Por consiguiente, la entidad identifica el bien especificado a proporcionar al cliente como el equipo especializado.

EI237B La entidad concluye que controla el equipo especializado antes de que éste se transfiera al cliente [véase el párrafo B35A(c)]. Ésta proporciona el servicio de integración significativo para producir el equipo especializado y, por ello, lo controla antes de que se transfiera al cliente. La entidad dirige el uso del servicio de fabricación del proveedor como un insumo para crear el producto combinado que es el equipo especializado. Para alcanzar la conclusión de que controla el equipo especializado antes de que el equipo se transfiera al cliente, la entidad también observa que, aun cuando el proveedor entrega el equipo especializado al cliente, no tiene capacidad de dirigir su uso (es decir, los términos del contrato entre la entidad y el proveedor impiden al proveedor utilizar el equipo especializado para otro propósito o dirigirlo a otro cliente). La entidad también obtiene los beneficios restantes del equipo especializado siendo titular de la contraprestación del cliente incluida en el contrato.

EI238 Por ello, la entidad concluye que es un principal en la transacción. La entidad no considera los indicadores del párrafo B37 de la NIIF 15, porque la evaluación anterior es concluyente sin la consideración de los indicadores. La entidad reconoce ingresos de actividades ordinarias por el importe bruto de la contraprestación a la que tiene derecho del cliente a cambio del equipo especializado.

Ejemplo 46A—Compromiso de proporcionar bienes o servicios (la entidad es un principal)

EI238A Una entidad suscribe un contrato con un cliente para proporcionar servicios de mantenimiento de oficina. La entidad y el cliente definen y acuerdan el alcance de los servicios y negocian el precio. La entidad es responsable de asegurar que los servicios se presten de acuerdo con los términos y condiciones del contrato. Esta factura al cliente por el precio acordado mensualmente con un plazo de pago de 10 días.

EI238B   La entidad encarga regularmente a terceros proveedores del servicio que proporcionen servicios de mantenimiento de oficina a sus clientes. Cuando la entidad obtiene un contrato con un cliente suscribe un contrato con los proveedores del servicio dirigiendo al proveedor del servicio para que preste los servicios de mantenimiento de oficina para el cliente. Los términos del pago en los contratos con los proveedores del servicio están generalmente coordinados con los de los contratos de la entidad con los clientes. Sin embargo, la entidad está obligada a pagar al proveedor del servicio incluso si el cliente no paga.

EI238C   Para determinar si la entidad es un principal o un agente, ésta identifica el bien o servicio especificado a proporcionar al cliente y evalúa si controla ese bien o servicio antes de que se transfiera al cliente.

EI238D   La entidad observa que los servicios especificados a proporcionar al cliente son los servicios de mantenimiento de oficina que el cliente contrató, y que no se tienen otros bienes o servicios comprometido con el cliente. Aunque la entidad obtiene un derecho a servicios de mantenimiento de oficina del proveedor de servicios después de realizar el contrato con el cliente, ese derecho no se transfiere al cliente. Es decir, la entidad retiene la capacidad para redirigir el uso del activo y obtener sustancialmente todos sus beneficios restantes procedentes de ese derecho. Por ejemplo, la entidad puede decidir si dirigir al proveedor del servicio a proporcionar servicios de mantenimiento de oficina a ese cliente o a otro o por a sus propias instalaciones. El cliente no tiene un derecho a dirigir al proveedor del servicio para realizar servicios que la entidad no haya acordado proporcionar. Por ello, el derecho a servicios de mantenimiento de oficinas obtenido por la entidad del proveedor de servicios no es el bien o servicio especificado en su contrato con el cliente.

EI238E   La entidad concluye que controla los servicios especificados antes de proporcionarlos al cliente. La entidad obtiene el control de un derecho a servicios de mantenimiento de oficinas después de contratar con el cliente, pero antes de que esos servicios se proporcionen al cliente. Los términos del contrato de la entidad con el proveedor del servicio otorgan a la entidad la capacidad de dirigir al proveedor del servicio para suministrar los servicios especificados en nombre de la entidad [véase el párrafo B35A(b)]. Además, la entidad concluye que los indicadores siguientes del párrafo B37 de la NIIF 15 proporcionan evidencia adicional de que controla los servicios de mantenimiento de oficina antes de que se presten al cliente:

(a)   La entidad es la responsable principal del cumplimiento del compromiso de proporcionar servicios de mantenimiento de oficina. Aunque la entidad ha contratado un servicio al proveedor del servicio, para realizar los servicios comprometidos al cliente, la entidad es ella misma responsable de asegurar que los servicios se prestan y son aceptables para el cliente (es decir, es responsable del cumplimiento del compromiso del contrato, independientemente de si la entidad presta los servicios por sí misma o encarga a un tercero proveedor del servicio que preste los servicios).

(b)   La entidad tiene discreción para establecer el precio de los servicios para el cliente.

EI238F   La entidad observa que ella misma no se compromete a obtener los servicios del proveedor de servicios antes de tener el contrato con el cliente. Por ello, la entidad ha mitigado riesgo de inventario con respecto a los servicios de mantenimiento de oficina. No obstante, la entidad concluye que controla los servicios de mantenimiento de oficina antes de que se presten al cliente sobre la base de la evidencia del párrafo EI238E.

EI238G   Por ello, la entidad es un principal en la transacción y reconoce ingresos de actividades ordinarias por el importe de la contraprestación a la que tiene derecho del cliente a cambio de los servicios de mantenimiento de oficina.

Ejemplo 47—Compromiso de proporcionar bienes o servicios (la entidad es un principal)

EI239   Una entidad negocia con aerolíneas importantes la compra de billetes a tarifas reducidas en comparación con el precio de los billetes vendidos por las aerolíneas al público. La entidad acuerda comprar un número especificado de billetes y debe pagarlos independientemente de si puede revenderlos. La tarifa reducida pagada por la entidad por cada billete comprado se negocia y acuerda por anticipado.

EI240   La entidad determina los precios a los que se venderán los billetes de aerolínea a sus clientes. La entidad vende los billetes y cobra la contraprestación de los clientes cuando dichos billetes -son comprados;

EI241   La entidad también ayuda a los clientes a resolver quejas por el servicio prestado por las aerolíneas. Sin embargo, cada aerolínea es responsable del cumplimiento de las obligaciones asociadas con el billete, incluyendo compensaciones a un cliente por insatisfacción con el servicio.

EI242   Para determinar si la obligación de desempeño de la entidad es proporcionar los bienes o servicios especificados por sí misma (es decir, es un principal) u organizar que los proporcione un tercero (es decir, es un agente), la entidad identificará el bien o servicio especificado a proporcionar al cliente y evaluará si lo controla antes de transferirlo a dicho cliente.

EI242A   La entidad concluye que, con cada billete que se compromete ella misma a comprar de la línea aérea, obtiene el control de un derecho a volar en un vuelo especificado (en forma de un billete) que la entidad transfiere después a uno de sus clientes [véase el párrafo B35A(a)]. Por consiguiente, la entidad determina que el bien o servicio especificado a proporcionar a su cliente es ese derecho (a un asiento en un vuelo especificado) que la entidad controla. La entidad observa que no se ha comprometido ningún otro bien o servicio con el cliente.

EI242B   La entidad controla el derecho a cada vuelo antes de transferir ese derecho especificado a uno de sus clientes porque la entidad tiene la capacidad de dirigir el uso de ese derecho decidiendo, si utilizar el billete para cumplir un contrato con un cliente y, si lo hace así, qué contrato cumplirá. La entidad también tiene la capacidad de obtener los beneficios restantes de ese derecho revendiendo el billete y obteniendo todos los recursos de esa venta o, de forma alternativa, utilizando el billete ella misma.

EI242C   Los indicadores de los párrafos B37(b) y (c) de la NIIF 15 también proporcionan evidencia relevante de que la entidad controla cada derecho especificado (billete) antes de transferirlo al cliente. La entidad tiene riesgo de inventario con respecto al billete porque se compromete a obtener el billete de las líneas aéreas antes de contratar con un cliente su compra. Esto es porque la entidad está obligada a pagar a las líneas aéreas ese derecho independientemente de si puede conseguir un cliente a quien revender el billete o si puede obtener un precio favorable por éste. La entidad también establece el precio que el cliente pagará por el billete especificado.

EI243   Por ello, la entidad concluye que es un principal en las transacciones con clientes. La entidad reconoce ingresos de actividades ordinarias por el importe bruto de la contraprestación a la que tiene derecho a cambio de los billetes transferidos a los clientes.

Ejemplo 48—Acuerdo para la provisión de bienes o servicios (la entidad es un agente)

EI244   Una entidad vende vales que otorgan derecho a los clientes a comidas futuras en restaurantes especificados. El precio de venta del vale proporciona al cliente un descuento significativo en comparación con los precios de venta normales de las comidas (por ejemplo, un cliente paga 100 u.m. por un vale que le da derecho a una comida en un restaurante cuyo costo en otro caso sería de 200 u.m.). La entidad no compra o se compromete ella misma a comprar vales por adelantado de la venta de un vale a un cliente; sino que los compra solo a medida que lo solicitan los clientes. La entidad vende los vales a través de su página web y no son reembolsables.

EI245   La entidad y los restaurantes conjuntamente determinan los precios a los que se venderán los vales a los clientes. Según los términos de sus contratos con los restaurantes, la entidad tiene derecho al 30 por ciento del precio del vale cuando lo vende.

EI246   La entidad también ayuda a los clientes a resolver quejas sobre las comidas y tiene un programa de satisfacción del comprador. Sin embargo, el restaurante es responsable del cumplimiento de las obligaciones asociadas con el vale, incluyendo compensaciones a un cliente por insatisfacción con el servicio.

EI247   Para determinar si la entidad es un principal o un agente, ésta identifica el bien o servicio especificado a proporcionar al cliente y evalúa si lo controla antes de transferirlo a dicho cliente.

EI247A   Un cliente obtiene un vale para el restaurante que ha elegido. La entidad no se encarga de que los restaurantes proporcionen comidas a los clientes en nombre de la entidad como se describe en el indicador (a) del párrafo B37(a) de la NIIF 15. Por ello, la entidad observa que el bien o servicio especificado a proporcionar al cliente es el derecho a una comida (en forma de vale) en un restaurante o restaurantes especificados, que el cliente compra y después puede usar por sí mismo o transferir a otra persona. La entidad también observa que no se ha comprometido ningún otro bien o servicio (distinto de los vales) con el cliente.

EI247B   La entidad concluye que no controla el vale (derecho a una comida) en ningún momento. Para alcanzar esta conclusión la entidad considera principalmente los siguientes aspectos:

(a)   Los vales se crean solo en el momento en que se transfieren a los clientes y, por ello, no existen antes de la transferencia. Por ello, la entidad no tiene en ningún momento la capacidad de dirigir el uso de los vales, u obtener sustancialmente todos los beneficios restantes de los vales, antes de transferirlos a los clientes.

(b)   La entidad no compra ni se compromete ella misma a comprar vales antes de que se vendan a los clientes. La entidad tampoco tiene responsabilidad de aceptar devoluciones de vales. Por ello, la entidad no tiene riesgo de inventario con respecto a los vales como se describe en el indicador el párrafo B37(b) de la NIIF 15.

EI248   Por ello, la entidad concluye que es un agente con respecto a los vales. La entidad reconoce el ingreso de actividades ordinarias por el importe neto de la contraprestación a la que tendrá derecho a cambio de organizar con los restaurantes el suministro de vales a los clientes de las comidas, que es la comisión del 30 por ciento a la que tiene derecho en el momento de la venta de cada vale.

Ejemplo 48A—La entidad es un principal y un agente en el mismo contrato

EI248A   Una entidad vende servicios de asistencia de colocación a sus clientes para la selección potencial de forma eficaz de candidatos para puestos de trabajo vacantes. La entidad realiza varios servicios ella misma, tales como entrevistar a los candidatos y realizar comprobaciones de antecedentes. Como parte del contrato con un cliente, el cliente acuerda obtener una licencia de acceso a la base de datos de información de un tercero sobre potenciales candidatos. La entidad acuerda la licencia con el tercero, pero el cliente contrata directamente la base de datos con el proveedor de la licencia. La entidad cobra en nombre del tercero proveedor de la base de datos como parte de su facturación global al cliente. El proveedor de la base de datos establece el precio cargado al cliente por la licencia, y es responsable de proporcionar soporte técnico y proporcionar créditos a los que el cliente puede tener derecho por inactividad del servicio u otras cuestiones técnicas.

EI248B   Para determinar si la entidad es un principal o un agente, ésta identifica los bienes o servicios especificados a proporcionar al cliente y evalúa si controla esos bienes o servicios antes de que se transfieran al cliente.

EI248C   A efectos de este ejemplo, se supone que la entidad concluye que sus servicios de colocación y el acceso a la licencia de la base de datos son cada uno distintos sobre la base de su evaluación de los requerimientos de los párrafos 27 a 30 de la NIIF 15. Por consiguiente, existen dos bienes o servicios a proporcionar al cliente son el acceso a la base de datos del tercero y los servicios de colocación.

EI248D   La entidad concluye que no controla el acceso a la base de datos antes de que se proporcione al cliente. La entidad no tiene en ningún momento la capacidad de dirigir el uso de la licencia porque el cliente la contrata directamente con el proveedor de la base de datos. La entidad no controla el acceso a la base de datos del proveedor—no puede, por ejemplo, conceder acceso a la base de datos a un tercero distinto del cliente, o impedir que el proveedor de la base de datos dé acceso al cliente.

EI248E   Para alcanzar esta conclusión, la entidad considera también los indicadores del párrafo B37 de la NIIF 15. La entidad concluye que estos indicadores proporcionan evidencia adicional de que no controla el acceso a la base de datos antes de que se proporcione al cliente:

(a)   La entidad no es la responsable del cumplimiento del compromiso de proporcionar acceso a la base de datos. El cliente contrata la licencia directamente al tercero proveedor de la base de datos éste es el responsable de que el acceso a la base de datos sea aceptable (por ejemplo, proporcionando apoyo técnico o créditos de servicio).

(b)   La entidad no tiene riesgo de inventario porque no compra o se compromete ella misma a comprar el acceso a la base de datos antes de que el cliente contrate dicho acceso directamente con el proveedor de la base de datos.

(c)   La entidad no tiene discrecionalidad para establecer el precio del acceso a la base de datos con el cliente porque el proveedor de la base de datos establece el precio.

EI248F   Por ello, la entidad concluye que es un agente en relación con el servicio de base de datos del tercero. Por el contrario, la entidad concluye que es el principal en la relación de servicios de colocación porque realiza los servicios por sí misma y ningún tercero está involucrado en su prestación al cliente.

Opciones del cliente sobre bienes o servicios adicionales

EI249   Los ejemplos 49 a 52 ilustran los requerimientos de los párrafos B39 a B43 de la NIIF 15 sobre opciones de los clientes a bienes o servicios adicionales. El ejemplo 50 ilustra los requerimientos de los párrafos 27 a 29 de la NIIF 15 sobre la identificación de las obligaciones de desempeño. El ejemplo 52 ilustra un programa de fidelización de clientes. Ese ejemplo puede no aplicarse a todos los acuerdos de fidelización de clientes porque los términos y condiciones pueden diferir. En concreto, cuando hay más de dos partes en el acuerdo, una entidad debería considerar todos los hechos y circunstancias para determinar el cliente en la transacción que da lugar a los créditos-premio.

Ejemplo 49—Opciones que proporcionan al cliente un derecho significativo (vales de descuento)

EI250 Una entidad realiza un contrato para la venta del Producto A por 100 u.m. Como parte del contrato, la entidad concede al cliente un vale de descuento del 40 por ciento para cualquier compra futura hasta 100 u.m. en los próximos 30 días. La entidad tiene intención de ofrecer un 10 por ciento de descuento en todas las ventas durante los próximos 30 días como parte de su promoción estacional. El 10 por ciento de descuento no puede utilizarse además del vale de descuento del 40 por ciento.

EI251 Puesto que todos los clientes recibirán un 10 por ciento de descuento sobre las compras durante los próximos 30 días, el único descuento que proporciona al cliente un derecho significativo es el que se añade a ese 10 por ciento (es decir, el 30 por ciento de descuento adicional). La entidad contabiliza el compromiso de proporcionar el descuento añadido como una obligación de desempeño en el contrato por la venta del Producto A.

EI252 Para estimar el precio de venta independiente del vale de descuento de acuerdo con el párrafo B42 de la NIIF 15, la entidad estima un 80 por ciento de probabilidad de que un cliente canjee el vale y que un cliente compre, en promedio, 50 u.m. de productos adicionales. Por consiguiente, el precio de venta independiente estimado por la entidad del vale de descuento es de 12 u.m. (50 u.m. de precio de compra promedio de productos adicionales × 30 por ciento de descuento añadido × 80 por ciento de probabilidad de que se ejerza la opción). Los precios de venta independientes del Producto A y el vale de descuento y la asignación resultante del precio de la transacción de 100 u.m. son los siguientes:

Obligación de desempeño	Precio de venta independiente
	u.m.
Producto A	100
Vale de descuento	12
Total	112

	Precio de la transacción asignado
Producto A	89 (100 u.m. ÷ 112 u.m. × 100 u.m.)
Vale de descuento	11 (12 u.m. ÷ 112 u.m. × 100 u.m.)
Total	100

EI253 La entidad asigna 89 u.m. al Producto A y reconoce ingresos de actividades ordinarias por el Producto A cuando transfiere el control. La entidad asigna 11 u.m. al vale de descuento y reconoce ingresos de actividades ordinarias por el vale cuando el cliente lo canjea por bienes o servicio o cuando caduca.

Ejemplo 50—Opciones que no proporcionan al cliente un derecho significativo (bienes o servicios adicionales)

EI254 Una entidad del sector de las telecomunicaciones realiza un contrato con un cliente para proporcionar un servicio de red mensualmente y de telefonía por dos años. El servicio de red incluye hasta 1.000 minutos de llamadas y 1.500 mensajes de texto cada mes por una tarifa mensual fija. El contrato especifica el precio de los minutos de llamada adicional o textos que el cliente pueda optar por comprar en cualquier mes. Los precios de dichos servicios son iguales a sus precios de venta independientes.

EI255 La entidad determina que el compromiso de proporcionar el servicio de red y de telefonía son cada uno obligaciones de desempeño separadas. Esto es así porque el cliente puede beneficiarse del servicio de red y de telefonía en sí mismo o junto con otros recursos que están fácilmente disponibles para el cliente de acuerdo con el criterio del párrafo 27(a) de la NIIF 15. Además, el servicio de red y de telefonía son identificables por separado de acuerdo con el párrafo 27(b) de la NIIF 15 (sobre la base de los factores del párrafo 29 de la NIIF 15).

EI256 La entidad determina que la opción de comprar minutos de llamada y textos adicionales no proporciona un derecho significativo que el cliente no recibiría sin realizar el contrato (véase el párrafo B41 de la NIIF 15). Esto es así, porque los precios de los minutos de llamada y textos adicionales reflejan los precios de venta independientes para dichos servicios. Puesto que la opción de minutos de llamada y textos adicionales no conceden al cliente un derecho significativo, la entidad concluye que no es una obligación de desempeño del contrato. Por consiguiente, la entidad no asigna ningún precio de la transacción a la opción de minutos de llamada y textos adicionales. La entidad reconocerá ingresos de actividades ordinarias por los minutos de llamada y textos adicionales si y cuándo la entidad proporciona dichos servicios.

Ejemplo 51—Opciones que proporcionan al cliente un derecho significativo (opciones de renovación)

EI257 Una entidad realiza 100 contratos separados con clientes para proporcionar un año de servicios de mantenimiento por 1.000 u.m. por contrato. Las condiciones de los contratos especifican que al final del año, cada cliente tiene la opción de renovar el contrato de mantenimiento por un segundo año pagando 1.000 u.m. adicionales. A los clientes que renuevan por un segundo año se les concede también la opción de hacerlo por un tercer año por 1.000 u.m. La entidad carga precios significativamente más altos por servicios de mantenimiento a clientes que no contratan inicialmente los servicios de mantenimiento (es decir, cuando los productos son nuevos). Es decir, la entidad carga 3.000 u.m. en el Año 2 y 5.000 u.m. en el Año 3 por servicios de mantenimiento anual si un cliente no compra inicialmente el servicio o permite que el servicio venza.

EI258   La entidad concluye que la opción de renovar proporciona un derecho significativo al cliente que no recibiría sin realizar el contrato, porque el precio de los servicios de mantenimiento son significativamente mayores si el cliente opta por comprar los servicios solo en los Años 2 o 3. Parte del pago de cada cliente de 1.000 u.m. en el primer año es, de hecho, un pago anticipado no reembolsable de los servicios a proporcionar en un año posterior. Por consiguiente, la entidad concluye que el compromiso de proporcionar la opción es una obligación de desempeño.

EI259   La opción de renovar es por una continuación de los servicios de mantenimiento y dichos servicios se proporcionan de acuerdo con las condiciones del contrato existente. En lugar de determinar los precios de venta independientes para las opciones de renovación directamente, **[Referencia: párrafo B42]** la entidad asigna el precio de la transacción determinando la contraprestación que espera recibir a cambio de todos los servicios que espera proporcionar, de acuerdo con el párrafo B43 de la NIIF 15.

EI260   La entidad espera que 90 clientes renueven al final del Año 1 (90 por ciento de los contratos vendidos) y que 81 clientes renueven al final de Año 2 (el 90 por ciento de los 90 clientes que renovaron al final del Año 1 también lo harán al final del Año 2 que es el 81 por ciento de los contratos vendidos).

EI261   Al inicio del contrato, la entidad determina que la contraprestación esperada para cada contrato es de 2.710 u.m. [1.000 u.m. + (90 por ciento × 1.000 u.m.) + (81 por ciento × 1.000 u.m.)]. La entidad también determina que reconociendo ingresos de actividades ordinarias sobre la base de los costos incurridos en relación con los costos esperados totales se refleja la transferencia de servicios al cliente. Los costos estimados para un contrato de tres años son los siguientes:

	u.m.
Año 1	600
Año 2	750
Año 3	1.000

EI262   Por consiguiente, la estructura de reconocimiento de ingresos de actividades ordinarias esperados al inicio del contrato para cada contrato es la siguiente:

	Costos esperados ajustados por la probabilidad de renovación del contrato	Asignación de la contraprestación esperada
	u.m.	u.m.
Año 1	600 (600 u.m. × 100%)	780 [(600 u.m. ÷ 2.085 u.m.) × 2.710 u.m.]
Año 2	675 (750 u.m. × 90%)	877 [(675 u.m. ÷ 2.085 u.m.) × 2.710 u.m.]
Año 3	810 (1.000 u.m. × 81%)	1.053 [(810 u.m. ÷ 2.085 u.m.) × 2.710 u.m.]
Total	2.085	2.710

EI263 Por consiguiente, al inicio del contrato, la entidad asigna a la opción de renovar al final del Año 1 22.000 u.m. de contraprestación recibida hasta la fecha [efectivo de 100.000 u.m. – ingresos de actividades ordinarias a reconocer en el Año 1 de 78.000 u.m. (780 u.m. × 100)].

EI264 Suponiendo que no hay cambios en las expectativas de la entidad y que los 90 clientes renuevan como se esperaba, al final del primer año, la entidad ha cobrado 190.000 u.m. [(100 × 1.000 u.m.) + (90 × 1.000 u.m.)], ha reconocido ingresos de actividades ordinarias por 78.000 u.m. (780 u.m. × 100) y ha reconocido un pasivo del contrato por 112.000 u.m.

EI265 Por consiguiente, en el momento de la renovación al final del primer año, la entidad asigna 24.300 u.m. a la opción de renovación al final del Año 2 [efectivo acumulado de 190.000 u.m. menos los ingresos de actividades ordinarias acumulados reconocidos en el Año 1 y a reconocer en el Año 2 por 165.700 u.m. (78.000 u.m. + 877 u.m. × 100)].

EI266 Si el número real de renovaciones de contratos fuera diferente de lo que la entidad esperaba, ésta actualizaría, en consecuencia, el precio de la transacción y el ingreso de actividades ordinarias reconocido.

Ejemplo 52—Programas de fidelización de clientes

EI267 Una entidad tiene un programa de fidelización de clientes que premia a un cliente con un punto de fidelización de clientes por cada 10 u.m. de compras. Cada punto es canjeable por 1 u.m. de descuento sobre todas las compras futuras de los productos de la entidad. Durante un periodo de presentación, los clientes compran productos por 100.000 u.m. y obtienen 10.000 puntos que son canjeables en compras futuras. La contraprestación es fija y el precio de venta independiente de los productos comprados es de 100.000 u.m. La entidad espera que se canjeen 9.500 puntos. La entidad estima un precio de venta independiente de 0,95 u.m. por punto (totalizando 9.500 u.m.) sobre la base de la probabilidad de rescate de acuerdo con el párrafo B42 de la NIIF 15.

EI268   Los puntos proporcionan un derecho significativo a los clientes que no recibirían sin realizar un contrato. Por consiguiente, la entidad concluye que el compromiso de proporcionar puntos al cliente es una obligación de desempeño. **[Referencia: párrafo 27]** La entidad asigna el precio de la transacción (100.000 u.m.) al producto y los puntos sobre la base del precio de venta independiente relativo de la forma siguiente:

	u.m.	
Producto	91.324	[100.000 u.m. × (100.000 u.m. de precio de venta independiente ÷ 109.500 u.m.)]
Puntos	8.676	[100.000 u.m. × (9.500 u.m. de precio de venta independiente ÷ 109.500 u.m.)]

EI269   Al final del primer periodo de presentación, se han canjeado 4.500 puntos y la entidad continúa esperando que se canjeen en total 9.500 puntos. La entidad reconoce ingresos de actividades ordinarias por los puntos de fidelización de 4.110 u.m. [(4.500 puntos ÷ 9.500 puntos) × 8.676 u.m.] y reconoce un pasivo del contrato por 4.566 u.m. (8.676 u.m. − 4.110 u.m.) por los puntos sin canjear al final del primer periodo de presentación.

EI270   Al final del segundo periodo de presentación se han canjeado de forma acumulada 8.500 puntos. La entidad actualiza su estimación de puntos que se canjearán y ahora espera que sean de 9.700 puntos. La entidad reconoce ingresos de actividades ordinarias por los puntos de fidelización de 3.493 u.m. {[(8.500 puntos totales canjeados ÷ 9.700 puntos totales que se espera que sean canjeados) × 8.676 u.m. de asignación inicial] − 4.110 u.m. reconocidas en el primer periodo de presentación}. El saldo del pasivo del contrato es de 1.073 u.m. (8.676 u.m. de asignación inicial − 7.603 u.m. de ingresos de actividades ordinarias acumulados reconocidos).

Pagos iniciales no reembolsables

EI271   El ejemplo 53 ilustra los requerimientos de los párrafos B28 a B51 de la NIIF 15 sobre pagos iniciales no reembolsables.

Ejemplo 53—Tarifas iniciales no reembolsables

EI272   Una entidad realiza un contrato con un cliente por un año de servicios de proceso de transacciones. Los contratos de la entidad tienen condiciones estándar que son las mismas para todos los clientes. El contrato requiere que el cliente pague una tarifa inicial para incorporar al cliente en los sistemas y procesos de la entidad. La tarifa es un importe nominal y es no reembolsable. El cliente puede renovar el contrato cada año sin pagar una tarifa adicional.

EI273   Las actividades de incorporación de la entidad no transfieren un bien o servicio al cliente y, por ello, no dan lugar a una obligación de desempeño.

EI274   La entidad concluye que la opción de renovación no proporciona un derecho significativo al cliente que no recibiría sin realizar el contrato (véase el párrafo B40 de la NIIF 15). La tarifa inicial es, de hecho, un pago anticipado por servicios de proceso de transacciones futuros. Por consiguiente, la entidad determina el precio de la transacción que incluye la tarifa inicial no reembolsable, y reconoce ingresos de actividades ordinarias por los servicios de proceso de transacciones a medida que dichos servicios se prestan de acuerdo con el párrafo B49 de la NIIF 15.

Licencias

EI275   Los ejemplos 54 a 61 ilustran los requerimientos de los párrafos 22 a 30 de la NIIF 15 para identificar las obligaciones de desempeño y los párrafos B52 a B63B de la NIIF 15 sobre licencias. Estos ejemplos también ilustran otros requerimientos de la forma siguiente:

    (a)   los párrafos 39 a 45 de la NIIF 15 sobre métodos de medir el progreso hacia la satisfacción completa de una obligación de desempeño (Ejemplo 58);

    (b)   los párrafos 84 a 86 de NIIF 15 sobre la asignación de la contraprestación variable a las obligaciones de desempeño (Ejemplo 57). e

    (c)   los párrafos B63 a B63B de la NIIF 15 sobre contraprestación en forma de regalías basadas en ventas o en uso sobre licencias de propiedad intelectual (Ejemplo 57 y 61).

Ejemplo 54—Derecho a utilizar propiedad intelectual

EI276   Utilizando los mismos hechos que en el Caso A del Ejemplo 11 (véanse los párrafos EI49 a EI53), la entidad identifica cuatro obligaciones de desempeño en un contrato:

    (a)   la licencia de software;

    (b)   servicios de instalación;

    (c)   las actualizaciones del software; e

    (d)   el soporte técnico.

EI277   La entidad evalúa la naturaleza de su compromiso para transferir la licencia de software de acuerdo con el párrafo B58 de la NIIF 15. La entidad no considera en su evaluación de los criterios del párrafo B58 de la NIIF 15 el compromiso de proporcionar actualizaciones del software, porque da lugar a la transferencia de un bien o servicio adicional al cliente [véase el párrafo B58(c)]. La entidad también observa que no tiene obligaciones contractuales o implícitas (independientes de las actualizaciones y soporte técnico) de llevar a cabo actividades que cambiarán la funcionalidad del software durante el periodo de licencia. La entidad observa que el software se mantiene funcional sin las actualizaciones ni el apoyo técnico y, por ello, la capacidad del cliente para obtener beneficios del software no procede sustancialmente ni depende de las actividades continuadas de la entidad. La entidad, por ello, determina que el contrato no requiere, y el cliente no espera razonablemente, que la entidad lleve a cabo actividades que afecten de forma significativa al software (independientes de las actualizaciones y soporte técnico). La entidad concluye que el software con el que se relaciona la licencia tiene funcionalidad independiente significativa y no se cumplen los criterios del párrafo B58 de la NIIF 15. La entidad concluye, además, que la naturaleza del compromiso de la entidad al transferir la licencia es proporcionar un derecho a utilizar la propiedad intelectual de la entidad como existía en un momento concreto. Por consiguiente, la entidad contabiliza la licencia como una obligación de desempeño satisfecha en un momento concreto.

Ejemplo 55—Licencia de propiedad intelectual
[Referencia: párrafo FC116P, Fundamentos de las Conclusiones]

EI278   Una entidad realiza un contrato con un cliente de una licencia de propiedad intelectual (por un periodo de tres años) relacionada con el diseño y procesos de producción de un bien. El contrato también especifica que el cliente obtendrá cualquier actualización de esa propiedad intelectual por nuevos diseños o procesos de producción que puedan desarrollarse por la entidad. Las actualizaciones son fundamentales para la capacidad del cliente de obtener beneficios de la licencia durante el periodo de vigencia de ésta, la propiedad intelectual se usa en un sector industrial en el que la tecnología cambia rápidamente.

EI279   La entidad evalúa los bienes y servicios acordados con el cliente para determinar los que son distintos de acuerdo con el párrafo 27 de la NIIF 15. La entidad determina que el cliente puede beneficiarse de (a) la licencia en sí misma sin actualizaciones; y (b) las actualizaciones junto con la licencia inicial. Aunque el beneficio que el cliente puede obtener de la licencia en sí misma (sin actualizaciones) sería limitado porque las actualizaciones son fundamentales para la capacidad del cliente de continuar usando la propiedad intelectual en un sector industrial en el que las tecnologías cambian con rapidez, la licencia puede utilizarse de forma que genere algún beneficio económico. Por ello, el criterio del párrafo 27(a) de la NIIF 15 se cumple para la licencia y las actualizaciones.

EI279A   El hecho de que el beneficio del cliente pueda proceder de la licencia en sí misma (es decir, sin actualizaciones) sea limitado (porque las actualizaciones son fundamentales para la capacidad del cliente de continuar usando la licencia en el entorno tecnológico que cambia con rapidez) se considera también al evaluar si se cumple el criterio del párrafo 27(b) de la NIIF 15. Puesto que el beneficio que el cliente podría obtener de la licencia a lo largo del plazo de tres años sin las actualizaciones sería significativamente limitado, los compromisos de la entidad de conceder la licencia y proporcionar las actualizaciones esperadas son, en efecto, insumos que juntos cumplen un compromiso único de entregar un elemento combinado al cliente. Esto es, la naturaleza del compromiso de la entidad en el contrato es proporcionar acceso continuado a la propiedad intelectual relacionada con el diseño y proceso de fabricación del bien para el plazo de tres años del contrato. Los compromisos con ese elemento combinado (es decir, conceder de la licencia y proporcionar actualizaciones cuando estén disponibles) son, por ello, no identificables por separado de acuerdo con el criterio del párrafo 27(b) de la NIIF 15.

EI280   La naturaleza del bien o servicio combinado que la entidad se ha comprometido a transferir es proporcionar acceso continuado a la propiedad intelectual relacionada con el diseño y proceso de fabricación del bien por el plazo de tres años del contrato. Sobre la base de esta conclusión, la entidad aplicará los párrafos 31 a 38 de la NIIF 15 para determinar si una obligación de desempeño única se satisface en un momento concreto o a lo largo del tiempo. La entidad concluye que puesto que el cliente recibe y consume de forma simultánea los beneficios del desempeño de la entidad a medida que éstos tienen lugar, la obligación de desempeño se satisface a lo largo del tiempo de acuerdo con el párrafo 35(a) de la NIIF 15.

Ejemplo 56—Identificación de una licencia distinta

EI281   Una entidad, una compañía farmacéutica, concede en licencia a un cliente sus derechos de patente de un compuesto farmacéutico aprobado por 10 años y también se compromete a fabricar el fármaco para el cliente. El fármaco es un producto desarrollado; por ello, la entidad no llevará a cabo ninguna actividad para apoyarlo, lo que es congruente con sus prácticas de negocio tradicionales.

Caso A—La licencia no es distinta

EI282   En este caso, ninguna otra entidad puede fabricar este fármaco debido a la naturaleza altamente especializada del proceso de fabricación. Como resultado, la licencia no puede comprarse por separado de los servicios de fabricación.

EI283   La entidad evalúa los bienes y servicios acordados con el cliente para determinar los que son distintos de acuerdo con el párrafo 27 de la NIIF 15. La entidad determina que el cliente no puede beneficiarse de la licencia sin el servicio de fabricación; por ello, no se cumple el criterio del párrafo 27(a) de la NIIF 15. Por consiguiente, la licencia y el servicio de fabricación no son distintos y la entidad contabiliza la licencia y el servicio de fabricación como una obligación de desempeño única.

EI284   La entidad aplica los párrafos 31 a 38 de la NIIF 15 para determinar si la obligación de desempeño (es decir, el conjunto de la licencia y los servicios de fabricación) se satisface en un momento concreto o a lo largo del tiempo.

Caso B—La licencia es distinta

EI285   En este caso, el proceso de fabricación utilizado para producir el fármaco no es único o especializado y varias otras entidades pueden también fabricarlo para el cliente.

EI286   La entidad evalúa los bienes y servicios acordados con el cliente para determinar cuáles son distintos y concluye que se cumplen los criterios del párrafo 27 de la NIIF 15 para cada una de las licencias y servicios de fabricación. La entidad concluye que el criterio del párrafo 27(a) de la NIIF 15 se cumple porque el cliente puede beneficiarse de la licencia junto con los recursos ya disponibles distintos del servicio de fabricación de la entidad (porque existen otras entidades que pueden proporcionar el servicio de fabricación), y puede beneficiarse del servicio de fabricación junto con la licencia transferida al cliente al comienzo del contrato.

EI286A La entidad concluye, también, que su compromiso de conceder la licencia y proporcionar servicios de fabricación son identificables por separado (es decir, se cumple el criterio del párrafo 27(b) de la NIIF 15). La entidad concluye que la licencia y el servicio de fabricación no son insumos para un elemento combinado de este contrato sobre la base del principio y los factores del párrafo 29 de la NIIF 15. Para alcanzar esta conclusión, la entidad considera que el cliente podría comprar por separado la licencia sin afectar de forma significativa su capacidad de beneficiarse de la licencia. Ni la licencia, ni el servicio de producción son modificados o personalizados de forma significativa por el tercero y la entidad no está proporcionando un servicio de integración significativo de los elementos en un producto combinado. La entidad considera, además, que la licencia y el servicio de fabricación no son altamente interdependientes ni están fuertemente interrelacionados porque la entidad podría cumplir su compromiso de transferir la licencia independientemente de la satisfacción de su compromiso de transferir la licencia independientemente del cumplimiento de su compromiso de fabricar posteriormente el fármaco para el cliente. De forma análoga, la entidad podría fabricar el fármaco para el cliente incluso si el cliente hubiera obtenido anteriormente la licencia y utilizó inicialmente un fabricante diferente. Por ello, aunque el servicio de fabricación depende necesariamente en este contrato de la licencia (es decir, la entidad no proporcionaría el servicio de fabricación sin que el cliente haya obtenido la licencia), la licencia y el servicio de fabricación no se afectan significativamente el uno al otro. Por consiguiente, la entidad concluye que su compromiso de conceder la licencia y de proporcionar el servicio de fabricación son distintos y que tiene dos obligaciones de desempeño:

(a)   la licencia de los derechos de patente; e

(b)   el servicio de fabricación.

EI287 La entidad evalúa, de acuerdo con el párrafo B58 de la NIIF 15, la naturaleza del compromiso de la entidad de conceder la licencia. El fármaco es un producto desarrollado (es decir, ha sido aprobado, está siendo actualmente fabricado y se ha vendido comercialmente durante los últimos años). Para estos tipos de productos desarrollados, las prácticas de negocio tradicionales de la entidad son no llevar a cabo actividades para apoyar el fármaco. El compuesto del fármaco tiene funcionalidad significativa independiente (es decir, su capacidad de producir un medicamento que trata una enfermedad o condición). Por consiguiente, el cliente obtiene una parte sustancial de los beneficios del compuesto del fármaco de esa funcionalidad, en lugar de las actividades continuadas de la entidad. La entidad concluye que los criterios del párrafo B58 de la NIIF 15 no se cumplen porque el contrato no requiere, y el cliente no espera razonablemente, que la entidad lleve a cabo actividades que afecten de forma significativa a la propiedad intelectual a la que el cliente tiene derecho. En su evaluación de los criterios del párrafo B58 de la NIIF 15, la entidad no tiene en consideración la obligación de desempeño separada del compromiso de proporcionar un servicio de fabricación. Por consiguiente, la naturaleza del compromiso de la entidad al transferir la licencia es proporcionar un derecho a utilizar la propiedad intelectual de la entidad en la forma y la funcionalidad existente en el momento en que se le concedió al cliente. Por consiguiente, la entidad contabiliza la licencia como una obligación de desempeño satisfecha en un momento concreto.

EI288   La entidad aplica los párrafos 31 a 38 de la NIIF 15 para determinar si el servicio de fabricación es una obligación de desempeño satisfecha en un momento concreto o a lo largo del tiempo.

Ejemplo 57—Derechos de franquicia

EI289   Una entidad realiza un contrato con un cliente y se compromete a conceder una licencia de franquicia que proporciona al cliente el derecho a utilizar la marca comercial de la entidad y vender los productos de la entidad por 10 años. Además de la licencia, la entidad se compromete a proporcionar el equipo necesario para operar una tienda en franquicia. A cambio de la concesión de la licencia, la entidad recibe regalías basadas en ventas del cinco por ciento de las ventas mensuales del cliente. La contraprestación fija por el equipo es de 150.000 u.m. a pagar cuando se entregue dicho equipo.

Identificación de las obligaciones de desempeño

EI290   La entidad evalúa los bienes y servicios acordados con el cliente para determinar los que son distintos de acuerdo con el párrafo 27 de la NIIF 15. La entidad, que es un franquiciador, observa que ha desarrollado una práctica de negocio tradicional para llevar a cabo actividades tales como analizar los cambios en las preferencias de los clientes e implementar mejoras en los productos, estrategias de fijación de precios, campañas de marketing y eficiencias operativas para apoyar la marca franquiciada. Sin embargo, la entidad concluye que estas actividades no transfieren directamente bienes o servicios al cliente porque son parte del compromiso de la entidad de conceder una licencia.

EI291   La entidad determina que tiene dos compromisos para transferir bienes o servicios: un compromiso de conceder una licencia y un compromiso de transferir equipo. Además, la entidad concluye que el compromiso de conceder la licencia y el compromiso de transferir el equipo son cada uno distintos. Esto es así, porque el cliente puede beneficiarse de cada bien o servicio (es decir, la licencia y el equipo) en sí mismos o junto con otros recursos que ya están disponibles [véase el párrafo 27(a) de la NIIF 15]. (El cliente puede beneficiarse de la licencia junto con el equipo que se entrega antes de abrir la franquicia y el equipo puede utilizarse en la franquicia o venderse por un importe distinto que el valor de desecho.) La entidad también determina que el compromiso de conceder la licencia de franquicia y transferir el equipo son identificables por separado de acuerdo con el párrafo 27(b) de la NIIF 15. La entidad concluye que la licencia y el equipo no son insumos de un elemento combinado (es decir, no están cumpliendo que es, en efecto, un compromiso único con el cliente). Para alcanzar esta conclusión, la entidad considera que no está proporcionando un servicio significativo de integración de la licencia y el equipo en un elemento combinado (es decir, la propiedad intelectual objeto de la licencia no es un componente del equipo y no lo modifica de forma significativa). Además, la licencia y el equipo no son altamente interdependientes ni están fuertemente interrelacionados porque la entidad podría cumplir cada compromiso (es decir, conceder la licencia de la franquicia o transferir el equipo) de forma independiente el uno del otro. Por consiguiente, la entidad tiene dos obligaciones de desempeño:

(a)   la licencia de franquicia; e

(b)   el equipo.

Asignación del precio de la transacción

EI292   La entidad determina que el precio de la transacción incluye una contraprestación fija de 150.000 u.m. y una contraprestación variable (cinco por ciento de las ventas del cliente). El precio de venta independiente del equipo es de 150.000 u.m. y la entidad concede licencias de franquicias con regularidad a cambio del cinco por ciento de las ventas del cliente.

EI293   La entidad aplica el párrafo 85 de la NIIF 15 para determinar si la contraprestación variable debe asignarse en su totalidad a la obligación de desempeño de transferir la licencia de franquicia. La entidad concluye que la contraprestación variable (es decir, las regalías basadas en ventas) debe asignarse en su totalidad a la licencia de franquicia porque la contraprestación variable se relaciona en su totalidad con el compromiso de la entidad de conceder la licencia de franquicia. Además, la entidad observa que la asignación de 150.000 u.m. al equipo y las regalías basadas en ventas de la licencia de franquicia sería congruente con una asignación basada en los precios de venta independientes relativos de la entidad en contratos similares. Por consiguiente, la entidad concluye que la contraprestación variable (es decir, las regalías basadas en ventas) deben asignarse en su totalidad a la obligación de desempeño de conceder la licencia de franquicia.

Aplicación de las guías: concesión de licencias

EI294   La entidad evalúa, de acuerdo con el párrafo B58 de la NIIF 15, la naturaleza del compromiso de la entidad de conceder la licencia de franquicia. La entidad concluye que se cumplen los criterios del párrafo B58 de la NIIF 15 y la naturaleza de su compromiso es proporcionar acceso a su propiedad intelectual en su forma actual a lo largo del periodo de licencia. Esto es porque:

(a)   La entidad concluye que el cliente razonablemente esperaría, que la entidad lleve a cabo actividades que afectarán de forma significativa a la propiedad intelectual a la que tiene derecho el cliente. La capacidad del cliente de obtener benéficos de la propiedad intelectual a la que tiene derecho el cliente procede sustancialmente o depende, de las actividades esperadas de la entidad. Esto es sobre la base de la práctica de negocio tradicional de la entidad para llevar a cabo actividades tales como analizar los cambios en las preferencias de los clientes e implementar mejoras en los productos, estrategias de fijación de precios, campañas de marketing y eficiencias operativas. Además, la entidad observa que dado que parte de su compensación depende del éxito del franquiciado (como se evidencia a través de las regalías basadas en ventas), la entidad tiene un interés económico compartido con el cliente que indica que éste esperará que la entidad lleve a cabo dichas actividades para maximizar las ganancias.

(b) La entidad también observa que la licencia de franquicia requiere que el cliente implemente cambios que procedan de dichas actividades y, por ello, exponga al cliente a los efectos positivos o negativos de dichas actividades.

(c) La entidad también observa que aun cuando el cliente pueda beneficiarse de las actividades a través de los derechos concedidos por la licencia, no transfieren un bien o servicio al cliente a medida que dichas actividades tienen lugar.

EI295 Puesto que se cumplen los criterios del párrafo B58 de la NIIF 15, la entidad concluye que el compromiso de transferir la licencia es una obligación de desempeño satisfecha a lo largo del tiempo de acuerdo con el párrafo 35(a) de la NIIF 15.

EI296 La entidad también concluye que puesto que la contraprestación es en forma de regalías basadas en ventas se relaciona de forma específica con la licencia de la franquicia (véase el párrafo B63A), la entidad aplica el párrafo B63 de la NIIF 15. Después de transferir la licencia de franquicia, la entidad reconoce ingresos de actividades ordinarias en la forma y en el momento en que dichas ventas del cliente tienen lugar porque la entidad concluye que esto describe de forma razonable el progreso de la entidad hacia la satisfacción completa de la obligación de desempeño de la licencia de la franquicia.

Ejemplo 58—Acceso a la propiedad intelectual

EI297 Una entidad, un creador de tiras de cómic, concede una licencia de uso de las imágenes y nombres de sus personajes de la tira de cómic en tres de sus tiras de cómic a un cliente por un plazo de cuatro años. Hay personajes principales involucrados en cada una de las tiras de cómic. Sin embargo, aparecen personajes creados recientemente con regularidad y las imágenes de los personajes evolucionan con el tiempo. El cliente, un operador de barcos de cruceros, puede utilizar los personajes de la entidad de varias formas, tal como en espectáculos o desfiles, dentro de unas guías razonables. El contrato requiere que el cliente utilice las últimas imágenes de los personajes.

EI298 A cambio de la concesión de la licencia, la entidad recibe un pago fijo de 1 millón de u.m. por cada año del plazo de cuatro años.

EI299 De acuerdo con el párrafo 27 de la NIIF 15, la entidad evalúa los bienes o servicios acordados con el cliente para determinar cuáles son distintos. La entidad concluye que no tiene otras obligaciones de desempeño que el compromiso de conceder una licencia. Sin embargo, las actividades adicionales asociadas con la licencia no transfieren directamente un bien o servicio al cliente porque son parte del compromiso de la entidad al conceder una licencia.

EI300   La entidad evalúa la naturaleza de su compromiso para transferir la licencia de acuerdo con el párrafo B58 de la NIIF 15. Para evaluar los criterios la entidad considera los siguientes aspectos:

(a)   El cliente razonablemente espera (que surge de las prácticas tradicionales de negocio de la entidad) que la entidad llevará a cabo actividades que afectarán de forma significativa a la propiedad intelectual a la que tiene derecho el cliente (es decir, los personajes). Esto es porque las actividades de la entidad (es decir, el desarrollo de los personajes) cambia la forma de la propiedad intelectual a la que tiene derecho el cliente. Además, la capacidad del cliente de obtener beneficios de la propiedad intelectual a la que tiene derecho procede sustancialmente o depende, de las actividades continuadas de la entidad (es decir, la publicación de la tira de cómic).

(b)   Los derechos concedidos por la licencia exponen directamente al cliente a los efectos positivos o negativos de las actividades de la entidad porque el contrato requiere que el cliente utilice los últimos personajes.

(c)   Aun cuando el cliente pueda beneficiarse de las actividades a través de los derechos concedidos por la licencia, no transfieren un bien o servicio al cliente a medida que dichas actividades tienen lugar.

EI301   Por consiguiente, la entidad concluye que se cumplen los criterios del párrafo B58 de la NIIF 15 y que la naturaleza del compromiso de la entidad de transferir la licencia es proporcionar acceso a su propiedad intelectual tal como exista a lo largo del periodo de licencia. Por consiguiente, la entidad contabiliza la licencia comprometida como una obligación de desempeño satisfecha a lo largo del tiempo [es decir, se cumple el criterio del párrafo 35(a) de la NIIF 15].

EI302   La entidad aplica los párrafos 39 a 45 de la NIIF 15 para identificar el método que mejor refleja su desempeño en la licencia. Puesto que el contrato proporciona al cliente un uso ilimitado de los personajes en licencia por un plazo fijo, la entidad determina que el método basado en el tiempo sería la medida más apropiada del progreso hacia la satisfacción completa de la obligación de desempeño.

Ejemplo 59—Derecho a utilizar propiedad intelectual

EI303   Una entidad, un sello discográfico, concede la licencia a un cliente de una grabación de 1975 de una sinfonía clásica por una orquesta destacada. El cliente, una empresa de productos de consumo, tiene el derecho de uso de la sinfonía grabada en todos los comerciales, incluyendo televisión, radio y anuncios en línea por dos años en el País A. A cambio de proporcionar la licencia, la entidad recibe una contraprestación fija de 10.000 u.m. por mes. El contrato no incluye otros bienes o servicios a proporcionar por la entidad. El contrato no es cancelable.

EI304   La entidad evalúa los bienes y servicios acordados con el cliente para determinar los que son distintos de acuerdo con el párrafo 27 de la NIIF 15. La entidad concluye que su única obligación de desempeño es conceder la licencia. La entidad determina que el plazo de la licencia (dos años), su alcance geográfico (el derecho del cliente a usar la grabación solo en el País A), y uso permitido definido para la grabación (en anuncios publicitarios) son todos atributos de la licencia comprometida en el contrato.

EI305   De acuerdo con el párrafo B58 de la NIIF 15, la entidad evalúa la naturaleza del compromiso de la entidad de conceder la licencia. La entidad no tiene obligaciones implícitas o contractuales de cambiar la grabación dada en licencia. La licencia tiene una funcionalidad independiente significativa (es decir, su capacidad de exhibirse) y, por ello, la capacidad del cliente de obtener los beneficios de la grabación no procede sustancialmente de las actividades continuadas de la entidad. La entidad, por ello, determina que el contrato no requiere, y el cliente no espera razonablemente, que la entidad lleve a cabo actividades que afecten de forma significativa a la grabación objeto de licencia es decir, no se cumple el criterio del párrafo B58(a)]. Por consiguiente, la entidad concluye que la naturaleza del compromiso de transferir la licencia es proporcionar al cliente un derecho a utilizar la propiedad intelectual de la entidad en la forma existente en el momento en que se concedió. Por ello, el compromiso de conceder la licencia es una obligación de desempeño satisfecha en un momento concreto. La entidad reconoce todos los ingresos de actividades ordinarias en el momento en que el cliente puede utilizar directamente la propiedad intelectual concedida en licencia y obtener sustancialmente todos los beneficios restantes de ella.

EI306   Debido al intervalo de tiempo entre el desempeño de la entidad (al comienzo del periodo) y los pagos mensuales del cliente a lo largo de dos años (que no son cancelables), la entidad considera los requerimientos de los párrafos 60 a 65 de la NIIF 15 para determinar si existe un componente de financiación significativo.

Ejemplo 60—Ventas basadas en regalías sobre una licencia de propiedad intelectual

EI307   Una entidad, una empresa de distribución de películas, concede la licencia de la Película XYZ a un cliente. El cliente, un operador de salas de cine, tiene el derecho a exhibir la película en sus salas de cine por seis semanas. Además, la entidad ha acordado (a) proporcionar escenas de interés de la filmación al cliente para exhibirlas en los cines del cliente antes del comienzo del periodo de seis semanas de proyección; y (b) patrocinar anuncios en radio de la Película XYZ en las emisoras de radio en el área geográfica del cliente a lo largo de las seis semanas del periodo de proyección. A cambio de proporcionar la licencia y los bienes y servicios adicionales de promoción, la entidad recibirá una parte de las entradas vendidas por el operador para la Película XYZ (es decir, una contraprestación variable en forma de una regalía basada en ventas).

EI308   La entidad concluye que la licencia para proyectar la Película XYZ es el elemento predominante con el que se relaciona la regalía basada en ventas porque tiene una expectativa razonable de que el cliente atribuiría significativamente más valor a la licencia que a los bienes o servicios promocionales relacionados. La entidad reconoce los ingresos de actividades ordinarias de la regalía basada en ventas como la única contraprestación a la que la entidad tiene derecho según el contrato, totalmente de acuerdo con el párrafo B63. Si la licencia, los objetos de interés y las actividades publicitarias son obligaciones de desempeño separadas, la entidad asignaría la regalía basada en ventas a cada obligación de desempeño.

Ejemplo 61—Acceso a la propiedad intelectual

EI309   Una entidad, un equipo deportivo bien conocido, concede la licencia de uso de su nombre y logo a un cliente. El cliente, un diseñador de ropa, tiene el derecho a utilizar el nombre y logo del equipo deportivo en artículos, incluyendo camisetas, gorras, tazas y toallas por un año. A cambio de proporcionar la licencia, la entidad recibirá una contraprestación fija de 2 millones de u.m. y una regalía del cinco por ciento del precio de venta de los artículos que utilicen el nombre o logo del equipo. El cliente espera que la entidad continúe jugando partidos y proporcione un equipo competitivo.

EI310   La entidad evalúa los bienes y servicios acordados con el cliente para determinar los que son distintos de acuerdo con el párrafo 27 de la NIIF 15. La entidad concluye que su única obligación de desempeño es conceder la licencia. Esto es, las actividades adicionales asociadas con la licencia (es decir, continuar jugando partidos y proporcionar un equipo competitivo) no transfieren directamente un bien o servicio al cliente porque son parte del compromiso de la entidad de conceder una licencia.

EI311   La entidad evalúa la naturaleza de su compromiso para transferir la licencia de acuerdo con el párrafo B58 de la NIIF 15. Para evaluar los criterios la entidad considera los siguientes aspectos:

(a)   La entidad concluye que el cliente razonablemente esperaría, que la entidad lleve a cabo actividades que afectarán de forma significativa a la propiedad intelectual (es decir, al nombre y logo del equipo) a la que tiene derecho el cliente. Esto es sobre la base de la práctica de negocio tradicional de la entidad de llevar a cabo actividades que apoyan y mantienen el valor del nombre y logo tales como continuar jugando y proporcionar un equipo competitivo. La entidad determina que la capacidad del cliente de obtener beneficios del nombre y logo procede sustancialmente o depende, de las actividades esperadas de la entidad. Además, la entidad observa que dado que parte de su contraprestación depende del éxito del cliente (a través de las regalías basadas en ventas), la entidad tiene un interés económico compartido con el cliente que indica que éste esperará que la entidad lleve a cabo dichas actividades para maximizar las ganancias.

(b) La entidad observa que los derechos concedidos por la licencia (es decir, el uso del nombre y logo del equipo) exponen directamente al cliente a los efectos positivos o negativos de las actividades de la entidad.

(c) La entidad también observa que aun cuando el cliente pueda beneficiarse de las actividades a través de los derechos concedidos por la licencia, no transfieren un bien o servicio al cliente a medida que dichas actividades tienen lugar.

EI312 La entidad concluye que se cumplen los criterios del párrafo B58 de la NIIF 15 y la naturaleza del compromiso de la entidad de conceder la licencia es proporcionar acceso a la propiedad intelectual de la entidad tal como exista a lo largo del periodo de licencia. Por consiguiente, la entidad contabiliza la licencia comprometida como una obligación de desempeño satisfecha a lo largo del tiempo [es decir, se cumple el criterio del párrafo 35(a) de la NIIF 15].

EI313 La entidad aplica entonces los párrafos 39 a 45 de la NIIF 15 para determinar una medida del progreso que refleje el desempeño de la entidad. Por la contraprestación que es en forma de una regalía basada en ventas, se aplica el párrafo B63 de la NIIF 15 porque la regalía basada en ventas se relaciona solo con la licencia que es la única obligación de desempeño del contrato; La entidad concluye que ese reconocimiento de 2 millones de u.m. de contraprestación fijada como ingresos de actividades ordinarias distribuida proporcionalmente a lo largo del tiempo más el reconocimiento de las regalías como ingreso de actividades ordinarias a medida y cuando tienen lugar las ventas del cliente de elementos usando el nombre o logo del equipo describe razonablemente el progreso de la entidad hacia la satisfacción completa de la obligación de desempeño de la licencia.

Acuerdos de recompra

EI314 El ejemplo 62 ilustra los requerimientos de los párrafos B64 a B76 de la NIIF 15 sobre acuerdos de recompra.

Ejemplo 62—Acuerdos de recompra

EI315 Una entidad realiza un contrato con un cliente para la venta de un activo tangible el 1 de enero de 20X7 por 1 millón de u.m.

Caso A—Opción de compra: financiación

EI316 El contrato incluye una opción de compra que otorga a la entidad el derecho a recomprar el activo por 1,1 millón de u.m. hasta el 31 de diciembre de 20X7.

EI317 El control del activo no se transfiere al cliente el 1 de diciembre de 20X7 porque la entidad tiene derecho a recomprarlo y, por ello, el cliente tiene limitada su capacidad de derivar el uso del activo y de obtener sustancialmente todos sus beneficios restantes. Por consiguiente, de acuerdo con el párrafo B66(b) de la NIIF 15, la entidad contabiliza la transacción como un acuerdo de financiación, porque el precio de ejercicio es mayor que el precio de venta original. De acuerdo con el párrafo B68 de la NIIF 15, la entidad no da de baja en cuentas el activo y, en su lugar, reconoce el efectivo recibido como un pasivo financiero. La entidad también reconoce los gastos por intereses por la diferencia entre el precio de ejercicio (1,1 millones de u.m.) y el efectivo recibido (1 millón de u.m.), lo que incrementa el pasivo.

EI318   El 31 de diciembre de 20X7, la opción vence sin ejercerse; por ello, la entidad da de baja en cuentas al pasivo y reconoce ingresos de actividades ordinarias por 1,1 millones de u.m.

Caso B—Opción de venta: arrendamiento

EI319   En lugar de tener una opción de compra, el contrato incluye una opción de venta que obliga a la entidad a recomprar el activo a solicitud del cliente por 900.000 u.m. hasta el 31 de diciembre de 20X7. El valor de mercado se espera que sea de 750.000 u.m. a 31 de diciembre de 20X7.

EI320   Al inicio del contrato, la entidad evalúa si el cliente tiene un incentivo económico significativo para ejercer la opción de venta, para determinar la contabilización de la transferencia del activo (véanse los párrafos B70 a B76 de la NIIF 15). La entidad concluye que el cliente tiene un incentivo económico significativo para ejercer la opción de venta porque el precio de recompra supera de forma significativa el valor de mercado esperado del activo en la fecha de la recompra. La entidad determina que no existen factores relevantes a considerar al evaluar si el cliente tiene un incentivo económico significativo para ejercer la opción de venta. Por consiguiente, la entidad concluye que el control del activo no se transfiere al cliente, porque éste tiene limitada su capacidad de derivar el uso del activo y de obtener sustancialmente todos los beneficios restantes de éste.

EI321   De acuerdo con los párrafos B70 y B71 de la NIIF 15, la entidad contabiliza la transacción como un arrendamiento de acuerdo con la NIIF 16 *Arrendamientos*.

Acuerdos de entrega posterior a la facturación

EI322   El ejemplo 63 ilustra los requerimientos de los párrafos B79 a B82 de la NIIF 15 sobre acuerdos de entrega posterior a la facturación.

Ejemplo 63—Acuerdo de entrega posterior a la facturación

EI323   Una entidad realiza un contrato con un cliente el 1 de enero de 20X8 para vender una máquina y piezas de repuesto. El plazo de entrega de fabricación para la máquina y las piezas de repuesto es de dos años.

EI324   En el momento de la terminación de la fabricación, la entidad demuestra que la máquina y las piezas de repuesto cumplen las especificaciones acordadas en el contrato. Los compromisos de transferir la maquinaria y piezas de repuesto son distintos [Referencia: párrafo 27] y dan lugar a dos obligaciones de desempeño cada una de las cuales será satisfecha en un momento concreto. El 31 de diciembre de 20X9, el cliente paga por la maquinaría y las piezas de repuesto, pero solo toma posesión física de la máquina. Aunque el cliente inspecciona y acepta las piezas de repuesto, éste solicita que se guarden en el almacén de la entidad debido a su proximidad a la fábrica del cliente. El cliente tiene derecho legal a las piezas de repuesto y éstas pueden identificarse como pertenecientes al cliente. Además, la entidad guarda las piezas de repuesto en una sección separada de su almacén y están listas para el envío inmediato a solicitud del cliente. La entidad espera retener las piezas de repuesto por dos a cuatro años y la entidad no tiene la capacidad de utilizarlas o desviarlas a otro cliente.

EI325 La entidad identifica el compromiso de proporcionar servicios de custodia como una obligación de desempeño porque es un servicio proporcionado al cliente y es distinto de la máquina y de las piezas de repuesto. Por consiguiente, la entidad contabiliza las tres obligaciones de desempeño en el contrato (los compromisos de proporcionar la máquina, las piezas de repuesto y los servicios de custodia). El precio de la transacción se asigna a las tres obligaciones de desempeño y los ingresos de actividades ordinarias se reconocen cuando (o a medida que) se transfiere el control al cliente.

EI326 El control de la máquina se transfiere al cliente el 31 de diciembre de 20X9 cuando el cliente toma posesión física. La entidad evalúa los indicadores del párrafo 38 de la NIIF 15 para determinar el momento en que se transfiere el control de las piezas de repuesto al cliente, destacando que la entidad ha recibido el pago, el cliente tiene derecho legal a las piezas de repuesto y el cliente las ha inspeccionado y aceptado. Además, la entidad concluye que se cumplen todos los criterios del párrafo B81 de la NIIF 15, lo que es necesario para que la entidad reconozca los ingresos de actividades ordinarias en un acuerdo de entrega posterior a la facturación. La entidad reconoce los ingresos de actividades ordinarias por las piezas de repuesto el 31 de diciembre de 20X9 cuando transfiere el control al cliente.

EI327 La obligación de desempeño de proporcionar servicios de custodia se satisface a lo largo del tiempo a medida que se proporcionan los servicios. La entidad considera si las condiciones de pago incluyen un componente de financiación significativo, de acuerdo con los párrafos 60 a 65 de la NIIF 15.

Apéndice
Modificaciones a las guías en otras Normas

Las modificaciones en este apéndice a las guías de otras Normas son necesarias para garantizar la congruencia con la NIIF 15 y las modificaciones relacionadas con otras Normas.

* * * * *

Las modificaciones contenidas en este apéndice cuando se emitió la NIIF 15 en 2014 se han incorporado a la guía en las Normas correspondientes publicada en este volumen.

Documentos del IASB publicados para acompañar a la

NIIF 16

Arrendamientos

El texto normativo de la NIIF 16 se encuentra en la Parte A de esta edición. Su fecha de vigencia en el momento de la emisión era el 1 de enero de 2019. El texto de los Fundamentos de las Conclusiones de la NIIF 16 se encuentra en la Parte C de esta edición. Esta parte presenta los siguientes documentos:

EJEMPLOS ILUSTRATIVOS

APÉNDICE A LOS EJEMPLOS ILUSTRATIVOS

Modificaciones a las guías en otras Normas

ÍNDICE

continúa...

...continuación

NIIF 16 *Arrendamientos*
Ejemplos Ilustrativos

Estos ejemplos acompañan a la NIIF 16 pero no forman parte de la misma. Ilustran aspectos de la NIIF 16 pero no pretenden proporcionar guías interpretativas.

EI1   Estos ejemplos muestran situaciones hipotéticas que ilustran la forma en que una entidad puede aplicar algunos de los requerimientos de la NIIF 16 a aspectos concretos de un arrendamiento (u otros contratos) sobre la base de los hechos limitados presentados. El análisis de cada ejemplo no pretende representar la única forma en que se podrían aplicar los requerimientos, ni se pretende aplicar los ejemplos solo al sector industrial concreto utilizado. Aunque algunos aspectos de los ejemplos pueden estar presentes en estructuras de hechos reales, al aplicar la NIIF 16 necesitarían evaluarse todos los hechos y circunstancias relevantes de un estructura de hechos concreta.

Identificación de un arrendamiento (párrafos 9 a 11 y B9 a B30)

EI2   Los siguientes ejemplos ilustran cómo determina una entidad si un contrato es, o contiene, un arrendamiento.

Ejemplo 1—Vagones de tren

Ejemplo 1A: un contrato entre un Cliente y una empresa de transporte (Proveedor) proporciona al Cliente el uso de 10 vagones de tren de un tipo concreto por cinco años. El contrato especifica los vagones de tren; los vagones son propiedad del Proveedor. El Cliente determina cuándo, dónde y qué bienes se van a transportar usando los vagones. Cuando los vagones no se usan, se guardan en las instalaciones del Cliente. El Cliente puede usar los vagones para otro propósito (por ejemplo, almacenamiento) si así lo decide. Sin embargo, el contrato especifica que el Cliente no puede transportar tipos concretos de carga (por ejemplo, explosivos). Si un vagón concreto necesita mantenimiento o reparación, se requiere que el Proveedor lo sustituya por un vagón del mismo tipo. En cualquier otro caso, distinto de un incumplimiento del Cliente, el Proveedor no puede rescatar los vagones durante un periodo de cinco años.

El contrato también requiere que el Proveedor proporcione una locomotora y un conductor cuando lo solicite el Cliente. El Proveedor guarda las locomotoras en sus locales y proporciona instrucciones al conductor detallando las solicitudes del Cliente para transportar bienes. El Proveedor elije usar cualquiera de sus locomotoras para satisfacer cada una de las solicitudes del Cliente y una locomotora podría usarse para transportar no solo bienes del Cliente, sino también los bienes de otros clientes (es decir, si otros clientes requieren el transporte de bienes a destinos cercanos al destino solicitado por el Cliente y dentro de un marco temporal similar, el Proveedor puede optar por enganchar hasta 100 vagones de tren a la locomotora).

continúa...

...continuación

Ejemplo 1—Vagones de tren

El contrato contiene arrendamientos de vagones de tren. El cliente tiene el derecho a usar 10 vagones de tren por cinco años.

Existen 10 vagones identificados. Los vagones están especificados explícitamente en el contrato. Una vez entregados al Cliente, los vagones pueden sustituirse solo cuando necesiten mantenerse o repararse (véase el párrafo B18). La locomotora utilizada para transportar los vagones de tren no es un activo identificado ni está explícitamente especificado en el contrato.
[Referencia: párrafo B13]

El Cliente tiene el derecho a controlar el uso de 10 vagones de tren a lo largo del periodo de cinco años de uso porque:

(a)   El Cliente tiene el derecho a obtener sustancialmente todos los beneficios económicos del uso de los vagones a lo largo del periodo de cinco años. El Cliente tiene el uso exclusivo de los vagones a lo largo del periodo de uso, incluyendo cuando no se usan para transportar bienes del Cliente. **[Referencia: párrafo B21]**

(b)   El Cliente tiene el derecho a decidir el uso de los vagones porque se dan las condiciones del párrafo B24(a). Las restricciones contractuales sobre la carga que puede transportarse por los vagones son derechos protectores del Proveedor y definen el alcance del derecho del Cliente a usar los vagones. **[Referencia: párrafo B30]** entro del alcance de su derecho de uso definido en el contrato, el Cliente toma las decisiones relevantes sobre cómo y para qué propósito se usan los vagones, siendo capaz de decidir cuándo y dónde los usarán y qué bienes transportan. El Cliente determina también si y cómo se usarán los vagones cuando no se utilicen para transportar sus bienes (por ejemplo, si y cuándo se usarán de almacén). El Cliente tiene el derecho a cambiar estas decisiones durante el periodo de cinco años de uso. **[Referencia: párrafos B25 y B26]**

Aunque tener una locomotora y un conductor (controlados por el Proveedor) para transportar los vagones de tren es esencial para el uso eficiente de los vagones, las decisiones del Proveedor a este respecto no le otorgan el derecho a decidir cómo y para qué propósito se usan los vagones de tren. Por consiguiente, el Proveedor no controla el uso de los vagones durante el periodo de uso. **[Referencia: párrafo B27]**

continúa...

...continuación

Ejemplo 1—Vagones de tren

Ejemplo 1B: el contrato entre el Cliente y el Proveedor requiere que el Proveedor transporte una cantidad especificada de bienes usando un tipo detallado de vagones de tren de acuerdo con un calendario establecido por un periodo de cinco años. El calendario y la cantidad de bienes especificados son equivalentes a que el Cliente tenga que usar 10 vagones de tren por cinco años. El Proveedor proporciona los vagones de tren, conductor y locomotora como parte del contrato. El contrato señala la naturaleza y cantidad de bienes a transportar (y el tipo de vagón de tren a usar para transportar los bienes). El Proveedor tiene un gran parque vagones que pueden usarse para satisfacer los requerimientos del contrato. De forma análoga, el Proveedor puede elegir, dentro de un cierto número, cualquier locomotora para satisfacer las solicitudes del Cliente, y una locomotora podría usarse para transportar no solo bienes del Cliente, sino también los de otros clientes. Los vagones y las locomotoras están aparcados en los locales del Proveedor cuando se usan para transportar bienes.

El contrato no contiene un arrendamiento de vagones de tren o de una locomotora.

Los vagones de tren y las locomotoras usadas para transportar bienes del Cliente no son activos identificados. El Proveedor tiene el derecho sustantivo de sustituir los vagos de tren y la locomotora porque:

(a) El Proveedor tiene la capacidad práctica de sustituir cada vagón y la locomotora a lo largo del periodo de uso [véase el párrafo B14(a)]. El Proveedor tiene fácilmente disponibles locomotoras y vagones alternativos y puede sustituir unos y otras sin la aprobación del Cliente.

(b) El Proveedor se beneficiaría económicamente de la sustitución de los vagones y locomotoras [véase el párrafo B14(b)]. Habría costos mínimos, si los hubiera, asociados con la sustitución de los vagones y locomotoras porque están aparcados en los locales del Proveedor **[Referencia: párrafo B17]** y éste un gran parque de vagones y locomotoras similares. El Proveedor se beneficia de la sustitución de los vagones y locomotoras en los contratos de esta naturaleza porque ésta le permite, por ejemplo, (i) el uso de vagones y locomotoras para realizar una tarea que ya están en posición de desempeñar (por ejemplo, una tarea en el depósito del tren cercano al punto de origen) o (ii) el uso de vagones o una locomotora que en otro caso estarían ociosos porque no se están utilizando por un cliente.

Por consiguiente, el Cliente no dirige el uso, ni tiene el derecho de obtener sustancialmente todos los beneficios económicos del uso, de un vagón o una locomotora identificados. El Proveedor dirige el uso de los vagones de tren y la locomotora seleccionando qué vagones y qué locomotora se usan en cada entrega concreta y obtiene sustancialmente todos los beneficios económicos de su uso. El Proveedor solo está proporcionado capacidad de transporte.

Ejemplo 2—Locales en concesión

Una empresa de café (Cliente) contrata con un operador aeroportuario (Proveedor) para usar un local en el aeropuerto para vender sus bienes por un periodo de tres años. El contrato señala la cantidad de espacio y el local que podrían localizarse en cualquiera de las distintas áreas de embarque dentro del aeropuerto. El Proveedor tiene el derecho de cambiar la localización del local asignado al Cliente en cualquier momento durante el periodo de uso. Existen unos costos mínimos para el Proveedor asociados con el cambio del local para el Cliente: que usa para vender sus bienes un quiosco (que es de su propiedad) que puede moverse con facilidad. Existen muchas áreas en el aeropuerto que están disponibles y que cumplirían las especificaciones en el contrato para el local.

El contrato no contiene un arrendamiento.

Aunque está especificada en el contrato la cantidad de espacio que usa el Cliente, no existe un activo identificado. El Cliente controla el quiosco de su propiedad. Sin embargo, el contrato es por espacio en el aeropuerto, y este espacio puede cambiar a discreción del Proveedor. El Proveedor tiene el derecho sustantivo de sustituir el espacio que usa el Cliente porque:

(a) El Proveedor tiene la capacidad práctica de cambiar el espacio usado por el Cliente a lo largo del periodo de uso [véase el párrafo B14(a)]. Existen muchas áreas en el aeropuerto que cumplen las especificaciones en el contrato para el espacio, y el Proveedor tiene el derecho de cambiar la localización del espacio a otro lugar que cumpla las especificaciones en cualquier momento sin la aprobación del Cliente.

(b) El Proveedor se beneficiaría económicamente de la sustitución del espacio [véase el párrafo B14(b)]. Habría unos costos mínimos asociados con el cambio del espacio usado por el Cliente porque el quiosco se puede mover fácilmente. El Proveedor se beneficia de la sustitución del espacio en el aeropuerto porque le permite hacer el uso más eficaz del espacio de las áreas de embarque en el aeropuerto para hacer frente a circunstancias cambiantes.

Ejemplo 3—Cable de fibra óptica

Ejemplo 3A: El Cliente contrata por 15 años con una empresa de servicios públicos (Proveedor) el derecho a usar tres fibras oscuras especificadas, físicamente distintas, dentro de una conexión por cable a larga distancia que une de Hong Kong con Tokio. El Cliente toma las decisiones sobre el uso de la fibras conectando cada extremo de las fibras a su equipamiento electrónico (es decir, el Cliente "ilumina" las fibras y decide qué y cuántos datos transportarán las fibras). Si se dañan las fibras, el Proveedor es responsable de su reparación y mantenimiento. El Proveedor tiene fibras extra, pero solo puede sustituir las fibras del Cliente por razones de reparación, mantenimiento o mal funcionamiento (y está obligado a sustituir las fibras en estos casos).

El contrato contiene un arrendamiento de fibras oscuras. El cliente tiene el derecho a usar las tres fibras oscuras por 15 años.

Existen tres fibras identificadas. Las fibras están explícitamente especificadas en el contrato y son físicamente distintas del resto de fibras dentro del cable. **[Referencia: párrafo B20]** El Proveedor no puede sustituir las fibras por razones distintas de las de reparación, mantenimiento o mal funcionamiento (véase el párrafo B18).

El Cliente tiene el derecho a controlar el uso de las fibras a lo largo del periodo de 15 años de uso porque:

(a)   El Cliente tiene el derecho de obtener sustancialmente todos los beneficios económicos del uso de las fibras a lo largo del periodo de 15 años. El Cliente tiene el uso exclusivo de las fibras a lo largo del periodo de uso. **[Referencia: párrafo B21]**

(b)   El Cliente tiene el derecho a decidir el uso de las fibras porque se dan las condiciones del párrafo B24(a). El Cliente toma las decisiones relevantes sobre cómo y para qué propósito se usan las fibras decidiendo (i) cuándo y si se iluminan las fibras y (ii) cuándo y cuánto producto elaborarán las fibras (es decir, qué y cuántos datos, transportarán las fibras). El Cliente tiene el derecho a cambiar estas decisiones durante el periodo de uso de 15 años. **[Referencia: párrafos B25 y B26]**

Aunque las decisiones del Proveedor sobre la reparación y el mantenimiento de las fibras son esenciales para su uso eficiente, no otorgan al Proveedor el derecho a decidir cómo y para qué propósito se usan las fibras. Por consiguiente, el Proveedor no controla el uso de las fibras durante el periodo de uso. **[Referencia: párrafo B27]**

continúa...

...continuación

Ejemplo 3—Cable de fibra óptica

Ejemplo 3B: El Cliente contrata por 15 años con un Proveedor por el derecho a usar una cantidad de capacidad dentro de una conexión por cable de Hong Kong con Tokio. La cantidad especificada es equivalente a que el Cliente tenga el uso de la capacidad completa de tres hebras de fibra dentro del cable (el cable contiene 15 fibras con capacidad similar). El Proveedor toma las decisiones sobre la transmisión de datos (es decir, el Proveedor ilumina las fibras, toma decisiones sobre qué fibras se usan para transmitir el tráfico del Cliente y sobre el equipamiento electrónico que posee el Proveedor y que conecta a las fibras).

El contrato no contiene un arrendamiento.

El Proveedor toma todas las decisiones sobre la transmisión de los datos de su Cliente, que requiere el uso de solo una parte de la capacidad del cable para cada cliente. La parte de capacidad que se proporcionará al Cliente no es físicamente distinta de la capacidad restante del cable y no representa sustancialmente toda la capacidad del cable (véase el párrafo B20). Por consiguiente, el Cliente no tiene el derecho a usar un activo identificado.

Ejemplo 4—Local Comercial

El Cliente contrata con una inmobiliaria (Proveedor) el uso del Local Comercial A por un periodo de cinco años. El Local Comercial A es parte de una superficie de locales más grande con muchos locales comerciales.

Se concede al Cliente el derecho a usar el Local Comercial A. El Proveedor puede requerir que el Cliente se reubique en otro local. En ese caso, se requiere que el Proveedor proporcione al Cliente un local de calidad y especificaciones similares a las del Local Comercial A y pagar los costos de reubicación del Cliente. El Proveedor se beneficiaría económicamente de la reubicación del Cliente solo si un nuevo inquilino decidiera ocupar una cantidad mayor de espacio comercial a un precio suficientemente favorable para cubrir los costos de reubicación del Cliente y de otros inquilinos en el espacio de locales comerciales. Sin embargo, aunque es posible que esas circunstancias surjan, al inicio del acuerdo del contrato, no es probable que se vayan a dar.

El contrato requiere que el Cliente use el Local Comercial A para operar su marca comercial bien conocida para vender sus bienes durante las horas en que la gran superficie comercial está abierta. El Cliente toma todas las decisiones sobre el uso del local comercial durante el periodo de uso. Por ejemplo, el Cliente decide sobre la combinación de bienes vendidos en el local, el precio de los bienes vendidos y las cantidades de inventario mantenidas. El Cliente también controla el acceso físico al local a lo largo de todo el periodo de uso de cinco años.

El contrato requiere que el Cliente realice pagos fijos al Proveedor, así como pagos variables que son un porcentaje de las ventas desde el Local Comercial A.

El Proveedor proporciona servicios de seguridad y limpieza, así como servicios de publicidad, como parte del contrato.

continúa...

...continuación

Ejemplo 4—Local Comercial

El contrato contiene un arrendamiento del local comercial. El cliente tiene el derecho a usar el Local Comercial A por cinco años.

El Local Comercial A es un activo identificable. Está explícitamente especificado en el contrato. **[Referencia: párrafo B13]** El Proveedor tiene la capacidad práctica de sustituir el local comercial, pero podría beneficiarse económicamente de la sustitución solo en circunstancias especificadas. El derecho de sustitución del Proveedor no es sustantivo porque, al inicio del acuerdo del contrato, esas circunstancias no es probable que surjan (véase el párrafo B16).

El Cliente tiene el derecho a controlar el uso del Local Comercial A a lo largo del periodo de cinco años de uso porque:

(a) El Cliente tiene el derecho a obtener sustancialmente todos los beneficios económicos del uso del Local Comercial A a lo largo del periodo de uso de cinco años. El Cliente tiene el uso exclusivo del Local Comercial A a lo largo del periodo de uso. Aunque una parte de los flujos de efectivos derivados de las ventas del Local Comercial A van del Cliente al Proveedor, esto representa una contraprestación que paga el Cliente al Proveedor por el derecho a usar el local comercial. Esto no impide que el Cliente tenga el derecho a obtener sustancialmente todos los beneficios económicos del uso de Local Comercial A. **[Referencia: párrafo B23]**

(b) El Cliente tiene el derecho a decidir el uso del Local Comercial A porque se dan las condiciones del párrafo B24(a). Las restricciones contractuales sobre los bienes que pueden venderse del Local Comercial A, y cuándo se abre éste, definen el alcance del derecho del Cliente a usar el Local Comercial A. Dentro del alcance de su derecho de uso definido en el contrato, el Cliente toma las decisiones relevantes sobre cómo y para qué propósito se usa el Local Comercial A, siendo capaz de decidir, por ejemplo, la combinación de productos que se venderán en el local comercial y el precio de venta de dichos productos. El Cliente tiene el derecho a cambiar estas decisiones durante el periodo de cinco años de uso. **[Referencia: párrafos B25 y B26]**

Aunque los servicios de limpieza, seguridad y publicidad son esenciales para el uso eficiente del Local Comercial A, las decisiones del Proveedor a este respecto no le otorgan el derecho a decidir cómo y para qué propósito se usa el Local Comercial A. Por consiguiente, el Proveedor no controla el uso del Local Comercial A durante el periodo de uso y las decisiones del Proveedor no afectan el control de uso del Cliente del Local Comercial A.

Ejemplo 5—Arriendo de un camión

El Cliente contrata con el Proveedor el uso de un camión por una semana para transportar carga de Nueva York a San Francisco. El Proveedor no tiene derechos de sustitución. Solo se permite transportar en este camión la carga especificada en el contrato durante el periodo del contrato. El contrato especifica la distancia máxima que puede recorrer el camión. El Cliente puede elegir los detalles del viaje (velocidad, ruta, paradas de descanso, etc.) dentro de los parámetros del contrato. El Cliente no tiene el derecho de continuar usando el camión después de completar el viaje especificado.

La carga a transportar, y el momento y localización de la carga en Nueva York y la entrega en San Francisco, se especifica en el contrato.

El Cliente es responsable de la conducción del camión desde Nueva York hasta San Francisco.

El contrato contiene un arrendamiento de un camión. El Cliente tiene el derecho a usar el camión durante el viaje especificado.

Existe un activo identificado. El camión está explícitamente especificado en el contrato, y el Proveedor no tiene el derecho de sustituir el camión. **[Referencia: párrafos B13 y B14]**

El Cliente tiene el derecho a controlar el uso del camión a lo largo del periodo de uso porque:

(a)   El Cliente tiene el derecho a obtener sustancialmente todos los beneficios económicos del uso del camión a lo largo del periodo de uso. El Cliente tiene el uso exclusivo del camión a lo largo del periodo de uso. **[Referencia: párrafo B21]**

(b)   El Cliente tiene el derecho a decidir el uso del camión porque se dan las condiciones del párrafo B24(b)(i). Cómo y para qué propósito se usará el camión (es decir, el transporte de la carga especificada de Nueva York a San Francisco dentro del marco temporal especificado) está predeterminado en el contrato. El Cliente dirige el uso del camión porque tiene el derecho a operar el camión (por ejemplo, velocidad, ruta, paradas de descanso) a lo largo del periodo de uso. El Cliente toma todas las decisiones sobre el uso del camión que puede realizar durante el periodo de uso a través de su control de las operaciones del camión.

Puesto que la duración del contrato es de una semana, este arrendamiento cumple la definición de un arrendamiento a corto plazo.
[Referencia: párrafo 5]

Ejemplo 6—Barco

Ejemplo 6A: el Cliente contrata con el propietario de un barco (Proveedor) el transporte de carga desde Rotterdam a Sídney en un barco especificado. El barco está explícitamente especificado en el contrato, y el Proveedor no tiene el derecho de sustitución. La carga ocupará sustancialmente toda la capacidad del barco. El Contrato especifica la carga a transportar en el barco y las fechas de carga y entrega.

El Proveedor opera y mantiene el barco y es responsable del tránsito seguro de la carga a bordo del barco. El Cliente tiene prohibido alquilar otro operador para el barco u operar el barco por sí mismo durante la duración del contrato.

El contrato no contiene un arrendamiento.

Existe un activo identificado. El barco está explícitamente especificado en el contrato, y el Proveedor no tiene el derecho de sustituir ese barco especificado. **[Referencia: párrafos B13 y B14]**

El Cliente tiene el derecho a obtener sustancialmente todos los beneficios económicos del uso del barco a lo largo del periodo de uso. Su carga ocupará sustancialmente toda la capacidad del barco, impidiendo de ese modo que otras partes obtengan beneficios económicos del uso del barco.
[Referencia: párrafo B20]

Sin embargo, el Cliente no tiene el derecho a controlar el uso del barco porque no tiene el derecho a decidir su uso. El Cliente no tiene el derecho a decidir cómo y para qué propósito se usa el barco. **[Referencia: párrafos B25 a B27]** Cómo y para qué propósito se usará el barco (es decir, el transporte de la carga especificada de Rotterdam a Sídney dentro del marco temporal especificado) está predeterminado en el contrato. El Cliente no tiene derecho a cambiar cómo y para qué propósito se usa el barco durante el periodo de uso. El Cliente no tiene otros derechos de tomar decisiones sobre el uso del barco durante el periodo de uso (por ejemplo, no tiene el derecho de operar el barco) y no lo diseñó. El Cliente tiene los mismos derechos con respecto al uso del barco que si fuera uno de los muchos clientes que transportan carga en el barco.

continúa...

...continuación

Ejemplo 6—Barco

Ejemplo 6B: El Cliente contrata con un proveedor el uso de un barco especificado por un periodo de cinco años. El barco está explícitamente especificado en el contrato, y el Proveedor no tiene el derecho de sustitución.

El Cliente decide qué carga se transportará y, si, cuándo y a qué puertos navegará el barco, a lo largo del periodo de cinco años de uso, sujeto a las restricciones especificadas en el contrato. Esas restricciones impiden que el Cliente navegue en aguas de alto riesgo de piratería o transporte materiales peligrosos como carga.

El Proveedor opera y mantiene el barco y es responsable del tránsito seguro de la carga a bordo del barco. El Cliente tiene prohibido alquilar otro operador para el barco contratado u operar el barco por sí mismo durante la duración del contrato.

El contrato contiene un arrendamiento. El cliente tiene el derecho a usar el barco por cinco años.

Existe un activo identificado. El barco está explícitamente especificado en el contrato, y el Proveedor no tiene el derecho de sustituir ese barco especificado. **[Referencia: párrafos B13 y B14]**

El Cliente tiene el derecho a controlar el uso del barco a lo largo del periodo de uso porque:

(a)   El Cliente tiene el derecho a obtener sustancialmente todos los beneficios económicos del uso del barco a lo largo del periodo de cinco años. El Cliente tiene el uso exclusivo del barco a lo largo del periodo de uso. **[Referencia: párrafo B21]**

(b)   El Cliente tiene el derecho a decidir el uso del barco porque se dan las condiciones del párrafo B24(a). Las restricciones contractuales sobre dónde puede navegar el barco y la carga a transportar por el barco definen el alcance del derecho del Cliente a usar el barco. Son derechos protectores que protegen la inversión del Proveedor en el barco y el personal del Proveedor. **[Referencia: párrafo B30]** Dentro del alcance de su derecho de uso, el Cliente toma las decisiones relevantes sobre cómo y para qué propósito se usa el barco a lo largo del periodo de uso de cinco años porque decide si, cuándo y cómo navega el barco, así como la carga que transportará. El Cliente tiene el derecho de cambiar estas decisiones a lo largo del periodo de cinco años de uso. **[Referencia: párrafos B25 y B26]**

Aunque los servicios de operación y mantenimiento del barco son esenciales para su uso eficiente, las decisiones del Proveedor a este respecto no le otorgan el derecho a decidir cómo y para qué propósito se usa el barco. En su lugar, las decisiones del Proveedor dependen de las del Cliente sobre cómo y para qué propósito se usa el barco. **[Referencia: párrafo B27]**

Ejemplo 7—Avión

El Cliente contrata con el propietario de un avión (Proveedor) el uso de un avión explícitamente especificado por un periodo de dos años. El contrato detalla las especificaciones interiores y exteriores del avión.

Existen restricciones legales y contractuales en el contrato sobre dónde puede volar el avión. Sujeto a esas restricciones, el Cliente determina cuándo y cómo volará el avión, y qué pasajeros y carga transportará. El Proveedor es responsable de operar el avión usando su propia tripulación. El Cliente tiene prohibido alquilar otro operador para el avión u operarlo por sí mismo durante la duración del contrato.

Se permite que el Proveedor sustituya el avión en cualquier momento durante el periodo de dos años y debe sustituirlo si no está operando. Cualquier avión de sustitución debe cumplir las especificaciones interiores y exteriores del contrato. Existen costos significativos implicados en adecuar un avión de la flota del Proveedor para cumplir las especificaciones del Cliente.

El contrato contiene un arrendamiento. El cliente tiene el derecho a usar el avión por dos años.

Existe un activo identificado. El avión está explícitamente especificado en el contrato **[Referencia: párrafo B13]** y, aunque el Proveedor puede sustituirlo, su derecho de sustitución no es sustantivo porque las condiciones del párrafo B14(b) no existen. El derecho de sustitución del Proveedor no es sustantivo debido a los costos significativos implicados en la adecuación de otro avión para cumplir las especificaciones requeridas por el contrato que el Proveedor no espera beneficiarse económicamente de la sustitución del avión.

El Cliente tiene el derecho a controlar el uso del avión a lo largo del periodo de uso porque:

(a)   El Cliente tiene el derecho a obtener sustancialmente todos los beneficios económicos del uso del avión a lo largo del periodo de dos años. El Cliente tiene el uso exclusivo del avión a lo largo del periodo de uso. **[Referencia: párrafo B21]**

(b)   El Cliente tiene el derecho a decidir el uso del avión porque se dan las condiciones del párrafo B24(a). Las restricciones sobre cuándo puede volar el avión definen el alcance del derecho del Cliente a usar el avión. Dentro del alcance de su derecho de uso, el Cliente toma las decisiones relevantes sobre cómo y para qué propósito se usa el avión a lo largo del periodo de uso de dos años porque decide si, cuándo y cómo viaja el avión, así como los pasajeros y la carga que transportará. El Cliente tiene el derecho a cambiar estas decisiones a lo largo del periodo de dos años de uso. **[Referencia: párrafos B25 y B26]**

continúa...

...continuación

Ejemplo 7—Avión

Aunque la operación del avión es esencial para su uso eficiente, las decisiones del Proveedor a este respecto no le otorgan el derecho a decidir cómo y para qué propósito se usa el avión. Por consiguiente, el Proveedor no controla el uso del avión durante el periodo de uso y las decisiones del Proveedor no afectan el control de uso del Cliente del avión.
[Referencia: párrafo B27]

Ejemplo 8—Contratos de camisetas

El Cliente contrata con un fabricante (Proveedor) la compra de un tipo concreto, calidad y cantidad de camisetas por un periodo de tres años. El tipo, calidad y cantidad de camisetas se especifican en el contrato.

El Proveedor tiene solo una fábrica que puede cumplir las necesidades del Cliente. El Proveedor no puede suministrar las camisetas de otra fábrica u obtener las camisetas de un tercer proveedor. La capacidad de la fábrica supera el producto que el Cliente ha contratado (es decir, el Cliente no ha contratado sustancialmente toda la capacidad de la fábrica).

El Proveedor toma decisiones sobre las operaciones de la fábrica, incluyendo el nivel de producción al que funciona la fábrica y qué contratos de clientes satisfacer con el producto de la fábrica que no se usa para satisfacer el contrato del Cliente.

El contrato no contiene un arrendamiento.

La fábrica es un activo identificado. La fábrica está implícitamente especificada porque el Proveedor puede satisfacer el contrato solo a través del uso de este activo. **[Referencia: párrafo B13]**

El Cliente no controla el uso de la fábrica porque no tiene el derecho de obtener sustancialmente todos los beneficios económicos del uso de la fábrica. Esto es porque el Proveedor podría decidir el uso de la fábrica para satisfacer otros contratos de clientes durante el periodo de uso.
[Referencia: párrafo B21]

El Cliente tampoco no controla el uso de la fábrica porque no tiene el derecho a decidir el uso de la fábrica. El Cliente no tiene derecho a decidir cómo y para qué propósito se usa la fábrica durante el periodo de uso de tres años. Los derechos del Cliente se limitan a especificar el producto de la fábrica en el contrato con el Proveedor. El Cliente tiene los mismos derechos con respecto al uso de la fábrica que otros clientes que compran camisetas de la fábrica. El Proveedor tiene el derecho a decidir el uso de la fábrica porque puede decidir cómo y para qué propósito se usa la fábrica (es decir, tiene el derecho de decidir el nivel de producción al que explotar la fábrica y qué contratos de clientes satisfacer con la producción obtenida).
[Referencia: párrafo B25]

El hecho de que el Cliente no tenga el derecho a obtener sustancialmente todos los beneficios económicos del uso de la fábrica, o que no tenga el derecho a decidir el uso de la fábrica, sería suficiente en sí mismo para concluir que no controla el uso de la fábrica.

Ejemplo 9—Contratos de energía/electricidad

Ejemplo 9A: una empresa de servicios públicos (Cliente) contrata con una compañía de electricidad (Proveedor) la compra de toda la electricidad producida por una nueva planta solar por 20 años. La planta solar está explícitamente especificada en el contrato, y el Proveedor no tiene el derecho de sustitución. La planta solar es propiedad del Proveedor y la energía no puede proporcionarse al Cliente por otro activo. El Cliente diseñó la planta solar antes de que fuera construida—el Cliente contrató expertos en energía solar para ayudar a determinar la localización de la planta y la ingeniería del equipamiento a utilizar. El Proveedor es responsable de construir la planta solar con las especificaciones del Cliente, y después operarla y mantenerla. No existen decisiones a tomar sobre si, cuándo y cuánta electricidad se producirá porque el diseño del activo ha predeterminado esas decisiones. El Proveedor recibirá créditos fiscales relacionados con la construcción y propiedad de la planta solar, mientras que el Cliente recibe créditos de energía renovable que acumula (devenga) por el uso de la planta solar.

El contrato contiene un arrendamiento. El Cliente tiene el derecho a usar la planta solar por 20 años.

Existe un activo identificable porque la planta solar está explícitamente especificada en el contrato, y el Proveedor no tiene el derecho a sustituir la planta solar especificada. **[Referencia: párrafos B13 y B14]**

El Cliente tiene el derecho a controlar el uso de la planta solar a lo largo del periodo de 20 años de uso porque:

(a)   El Cliente tiene el derecho a obtener sustancialmente todos los beneficios económicos del uso de las fibras a lo largo del periodo de 20 años. El Cliente tiene el uso exclusivo de la planta solar; toma toda la electricidad producida por la planta a lo largo del periodo de 20 años de uso, así como los créditos de energía renovable que son un subproducto del uso de la planta solar. Aunque el Proveedor recibirá los beneficios económicos de la planta solar en forma de créditos fiscales, esos beneficios económicos relacionados con la propiedad de la planta solar más que por el uso de la planta solar y, por ello, no se consideran en esta evaluación. **[Referencia: párrafo B21]**

continúa...

...continuación

Ejemplo 9—Contratos de energía/electricidad

(b)   El Cliente tiene el derecho a decidir el uso de la planta solar porque se dan las condiciones del párrafo B24(b)(ii). Ni el Cliente ni el Proveedor decide cómo y para qué propósito se usa la planta solar durante el periodo de uso porque esas decisiones están predeterminadas por el diseño del activo (es decir, el diseño de la planta solar ha programado, de hecho, en el activo cualquier derecho de toma de decisiones relevantes sobre cómo y para qué propósito será usada la planta solar a lo largo del periodo de uso). El Cliente no opera la planta solar; el Proveedor toma las decisiones sobre la operación de la planta solar. Sin embargo, el diseño del Cliente de la planta solar le ha otorgado el derecho a decidir el uso de la planta. Puesto que el diseño de la planta solar ha predeterminado cómo y para qué propósito se usará el activo a lo largo del periodo de uso, el control del Cliente sobre ese diseño es sustantivamente similar a que controle esas decisiones. **[Referencia: párrafo B28]**

Ejemplo 9B: El Cliente contrata con el Proveedor la compra de toda la electricidad producida por una planta de electricidad explícitamente especificada por tres años. La planta de electricidad es propiedad y está operada por el Proveedor. El Proveedor no puede proporcionar electricidad al Cliente desde otra planta. El contrato establece el calendario y la cantidad de electricidad que producirá la planta eléctrica a lo largo el periodo de uso, que no puede cambiarse en ausencia de circunstancias extraordinarias (por ejemplo, situaciones de emergencia). El Proveedor opera y mantiene la planta de forma diaria de acuerdo con las prácticas operativas aprobadas para el sector industrial. El Proveedor diseñó la planta eléctrica cuando se construyó algunos años antes de contratar con el Cliente—el Cliente no tenía implicación con ese diseño.

El contrato no contiene un arrendamiento.

Existe un activo identificable porque la planta de electricidad está explícitamente especificada en el contrato, y el Proveedor no tiene el derecho a sustituirla. **[Referencia: párrafos B13 y B14]**

El Cliente tiene el derecho a obtener sustancialmente todos los beneficios económicos del uso de la planta de electricidad identificada a lo largo del periodo de tres años. El Cliente tomará toda la electricidad producida por la planta de electricidad a lo largo de los tres años del periodo de uso.

continúa...

...continuación

Ejemplo 9—Contratos de energía/electricidad

Sin embargo, el Cliente no tiene el derecho a controlar el uso de la planta de electricidad porque no tiene el derecho a decidir su uso. El Cliente no tiene el derecho a decidir cómo y para qué propósito se usa la planta. **[Referencia: párrafo B24]** Cómo y para qué propósito se usa la planta (es decir, cuándo y cuánta electricidad producirá la planta) se predetermina en el contrato. El Cliente no tiene derecho a cambiar cómo y para qué propósito se usa la planta durante el periodo de uso. El Cliente no tiene otros derechos de toma de decisiones sobre el uso de la planta de electricidad durante el periodo de uso (por ejemplo, no la opera) y no la diseñó. El Proveedor es la única parte que puede tomar decisiones sobre la planta durante el periodo de uso tomando decisiones sobre cómo se opera y mantiene. El Cliente tiene los mismos derechos con respecto al uso de la planta como si fuera solo uno de los muchos clientes que obtienen electricidad de ésta. **[Referencia: párrafo B25]**

Ejemplo 9C: El Cliente contrata con el Proveedor la compra de toda la electricidad producida por una planta de electricidad explícitamente especificada por 10 años. El contrato señala que el Cliente tiene derecho a toda la electricidad producida por la planta (es decir, el Proveedor no puede usarla para satisfacer otros contratos).

El Cliente emite instrucciones al Proveedor sobre la cantidad y calendario de la entrega de electricidad. Si la planta no está produciendo electricidad para el Cliente, no opera.

El Proveedor opera y mantiene la planta de forma diaria de acuerdo con las prácticas operativas aprobadas para el sector industrial.

El contrato contiene un arrendamiento. El Cliente tiene el derecho a usar la planta solar por 10 años.

Existe un activo identificado. La planta de electricidad está explícitamente especificada en el contrato, y el Proveedor no tiene el derecho de sustituir esa planta especificada. **[Referencia: párrafos B13 y B14]**

continúa...

...continuación

Ejemplo 9—Contratos de energía/electricidad

El Cliente tiene el derecho a controlar el uso de la planta de electricidad a lo largo del periodo de 10 años de uso porque:

(a)   El Cliente tiene el derecho a obtener sustancialmente todos los beneficios económicos del uso de la planta de electricidad a lo largo del periodo de 10 años. El Cliente tiene el uso exclusivo de la planta de electricidad; el Cliente tomará toda la electricidad producida por la planta de electricidad a lo largo de los 10 años del periodo de uso. **[Referencia: párrafo B21]**

(b)   El Cliente tiene el derecho a decidir el uso de la planta de electricidad porque se dan las condiciones del párrafo B24(a). El Cliente toma las decisiones relevantes sobre cómo y para qué propósito se usa la planta de electricidad porque tiene el derecho de determinar si, cuándo y cuánta electricidad producirá la planta (es decir, el calendario y cantidad, si procede, de electricidad producida) a lo largo de todo el periodo de uso. Puesto que se impide que el Proveedor use la planta de electricidad para otro propósito, la toma de decisiones del Cliente sobre el calendario y cantidad de electricidad producida, de hecho, determina cuándo, y si, la planta fabrica producto. **[Referencia: párrafo B25]**

Aunque los servicios de operación y mantenimiento de la planta de electricidad son esenciales para su uso eficiente, las decisiones del Proveedor a este respecto no le otorgan el derecho a decidir cómo y para qué propósito se usa la planta de electricidad. **[Referencia: párrafo B27]** Por consiguiente, el Proveedor no controla el uso de la planta de electricidad durante el periodo de uso. En su lugar, las decisiones del Proveedor dependen de las del Cliente sobre cómo y para qué propósito se usa la planta de electricidad.

Ejemplo 10—Contratos de servicios de redes

Ejemplo 10A: El Cliente contrata con una compañía de telecomunicaciones (Proveedor) servicios de red por dos años. El contrato requiere que el proveedor suministre servicios de red que cumple un nivel de calidad especificado. Para proporcionar los servicios, el Proveedor instala y configura servidores en los locales del Cliente—el Proveedor determina la velocidad y calidad del transporte de datos en la red usando los servidores. El Proveedor puede reconfigurar o reemplazar los servidores cuando lo necesite para proporcionar continuamente la calidad de servicios de red definidos en el contrato. El Cliente no opera los servidores o toma cualquier decisión significativa sobre su uso.

El contrato no contiene un arrendamiento. En su lugar, el contrato es un contrato de servicio en el que el Proveedor usa el equipamiento para cumplir el nivel de servicios de red determinado por el Cliente.

No existe necesidad de evaluar si los servidores instalados en los locales del Cliente son activos identificados. Esta evaluación no cambiaría el análisis de si el contrato contiene un arrendamiento porque el Cliente no tiene el derecho a controlar el uso de los servidores.

El Cliente no controla el uso de los servidores porque solo tiene derechos de toma decisiones relacionados con decisiones sobre el nivel de servicios de red (el producto de los servidores) antes del periodo de uso—el nivel de servicios de red no puede cambiarse durante el periodo de uso sin modificar el contrato. Por ejemplo, aun cuando el Cliente produce los datos a transportar, esa actividad no afecta directamente la configuración de los servicios de red y, por ello, no afecta cómo y para qué propósito se usan los servidores. **[Referencia: párrafo B24]**

El Proveedor es la única parte que puede tomar decisiones relevantes sobre el uso de los servidores durante el periodo de uso. El Proveedor tiene el derecho de decidir cómo se transportan los datos usando los servidores, si reconfigura los servidores y si los usa para otro propósito. Por consiguiente, el Proveedor controla el uso de los servidores para proporcionar los servicios de red al Cliente.

continúa...

...continuación

Ejemplo 10—Contratos de servicios de redes

*Ejemplo 10B: El Cliente contrata con una empresa de información tecnológica
(Proveedor) el uso de un servidor identificado por tres años. El Proveedor entrega e
instala el servidor en los locales del Cliente de acuerdo con las instrucciones del Cliente y
le proporciona servicios de reparación y mantenimiento, cuando lo necesite, a lo largo
del periodo de uso.* **[Referencia: párrafo B33]** *El Proveedor sustituye el servidor solo en
caso de mal funcionamiento. El Cliente decide qué datos almacena en el servidor y cómo
integra el servidor en sus operaciones. El Cliente puede modificar sus decisiones a este
respecto a lo largo de todo el periodo de uso.*

El contrato contiene un arrendamiento. El cliente tiene el derecho a usar el
servidor por tres años.

Existe un activo identificado. El servidor está especificado explícitamente en
el contrato. **[Referencia: párrafo B13]** El Proveedor puede sustituir el servidor
solo si está funcionando mal (véase el párrafo B18).

El Cliente tiene el derecho a controlar el uso del servidor a lo largo del
periodo de uso porque:

(a)   El Cliente tiene el derecho a obtener sustancialmente todos los
       beneficios económicos del uso del servidor a lo largo del periodo de
       tres años. El Cliente tiene el uso exclusivo del servidor a lo largo del
       periodo de uso. **[Referencia: párrafo B21]**

(b)   El Cliente tiene el derecho a decidir el uso del servidor [porque se dan
       las condiciones del párrafo B24(a)]. El Cliente toma las decisiones
       relevantes sobre cómo y para qué propósito se usa el servidor porque
       tiene el derecho de decidir en qué aspectos de sus operaciones se usa
       el servidor para apoyar y qué datos almacena en el servidor. El
       Cliente es la única parte que puede tomar decisiones relevantes sobre
       el uso del servidor durante el periodo de uso. **[Referencia: párrafo B25]**

Arrendamientos de activos de bajo valor y cartera de aplicación (párrafos 5 y 6, B1 y B3 a B8)

EI3   Los siguientes ejemplos ilustran cómo podría un arrendatario (a) aplicar los
       párrafos B3 a B8 de la NIIF 16 a arrendamientos de activos de bajo valor; y (b)
       determinar las carteras de arrendamientos a las que aplicaría los
       requerimientos de la NIIF 16.

Ejemplo 11—Arrendamientos de activos de bajo valor y aplicación de la cartera

Un arrendatario en el sector industrial de fabricación y distribución farmacéutica tiene los siguientes arrendamientos:

(a)   *Arrendamientos de inmuebles (edificios de oficinas y almacenes).*

(b)   *Arrendamientos de equipos de fabricación.*

(c)   *Arrendamientos de vehículos de empresa, para personal de ventas y directores principales, y de calidad, especificaciones y valor variables.*

(d)   *Arrendamientos de furgonetas y camiones utilizados para propósitos de reparto, de tamaño y valor variable.*

(e)   *Arrendamientos de equipo de tecnología de la información para uso de empleados individuales (tales como computadoras portátiles, computadoras de mesa, tabletas, impresoras de mesa y teléfonos móviles).*

(f)   *Arrendamientos de servidores, incluyendo numerosos módulos individuales que incrementan la capacidad de almacenamiento de esos servidores. Los módulos se han añadido a los servidores principales a lo largo del tiempo a medida que el arrendatario ha necesitado incremental la capacidad de almacenamiento de los servidores.*

(g)   *Arrendamientos de equipos de oficina:*

    (i)   *mobiliario de oficina (tal como sillas, mesas y separadores de oficina);*

    (ii)   *dispensadores de agua; y*

    (iii)   *aparatos de fotocopiado multifunción de alta capacidad.*

Arrendamientos de activos de bajo valor

El arrendatario determina que los arrendamientos siguientes cumplen los requisitos de los arrendamientos de activos de bajo valor sobre la base de que los activos subyacentes, cuando son nuevos, son individualmente de bajo valor:

(a)   arrendamientos de equipos de tecnología de la información para uso de empleados individuales; y

(b)   arrendamientos de mobiliario de oficina y dispensadores de agua.

[Referencia: párrafos 5, B3, B4, B6 y B8]

El arrendatario elige aplicar los requerimientos del párrafo 6 de la NIIF 16 para contabilizar todos esos arrendamientos.

continúa...

...continuación

Ejemplo 11—Arrendamientos de activos de bajo valor y aplicación de la cartera

Aunque cada módulo dentro de los servidores, si se considera individualmente, podría ser un activo de bajo valor, los arrendamientos de los módulos dentro de los servidores no cumplen los requisitos de arrendamientos de activos de bajo valor. Esto es porque cada módulo está altamente interrelacionado con otras partes de los servidores. El arrendatario no arrendaría los módulos sin arrendar también los servidores.
[Referencia: párrafo B5]

Aplicación de la cartera
[Referencia: párrafo B1]

Como consecuencia, el arrendatario aplica los requerimientos de reconocimiento y medición de la NIIF 16 a sus arrendamientos de inmuebles, equipo de fabricación, vehículos de empresa, camiones y furgonetas, servidores y aparatos de fotocopiado multifunción de alta capacidad. De esa forma, el arrendatario agrupa sus vehículos de empresa, camiones y furgonetas en carteras.

Los vehículos de empresa del arrendatario se arriendan según una serie de acuerdos de arrendamiento maestros. El arrendatario usa ocho tipos diferentes de vehículos de empresa, que varían en precio y se asignan al personal sobre la base de rango y territorio. El arrendatario tiene un acuerdo de arrendamiento maestro para cada tipo diferente de vehículo de empresa. Los arrendamientos individuales dentro de cada acuerdo de arrendamiento maestro son similares (incluyendo fechas de comienzo y final similares), pero los términos y condiciones generalmente varían de un acuerdo de arrendamiento maestro a otro. Puesto que los arrendamientos individuales dentro de cada acuerdo de arrendamiento maestro son similares entre sí, el arrendatario espera razonablemente que aplicando los requerimientos de la NIIF 16 a cada acuerdo de arrendamiento maestro no daría lugar a un efecto significativamente diferente a la utilización de los requerimientos de la NIIF 16 a cada arrendamiento individual dentro del acuerdo de arrendamiento maestro. Por consiguiente, el arrendatario concluye que puede aplicar los requerimientos de la NIIF 16 a cada acuerdo de arrendamiento maestro como una cartera. Además, el arrendatario concluye que dos de los ocho acuerdos de arrendamiento maestros son similares y cubren tipos sustancialmente similares de vehículos de empresa en territorios semejantes. El arrendatario espera razonablemente que el efecto de aplicar la NIIF 16 a la cartera combinada de arrendamientos en dos acuerdos de arrendamiento maestros no diferiría significativamente de aplicar la NIIF 16 a cada arrendamiento en esa cartera combinada. El arrendatario, por ello, concluye que puede combinar adicionalmente esos dos acuerdos de arrendamiento maestros en una cartera de arrendamiento única.

continúa...

...continuación

Ejemplo 11—Arrendamientos de activos de bajo valor y aplicación de la cartera

Los camiones y furgonetas del arrendatario son arrendados según acuerdos de arrendamiento individuales. Existen 6.500 arrendamientos en total. Todos los arrendamientos de camiones tienen condiciones similares, así como todos los arrendamientos de furgonetas. Los arrendamientos de camiones son generalmente para cuatro años e implican modelos similares de camiones. Los arrendamientos de furgonetas son generalmente para cinco años e implican modelos similares de furgonetas. El arrendatario espera razonablemente que si se aplican los requerimientos de la NIIF 16 a carteras de arrendamientos de camiones y furgonetas, agrupados por tipo de activo subyacente, territorio y el trimestre del año en el que se realizó el arrendamiento, no se tendría un efecto significativamente diferente de utilizar esos requerimientos cada arrendamiento individual de camiones o furgonetas. Por consiguiente, el arrendatario aplica los requerimientos de la NIIF 16 a carteras diferentes de arrendamiento de camiones y de furgonetas, en lugar de los 6.500 arrendamientos individuales.

Asignación de la contraprestación a los componentes de un contrato (párrafos 12 a 16 y B32 y B33)

EI4   El siguiente ejemplo ilustra la asignación por un arrendatario de la contraprestación en un contrato a los componentes de arrendamiento y a los que no lo son.

Ejemplo 12—Asignación a los arrendatarios de la contraprestación a los componentes de arrendamiento y a los que no son de arrendamiento a un contrato

El arrendador arrienda una topadora, un camión y una excavadora de largo alcance al Arrendatario para usarlos en las operaciones mineras del arrendatario por cuatro años. El arrendador acuerda mantener cada elemento del equipo a lo largo del plazo del arrendamiento. La contraprestación total del contrato es de 600.000 u.m.[(a)]*, pagaderas en plazos anuales de 150.000 u.m., y un importe variable que depende de las horas de trabajo realizado en el mantenimiento de la excavadora de largo alcance. El pago variable está limitado hasta el 2 por ciento del costo de reposición de la excavadora de largo alcance. La contraprestación incluye el costo de los servicios de mantenimiento para cada elemento del equipo.*

continúa...

...continuación

Ejemplo 12—Asignación a los arrendatarios de la contraprestación a los componentes de arrendamiento y a los que no son de arrendamiento a un contrato

El arrendatario contabiliza los componentes que no son de arrendamiento (servicios de mantenimiento) por separado de cada arrendamiento de equipo aplicando el párrafo 12 de la NIIF 16. El arrendatario no elige la solución práctica del párrafo 15 de la NIIF 16. El arrendatario considera los requerimientos del párrafo B32 de la NIIF 16 y concluye que el arrendamiento de la topadora, el arrendamiento del camión y el de la excavadora de largo alcance son cada uno componentes de arrendamiento separados. Esto es así porque:

(a)   el arrendatario puede beneficiarse del uso de cada uno de los tres elementos del equipo por sí mismo o junto con otros recursos fácilmente disponibles (por ejemplo, el arrendatario podría fácilmente arrendar o comprar una excavadora o camión alternativo para usar en sus operaciones); e

(b)   aunque el arrendatario está arrendando los tres elementos de equipo para un propósito (es decir, dedicarlos a las operaciones de minería), las máquinas no son ni altamente dependientes una de otras ni altamente interrelacionadas entre sí. La capacidad del arrendatario de obtener beneficios del arrendamiento de cada elemento de equipo no está significativamente afectada por su decisión de arrendar, o no, el otro equipo al arrendador.

Por consiguiente, el arrendatario concluye que existen en el contrato tres componentes de arrendamiento y tres componentes que no lo son (servicios de mantenimiento). El arrendatario aplica las guías de los párrafos 13 y 14 de la NIIF 16 a asignar la contraprestación del contrato a los tres componentes de arrendamiento y a los componentes que no lo son.

continúa...

...continuación

Ejemplo 12—Asignación a los arrendatarios de la contraprestación a los componentes de arrendamiento y a los que no son de arrendamiento a un contrato

Varios proveedores proporcionan servicios de mantenimiento para una topadora y un camión similares. Por consiguiente, existen precios independientes observables para los servicios de mantenimiento para los dos elementos del equipo arrendado. El arrendatario puede establecer precios independientes observables para el mantenimiento de la topadora y el camión de 32.000 u.m. y de 16.000 u.m., respectivamente, suponiendo condiciones de pago similares a los del contrato con el arrendador. La excavadora de largo alcance está altamente especializada, y por consiguiente, otros proveedores no arrienda o proporcionan servicios de mantenimiento para excavadoras similares. No obstante, el arrendador proporciona servicios de mantenimiento por cuatro años a clientes que le compran excavadoras de largo alcance similares. La contraprestación observable para los contratos de servicio de mantenimiento a cuatro años es un importe fijo de 56.000 u.m. pagaderos a lo largo de cuatro años, y un importe variable que depende de las horas de trabajo realizado en el mantenimiento de la excavadora de largo alcance. El pago variable está limitado hasta el 2 por ciento del costo de reposición de la excavadora de largo alcance. Por consiguiente, el arrendatario estima que el precio independiente de los servicios de mantenimiento para la excavadora de largo alcance sea de 56.000 u.m. más los importes variables. El arrendatario puede establecer precios independientes observables para los arrendamientos de la topadora, el camión y la excavadora de largo alcance de 170.000 u.m., 102.000 u.m. y 224.000 u.m., respectivamente.

El arrendatario asigna la contraprestación fija del contrato (600.000 u.m.) a los componentes de arrendamiento y a los que no lo son:

u.m.	Topadora	Camión	Excavadora de largo alcance	Total
Arrendamiento	170.000	102.000	224.000	**496.000**
No son arrenda-miento				**104.000**
Total contra-prestación fija				**600.000**

El arrendatario asigna toda la contraprestación variable al mantenimiento de la excavadora de largo alcance y, por ello, a los componentes del contrato que no son de arrendamiento. El arrendatario, entonces, contabiliza cada componente de arrendamiento aplicando las guías de la NIIF 16, tratando la contraprestación asignada como los pagos por arrendamiento de cada componente de arrendamiento.

(a) En estos Ejemplos Ilustrativos, los importes monetarios se denominan en "unidades monetarias" (u.m.)

Medición del arrendatario (párrafos 18 a 41 y B34 a B41)

EI5   El siguiente ejemplo ilustra cómo mide un arrendatario los activos por derecho de uso y pasivos por arrendamiento. También ilustra cómo contabiliza un arrendatario un cambio en el plazo del arrendamiento.

Ejemplo 13—Medición por un arrendatario y contabilización de un cambio en el plazo del arrendamiento

Parte 1 — Medición inicial del activo por derecho de uso y del pasivo por arrendamiento

El arrendatario arrienda por 10 años una planta de un edificio, con una opción de ampliación por cinco años. Los pagos por arrendamiento son de 50.000 u.m. por año durante el plazo inicial y de 55.000 u.m. por año durante el periodo opcional, todos pagaderos al comienzo de cada año. Para obtener el arrendamiento, el arrendatario incurre en unos costos iniciales de 20.000 u.m. de las cuales 15.000 u.m. están relacionadas con un pago a un inquilino anterior que ocupaba esa planta del edificio y 5.000 u.m. están relacionadas con una comisión pagada al agente inmobiliario que acordó el arrendamiento. Como incentivo al arrendatario por llevar a cabo el arrendamiento, el arrendador acuerda reembolsarle la comisión inmobiliaria de 5.000 u.m.

En la fecha de comienzo, el arrendatario concluye que no hay certeza razonable de que ejerza la opción de ampliar el arrendamiento y, por ello, determina que el plazo del arrendamiento es de 10 años. **[Referencia: párrafo 18]**

La tasa de interés implícita en el arrendamiento no es fácilmente determinable. La tasa incremental del arrendatario es del 5 por ciento por año, lo que refleja la tasa fija a la que el arrendatario podría tomar prestado un importe similar al valor del activo por derecho de uso, en la misma moneda a un plazo de 10 años y con garantía colateral similar.

En la fecha de comienzo, el arrendatario realiza el pago por el primer año, incurre en unos costos directos iniciales, recibe incentivo de arrendamiento del arrendador y mide el pasivo por arrendamiento al valor presente de los nueve pagos restantes de 50.000 u.m. descontadas a la tasa de interés del 5 por ciento anual, **[Referencia: párrafo 26]** que es de 355.391 u.m.

El arrendatario inicialmente reconoce los activos y pasivos en relación con el arrendamiento de la forma siguiente.

Activo por derecho de uso	405.391 u.m.	
Pasivo por arrendamiento		355.391 u.m.
Efectivo (pago por arrendamiento el primer año)		50.000 u.m.
Activo por derecho de uso	20.000 u.m.	
Efectivo (costos directos iniciales)		20.000 u.m.
Efectivo (incentivo por arrenda-miento)	5.000 u.m.	
Activo por derecho de uso		5.000 u.m.

continúa...

...continuación

> **Ejemplo 13—Medición por un arrendatario y contabilización de un cambio en el plazo del arrendamiento**
>
> *Parte 2 — Medición posterior y contabilización de un cambio en el plazo del arrendamiento*
>
> *En el sexto año del arrendamiento, el Arrendatario adquiere la Entidad A. Ésta ha estado arrendando una planta en otro edificio. El arrendamiento realizado por la Entidad A contiene una opción de terminación que es ejercitable por la Entidad A. Después de la adquisición de la Entidad A, el Arrendatario necesita dos plantas en un edificio adecuado para el incremento de la plantilla de la fuerza laboral. Para minimizar los costos, el arrendatario (a) realiza un arrendamiento por ocho años de otra planta en el edificio arrendado que estará disponible para su uso al final del Año 7 y (b) termina anticipadamente el arrendamiento realizado por la Entidad A con efecto al comienzo del Año 8.*
>
> El traslado del personal de la Entidad A al mismo edificio ocupado por el arrendatario crea a éste un incentivo económico de ampliar su arrendamiento original al final de periodo no cancelable de 10 años. La adquisición de la Entidad A y la recolocación del personal de la Entidad A es un suceso significativo que está bajo el control del arrendatario y afecta si es razonablemente seguro que el arrendatario ejerza la opción de ampliación no incluida anteriormente en su determinación del plazo del arrendamiento. **[Referencia: párrafo 20]** Esto es porque la planta original tiene mayor utilidad (y, por ello, proporciona mayores beneficios) para el arrendatario que activos alternativos que podría arrendar por un importe similar a los pagos por arrendamiento para el periodo opcional—el arrendatario incurriría en costos si fuera a arrendar una planta similar en un edificio distinto porque la plantilla de trabajadores estaría localizada en edificios diferentes. Por consiguiente, al final del Año 6, el arrendatario concluye que es, ahora, razonablemente seguro que ejerza la opción de ampliar su arrendamiento original como consecuencia de su adquisición y planificación de recolocación de la Entidad A.
>
> *La tasa incremental de tomar prestado del arrendatario al final del Año 6 es del 6 por ciento, lo que refleja la tasa fija a la que el arrendatario podría tomar prestado un importe similar al valor del activo por derecho de uso, en la misma moneda a un plazo de nueve años y con garantía colateral similar. El arrendatario espera consumir los beneficios económicos futuros del activo por derecho de uso uniformemente a lo largo del plazo del arrendamiento y, por ello, deprecia el activo por derecho de uso de forma lineal.*
>
> *continúa...*

...continuación

Ejemplo 13—Medición por un arrendatario y contabilización de un cambio en el plazo del arrendamiento

El activo por derecho de uso y el pasivo por arrendamiento desde el Año 1 hasta el Año 6 son los siguientes.

	Pasivo por arrendamiento				Activo por derecho de uso		
Año	Saldo inicial u.m.	Pago por arrenda-miento u.m.	gastos por intereses del 5% u.m.	Saldo final u.m.	Saldo inicial u.m.	Cargo por depreciación u.m.	Saldo final u.m.
1	355.391	-	17.770	373.161	420.391	(42.039)	378.352
2	373.161	(50.000)	16.158	339.319	378.352	(42.039)	336.313
3	339.319	(50.000)	14.466	303.785	336.313	(42.039)	294.274
4	303.785	(50.000)	12.689	266.474	294.274	(42.039)	252.235
5	266.474	(50.000)	10.823	227.297	252.235	(42.039)	210.196
6	227.297	(50.000)	8.865	186.162	210.196	(42.039)	168.157

Al final de sexto año, antes de contabilizar el cambio en el plazo del arrendamiento, el pasivo por arrendamiento es de 186.162 u.m. (el valor presente de los cuatro pagos restantes de 50.000 u.m., descontados a la tasa de interés original del 5 por ciento anual). El gasto por intereses de 8.865 u.m. se reconoce en el Año 6. El activo por derecho de uso del arrendatario es de 168.157 u.m.

El arrendatario mide nuevamente el pasivo por arrendamiento al valor presente de los cuatro pagos de 50.000 u.m. seguido de cinco pagos de 55.000 u.m., todos descontados a la tasa de descuento revisada del 6 por ciento anual, que es de 378.174. **[Referencia: párrafo 40]** El arrendatario incrementa el pasivo por arrendamiento en 192.012 u.m., que representa la diferencia entre el pasivo medido nuevamente de 378.174 y su importe en libros anterior de 186.162 u.m. El ajuste correspondiente se realiza al activo por derecho de uso para reflejar el costo del derecho de uso adicional, **[Referencia: párrafo 39]** reconocido de la forma siguiente.

Activo por derecho de uso   192.012 u.m.

          Pasivo por arrendamiento   192.012 u.m.

Después de la nueva medición, el importe en libros del activo por derecho de uso del arrendatario es de 360.169 u.m. (es decir, 168.157 + 192.012). Desde el comienzo del Año 7 el arrendatario calcula el gasto por intereses por el pasivo por arrendamiento a la tasa de descuento revisada del 6 por ciento anual.

continúa...

...continuación

Ejemplo 13—Medición por un arrendatario y contabilización de un cambio en el plazo del arrendamiento

El activo por derecho de uso y el pasivo por arrendamiento desde el Año 7 hasta el Año 15 son los siguientes.

	Pasivo por arrendamiento				Activo por derecho de uso		
Año	Saldo inicial u.m.	Pago por arrenda- miento u.m.	gastos por intereses del 6% u.m.	Saldo final u.m.	Saldo inicial u.m.	Cargo por depreciación u.m.	Saldo final u.m.
7	378.174	(50.000)	19.690	347.864	360.169	(40.019)	320.150
8	347.864	(50.000)	17.872	315.736	320.150	(40.019)	280.131
9	315.736	(50.000)	15.944	281.680	280.131	(40.019)	240.112
10	281.680	(50.000)	13.901	245.581	240.112	(40.019)	200.093
11	245.581	(55.000)	11.435	202.016	200.093	(40.019)	160.074
12	202.016	(55.000)	8.821	155.837	160.074	(40.019)	120.055
13	155.837	(55.000)	6.050	106.887	120.055	(40.019)	80.036
14	106.887	(55.000)	3.113	55.000	80.036	(40.018)	40.018
15	55.000	(55.000)	-	-	40.018	(40.018)	-

Los pagos por arrendamiento variables (párrafos 27, 39, 42(b) y 43)

EI6   El siguiente ejemplo ilustra cómo contabiliza un arrendatario los pagos por arrendamiento variables que dependen de un índice y pagos por arrendamiento variables no incluidos en la medición del pasivo por arrendamiento.

Ejemplo 14—Pagos por arrendamiento variables dependientes de un índice y pagos por arrendamiento variables vinculados a ventas

Ejemplo 14A — El arrendatario contrata un arrendamiento a 10 años de propiedades con pagos por arrendamiento anuales de 50.000 u.m. pagaderos al comienzo de cada año. El contrato especifica que los pagos por arrendamiento se incrementarán cada dos años sobre la base del aumento en el Índice del Pecios al Consumidor de los 24 meses precedentes. El Índice de Precios al Consumidor en la fecha de comienzo es de 125. El ejemplo ignora los costos directos iniciales. La tasa implícita en el arrendamiento no es fácilmente determinable. La tasa incremental del arrendatario es del 5 por ciento por año, lo que refleja la tasa fija a la que el arrendatario podría tomar prestado un importe similar al valor del activo por derecho de uso, en la misma moneda a un plazo de 10 años y con garantía colateral similar.

continúa...

...continuación

Ejemplo 14—Pagos por arrendamiento variables dependientes de un índice y pagos por arrendamiento variables vinculados a ventas

En la fecha de comienzo, el arrendatario realiza el pago por el primer año y mide el pasivo por arrendamiento al valor presente de los nueve pagos restantes de 50.000 u.m. descontados a la tasa de interés del 5 por ciento anual **[Referencia: párrafo 26]** que es de 355.391 u.m.

El arrendatario inicialmente reconoce los activos y pasivos en relación con el arrendamiento de la forma siguiente.

Activo por derecho de uso	405.391 u.m.
Pasivo por arrendamiento	355.391 u.m.
Efectivo (pago por arrendamiento el primer año)	50.000 u.m.

El arrendatario espera consumir los beneficios económicos futuros del activo por derecho de uso uniformemente a lo largo del plazo del arrendamiento y, por ello, deprecia el activo por derecho de uso de forma lineal.

Durante los dos primeros años del arrendamiento, el arrendador reconoce de forma agregada los siguientes importes relacionados con el arrendamiento.

Gastos financieros	33.928 u.m.
Pasivo por arrendamiento	33.928 u.m.
Cargo por depreciación	81.078 u.m. (405.391 u.m. ÷ 10 × 2 años)
Activo por derecho de uso	81.078 u.m.

Al comienzo del segundo año, el arrendatario realiza un pago por arrendamiento por el segundo año y reconoce los siguientes importes.

Pasivo por arrendamiento	50.000 u.m.
Efectivo	50.000 u.m.

Al principio del tercer año, antes de contabilizar el cambio en los pagos por arrendamiento futuros procedente de un cambio en el Índice de Precios al Consumidor y hacer el pago por arrendamiento por el tercer año, el pasivo por arrendamiento es de 339.319 u.m. (el valor presente de los ocho pagos de 50.000 u.m. descontados a la tasa de interés del 5 por ciento anual = 355.391 u.m. + 33.928 u.m. – 50.000 u.m.).

Al comienzo del tercer año del arrendamiento el Índice de Precios al Consumidor es 135.

continúa...

...*continuación*

Ejemplo 14—Pagos por arrendamiento variables dependientes de un índice y pagos por arrendamiento variables vinculados a ventas

El pago por el tercer año, ajustado por el Índice de Precios al Consumidor es de 54.000 u.m. (50.000 u.m. × 135 ÷ 125). Puesto que existe un cambio en los pagos por arrendamiento futuros procedentes de un cambio en el Índice de Precios al Consumidor utilizado para determinar dichos pagos, el arrendatario mide nuevamente el pasivo por arrendamiento para reflejar los pagos por arrendamiento revisados, es decir, el pasivo por arrendamiento refleja ahora los ocho pagos por arrendamiento anuales de 54.000 u.m. **[Referencia: párrafo 42(b)]**

Al comienzo del tercer año, el arrendatario mide nuevamente el pasivo por arrendamiento al valor presente de los ocho pagos de 54.000 u.m. descontadas a una tasa de descuento sin modificar del 5 por ciento anual **[Referencia: párrafo 43]** que es de 366.464 u.m. El arrendatario incrementa el pasivo por arrendamiento en 27.145 u.m., que representa la diferencia entre el pasivo medido nuevamente de 366.464 y su importe en libros anterior de 339.319 u.m. El ajuste correspondiente se realiza al activo por derecho de uso **[Referencia: párrafo 39]** reconocido de la forma siguiente.

Activo por derecho de uso	27.145 u.m.
Pasivo por arrendamiento	27.145 u.m.

Al comienzo del tercer año, el arrendatario realiza un pago por arrendamiento por el tercer año y reconoce los siguientes importes.

Pasivo por arrendamiento	54.000 u.m.
Efectivo	54.000 u.m.

Ejemplo 14B – Supóngase los mismos hechos que en el Ejemplo 14A excepto que se requiere también que el arrendatario realice pagos por arrendamiento variables en cada año del arrendamiento, que se determinan como el 1 por ciento de la ventas del arrendatario generadas desde la propiedad arrendada.

En la fecha de comienzo, el arrendatario mide el activo por derecho de uso y el pasivo por arrendamiento reconocidos por los mismos importes que en el Ejemplo 14A. Esto es porque los pagos por arrendamiento variables están vinculados a ventas futuras y, por ello, no cumplen la definición de pagos por arrendamiento. Por consiguiente, esos pagos no se incluyen en la medición del activo y del pasivo.

Activo por derecho de uso	405.391 u.m.
Pasivo por arrendamiento	355.391 u.m.
Efectivo (pago por arrendamiento el primer año)	50.000 u.m.

El arrendatario prepara los estados financieros sobre una base anual. Durante el primer año del arrendamiento, el arrendatario genera ventas de 800.000 u.m. desde la propiedad arrendada.

continúa...

...continuación

Ejemplo 14—Pagos por arrendamiento variables dependientes de un índice y pagos por arrendamiento variables vinculados a ventas

El arrendatario incurre en un gasto adicional relacionado con el arrendamiento de 8.000 u.m. (800.000 u.m. × 1 por ciento), que el arrendatario reconoce en el resultado del periodo en el primer año del arrendamiento. [Referencia: párrafo 38(b)]

Modificaciones del arrendamiento (párrafos 44 a 46)

EI7   Los Ejemplos 15 a 19 ilustran los requerimientos de la NIIF 16 con respecto a las modificaciones del arrendamiento por un arrendatario.

Ejemplo 15—Modificación que es un arrendamiento separado

El arrendatario arrienda por 10 años 2.000 metros cuadrados de espacio para oficinas. Al principio del Año 6 el arrendatario y el arrendador acuerdan modificar el arrendamiento original por los restantes cinco años para incluir 3.000 metros cuadrados adicionales de espacio de oficinas en el mismo edificio. El espacio adicional queda disponible para uso del arrendatario al final del segundo trimestre del Año 6. El incremento total de la contraprestación por el arrendamiento es acorde con la tasa de mercado actual para los 3.000 metros cuadrados nuevos de espacio para oficinas, ajustado por el descuento que el arrendatario recibe reflejando que el arrendador no incurre en costos en los que habría incurrido en otro caso si hubiera arrendado el mismo espacio a un inquilino nuevo (por ejemplo, costos de comercialización).

El arrendatario contabiliza la modificación como un arrendamiento separado, del original por 10 años. [Referencia: párrafo 44] Esto es porque la modificación concede al Arrendatario un derecho de uso adicional de un activo subyacente y el incremento en la contraprestación por el arrendamiento es acorde con el precio independiente del derecho de uso adicional ajustado para reflejar las circunstancias del contrato. En este ejemplo, el activo subyacente adicional son los 3.000 metros cuadrados nuevos de espacio para oficinas. Por consiguiente, en la fecha de comienzo del nuevo arrendamiento (al final del segundo trimestre del Año 6), el arrendatario reconoce un activo por derecho de uso y el pasivo por arrendamiento relacionado con el arrendamiento de los 3.000 metros cuadrados adicionales del espacio para la oficina. El arrendatario no realiza ningún ajuste a la contabilización del arrendamiento original de 2.000 metros cuadrado de espacio para la oficina como consecuencia de esta modificación.

Ejemplo 16—Modificación que incrementa el alcance del arrendamiento ampliando el plazo contractual del arrendamiento

El arrendatario arrienda por 10 años 5.000 metros cuadrados de espacio para oficinas. Los pagos por arrendamiento anual son de 100.000 u.m. pagaderas al final de cada año. La tasa de interés implícita en el arrendamiento no puede ser fácilmente determinable. La tasa incremental de tomar prestado del arrendatario a la fecha de comienzo es del 6 por ciento anual. Al principio del Año 7, el arrendatario y el arrendador acuerdan modificar el arrendamiento original ampliando el plazo de arrendamiento contractual por cuatro años. Los pagos por arrendamiento anuales no cambian (es decir, 100.000 u.m. pagaderos al final de cada uno de los años del Año 7 al Año 4). La tasa incremental de tomar prestado del arrendatario al comienzo del Año 7 es del 7 por ciento anual.

En la fecha de vigencia de la modificación (al principio del Año 7), el arrendatario mide nuevamente el pasivo por arrendamiento basado en: (a) un plazo de arrendamiento restante de ocho años, (b) pagos anuales de 100.000 u.m. y (c) tasa incremental de tomar prestado del arrendatario del 7 por ciento anual. **[Referencia: párrafo 45]** El pasivo por arrendamiento modificado es igual a 597.130 u.m. El pasivo por arrendamiento inmediatamente antes de la modificación (incluyendo el reconocimiento del gasto por intereses hasta el final del Año 6) es de 346.511 u.m. El arrendatario reconoce la diferencia entre el importe en libros del pasivo por arrendamiento modificado y el del pasivo por arrendamiento inmediatamente anterior a la modificación (250.619 u.m.) como un ajuste al activo por derecho de uso. **[Referencia: párrafo 46(b)]**

Ejemplo 17—Modificación que disminuye el alcance del arrendamiento

El arrendatario arrienda por 10 años 5.000 metros cuadrados de espacio para oficinas. Los pagos por arrendamiento anual son de 50.000 u.m. pagaderos al final de cada año. La tasa de interés implícita en el arrendamiento no puede ser fácilmente determinable. La tasa incremental de tomar prestado del arrendatario a la fecha de comienzo es del 6 por ciento anual. Al comienzo del Año 6, el arrendatario y el arrendador acuerdan modificar el arrendamiento original para reducir el espacio a solo 2.500 metros cuadrados del espacio original a partir del final del primer trimestre del Año 6. Los pagos por arrendamiento fijos anuales (del Año 6 al Año 10) son de 30.000 u.m. La tasa incremental de tomar prestado del arrendatario al comienzo del Año 6 es del 5 por ciento anual.

En la fecha de vigencia de la modificación (al comienzo del Año 6), el arrendatario mide nuevamente el pasivo por arrendamiento basado en: (a) un plazo de arrendamiento restante de cinco años, (b) pagos anuales de 30.000 u.m. y (c) tasa incremental de tomar prestado del arrendatario del 5 por ciento anual. Esto es igual a 129.884 u.m. **[Referencia: párrafo 45]**

El arrendatario determina la disminución proporcional del importe en libros del activo por derecho de uso sobre la base del activo por derecho de uso restante (es decir, 2.500 metros cuadrados correspondientes al 50 por ciento del activo por derecho de uso original).

continúa...

...continuación

Ejemplo 17—Modificación que disminuye el alcance del arrendamiento

El 50 por ciento del activo por derecho de uso anterior a la modificación (184.002 u.m.) es de 92.001 u.m. El cincuenta por ciento del pasivo por arrendamiento anterior a la modificación (210.618 u.m.) es de 105.309 u.m. Por consiguiente, el arrendatario reduce el importe en libros del activo por derecho de uso en 92.001 y el importe en libros del pasivo por arrendamiento en 105.309 u.m. El arrendatario reconoce la diferencia entre la disminución del pasivo por arrendamiento y la del activo por derecho de uso (105.309 u.m. – 92.001 u.m. = 13.308 u.m.) como una ganancia en el resultado del periodo en la fecha de vigencia de la modificación (al comienzo del Año 6). **[Referencia: párrafo 46(a)]**

El arrendatario reconoce la diferencia entre el pasivo por arrendamiento restante de 105.309 u.m. y el pasivo por arrendamiento modificado de 129.884 u.m. (lo cual es igual a 24.575 u.m.) como un ajuste al activo por derecho de uso reflejando el cambio en la contraprestación pagada por el arrendamiento y la tasa de descuento revisada.

Ejemplo 18—Modificación que incrementa y disminuye simultáneamente el alcance del arrendamiento

El arrendatario arrienda por 10 años 2.000 metros cuadrados de espacio para oficinas. Los pagos por arrendamiento anual son de 100.000 u.m. pagaderas al final de cada año. La tasa de interés implícita en el arrendamiento no puede ser fácilmente determinable. La tasa incremental de tomar prestado del arrendatario a la fecha de comienzo es del 6 por ciento anual. Al comienzo del Año 6 el arrendatario y el arrendador acuerdan modificar el arrendamiento original para (a) incluir 1.500 metros cuadrados adicionales de espacio en el mismo edificio a partir del comienzo del Año 6 y (b) reducir el plazo del arrendamiento desde 10 a ocho años. El pago fijo anual por los 3.500 metros cuadrados es de 150.000 u.m. pagaderos al final de cada año (del Año 6 al Año 8). La tasa incremental de tomar prestado del arrendatario al comienzo del Año 6 es del 7 por ciento anual.

La contraprestación por el incremento en el alcance de los 1.500 metros cuadrados de espacio no es acorde con el precio independiente para ese incremento ajustado para reflejar las circunstancias del contrato. Por consiguiente, el arrendatario no contabiliza el incremento del alcance que añade el derecho a usar 1.500 metros cuadrados adicionales del espacio como un arrendamiento separado.

continúa...

...continuación

Ejemplo 18—Modificación que incrementa y disminuye simultáneamente el alcance del arrendamiento

El activo por derecho de uso anterior a la modificación y el pasivo por arrendamiento anterior a la modificación en relación con el arrendamiento son los siguientes.

	Pasivo por arrendamiento				Activo por derecho de uso		
	Saldo inicial	gastos por intereses del 6%	Pago por arrendamiento	Saldo final	Saldo inicial	Cargo por depreciación	Saldo final
Año	u.m.	u.m.	u.m.	u.m.	u.m.	u.m.	u.m.
1	736.009	44.160	(100.000)	680.169	736.009	(73.601)	662.408
2	680.169	40.810	(100.000)	620.979	662.408	(73.601)	588.807
3	620.979	37.259	(100.000)	558.238	588.807	(73.601)	515.206
4	558.238	33.494	(100.000)	491.732	515.206	(73.601)	441.605
5	491.732	29.504	(100.000)	421.236	441.605	(73.601)	368.004
6	421.236				368.004		

En la fecha de vigencia de la modificación (al comienzo del Año 6), el arrendatario mide nuevamente el pasivo por arrendamiento basado en: (a) un plazo de arrendamiento restante de tres años, (b) pagos anuales de 150.000 u.m. y (c) tasa incremental de tomar prestado del arrendatario del 7 por ciento anual. **[Referencia: párrafo 45]** El pasivo modificado es igual a 393.647 u.m. del cual (a) 131.216 u.m. está relacionado con el incremento de 50.000 u.m. de los pagos por arrendamiento anuales desde el Año 6 al Año 8 y (b) 262.431 u.m. está relacionado con los pagos por arrendamiento por los tres años restantes de 100.000 u.m. desde el Año 6 al Año 8.

Disminución del plazo del arrendamiento

La fecha de vigencia de la modificación (al comienzo del Año 6) el activo por derecho de uso anterior a la modificación es de 368.004 u.m. El arrendatario determina la disminución proporcional en el importe en libros del activo por derecho de uso basado en el activo por derecho de uso restante por los 2.000 metros cuadrados originales del espacio para oficinas (es decir, el plazo del arrendamiento restante de tres años en lugar del plazo del arrendamiento de cinco años original). El activo por derecho de uso restante de los 2.000 metros cuadrados originales de espacio de oficina es de 220.802 u.m. (es decir 368.004 u.m. ÷ 5 × 3 años).

La fecha de vigencia de la modificación (al principio del Año 6) el pasivo por arrendamiento anterior a la modificación es de 421.236 u.m. El pasivo por arrendamiento restante de los 2.000 metros cuadrados originales de espacio de oficina es de 267.301 u.m. (es decir, el valor presente de los tres pagos por arrendamiento anules de 100.000 u.m., descontados a la tasa de descuento original del 6 por ciento por año).

continúa...

...continuación

Ejemplo 18—Modificación que incrementa y disminuye simultáneamente el alcance del arrendamiento

Por consiguiente, el arrendatario reduce el importe en libros del activo por derecho de uso en 147.202 u.m. (368.004 − 220.802), y el importe en libros del pasivo por arrendamiento en 153.935 u.m. (421.236 − 267.301 u.m.). El arrendatario reconoce la diferencia entre la disminución del pasivo por arrendamiento y la del activo por derecho de uso (153.935 u.m. − 147.202 u.m. = 6.733 u.m.) como una ganancia en el resultado del periodo en la fecha de vigencia de la modificación (al comienzo del Año 6).

[Referencia: párrafo 46(a)]

Pasivo por arrendamiento	153.935 u.m.	
Activo por derecho de uso		147.202 u.m.
Ganancia		6.733 u.m.

En la fecha de vigencia de la modificación (al comienzo del Año 6), el arrendatario reconoce el efecto de la nueva medición del pasivo por arrendamiento restante que refleja la tasa de descuento revisada del 7 por ciento por año, **[Referencia: párrafo 45(c)]** que es de 4.870 (267.301 u.m. − 262.431 u.m.), como un ajuste al activo por derecho de uso.

Pasivo por arrendamiento	4.870 u.m.	
Activo por derecho de uso		4.870 u.m.

continúa...

...*continuación*

Ejemplo 18—Modificación que incrementa y disminuye simultáneamente el alcance del arrendamiento

Incremento en el espacio del arrendamiento

En la fecha de comienzo del arrendamiento por los 1.500 metros cuadrados adicionales (al comienzo del Año 6), el arrendatario reconoce el incremento en el pasivo por arrendamiento relacionado con el incremento en el alcance de 131.216 u.m. (es decir, el valor presente de tres pagos por arrendamiento anuales de 50.000 u.m., descontados a la tasa de interés revisada del 7 por ciento anual **[Referencia: párrafo 45(c)]** como un ajuste al activo por derecho de uso. **[Referencia: párrafo 46(b)]**

Activo por derecho de uso	131.216 u.m.
Pasivo por arrendamiento	131.216 u.m.

El activo por derecho de uso modificado y el pasivo por arrendamiento modificado en relación con el arrendamiento son los siguientes.

	Pasivo por arrendamiento				Activo por derecho de uso		
	Saldo inicial	gastos por intereses del 7%	Pago por arrenda-miento	Saldo final	Saldo inicial	Cargo por deprecia-ción	Saldo final
Año	u.m.	u.m.	u.m.	u.m.	u.m.	u.m.	u.m.
6	393.647	27.556	(150.000)	271.203	347.148	(115.716)	231.432
7	271.203	18.984	(150.000)	140.187	231.432	(115.716)	115.716
8	140.187	9.813	(150.000)	-	115.716	(115.716)	-

Ejemplo 19—Modificación que es solo un cambio en la contraprestación

El arrendatario arrienda por 10 años 5.000 metros cuadrados de espacio para oficinas. Al comienzo del Año 6 el arrendatario y el arrendador acuerdan modificar el arrendamiento original por los restantes cinco años para reducir los pagos por arrendamiento de 100.000 u.m. por año a 95.000 u.m. por año. La tasa de interés implícita en el arrendamiento no puede ser fácilmente determinable. La tasa incremental de tomar prestado del arrendatario a la fecha de comienzo es del 6 por ciento anual. La tasa incremental de tomar prestado del arrendatario al comienzo del Año 6 es del 7 por ciento anual. Los pagos por arrendamiento anual son pagaderos al final de cada año.

continúa...

...continuación

Ejemplo 19—Modificación que es solo un cambio en la contraprestación

En la fecha de vigencia de la modificación (al comienzo del Año 6), el arrendatario mide nuevamente el pasivo por arrendamiento basado en: (a) un plazo de arrendamiento restante de cinco años, (b) pagos anuales de 95.000 u.m. y (c) tasa incremental de tomar prestado del arrendatario del 7 por ciento anual. **[Referencia: párrafo 45(c)]** El arrendatario reconoce la diferencia entre el importe en libros del pasivo modificado (389.519 u.m.) y el pasivo por arrendamiento inmediatamente anterior a la modificación (421.236 u.m.) de 31.717 u.m. como un ajuste al activo por derecho de uso. **[Referencia: párrafo 46(b)]**

Subarrendamientos (párrafo B58)

EI8　　Los Ejemplos 20 y 21 ilustran la aplicación de los requerimientos de la NIIF 16 para un arrendador intermedio que realizó un arrendamiento principal y un subarrendamiento del mismo activo subyacente.

Ejemplo 20—Subarrendamientos clasificados como un arrendamiento financiero

Arrendamiento principal—Un arrendador intermedio realiza un arrendamiento a cinco años por 5.000 metros cuadrados de espacio de oficina (el arrendamiento principal) con la Entidad A (el arrendador principal).

Subarrendamiento—Al comienzo del Año 3 el arrendador intermedio subarrienda los 5.000 metros cuadrados de espacio de oficina para los tres años restantes del arrendatario principal a un subarrendatario.

El arrendador intermedio clasifica el subarrendatario por referencia al activo por derecho de uso que surge del arrendamiento principal. El arrendador intermedio clasifica el subarrendamiento como un arrendamiento financiero, habiendo considerado los requerimientos de los párrafos 61 a 66 de la NIIF 16.

Cuando un arrendador intermedio realiza el subarrendamiento, éste:

(a)　da de baja el activo por derecho de uso relacionado con el arrendamiento principal que transfiere al subarrendatario y reconoce la inversión neta en el subarrendamiento;

(b)　reconoce cualquier diferencia entre el activo por derecho de uso y la inversión neta en el subarrendamiento en el resultado del periodo; e

(c)　retiene el pasivo por arrendamiento relacionado con el arrendamiento principal en su estado de situación financiera que representa los pagos por arrendamiento debidos al arrendador principal.

continúa...

...continuación

Ejemplo 20—Subarrendamientos clasificados como un arrendamiento financiero

Durante el plazo del subarrendamiento, el arrendador intermedio reconoce el ingreso financiero por el subarrendamiento y el gasto por intereses por el arrendamiento principal.

Ejemplo 21—Subarrendamientos clasificados como un arrendamiento operativo

Arrendamiento principal — Un arrendador intermedio realiza un arrendamiento a cinco años por 5.000 metros cuadrados de espacio de oficina (el arrendamiento principal) con la Entidad A (el arrendador principal).

Subarrendamiento — Al comienzo del arrendamiento principal, el arrendador intermedio subarrienda los 5.000 metros cuadrados, del espacio de oficina por dos años a un subarrendatario.

El arrendador intermedio clasifica el subarrendamiento por referencia al activo por derecho de uso que surge del arrendamiento principal. El arrendador intermedio clasifica el subarrendamiento como un arrendamiento operativo, habiendo considerado los requerimientos de los párrafos 61 a 66 de la NIIF 16.

Cuando un arrendador intermedio realiza un subarrendamiento, el arrendador intermedio retiene el pasivo por arrendamiento y el activo por derecho de uso relacionado con el arrendamiento principal en su estado de situación financiera.

Durante el plazo del subarrendamiento, el arrendador intermedio:

(a)   reconoce un cargo por depreciación por el activo por derecho de uso y el interés por el pasivo por arrendamiento; y

(b)   reconoce el ingreso por arrendamiento procedente del subarrendamiento.

Información a revelar del arrendatario (párrafos 59 y B49 y B50)

EI9   El ejemplo 22 ilustra cómo un arrendatario con tipos diferentes de carteras de arrendamiento podría cumplir con los requerimientos de información a revelar descritos en los párrafos 59 y B49 de la NIIF 16 sobre pagos por arrendamiento variables. El ejemplo sólo contiene información del periodo corriente. La NIC 1 *Presentación de Estados Financieros* requiere que una entidad presente información comparativa.

Ejemplo 22—Condiciones de pago variables

El arrendatario con un alto volumen de arrendamientos con algunas condiciones de plazos de pago congruentes

Ejemplo 22A: un minorista (Arrendatario) opera un número de tiendas de marca diferentes—A, B, C y D. El Arrendatario tiene un gran volumen de arrendamiento de propiedades. La política de grupo del arrendatario es negociar las condiciones de pago variables para las tiendas recientemente establecidas. El arrendatario concluye que la información sobre los pagos por arrendamiento variables es relevante para los usuarios de sus estados financieros y no está disponible en ninguna otra parte de sus estados financieros. En concreto, el arrendatario concluye que la información sobre la proporción de los pagos por arrendamiento totales que surgen de los pagos variables, y la sensibilidad de dichos pagos por arrendamiento variables a cambios en las ventas, es la información que es relevante para los usuarios de sus estados financieros. Esta información es similar a la presentada a la alta dirección del arrendatario sobre los pagos por arrendamiento variables.

Algunos de los arrendamientos de propiedades dentro del grupo contienen condiciones de pagos variables que están vinculados a las ventas generadas por la tienda. Las condiciones de pagos variables, cuando sea posible, en las tiendas recientemente establecidas para vincular los pagos por rentas a los flujos de efectivo de la tiendas y minimiza los costos fijos. Los pagos de rentas fijos y variables por las tiendas de marca para el periodo que termina el 31 de diciembre de 20X0 se resumen a continuación.

	Tiendas	Pagos fijos	Pagos variables	Pagos totales	Impacto anual estimado sobre la renta total de la marca de un 1% de incremento en ventas
	No.	u.m.	u.m.	u.m.	%
Marca A	4.522	3.854	120	3.974	0,03%
Marca B	965	865	105	970	0,11%
Marca C	124	26	163	189	0,86%
Marca D	652	152	444	596	0,74%
	6.263	4.897	832	5.729	0,15%

Refiérase al comentario de la gerencia sobre la información presentada de la tienda sobre una base homogénea y la Nota X sobre información segmentada aplicando la NIIF 8 *Segmentos de Operación* relacionada con las Marcas A a D.

continúa...

...continuación

Ejemplo 22—Condiciones de pago variables

Ejemplo 22B: un minorista (Arrendatario) tiene un alto volumen de arrendamientos de tiendas al por menor. Muchos de estos arrendamientos contienen condiciones de pagos variables vinculados a las ventas de la tienda. La política de grupo del arrendatario establece las circunstancias en las que se usan las condiciones de pagos variables y todas las negociaciones de los arrendamientos deben aprobarse de forma centralizada. Los pagos por arrendamiento se supervisan de forma centralizada. El arrendatario concluye que la información sobre los pagos por arrendamiento variables es relevante para los usuarios de sus estados financieros y no está disponible en ninguna otra parte de sus estados financieros. En concreto, el arrendatario concluye que la información sobre los tipos diferentes de condiciones contractuales se usa con respecto a los pagos por arrendamiento variables, el efecto de esas condiciones en su rendimiento financiero y la sensibilidad de dichos pagos por arrendamiento variables a cambios en las ventas, es la información que es relevante para los usuarios de sus estados financieros. Esto es similar a la información presentada a la alta dirección del arrendatario sobre los pagos por arrendamiento variables.

Muchos de los arrendamientos de propiedades dentro del grupo contienen condiciones de pagos variables que están vinculados al volumen de ventas realizado por las tiendas arrendadas. Estas condiciones se usan, cuando es posible, para concordar los pagos por arrendamiento con las tiendas que generan flujos de efectivo más altos. Para tiendas individuales, hasta el 100 por ciento de los pagos por arrendamiento se basan en condiciones de pagos variables y existe un amplio rango de porcentajes de ventas aplicados. En algunos casos, las condiciones de pagos variables también contienen pagos anuales mínimos y límites máximos.

Los pagos y condiciones del arrendamiento para el periodo que termina el 31 de diciembre de 20X0 se resumen a continuación.

	Tiendas	Pagos fijos	Pagos variables	Pagos totales
	No.	u.m.	u.m.	u.m.
Solo rentas fijas	1.490	1.153	-	1.153
Renta variable sin mínimo	986	-	562	562
Renta variable con mínimo	3.089	1.091	1.435	2.526
	5.565	2.244	1.997	4.241

Un incremento del 1 por ciento en ventas en todas las tiendas del grupo se esperaría que incrementase los pagos por arrendamiento totales en aproximadamente un 0,6 a 0,7 por ciento. Un incremento del 5 por ciento en ventas en todas las tiendas del grupo se esperaría que incrementase los pagos por arrendamiento totales en aproximadamente un 2,6 a 2,8 por ciento.

continúa...

...continuación

Ejemplo 22—Condiciones de pago variables

El arrendatario con un alto volumen de arrendamientos con un amplio rango de condiciones de pago diferentes

Ejemplo 22C: un minorista (Arrendatario) tiene un alto volumen de arrendamientos de tiendas al por menor. Estos arrendamientos contienen un amplio rango de condiciones de pagos variables Las condiciones del arrendamiento se negocian y supervisan por la gerencia local. El arrendatario concluye que la información sobre los pagos por arrendamiento variables es relevante para los usuarios de sus estados financieros y no está disponible en ninguna otra parte de sus estados financieros. El arrendatario concluye que la información sobre cómo se gestiona su cartera de arrendamiento de propiedades es la que sea relevante para los usuarios de sus estados financieros. El arrendatario concluye que la información sobre el nivel esperado de pagos por arrendamiento variables en el siguiente año (similar a la presentada internamente a la alta dirección) es también relevante para los usuarios de sus estados financieros.

Muchos de los arrendamientos de propiedades dentro del grupo contienen condiciones de pagos variables. La gerencia local es responsable de los márgenes de las tiendas. Por consiguiente, las condiciones de los arrendamientos se negocian por la gerencia local y contiene un amplio rango de condiciones de pago. Las condiciones de pagos variables se usan por una variedad de razones, incluyendo la minimización de los costos fijos para tiendas recientemente establecidas o por razones de control del margen y flexibilidad operativa. Las condiciones de pagos por arrendamiento variables varían ampliamente entre las tiendas del grupo:

(a)   la mayoría de las condiciones de pagos variables se basan en un rango de porcentajes de ventas de las tiendas;

(b)   los pagos por arrendamiento se basan en condiciones variables que varían de 0 al 20 por ciento de los pagos por arrendamiento totales en una propiedad individual; y

(c)   algunas condiciones de pagos variables incluyen cláusulas techo y suelo.

El efecto financiero global de usar condiciones de pago variables es que se incurre en costos de rentas más altos en las tiendas con ventas mayores. Esto facilita la gestión de los márgenes en el grupo.

Los gastos por rentas variables se espera que continúen representando una proporción similar de las ventas de las tiendas en años futuros.

EI10   El ejemplo 23 ilustra cómo un arrendatario con tipos diferentes de carteras de arrendamiento podría cumplir con los requerimientos de información a revelar descritos en los párrafos 59 y B50 de la NIIF 16 sobre opciones de ampliación y de terminación. El ejemplo sólo contiene información del periodo corriente. La NIC 1 requiere que una entidad presente información comparativa.

Ejemplo 23—Opciones de ampliación y opciones de terminación

Arrendatario con un alto volumen de arrendamientos, que tienen un amplio rango de términos y condiciones diferentes que no se gestionan de forma centralizada

Ejemplo 23A: El arrendatario con un alto volumen de arrendamientos de equipos con un amplio rango de términos y condiciones diferentes. Las condiciones del arrendamiento se negocian y supervisan por la gerencia local. El arrendatario concluye que la información sobre cómo gestiona el uso de las opciones de terminación y ampliación es la que es relevante para los usuarios de sus estados financieros y no está disponible en ninguna otra parte de sus estados financieros. El arrendatario concluye también que la información sobre (a) el efecto financiero de la nueva evaluación de las opciones y (b) la proporción de su cartera de arrendamientos a corto plazo proceden de arrendamientos con cláusulas de interrupción es también relevante para los usuarios de sus estados financieros.

Las opciones de ampliación y terminación se incluyen en un número de arrendamientos de equipo en el grupo. Los equipos locales son responsables de la gestión de sus arrendamientos y, por consiguiente, las condiciones de arrendamiento se negocian sobre una base individual y contienen un amplio rango de términos y condiciones diferentes. Las opciones de ampliación y terminación se incluyen, cuando es posible, para proporcionar a la gerencia local mayor flexibilidad para alinear su necesidad de acceder a equipamiento con el cumplimiento de los contratos de los clientes. Los términos y condiciones individuales usados varían en el grupo.

La mayoría de las opciones de ampliación y terminación mantenidas son ejercitables solo por el arrendatario y por los respetivos arrendadores. En casos en los que el arrendatario no tiene certeza razonable de usar una ampliación del plazo de arrendamiento opcional, los pagos asociados con el periodo opcional no se incluyen en los pasivos por arrendamiento.

Durante 20X0, el efecto financiero de revisar las condiciones del arrendamiento para reflejar el efecto de ejercer las opciones de ampliación y terminación era un incremento en los pasivos por arrendamiento reconocidos de 489 u.m.

Además, el arrendatario tiene un número de acuerdos de arrendamiento que contienen cláusulas anuales de interrupción sin penalización. Estos arrendamientos se clasifican como arrendamientos a corto plazo y no se incluyen en los pasivos por arrendamiento. El gasto por arrendamientos a corto plazo de 30 u.m. reconocidas durante 20X0 incluía 27 u.m. relacionadas con arrendamientos con cláusula de interrupción anual.

continúa...

...continuación

Ejemplo 23—Opciones de ampliación y opciones de terminación

Arrendatario con un alto volumen de arrendamientos con algunas condiciones y opciones congruentes

Ejemplo 23: un restaurador (Arrendatario) tiene un alto volumen de arrendamientos de propiedades que contienen opción de terminación sin penalización que son ejercitables a voluntad del arrendatario. La política de grupo del arrendatario es tener opciones de terminación en arrendamientos de más de cinco años, siempre que sea posible. El arrendatario tiene un equipo de propiedades que negocia centralizadamente los arrendamientos. El arrendatario concluye que la información sobre las opciones de terminación es relevante para los usuarios de sus estados financieros y no está disponible en ninguna otra parte de sus estados financieros. En concreto, el arrendatario concluye que esa información sobre (a) la exposición potencial a pagos por arrendamiento futuros que no se incluyen en la medición de los pasivos por arrendamiento y (b) la proporción de opciones de terminación que han sido ejercidas históricamente es la información que es relevante para los usuarios de sus estados financieros. El arrendatario también destaca que presentando esta información sobre la base de las mismas marcas de restaurantes para los que se revela la información por segmentos aplicando la NIIF 8 es relevante para los usuarios de sus estados financieros. Esto es similar a la información presentada a la alta dirección del arrendatario sobre opciones de terminación.

Muchos de los arrendamientos de propiedades dentro del grupo contienen opciones de terminación. Estas opciones se usan para limitar el periodo en el que el grupo se compromete a contratos de arrendamiento individuales y para maximizar la flexibilidad operativa en términos de apertura y cierre de restaurantes individuales. Para la mayoría de los restaurantes, los pasivos por arrendamiento reconocidos no incluyen pagos por rentas futuros potenciales después de la fecha de ejercicio de las opciones de terminación porque el arrendatario no tiene razonable certeza de ampliar el arrendamiento más allá de esa fecha. Este es el caso de la mayoría de los arrendamientos para los que un periodo de arrendamiento más largo puede ser impuesto solo por el arrendatario y no por el arrendador, y para el cual no existe penalización asociada con la opción.

Pagos por rentas futuras potenciales relacionadas con periodos posteriores a la fecha de ejercicio de las opciones de terminación que se resumen a continuación.

continúa...

...*continuación*

Ejemplo 23—Opciones de ampliación y opciones de terminación

Segmento de negocio	Arrendamiento Pasivos por arrendamiento reconocidos (descontados)	Pagos por arrendamiento futuros potenciales no incluidos en los pasivos por arrendamiento (sin descontar)		
		Pagaderos durante 20X1–20X5	Pagaderos durante 20X6–20Y0	Total
	u.m.	u.m.	u.m.	u.m.
Marca A	569	71	94	165
Marca B	2.455	968	594	1.562
Marca C	269	99	55	154
Marca D	1.002	230	180	410
Marca E	914	181	321	502
	5.209	1.549	1.244	2.793

La Tabla siguiente resume la tasa de ejercicio de opciones de terminación durante 20X0.

Segmento de negocio	Opción de terminación ejercitable durante 20X0	Opción de terminación no ejercida	Opción de terminación ejercida
	No. de arrendamientos	No. de arrendamientos	No. de arrendamientos
Marca A	33	30	3
Marca B	86	69	17
Marca C	19	18	1
Marca D	30	5	25
Marca E	66	40	26
	234	162	72

continúa...

...continuación

Ejemplo 23—Opciones de ampliación y opciones de terminación

Ejemplo 23C: El arrendatario tiene un alto volumen de arrendamientos de equipos grandes que contienen opciones de ampliación que son ejercitables por el Arrendatario durante el arrendamiento. La política de grupo del arrendatario es usar las opciones de ampliación para alinear, cuando sea posible, los plazos de arrendamiento comprometidos para los grandes equipos con el plazo contractual inicial de los contratos de clientes asociados, a la vez que conserva flexibilidad para gestionar sus equipos grandes y reasignar activos entre contratos. El arrendatario concluye que la información sobre las opciones de ampliación es relevante para los usuarios de sus estados financieros y no está disponible en ninguna otra parte de sus estados financieros. En concreto, el arrendatario concluye que (a) la información sobre la exposición potencial a pagos por arrendamiento futuros que no se incluyen en la medición de los pasivos por arrendamiento y (b) la información sobre la tasa histórica de ejercicio de las opciones de ampliación es la información que es relevante para los usuarios de sus estados financieros. Esto es similar a la información presentada a la alta dirección del arrendatario sobre opciones de ampliación.

Muchos de los arrendamientos de grandes equipos dentro del grupo contienen opciones de ampliación. Estas condiciones se usan para maximizar la flexibilidad operativa en términos de gestión de contratos Estas condiciones no se reflejan al medir los pasivos por arrendamiento en muchos casos porque no hay certeza razonable de que se vayan a ejercer las opciones. Este es generalmente el caso cuando el gran equipo subyacente no ha sido asignado para su uso en un contrato de un cliente concreto después de la fecha de ejercicio de una opción de ampliación. La tabla siguiente resume los pagos por rentas futuras potenciales relacionadas con periodos posteriores a las fechas de ejercicio de las opciones de ampliación.

Segmento de negocio	Pasivos por arrendamiento reconocidos (descontados)	Pagos por arrendamiento futuros potenciales no incluidos en los pasivos por arrendamiento (descontados)	Tasa histórica de ejercicio de las opciones de ampliación
	u.m.	u.m.	%
Segmento A	569	799	52%
Segmento B	2.455	269	69%
Segmento C	269	99	75%
Segmento D	1.002	111	41%
Segmento E	914	312	76%
	5.209	1.590	67%

Transacciones de venta con arrendamiento posterior (párrafos 98 a 103)

EI11   El ejemplo 24 ilustra la aplicación de los requerimientos de los párrafos 99 a 102 de la NIIF 16 para un arrendatario-vendedor y un arrendador-comprador.

Ejemplo 24—Transacción de venta con arrendamiento posterior

Una entidad (Arrendatario-vendedor vende un edificio a otra entidad (arrendador-comprador) por 2.000.000 u.m. en efectivo. Inmediatamente antes de la transacción, el edificio estaba registrado por un costo de 1.000.000 u.m. Al mismo tiempo, el arrendatario-vendedor contrata con el arrendador-comprador el derecho a usar el edificio por 18 años, con pagos anuales de 120.000 u.m. pagaderas al final de cada año. Los términos y condiciones de la transacción son tales que la transferencia del edificio por el arrendatario-vendedor satisface los requerimientos para determinar cuándo se satisface una obligación de desempeño según la NIIF 15 Ingresos de Actividades Ordinarias Procedentes de Contratos con Clientes. **[Referencia: párrafo 99]** *Por consiguiente, el arrendatario-vendedor y el arrendador-comprador contabilizan la transacción como una venta con arrendamiento posterior. El ejemplo ignora los costos directos iniciales.*

El valor razonable del edificio en la fecha de la venta es de 1.800.000 u.m. Puesto que la contraprestación por la venta del edificio no es a valor razonable, el arrendatario-vendedor y el arrendador-comprador realizan ajustes para medir el producto de la venta al valor razonable. El importe del exceso en el precio de venta de 200.000 u.m. (2.000.000 u.m. – 1.800.000 u.m.) se reconoce como financiación adicional proporcionada por el arrendador-comprador al Arrendatario-vendedor.
[Referencia: párrafo 101(b)]

La tasa de interés implícita en el arrendamiento es del 4,5 por ciento anual, que es fácilmente determinable por el arrendatario-vendedor. El valor presente de los pagos anuales (18 pagos de 120.000 u.m. descontados al 4,5 por ciento anual) asciende a 1.459.200 u.m. de la cuales 200.000 u.m. están relacionadas con la financiación adicional y 1.259.200 u.m. con el arrendamiento—correspondiente a los 18 pagos anuales de 16.447 u.m. y 103.553 u.m., respectivamente.

El arrendador-comprador clasifica el arrendamiento del edificio como un arrendamiento operativo.

<u>Arrendatario-vendedor</u>

En la fecha de comienzo el arrendatario-vendedor medirá el activo por derecho de uso que surge de la venta con arrendamiento posterior del edificio en la proporción del importe en libros anterior del activo que se relaciona con el derecho de uso conservado por el arrendatario-vendedor, que es de 699.555. **[Referencia: párrafo 100(a)]** Esto está calculado como 1.000.000 (el importe en libros del edificio) ÷ 1.800.000 u.m. (el valor razonable del edificio) × 1.259.200 u.m. (los pagos por arrendamiento descontados para el activo por derecho de uso por 18 años.

continúa...

...continuación

Ejemplo 24—Transacción de venta con arrendamiento posterior

El arrendatario-vendedor reconoce solo el importe de la ganancia que se relaciona con los derechos transferidos al arrendador-comprador **[Referencia: párrafo 100(a)]** de 240.355 u.m. calculadas de la forma siguiente. La ganancia en la venta del edificio asciende a 800.000 u.m. (1.800.000 u.m. – 1.000.000 u.m.), de las cuales:

(a)   559.645 u.m. (800.000 u.m. ÷ 1.800.000 u.m. × 1.259.200) están relacionadas con el derecho a usar el edificio conservado por el arrendador-vendedor. y

(b)   240.355 u.m. [800.000 u.m. ÷ 1.800.000 u.m. × (1.800.000 u.m. – 1.259.200 u.m.)] están relacionadas con los derechos transferidos al arrendador-comprador.

En la fecha de comienzo, el arrendatario-vendedor contabiliza la transacción de la forma siguiente.

Efectivo	2.000.000 u.m.	
Activo por derecho de uso	699.555 u.m.	
Edificio		1.000.000 u.m.
Pasivo financiero		1.459.000 u.m.
Ganancia sobre los derechos transferido		240.355 u.m.

Arrendador-comprador

En la fecha de comienzo, el arrendador-comprador contabiliza la transacción **[Referencia: párrafo 100(b)]** de la forma siguiente.

Edificio	1.800.000 u.m.
Activo financiero	200.000 u.m. (18 pagos de 16.447 u.m., descontados al 4,5 por ciento anual)
Efectivo	2.000.000 u.m.

En la fecha de comienzo, el arrendador-comprador contabiliza el arrendamiento tratando las 103.553 u.m. de los pagos anuales de 120.000 u.m. como pagos por arrendamiento. Las restantes 16.447 u.m. de pagos anuales recibidos del arrendatario-vendedor se contabilizan como (a) pagos recibidos para liquidar el activo financiero de 200.000 u.m. y (b) ingresos por intereses.

Apéndice
Modificaciones a las guías en otras Normas

Este apéndice describe las modificaciones a guías de otras Normas que realizó el IASB cuando finalizó la NIIF 16.

* * * * *

Las modificaciones contenidas en este Apéndice cuando se emitió esta Norma en 2016 han sido incorporadas al texto de las Normas correspondientes publicadas en este volumen.

Documentos del IASB publicados para acompañar a la

NIIF 17

Contratos de Seguro

El texto normativo de la NIIF 17 se encuentra en la Parte A de esta edición. Su fecha de vigencia en el momento de la emisión era el 1 de enero de 2021. En junio de 2020 el Consejo emitió *Modificaciones a la NIIF 17* que retrasó la fecha de vigencia al 1 de enero de 2023. El texto de los Fundamentos de las Conclusiones de la NIIF 17 se encuentra en la Parte C de esta edición. Esta parte presenta los siguientes documentos:

EJEMPLOS ILUSTRATIVOS

APÉNDICE

Modificaciones a las guías en otras Normas

NIIF 17 MATERIAL COMPLEMENTARIO

Resumen de una página del modelo contable de la NIIF 17 *Contratos de Seguro* publicado por el personal técnico de la Fundación IFRS en enero de 2018

ÍNDICE

continúa...

...continuación

NIIF 17 *Contratos de Seguro*
Ejemplos Ilustrativos

Estos ejemplos acompañan a la NIIF 17 pero no forman parte de la misma. Ilustran aspectos de la NIIF 17 pero no pretenden proporcionar guías interpretativas.

Introducción

EI1 Estos ejemplos muestran situaciones hipotéticas que ilustran la forma en que una entidad puede aplicar algunos de los requerimientos de la NIIF 17 a aspectos concretos de la contabilización de contratos dentro del alcance de la NIIF 17 sobre la base de los hechos limitados presentados. El análisis de cada ejemplo no pretende representar la única forma en que se podrían aplicar los requerimientos, ni se pretende aplicar los ejemplos solo al sector industrial concreto utilizado. Aunque algunos aspectos de los ejemplos pueden estar presentes en estructuras de hechos reales, están simplificados y, al aplicar la NIIF 17, necesitarían evaluarse todos los hechos y circunstancias relevantes de una estructura de hechos concreta.

EI2 Estos ejemplos abordan requerimientos específicos de la NIIF 17:

(a) las principales características de la contabilización de los contratos de seguro (véanse los ejemplos 1 a 3); y

(b) los requerimientos específicos de la NIIF 17 (véanse los ejemplos 4 a 18).

EI3 En estos ejemplos:

(a) los importes de crédito se presentan como positivos y los importes de débito se presentan como negativos (entre paréntesis);

(b) los importes están denominados en unidades monetarias (u.m.);

(c) todos los números de párrafo se relacionan con la NIIF 17, a menos que se especifique otra cosa;

(d) algunos números incluyen una diferencia de redondeo; y

(e) se supone que los contratos de seguro cumplen las condiciones de los párrafos 14 a 23 para evaluarse en conjunto y combinarse en un grupo en el momento del reconocimiento inicial. Se supone que, aplicando el párrafo 24, la entidad:

(i) establece los grupos en el momento del reconocimiento inicial de los contratos, y no evalúa nuevamente la composición de los grupos con posterioridad; y

(ii) puede estimar los flujos de efectivo procedentes del cumplimiento a un nivel mayor de agregación que el grupo, siempre que la entidad sea capaz de incluir los flujos de efectivo procedentes del cumplimiento en cada grupo, una vez se hayan asignado estas estimaciones a los grupos de contratos.

EI3A   En junio de 2020, el Consejo de Normas Internacionales de Contabilidad (Consejo) modificó la NIIF 17 y realizó las siguientes modificaciones a estos ejemplos:

(a)   Se añade el Ejemplo 12C;

(b)   Se modificaron los Ejemplos 4, 6, 7, 9, 11, 12, 13, 14 y 16; y

(c)   se realizaron algunas modificaciones para mejorar las explicaciones de los Ejemplos 2B, 3B, 6, 8 y 9.

Características clave de la contabilización para grupos de contratos de seguro

Ejemplo 1—Medición en el momento del reconocimiento inicial (párrafos 32, 38 y 47)

EI4   Este ejemplo ilustra cómo mide una entidad, en el momento del reconocimiento inicial, un grupo de contratos de seguro que es oneroso en ese momento, así como un grupo de contratos de seguro que no es oneroso en el momento del reconocimiento inicial.

Supuestos

EI5   Una entidad emite 100 contratos de seguro con un periodo de cobertura de tres años. El periodo de cobertura comienza cuando se emiten los contratos de seguro. Se supone, por simplicidad, que ningún contrato se interrumpirá antes del final del periodo de cobertura.

EI6   La entidad espera recibir primas por 900 u.m. inmediatamente después del reconocimiento inicial, por ello, la estimación del valor presente de las entradas de efectivo futuras es de 900 u.m.

EI7   La entidad estima las salidas de efectivo anuales al final de cada año de la forma siguiente:

(a)   En el Ejemplo 1A, las salidas de efectivo futuras anuales son de 200 u.m. (600 u.m. en total). La entidad estima que el valor presente de los flujos de efectivo futuros es de 545 u.m. usando una tasa de descuento del 5 por ciento anual que refleja las características de esos flujos de efectivo determinados aplicando el párrafo 36.

(b)   En el Ejemplo 1B, las salidas de efectivo futuras anuales son de 400 u.m. (1.200 u.m. en total). La entidad estima que el valor presente de los flujos de efectivo futuros es de 1.089 u.m. usando una tasa de descuento del 5 por ciento anual que refleja las características de esos flujos de efectivo determinados aplicando el párrafo 36.

EI8   La entidad estima el ajuste del riesgo para el riesgo no financiero, en el momento del reconocimiento inicial, en 120 u.m.

EI9   En este ejemplo se ignoran, por simplicidad, todos los demás importes.

Análisis

EI10 La medición del grupo de contratos de seguro en el momento del reconocimiento inicial es de la forma siguiente:

	Ejemplo 1A	Ejemplo 1B
	u.m.	u.m.
Estimaciones del valor presente de las entradas de efectivo futuras	(900)	(900)
Estimaciones del valor presente de las salidas de efectivo futuras	545	1.089
Estimaciones del valor presente de los flujos de efectivo futuros	(355)	189
Ajuste del riesgo para el riesgo no financiero	120	120
Flujos de efectivo procedentes del cumplimiento[(a)]	(235)	309
Margen de servicio contractual	235 [(b)]	– [(c)]
(Activo) / pasivo del contrato de seguro en el momento del reconocimiento inicial[(d)]	–	309 [(c)]
El efecto sobre el resultado del periodo en el momento del reconocimiento inicial es como sigue:		
Gastos del servicio de seguro	–	(309) [(c)]
Pérdida reconocida en el año	– [(b)]	**(309)**

(a) El párrafo 32 requiere que los flujos de efectivo procedentes del cumplimiento comprendan estimaciones de los flujos de efectivo futuros, ajustados para reflejar el valor temporal del dinero y el riesgo financiero relacionado con esos flujos de efectivo futuros, así como un ajuste del riesgo para el riesgo no financiero.

(b) Aplicando el párrafo 38, la entidad mide el margen de servicio contractual en el momento del reconocimiento inicial de un grupo de contratos de seguro por un importe que no da lugar a gastos o ingresos que surgen del reconocimiento inicial de los flujos de efectivo procedentes del cumplimiento. Por consiguiente, el margen de servicio contractual es igual a 235 u.m.

(c) Aplicando el párrafo 47, la entidad concluye que estos contratos de seguro en el momento del reconocimiento inicial son onerosos porque los flujos de efectivo procedentes del cumplimiento en el momento del reconocimiento inicial suponen una salida neta de efectivo. Aplicando el párrafo 16(a), la entidad agrupará esos contratos por separado de los contratos que no son onerosos. La entidad reconoce una pérdida en el resultado del periodo por la salida neta, dando lugar a que el importe en libros del pasivo por el grupo sea igual a los flujos de efectivo procedentes del cumplimiento y siendo cero el margen de servicio contractual del grupo.

(d) Aplicando el párrafo 32, la entidad mide el grupo de contratos de seguro en el momento del reconocimiento inicial por el total de los flujos de efectivo procedentes del cumplimiento y el margen de servicio contractual.

EI11   Inmediatamente después del reconocimiento inicial, la entidad recibe la prima de 900 u.m. y el importe en libros del grupo de contratos de seguro cambia de la forma siguiente:

	Ejemplo 1A	Ejemplo 1B
	u.m.	u.m.
Estimaciones del valor presente de las entradas de efectivo futuras	–	–
Estimaciones del valor presente de las salidas de efectivo futuras	545	1.089
Estimaciones del valor presente de los flujos de efectivo futuros	545	1.089
Ajuste del riesgo para el riesgo no financiero	120	120
Flujos de efectivo procedentes del cumplimiento	665	1.209
Margen de servicio contractual	235	–
(Activo) / pasivo del contrato de seguro inmediatamente después del reconocimiento inicial	**900**	**1.209**

Ejemplo 2—Medición posterior (párrafos 40, 44, 48, 101 y B96 a B97)

EI12   Este ejemplo ilustra cómo mide posteriormente una entidad un grupo de contratos de seguro, incluyendo una situación en la que el grupo de contratos de seguro pasa a ser oneroso después del reconocimiento inicial.

EI13   Este ejemplo también ilustra el requerimiento de que una entidad revele una conciliación de los saldos de apertura y cierre de cada componente del pasivo por el grupo de contratos de seguro del párrafo 101.

Supuestos

EI14   El Ejemplo 2 usa los mismos hechos que el Ejemplo 1A en el momento del reconocimiento inicial. Además:

(a)   en el Año 1 todos los sucesos ocurren como se esperaba y la entidad no cambia los supuestos relacionados con periodos futuros;

(b)   en el Año 1 la tasa de descuento que refleja las características de los flujos de efectivo del grupo permanece al 5 por ciento anual al final de cada año (esos flujos de efectivo no varían sobre la base de las rentabilidades de los elementos subyacentes);

(c)   el ajuste del riesgo para el riesgo no financiero se reconoce en el resultado del periodo uniformemente en cada año de cobertura; y

(d)   se espera que los gastos se paguen inmediatamente después de que incurra en ellos al final de cada año.

EI15   Al final del Año 2 los gastos incurridos difieren de los esperados para ese año. La entidad revisa también los flujos de efectivo procedentes del cumplimiento para el Año 3 de la forma siguiente:

(a)   en el Ejemplo 2A, existen cambios favorables en los flujos de efectivo procedentes del cumplimiento y estos cambios incrementan la rentabilidad esperada del grupo de contratos de seguro; y

(b)   en el Ejemplo 2B, existen cambios desfavorables en los flujos de efectivo procedentes del cumplimiento que superan el margen de servicio contractual, dando lugar a un grupo oneroso de contratos de seguro.

Análisis

EI16   En el momento del reconocimiento inicial, la entidad mide el grupo de contratos de seguro y estima los flujos de efectivo procedentes del cumplimiento al final de cada año posterior de la forma siguiente:

	Reconoci-miento inicial	Año 1	Año 2	Año 3
	u.m.	u.m.	u.m.	u.m.
Estimaciones del valor presente de las entradas de efectivo futuras	(900)	–	–	–
Estimaciones del valor presente de las salidas de efectivo futuras	545	372	191	–
Estimaciones del valor presente de los flujos de efectivo futuros	(355)	372	191	–
Ajuste del riesgo para el riesgo no financiero	120	80	40	–
Flujos de efectivo procedentes del cumplimiento	(235)	452	231	–
Margen de servicio contractual	235			
(Activo) / pasivo del contrato de seguro en el momento del reconoci-miento inicial	–			

EI17   Al final del Año 1, aplicando los párrafos B96 y B97, la entidad analiza el origen de los cambios en los flujos de efectivo procedentes del cumplimiento durante el año para decidir si cada cambio ajusta el margen de servicio contractual. Utilizando esta información, un posible formato de conciliación del pasivo por contratos de seguro requerido por el párrafo 101 es el siguiente:

	Estimaciones del valor presente de los flujos de efectivo futuros	Ajuste del riesgo para el riesgo no financiero	Margen de servicio contractual	Pasivo por el contrato de seguro
	u.m.	u.m.	u.m.	u.m.
Saldo inicial	–			–
Cambios relacionados con el servicio futuro: contratos nuevos	(355)	120	235 [(a)]	–
Entradas de efectivo	900	–	–	900
Gastos financieros por seguro	27 [(b)]	– [(c)]	12 [(d)]	39
Cambios relacionados con el servicio corriente	–	(40) [(c)]	(82) [(e)]	(122)
Salidas de efectivo	(200)	–	–	(200)
Saldo final	**372**	**80**	**165**	**617**

(a)   Aplicando el párrafo 44(a), la entidad ajusta el margen de servicio contractual del grupo de contratos con los nuevos contratos añadidos al grupo.

(b)   En este ejemplo, los gastos financieros por seguros de 27 u.m. se calculan multiplicando 545 u.m. (la diferencia entre las estimaciones del valor presente de los flujos de efectivo futuros en el momento del reconocimiento inicial de (355) u.m. y las entradas de efectivo de 900 u.m. recibidas al comienzo del Año 1) por la tasa del 5 por ciento, determinada aplicando los párrafos 36 y B72(a).

(c)   Aplicando el párrafo 81, la entidad opta por no desglosar el cambio en el ajuste del riesgo para el riesgo no financiero entre el resultado del servicio de seguro y los gastos o ingresos financieros por seguros, por ello, la entidad presenta el cambio total en el ajuste del riesgo para el riesgo no financiero como parte del resultado del servicio de seguro en el estado del resultado del periodo.

(d)   Aplicando los párrafos 44(b) y B72(b), la entidad calcula los intereses abonados en el importe en libros del margen de servicio contractual de 12 u.m. multiplicando el saldo de apertura de 235 u.m. por la tasa de descuento del 5 por ciento. Esa tasa es aplicable a los flujos de efectivo nominales que no varían sobre la base de las rentabilidades sobre los elementos subyacentes, determinadas en el momento del reconocimiento inicial del grupo de contratos de seguro.

continúa...

...continuación

(e)   Aplicando los párrafos 44(e) y B119, la entidad reconoce en el resultado de cada periodo un importe del margen de servicio contractual para el grupo de contratos de seguro para reflejar los servicios proporcionados según el grupo de contratos de seguro en ese periodo. El importe se determina identificando las unidades de cobertura en el grupo. Estas unidades de cobertura reflejan la cantidad de ganancias proporcionadas para cada contrato del grupo y su duración de cobertura esperada. La entidad asigna el margen de servicio contractual al final de periodo (antes de reconocer los importes en el resultado del periodo) de forma lineal a cada unidad de cobertura proporcionada en el periodo corriente y que se espera proporcionar en el futuro, y reconoce en el resultado del periodo el importe asignado a las unidades de cobertura proporcionadas en el periodo. En este ejemplo, el servicio proporcionado en cada periodo por el grupo de contratos es el mismo porque todos los contratos se espera que proporcionen el mismo importe de ganancias para los tres periodos de cobertura. Por consiguiente, el importe del margen de servicio contractual reconocido en el resultado del periodo de 82 u.m. es 247 u.m. (235 u.m. + 12 u.m.) dividido por los tres periodos de cobertura.

La entidad podría lograr el objetivo del reconocimiento del margen de contrato de servicio sobre la base de las unidades de cobertura usando un patrón diferente. Por ejemplo, la entidad podría asignar de forma lineal en cada periodo el margen de servicio contractual incluyendo el interés total esperado que se acumulará a lo largo del periodo de cobertura. En este ejemplo, el patrón de asignación usando este método sería igual a 86 u.m. en cada periodo calculado como 86 u.m. = 235 u.m. × 1,05 ÷ $(1 + 1 \div 1{,}05 + 1 \div 1{,}05^2)$ en lugar del patrón de incremento de 82 u.m. en el Año 1, 86 u.m. en el Año 2 y 91 u.m. en el Año 3.

El Ejemplo 6 ilustra la asignación del margen de servicio contractual en una situación en la que la entidad espera que los contratos en el grupo tengan duraciones diferentes.

Ejemplo 2A—Cambios en los flujos de efectivo procedentes del cumplimiento que incrementan la rentabilidad futura

Supuestos

EI18   Al final del Año 2, ocurren los sucesos siguientes:

(a)   las reclamaciones reales de 150 u.m. son 50 u.m. menores que las originalmente esperadas para este periodo;

(b)   la entidad revisa las estimaciones de las salidas de efectivo futuras para el Año 3 y espera pagar 140 u.m., en lugar de 200 u.m. (el valor presente es de 133 u.m. en lugar de 191 u.m., una disminución en el valor presente de 58 u.m.); y

(c)   la entidad revisa el ajuste del riesgo para el riesgo no financiero relacionado con estimaciones de los flujos de efectivo futuros de 30 u.m. en lugar de las 40 u.m. estimadas inicialmente.

Análisis

EI19 Por ello, las estimaciones de los flujos de efectivo procedentes del cumplimiento revisados al final del Año 2 son los siguientes (los flujos de efectivo procedentes del cumplimiento para el Año 1 y Año 3 se proporcionan por comparación):

	Reconoci- miento inicial	Año 1	Año 2	Año 3
	u.m.	u.m.	u.m.	u.m.
Estimaciones del valor presente de las entradas de efectivo futuras	(900)	–	–	–
Estimaciones del valor presente de las salidas de efectivo futuras	545	372	133	–
Estimaciones del valor presente de los flujos de efectivo futuros	(355)	372	133	–
Ajuste del riesgo para el riesgo no financiero	120	80	30	–
Flujos de efectivo procedentes del cumplimiento	**(235)**	**452**	**163**	**–**

EI20 A final del Año 2, aplicando los párrafos B96 y B97, la entidad analiza el origen de los cambios en los flujos de efectivo procedentes del cumplimiento durante el año para decidir, en cada uno de ellos, si debe ajustar el margen de servicio contractual. Utilizando esta información, un posible formato de conciliación del pasivo por contratos de seguro requerido por el párrafo 101 es el siguiente:

	Estimaciones del valor presente de los flujos de efectivo futuros	Ajuste del riesgo para el riesgo no financiero	Margen de servicio contractual	Pasivo por el contrato de seguro
	u.m.	u.m.	u.m.	u.m.
Saldo inicial	372	80	165	617
Gastos financieros por seguro	19 [(a)]	–	8 [(a)]	27
Cambios relacionados con el servicio futuro	(58)	(10)	68 [(b)]	–
Cambios relacionados con el servicio corriente	(50) [(c)]	(40)	(121) [(a)]	(211)
Salidas de efectivo	(150)	–	–	(150)
Saldo final	**133**	**30**	**120**	**283**

continúa...

...continuación

(a) Sobre el método de cálculo, véase Año 1.

(b) Aplicando el párrafo 44(c), la entidad ajusta el margen de servicio contractual del grupo de contratos por cambios en los flujos de efectivo procedentes del cumplimiento relacionados con el servicio futuro. Aplicando el párrafo B96, la entidad ajusta el margen de servicio contractual por cambios en las estimaciones del valor presente de los flujos de efectivo futuros medidos a la tasa de descuento determinada en el momento del reconocimiento inicial del grupo de contratos de seguro de 58 u.m. y cambia el ajuste del riesgo para el riesgo no financiero que se relaciona con el servicio futuro de 10 u.m. El Ejemplo 6 ilustra la contabilización de cambios en las estimaciones del valor presente de los flujos de efectivo futuros cuando existe un cambio en la tasa de descuento después del reconocimiento inicial de un grupo.

(c) Aplicando el párrafo B97(c), la entidad no ajusta el margen de servicio contractual por el ajuste por experiencia de 50 u.m. definido como la diferencia entre la estimación al comienzo del periodo de los gastos del servicio de seguro en que espera incurrir en el periodo de 200 u.m. y los gastos del servicio de seguro reales incurridos en el periodo de 150 u.m. Aplicando el párrafo 104, la entidad clasifica esos cambios como relacionados con el servicio corriente.

EI21 Al final del Año 3, termina el periodo de cobertura, de forma que el margen de servicio contractual restante se reconoce en el resultado del periodo. En este ejemplo, todas las reclamaciones se pagan cuando se incurre en ellas, por ello, la obligación restante se extingue cuando las salidas de efectivo revisadas se pagan al final del Año 3.

EI22 A final del Año 3, aplicando los párrafos B96 y B97, la entidad analiza el origen de los cambios en los flujos de efectivo procedentes del cumplimiento durante el año para decidir, en cada uno de ellos, si debe ajustar el margen de servicio contractual. Utilizando esta información, un posible formato de conciliación del pasivo por contratos de seguro requerido por el párrafo 101 es el siguiente:

	Estimaciones del valor presente de los flujos de efectivo futuros	Ajuste del riesgo para el riesgo no financiero	Margen de servicio contractual	Pasivo por el contrato de seguro
	u.m.	u.m.	u.m.	u.m.
Saldo inicial	133	30	120	283
Gastos financieros por seguro	7 (a)	–	6 (a)	13
Cambios relacionados con el servicio corriente	–	(30)	(126) (a)	(156)
Salidas de efectivo	(140)	–	–	(140)
Saldo final	–	–	–	–

(a) Sobre el método de cálculo, véase Año 1.

EI23   Los importes reconocidos en el estado de situación financiera y el estado del resultado del periodo resumen los importes analizados en las tablas anteriores de la forma siguiente:

Estado de situación financiera	Año 1	Año 2	Año 3	Total
	u.m.	u.m.	u.m.	u.m.
Efectivo[a]	(700)	(550)	(410)	
Pasivo por el contrato de seguro	617	283	—	
Patrimonio	83	267	410	
Estado del resultado del periodo[b]				
Cambios relacionados con el servicio corriente	122	211	156	489
Gastos financieros por seguro	(39)	(27)	(13)	(79)
Ganancia	**83**	**184**	**143**	**410**

(a)   En el Año 1, el importe de efectivo de (700) u.m. es igual al cobro de las primas de (900) u.m. y el pago de reclamaciones de 200 u.m. Existen pagos adicionales de reclamaciones: 150 u.m. en el Año 2 y 140 u.m. en el Año 3. Por simplicidad, no existen intereses acumulados (o devengados) en la cuenta de efectivo.

(b)   Este ejemplo ilustra los importes reconocidos en el estado del resultado del periodo. El ejemplo 3A ilustra cómo pueden presentarse estos importes.

Ejemplo 2B—Cambios en los flujos de efectivo procedentes del cumplimiento que crean un grupo oneroso de contratos de seguro

EI24   Al final del Año 2, ocurren los sucesos siguientes:

(a)   Las reclamaciones reales de 400 u.m. son 200 u.m. mayores que las originalmente esperadas para este periodo.

(b)   La entidad revisa sus estimaciones de las salidas de efectivo futuras para el Año 3 de 450 u.m., en lugar de 200 u.m. (un incremento en el valor presente de 238 u.m.). La entidad también revisa el ajuste del riesgo para el riesgo no financiero relacionado con esos flujos de efectivo futuros a 88 u.m. al final del Año 2 (48 u.m. mayor que los originalmente estimados de 40 u.m.).

EI25   Por ello, las estimaciones de los flujos de efectivo procedentes del cumplimiento revisados al final del Año 2 y 3 son de la forma siguiente (los flujos de efectivo procedentes del cumplimiento para el Año 1 se proporcionan para comparación):

	Reconocimiento inicial	Año 1	Año 2	Año 3
	u.m.	u.m.	u.m.	u.m.
Estimaciones del valor presente de las entradas de efectivo futuras	(900)	–	–	
Estimaciones del valor presente de las salidas de efectivo futuras	545	372	429	–
Estimaciones del valor presente de los flujos de efectivo futuros	(355)	372	429	–
Ajuste del riesgo para el riesgo no financiero	120	80	88	–
Flujos de efectivo procedentes del cumplimiento	**(235)**	**452**	**517**	**–**

EI26   A final del Año 2, aplicando los párrafos B96 y B97, la entidad analiza el origen de los cambios en los flujos de efectivo procedentes del cumplimiento durante el año para decidir, en cada uno de ellos, si debe ajustar el margen de servicio contractual. Utilizando esta información, un posible formato de conciliación del pasivo por contratos de seguro requerido por el párrafo 101 es el siguiente:

	Estimaciones del valor presente de los flujos de efectivo futuros	Ajuste del riesgo para el riesgo no financiero	Margen de servicio contractual	Pasivo por el contrato de seguro
	u.m.	u.m.	u.m.	u.m.
Saldo inicial	372	80	165	617
Gastos financieros por seguro	19 [(a)]	–	8 [(a)]	27
Cambios relacionados con el servicio futuro	238	48	(173) [(b)]	113
Cambios relacionados con el servicio corriente	200	(40)	[(c)]	160
Salidas de efectivo	(400)	–	–	(400)
Saldo final	**429**	**88**	**–**	**517**

continúa...

...continuación

(a) Sobre el método de cálculo, véase Año 1.

(b) Aplicando el párrafo 44(c), la entidad ajusta el margen de servicio contractual por los cambios en los flujos de efectivo procedentes del cumplimiento relacionados con el servicio futuro, excepto en la medida en que estos incrementos en los flujos de efectivo procedentes del cumplimiento superen el importe en libros del margen de servicio contractual dando lugar a una pérdida. Aplicando el párrafo 48, la entidad reconoce esta pérdida en el resultado del periodo. Por consiguiente, la entidad contabiliza los cambios en los flujos de efectivo procedentes del cumplimiento, relacionados con el servicio futuro, por 286 u.m. (estimaciones del valor presente de las salidas de efectivo futuras de 238 u.m. más el cambio en el ajuste del riesgo para el riesgo no financiero de 48 u.m.) de la forma siguiente:

    (i) el margen de servicio contractual se ajusta por 173 u.m., que reduce el margen de servicio contractual a cero; y

    (ii) el cambio restante en los flujos de efectivo procedentes del cumplimiento de 113 u.m. se reconoce en el resultado del periodo.

(c) Aplicando el párrafo 44(e), la entidad no reconoce ningún margen de servicio contractual en el resultado del periodo para el año porque el saldo restante de margen de servicio contractual (antes de cualquier asignación) es igual a cero (0 u.m. = 165 u.m.+ 8 u.m. − 173 u.m.).

EI27   Al final del Año 3, termina el periodo de cobertura y se da de baja en cuentas el grupo de contratos. Aplicando los párrafos B96 y B97, la entidad analiza el origen de los cambios en los flujos de efectivo procedentes del cumplimiento durante el año para decidir si cada cambio produce ajustes en el margen de servicio contractual. Utilizando esta información, un posible formato de conciliación del pasivo por contratos de seguro requerido por el párrafo 101 es el siguiente:

	Estimaciones del valor presente de los flujos de efectivo futuros	Ajuste del riesgo para el riesgo no financiero	Margen de servicio contractual	Pasivo por el contrato de seguro
	u.m.	u.m.	u.m.	u.m.
Saldo inicial	429	88	–	517
Gastos financieros por seguro	21 (a)	–	–	21
Cambios relacionados con el servicio corriente	–	(88)	–	(88)
Salidas de efectivo	(450)	–	–	(450)
Saldo final	–	–	–	–

(a) Sobre el método de cálculo, véase Año 1.

EI28   Los importes reconocidos en el estado de situación financiera y el estado del
        resultado del periodo resumen los importes analizados en las tablas anteriores
        de la forma siguiente:

Estado de situación financiera	Año 1	Año 2	Año 3	Total
	u.m.	u.m.	u.m.	u.m.
Efectivo[a]	(700)	(300)	150	
Pasivo por contratos de seguro	617	517	–	
Patrimonio	83	(217)	(150)	
Estado del resultado del periodo[b]				
Cambios relacionados con el servicio corriente	122	(160)	88	50
Cambios relacionados con el servicio futuro: pérdida sobre un grupo oneroso de contratos	–	(113)	–	(113)
Gastos financieros por seguro	(39)	(27)	(21)	(87)
Ganancia / (pérdida)	**83**	**(300)**	**67**	**(150)**

(a)   En el Año 1, el efectivo de (700) u.m. es igual al cobro de las primas de (900) u.m.
       y el pago de reclamaciones asciende a 200 u.m. En el Año 2 y Año 3, existe un
       pago de reclamaciones de 400 u.m. y 450 u.m. respectivamente. Por simplicidad,
       no existen intereses acumulados (o devengados) en la cuenta de efectivo.

(b)   Este ejemplo ilustra los importes reconocidos en el estado del resultado del
       periodo. El ejemplo 3B ilustra cómo pueden presentarse estos importes.

Ejemplo 3—Presentación en el estado del resultado del periodo (párrafos 49 a 50(a), 84 a 85, 100 y B120 a B124)

EI29   Este ejemplo ilustra cómo podría presentar una entidad el resultado del
        servicio de seguro que comprende un ingreso de actividades ordinarias por
        seguros menos los gastos del servicio de seguro, en el estado del resultado del
        periodo.

EI30   Este ejemplo también ilustra los requerimientos de información a revelar del
        párrafo 100 para conciliar el importe en libros de los contratos de seguro: (a)
        del saldo de apertura con el de cierre para cada componente y (b) con las
        partidas presentadas en el estado del resultado del periodo.

Supuestos

EI31   Las ilustraciones de los requerimientos de presentación de los ejemplos 3A y
        3B se basan en los Ejemplos 2A y 2B respectivamente.

EI32 En el Ejemplo 3A y en el Ejemplo 3B, la entidad estima en cada año que un componente de inversión de 100 u.m. va a estar excluido de los ingresos de actividades ordinarias por seguros y gastos del servicio de seguro presentados en el resultado del periodo, aplicando el párrafo 85.

Ejemplo 3A—Cambios en los flujos de efectivo procedentes del cumplimiento que incrementan la rentabilidad futura

Análisis

EI33 Al final del Año 1, la entidad proporcionó la conciliación, requerida por el párrafo 100, entre los importes reconocidos en el estado de situación financiera y el estado del resultado del periodo, distinguiendo por separado el pasivo por la cobertura restante y el pasivo por las reclamaciones incurridas. Un posible formato para esa conciliación para el Año 1 es el siguiente:

	Pasivo por la cobertura restante	Pasivo por reclamaciones incurridas	Pasivo por el contrato de seguro
	u.m.	u.m.	u.m.
Saldo inicial	–	–	–
Entradas de efectivo	900	–	900
Ingresos de actividades ordinarias por seguros	(222) (a)	–	(222)
Gastos del servicio de seguro	–	100 (b)	100
Componente de inversión	(100) (c)	100 (c)	–
Gastos financieros por seguro	39 (d)	–	39
Salidas de efectivo	–	(200)	(200)
Saldo final	617	–	617

(a) Los ingresos de actividades ordinarias por seguros de 222 u.m. se:

    (i) Determinan por la entidad, aplicando el párrafo B123, como el cambio en el pasivo por la cobertura restante, excluyendo cambios que no se relacionan con servicios proporcionados en el periodo; por ejemplo, cambios procedentes de las entradas de efectivo por primas recibidas, cambios relacionados con componentes de inversión y cambios relacionados con los gastos o ingresos financieros por seguros.

    Por ello, en este ejemplo los ingresos de actividades ordinarias por seguros son la diferencia entre los importes en libros de apertura y cierre del pasivo por la cobertura restante de 617 u.m., excluyendo los gastos financieros por seguros de 39 u.m., entradas de efectivo de 900 u.m. y el componente de inversión de 100 u.m. (222 u.m. = 0 u.m. – 617 u.m. + 39 u.m. + 900 u.m. – 100 u.m.).

continúa...

...continuación

	(ii)	Analizan por la entidad, aplicando el párrafo B124, como la suma de los cambios en el pasivo por la cobertura restante en el periodo relacionados con servicios para los cuales la entidad espera recibir contraprestación. Dichos cambios son:

1   Los gastos del servicio de seguro incurridos en el periodo (medidos por los importes esperados al comienzo del periodo), excluyendo los reembolsos de componentes de inversión;

2   el cambio en el ajuste del riesgo para el riesgo no financiero, excluyendo cambios que ajustan el margen de servicio contractual porque se relacionan con el servicio futuro, es decir, el cambio provocado por la liberación del riesgo; y

3   el importe del margen de servicio contractual reconocido en el resultado el periodo.

Por ello, en este ejemplo los ingresos de actividades ordinarias por seguros es la suma de los gastos del servicio de seguro de 100 u.m., el cambio en el ajuste del riesgo para el riesgo no financiero provocado por la liberación del riesgo de 40 u.m. y el margen de servicio contractual reconocido en el resultado del periodo de 82 u.m. (222 u.m. = 100 u.m. + 40 u.m. + 82 u.m.).

(b)   Aplicando el párrafo 84, la entidad presenta los gastos del servicio de seguro de 100 u.m. como las reclamaciones incurridas en el periodo de 200 u.m. menos el componente de inversión de 100 u.m.

(c)   Aplicando el párrafo 85, la entidad presenta ingresos de actividades ordinarias por seguros y gastos del servicio de seguro en el resultado del periodo excluyendo los importes relacionados con un componente de inversión. En este ejemplo, el componente de inversión es igual a 100 u.m.

(d)   Los gastos financieros por seguro son los mismos que en el Ejemplo 2. El importe global de gastos financieros por seguros se relaciona con el pasivo por la cobertura restante, puesto que el pasivo por reclamaciones incurridas se paga inmediatamente después de incurrir en los gastos (véase los supuestos del Ejemplo 2).

EI34   En el Año 2, las reclamaciones reales de 150 u.m. son menores de lo esperado. La entidad también revisa sus estimaciones relacionadas con los flujos de efectivo procedentes del cumplimiento del Año 3. Por consiguiente, la entidad reconoce en el resultado del periodo el efecto de las reclamaciones revisadas relacionadas con el Año 2, y ajusta el margen de servicio contractual por cambios en los flujos de efectivo procedentes del cumplimiento del Año 3. Este cambio solo está relacionado con las reclamaciones incurridas y no afecta al componente de inversión.

EI35   Un posible formato de conciliación requerida por el párrafo 100 entre los importes reconocidos en el estado de situación financiera y el estado del resultado del periodo del Año 2 es el siguiente:

	Pasivo por la cobertura restante	Pasivo por reclamaciones incurridas	Pasivo por el contrato de seguro
	u.m.	u.m.	u.m.
Saldo inicial	617	–	617
Ingresos de actividades ordinarias por seguros	(261) (a)	–	(261)
Gastos del servicio de seguro	–	50 (b)	50
Componente de inversión	(100)	100	–
Gastos financieros por seguro	27 (c)	–	27
Flujos de efectivo	–	(150)	(150)
Saldo final	**283**	**–**	**283**

(a)   Los ingresos de actividades ordinarias por seguros de 261 u.m. se:

    (i)   determinan por la entidad, aplicando el párrafo B123, como la diferencia entre los importes en libros de apertura y cierre del pasivo por la cobertura restante de 334 u.m. (617 u.m. – 283 u.m.), excluyendo los gastos financieros por seguros de 27 u.m. y el componente de inversión de 100 u.m. (261 u.m. = 334 u.m. + 27 u.m. – 100 u.m.); y

    (ii)   analizan por la entidad, aplicando el párrafo B124, como la suma de los gastos del servicio de seguro de 50 u.m., ajustados por el ajuste por experiencia de 50 u.m., el cambio en el ajuste del riesgo para el riesgo no financiero provocado por la liberación del riesgo de 40 u.m. y el margen de servicio contractual reconocido en el resultado del periodo de 121 u.m. (261 u.m. = 50 u.m. + 50 u.m. + 40 u.m. + 121 u.m.).

(b)   Aplicando el párrafo 84, la entidad presenta los gastos del servicio de seguro de 50 u.m. como las reclamaciones incurridas en el periodo de 150 u.m. menos el componente de inversión de 100 u.m.

(c)   Los gastos financieros por seguro son los mismos que en el Ejemplo 2A. El importe global de gastos financieros por seguros se relaciona con el pasivo por la cobertura restante, puesto que el pasivo por reclamaciones incurridas se paga inmediatamente después de incurrir en los gastos.

EI36   En el Año 3 no existen cambios adicionales en las estimaciones y la entidad proporciona un posible formato de conciliación requerida por el párrafo 100 entre los importes reconocidos en el estado de situación financiera y el estado del resultado del periodo del Año 3 de la forma siguiente:

	Pasivo por la cobertura restante	Pasivo por reclamaciones incurridas	Pasivo por el contrato de seguro
	u.m.	u.m.	u.m.
Saldo inicial	283	–	283
Ingresos de actividades ordinarias por seguros	(196) (a)	–	(196)
Gastos del servicio de seguro	–	40 (b)	40
Componente de inversión	(100)	100	–
Gastos financieros por seguro	13 (c)	–	13
Flujos de efectivo	–	(140)	(140)
Saldo final	–	–	–

(a)   Los ingresos de actividades ordinarias por seguros de 196 u.m. se:

　　(i)   determinan por la entidad, aplicando el párrafo B123, como la diferencia entre los importes en libros de apertura y cierre del pasivo por la cobertura restante de 283 u.m. (283 u.m. – 0 u.m.), excluyendo los gastos financieros por seguros de 13 u.m. y el componente de inversión de 100 u.m. (196 u.m. = 283 u.m. + 13 u.m. – 100 u.m.); y

　　(ii)   analizan por la entidad, aplicando el párrafo B124, como la suma de los gastos del servicio de seguro de 40 u.m., el cambio en el ajuste del riesgo para el riesgo no financiero provocado por la liberación del riesgo de 30 u.m. y el margen de servicio contractual reconocido en el resultado del periodo de 126 u.m. (196 u.m. = 40 u.m. + 30 u.m. + 126 u.m.).

(b)   Aplicando el párrafo 84, la entidad presenta los gastos del servicio de seguro de 40 u.m. como las reclamaciones incurridas en el periodo de 140 u.m. menos el componente de inversión de 100 u.m.

(c)   Los gastos financieros por seguro son los mismos que en el Ejemplo 2A. El importe global de gastos financieros por seguros se relaciona con el pasivo por la cobertura restante, puesto que el pasivo por reclamaciones incurridas se paga inmediatamente después de incurrir en los gastos.

EI37   Los importes presentados en el estado del resultado del periodo correspondientes a los importes analizados en las tablas anteriores son:

Estado del resultado del periodo	Año 1	Año 2	Año 3	Total
	u.m.	u.m.	u.m.	u.m.
Ingresos de actividades ordinarias por seguro	222	261	196	679 [a]
Gastos del servicio de seguro	(100)	(50)	(40)	(190)
Resultado del servicio de seguro	**122**	**211**	**156**	**489**
Ingresos por inversiones[b]	–	–	–	–
Gastos financieros por seguro	(39)	(27)	(13)	(79)
Resultado financiero	**(39)**	**(27)**	**(13)**	**(79)**
Ganancia	**83**	**184**	**143**	**410**

(a)   Aplicando el párrafo B120, la entidad calcula los ingresos de actividades ordinarias por seguros totales para el grupo de contratos de seguro de 679 u.m. como el importe de las primas pagadas a la entidad de 900 u.m., ajustado por el efecto de financiación de 79 u.m. y excluyendo el componente de inversión de 300 u.m. (100 u.m. de un año por 3 años) es decir, 679 u.m. = 900 u.m. + 79 u.m. – 300 u.m.

(b)   A efectos de este ejemplo, estos números no están incluidos porque se contabilizan aplicando otra Norma.

Ejemplo 3B—Cambios en los flujos de efectivo procedentes del cumplimiento que crean un grupo oneroso de contratos de seguro

Análisis

EI38   Este ejemplo utiliza los mismos supuestos para el Año 1 que los del Ejemplo 3A. Por consiguiente, el análisis del Año 1 es el mismo que para el Ejemplo 3A. Los requerimientos de presentación para el Año 1 se ilustran en el Ejemplo 3A y no se repiten en el Ejemplo 3B.

EI39 Un posible formato de conciliación requerida por el párrafo 100 entre los importes reconocidos en el estado de situación financiera y el estado del resultado del periodo del Año 2 es el siguiente:

	El pasivo por la cobertura restante, excluyendo el componente de pérdida	El componente de pérdida del pasivo por la cobertura restante	Pasivo por reclamaciones incurridas	Pasivo por el contrato de seguro
	u.m.	u.m.	u.m.	u.m.
Saldo inicial	617	–	–	617
Ingresos de actividades ordinarias por seguros	(140) (a)	–	–	(140)
Gastos del servicio de seguro	–	113 (b)	300 (c)	413
Componente de inversión	(100)	–	100	–
Gastos financieros por seguro	27 (d)	–	–	27
Salidas de efectivo	–	–	(400)	(400)
Saldo final	**404**	**113**	**–**	**517**

(a) Los ingresos de actividades ordinarias por seguros de 140 u.m. se:

(i) Determinado por la entidad aplicando el párrafo B123 como el cambio en el pasivo por la cobertura restante excluyendo:

1 los cambios que no se relacionan con servicios proporcionados en el año, por ejemplo, cambios procedentes de las entradas de efectivo de primas recibidas, cambios relacionados con componentes de inversión y cambios relacionados con los gastos o ingresos financieros por seguros; y

2 los cambios relacionados con servicios, pero para los cuales la entidad no espera contraprestación, es decir, incrementos y disminuciones en el componente de pérdida del pasivo por la cobertura restante.

Por ello, en este ejemplo los ingresos de actividades ordinarias por seguros son la diferencia entre los importes en libros de apertura y cierre del pasivo por la cobertura restante, excluyendo los cambios relacionados con el componente de pérdida de 213 u.m. (617 u.m. – 404 u.m.), excluyendo los gastos financieros por seguro de 27 u.m. y el reembolso del componente de inversión de 100 u.m., es decir, 140 u.m. = 213 u.m. + 27 u.m. – 100 u.m.

continúa...

...continuación

     (ii)   Analizado por la entidad aplicando el párrafo B124, como la suma de los cambios en el pasivo por la cobertura restante en el año, relacionados con servicios para los cuales la entidad espera recibir contraprestación. Dichos cambios son:

          1   Los gastos del servicio de seguro incurridos en el periodo (medidos por los importes esperados al comienzo del periodo), excluyendo los importes asignados al componente de pérdida del pasivo por la cobertura restante y excluyendo los reembolsos de componentes de inversión;

          2   el cambio en el ajuste del riesgo para el riesgo no financiero, excluyendo cambios que ajustan el margen de servicio contractual porque se relacionan con el servicio futuro y los importes asignados al componente de pérdida, es decir, el cambio provocado por la liberación del riesgo; y

          3   el importe del margen de servicio contractual reconocido en el resultado el periodo.

          Por ello, en este ejemplo los ingresos de actividades ordinarias por seguros son la suma de los gastos del servicio de seguro de 300 u.m. incluyendo ajustes por experiencia de 200 u.m. y el cambio en el ajuste del riesgo para el riesgo no financiero provocado por la liberación del riesgo de 40 u.m., es decir. 140 u.m. = 300 u.m. – 200 u.m. + 40 u.m.

(b)   La entidad revisa las estimaciones de los flujos de efectivo procedentes del cumplimiento para el Año 3. El incremento en los flujos de efectivo procedentes del cumplimiento supera el importe en libros del margen de servicio contractual, creando una pérdida de 113 u.m. (véase la tabla siguiente al párrafo EI26). Aplicando el párrafo 49, la entidad establece el componente de pérdida del pasivo por la cobertura para un grupo oneroso que representa esa pérdida. El componente de pérdida determina los importes presentados en el resultado del periodo como reversiones de pérdidas sobre grupos onerosos que son, por consiguiente, excluidos de la determinación de los ingresos de actividades ordinarias del seguro.

(c)   Aplicando el párrafo 84, la entidad presenta los gastos del servicio de seguro de 300 u.m. como las reclamaciones incurridas en el periodo de 400 u.m. menos el componente de inversión de 100 u.m.

(d)   Los gastos financieros por seguro son los mismos que en el Ejemplo 2B. El importe global de gastos financieros por seguros se relaciona con el pasivo por la cobertura restante, puesto que el pasivo por reclamaciones incurridas se paga inmediatamente después de incurrir en los gastos.

EI40 Un posible formato de conciliación requerida por el párrafo 100 entre los importes reconocidos en el estado de situación financiera y el estado del resultado del periodo del Año 3 es el siguiente:

	El pasivo por la cobertura restante, excluyendo el componente de pérdida	El componente de pérdida del pasivo por la cobertura restante	Pasivo por reclamaciones incurridas	Pasivo por contratos de seguro
	u.m.	u.m.	u.m.	u.m.
Saldo inicial	404	113	–	517
Gastos financieros por seguro	16	5 (b)	–	21 (d)
Ingresos de actividades ordinarias por seguros	(320) (a)	–	–	(320)
Gastos del servicio de seguros	–	(118) (b)	350 (c)	232
Componente de inversión	(100)	–	100	–
Flujos de efectivo	–	–	(450)	(450)
Saldo final	–	–	–	–

(a)   Los ingresos de actividades ordinarias por seguros de 320 u.m. se:

   (i)   Determinan por la entidad aplicando el párrafo B123 como la diferencia entre los importes en libros de apertura y cierre del pasivo por la cobertura restante, excluyendo los cambios relacionados con el componente de pérdida de 404 u.m. (404 u.m. - 0 u.m.), los gastos financieros por seguro de 16 u.m. y el reembolso del componente de inversión de 100 u.m., es decir, 320 u.m. = 404 u.m. + 16 u.m. - 100 u.m.

   (ii) Analizan por la entidad, aplicando el párrafo B124, como la suma de los gastos del servicio de seguro por las reclamaciones incurridas en el año de 350 u.m., y el cambio en el ajuste del riesgo para el riesgo no financiero provocado por la liberación del riesgo de 88 u.m., excluyendo 118 u.m. asignadas al componente de pérdida de la cobertura restante, es decir, 320 u.m. = 350 u.m. + 88 u.m. - 118 u.m.

(b)   Aplicando el párrafo 50(a), la entidad asigna sobre una base sistemática los cambios posteriores en los flujos de efectivo procedentes del cumplimiento del pasivo por la cobertura restante entre el componente de pérdida del pasivo por la cobertura restante y el pasivo por la cobertura restante, excluyendo el componente de pérdida. En este ejemplo, la entidad asigna los cambios posteriores en los flujos de efectivo procedentes del cumplimiento al componente de pérdida del pasivo por la cobertura restante de la forma siguiente:

continúa...

...continuación

(i) Los gastos financieros por seguro de 5 u.m. se determinan multiplicando los gastos financieros por seguros de 21 u.m. por el 22 por ciento. La asignación se basa en la proporción del 22 por ciento del componente de pérdida del pasivo por la cobertura restante de 113 u.m. sobre el pasivo por la cobertura restante de 517 u.m. (404 u.m. + 113 u.m.).

(ii) El cambio del componente de pérdida de 118 u.m. es la suma de:

    1   las estimaciones de los flujos de efectivo futuros liberados del pasivo por la cobertura restante para el año de 94 u.m., calculados multiplicando los gastos del servicio de seguro esperados por reclamaciones incurridas para el año de 350 u.m. por el 27 por ciento; y

    2   el cambio en el ajuste del riesgo para el riesgo no financiero provocado por la liberación del riesgo de 24 u.m., calculado multiplicando el total del cambio de 88 u.m. por el 27 por ciento.

La asignación de los importes descritos en 1 y 2 al componente de pérdida de 118 u.m. se determina después de que los gastos financieros por seguro y el componente de inversión hayan sido asignados. Los gastos financieros por seguros se asignan como se describe en (i). El componente de inversión se asigna solamente al pasivo por la cobertura restante excluyendo el componente de pérdida, porque no está incluido en los ingresos por seguro o los gastos por servicio de seguro. Después de las asignaciones, el componente de pérdida del pasivo por la cobertura restante es de 118 u.m. (113 .u.m + 5 u.m.) y el pasivo por la cobertura restante excluyendo el componente de inversión es de 438 u.m. (517 u.m. + 21 u.m. - 100 u.m.). Por ello, la asignación en (ii) se determina como la ratio de 118 u.m. sobre 438 u.m., que es el 27 por ciento.

Véase el Ejemplo 8 sobre un cálculo más detallado de las pérdidas de un grupo de contratos de seguro posteriores al reconocimiento inicial.

(c) Aplicando el párrafo 84, la entidad presenta los gastos del servicio de seguro de 350 u.m. como las reclamaciones incurridas en el periodo de 450 u.m. menos el componente de inversión de 100 u.m.

(d) Los gastos financieros por seguro son los mismos que en el Ejemplo 2B. El importe global de gastos financieros por seguros se relaciona con el pasivo por la cobertura restante, puesto que el pasivo por reclamaciones incurridas se paga inmediatamente después de incurrir en los gastos.

EI41 Los importes presentados en el estado del resultado del periodo correspondientes a los importes analizados en las tablas anteriores son:

Estado del resultado del periodo	Año 1	Año 2	Año 3	Total
	u.m.	u.m.	u.m.	u.m.
Ingresos de actividades ordinarias por seguro	222	140	320	682 [(a)]
Gastos del servicio de seguros	(100)	(413)	(232)	(745)
Resultado del servicio de seguros	**122**	**(273)**	**88**	**(63)**
Ingresos por inversiones[(b)]	–	–	–	–
Gastos financieros por seguro	(39)	(27)	(21)	(87)
Resultado financiero	**(39)**	**(27)**	**(21)**	**(87)**
Ganancia / (pérdida)	**83**	**(300)**	**67**	**(150)**

(a) Aplicando el párrafo B120, la entidad calcula los ingresos de actividades ordinarias por seguros totales para el grupo de contratos de seguro de 682 u.m. como el importe de las primas pagadas a la entidad de 900 u.m. ajustado por el efecto de financiación de 82 u.m. (gastos financieros por seguros de 87 u.m. menos 5 u.m. relacionadas con el componente de inversión) y excluyendo el componente de inversión de 300 u.m. (100 u.m. por año por 3 años) es decir, 682 u.m. = 900 u.m. + 82 u.m. - 300 u.m.

(b) A efectos de este ejemplo, estos números no están incluidos porque se contabilizan aplicando otra Norma.

Separación de los componentes de un contrato de seguro (párrafos B31 a B35)

EI42 Los siguientes dos ejemplos ilustran los requerimientos de los párrafos B31 a B35 para separar los componentes que no son de seguro de los contratos de seguro.

Ejemplo 4—Separación de los componentes de un contrato de seguro con un saldo contable

Supuestos

EI43 Una entidad emite un contrato de seguro de vida con un saldo contable. La entidad recibe una prima de 1.000 u.m. cuando se emite el contrato. El saldo contable se incrementa anualmente por importes voluntarios pagados por el tenedor de la póliza de seguro, se incrementa o disminuye por los importes calculados usando las rentabilidades de activos específicos y disminuye por las comisiones cargadas por la entidad.

EI44 El contrato se compromete a pagar lo siguiente:

(a) un beneficio por fallecimiento de 5.000 u.m. más el importe del saldo contable, si la persona asegurada fallece durante el periodo de cobertura; y

(b)   el saldo contable, si el contrato se cancela (es decir, no existen cargos de rescate).

EI45   La entidad tiene un departamento de tramitación de reclamaciones para tramitar las reclamaciones recibidas y un departamento de gestión de activos para gestionar las inversiones.

EI46   Un producto de inversión que tiene términos equivalentes al saldo contable, pero sin cobertura de seguro, se vende por otra institución financiera.

EI47   La entidad considera si separar los componentes que no son de seguro del contrato de seguro.

Análisis

Separación del saldo contable

EI48   La existencia de un producto de inversión con términos equivalentes indica que pueden distinguirse los componentes, aplicando el párrafo B31(b). Sin embargo, si el derecho a beneficios por fallecimiento proporcionados por la cobertura del seguro se interrumpe o vence al mismo tiempo que el saldo contable, el seguro y el componente de inversión están altamente interrelacionados y, por ello, no son distintos, aplicando el párrafo B32(b). Por consiguiente, el saldo contable no se separaría del contrato de seguro y se contabilizaría aplicando la NIIF 17.

Separación del componente de tramitación de reclamaciones

EI49   Las actividades de tramitación de reclamaciones son parte de las actividades que la entidad debe llevar a cabo para cumplir el contrato, y la entidad no transfiere un bien o servicio al tenedor de la póliza de seguro por desarrollarlas. Por ello, aplicando el párrafo B33, la entidad no separaría el componente de tramitación de reclamaciones del contrato de seguro.

Separación del componente de gestión de activos

EI50   Las actividades de gestión de activos, de forma análoga a las actividades de tramitación de reclamaciones, son parte de las actividades que la entidad debe llevar a cabo para cumplir el contrato, y la entidad no transfiere un bien o servicio distinto de los servicios del contrato de seguro al tenedor de la póliza de seguro porque la entidad realiza esas actividades. Por ello, aplicando el párrafo B33, la entidad no separaría el componente de gestión de activos del contrato de seguro.

Ejemplo 5—Separación de los componentes de un contrato de contención de pérdidas con servicios de proceso de reclamaciones

Supuestos

EI51   Una entidad emite un contrato de contención de pérdidas a un empleador (el tenedor de la póliza de seguro). El contrato proporciona cobertura sanitaria para los empleados del tenedor de la póliza de seguro y tiene los siguientes componentes:

(a) Cobertura de seguro del 100 por ciento para las reclamaciones agregadas de empleados que superen los 25 millones de u.m. (el "umbral de contención de pérdidas"). El empleador se asegurará a sí mismo de reclamaciones de los empleados hasta los 25 millones de u.m.

(b) Los servicios de tramitación de reclamaciones para las reclamaciones de los empleados durante el próximo año, independientemente de si han superado el umbral de contención de pérdidas de 25 millones de u.m. La entidad es responsable de la tramitación de las reclamaciones del seguro sanitario de los empleados en nombre del empleador.

EI52 La entidad considera si separar los servicios de tramitación de reclamaciones. La entidad destaca que servicios similares de tramitación de reclamaciones en nombre de los clientes se ofertan en el mercado.

Análisis

Separación de los servicios de tramitación de reclamaciones

EI53 Los criterios para la identificación de distintos servicios que no son de seguro del párrafo B34 se cumplen en este ejemplo:

(a) los servicios de tramitación de reclamaciones, similares a los de tramitación de reclamaciones de los empleados en nombre del empleador, se ofertan como un servicio independiente sin ninguna cobertura de seguro; y

(b) los servicios de tramitación de reclamaciones benefician al tenedor de la póliza de seguro independientemente de la cobertura del seguro. Si no tuviera la entidad un acuerdo de proporcionar esos servicios, el tenedor de la póliza de seguro tendría que tramitar las reclamaciones de atención médica de sus empleados por sí misma o contratar a otro suministrador de servicios para hacerlo.

EI54 Además, los criterios del párrafo B35, que establece si el servicio no es distinto. no se cumplen porque los flujos de efectivo asociados con los servicios de tramitación de reclamaciones no están altamente interrelacionados con los flujos de efectivo asociados con la cobertura del seguro, y la entidad no proporciona un servicio significativo de integración de los servicios de tramitación de reclamaciones con los componentes de seguro. Además, la entidad podría proporcionar los servicios de tramitación de reclamaciones comprometidos por separado de la cobertura del seguro.

EI55 Por consiguiente, la entidad separa los servicios de tramitación de reclamaciones del contrato de seguro y los contabiliza aplicando la NIIF 15 *Ingresos de Actividades Ordinarias procedentes de Contratos con Clientes*.

Medición posterior

Ejemplo 6—Componentes del margen de servicio contractual (párrafos 44, 87, 101, B96 a B99 y B119 a B119B)

EI56   Este ejemplo ilustra los ajustes al margen de servicio contractual de contratos de servicio sin componentes de participación directa para:

(a)   los cambios en los flujos de efectivo discrecionales para contratos de seguro que dan a la entidad discrecionalidad sobre los flujos de efectivo que espera pagar al tenedor de la póliza de seguro, incluyendo la determinación de cambios en esos flujos de efectivo por separado de los cambios en los supuestos financieros;

(b)   los ajustes relacionados con el valor temporal del dinero y los riesgos financieros en una situación en la que cambia la tasa de interés; y

(c)   el importe reconocido en el resultado del periodo por los servicios proporcionados en el periodo en una situación en la que la entidad espera que los contratos en un grupo tengan diferente duración.

Supuestos

EI57   Una entidad emite 200 contratos de seguro con un periodo de cobertura de tres años. El periodo de cobertura comienza cuando se emiten los contratos de seguro.

EI58   Los contratos en este ejemplo:

(a)   Cumplen la definición de contratos de seguro porque ofrecen un pago fijo por fallecimiento. Sin embargo, para aislar el efecto ilustrado en este ejemplo, y por simplicidad, se ignoran los flujos de efectivo fijos pagaderos en el momento del fallecimiento.

(b)   No cumplen los criterios para contratos de seguro con componentes de participación directa, aplicando el párrafo B101(a), porque el conjunto de activos no está especificado en los contratos.

(c)   proporcionan un servicio de rentabilidad de la inversión aplicando el párrafo B119B.

(d)   proporcionan cobertura de seguro y servicio de rentabilidad de la inversión de forma uniforme a lo largo del periodo de cobertura de tres años.

EI59   La entidad recibe una sola prima de 15 u.m. al comienzo del periodo de cobertura. El tenedor de la póliza de seguro recibirá el valor del saldo contable:

(a)   si la persona asegurada fallece durante el periodo de cobertura; o

(b)   al final del periodo de cobertura (valor de vencimiento) si la persona asegurada sobrevive al final de periodo de cobertura.

EI60   La entidad calcula los saldos contables del tenedor de la póliza de seguro al final de cada año de la forma siguiente:

(a) saldo inicial; más

(b) primas recibidas al comienzo del periodo (si las hubiera); menos

(c) un cargo anual del 3 por ciento de la suma de los saldos contables al comienzo del año y primas recibidas si las hubiera; más

(d) intereses abonados al final del año (el interés abonado en los saldos contables en cada año es a discreción de la entidad); menos

(e) el valor de los saldos contables restantes pagados a los tenedores de las pólizas de seguro cuando fallece una persona asegurada o termina el periodo de cobertura.

EI61 La entidad especifica que su compromiso según el contrato es abonar intereses al saldo contable de los tenedores de las pólizas de seguro a una tasa igual a la rentabilidad sobre el conjunto de activos especificado internamente menos dos puntos porcentuales, aplicando el párrafo B98.

EI62 En el momento del reconocimiento inicial del grupo de contratos, la entidad:

(a) Espera que la rentabilidad sobre el conjunto de activos especificados sea del 10 por ciento anual.

(b) Determina la tasa de descuento aplicable a los flujos de efectivo nominales que no varían sobre la base de las rentabilidades de los elementos subyacentes es del 4 por ciento anual.

(c) Espera que dos personas aseguradas fallezcan al final de cada año. Las reclamaciones se liquidan de inmediato.

(d) Estima que el ajuste del riesgo para el riesgo no financiero sea de 30 u.m. y espera reconocerlo en el resultado del periodo uniformemente a lo largo del periodo de cobertura. Con la aplicación del párrafo 81 la entidad no desglosa los cambios en el ajuste del riesgo para el riesgo no financiero entre el resultado del servicio de seguro y los ingresos o gastos financieros del seguro.

EI63 En el Año 1 la rentabilidad sobre el conjunto de activos especificados es del 10 por ciento como se esperaba. Sin embargo, en el Año 2 la rentabilidad sobre el conjunto de activos especificados es solo del 7 por ciento. Por consiguiente, al final del año 2, la entidad:

(a) Revisa su estimación de rentabilidad esperada sobre el conjunto de activos especificado al 7 por ciento para el Año 3.

(b) Ejerce su discrecionalidad sobre el importe de interés que abonará a los saldos contables del tenedor de la póliza de seguro en los Años 2 y 3. Determina que abonará intereses a los saldos contables del tenedor de la póliza de seguro a una tasa igual a la rentabilidad sobre el conjunto de activos especificado, menos un punto porcentual, es decir, la entidad renuncia a un margen del uno por ciento anual en los Años 2 y 3.

(c) Abona un 6 por ciento de interés a los saldos contables del tenedor de la póliza de seguro (en lugar del 8 por ciento esperado inicialmente).

EI64   En este ejemplo se ignoran, por simplicidad, todos los demás importes.

Análisis

EI65   En el momento del reconocimiento inicial, la entidad mide el grupo de contratos de seguro y estima los flujos de efectivo procedentes del cumplimiento al final de cada año posterior de la forma siguiente:

	Reconoci-miento inicial	Año 1	Año 2	Año 3
	u.m.	u.m.	u.m.	u.m.
Estimaciones del valor presente de las entradas de efectivo futuras	(3.000)	–	–	–
Estimaciones del valor presente de las salidas de efectivo futuras[a]	2.596	2.824	3.074	–
Estimaciones del valor presente de los flujos de efectivo futuros	(404)	2.824	3.074	–
Ajuste del riesgo para el riesgo no financiero	30	20	10	–
Flujos de efectivo procedentes del cumplimiento	(374)	2.844	3.084	–
Margen de servicio contractual	374			
(Activo) / pasivo del contrato de seguro en el momento del reconocimiento inicial	–			

(a)   La entidad calcula las estimaciones del valor presente de las salidas de flujos de efectivo futuras usando una tasa de descuento corriente del 10 por ciento que refleja las características de los flujos de efectivo futuros, determinados aplicando los párrafos 36 y B72(a).

EI66   Aplicando los párrafos B98 y B99, para determinar la forma de identificar un cambio en los flujos de efectivo discrecionales, una entidad especificará al comienzo del contrato la base sobre la que espera determinar su compromiso según el contrato, por ejemplo, basada en la tasa de interés fija o en rentabilidades que varíen sobre la base de rentabilidades de activos especificadas. Una entidad utiliza esa especificación para distinguir entre el efecto de cambios en los supuestos que relacionan el riesgo financiero con ese compromiso (el cual no ajusta el margen de servicio contractual) y el efecto de los cambios discrecionales a ese compromiso (el cual ajusta el margen de servicio contractual).

EI67   En este ejemplo, la entidad especificaba al comienzo del contrato que su compromiso según el contrato es abonar intereses a los saldos contables de los tenedores de las pólizas de seguro a una tasa igual a la rentabilidad sobre el conjunto de activos especificado menos dos puntos porcentuales. Debido a la decisión de la entidad al final del Año 2 este margen disminuyó de dos puntos porcentuales a un punto porcentual.

EI68 Por consiguiente, al final del Año 2 la entidad analiza los cambios en los saldos contables de los tenedores de las pólizas de seguro entre el resultado de los cambios en los supuestos financieros y el ejercicio de la discrecionalidad, de la forma siguiente:

Saldos contables de los tenedores de las pólizas de seguro	Como se esperaba en el momento del reconocimiento inicial		Revisados por cambios en los supuestos financieros los supuestos financieros		Revisados por cambios en los supuestos financieros y el ejercicio de la discrecionalidad	
		u.m.		u.m.		u.m.
Saldo al comienzo del Año 1		–		–		–
Primas recibidas		3.000		3.000		3.000
Cargo anual[(a)]	3%	(90)	3%	(90)	3%	(90)
Interés abonado[(b)]	8%	233	8%	233	8%	233
Beneficios por fallecimiento[(c)]	2/200	(31)	2/200	(31)	2/200	(31)
Saldo trasladado al Año 2		**3.112**		**3.112**		**3.112**
Cargo anual[(a)]	3%	(93)	3%	(93)	3%	(93)
Interés abonado[(b)]	8%	242	5%	151	6%	181
Beneficios por fallecimiento[(c)]	2/198	(33)	2/198	(32)	2/198	(32)
Saldo trasladado al Año 3		**3.228**		**3.138**		**3.168**
Cargo anual[(a)]	3%	(97)	3%	(94)	3%	(95)
Interés abonado[(b)]	8%	250	5%	152	6%	184
Beneficios por fallecimiento[(c)]	2/196	(35)	2/196	(33)	2/196	(33)
Saldo al final del Año 3 (fecha de vencimiento)		**3.346**		**3.163**		**3.224**

(a) El cargo anual es igual al porcentaje del saldo al comienzo de cada año (incluyendo primas recibidas al comienzo del año). Por ejemplo, en el Año 1 el cargo anual de 90 u.m. es del 3% × 3.000 u.m.

(b) El interés abonado cada año es igual al porcentaje del saldo al comienzo de cada año menos el cargo anual. Por ejemplo, en el Año 1 el interés abonado de 233 u.m. es del 8% x (3.000 u.m. – 90 u.m.).

(c) El beneficio por fallecimiento es igual al porcentaje del saldo al comienzo de cada año menos el cargo anual más el interés abonado. Por ejemplo, en el Año 1 el beneficio por fallecimiento de 31 u.m. es 2/200 × (3.000 u.m. – 90 u.m. + 233 u.m.).

EI69 La entidad resume las estimaciones de los flujos de efectivo futuros para los Años 2 y 3 en la tabla siguiente.

	Como se espera-ba en el momento del reconocimiento inicial	Revisados por cambios en los supuestos financieros	Revisados por cambios en los supuestos financieros y el ejercicio de la discrecionali-dad
	u.m.	u.m.	u.m.
Pagos por fallecimientos en el Año 2	33	32	32
Pagos por fallecimientos en el Año 3	35	33	33
Valor de vencimiento pagado en el Año 3	3.346	3.163	3.224
Estimaciones de los flujos de efecti-vo futuros al comienzo del Año 2	**3.414**	**3.228**	**3.289**

EI70 Aplicando los párrafos B98 y B99, la entidad distingue entre el efecto de los cambios en los supuestos que se relacionan con el riesgo financiero y el efecto de los cambios discrecionales sobre los flujos de efectivo procedentes del cumplimiento de la forma siguiente:

Cambios en las estimaciones de los flujos de efectivo futuros en el Año 2	Estimaciones de los flujos de efectivo futuros	Estimaciones del valor presente de los flujos de efectivo futuros
	u.m.	u.m.
Comienzo del Año 2 (valor presente descontado al 10%)	3.414 (a)	2.824 (b)
El efecto de los cambios en los supuestos financieros (y abono de intereses)	(186) (c)	195 (d)
Revisado por cambios en los supuestos financieros (valor presente descontado al 7%)	3.228 (a)	3.019 (b)
El efecto del ejercicio de la discrecionalidad (valor presente descontado al 7%)	61 (e)	57
Revisado por cambios en los supuestos financieros y el ejerci-cio de la discrecionalidad (valor presente descontado al 7%)	3.289 (a)	3.076 (b)
Pago de flujos de efectivo	(32) (a)	(32)
Final del Año 2	**3.257**	**3.044**

(a) Véase la tabla después del párrafo EI69.

continúa...

...continuación

(b) La entidad calcula las estimaciones del valor presente de las salidas de flujos de efectivo futuras usando una tasa de descuento corriente que refleja las características de los flujos de efectivo futuros, determinada aplicando los párrafos 36 y B72(a). Todos los flujos de efectivo—distintos del beneficio por fallecimiento exigible al final del año 2—son pagaderos al final del Año 3.

(c) El cambio en las estimaciones de los flujos de efectivo futuros de 186 u.m. es igual a la diferencia entre las estimaciones de los flujos de efectivo revisados por cambios en los supuestos financieros de 3.228 u.m. menos las estimaciones de los flujos de efectivo futuros antes del cambio en los supuestos financieros de 3.414 u.m. Por ello, refleja solo el cambio en los supuestos financieros.

(d) El cambio en las estimaciones del valor presente de los flujos de efectivo futuros de 195 u.m. es la diferencia entre las estimaciones del valor presente de los flujos de efectivo futuros al final del Año 2 (revisadas por cambios en los supuestos financieros) de 3.019 u.m. y las estimaciones del valor presente de los flujos de efectivo futuros al comienzo del Año 2 (antes de cambios en los supuestos financieros) de 2.824 u.m. Por ello, refleja el efecto del abono de intereses durante el Año 2 y el efecto del cambio en los supuestos financieros.

(e) El efecto del ejercicio de la discrecionalidad de 61 u.m. es igual a la diferencia entre las estimaciones de los flujos de efectivo futuros revisados por el ejercicio de la discrecionalidad de 3.289 u.m. y las estimaciones de los flujos de efectivo futuros antes del efecto del ejercicio de la discrecionalidad de 3.228 u.m.

EI71 Un posible formato para la conciliación del pasivo por contratos de seguro requerida por el párrafo 101 para el Año 2 es el siguiente:

	Estimaciones del valor presente de los flujos de efectivo futuros	Ajuste del riesgo para el riesgo no financiero	Margen de servicio contractual	Pasivo por contratos de seguro
	u.m.	u.m.	u.m.	u.m.
Saldo inicial	2.824	20	258	3.102
Gastos financieros por seguro	197 (a)	–	10 (b)	207
Cambios relacionados con el servicio futuro: ejercicio de la discrecionalidad	55 (c)	–	(55) (c)	–
Cambios relacionados con el servicio corriente	–	(10)	(107) (d)	(117)
Salidas de efectivo	(32)	–	–	(32)
Saldo final	**3.044**	**10**	**106**	**3.160**

continúa...

...continuación

(a) Aplicando el párrafo B97, la entidad no ajusta el margen de servicio contractual para un grupo de contratos por cambios en los flujos de efectivo procedentes del cumplimiento relacionados con el efecto del valor temporal del dinero y el riesgo financiero y cambios en ellos que comprenden (i) el efecto, si lo hubiera, sobre los flujos de efectivo futuros estimados; (ii) si el efecto, se desagrega, sobre el ajuste del riesgo para el riesgo no financiero; y (iii) el efecto de un cambio en la tasa de descuento. Esto es porque estos cambios no se relacionan con el servicio futuro. Aplicando el párrafo 87, la entidad reconoce esos cambios como gastos financieros por seguros. Por consiguiente, los gastos financieros por seguros de 197 u.m. son la suma de:

  (i) el efecto del abono de intereses y el efecto del cambio en los supuestos financieros de 195 u.m. (véase la tabla después del párrafo EI70); y

  (ii) el efecto del cambio en los supuestos relacionados con el riesgo financiero sobre el cambio en los flujos de efectivo discrecionales de 2 u.m., lo que es igual a:

   1 57 u.m. del valor presente del efecto del cambio en la discrecionalidad descontado usando la tasa corriente (véase la tabla siguiente al párrafo EI69); menos

   2 55 u.m. del valor presente del cambio en la discrecionalidad descontado usando la tasa determinada en el momento del reconocimiento inicial del grupo de contratos de seguro [véase la nota a pie de página (b)].

(b) Aplicando los párrafos 44(b) y B72(b), la entidad calcula los intereses abonados en el importe en libros del margen de servicio contractual de 10 u.m. multiplicando el saldo de apertura de 258 u.m. por la tasa de descuento del 4 por ciento. Esa tasa es aplicable a los flujos de efectivo nominales que no varían sobre la base de las rentabilidades sobre los elementos subyacentes.

(c) Aplicando el párrafo 44(c) y B98, la entidad considera los cambios en los flujos de efectivo discrecionales como relacionados con el servicio futuro y, por consiguiente, ajusta el margen de servicio contractual. Aplicando los párrafos B96 y B72(c), el ajuste del margen de servicio contractual se calcula descontando el cambio en los flujos de efectivo futuros de 61 u.m. usando la tasa descontada del 10 por ciento, lo que refleja las características de los flujos de efectivo determinados en el momento del reconocimiento inicial del grupo de contratos de seguro. Por consiguiente, el importe de los flujos de efectivo discrecionales que ajusta el margen de servicio contractual de 55 u.m. es 61 u.m. ÷ (1 + 10%).

continúa...

...continuación

(d) Aplicando los párrafos 44(e) y B119, la entidad reconoce en el resultado del periodo el importe del margen de servicio contractual determinado mediante la asignación del margen de servicio contractual al final del periodo (antes de reconocer los importes en el resultado del periodo) de forma lineal a cada unidad de cobertura proporcionada en el periodo corriente y que se espera proporcionar en el futuro, de la forma siguiente:

(i) el importe del margen de servicio contractual inmediatamente antes de la asignación al resultado del periodo es de 213 u.m. (saldo de apertura de 258 u.m. más el interés de 10 u.m. menos el cambio relacionado con el servicio futuro de 55 u.m.);

(ii) el número de unidades de cobertura en este ejemplo es el total del número de contratos en cada periodo para el que se espera que se proporcione cobertura (porque la cantidad de beneficios proporcionados para cada contrato es la misma). Por ello, existen 394 unidades de cobertura a proporcionar a lo largo de los años actual y final (198 contratos en el Año 2 y 196 contratos en el Año 3);

(iii) el margen de servicio contractual por unidad de cobertura es de 0,54 u.m. (213 u.m. ÷ 394 unidades de cobertura); y

(iv) el margen de servicio contractual reconocido en el resultado del periodo en el Año 2 de 107 u.m. es 0,54 u.m. del margen de servicio contractual por unidad de cobertura multiplicado por las 198 unidades de cobertura proporcionadas en el Año 2.

Ejemplo 7—Flujos de efectivo por la adquisición del seguro (párrafos 106, B65(e) y B125)

EI72 Este ejemplo ilustra la determinación de los flujos de efectivo por la adquisición del seguro en el momento del reconocimiento inicial y la determinación posterior de los ingresos de actividades ordinarias por seguro, incluyendo la parte de la prima relacionada con la recuperación de los flujos de efectivo por la adquisición del seguro.

EI73 Este ejemplo también ilustra el requerimiento de revelar el análisis de los ingresos de actividades ordinarias por seguro reconocidos en el periodo aplicando el párrafo 106.

Supuestos

EI74 Una entidad emite un grupo de contratos de seguro con un periodo de cobertura de tres años. El periodo de cobertura comienza cuando se emiten los contratos de seguro.

EI75 En el momento del reconocimiento inicial, la entidad determina los siguientes aspectos:

(a) las estimaciones de las entradas de efectivo futuras de 900 u.m., pagadas inmediatamente después del reconocimiento inicial;

(b) las estimaciones de las salidas de efectivo futuras, que comprenden:

    (i) las estimaciones de reclamaciones futuras de 600 u.m. (200 u.m. incurridas y pagadas cada año); y

    (ii) los flujos de efectivo por la adquisición del seguro de 120 u.m. (de los cuales 90 u.m. son flujos de efectivo directamente atribuibles a la cartera a la que pertenecen los contratos), se pagan al comienzo del periodo de cobertura.

(c) El ajuste del riesgo para el riesgo no financiero es de 15 u.m. y la entidad espera reconocer el ajuste del riesgo para el riesgo no financiero en el resultado del periodo uniformemente a lo largo del periodo de cobertura.

EI76 En este ejemplo por simplicidad, se supone que:

(a) se incurre en todos los gastos como se espera;

(b) no se interrumpirá ningún contrato durante el periodo de cobertura;

(c) no existe componente de inversión;

(d) los flujos de efectivo por la adquisición de seguros directamente atribuibles a la cartera a la que pertenecen los contratos de 90 u.m. son directamente atribuibles al grupo de contratos a los que pertenecen los contrato y no se esperan renovaciones de esos contratos; y

(e) todos los demás importes, incluyendo el efecto de descuento, se ignoran por simplicidad.

Análisis

EI77   En el momento del reconocimiento inicial, la entidad mide el grupo de contratos de seguro y estima los flujos de efectivo procedentes del cumplimiento al final de cada año posterior de la forma siguiente:

	Reconoci-miento inicial	Año 1	Año 2	Año 3
	u.m.	u.m.	u.m.	u.m.
Estimaciones del valor presente de las entradas de efectivo futuras	(900)	–	–	–
Estimaciones del valor presente de las salidas de efectivo futuras	690 (a)	400	200	–
Estimaciones del valor presente de los flujos de efectivo futuros	(210)	400	200	–
Ajuste del riesgo para el riesgo no financiero	15	10	5	–
Flujos de efectivo procedentes del cumplimiento	(195)	410	205	–
Margen de servicio contractual	195			
(Activo) / pasivo del contrato de seguro en el momento del reconocimiento inicial	–			

(a)   Aplicando el párrafo B65(e), las estimaciones del valor presente de los flujos de efectivo futuros de 690 u.m. comprenden las reclamaciones esperadas de 600 u.m. y una asignación de los flujos de efectivo por la adquisición del seguro directamente atribuibles a la cartera a la que pertenecen los contratos de 90 u.m.

EI78   La entidad reconoce el margen de servicio contractual y los flujos de efectivo por la adquisición del seguro en el resultado del periodo para cada año de la forma siguiente:

Reconocido en el resultado del periodo cada año	Año 1	Año 2	Año 3	Total
	u.m.	u.m.	u.m.	u.m.
Margen de servicio contractual[(a)]	65	65	65	195
Flujos de efectivo por la adquisición del seguro[(b)]	30	30	30	90

continúa...

...continuación

(a) Aplicando los párrafos 44(e) y B119, la entidad reconoce en el resultado en cada periodo un importe del margen de servicio contractual para un grupo de contratos de seguro para reflejar la transferencia de servicios proporcionados en ese periodo. El importe reconocido en cada periodo, se determina por la asignación del margen de servicio contractual restante al final del periodo sobre el que se informa (antes de cualquier asignación) a lo largo de los periodos de cobertura corriente y restante. En este ejemplo, la cobertura proporcionada en cada periodo es la misma porque el número de contratos para los que se proporciona la cobertura en cada periodo es la misma. Por consiguiente, el margen de servicio contractual de 195 u.m. se asigna por igual en cada año de cobertura (es decir, 65 u.m. = 195 u.m. ÷ 3 años).

(b) Aplicando el párrafo B125, la entidad determina los ingresos de actividades ordinarias por seguros relacionados con los flujos de efectivo por la adquisición del seguro asignando la parte de las primas que se relacionan con la recuperación de esos flujos de efectivo para cada periodo contable de forma sistemática sobre la base del paso del tiempo. La entidad reconoce el mismo importe que los gastos del servicio de seguro. En este ejemplo, el periodo de cobertura de los contratos es de tres años, por ello, los gastos reconocidos en el resultado del periodo de cada año son de 30 u.m. (90 u.m. ÷ 3 años).

EI79 La entidad reconoce los siguientes importes en el resultado del periodo:

Estado del resultado del periodo	Año 1	Año 2	Año 3	Total
	u.m.	u.m.	u.m.	u.m.
Ingresos de actividades ordinarias por seguros[a]	300	300	300	900
Gastos del servicio de seguro[b]	(230)	(230)	(230)	(690)
Resultado del servicio de seguro	70	70	70	210
Otros gastos[c]	(30)	–	–	(30)
Ganancia	**40**	**70**	**70**	**180**

(a) Para más detalle sobre los componentes de los ingresos de actividades ordinarias por seguros, véase la tabla siguiente al párrafo EI80.

(b) Aplicando el párrafo 84, la entidad presenta los gastos del servicio de seguro como reclamaciones incurridas de 200 u.m. en cada año más los flujos de efectivo por la adquisición del seguro de 30 u.m. asignados a cada año.

(c) Otros gastos incluyen los flujos de efectivo por la adquisición del seguro que no son directamente atribuibles a la cartera de contratos de seguro a los que pertenecen los contratos. Se calculan como la diferencia entre los flujos de efectivo por la adquisición de 120 u.m. y los flujos de efectivo por la adquisición del seguro directamente atribuibles de 90 u.m.

EI80 Un posible formato para el análisis del ingreso de actividades ordinarias por seguro requerido por el párrafo 106 es el siguiente:

	Año 1	Año 2	Año 3	Total
	u.m.	u.m.	u.m.	u.m.
Importes relacionados con los cambios en el pasivo por la cobertura restante:				
– Gastos del servicio por seguros incurridos[a]	200	200	200	600
– Margen de servicio contractual reconocido en el resultado del periodo	65	65	65	195
– Cambio en el ajuste del riesgo para el riesgo no financiero causado por la liberación del riesgo	5	5	5	15
Asignación de la recuperación de los flujos de efectivo por la adquisición del seguro	30	30	30	90
Ingresos de actividades ordinarias por seguros[b]	**300**	**300**	**300**	**900**

(a) Al aplicar el párrafo B124, la entidad mide esos importes como esperaba al comienzo del año.

(b) Este ejemplo ilustra el análisis de los ingresos de actividades ordinarias por seguros requerido por el párrafo 106. Véase el Ejemplo 3 sobre la forma de determinar los ingresos de actividades ordinarias por seguros.

Ejemplo 8—Reversiones de pérdidas en un grupo oneroso de contratos de seguro (párrafos 49, 50, B123 y B124)

EI81 Este ejemplo ilustra la forma en que, para un grupo oneroso de contratos de seguro, una entidad revierte las pérdidas del componente de pérdida del pasivo de la cobertura restante cuando el grupo pasa a ser rentable.

Supuestos

EI82 Una entidad emite 100 contratos de seguro con un periodo de cobertura de tres años. El periodo de cobertura comienza cuando se emiten los contratos de seguro y los servicios se proporcionan de manera uniforme a lo largo del periodo de cobertura. Se supone, por simplicidad, que ningún contrato se interrumpirá antes del final del periodo de cobertura.

EI83 La entidad espera recibir primas por 800 u.m. inmediatamente después del reconocimiento inicial, por ello, las estimaciones del valor presente de las entradas de efectivo futuras son de 800 u.m.

EI84   La entidad estima que las salidas de efectivo futuras anuales son de 400 u.m. al final de cada año (1.200 u.m. en total). La entidad estima que el valor presente de las salidas de efectivo futuras será de 1.089 u.m. usando una tasa de descuento del 5 por ciento anual que refleja las características de los flujos de efectivo nominales que no varían sobre la base de las rentabilidades de los elementos subyacentes, determinados aplicando el párrafo 36. La entidad espera que se paguen las reclamaciones cuando se incurra en ellas.

EI85   El ajuste del riesgo para el riesgo no financiero en el momento del reconocimiento inicial es igual a 240 u.m. y se supone que la entidad será liberada del riesgo uniformemente a lo largo del periodo de cobertura de tres años.

EI86   En este ejemplo se ignoran, por simplicidad, todos los demás importes, incluyendo el componente de inversión.

EI87   En el momento del reconocimiento inicial, la entidad mide el grupo de contratos de seguro y estima los flujos de efectivo procedentes del cumplimiento al final de cada año posterior de la forma siguiente:

	Reconocimiento inicial	Año 1	Año 2	Año 3
	u.m.	u.m.	u.m.	u.m.
Estimaciones del valor presente de las entradas de efectivo futuras	(800)	–	–	–
Estimaciones del valor presente de las salidas de efectivo futuras	1.089	743	381	–
Estimaciones del valor presente de los flujos de efectivo futuros	289	743	381	–
Ajuste del riesgo para el riesgo no financiero	240	160	80	–
Flujos de efectivo procedentes del cumplimiento	529	903	461	–
Margen de servicio contractual	–			
Pasivo por el contrato de seguro	**529**			

EI88   En el Año 1 todos los sucesos tienen lugar como se esperaba en el momento del reconocimiento inicial.

EI89   Al final del Año 2, la entidad revisa sus estimaciones de salidas de efectivo futuras para el Año 3 por 100 u.m., en lugar de 400 u.m. (una disminución en el valor presente de 286 u.m.). El ajuste del riesgo para el riesgo no financiero relacionado con esos flujos de efectivo restantes no cambia.

EI90   En el Año 3, todos los sucesos tienen lugar como se esperaba al final del Año 2.

Análisis

EI91   A final del Año 1, aplicando los párrafos B96 y B97, la entidad analiza el origen
       de los cambios en los flujos de efectivo procedentes del cumplimiento durante
       el año para decidir, en cada uno de ellos, si debe ajustar el margen de servicio
       contractual. Utilizando esta información, un posible formato de conciliación
       del pasivo por contratos de seguro requerido por el párrafo 101 es el siguiente:

	Estimaciones del valor presente de los flujos de efectivo futuros	Ajuste del riesgo para el riesgo no financiero	Margen de servicio contractual	Pasivo por el contrato de seguro
	u.m.	u.m.	u.m.	u.m.
Saldo inicial	–	–	–	–
Cambios relacionados con el servicio futuro: contratos nuevos	289	240	–	529
Entradas de efectivo	800	–	–	800
Gastos financieros por seguro	54 (a)	– (b)	–	54
Cambios relacionados con el servicio corriente	–	(80) (b)	– (c)	(80)
Salidas de efectivo	(400)	–	–	(400)
Saldo final	**743**	**160**	**–**	**903**

(a)   En este ejemplo, los gastos financieros por seguros de 54 u.m. son 1.089 u.m. (la
      suma de las estimaciones del valor presente de los flujos de efectivo futuros en
      el momento del reconocimiento inicial de 289 u.m. y las entradas de efectivo de
      800 u.m. recibidas al comienzo del Año 1) multiplicada por la tasa de descuento
      corriente del 5 por ciento anual, aplicando los párrafos 36 y B72(a).

(b)   Aplicando el párrafo 81, la entidad opta por no desglosar el cambio en el ajuste
      del riesgo para el riesgo no financiero entre el resultado del servicio de seguro y
      los gastos o ingresos financieros por seguros, por ello, la entidad presenta el
      cambio total en el ajuste del riesgo para el riesgo no financiero como parte del
      resultado del servicio de seguro en el estado del resultado del periodo.

(c)   Aplicando el párrafo 44(e), la entidad no reconoce ningún margen de servicio
      contractual en el resultado del periodo del año porque el margen de servicio
      contractual (antes de cualquier asignación) es igual a cero.

EI92   Un posible formato de conciliación entre los importes reconocidos en el estado
       de situación financiera y el estado del resultado del periodo del Año 1
       requerido por el párrafo 100 es el siguiente:

	El pasivo por la cobertura restante, excluyendo el componente de pérdida	El componente de pérdida del pasivo por la cobertura restante	Pasivo por reclamaciones incurridas	Pasivo por el contrato de seguro
	u.m.	u.m.	u.m.	u.m.
Saldo inicial	–	–	–	–
Entradas de efectivo	800	–	–	800
Gastos del servicio de seguro: pérdida en contratos onerosos	–	529 (a)	–	529
Gastos financieros por seguro	33	21 (b)	–	54 (c)
Ingresos de actividades ordinarias por seguros	(289) (b)	–	–	(289)
Gastos del servicio de seguro: gastos incurridos	–	(191) (b)	400	209
Salidas de efectivo	–	–	(400)	(400)
Saldo final	**544**	**359**	**–**	**903**

(a)   Aplicando el párrafo 49, la entidad establece el componente de pérdida del pasivo por la cobertura restante para un grupo de contratos onerosos. El componente de pérdida determina los importes presentados en el resultado del periodo como reversiones de pérdidas sobre grupos onerosos que son, por consiguiente, excluidos de la determinación de los ingresos de actividades ordinarias del seguro.

(b)   Los cambios en los flujos de efectivo procedentes del cumplimiento se asignan entre el pasivo por la cobertura restante excluyendo el componente de pérdida y el componente de pérdida del pasivo por la cobertura restante. Para el cálculo, véase la tabla siguiente al párrafo EI93 y las notas a pie de página de esa tabla.

(c)   Para el cálculo, véase la tabla siguiente al párrafo EI91. El importe global de gastos financieros por seguros se relaciona con el pasivo por la cobertura restante, puesto que el pasivo por reclamaciones incurridas se paga inmediatamente después de incurrir en los gastos.

EI93   Aplicando el párrafo 50(a), la entidad asigna los cambios posteriores en los flujos de efectivo procedentes del cumplimiento del pasivo por la cobertura restante sobre una base sistemática entre el componente de pérdida del pasivo por la cobertura restante y el pasivo por la cobertura restante, excluyendo el componente de pérdida. La tabla siguiente ilustra la asignación sistemática de los cambios en los flujos de efectivo procedentes del cumplimiento por el pasivo por la cobertura restante en el Año 1.

	El pasivo por la cobertura restante, excluyendo el componente de pérdida	El componente de pérdida del pasivo por la cobertura restante	Total
	u.m.	u.m.	u.m.
Liberación de los gastos del servicio de seguro esperado para las reclamaciones incurridas para el año	(241)	(159) [(a)]	(400)
Cambio en el ajuste del riesgo para el riesgo no financiero causado por la liberación del riesgo	(48)	(32) [(a)]	(80)
Ingresos de actividades ordinarias por seguros	(289) [(b)]	–	
Gastos del servicio de seguro	–	(191)	

(a) Aplicando el párrafo 50(a), la entidad asigna los cambios posteriores en los flujos de efectivo procedentes del cumplimiento del pasivo por la cobertura restante sobre una base sistemática entre el componente de pérdida del pasivo por la cobertura restante y el pasivo por la cobertura restante excluyendo el componente de pérdida. En este ejemplo la asignación sistemática se basa en la proporción del 39,8 por ciento, calculada en el momento del reconocimiento inicial de los contratos de seguro como el componente de pérdida del pasivo por la cobertura restante de 529 u.m. relativo a la estimación total del valor presente de las salidas de efectivo futuras más el ajuste del riesgo para el riesgo no financiero de 1.329 u.m. (1.089 u.m. + 240 u.m.). Por consiguiente, la entidad asigna los cambios posteriores en los flujos de efectivo procedentes del cumplimiento al componente de pérdida del pasivo por la cobertura restante de la forma siguiente:

   (i)   las estimaciones de los flujos de efectivo futuros liberados del pasivo por la cobertura restante para el año de 159 u.m., calculados multiplicando los gastos del servicio de seguro esperados por reclamaciones incurridas para el año de 400 u.m. por el 39,8 por ciento;

   (ii) el cambio en el ajuste del riesgo para el riesgo no financiero provocado por la liberación del riesgo de 32 u.m., calculado multiplicando el total del cambio de 39,8 u.m. por el 39,8 por ciento; y

   (iii) los gastos financieros por seguro de 21 u.m. se calculan multiplicando los gastos financieros por seguros de 54 u.m. por el 39,8 por ciento.

continúa...

...continuación

(b)   Los ingresos de actividades ordinarias por seguros de 289 u.m. se:

    (i)   Determinado por la entidad aplicando el párrafo B123 como el cambio en el pasivo por la cobertura restante, excluyendo:

        1   los cambios que no se relacionan con servicios proporcionados en el periodo, por ejemplo, cambios consecuencia de las entradas de efectivo de primas recibidas, y cambios relacionados con los gastos o ingresos financieros por seguros; y

        2   los cambios relacionados con servicios, pero para los cuales la entidad no espera contraprestación, es decir, incrementos y disminuciones en el componente de pérdida del pasivo por la cobertura restante.

    Por ello, en este ejemplo los ingresos de actividades ordinarias por seguros de 289 u.m. son la diferencia entre los importes en libros de apertura y cierre del pasivo por la cobertura restante de 544 u.m. (0 u.m. – 544 u.m.) excluyendo los gastos financieros por seguro de 33 u.m. y las entradas de efectivo de 800 u.m., es decir, 289 u.m. = (544 u.m. – 800 u.m. – 33 u.m.).

    (ii)   Analizado por la entidad aplicando el párrafo B124, como la suma de los cambios en el pasivo por la cobertura restante en el año, relacionados con servicios para los cuales la entidad espera recibir contraprestación. Dichos cambios son:

        1   los gastos del servicio de seguro incurridos en el periodo (medidos por los importes esperados al comienzo del periodo), excluyendo los importes asignados al componente de pérdida del pasivo por la cobertura restante;

        2   el cambio en el ajuste del riesgo para el riesgo no financiero, excluyendo cambios que ajustan el margen de servicio contractual porque se relacionan con el servicio futuro y los importes asignados al componente de pérdida, es decir, el cambio provocado por la liberación del riesgo; y

        3   el importe del margen de servicio contractual reconocido en el resultado el periodo.

    Por ello, en este ejemplo los ingresos de actividades ordinarias por seguros de 289 u.m. son la suma de los gastos del servicio de seguro por las reclamaciones incurridas en el año de 400 u.m., y el cambio en el ajuste del riesgo para el riesgo no financiero provocado por la liberación del riesgo de 80 u.m., menos los importes asignados al componente de pérdida del pasivo por la cobertura restante de 191 u.m. (159 u.m. + 32 u.m.), es decir, 289 u.m. = 400 u.m. + 80 u.m. – 191 u.m

EI94 Al final del Año 2, aplicando los párrafos B96 y B97, la entidad analiza el origen de los cambios en los flujos de efectivo procedentes del cumplimiento durante el año para decidir si cada cambio ajusta el margen de servicio contractual, de la forma siguiente:

	Estimaciones del valor presente de los flujos de efectivo futuros	Ajuste del riesgo para el riesgo no financiero	Margen de servicio contractual	Pasivo por contratos de seguro
	u.m.	u.m.	u.m.	u.m.
Saldo inicial	743	160	–	903
Gastos financieros por seguro	37 (a)		–	37
Cambios relacionados con el servicio futuro	(286) (b)		103 (b)	(183)
Cambios relacionados con el servicio corriente	–	(80)	(52) (c)	(132)
Salidas de efectivo	(400)			(400)
Saldo final	**94**	**80**	**51**	**225**

(a) En este ejemplo, los gastos financieros por seguros de 37 u.m. son las estimaciones del valor presente de los flujos de efectivo futuros de 743 u.m. al comienzo del Año 2 multiplicada por la tasa de descuento corriente del 5 por ciento anual, determinada aplicando los párrafos 36 y B72(a).

(b) Aplicando el párrafo 50(b), una entidad asigna cualquier disminución posterior en los flujos de efectivo procedentes del cumplimiento asignados a los flujos de efectivo futuros relacionados con el servicio futuro de 286 u.m. únicamente al componente de pérdida hasta que ese componente se reduzca a cero (la disminución en los flujos de efectivo procedentes del cumplimiento de 183 u.m. se asignó al componente de pérdida para reducirla a cero, véase la tabla siguiente al párrafo EI95). Una entidad ajusta el margen de servicio contractual solo por el exceso de la disminución en los flujos de efectivo procedentes del cumplimiento sobre el importe asignado al componente de pérdida de 103 u.m. (286 u.m. - 183 u.m.).

(c) Aplicando el párrafo B119(b), la entidad asigna el margen de servicio contractual al final del periodo (antes de reconocer cualquier importe en el resultado del periodo) por igual a cada unidad de cobertura proporcionada en el periodo actual y que se espera proporcionar en el futuro. Al aplicar el párrafo B119(c), la entidad reconoce en el resultado del periodo el importe asignado a las unidades de cobertura en el periodo de 52 u.m., que es 103 .u.m. dividido por dos años.

EI95   Un posible formato de conciliación entre los importes reconocidos en el estado de situación financiera y el estado del resultado del periodo del Año 2 requerido por el párrafo 100 es el siguiente:

	El pasivo por la cobertura restante, excluyendo el componente de pérdida	El componente de pérdida del pasivo por la cobertura restante	Pasivo por reclamaciones incurridas	Pasivo por contratos de seguro
	u.m.	u.m.	u.m.	u.m.
Saldo inicial	544	359	–	903
Gastos financieros por seguro	22	15 (a)	–	37 (b)
Ingresos de actividades ordinarias por seguros	(341) (a)	–	–	(341)
Gastos del servicio de seguro: gastos incurridos	–	(191) (a)	400	209
Gastos del servicio de seguro: reversión de la pérdida en contratos onerosos	–	(183) (c)	–	(183)
Flujos de efectivo	–	–	(400)	(400)
Saldo final	**225**	–	–	**225**

(a)   Aplicando el párrafo 50(a), la entidad asigna los cambios posteriores en los flujos de efectivo procedentes del cumplimiento del pasivo por la cobertura restante sobre una base sistemática entre el componente de pérdida del pasivo por la cobertura restante y el pasivo por la cobertura restante, excluyendo el componente de pérdida. Para un cálculo más detallado, véase la tabla siguiente al párrafo EI96 y las notas a pie de página de esa tabla.

(b)   Para el cálculo, véase la tabla siguiente al párrafo EI94. El importe global de gastos financieros por seguros se relaciona con el pasivo por la cobertura restante, puesto que el pasivo por reclamaciones incurridas se paga inmediatamente después de incurrir en los gastos.

(c)   Aplicando el párrafo 50(b), la entidad asigna cualquier disminución posterior en los flujos de efectivo procedentes del cumplimiento asignados al grupo que surge de cambios en las estimaciones de los flujos de efectivo futuros relacionados con el servicio futuro de 286 u.m. (véase la tabla siguiente al párrafo EI94) únicamente al componente de pérdida hasta que ese componente se reduzca a cero. La NIIF 17 no especifica el orden en el que una entidad asigna los flujos de efectivo procedentes del cumplimiento en una nota a pie de página (b) [aplicando el párrafo 50(a)] y la asignación en esta nota a pie de página [aplicando el párrafo 50(b)]. Este ejemplo ilustra el resultado de realizar la asignación requerida por el párrafo 50(a) antes de la asignación requerida por el párrafo 50(b).

EI96 La tabla siguiente ilustra la asignación sistemática de los cambios en los flujos de efectivo procedentes del cumplimiento por el pasivo por la cobertura restante en el Año 2.

	El pasivo por la cobertura restante, excluyendo el componente de pérdida	El componente de pérdida del pasivo por la cobertura restante	Total
	u.m.	u.m.	u.m.
Liberación de los gastos del servicio de seguro esperado para las reclamaciones incurridas para el año	(241)	(159) [a]	(400)
Cambio en el ajuste del riesgo para el riesgo no financiero causado por la liberación del riesgo	(48)	(32) [a]	(80)
Margen de servicio contractual reconocido en el resultado del periodo para el año	(52)	–	(52)
Ingresos de actividades ordinarias por seguros	(341) [b]	–	
Gastos del servicio de seguros	–	(191)	
Gastos financieros por seguro	22 [b]	(15) [a]	

(a) Aplicando el párrafo 50(a), la entidad asigna los cambios posteriores en los flujos de efectivo procedentes del cumplimiento del pasivo por la cobertura restante sobre una base sistemática entre el componente de pérdida del pasivo por la cobertura restante y el pasivo por la cobertura restante, excluyendo el componente de pérdida. En este ejemplo la asignación sistemática se basa en la proporción del 39,8 por ciento, como el saldo de apertura del componente de pérdida del pasivo por la cobertura restante de 359 u.m. en relación con la estimación total del valor presente de las salidas de efectivo futuras más el ajuste del riesgo para el riesgo no financiero de 903 u.m. (743 u.m. + 160 u.m.). Por consiguiente, la entidad asigna los cambios posteriores en los flujos de efectivo procedentes del cumplimiento al componente de pérdida del pasivo por la cobertura restante de la forma siguiente:

(i) las estimaciones de los flujos de efectivo futuros liberados del pasivo por la cobertura restante para el año de 159 u.m., calculados multiplicando los gastos del servicio de seguro por reclamaciones incurridas para el año de 400 u.m. por el 39,8 por ciento;

(ii) el cambio en el ajuste del riesgo para el riesgo no financiero provocado por la liberación del riesgo de 32 u.m., calculado multiplicando el total del cambio de 39,8 u.m. por el 39,8 por ciento; y

(iii) los gastos financieros por seguro de 15 u.m. se calculan multiplicando los gastos financieros por seguros de 37 u.m. por el 39,8 por ciento.

continúa...

...continuación

(b) Los ingresos de actividades ordinarias por seguros de 341 u.m. es:

    (i) determinan por la entidad aplicando el párrafo B123 como la diferencia entre los importes en libros de apertura y cierre del pasivo por la cobertura restante, excluyendo los cambios relacionados con el componente de pérdida de 319 u.m. (544 u.m. - 225 u.m.), excluyendo los gastos financieros por seguro adicionales de 22 u.m., es decir, 341 u.m. = 319 u.m. + 22 u.m.; y

    (ii) desglosan por la entidad aplicando el párrafo B124 como la suma de los gastos del servicio de seguro por las reclamaciones incurridas en el año de 400 u.m., el cambio en el ajuste del riesgo por el riesgo no financiero provocado por la liberación del riesgo de 80 u.m. y el importe del margen de servicio contractual reconocido en el resultado del periodo durante el periodo de 52 u.m. menos la reversión del componente de pérdida del pasivo por la cobertura restante de 191 u.m. (159 u.m. + 32 u.m.), es decir, 341 u.m. = 400 u.m. + 80 u.m. + 52 u.m. − 191 u.m.

EI97   Al final del Año 3, termina el periodo de cobertura y se da de baja en cuentas el grupo de contratos de seguro. Aplicando los párrafos B96 y B97, la entidad analiza el origen de los cambios en los flujos de efectivo procedentes del cumplimiento durante el año para decidir si cada cambio ajusta el margen de servicio contractual, de la forma siguiente:

	Estimaciones del valor presente de los flujos de efectivo futuros	Ajuste del riesgo para el riesgo no financiero	Margen de servicio contractual	Pasivo por contratos de seguro
	u.m.	u.m.	u.m.	u.m.
Saldo inicial	94	80	51	225
Gastos financieros por seguro	5 (a)	–	3 (b)	8
Cambios relacionados con el servicio corriente	–	(80)	(54) (c)	(134)
Salidas de efectivo	(100)	–	–	(100)
Diferencia de redondeo	1	–	–	1
Saldo final	–	–	–	–

(a) En este ejemplo, los gastos financieros por seguros de 5 u.m. son las estimaciones del valor presente de los flujos de efectivo futuros de 94 u.m. al comienzo del Año 3 multiplicada por la tasa de descuento corriente del 5 por ciento anual, determinada aplicando los párrafos 36 y B72(a).

continúa...

...continuación

	Estimaciones del valor presente de los flujos de efectivo futuros	Ajuste del riesgo para el riesgo no financiero	Margen de servicio contractual	Pasivo por contratos de seguro
(b)	Aplicando el párrafo 44(b), la entidad calcula los intereses abonados en el importe en libros del margen de servicio contractual de 3 u.m. multiplicando el saldo de apertura de 51 u.m. por la tasa de descuento del 5 por ciento aplicando los párrafos 44(b) y B72(b).			
(c)	El margen de servicio contractual completo se reconoce en el resultado del periodo porque el Año 3 es el último año de cobertura.			

EI98   Un posible formato de conciliación entre los importes reconocidos en el estado de situación financiera y el estado del resultado del periodo del Año 3 requerido por el párrafo 100 es el siguiente:

	El pasivo por la cobertura restante, excluyendo el componente de pérdida	El componente de pérdida del pasivo por la cobertura restante	Pasivo por reclamaciones incurridas	Pasivo por contratos de seguro
	u.m.	u.m.	u.m.	u.m.
Saldo inicial	225	–	–	225
Ingresos de actividades ordinarias por seguros	(233) (a)	–	–	(233)
Gastos del servicio de seguros	–	–	100	100
Gastos financieros por seguro	8 (b)	–	–	8
Flujos de efectivo	–	–	(100)	(100)
Saldo final	–	–	–	–

continúa...

...continuación

> (a) Los ingresos de actividades ordinarias por seguros de 233 u.m. es:
>
> > (i) determinan por la entidad aplicando el párrafo B123 como la diferencia entre los importes en libros de apertura y cierre del pasivo por la cobertura restante, excluyendo los cambios relacionados con el componente de pérdida de 225 u.m. (225 u.m. - 0 u.m.), excluyendo los gastos financieros por seguro adicionales de 8 u.m., es decir, 233 u.m. = 225 u.m. + 8 u.m.; y
> >
> > (ii) analizan por la entidad aplicando el párrafo B124 como la suma de los gastos del servicio de seguro de 100 u.m., el cambio en el ajuste del riesgo para el riesgo no financiero provocado por la liberación del riesgo de 54 u.m. y el margen de servicio contractual reconocido en el resultado del periodo de 54 u.m., es decir 233 u.m. = 100 u.m. + 80 u.m. + 54 u.m. - 1 u.m. de diferencia de redondeo.
>
> (b) Para el cálculo, véase la tabla siguiente al párrafo EI97. El importe global de gastos financieros por seguros se relaciona con el pasivo por la cobertura restante, puesto que el pasivo por reclamaciones incurridas se paga inmediatamente después de incurrir en los gastos.

Medición de grupos de contratos de seguro con componentes de participación directa

Ejemplo 9—Medición en el momento del reconocimiento inicial y posteriormente de los grupos de contratos de seguro con componentes de participación directa (párrafos 45 y B110 a B114)

EI99 Este ejemplo ilustra la medición de grupos de contratos de seguro con componentes de participación directa.

Supuestos

EI100 Una entidad emite 100 contratos que cumplen los criterios de los contratos de seguro con componentes de participación directa aplicando el párrafo B101. El periodo de cobertura es de tres años y comienza cuando se emiten los contratos de seguro.

EI101 Una entidad recibe una sola prima de 150 u.m. por cada contrato al comienzo del periodo de cobertura. Los tenedores de las pólizas de seguro recibirán:

(a) 170 u.m., o el saldo contable si es mayor, si la persona asegurada fallece durante el periodo de cobertura; o

(b) el valor del saldo contable al final del periodo de cobertura si la persona asegurada sobrevive hasta el final del periodo de cobertura.

EI102 La entidad calcula el saldo contable de cada contrato (los elementos subyacentes) al final de cada año de la forma siguiente:

(a) saldo inicial; más

(b) las primas recibidas (si las hubiera); más

(c) el cambio en el valor razonable de un conjunto de activos especificado; menos

(d) un cargo anual del 2 por ciento del valor de los saldos contables al comienzo del año más el cambio en el valor razonable; menos

(e) el valor de los saldos contables restantes cuando fallece la persona asegurada o termina el periodo de cobertura.

EI103 La entidad compra el conjunto especificado de activos y mide esos activos a valor razonable con cambios en resultados. Este ejemplo supone que la entidad vende activos para recaudar los cargos anuales y pagar reclamaciones. Por ello, los activos que la entidad mantiene son igual a los elementos subyacentes.

EI104 En el momento del reconocimiento inicial de los contratos, la entidad:

(a) espera que el valor razonable del conjunto de activos especificados se incrementará en un 10 por ciento anual;

(b) determina la tasa de descuento que refleja las características de los flujos de efectivo nominales que no varían sobre la base de las rentabilidades de los elementos subyacentes es del 6 por ciento anual;

(c) estima que el ajuste del riesgo para el riesgo no financiero sea de 25 u.m. y espera reconocerlo en el resultado del periodo en los Años 1 a 3 de la forma siguiente: 12 u.m., 8 u.m. y 5 u.m.;

(d) las estimaciones en el valor temporal de la garantía inherente al proporcionar un beneficio mínimo por fallecimiento; [1] y

(e) espera que una persona asegurada fallezca al final de cada año y que las reclamaciones se liquidarán de inmediato.

EI105 Durante el periodo de cobertura, existen cambios en el valor temporal de la garantía y cambios en las rentabilidades a valor razonable sobre los elementos subyacentes, de la forma siguiente:

(a) en el Año 1 el valor razonable del conjunto especificado de activos se incrementó un 10 por ciento, como se esperaba en el momento del reconocimiento inicial;

(b) en el Año 2 el incremento en el valor razonable fue menor de lo esperado en el momento del reconocimiento inicial y es igual al 8 por ciento; y

(c) en el Año 3 el incremento en el valor razonable vuelve a ser el inicialmente esperado del 10 por ciento.

---

1 No hay prescrito un método para el cálculo del valor temporal de una garantía, y no se requiere un cálculo de un importe por separado del resto de los flujos de efectivo procedentes del cumplimiento.

EI106   En este ejemplo se ignoran, por simplicidad, todos los demás importes.

Análisis

EI107   En el momento del reconocimiento inicial, la entidad mide el grupo de contratos de seguro y estima los flujos de efectivo procedentes del cumplimiento al final de cada año posterior de la forma siguiente:

	Reconoci-miento inicial	Año 1	Año 2	Año 3
	u.m.	u.m.	u.m.	u.m.
Estimaciones del valor presente de las entradas de efectivo futuras	(15.000)	–	–	–
Estimaciones del valor presente de las salidas de efectivo futuras[a]	14.180	15.413	16.757	–
Estimaciones del valor presente de los flujos de efectivo futuros	(820)	15.413	16.757	–
Ajuste del riesgo para el riesgo no financiero	25	13	5	–
Flujos de efectivo procedentes del cumplimiento	(795)	15.426	16.762	–
Margen de servicio contractual	795			
(Activo) / pasivo del contrato de seguro en el momento del reconocimiento inicial	–			

(a)   La entidad calcula las estimaciones del valor presente de las salidas de flujos de efectivo futuras usando unas tasas de descuento corrientes que reflejan las características de los flujos de efectivo futuros, determinados aplicando los párrafos 36 y B72(a). Las estimaciones del valor presente de las salidas de efectivo futuras incluyen una estimación del valor temporal de la garantía inherente a proporcionar un beneficio mínimo por fallecimiento, medido de forma congruente con los precios de mercado observable de la garantía.

EI108   Aplicando los párrafos 45 y B110 a B114, la contabilización del margen de servicio contractual de los contratos de seguro con componentes de participación directa (véase la tabla siguiente al párrafo EI111 para la conciliación del margen de servicio contractual), la entidad necesita:

    (a)   calcular el valor razonable de los elementos subyacentes en los que participan los tenedores de las pólizas de seguro para ajustar el margen de servicio contractual por esos cambios; y

    (b)   analizar los cambios en los flujos de efectivo procedentes del cumplimiento para decidir si cada cambio ajusta el margen de servicio contractual.

EI109 La entidad determina el valor razonable de los elementos subyacentes al final de cada año de la forma siguiente:

Elementos subyacentes(a) (los saldos contables de los tenedores de las pólizas de seguro)	Año 1	Año 2	Año 3	Total
	u.m.	u.m.	u.m.	u.m.
Saldo de apertura (A)	–	16.008	16.772	N/A
Entradas de efectivo: primas	15.000	–	–	15.000
Cambio en el valor razonable (B = 10% × A en los Años 1 y 3, 8% × A en el Año 2)	1.500	1.281	1.677	4.458
Cargo anual (C = 2% × (A + B))	(330)	(346)	(369)	(1.045)
Salidas de efectivo: pagos por reclamaciones por fallecimiento [1/100, 1/99, 1/98 × (A + B + C)]	(162)	(171)	(184)	(517)
Salidas de efectivo: pagos al vencimiento de los contratos	–	–	(17.896)	(17.896)
Saldo final	16.008	16.772	–	N/A

(a) En este ejemplo, los elementos subyacentes son iguales a los activos que mantiene la entidad. La NIIF 17 define los elementos subyacentes como los elementos que determinan algunos de los importes pagaderos al tenedor de la póliza de seguro. Los elementos subyacentes podrían comprender cualesquiera elementos; por ejemplo, una referencia a una cartera de activos.

EI110 La entidad determina los cambios en los flujos de efectivo procedentes del cumplimiento de la forma siguiente:

Flujos de efectivo procedentes del cumplimiento	Año 1	Año 2	Año 3	Total
	u.m.	u.m.	u.m.	u.m.
Saldo inicial	–	15.426	16.461	N/A
Cambio relacionado con el servicio futuro: nuevos contratos	(795)	–	–	(795)
Efecto del valor temporal del dinero y los riesgos financieros y los cambios en ellos(a)	1.403	1.214	1.624	4.241
Cambio relacionado con el servicio corriente: liberación de riesgo	(12)	(8)	(5)	(25)
Flujos de efectivo(b)	14.830	(171)	(18.080)	(3.421)
Saldo final	15.426 (c)	16.461 (c)	–	N/A

continúa...

...continuación

(a)	Efecto del valor temporal del dinero y los riesgos financieros y los cambios en ellos incluye:

    (i)   los cambios en el valor temporal de la garantía inherente al proporcionar un beneficio mínimo por fallecimiento; y

    (ii)   el efecto de cambios en la obligación con el tenedor de la póliza de seguro debido al cambio en el valor razonable de los elementos subyacentes en los Años 2 y 3.

(b) En el Año 1, la entidad recibe primas de 15.000 u.m. y paga reclamaciones por fallecimiento de 170 u.m. (162 u.m. de los saldos contables y 8 u.m. de las cuentas de la entidad). En el Año 2, la entidad paga reclamaciones de 171 u.m. solo de los saldos contables porque el valor de los saldos contables es mayor que el importe garantizado de 170 u.m. En el Año 3, la entidad paga reclamaciones por fallecimiento de 184 u.m. del saldo contable e importes al vencimiento de los contratos de 17.896 u.m. (véase la tabla siguiente al párrafo EI109 para importes pagados de los saldos contables).

(c) La entidad calcula las estimaciones del valor presente de las salidas de flujos de efectivo futuras usando unas tasas de descuento corrientes que reflejan las características de los flujos de efectivo futuros, determinados aplicando los párrafos 36 y B72(a). Las estimaciones del valor presente de las salidas de efectivo futuras incluyen una estimación del valor temporal de la garantía inherente a proporcionar un beneficio mínimo por fallecimiento, medido de forma congruente con los precios de mercado observable de la garantía.

EI111   Aplicando el párrafo 45, la entidad determina el importe en libros del margen de servicio contractual al final de cada periodo sobre el que se informa de la forma siguiente:

Margen de servicio contractual	Año 1	Año 2	Año 3	Total
	u.m.	u.m.	u.m.	u.m.
Saldo inicial	–	592	328	N/A
Cambios relacionados con el servicio futuro: contratos nuevos	795	–	–	795
Cambio en la comisión variable[(a)]:				
– cambio en el valor razonable de los elementos subyacentes	1.500	1.281	1.677	4.458
– Efecto del valor temporal del dinero y los riesgos financieros y los cambios en ellos	(1.403)	(1.214)	(1.624)	(4.241)
Cambio relacionado con el servicio corriente: reconocimiento en el resultado del periodo[(b)]	(300)	(331)	(381)	(1.012)
Saldo final	592	328	–	N/A

(a)   Aplicando los párrafos B110 a B113, la entidad ajusta el margen de servicio contractual por el neto de los cambios en:

   (i)   el importe de la participación de la entidad en el valor razonable de los elementos subyacentes; y

   (ii)   flujos de efectivo procedentes del cumplimiento que no varían sobre la base de las rentabilidades en los elementos subyacentes relacionados con el servicio futuro, determinados aplicando el párrafo B96, más el efecto del valor temporal del dinero y riesgos financieros y cambios en ellos que no surgen de los elementos subyacentes.

   El párrafo B114 permite que la entidad no identifique cada ajuste al margen de servicio contractual por separado, sino combinándolos. Además, en este ejemplo no existen cambios en los flujos de efectivo procedentes del cumplimiento que no varían sobre la base de las rentabilidades sobre los elementos subyacentes determinados aplicando el párrafo B96. Por consiguiente, la entidad podría estimar el ajuste neto al margen de servicio contractual como el neto de los cambios en:

continúa...

...continuación

(iii) el valor razonable de los elementos subyacentes [igual a (i) más la obligación de pagar al tenedor de la póliza de seguro un importe igual al valor razonable de los elementos subyacentes]; y

(iv) los flujos de efectivo procedentes del cumplimiento relacionados con el efecto del valor temporal de dinero y los riesgos financieros y los cambios en ellos [igual a (ii) más la obligación de pagar al tenedor de la póliza de seguro un importe igual al valor razonable de los elementos subyacentes].

Por consiguiente, en este ejemplo, el ajuste al margen de servicio contractual por cambios relacionados con el servicio futuro es el neto del cambio en el valor razonable de los elementos subyacentes y cambios en los flujos de efectivo procedentes del cumplimiento relacionados con el efecto del valor temporal del dinero y riesgos financieros, y los cambios en ellos.

(b) Aplicando los párrafos 45(e) y B119, la entidad reconoce en el resultado del periodo el importe del margen de servicio contractual determinado mediante la asignación del margen de servicio contractual al final del periodo (antes de reconocer los importes en el resultado del periodo) de forma lineal a cada unidad de cobertura proporcionada en el periodo corriente y que se espera proporcionar en el futuro, de la forma siguiente:

(i) En el Año 1, el importe del margen de servicio contractual inmediatamente antes del reconocimiento en el resultado del periodo es 892 u.m. [el cambio relacionado con los nuevos contratos de 795 u.m. más el cambio neto relacionado con la comisión variable de 97 u.m. (1.500 u.m. - 1.403 u.m.)];

(ii) la entidad ha proporcionado cobertura para 100 contratos en el Año 1 y espera proporcionar cobertura para 99 contratos en el Año 2 y 98 contratos en el Año 3 (unidades de cobertura totales de 297); por ello

(iii) la entidad reconoce 300 u.m. del margen de servicio contractual en el resultado del periodo en el Año 1 (calculado como el margen de servicio contractual de 892 u.m. multiplicado por 100 de las unidades de cobertura proporcionadas en el Año 1 dividido por 297 de las unidades de cobertura totales).

La entidad utilizó la misma metodología para calcular los importes reconocidos en el resultado del periodo en los Años 2 y 3. El Ejemplo 6 ilustra el reconocimiento del margen de servicio contractual en el resultado el periodo con más detalle.

EI112   Los importes reconocidos en el estado del resultado del periodo para el periodo
         son de la forma siguiente:

Estado del resultado del periodo[a]	Año 1	Año 2	Año 3	Total
	u.m.	u.m.	u.m.	u.m.
Ingresos de actividades ordinarias por seguro	320 [a]	339	386	1.045 [b]
Gastos del servicio de seguro[c]	(8)	–		(8)
Resultado del servicio de seguro	**312**	**339**	**386**	**1.037**
Ingresos por inversiones[d]	1.500	1.281	1.677	4.458
Gastos financieros por seguros[e]	(1.500)	(1.281)	(1.677)	(4.458)
Resultado financiero	**–**	**–**	**–**	**–**
Ganancia[f]	**312**	**339**	**386**	**1.037**

continúa...

...continuación

(a) La descripción detallada del método de cálculo de los ingresos de actividades ordinarias por seguros se proporciona en la tabla siguiente al párrafo EI33. Para el Año 1, los ingresos de actividades ordinarias por seguros de 320 u.m. se:

    (i) determinan por la entidad, aplicando el párrafo B123, como la diferencia entre los importes en libros de apertura y cierre del pasivo por la cobertura restante de (16.018) u.m., excluyendo las primas recibidas de 15.000 u.m., los gastos financieros por seguros de 1.500 u.m. y el componente de inversión de 162 u.m. (320 u.m. = (16.018) u.m. + 15.000 u.m.+ 1.500 u.m. – 162 u.m.). El cambio en el importe en libros del pasivo por la cobertura restante en el Año 1 de (16.018) u.m. es el saldo de apertura de 0 u.m. menos el saldo de cierre de 16.018 u.m. (los flujos de efectivo procedentes del cumplimiento al final del Año 1 de 15.426 u.m. más el margen de servicio contractual al final del Año 1 de 592 u.m.). En este ejemplo, el pasivo por la cobertura restante es igual al pasivo por seguro total porque el pasivo por reclamaciones incurridas es cero; y

    (ii) analizan por la entidad aplicando el párrafo B124 como la suma de los gastos del servicio de seguro esperados para el periodo de 8 u.m., el cambio en el ajuste del riesgo para el riesgo no financiero provocado por la liberación del riesgo de 12 u.m. y el margen de servicio contractual reconocido en el resultado del periodo de 300 u.m. (320 u.m. = 8 u.m. + 12 u.m. + 300 u.m.).

(b) Aplicando el párrafo B120, la entidad calcula los ingresos de actividades ordinarias por seguros de 1.045 u.m. como el importe de las primas pagadas a la entidad de 15.000 u.m. ajustado por el efecto financiero de 4.458 u.m. (que en este ejemplo es igual a los gastos financieros por seguros) y excluyendo el componente de inversión pagado de los saldos contables de 18.413 u.m. (517 u.m. + 17.896 u.m.). En este ejemplo, los ingresos de actividades ordinarias por seguros totales son igual a los saldos contables de los tenedores de pólizas de seguro.

(c) Los gastos del servicio de seguro de 8 u.m. son igual a los importes pagaderos al tenedor de la póliza de seguro en el periodo de 170 u.m. menos el componente de inversión pagado de los saldos contables de 162 u.m. En los Años 2 y 3 los gastos del servicio de seguro son cero porque todos los importes debidos al tenedor de la póliza de seguro se pagan del saldo contable (es decir, se reembolsan del componente de inversión).

(d) Los ingresos por inversión relacionados con los activos que mantiene la entidad se contabilizan aplicando una Norma diferente.

continúa...

...continuación

(e)   Aplicando el párrafo B111, los cambios en la obligación de pagar al tenedor de la póliza de seguro un importe igual al valor razonable de los elementos subyacentes no se relacionan con el servicio futuro y no ajustan el margen de servicio contractual. Aplicando el párrafo 87, la entidad reconoce esos cambios como gastos o ingresos financieros por seguros. Por ejemplo, en el Año 1, el cambio en el valor razonable de los elementos subyacentes es de 1.500 u.m.

(f)   Este ejemplo supone que la entidad opta por incluir todos los gastos o ingresos financieros por seguros para el periodo en el resultado del periodo, aplicando el párrafo 89.

Medición de los grupos de contratos de seguro que usan el enfoque de la asignación de la prima

Ejemplo 10—Medición en el momento del reconocimiento inicial y posteriormente de los grupos de contratos de seguro que usan el enfoque de la asignación de la prima (párrafos 55, 56, 59, 100 y B126)

EI113   Este ejemplo ilustra el enfoque de la asignación de la prima para simplificar la medición de los grupos de contratos de seguro.

Supuestos

EI114   Una entidad emite contratos de seguro el 1 de julio de 20x1. Los contratos de seguro tienen un periodo de cobertura de 10 meses que termina el 30 de abril de 20x2. El periodo anual sobre el que se informa de la entidad termina el 31 de diciembre de cada año y la entidad prepara estados financieros intermedios a 30 de junio de cada año.

EI115   En el momento del reconocimiento inicial la entidad espera:

(a)   recibir primas por 1.220 u.m.;

(b)   pagar flujos de efectivo por la adquisición del seguro atribuibles directamente por 20 u.m.;

(c)   incurrir en reclamaciones y ser liberada del riesgo uniformemente a lo largo del periodo de cobertura; y

(d)   que no se interrumpirá ningún contrato durante el periodo de cobertura.

EI116   Además, en este ejemplo:

(a)   los hechos y circunstancias no indican que el grupo de contratos sea oneroso, aplicando el párrafo 57; y

(b)   todos los demás importes, incluyendo el componente de inversión, se ignoran por simplicidad.

EI117   Posteriormente:

(a)   inmediatamente después del reconocimiento inicial la entidad recibe todas las primas y paga todos los flujos de efectivo por la adquisición del seguro;

(b)   para el periodo sobre el que se informa de seis meses que termina el 31 de diciembre de 20x1 existían reclamaciones incurridas por 600 u.m. con un ajuste de riesgo por el riesgo no financiero relacionado con esas reclamaciones de 36 u.m.;

(c)   para el periodo sobre el que se informa de seis meses que termina el 30 de junio de 20x2 existían reclamaciones incurridas por 400 u.m. con un ajuste de riesgo por el riesgo no financiero relacionado con esas reclamaciones de 24 u.m.;

(d)   el 31 de agosto de 20x2, la entidad revisa sus estimaciones relacionadas con todas las reclamaciones y las liquida pagando 1.070 u.m.; y

(e)   por simplicidad, el ajuste del riesgo para el riesgo no financiero relacionado con las reclamaciones incurridas se reconoce en el resultado del periodo cuando se pagan las reclamaciones.

EI118   El grupo de contratos de seguro cumple los requisitos del enfoque de la asignación de la prima aplicando el párrafo 53(b). Además, la entidad espera que:

(a)   el tiempo entre proporcionar cada parte de la cobertura y la fecha de vencimiento de la prima relacionada no sea de más de un año. Por consiguiente, aplicando el párrafo 56, la entidad opta por no ajustar el importe en libros del pasivo por la cobertura restantes para reflejar el valor temporal de dinero y el efecto del riesgo financiero (por ello, no aplica ningún descuento o abono de intereses).

(b)   Las reclamaciones se pagarán dentro de un año después de que hayan tenido lugar las reclamaciones. Por consiguiente, aplicando el párrafo 59(b), la entidad opta por no ajustar el pasivo por las reclamaciones incurridas por el valor temporal del dinero y el efecto del riesgo financiero.

EI119   Además, aplicando el párrafo 59(a), la entidad opta por reconocer los flujos de efectivo por la adquisición del seguro como un gasto cuando incurre en costos relevantes.

Análisis

EI120   El efecto del grupo de contratos de seguro en estado de situación financiera es el siguiente:

Estado de situación financiera	Dic 20x1	Jun 20X2	Dic 20x2
	u.m.	u.m.	u.m.
Efectivo	(1.200) [(a)]	(1.200)	(130) [(b)]
Pasivo por el contrato de seguro[(c)]	1.124	1.060	–
Patrimonio	76	140	130

(a)   El importe de efectivo al final de diciembre de 20x1 de (1.200) u.m. es igual a la prima recibida de (1.220) u.m. el 1 de julio de 20x1 menos los flujos de efectivo por la adquisición del seguro de 20 u.m. el 1 de julio de 20x1.

(b)   El importe de efectivo al final de diciembre de 20x2 de 130 u.m. es igual a la entrada de efectivo neta el 1 de julio de 20x1 de 1.200 u.m. menos las reclamaciones pagadas el 31 de agosto de 20x2 de 1.070 u.m.

(c)   El pasivo por contratos de seguro es la suma del pasivo por la cobertura restante y el pasivo por reclamaciones incurridas como se ilustra en la tabla siguiente al párrafo EI122.

EI121   Aplicando el párrafo 100, la entidad proporciona la conciliación:

(a)   entre los importes reconocidos en el estado de situación financiera y el estado del resultado del periodo por separado para el pasivo por la cobertura restante y el pasivo por reclamaciones incurridas; y

(b)   el pasivo por reclamaciones incurridas, revelando una conciliación separada para las estimaciones del valor presente de los flujos de efectivo futuros y el ajuste del riesgo para el riesgo no financiero.

EI122   Un posible formato de la conciliación requerida por el párrafo 100 es el siguiente:

	Dic 20x1	Dic 20x1	Jun 20X2	Jun 20X2	Dic 20x2	Dic 20x2
	u.m.	u.m.	u.m.	u.m.	u.m.	u.m.
Pasivo por la cobertura restante						
Saldo inicial		–		488		–
Entradas de efectivo		1.220		–		–
Ingresos de actividades ordinarias por seguros		(732) (a)		(488)		–
Saldo final		**488** (b)		–		–
Pasivo por reclamaciones incurridas						
Estimaciones del valor presente de los flujos de efectivo futuros		–		600		1.000
Ajuste del riesgo para el riesgo no financiero		–		36		60
Saldo inicial		–		**636**		**1.060**
Estimaciones del valor presente de los flujos de efectivo futuros		600		400		70
Ajuste del riesgo para el riesgo no financiero		36		24		(60)
Gastos del servicio de seguro		**636** (c)		**424** (d)		**10** (e)
Estimaciones del valor presente de los flujos de efectivo futuros		–		–		(1.070)
Salidas de efectivo		–		–		**(1.070)**
Saldo final		**636**		**1.060**		–

(a)   Sobre el cálculo de los ingresos de actividades ordinarias por seguros, véase la tabla siguiente al párrafo EI123.

(b)   Aplicando el párrafo 55, la entidad mide el pasivo por la cobertura restante al final de diciembre de 20x1 de 488 u.m. como primas recibidas en el periodo de 1.220 u.m. menos los ingresos de actividades ordinarias por seguros de 732 u.m. La entidad no incluye los flujos de efectivo por la adquisición del seguro en el pasivo por la cobertura restante porque opta por considerarlos gasto cuando se incurra en ellos aplicando el párrafo 59(a).

continúa...

...continuación

(c)	Los gastos del servicio de seguro de 636 u.m. para el periodo de julio de 20x1 a diciembre de 20x1 comprenden las reclamaciones incurridas de 600 u.m. y un ajuste del riesgo para el riesgo no financiero de 36 u.m.
(d)	Los gastos del servicio de seguro de 424 u.m. para el periodo de enero de 20x2 a junio de 20x2 comprenden las reclamaciones incurridas de 400 u.m. y un ajuste del riesgo para el riesgo no financiero de 24 u.m
(e)	Los gastos del servicio de seguro de 10 u.m. comprenden:
	(a) una ganancia de 60 u.m. — el ajuste del riesgo para el riesgo no financiero relacionado con el pasivo por reclamaciones incurridas reconocido en el resultado del periodo debido a la liberación del riesgo; y
	(b) una pérdida de 70 u.m. — la diferencia entre la estimación previa de reclamaciones incurridas de 1.000 u.m. y los pagos por esas reclamaciones de 1.070 u.m.

EI123 Los importes incluidos en el estado del resultado del periodo son de la forma siguiente:

Estado del resultado del periodo	Dic 20x1	Jun 20X2	Dic 20x2
Para los 6 meses finales			
	u.m.	u.m.	u.m.
Ingresos de actividades ordinarias por seguro	732 [(a)]	488 [(a)]	—
Gastos del servicio de seguro	(656) [(b)]	(424) [(b)]	(10) [(b)]
Ganancia / (pérdida)	**76**	**64**	**(10)**

(a)	Aplicando el párrafo B126, la entidad reconoce ingresos de actividades ordinarias por seguro para el periodo como el importe de los cobros de primas esperados asignados al periodo. En este ejemplo, los cobros de primas esperados se asignan a cada periodo de cobertura sobre la base del paso del tiempo porque el patrón esperado de liberación del riesgo durante el periodo de cobertura no difiere significativamente del paso del tiempo. Por consiguiente, los ingresos de actividades ordinarias por seguro son igual a 732 u.m. (60 por ciento de 1.220 u.m.) para los seis meses que terminan en diciembre de 20x1; y 488 u.m. (40 por ciento de 1.220 u.m.) para los cuatro meses que terminan en abril de 20x2.
(b)	Sobre el cálculo de los gastos del servicio de seguro, véase la tabla siguiente al párrafo EI122. Para los seis meses que terminan en diciembre de 20x1 los gastos del servicio de seguro comprenden 636 u.m. de los importes reconocidos del cambio en el pasivo por reclamaciones incurridas y 20 u.m. de los flujos de efectivo por la adquisición del seguro reconocidos en el resultado del periodo como un gasto, aplicando el párrafo 59(a).

Medición de los grupos de contratos de reaseguro mantenidos

Ejemplo 11—Medición en el momento del reconocimiento inicial de los grupos de contratos de reaseguro mantenidos (párrafos 63 a 65A)

EI124   Este ejemplo ilustra la medición en el momento del reconocimiento inicial de un grupo de contratos de reaseguro que mantiene una entidad.

Supuestos

EI125   Una entidad suscribe un contrato de reaseguro que a cambio de una prima fija cubre el 30 por ciento de cada reclamación por los contratos de seguro subyacentes.

EI126   La entidad mide el grupo de contratos de seguro en el momento del reconocimiento inicial de la forma siguiente:

	Reconoci- miento inicial u.m.
Estimaciones del valor presente de las entradas de efectivo futuras	(1.000)
Estimaciones del valor presente de las salidas de efectivo futuras	900
Estimaciones del valor presente de los flujos de efectivo futuros	(100)
Ajuste del riesgo para el riesgo no financiero	60
Flujos de efectivo procedentes del cumplimiento	(40)
Margen de servicio contractual	40
(Activo) / pasivo del contrato de seguro en el momento del reconocimiento inicial	**–**

EI127   Aplicando el párrafo 23, la entidad establece un grupo que comprende un contrato de reaseguro único mantenido. En relación con este contrato de reaseguro mantenido:

    (a)   aplicando el párrafo 63, la entidad mide las estimaciones del valor presente de los flujos de efectivo futuros para el grupo de contratos de reaseguro mantenidos usando supuestos congruentes con los usados para medir las estimaciones del valor presente de los flujos de efectivo futuros para el grupo de contratos de seguro subyacentes. Por consiguiente, las estimaciones del valor presente de las entradas de efectivo futuras son de 270 u.m. (recuperación del 30 por ciento de las estimaciones del valor presente de las salidas de efectivo futuras para el grupo subyacente de contratos de seguro de 900 u.m.);

    (b)   aplicando el párrafo 64, la entidad determina el ajuste del riesgo para el riesgo no financiero, para representar el importe del riesgo que está siendo transferido por el tenedor del contrato de reaseguro al emisor de este contrato. Por consiguiente, la entidad estima que el ajuste del riesgo para el riesgo no financiero es de 18 u.m. porque la entidad espera que pueda transferir el 30 por ciento del riesgo de los contratos subyacentes a la reaseguradora (30 por ciento x 60 u.m.); y

(c)   la única prima de reaseguro pagada a la reaseguradora es de:

(i)   en el Ejemplo 11A − 260 u.m. y

(ii)   en el Ejemplo 11B − 300 u.m.

EI128   En este ejemplo, se ignoran, por simplicidad, el riesgo de incumplimiento de la reaseguradora y todos los demás importes.

Análisis

EI129   La medición del contrato de reaseguro mantenido es de la forma siguiente:

	Ejemplo 11A Activo por contratos de reaseguro	Ejemplo 11B Activo por contratos de reaseguro
	u.m.	u.m.
Estimaciones del valor presente de las entradas de efectivo futuras (recuperaciones)	(270)	(270)
Estimaciones del valor presente de las salidas de efectivo futuras (primas pagadas)	260	300
Estimaciones del valor presente de los flujos de efectivo futuros	(10)	30
Ajuste del riesgo para el riesgo no financiero	(18)	(18)
Flujos de efectivo procedentes del cumplimiento	(28)	12
Margen de servicio contractual del contrato de reaseguro mantenido[(a)]	28	(12)
Activo por contratos de reaseguro en el momento del reconocimiento inicial	–	–
El efecto en el resultado del periodo será:		
Ganancia / (pérdida) en el momento del reconocimiento inicial	–	–

(a)   Aplicando el párrafo 65, la entidad mide el margen de servicio contractual del contrato de reaseguro mantenido por un importe igual a la suma de los flujos de efectivo procedentes del cumplimiento y los flujos de efectivo que surgen en esa fecha. Para los contratos de reaseguro mantenidos no existe ganancia no acumulada (devengada) como habría para los contratos de seguro, pero en su lugar hay un costo neto o ganancia neta por la compra del contrato de reaseguro.

Ejemplo 12—Medición posterior al reconocimiento inicial de los grupos de contratos de reaseguro mantenidos (párrafo 66)

EI130   Este ejemplo ilustra la medición posterior del margen de servicio contractual que surge de un contrato de reaseguro mantenido, cuando el grupo subyacente de contratos de seguro no es oneroso y, por separado, cuando el grupo subyacente de contratos de seguro es oneroso.

EI131   Este ejemplo no es continuación del Ejemplo 11.

Supuestos

EI132   Una entidad suscribe un contrato de reaseguro que a cambio de una prima fija cubre el 30 por ciento de cada reclamación de los contratos de seguro subyacentes (la entidad supone que podría transferir el 30 por ciento del riesgo no financiero de los contratos de seguro subyacentes a la reaseguradora).

EI133   En este ejemplo, se ignoran, por simplicidad, el efecto del descuento, el riesgo de incumplimiento de la reaseguradora y otros importes.

EI134   Aplicando el párrafo 23, la entidad establece un grupo que comprende un contrato de reaseguro único mantenido.

EI135   Inmediatamente antes del final del Año 1, la entidad mide el grupo de contratos de seguro y el contrato de reaseguro mantenido de la forma siguiente:

	Pasivo por el contrato de seguro	Activo por el contrato de reaseguro
	u.m.	u.m.
Flujos de efectivo procedentes del cumplimiento (antes del efecto de cualquier cambio en las estimaciones)	300	(90)
Margen de servicio contractual	100	(25) [a]
Pasivo por contratos de seguro / (activo por contratos de reaseguro) inmediatamente antes del final del Año 1	400	(115)

(a)   En este ejemplo, la diferencia entre el margen de servicio contractual por el contrato de reaseguro mantenido de (25) u.m. y el 30 por ciento del grupo subyacente de contratos de seguro de 30 u.m. (30% x 100 u.m.) surge debido a una política de fijación de precios diferente entre el grupo subyacente de contratos de seguro y el contrato de reaseguro mantenido.

EI136   A final del Año 1, la entidad revisa su estimación de las salidas de efectivo por cumplimiento del grupo subyacente de contratos de seguro de la forma siguiente:

(a) En el Ejemplo 12A—la entidad estima que existe un incremento en los flujos de efectivo procedentes del cumplimiento del grupo subyacente de contratos de seguro de 50 u.m. y una disminución del margen de servicio contractual por el mismo importe (el grupo de contratos de seguro subyacente no es oneroso).

(b) En el Ejemplo 12B—la entidad estima que existe un incremento en los flujos de efectivo procedentes del cumplimiento del grupo subyacente de contratos de seguro de 160 u.m. Este cambio hace oneroso el grupo de contratos de seguro subyacentes y la entidad disminuye el margen de servicio contractual en 100 u.m. a cero y reconoce las 60 u.m. restantes como una pérdida en el resultado del periodo.

Análisis

Ejemplo 12A—Grupo subyacente de contratos de seguro que no es oneroso

EI137 Al final del Año 1, la entidad mide el pasivo por contratos de seguro y el activo por contratos de reaseguro de la forma siguiente:

	Pasivo por el contrato de seguro	Activo por el contrato de reaseguro
	u.m.	u.m.
Flujos de efectivo procedentes del cumplimiento (incluyendo el efecto de cualquier cambio en las estimaciones)	350	(105) (a)
Margen de servicio contractual	50	(10) (b)
Pasivo por contratos de seguro / (activo por contratos de reaseguro) al final del Año 1	**400**	**(115)**
El efecto del cambio en las estimaciones en el resultado del periodo será:		
Ganancia / (pérdida) al final del Año 1	–	–

(a) La entidad incrementa los flujos de efectivo procedentes del cumplimiento del contrato de reaseguro mantenido en un 30 por ciento del cambio en los flujos de efectivo procedentes del cumplimiento del grupo subyacente de contratos de seguro (15 u.m. = 30% de 50 u.m.).

(b) Aplicando el párrafo 66, la entidad ajusta el margen de servicio contractual del contrato de reaseguro mantenido por el importe global del cambio en los flujos de efectivo procedentes del cumplimiento de este contrato de reaseguro mantenido de 15 u.m. de (25) u.m. a (10) u.m. Esto es porque el cambio global en los flujos de efectivo procedentes del cumplimiento asignados a un grupo de contratos de seguro subyacentes ajusta el margen de servicio contractual de esos contratos de seguro subyacentes.

Ejemplo 12B—Grupo subyacente de contratos de seguro que es oneroso

EI138   Al final del Año 1, la entidad mide el pasivo por contratos de seguro y el activo por contratos de reaseguro de la forma siguiente:

	Pasivo por el contrato de seguro	Activo por el contrato de reaseguro
	u.m.	u.m.
Flujos de efectivo procedentes del cumplimiento (incluyendo el efecto de cualquier cambio en las estimaciones)	460	(138) [(a)]
Margen de servicio contractual	–	5 [(b)]
Pasivo por contratos de seguro / (activo por contratos de reaseguro) al final del Año 1	**460**	**(133)**
El efecto en el resultado del periodo será:		
Ganancia / (pérdida) al final del Año 1	**(60)**	**18** [(b)]

(a)   La entidad incrementa los flujos de efectivo procedentes del cumplimiento del contrato de reaseguro mantenido en un 48 u.m. lo que es igual al 30 por ciento del cambio en los flujos de efectivo procedentes del cumplimiento del grupo subyacente de contratos de seguro (48 u.m. = 30% de 160 u.m.).

(b)   Aplicando el párrafo 66, la entidad ajusta el margen de servicio contractual del contrato de reaseguro mantenido por el cambio en los flujos de efectivo procedentes del cumplimiento que se relacionan con el servicio futuro en la medida en que este cambio procede de un cambio en los flujos de efectivo procedentes del cumplimiento del grupo de contratos de seguro subyacentes que ajusta el margen de servicio contractual de ese grupo. Por consiguiente, la entidad reconoce el cambio en los flujos de efectivo procedentes del cumplimiento del contrato de reaseguro mantenido de 48 u.m. de la forma siguiente:

   (i)   Ajustando el margen de servicio contractual del contrato de reaseguro mantenido por 30 u.m. del cambio de los flujos de efectivo procedentes del cumplimiento. Esas 30 u.m. son equivalentes al cambio en los flujos de efectivo procedentes del cumplimiento que ajusta el margen de servicio contractual de los contratos subyacentes de 100 u.m. (30 u.m. = 30% x 100 u.m.). Por consiguiente, el margen de servicio contractual del contrato de reaseguro mantenido de 5 u.m. es igual al margen de servicio contractual en el momento del reconocimiento inicial de 25 u.m. ajustado por la parte del cambio en los flujos de efectivo procedentes del cumplimiento de 30 u.m. (5 u.m. = (25) u.m. + 30 u.m.).

   (ii)   Reconociendo el cambio restante en los flujos de efectivo procedentes del cumplimiento del contrato de reaseguro mantenido de 18 u.m. inmediatamente en el resultado del periodo.

Ejemplo 12C—Medición de un grupo de contratos de reaseguro mantenidos que proporciona cobertura para grupos de contratos de seguro subyacentes, incluyendo un grupo oneroso (párrafos 66A y 66B y B119C a B119F)

EI138A Este ejemplo ilustra la medición inicial y posterior de contratos de reaseguro mantenidos cuando los grupos de contratos de seguro subyacente es oneroso.

Suposiciones

EI138B Al comienzo del Año 1, una entidad suscribe un contrato de reaseguro que a cambio de una prima fija cubre el 30 por ciento de cada reclamación por los grupos de contratos de seguro subyacentes. Los contratos de seguro subyacentes se emiten al mismo tiempo que la entidad suscribe el contrato de reaseguro.

EI138C En este ejemplo por simplicidad, se supone que:

(a) ningún contrato se expirará antes del final del periodo de cobertura;

(b) no existen cambios en estimaciones distintos de los descritos en el párrafo EI138J; y

(c) se ignoran todos los otros importes, incluyendo el efecto del descuento, los ajustes del riesgo para el riesgo no financiero, y el riesgo de incumplimiento de la reaseguradora.

EI138D Algunos de los contratos de seguro subyacentes son onerosos en el reconocimiento inicial. Por ello, aplicando el párrafo 16, la entidad establece un grupo que comprende los contratos onerosos. El resto de los contratos de seguro subyacentes se espera que sean rentables y aplicando el párrafo 16, en este ejemplo, la entidad establece un solo grupo que comprende los contratos rentables.

EI138E El periodo de cobertura de los contratos de seguro subyacentes y el contrato de reaseguro mantenido es de tres años comenzando desde el principio del Año 1. Los servicios se proporcionan de forma uniforme a lo largo de los periodos de cobertura.

EI138F La entidad espera recibir primas de 1.110 u.m. por los contratos de seguro subyacentes de forma inmediata tras el reconocimiento inicial. Se espera que se incurra en las reclamaciones sobre los contratos de seguro subyacentes de forma uniforme a lo largo del periodo de cobertura y que se paguen de forma inmediata después de incurrirse en las reclamaciones.

EI138G La entidad mide los grupos de contratos de seguro subyacentes en el momento del reconocimiento inicial de la forma siguiente:

	Grupo rentable de contratos de seguro	Grupo oneroso de contratos de seguro	Total
	u.m.	u.m.	u.m.
Estimaciones del valor presente de las entradas de efectivo futuras	(900)	(210)	(1.110)
Estimaciones del valor presente de las salidas de efectivo futuras	600	300	900
Flujos de efectivo procedentes del cumplimiento	(300)	90	(210)
Margen de servicio contractual	300	–	300
Pasivo por el contrato de seguro en el momento del reconocimiento inicial	–	90	90
Pérdida en el momento del reconocimiento inicial	–	(90)	(90)

EI138H Aplicando el párrafo 61, la entidad establece un grupo que comprende un contrato de reaseguro único mantenido. La entidad paga una prima de 315 u.m. a la reaseguradora de forma inmediata después del reconocimiento inicial. La entidad espera recibir recuperaciones de reclamaciones de la reaseguradora el mismo día en que la entidad paga las reclamaciones sobre los contratos de seguro subyacentes.

EI138I Aplicando el párrafo 63, la entidad mide las estimaciones del valor presente de los flujos de efectivo futuros para el grupo de contratos de reaseguro mantenidos usando supuestos congruentes con los usados para medir las estimaciones del valor presente de los flujos de efectivo futuros para los grupos de contratos de seguro subyacentes. Por consiguiente, la estimación del valor presente de las entradas de efectivo futuras es de 270 u.m. (recuperación del 30 por ciento de las estimaciones del valor presente de las salidas de efectivo futuras para los grupos de contratos de seguro subyacentes de 900 u.m.).

EI138J A final del Año 2, la entidad revisa su estimación de las salidas de efectivo restantes procedentes del cumplimiento de los grupos de contratos de seguro subyacentes. La entidad estima que los flujos de efectivo procedentes del cumplimiento de los grupos de contratos de seguro subyacentes se incrementan en un 10 por ciento, de salidas de efectivo futuras de 300 u.m. a salidas de efectivo futuras de 330 u.m. Por consiguiente, la entidad estima que los flujos de efectivo procedentes del cumplimiento del contrato de reaseguro mantenido también se incrementan, de entradas de efectivo futuras de 90 u.m. a entradas de efectivo futuras de 99 u.m.

Análisis

EI138K La entidad mide el grupo de contratos de reaseguro subyacentes en el momento del reconocimiento inicial de la forma siguiente:

	Reconoci-miento inicial
	u.m.
Estimaciones del valor presente de las entradas de efectivo futuras (recuperaciones)	(270)
Estimaciones del valor presente de las salidas de efectivo futuras (primas)	315
Flujos de efectivo procedentes del cumplimiento	**45**
Margen de servicio contractual del contrato de reaseguro mantenido (antes del ajuste de la recuperación de pérdidas)	(45)
Componente de recuperación de pérdidas	(27) [(a)]
Margen de servicio contractual del contrato de reaseguro mantenido (después del ajuste de recuperación de pérdidas)	**(72)** [(b)]
Activo por contratos de reaseguro en el momento del reconocimiento inicial	**(27)** [(c)]
Ingreso en el momento del reconocimiento inicial	**27** [(a)]

(a) Aplicando el párrafo 66A, la entidad ajusta el margen de servicio contractual del contrato de reaseguro mantenido y reconoce ingresos para reflejar la recuperación de la pérdida. Aplicando el párrafo B119D la entidad determina el ajuste del margen de servicio contractual y el ingreso reconocido de 27 u.m. (la pérdida de 90 u.m. reconocida para el grupo oneroso de contratos de seguro subyacentes multiplicado por el 30 por ciento, el porcentaje de reclamaciones que la entidad espera recuperar).

(b) El margen de servicio contractual de 45 u.m. se ajusta por 27 u.m., dando lugar a un margen de servicio contractual de 72 u.m., reflejando un costo neto sobre el contrato de reaseguro mantenido.

(c) El activo de contrato de reaseguro de 27 u.m. comprende los flujos de efectivo procedentes del cumplimiento de 45 u.m. (salidas netas) y un margen de servicio contractual que refleja un costo neto de 72 u.m. Aplicando el párrafo 66B, la entidad establece un componente de recuperación de pérdidas del activo por la cobertura restante de 27 u.m. representando la recuperación de las pérdidas reconocidas aplicando el párrafo 66A.

EI138L   Al final del Año 1, la entidad mide el pasivo por contratos de seguro y el activo por contratos de reaseguro de la forma siguiente:

	Pasivo por contratos de seguro		Activo por el contrato de reaseguro
	Grupo rentable de contratos de seguro	Grupo oneroso de contratos de seguro	
	u.m.	u.m.	u.m.
Estimaciones del valor presente de las entradas de efectivo futuras (recuperaciones)	–	–	(180)
Estimaciones del valor presente de las salidas de efectivo futuras (reclamaciones)	400	200	–
Flujos de efectivo procedentes del cumplimiento	400	200	(180)
Margen de servicio contractual	200	–	(48) [(a)]
Pasivo por contratos de seguro	**600**	**200**	
Activo por contrato de reaseguro			**(228)**

(a)   Al aplicar los párrafos 66(e) y B119, la entidad determina el importe del margen de servicio contractual reconocido en el resultado del periodo para el servicio recibido en el Año 1 como de 24 u.m., que se calcula dividiendo el margen de servicio contractual en el momento del reconocimiento inicial de 72 u.m. por el periodo cubierto de tres años. Por consiguiente, el margen de servicio contractual del contrato de reaseguro mantenido al final del Año 1 de 48 u.m. es igual al margen de servicio contractual en el momento del reconocimiento inicial de 72 u.m. menos 24 u.m.

EI138M   Al final del Año 2, la entidad mide el pasivo por contratos de seguro y el activo por contratos de reaseguro de la forma siguiente:

	Pasivo por contratos de seguro		Activo por el contrato de reaseguro
	Grupo rentable de contratos de seguro	Grupo oneroso de contratos de seguro	
	u.m.	u.m.	u.m.
Estimaciones del valor presente de las entradas de efectivo futuras (recuperaciones)	–	–	(99) (a)
Estimaciones del valor presente de las salidas de efectivo futuras (reclamaciones)	220 (a)	110 (a)	–
Flujos de efectivo procedentes del cumplimiento	220	110	(99)
Margen de servicio contractual	90 (b)	–	(21) (e)
Pasivo por contratos de seguro	**310**	**110**	
Activo por contrato de reaseguro			**(120)**
Reconocimiento de la pérdida y recuperación de la pérdida		(10) (c)	3 (d)

(a)   La entidad incrementa las salidas de efectivo restantes esperadas de los grupos de contratos de seguro subyacentes por un 10 por ciento para cada grupo (30 u.m. en total) e incrementa las entradas de efectivo restantes esperadas del contrato de reaseguro mantenido por un 10 por ciento de las recuperaciones esperadas de 90 u.m. (9 u.m.).

(b)   Aplicando el párrafo 44(c), la entidad ajusta el importe en libros del margen de servicio contractual de 200 u.m. por 20 u.m. por los cambios en los flujos de efectivo procedentes del cumplimiento relacionados con el servicio futuro. Aplicando el párrafo 44(e), la entidad también ajusta el importe en libros del margen de servicio contractual por 90 u.m. para el importe reconocido como ingreso de actividades ordinarias por seguros [(200 u.m. - 20 u.m.) ÷ 2]. El margen de servicio contractual resultante al final del Año 2 es de 90 u.m. (200 u.m. -20u.m. - 90 u.m.).

(c)   Aplicando el párrafo 48, la entidad reconoce en el resultado del periodo un importe de 10 u.m. por los cambios en los flujos de efectivo procedentes del cumplimiento relativos al servicio futuro del grupo oneroso de contratos de seguro subyacentes.

continúa...

...continuación

(d)   Aplicando el párrafo 66(c)(i), la entidad ajusta el margen de servicio contractual del contrato de reaseguro mantenido por el cambio en los flujos de efectivo procedentes del cumplimiento que se relacionan con el servicio futuro a menos que este cambio proceda de un cambio en los flujos de efectivo procedentes del cumplimiento asignados al grupo de contratos de seguro subyacentes que no ajusta el margen de servicio contractual de ese grupo. Por consiguiente, la entidad reconoce el cambio en los flujos de efectivo procedentes del cumplimiento del contrato de reaseguro mantenido de 9 u.m. de la forma siguiente:

    (i)   reconociendo de forma inmediata en el resultado del periodo 3 u.m. del cambio en los flujos de efectivo procedentes del cumplimiento del contrato de reaseguro mantenido (30 por ciento del cambio de 10 u.m. en los flujos de efectivo procedentes del cumplimiento del grupo oneroso de contratos de seguro subyacentes que no ajusta el margen de servicio contractual de ese grupo); y

    (ii)   ajustando el margen de servicio contractual del contrato de reaseguro mantenido por 6 u.m. del cambio de los flujos de efectivo procedentes del cumplimiento (9 u.m. - 3 u.m.).

(e)   Por consiguiente, el margen de servicio contractual del contrato de reaseguro mantenido de 21 u.m. es igual al margen de servicio contractual al final del Año 1 de 48 u.m. ajustado por 6 u.m. y por 21 u.m. del margen de servicio contractual reconocido en el resultado del periodo por el servicio recibido en el Año 2 [21 u.m. = (48 u.m. - 6 u.m.) ÷ 2].

EI138N   Un posible formato de conciliación requerida por el párrafo 100 entre los importes reconocidos en el estado de situación financiera y el estado del resultado del periodo del Año 2 es el siguiente:

	Activo por la cobertura restante, excluyendo el componente de recuperación de pérdidas	El componente de recuperación de pérdidas del activo por la cobertura restante	Activo por reclamaciones incurridas	Activo por el contrato de reaseguro
	u.m.	u.m.	u.m.	u.m.
Saldo inicial	(210)	(18) [(b)]	–	(228)
Asignación de las primas de seguro pagadas[(a)]	102 [(c)]	–	–	102
Importe recuperado procedente de la reaseguradora[(a)]	–	6 [(d)]	(90)	(84)
Flujos de efectivo	–	–	90	90
Saldo final	**(108)**	**(12)**	**–**	**(120)**

(a)   Aplicando el párrafo 86, la entidad decide presentar por separado los importes recuperados de la aseguradora y una asignación de las primas pagadas.

(b)   El componente de recuperación de pérdidas de 18 u.m. al comienzo del Año 2 se calcula como el componente de recuperación de pérdidas de 27 u.m. en el momento del reconocimiento inicial menos la reversión del componente de recuperación de pérdidas de 9 u.m. del Año 1.

(c)   La asignación de las primas de reaseguro pagadas de 102 u.m. se:

    (i)   Determina aplicando el párrafo B123 como la diferencia entre el importe de apertura y cierre del activo para la cobertura restante de 102 u.m., es decir 210 u.m. - 108 u.m.

    (ii)   Desglosa aplicando el párrafo B124 como la suma de las recuperaciones por las reclamaciones incurridas de los contratos de seguro subyacentes de 90 u.m. menos la reversión del componente de recuperación de pérdidas de 9 u.m. y el margen de servicio contractual del contrato de reaseguro mantenido reconocido en el resultado del periodo en el periodo de 21 u.m. (véase la tabla después del párrafo EI138M), es decir 102 u.m. = 90 u.m. - 9 u.m. + 21 u.m.

continúa...

...continuación

> (d)   El importe recuperado de la reaseguradora que está relacionado con el componente de recuperación de pérdidas de 6 u.m. es el neto de la reversión del componente de recuperación de pérdidas de 9 u.m. y el componente de recuperación de pérdidas adicional de 3 u.m. Al aplicar el párrafo 86(ba), los importes reconocidos relacionados con la recuperación de pérdidas se tratan como importes recuperados de la reaseguradora.

EI138O   Los importes presentados en el estado del resultado del periodo correspondientes a los importes analizados en las tablas anteriores son:

Estado del resultado del periodo	Año 1 u.m.	Año 2 u.m.	Año 3 u.m.	Total u.m.
Ingresos de actividades ordinarias por seguro	370	360	380	1.110
Gastos del servicio de seguros	(360)	(280)	(290)	(930)
Total de contratos de segura emitidos	**10** (b)	**80** (d)	**90** (f)	**180**
Asignación de las primas de seguro pagadas(a)	(105)	(102)	(108)	(315)
Importe recuperado procedente de la reaseguradora(a)	108	84	87	279
Total Contratos de reaseguro mantenidos	**3** (c)	**(18)** (e)	**(21)** (g)	**(36)**
Resultado del servicio de seguros	**13**	**62**	**69**	**144**

(a)   Aplicando el párrafo 86, la entidad decide presentar por separado los importes recuperados de la aseguradora y una asignación de las primas pagadas.

(b)   Para el Año 1, el resultado de 10 u.m. procedente de los grupos de contratos de seguro subyacentes se calcula de la forma siguiente:

   (i)   ingresos de actividades ordinarias por seguros, que se desglosan como la suma de los gastos de servicio por seguros procedentes de las reclamaciones incurridas de 270 u.m. (300 u.m. menos la reversión del componente de pérdidas de 30 u.m.) y el margen de servicio contractual de 100 u.m. reconocido en el resultado del periodo en el periodo (370 u.m. = 270 u.m. + 100 u.m.); menos

   (ii)   gastos por servicio de seguro de 360 u.m., que son la suma del componente de pérdidas del grupo oneroso de 90 u.m. y las reclamaciones incurridas en el periodo de 300 u.m. menos la reversión del componente de pérdidas de 30 u.m. (360 u.m. = 90 u.m. + 300 u.m. - 30 u.m.).

continúa...

...continuación

(c)   Para el Año 1, el ingreso de 3 u.m. procedente del contrato de reaseguro mantenido es el neto de:

   (i)   la asignación de las primas de reaseguro pagadas de 105 u.m., que es la suma de las recuperaciones por las reclamaciones incurridas de los contratos de seguro subyacentes de 90 u.m. menos la reversión del componente de recuperación de pérdidas de 9 u.m. y el margen de servicio contractual de los contratos de reaseguro mantenidos reconocido en el resultado del periodo en el periodo de 24 u.m., es decir (105 u.m. = 90 u.m. - 9 u.m. + 24 u.m.); y

   (ii)   los importes recuperados de la reasegurada de 108 u.m., que son los ingresos de 27 u.m. en el reconocimiento inicial y las recuperaciones por las reclamaciones incurridas de los contratos de seguro subyacentes de 90 u.m. menos la reversión del componente de recuperación de pérdidas de 9 u.m. (108 u.m. = 27 u.m. + 90 u.m. - 9 u.m.).

(d)   Para el Año 2, el resultado de 80 u.m. procedente de los grupos de contratos de seguro subyacentes se calcula de la forma siguiente:

   (i)   ingresos de actividades ordinarias por seguros de 360 u.m., que se desglosan como la suma de los gastos de servicio por seguros procedentes de las reclamaciones incurridas de 270 u.m. (300 u.m. menos la reversión del componente de pérdidas de 30 u.m.) y el margen de servicio contractual de 90 u.m. reconocido en el resultado del periodo en el periodo (360 u.m. = 270 u.m. + 90 u.m.); menos

   (ii)   los gastos por servicios de seguro de 280 u.m., que son la suma del incremento del componente de pérdida procedente de los cambios en los flujos de efectivo procedentes del cumplimiento del grupo oneroso de 10 u.m. y las reclamaciones incurridas de 300 u.m. menos la reversión del componente de pérdidas de 30 u.m. (280 u.m. = 10 u.m. + 300 u.m. - 30 u.m.).

continúa...

(e)   Para el Año 2, el gasto de 18 u.m. procedente del contrato de reaseguro mantenido es el neto de:

    (i)   la asignación de las primas de reaseguro pagadas de 102 u.m., que es la suma de las recuperaciones por las reclamaciones incurridas de los contratos de seguro subyacentes de 90 u.m. menos la reversión del componente de recuperación de pérdidas de 9 u.m. y el margen de servicio contractual del contrato de reaseguro mantenido reconocido en el resultado del periodo en el periodo de 21 u.m., es decir (102 u.m. = 90 u.m. - 9 u.m. + 21 u.m.); y

    (ii)   los importes recuperados de la reasegurada de 84 u.m., que son la suma las recuperaciones por las reclamaciones incurridas de los contratos de seguro subyacentes de 90 u.m. menos la reversión del componente de recuperación de pérdidas de 9 u.m. y el componente de recuperación de pérdidas adicional de 3 u.m. (84 u.m. = 90 u.m. - 9 u.m. + 3 u.m.).

(f)   Para el Año 3, el resultado de 90 u.m. procedente de los grupos de contratos de seguro subyacentes se calcula de la forma siguiente:

    (i)   ingresos de actividades ordinarias por seguros de 380 u.m., que se desglosan como la suma de los gastos de servicio por seguros procedentes de las reclamaciones incurridas de 290 u.m. (330 u.m. menos la reversión del componente de pérdidas de 40 u.m.) y el margen de servicio contractual de 90 u.m. reconocido en el resultado del periodo en el periodo (380 u.m. = 290 u.m. + 90 u.m.); menos

    (ii)   los gastos por servicios de seguro de 290 u.m., que son las reclamaciones incurridas de 330 menos la reversión del componente de pérdida de 40 u.m. (290 u.m. = 330 u.m. - 40 u.m.).

(g)   Para el Año 3, el gasto de 21 u.m. procedente del contrato de reaseguro mantenido es el neto de:

    (i)   la asignación de las primas de reaseguro pagadas de 108 u.m., que es la suma de las recuperaciones por las reclamaciones incurridas de los contratos de seguro subyacentes de 99 u.m. menos la reversión del componente de recuperación de pérdidas de 12 u.m. y el margen de servicio contractual de los contratos de reaseguro mantenidos reconocido en el resultado del periodo en el periodo de 21 u.m., es decir (108 u.m. = 99 u.m. - 12 u.m. + 21 u.m.); y

    (ii)   los importes recuperados de la reasegurada de 87 u.m., que son las recuperaciones por las reclamaciones incurridas de los contratos de seguro subyacentes de 99 u.m. menos la reversión del componente de recuperación de pérdidas de 12 u.m. (87 u.m. = 99 u.m. - 12 u.m.).

Medición de los contratos de seguro adquiridos (párrafos 38 y B94 a B95A)

Ejemplo 13—Medición en el momento del reconocimiento inicial de los contratos de seguro adquiridos en una transferencia de otra entidad

EI139 Este ejemplo ilustra el momento del reconocimiento inicial de un grupo de contratos de seguro adquirido en una transferencia que no es una combinación de negocios.

Supuestos

EI140 Una entidad adquiere contratos de seguro en una transferencia desde otra entidad. El vendedor paga 30 u.m. a la entidad por tomar esos contratos de seguro.

EI141 Aplicando el párrafo B93, la entidad determina que los contratos de seguro adquiridos en una transferencia forman un grupo aplicando los párrafos 14 a 24, como si hubiera suscrito los contratos en la fecha de la transacción.

EI142 En el momento del reconocimiento inicial, la entidad estima que los flujos de efectivo procedentes del cumplimiento son:

(a)   En el Ejemplo 13A—salidas netas (o pasivo) de 20 u.m.; y

(b)   En el Ejemplo 13B—salidas netas (o pasivo) de 45 u.m.

EI143 La entidad no aplica el enfoque de la asignación de la prima a la medición de los contratos de seguro.

EI144 En este ejemplo se ignoran, por simplicidad, todos los demás importes.

Análisis

EI145 Aplicando el párrafo B94, la contraprestación recibida del vendedor es un sustituto de la prima recibida. Por consiguiente, en el momento del reconocimiento inicial, la entidad mide el pasivo por el contrato de reaseguro de la forma siguiente:

	Ejemplo 13A	Ejemplo 13B
	u.m.	u.m.
Flujos de efectivo procedentes del cumplimiento	20	45
Margen de servicio contractual	10 (a)	– (b)
Pasivo por el contrato de seguro en el momento del reconocimiento inicial	30 (c)	45 (b)
El efecto en el resultado del periodo será:		
Ganancia / (pérdida) en el momento del reconocimiento inicial	–	(15) (b)

continúa...

...continuación

(a)   Aplicando el párrafo 38, la entidad mide el margen de servicio contractual en el momento del reconocimiento inicial de un grupo de contratos de seguro por un importe que no da lugar a gastos o ingresos que surgen del reconocimiento inicial de los flujos de efectivo procedentes del cumplimiento que surgen de los contratos en el grupo en esa fecha. En el momento del reconocimiento inicial, los flujos de efectivo procedentes del cumplimiento son una entrada neta (o activo) de 10 u.m. (sustituto de las primas recibidas de 30 u.m. menos los flujos de efectivo procedentes del cumplimiento de 20 u.m.). Por consiguiente, el margen de servicio contractual es de 10 u.m.

(b)   Aplicando los párrafos 47 y B95A, la entidad concluye que el grupo de contratos de seguro es oneroso en el momento del reconocimiento inicial. Esto es porque el total de los flujos de efectivo procedentes del cumplimiento de una salida neta de 45 u.m. y los flujos de efectivo que surgen en esa fecha (sustitutos de las primas de la entrada neta de 30 u.m.) es una salida neta de 15 u.m. La entidad reconoce una pérdida en el resultado del periodo por la salida neta de 15 u.m., dando lugar al importe en libros del pasivo para el grupo de 45 u.m. que es la suma de los flujos de efectivo procedentes del cumplimiento de 45 u.m. y el margen de servicio contractual de cero.

(c)   Aplicando el párrafo 32, en el momento del reconocimiento inicial, la entidad mide un grupo de contratos de seguro por el total de los flujos de efectivo procedentes del cumplimiento y el margen de servicio contractual. Por consiguiente, la entidad reconoce un pasivo por contratos de seguro de 30 u.m. como la suma de los flujos de efectivo procedentes del cumplimiento de 20 u.m. y el margen de servicio contractual de 10 u.m.

Ejemplo 14—Medición en el momento del reconocimiento inicial de los contratos de seguro adquiridos en una combinación de negocios

EI146   Este ejemplo ilustra el momento del reconocimiento inicial de un grupo de contratos de seguro adquirido en una combinación de negocios dentro del alcance de la NIIF 3 *Combinaciones de Negocios*.

Supuestos

EI147   Una entidad adquiere contratos de seguro como parte de una combinación de negocios dentro del alcance de la NIIF 3 y:

(a)   Determina que la transacción da lugar a plusvalía aplicando la NIIF 3.

(b)   Determina, aplicando el párrafo B93, que esos contratos de seguro forman un grupo congruente con los párrafos 14 a 24, como si hubiera suscrito los contratos en la fecha de la transacción.

EI148   En el momento del reconocimiento inicial, la entidad estima que el valor razonable del grupo de contratos de seguro es de 30 u.m. y los flujos de efectivo procedentes del cumplimiento son de la forma siguiente:

(a)   En el Ejemplo 14A—salidas (o pasivo) de 20 u.m.; y

(b)   En el Ejemplo 14B—salidas (o pasivo) de 45 u.m.

EI149   La entidad no aplica el enfoque de la asignación de la prima a la medición de los contratos de seguro.

EI150   En este ejemplo se ignoran, por simplicidad, todos los demás importes.

Análisis

EI151   Aplicando el párrafo B94, el valor razonable del grupo de contratos de seguro es un sustituto de la prima recibida. Por consiguiente, en el momento del reconocimiento inicial, la entidad mide el pasivo por el grupo de contratos de seguro de la forma siguiente:

	Ejemplo 14A	Ejemplo 14B
	u.m.	u.m.
Flujos de efectivo procedentes del cumplimiento	20	45
Margen de servicio contractual	10 (a)	– (b)
Pasivo por el contrato de seguro en el momento del reconocimiento inicial	30 (c)	45 (d)
El efecto en el resultado del periodo será:		
Ganancia / (pérdida) en el momento del reconocimiento inicial	–	– (b)

(a)   Aplicando el párrafo 38, la entidad mide el margen de servicio contractual en el momento del reconocimiento inicial de un grupo de contratos de seguro por un importe que no da lugar a gastos o ingresos que surgen del reconocimiento inicial de los flujos de efectivo procedentes del cumplimiento que surgen de los contratos en el grupo en esa fecha. En el momento del reconocimiento inicial, los flujos de efectivo procedentes del cumplimiento son una entrada neta (o activo) de 10 u.m. (sustituto de las primas recibidas de 30 u.m. menos los flujos de efectivo procedentes del cumplimiento de 20 u.m.). Por consiguiente, el margen de servicio contractual es igual a 10 u.m.

(b)   Aplicando los párrafos 38 y 47, la entidad reconoce el margen de servicio contractual como cero porque la suma de los flujos de efectivo procedentes del cumplimiento y los flujos de efectivo en la fecha del reconocimiento inicial es una salida neta de 15 u.m. Aplicando el párrafo B95A, la entidad reconoce el exceso de 15 u.m. de los flujos de efectivo procedentes del cumplimiento de 45 u.m. sobre la contraprestación recibida de 30 u.m. como parte de la plusvalía de la combinación de negocios.

continúa...

...continuación

(c) Aplicando el párrafo 32, la entidad mide un grupo de contratos de seguro por el total de los flujos de efectivo procedentes del cumplimiento y el margen de servicio contractual. Por consiguiente, la entidad reconoce un pasivo por contratos de seguro de 30 u.m. en el momento del reconocimiento inicial como la suma de los flujos de efectivo procedentes del cumplimiento (una salida neta) de 20 u.m. y el margen de servicio contractual de 10 u.m.

(d) Aplicando el párrafo 32, la entidad mide un grupo de contratos de seguro por el total de los flujos de efectivo procedentes del cumplimiento y el margen de servicio contractual. Por consiguiente, la entidad reconoce un pasivo por contratos de seguro de 45 u.m. en el momento del reconocimiento inicial como la suma de los flujos de efectivo procedentes del cumplimiento de 45 u.m. y el margen de servicio contractual de cero.

Gastos o ingresos financieros por seguro

Ejemplo 15—Asignación sistemática de los gastos o ingresos financieros por seguro totales esperados (párrafos B130 y B132(a))

EI152 El párrafo 88 permite que una entidad realice una opción de política contable de desglosar los gastos o ingresos financieros por seguro del periodo para incluir en el resultado del periodo un importe determinado por una asignación sistemática de los gastos o ingresos financieros totales esperados a lo largo de la duración del grupo de contratos de seguro.

EI153 Este ejemplo ilustra las dos formas de asignar sistemáticamente los gastos o ingresos financieros por seguro totales esperados por los contratos de seguro para los que el riesgo financiero tiene un efecto sustancial sobre los importes pagados a los tenedores de pólizas de seguro como establece el párrafo B132(a).

Supuestos

EI154 Una entidad emite 100 contratos de seguro con un periodo de cobertura de tres años. Esos contratos:

(a) Cumplen la definición de contratos de seguro porque ofrecen un pago fijo por fallecimiento. Sin embargo, para aislar el efecto ilustrado en este ejemplo, y por simplicidad, se ignoran los flujos de efectivo fijos pagaderos en el momento del fallecimiento.

(b) No cumplen los criterios de los contratos de seguro con componentes de participación directa aplicando el párrafo B101.

EI155 En el momento del reconocimiento inicial del grupo de contratos:

(a) La entidad recibe una prima única de 15 u.m. para cada contrato (el total para el grupo es de 1.500 u.m.).

(b)   La entidad invierte las primas recibidas en bonos de ingresos fijos con una duración de dos años y espera una rentabilidad del 10 por ciento al año. La entidad espera invertir los productos del vencimiento de los bonos en instrumentos financieros similares con una rentabilidad del 10 por ciento anual.

(c)   La entidad espera pagar a los tenedores de las pólizas de seguro 1.890 u.m. al final del Año 3 (un valor presente de 1.420 u.m.). Este importe se calcula sobre la base de la política de la entidad para la rentabilidad pagada a los tenedores de pólizas de seguro, de la forma siguiente:

    (i)   En el Ejemplo 15A, la entidad espera pagar un 94,54 por ciento del valor acumulado de los activos invertidos al final del periodo de cobertura; y

    (ii)   en el Ejemplo 15B, la entidad espera incrementar los saldos contables de los tenedores de las pólizas de seguro en un 8 por ciento cada año (la tasa de abono esperada).

EI156   Al final del Año 1, la tasa de interés de mercado cae del 10 por ciento anual al 5 por ciento anual y la entidad revisa sus flujos de efectivo futuros esperados a pagar en el Año 3

EI157   En ese ejemplo todos los demás importes, incluyendo el ajuste del riesgo para el riesgo no financiero, se ignoran por simplicidad.

EI158   Aplicando el párrafo 88, la entidad opta por desglosar los gastos o ingresos financieros por seguro del periodo para incluir en el resultado del periodo un importe determinado por una asignación sistemática de los gastos o ingresos financieros totales esperados a lo largo de la duración de los contratos, de la forma siguiente:

(a)   en el Ejemplo 15A, la entidad usa una tasa que asigne los gastos o ingresos financieros esperados revisados restantes a lo largo de la duración restante del grupo de contratos a una tasa constante, aplicando el párrafo B132(a)(i); y

(b)   en el Ejemplo 15B, la entidad usa una asignación basada en los importes abonados en el periodo y espera que se abonen en los periodos futuros, aplicando el párrafo B132(a)(ii).

Análisis

Ejemplo 15A—Enfoque del rendimiento efectivo

EI159   Aplicando el párrafo B132(a)(i), la entidad usa una tasa que asigne los gastos o ingresos financieros esperados revisados restantes a lo largo de la duración restante del grupo de contratos a una tasa constante (un "enfoque del rendimiento efectivo"). El enfoque del rendimiento efectivo no es el mismo que el método de interés efectivo como se define en la NIIF 9 *Instrumentos Financieros*.

EI160   La tasa constante en la fecha del reconocimiento inicial de los contratos del 10 por ciento anual se calcula como $(1.890 \text{ u.m} \div 1.420 \text{ u.m})^{1/3} - 1$. Por consiguiente, las estimaciones del valor presente de los flujos de efectivo futuros incluidos en el importe en libros del pasivo por contratos de seguro al final del Año 1 son 1.562 u.m., calculadas como 1.420 u.m. x 1,1.

EI161   Al final del Año 1, la tasa de interés de mercado cae del 10 por ciento anual al 5 por ciento anual. Por consiguiente, la entidad revisa sus expectativas sobre los flujos de efectivo futuros de la forma siguiente:

(a)   espera lograr una rentabilidad del 5 por ciento en el Año 3 (en lugar del 10 por ciento) después de reinvertir los productos vencidos de los valores de ingresos fijos que vencen al final de Año 2;

(b)   los valores de ingresos fijos que espera adquirir al final del Año 2 generarán 1.906 u.m. al final del Año 3; y

(c)   pagará a los tenedores de pólizas de seguro 1.802 u.m. al final del Año 3 (94,54% × 1.906 u.m.).

EI162   Al final del Año 1, la entidad revisa la tasa constante usada para asignar los gastos o ingresos financieros por seguro esperados para reflejar la reducción esperada de flujos de efectivo futuros al final del Año 3 de 1.890 u.m. a 1.802 u.m.:

(a)   la entidad usa la tasa de interés constante para aumentar las estimaciones del valor presente de los flujos de efectivo futuros incluidos en el importe en libros del pasivo por contratos de seguro al final del Año 1, es decir, 1.562 u.m., a las salidas de efectivo revisadas al final del Año 3 de 1.802 u.m.; y

(b)   la tasa constante revisada del 7,42 por ciento anual se calcula como $(1.802 \div 1.562)^{1/2} - 1$.

EI163   El efecto del cambio en las tasas de descuento de los importes en libros de las estimaciones del valor presente de los flujos de efectivo futuros, incluidos en el importe en libros del pasivo por contratos de seguro, se muestran en la tabla siguiente:

	Reconocimiento inicial	Año 1	Año 2	Año 3
	u.m.	u.m.	u.m.	u.m.
Estimaciones de los flujos de efectivo futuros al comienzo del Año 3	1.890	1.802	1.802	1.802
Estimaciones del valor presente de los flujos de efectivo futuros a tasas de descuento corrientes (A)	1.420	1.635 (a)	1.716	1.802
Estimaciones del valor presente de los flujos de efectivo futuros a tasa constante (B)	1.420	1.562 (b)	1.678	1.802
Importe acumulado en otro resultado integral (A − B)	–	**73**	**38**	–

(a)   las 1.635 u.m. son igual a las estimaciones de los flujos de efectivo futuros al final del Año 3 de 1.802 u.m. descontadas a la tasa de mercado corriente del 5 por ciento anual, es decir, 1.802 u.m. $\div 1,05^2 = 1.635$ u.m.

(b)   las 1.562 u.m. son igual a las estimaciones de los flujos de efectivo futuros al final del Año 3 de 1.802 u.m. descontadas a la tasa constante del 7,42 por ciento anual, es decir, 1.802 u.m. $\div 1,0742^2 = 1.562$ u.m.

EI164   Los gastos o ingresos financieros por seguro, que surgen de los flujos de efectivo procedentes del cumplimiento, incluidos en el resultado del periodo y otro resultado integral son de la forma siguiente:

Gastos o ingresos financieros por seguros que surgen de los flujos de efectivo procedentes del cumplimiento	Año 1	Año 2	Año 3
	u.m.	u.m.	u.m.
En el resultado del periodo	(142) (a)	(116)	(124)
En otro resultado integral	(73) (b)	35	38
En el resultado integral total	**(215)** (c)	**(81)**	**(86)**

(a)   Aplicando el párrafo B132(a)(i), la entidad reconocerá en el resultado del periodo los gastos financieros por seguro calculados como el cambio en las estimaciones del valor presente de los flujos de efectivo futuros a la tasa constante. En el Año 1, los gastos financieros de 142 u.m. son la diferencia entre las estimaciones del valor presente de los flujos de efectivo futuros a la tasa constante original del 10 por ciento al final del Año 1 de 1.562 u.m. y el importe correspondiente al comienzo del periodo de 1.420 u.m.

continúa...

...continuación

(b)	Aplicando el párrafo B130(b), la entidad incluye en otro resultado integral la diferencia entre el importe reconocido en el resultado integral total y el importe reconocido en el resultado del periodo. Por ejemplo, en el Año 1, el importe incluido en otro resultado integral de (73) u.m. es (215) u.m. menos (142) u.m. En los Años 1 a 3 el resultado integral total es igual a cero [0 u.m. = (73) u.m. + 35 u.m + 38 u.m.].
(c)	La entidad reconoce en el resultado integral total el cambio en las estimaciones del valor presente de los flujos de efectivo futuros a la tasa de descuento corriente. En el Año 1, los gastos financieros por seguro totales de (215) u.m. es la diferencia entre las estimaciones del valor presente de los flujos de efectivo futuros a la tasa de descuento corriente al comienzo del Año 1 de 1.420 u.m. y el importe correspondiente al final del Año 1de 1.635 u.m.

Ejemplo 15B—Enfoque de la tasa de abono proyectada

EI165   Aplicando el párrafo B132(a)(ii), la entidad usa una asignación basada en los importes abonados en el periodo y que se espera que se abonen en periodos futuros (un "enfoque de tasa de abono proyectada"). Además, aplicando el párrafo B130(b), la entidad necesita asegurar que la asignación da lugar a los importes reconocidos en otro resultado integral a lo largo de la duración del grupo de contratos es en total igual a cero. Para hacerlo así, la entidad calcula una serie de tasas de descuento aplicables a cada periodo sobre el que se informa que, cuando se aplica al importe en libros inicial del pasivo es igual a la estimación de los flujos de efectivo futuros. Esta serie de tasas de descuento se calcula multiplicando las tasas de abono esperadas en cada periodo por un factor (k).

EI166   En el momento del reconocimiento inicial la entidad espera lograr una rentabilidad sobre los elementos subyacentes del 10 por ciento cada año y abonar a los saldos contables del tenedor de la póliza de seguro un 8 por ciento cada año (la tasa de abono esperada). Por consiguiente, la entidad espera pagar a los tenedores de las pólizas de seguro 1.890 u.m. al final del Año 3 (1.500 u.m. × 1,08 × 1,08 × 1,08 = 1.890 u.m.).

EI167   En el Año 1, la entidad abona a los saldos contables del tenedor de la póliza de seguro una rentabilidad del 8 por ciento anual, como esperaba en la fecha del reconocimiento inicial.

EI168   Al final del Año 1, la tasa de interés de mercado cae del 10 por ciento anual al 5 por ciento anual. Por consiguiente, la entidad revisa sus expectativas sobre los flujos de efectivo de la forma siguiente:

         (a)   logrará una rentabilidad del 5 por ciento en el Año 3 después de reinvertir los productos vencidos de los bonos que vencen al final de Año 2;

         (b)   abonará a los saldos contables de los tenedores de las pólizas de seguro el 8 por ciento en el año 2 y del 3 por ciento en el año 3; y

(c)   pagará a los tenedores de pólizas de seguro 1.802 u.m. al final del Año 3 (1.500 u.m. × 1,08 × 1,08 × 1,03 = 1.802 u.m.).

EI169   La entidad asigna los gastos o ingresos financieros esperados restantes a lo largo de la vida restante de los contratos usando la serie de tasas de descuento calculada como las tasas de abono proyectadas multiplicada por el factor constante (K). El factor constante (K) y la serie de tasas de descuento basadas en las tasas de abono al final del Año 1 son de la forma siguiente:

(a)   el producto de la tasa de abono real en el Año 1 y las tasas de abono esperadas en los Años 2 y 3 son igual a 1,20 (1,08 × 1,08 × 1, 03);

(b)   el importe en libros del pasivo se incrementa por un factor de 1,269 a lo largo de tres años debido al aumento del interés (1.802 u.m. ÷ 1.420 u.m.);

(c)   por consiguiente, cada tasa de abono necesita ajustarse por un factor constante (K), de la forma siguiente: 1.08K × 1.08K × 1.03K = 1.269;

(d)   la constante K es igual a 1,0184 calculada como $(1,269 ÷ 1,20)^{⅓}$; y

(e)   la tasa de crecimiento resultante para el Año 1 es del 10 por ciento (calculada como 1,08 × 1,0184).

EI170   El importe en libros del pasivo al final del Año 1 a efectos de la asignación de los gastos o ingresos financieros por seguro al resultado del periodo es de 1.562 u.m. (1.420 u.m. x 1,08 x 1,0184).

EI171   Las tasas de abono reales para los Años 2 y 3 son las esperadas al final de Año 1. La tasa de crecimiento resultante para el Año 2 es del 10 por ciento (calculada como (1,08 × 1,0184) − 1) y para el Año 3 es del 4,9 por ciento (calculada como (1,03 × 1,0184) − 1).

	Reconoci- miento inicial	Año 1	Año 2	Año 3
	u.m.	u.m.	u.m.	u.m.
Estimaciones de los flujos de efectivo futuros al comienzo del Año 3	1.890	1.802	1.802	1.802
Estimaciones del valor presente de los flujos de efectivo futuros a tasas de descuento corrientes (A)	1.420	1.635	1.716 [(a)]	1.802
Estimaciones del valor presente de los flujos de efectivo futuros a tasas de descuento basadas en el abono proyec- tado (B)	1.420	1.562	1.718 [(b)]	1.802
Importe acumulado en otro resultado integral (A − B)	−	73	(2) [(c)]	−

continúa...

...continuación

(a) Las 1.716 u.m. son igual a las estimaciones de los flujos de efectivo futuros al final del Año 3 de 1.802 u.m. descontadas a la tasa de mercado corriente del 5 por ciento anual, es decir, 1.802 u.m. ÷ 1,05 = 1.716 u.m.

(b) Las 1.718 u.m. son igual a las estimaciones de los flujos de efectivo futuros al final del Año 3 de 1.802 u.m. descontadas a la tasa de abono proyectada del 4,9 por ciento anual, es decir, 1.802 u.m. ÷ 1,049 = 1.718 u.m.

(c) Existe un importe de 2 u.m. acumuladas en otro resultado integral al final del Año 2 porque la tasa de descuento basada en el abono proyectado del 4,9 por ciento (1,03 x K) es diferente de la tasa de descuento corriente del 5 por ciento anual.

EI172 Los gastos o ingresos financieros por seguro, incluidos en el resultado del periodo y otro resultado integral son de la forma siguiente:

Gastos o ingresos financieros por seguro que surgen de los flujos de efectivo procedentes del cumplimiento	Año 1	Año 2	Año 3
	u.m.	u.m.	u.m.
En el resultado del periodo	(142) (a)	(156)	(84)
En otro resultado integral	(73) (b)	75	(2)
En otro resultado integral total	(215) (c)	(81)	(86)

(a) Aplicando el párrafo B132(a)(ii), la entidad reconocerá en el resultado del periodo los gastos financieros por seguro calculados como el cambio en las estimaciones del valor presente de los flujos de efectivo futuros a la tasa de abono proyectada. En el Año 1, los gastos financieros de 142 u.m. es la diferencia entre las estimaciones del valor presente de los flujos de efectivo futuros a la tasa de abono original del 10 por ciento al final del Año 1 de 1.562 u.m. y el importe correspondiente al comienzo del periodo de 1.420 u.m.

(b) Aplicando el párrafo B130(b), la entidad incluye en otro resultado integral la diferencia entre el importe reconocido en el resultado integral total y el importe reconocido en el resultado del periodo. Por ejemplo, en el Año 1, el importe incluido en otro resultado integral de (73) u.m. es (215) u.m. menos (142) u.m. En los Años 1 a 3 el resultado integral total es igual a cero [0 u.m. = (73) u.m. + 75 u.m + (2) u.m].

(c) La entidad reconoce en el resultado integral total el cambio en las estimaciones del valor presente de los flujos de efectivo futuros a la tasa de descuento corriente. En el Año 1, los gastos financieros por seguro totales de (215) u.m. es la diferencia entre las estimaciones del valor presente de los flujos de efectivo futuros a la tasa de descuento corriente al comienzo del Año 1 de 1.420 u.m. y el importe correspondiente al final del Año 1de 1.635 u.m.

Ejemplo 16—Importe que elimina las asimetrías contables con los gastos o ingresos financieros que surgen de los elementos subyacentes mantenidos (párrafos 89, 90 y B134)

EI173 Este ejemplo ilustra la presentación de los gastos o ingresos financieros por seguro cuando una entidad aplica el enfoque del párrafo 89(b) ("enfoque del rendimiento en libros del periodo corriente"). Este enfoque se aplica cuando una entidad mantiene los elementos subyacentes para los contratos de seguro con componentes de participación directa.

Supuestos

EI174 Una entidad emite 100 contratos de seguro con un periodo de cobertura de tres años. El periodo de cobertura comienza cuando se emiten los contratos de seguro.

EI175 Los contratos en este ejemplo:

(a) Cumplen la definición de contratos de seguro porque ofrecen un pago fijo por fallecimiento. Sin embargo, para aislar el efecto ilustrado en este ejemplo, y por simplicidad, se ignoran los flujos de efectivo fijos pagaderos en el momento del fallecimiento.

(b) Cumplen los criterios de los contratos de seguro con componentes de participación directa aplicando el párrafo B101.

EI176 La entidad recibe una sola prima de 150 u.m. por cada contrato al comienzo del periodo de cobertura (las entradas de efectivo futuras totales de 1.500 u.m.).

EI177 La entidad se compromete a pagar a los tenedores de pólizas de seguro en el vencimiento del contrato un importe acumulado de las rentabilidades sobre un conjunto específico de bonos menos un cargo igual al 5 por ciento de la prima y rentabilidades acumuladas calculadas en esa fecha. Por ello, los tenedores de pólizas de seguro que sobreviven al vencimiento del contrato recibe un 95 por ciento de la prima y rentabilidades acumuladas.

EI178 En ese ejemplo todos los demás importes, incluyendo el ajuste del riesgo para el riesgo no financiero, se ignoran por simplicidad.

EI179 La entidad invierte las primas recibidas de 1.500 u.m. en bonos de ingresos fijos de cupón cero con una duración de tres años (las mismas que las rentabilidades comprometidas a los tenedores de pólizas de seguro). Los bonos rentan una tasa de interés de mercado del 10 por ciento anual. Al final del Año 1, la tasa de interés de mercado cae del 10 por ciento anual al 5 por ciento anual.

EI180 La entidad mide los bonos a valor razonable con cambios en otro resultado integral aplicando la NIIF 9 *Instrumentos Financieros*. La tasa de interés efectiva de los bonos adquiridos es del 10 por ciento anual, y esa tasa se usa para calcular los ingresos por inversión en el resultado del periodo. Por simplicidad, este ejemplo excluye el efecto de la contabilización de las pérdidas crediticias esperadas sobre los activos financieros. El valor de los bonos mantenidos por la entidad se ilustra en la tabla siguiente:

Bonos mantenidos	Reconoci-miento inicial	Año 1	Año 2	Año 3
	u.m.	u.m.	u.m.	u.m.
Valor razonable	(1.500)	(1.811)	(1.902)	(1.997)
Costo amortizado	(1.500)	(1.650)	(1.815)	(1.997)
Importes acumulados reconocidos en otro resultado integral	–	**161**	**87**	–
Cambio en otro resultado integral		161	(74)	(87)
Ingresos por inversión reconocidos en el resultado del periodo (tasa de interés efectiva)		150	165	182

EI181   Aplicando el párrafo 89(b), la entidad opta por desglosar los gastos o ingresos financieros por seguro para cada periodo para incluir en el resultado del periodo un importe que elimine las asimetrías contables con los ingresos o gastos incluidos en el resultado del periodo sobre los elementos subyacentes mantenidos.

Análisis

EI182   Aplicando los párrafos 45 y B110 a B114 para contabilizar los contratos de seguro con componentes de participación directa, la entidad necesita analizar los cambios en los flujos de efectivo procedentes del cumplimiento para decidir si cada cambio ajusta el margen de servicio contractual (véase la tabla siguiente al párrafo EI184 que ilustra la conciliación del margen de servicio contractual).

EI183   Aplicando los párrafos B110 a B114, la entidad analiza el origen de cambios en los flujos de efectivo procedentes del cumplimiento de la forma siguiente:

Flujos de efectivo procedentes del cumplimiento[(a)]	Año 1	Año 2	Año 3
	u.m.	u.m.	u.m.
Saldo inicial	–	1.720	1.806
Cambio relacionado con el servicio futuro: contratos nuevos	(75)	–	–
Cambio en la participación de los tenedores de las pólizas de seguro en el valor razonable de los elementos subyacentes[(b)]	295	86	90
Flujos de efectivo	1.500	–	(1.896)
Saldo final	**1.720**	**1.806**	–

continúa...

...continuación

(a) Los flujos de efectivo procedentes del cumplimiento son la estimación del valor presente de las entradas de efectivo futuras y la estimación del valor presente de las salidas de efectivo futuras (en este ejemplo todas las salidas de efectivo varían sobre la base de las rentabilidades sobre los elementos subyacentes). Por ejemplo, en el momento del reconocimiento inicial los flujos de efectivo procedentes del cumplimiento de (75) u.m. son la suma de las estimaciones del valor presente de las entradas de efectivo futuras de (1.500) u.m. y las estimaciones del valor presente de las salidas de efectivo futuras de 1.425 u.m. (la participación de los tenedores de pólizas de seguro del 95 por ciento del valor razonable de los elementos subyacentes en el momento del reconocimiento inicial de 1.500 u.m.).

(b) El cambio en la participación de los tenedores de pólizas de seguro en el valor razonable de los elementos subyacentes es del 95 por ciento del cambio en el valor razonable de los elementos subyacentes. Por ejemplo, en el Año 1 el cambio en la participación de los tenedores de las pólizas de seguro en los elementos subyacentes de 295 u.m. es del 95 por ciento del cambio en el valor razonable en el Año 1 de 311 u.m. (1.811 u.m. – 1.500 u.m.). Aplicando el párrafo B111, la entidad no ajusta el margen de servicio contractual por el cambio en la obligación de pagar a los tenedores de las pólizas de seguro un importe igual al valor razonable de los elementos subyacentes porque no se relaciona con el servicio futuro.

EI184 Aplicando el párrafo 45, la entidad determina el importe en libros del margen de servicio contractual al final de cada periodo sobre el que se informa de la forma siguiente:

Margen de servicio contractual	Año 1	Año 2	Año 3
	u.m.	u.m.	u.m.
Saldo inicial	–	61	33
Cambio relacionado con el servicio futuro: contratos nuevos	75	–	–
Cambio en el importe de la participación de la entidad del valor razonable de los elementos subyacentes[(a)]	16	5	5
Cambio relacionado con el servicio corriente: reconocimiento en el resultado del periodo por el servicio proporcionado	(30) [(b)]	(33)	(38)
Saldo final	**61**	**33**	**–**

continúa...

...continuación

(a) Aplicando el párrafo B112, la entidad ajusta el margen de servicio contractual por el cambio en el importe de la participación de la entidad en el valor razonable de los elementos subyacentes porque esos cambios se relacionan con el servicio futuro. Por ejemplo, en el Año 1, el cambio en el importe de la participación de la entidad en el valor razonable de los elementos subyacentes de 16 u.m. es del 5 por ciento del cambio en el valor razonable de los elementos subyacentes de 311 u.m. (1.811 u.m. – 1.500 u.m). Este ejemplo no incluye los flujos de efectivo que no varían sobre la base de las rentabilidades sobre los elementos subyacentes. Para más detalle sobre los cambios relacionados con el servicio futuro que ajusta el margen de servicio contractual, véase el Ejemplo 10.

(b) Aplicando los párrafos 45(e) y B119, la entidad determina el importe del margen de servicio contractual reconocido en el resultado del periodo mediante la asignación del margen de servicio contractual al final del periodo (antes de reconocer los importes en el resultado del periodo) de forma lineal a cada unidad de cobertura proporcionada en el periodo corriente y que se espera proporcionar en el futuro. En este ejemplo, la cobertura proporcionada en cada periodo es la misma, por ello, el margen de servicio contractual reconocido en el resultado del periodo para el Año 1 de 30 u.m. es el margen de servicio contractual antes de la asignación de 91 u.m. (75 u.m. + 16 u.m), dividido por los tres años de cobertura.

EI185 Los importes reconocidos en el estado (o estados) del rendimiento financiero para el periodo son de la forma siguiente:

Estado (o estados) de rendimiento financiero	Año 1	Año 2	Año 3
	u.m.	u.m.	u.m.
Resultado del periodo			
Margen de servicio contractual reconocido en el resultado del periodo para el servicio proporcionado[(a)]	30	33	38
Resultado del servicio de seguro	**30**	**33**	**38**
Ingresos por inversiones	150	165	182
Gastos financieros por seguro	(150) [(b)]	(165)	(182)
Resultado financiero	–	–	–
Ganancia	**30**	**33**	**38**
Otro resultado integral			
Ganancia / (pérdida) sobre activos financieros medidos al valor razonable con cambios en otro resultado integral	161	(74)	(87)
Ganancia / (pérdida) por contratos de seguro	(161) [(b)]	74	87
Total otro resultado integral	–	–	–

continúa...

...continuación

(a) Este ejemplo ilustra los importes reconocidos como parte del resultado del servicio de seguro y no de los requerimientos de presentación. Para más detalle sobre los requerimientos de presentación véanse los Ejemplos 3 y 9.

(b) Aplicando el párrafo B111, la entidad no ajusta el margen de servicio contractual para los cambios en la obligación de pagar a los tenedores de las pólizas de seguro un importe igual al valor razonable de los elementos subyacentes porque esos cambios no se relacionan con el servicio futuro. Por consiguiente, aplicando el párrafo 87(c), la entidad reconoce esos cambios como gastos o ingresos financieros por seguro en el estado (o estados) del rendimiento financiero. Por ejemplo, en el Año 1, el cambio en el valor razonable de los elementos subyacentes es de 311 u.m. (1.811 u.m. – 1.500 u.m.).

Además, aplicando los párrafos 89, 90 y B134, la entidad desglosa los gastos financieros por seguro para el periodo entre el resultado del periodo y otro resultado integral para incluir en el resultado del periodo un importe que elimina las asimetrías contables con los ingresos o gastos incluidos en el resultado del periodo sobre los elementos subyacentes mantenidos. Este importe coincide exactamente con los ingresos o gastos incluidos por los elementos subyacentes, dando lugar al neto de los dos elementos presentados por separado que es cero. Por ejemplo, en el Año 1 el importe total de los gastos financieros por seguro de 311 u.m. se desglosa y la entidad presenta en el resultado del periodo el importe de 150 u.m. que es igual al importe de los ingresos financieros de los elementos subyacentes. El importe restante de los gastos financieros por seguro se reconoce en otro resultado integral.

Transición

Ejemplo 17—Medición de los grupos de contratos de seguro sin componentes de participación directa aplicando el enfoque retroactivo modificado (párrafos C11 a C15)

EI186 Este ejemplo ilustra los requerimientos de transición para los contratos de seguro sin componentes de participación directa para los que la aplicación retroactiva es impracticable y una entidad opta por aplicar el enfoque de transición retroactiva modificada.

Supuestos

EI187 Una entidad emite contratos de seguro sin componentes de participación directa y agrega esos contratos en un grupo aplicando los párrafos C9(a) y C10. La entidad estima los flujos de efectivo procedentes del cumplimiento en la fecha de transición aplicando los párrafos 33 a 37 como la suma de:

(a) una estimación del valor presente de los flujos de efectivo futuros de 620 u.m. [incluyendo el efecto del descuento de (150) u.m.]; y

(b) el ajuste del riesgo para el riesgo no financiero de 100 u.m.

EI188   La entidad concluye que es impracticable aplicar la NIIF 17 retroactivamente. Como resultado, la entidad opta, aplicando el párrafo C5, por utilizar el enfoque retroactivo modificado para medir el margen de servicio contractual en la fecha de transición. Aplicando el párrafo C6(a), la entidad usa la información razonable y sustentable para lograr el resultado más próximo a la aplicación retroactiva.

Análisis

EI189   La entidad determina el margen de servicio contractual en la fecha de transición estimando los flujos de efectivo procedentes del cumplimiento en el momento del reconocimiento inicial aplicando los párrafos C12 a C15 de la forma siguiente:

	Fecha de transición	Ajuste al reconocimiento inicial	Reconocimiento inicial
	u.m.	u.m.	u.m.
Estimaciones de los flujos de efectivo futuros	770	(800)	(30) [(a)]
Efecto del descuento	(150)	(50)	(200) [(b)]
Estimaciones del valor presente de los flujos de efectivo futuros	620	(850)	(230)
Ajuste del riesgo para el riesgo no financiero	100	20	120 [(c)]
Flujos de efectivo procedentes del cumplimiento	**720**	**(830)**	**(110)**

(a)   Aplicando el párrafo C12, la entidad estima que los flujos de efectivo futuros en la fecha del reconocimiento inicial del grupo de contratos de seguro sean la suma de:

    (i)   las estimaciones de flujos de efectivo futuros de 770 u.m. en la fecha de transición; y

    (ii)   flujos de efectivo de 800 u.m. que se conoce que tienen que ocurrir entre la fecha del reconocimiento inicial del grupo de contratos de seguro y la fecha de transición (incluyendo las primas pagadas en el momento del reconocimiento inicial de 1.000 u.m. y las salidas de efectivo de 200 u.m. pagadas durante el periodo). Este importe incluye los flujos de efectivo procedentes de contratos que dejan de existir antes de la fecha de transición.

continúa...

...continuación

(b) La entidad determina que el efecto del descuento en la fecha del reconocimiento inicial del grupo de contratos de seguro es igual a (200) u.m. calculadas como el efecto del descuento sobre las estimaciones de los flujos de efectivo futuros en la fecha del reconocimiento inicial calculados en la nota a pie de página (a). Aplicando el párrafo C13(a), la entidad determina el efecto del descuento usando una curva de rendimiento observable que, por al menos tres años inmediatamente antes de la fecha de transición, aproxima la curva de rendimiento estimada aplicando los párrafos 36 y B72 a B85. La entidad estima que este importe es igual a 50 u.m. reflejando el hecho de que la prima se recibió en el momento del reconocimiento inicial, por ello, el efecto del descuento relacionado solo con la estimación de las salidas de efectivo futuras.

(c) Aplicando el párrafo C14, la entidad determina el ajuste del riesgo para el riesgo no financiero en el momento del reconocimiento inicial de 120 u.m. como el ajuste del riesgo para el riesgo no financiero en la fecha de transición de 100 u.m. ajustadas por 20 u.m. para reflejar la liberación esperada del riesgo antes de la fecha de transición. Aplicando el párrafo C14, la entidad determina la liberación del riesgo esperada por referencia a la liberación del riesgo para contratos de seguro similares que la entidad emite en la fecha de transición.

EI190 El margen de servicio contractual en la fecha de transición es igual a 20 u.m. y se calcula de la forma siguiente:

(a) el margen de servicio contractual medido en el momento del reconocimiento inicial es de 110 u.m., un importe que no habría dado lugar a ingresos o gastos que surgen de los flujos de efectivo procedentes del cumplimiento que habrían sido estimados en el momento del reconocimiento inicial de 110 u.m. (véase la tabla siguiente al párrafo EI189); menos

(b) el margen de servicio contractual que se habría reconocido en el resultado del periodo antes de la fecha de transición de 90 u.m., estimadas aplicando el párrafo C15.

EI191 Como resultado, el importe en libros del pasivo por contratos de seguro en la fecha de transición es igual a 740 u.m., que son la suma de los flujos de efectivo procedentes del cumplimiento de 720 u.m. y el margen de servicio contractual de 20 u.m.

Ejemplo 18—Medición de los grupos de contratos de seguro con componentes de participación directa aplicando el enfoque retroactivo modificado (párrafo C17)

EI192 Este ejemplo ilustra los requerimientos de transición para los contratos de seguro con componentes de participación directa cuando la aplicación retroactiva es impracticable y una entidad opta por aplicar el enfoque de transición retroactiva modificada.

Supuestos

EI193   Una entidad emite 100 contratos de seguro con componentes de participación directa cinco años antes de la fecha de transición y agrega esos contratos a un grupo aplicando los párrafos C9(a) y C10.

EI194   Según los términos de los contratos:

(a)   Se paga una sola prima al comienzo del periodo de cobertura de 10 años.

(b)   La entidad mantiene los saldos contables para los tenedores de las pólizas de seguro y deduce cargos de esos saldos contables al final de cada año.

(c)   Un tenedor de la póliza de seguro recibirá un importe que es igual al mayor del saldo contable y el beneficio por fallecimiento mínimo si una persona asegurada fallece durante el periodo de cobertura.

(d)   Si una persona asegurada sobrevive al periodo de cobertura, el tenedor de la póliza de seguro recibe el valor del saldo contable.

EI195   Los siguientes sucesos tuvieron lugar en el periodo de cinco años antes de la fecha de transición:

(a)   la entidad pagó los beneficios por fallecimiento y otros gastos de 239 u.m. que comprenden:

(i)   216 u.m. de los flujos de efectivo que varían basados en las rentabilidades sobre los elementos subyacentes; y

(ii)   23 u.m. de flujos de efectivo que no varían sobre la base de las rentabilidades sobre los elementos subyacentes; y

(b)   la entidad dedujo los cargos de los elementos subyacentes de 55 u.m.

EI196   Aplicando los párrafos 33 a 37, la entidad estima que los flujos de efectivo procedentes del cumplimiento en la fecha de transición son 922 u.m., que comprenden las estimaciones del valor presente de los flujos de efectivo futuros de 910 u.m. y un ajuste del riesgo para el riesgo no financiero de 12 u.m. El valor razonable total de los elementos subyacentes en esa fecha es de 948 u.m.

EI197   La entidad realiza las siguientes estimaciones:

(a)   sobre la base de un análisis de contratos similares que la entidad emite en la fecha de transición, el cambio estimado en el ajuste del riesgo para el riesgo no financiero provocado por la liberación del riesgo en el periodo de cinco años antes de la fecha de transición es de 14 u.m.; y

(b)   las unidades de cobertura proporcionadas antes de la fecha de transición es aproximadamente el 60 por ciento de las unidades de cobertura totales del grupo de contratos.

Análisis

EI198   La entidad aplica un enfoque retroactivo modificado para determinar el margen de servicio contractual en la fecha de transición, aplicando el párrafo C17, de la forma siguiente:

	u.m.
Valor razonable de los elementos subyacentes en la fecha de transición [párrafo C17(a)]	948
Flujos de efectivo procedentes del cumplimiento en la fecha de transición [párrafo C17(b)]	(922)
Ajustes:	
– Cargos deducidos de los elementos subyacentes antes de la fecha de transición [párrafo C17(c)(i)]	55
– Importes pagados antes de la fecha de transición que no habrían variado basados en las rentabilidades de los elementos subyacentes [párrafo C17(c)(ii)]	(23)
– Cambio estimado en el ajuste del riesgo para el riesgo no financiero causado por la liberación del riesgo antes de la fecha de transición [párrafo C17(c)(iii)]	(14)
Margen de servicio contractual del grupo de contratos antes del reconocimiento en el resultado del periodo	**44**
Importe estimado del margen de servicio contractual que se relaciona con los servicios proporcionados antes de la fecha de transición	(26) [(a)]
Margen de servicio contractual estimado en la fecha de transición	**18**

(a)   Aplicando el párrafo C17(d), la entidad determina el margen de servicio contractual que se relaciona con el servicio proporcionado antes de la fecha de transición en 26 u.m. como el porcentaje de las unidades de cobertura proporcionadas antes de la fecha de transición y las unidades de cobertura totales del 60 por ciento multiplicado por el margen de servicio contractual antes del reconocimiento en el resultado del periodo de 44 u.m.

EI199   Por consiguiente, el importe en libros del pasivo por contratos de seguro en la fecha de transición es igual a 940 u.m., que son la suma de los flujos de efectivo procedentes del cumplimiento de 922 u.m. y el margen de servicio contractual de 18 u.m.

Apéndice
Modificaciones a otras Normas NIIF

Este apéndice establece las modificaciones a los Ejemplos Ilustrativos para otras Normas NIIF que son consecuencia de la emisión por el Consejo de Normas Internacionales de Contabilidad de la NIIF 17. Contratos de Seguro.

* * * * *

Las modificaciones contenidas en este Apéndice cuando se emitió esta Norma en 2017 han sido incorporadas al texto de las Normas correspondientes publicadas en este volumen.

El siguiente resumen se publicó por el personal técnico de la Fundación IFRS. Este ejemplo no es parte de la NIIF 17. En http://www.ifrs.org/supporting-implementation/supporting-materials-by-ifrs-standard/ifrs-17/ #webcasts se encuentra disponible una retransmisión por Internet.

NIIF 17 *Contratos de Seguro*—el modelo contable en una página

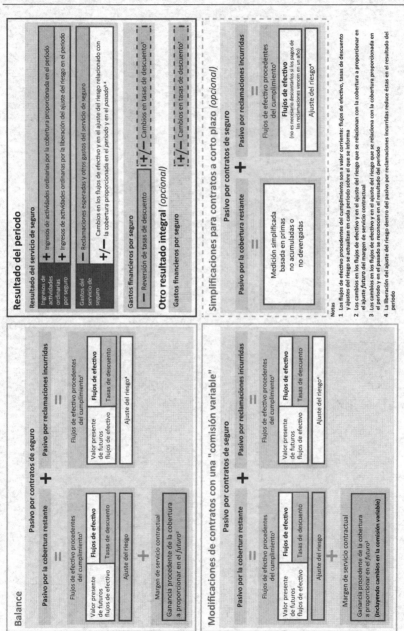

Documentos del IASB publicados para acompañar a la

NIC 1

Presentación de Estados Financieros

El texto normativo de la NIC 1 se encuentra en la Parte A de esta edición. Su fecha de vigencia en el momento de la emisión era el 1 de enero de 2009. El texto de los Fundamentos de las Conclusiones de la NIC 1 se encuentra en la Parte C de esta edición. Esta parte presenta los siguientes documentos:

GUÍA DE IMPLEMENTACIÓN

APÉNDICE

Modificaciones a las guías establecidas en otras NIIF

TABLA DE CONCORDANCIAS

Guía de Implementación de la
NIC 1 *Presentación de Estados Financieros*

Esta guía acompaña a la NIC 1, pero no forma parte de la misma.

Estructura de los estados financieros ilustrativos

GI1   La NIC 1 establece los componentes de los estados financieros y los requerimientos mínimos a revelar en los estados de situación financiera, resultado del periodo y otro resultado integral y cambios en el patrimonio. También describe las partidas adicionales que pueden presentarse en el estado financiero correspondiente o en las notas. Esta guía proporciona ejemplos simples de formas en las que pueden cumplirse los requerimientos de la NIC 1 para la presentación de los estados de situación financiera, resultado del periodo y otro resultado integral y cambios en el patrimonio. Una entidad debería cambiar el orden de presentación, las denominaciones de los estados y las descripciones utilizadas para las partidas cuando sea necesario para adaptarlos a sus circunstancias particulares.

GI2   La guía se presenta en dos secciones. Los párrafos GI3 a GI6 proporcionan ejemplos de la presentación de los estados financieros. Se han eliminado los párrafos GI7 a GI9. Los párrafos GI10 y GI11 proporcionan ejemplos de información a revelar sobre capital.

GI3   El estado de situación financiera ilustrativo muestra una forma en que una entidad puede presentar un estado de situación financiera que distingue entre partidas corrientes y no corrientes. Otros formatos pueden ser igualmente apropiados, siempre que la distinción sea clara.

GI4   Las ilustraciones usan el término "resultado integral" para identificar el total de todas las partidas del resultado del periodo y otro resultado integral. Las ilustraciones usan el término "otro resultado integral" para identificar los ingresos y gastos que están incluidos en el resultado integral, pero excluidos de resultados. La NIC 1 no requiere que una entidad use esos términos en sus estados financieros.

GI5   Se proporcionan dos estados del resultado del periodo y otro resultado integral, para ilustrar las presentaciones alternativas de ingresos y gastos en un solo estado o en dos estados. El estado del resultado del periodo y otro resultado integral, ilustra la clasificación de ingresos y gastos dentro del resultado del periodo por función. El estado separado (en este ejemplo "el estado del resultado del periodo") ilustra la clasificación de ingresos y gastos en la ganancia por naturaleza.

GI5A   Se muestran dos juegos de ejemplos de estados del resultado del periodo y otro resultado integral. Uno muestra la presentación mientras permanezca efectiva y se aplique la NIC 39 *Instrumentos Financieros: Reconocimiento y Medición*; el otro muestra la presentación cuando se aplique la NIIF 9 *Instrumentos Financieros*.

GI6   Los ejemplos no pretenden ilustrar todos los aspectos de las NIIF, ni tampoco constituir un conjunto completo de estados financieros, que también incluirían un estado de flujos de efectivo, información a revelar sobre información sobre políticas contables material o con importancia relativa y otra información explicativa.

Parte I: Presentación ilustrativa de estados financieros

Grupo XYZ – Estado de situación financiera a 31 de diciembre de 20X7 (en miles de unidades monetarias)

	31 Dic 20X7	31 Dic 20X6
ACTIVOS		
Activos no corrientes		
Propiedades, Planta y Equipo	350.700	360.020
Plusvalía	80.800	91.200
Otros activos intangibles	227.470	227.470
Inversiones en asociadas	100.150	110.770
Inversiones en instrumentos de patrimonio	142.500	156.000
	901.620	945.460
Activos corrientes		
Inventarios	135.230	132.500
Cuentas por cobrar comerciales	91.600	110.800
Otros activos corrientes	25.650	12.540
Efectivo y equivalentes al efectivo	312.400	322.900
	564.880	578.740
Total activos	1.466.500	1.524.200

Grupo XYZ – Estado de situación financiera a 31 de diciembre de 20X7
(en miles de unidades monetarias)

	31 Dic 20X7	31 Dic 20X6
PATRIMONIO Y PASIVOS		
Patrimonio atribuible a los propietarios de la controladora		
Capital en acciones	650.000	600.000
Ganancias acumuladas	243.500	161.700
Otros componentes de patrimonio	10.200	21.200
	903.700	782.900
Participaciones no controladoras	70.050	48.600
Total patrimonio	973.750	831.500
Pasivos no corrientes		
Préstamos a largo plazo	120.000	160.000
Impuestos diferidos	28.800	26.040
Provisiones a largo plazo	28.850	52.240
Pasivos no corrientes totales	177.650	238.280
Pasivos corrientes		
Cuentas por pagar comerciales y otras cuentas por pagar	115.100	187.620
Préstamos corto plazo	150.000	200.000
Parte corriente de préstamos a largo plazo	10.000	20.000
Cuentas por pagar por impuestos corrientes	35.000	42.000
Provisiones a corto plazo	5.000	4.800
Pasivos corrientes totales	315.100	454.420
Total pasivos	492.750	692.700
Patrimonio y pasivos totales	1.466.500	1.524.200

Ejemplos de estado del resultado del periodo y otro resultado integral cuando se aplique la NIC 39 *Instrumentos Financieros: Reconocimiento y Medición*
Grupo XYZ—Estado del resultado del periodo y otro resultado integral para el año terminado el 31 de diciembre de 20X7
(ilustración de la presentación del resultado del periodo y otro resultado integral en un estado y la clasificación de gastos dentro del resultado del periodo por función)
(en miles de unidades monetarias)

	20X7	20X6
Ingresos de actividades ordinarias	390.000	355.000
Costo de ventas	(245.000)	(230.000)
Ganancia bruta	145.000	125.000
Otros ingresos	20.667	11.300
Costos de distribución	(9.000)	(8.700)
Gastos de administración	(20.000)	(21.000)
Otros gastos	(2.100)	(1.200)
Costos financieros	(8.000)	(7.500)
Participación en las ganancias de asociadas[a]	35.100	30.100
Ganancia antes de impuestos	161.667	128.000
Gasto por impuestos a las ganancias	(40.417)	(32.000)
Ganancia del año procedente de actividades que continúan	121.250	96.000
Pérdida del año procedente de actividades discontinuadas	–	(30.500)
GANANCIA DEL EJERCICIO CONTABLE	121.250	65.500

continúa...

...continuación

Ejemplos de estado del resultado del periodo y otro resultado integral cuando se aplique la NIC 39 *Instrumentos Financieros: Reconocimiento y Medición*
Grupo XYZ—Estado del resultado del periodo y otro resultado integral para el año terminado el 31 de diciembre de 20X7
(ilustración de la presentación del resultado del periodo y otro resultado integral en un estado y la clasificación de gastos dentro del resultado del periodo por función)
(en miles de unidades monetarias)

	20X7	20X6
Otro resultado integral:		
Partidas que no se reclasificarán al resultado del periodo [Referencia: párrafo 82A(a)(i)]:		
Ganancias por revaluación de propiedades inmobiliarias	933	3.367
Nuevas mediciones de los planes de pensiones de beneficios definidos	(667)	1.333
Participación en el otro resultado integral de las asociadas[b]	400	(700)
Impuestos a las ganancias relacionados con partidas que no se reclasificarán[c]	(166)	(1.000)
	500	3.000
Partidas que pueden reclasificarse posteriormente al resultado del periodo [Referencia: párrafo 82A(a)(ii)]:		
Diferencias de cambio al convertir negocios en el extranjero[d]	5.334	10.667
Activos financieros disponibles para la venta[d]	(24.000)	26.667
Coberturas de flujo de efectivo[d]	(667)	(4.000)
Impuesto a las ganancias relacionado con partidas que pueden ser reclasificadas[c]	4.833	(8.334)
	(14.500)	25.000
Otro resultado integral del ejercicio contable, neto de impuestos	(14.000)	28.000
RESULTADO INTEGRAL TOTAL DEL AÑO	107.250	93.500

continúa...

...continuación

Ejemplos de estado del resultado del periodo y otro resultado integral cuando se aplique la NIC 39 *Instrumentos Financieros: Reconocimiento y Medición*
Grupo XYZ—Estado del resultado del periodo y otro resultado integral para el año terminado el 31 de diciembre de 20X7
(ilustración de la presentación del resultado del periodo y otro resultado integral en un estado y la clasificación de gastos dentro del resultado del periodo por función)
(en miles de unidades monetarias)

	20X7	20X6
Ganancia atribuible a:		
Propietarios de la controladora	97.000	52.400
Participaciones no controladoras	24.250	13.100
	121.250	65.500
Resultado integral total atribuible a:		
Propietarios de la controladora	85.800	74.800
Participaciones no controladoras	21.450	18.700
	107.250	93.500
Ganancias por acción (en unidades monetarias):		
Básicas y diluidas	0,46	0,30

Alternativamente, podrían presentarse partidas de otro resultado integral en el estado del resultado del periodo y otro resultado integral netas de impuestos.

Otro resultado integral del ejercicio contable, después de impuestos:	20X7	20X6
Partidas que no se reclasificarán al resultado del periodo		
Ganancias por revaluación de propiedades inmobiliarias	600	2.700
Nuevas mediciones de los planes de pensiones de beneficios definidos	(500)	1.000
Participación en el otro resultado integral de las asociadas	400	(700)

continúa...

...continuación

Ejemplos de estado del resultado del periodo y otro resultado integral cuando se aplique la NIC 39 *Instrumentos Financieros: Reconocimiento y Medición*
Grupo XYZ—Estado del resultado del periodo y otro resultado integral para el año terminado el 31 de diciembre de 20X7
(ilustración de la presentación del resultado del periodo y otro resultado integral en un estado y la clasificación de gastos dentro del resultado del periodo por función)
(en miles de unidades monetarias)

	20X7	20X6
	500	3.000
Partidas que pueden reclasificarse posteriormente al resultado del periodo:		
Diferencias de cambio al convertir negocios en el extranjero	4.000	8.000
Inversiones en instrumentos de patrimonio	(18.000)	20.000
Cobertura de flujos de efectivo	(500)	(3.000)
	(14.500)	25.000
Otro resultado integral del ejercicio contable, neto de impuestos[(c)]	(14.000)	28.000

(a) Esto representa la parte de la ganancia de las asociadas atribuible a los propietarios de las mismas, es decir, es después de impuestos y participaciones no controladoras en las asociadas.

(b) Esto representa la parte del otro resultado integral de las asociadas atribuible a los propietarios de las asociadas es decir, es después de impuestos y participaciones no controladoras en las asociadas. En este ejemplo, el otro resultado integral de las asociadas está compuesto solo por partidas que no se reclasificarán posteriormente al resultado del periodo. **[Referencia: párrafo 82A(b)(i)]** Se requiere, por el párrafo 82A(b), que las entidades cuyo otro resultado integral de las asociadas incluye partidas que pueden ser posteriormente reclasificadas al resultado del periodo presenten ese importe en una partida de los estados financieros separada.

(c) El impuesto a las ganancias relacionado con cada partida de otro resultado integral se revela en las notas.

(d) Esto ilustra la presentación acumulada, con la información a revelar del resultado del ejercicio contable presente y los ajustes por reclasificación presentados en las notas. Alternativamente, puede usarse una presentación bruta.

Grupo XYZ—Estado del resultado del periodo para el año que termina el 31 de diciembre de 20X7
(ilustración de la presentación del resultado del periodo y otro resultado integral en dos estados y la clasificación de gastos dentro del resultado del periodo por naturaleza)
(en miles de unidades monetarias)

	20X7	20X6
Ingresos de actividades ordinarias	390.000	355.000
Otros ingresos	20.667	11.300
Variación en los inventarios de productos terminados y en proceso	(115.100)	(107.900)
Trabajos realizados por la entidad y capitalizados	16.000	15.000
Consumos de materias primas y consumibles	(96.000)	(92.000)
Gastos por beneficios a los empleados	(45.000)	(43.000)
Gastos por depreciación y amortización	(19.000)	(17.000)
Deterioro del valor de propiedades, planta y equipo	(4.000)	–
Otros gastos	(6.000)	(5.500)
Costos financieros	(15.000)	(18.000)
Participación en las ganancias de asociadas[a]	35.100	30.100
Ganancia antes de impuestos	161.667	128.000
Gasto por impuestos a las ganancias	(40.417)	(32.000)
Ganancia del año procedente de actividades que continúan	121.250	96.000
Pérdida del año procedente de actividades discontinuadas	–	(30.500)
GANANCIA DEL EJERCICIO CONTABLE	121.250	65.500
Ganancia atribuible a:		
Propietarios de la controladora	97.000	52.400
Participaciones no controladoras	24.250	13.100
	121.250	65.500
Ganancias por acción (en unidades monetarias):		
Básicas y diluidas	0,46	0,30

(a) Esto representa la parte de la ganancia de las asociadas atribuible a los propietarios de las mismas, es decir, es después de impuestos y participaciones no controladoras en las asociadas.

Grupo XYZ—Estado del resultado del periodo y otro resultado integral para el año terminado el 31 de diciembre de 20X7
(Ilustración de la presentación del resultado del periodo y otro resultado integral en dos estados)
(en miles de unidades monetarias)

	20X7	20X6
Ganancia del ejercicio contable	121.250	65.500
Otro resultado integral:		
Partidas que no se reclasificarán al resultado del periodo [Referencia: párrafo 82A(a)(i)]:		
Ganancias por revaluación de propiedades inmobiliarias	933	3.367
Nuevas mediciones de los planes de pensiones de beneficios definidos	(667)	1.333
Participación en el otro resultado integral de las asociadas[a]	400	(700)
Impuestos a las ganancias relacionados con partidas que no se reclasificarán[b]	(166)	(1.000)
	500	3.000
Partidas que pueden reclasificarse posteriormente al resultado del periodo [Referencia: párrafo 82A(a)(ii)]:		
Diferencias de cambio al convertir negocios en el extranjero	5.334	10.667
Inversiones en instrumentos de patrimonio	(24.000)	26.667
Cobertura de flujos de efectivo	(667)	(4.000)
Impuesto a las ganancias relacionado con partidas que pueden ser reclasificadas[b]	4.833	(8.334)
	(14.500)	25.000

continúa...

...continuación

Grupo XYZ—Estado del resultado del periodo y otro resultado integral para el año terminado el 31 de diciembre de 20X7
(Ilustración de la presentación del resultado del periodo y otro resultado integral en dos estados)
(en miles de unidades monetarias)

	20X7	20X6
Otro resultado integral del ejercicio contable, neto de impuestos	(14.000)	28.000
RESULTADO INTEGRAL TOTAL DEL AÑO	107.250	93.500
Resultado integral total atribuible a:		
Propietarios de la controladora	85.800	74.800
Participaciones no controladoras	21.450	18.700
	107.250	93.500

Alternativamente, las partidas de otro resultado integral podrían presentarse netas de impuestos. La referencia al estado del resultado del periodo y otro resultado integral ilustra la presentación de ingresos y gastos en un estado.

(a) Esto representa la parte del otro resultado integral de las asociadas atribuible a los propietarios de las asociadas es decir, es después de impuestos y participaciones no controladoras en las asociadas. En este ejemplo, el otro resultado integral de las asociadas está compuesto solo por partidas que no se reclasificarán posteriormente al resultado del periodo. **[Referencia: párrafo 82A(b)(i)]** Se requiere, por el párrafo 82A(b), que las entidades cuyo otro resultado integral de las asociadas incluye partidas que pueden ser posteriormente reclasificadas al resultado del periodo presenten ese importe en una partida de los estados financieros separada.

(b) El impuesto a las ganancias relacionado con cada partida de otro resultado integral se revela en las notas.

Ejemplos de estado del resultado del periodo y otro resultado integral cuando se aplique la NIIF 9 *Instrumentos Financieros*
Grupo XYZ—Estado del resultado del periodo y otro resultado integral para el año terminado el 31 de diciembre de 20X7
(ilustración de la presentación del resultado del periodo y otro resultado integral en un estado y la clasificación de gastos dentro del resultado del periodo por función)
(en miles de unidades monetarias)

	20X7	20X6
Ingresos de actividades ordinarias	390.000	355.000
Costo de ventas	(245.000)	(230.000)
Ganancia bruta	145.000	125.000
Otros ingresos	20.667	11.300
Costos de distribución	(9.000)	(8.700)
Gastos de administración	(20.000)	(21.000)
Otros gastos	(2.100)	(1.200)
Costos financieros	(8.000)	(7.500)
Participación en las ganancias de asociadas[a]	35.100	30.100
Ganancia antes de impuestos	161.667	128.000
Gasto por impuestos a las ganancias	(40.417)	(32.000)
Ganancia del año procedente de actividades que continúan	121.250	96.000
Pérdida del año procedente de actividades discontinuadas	–	(30.500)
GANANCIA DEL EJERCICIO CONTABLE	121.250	65.500
Otro resultado integral:		
Partidas que no se reclasificarán al resultado del periodo [Referencia: párrafo 82A(a)(i)]:		
Ganancias por revaluación de propiedades inmobiliarias	933	3.367
Inversiones en instrumentos de patrimonio	(24.000)	26.667
Nuevas mediciones de los planes de pensiones de beneficios definidos	(667)	1.333
Participación en el otro resultado integral de las asociadas[b]	400	(700)
Impuestos a las ganancias relacionados con partidas que no se reclasificarán[c]	5.834	(7.667)
	(17.500)	23.000

continúa...

...continuación

Ejemplos de estado del resultado del periodo y otro resultado integral cuando se aplique la NIIF 9 *Instrumentos Financieros*
Grupo XYZ—Estado del resultado del periodo y otro resultado integral para el año terminado el 31 de diciembre de 20X7
(ilustración de la presentación del resultado del periodo y otro resultado integral en un estado y la clasificación de gastos dentro del resultado del periodo por función)
(en miles de unidades monetarias)

	20X7	20X6
Partidas que pueden reclasificarse posteriormente al resultado del periodo [Referencia: párrafo 82A(a)(ii)]:		
Diferencias de cambio al convertir negocios en el extranjero[d]	5.334	10.667
Coberturas de flujo de efectivo[d]	(667)	(4.000)
Impuesto a las ganancias relacionado con partidas que pueden ser reclasificadas[c]	(1.167)	(1.667)
	3.500	5.000
Otro resultado integral del ejercicio contable, neto de impuestos	(14.000)	28.000
RESULTADO INTEGRAL TOTAL DEL AÑO	107.250	93.500
Ganancia atribuible a:		
Propietarios de la controladora	97.000	52.400
Participaciones no controladoras	24.250	13.100
	121.250	65.500
Resultado integral total atribuible a:		
Propietarios de la controladora	85.800	74.800
Participaciones no controladoras	21.450	18.700
	107.250	93.500
Ganancias por acción (en unidades monetarias):		
Básicas y diluidas	0,46	0,30

continúa...

...continuación

Ejemplos de estado del resultado del periodo y otro resultado integral cuando se aplique la NIIF 9 *Instrumentos Financieros*
Grupo XYZ—Estado del resultado del periodo y otro resultado integral para el año terminado el 31 de diciembre de 20X7
(ilustración de la presentación del resultado del periodo y otro resultado integral en un estado y la clasificación de gastos dentro del resultado del periodo por función)
(en miles de unidades monetarias)

	20X7	20X6
Alternativamente, podrían presentarse partidas de otro resultado integral en el estado del resultado del periodo y otro resultado integral netas de impuestos.		
Otro resultado integral del ejercicio contable, después de impuestos:		
Partidas que no se reclasificarán al resultado del periodo		
Ganancias por revaluación de propiedades inmobiliarias	600	2.700
Inversiones en instrumentos de patrimonio	(18.000)	20.000
Nuevas mediciones de los planes de pensiones de beneficios definidos	(500)	1.000
Participación en el otro resultado integral de las asociadas	400	(700)
	(17.500)	23.000
Partidas que pueden reclasificarse posteriormente al resultado del periodo:		
Diferencias de cambio al convertir negocios en el extranjero	4.000	8.000
Cobertura de flujos de efectivo	(500)	(3.000)
	3.500	5.000
Otro resultado integral del ejercicio contable, neto de impuestos[c]	(14.000)	28.000

(a) Esto representa la parte de la ganancia de las asociadas atribuible a los propietarios de las mismas, es decir, es después de impuestos y participaciones no controladoras en las asociadas.

(b) Esto representa la parte del otro resultado integral de las asociadas atribuible a los propietarios de las asociadas es decir, es después de impuestos y participaciones no controladoras en las asociadas. En este ejemplo, el otro resultado integral de las asociadas está compuesto solo por partidas que no se reclasificarán posteriormente al resultado del periodo. **[Referencia: párrafo 82A(b)(i)]** Se requiere, por el párrafo 82A(b), que las entidades cuyo otro resultado integral de las asociadas incluye partidas que pueden ser posteriormente reclasificadas al resultado del periodo presenten ese importe en una partida de los estados financieros separada.

(c) El impuesto a las ganancias relacionado con cada partida de otro resultado integral se revela en las notas.

(d) Esto ilustra la presentación acumulada, con la información a revelar del resultado del ejercicio contable presente y los ajustes por reclasificación presentados en las notas. Alternativamente, puede usarse una presentación bruta.

Grupo XYZ—Estado del resultado del periodo para el año que termina el 31 de diciembre de 20X7
(ilustración de la presentación del resultado del periodo y otro resultado integral en dos estados y la clasificación de gastos dentro del resultado del periodo por naturaleza)
(en miles de unidades monetarias)

	20X7	20X6
Ingresos de actividades ordinarias	390.000	355.000
Otros ingresos	20.667	11.300
Variación en los inventarios de productos terminados y en proceso	(115.100)	(107.900)
Trabajos realizados por la entidad y capitalizados	16.000	15.000
Consumos de materias primas y consumibles	(96.000)	(92.000)
Gastos por beneficios a los empleados	(45.000)	(43.000)
Gastos por depreciación y amortización	(19.000)	(17.000)
Deterioro del valor de propiedades, planta y equipo	(4.000)	–
Otros gastos	(6.000)	(5.500)
Costos financieros	(15.000)	(18.000)
Participación en las ganancias de asociadas[a]	35.100	30.100
Ganancia antes de impuestos	161.667	128.000
Gasto por impuestos a las ganancias	(40.417)	(32.000)
Ganancia del año procedente de actividades que continúan	121.250	96.000
Pérdida del año procedente de actividades discontinuadas	–	(30.500)
GANANCIA DEL EJERCICIO CONTABLE	121.250	65.500
Ganancia atribuible a:		
Propietarios de la controladora	97.000	52.400
Participaciones no controladoras	24.250	13.100
	121.250	65.500
Ganancias por acción (en unidades monetarias):		
Básicas y diluidas	0,46	0,30

(a) Esto representa la parte de la ganancia de las asociadas atribuible a los propietarios de las mismas, es decir, es después de impuestos y participaciones no controladoras en las asociadas.

Grupo XYZ—Estado del resultado del periodo y otro resultado integral para el año terminado el 31 de diciembre de 20X7
(Ilustración de la presentación del resultado del periodo y otro resultado integral en dos estados)
(en miles de unidades monetarias)

	20X7	20X6
Ganancia del ejercicio contable	121.250	65.500
Otro resultado integral:		
Partidas que no se reclasificarán al resultado del periodo [Referencia: párrafo 82A(a)(i)]:		
Ganancias por revaluación de propiedades inmobiliarias	933	3.367
Inversiones en instrumentos de patrimonio	(24.000)	26.667
Nuevas mediciones de los planes de pensiones de beneficios definidos	(667)	1.333
Participación en el otro resultado integral de las asociadas[(a)]	400	(700)
Impuestos a las ganancias relacionados con partidas que no se reclasificarán[(b)]	5.834	(7.667)
	(17.500)	23.000
Partidas que pueden reclasificarse posteriormente al resultado del periodo [Referencia: párrafo 82A(a)(ii)]:		
Diferencias de cambio al convertir negocios en el extranjero	5.334	10.667
Cobertura de flujos de efectivo	(667)	(4.000)
Impuesto a las ganancias relacionado con partidas que pueden ser reclasificadas[(b)]	(1.167)	(1.667)
	3.500	5.000
Otro resultado integral del ejercicio contable, neto de impuestos	(14.000)	28.000
RESULTADO INTEGRAL TOTAL DEL AÑO	107.250	93.500

continúa...

...continuación

Grupo XYZ—Estado del resultado del periodo y otro resultado integral para el año terminado el 31 de diciembre de 20X7
(Ilustración de la presentación del resultado del periodo y otro resultado integral en dos estados)
(en miles de unidades monetarias)

	20X7	20X6
Resultado integral total atribuible a:		
Propietarios de la controladora	85.800	74.800
Participaciones no controladoras	21.450	18.700
	107.250	93.500

Alternativamente, las partidas de otro resultado integral podrían presentarse netas de impuestos. La referencia al estado del resultado del periodo y otro resultado integral ilustra la presentación de ingresos y gastos en un estado.

(a) Esto representa la parte del otro resultado integral de las asociadas atribuible a los propietarios de las asociadas es decir, es después de impuestos y participaciones no controladoras en las asociadas. En este ejemplo, el otro resultado integral de las asociadas está compuesto solo por partidas que no se reclasificarán posteriormente al resultado del periodo. **[Referencia: párrafo 82A(b)(i)]** Se requiere, por el párrafo 82A(b), que las entidades cuyo otro resultado integral de las asociadas incluye partidas que pueden ser posteriormente reclasificadas al resultado del periodo presenten ese importe en una partida de los estados financieros separada.

(b) El impuesto a las ganancias relacionado con cada partida de otro resultado integral se revela en las notas.

Grupo XYZ
Información a revelar de componentes de otro resultado integral[a]
Notas
Año terminado 31 de diciembre de 20X7
(en miles de unidades monetarias)

	20X7		20X6
Otro resultado integral:			
Diferencias de cambio al convertir negocios en el extranjero[b]	5.334		10.667
Inversiones en instrumentos de patrimonio	(24.000)		26.667
Coberturas de flujo de efectivo:			
Ganancias (pérdidas) surgidas durante el año	(4.667)		(4.000)
Menos: Ajustes por reclasificación de ganancias (pérdidas) incluidas en el resultado del periodo	4.000	(667)	— (4.000)
Ganancias por revaluación de propiedades inmobiliarias		933	3.367
Nuevas mediciones de los planes de pensiones de beneficios definidos		(667)	1.333
Participación en el otro resultado integral de las asociadas		400	(700)
Otro resultado integral		(18.667)	37.334
Impuesto a las ganancias correspondiente a componentes de otro resultado integral[c]		4.667	(9.334)
Otro resultado integral del periodo		**(14.000)**	**28.000**

(a) Cuando una entidad opta por una presentación agregada en el estado del resultado integral, los importes de los ajustes por reclasificación y la ganancia o pérdida del ejercicio corriente se presentan en las notas.

(b) No había disposiciones de negocios en el extranjero. Por ello, no hay ajustes por reclasificación para los años presentados.

(c) El impuesto a las ganancias relativo a cada componente de otro resultado integral se revela en las notas.

Grupo XYZ
Información a revelar de efectos fiscales relacionados con cada componente de otro resultado integral
Notas
Año terminado 31 de diciembre de 20X7
(en miles de unidades monetarias)

	20X7			20X6		
	Importe antes de impuestos	Beneficio (gasto) fiscal	Importe neto de impuestos	Importe antes de impuestos	Beneficio (gasto) fiscal	Importe neto de impuestos
Diferencias de cambio al convertir negocios en el extranjero	5.334	(1.334)	4.000	10.667	(2.667)	8.000
Inversiones en instrumentos de patrimonio	(24.000)	6.000	(18.000)	26.667	(6.667)	20.000
Cobertura de flujos de efectivo	(667)	167	(500)	(4.000)	1.000	(3.000)
Ganancias por revaluación de propiedades inmobiliarias	933	(333)	600	3.367	(667)	2.700
Nuevas mediciones de los planes de pensiones de beneficios definidos	(667)	167	(500)	1.333	(333)	1.000
Participación en el otro resultado integral de las asociadas	400	–	400	(700)	–	(700)
Otro resultado integral	(18.667)	4.667	(14.000)	37.334	(9.334)	28.000

Grupo XYZ – Estado de cambios en el patrimonio para el año que termina el 31 de diciembre de 20X7 (en miles de unidades monetarias)

	Capital en acciones	Ganancias acumuladas	Conversión de negocios en el extranjero	Inversiones en instrumentos de patrimonio	Coberturas de flujo de efectivo	Superávit de revaluación	Total	Participaciones no controladoras	Total patrimonio
Saldo a 1 de enero de 20X6	600.000	118.100	(4.000)	1.600	2.000	–	717.700	29.800	747.500
Cambios en la política contable	–	400	–	–	–	–	400	100	500
Saldo reexpresado	600.000	118.500	(4.000)	1.600	2.000	–	718.100	29.900	748.000
Cambios en el patrimonio para 20X6									
Dividendos	–	(10.000)	–	–	–	–	(10.000)	–	(10.000)
Resultado integral total del año(a)	–	53.200	6.400	16.000	(2.400)	1.600	74.800	18.700	93.500
Saldo a 31 de diciembre de 20X6	600.000	161.700	2.400	17.600	(400)	1.600	782.900	48.600	831.500

continúa...

...continuación

Grupo XYZ – Estado de cambios en el patrimonio para el año que termina el 31 de diciembre de 20X7
(en miles de unidades monetarias)

Cambios en el patrimonio para 20X7

Emisión de participaciones en el capital	50.000	–	–	–	–	–	50.000	–	50.000
Dividendos	–	(15.000)	–	–	–	–	(15.000)	–	(15.000)
Resultado integral total del año(b)	–	96.600	3.200	(14.400)	(400)	800	85.800	21.450	107.250
Transferencia a ganancias acumuladas	–	200	–	–	–	(200)	–	–	–
Saldo a 31 de diciembre de 20X7	650.000	243.500	5.600	3.200	2.200	(800)	903.700	70.050	973.750

...continuación

Grupo XYZ – Estado de cambios en el patrimonio para el año que termina el 31 de diciembre de 20X7 (en miles de unidades monetarias)

(a) El importe incluido en las ganancias acumuladas para el año 20X6 de 53.200 representa la ganancia atribuible a los propietarios de la controladora de 52.400 más las nuevas mediciones de los planes de beneficios por pensiones definidos de 800 (1.333, menos impuestos 333, menos participaciones no controladoras 200).

El importe incluido en la conversión, inversiones en instrumentos de patrimonio y reservas por coberturas de flujos de efectivo representa otro resultado integral para cada componente, neto de impuestos y de participaciones no controladoras, por ejemplo, otro resultado integral relativo a las inversiones en instrumentos de patrimonio los activos financieros disponibles para la venta para el 20X6 de 16.000 es 26.667, menos impuestos 6.667, menos participaciones no controladoras 4.000.

El importe incluido en el superávit por revaluación de 1.600 representa la parte del otro resultado integral de las asociadas de (700) más las ganancias por revaluación de propiedades de 2.300 (3.367, menos impuestos 667, menos participaciones no controladoras 400). Otro resultado integral de las asociadas relativo únicamente a las ganancias o pérdidas de revaluación de propiedades.

(b) El importe incluido en las ganancias acumuladas para el año 20X7 de 96.600 representa la ganancia atribuible a los propietarios de la controladora de 97.000 más las nuevas mediciones de los planes de beneficios por pensiones definidos de 400 (667, menos impuestos 167, menos participaciones no controladoras 100).

El importe incluido en la conversión, inversiones en instrumentos de patrimonio y participaciones no controladoras, por ejemplo otro resultado integral relativo a las conversiones por negocios en el extranjero de cada componente, neto de impuestos y participaciones no controladoras, por ejemplo otro resultado integral relativo a las conversiones por negocios en el extranjero de 20X7 de 3.200 es 5.334, menos impuestos 1.334, menos participaciones no controladoras 800.

El importe incluido en el superávit por revaluación de 800 representa la parte del otro resultado integral de las asociadas de (400) más las ganancias por revaluación de propiedades de 400 (933, menos impuestos 333, menos participaciones no controladoras 200). Otro resultado integral de las asociadas relativo únicamente a las ganancias o pérdidas de revaluación de propiedades.

Parte III: Ejemplos ilustrativos de información a revelar sobre capital (párrafos 134 a 136)

Una entidad que no es una institución financiera regulada

GI10   El siguiente ejemplo ilustra la aplicación del párrafo 134 y 135 para una entidad que no es una institución financiera y no está sujeta a requerimientos de capital impuestos externamente. En este ejemplo, la entidad controla el capital utilizando una ratio de capital ajustado por la deuda. Otras entidades pueden utilizar métodos distintos para controlar el capital. El ejemplo también es relativamente simple. Una entidad decide, en función de sus circunstancias, el nivel de detalle que ha de suministrar para cumplir los requerimientos de los párrafos 134 y 135. Para determinar la forma y contenido de la información a revelar para satisfacer esos requerimientos, una entidad también considerará los requerimientos de información a revelar establecidos en los párrafos 44A a 44E de la NIC 7 *Estado de Flujos de Efectivo*.

Datos

El Grupo A fabrica y vende coches. El Grupo A incluye una subsidiaria financiera que proporciona financiación a clientes, principalmente bajo la forma de arrendamiento. El Grupo A no está sujeto a ningún requerimiento de capital impuesto externamente.

Ejemplo de información a revelar

Los objetivos del Grupo al gestionar el capital son:

- salvaguardar la capacidad de la entidad para continuar como negocio en marcha, de forma que pueda continuar proporcionando rendimientos a los accionistas y beneficios a otros agentes interesados, y

- proporcionar un rendimiento adecuado a los accionistas, estableciendo precios a los productos y servicios en proporción al nivel de riesgo.

El Grupo establece el importe de capital en proporción al riesgo. El Grupo gestiona la estructura de capital y realiza ajustes a la misma en función de los cambios en las condiciones económicas y las características de riesgo de los activos subyacentes. Para mantener o ajustar la estructura de capital el Grupo, puede ajustar el importe de los dividendos pagados a los accionistas, devolver capital a los accionistas, emitir nuevas acciones o vender activos para reducir la deuda.

continúa...

...continuación

De forma congruente con otras entidades del sector industrial, el grupo controla el capital sobre la base de la ratio de capital ajustado por la deuda. Esta ratio se calcula como la deuda neta ÷ capital ajustado. La deuda neta se calcula como la deuda total (como se muestra en el estado de situación financiera) menos el efectivo y equivalentes al efectivo. El capital ajustado comprende todos los componentes del patrimonio (es decir, capital en acciones, prima de emisión, participaciones no controladoras, ganancias acumuladas y superávit de revaluación) distintos de los importes reconocidos en el patrimonio relacionados con las coberturas de flujos de efectivo e incluye algunas formas de deuda subordinada.

Durante 20X4, la estrategia del Grupo, que ha permanecido inalterada desde 20X3, era mantener la ratio de capital ajustado por la deuda en el extremo inferior del rango 6:1 a 7:1, para garantizar el acceso a la financiación por un costo razonable manteniendo una calificación crediticia BB. Las ratios de capital ajustados por la deuda a 31 de diciembre de 20X4 y a 31 de diciembre de 20X3 eran los siguientes:

	31 Dic 20X4	31 Dic 20X3
	millones de u.m.	millones de u.m.
Deuda total	1.000	1.100
Menos: efectivo y equivalentes al efectivo	(90)	(150)
Deuda neta	910	950
Total patrimonio	110	105
Más: instrumentos de deuda subordinados	38	38
Menos: importes acumulados en el patrimonio relacionados con las coberturas de flujos de efectivo	(10)	(5)
Capital ajustado	138	138
Ratio de capital ajustado por la deuda	6,6	6,9

La disminución en la ratio de capital ajustado por la deuda durante 20X4 se debió principalmente a la reducción de la deuda neta que ocurrió por la venta de la subsidiaria Z. Como resultado de esta reducción en la deuda neta, la mejora de la rentabilidad y los menores niveles de cuentas por cobrar gestionadas, el pago de dividendos se incrementó a 2,8 millones de u.m. para 20X4 (de los 2,5 millones de u.m. en 20X3).

Una entidad que no ha cumplido con los requerimientos de capital impuesto externamente

GI11   El siguiente ejemplo ilustra la aplicación del párrafo 135(e) cuando una entidad no ha cumplido durante el periodo con los requerimientos de capital impuestos externamente. Para cumplir con otros requerimientos de los párrafos 134 y 135 se proporcionarían otras informaciones a revelar.

Datos

La Entidad A proporciona servicios financieros a sus clientes y está sujeta a requerimientos de capital impuestos por el Regulador B. Durante el año que termina el 31 de diciembre de 20X7, la Entidad A no cumplió con los requerimientos de capital impuestos por el Regulador B. En sus estados financieros para el año que termina el 31 de diciembre de 20X7, la Entidad A proporciona la siguiente información a revelar relacionada con su incumplimiento.

Ejemplo de información a revelar

La Entidad A presentó su rendimiento de capital trimestral reglamentario para el 30 de septiembre de 20X7 el 20 de octubre de 20X7. En esa fecha, el capital reglamentario de la Entidad A estaba 1 millón de u.m por debajo del requerimiento de capital impuesto por el Regulador B. Como resultado, a la Entidad A se le requirió que enviara un plan al regulador indicando cómo incrementaría su capital reglamentario hasta el importe requerido. La Entidad A envió un plan que implicaba la venta de parte de su cartera de patrimonio no cotizado con un importe en libros de 11,5 millones de u.m. en el cuarto trimestre de 20X7. En el cuarto trimestre de 20X7, la Entidad A vendió su cartera de inversión a tipo de interés fijo por 12,6 millones de u.m. y cumplió su requerimiento de capital reglamentario.

Apéndice
Modificaciones a las guías establecidas en otras NIIF

Las siguientes modificaciones a las guías establecidas en otras NIIF son necesarias para garantizar la congruencia con la versión revisada de la NIC 1. En los párrafos modificados, el texto nuevo está subrayado y el texto eliminado se ha tachado.

* * * * *

Las modificaciones contenidas en este Apéndice cuando se revisó la NIC 1 Norma en 2007 se han incorporado a la guía sobre las NIIF correspondientes publicada en este volumen.

Tabla de Concordancias

Esta tabla muestra las correspondencias entre los contenidos de la NIC 1 (revisada en 2003 y modificada en 2005) y la NIC 1 (revisada en 2007). Se considera que los párrafos corresponden si tratan de forma amplia la misma materia aun cuando la orientación pueda diferir.

Párrafo de la NIC 1 suprimido	NIC 1 (revisada en 2007) párrafo
1	1, 3
2	2
3	4, 7
4	Ninguno
5	5
6	6
7	9
8	10
9, 10	13, 14
11	7
12	7
Ninguno	8
Ninguno	11, 12
13 a 22	15 a 24
23, 24	25, 26
25, 26	27, 28
27, 28	45, 46
29 a 31	29 a 31
32 a 35	32 a 35
36	38
Ninguno	39
37 a 41	40 a 44
42, 43	47, 48
44 a 48	49 a 53
49, 50	36, 37
51 a 67	60 a 76
68	54
68A	54
69 a 73	55 a 59

continúa...

...continuación

Párrafo de la NIC 1 suprimido	NIC 1 (revisada en 2007) párrafo
74 a 77	77 a 80
Ninguno	81
78	88
79	89
80	89
81	82
82	83
Ninguno	84
83 a 85	85 a 87
Ninguno	90 a 96
86 a 94	97 a 105
95	107
Ninguno	108
96, 97	106, 107
98	109
101	Ninguno
102	111
103 a 107	112 a 116
108 a 115	117 a 124
116 a 124	125 a 133
124A a 124C	134 a 136
125, 126	137, 138
127	139
127A	Ninguno
127B	Ninguno
128	140
GI1	GI1
Ninguno	GI2
GI2	GI3
Ninguno	GI4
GI3, GI4	GI5, GI6
Ninguno	GI7
Ninguno	GI8

continúa...

...continuación

Párrafo de la NIC 1 suprimido	NIC 1 (revisada en 2007) párrafo
Ninguno	GI9
GI5, GI6	GI10, GI11

Documentos del IASB publicados para acompañar a la

NIC 7

Estado de Flujos de Efectivo

El texto normativo de la NIC 7 se encuentra en la Parte A de esta edición. Su fecha de vigencia en el momento de la emisión era el 1 de enero de 1994. El texto de los Fundamentos de las Conclusiones de la NIC 7 se encuentra en la Parte C de esta edición. Esta parte presenta los siguientes documentos:

EJEMPLOS ILUSTRATIVOS

A Estado de flujos de efectivo para una entidad no financiera

B Estado de flujos de efectivo para una entidad financiera

C. Conciliación de los pasivos que surgen de las actividades de financiación

Ejemplos Ilustrativos

Estos ejemplos acompañan a la NIC 7, pero no forman parte de la misma.

A Estado de flujos de efectivo para una entidad no financiera

1   El ejemplo sólo contiene cifras del periodo corriente. De acuerdo con la NIC 1 *Presentación de Estados Financieros*, las cantidades correspondientes al periodo anterior deben incluirse en los estados financieros.

2   La información, procedente del estado del resultado integral y del estado de situación financiera, se suministra para mostrar cómo se puede derivar el estado de flujos de efectivo utilizando los métodos directo e indirecto. Ni el estado del resultado integral, ni estado de situación financiera se presentan de conformidad con los requerimientos de la información a revelar y presentación de otras Normas.

3   Para la preparación del estado de flujos de efectivo, es relevante también la siguiente información:

- Se compraron la totalidad de las acciones de la subsidiaria por 590. Los valores razonables de los activos adquiridos y pasivos asumidos son los siguientes:

Inventarios	100
Cuentas por cobrar	100
Efectivo	40
Propiedades, planta y equipo	650
Cuentas comerciales por pagar	100
Deudas a largo plazo	200

- Se obtuvieron 250 de la emisión de capital, así como otras 250 de préstamos a largo plazo.

- El gasto por intereses fue 400, de las cuales 170 fueron pagadas durante el periodo; asimismo se pagaron 100 relativas a intereses del periodo anterior.

- Los dividendos pagados fueron 1.200.

- Los pasivos por impuestos sobre las ganancias al principio del periodo eran 1.000, y al final 400. Durante el periodo, se contabilizaron 200 de impuestos acumulados (o devengados). Las retenciones correspondientes a dividendos recibidos ascendieron a 100.

- Durante el periodo, el grupo adquirió propiedades, planta y equipo y activos por derecho de uso relacionados con propiedades, planta y equipo con un costo agregado de 1.250, del cual 900 estaba relacionado con activos por derecho de uso. Se hicieron pagos por importe de 350 por la compra de los anteriores elementos.

- Se vendió una planta por 20, a la cual correspondía un costo histórico de 80 y una depreciación acumulada de 60.

- Los saldos de deudores, a finales de 20X2, incluían 100 de intereses por cobrar.

Estado del resultado integral consolidado para el periodo que termina a 20X2[a]

Ventas	30.650
Costo de ventas	(26.000)
Ganancia bruta	4.650
Depreciación	(450)
Gastos de administración y venta	(910)
Gastos financieros	(400)
Ingresos financieros	500
Pérdidas de cambio en moneda extranjera	(40)
Ganancia antes de impuestos	3.350
Impuesto a las ganancias	(300)
Ganancia	3.050

(a) La entidad no reconoció ningún componente de otro resultado integral en el periodo terminado en 20X2

Estado consolidado de situación financiera al final de 20X2

	20X2		20X1	
Activos				
Efectivo y equivalentes al efectivo		230		160
Cuentas por cobrar		1.900		1.200
Inventarios		1.000		1.950
Inversiones financieras		2.500		2.500
Propiedades, planta y equipo al costo	3.730		1.910	
Depreciación acumulada	(1.450)		(1.060)	
Propiedades, planta y equipo (neto)		2.280		850
Total activos		7.910		6.660
Pasivos				
Cuentas comerciales por pagar		250		1.890
Intereses a pagar		230		100
Impuestos a pagar		400		1.000
Deudas a largo plazo		2.300		1.040
Total pasivos		3.180		4.030
Patrimonio				
Capital en acciones		1.500		1.250
Ganancias acumuladas		3.230		1.380
Total patrimonio		4.730		2.630
Total pasivos y patrimonio		7.910		6.660

Estado de flujo de efectivo por el método directo [apartado (a) del párrafo 18]

	20X2

**Flujos de efectivo por actividades de operación
[Referencia: párrafo 10]**

Cobros a clientes [Referencia: párrafo 14]	30.150
Pagos a proveedores y al personal [Referencia: párrafo 14]	(27.600)
Efectivo generado por las operaciones	2.550
Intereses pagados [Referencia: párrafos 31 a 33]	(270)
Impuestos sobre las ganancias pagados [Referencia: párrafos 35 y 36]	(900)
Efectivo neto proveniente de actividades de operación	1.380

**Flujos de efectivo por actividades de inversión
[Referencia: párrafo 10]**

Adquisición de la subsidiaria X, neta de las partidas líquidas existentes (Nota A) [Referencia: párrafos 39 y 42]	(550)
Adquisición de propiedades, planta y equipo (Nota B) [Referencia: párrafo 21]	(350)
Cobros por venta de equipos [Referencia: párrafo 21]	20
Intereses cobrados [Referencia: párrafos 31 y 33]	200
Dividendos recibidos [Referencia: párrafos 31 y 33]	200
Efectivo neto utilizado en actividades de inversión	(480)

continúa...

...continuación

Estado de flujo de efectivo por el método directo [apartado (a) del párrafo 18]

	20X2
Flujos de efectivo por actividades de financiación [Referencia: párrafo 10]	
Cobros por emisión de capital **[Referencia: párrafo 21]**	250
Cobro de préstamos tomados a largo plazo **[Referencia: párrafo 21]**	250
Pago por pasivos por arrendamiento **[Referencia: párrafo 21]**	(90)
Dividendos pagados[(a)] **[Referencia: párrafos 31 y 34]**	(1.200)
Flujos netos de efectivo usados en actividades de financiación	(790)
Incremento neto de efectivo y equivalentes al efectivo	110
Efectivo y equivalentes al efectivo al principio del periodo (Nota C)	120
Efectivo y equivalentes al efectivo al final del periodo (Nota C)	230

(a) Podrían haber sido clasificados entre los flujos por actividades de operación.

Estado de flujo de efectivo por el método indirecto [apartado (b) del párrafo 18]

	20X2
Flujos de efectivo por actividades de operación [Referencia: párrafo 10]	
Ganancia antes de impuestos [Referencia: párrafo 20]	3.350
Ajustes por:	
Depreciación [Referencia: párrafo 20(b)]	450
Pérdidas de cambio en moneda extranjera [Referencia: párrafo 20(b) y(c)]	40
Ingresos por inversiones [Referencia: párrafo 20(c)]	(500)
Gastos financieros	400
	3.740
Incremento en deudores comerciales y otros [Referencia: párrafo 20(a)]	(500)
Disminución en inventarios [Referencia: párrafo 20(a)]	1.050
Disminución en acreedores comerciales [Referencia: párrafo 20(a)]	(1.740)
Efectivo generado por las operaciones [Referencia: párrafo 20]	2.550
Intereses pagados [Referencia: párrafos 31 a 33]	(270)
Impuestos sobre las ganancias pagados [Referencia: párrafos 35 y 36]	(900)
Efectivo neto proveniente de actividades de operación	1.380
Flujos de efectivo por actividades de inversión [Referencia: párrafo 10]	
Adquisición de la subsidiaria X, neta de las partidas líquidas existentes (Nota A) [Referencia: párrafos 39 y 42]	(550)
Adquisición de propiedades, planta y equipo (Nota B) [Referencia: párrafo 21]	(350)
Cobros por venta de equipos [Referencia: párrafo 21]	20
Intereses cobrados [Referencia: párrafos 31 y 33]	200
Dividendos recibidos [Referencia: párrafos 31 y 33]	200
Efectivo neto utilizado en actividades de inversión	(480)

continúa...

...continuación

Estado de flujo de efectivo por el método indirecto [apartado (b) del párrafo 18]

	20X2
Flujos de efectivo por actividades de financiación **[Referencia: párrafo 10]**	
Cobros por emisión de capital **[Referencia: párrafo 21]**	250
Cobro de préstamos tomados a largo plazo **[Referencia: párrafo 21]**	250
Pago por pasivos por arrendamiento **[Referencia: párrafo 21]**	(90)
Dividendos pagados[a] **[Referencia: párrafos 31 y 34]**	(1.200)
Flujos netos de efectivo usados en actividades de financiación	(790)
Incremento neto de efectivo y equivalentes al efectivo	110
Efectivo y equivalentes al efectivo al principio del periodo (Nota C)	120
Efectivo y equivalentes al efectivo al final del periodo (Nota C)	230

(a) Podrían haber sido clasificados entre los flujos por actividades de operación.

Notas al estado de flujos de efectivo (métodos directo e indirecto)

A. Obtención del control de una subsidiaria

Durante el periodo el Grupo obtuvo el control de la subsidiaria X. Los valores razonables de los activos adquiridos y pasivos asumidos fueron los siguientes **[Referencia: párrafo 40]**:

Efectivo	40
Inventarios	100
Cuentas por cobrar	100
Propiedades, Planta y Equipo	650
Cuentas comerciales por pagar	(100)
Deudas a largo plazo	(200)
Precio de la compra total pagado en efectivo	590
Menos: efectivo de la subsidiaria X adquirida	(40)
Efectivo pagado para obtener el control neto del efectivo adquirido	550

B. Propiedades, planta y equipo

Durante el periodo, el Grupo adquirió propiedades, planta y equipo y activos por derecho de uso relacionados con propiedades, planta y equipo con un costo agregado de 1.250, del cual 900 estaba relacionado con activos por derecho de uso. Se hicieron pagos por importe de 350 por la compra de los anteriores elementos [Referencia: párrafos 43 y 44].

C. Efectivo y equivalentes al efectivo

Las partidas de efectivo y equivalentes al efectivo se componen de efectivo, saldos en bancos e inversiones en instrumentos del mercado monetario. Efectivo y equivalentes al efectivo incluidos en el estado de flujos de efectivo comprenden los siguientes importes en el estado de situación financiera [Referencia: párrafos 45 a 47]:

	20X2	20X1
Efectivo en caja y bancos	40	25
Inversiones a corto plazo	190	135
Efectivo y equivalentes al efectivo, según figuran en las cuentas	230	160
Efectos de las diferencias en las tasas de cambio	–	(40)
Efectivo y equivalentes al efectivo reexpresados	230	120

El saldo de efectivo y equivalentes al efectivo al final del periodo incluye depósitos en cuentas bancarias, procedentes de una subsidiaria, por importe de 100, que no son libremente transferibles a la controladora, a causa de las restricciones de cambio existentes. [Referencia: párrafo 48]

El Grupo no ha utilizado préstamos disponibles por importe de 2.000, de las cuales 700 pueden ser utilizadas sólo para su futura expansión. [Referencia: párrafos 48 y 50(a)]

D. Información por segmentos

[Referencia: párrafos 50(d) y 52]

	Segmento A	Segmento B	Total
Flujos de efectivo por:			
Actividades de operación	1.520	(140)	1.380
Actividades de inversión	(640)	160	(480)
Actividades de financiación	(570)	(220)	(790)
	310	(200)	110

E. Conciliación de los pasivos que surgen de las actividades de financiación

[Referencia: párrafos 44A y 44B]

	20X1	Flujos de efectivo	Cambios distintos al efectivo		20X2
			Adquisición	Arrendamientos nuevos	
Préstamos a largo plazo	1.040	250	200	—	1.490
Pasivos por arrendamiento	—	(90)	—	900	810
Deudas a largo plazo	1.040	160	200	900	2.300

Presentación alternativa (método indirecto)

[Referencia: párrafo 20]

Como alternativa, al emplear el método indirecto para presentar el estado de flujos de efectivo, la ganancia de operación antes de cambios en el capital de trabajo se presenta a veces como sigue:

Ingresos de actividades ordinarias, excluidos los ingresos por inversiones	30.650
Gastos de operación, excluida la depreciación	(26.910)
Ganancia de las operaciones antes de cambios en el capital de trabajo	3.740

B Estado de flujos de efectivo para una entidad financiera

1   El ejemplo sólo contiene cifras del periodo corriente. De acuerdo con la NIC 1 *Presentación de Estados Financieros*, se requiere presentar las cantidades comparativas correspondientes al periodo anterior.

2   El ejemplo se presenta utilizando el método directo.

20X2

Flujos de efectivo por actividades de operación
[Referencia: párrafo 10]

Cobros de intereses y comisiones [Referencia: párrafo 33]	28.447
Pagos por intereses [Referencia: párrafo 33]	(23.463)
Recuperación de préstamos dados de baja por incobrables [Referencia: párrafo 14]	237
Pagos a empleados y proveedores [Referencia: párrafo 14]	(997)
	4.224

Incremento (decremento) en los activos de operación:

Fondos colocados a corto plazo [Referencia: párrafos 15 y 24]	(650)
Depósitos mantenidos por motivos de control y regulación monetaria [Referencia: párrafos 15 y 24]	234
Fondos anticipados a clientes [Referencia: párrafos 15 y 24]	(288)
Incremento neto en cuentas por cobrar de tarjetas de crédito [Referencia: párrafos 15 y 24]	(360)
Otros títulos a corto plazo negociables [Referencia: párrafos 15 y 24]	(120)

Incremento (decremento) en pasivos de operación:

Depósitos de clientes [Referencia: párrafos 15 y 24]	600
Certificados de depósito negociables [Referencia: párrafos 15 y 24]	(200)
Efectivo neto de actividades de operación antes de impuestos	3.440
Impuestos sobre las ganancias pagados [Referencia: párrafos 35 y 36]	(100)
Efectivo neto proveniente de actividades de operación	3.340

continúa...

...continuación

20X2

Flujos de efectivo por actividades de inversión
[Referencia: párrafo 10]

Venta de la subsidiaria Y **[Referencia: párrafos 39 a 42B]**	50
Dividendos recibidos **[Referencia: párrafos 31 y 33]**	200
Intereses cobrados **[Referencia: párrafos 31 y 33]**	300
Cobros por venta de títulos (cartera permanente) **[Referencia: párrafo 21]**	1.200
Compra de títulos (cartera permanente) **[Referencia: párrafo 21]**	(600)
Adquisición de propiedades, planta y equipo **[Referencia: párrafo 21]**	(500)
Flujo neto de efectivo procedente de actividades de inversión	650

continúa...

...continuación

	20X2
Flujos de efectivo por actividades de financiación [Referencia: párrafo 10]	
Emisión de obligaciones para financiar inversiones [Referencia: párrafo 21]	1.000
Emisión de acciones preferentes en subsidiarias [Referencia: párrafo 21]	800
Reembolso de préstamos a largo plazo [Referencia: párrafo 21]	(200)
Decremento neto en otros préstamos [Referencia: párrafo 21]	(1.000)
Dividendos pagados [Referencia: párrafos 31 y 34]	(400)
Flujo neto de efectivo procedente de actividades de financiación	200
Efectos de las ganancias o pérdidas de cambio en el efectivo y equivalentes al efectivo [Referencia: párrafo 28]	600
Incremento neto de efectivo y equivalentes al efectivo	4.790
Efectivo y equivalentes al efectivo al principio del periodo	4.050
Efectivo y equivalentes al efectivo al final del periodo	8.840

C. Conciliación de los pasivos que surgen de las actividades de financiación

[Referencia: párrafos 44A y 44B]

1 Este ejemplo ilustra una posible forma de proporcionar la información a revelar requerida por los párrafos 44A a 44E.

2 El ejemplo sólo contiene cifras del periodo corriente. De acuerdo con la NIC 1 *Presentación de Estados Financieros*, las cantidades correspondientes al periodo anterior deben incluirse en los estados financieros.

	20X1	Flujos de efectivo	Cambios distintos al efectivo			20X2
			Adquisi-ción	Movimiento de moneda extranjera	Cambios del valor razonable	
Préstamos a largo plazo	22.000	(1.000)	–	–	–	21.000
Préstamos corto plazo	10.000	(500)	–	200		9.700
Pasivos por arrendamiento	4.000	(800)	300	–	–	3.500
Activos mantenidos como instrumentos de cobertura sobre préstamos a largo plazo	(675)	150	–	–	(25)	(550)
Total pasivos por actividades de financiación	35.325	(2.150)	300	200	(25)	33.650

Documentos del IASB publicados para acompañar a la

NIC 8

Políticas Contables, Cambios en las Estimaciones Contables y Errores

El texto normativo de la NIC 8 se encuentra en la Parte A de esta edición. Su fecha de vigencia en el momento de la emisión era el 1 de enero de 2005. El texto de los Fundamentos de las Conclusiones de la NIC 8 se encuentra en la Parte C de esta edición. Esta parte presenta el siguiente documento:

GUÍA DE IMPLEMENTACIÓN

Guía de Implementación de la
NIC 8 *Políticas Contables, Cambios en las Estimaciones Contables y Errores*

Esta guía acompaña a la NIC 8, pero no forma parte de la misma.

Ejemplo 1 – Reexpresión retroactiva de errores

[Referencia: párrafo 42]

1.1 Durante 20X2, Beta Co descubrió que algunos productos que habían sido vendidos durante 20X1 fueron incluidos incorrectamente en el inventario a 31 de diciembre de 20X1 por 6.500 u.m.[1]

1.2 Los registros contables de Beta para 20X2 muestran ventas de 104.000 u.m., costo de bienes vendidos de 86.500 u.m. (incluyendo 6.500 u.m. por el error en el inventario de apertura), e impuesto a las ganancias de 5.250 u.m.

1.3 En 20X1, Beta presentó:

	u.m.
Ventas	73.500
Costo de bienes vendidos	(53.500)
Resultado antes del impuesto a las ganancias	20.000
Impuesto a las ganancias	(6.000)
Ganancia	14.000

1.4 Las ganancias acumuladas de apertura de 20X1 eran 20.000 u.m. y las ganancias acumuladas de cierre eran 34.000 u.m.

1.5 La tasa de impuesto a las ganancias de Beta era el 30 por ciento para 20X2 y 20X1. No tenía otros ingresos o gastos.

1.6 Beta tenía 5.000 u.m. de capital en acciones a lo largo del periodo, y no tenía otros componentes de patrimonio excepto las ganancias acumuladas. Sus acciones no cotizan en bolsa y no revela las ganancias por acción.

---

1 En este ejemplo, los importes monetarios se denominan en "unidades monetarias" (u.m.).

Extracto del estado del resultado integral de Beta Co

	20X2	(reexpresa-do) 20X1
	u.m.	u.m.
Ventas	104.000	73.500
Costo de bienes vendidos	(80.000)	(60.000)
Resultado antes del impuesto a las ganancias	24.000	13.500
Impuesto a las ganancias	(7.200)	(4.050)
Ganancia	16.800	9.450

Estado de cambios en el patrimonio de Beta Co

	Capital en acciones	Ganancias acumuladas	Total
	u.m.	u.m.	u.m.
Saldo a 31 de diciembre de 20X0	5.000	20.000	25.000
Resultado del periodo (ganancia) finalizado a 31 de diciembre de 20X1 según se reexpresó		9.450	9.450
Saldo a 31 de diciembre de 20X1	5.000	29.450	34.450
Resultado del periodo (ganancia) finalizado a 31 de diciembre de 20X2		16.800	16.800
Saldo a 31 de diciembre de 20X2	5.000	46.250	51.250

Extractos de las notas

1 Algunos productos que habían sido vendidos en 20X1 fueron incluidos incorrectamente en el inventario a 31 de diciembre de 20X1 por 6.500 u.m. **[Referencia: párrafo 49(a)]** Los estados financieros de 20X1 han sido reexpresados para corregir este error. El efecto de la reexpresión sobre esos estados financieros se resume a continuación. No hay efecto en 20X2.

[Referencia: párrafo 49(b)(i)]

	Efecto en 20X1
	u.m.
(Incremento) en el costo de bienes vendidos	(6.500)
Disminución en el gasto del impuesto a las ganancias	1.950
(Disminución) en el resultado del periodo	(4.550)
(Disminución) en inventarios	(6.500)
Disminución en el impuesto a las ganancias a pagar	1.950
(Disminución) en el patrimonio	(4.550)

Ejemplo 2 – Cambio en la política contable con aplicación retroactiva

[Eliminado]

Ejemplo 3 – Aplicación prospectiva de un cambio en la política contable cuando la aplicación retroactiva no es practicable

[Eliminado]

[Referencia: párrafo FC54, Fundamentos de las Conclusiones]

Ejemplo 4 – Aplicación de la definición de estimaciones contables—Valor razonable de una propiedad de inversión

[Referencia: párrafo FC55, Fundamentos de las Conclusiones]

Hechos

4.1   Una entidad posee una propiedad de inversión que se contabiliza aplicando el modelo del valor razonable de la NIC 40 *Propiedades de Inversión*. Desde que adquirió la propiedad de inversión, la Entidad A ha estado midiendo el valor razonable de la propiedad de inversión utilizando una técnica de valoración congruente con el enfoque del ingreso descrito en la NIIF 13 *Medición del Valor Razonable*.

4.2   Sin embargo, debido a cambios en las condiciones del mercado desde el periodo anterior sobre el que se informa, la Entidad A cambia la técnica de valoración que utiliza por una técnica de valoración congruente con el enfoque de mercado descrito en la NIIF 13. La Entidad A ha concluido que la medición resultante es más representativa del valor razonable de la propiedad de inversión en las circunstancias existentes al final de periodo actual sobre el que se informa y, por ello, la NIIF 13 permite este cambio. La Entidad A ha concluido también que el cambio en la técnica de valoración no es una corrección de un error de un periodo anterior.

Aplicación de la definición de estimaciones contables

4.3   El valor razonable de la propiedad de inversión es una estimación contable porque:

(a)   el valor razonable de la propiedad de inversión es un importe monetario de los estados financieros que está sujeto a incertidumbre en la medición. El valor razonable refleja el precio que se recibiría o pagaría en una hipotética transacción de venta o compra entre participantes del mercado—por consiguiente, no puede ser observada directamente y debe ser estimada.

(b)   el valor razonable de la propiedad de inversión es el resultado de una técnica de medición (una técnica de valoración) utilizada al aplicar la política contable (modelo del valor razonable).

(c)   al desarrollar su estimación del valor razonable de la propiedad de inversión, la Entidad A utiliza juicios y supuestos, por ejemplo, al:

(i)   seleccionar la técnica de medición—escogiendo la técnica de valoración que es apropiada para las circunstancias; y

(ii)   aplicar la técnica de medición—desarrollando los datos de entrada que los participantes del mercado usarían al aplicar la técnica de valoración, tal como la información generada por transacciones del mercado que implican activos comparables.

[Referencia: párrafos 5 (definición de estimaciones contables) y párrafos 32 a 32A]

4.4   En estos hechos, el cambio en la técnica de valoración es un cambio en la técnica de medición aplicada para estimar el valor razonable de la propiedad de inversión. El efecto de este cambio es un cambio en una estimación contable porque la política contable—medir la propiedad de inversión a valor razonable—no ha cambiado.

[Referencia: párrafo 34A]

Ejemplo 5 – Aplicación de la definición de estimaciones contables—Valor razonable de un pasivo con pagos basados en acciones que se liquidan en efectivo

[Referencia: párrafo FC55, Fundamentos de las Conclusiones]

Hechos

5.1   El 1 de enero 20X0, la Entidad A concede 100 derechos sobre la revaluación de las acciones (DRA) a cada uno de sus empleados, siempre que el empleado permanezca en la entidad durante los tres años siguientes. Los DRA dan derecho a los empleados a un pago en efectivo futuro basado en el incremento del precio de las acciones de la entidad a lo largo del periodo de tres años de irrevocabilidad de la concesión que comienza el 1 de enero de 20X0.

5.2   Al aplicar de la NIIF 2 *Pagos basados en Acciones*, la Entidad A contabiliza la concesión de los DRA como transacciones con pagos basados en acciones que se liquidan en efectivo—al hacerlo reconoce un pasivo por los DRA y lo mide a su valor razonable (como se define en la NIIF 2). La Entidad A aplica la fórmula de Black–Scholes–Merton (modelo de valoración de opciones) para medir el valor razonable del pasivo por los DRA a 1 de enero de 20X0 y al final del periodo sobre el que se informa.

5.3   A 31 de diciembre de 20X1, debido a los cambios en las condiciones del mercado desde el final del periodo anterior sobre el que se informa, la Entidad A cambia su estimación de la volatilidad esperada del precio de las acciones—un dato de entrada del modelo de valoración de opciones—al estimar el valor razonable del pasivo por los DRA en esta fecha. La Entidad A ha concluido que el cambio en ese dato de entrada no es una corrección de un error de un periodo anterior.

Aplicación de la definición de estimaciones contables

5.4   El valor razonable del pasivo es una estimación contable porque:

(a)   El valor razonable del pasivo es un importe monetario de los estados financieros que está sujeto a incertidumbre en la medición. Ese valor razonable es el importe por el que podría liquidarse el pasivo en una hipotética transacción—por consiguiente, no puede observarse directamente y debe ser estimado.

(b)   El valor razonable del pasivo es el resultado de una técnica de medición (modelo de valoración de opciones) utilizado al aplicar la política contable (medir un pasivo a valor razonable por un pago basado en acciones que se liquida en efectivo).

(c)   Para estimar el valor razonable del pasivo, la Entidad A utiliza juicios y supuestos, por ejemplo, al:

(i)   seleccionar la técnica de medición—elección del modelo de valoración de opciones; y

(ii)   aplicar la técnica de medición—desarrollo de los datos de entrada que los participantes del mercado utilizarían al aplicar ese modelo de valoración de opciones, tal como la volatilidad esperada del precio de las acciones y dividendos esperados sobre las acciones.

[Referencia: párrafos 5 (definición de estimaciones contables) y párrafos 32 a 32A]

5.5   Con estos hechos, el cambio en la volatilidad esperada del precio de las acciones es un cambio en un dato de entrada usado para medir el valor razonable del pasivo por los DRA a 31 de diciembre de 20X1. El efecto de este cambio es un cambio en una estimación contable porque la política contable—medir el pasivo a valor razonable—no ha cambiado.

[Referencia: párrafo 34A]

Documentos del IASB publicados para acompañar a la

NIC 12

Impuesto a las Ganancias

El texto normativo de la NIC 12 se encuentra en la Parte A de esta edición. Su fecha de vigencia en el momento de la emisión era el 1 de enero de 1998. El texto normativo de los Fundamentos de las Conclusiones de la NIC 12 se encuentra en la Parte C de esta edición. Esta parte presenta los siguientes documentos:

EJEMPLOS ILUSTRATIVOS

Ejemplos de diferencias temporarias

Ilustraciones sobre cálculos y presentación

Ejemplos Ilustrativos

Estos ejemplos acompañan a la NIC 12, pero no forman parte de la misma.

Ejemplos de diferencias temporarias

A. Ejemplos de circunstancias que dan lugar a diferencias temporarias imponibles

Todas las diferencias temporarias imponibles dan lugar a pasivos por impuestos diferidos.
[Referencia: párrafo 15]

Transacciones que afectan al resultado del periodo

1   Ingresos de actividades ordinarias por intereses a recibir al terminar la operación, que se llevan a la ganancia contable en proporción al tiempo transcurrido, mientras que se incluyen en la ganancia fiscal cuando se cobran.

2   Ingresos de actividades ordinarias procedentes de la venta de bienes que se llevan a la ganancia contable cuando se entregan los bienes, **[Referencia: párrafo 31, NIIF 15]** pero se incluyen en la ganancia fiscal cuando se cobran. (*nota: como se explicará en el apartado B3, en esta operación se genera también una diferencia temporaria **deducible** por causa de los eventuales inventarios relacionadas con la operación*).

3   La depreciación de un activo que se acelera para efectos fiscales.

4   Los costos de desarrollo que se capitalizan **[Referencia: párrafos 57 a 67, NIC 38]** y se amortizan posteriormente contra el estado del resultado integral, pero se deducen de la ganancia fiscal en el mismo período en que tienen lugar.

5   Gastos anticipados, que han sido deducidos de la ganancia fiscal cuando se pagaron, ya sea en el periodo actual o en anteriores.

Transacciones que afectan al estado de situación financiera

6   Depreciación de un activo que no es deducible fiscalmente, y además no se va a tener la posibilidad de deducir su importe cuando el mismo sea vendido o dado de baja por inútil. (*Nota: el párrafo 15(b) de la Norma prohíbe el reconocimiento del correspondiente pasivo por impuestos diferidos, a menos que el activo en cuestión haya sido adquirido en una combinación de negocios; véase también el párrafo 22 de la Norma.*)

7   Un prestatario registra el préstamo por el importe de los fondos recibidos (igual a la cantidad que debe pagar al vencimiento) menos los costos de obtención del mismo. **[Referencia: párrafo 5.1.1, NIIF 9]** En los periodos posteriores se incrementa el importe en libros del préstamo por los importes que se van cargando, como amortización de los citados costos, al resultado contable. **[Referencia: Apéndice A (definición de tasa de interés efectivo, NIIF 9)]** Desde el punto de vista fiscal, los costos de obtención se dedujeron en el mismo periodo que se obtuvo y fue reconocido el préstamo. (*notas: (1) la*

diferencia temporaria imponible es igual al importe de los costos ya deducidos fiscalmente, en este periodo o en los anteriores, menos el importe acumulado de los costos que se han amortizado con cargo a la ganancia contable, y (2) puesto que el reconocimiento inicial del préstamo afecta a la ganancia fiscal, no es aplicable la excepción del párrafo 15(b) de la presente Norma. Por tanto, el prestatario reconoce el pasivo por impuestos diferidos.)

8   Un préstamo recibido fue medido, al reconocerlo inicialmente, por el importe neto recibido, una vez deducidos los costos de obtención del mismo. Los costos de transacción se amortizan contablemente durante la vida de la operación. **[Referencia: Apéndice A (definición de tasa de interés efectivo), NIIF 9]** Esos costos de transacción no son deducibles para la determinación de la ganancia fiscal, ni en el periodo presente ni en ninguno posterior. *(notas: (1) la diferencia temporaria imponible es igual al importe de los costos de obtención no amortizados todavía, y (2) el párrafo 15(b) de la Norma prohíbe el reconocimiento del correspondiente pasivo por impuestos diferidos.)*

9   El componente de pasivo de un instrumento financiero compuesto (por ejemplo, un bono convertible) se mide descontando al momento presente el importe a reembolsar al vencimiento, después de asignar una parte del efectivo recibida en la operación como valor del componente de patrimonio asociado (véase la NIC 32 *Instrumentos Financieros: Presentación*). **[Referencia: párrafos 28 a 32, NIC 32]** El descuento citado no es deducible para la determinación de la ganancia o (pérdida) de carácter fiscal.

[Referencia: ejemplo 4 de cálculo y presentación ilustrativo]

Ajustes y revaluaciones al valor razonable

10   Los activos financieros **[Referencia: párrafo 5.2.1, NIIF 9]** o las propiedades de inversión **[Referencia: párrafo 30, NIC 40]** se contabilizan por su valor razonable, que excede al costo de adquisición, pero no se hace un ajuste equivalente a efectos fiscales. **[Referencia: Ejemplo 7 de cálculo y presentación ilustrativo]**

11   Una entidad revalúa los elementos de las propiedades, planta y equipo (siguiendo el tratamiento alternativo permitido por la NIC 16 *Propiedades, Planta y Equipo*) **[Referencia: párrafos 29 y 31 a 42, NIC 16]** pero no realiza un ajuste equivalente a efectos fiscales. *(nota: el párrafo 61A de la Norma requiere que los impuestos diferidos correspondientes se reconozcan en otro resultado integral.)*

Combinación de negocios y consolidación

12   El importe en libros de un activo se incrementa al valor razonable en una combinación de negocios **[Referencia: párrafo 18, NIIF 3]** y no se realiza un ajuste equivalente a efectos fiscales. (Obsérvese que en el momento del reconocimiento inicial, el pasivo por impuestos diferidos resultante incrementa la plusvalía o disminuye el importe de cualquier compra en condiciones muy ventajosa reconocida. *Véase el párrafo 66 de la Norma.*)

13   Las reducciones en el importe en libros de la plusvalía no son deducibles para la determinación de la ganancia fiscal y el costo de la plusvalía no sería deducible en el momento de la disposición del negocio. (*Obsérvese que el párrafo 15(a) de la Norma prohíbe el reconocimiento del pasivo por impuestos diferidos resultante.*)

14   Las pérdidas no realizadas por transacciones con entidades del grupo se eliminan incorporándose en el importe en libros de los inventarios o de las propiedades, planta y equipo.
      [Referencia: párrafo B86(c), NIIF 10]

15   Las ganancias acumuladas de las entidades subsidiarias, sucursales y asociadas, o de los negocios conjuntos se incluyen en las ganancias acumuladas consolidadas, pero sólo **[Referencia: párrafo 2]** se pagan impuestos si tales ganancias se distribuyen a la entidad que presenta estados consolidados. (*Nota: el párrafo 39 de esta Norma prohíbe el reconocimiento del correspondiente pasivo por impuestos diferidos si la controladora, inversora o participante en un negocio conjunto, es capaz de ejercer control sobre el momento en que se producirá la reversión de la diferencia temporaria, siempre que sea probable que dicha diferencia no revierta en un futuro previsible.*)

16   Las inversiones en entidades subsidiarias, sucursales y asociadas situadas en el extranjero, o las participaciones en negocios conjuntos extranjeros, que se ven afectadas por las diferencias de cambio. (*notas: (1) puede producirse una diferencia temporaria imponible o una de carácter deducible, y (2) el párrafo 39 de esta Norma prohíbe el reconocimiento del correspondiente pasivo por impuestos diferidos resultante si la controladora, inversora o participante en un negocio conjunto, es capaz de ejercer control sobre el momento en que se producirá la reversión de la diferencia temporaria, siempre que sea probable que dicha diferencia no revierta en un futuro previsible.*)

17   Los activos y pasivos no monetarios de la entidad se miden en su moneda funcional, pero la ganancia o pérdida fiscal se determina en una moneda diferente. **[Referencia: párrafos 21 y 23, NIC 21]** (*notas: (1) puede producirse una diferencia temporaria imponible o una de carácter deducible, (2) cuando se trata de una diferencia temporaria imponible, se reconoce el correspondiente pasivo por impuestos diferidos (párrafo 41 de la Norma); y (3) el impuesto diferido se reconoce en los resultados del periodo, según el párrafo 58 de la Norma.*)

Hiperinflación

18   Los activos no monetarios se reexpresarán en los términos de la unidad de medida corriente al final del periodo sobre el que se informa (véase la NIC 29 *Información Financiera en Economías Hiperinflacionarias*) **[Referencia: párrafo 8, NIC 29]** pero no se hace ningún ajuste equivalente para propósitos fiscales. (*nota: (1) el impuesto diferido se reconocerá en el resultado del periodo; y (2) si, además de la reexpresión, también se revaluarán los activos no monetarios, el impuesto diferido que se corresponde con la revaluación se reconocerá en otro resultado integral y el impuesto diferido correspondiente con la reexpresión se reconocerá en el resultado del periodo.*)

B. Ejemplos de circunstancias que dan lugar a diferencias temporarias deducibles

Todas las diferencias temporarias deducibles dan lugar a un activo por impuestos diferidos. Sin embargo, algunos activos por impuestos diferidos pueden no satisfacer los criterios de reconocimiento, del párrafo 24 de la Norma.

Transacciones que afectan al resultado del periodo

1. Los costos por fondos de beneficios por retiro, se cargan a resultados al determinar la ganancia contable, a medida que los empleados prestan sus servicios, **[Referencia: párrafos 26 a 130, NIC 19]** pero no se deducen fiscalmente para la determinación de la ganancia fiscal hasta que la entidad paga los beneficios por retiro o realiza las aportaciones a un fondo externo. *(nota: aparecen diferencias temporarias deducibles muy parecidas cuando otros gastos, tales como los referidos a los intereses o a las garantías de los productos vendidos, son deducibles de la ganancia fiscal a medida que se van pagando.)*

2. La depreciación acumulada de un activo, en los estados financieros, es mayor que la depreciación acumulada deducida, al final del periodo sobre el que se informa, para propósitos fiscales.

3. El costo de los inventarios vendidos antes del final del periodo sobre el que se informa se deducirá para la determinación de la ganancia contable cuando los bienes o servicios se entreguen pero se deducirá a efectos de determinar la ganancia fiscal cuando se cobre el efectivo. *(Nota: como se explicó anteriormente en A2, hay también una diferencia temporaria fiscal asociada con la cuenta comercial por cobrar correspondiente.)*

4. El valor neto realizable de un elemento de los inventarios, **[Referencia: párrafo 9, NIC 2]** o el importe recuperable de un elemento de las propiedades, planta y equipo, **[Referencia: párrafo 59, NIC 36]** es menor que su importe en libros previo, de forma que la entidad procede a reducir dicho importe en libros, pero tal reducción no tiene efecto fiscal hasta que los bienes sean vendidos.

5. Los costos de investigación (o de establecimiento u otros de puesta en marcha) se reconocen como gastos al determinar la ganancia contable, **[Referencia: párrafos 54 a 56, NIC 38]** pero no pueden ser deducidos fiscalmente, para la determinación de la ganancia fiscal, hasta un periodo posterior.

6. Los ingresos se difieren en el estado de situación financiera, pero se han incluido ya en la ganancia fiscal en este periodo o en alguno anterior.

7. Una subvención gubernamental que se incluya en el estado de situación financiera como ingreso diferido **[Referencia: párrafo 24, NIC 20]** no será tributable en periodos futuros. *(Nota: el párrafo 24 de la Norma prohíbe el reconocimiento del activo por impuestos diferidos correspondiente, véase también el párrafo 33 de la Norma.)*

Ajustes y revaluaciones al valor razonable

8   Los activos financieros o las propiedades de inversión que se contabilizan por su valor razonable, que es menor que el costo histórico, sin que tal ajuste tenga efectos fiscales. [Referencia: Ejemplo 7 de cálculo y presentación ilustrativo]

Combinación de negocios y consolidación

9   En una combinación de negocios un pasivo se reconocerá a su valor razonable, [Referencia: párrafo 18, NIIF 3] pero al determinar la ganancia fiscal no se deducirá ningún gasto relacionado hasta un periodo posterior. *(Obsérvese que el activo por impuestos diferidos resultante disminuye la plusvalía o incrementa el importe de cualquier ganancia por compra en condiciones muy ventajosas reconocida. Véase el párrafo 66 de la Norma.)*

10   [Eliminado]

11   Las ganancias no realizadas por transacciones intragrupo se eliminan del importe en libros de los activos, tales como inventarios o propiedades, planta y equipo, pero no se realiza un ajuste equivalente a efectos fiscales. [Referencia: párrafo B86(c), NIIF 10]

12   Las inversiones en entidades subsidiarias, sucursales y asociadas situadas en el extranjero, o las participaciones en negocios conjuntos extranjeros, que se ven afectadas por las diferencias de cambio. *(notas: (1) puede producirse una diferencia temporaria imponible o una de carácter deducible, y (2) el párrafo 44 de esta Norma exige el reconocimiento del correspondiente activo por impuestos diferidos en la medida, y sólo en la medida, que sea probable que: (a) la diferencia temporaria revierta en un futuro previsible; y (b) se prevea disponer en el futuro de ganancias fiscales contra los que cargar la diferencia temporaria en cuestión).* [Referencia: párrafos 27 a 31 y 34 a 36]

13   Los activos y pasivos no monetarios de la entidad se miden en su moneda funcional, pero la ganancia o pérdida fiscal se determina en una moneda diferente. *(notas: (1) puede producirse una diferencia temporaria imponible o una de carácter deducible, (2) cuando se trata de una diferencia temporaria deducible, el correspondiente activo por impuestos diferidos se reconoce en la medida que sea probable que se dispondrá* [Referencia: párrafos 27 a 31] *de suficiente ganancia fiscal (párrafo 41 de la Norma); y (3) el impuesto diferido se reconoce en los resultados del periodo, según el párrafo 58 de la Norma.)*

C. Ejemplos de circunstancias donde el importe en libros de un activo o un pasivo es igual al de su base fiscal

1   Gastos acumulados (o devengados) contablemente, que se han deducido al determinar el impuesto que corresponde a la entidad, ya sea en este periodo o en alguno anterior.

2   Un préstamo recibido que se mide por la cantidad que en su día se recibió, y este importe es también el que se reembolsará al vencimiento final del mismo.

3   Gastos acumulados o devengados que nunca serán deducibles fiscalmente.

4   Ingresos acumulados o devengados que no tributarán en ningún momento.
     [Referencia: párrafos 7 y 8]

Ilustraciones sobre cálculos y presentación

Los extractos de los estados de situación financiera y de los estados del resultado integral se suministran sólo para mostrar los efectos que tendrían, en tales estados financieros, las transacciones que se describen a continuación. Los mencionados extractos no cumplen necesariamente con todos los requerimientos de presentación e información a revelar exigidos por otras Normas.

En todos los ejemplos siguientes se supone que las entidades no transacciones distintas de las descritas.

Ejemplo 1 - Activos depreciables

La entidad compra un equipo por 10.000 y lo deprecia linealmente a lo largo de su vida útil esperada, que son cinco años. A efectos fiscales, el equipo se deprecia anualmente un 25%. Las pérdidas fiscales pueden ser compensadas, en el régimen fiscal que le es aplicable, con las ganancias fiscales obtenidos en cualquiera de los cinco años anteriores. En el año 0, la ganancia fiscal de la entidad fue de 5.000. La tasa impositiva vigente **[Referencia: párrafos 46 a 52B]** es del 40%.

La entidad espera recuperar el importe en libros del equipo mediante su utilización en la manufactura de productos para la venta. **[Referencia: párrafo 51]** Por tanto, los cálculos fiscales en el momento 1 son los siguientes:

	Año				
	1	**2**	**3**	**4**	**5**
Ingresos fiscales	2.000	2.000	2.000	2.000	2.000
Depreciación deducible fiscal- mente	2.500	2.500	2.500	2.500	0
Ganancia o (pérdida) fiscal	(500)	(500)	(500)	(500)	2.000
Gasto (ingreso) corriente por impuestos, calculado al 40%	(200)	(200)	(200)	(200)	800

[Referencia: párrafo 58]

La entidad reconocerá un activo corriente de naturaleza fiscal al final de los años 1 a 4, porque con él puede recuperar el beneficio de aplicar la pérdida fiscal contra la utilidad imponible del año 0.

[Referencia: párrafo 14]

Las diferencias temporarias asociadas con el equipo, y los correspondientes activos y pasivos por impuestos diferidos, así como los gastos e ingresos por el impuesto diferidos, son como sigue:

	Año				
	1	**2**	**3**	**4**	**5**
Importe en libros	8.000	6.000	4.000	2.000	0
Base fiscal	7.500	5.000	2.500	0	0
Diferencias temporarias imponibles	500	1.000	1.500	2.000	0
Saldo inicial del pasivo por impuestos diferidos	0	200	400	600	800
Gasto (ingreso) por impuestos diferidos	200	200	200	200	(800)
Saldo final del pasivo por impuestos diferidos	200	400	600	800	0

[Referencia: párrafos 7, 15, 47, 51, 53 y 58]

La entidad procede a reconocer un pasivo por impuestos diferidos en los años 1 al 4 porque la reversión de la diferencia temporaria imponible le proporcionará ingresos imponibles en los años subsiguientes. El estado del resultado integral de la entidad incluye lo siguiente:

	Año				
	1	**2**	**3**	**4**	**5**
Ingresos	2.000	2.000	2.000	2.000	2.000
Depreciación	2.000	2.000	2.000	2.000	2.000
Ganancia antes de impuestos	0	0	0	0	0
Gasto (ingreso) por impuesto corriente	(200)	(200)	(200)	(200)	800
Gasto (ingreso) por impuestos diferidos	200	200	200	200	(800)
Gasto (ingreso) fiscal total	0	0	0	0	0
Ganancia del periodo	0	0	0	0	0

[Referencia: párrafos 58 y 77]

Ejemplo 2 - Activos y pasivos por impuestos diferidos

Este ejemplo trata el caso de una entidad en dos periodos consecutivos, X5 y X6. En X5 la tasa impositiva vigente fue del 40% de la ganancia fiscal, mientras que en X6 fue del 35%.

[Referencia: párrafos 47 a 52A]

Los donativos para fines benéficos se reconocen como gastos cuando se efectúan, pero no son deducibles a efectos fiscales.

En X5, las autoridades competentes comunicaron a la entidad que tenían intención de demandar judicialmente a la entidad por causa de sus emisiones sulfurosas. Aunque en diciembre de X6 la demanda no había sido presentada ante los tribunales, la entidad procedió a dotar una provisión para riesgos de 700 ya en X5, puesto que esta era la mejor estimación de que disponía acerca de la multa que se le impondría tras la demanda. **[Referencia: párrafos 14 y 36 a 40, NIC 37]** Las multas no son deducibles a efectos fiscales.

En X2, la entidad incurrió en unos costos de 1.250 en relación con el desarrollo de un nuevo producto. Esos costos fueron deducidos fiscalmente en X2. Sin embargo, a efectos contables, la entidad los capitalizó y decidió amortizarlos linealmente en cinco años. **[Referencia: párrafos 57 a 67 y 74, NIC 38]** A 31/12/X4 el saldo sin amortizar procedente de esta partida ascendía a 500.

En X5, la entidad llegó a un acuerdo, con sus empleados en activo, para suministrar asistencia médica a los mismos desde el momento de su retiro. La entidad reconoce como un gasto el costo de este plan a medida que los empleados van prestando sus servicios mientras están en activo. **[Referencia: párrafos 26 y 130, NIC 19]** No se han pagado beneficios a empleados por este concepto ni en X5 ni en X6. Los costos de asistencia sanitaria son fiscalmente deducibles sólo cuando se pagan a los trabajadores retirados. La entidad ha estimado como probable **[Referencia: párrafos 27 a 31]** disponer de ganancias fiscales en el futuro como para poder realizar el activo por impuestos diferidos que surge de la dotación de esta provisión.

Los edificios se deprecian linealmente a una tasa del 5% anual para efectos contables, y del 10% anual también en línea recta para efectos fiscales. El equipo de transporte se deprecia contablemente a una tasa lineal del 20%, fiscalmente a una tasa también en línea recta del 25%. **[Referencia: párrafos 43 a 62, NIC 16]** En el año en que se adquieren se carga contablemente al estado de resultados una anualidad entera por concepto de depreciación.

En 1/1/X6 el edificio de la entidad se revaluó hasta 65.000, y la entidad estimó que la vida útil restante del edificio sería de 20 años desde el momento de la revaluación. **[Referencia: párrafo 31, NIC 16]** Esta revaluación no afectó a la ganancia fiscal en X6, y la autoridad fiscal no ajustó la base fiscal para reflejar los efectos de la misma. En X6, la entidad transfirió 1.033 del superávit de revaluación a ganancias acumuladas. Esto representa la diferencia entre 1.590, entre la depreciación real del edificio (3.250) y la depreciación equivalente basada en el costo del edificio (1.660, que es el valor en libros a 1/1/X6 de 33.200 dividido por la vida útil restante de 20 años), menos el impuesto diferido correspondiente de 557 (véase el párrafo 64 de la Norma).

Gasto por el impuesto corriente

	X5	X6
Ganancia contable	8.775	8.740
Más		
Depreciación a efectos contables	4.800	8.250
Donativos	500	350
Provisión para responsabilidades medioambientales	700	–
Costos de desarrollo del producto	250	250
Provisión para asistencia sanitaria	2.000	1.000
	17.025	18.590
Menos		
Depreciación deducible fiscalmente	(8.100)	(11.850)
Ganancia imponible	8.925	6.740
Gasto por el impuesto corriente al 40%	3.570	
Gasto por el impuesto corriente al 35%		2.359

[Referencia: párrafo 58]

Importe en libros de las propiedades, planta y equipo

	Edificio	Vehículos de motor	Total
Saldo al 31/12/X4	50.000	10.000	60.000
Adiciones en X5	6.000	–	6.000
Saldo al 31/12/X5	56.000	10.000	66.000
Eliminación de la depreciación acumulada sobre la revaluación al 1/1/X6	(22.800)	–	(22.800)
Revaluación a 1/1/X6	31.800	–	31.800
Saldo al 1/1/X6	65.000	10.000	75.000
Adiciones en X6	–	15.000	15.000
	65.000	25.000	90.000
Depreciación acumulada	5%	20%	
Saldo al 31/12/X4	20.000	4.000	24.000
Depreciación en X5	2.800	2.000	4.800
Saldo al 31/12/X5	22.800	6.000	28.800
Revaluación a 1/1/X6	(22.800)	–	(22.800)
Saldo al 1/1/X6	–	6.000	6.000
Depreciación en X6	3.250	5.000	8.250
Saldo al 31/12/X6	3.250	11.000	14.250
Importe en libros			
31/12/X4	30.000	6.000	36.000
31/12/X5	33.200	4.000	37.200
31/12/X6	61.750	14.000	75.750

[Referencia: NIC 16]

Base fiscal de los elementos de las propiedades, planta y equipo

	Edificio	Vehículos de motor	Total
Costo			
Saldo al 31/12/X4	50.000	10.000	60.000
Adiciones en X5	6.000	–	6.000
Saldo al 31/12/X5	56.000	10.000	66.000
Adiciones en X6	–	15.000	15.000
Saldo al 31/12/X6	56.000	25.000	81.000
Depreciación acumulada	10%	25%	
Saldo al 31/12/X4	40.000	5.000	45.000
Depreciación en X5	5.600	2.500	8.100
Saldo al 31/12/X5	45.600	7.500	53.100
Depreciación en X6	5.600	6.250	11.850
Saldo al 31/12/X6	51.200	13.750	64.950
Base fiscal			
31/12/X4	10.000	5.000	15.000
31/12/X5	10.400	2.500	12.900
31/12/X6	4.800	11.250	16.050

[Referencia: párrafos 7 a 10]

Gastos, activos y pasivos por impuestos diferidos al 31/12/X4

	Importe en libros	Base fiscal	Diferencias temporarias
Cuentas por cobrar	500	500	–
Inventarios	2.000	2.000	–
Costos de desarrollo del producto	500	–	500
Inversiones	33.000	33.000	–
Propiedades, planta y equipo	36.000	15.000	21.000
TOTAL ACTIVOS	72.000	50.500	21.500
Impuestos a las ganancias corrientes por pagar	3.000	3.000	–
Cuentas por pagar	500	500	–
Pasivo por multas	–	–	–
Pasivo por asistencia médica	–	–	–
Deudas a largo plazo	20.000	20.000	–
Impuestos diferidos	8.600	8.600	–
TOTAL PASIVOS	32.100	32.100	
Capital en acciones	5.000	5.000	–
Superávit de revaluación	–	–	–
Ganancias acumuladas	34.900	13.400	
TOTAL PASIVOS/PATRIMONIO	72.000	50.500	
DIFERENCIAS TEMPORARIAS			21.500
Pasivo por impuestos diferidos	40% de 21.500		8.600
Activo por impuestos diferidos	–	–	
Pasivo neto por impuestos diferidos [Referencia: párrafos 15 a 33 y 46 a 60]			8.600

Gastos, activos y pasivos por impuestos diferidos al 31/12/X5

	Importe en libros	Base fiscal	Diferencias temporarias
Cuentas por cobrar	500	500	—
Inventarios	2.000	2.000	—
Costos de desarrollo del producto	250	—	250
Inversiones	33.000	33.000	—
Propiedades, planta y equipo	37.200	12.900	24.300
TOTAL ACTIVOS	72.950	48.400	24.550
Impuestos a las ganancias corrientes por pagar	3.570	3.570	—
Cuentas por pagar	500	500	—
Pasivo por multas	700	700	—
Pasivo por asistencia médica	2.000	—	(2.000)
Deudas a largo plazo	12.475	12.475	—
Impuestos diferidos	9.020	9.020	—
TOTAL PASIVOS	28.265	26.265	(2.000)
Capital en acciones	5.000	5.000	—
Superávit de revaluación	—	—	—
Ganancias acumuladas	39.685	17.135	—
TOTAL PASIVOS/PATRIMONIO	72.950	48.400	

DIFERENCIAS TEMPORARIAS		22.550
Pasivo por impuestos diferidos	40% de 24.550	9.820
Activo por impuestos diferidos	40% de 2.000	(800)
Pasivo neto por impuestos diferidos		9.020
Menos: Saldo inicial del Pasivo por impuestos diferidos		(8.600)
Gasto (ingreso) por impuestos diferidos relacionado con el nacimiento y reversión de diferencias temporarias **[Referencia: párrafos 15 a 33 y 46 a 60]**		420

Gastos, activos y pasivos por impuestos diferidos al 31/12/X6

	Importe en libros	Base fiscal	Diferencias temporarias
Cuentas por cobrar	500	500	–
Inventarios	2.000	2.000	–
Costos de desarrollo del producto	–	–	–
Inversiones	33.000	33.000	–
Propiedades, planta y equipo	75.750	16.050	59.700
TOTAL ACTIVOS	**111.250**	**51.550**	**59.700**
Impuestos a las ganancias corrientes por pagar	2.359	2.359	–
Cuentas por pagar	500	500	–
Pasivo por multas	700	700	–
Pasivo por asistencia médica	3.000	–	(3.000)
Deudas a largo plazo	12.805	12.805	–
Impuestos diferidos	19.845	19.845	–
TOTAL PASIVOS	**39.209**	**36.209**	**(3.000)**
Capital en acciones	5.000	5.000	–
Superávit de revaluación	19.637	–	
Ganancias acumuladas	47.404	10.341	
TOTAL PASIVOS/PATRIMONIO	**111.250**	**51.550**	

continúa...

...continuación

Gastos, activos y pasivos por impuestos diferidos al 31/12/X6

	Importe en libros	Base fiscal	Diferencias temporarias
DIFERENCIAS TEMPORARIAS			56.700
Pasivo por impuestos diferidos	35% de 59.700		20.895
Activo por impuestos diferidos	35% de 3.000		(1.050)
Pasivo neto por impuestos diferidos			19.845
Menos: Saldo inicial del Pasivo por impuestos diferidos			(9.020)
Ajuste del saldo inicial del pasivo por impuestos diferidos por la reducción de la tasa	5% de 22.550		1.127
Impuestos diferidos originados por el superávit de revaluación	35% de 31.800		(11.130)
Gasto (ingreso) por impuestos diferidos relacionado con el nacimiento y reversión de diferencias temporarias			
[Referencia: párrafos 15 a 33 y 46 a 65]			822

Ejemplo de información a revelar

Los importes y saldos que deben presentarse. de acuerdo con la Norma, son los siguientes:

Principales componentes del gasto (ingreso) por el impuesto a las ganancias (párrafo 79)

	X5	X6
Gasto por el impuesto corriente	3.570	2.359
Gasto (ingreso) fiscal relacionado con el nacimiento y reversión de diferencias temporarias:	420	822
Gastos (ingresos) por impuestos diferidos producidos por la reducción en la tasa impositiva	–	(1.127)
Gastos por el impuesto a las ganancias	3.990	2.054

Impuesto a las ganancias correspondiente a los componentes de otro resultado integral (párrafo 81(ab))

Impuestos diferidos relativos a la revaluación del edificio	–	(11.130)

Además, durante X6, se han transferido impuestos diferidos por importe de 557 desde las ganancias acumuladas a la cuenta de superávit de revaluación. Esta cantidad se debe a la diferencia entre la cuota de depreciación del edificio revaluado y la que correspondería al costo original del mismo.

Explicación de la relación existente entre el gasto por el impuesto a las ganancias y la ganancia contable [párrafo 81(c)]

La Norma permite dos métodos alternativos para explicar la relación entre el gasto (ingreso) por el impuesto y la ganancia contable. Ambos métodos son objeto de ilustración a continuación:

(i)   una conciliación numérica entre el gasto (ingreso) del impuesto y el resultado de multiplicar la ganancia contable por la tasa o tasas impositivas aplicables, especificando también la manera de computar las tasas aplicables utilizadas;

	X5	X6
Ganancia contable	8.775	8.740
Impuestos a la tasa impositiva vigente del 35% (en X5 el 40%)	3.510	3.059
Efecto fiscal de los gastos que no son deducibles al calcular la ganancia fiscal:		
Donativos	200	122
Provisión para responsabilidades medioambientales	280	–
Reducción en el saldo inicial de impuestos diferidos producida por la reducción en la tasa impositiva	–	(1.127)
Gastos por el impuesto a las ganancias	3.990	2.054

La tasa impositiva aplicable es la suma de la tasa nacional (X5: 35%) y la local (5%).

(ii)   una conciliación numérica entre la tasa promedio efectiva y la tasa impositiva aplicable, especificando también la manera de computar la tasa aplicable utilizada;

	X5 %	X6 %
Tasa impositiva aplicable	40.0	35.0
Efecto fiscal de los gastos que no son fiscalmente deducibles:		
Donativos	2.3	1.4
Provisión para responsabilidades medioambientales	3.2	–
Efecto de la reducción en la tasa impositiva sobre los impuestos diferidos iniciales	–	(12,9)
Promedio de la tasa impositiva efectiva (gasto por el impuesto dividido entre la ganancia antes de impuestos)	45.5	23.5

La tasa impositiva aplicable **[Referencia: párrafos 46 a 52B]** es la suma de la tasa nacional (X5: 35%) y la local (5%).

Explicación de los cambios habidos en la tasa o tasas impositivas aplicables, en comparación con los del periodo anterior [párrafo 81(d)]

En X6, la autoridad fiscal aprobó un cambio en la tasa impositiva nacional desde el 35% al 30%.

Con respecto a cada tipo de diferencia temporaria, y con respecto a cada tipo de pérdidas o créditos fiscales no utilizados:

(i)   el importe de los activos y pasivos por impuestos diferidos reconocidos en el estado de situación financiera, para cada periodo presentado;

(ii)   el importe de los gastos o ingresos por impuestos diferidos reconocidos en el resultado del periodo, si esta información no resulta evidente al considerar los cambios en los importes reconocidos en el estado de situación financiera [párrafo 81(g)].

	X5	X6
Depreciación acelerada para efectos fiscales	9.720	10.322
Provisión para asistencia médica que se deducirá fiscalmente cuando se paguen los beneficios	(800)	(1.050)
Costos de desarrollo del nuevo producto deducidos fiscalmente de la ganancia fiscal de años anteriores	100	–
Revaluaciones, netas de la depreciación correspondiente	–	10.573
Pasivo por impuestos diferidos	9.020	19.845

(nota: el importe de los gastos o ingresos por impuestos diferidos reconocidos en el resultado del periodo corriente, si esta información no resulta evidente al considerar los cambios en los importes reconocidos en el estado de situación financiera)

Ejemplo 3 - Combinaciones de negocios

El 1 de enero de X5, la entidad A adquirió el 100 por ciento de las acciones de la entidad B, con un costo de 600. En la fecha de adquisición, la base fiscal en la jurisdicción fiscal de A de la inversión de A en B es de 600. Las reducciones en el importe en libros de la plusvalía no son deducibles a efectos fiscales y el costo de la plusvalía tampoco sería deducible si B fuera a disponer de los negocios de los cuales procede. La tasa impositiva en el país de A es del 30 por ciento, y la tasa en el país de B es del 40 por ciento.

El valor razonable de los activos y pasivos identificables (excluyendo cualquier activo y pasivo por impuestos diferidos) adquiridos por A se refleja en la tabla siguiente, junto con la base fiscal correspondiente en el país de B y las diferencias temporarias resultantes.

	Importe recono- cido en la fecha de adquisición [Referencia: párrafos 10 a 40, NIIF 3]	Base fiscal	Diferencias temporarias
Propiedades, planta y equipo	270	155	115
Cuentas por cobrar	210	210	–
Inventarios	174	124	50
Obligaciones por beneficios de retiro	(30)	–	(30)
Cuentas por pagar	(120)	(120)	–
Activos identificables adquiridos y pasivos asumidos, excluyendo los impuestos diferidos	504	369	135

El activo por impuestos diferidos originado por las obligaciones por beneficios de retiro se compensa con los pasivos por impuestos diferidos que surgen de las propiedades, planta y equipo y los inventarios (véase el párrafo 74 de la Norma).

En el país de B no es deducible el costo de la plusvalía. Por tanto, la base fiscal de esta partida es cero en ese país. No obstante, de acuerdo con el párrafo 15(a) de la Norma, A no reconoce ningún pasivo por impuestos diferidos originado por la diferencia temporaria imponible asociada, en el país de B, con la mencionada plusvalía.

El importe en libros de la inversión efectuada en B, en los estados financieros consolidados de A, se puede calcular como sigue:

Valor razonable de los activos y pasivos identificables adquiridos, excluyendo los impuestos diferidos	504
Pasivo por impuestos diferidos (40% de 135)	(54)
Valor razonable de los activos identificables adquiridos y pasivos identificables asumidos	450
Plusvalía	150
Importe en libros	600

En el momento de la adquisición, la base fiscal de la inversión de A en B, en el país de A, es de 600, en ese país no hay ninguna diferencia temporaria asociada con la inversión financiera.

A lo largo de X5, el patrimonio de B (incorporando ya los ajustes a valor razonable reconocidos en la combinación de negocios) ha evolucionado de la siguiente manera:

A 1 enero de X5	450
Ganancias acumuladas en X5 (ganancia neta de 150 menos dividendos por pagar por 80)	70
A 31 de diciembre de X5	520

La entidad A reconoce un pasivo por las retenciones y los demás impuestos que puedan recaer sobre los dividendos a recibir por importe de 80.

En 31 de diciembre de X5, el importe en libros de la inversión referida de A en B, excluyendo el dividendo por cobrar acumulado (o devengado), es como sigue:

Activos netos de B	520
Plusvalía	150
Importe en libros	670

La diferencia temporaria asociada con la inversión referida de A en B es de 70. Esta cantidad es igual al beneficio acumulado retenido desde la fecha de adquisición.

Si A tiene la determinación de no vender la inversión financiera, así como que B no distribuya sus ganancias acumuladas, en un futuro previsible, no se reconocerá ningún pasivo por impuestos diferidos con relación a la inversión de A en B (véase los párrafos 39 y 40 de la Norma). Nótese que esta excepción se podría aplicar para la inversión en una asociada sólo si existe un acuerdo obligando a que las ganancias de la misma no fueran repartibles en un futuro previsible (véase el párrafo 42 de la Norma). La entidad A revela en una nota el importe de la diferencia temporaria para la cual no ha reconocido ningún impuesto diferido, es decir, 70 [véase el párrafo 81(f) de la Norma].

Si A espera vender su inversión en B, o bien espera que B vaya a distribuir sus ganancias acumuladas en un futuro previsible, reconocerá un pasivo por impuestos diferidos en la medida que suponga que la diferencia temporaria vaya a revertir. La tasa impositiva es indicativa de la manera en la que A espera recuperar el importe en libros de su inversión (véase el párrafo 51 de la Norma). A reconoce el impuesto diferido en otro resultado integral en la medida en que el impuesto diferido proceda de las diferencias de conversión de la moneda extranjera que se ha reconocido en otro resultado integral (párrafo 61A de la Norma). A revela de forma separada:

(a)   el importe de impuestos diferidos que se ha reconocido en otro resultado integral [párrafo 81(ab) de la Norma]; y

(b)   el importe de cualquier eventual diferencia temporaria que no se espere que revierta en un futuro previsible y para la cual, por tanto, no se han reconocido impuestos diferidos [véase el párrafo 81(f) de la Norma].

Ejemplo 4 - Instrumentos financieros compuestos

Una entidad recibe el 31 de diciembre de X4 un préstamo convertible en capital, sin intereses, por importe de 1.000, reembolsable a la par el 1 de enero de X8. De acuerdo con la NIC 32 *Instrumentos Financieros: Presentación*, la entidad procede a clasificar el componente de pasivo del instrumento entre los pasivos y el componente de capital entre las cuentas de patrimonio. **[Referencia: párrafos 28 a 32, NIC 32]** La entidad asigna un importe en libros inicial de 751 al componente de pasivo del préstamo convertible y 249 al componente de capital. En los periodos posteriores, la entidad reconoce el descuento imputado como gasto por intereses a una tasa anual del 10% del importe en libros del componente de pasivo al comienzo de cada año. La autoridad fiscal no permite a la entidad deducir el descuento imputado sobre el componente de pasivo del préstamo convertible. La tasa impositiva vigente **[Referencia: párrafos 47 a 52A]** es del 40%.

Las diferencias temporarias asociadas con el componente de pasivo, y los correspondientes pasivos, gastos e ingresos por impuestos diferidos son como sigue:

	Año			
	X4	**X5**	**X6**	**X7**
Importe en libros del componente de pasivo	751	826	909	1.000
Base fiscal	1.000	1.000	1.000	1.000
Diferencias temporarias imponibles	249	174	91	–
Saldo inicial del pasivo por impuestos diferidos al 40%	0	100	70	37
Impuestos diferidos cargados al Patrimonio	100	–	–	–
Gasto (ingreso) por impuestos diferidos	–	(30)	(33)	(37)
Saldo final del pasivo por impuestos diferidos al 40%	100	70	37	–

Como se ha explicado en el párrafo 23 de la Norma, a 31 de diciembre de X4, la entidad reconoce el pasivo por impuestos diferidos resultante del instrumento ajustando el valor en libros inicial del componente de patrimonio del préstamo convertible. Por tanto, los importes reconocidos en esa fecha son los siguientes:

Componente de pasivo	751
Pasivo por impuestos diferidos	100
Componente de patrimonio (249 menos 100)	149
	1.000

Las variaciones posteriores en el pasivo por impuestos diferidos se reconocen en el resultado del periodo como ingreso por impuestos a las ganancias (véase el párrafo 23 de la Norma). Por ello, el resultado de la entidad incluye lo siguiente:

	Año			
	X4	**X5**	**X6**	**X7**
Gasto por intereses (descuento imputado)	–	75	83	91
Gasto (ingreso) por impuestos diferidos	–	(30)	(33)	(37)
	–	45	50	54

Ejemplo 5 - Pagos basados en acciones

De acuerdo con la NIIF 2 *Pagos Basados en Acciones*, la entidad ha reconocido un gasto por el consumo de servicios recibidos de los empleados como contrapartida de las opciones sobre acciones emitidas. **[Referencia: párrafo 7, NIIF 2]** No surgirá una deducción fiscal hasta que las opciones sean ejercitadas, y la deducción se basa en el valor intrínseco de las opciones en la fecha de ejercicio.

Según se explicó en el párrafo 68B de la Norma, las diferencias entre la base fiscal de los servicios prestados por los empleados hasta la fecha (coincidiendo con el importe que las autoridades fiscales permitirán deducir en futuros periodos con respecto a tales servicios), y el importe en libros por valor nulo, es una diferencia temporaria deducible que da lugar a un activo por impuestos diferidos. El párrafo 68B requiere que, si el importe que las autoridades fiscales permitirán deducir en un futuro no se conoce al término del periodo, debe ser estimado, sobre la base de la información disponible al término del periodo. Si el importe que las autoridades fiscales permiten deducir en futuros periodos depende del precio de las acciones de la entidad en una fecha futura, la medición de la diferencia temporaria deducible deberá basarse en el precio de las acciones de la entidad al término del periodo. Consecuentemente, en este ejemplo, la deducción fiscal estimada futura (y por tanto la medición del activo fiscal diferida) deberá basare en el valor intrínseco de las opciones al término del periodo.

Según se explicó en el párrafo 68C de la Norma, si la deducción fiscal (o la deducción fiscal futura estimada) excede del importe del gasto por remuneración acumulado asociado, esto indica que la deducción fiscal está asociada no sólo con el gasto por remuneración sino también con una partida de patrimonio. En esta situación, el párrafo 68C requiere que el exceso del impuesto asociado corriente o diferido sea reconocido directamente en el patrimonio.

La tasa fiscal de la entidad **[Referencia: párrafos 46 a 52B]** es del 40 por ciento. Las opciones se concedieron al comienzo del año 1, pasaron a ser irrevocables al término del año 3 y ejercitadas al término del año 5. Los detalles de los gastos reconocidos por los servicios prestados por los empleados en cada periodo contable, el número de opciones mantenidas al término de cada periodo, y el valor intrínseco de las opciones a cada término del año, son como siguen:

	Gasto de personal por servicios prestados	Número de opciones al término del año	Valor intrínseco por opción
Año 1	188.000	50.000	5
Año 2	185.000	45.000	8
Año 3	190.000	40.000	13
Año 4	0	40.000	17
Año 5	0	40.000	20

La entidad reconoce un activo por impuestos diferidos y un ingreso por impuestos diferidos en los años 1 a 4 y un ingreso por el impuesto fiscal corriente en el año 5. En los años 4 y 5, algunos de los impuestos diferidos y corrientes se reconocen directamente en el patrimonio, porque la estimada (y real) deducción fiscal supera el gasto acumulado en concepto de remuneración.

Año 1

Activo por impuestos diferido e ingreso diferido fiscal:

$(50.000 \times 5 \times {}^1/_3^{(a)} \times 0,40) =$ 33.333

(a) La base fiscal de los servicios prestados por los trabajadores se basa en el valor intrínseco de las opciones, y esas opciones fueron concedidas a cambio del servicio de tres años. Como sólo se han prestado los servicios correspondientes a un año, es necesario multiplicar el valor intrínseco de la opción por un tercio para obtener la base fiscal de los servicios prestados por los empleados en el año 1.

El ingreso fiscal diferido se reconoce en el resultado del periodo, porque la deducción fiscal futura de 83.333 $(50.000 \times 5 \times {}^1/_3)$ es menor que el gasto acumulado por la remuneración de 188.000.

[Referencia: párrafos 9, 24, 47, 53, 58 y 68A a 68C]

Año 2

Activo por impuestos diferidos al término del año:

$(45.000 \times 8 \times {}^2/_3 \times 0,40) =$	96.000
Menos el activo por impuestos diferidos al comienzo del año	(33.333)
Ingreso fiscal diferido del año	62.667*

* Este importe consta de:

El ingreso fiscal diferido por la diferencia temporaria entre la base fiscal de los servicios prestados por los empleados durante el año y el importe en libros nulo	
$(45.000 \times 8 \times {}^1/_3 \times 0,40)$	48.000
El ingreso fiscal resultante de un ajuste en la base fiscal de los servicios prestados por los empleados en años anteriores:	
(a) aumento en el valor intrínseco $(45.000 \times 3 \times {}^1/_3 \times 0,40)$	18.000
(b) disminución en el número de opciones $(5.000 \times 5 \times {}^1/_3 \times 0,40)$	(3.333)
Ingreso fiscal diferido del año	62.667

El ingreso fiscal diferido se reconoce íntegramente en el resultado del periodo porque la deducción fiscal futura estimada de 240.000 $(45.000 \times 8 \times {}^2/_3)$ es menor que el gasto por remuneración acumulada de 373.000 (188.000 + 185.000)

[Referencia: párrafos 9, 24, 47, 53, 58 y 68A a 68C]

Año 3

Activo por impuestos diferidos al término del año:	
$(40.000 \times 13 \times 0,40) =$	208.000
Menos el activo por impuestos diferidos al comienzo del año	(96.000)
Ingreso fiscal diferido del año	112.000

El ingreso fiscal diferido se reconoce íntegramente en el resultado del periodo, porque la deducción fiscal futura estimada de 520.000 (40.000 x 13) es menor que el gasto por remuneración acumulada de 563.000 (188.000 + 185.000 + 190.000).

[Referencia: párrafos 9, 24, 47, 53, 58 y 68A a 68C]

Año 4

Activo por impuestos diferidos al término del año:	
$(40.000 \times 17 \times 0,40) =$	272.000
Menos el activo por impuestos diferidos al comienzo del año	(208.000)
Ingreso fiscal diferido del año	64.000

El ingreso fiscal diferido se reconoce en parte en resultados y en parte directamente en patrimonio como sigue:

Deducción fiscal futura estimada $(40.000 \times 17) =$	680.000	
Gasto de la remuneración acumulado	563.000	
Exceso de deducción fiscal		117.000
Ingreso fiscal diferido del año	64.000	
Exceso reconocido directamente en patrimonio $(117.000 \times 0,40) =$	46.800	
Reconocido en el resultado del periodo		
[Referencia: párrafos 9, 24, 47, 53, 58, 61 y 68A a 68C]		17.200

Año 5

Gasto fiscal diferido (reversión del activo por impuestos diferidos)	272.000
Importe reconocido directamente en el patrimonio (reversión de ingresos por impuestos diferidos acumulados reconocidos directamente en el patrimonio)	46.800
Importe reconocido en el resultado del periodo	225.200
Ingreso por el impuesto corriente basado en el valor intrínseco de la opción en la fecha de ejercicio (40.000 × 20 × 0,40) =	320.000
Importe reconocido en el estado de resultados (563.000 × 0,40) =	225.200
Importe reconocido directamente en el patrimonio	
[Referencia: párrafos 9, 24, 47, 53, 58, 61 y 68A a 68C]	94.800

Resumen

	Estado del resultado integral				Estado de situación financiera	
	Gasto de personal por servicios prestados	Gasto (ingreso) por impuesto corriente	Gasto (ingreso) por impuestos diferidos	Gasto (ingreso) fiscal total	Patrimonio	Activo por impuestos diferidos
Año 1	188.000	0	(33.333)	(33.333)	0	33.333
Año 2	185.000	0	(62.667)	(62.667)	0	96.000
Año 3	190.000	0	(112.000)	(112.000)	0	208.000
Año 4	0	0	(17.200)	(17.200)	(46.800)	272.000
Año 5	0	(225.200)	225.200	0	46.800	0
					(94.800)	
Totales	563.000	(225.200)	0	(225.200)	(94.800)	0

[Referencia: párrafos 9, 24, 47, 53, 58, 61 y 68A a 68C]

Ejemplo 6 - Incentivos sustitutivos en una combinación de negocios

El 1 de enero de 20X1 la Entidad A adquirió el 100 por ciento de la Entidad B. La Entidad A paga una contraprestación en efectivo de 400 u.m. a los propietarios anteriores de la Entidad B.

En la fecha de la adquisición la Entidad B tenía opciones sobre acciones para los empleados existentes con una medida basada en el mercado de 100 u.m. Las opciones sobre acciones estaban completamente irrevocables. Como parte de la combinación de negocios las opciones sobre acciones existentes de la Entidad B se sustituyen por opciones sobre acciones de la Entidad A (incentivos sustitutivos) con una medida basada en el mercado de 100 u.m. y un valor intrínseco de 80 u.m. Los incentivos sustitutivos están completamente irrevocables. De acuerdo con los párrafos B56 a B62 de la NIIF 3 *Combinaciones de Negocios* (revisada en 2008), los incentivos sustitutivos son parte de la contraprestación transferida por la Entidad B. No surgirá una deducción fiscal por los incentivos sustitutivos hasta que se ejerciten las opciones. La deducción fiscal se basará en el valor intrínseco de las opciones sobre acciones en esa fecha. La tasa fiscal de la entidad A es del 40 por ciento. La Entidad A reconoce un activo por impuestos diferidos de 32 u.m. (valor intrínseco de 80 u.m. × 40%) de los incentivos sustitutivos en la fecha de adquisición.

La Entidad A mide los activos netos identificables obtenidos en la combinación de negocios (excluyendo los activos y pasivos por impuestos diferidos) en 450 u.m. **[Referencia: párrafos 10 y 18, NIIF 3]** La base fiscal de los activos netos identificables obtenidos es de 300 u.m. La Entidad A reconoce un pasivo por impuestos diferidos de 60 u.m. [(450 u.m. − 300 u.m.) x 40%] sobre los activos netos identificables en la fecha de adquisición.

La plusvalía se calcula de la forma siguiente:

	u.m.
Contraprestación en efectivo **[Referencia: párrafo 37 y 38, NIIF 3]**	400
Medida basada en el mercado de los incentivos sustitutivos **[Referencia: párrafo B56 a B61, NIIF 3]**	100
Contraprestación total transferida **[Referencia: párrafo 32(a), NIIF 3]**	500
Activos netos identificables, excluyendo los activos y pasivos por impuestos diferido **[Referencia: párrafos 10 y 18, NIIF 3]**	(450)
Activo por impuestos diferidos **[Referencia: párrafo B62, NIIF 3]**	32
Pasivo por impuestos diferidos **[Referencia: párrafo 24, NIIF 3]**	60
Plusvalía [Referencia: párrafo 32, NIIF 3]	**78**

Las reducciones en el importe en libros de la plusvalía no son deducibles a efectos fiscales. No obstante, de acuerdo con el párrafo 15(a) de la Norma, A no reconoce ningún pasivo por impuestos diferidos originado por la diferencia temporaria imponible asociada con la mencionada plusvalía reconocida en la combinación de negocios.

El asiento contable por la combinación de negocios es como sigue:

			u.m.	u.m.
Dr	Plusvalía		78	
Dr	Activos identificables netos		450	
Dr	Activo por impuestos diferidos		32	
	Cr	Efectivo		400
	Cr	Patrimonio (incentivos sustitutivos)		100
	Cr	Pasivo por impuestos diferidos		60

En diciembre de 20X1 el valor intrínseco de los incentivos sustitutivos es de 120 u.m. La Entidad A reconoce un activo por impuestos diferidos de 48 u.m. (120 u.m. × 40%). La Entidad A reconoce ingresos por impuestos diferidos de 16 u.m. (48 u.m. – 32 u.m.) procedentes de un incremento en el valor intrínseco de incentivos sustitutivos. Los asientos contables son como sigue:

		u.m.	u.m.
Dr	Activo por impuestos diferidos	16	
	Cr Ingreso por impuestos diferidos		16

Si los incentivos sustitutivos no han sido deducibles fiscalmente según las leyes fiscales corrientes, la Entidad A no habría reconocido un activo por impuestos diferidos en la fecha de adquisición. La Entidad A habría contabilizado cualesquiera sucesos posteriores que den lugar a una deducción fiscal relacionada con el incentivo sustitutivo en el ingreso o gasto por impuestos diferidos del periodo en el que el suceso posterior tuvo lugar.

Los párrafos B56 a B62 de la NIIF 3 proporcionan guías sobre la determinación de qué porción del incentivo sustitutivo es parte de la contraprestación transferida en una combinación de negocios y qué porción es atribuible al servicio futuro y por ello un gasto de remuneración posterior a la combinación. Los activos y pasivos por impuestos diferidos por incentivos sustitutivos que son gastos posteriores a la combinación se contabilizan de acuerdo con los principios generales como se ilustra en el Ejemplo 5.

Ejemplo 7—Instrumentos de deuda medidos a valor razonable

Instrumentos de deuda

A 31 de diciembre de 20X1, la Entidad Z mantiene una cartera con tres instrumentos de deuda:

Instrumento de deuda	Costo (u.m.)	Valor razonable (u.m.)	Tasa de interés contractual
A	2.000.000	1.942.857	2,00%
B	750.000	778.571	9,00%
C	2.000.000	1.961.905	3,00%

La Entidad Z adquiere todos los instrumentos de deuda en el momento de su emisión por su valor nominal. Los términos de los instrumentos de deuda requieren que el emisor pague el valor nominal de los instrumentos de deuda a su vencimiento el 31 de diciembre de 20X2.

El interés pagado al final de cada año a la tasa contractualmente fijada, era igual a la tasa de interés de mercado cuando se adquirieron los instrumentos de deuda. Al final del año 20X1, la tasa de interés de mercado es del 5 por ciento, lo que ha causado que el valor razonable de los instrumentos de deuda A y C haya caído por debajo de su costo y el valor razonable del instrumento de deuda B haya subido por encima de su costo. Es probable que la Entidad Z reciba todos los flujos de efectivo contractuales si continúa conservando los instrumentos de deuda.

Al final de 20X1, la Entidad Z espera que recuperará los importes en libros de los Instrumentos de Deuda A y B a través del uso, es decir, continuando su tenencia y cobrando los flujos de efectivo contractuales, y del Instrumento de Deuda C mediante la venta al comienzo de 20X2 por su valor razonable el 31 de diciembre de 20X1. Se supone que no está disponible otra oportunidad de planificación fiscal para la Entidad Z que le permitiría vender el Instrumento de Deuda B para generar una ganancia de capital contra la cual podría compensar la pérdida de capital que surge de la venta del Instrumento de Deuda C. **[Referencia: párrafo 29(b)]**

Los instrumentos de deuda se miden a valor razonable con cambios en otro resultado integral de acuerdo con la NIIF 9 *Instrumentos Financieros* o la NIC 39 *Instrumentos Financieros: Reconocimiento y Medición*[1] **[Referencia: párrafo 4.1.2A, NIIF 9]**

Legislación fiscal

La base fiscal de los instrumentos de deuda es el costo, que la legislación fiscal permite que se compense al vencimiento cuando se paga el principal o contra el producto de la venta cuando el instrumento de deuda se vende **[Referencia: párrafo 7]**. La legislación fiscal especifica que las ganancias (pérdidas) sobre los instrumentos de deuda son imponibles (deducibles) solo cuando se realicen.

La legislación fiscal distingue ganancias y pérdidas ordinarias de las ganancias y pérdidas de capital. Las pérdidas ordinarias pueden compensarse contra las ganancias ordinarias y las de capital. Las pérdidas de capital solo pueden compensarse contra ganancias de capital. Las pérdidas de capital pueden utilizarse durante 5 años y las ordinarias durante 20 años.

Las ganancias ordinarias tributan al 30 por ciento; las de capital al 10 por ciento.

La legislación fiscal clasifica el ingreso por intereses procedente de instrumentos de deuda como "ordinario" y las ganancias y pérdidas que surgen de la venta de instrumentos de deuda como de "capital". Las pérdidas que surgen si el emisor del instrumento no paga el principal al vencimiento se clasifican como "ordinarias" por la legislación fiscal.

General

El 31 de diciembre de 20X1, la Entidad Z tiene, de otras fuentes, diferencias temporarias imponibles de 50.000 u.m. y diferencias temporarias deducibles de 430.000 u.m., que revertirán en ganancias fiscales ordinarias (o pérdidas fiscales ordinarias) en 20X2.

Al final de 20X1, es probable que la Entidad Z presente a las autoridades fiscales unas pérdidas fiscales ordinarias de 200.000 u.m. para el año 20X2. Esta pérdida fiscal incluye todos los beneficios económicos imponibles y deducciones fiscales para las que existen diferencias temporarias al 31 de diciembre de 20X1 y que se clasifican como ordinarias por la legislación fiscal. Estos importes contribuyen por igual a las pérdidas del periodo de acuerdo con la legislación fiscal.

La Entidad Z no tiene ganancias de capital contra las cuales poder utilizar las pérdidas de capital que surgen en los años 20X1 y 20X2.

---

1   La NIIF 9 sustituyó a la NIC 39. La NIIF 9 se aplica a todas las partidas que estaban anteriormente dentro del alcance de la NIC 39.

Excepto por la información que se proporciona en los párrafos anteriores, no hay información adicional que sea relevante para la contabilización de la Entidad Z de los impuestos diferidos en el periodo 20X1-20X2.

Diferencias temporarias

Al final de 20X1, la Entidad Z identifica las diferencias temporarias siguientes:

	Importe en libros (u.m.)	Base fiscal (u.m.)	Diferencias temporarias imponibles (u.m.) [Referencia: párrafos 15 y 20]	Diferencias temporarias deducibles (u.m.) [Referencia: párrafos 24 y 26(d)]
Instrumento de deuda A	1.942.857	2.000.000		57.143
Instrumento de deuda B	778.571	750.000	28.571	
Instrumento de deuda C	1.961.905	2.000.000		38.095
Otras fuentes	No especificado		50.000	430.000

La diferencia entre el importe en libros de un activo o pasivo y su base fiscal da lugar a una diferencia temporaria deducible (imponible) (véase los párrafos 20 y 26(d) de la Norma). Esto es porque las diferencias temporarias deducibles (imponibles) son diferencias entre el importe en libros de un activo o un pasivo en el estado de situación financiera y su base fiscal, que dan lugar a cantidades que serán deducibles (imponibles) al determinar la ganancia (pérdida) fiscal de periodos futuros, cuando el importe en libros del activo o del pasivo sea recuperado o liquidado (véase el párrafo 5).

Utilización de las diferencias temporarias deducibles

Con algunas excepciones, los activos por impuestos diferidos que surgen de diferencias temporarias deducibles se reconocen en la medida en que estarán disponibles ganancias fiscales futuras suficientes contra la cuales utilizar las diferencias temporarias deducibles (véase el párrafo 24 de la Norma).

Los párrafos 28 y 29 de la NIC 12 identifican las fuentes de ganancias fiscales contra las cuales una entidad puede utilizar las diferencias temporarias deducibles. Estas incluyen:

(a)   reversiones futuras de diferencias temporarias imponibles existentes;

(b)   ganancias fiscales en periodo futuros; y

(c)   oportunidades de planificación fiscal.

© IFRS Foundation

La diferencia temporaria deducible que surge del Instrumento de Deuda C se evalúa de forma separada a efectos de su utilización. Esto es porque la legislación fiscal clasifica la pérdida que procede de la recuperación del importe en libros del instrumento de deuda C por la venta como "capital" y permite que las pérdidas de capital se compensen contra las ganancias de capital (véase el párrafo 27A de la Norma).

La evaluación separada da lugar al no reconocimiento de un activo por impuestos diferidos por la diferencia temporaria deducible que surge del Instrumento de Deuda C, porque la Entidad Z no tiene fuentes de ganancias fiscales disponibles que la legislación fiscal clasifique como de "capital".

Por el contrario, la diferencia temporaria deducible que surge del Instrumento de Deuda A y otras fuentes se evalúan para su utilización combinándolas entre sí. Esto es porque sus deducciones fiscales relacionadas se clasificarían como "ordinarias" por la legislación fiscal.

Las deducciones fiscales representadas por las diferencias temporarias deducibles relacionadas con el Instrumento de Deuda A se clasifican como ordinarias porque la legislación fiscal clasifica el efecto sobre la ganancia fiscal (pérdida fiscal) de deducir la base fiscal al vencimiento como ordinaria.

Al evaluar la utilización de las diferencias temporarias deducible el 31 de diciembre de 20X1, la Entidad Z realiza las dos fases siguientes.

Fase 1: Utilización de las diferencias temporarias deducibles debido a la reversión de diferencias temporarias imponibles (véase el párrafo 28 de la Norma)

La Entidad Z evalúa primero la disponibilidad de las diferencias temporarias imponibles de la forma siguiente:

	(u.m.)
Reversión esperada de diferencias temporarias deducibles en 20X2	
Del Instrumento de Deuda A	57.143
De otras fuentes	430.000
Total reversión de diferencias temporarias deducibles	487.143
Reversión esperada de diferencias temporarias imponibles en 20X2	
Del Instrumento de Deuda B	(28.571)
De otras fuentes	(50.000)
Total reversión de diferencias temporarias imponibles	(78.571)
Utilización debido a la reversión futura de diferencias temporarias imponibles (Fase 1)	78.571
Diferencias temporarias deducibles restantes a evaluar para la utilización en la Fase 2 (487.143 - 78.571)	408.572

En la Fase 1, la Entidad Z puede reconocer un activo por impuestos diferidos en relación con una diferencia temporaria deducible de 78.571 u.m.

Fase 2: Utilización de las diferencias temporarias deducibles debido a la ganancia imponible futura (véase el párrafo 29(a) de la Norma)

En esta fase, la Entidad Z evalúa la disponibilidad de la ganancia fiscal futura de la forma siguiente:

	(u.m.)
La ganancia (pérdida) fiscal futura probable en 20X2 [sobre los que se pagan (recuperan) los impuestos a las ganancias)]	(200.000)
Incorporación: reversión de las diferencias temporarias deducibles que se espera que reviertan en 20X2	487.143
Menos: reversiones de las diferencias temporarias imponibles (utilizadas en la Fase 1)	(78.571)
Ganancia fiscal probable excluyendo las deducciones fiscales para evaluar la utilización de las diferencias temporarias deducibles en 20X2	208.572
Diferencias temporarias deducibles restantes a evaluar para la utilización desde la Fase 1	408.572
Utilización debido a ganancias fiscales futuras (Fase 2)	208.572
Utilización debido a la reversión futura de diferencias temporarias imponibles (Fase 1)	78.571
Total utilización de diferencias temporarias deducibles	287.143

La pérdida fiscal de 200.000 u.m. incluye el beneficio económico imponible de 2 millones de u.m. del cobro del principal del Instrumento de Deuda A y la deducción fiscal equivalente, porque es probable que la Entidad Z recupere el instrumento de deuda por más su importe en libros (véase el párrafo 29A de la Norma).

La utilización de diferencias temporarias deducibles no es, sin embargo, evaluada contra la ganancia fiscal futura probable para un periodo sobre el cual se paga el impuesto a las ganancias (véase el párrafo 5 de la Norma). La utilización de diferencias temporarias deducibles se evalúa contra la ganancia fiscal futura probable que excluye las deducciones fiscales procedentes de reversiones de diferencias temporarias deducibles [véase el párrafo 29(a) de la Norma]. La evaluación de la utilización de las diferencias temporarias deducibles contra las ganancias fiscales futuras probables sin excluir las deducciones conduciría a la doble contabilización de las diferencias temporarias deducibles en esa evaluación.

En la Fase 2, la Entidad Z determina que puede reconocer un activo por impuestos diferidos en relación con la ganancia fiscal futura, excluyendo las deducciones fiscales procedentes de la reversión de las diferencias temporarias de 208.572 u.m. Por consiguiente, la utilización total de los importes de las diferencias temporarias deducibles de 287.143 [78.571 (Fase 1) + 208.572 (Fase 2)].

Medición de activos por impuestos diferidos y pasivos por impuestos diferidos

La Entidad Z presenta los siguientes activos por impuestos diferidos y pasivos por impuestos diferidos en sus estados financieros a 31 de diciembre de 20X1:

	(u.m.)
Total diferencias temporarias imponibles	78.571
Total utilización de diferencias temporarias deducibles	287.143
Pasivo por impuestos diferidos (30% de 78.571)	23.571
Activos por impuestos diferidos (30% de 287.143)	86.143

Los activos por impuestos diferidos y los pasivos por impuestos diferidos se miden usando la tasa fiscal para las ganancias ordinarias del 30 por ciento, de acuerdo con la forma esperada de recuperar (liquidar) los activos (pasivos) subyacentes (véase el párrafo 51 de la Norma).

Asignación de los cambios en los activos por impuestos diferidos entre el resultado del periodo y otro resultado integral

Los cambios en los impuestos diferidos que surgen de partidas que se reconocen en el resultado del periodo se reconocen en dicho resultado del periodo (véase el párrafo 58 de la Norma). Los cambios en los impuestos diferidos que surgen de partidas que se reconocen en otro resultado integral se reconocen en otro resultado integral (véase el párrafo 61A de la Norma).

La Entidad Z no reconoció activos por impuestos diferidos por todas sus diferencias temporarias deducibles el 31 de diciembre de 20X1, y de acuerdo con la legislación fiscal, las deducciones fiscales representadas por las diferencias temporarias deducibles contribuyen por igual a la pérdida fiscal del periodo. Por consiguiente, la evaluación de la utilización de las diferencias temporarias deducibles no especifica si las ganancias fiscales se utilizan para partidas de impuestos diferidos que se reconocen en el resultado del periodo (es decir, las diferencias temporarias deducibles procedentes de otras fuentes) o si por el contrario las ganancias fiscales se utilizan para partidas por impuestos diferidos que se reconocen en otro resultado integral (es decir, la diferencia temporaria deducible relacionada con el instrumento de deuda clasificado como a valor razonable con cambios en otro resultado integral).

Para estas situaciones, el párrafo 63 de la Norma requiere que los cambios en los impuestos diferidos se distribuyan al resultado del periodo y a otro resultado integral sobre una base proporcional razonable o por otro método que logre una distribución más apropiada en las circunstancias.

Ejemplo 8—Arrendamientos

Arrendamiento

Una entidad (Arrendatario) realiza un arrendamiento por cinco años de un edificio. Los pagos por arrendamiento anual son de 100 u.m. pagaderos al final de cada año. Antes de la fecha de comienzo del arrendamiento, el Arrendatario realiza un pago por el arrendamiento de 15 u.m. (pago anticipado del arrendamiento) y paga unos costos directos iniciales de 5 u.m. La tasa de interés implícita en el arrendamiento no puede determinarse fácilmente. La tasa incremental de los préstamos tomados por el Arrendatario es del 5% anual.

En la fecha de comienzo, aplicando la NIIF 16 *Arrendamientos*, el Arrendatario reconoce un pasivo por arrendamiento de 435 u.m. (medido al valor presente de los cinco pagos por arrendamiento de 100 u.m., descontado a la tasa de interés del 5% por año). El Arrendatario mide el activo por derecho de uso (activo del arrendamiento) por 455 u.m., que comprenden la medición inicial del pasivo por arrendamiento (435 u.m.), el pago anticipado por el arrendamiento (15 u.m.) y los costos directos iniciales (5 u.m.).

[Referencia: párrafos 22 a 28, NIIF 16]

Legislación fiscal

La legislación fiscal permite deducciones fiscales por pagos por arrendamiento (incluyendo los realizados antes de la fecha de comienzo) y los costos directos iniciales cuando una entidad realiza dichos pagos. Los beneficios económicos que fluirán al Arrendatario cuando recupere el importe en libros del activo por arrendamiento serán imponibles.

Se espera que se aplique una tasa fiscal del 20% al periodo (periodos) en que el Arrendatario recuperará el importe en libros del activo del arrendamiento y liquidará el pasivo por arrendamiento.

[Referencia: párrafo 47]

Tras considerar la legislación fiscal aplicable, el Arrendatario concluye que las deducciones fiscales que recibirá por los pagos del arrendamiento se relacionan con el reembolso del pasivo por arrendamiento.[2]

[Referencia: párrafos FC74 a FC75, Fundamentos de las Conclusiones]

---

2 Dependiendo de la legislación fiscal aplicable, una entidad podría concluir alternativamente que las deducciones fiscales que recibirá por los pagos por arrendamiento están relacionadas con el activo del arrendamiento, en cuyo caso no surgirían diferencias temporarias en el reconocimiento inicial del pasivo por arrendamiento y el componente correspondiente del costo del activo del arrendamiento. Por consiguiente, la entidad no reconocería impuestos diferidos en el reconocimiento inicial, pero lo haría si, y cuando, las diferencias temporarias surjan después del reconocimiento inicial.

Impuestos diferidos sobre el pago anticipado por arrendamiento y costos directos iniciales
[Referencia: párrafos FC90 a FC91, Fundamentos de las Conclusiones]

El Arrendatario reconoce el pago anticipado por arrendamiento (15 u.m.) y los costos directos iniciales (5 u.m.) como componentes del costo del activo por arrendamiento. La base fiscal de estos componentes es nula porque el Arrendatario ya recibió deducciones fiscales por el pago anticipado por el arrendamiento y los costos directos iniciales cuando realizó esos pagos. La diferencia entre la base fiscal (nula) y el importe en libros de cada componente da lugar a diferencias temporarias imponibles de 15 u.m. (relacionadas con el pago anticipado por el arrendamiento) y 5 u.m. (relacionado con los costos directos iniciales).

La exención de reconocer un pasivo por impuestos diferidos del párrafo 15 no se aplica porque las diferencias temporarias surgen de transacciones que, en el momento de éstas, afectan la ganancia fiscal del Arrendatario (es decir, las deducciones fiscales que el Arrendatario recibió cuando realizó el pago anticipado por el arrendamiento y pagó los costos directos iniciales redujeron su ganancia fiscal). Por consiguiente, el Arrendatario reconoce un pasivo por impuestos diferidos de 3 u.m. (15 u.m. x 20%) y 1 u.m.(5 u.m. x 20%) por las diferencias temporarias imponibles relacionadas con el pago anticipado por el arrendamiento y los costos directos iniciales, respectivamente.

Impuestos diferidos sobre el pasivo por arrendamiento y el componente relacionado del costo del activo del arrendamiento
[Referencia: párrafos 15(b)(iii), 22A y 24(c)]

En la fecha de comienzo, la base fiscal del pasivo por arrendamiento es nula porque el Arrendatario recibirá deducciones fiscales iguales al importe en libros del pasivo por arrendamiento (435 u.m.). La base fiscal del componente relacionado del costo del activo del arrendamiento es también nula porque el Arrendatario no recibirá deducciones fiscales de la recuperación del importe en libros de ese componente del costo del activo del arrendamiento (435 u.m.).

Las diferencias entre los importes en libros del pasivo por arrendamiento y el componente relacionado del costo del activo del arrendamiento (435 u.m.) y sus bases fiscales de cero dan lugar a las siguientes diferencias temporarias en la fecha de comienzo:

(a)   una diferencia temporaria imponible de 435 u.m. asociada con el activo del arrendamiento; y

(b)   una diferencia temporaria deducible de 435 u.m. asociada con el pasivo por arrendamiento.

La exención de reconocer un activo y pasivo por impuestos diferidos de los párrafos 15 y 24 no se aplica porque la transacción da lugar a diferencias temporarias imponibles y deducibles iguales. El Arrendatario concluye que es probable que se disponga de ganancias fiscales contra las que pueda utilizarse la diferencia temporaria deducible. Por consiguiente, el Arrendatario reconoce un activo por impuestos diferidos y un pasivo por impuestos diferidos, cada uno por 87 u.m. (435 u.m. x 20%), por las diferencias temporarias imponibles y deducibles.

Resumen del impuesto diferido reconocido

La siguiente tabla resume el impuesto diferido que el Arrendatario reconoce en el momento del reconocimiento inicial del arrendamiento (incluyendo el pago anticipado por el arrendamiento y los costos directos iniciales):

	Importe en libros	Base fiscal	Diferencias temporarias deducibles / (imponibles)	Activo / (pasivo) por impuestos diferidos
Activo del arrendamiento				
– pago anticipado por el arrendamiento	15	—	(15)	(3)
– costos directos iniciales	5	—	(5)	(1)
– el importe de la medición inicial del pasivo por arrendamiento	435	—	(435)	(87)
Pasivo por arrendamiento	435	—	435	87

Al aplicar el párrafo 22(b) de la NIC 12, el Arrendatario reconoce activos y pasivos por impuestos diferidos como se ilustra en este ejemplo y reconoce los gastos e ingresos por impuestos diferidos resultantes en el resultado del periodo.

Documentos del IASB publicados para acompañar a la

NIC 19

Beneficios a los Empleados

El texto normativo de la NIC 19 se encuentra en la Parte A de esta edición. Su fecha de vigencia en el momento de la emisión era el 1 de enero de 1999. El texto de los Fundamentos de las Conclusiones de la NIC 19 se encuentra en la Parte C de esta edición. Esta parte presenta los siguientes documentos:

TABLA DE CONCORDANCIAS

MODIFICACIONES A LAS GUÍAS ESTABLECIDAS EN OTRAS NIIF

Tabla de Concordancias

Esta tabla muestra las correspondencias entre los contenidos de la versión suprimida de la NIC 19 (revisada en 2004) y la NIC 19 modificada en 2011. Se considera que los párrafos corresponden si tratan de forma amplia la misma materia aun cuando la orientación pueda diferir.

Párrafos de la NIC 19 suprimidos	NIC 19 (2011) párrafo
Objetivo	1
1 a 6	2 a 7
7	8
8	9
9	Ninguno
10	11 y 12
11 a 23	13 a 25
24	26
25	27 y 28
26 a 28	29 a 31
29	32 y 33
30	34 y 148
31	35
32	36
32A	37
32B	Ninguno
33	38
34 a 34B	40 a 42 y 149
35	Eliminado en una modificación previa de la NIC 19
36 a 38	43 a 45
39 a 42	46 a 49
43 a 47	50 a 54
48 a 50	55 a 57
51	60
52 y 53	61 y 62
54	63
55	Ninguno
56 y 57	58 y 59

continúa...

...continuación

Párrafos de la NIC 19 suprimidos	NIC 19 (2011) párrafo
58	64
58A y 58B	Ninguno
59	65
60	Ninguno
61 y 62	120 y 121
63	66
64 a 66	67 a 69
67 a 71	70 a 74
72 a 77	75 a 80
78 a 81	83 a 86
82	Ninguno
83	87
84	90
85	88
86	89
87	95
88 a 90	96 a 98
91	92 a 94
92 a 93D	Ninguno
94	128
95	Ninguno
96 y 97	Ninguno
98	108
99 y 100	Ninguno
101	107
102 a 104	113 a 115
104A a 104D	116 a 119
105 y 106	Ninguno
107	130
108	Ninguno
109	109 y 110
110	99
111	105

continúa...

...continuación

Párrafos de la NIC 19 suprimidos	NIC 19 (2011) párrafo
111A	Ninguno
112	111
113	112
114	101
115	Ninguno
116 a 119	131 a 134
120	135
120A(a)	Ninguno
120A(b)	139(a)
120A(c), (e), (g) y (h)	140 y 141
120A(d)	138
120A(f) y (i)	Ninguno
120A(j) y (k)	142 y 143
120A(l) y (m)	Ninguno
120A(n)	144
120A(o) y (p)	Ninguno
120A(q)	147(b)
121	139(a)
122	138
123	148
124 y 125	151 y 152
126 a 131	153 a 158
132	159
133 y 134	165 a 167
135	161
136	160 y 164
137	Ninguno
138	168
139 y 141	Ninguno
142 y 143	171
144 a 152	Eliminado en una modificación previa de la NIC 19
153 a 161	Ninguno

continúa...

...*continuación*

Párrafos de la NIC 19 suprimidos	NIC 19 (2011) párrafo
Ninguno	10, 39, 81, 82, 91, 100, 102 a 104, 106, 122, 123 a 126, 127, 129, 136, 137, 139(b), 139(C), 145, 146, 147(a), 147(c), 150, 162, 163, 169, 170, 172, 173

Modificaciones a las guías establecidas en otras NIIF

Las siguientes modificaciones a las guías establecidas en otras NIIF son necesarias para garantizar la congruencia con la versión revisada de la NIC 19. En los párrafos modificados, el texto nuevo está subrayado y el texto eliminado se ha tachado.

* * * * *

Las modificaciones contenidas en este apéndice cuando la NIC 19, modificada en 2011, fue emitida han sido incorporadas en las guías de implementación de las NIIF 1 y NIC 1 y los ejemplos ilustrativos que acompañan a la NIC 34 y la CINIIF 14 publicadas el 16 de junio de 2011.

Documentos del IASB publicados para acompañar a la

NIC 23

Costos por Préstamos

El texto normativo de la NIC 23 se encuentra en la Parte A de esta edición. Su fecha de vigencia en el momento de la emisión era el 1 de enero de 2009. El texto de los Fundamentos de las Conclusiones de la NIC 23 se encuentra en la Parte C de esta edición. Esta parte presenta los siguientes documentos:

TABLA DE CONCORDANCIAS

MODIFICACIONES A LAS GUÍAS DE OTROS PRONUNCIAMIENTOS

Tabla de Concordancias

Esta tabla muestra las correspondencias entre los contenidos de la versión sobreseída de la NIC 23 y la versión revisada. Se considera que los párrafos corresponden si tratan de forma amplia la misma materia aun cuando la orientación pueda diferir.

Párrafos de la NIC 23 suprimidos	Párrafos de la NIC 23 revisados
Objetivo	1
1	2
2	Ninguno
3	3
4	5
5	6
6	7
7	Ninguno
8	Ninguno
9	Ninguno
10	8
11	Ninguno
12	9
13	10
14	11
15	12
16	13
17	14
18	15
19	16
20	17
21	18
22	19
23	20
24	21
25	22
26	23
27	24
28	25
29	26

continúa...

...continuación

Párrafos de la NIC 23 suprimidos	Párrafos de la NIC 23 revisados
30	Ninguno
31	Ninguno
Ninguno	4
Ninguno	27 y 28
Ninguno	29
Ninguno	30

Modificaciones a las guías establecidas en otros pronunciamientos

Las siguientes modificaciones a las guías establecidas en otros pronunciamientos son necesarias para garantizar la congruencia con la NIC 23 revisada. En los párrafos modificados, el texto nuevo está subrayado y el texto eliminado se ha tachado

* * * * *

Las modificaciones contenidas en este apéndice cuando la NIC 23 fue emitida en 2007 han sido aplicadas en las guías de implementación de la NIIF 1 y NIC 8 y en los Ejemplos Ilustrativos que acompañan a la CINIIF 12.

Documentos del IASB publicados para acompañar a la

NIC 24

Información a Revelar sobre Partes Relacionadas

El texto normativo de la NIC 24 se encuentra en la Parte A de esta edición. Su fecha de vigencia en el momento de la emisión era el 1 de enero de 2011. El texto de los Fundamentos de las Conclusiones de la NIC 24 se encuentra en la Parte C de esta edición. Esta parte presenta los siguientes documentos:

EJEMPLOS ILUSTRATIVOS

TABLA DE CONCORDANCIAS

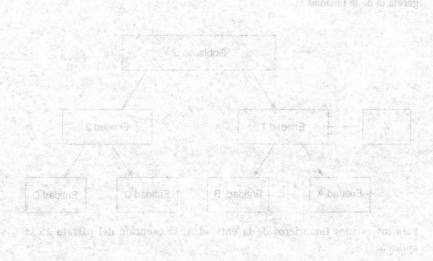

Ejemplos Ilustrativos

Los siguientes ejemplos acompañan a la NIC 24 Información a Revelar sobre Partes Relacionadas, *pero no forman parte de la misma. Ilustran:*

- *la exención parcial para las entidades relacionadas del gobierno; y*

- *cómo se aplicaría la definición de parte relacionada en circunstancias específicas.*

En los ejemplos, las referencias a los "estados financieros" se relacionan con los estados financieros consolidados, separados o individuales.

Exención parcial para las entidades relacionadas del gobierno

Ejemplo 1 – Exención de información a revelar (párrafo 25)

EI1   El gobierno G controla directa o indirectamente a las entidades 1 y 2 y a las entidades A, B, C y D. La persona X es miembro del personal clave de la gerencia de la Entidad 1.

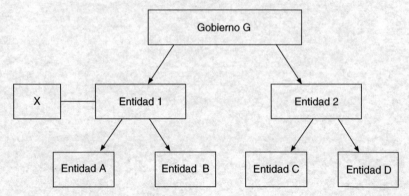

EI2   Para los estados financieros de la entidad A, la exención del párrafo 25 se aplica a:

(a)   las transacciones con el gobierno G; y

(b)   las transacciones con las entidades 1 y 2 y con las entidades B, C y D.

Sin embargo, esa exención no se aplica a las transacciones con la persona X.

Requerimientos de información a revelar cuando se aplica la exención (párrafo 26)

EI3   En los estados financieros de la entidad A, un ejemplo de información a revelar para cumplir con el párrafo 26(b)(i) para transacciones **individualmente** significativas podría ser:

Ejemplo de información a revelar para una transacción individualmente significativa llevada a cabo en **condiciones distintas a las de mercado**

El 15 de enero de 20X1 la entidad A, una empresa de servicios públicos en la que el gobierno G posee indirectamente el 75 por ciento de las acciones en circulación, vendió un terreno de 10 hectáreas a otra empresa de servicios públicos relacionada del gobierno por 5 millones de u.m.[1] El 31 de diciembre de 20X0 un terreno con localización, tamaño y características similares se vendió por 3 millones de u.m. No ha habido ninguna revalorización o depreciación del terreno en el periodo correspondiente. Véase la nota X [de los estados financieros] sobre información a revelar sobre ayudas gubernamentales como se requiere en la NIC 20 *Contabilización de las Subvenciones del Gobierno e Información a Revelar sobre Ayudas Gubernamentales* y las notas Y y Z [de los estados financieros] sobre cumplimiento con otras NIIF aplicables.

Ejemplo de información a revelar para una transacción individualmente significativa debido al **tamaño** *de la transacción*

En el año que termina en diciembre de 20X1 el gobierno G proporcionó a la entidad A, una empresa de servicios públicos en la que el gobierno G posee indirectamente el 75 por ciento de las acciones en circulación, un préstamo equivalente del 50 por ciento de sus necesidades de financiación, a reembolsar en plazos trimestrales a lo largo de los próximos cinco años. Los intereses se cargan sobre el préstamo a una tasa del 3 por ciento, que es comparable con la cargada a la entidad A por préstamos bancarios.[2] Véanse las notas Y y Z [de los estados financieros] sobre cumplimiento con otras NIIF aplicables.

Ejemplo de información a revelar sobre transacciones conjuntamente significativas

En los estados financieros de la entidad A, un ejemplo de información a revelar para cumplir con el párrafo 26(b)(i) para transacciones **conjuntamente** significativas podría ser:

El Gobierno G posee indirectamente el 75 por cien de las acciones en circulación de la Entidad A. Las transacciones significativas de la entidad A con el gobierno G y otras entidades controladas, controladas conjuntamente o influidas significativamente por el gobierno G son [una gran parte de sus ventas de bienes y compras de materias primas] o [alrededor del 50 por ciento de sus ventas de bienes y del 35 por ciento de sus compras de materias primas].

---

1   En estos ejemplos, los importes monetarios se denominan en "unidades monetarias (u.m.)."

2   Si la entidad que informa ha concluido que esta transacción constituía ayuda gubernamental, habría necesitado considerar los requerimientos de información a revelar de la NIC 20.

La empresa también se beneficia de garantías del gobierno G sobre sus préstamos bancarios. Véase la nota X [de los estados financieros] sobre información a revelar sobre ayudas gubernamentales como se requiere en la NIC 20 *Contabilización de las Subvenciones del Gobierno e Información a Revelar sobre Ayudas Gubernamentales* y las notas Y y Z [de los estados financieros] sobre cumplimiento con otras NIIF aplicables.

Definición de una parte relacionada

*Las referencias son a subpárrafos de la definición de una **parte relacionada** del párrafo 9 de la NIC 24.*

Ejemplo 2 – Asociadas y subsidiarias

EI4   La entidad controladora tiene una participación controladora en las subsidiarias A, B, y C y tiene una influencia significativa sobre las asociadas 1 y 2. La subsidiaria C tiene influencia significativa sobre la asociada 3.

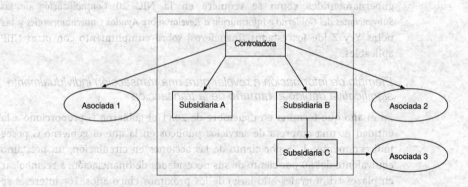

EI5   Para los estados financieros separados de la controladora, las subsidiarias A, B y C y las asociadas 1, 2 y 3 son partes relacionadas. [*Párrafo 9(b)(i) e (ii)*]

EI6   Para los estados financieros de la subsidiaria A, la controladora, las subsidiarias B y C y las asociadas 1, 2 y 3 son partes relacionadas. Para los estados financieros de la subsidiaria B, la controladora, subsidiarias A, y C y las asociadas 1, 2 y 3 son partes relacionadas. Para los estados financieros de la subsidiaria C, la controladora, las subsidiarias A y B y las asociadas 1, 2 y 3 son partes relacionadas. [*Párrafo 9(b)(i) e (ii)*]

EI7   Para los estados financieros de las asociadas 1, 2 y 3, la controladora y las subsidiarias A, B y C son partes relacionadas. Las asociadas 1, 2 y 3 no son mutuamente partes relacionadas. [*Párrafo 9(b)(ii)*]

EI8   Para los estados financieros consolidados de la controladora, las asociadas 1, 2 y 3 están relacionadas con el grupo. [*Párrafo 9(b)(ii)*]

Ejemplo 3 - Personal clave de la gerencia

EI9 Una persona X tiene una inversión del 100 por cien en la entidad A y es miembro del personal clave de la gerencia de la entidad C. La entidad B tiene una inversión del 100 por ciento en la entidad C.

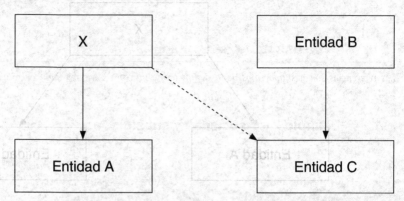

EI10 Para los estados financieros de la entidad C, la entidad A está relacionada con la entidad C porque X controla a la entidad A y es miembro del personal clave de la gerencia de la entidad C. [*Párrafo 9 (b)(vi) a (a)(iii)*]

EI11 Para los estados financieros de la entidad C, la entidad A está relacionada con la entidad C porque X controla a la entidad A y es miembro del personal clave de la gerencia de la entidad C. [*Párrafo 9 (b)(vi) a (a)(iii)*]

EI12 Además, el resultado descrito en el párrafo EI10 y EI11 será el mismo si X tiene control conjunto sobre la entidad A. [*Párrafo 9(b)(vi) a (a)(iii)*] (Si X tuviera solo influencia significativa sobre la Entidad A y no el control o control conjunto, entonces las entidades A y C no estarían mutuamente relacionadas.)

EI13 Para los estados financieros de la entidad A, la entidad C está relacionada con la entidad A porque X controla a A y es miembro del personal clave de la gerencia de la entidad C. [*Párrafo 9(b)(vii) a (a)(i)*]

EI14 Además, el resultado descrito en el párrafo EI13 será el mismo si X tiene control conjunto sobre la entidad A. El resultado será también el mismo si X es miembro del personal clave de la gerencia de la entidad B y no de la entidad C. [*Párrafo 9(b)(vii) a (a)(i)*]

EI15 Para los estados financieros consolidados de la entidad B, la entidad A es una parte relacionada del grupo si X es miembro del personal clave de la gerencia del grupo. [*Párrafo 9(b)(vi) a (a)(iii)*]

Ejemplo 4 – Persona como inversor

EI16   Una persona, X, tiene una inversión en la entidad A y en la entidad B.

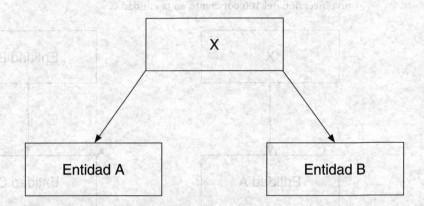

EI17   Para los estados financieros de la entidad A, si X controla o controla de forma conjunta a la entidad A, la entidad B está relacionada con la entidad A cuando X tiene control, control conjunto o influencia significativa sobre la entidad B. [*Párrafo 9(b)(vi) a (a)(i) y 9(b)(vii) a (a)(i)*]

EI18   Para los estados financieros de la entidad B, si X controla o controla de forma conjunta a la entidad A, la entidad A está relacionada con la entidad B cuando X tiene control, control conjunto o influencia significativa sobre la entidad B. [*Párrafo 9(b)(vi) a (a)(i) y 9(b)(vi) a (a)(ii)*]

EI19   Si X tiene influencia significativa sobre la entidad A y la entidad B, las entidades A y B no están mutuamente relacionadas.

Ejemplo 5 – Miembros cercanos a la familia propietaria de las inversiones

EI20   Una persona, X, es una persona con análoga relación de afectividad a la de un cónyuge de Y. X tiene una inversión en la entidad A e Y tiene una inversión en la entidad B.

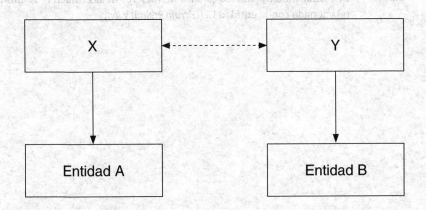

EI21   Para los estados financieros de la entidad A, si X controla o controla de forma conjunta a la entidad A, la entidad B está relacionada con la entidad A cuando Y tiene control, control conjunto o influencia significativa sobre la entidad B. [*Párrafo 9(b)(vi) a (a)(i) y 9(b)(vii) a (a)(i)*]

EI22   Para los estados financieros de la entidad B, si X controla o controla de forma conjunta a la entidad A, la entidad A está relacionada con la entidad B cuando Y tiene control, control conjunto o influencia significativa sobre la entidad B. [*Párrafo 9(b)(vi) a (a)(i) y 9(b)(vi) a (a)(ii)*]

EI23   Si X tiene influencia significativa sobre la entidad A e Y tiene una influencia significativa sobre la Entidad B, las entidades A y B no están mutuamente relacionadas.

Ejemplo 6 – Entidad con control conjunto

EI24   La entidad A tiene (i) control conjunto sobre la entidad B y (ii) control conjunto o influencia significativa sobre la entidad C.

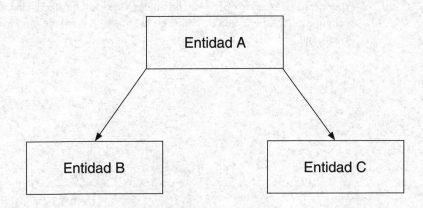

EI25   Para los estados financieros de la entidad B, la entidad C está relacionada con la entidad B. [*Párrafo 9(b)(iii) y (iv)*]

EI26   De forma similar, para los estados financieros de la entidad C, la entidad B está relacionada con la entidad C. [*Párrafo 9(b)(iii) y (iv)*]

Tabla de Concordancias

Esta tabla muestra las correspondencias entre los contenidos de la versión sobreseída de la NIC 24 y la versión revisada. Se considera que los párrafos corresponden si tratan de forma amplia la misma materia aun cuando la orientación pueda diferir.

Párrafos de la NIC 24 suprimidos	Párrafos de la NIC 24 revisados
1	1
2	2
3	3
4	4
5	5
6	6
7	7
8	8
9	9
10	10
11	11
Ninguno	12
12	13
13	14
14	15
15	16
16	17
17	18
18	19
19	20
20	21
20	22
21	23
22	24
Ninguno	25
Ninguno	26
Ninguno	27
23	28
23A	Ninguno
24	29

Documentos del IASB publicados para acompañar a la

NIC 27

Estados Financieros Separados

El texto normativo de la NIC 27 se encuentra en la Parte A de esta edición. Su fecha de vigencia en el momento de la emisión era el 1 de enero de 2013. El texto normativo de los Fundamentos de las Conclusiones de la NIC 27 se encuentra en la Parte C de esta edición. Esta parte presenta el siguiente documento:

TABLA DE CONCORDANCIAS

Tabla de Concordancias

Esta tabla muestra la forma en que se corresponden los contenidos de la NIC 27 *Estados Financieros Consolidados y Separados* (la "derogada NIC 27") y la NIC 27 *Estados Financieros Separados* (la "modificada NIC 27") Algunos requerimientos de la derogada versión de la NIC 27 se incorporaron a las NIIF 10 y NIIF 12; esta tabla también muestra la forma en que se corresponden esos párrafos. Se considera que los párrafos corresponden si tratan de forma amplia la misma materia aun cuando los requerimientos puedan diferir.

El principal cambio realizado en mayo de 2011 fue que la NIIF 10 *Estados Financieros Consolidados* sustituyó los requerimientos de consolidación de la NIC 27. Únicamente se mantienen en la NIC 27 los requerimientos de contabilidad e información a revelar para la preparación de los estados financieros separados; la Norma se denominó nuevamente por ello *Estados Financieros Separados*.

Párrafo de la NIC 27 suprimido	Párrafo de la NIC 27 modificado	Párrafo de la NIIF 10	Párrafo de la NIIF 12
1		1	
2		3	
3	2		
4	4 y 5	Apéndice A	
5			
6 a 8	6 a 8		
9		1, 2	
10		4(a)	
11			
12		Apéndice A	
13		7	
14		B47	
15		B48 y B49	
16 y 17			
18		B86	
19		B89	
20 y 21		B86(c)	
22, 23		B92 y B93	
24		19	
25 y 26		B87 y B88	
27		22	
28 y 29		B94 y B95	

continúa...

...continuación

Párrafo de la NIC 27 suprimido	Párrafo de la NIC 27 modificado	Párrafo de la NIIF 10	Párrafo de la NIIF 12
30		23	
31		B96	
32		B83	
33 a 35		B97 a B99	
36		25(b)	
37		25(b)	
38	10		
38A a 8C	12 a 14		
39	3		
40	11		
41			10 a 19
42 y 43	16 y 17		
44 a 45E	18		
46	20		
Ninguno	1, 9, 15 y 19		

Documentos del IASB publicados para acompañar a la

NIC 28

Inversiones en Asociadas y Negocios Conjuntos

El texto normativo de la NIC 28 se encuentra en la Parte A de esta edición. Su fecha de vigencia en el momento de la emisión era el 1 de enero de 2013. El texto de los Fundamentos de las Conclusiones de la NIC 28 se encuentra en la Parte C de esta edición. Esta parte presenta el siguiente documento:

TABLA DE CONCORDANCIAS

NIC 28 MATERIAL COMPLEMENTARIO

Ejemplo publicado por el Consejo para acompañar *Participaciones de Largo Plazo en Asociadas y Negocios Conjuntos* (Modificaciones a la NIC 28) en octubre de 2017

Tabla de Concordancias

Esta tabla muestra las correspondencias entre los contenidos de la versión suprimida de la NIC 28 (revisada en 2003) y su versión modificada en 2011. Algunos requerimientos de la versión sustituida de la NIC 28 se incorporaron a la NIIF 12 *Información a Revelar sobre Participaciones en Otras Entidades*; esta tabla también muestra la forma en que se corresponden esos párrafos. Se considera que los párrafos corresponden si tratan de forma amplia la misma materia aun cuando la orientación pueda diferir.

Párrafos de la NIC 28 suprimidos	Párrafo de la NIC 28 modificado	Párrafo de la NIIF 12	Párrafo de la NIC 27 modificado
1	2, 18 y 19		
2	3, 4		
3			7
4			6
5			8
6	5		
7	6		
8	7		
9	8		
10	9		
11	10		
12	12		
13	17		
14	20		
15	21		
16	11		
17	22		
18	22		
19	22		
19A	23		
20	26		
21	27		
22	28		
23	32		
24	33		
25	34		

continúa...

...continuación

Párrafos de la NIC 28 suprimidos	Párrafo de la NIC 28 modificado	Párrafo de la NIIF 12	Párrafo de la NIC 27 modificado
26	35		
27	36		
28	37		
29	38		
30	39		
31	40		
32	41		
33	42		
34	43		
35	44		
36			3
37		21 a 24	
38		21 a 24	
39		21 a 24	
40		21 a 24	
41	45		
41A a 41E			
42	47		
43	47		
Ninguno	1, 13 a 16, 24, 25, 29 a 31 y 46		

En octubre de 2017, el Consejo emitió *Participaciones de Largo Plazo en Asociadas y Negocios Conjuntos* (Modificaciones a la NIC 28). Al mismo tiempo, el Consejo publicó el siguiente ejemplo para acompañar a las modificaciones. Este ejemplo no es parte de la NIC 28.

Ejemplos Ilustrativos—Participaciones de Largo Plazo en Asociadas y Negocios Conjuntos

Este ejemplo representa una situación hipotética que ilustra la forma en que una entidad (inversor) contabiliza las participaciones a largo plazo que, en esencia, forman parte de la inversión neta de la entidad en una asociada (inversiones a largo plazo) aplicando la NIIF 9 y la NIC 28 basado en los supuestos presentados. **[Referencia: párrafo 14A, NIC 28]** La entidad aplica la NIIF 9 en la contabilización de las participaciones a largo plazo. La entidad aplica la NIC 28 a su inversión neta en la asociada, que incluye participaciones a largo plazo. El análisis en este ejemplo no pretende representar la única forma en la que podrían aplicarse los requerimientos de la NIC 28.

Suposiciones

El inversor tiene los siguientes tres tipos de participaciones en la asociada:

(a) Acciones O—acciones ordinarias que representan un 40% de participación en la propiedad a la que el inversor aplica el método de la participación. Esta participación es la de menor prioridad de las tres inversiones, sobre la base de su prioridad relativa en la liquidación.

(b) Acciones P—acciones preferentes no acumulativas que forman parte de la inversión neta en la asociada y que el inversor mide a valor razonable con cambios en resultados aplicando la NIIF 9.

(c) Préstamo LT—un préstamo a largo plazo que forma parte de la inversión neta en la asociada y que el inversor mide a costo amortizado aplicando la NIIF 9 con una tasa de interés señalada y un tasa de interés efectivo del 5% anual. La asociada hace pagos solo de intereses anualmente al inversor. El Préstamo LT es el de mayor prioridad de las tres participaciones.

El Préstamo LT no es un préstamo con deterioro crediticio inicial. A lo largo de los años del ejemplo, no ha habido ninguna evidencia objetiva de que la inversión neta en la asociada esté deteriorada aplicando la NIC 28 ni de que el Préstamo LT pase a ser un crédito con deterioro de valor aplicando la NIIF 9.

La asociada no tiene acciones preferentes acumulativas en circulación clasificadas como patrimonio, como se describe en el párrafo 37 de la NIC 28. A lo largo de los años del ejemplo, la asociada ni declara ni paga dividendos sobre las Acciones O o Acciones P.

El inversor no ha incurrido en obligaciones implícitas o legales, ni ha realizado pagos en nombre de la asociada, como se describe en el párrafo 39 de la NIC 28. Por consiguiente, el inversor no reconoce su participación en las pérdidas de la asociada una vez el importe de su inversión neta en la neta se reduce a cero.

El importe de la inversión inicial del inversor en Acciones O es 200 u.m.,[1] en Acciones P es de 100 u.m. y en el Préstamos LT es de 100 u.m. En el momento de la adquisición de la inversión, el costo de la inversión es igual a la parte del inversor en el valor razonable neto de los activos y pasivos identificables de la asociada.

Esta tabla resume el importe en libros al final de cada año para las Acciones P y el Préstamo LT aplicando la NIIF 9, pero antes de aplicar la NIC 28 y la ganancia (pérdida) de cada año de la asociada. Los importes para el Préstamo LT se muestran netos de las corrección de valor por pérdidas.

Al final del	Acciones P aplicando la NIIF 9 (valor razonable)	Préstamo LT aplicando la NIIF 9 (costo amortizado)	Ganancia (pérdida) de la asociada
Año 1	110 u.m.	90 u.m.	50 u.m.
Año 2	90 u.m.	70 u.m.	(200) u.m.
Año 3	50 u.m.	50 u.m.	(500) u.m.
Año 4	40 u.m.	50 u..m.	(150) u.m.
Año 5	60 u.m.	60 u.m.	–
Año 6	80 u.m.	70 u.m.	500 u.m.
Año 7	110 u.m.	90 u.m.	500 u.m.

Análisis

Año 1

El inversor reconoce lo siguiente durante el año 1:

Inversiones en la asociada:

DR. Acciones O	20 u.m.	
DR. Acciones P	10 u.m.	
DR. Préstamo LT	10 u.m.	
CR. Efectivo		40 u.m.

Para reconocer la inversión inicial en la asociada

DR. Acciones P	10 u.m.	
CR. Resultado del periodo		10 u.m.

Para reconocer el cambio en el valor razonable (110 u.m. – 100 u.m.)

continúa...

---

1 En este Ejemplo Ilustrativo, los importes monetarios se denominan en "unidades monetarias (u.m.)".

...continuación

DR. Resultado del periodo   10 u.m.

    CR. Correcciones por pérdidas (Préstamo LT)   10 u.m.

Para reconocer un incremento en las correcciones por pérdidas (90 u.m. – 100 u.m.)

DR. Acciones O   20 u.m.

    CR. Resultado del periodo   20 u.m.

Para reconocer la participación del inversor en la ganancia de la asociada (50 u.m. × 40%)

Al final del Año 1 el importe en libros de las Acciones O es de 220 u.m., Acciones P es de 110 u.m. y el Préstamo LT (neto de correcciones por pérdidas) es de 90 u.m

Año 2

El inversor reconoce lo siguiente durante el año 2:

DR. Resultado del periodo   20 u.m.

    CR. Acciones P   20 u.m.

Para reconocer el cambio en el valor razonable (90 u.m. – 110 u.m.)

DR. Resultado del periodo   20 u.m.

    CR. Correcciones por pérdidas (Préstamo LT)   20 u.m.

Para reconocer un incremento en las correcciones por pérdidas (70 u.m. – 90 u.m.)

DR. Resultado del periodo   80 u.m.

    CR. Acciones O   80 u.m.

Para reconocer la participación del inversor en la pérdida de la asociada (200 u.m. × 40%)

Al final del Año 2 el importe en libros de las Acciones O es de 140 u.m., Acciones P es de 90 u.m. y el Préstamo LT (neto de correcciones por pérdidas) es de 70 u.m.

Año 3

Aplicando el párrafo 14A de la NIC 28, el inversor aplica la NIIF 9 a las Acciones P y el Préstamo LT antes aplica el párrafo 38 de la NIC 28. Por consiguiente, el inversor reconoce lo siguiente durante el año 3:

DR. Resultado del periodo   40 u.m.

    CR. Acciones P   40 u.m.

Para reconocer el cambio en el valor razonable (50 u.m. – 90 u.m.)

continúa...

...continuación

DR. Resultado del periodo   20 u.m.

    CR. Correcciones por pérdidas (Préstamo LT)   20 u.m.

Para reconocer un incremento en las correcciones por pérdidas (50 u.m. – 70 u.m.)

DR. Resultado del periodo   20 u.m.

    CR. Acciones O   140 u.m.

    CR. Acciones P   50 u.m.

    CR. Préstamo LT   10 u.m.

Para reconocer la participación del inversor en la pérdida de la asociada en orden inverso a su grado de prioridad como especificaba en el párrafo 38 de la NIC 28 (500 u.m. × 40%)

Al final del Año 3 el importe en libros de las Acciones O es de cero u.m., Acciones P es de cero y el Préstamo LT (neto de correcciones por pérdidas) es de 40 u.m.

Año 4

Aplicando la NIIF 9 a sus participaciones en la asociada, el inversor reconoce lo siguiente en el Año 4:

DR. Resultado del periodo   10 u.m.

    CR. Acciones P   10 u.m.

Para reconocer el cambio en el valor razonable (40 u.m. – 50 u.m.)

Reconocimiento del cambio en el valor razonable de 10 u.m. en el Año 4 da lugar a que el importe en libros de las Acciones de P sea negativo 10 u.m. Por consiguiente, el inversor reconoce lo siguiente para revertir una parte de las pérdidas de la asociada anteriormente asignadas a las Acciones P:

DR. Acciones P   10 u.m.

    CR. Resultado del periodo   10 u.m.

Para revertir una parte de las pérdidas de la asociada anteriormente asignadas a las Acciones P

Aplicando el párrafo 38 de la NIC 28, el inversor limita el reconocimiento de las pérdidas de la asociada a 40 u.m. porque el importe en libros de su inversión neta en la asociada es entonces de cero. Por consiguiente, el inversor reconoce lo siguiente:

DR. Resultado del periodo   40 u.m.

    CR. Préstamo LT   40 u.m.

Para reconocer la participación del inversor en la pérdida de la asociada

Al final del Año 4 el importe en libros de las Acciones O es de cero u.m., Acciones P es de cero y el Préstamo LT (neto de correcciones por pérdidas) es de cero. Existe también una participación no reconocida en las pérdidas de la asociada de 30 u.m. (la participación del inversor en las pérdidas acumuladas de la asociada de 340 u.m. − 320 u.m. de pérdidas reconocidas acumuladamente + 10 u.m. de pérdidas revertidas).

Año 5

Aplicando la NIIF 9 a sus participaciones en la asociada, el inversor reconoce lo siguiente en el Año 5:

DR. Acciones P	20 u.m.	
CR. Resultado del periodo		20 u.m.

Para reconocer el cambio en el valor razonable (60 u.m. − 40 u.m.)

DR. Correcciones por pérdidas (Préstamo LT)	10 u.m.	
CR. Resultado del periodo		10 u.m.

Para reconocer una disminución en las correcciones por pérdidas (60 u.m. − 50 u.m.)

Después de aplicar la NIIF 9 a las Acciones P y al Préstamo LT, estos intereses tienen un importe en libros positivo. Por consiguiente, el inversor asigna la parte no reconocida con anterioridad de las pérdidas de 30 u.m. de la asociada a estas participaciones.

DR. Resultado del periodo	30 u.m.	
CR. Acciones P		20 u.m.
CR. Préstamo LT		10 u.m.

Para reconocer la participación no reconocida anteriormente en la pérdida de la asociada

Al final del Año 5 el importe en libros de las Acciones O es de cero u.m., Acciones P es de cero y el Préstamo LT (neto de correcciones por pérdidas) es de cero.

Año 6

Aplicando la NIIF 9 a sus participaciones en la asociada, el inversor reconoce lo siguiente en el Año 6:

DR. Acciones P	20 u.m.	
CR. Resultado del periodo		20 u.m.

Para reconocer el cambio en el valor razonable (80 u.m. − 60 u.m.)

DR. Correcciones por pérdidas (Préstamo LT)	10 u.m.	
CR. Resultado del periodo		10 u.m.

Para reconocer una disminución en las correcciones por pérdidas (70 u.m. − 60 u.m.)

El inversor asigna la ganancia de la asociada a cada participación en el orden de prioridad. El inversor limita el importe de la ganancia de la asociada que asigna a las Acciones P y el Préstamo LT al importe de las pérdidas del método de la participación anteriormente asignadas a esas participaciones, que en este ejemplo es de 60 u.m. para ambos casos.

DR. Acciones O	80 u.m.
DR. Acciones P	60 u.m.
DR. Préstamo LT	60 u.m.
CR. Resultado del periodo	20 u.m.0

Para reconocer la participación del inversor en la ganancia de la asociada (500 u.m. × 40%)

Al final del Año 6 el importe en libros de las Acciones O es de 80 u.m., Acciones P es de 80 u.m. y el Préstamo LT (neto de correcciones por pérdidas) es de 70 u.m.

Año 7

El inversor reconoce lo siguiente durante el año 7:

DR. Acciones P	30 u.m.
CR. Resultado del periodo	30 u.m.

Para reconocer el cambio en el valor razonable (110 u.m. – 80 u.m.)

DR. Correcciones por pérdidas (Préstamo LT)	20 u.m.
CR. Resultado del periodo	20 u.m.

Para reconocer una disminución en las correcciones por pérdidas (90 u.m. – 70 u.m.)

DR. Acciones O	20 u.m.
CR. Resultado del periodo	20 u.m.

Para reconocer la participación del inversor en la ganancia de la asociada (500 u.m. × 40%)

Al final del Año 7 el importe en libros de las Acciones O es de 280 u.m., Acciones P es de 110 u.m. y el Préstamo LT (neto de correcciones por pérdidas) es de 90 u.m

Años 1 a 7

Al reconocer el ingresos por intereses sobre el préstamo LT en cada año, el inversor no tiene en cuenta los ajustes al importe en libros del Préstamo LT que surgió de la aplicación de la NIC 28 (párrafo 14A de la NIC 28). Por consiguiente, el inversor reconoce lo siguiente durante cada año:

DR. Efectivo	5 u.m.
CR. Resultado del periodo	5 u.m.

Para reconocer el ingreso por intereses del Préstamo LT sobre la base de la tasa de interés efectiva del 5%

Resumen de los importe reconocidos en el resultado del periodo

Esta tabla resume los importes reconocidos en el resultado del periodo del inversor.

Partidas reconocidas / Durante	Deterioro de valor (pérdidas), incluyendo reversiones, aplicación de la NIIF 9	Ganancias (pérdidas) de Acciones P aplicando la NIIF 9	Participación en las ganancias (pérdidas) de la asociada reconocidas aplicando el método de la participación	Ingresos por intereses aplicando la NIIF 9
Año 1	(10) u.m.	10 u.m.	20 u.m.	5 u.m.
Año 2	(20) u.m.	(20) u.m.	(80) u.m.	5 u.m.
Año 3	(20) u.m.	(40) u.m.	(200) u.m.	5 u.m.
Año 4	–	(10) u.m.	(30) u.m.	5 u.m.
Año 5	10 u.m.	20 u.m.	(30) u.m.	5 u.m.
Año 6	10 u.m.	20 u.m.	200 u.m.	5 u.m.
Año 7	20 u.m.	30 u.m.	200 u.m.	5 u.m.

Documentos del IASB publicados para acompañar a la

NIC 32

Instrumentos Financieros: Presentación

El texto normativo de la NIC 32 se encuentra en la Parte A de esta edición. Su fecha de vigencia en el momento de la emisión era el 1 de enero de 2005. El texto de los Fundamentos de las Conclusiones de la NIC 32 se encuentra en la Parte C de esta edición. Esta parte presenta el siguiente documento:

EJEMPLOS ILUSTRATIVOS

ÍNDICE

NIC 32 *Instrumentos Financieros: Presentación*
Ejemplos Ilustrativos

Estos ejemplos acompañan a la NIC 32, pero no forman parte de la misma.

Contabilidad de los contratos de instrumentos de patrimonio de una entidad

EI1   Los siguientes ejemplos[1] ilustran la aplicación de los párrafos 15 a 27 y la NIIF 9 a la contabilización de los contratos de instrumentos de patrimonio propios de la entidad (distintos de los instrumentos financieros especificados en los párrafos 16A y 16B o los párrafos 16C y 16D).

Ejemplo 1: Compra de acciones a plazo

EI2   Este ejemplo ilustra los asientos en el libro diario de los contratos de compra a plazo de las acciones propias de una entidad que serán liquidadas (a) por el importe neto en efectivo, (b) por el importe neto en acciones o (c) mediante la entrega de efectivo a cambio de las acciones. También trata el efecto de las opciones de liquidación (ver (d) a continuación). Para simplificar el ejemplo, se supondrá que no se pagan dividendos a las acciones subyacentes (esto es, el costo de la financiación es cero) de manera que el valor presente del precio del contrato a término sea igual que el precio al contado cuando el valor razonable del contrato a término es cero. El valor razonable del contrato a término ha sido calculado como la diferencia entre el precio de mercado de la acción y el valor presente del precio fijo en el contrato a término.

---

1   En estos ejemplos, los importes monetarios se expresan en "unidades monetarias (u.m.)".

Supuestos:

Fecha del contrato	1 de febrero de 20X2
Fecha de vencimiento	31 de enero de 20X3

Precio de mercado por acción el 1 de febrero de 20X2	100 u.m.
Precio de mercado por acción el 31 de diciembre de 20X2	110 u.m.
Precio de mercado por acción el 31 de enero de 20X3	106 u.m.
Precio fijo del contrato a término pagadero el 31 de enero de 20X3	104 u.m.
Valor presente del precio del contrato a término el 1 de febrero de 20X2	100 u.m.
Número de acciones subyacentes en el contrato a término	1.000
Valor presente del contrato a término el 1 de febrero de 20X2	0 u.m.
Valor presente del contrato a término el 31 de diciembre de 20X2	6.300 u.m.
Valor presente del contrato a término el 31 de enero de 20X3	2.000 u.m.

(a) Efectivo a cambio de efectivo ("liquidación neta en efectivo")

EI3   En esta subsección, el contrato de compra a plazo de las acciones propias de la entidad serán liquidadas por el importe neto en efectivo, esto es, no hay recepción o entrega de las acciones propias de la entidad en la liquidación del contrato a término.

El 1 de febrero de 20X2, la Entidad A firma un contrato con la Entidad B para recibir el valor razonable de 1.000 acciones propias ordinarias en circulación de la Entidad A, a partir del 31 de enero de 20X3, a cambio del pago de 104.000 u.m. en efectivo (esto es, 104 u.m. por acción) el 31 de enero de 20X3. El contrato se liquidará por el importe neto en efectivo. La Entidad A registra los siguientes asientos en el libro diario.

1 de febrero de 20X2

El precio por acción cuando el contrato es acordado el 1 de febrero de 20X2 es de 100 u.m. El valor razonable inicial del contrato a término el 1 de febrero de 20X2 es cero.

No se requiere ningún asiento porque el valor razonable del derivado es cero y no se paga ni recibe efectivo.

31 de diciembre de 20X2

El 31 de diciembre de 20X2 el precio de mercado de la acción se ha incrementado hasta 110 u.m. y, como resultado, el valor razonable del contrato a término se ha incrementado hasta 6.300 u.m.

Dr	Activo a plazo	6.300 u.m.
	Cr Ganancia	6.300 u.m.

Registro del incremento del valor razonable del contrato a término.

[Referencia: párrafos 11 (definición de activo financiero) y GA27(c)]

31 de enero de 20X3

El 31 de enero de 20X3 el precio de mercado de la acción ha disminuido a 106 u.m. El valor razonable del contrato a término es 2.000 u.m. [(106 u.m. × 1.000) − 104.000 u.m.].

El mismo día, el contrato es liquidado por el importe neto en efectivo. La Entidad A tiene la obligación de entregar 104.000 u.m. a la Entidad B y la Entidad B tiene la obligación de entregar 106.000 u.m. (106 u.m. × 1.000) a la Entidad A, de manera que la Entidad B paga un importe neto de 2.000 u.m. a la Entidad A.

Dr	Pérdida	4.300 u.m.
	Cr Activo a plazo	4.300 u.m.

Registro de la disminución del valor razonable del contrato a término (esto es, 4.300 u.m. = 6.300 u.m. − 2.000 u.m.).

Dr	Efectivo	2.000 u.m.
	Cr Activo a plazo	2.000 u.m.

Registro de la liquidación del contrato a término.

(b) Acciones a cambio de acciones ("liquidación neta en acciones")

EI4   Supónganse los mismos hechos que en (a) excepto que la liquidación se efectuará por el importe neto en acciones en lugar de por el importe neto en efectivo. Los asientos en el libro diario de la Entidad A son los mismos que los mostrados anteriormente en (a), excepto lo que se refiere registro de la liquidación del contrato a término, que es como sigue:

[Referencia: párrafo GA27(d)]

31 de enero de 20X3

El contrato es liquidado por el importe neto en acciones. La Entidad A tiene la obligación de entregar 104.000 u.m. (104 u.m. × 1.000) por el valor de sus acciones a la Entidad B y la Entidad B tiene la obligación de entregar 106.000 u.m. (106 u.m. × 1.000) por el valor de las acciones a la Entidad A. De esta manera, la Entidad B entrega la importe neto de 2.000 u.m. (106.000 u.m. −

104.000 u.m.) por el valor de las acciones a la Entidad A, esto es, 18,9 acciones (2.000 u.m./106 u.m.).

Dr	Patrimonio	2.000 u.m.
Cr	Activo a plazo	2.000 u.m.

Registro de la liquidación del contrato a término.

[Referencia: párrafos 33 y GA36]

(c) Efectivo a cambio de acciones ("liquidación física en términos brutos")

EI5 Se suponen los mismos hechos que (a) excepto que la liquidación se efectuará mediante la entrega de un importe fijo de efectivo y recibiendo un número fijo de acciones de la Entidad A. De forma similar a los casos (a) y (b) anteriores, el precio por acción que la Entidad A pagará dentro de un año está fijado en 104 u.m. En consecuencia, la Entidad A tiene la obligación de pagar 104.000 u.m. en efectivo a la entidad B (104 u.m. × 1.000) y la Entidad B tiene la obligación de entregar 1.000 acciones propias en circulación de la Entidad A, a la propia Entidad A, dentro de un año. La Entidad A registra los siguientes asientos en el libro diario.

1 de febrero de 20X2

Dr	Patrimonio	100.000 u.m.
Cr	Pasivo	100.000 u.m.

Registro de la obligación de entregar 104.000 u.m. dentro de un año por su valor presente descontado de 100.000 u.m. que ha sido obtenido utilizando una tasa de interés adecuada (véase la NIIF 9, párrafo B5.1.1).

[Referencia: párrafos 16, 22, 23 y GA27(a)]

31 de diciembre de 20X2

Dr	Gastos financieros	3.660 u.m.
Cr	Pasivo	3.660 u.m.

Acumulación (o devengo) de intereses del pasivo de acuerdo con el método de la tasa de interés efectiva, para la cantidad de acciones rescatadas.

31 de enero de 20X3

Dr	Gastos financieros	340 u.m.
Cr	Pasivo	340 u.m.

Acumulación (o devengo) de intereses del pasivo de acuerdo con el método de la tasa de interés efectiva, para la cantidad de acciones rescatadas.

La Entidad A entrega 104.000 u.m. en efectivo a la Entidad B y la Entidad B entrega 1.000 acciones de la Entidad A, a la propia Entidad A.

Dr	Pasivo	104.000 u.m.
	Cr Efectivo	104.000 u.m.

Registro de la liquidación de la obligación de la Entidad A de rescatar sus propias acciones entregando efectivo a cambio.

(d) Opciones de liquidación

EI6 La existencia de opciones de liquidación (tales como el importe neto en efectivo, el importe neto en acciones o por intercambio de efectivo por acciones) tiene como resultado que el contrato de recompra a plazo sea un activo financiero o un pasivo financiero. Si una de las alternativas de la liquidación es el intercambio de efectivo por acciones (apartado (c) anterior), la Entidad A reconoce un pasivo por la obligación de entregar efectivo, como se muestra en el apartado (c) anterior. En caso contrario, la Entidad A contabilizará el contrato a término como un derivado.

[Referencia: párrafo 26]

Ejemplo 2: Venta de acciones a plazo

EI7 Este ejemplo ilustra los asientos en el libro diario de los contratos de venta a plazo de las acciones propias de una entidad que serán liquidadas (a) por el importe neto en efectivo, (b) por el importe neto en acciones o (c) recibiendo efectivo a cambio de las acciones. También trata el efecto de las opciones de liquidación (ver (d) a continuación). Para simplificar el ejemplo, se supondrá que no se pagan dividendos a las acciones subyacentes (esto es, el costo de la financiación es cero) de manera que el valor presente del precio del contrato a término sea igual que el precio al contado cuando el valor razonable del contrato a término es cero. El valor razonable del contrato a término ha sido calculado como la diferencia entre el precio de mercado de la acción y el valor presente del precio fijo en el contrato a término.

Supuestos:

Fecha del contrato	1 de febrero de 20X2
Fecha de vencimiento	31 de enero de 20X3
Precio de mercado por acción el 1 de febrero de 20X2	100 u.m.
Precio de mercado por acción el 31 de diciembre de 20X2	110 u.m.
Precio de mercado por acción el 31 de enero de 20X3	106 u.m.
Precio fijo del contrato a término pagadero el 31 de enero de 20X3	104 u.m.
Valor presente del precio del contrato a término el 1 de febrero de 20X2	100 u.m.
Número de acciones subyacentes en el contrato a término	1.000
Valor presente del contrato a término el 1 de febrero de 20X2	0 u.m.
Valor presente del contrato a término el 31 de diciembre de 20X2	(6.300 u.m.)
Valor presente del contrato a término el 31 de enero de 20X3	(2.000 u.m.)

(a) Efectivo a cambio de efectivo ("liquidación neta en efectivo")

EI8   El 1 de febrero de 20X2, la Entidad A firma un contrato con la Entidad B para pagar el valor razonable de 1.000 acciones propias ordinarias en circulación de la Entidad A, a partir del 31 de enero de 20X3, a cambio de 104.000 u.m. en efectivo (esto es, 104 u.m. por acción) el 31 de enero de 20X3. El contrato se liquidará por el importe neto en efectivo. La Entidad A registra los siguientes asientos en el libro diario.

1 de febrero de 20X2

No se requiere ningún asiento porque el valor razonable del derivado es cero y no se paga ni recibe efectivo.

31 de diciembre de 20X2

Dr	Pérdida	6.300 u.m.
	Cr Pasivo por contrato a término	6.300 u.m.

Registro de la disminución del valor razonable del contrato a término.

[Referencia: párrafos 11 (definición de pasivo financiero) y GA27(c)]

31 de enero de 20X3

Dr	Pasivo por contrato a término	4.300 u.m.
Cr	Ganancia	4.300 u.m.

Registro del incremento del valor razonable del contrato a término (esto es, 4.300 u.m. = 6.300 u.m. − 2.000 u.m.).

El contrato es liquidado por el importe neto en efectivo. La Entidad B tiene la obligación de entregar 104.000 u.m. a la Entidad A y la Entidad A tiene la obligación de entregar 106.000 (106 u.m. × 1.000) a la Entidad B. Así la Entidad A paga un importe neto de 2.000 u.m. a la Entidad B.

Dr	Pasivo por contrato a término	2.000 u.m.
Cr	Efectivo	2.000 u.m.

Registro de la liquidación del contrato a término.

(b) Acciones a cambio de acciones ("liquidación neta en acciones")

EI9 Supónganse los mismos hechos que en (a) excepto que la liquidación se efectuará por el importe neto en acciones en lugar de por el importe neto en efectivo. Los asientos en el libro diario de la Entidad A son los mismos que los mostrados anteriormente en (a), excepto:

[Referencia: párrafo GA27(d)]

31 de enero de 20X3

El contrato es liquidado por el importe neto en acciones. La Entidad A tiene el derecho a recibir 104.000 u.m. (104 u.m. × 1.000) por el valor de sus acciones y la obligación de entregar 106.000 u.m. (106 u.m. × 1.000) por el valor de sus acciones a la Entidad B. De esta manera, la Entidad A entrega un importe neto de 2.000 u.m. (106.000 u.m. - 104.000 u.m.) por el valor de sus acciones a la Entidad B, esto es, 18,9 acciones (2.000 u.m./106 u.m.).

Dr	Pasivo por contrato a término	2.000 u.m.
Cr	Patrimonio	2.000 u.m.

Registro de la liquidación del contrato a término. La emisión de las acciones propias de la entidad es tratada como una transacción con instrumentos de patrimonio.

(c) Efectivo a cambio de acciones ("liquidación en unidades físicas y en términos brutos")

EI10 Supónganse los mismos datos que (a) excepto que la liquidación se efectuará recibiendo un importe neto de efectivo y entregando un número fijo de acciones propias de la entidad. De forma similar a los casos (a) y (b) anteriores, el precio por acción que la Entidad A pagará dentro de un año está fijado en 104 u.m. En consecuencia, la Entidad A tiene el derecho a recibir 104.000 u.m. en efectivo (104 u.m. × 1.000) y una obligación de entregar 1.000 de sus acciones propias dentro de un año. La Entidad A registra los siguientes asientos en el libro diario.

1 de febrero de 20X2

El 1 de febrero no se realiza ningún asiento contable. No se paga o recibe efectivo porque el contrato a término tiene un valor razonable inicial de cero. Un contrato a término para entregar un número fijo de acciones propias de la Entidad A, a cambio de un importe fijo de efectivo u otro activo financiero cumple la definición de instrumento de patrimonio porque no puede ser liquidado de otra manera que mediante la entrega de acciones a cambio de efectivo.

[Referencia: párrafos 22 y GA27(a)]

31 de diciembre de 20X2

El 31 de diciembre no se realiza ningún asiento contable porque no se paga o recibe efectivo y un contrato para entregar un número fijo de acciones propias de la Entidad A, a cambio de un importe fijo de efectivo, cumple la definición de instrumento de patrimonio de la entidad.

[Referencia: párrafo 22]

31 de enero de 20X3

El 31 de enero de 20X3 la Entidad A recibe 104.000 u.m. en efectivo y entrega 1.000 acciones.

Dr Efectivo	104.000 u.m.	
Cr Patrimonio		104.000 u.m.

Registro de la liquidación del contrato a término.

[Referencia: párrafos 11 (definición de instrumento de patrimonio) y 16]

(d) Opciones de liquidación

EI11   La existencia de opciones de liquidación (tales como el importe neto en efectivo, el importe neto en acciones o por intercambio de efectivo por acciones) tiene como resultado que el contrato a término sea un activo financiero o un pasivo financiero. El contrato de opción no cumple la definición de instrumento de patrimonio porque puede cancelarse de otro modo que mediante la recompra por parte de la Entidad A de un número fijo de sus acciones propias a cambio del pago de una importe fijo de efectivo u otro activo financiero. La Entidad A reconoce un activo o pasivo derivado, como se demuestra en los apartados (a) y (b) anteriores. Los asientos contables a realizar en la liquidación dependen de cómo se liquide realmente el contrato.

[Referencia: párrafo 26]

Ejemplo 3: Adquisición de una opción de compra de acciones

EI12   Este ejemplo ilustra los asientos en el libro diario por una opción de compra adquirida que da derecho a la compra de acciones propias de la entidad, y será liquidada (a) por el importe neto en efectivo, (b) por el importe neto en acciones o (c) mediante la entrega de efectivo a cambio de las propias acciones de la entidad. También trata el efecto de las opciones para la liquidación de la transacción [ver (d) a continuación]:

Supuestos:

Fecha del contrato	1 de febrero de 20X2
Fecha de Ejercicio	31 de enero de 20X3
	(opción de tipo europeo, esto es, solo puede ser ejercida en el vencimiento)
Tenedor del derecho a ejercer	entidad que informa
	Entidad A
Precio de mercado por acción el 1 de febrero de 20X2	100 u.m.
Precio de mercado por acción el 31 de diciembre de 20X2	104 u.m.
Precio de mercado por acción el 31 de enero de 20X3	104 u.m.
Precio de ejercicio fijado pagadero el 31 de enero de 20X3	102 u.m.
Número de acciones del contrato de opción	1.000
Valor razonable de la opción el 1 de febrero de 20X2	5.000 u.m.
Valor razonable de la opción el 31 de diciembre de 20X2	3.000 u.m.
Valor razonable de la opción el 31 de enero de 20X3	2.000 u.m.

(a) Efectivo a cambio de efectivo ("liquidación neta en efectivo")

EI13   El 1 de febrero de 20X2, la Entidad A firma un contrato con la Entidad B que obliga a la entidad B a entregar, y otorga a la Entidad A el derecho a recibir el valor razonable de 1.000 acciones propias ordinarias a partir del 31 de enero de 20X3 a cambio del pago de 102.000 u.m. en efectivo (esto es, 102 u.m. por acción) el 31 de enero de 20X3, si la Entidad A ejercita este derecho. El contrato se liquidará por el importe neto en efectivo. Si la Entidad A no ejercita su derecho, no se hará ningún pago. La Entidad A registra los siguientes asientos en el libro diario.

1 de febrero de 20X2

El precio por acción cuando el contrato es acordado el 1 de febrero de 20X2 es de 100 u.m. El valor razonable inicial del contrato de opción el 1 de febrero de 20X2 es de 5.000 u.m., que la Entidad A paga a la Entidad B en efectivo en esta fecha. En esta fecha, la opción no tiene valor intrínseco, sólo valor temporal, porque el precio de ejercicio de 102 u.m. excede al precio de mercado de la acción de 100 u.m. y por ello no sería rentable para la Entidad A ejercitar la opción. En otras palabras, la opción de compra tiene un precio desfavorable (está fuera de dinero).

Dr	Activo por la opción de compra	5.000 u.m.
	Cr Efectivo	5.000 u.m.

Registro de la adquisición de la opción de compra.

[Referencia: párrafos 11 (definición de activo financiero) y GA27(c)]

31 de diciembre de 20X2

El 31 de diciembre de 20X2 el precio de mercado de la acción ha aumentado a 104 u.m. El valor razonable de la opción de compra ha disminuido a 3.000 u.m., de las cuales 2.000 u.m. son valor intrínseco [(104 u.m. – 102 u.m.) × 1.000], y 1.000 u.m. es el valor temporal restante.

Dr	Pérdida	2.000 u.m.
	Cr Activo por la opción de compra	2.000 u.m.

Registro de la disminución del valor razonable de la opción de compra.

31 de enero de 20X3

El 31 de enero de 20X3 el precio de mercado de la acción es todavía de 104 u.m. El valor razonable de la opción de compra ha disminuido a 2.000 u.m., el cual es valor intrínseco en su totalidad ([104 u.m. – 102 u.m.] × 1.000) porque no hay valor temporal restante.

Dr	Pérdida	1.000 u.m.
	Cr Activo por la opción de compra	1.000 u.m.

Registro de la disminución del valor razonable de la opción de compra.

El mismo día, la Entidad A ejercita la opción de compra y el contrato se liquida por el importe neto en efectivo. La Entidad B tiene la obligación de entregar 104.000 u.m. (104 u.m. × 1.000) a la Entidad A, a cambio de que la Entidad A entregue 102.000 u.m. (102 u.m. × 1.000), por lo que la Entidad A recibe un importe neto de 2.000 u.m.

Dr	Efectivo	2.000 u.m.
	Cr Activo por la opción de compra	2.000 u.m.

Registro de la liquidación del contrato de opción.

(b) Acciones a cambio de acciones ("liquidación neta en acciones")

EI14 Supónganse los mismos hechos que en (a) excepto que la liquidación se efectuará por el importe neto en acciones en lugar de por el importe neto en efectivo. Los asientos en el libro diario de la Entidad A son los mismos que los mostrados anteriormente en (a), excepto por el registro de la liquidación del contrato de opción, que es como sigue:

[Referencia: párrafos 11 (definición de activo financiero) y GA27(d)]

31 de enero de 20X3

La Entidad A ejercita la opción de compra y el contrato se liquida por el importe neto en acciones. La Entidad B tiene la obligación de entregar 104.000 u.m. (104 u.m. × 1.000) por el valor de las acciones de la Entidad A, a la Entidad A, a cambio de 102.000 u.m. (102 u.m. × 1.000) por el valor de las acciones de la Entidad A. De esta manera, la Entidad B entrega el importe neto de 2.000 u.m. por el valor de las acciones a la Entidad A, esto es, 19,2 acciones (2.000 u.m./104 u.m.).

Dr	Patrimonio	2.000 u.m.
Cr	Activo por la opción de compra	2.000 u.m.

Registro de la liquidación del contrato de opción. La liquidación se contabiliza como una transacción de acciones propias en cartera (es decir, no se registra pérdida o ganancia alguna).

[Referencia: párrafos 33 y GA36]

(c) Efectivo a cambio de acciones ("liquidación física en términos brutos")

EI15 Supónganse los mismos hechos que en (a) excepto que la liquidación se efectuará, si la Entidad A ejercita la opción, recibiendo un número fijo de acciones y pagando un importe fijo de efectivo. De forma similar a los casos (a) y (b) anteriores, el precio de ejercicio por acción está fijado en 102 u.m. En consecuencia, la Entidad A tiene el derecho a recibir 1.000 acciones propias vigentes de la Entidad A, a cambio de 102.000 u.m. (102 u.m. × 1.000) en efectivo, si la Entidad A ejercita su opción. La Entidad A registra los siguientes asientos en el libro diario.

1 de febrero de 20X2

Dr	Patrimonio	5.000 u.m.
Cr	Efectivo	5.000 u.m.

Registro del efectivo pagado a cambio del derecho a recibir las acciones propias de la Entidad A dentro de un año por un precio fijo. La prima pagada se reconoce en el patrimonio.

[Referencia: párrafos 16, 22 y GA14]

31 de diciembre de 20X2

El 31 de diciembre no se realiza ningún asiento contable porque no se paga o recibe efectivo y el contrato que otorga el derecho a recibir un número fijo de acciones propias de la Entidad A, a cambio de un importe fijo de efectivo, cumple la definición de instrumento de patrimonio de la entidad.

31 de enero de 20X3

La Entidad A ejercita la opción de compra y el contrato es liquidado en términos brutos. La Entidad B tiene la obligación de entregar 1.000 acciones, de la Entidad A, a cambio de 102.000 u.m. en efectivo.

Dr	Patrimonio	102.000 u.m.
Cr	Efectivo	102.000 u.m.

Registro de la liquidación del contrato de opción.

[Referencia: párrafos 33 y GA36]

(d) Opciones de liquidación

EI16 La existencia de opciones de liquidación (tales como el importe neto en efectivo, el importe neto en acciones o por intercambio de efectivo por acciones) tiene como resultado que la opción de compra sea un activo financiero. El contrato de opción no cumple la definición de instrumento de patrimonio porque puede cancelarse de otro modo que mediante la recompra por parte de la Entidad A de un número fijo de sus acciones propias a cambio del pago de una importe fijo de efectivo u otro activo financiero. La Entidad A reconoce un activo derivado, como se demuestra en los apartados (a) y (b) anteriores. Los asientos contables a realizar en la liquidación dependen de cómo se liquide realmente el contrato.

[Referencia: párrafos 11 (definición de activo financiero), 26 y 27]

Ejemplo 4: Emisión de opciones de compra sobre acciones

EI17 Este ejemplo ilustra los asientos en el libro diario de la obligación contractual de la entidad que emite una opción de compra sobre sus acciones propias que será liquidada (a) por el importe neto en efectivo, (b) por el importe neto en acciones o (c) mediante la entrega de efectivo a cambio de las acciones. También trata el efecto de las opciones de liquidación (ver (d) a continuación).

Supuestos:

Fecha del contrato	1 de febrero de 20X2
Fecha de Ejercicio	31 de enero de 20X3
	(opción de tipo europeo, esto es, solo puede ser ejercida en el vencimiento)
Tenedor del derecho a ejercer	Contraparte (Entidad B)
Precio de mercado por acción el 1 de febrero de 20X2	100 u.m.
Precio de mercado por acción el 31 de diciembre de 20X2	104 u.m.
Precio de mercado por acción el 31 de enero de 20X3	104 u.m.
Precio de ejercicio fijado pagadero el 31 de enero de 20X3	102 u.m.
Número de acciones del contrato de opción	1.000
Valor razonable de la opción el 1 de febrero de 20X2	5.000 u.m.
Valor razonable de la opción el 31 de diciembre de 20X2	3.000 u.m.
Valor razonable de la opción el 31 de enero de 20X3	2.000 u.m.

(a) Efectivo a cambio de efectivo ("liquidación neta en efectivo")

EI18   Supónganse los mismos hechos que en el ejemplo anterior 3(a), excepto que la Entidad A ha emitido una opción de compra sobre sus acciones propias en lugar de haber adquirido una opción de compra. En consecuencia, el 1 de febrero de 20X2 la Entidad A firma un contrato con la Entidad B que otorga a la Entidad B el derecho a recibir, y a la Entidad A la obligación de pagar, el valor razonable de 1.000 de sus propias acciones ordinarias con fecha 31 de enero de 20X3 a cambio de 102.000 u.m. en efectivo (esto es, 102 u.m. por acción) a pagar también el 31 de enero de 20X3, si la Entidad B decide ejercitar este derecho. El contrato se liquidará por el importe neto en efectivo. Si la entidad B no ejercita su derecho, no se hará ningún pago. La Entidad A registra los siguientes asientos en el libro diario.

1 de febrero de 20X2

| Dr | Efectivo | 5.000 u.m. | |
| | Cr Obligación por la opción de compra | | 5.000 u.m. |

Registro de la emisión de la opción de compra.

[Referencia: párrafos 11 (definición de pasivo financiero) y GA27(c)]

31 de diciembre de 20X2

| Dr | Obligación por la opción de compra | 2.000 u.m. | |
| | Cr Ganancia | | 2.000 u.m. |

Registro de la disminución del valor razonable de la opción de compra.

31 de enero de 20X3

| Dr | Obligación por la opción de compra | 1.000 u.m. | |
| | Cr Ganancia | | 1.000 u.m. |

Registro de la disminución del valor razonable de la opción.

El mismo día, la Entidad B ejercita la opción de compra y el contrato se liquida por el importe neto en efectivo. La Entidad A tiene la obligación de entregar 104.000 u.m. (104 u.m. × 1.000) a la Entidad B a cambio de que la Entidad B entregue 102.000 u.m. (102 u.m. × 1.000), por lo tanto, la Entidad A paga un importe neto de 2.000 u.m.

| Dr | Obligación por la opción de compra | 2.000 u.m. | |
| | Cr Efectivo | | 2.000 u.m. |

Registro de la liquidación del contrato de opción.

(b) Acciones a cambio de acciones ("liquidación neta en acciones")

EI19 Supónganse los mismos hechos que en (a) excepto que la liquidación se efectuará por el importe neto en acciones en lugar de por el importe neto en efectivo. Los asientos en el libro diario de la Entidad A son los mismos que los mostrados anteriormente en (a), excepto por el registro de la liquidación del contrato de opción, que es como sigue:

[Referencia: párrafo GA27(d)]

31 de diciembre de 20X3

La Entidad B ejercita la opción de compra y el contrato se liquida por el importe neto en acciones. La Entidad A tiene la obligación de entregar 104.000 u.m. (104 u.m. × 1.000) por el valor de las acciones de la Entidad A, a la Entidad B, a cambio de 102.000 u.m. (102 u.m. × 1.000) por el valor de las acciones de la Entidad A. De esta manera, la Entidad A entrega el importe neto de 2.000 u.m. por el valor de las acciones a la Entidad B, esto es, 19,2 acciones (2.000 u.m./104 u.m.).

Dr	Obligación por la opción de compra	2.000 u.m.
Cr	Patrimonio	2.000 u.m.

Registro de la liquidación del contrato de opción. La liquidación se contabiliza como una transacción de patrimonio.

(c) Efectivo a cambio de acciones ("liquidación física en términos brutos")

EI20   Supónganse los mismos hechos que en (a) excepto que la liquidación se efectuará, si la Entidad B ejercita la opción, entregando un número fijo de acciones y recibiendo un importe fijo de efectivo. De forma similar a los casos (a) y (b) anteriores, el precio de ejercicio por acción está fijado en 102 u.m. En consecuencia, la Entidad B tiene el derecho a recibir 1.000 acciones propias de la Entidad A en circulación a cambio de 102.000 u.m. (102 u.m. × 1.000) en efectivo, si la Entidad B ejercita su opción. La Entidad A registra los siguientes asientos en el libro diario.

1 de febrero de 20X2

Dr	Efectivo	5.000 u.m.
Cr	Patrimonio	5.000 u.m.

Registro del efectivo recibido a cambio de la obligación de entregar un número fijo de acciones propias de la Entidad A dentro de un año por un precio fijo. La prima recibida se reconoce en el patrimonio. Cuando se ejerce la opción de compra, ésta provocará la emisión de un número fijo de acciones a cambio de un importe fijo de efectivo.

[Referencia: párrafos 22 y GA27(a)]

31 de diciembre de 20X2

El 31 de diciembre no se realiza ningún asiento contable porque no se paga o recibe efectivo y un contrato para entregar un número fijo de acciones propias de la Entidad A, a cambio de un importe fijo de efectivo, cumple la definición de instrumento de patrimonio de la entidad.

[Referencia: párrafo 22]

31 de enero de 20X3

La Entidad B ejercita la opción de compra y el contrato es liquidado en términos brutos. La Entidad A tiene la obligación de entregar 1.000 acciones a cambio de 102.000 u.m. en efectivo.

Dr	Efectivo	102.000 u.m.
Cr	Patrimonio	102.000 u.m.

Registro de la liquidación del contrato de opción.

[Referencia: párrafos 11 (definición de instrumento de patrimonio) y 16]

(d) Opciones de liquidación

EI21 La existencia de opciones en la liquidación (tales como por importe neto en efectivo, por el importe neto en acciones o por intercambio de efectivo por acciones) tiene como resultado que la opción de compra sea un pasivo financiero. No cumple la definición de instrumento de patrimonio porque puede ser liquidado de forma distinta que mediante la emisión por parte de la Entidad A de un número fijo de sus propias acciones, a cambio de recibir un importe fijo de efectivo u otro activo financiero. La Entidad A reconoce un pasivo por el derivado, como se muestra en los apartados (a) y (b) anteriores. Los asientos contables a realizar en la liquidación dependen de cómo se liquide realmente el contrato.

[Referencia: párrafo 26]

Ejemplo 5: Adquisición de una opción de venta de acciones

EI22 Este ejemplo ilustra los asientos en el libro diario por la adquisición de una opción de venta de acciones propias de la entidad que será liquidada (a) por el importe neto en efectivo, (b) por el importe neto en acciones o (c) mediante la entrega de efectivo a cambio de las acciones. También trata el efecto de las opciones de liquidación (ver (d) a continuación).

Supuestos:

Fecha del contrato	1 de febrero de 20X2
Fecha de Ejercicio	31 de enero de 20X3
	(opción de tipo europeo, esto es, solo puede ser ejercida en el vencimiento)
Tenedor del derecho a ejercer	Entidad que informa (Entidad A)
Precio de mercado por acción el 1 de febrero de 20X2	100 u.m.
Precio de mercado por acción el 31 de diciembre de 20X2	95 u.m.
Precio de mercado por acción el 31 de enero de 20X3	95 u.m.
Precio de ejercicio fijado pagadero el 31 de enero de 20X3	98 u.m.
Número de acciones del contrato de opción	1.000
Valor razonable de la opción el 1 de febrero de 20X2	5.000 u.m.
Valor razonable de la opción el 31 de diciembre de 20X2	4.000 u.m.
Valor razonable de la opción el 31 de enero de 20X3	3.000 u.m.

(a) Efectivo a cambio de efectivo ("liquidación neta en efectivo")

EI23   El 1 de febrero de 20X2, la Entidad A firma un contrato con la Entidad B que otorga a la Entidad A el derecho a vender, y a la Entidad B la obligación de comprar el valor razonable de 1.000 acciones propias en circulación a partir del 31 de enero de 20X3, con un precio especificado de 98.000 u.m. (es decir, a 98 u.m. por acción). El contrato se liquidará por el importe neto en efectivo. Si la Entidad A no ejercita su derecho, no se hará ningún pago. La Entidad A registra los siguientes asientos en el libro diario.

1 de febrero de 20X2

El precio por acción cuando el contrato es acordado el 1 de febrero de 20X2 es de 100 u.m. El valor razonable inicial del contrato de opción el 1 de febrero de 20X2 es de 5.000 u.m., que la Entidad A paga a la Entidad B en efectivo en esta fecha. En esa fecha, la opción no tiene valor intrínseco, sólo valor temporal, porque el precio de ejercicio de 98 u.m. es menor que el precio de mercado de la acción de 100 u.m. Por ello no sería rentable para la Entidad A ejercitar la opción. En otras palabras, la opción de venta está fuera de dinero o tiene un precio desfavorable.

| Dr | Activo por la opción de venta | 5.000 u.m. | |
| | Cr Efectivo | | 5.000 u.m. |

Registro de la compra de la opción de venta.

[Referencia: párrafos 11 (definición de activo financiero) y GA27(c)]

31 de diciembre de 20X2

El 31 de diciembre de 20X2 el precio de mercado de la acción ha disminuido a 95 u.m. El valor razonable de la opción de venta ha disminuido a 4.000 u.m., de las cuales 3.000 u.m. son valor intrínseco ([98 u.m. − 95 u.m.] × 1.000), y 1.000 u.m. es el restante valor temporal.

| Dr | Pérdida | 1.000 u.m. | |
| | Cr Activo por la opción de venta | | 1.000 u.m. |

Registro de la disminución del valor razonable de la opción de venta.

31 de enero de 20X3

El 31 de enero de 20X3 el precio de mercado de la acción es todavía de 95 u.m. El valor razonable de la opción de venta ha disminuido a 3.000 u.m., el cual es valor intrínseco en su totalidad ([98 u.m. − 95 u.m.] × 1.000) porque no hay valor temporal restante.

| Dr | Pérdida | 1.000 u.m. | |
| | Cr Activo por la opción de venta | | 1.000 u.m. |

Registro de la disminución del valor razonable de la opción.

El mismo día, la Entidad A ejercita la opción de venta y el contrato se liquida por el importe neto en efectivo. La Entidad B tiene la obligación de entregar 98.000 u.m. a la Entidad A y la Entidad A tiene la obligación de entregar 95.000 u.m. (95 u.m. × 1.000) a la Entidad B, de esta manera la Entidad B paga un importe neto de 3.000 u.m a la Entidad A.

| Dr | Efectivo | 3.000 u.m. | |
| | Cr Activo por la opción de venta | | 3.000 u.m. |

Registro de la liquidación del contrato de opción.

(b) Acciones a cambio de acciones ("liquidación neta en acciones")

EI24   Supónganse los mismos hechos que en (a) excepto que la liquidación se efectuará por el importe neto en acciones en lugar de por el importe neto en efectivo. Los asientos en el libro diario de la Entidad A son los mismos que los mostrados anteriormente en (a), excepto:

[Referencia: párrafo GA27(d)]

31 de enero de 20X3

La Entidad A ejercita la opción de venta y el contrato se liquida por el importe neto en acciones. En efecto, la Entidad B tiene la obligación de entregar un valor de 98.000 u.m., en acciones de la Entidad A, a la Entidad A, y la Entidad A tiene la obligación de entregar 95.000 u.m. por el valor de sus acciones (95 u.m. × 1.000) a la Entidad B, de esta manera, la Entidad B entrega un importe neto de 3.000 u.m. por el valor de las acciones a la Entidad A, esto es, 31,6 acciones (3.000 u.m./95 u.m.).

Dr Patrimonio   3.000 u.m.

Cr Activo por la opción de venta   3.000 u.m.

Registro de la liquidación del contrato de opción.

(c) Efectivo a cambio de acciones ("liquidación física en términos brutos")

EI25   Supónganse los mismos hechos que en (a) excepto que la liquidación se efectuará, si la Entidad A ejercita la opción, recibiendo un importe fijo de efectivo y entregando un número fijo de acciones de la Entidad A. De forma similar a los casos (a) y (b) anteriores, el precio de ejercicio por acción está fijado en 98 u.m. De este modo, la Entidad B tiene una obligación de entregar 98.000 u.m. en efectivo a la Entidad A (98 u.m. × 1.000) a cambio de 1.000 acciones en circulación de la Entidad A, si la Entidad A ejercita su opción. La Entidad A registra los siguientes asientos en el libro diario.

1 de febrero de 20X2

Dr Patrimonio   5.000 u.m.

Cr Efectivo   5.000 u.m.

Registro del efectivo recibido a cambio del derecho a entregar las acciones propias de la Entidad A dentro de un año por un precio fijo. La prima pagada se reconoce directamente en el patrimonio. Cuando se ejerce la opción, esto deriva en la emisión de un número fijo de acciones a cambio de un precio fijo.

[Referencia: párrafos 16, 22 y GA27(a)]

31 de diciembre de 20X2

El 31 de diciembre no se realiza ningún asiento contable porque no se paga o recibe efectivo y un contrato de entrega de un número fijo de acciones propias de la Entidad A, a cambio de un importe fijo de efectivo, cumple la definición de instrumento de patrimonio de la Entidad A.

[Referencia: párrafo 22]

31 de enero de 20X3

La Entidad A ejercita la opción y el contrato se liquida en términos brutos. La Entidad B tiene la obligación de entregar 98.000 u.m. en efectivo a la Entidad A, a cambio de 1.000 acciones.

Dr	Efectivo	98.000 u.m.	
	Cr Patrimonio		98.000 u.m.

Registro de la liquidación del contrato de opción.

[Referencia: párrafos 11 (definición de instrumento de patrimonio) y 16]

(d) Opciones de liquidación

EI26   La existencia de opciones de liquidación (tales como el importe neto en efectivo, el importe neto en acciones o por intercambio de efectivo por acciones) tiene como resultado que la opción de venta sea un activo financiero. No cumple la definición de instrumento de patrimonio porque puede ser liquidado de forma distinta que mediante la emisión por parte de la Entidad A de un número fijo de sus propias acciones, a cambio de recibir un importe fijo de efectivo u otro activo financiero. La Entidad A reconoce un activo derivado, como se demuestra en los apartados (a) y (b) anteriores. Los asientos contables a realizar en la liquidación dependen de cómo se liquide realmente el contrato.

[Referencia: párrafo 26]

Ejemplo 6: Emisión de opciones de venta de acciones

EI27   Este ejemplo ilustra los asientos en el libro diario por la emisión por parte de una entidad de una opción de venta sobre sus acciones propias que será liquidada (a) por el importe neto en efectivo, (b) por el importe neto en acciones o (c) mediante la entrega de efectivo a cambio de las acciones. También trata el efecto de las opciones de liquidación (ver (d) a continuación).

Supuestos:

Fecha del contrato	1 de febrero de 20X2
Fecha de Ejercicio	31 de enero de 20X3
	(opción de tipo europeo, esto es, solo puede ser ejercida en el vencimiento)
Tenedor del derecho a ejercer	Contraparte (Entidad B)
Precio de mercado por acción el 1 de febrero de 20X2	100 u.m.
Precio de mercado por acción el 31 de diciembre de 20X2	95 u.m.
Precio de mercado por acción el 31 de enero de 20X3	95 u.m.
Precio de ejercicio fijado pagadero el 31 de enero de 20X3	98 u.m.
Valor presente del precio de ejercicio el 1 de febrero de 20X2	95 u.m.
Número de acciones del contrato de opción	1.000
Valor razonable de la opción el 1 de febrero de 20X2	5.000 u.m.
Valor razonable de la opción el 31 de diciembre de 20X2	4.000 u.m.
Valor razonable de la opción el 31 de enero de 20X3	3.000 u.m.

(a) Efectivo a cambio de efectivo ("liquidación neta en efectivo")

EI28   Supónganse los mismos datos que en el ejemplo 5(a) anterior, excepto que la Entidad A ha emitido una opción de venta de sus propias acciones, en lugar de haber adquirido una opción de venta sobre ellas. En consecuencia, el 1 de febrero de 20X2, la Entidad A firma un contrato con la Entidad B, que otorga a la Entidad B el derecho a recibir, y a la Entidad A la obligación de pagar, el valor razonable de 1.000 acciones propias a partir del 31 de enero de 20X3 a cambio de 98.000 u.m. en efectivo (esto es, 98 u.m. por acción) el 31 de enero de 20X3, si la Entidad B ejercita este derecho. El contrato se liquidará por el importe neto en efectivo. Si la entidad B no ejercita su derecho, no se hará ningún pago. La Entidad A registra los siguientes asientos en el libro diario.

1 de febrero de 20X2

Dr	Efectivo	5.000 u.m.	
	Cr Pasivo por la opción de venta		5.000 u.m.

Registro de la emisión de la opción de venta.

[Referencia: párrafos 11 (definición de pasivo financiero) y GA27(c)]

31 de diciembre de 20X2

Dr	Pasivo por la opción de venta	1.000 u.m.	
	Cr Ganancia		1.000 u.m.

Registro de la disminución del valor razonable de la opción de venta.

31 de enero de 20X3

Dr	Pasivo por la opción de venta	1.000 u.m.	
	Cr Ganancia		1.000 u.m.

Registro de la disminución del valor razonable de la opción de venta.

El mismo día, la Entidad B ejercita la opción de venta y el contrato se liquida por el importe neto en efectivo. La Entidad A tiene la obligación de entregar 98.000 u.m. a la Entidad B, y la Entidad B tiene la obligación de entregar 95.000 u.m. (95 u.m. × 1.000) a la Entidad A. Por lo tanto, la Entidad A paga un importe neto de 3.000 u.m. a la Entidad B.

Dr	Pasivo por la opción de venta	3.000 u.m.	
	Cr Efectivo		3.000 u.m.

Registro de la liquidación del contrato de opción.

(b) Acciones a cambio de acciones ("liquidación neta en acciones")

EI29   Supónganse los mismos hechos que en (a) excepto que la liquidación se efectuará por el importe neto en acciones en lugar de por el importe neto en efectivo. Los asientos en el libro diario de la Entidad A son los mismos que en (a), excepto por lo siguiente:

[Referencia: párrafo GA27(d)]

31 de enero de 20X3

La Entidad B ejercita la opción de venta y el contrato se liquida por el importe neto en acciones. En efecto, la Entidad A tiene la obligación de entregar un valor de 98.000 u.m. en acciones a la Entidad B, y la Entidad B tiene la obligación de entregar 95.000 u.m. por el valor de las acciones de A (95 u.m. × 1.000) a la Entidad A, de esta manera, la Entidad A entrega un importe neto de 3.000 u.m. por el valor de las acciones a la Entidad B, esto es, 31,6 acciones (3.000 u.m./95 u.m.).

Dr	Pasivo por la opción de venta	3.000 u.m.	
	Cr Patrimonio		3.000 u.m.

Registro de la liquidación del contrato de opción. La emisión de las acciones propias de la Entidad A se contabiliza como una transacción de patrimonio.

[Referencia: párrafos 11 (definición de instrumento de patrimonio) y 16]

(c) Efectivo a cambio de acciones ("liquidación física en términos brutos")

EI30   Supónganse los mismos hechos que en (a) excepto que la liquidación se efectuará, si la Entidad B ejercita la opción, entregando un importe fijo de efectivo y recibiendo un número fijo de acciones. De forma similar a los casos (a) y (b) anteriores, el precio de ejercicio por acción está fijado 98 u.m. En consecuencia, la Entidad A tiene la obligación de pagar 98.000 u.m. en efectivo a la Entidad B (98 u.m. × 1.000), a cambio de 1.000 acciones en circulación de la Entidad A, si la Entidad B ejercita su opción. La Entidad A registra los siguientes asientos en el libro diario.

1 de febrero de 20X2

Dr	Efectivo	5.000 u.m.	
	Cr Patrimonio		5.000 u.m.

Registro en el patrimonio de 5.000 u.m. por la prima de la opción recibida.

[Referencia: párrafos 22 y GA27(a)]

Dr	Patrimonio	95.000 u.m.	
	Cr Pasivo		95.000 u.m.

Registro del valor presente de la obligación de entregar 98.000 u.m. dentro de un año, esto es, 95.000 u.m., como un pasivo.

[Referencia: párrafos 23 y GA13]

31 de diciembre de 20X2

Dr	Gastos financieros	2.750 u.m.	
	Cr Pasivo		2.750 u.m.

Acumulación (o devengo) de intereses del pasivo de acuerdo con el método de la tasa de interés efectiva, para la cantidad de acciones rescatadas.

31 de enero de 20X3

Dr	Gastos financieros	250 u.m.	
	Cr Pasivo		250 u.m.

Acumulación (o devengo) de intereses del pasivo de acuerdo con el método de la tasa de interés efectiva, para la cantidad de acciones rescatadas.

El mismo día, la Entidad B ejercita la opción de venta y el contrato es liquidado en términos brutos. La Entidad A tiene la obligación de entregar 98.000 u.m. en efectivo a la Entidad B a cambio de 95.000 u.m. por el valor de las acciones (95 u.m × 1.000).

Dr	Pasivo	98.000 u.m.
	Cr Efectivo	98.000 u.m.

Registro de la liquidación del contrato de opción.

(d) Opciones de liquidación

EI31 La existencia de opciones en la liquidación (tales como por el importe neto en efectivo, por el importe neto en acciones o por intercambio de efectivo por acciones) tiene como resultado que la emisión de la opción de venta sea un pasivo financiero. Si una de las alternativas de la liquidación es el intercambio de efectivo por acciones (apartado (c) anterior), la Entidad A reconoce un pasivo por la obligación de entregar efectivo, como se muestra en el apartado (c) anterior. En cualquier otro caso, la Entidad A contabilizará la opción de venta como un pasivo derivado.

[Referencia: párrafo 26]

Entidades tales como fondos de inversión colectiva y cooperativas cuyo capital en acciones no es patrimonio, tal como se define en la NIC 32

Ejemplo 7: Entidades sin patrimonio
[Referencia: párrafo 18(b)]

EI32 En el siguiente ejemplo se ilustra el formato de un estado del resultado integral y un estado de situación financiera que puede ser utilizado por entidades como fondos de inversión colectiva que no tienen patrimonio, tal como se define en la NIC 32. Es posible utilizar otros formatos.

Estado del resultado integral del año terminado el 31 de diciembre de 20X1

	20X1	20X0
	u.m.	u.m.
Ingresos de actividades ordinarias	2.956	1.718
Gastos (clasificados por naturaleza o función)	(644)	(614)
Resultado de las actividades de operación	2.312	1.104
Costos financieros		
– otros costos financieros	(47)	(47)
– distribución a los participantes **[Referencia: párrafos 35 y 36]**	(50)	(50)
Cambios en el valor del activo neto atribuible a los participantes	2.215	1.007

Estado de situación financiera a 31 de diciembre de 20X1

	20X1		20X0
	u.m.	u.m.	u.m.	u.m.
ACTIVOS				
Activos no corrientes (clasificados de acuerdo con lo establecido en la NIC 1)	91.374		78.484	
Activos no corrientes totales		91.374		78.484
Activos corrientes (clasificados de acuerdo con lo establecido en la NIC 1)	1.422		1.769	
Total activos corrientes		1.422		1.769
Total activos		92.796		80.253
PASIVOS				
Pasivos corrientes (clasificados de acuerdo con lo establecido en la NIC 1)	647		66	
Pasivos corrientes totales		(647)		(66)
Pasivos no corrientes excluyendo el activo neto atribuible a los participantes (clasificados de acuerdo con lo establecido en la NIC 1)	280		136	
		(280)		(136)
Activos netos atribuibles a los participantes		91.869		80.051

Ejemplo 8: Entidades con algo de patrimonio
[Referencia: párrafo 18(b)]

EI33   En el siguiente ejemplo se ilustra el formato de un estado del resultado integral y un estado de situación financiera que puede ser utilizado por las entidades cuyo capital en acciones no es patrimonio, tal como se define en la NIC 32 porque la entidad tiene la obligación de reembolsar el capital en acciones a petición de la otra parte, pero no tiene todas las características o cumple las condiciones establecidas en los párrafos 16A y 16B o en los párrafos 16C o 16D. Es posible utilizar otros formatos.

Estado del resultado integral del año terminado el 31 de diciembre de 20X1

	20X1	20X0
	u.m.	u.m.
Ingresos de actividades ordinarias	472	498
Gastos (clasificados por naturaleza o función)	(367)	(396)
Resultado de las actividades de operación	105	102
Costos financieros		
– otros costos financieros	(4)	(4)
– distribución a los miembros [Referencia: párrafos 35 y 36]	(50)	(50)
Cambios en el valor del activo neto atribuible a los participantes	51	48

Estado de situación financiera a 31 de diciembre de 20X1

	20X1			20X0
	u.m.	u.m.	u.m.	u.m.
ACTIVOS				
Activos no corrientes (clasificados de acuerdo con lo establecido en la NIC 1)		908		830
Activos no corrientes totales			908	830
Activos corrientes (clasificados de acuerdo con lo establecido en la NIC 1)		383		350
Total activos corrientes			383	350
Total activos			1.291	1.180

continúa...

...continuación

Estado de situación financiera a 31 de diciembre de 20X1

	20X1	20X0
	u.m.	u.m.
PASIVOS		
Pasivos corrientes (clasificados de acuerdo con lo establecido en la NIC 1)	372	338
Capital en acciones reembolsable a petición de la otra parte	202	161
Pasivos corrientes totales	(574)	(499)
Total activos menos pasivos corrientes	717	681
Pasivos no corrientes (clasificados de acuerdo con lo establecido en la NIC 1)	187	196
	(187)	(196)
OTROS COMPONENTES DE PATRIMONIO(a)		
Reservas. Por ejemplo: superávit de revaluación, ganancias acumuladas, etc.	530	485
	530	485
	717	681

NOTA MEMORANDO – Total correspondiente a los participantes

	20X1	20X0
Capital en acciones reembolsable a petición de la otra parte	202	161
Reservas	530	485
	732	646

(a) En este ejemplo, la entidad no tiene obligación de entregar una parte de sus reservas a sus participantes.

Contabilización de instrumentos financieros compuestos

Ejemplo 9: Separación de un instrumento financiero compuesto a efectos de su reconocimiento inicial

EI34 El párrafo 28 describe cómo se separan los componentes de un instrumento financiero compuesto, por parte de la entidad, en el momento del reconocimiento inicial. El siguiente ejemplo ilustra cómo debe realizarse tal separación.

EI35 Una entidad emite 2.000 bonos convertibles a principios del año 1. Las obligaciones tienen un vencimiento a tres años y son emitidas a la par con un valor nominal de 1.000 u.m. por título, dando un importe total de 2.000.000 u.m.. El interés es pagadero anualmente al final del periodo, a una tasa de interés nominal anual del 6 por ciento. Cada bono es convertible en 250 acciones ordinarias en cualquier momento hasta el vencimiento. En el momento de la emisión de los bonos, el tipo de interés de mercado vigente para deuda similar sin posibilidad de conversión es del 9 por ciento.

EI36 En primer lugar se determina el componente de pasivo, y la diferencia entre el importe de la emisión del bono y el valor razonable del pasivo es asignado al componente de patrimonio. El valor presente del componente de pasivo se calcula utilizando una tasa de descuento del 9 por ciento, la tasa de interés de mercado para bonos similares que no tienen derechos de conversión, como se muestra a continuación.

	u.m.
Valor presente del principal – 2.000.000 u.m. pagadero al final de los tres años	1.544.367
Valor presente del interés – 120.000 u.m. pagadero anualmente al final del periodo durante tres años	303.755
Componente de pasivo total	1.848.122
Componente de patrimonio (por diferencia)	151.878
Importe de la emisión del bono	2.000.000

[Referencia: párrafos 28, GA30 y GA31]

Ejemplo 10: Separación de un instrumento financiero compuesto por múltiples derivados implícitos

EI37 El siguiente ejemplo ilustra la aplicación del párrafo 31 para la separación de los componentes de pasivo y de patrimonio de un instrumento financiero compuesto con varios derivados implícitos.

EI38 Supóngase que el importe recibido por la emisión de un bono convertible, con una opción de rescate por parte del tenedor, es de 60 u.m.. El valor de un bono similar sin opciones de rescate o de conversión es de 57 u.m.. Sobre la base de un modelo de valoración de opciones, se determina que el valor para la entidad de la opción de compra implícita en un bono similar sin opciones de conversión es de 2 u.m.. En este caso, el valor asignado al componente de pasivo, según el párrafo 31, es de 55 u.m. (57 u.m. – 2 u.m.) y el valor asignado al componente de patrimonio es de 5 u.m. (60 u.m. – 55 u.m.).

[Referencia: párrafo 31]

Ejemplo 11: Recompra de un instrumento convertible

EI39   El siguiente ejemplo ilustra cómo contabiliza una entidad la recompra de un instrumento convertible. Para simplificar, se supondrá que al inicio el valor nominal del instrumento es igual al importe en libros total de sus componentes de pasivo y patrimonio en los estados financieros, es decir, que no existe una prima de emisión inicial o descuento. Además, por sencillez, las consideraciones fiscales han sido omitidas en el ejemplo.

EI40   El 1 de enero de 20X0, la Entidad A emitió obligaciones convertibles a un 10 por ciento de interés, con un valor nominal de 1.000 u.m. y vencimiento el 31 de diciembre de 20X9. Las obligaciones son convertibles en acciones ordinarias de la Entidad A, a un precio de conversión de 25 u.m. por acción. El interés se paga en efectivo semestralmente. En la fecha de la emisión, la Entidad A podría haber emitido deuda no convertible a diez años con un cupón con una tasa de interés del 11 por ciento.

EI41   En el momento de la emisión, el importe en libros de las obligaciones en los estados financieros de la Entidad A se distribuyó como sigue:

	u.m.
Componente de pasivo	
Valor presente de 20 pagos de intereses semestrales de 50 u.m., descontados al 11%	597
Valor presente de 1.000 u.m. con vencimiento en 10 años, descontadas al 11%, calculado semestralmente	343
	940
Componente de patrimonio	
(diferencia entre 1.000 u.m. de importe total y 940 u.m. asignadas anteriormente)	60
Importe total recibido	1.000

[Referencia: párrafos 28, 29, 31 y GA31]

EI42   El 1 de enero de 20X5, las obligaciones convertibles tienen un valor razonable de 1.700 u.m.

EI43   La Entidad A hace una oferta al tenedor de las obligaciones para recomprarlas por 1.700 u.m., que es aceptada por éste. En la fecha de la recompra, la Entidad A podría haber emitido deuda no convertible a cinco años con un cupón con una tasa de interés del 8 por ciento.

EI44   El precio de recompra se distribuye como sigue:

	Importe en libros	Valor razonable	Diferencia
Componente de pasivo:	u.m.	u.m.	u.m.
Valor presente de los restantes 10 pagos de intereses semestrales de 50 u.m., descontados al 11% y 8%, respectivamente	377	405	
Valor presente de 1.000 u.m. con vencimiento a 5 años, descontadas al 11% y 8% respectivamente, calculado semestralmente	585	676	
	962	1.081	(119)
Componente de patrimonio	60	619[(a)]	(559)
Total	1.022	1.700	(678)

(a) Este importe representa la diferencia entre el valor razonable asignado al componente de pasivo y al precio de recompra de 1.700 u.m.

[Referencia: párrafo GA33]

EI45 La Entidad A reconocerá la recompra de las obligaciones como sigue:

Dr Componente de pasivo 962 u.m.

Dr Gasto por liquidación de la deuda (resultado) 119 u.m.

Cr Efectivo 1.081 u.m.

Registro de la recompra del componente de pasivo.

[Referencia: párrafos GA33 y GA34]

Dr Patrimonio 619 u.m.

Cr Efectivo 619 u.m.

Registro del pago de efectivo por el componente de pasivo.

[Referencia: párrafos GA33 y GA34]

EI46 El componente de patrimonio permanecerá como patrimonio, pero podría ser transferido de una partida de patrimonio a otra.

Ejemplo 12: Modificación de las condiciones de un instrumento convertible para inducir una conversión anticipada

EI47   El siguiente ejemplo ilustra como una entidad contabiliza el pago de una contrapartida adicional cuando las condiciones de un instrumento convertible son modificadas para inducir una conversión anticipada.

EI48   El 1 de enero de 20X0, la Entidad A emitió, al 10 por ciento de interés, obligaciones convertibles con un valor nominal de 1.000 u.m. con las mismas condiciones que las descritas en el ejemplo 11. El 1 de enero de 2.0X1, para inducir al tenedor a convertir las obligaciones convertibles de inmediato, la Entidad A reduce el precio de la conversión a 20 u.m. si las obligaciones se convierten antes del 1 de marzo de 2.0X1 (es decir, antes de 60 días).

EI49   Supóngase que el precio de mercado de las acciones ordinarias de la Entidad A en la fecha de modificación de las condiciones es de 40 u.m. por acción. El valor razonable de la contrapartida incremental pagada por la Entidad A se calcula como sigue:

Número de acciones ordinarias a emitir para los tenedores de las obligaciones bajo las condiciones de conversión **modificadas**:

Importe nominal	1.000 u.m.
Precio de la nueva conversión	/20 u.m. por acción
Número de acciones ordinarias a emitir en la conversión	50 acciones

Número de acciones ordinarias a emitir para los tenedores de las obligaciones bajo las condiciones de conversión **iniciales**:

Importe nominal	1.000 u.m.
Precio de la conversión inicial	/25 u.m. por acción
Número de acciones ordinarias a emitir en la conversión	40 acciones

Número de acciones ordinarias incrementales a emitir en la conversión	10 acciones

Valor de acciones ordinarias **incrementales** *emitidas en la conversión*	
40 u.m. por acción x 10 acciones incrementales	400 u.m.

EI50   La contrapartida incremental de 400 u.m. se registra como pérdida en el resultado del ejercicio.

Documentos del IASB publicados para acompañar a la

NIC 33

Ganancias por Acción

El texto normativo de la NIC 33 se encuentra en la Parte A de esta edición. Su fecha de vigencia en el momento de la emisión era el 1 de enero de 2005. El texto de los Fundamentos de las Conclusiones de la NIC 33 se encuentra en la Parte C de esta edición. Esta parte presenta el siguiente documento:

EJEMPLOS ILUSTRATIVOS

NIC 33 MATERIAL DE APOYO

Ejemplo publicado por el Comité de Interpretaciones para acompañar la Decisión de Agenda NIC 33 Ganancias por Acción *NIC 33 Ganancias por Acción—Impuestos que surgen de pagos por instrumentos de participación en el patrimonio*en junio de 2017

ÍNDICE

NIC 33 *GANANCIAS POR ACCIÓN*
EJEMPLOS ILUSTRATIVOS

NIC 33 *Ganancias por Acción*
Ejemplos Ilustrativos

Estos ejemplos acompañan a la NIC 33, pero no forman parte de ella.

Ejemplo 1 Acciones preferentes con tasa de rendimiento creciente

Referencia: NIC 33, párrafos 12 y 15

La Entidad D emitió acciones preferentes acumulativas de clase A, no convertibles y no reembolsables, de 100 u.m. de valor nominal el 1 de enero de 20X1. Las acciones preferentes de clase A tienen derecho a un dividendo acumulativo anual de 7 u.m. por acción a partir de 20X4.

En el momento de la emisión, la tasa de rentabilidad por dividendo para acciones preferentes de la clase A era del 7 por ciento anual. De este modo, la Entidad D podía haber esperado recibir importes de aproximadamente 100 u.m. por acción preferente de clase A, si la tasa de dividendo de 7 u.m. por acción hubiera sido efectiva en la fecha de emisión.

En consideración a las condiciones de pago del dividendo, sin embargo, las acciones preferentes de la clase A fueron emitidas a 81,63 u.m. por acción, es decir con un descuento de 18,37 u.m. por acción. El precio de emisión puede ser calculado tomando el valor actual de 100 u.m., descontado al 7 por ciento en un período de 3 años.

Debido a que las acciones son clasificadas como patrimonio, el descuento de emisión original es amortizado contra las ganancias acumuladas utilizando el método del interés efectivo **[Referencia: Apéndice A (definición del método del interés efectivo) y párrafos B5.4.1 a B5.4.7, NIIF 9]** y tratado como un dividendo preferido a efectos del cálculo de las ganancias por acción. Para calcular las ganancias básicas por acción, el dividendo imputado por acción preferente de clase A siguiente es deducido para determinar la ganancia o pérdida atribuible a los tenedores de instrumentos ordinarios de patrimonio de la controladora: **[Referencia: párrafos 12 a 18, A1, A13 y A14]**

Año	Importe en libros de las acciones preferentes de la clase A, a 1 de enero	Dividendo atribuido [(a)]	Importe en libros de las acciones preferentes de la clase A, a 31 de diciembre[(b)]	Dividendo pagado
	u.m.	u.m.	u.m.	u.m.
20X1	81,63	5,71	87,34	–
20X2	87,34	6,12	93,46	–
20X3	93,46	6,54	100,00	–
A partir de aquí:	100,00	7,00	107,00	(7,00)

(a) al 7%
(b) Antes del pago de dividendo.

Ejemplo 2 Promedio ponderado del número de acciones ordinarias

Referencia: NIC 33, párrafos 19 a 21

		Acciones emitidas	Acciones propias en cartera[(a)]	Acciones en circulación
1 de enero de 20X1	Saldo inicial	2.000	300	1.700
31 de mayo de 20X1	Emisión de nuevas acciones en efectivo	800	–	2.500
1 de diciembre de 20X1	Adquisición de acciones propias en efectivo	–	250	2.250
31 de diciembre de 20X1	Saldo final	2.800	550	2.250

Cálculo del promedio ponderado:

$(1.700 \times {}^{5}/_{12}) + (2.500 \times {}^{6}/_{12}) + (2.250 \times {}^{1}/_{12}) = 2.146$ acciones o

$(1.700 \times {}^{12}/_{12}) + (800 \times {}^{7}/_{12}) - (250 \times {}^{1}/_{12}) = 2.146$ acciones

(a) Las acciones propias en cartera son instrumentos del patrimonio recomprados y poseídos por la propia entidad emisora o sus subsidiarias.

Ejemplo 3 Emisión de acciones gratuitas

Referencia: NIC 33, párrafos 26, 27(a) y 28

Ganancia atribuible a los tenedores de instrumentos ordinarios de patrimonio de la controladora en 20X0	180 u.m.
Ganancia atribuible a los tenedores de instrumentos ordinarios de patrimonio de la controladora en 20X1	600 u.m.
Acciones ordinarias en circulación hasta el 30 de septiembre de 20X1	200
Emisión gratuita a 1 de octubre de 20X1	2 acciones ordinarias por cada acción ordinaria en circulación a 30 de septiembre de 20X1
	200 × 2 = 400

$$\text{Ganancias por acción básicas en 20X1} \quad \frac{600 \text{ u.m.}}{(200 + 400)} = 1,00 \text{ u.m.}$$

$$\text{Ganancias por acción básicas} \quad \frac{180 \text{ u.m.}}{(200 + 400)} = 0,30 \text{ u.m.}$$

Puesto que la emisión gratuita fue sin contrapartida, es tratada en los cálculos como si hubiera tenido lugar antes de comenzar el año 20X0, que es el primer periodo sobre el que se presenta información.

Ejemplo 4 Emisión de derechos de suscripción

Referencia: NIC 33, párrafos 26, 27(b) y A2

	20X0	20X1	20X2
Ganancia atribuible a los tenedores de instrumentos ordinarios de patrimonio de la controladora	1.100 u.m.	1.500 u.m.	1.800 u.m.

Acciones en circulación antes de emitir los derechos	500 acciones
Emisión de derechos de suscripción	Una nueva acción por cada cinco acciones en circulación
	(en total 100 acciones nuevas)
	Precio de ejercicio del derecho: 5,00 u.m.
	Día de emisión de los derechos de suscripción: 1 de enero de 20X1
	Último día para ejercitar los derechos: 1 de marzo 20X1
Precio de mercado de una acción ordinaria inmediatamente antes del ejercicio del derecho a 1 de marzo de 20X1:	11,00 u.m.
Fecha de presentación	31 de diciembre

Cálculo del valor teórico de la acción ex-derecho

$$\frac{\text{Valor razonable de todas las acciones en circulación antes del ejercicio de los derechos + importe total recibido del ejercicio de los derechos}}{\text{Número de acciones en circulación antes del ejercicio + número de acciones emitidas por derechos ejercidos}}$$

$$\frac{(11,00 \text{ u.m.} \times 500 \text{ acciones}) + (5,00 \text{ u.m.} \times 100 \text{ acciones})}{500 \text{ acciones} + 100 \text{ acciones}}$$

Valor teórico de la acción ex-derecho = 10,00 u.m.

Cálculo del factor de ajuste

$$\frac{\text{Valor razonable de la acción antes del ejercicio del derecho}}{\text{Valor teórico de la acción ex-derecho}} \qquad \frac{11,00 \text{ u.m.}}{10,00 \text{ u.m.}} = 1,10$$

continúa...

...continuación

Cálculo de las ganancias por acción básicas

		20X0	20X1	20X2
GPA básicas de 20X0 presentadas originalmente:	1.100 u.m. ÷ 500 acciones	2,20 u.m.		
GPA básicas de 20X0 ajustadas por la emisión de derechos:	$\dfrac{1.100 \text{ u.m.}}{(500 \text{ acciones} \times 1,1)}$	2,00 u.m.		
GPA básicas de 20X1 incluidos los efectos de la emisión de derechos:	$\dfrac{1.500 \text{ u.m.}}{(500 \times 1,1 \times {}^{2}/_{12}) + (600 \times {}^{10}/_{12})}$		2,54 u.m.	
GPA básicas de 20X2:	1.800 u.m. ÷ 600 acciones			3,00 u.m.

Ejemplo 5 Efectos de opciones sobre acciones en ganancias por acción diluidas

Referencia: NIC 33, párrafos 45 a 47

Ganancia atribuible a los tenedores de instrumentos ordinarios de patrimonio de la controladora para el año 20X1	1.200.000 u.m.
Promedio ponderado de acciones ordinarias en circulación durante el año 20X1	500.000 acciones
Promedio ponderado del precio del mercado de una acción ordinaria durante el año 20X1	20,00 u.m.
Promedio ponderado de acciones si se ejercita la opción durante el año 20X1	100.000 acciones
Precio de ejercicio para acciones si se ejercita la opción durante el año 20X1	15,00 u.m.

continúa...

...continuación

Cálculo de ganancias por acción

	Ganancias	Acciones	Por acción
Ganancia atribuible a los tenedores de instrumentos ordinarios de patrimonio de la controladora para el año 20X1	1.200.000 u.m.		
Promedio ponderado de acciones en circulación durante el año 20X1		500.000	
Ganancias por acción básicas			2,40 u.m.
Promedio ponderado de acciones si se ejercita la opción		100.000	
Promedio ponderado de acciones que habrían sido emitidas al precio promedio del mercado: (100.000 × 15,00 u.m.) ÷ 20,00 u.m	(a)	(75.000)	
Ganancias por acción diluidas	1.200.000 u.m.	525.000	2,29 u.m.

(a)   Las ganancias no han aumentado porque el número total de acciones ha aumentado únicamente en el número de acciones (25.000) que se considera han sido emitidas a título gratuito (ver párrafo 46(b) de la Norma).

Ejemplo 5A Determinación del precio de ejercicio de las opciones concedidas a los empleados para la compra de acciones

[Referencia: párrafo 47A]

Promedio ponderado de opciones sobre acciones no irrevocables por empleado	1.000
Promedio ponderado del importe por empleado a reconocer durante el tiempo restante del periodo de irrevocabilidad de la concesión por servicios prestados por los empleados en contrapartida por las opciones sobre acciones, determinado de acuerdo con la *NIIF 2 Pagos Basados en Acciones*	1.200 u.m.
Precio de ejercicio en metálico de opciones sobre acciones no irrevocables	15 u.m.

Cálculo del precio de ejercicio ajustado

Valor razonable de servicios a prestar, por empleado:	1.200 u.m.
Valor razonable de servicios a prestar, por opción: (1.200 u.m. ÷ 1.000)	1.20 u.m.
Precio de ejercicio total de opciones sobre acciones: (15,00 u.m. + 1,20 u.m.)	16.20 u.m.

Ejemplo 6 Obligaciones convertibles[1]

Referencia: NIC 33, párrafos 33, 34, 36 y 49

Ganancia atribuible a los tenedores de instrumentos ordinarios de patrimonio de la controladora	1.004 u.m.
Acciones ordinarias en circulación	1.000
Ganancias por acción básicas	1,00 u.m.
Obligaciones convertibles	100
Cada paquete de 10 obligaciones es convertible en tres acciones ordinarias	
Gasto por intereses del periodo actual relacionados con el componente de pasivo de las obligaciones convertibles	10 u.m.
Impuestos corrientes y diferidos relacionados con los intereses de los títulos	4 u.m.

Nota: el gasto por intereses incluye la amortización de la prima reconocida inicialmente como parte del componente de pasivo de la emisión (véase la NIC 32 Instrumentos Financieros: Presentación*).*

Ganancia ajustada atribuible a tenedores de instrumentos ordinarios de patrimonio de la controladora	1.004 u.m. + 10 u.m. – 4 u.m. = 1.010 u.m.
Número de acciones ordinarias procedentes de la conversión de obligaciones	30
Número de acciones ordinarias utilizadas para calcular las ganancias por acción diluidas	1.000 + 30 = 1.030
Ganancias por acción diluidas	$\dfrac{1.010 \text{ u.m.}}{1.030} = 0,98$ u.m.

---

[1] Este ejemplo no ilustra la clasificación de los componentes de instrumentos financieros convertibles como pasivos y patrimonio, ni la clasificación como gastos y patrimonio de los intereses y dividendos relacionados, extremos requeridos por la NIC 32.

Ejemplo 7 Acciones de emisión condicionada

Referencia: NIC 33, párrafos 19, 24, 36, 37, 41 a 43 y 52

Acciones ordinarias en circulación durante el año 20X1	1.000.000 (no existían opciones, certificados de opción para compra de acciones o instrumentos de conversión en circulación durante el periodo)

Acuerdo relativo a una concentración reciente de empresas estipulado en la emisión de acciones ordinarias adicionales basado en las siguientes condiciones:

	5.000 acciones ordinarias por cada nuevo lugar de venta abierto durante el año 20X1
	1.000 acciones ordinarias adicionales por cada 1.000 u.m. de ganancias consolidadas por encima de 2.000.000 u.m. a 31 de diciembre de 20X1
Lugares de venta al por menor abiertos durante el periodo:	uno abierto el 1 de mayo de 20X1
	uno abierto el 1 de septiembre de 20X1
Ganancia consolidada desde el comienzo del periodo contable atribuible a los tenedores de instrumentos ordinarios de patrimonio de la controladora:	1.100.000 u.m. a partir del 31 de marzo de 20X1
	2.300.000 a partir del 30 de junio de 20X1
	1.900.000 u.m. a partir del 30 de septiembre de 20X1 (incluyendo una pérdida de 450.000 u.m. de una operación discontinuada)
	2.900.000 u.m. a partir del 31 de diciembre de 20X1

Ganancias por acción básicas

	Primer trimestre	Segundo trimestre	Tercer trimestre	Cuarto trimestre	Año completo
Numerador (u.m.)	1.100.000	1.200.000	(400.000)	1.000.000	2.900.000
Denominador:					
Acciones ordinarias en circulación	1.000.000	1.000.000	1.000.000	1.000.000	1.000.000
Cumplimiento de las condiciones en los lugares de venta	–	3.333[a]	6.667[b]	10.000	5.000[c]
Ganancias por el cumplimiento de las condiciones[d]	–	–	–	–	–
Acciones totales	1.000.000	1.003.333	1.006.667	1.010.000	1.005.000
Ganancias por acción diluidas (u.m.)	1,10	1,20	(0,40)	0,99	2,89

(a) $5.000 \text{ acciones} \times {}^{2}/_{3}$

(b) $5.000 \text{ acciones} + (5.000 \text{ acciones} \times {}^{1}/_{3})$

(c) $(5.000 \text{ acciones} \times {}^{8}/_{12}) + (5.000 \text{ acciones} \times {}^{4}/_{12})$

(d) Las ganancias por el cumplimiento de las condiciones no tienen ningún efecto en las ganancias básicas por acción puesto, que no es seguro que la condición sea satisfecha hasta el final del periodo para el cumplimiento de las condiciones. El efecto es insignificante en los cálculos del cuarto trimestre y del conjunto del año puesto que no es seguro que la condición se cumpla hasta el último día del periodo.

Ganancias por acción diluidas

	Primer trimestre	Segundo trimestre	Tercer trimestre	Cuarto trimestre	Año completo
Numerador (u.m.)	1.100.000	1.200.000	(400.000)	1.000.000	2.900.000
Denominador:					
Acciones ordinarias en circulación	1.000.000	1.000.000	1.000.000	1.000.000	1.000.000
Cumplimiento de las condiciones en los lugares de venta	—	5.000	10.000	10.000	10.000
Ganancias por el cumplimiento de las condiciones	—(a)	300.000(b)	—(c)	900.000(d)	900.000(d)
Acciones totales	1.000.000	1.305.000	1.010.000	1.910.000	1.910.000
Ganancias por acción diluidas (u.m.)	1,10	0,92	(0,40)(e)	0,52	1,52

(a) La Compañía A no tiene una ganancia desde el comienzo del periodo contable que exceda de 2.000.000 u.m. a 31 de marzo de 20X1. La Norma no permite proyectar los niveles de ganancias futuras e incluir las acciones asociadas por cumplimiento de las condiciones.

(b) [(2.300.000 u.m. − 2.000.000 u.m.) ÷ 1.000] × 1.000 acciones = 300.000 acciones.

(c) La ganancias desde el inicio del periodo contable es menor que 2.000.000 u.m.

(d) [(2.900.000 u.m. − 2.000.000 u.m.) ÷ 1.000] × 1.000 acciones = 900.000 acciones.

(e) Puesto que la pérdida durante el tercer trimestre es atribuible a una pérdida originada por una actividad en interrupción definitiva o discontinuada, las reglas de antidilución no son aplicables. La cifra de control (es decir, ganancia o pérdida de actividades continuadas atribuibles a los tenedores de instrumentos ordinarios de patrimonio de la controladora) es positiva. En consecuencia, el efecto de acciones ordinarias potenciales es incluido en el cálculo de las ganancias por acción diluidas.

Ejemplo 8 Obligaciones convertibles canceladas mediante acciones o efectivo a elección del emisor

Referencia: NIC 33, párrafos 31 a 33, 36, 58 y 59

Una entidad emite 2.000 obligaciones convertibles a principios del Año 1. Las obligaciones tienen un vencimiento a tres años y son emitidas a la par con un valor nominal de 1.000 u.m. por título, dando un importe total de 2.000.000 u.m. El interés es pagadero anualmente al final del periodo, a una tasa de interés nominal anual del 6 por ciento. Cada bono es convertible en 250 acciones ordinarias en cualquier momento hasta el vencimiento. La entidad tiene la opción de cancelar el principal de las obligaciones convertibles en acciones ordinarias o en metálico.

Cuando las obligaciones son emitidas, la tasa de interés dominante en el mercado para una deuda similar sin opción de conversión es del 9 por ciento. En la fecha de emisión, el precio de mercado de una acción ordinaria es 3 u.m. El impuesto sobre las ganancias no se tiene en cuenta.

Ganancia atribuible a los tenedores de instrumentos ordinarios de patrimonio de la controladora Año 1   1.000.000 u.m.

Acciones ordinarias en circulación   1.200.000

Obligaciones convertibles en circulación   2.000

Distribución de los importes de la emisión de obligaciones:

Componente de pasivo   1.848.122 u.m.[a]

Componente de patrimonio   151.878 u.m.

     2.000.000 u.m.

(a) 1.848.122 u.m. Esto representa el valor presente del principal e interés descontado al 9% – 2.000.000 u.m. a pagar dentro de tres años; 120.000 u.m. a pagar por año vencido durante tres años.

Los componentes de pasivo y patrimonio serían determinados de acuerdo con la NIC 32 *Instrumentos Financieros: Presentación*. Estos importes se reconocen como los valores en libros iniciales de los componentes de pasivo y patrimonio. El importe asignado a la opción de conversión del emisor del elemento de patrimonio es adicional al patrimonio y no está ajustado.

Ganancias por acción básicas Año 1:

$$\frac{1.000.000 \text{ u.m.}}{1.200.000} = 0,83 \text{ u.m. por acción ordinaria}$$

Ganancias por acción diluidas Año 1:

Se presume que el emisor cancelará el contrato emitiendo acciones ordinarias. El efecto dilusivo es por lo tanto calculado de acuerdo con el párrafo 59 de la Norma.

$$\frac{1.000.000 + 166.331 \text{ u.m.}^{(a)}}{1.200.000 \times 500.000^{(b)}} = 0,69 \text{ u.m. por acción ordinaria}$$

(a) La ganancia es ajustada por la adición de 166.331 u.m. (1.848.122 u.m. × 9%) del pasivo debido al paso del tiempo.

(b) 500.000 acciones ordinarias = 250 acciones ordinarias × 2.000 obligaciones convertibles

Ejemplo 9 Cálculo del promedio ponderado del número de acciones: determinación del orden de inclusión de instrumentos dilusivos[2]

Referencia principal: párrafo 44, NIC 33

Referencia secundaria: NIC 33, párrafos 10, 12, 19, 31 a 33 36, 41 a 47, 49 y 50

Ganancias	u.m.
Ganancia de operaciones continuadas atribuibles a la controladora	16.400.000
Menos dividendos sobre acciones preferentes	(6.400.000)
Ganancia de operaciones continuadas atribuible a los tenedores de instrumentos ordinarios de patrimonio de la controladora	10.000.000
Pérdida de operaciones discontinuadas atribuible a la controladora	(4.000.000)
Ganancia atribuible a los tenedores de instrumentos ordinarios de patrimonio de la controladora	6.000.000
Acciones ordinarias en circulación	2.000.000
Promedio ponderado del precio de mercado de una acción ordinaria durante el año	75.00 u.m.

Acciones ordinarias potenciales

Opciones	100.000 con precio de ejercicio de 60 u.m.
Acciones preferentes convertibles	800.000 acciones con valor a la par de 100 u.m. con derecho a un dividendo acumulativo de 8 u.m. por acción. Cada acción preferente es canjeable por 2 acciones ordinarias.
5% de obligaciones convertibles	Importe nominal 100.000.000 u.m. Cada 1.000 títulos son convertibles en 20 acciones ordinarias. No existe prima, ni descuento que afecte a la determinación del gasto por intereses.
Tasa impositiva	40%

---

2 Este ejemplo no ilustra la clasificación de los componentes de instrumentos financieros convertibles como pasivos y patrimonio, ni la clasificación como gastos y patrimonio de los intereses y dividendos relacionados, extremos requeridos por la NIC 32.

Incremento en ganancias atribuibles a los tenedores de instrumentos ordinarios de patrimonio tras la conversión de acciones ordinarias potenciales

		Incremento en las ganancias	Incremento en el número de acciones ordinarias	Ganancias por acción adicional
		u.m.		u.m.
Opciones				
Incremento en las ganancias			Nulo	
Acciones adicionales emitidas gratuitamente	100.000 × (75 u.m. – 60 u.m.) ÷ 75 u.m.		20.000	Nulo
Acciones preferentes convertibles				
Incremento en las ganancias	800.000 u.m. × 100 × 0,08	6.400.000		
Acciones adicionales	2 × 800.000		1.600.000	4,00
5% de obligaciones convertibles				
Incremento en las ganancias	1.000.000 u.m. x 0,05 x (1 + 0,40)	3.000.000		
Acciones adicionales	100.000 × 20		2.000.000	1,50

El orden en el que se incluyen los instrumentos dilusivos es por lo tanto:

1   Opciones

2   5% de obligaciones convertibles

3   Acciones preferentes convertibles

Cálculo de las ganancias por acción diluidas

	Ganancia de operaciones continuadas atribuible a los tenedores de instrumentos ordinarios de patrimonio de la controladora (cifra de control)	Acciones ordinarias	Por acción	
	u.m.		u.m.	
Original	10.000.000	2.000.000	5,00	
Opciones	–	20.000		
	10.000.000	2.020.000	4,95	Dilusiva
5% de obligaciones convertibles	3.000.000	2.000.000		
	13.000.000	4.020.000	3,23	Dilusiva
Acciones preferentes convertibles	6.400.000	1.600.000		
	19.400.000	5.620.000	3,45	Antidilusiva

Puesto que las ganancias por acción diluidas aumentan cuando se tienen en cuenta las acciones preferentes convertibles (de 3,23 u.m. a 3,45 u.m.), dichas acciones preferentes son antidilusivas, y por tanto no son tenidas en cuenta en el cálculo de las ganancias por acción diluidas. Por ello, la ganancia por acción diluida de ganancias procedentes de actividades continuadas es 3,23 u.m.:

	GPA básicas	GPA diluidas
	u.m.	u.m.
Ganancia de operaciones continuadas atribuible a los tenedores de instrumentos ordinarios de patrimonio de la controladora	5,00	3,23
Pérdida de operaciones discontinuadas atribuibles a los tenedores de instrumentos ordinarios de patrimonio de la controladora	(2,00)[a]	(0,99)[b]
Ganancia atribuible a los tenedores de instrumentos ordinarios de patrimonio de la controladora	3,00[c]	2,24[d]

(a) $(4.000.000 \text{ u.m.}) \div 2.000.000 = (2,00 \text{ u.m.})$

(b) $(4.000.000 \text{ u.m.}) \div 4.020.000 = (0,99 \text{ u.m.})$

(c) $(6.000.000 \text{ u.m.}) \div 2.000.000 = (3,00 \text{ u.m.})$

(d) $(6.000.000 \text{ u.m.} + 3.000.000 \text{ u.m.}) \div 4.020.000 = 2,24 \text{ u.m.}$

Ejemplo 10 Instrumentos de una subsidiaria: cálculo de las ganancias por acción básicas y diluidas[3]

Referencia: NIC 33, párrafos 40, A11 y A12

Controladora

Ganancia atribuible a los tenedores de instrumentos ordinarios de patrimonio de la controladora	12.000 u.m. (excluyendo cualquier ganancia de, o dividendos pagados por, la subsidiaria)
Acciones ordinarias en circulación	10.000
Instrumentos de la subsidiaria poseídos por la controladora	800 acciones ordinarias
	30 certificados de opciones ejercitables para comprar acciones ordinarias de la subsidiaria
	300 acciones preferentes convertibles

Subsidiaria:

Ganancia	5.400 u.m.
Acciones ordinarias en circulación	1.000
Certificados para comprar acciones	150, ejercitables para comprar acciones ordinarias de la subsidiaria
Precio de ejercicio del derecho	10 u.m.
Promedio ponderado del precio de mercado de una acción ordinaria	20 u.m.
Acciones preferentes convertibles	400, cada una convertible en una acción ordinaria
Dividendos sobre acciones preferentes	1 u.m. por acción

No fueron necesarias eliminaciones o ajustes entre compañías salvo en dividendos.

A efectos de este ejemplo, los impuestos sobre las ganancias no han sido considerados.

---

3   Este ejemplo no ilustra la clasificación de los componentes de instrumentos financieros convertibles como pasivos y patrimonio, ni la clasificación como gastos y patrimonio de los intereses y dividendos relacionados, extremos requeridos por la NIC 32.

Ganancias por acción de la subsidiaria

GPA básicas   5,00 u.m. calculado:

$$\frac{5.400 \text{ u.m.}^{(a)} - 400 \text{ u.m.}^{(b)}}{1.000^{(c)}}$$

GPA diluidas   3,66 u.m. calculado:

$$\frac{5.400 \text{ u.m.}^{(d)}}{(1.000 + 75^{(e)} + 400^{(f)})}$$

(a) La ganancia de la subsidiaria es atribuible a los tenedores de instrumentos ordinarios de patrimonio.

(b) Dividendos pagados por la subsidiaria sobre acciones preferentes convertibles.

(c) Acciones ordinarias de subsidiarias en circulación.

(d) Ganancia de la subsidiaria atribuible a los tenedores de instrumentos ordinarios de patrimonio (5.000 u.m.) incrementado por 400 u.m. de dividendos preferentes a efectos de calcular las ganancias diluidas por acción.

(e) Acciones adicionales de certificados de opción para comprar acciones, calculadas como: [(20 u.m. − 10 u.m.) ÷ 20 u.m.] x 150.

(f) Acciones ordinarias de la subsidiaria en circulación por la conversión de acciones convertibles preferentes, calculadas como: 400 acciones convertibles preferentes × factor de conversión de 1.

Ganancias por acción consolidadas

GPA básicas   1,63 u.m. calculado:

$$\frac{12.000 \text{ u.m.}^{(a)} + 4.300 \text{ u.m.}^{(b)}}{10.000^{(c)}}$$

GPA diluidas   1,61 u.m. calculado:

$$\frac{12.000 \text{ u.m.} + 2.928 \text{ u.m.}^{(d)} + 55 \text{ u.m.}^{(e)} + 1.098 \text{ u.m.}^{(f)}}{10.000}$$

(a) Ganancia ajustada atribuible a tenedores de instrumentos ordinarios de patrimonio de la controladora.

(b) Parte de la ganancia de la subsidiaria a incluir en las ganancias consolidadas básicas por acción, calculada como: (800 × 5,00 u.m.) + (300 × 1,00 u.m.).

(c) Acciones ordinarias en circulación de la controladora.

(d) Interés proporcional de la controladora en las ganancias de la subsidiaria atribuibles a acciones ordinarias, calculado como: (800 ÷ 1.000) × (1.000 acciones × 3,66 u.m. por acción).

(e) Interés proporcional de la controladora en las ganancias de la subsidiaria atribuibles a acciones ordinarias, calculado como: (30 ÷ 150) × (75 acciones × 3,66 u.m. por acción).

(f) Interés proporcional de la controladora en las ganancias de la subsidiaria atribuible a acciones preferentes convertibles, calculadas como: (300 ÷ 400) × (400 acciones de la conversión × 3,66 u.m. por acción).

Ejemplo 11 Instrumentos de participación en el patrimonio y doble clase de acciones ordinarias[4]

Referencia: NIC 33, párrafos A13 y A14

Ganancia atribuible a los tenedores de patrimonio de la controladora	100.000 u.m.
Acciones ordinarias en circulación	10.000
Acciones preferentes no convertibles	6.000
Dividendo anual no acumulativo sobre acciones preferentes (antes de que ningún dividendo sea pagado sobre acciones ordinarias)	5,50 u.m. por acción

Una vez que las acciones ordinarias han cobrado un dividendo de 2,10 u.m. por acción, las acciones preferentes participan en dividendos adicionales en una proporción 20:80 con acciones ordinarias (es decir, después de que las acciones preferentes y ordinarias han cobrado dividendos de 5,50 u.m. y 2,10 u.m. por acción, respectivamente, las acciones preferentes participan en dividendos adicionales a una tasa de 1 a 4 del importe pagado a las acciones ordinarias, medida con relación a cada acción).

Dividendo pagado sobre acciones preferentes	33.000 u.m.	(5,50 u.m. por acción)
Dividendo pagado sobre acciones ordinarias	21.000 u.m.	(2,10 u.m. por acción)

Las ganancias por acción básicas son calculadas de la siguiente manera:

	u.m.	u.m.
Ganancia atribuible a los tenedores de patrimonio de la controladora		100.000
Menos dividendo pagado:		
Preferente	33.000	
Ordinaria	21.000	
		(54.000)
Ganancias no distribuidas		46.000

continúa...

---

4 Este ejemplo no ilustra la clasificación de los componentes de instrumentos financieros convertibles como pasivos y patrimonio, ni la clasificación como gastos y patrimonio de los intereses y dividendos relacionados, extremos requeridos por la NIC 32.

...continuación

Reparto de ganancias no distribuidas:

Reparto por acción ordinaria = A

Reparto por acción preferente = B; B = $^1/_4$ A

$$(A \times 10.000) + (^1/_4 \times A \times 6.000) = 46.000 \text{ u.m.}$$

$$A = 46.000 \text{ u.m.} \div (10.000 + 1.500)$$

$$A = 4,00 \text{ u.m.}$$

$$B = ^1/_4 A$$

$$B = 1,00 \text{ u.m.}$$

Importes por acción básicos:

	Preferente acciones	Ordinaria acciones
Ganancias distribuidas	5,50 u.m.	2,10 u.m.
Ganancias no distribuidas	1,00 u.m.	4,00 u.m.
Totales	6,50 u.m.	6,10 u.m.

Ejemplo 12 Cálculo y presentación de ganancias por acción básicas y diluidas (ejemplo completo)[5]

Este ejemplo ilustra los cálculos trimestrales y anuales de las ganancias por acción básicas y diluidas en el año 20X1 para la Compañía A, la cual tiene una estructura de capital compleja. La cifra de control es el resultado de operaciones continuadas atribuibles a la controladora. Otros hechos se considerarán de la siguiente manera:

Precio promedio de mercado de las acciones ordinarias Los precios promedio de mercado de las acciones ordinarias durante el año 20X1 fueron los siguientes:

Primer trimestre	49 u.m.
Segundo trimestre	60 u.m.
Tercer trimestre	67 u.m.
Cuarto trimestre	67 u.m.

El precio promedio de mercado de las acciones ordinarias desde el 1 de julio al 1 de septiembre de 20X1 fue 65 u.m.

Acciones ordinarias: El número de acciones ordinarias en circulación a principio del año 20X1 era 5.000.000. El 1 de marzo de 20X1, se emitieron 200.000 acciones ordinarias por efectivo.

---

5   Este ejemplo no ilustra la clasificación de los componentes de instrumentos financieros convertibles como pasivos y patrimonio, ni la clasificación como gastos y patrimonio de los intereses y dividendos relacionados, extremos requeridos por la NIC 32.

© IFRS Foundation

Obligaciones convertibles: En el último trimestre de 20X0, se vendió en efectivo un 5% de obligaciones convertibles con un importe principal de 12.000.000 u.m. con vencimiento a 20 años a 1.000 u.m. (a la par). Los intereses se pagan semestralmente el 1 de noviembre y el 1 de mayo. Cada obligación de 1.000 u.m. es convertible en 40 acciones ordinarias. No se convirtió ninguna obligación en 20X0. La totalidad de la emisión fue convertida el 1 de abril de 20X1 puesto que la emisión fue exigida por la Compañía A.

Acciones preferentes convertibles: En el segundo trimestre de 20X0, para hacer frente al pago por una operación de adquisición de activos se emitieron 800.000 acciones preferentes convertibles. El dividendo trimestral de cada acción preferente convertible es 0,05 u.m., a pagar al final del trimestre a aquellas acciones en circulación en esa fecha. Cada acción es convertible en una acción ordinaria. Tenedores de 600.000 acciones preferentes convertibles convirtieron sus acciones preferentes en acciones ordinarias a 1 de junio de 20X1.

Certificados para comprar acciones: Se emitieron certificados de opción para compra de acciones, para adquirir 600.000 acciones ordinarias a 55 u.m. por acción, ejercitables en un periodo de 5 años, el 1 de enero de 20X1. Todos los certificados de opción para compra de acciones en circulación se ejercieron el 1 de septiembre de 20X1.

Opciones: Fueron emitidas opciones para comprar 1.500.000 acciones ordinarias a 75 u.m. por acción en un periodo de 10 años el 1 de julio de 20X1. Ninguna opción fue ejercida durante 20X1 puesto que el precio de ejercicio de las opciones sobrepasaba el precio de mercado de las acciones ordinarias.

Tasa impositiva: La tasa impositiva fue del 40% en el año 20X1.

20X1	Ganancia (pérdida) de operaciones continuadas atribuible a la controladora[(a)]	Ganancia (pérdida) atribuible a la controladora
	u.m.	u.m.
Primer trimestre	5.000.000	5.000.000
Segundo trimestre	6.500.000	6.500.000
Tercer trimestre	1.000.000	(1.000.000)[(b)]
Cuarto trimestre	(700.000)	(700.000)
Año completo	11.800.000	9.800.000

(a) Esta es la cifra de control (antes de ajustar para los dividendos preferentes).

(b) La Compañía A tenía una pérdida de 2.000.000 u.m. (neta de impuestos) de actividades en interrupción definitiva o discontinuadas en el tercer trimestre.

Primer Trimestre 20X1

Cálculo de GPA básicas			u.m.
Ganancia de operaciones continuadas atribuibles a la controladora			5.000.000
Menos: dividendos de acciones preferentes			(40.000)[a]
Ganancia atribuible a los tenedores de instrumentos ordinarios de patrimonio de la controladora			4.960.000

Fechas	*Acciones en circula- ción*	*Fracción de tiempo*	*Promedio ponderado de acciones*
1 enero–28 febrero	5.000.000	$^2/_3$	3.333.333
Emisión de acciones ordinarias el 1 de marzo			
1 marzo–31 marzo	200.000	$^1/_3$	1.733.333
Promedio ponderado de acciones	5.200.000		5.066.666
GPA básicas			**0,98 u.m.**

continúa...

...continuación

Cálculo de las GPA diluidas

Ganancia atribuible a los tenedores de instrumentos ordinarios de patrimonio de la controladora		4.960.000 u.m.
Más: impacto sobre la ganancia de supuestas conversiones		
Dividendos de acciones preferentes	40.000 u.m. [(a)]	
Interés al 5% de las obligaciones convertibles	90.000 u.m. [(b)]	
Efecto de supuestas conversiones		130.000 u.m.
Ganancia atribuible a los tenedores de instrumentos ordinarios de patrimonio de la controladora incluidas las supuestas conversiones		5.090.000 u.m.
Promedio ponderado de acciones		5.066.666
Más: acciones adicionales de supuestas conversiones		
Certificados para comprar acciones	0 [(c)]	
Acciones preferentes convertibles	800.000	
5% de obligaciones convertibles	480.000	
Acciones ordinarias potenciales con efectos dilusivos		1.280.000
Promedio ponderado ajustado de acciones		6.346.666
GPA diluidas		**_0,80 u.m._**

(a) 800.000 acciones × 0,05 u.m.

(b) (12.000.000 u.m. × 5%) ÷ 4; menos impuestos del 40%

(c) Los certificados de opción para compra de acciones no fueron asumidos para ser ejercidos porque eran antidilusivos en el periodo (55 u.m. [precio de ejercicio] > 49 u.m. [precio medio]).

0,80 u.m.

Cálculo de GPA básicas	u.m.
Ganancia de operaciones continuadas atribuibles a la controladora	6.500.000
Menos: dividendos de acciones preferentes	(10.000)[a]
Ganancia atribuible a los tenedores de instrumentos ordinarios de patrimonio de la controladora	6.490.000

Fechas	*Acciones en circula-ción*	*Fracción de tiempo*	*Promedio ponderado de acciones*
1 de abril	5.200.000		
Conversión del 5% de obligacio-nes el 1 de abril	480.000		
1 abril–31 mayo	5.680.000	$^2/_3$	3.786.666
Conversión de acciones preferen-tes el 1 de junio	600.000		
1 junio–30 junio	6.280.000	$^1/_3$	2.093.333
Promedio ponderado de acciones			5.880.000
GPA básicas			**1,10 u.m.**

continúa...

...continuación

Cálculo de las GPA diluidas

Ganancia atribuible a los tenedores de instrumentos ordinarios de patrimonio de la controladora		6.490.000 u.m.
Más: impacto sobre la ganancia de supuestas conversiones		
Dividendos de acciones preferentes	10.000 u.m.[a]	
Efecto de supuestas conversiones		10.000 u.m.
Ganancia atribuible a los tenedores de instrumentos ordinarios de patrimonio de la controladora incluidas las supuestas conversiones		6.500.000 u.m.
Promedio ponderado de acciones		5.880.000
Más: acciones adicionales de supuestas conversiones		
Certificados para comprar acciones	50.000[b]	
Acciones preferentes convertibles	600.000[c]	
Acciones ordinarias potenciales con efectos dilusivos		650.000
Promedio ponderado ajustado de acciones		6.530.000
GPA diluidas		***1,00 u.m.***

(a) 200.000 acciones × 0,05 u.m.

(b) 55 u.m. × 600.000 = 33.000.000 u.m.; 33.000.000 u.m. ÷ 60 u.m. = 550.000; 600.000 − 550.000 = 50.000 acciones O [(60 u.m. − 55 u.m.) ÷ 60 u.m.] × 600.000 acciones = 50.000 acciones

(c) (8.000 acciones × $2/3$) + (2.000 acciones × $1/3$)

Tercer Trimestre 20X1

Cálculo de GPA básicas			u.m.
Ganancia de operaciones continuadas atribuibles a la controladora			1.000.000
Menos: dividendos de acciones preferentes			(10.000)
Ganancia de operaciones continuadas atribuible a los tenedores de instrumentos ordinarios de patrimonio de la controladora			990.000
Pérdida de operaciones discontinuadas atribuible a la controladora			(2.000.000)
Pérdida atribuible a los tenedores de instrumentos ordinarios de patrimonio de la controladora			(1.010.000)

Fechas	*Acciones en circulación*	*Fracción de tiempo*	*Promedio ponderado de acciones*
1 julio–31 agosto	6.280.000	$^2/_3$	4.186.666
Ejercicio de los certificados de opción para la compra de acciones a 1 de septiembre	600.000		
1 septiembre–30 septiembre	6.880.000	$^1/_3$	2.293.333
Promedio ponderado de acciones			6.480.000

GPA básicas	
Ganancia de operaciones continuadas	**0,15 u.m.**
Pérdida por operaciones discontinuadas	**(0,31 u.m.)**
Pérdida	**(0,16 u.m.)**

continúa...

...continuación

Cálculo de las GPA diluidas

Ganancia de operaciones continuadas atribuible a los tenedores de instrumentos ordinarios de patrimonio de la controladora		990.000 u.m.
Más: impacto sobre la ganancia de supuestas conversiones		
Dividendos de acciones preferentes	10.000 u.m.	
Efecto de supuestas conversiones		10.000 u.m.
Ganancia de operaciones continuadas atribuible a los tenedores de instrumentos ordinarios de patrimonio de la controladora incluidas las supuestas conversiones		1.000.000 u.m.
Pérdida de operaciones discontinuadas atribuible a la controladora		(2.000.000 u.m.)
Pérdida atribuible a los tenedores de instrumentos ordinarios de patrimonio de la controladora incluidas las supuestas conversiones		(1.000.000 u.m.)
Promedio ponderado de acciones		6.480.000
Más: acciones adicionales de supuestas conversiones		
Certificados para comprar acciones	61.538[a]	
Acciones preferentes convertibles	200.000	
Acciones ordinarias potenciales con efectos dilusivos		261.538
Promedio ponderado ajustado de acciones		6.741.538

GPA diluidas

Ganancia de operaciones continuadas	**0,15 u.m.**
Pérdida por operaciones discontinuadas	**(0,30 u.m.)**
Pérdida	**(0,15 u.m.)**

(a) $[(65\ \text{u.m.} - 55\ \text{u.m.}) \div 65\ \text{u.m.}] \times 600.000 = 92.308$ acciones; $92.308 \times {}^{2}/_{3} = 61.538$ acciones

Nota: Las acciones adicionales de las supuestas conversiones han sido incluidas para calcular los importes por acción diluidos por las pérdidas procedentes de operaciones discontinuadas y pérdidas aunque sean antidilusivas. Esto es debido a que la cifra de control (ganancia de actividades continuadas atribuible a los tenedores de instrumentos ordinarios de la controladora, ajustada por los dividendos preferentes) era positiva (es decir, ganancia en lugar de pérdida).

[Referencia: párrafos 41 a 44 y A3]

Cuarto Trimestre 20X1

Cálculo de GPA básicas			u.m.
Pérdida de operaciones continuadas atribuible a la controladora			(700.000)
Sumar: dividendos de acciones preferentes			(10.000)
Pérdida atribuible a los tenedores de instrumentos ordinarios de patrimonio de la controladora			(710.000)

Fechas	*Acciones en circulación*	*Fracción de tiempo*	*Promedio ponderado de acciones*
1 octubre–31 diciembre	6.880.000	$^3/_3$	6.880.000
Promedio ponderado de acciones			6.880.000

GPA básicas y diluidas

Pérdida atribuible a los tenedores de instrumentos ordinarios de patrimonio de la controladora	**(0,10 u.m.)**

Nota: Las acciones adicionales de las supuestas conversiones no han sido incluidas para calcular los importes por acción diluidos porque la cifra de control (pérdida de operaciones continuadas atribuible a los tenedores de instrumentos ordinarios de la controladora, ajustada por los dividendos preferentes) era negativa (es decir, pérdida en lugar de ganancia).

Año Completo 20X1

Cálculo de GPA básicas			u.m.
Ganancia de operaciones continuadas atribuibles a la controladora			11.800.000
Menos: dividendos de acciones preferentes			(70.000)
Ganancia de operaciones continuadas atribuible a los tenedores de instrumentos ordinarios de patrimonio de la controladora			11.730.000
Pérdida de operaciones discontinuadas atribuible a la controladora			(2.000.000)
Ganancia atribuible a los tenedores de instrumentos ordinarios de patrimonio de la controladora			9.730.000

Fechas	*Acciones en circulación*	*Fracción de tiempo*	*Promedio ponderado de acciones*
1 enero–28 febrero	5.000.000	$^2/_{12}$	833.333
Emisión de acciones ordinarias el 1 de marzo	200.000		
1 marzo–31 marzo	5.200.000	$^1/_{12}$	433.333
Conversión del 5% de obligaciones el 1 de abril	480.000		
1 abril–31 mayo	5.680.000	$^2/_{12}$	946.667
Conversión de acciones preferentes a 1 de junio	600.000		
1 junio–31 agosto	6.280.000	$^3/_{12}$	1.570.000
Ejercicio de los certificados de opción para la compra de acciones a 1 de septiembre	600.000		
1 septiembre–31 diciembre	6.880.000	$^4/_{12}$	2.293.333
Promedio ponderado de acciones			6.076.667

GPA básicas

Ganancia de operaciones continuadas	**1.93 u.m.**
Pérdida por operaciones discontinuadas	**(0,33 u.m.)**
Ganancia	**1,60 u.m.**

continúa...

...continuación

Cálculo de las GPA diluidas

Ganancia de operaciones continuadas atribuible a los tenedores de instrumentos ordinarios de patrimonio de la controladora		11.730.000 u.m.
Más: impacto sobre la ganancia de supuestas conversiones		
Dividendos de acciones preferentes	70.000 u.m.	
Interés al 5% de las obligaciones convertibles	90.000 u.m.[(a)]	
Efecto de supuestas conversiones		160.000 u.m.
Ganancia de operaciones continuadas atribuible a los tenedores de instrumentos ordinarios de patrimonio de la controladora incluidas las supuestas conversiones		11.890.000 u.m.
Pérdida de operaciones discontinuadas atribuible a la controladora		(2.000.000 u.m.)
Ganancia atribuible a los tenedores de instrumentos ordinarios de patrimonio de la controladora incluidas las supuestas conversiones		9.890.000 u.m.
Promedio ponderado de acciones		6.076.667
Más: acciones adicionales de supuestas conversiones		
Certificados para comprar acciones	14.880[(b)]	
Acciones preferentes convertibles	450.000[(c)]	
5% de obligaciones convertibles	120.000[(d)]	
Acciones ordinarias potenciales con efectos dilusivos		584.880
Promedio ponderado ajustado de acciones		6.661.547

GPA diluidas

Ganancia de operaciones continuadas	*1,78 u.m.*
Pérdida por operaciones discontinuadas	*(0,30 u.m.)*
Ganancia	*1,48 u.m.*

(a) (12.000.000 u.m. × 5%) ÷ 4; menos impuestos del 40%.

(b) [(57,125* u.m. – 55 u.m.) ÷ 57,125 u.m.] × 600.000 = 22.320 acciones; 22.320 × $^8/_{12}$ = 14.880 acciones*.
El precio medio de mercado desde el 1 de enero de 20X1 al 1 de septiembre de 20X1.

(c) (8.000 acciones × $^5/_{12}$) + (5.000 acciones × $^7/_{12}$).

(d) 480.000 acciones × $^3/_{12}$.

La siguiente tabla ilustra cómo la Compañía A puede presentar sus datos de ganancias por acción en su estado del resultado integral. Observe que los importes por acción de las pérdidas de operaciones discontinuadas no es necesario que sean presentados en el estado del resultado integral. **[Referencia: párrafo 66]**

	Para el año que termina 20X1
	<u>u.m.</u>
Ganancias por acción ordinaria	
Ganancia de operaciones continuadas	1,93
Pérdida por operaciones discontinuadas	(0,33)
Ganancia	1,60
Ganancias diluidas por acción ordinaria	
Ganancia de operaciones continuadas	1,78
Pérdida por operaciones discontinuadas	(0,30)
Ganancia	1,48

La tabla siguiente incluye los datos de ganancias por acción trimestrales y anuales de la Compañía A. El objetivo de esta tabla es ilustrar que la suma de los datos de las ganancias por acción de los cuatro trimestres no será necesariamente igual a los datos de ganancias por acción anuales. La Norma no exige revelar esta información.

	Primer trimestre	*Segundo trimestre*	*Tercer trimestre*	*Cuarto trimestre*	*Año completo*
	<u>u.m.</u>	<u>u.m.</u>	<u>u.m.</u>	<u>u.m.</u>	<u>u.m.</u>
GPA básicas					
Ganancia (pérdida) de operaciones continuadas	0,98	1,10	0,15	(0,10)	1,93
Pérdida por operaciones discontinuadas	–	–	(0,31)	–	(0,33)
Ganancia (pérdida)	0,98	1,10	(0,16)	(0,10)	1,60
GPA diluidas					
Ganancia (pérdida) de operaciones continuadas	0,80	1,00	0,15	(0,10)	1,78
Pérdida por operaciones discontinuadas	–	–	(0,30)	–	(0,30)
Ganancia (pérdida)	0,80	1,00	(0,15)	(0,10)	1,48

> Nota: La Decisión de Agenda *NIC 33 Ganancias por Acción—Impuestos que surgen de pagos por instrumentos de participación en el patrimonio* se reproduce en esta edición debajo del párrafo A14 de la NIC 33.
>
> El siguiente ejemplo se publicó por el Comité de Interpretaciones de las NIIF como material educativo para acompañar la Decisión de Agenda. Este ejemplo no es parte de la NIC 33.

Ejemplo ilustrativo que acompaña la decisión de agenda *NIC 33 Ganancias por Acción—Impuestos que surgen de pagos por instrumentos de participación en el patrimonio*

Referencia—NIC 33, párrafos A13 y A14

Este ejemplo ilustra cómo una entidad (Entidad Y) determina el resultado del periodo atribuible a los accionistas ordinarios (es decir, el numerador en el cálculo de la ganancia básica por acción (earnings per share EPS) a lo largo de tres periodos sobre los que se informa. La Entidad Y tiene dos clases de instrumentos de patrimonio en circulación—acciones ordinarias e instrumentos de participación en el patrimonio. Otros hechos se considerarán de la siguiente manera:

Derechos de participación: Los tenedores de participaciones en el patrimonio participan en los dividendos con los accionistas ordinarios de acuerdo con la razón 10:1 (excepto las distribuciones relacionadas con la ganancia fiscal—véase **Deducibilidad fiscal** y **Atribución de los supuestos de ganancia fiscal** siguientes).

Deducibilidad fiscal: Los dividendos sobre instrumentos de participación en el patrimonio son deducibles a efectos fiscales. Por consiguiente, estos pagos reducen los ingresos tributarios y, por ello, reducen las cuentas por pagar por impuesto a las ganancias a las autoridades fiscales ("ganancias fiscales").

Atribución de la ganancia fiscal: Accionistas ordinarios, no tenedores de participaciones en el patrimonio, ganancia procedente de la ganancia fiscal.

Tasa impositiva: La tasa impositiva es del 30 por ciento.

Ganancia para el año: La ganancia de la Entidad Y aplicando las Normas NIIF para los años 1, 2 y 3 son 330 u.m., 550 u.m. y 110 u.m. respectivamente—antes de considerar la ganancia fiscal que surge de pagar dividendos a los tenedores de participaciones en el patrimonio.

Dividendos declarados:

Año 1—La Entidad Y no declara o paga dividendos.

Año 2—Al final de año 2, la Entidad Y declara y paga dividendos para (a) todas las ganancias del año 1 de 330 u.m. y (b) la ganancia fiscal que surge de pagar dividendos a los tenedores de participaciones en el patrimonio.

Año 3—Al final de año 3, la Entidad Y declara y paga dividendos para (a) todas las ganancias del año 2 y 3 y (b) la ganancia fiscal que surge de pagar dividendos a los tenedores de participaciones en el patrimonio.

Esta tabla resume la ganancia de la Entidad Y, dividendos pagados y ganancias fiscales en cada uno de los tres años:

	Año 1	Año 2	Año 3	Total
	u.m.	u.m.	u.m.	u.m.
Ganancia (antes de ganancias fiscales)	330	550	110	990
Dividendos declarados y pagados (antes de considerar la ganancia fiscal):				
a tenedores de participaciones en el patrimonio (razón de 10:1) [A]	0	300	600	900
a accionistas ordinarios (razón de 10:1)	0	30	60	90
	0	330	660	990
Ganancia fiscal de pagar dividendos [A x 30%]	0	90	180	270
Dividendos declarados y pagados relacionados con la ganancia fiscal:				
A tenedores de participaciones en el patrimonio	0	0	0	0
A accionistas ordinarios(a)	0	90	180	270
	0	90	180	270
Dividendos totales declarados y pagados:				
A tenedores de participaciones en el patrimonio	0	300	600	900
A accionistas ordinarios	0	120	240	360
	0	420	840	1.260

(a) En este ejemplo, accionistas ordinarios (y no tenedores de participaciones en el patrimonio) ganancia procedente de la ganancia fiscal. Sin embargo, si ese no fuera el caso, y los accionistas ordinarios y los tenedores de participaciones en el patrimonio fueran a compartir la ganancia fiscal de acuerdo con la misma razón que los otros pagos de dividendos (por ejemplo, ratio 10:1), una entidad asignaría el dividendo relacionado con la ganancia fiscal usando la ratio correspondiente.

Fase 1 — ajustar la ganancia para los dividendos declarados

El párrafo A14(a) de la NIC 33 señala que:

(a)   El resultado del periodo atribuible a los tenedores de instrumentos ordinarios de patrimonio de la controladora se ajustará (esto es, se incrementará la pérdida o se reducirá la ganancia) por el importe de los dividendos acordados en el periodo para cada clase de acciones y por el importe contractual de los dividendos (o interés de las obligaciones participativas) que deba ser satisfecho en el periodo (por ejemplo, dividendos acumulativos no satisfechos).

Esta tabla ilustra cómo la Entidad Y aplica este requerimiento:

	Año 1 u.m.	Año 2 u.m.	Año 3 u.m.	Total u.m.
Ganancia (antes de ganancias fiscales)	330	550	110	990
Ganancia fiscal por pagar dividendos	0	90	180	270
Ganancia (después de la ganancia fiscal)[(a)]	330	640	290	1.260
Menos los dividendos totales declarados y pagados (incluyendo la ganancia fiscal):				
A tenedores de participaciones en el patrimonio	0	(300)	(600)	(900)
A accionistas ordinarios	0	(120)	(240)	(360)
	0	(420)	(840)	(1.260)
Ganancia restante	330	220	(550)	0

(a)   En este ejemplo, la Entidad Y reconoce la ganancia fiscal que surge del pago de dividendos en el resultado del periodo. Si una entidad fuera a reconocer la ganancia fiscal directamente en el patrimonio, la entidad ajustaría el resultado de periodo por el importe de la ganancia fiscal al calcular la EPS básica. El párrafo 11 de la NIC 33 señala que: "Las ganancias por acción básicas tienen por objetivo proporcionar una medida de la participación de cada acción ordinaria de la controladora en el rendimiento que dicha entidad ha tenido en el periodo sobre el que se informa." El ajuste del resultado del periodo por el importe de la ganancia fiscal es congruente con la opinión de que la ganancia fiscal representa un participación del accionista ordinario.

Fase 2 — asignar la ganancia restante

El párrafo A14(b) de la NIC 33 señala:

(b)   el resto del resultado del periodo se repartirá entre las acciones ordinarias y los instrumentos de patrimonio en la medida en que cada instrumento participe en las ganancias, como si todo el resultado del periodo hubiera sido distribuido....

Esta tabla ilustra cómo la Entidad Y aplica este requerimiento:

	Año 1 u.m.	Año 2 u.m.	Año 3 u.m.	Total u.m.
Ganancia restante	330	220	(550)	0
Asignación:				
a tenedores de participaciones en el patrimonio (razón de 10:1) [B]	300	200	(500)	0
A accionistas ordinarios:				
Asignación de la ganancia restante (razón de 10:1)	30	20	(50)	0
Añadir—ganancia fiscal sobre la distribución hipotética de la ganancia a los tenedores de participaciones en el patrimonio[a] [B x 30%]	90	60	(150)	0
	120	80	(200)	0

(a) Ajuste para reflejar la conclusión del Comité de que la Entidad Y ajusta el resultado del periodo atribuible a los accionistas ordinarios por la parte de la ganancia fiscal atribuible a los accionistas ordinarios. Esta ganancia fiscal surgiría de la distribución hipotética de la ganancia a los tenedores de participaciones en el patrimonio si todo el resultado del periodo hubieran sido distribuidos. La ganancia fiscal se calcula como la distribución hipotética a los tenedores de participaciones en el patrimonio multiplicado por la tasa fiscal (es decir, 30%).

Fase 3 – añadir el importe asignado para dividendos y para una participación futura.

El párrafo A14(b) de la NIC 33 señala:

(b)　… El resultado total del periodo asignado a cada clase de instrumento de patrimonio se determinará sumando el importe atribuido por dividendos y el importe atribuido por los demás derechos de participación.

Esta tabla ilustra como aplica la Entidad Y este requerimiento para calcular el resultado atribuible a los accionistas ordinarios (es decir, el numerador para calcular la EPS básica):

	Año 1	Año 2	Año 3	Total
	u.m.	u.m.	u.m.	u.m.
Resultado del periodo atribuible a los accionistas ordinarios:				
Dividendos declarados	0	120	240	360
Ganancia restante asignada	120	80	(200)	0
	120	200	40	360

Resultado del periodo atribuible a los accionistas ordinarios

El resultado total del periodo atribuible a los accionistas ordinarios en cada año refleja la participación de los accionistas ordinarios en (i) la ganancia del año más (ii) la ganancia fiscal que surgiría de la distribución hipotética de la ganancias del año a los tenedores de las participaciones en el patrimonio.

Esta tabla ilustra el resultado:

	Año 1	Año 2	Año 3	Total
	u.m.	u.m.	u.m.	u.m.
Resultado del periodo atribuible a los accionistas ordinarios:				
(i) participación de los accionistas ordinarios en la ganancia del año	30	50	10	90
Ganancia fiscal sobre la distribución hipotética de la ganancia a los tenedores de participaciones en el patrimonio[a]	90	150	30	270
	120	200	40	360

(a) Calculada como participación de los tenedores de participaciones en el patrimonio en las ganancias de 300 u.m., 500 u.m. y 100 u.m. en los años 1, 2 y 3 respectivamente multiplicada por la tasa fiscal del 30%.

Documentos del IASB publicados para acompañar a la

NIC 34

Información Financiera Intermedia

El texto normativo de la NIC 34 se encuentra en la Parte A de esta edición. Su fecha de vigencia en el momento de la emisión era el 1 de enero de 1999. El texto de los Fundamentos de las Conclusiones de la NIC 34 se encuentra en la Parte C de esta edición. Esta parte presenta el siguiente documento:

EJEMPLOS ILUSTRATIVOS

Ejemplos Ilustrativos

Estos ejemplos acompañan a la NIC 34, pero no forman parte de la misma.

A Ilustración de periodos cuya presentación se requiere

Los siguientes son ejemplos de aplicación del principio establecido en el párrafo 20:

Entidad que publica información financiera intermedia semestralmente

A1 El periodo contable de la entidad termina el 31 de diciembre (año natural). La entidad presentará los siguientes estados financieros (ya sean condensados o completos) en su información financiera semestral correspondiente al 30 de junio del 20X1:

Estado de situación financiera:
[Referencia: párrafo 20(a)]

A	30 de junio de 20X1	31 de diciembre de 20X0

Estado del resultado integral:
[Referencia: párrafo 20(b)]

para el semestre terminado el	30 de junio de 20X1	30 de junio de 20X0

Estado de flujos de efectivo
[Referencia: párrafo 20(d)]

para el semestre terminado el	30 de junio de 20X1	30 de junio de 20X0

Estado de cambios en el patrimonio:
[Referencia: párrafo 20(c)]

para el semestre terminado el	30 de junio de 20X1	30 de junio de 20X0

Entidad que publica información financiera intermedia trimestralmente

A2 El periodo contable de la entidad termina el 31 de diciembre (año natural). La entidad presentará los siguientes estados financieros (ya sean condensados o completos) en su información financiera trimestral correspondiente al 30 de junio del 20X1:

Estado de situación financiera:
[Referencia: párrafo 20(a)]

A	30 de junio de 20X1	31 de diciembre de 20X0

Estado del resultado integral:
[Referencia: párrafo 20(b)]

para el semestre terminado el	30 de junio de 20X1	30 de junio de 20X0
para el trimestre terminado el	30 de junio de 20X1	30 de junio de 20X0

Estado de flujos de efectivo
[Referencia: párrafo 20(d)]

para el semestre terminado el	30 de junio de 20X1	30 de junio de 20X0

Estado de cambios en el patrimonio:
[Referencia: párrafo 20(c)]

para el semestre terminado el	30 de junio de 20X1	30 de junio de 20X0

B Ejemplos de aplicación de los criterios de reconocimiento y medición

Los siguientes son ejemplos de aplicación de los criterios generales de reconocimiento y medición establecidos en los párrafos 28 a 39.

Impuestos sobre los sueldos y salarios, y contribuciones a fondos de seguro sociales a cargo del empleador

B1   Si los impuestos sobre los gastos de personal y las contribuciones a fondos de seguros sociales a cargo del empleador se evalúan de forma anual, el gasto que represente cada periodo intermedio para el empleador se reconoce utilizando un promedio anual de la tasa efectiva que corresponda al impuesto o a la prima, incluso si una gran proporción de los pagos correspondientes se realizan al principio del periodo contable anual. Un ejemplo frecuente es el caso de que el impuesto sobre los sueldos y salarios, o la prima del seguro social, se establezca hasta llegar a un determinado nivel máximo de salarios anuales por empleado. Para los empleados con un nivel alto de salarios, ese máximo se alcanza antes de finalizar el periodo contable, y el empleador no tiene ya obligación de efectuar pagos adicionales en el año.

Operaciones importantes, periódicas y programadas, de mantenimiento o reparación

B2 El costo de las operaciones periódicas y programadas de mantenimiento o reparación, así como otros desembolsos periódicos en los que se espera incurrir con posterioridad, dentro del mismo periodo contable anual, no se anticipan de cara a la elaboración de la información financiera intermedia, salvo que, por cualquier circunstancia, la entidad tenga obligación legal o efectiva de afrontarlos. La mera intención o la necesidad de incurrir en desembolsos relacionados con el futuro no es suficiente para hacer que la obligación aparezca.

[Referencia: NIC 37]

Provisiones

B3 Se reconoce una provisión cuando a la entidad no le queda otra alternativa más realista que realizar una transferencia de beneficios económicos a un tercero como resultado de una situación contingente, que ha creado la obligación legal o implícita de hacerla. El importe de la obligación se ajusta, al alza o a la baja, reconociendo la pérdida o la ganancia correspondiente en el estado de resultados, siempre que la entidad tenga que cambiar la estimación del importe de la obligación por tener mejores evidencias sobre el desenlace.

B4 Esta Norma requiere que la entidad aplique las mismas políticas para reconocer y medir una provisión, ya se trate de cualquier cierre intermedio que del cierre del periodo contable anual. La existencia o no existencia de una obligación de transferir beneficios económicos no es función del intervalo de tiempo sobre el que verse la información contable. Es una cuestión de hecho.

[Referencia: NIC 37]

Premios y gratificaciones de fin de año

B5 La naturaleza de los premios y gratificaciones de fin de año varía ampliamente. En algunos casos se ganan simplemente por haber estado empleado durante un periodo de tiempo. Otros se ganan en función de los resultados alcanzados en el mes, en el trimestre o en el año. Asimismo, otros pueden ser puramente discrecionales, contractuales o tener como justificación los años de historial del trabajador en la entidad.

B6 Los premios y gratificaciones serán objeto de anticipación en la información financiera intermedia si y sólo si: (a) constituyen una obligación legal o la práctica habitual de la entidad en el pasado, hacen de los premios o gratificaciones una obligación de manera que la entidad no tenga otra alternativa realista más que afrontarlos, y (b) puede hacerse una estimación fiable del importe de la obligación. Pueden encontrarse guías en la NIC 19 *Beneficios a los Empleados*.

Pagos variables del arrendamiento

B7 Los pagos por arrendamiento variables basados en ventas pueden ser un ejemplo de obligación legal o implícita que se reconoce como un pasivo. Si un arrendamiento proporciona pagos variables basados en el logro del arrendatario de un cierto nivel anual de ventas, puede surgir una obligación en los periodos intermedios del periodo contable anual, incluso antes de que el nivel requerido de ventas sea conseguido, siempre que este volumen de ventas se espere alcanzar y la entidad, por tanto, no tenga más alternativa que afrontar el pago por arrendamiento futuro.

[Referencia: párrafo 38(b), NIIF 16]

Activos intangibles

B8 La entidad aplicará los criterios de definición y reconocimiento de los activos intangibles de la misma forma en los periodos intermedios que en los periodos anuales. Los costos incurridos con anterioridad al momento en que el activo intangible cumpla los criterios para su reconocimiento como tal se tratarán como gasto del periodo correspondiente. Los costos incurridos después del momento específico del tiempo en el que tales criterios se cumplen, serán reconocidos como parte del costo del activo intangible. No está, pues, justificado el "aplazamiento" de costos como activos, en un estado de situación financiera intermedio, con la esperanza de que se cumplirán los criterios para su reconocimiento posterior en el mismo periodo contable.

[Referencia: NIC 38]

Fondos de pensiones

B9 Los costos por fondos de pensiones, para un periodo intermedio, se calcularán sobre una base de año por año, usando la tasa por costo de pensiones determinada, mediante cálculo actuarial, al final del periodo contable anterior, ajustada por el efecto de las fluctuaciones de mercado significativas desde ese momento [Referencia: párrafo FC173F, Fundamentos de las Conclusiones, NIC 19], así como por sucesos excepcionales significativos tales como modificaciones en el plan, reducciones y liquidaciones.

[Referencia: párrafo FC64, Fundamentos de las Conclusiones, NIC 19]

Vacaciones, días de fiesta y otras ausencias de corta duración remuneradas

B10 Las ausencias retribuidas acumuladas son aquéllas cuyo disfrute se aplaza, de forma que pueden ser utilizadas en periodos futuros si en el presente no se ha hecho uso del derecho correspondiente. En la NIC 19 *Beneficios a los Empleados*, se requiere que la entidad mida el costo esperado de la obligación implícita por las ausencias remuneradas acumuladas, según el importe que la entidad espera pagar como resultado de los derechos no utilizados que se han acumulado al final del periodo sobre el que se informa. Este criterio se aplicará también al cierre de los periodos intermedios sobre los que se informe. Por el contrario, una entidad no reconocerá gasto ni obligación alguna por ausencias remuneradas acumuladas, al final del periodo intermedio sobre el que se informa, de la misma forma que no lo reconocería en el caso de cierre de un periodo anual sobre el que se informe.

Otros gastos esperados pero de carácter irregular

B11　El presupuesto de la entidad puede incluir ciertos gastos esperados, pero de carácter irregular, a lo largo del periodo contable anual, tales como por ejemplo los donativos y los gastos de formación de los empleados. Tales gastos son discrecionales, incluso aunque se hayan programado y tengan tendencia a aparecer año tras año. El reconocimiento, por causa de tales costos todavía no incurridos, de una obligación al final de un periodo intermedio sobre el que se informa, no resulta por lo general congruente con la definición de pasivo.

Evaluación del gasto por el impuesto a las ganancias intermedias

B12　El gasto por el impuesto a las ganancias intermedias, se determinará utilizando la tasa impositiva que resultaría aplicable a las ganancias totales esperadas para el año, esto es, el promedio anual de la tasa impositiva efectiva estimada aplicada sobre las ganancias antes de impuestos del periodo intermedio.

B13　Lo anterior resulta congruente con el concepto básico, establecido en el párrafo 28, de que deben aplicarse los mismos principios de reconocimiento y medida en la información intermedia y en los estados financieros anuales **[Referencia: párrafos 36 y 37, NIC 1]**. El gasto por el impuesto a las ganancias se determina con referencia al periodo contable anual. El gasto por impuestos de un periodo intermedio se calculará aplicando al beneficio antes de impuestos del mismo la tasa impositiva que resultaría aplicable a las ganancias totales esperadas para el año, esto es, el promedio anual de la tasa impositiva efectiva estimada. Tal promedio de la tasa impositiva estimada podría reflejar la tasa esperada resultante de una escala progresiva del impuesto, aplicable a las ganancias de todo el año, corregido por cualesquiera cambios que se encontraran aprobados, o prácticamente aprobados, a una norma fiscal y fueran a tener efecto posteriormente, dentro del mismo periodo contable anual. En la NIC 12 *Impuesto a las Ganancias*, se suministran guías para tratar los cambios esperados en las normas fiscales que regulan las tasas impositivas. El promedio anual de la tasa impositiva efectiva estimada podría ser objeto de reconsideración en un periodo intermedio posterior, siempre considerando las cifras desde el comienzo del periodo anual hasta el final del periodo intermedio, de forma congruente con el párrafo 28 de esta Norma. En el párrafo 16A de la Norma se requiere revelar información sobre cualquier cambio significativo en la estimación.

B14　En la medida en que sea posible, se determinará un promedio anual de la tasa impositiva efectiva para cada jurisdicción fiscal, y se aplicará de forma individualizada a las ganancias antes de impuestos que tributen en tal jurisdicción. De forma similar, si se aplican diferentes tasas impositivas a las diferentes categorías de ganancias (tales como las procedentes de elementos de activo o las ganancias obtenidas en algunos sectores particulares de actividad), también se aplicarán, en la medida de lo posible, tasas separadas para cada una de las categorías correspondientes en las ganancias antes de impuestos del periodo intermedio. Si bien tal grado de precisión es deseable, puede no ser posible obtenerlo en todos los casos, sustituyendo el cálculo detallado por promedio ponderado de tasas de todas las jurisdicciones fiscales o de todas las categorías de ganancias aplicables, siempre que esta tasa media produzca una aproximación razonable a la evaluación que se obtendría utilizando los tasas específicos para cada caso.

B15   A fin de ilustrar la aplicación de los anteriores criterios, supóngase que una entidad, que presenta información intermedia trimestralmente, espera obtener unas ganancias antes de impuestos de 10.000 por trimestre, y opera en una jurisdicción fiscal que tiene una tasa impositiva del 20 por ciento en las primeras 20.000 de ganancias anuales y un 30 por ciento para las ganancias restantes. Los beneficios reales satisfacen las expectativas. En la tabla siguiente se muestran los importes de los gastos por el impuesto a las ganancias que se presentará en cada uno de los trimestres:

	Primer trimestre	Segundo trimestre	Tercer trimestre	Cuarto trimestre	Periodo anual
Gastos por el impuesto a las ganancias	2.500	2.500	2.500	2.500	10.000

Se espera pagar, al final del periodo anual, un impuesto de 10.000 sobre unas ganancias antes de impuestos de 40.000.

B16   Como ilustración adicional, puede suponerse otra entidad que presenta información financiera intermedia trimestralmente, que ha obtenido unas ganancias antes de impuestos de 15.000 en el primer trimestre, pero espera incurrir en pérdidas de 5.000 en cada uno de los tres trimestres restantes del año (lo que dará una ganancia nula para el año completo), y opera en una jurisdicción fiscal en la que el promedio anual de la tasa impositiva efectiva se espera que sea un 20 por ciento. En la tabla siguiente se muestran los importes de los gastos por el impuesto a las ganancias que se presentará en cada uno de los trimestres:

	Primer trimestre	Segundo trimestre	Tercer trimestre	Cuarto trimestre	Periodo anual
Gastos por el impuesto a las ganancias	3.000	(1.000)	(1.000)	(1.000)	0

Falta de coincidencia entre periodo contable y fiscal

B17   Si los periodos contable y fiscal no son coincidentes, el gasto por el impuesto a las ganancias de los periodos intermedios se medirá utilizando diferentes promedios de tasas efectivas estimadas para cada uno de los periodos fiscales comprendidos en el periodo contable, aplicándolas a la porción correspondiente de ganancias antes de impuestos que pertenezca a cada periodo fiscal.

B18 Para ilustrar lo anterior, puede suponerse una entidad cuyo periodo contable termina el 30 de junio y presenta información intermedia trimestral. Su periodo fiscal termina el 31 de diciembre. Para el periodo contable que comienza el 1 de julio del año 1 y termina el 30 de junio del año 2, la entidad ha ganado 10.000 cada trimestre. El promedio de la tasa efectiva estimada es del 30 por ciento en el año 1 y del 40 por ciento en el año 2.

	Trimestre que termina el 30 de sept	Trimestre que termina el 30 de dic	Trimestre que termina el 30 de mar	Trimestre que termina el 30 de jun	Ejercicio que termina el 30 de jun
	Año 1	Año 1	Año 2	Año 2	Año 2
Gastos por el impuesto a las ganancias	3.000	3.000	4.000	4.000	14.000

Créditos fiscales

B19 Algunos regímenes fiscales conceden a los sujetos pasivos la posibilidad de deducir, de los impuestos a pagar, cantidades que están en función de la realización de desembolsos en inmovilizado, exportaciones, desembolsos para investigación y desarrollo u otras operaciones que se desean incentivar. El efecto que producen estas deducciones debe ser tenido en cuenta al calcular la tasa efectiva anual estimada, puesto que las mismas se suelen calcular para todo el periodo anual en la mayoría de los regímenes y regulaciones fiscales. Por otra parte, las ventajas fiscales que se relacionen con sucesos ligados a un momento determinado del tiempo, se habrán de tener en cuenta al calcular el gasto por el impuesto en el mismo periodo intermedio en que se produzcan, de la misma manera que se habrá de hacer con las tasas especiales aplicables a categorías particulares de ganancias, que no se mezclarán con las demás para calcular la tasa impositiva anual. Aparte de lo anterior, en ciertas jurisdicciones fiscales, los créditos por inversión y otras ventajas fiscales, incluyendo las relacionadas con desembolsos en inmovilizado o con determinados niveles de exportaciones, aunque se incluyan en la declaración fiscal del impuesto a las ganancias, son muy similares a las subvenciones oficiales, y se reconocen como tales el periodo intermedio en que aparecen.

Pérdidas y créditos fiscales aplicados a periodos anteriores o posteriores

B20 El ahorro fiscal producido por una pérdida que se compensa con beneficios fiscales anteriores, se reconocerá en el mismo periodo intermedio en que dicha pérdida tuviera lugar. En la NIC 12, se dice que "el beneficio correspondiente a una pérdida fiscal que puede ser aplicada a la recuperación de impuestos pagados en el año o en años anteriores, debe ser reconocido como un activo". En consecuencia con lo anterior, también procederá el reconocimiento de una reducción en el gasto por el impuesto o un incremento en el ingreso por el mismo concepto.

B21 En la NIC 12, se establece que "debe reconocerse un activo por impuestos diferidos, siempre que se puedan compensar, con beneficios fiscales de periodos posteriores, pérdidas o créditos fiscales no utilizados hasta el momento, pero sólo en la medida en que sea probable la disponibilidad de beneficios fiscales futuros, contra los cuales cargar esas pérdidas o créditos fiscales no utilizados". En la misma NIC 12 se suministran los criterios necesarios para evaluar la probabilidad de aparición de beneficios fiscales contra los que cargar las pérdidas o los créditos fiscales todavía no utilizados. Tales criterios se aplicarán al final de cada periodo intermedio y, si se cumplen las condiciones requeridas, el efecto de las pérdidas fiscales aplicadas a periodos posteriores se tendrá en cuenta en el cálculo del promedio anual de la tasa impositiva efectiva estimada.

B22 Para ilustrar lo anterior, una entidad, que presenta información intermedia trimestral, tiene al principio del periodo anual unas pérdidas fiscales, compensables con ganancias futuras, por importe de 10.000, para las cuales no ha reconocido ningún activo por impuestos diferidos. La entidad ha ganado 10.000 en el primer trimestre del año y espera ganar otras 10.000 en cada uno de los restantes trimestres. Con independencia de la compensación de la pérdida, el promedio anual de la tasa impositiva estimada es del 40 por ciento. En la siguiente tabla se contiene el cómputo de los gastos por el impuesto en cada trimestre:

	Primer trimestre	Segundo trimestre	Tercer trimestre	Cuarto trimestre	Periodo anual
Gastos por el impuesto a las ganancias	3.000	3.000	3.000	3.000	12.000

Variaciones contractuales o previstas en los precios de compra

B23 Los descuentos, rebajas por volumen de compras y otras modificaciones contractuales en los precios de las materias primas, mano de obra y otros bienes y servicios adquiridos, se habrán de anticipar en los periodos intermedios, tanto por parte del receptor como por el que los conceda, siempre que sea probable que hayan sido acumulados (o devengados) o vayan a tener efecto. Por lo tanto, los descuentos y rebajas de carácter contractual se anticiparán, pero no sucederá lo mismo con los descuentos y rebajas de tipo discrecional, puesto que los activos y pasivos derivados de los mismos no cumplen las condiciones, establecidas en el *Marco Conceptual*[1], según las cuales un activo debe ser un recurso económico, consecuencia de sucesos pasados, que es controlado por la entidad, y un pasivo debe ser una obligación presente, a cuyo vencimiento la entidad se desprenderá de recursos económicos.

---

1 La referencia al *Marco Conceptual* es al *Marco Conceptual para la Información Financiera*, emitido en 2010.

Depreciación y amortización

B24   Las depreciaciones y amortizaciones de activos, para un determinado periodo intermedio, estarán basadas en los activos propiedad de la entidad durante el mismo. Por tanto, no se tendrán en cuenta las adquisiciones o disposiciones de activos programadas para periodos intermedios futuros dentro del mismo periodo contable anual.

Inventarios

B25   Los Inventarios se miden, para efectos de la información financiera intermedia, utilizando los mismos criterios que al final del periodo contable. En la NIC 2 *Inventarios*, se establecen las reglas a tener en cuenta en el reconocimiento y medición de inventarios. Los inventarios finales plantean problemas particulares en cualquier final del periodo contable sobre el que se informa, por la necesidad de realizar inventarios físicos, y determinar los costos unitarios y los valores netos realizables. No obstante, los inventarios finales del periodo intermedio plantean esos mismos problemas y se les aplican los mismos criterios que a los finales del periodo anual. Con el fin de ahorrar costos y tiempo, las entidades utilizan a menudo estimaciones, para proceder a medir los inventarios en la fecha de cierre de los periodos intermedios, en mayor medida que al final de los periodos anuales sobre los que se informa. En los párrafos que siguen se dan ejemplos sobre cómo aplicar la prueba del valor neto realizable a una fecha intermedia y cómo deben ser y cómo tratar las desviaciones de manufactura en las fechas de la información intermedia.

Valor neto realizable de los inventarios

B26   El valor neto realizable de los inventarios se determinará por referencia a los precios de venta y costos relacionados con la terminación y colocación de los mismos, en las fechas de cierre de la información intermedia. La entidad sólo podrá revertir, en periodos intermedios posteriores, la rebaja reconocida en uno anterior, en el caso de que este proceder fuera también apropiado si se tratase de la fecha de cierre del periodo contable anual.

B27   [Eliminado]

Desviaciones en costos de manufactura en los periodos intermedios

B28   Las desviaciones en precio, eficiencia, gasto y volumen de producción de una entidad manufacturera se reconocerán, en la ganancia neta de cada periodo intermedio, de la misma forma que en la ganancia neta del periodo contable anual. El aplazamiento de alguna de las anteriores desviaciones por esperar absorberlas antes de fin del periodo no es apropiado, puesto que de esta práctica resultaría una medición de los inventarios intermedios con una porción mayor o menor que su costo real de producción.

Pérdidas y ganancias por diferencias de cambio en moneda extranjera

B29 Las pérdidas y ganancias por diferencias de cambio en moneda extranjera han de ser tratadas, en la información financiera intermedia, con arreglo a los mismos criterios utilizados en la información financiera presentada al final del periodo anual.

B30 En la NIC 21 *Efectos de las Variaciones en las Tasas de Cambio de la Moneda Extranjera*, se especifica el modo de convertir los estados financieros de negocios en el extranjero a la moneda de presentación, y se ofrecen guías para la utilización de las tasas de cambio históricos, promedios o de cierre, según el caso, así como para el reconocimiento de las diferencias de conversión en los resultados o en otro resultado integral. En los estados financieros intermedios se utilizan, de forma congruente con la NIC 21, los cambios promedios y los cambios de cierre que corresponden efectivamente al periodo intermedio. Al proceder a la conversión, las entidades no deben anticipar ninguna eventual variación de la tasa de cambio, que vaya a tener lugar en lo que resta del periodo contable anual en curso.

B31 Si en la NIC 21 se requiere que ciertos ajustes por conversión se reconozcan como gastos o ingresos del periodo en el que hayan aparecido, este principio será de aplicación en todos y cada uno de los periodos intermedios. Las entidades no procederán, pues, a diferir, en el momento del cierre intermedio, ningún ajuste de conversión, por el hecho de que se espere que los efectos del mismo reviertan antes de la finalización del periodo anual.

Información financiera intermedia en economías hiperinflacionarias

B32 Información financiera intermedia en economías hiperinflacionarias **[Referencia: párrafos 2 a 4, NIC 29]** e habrá de elaborar con los mismos criterios que los utilizados en los estados financieros anuales.

B33 En la NIC 29 *Información Financiera en Economías Hiperinflacionarias*, se requiere que los estados financieros de una entidad que los elabora en la moneda de una economía hiperinflacionaria, **[Referencia: párrafos 2 a 4, NIC 29]** sean expresados en términos de moneda de poder adquisitivo constante al final del periodo sobre el que se informa, y que se incluyan en la ganancia neta los resultados positivos o negativos por causa de la posición monetaria neta. Los datos financieros comparativos, procedentes de periodos anteriores, también se reexpresan en la misma moneda constante.

B34 Las entidades han de seguir los mismos criterios anteriores en la información intermedia, debiendo presentar por tanto todos los datos en la unidad monetaria de poder adquisitivo correspondiente al final del periodo intermedio, e incluyendo las pérdidas y ganancias derivadas de la posición monetaria neta en la ganancia neta del periodo. Las entidades no pueden, por tanto, proceder a estimar un posible resultado anual por exposición a la inflación y distribuirlo entre los periodos, ni usar una tasa de inflación estimada para todo el año a la hora de elaborar la información financiera intermedia en una economía hiperinflacionaria **[Referencia: párrafos 2 a 4, NIC 29]**.

Deterioro del valor de los activos

B35   En la NIC 36 *Deterioro del Valor de los Activos*, se requiere el reconocimiento de las pérdidas por deterioro del valor de los activos siempre que el importe recuperable de los mismos haya caído por debajo de su valor en libros.

B36   Esta Norma, por su parte, requiere que la entidad aplique las mismas pruebas para detectar las pérdidas por deterioro de valor, para reconocer y para registrar su posible reversión, en la fecha de cierre de los periodos intermedios y en la fecha de cierre del periodo anual. Esto no implica, sin embargo, que la entidad deba necesariamente hacer un cálculo detallado de las pérdidas por deterioro del valor de los activos en cada uno de los cierres intermedios. En lugar de eso, la entidad tratará de detectar indicadores de devaluaciones significativas, ocurridas desde la fecha de cierre del periodo contable, con el fin de determinar si tales cálculos detallados resultan necesarios.

C Ejemplos relativos al uso de estimaciones

Los siguientes son ejemplos de aplicación del principio establecido en el párrafo 41:

C1   **Inventarios:** La realización de un inventario detallado y la aplicación de procedimientos de valoración pueden no ser necesarios en las fechas de los estados intermedios, aunque se hayan de realizar en la fecha del periodo anual. Puede ser suficiente realizar estimaciones en la fecha de cierre intermedio, a partir de los márgenes utilizados en las ventas.

C2   **Clasificaciones de los activos y pasivos corrientes y no corrientes:** Las entidades pueden llevar a cabo una más completa investigación sobre el vencimiento de las partidas, para clasificarlas como corrientes o no corrientes, **[Referencia: párrafos 60 a 76, NIC 1]** en la fecha de los estados financieros anuales que en la de los estados intermedios.

C3   **Provisiones:** La determinación del importe apropiado de una provisión (tal como la provisión para garantías, para responsabilidades medioambientales o para rehabilitación de edificios) puede ser compleja y, a menudo, costosa en dinero y tiempo. Las entidades con frecuencia utilizan expertos externos para que ayuden en los cálculos al final del periodo. La realización de estimaciones similares en las fechas de cierre intermedio supone, con frecuencia, la puesta al día de las provisiones calculadas previamente, sin tener que comprometer a los expertos la realización de nuevos cálculos en esas fechas.

C4   **Fondos de pensiones:** La NIC 19 *Beneficios a los Empleados* requiere que la entidad determine, al final del cada periodo sobre el que se informa, el valor presente de las obligaciones por prestaciones definidas y el valor razonable de los activos donde se materializa el plan de pensiones correspondiente, aconsejando a la entidad que acuda a profesionales actuarios cualificados para que realicen las mediciones de los pasivos. Para la elaboración de información intermedia, a menudo pueden obtenerse mediciones fiables por medio de la extrapolación, a partir de la última valoración actuarial.

C5 **Impuesto a las ganancias:** Impuesto a las ganancias: Las entidades pueden calcular el gasto por el impuesto a las ganancias y el importe de los pasivos por impuestos diferidos, en la fecha de cierre del periodo, aplicando la tasa impositiva vigente en cada jurisdicción individual, y de esta manera determinar la ganancia neta de la misma. Sin embargo, en el párrafo B14 se reconoce que, aunque es deseable un cierto grado de precisión también en los estados intermedios, puede no ser posible alcanzarlo en todos los casos, y entonces se podrá utilizar un promedio ponderado de las tasas de las diferentes jurisdicciones o de las diferentes categorías de ganancias gravadas, siempre que produzca una aproximación razonable al efecto que se tendría de utilizar, una a una, las diferentes tasas específicas vigentes.

C6 **Contingencias:** La evaluación de contingencias **[Referencia: párrafos 36 a 52, NIC 37]** puede hacer necesario el recurso a las opiniones de expertos legales u otros consultores. En ciertas ocasiones, se obtienen informes formales de tales expertos con respecto a las contingencias en cuestión. Estas opiniones relativas a litigios, reclamaciones, valoraciones de daños y otras contingencias e incertidumbres, pueden o no ser necesarias también en la fecha de cierre de la información intermedia.

C7 **Revaluaciones y contabilidad al valor razonable:** En la NIC 16 *Propiedades, Planta y Equipo,* se permite como tratamiento alternativo la revaluación, hasta su valor razonable, de los elementos de Propiedades, Planta y Equipo. **[Referencia: párrafos 29 y 31 a 42, NIC 16]** La NIIF 16 *Arrendamientos* permite que un arrendatario mida los activos por derecho de uso aplicando el modelo de revaluación de la NIC 16 si están relacionados con una clase de propiedades, planta y equipo a la que el arrendatario aplica el modelo de revaluación de la NIC 16. **[Referencia: párrafo 35, NIIF 16]** De forma similar, en la NIC 40 *Propiedades de Inversión* se requiere que la entidad mida el valor razonable de las propiedades de inversión. **[Referencia: párrafos 30 y 33 a 55, NIC 40]** Para la realización de tales mediciones, la entidad puede recurrir a evaluadores profesionales en la fecha de cierre anual, aunque no lo haga en el caso de los cierres para elaborar estados intermedios.

C8 **Conciliaciones de cuentas interempresas:** Algunos saldos interempresas, que son objeto de conciliación muy detallada a la hora de preparar los estados financieros consolidados al final del periodo anual, pueden ser objeto de una conciliación menos detallada cuando se están preparando los estados financieros correspondientes a un periodo intermedio.

C9 **Sectores industriales especializados:** Debido a la complejidad, costo y tiempo excesivos, las mediciones intermedias en sectores especiales pueden ser hechas con menos precisión que las realizadas al cierre del periodo anual.

Documentos del IASB publicados para acompañar a la

NIC 36

Deterioro del Valor de los Activos

El texto normativo de la NIC 36 se encuentra en la Parte A de esta edición. Su fecha de vigencia en el momento de la emisión era el 31 de marzo de 2004. El texto de los Fundamentos de las Conclusiones de la NIC 36 se encuentra en la Parte C de esta edición. Esta parte presenta el siguiente documento:

EJEMPLOS ILUSTRATIVOS

ÍNDICE

NIC 36 *Deterioro del Valor de los Activos*
Ejemplos Ilustrativos

Estos ejemplos acompañan a la NIC 36, pero no forman parte de ella. En todos los ejemplos se supone que no existen transacciones distintas de las específicamente descritas. En estos ejemplos, los importes monetarios se denominan en "unidades monetarias (u.m.)".

Ejemplo 1 Identificación de unidades generadoras de efectivo

Los propósitos que persigue este ejemplo son:

(a)   *indicar cómo identificar a las unidades generadoras de efectivo en diferentes situaciones; y*

(b)   *poner de manifiesto ciertos factores que la entidad puede considerar al identificar la unidad generadora de efectivo a la que un activo pertenece.*

A Cadena de tiendas al por menor

Antecedentes

EI1   La tienda X pertenece a una cadena de tiendas al por menor M. X realiza todas sus compras a través del centro de compras de M. Las políticas de precios, mercadotecnia, publicidad y recursos humanos de X (exceptuando la contratación de cajeros y personal de ventas) se deciden en M. M también posee otros cinco almacenes en la misma ciudad donde está situada X, pero en diferentes barrios, así como otros 20 almacenes en ciudades diferentes. Todos los almacenes se administran de la misma forma que X. La tienda X, junto con otras cuatro tiendas similares, fue adquirida hace cinco años, y se reconoció una plusvalía derivada de la compra.

¿Cuál es la unidad generadora de efectivo que corresponde a X (unidad generadora de efectivo de X)?

Análisis

EI2   Para identificar la unidad generadora de efectivo de X, la entidad considerará, por ejemplo, si:

(a)   el sistema de información interno para la administración está organizado para medir el rendimiento de cada una de las tiendas por separado; y

(b)   las actividades de la empresa se llevan a cabo considerando la ganancia de cada una de las tiendas o más bien se considera la ganancia de cada región o ciudad.

EI3   Todas las tiendas de M están en diferentes barrios, y probablemente tienen un tipo de consumidor distinto. Así, aunque X se administra a nivel corporativo, genera entradas de efectivo que son, en buena medida, independientes de las demás tiendas del mismo propietario. Por tanto, es probable que la unidad generadora de efectivo sea la propia X.

EI4 Si la unidad generadora de efectivo de X representa el nivel más bajo dentro de M al que la plusvalía se controla a efectos internos de la gerencia, M aplicará a esa unidad generadora de efectivo la prueba de deterioro descrita en el párrafo 90 de la NIC 36. Si la información sobre el importe en libros de la plusvalía no está disponible ni es controlada, a efectos internos de la gerencia, en el nivel de la unidad generadora de efectivo de X, M aplica a esa unidad generadora de efectivo la prueba de deterioro descrita en el párrafo 88 de la NIC 36.

B Fábrica que lleva a cabo un paso intermedio dentro de un proceso de producción

Antecedentes

EI5 Una importante materia prima utilizada para la producción final de la fábrica Y es un producto intermedio adquirido a la fábrica X, que pertenece a la misma entidad. Los productos de X se venden a Y cargando por ellos un precio de transferencia con el que se traspasan todos los márgenes a X. El ochenta por ciento de la producción final de Y se vende a clientes externos a la empresa. El sesenta por ciento de la producción final de X se vende a Y, mientras el 40 por ciento restante se vende a clientes externos.

¿Cuáles son, para cada uno de los siguientes casos, las unidades generadoras de efectivo que corresponden a X e Y?:

Caso 1: X podría vender los productos que le compra Y en un mercado activo. Los precios internos de transferencia son mayores que los precios de mercado.

Caso 2: No hay mercado activo para los productos que X vende a Y.

Análisis

Caso 1

EI6 X podría vender sus productos en un mercado activo y, de esta forma, generar flujos de entrada de efectivo que serían, en buena medida, independientes de los flujos de efectivo provenientes de Y. Por tanto, es probable que X constituya una unidad generadora de efectivo separada, a pesar de que parte de su producción sea utilizada por Y (véase el párrafo 70 de la NIC 36).

EI7 Es probable que Y sea, a su vez, una unidad generadora de efectivo separada. Y vende el 80 por ciento de sus productos a clientes externos a la entidad. Por tanto, sus flujos de entrada de efectivo pueden considerarse independientes, en buena medida, de otras unidades.

EI8 Los precios internos de transferencia no reflejan los precios de mercado de los productos de X. Por tanto, al determinar el valor en uso de X e Y, la entidad tendrá que ajustar los presupuestos y pronósticos financieros para que reflejen la mejor estimación de la gerencia sobre los precios futuros que puedan alcanzarse en transacciones realizadas en condiciones de independencia para la producción de X que se utiliza internamente (véase el párrafo 70 de la NIC 36).

Caso 2

EI9   Es probable que el importe recuperable de cada fábrica no pueda ser determinado de forma independiente del importe recuperable que pueda corresponder a la otra, puesto que:

(a)   La mayor parte de la producción de X se utiliza internamente, y no hay seguridad de que se pudiera vender en un mercado activo. Así, los flujos de entrada de efectivo de X dependen de la demanda que tengan los productos fabricados por Y. Por tanto, no puede considerarse a X como generadora de flujos de entradas de efectivo que sean, en buena medida, independientes de las que tiene Y.

(b)   Las dos fábricas se administran conjuntamente.

EI10   Como consecuencia de lo anterior, es probable que X e Y sean conjuntamente el grupo de activos más pequeño, en buena medida independiente, que genera entradas de efectivo.

C Entidad con un solo producto

Antecedentes

EI11   La entidad M elabora un único producto y posee tres fábricas: A, B y C. Cada fábrica está situada en un continente diferente. A produce un componente que luego es ensamblado en B o en C. No se utiliza completamente la capacidad combinada de B y C. Los productos de M se venden en todo el mundo a través de B o de C. Por ejemplo, la producción de B puede ser vendida en el continente donde se encuentra C si los productos pueden ser entregados más rápidamente desde C que desde B. Los niveles de utilización de las fábricas B y C dependen de la distribución de las ventas entre las dos fábricas.

¿Cuáles son, en cada uno de los siguientes casos, las unidades generadoras de efectivo para A, B y C?

Caso 1: Existe un mercado activo para los productos de A.

Caso 2: No existe un mercado activo para los productos de A.

Análisis

Caso 1

EI12   Es posible que A constituya una unidad generadora de efectivo porque hay un mercado activo para sus productos (véase el Ejemplo B - Fábrica que lleva a cabo un paso intermedio dentro de un proceso de producción, Caso 1).

EI13   Aunque haya un mercado activo para los productos ensamblados por B y C, los flujos de entrada de efectivo de estas fábricas dependen de la distribución de la producción entre ambas. Es improbable que los cobros futuros para B y para C puedan determinarse independientemente. Por tanto, es probable que B y C, conjuntamente, constituyan el grupo más pequeño identificable de activos que genera flujos de entrada de efectivo que son en buena medida independientes del resto.

EI14   Al determinar el valor en uso para A, por una parte, y B más C por otra, la empresa M ajusta los presupuestos y pronósticos financieros para tener en cuenta la mejor estimación posible de los precios futuros que puedan alcanzarse en transacciones realizadas en condiciones de independencia para los productos de A (véase el párrafo 70 de la NIC 36).

Caso 2

EI15   Es probable que no pueda evaluarse el importe recuperable de cada una de las fábricas, puesto que:

(a)   No existe un mercado activo para los componentes fabricados por A. Por tanto, los flujos de entrada de efectivo de A dependen de las ventas de los productos finales de B y C.

(b)   Aunque haya un mercado activo para los productos ensamblados por B y C, los flujos de entrada de efectivo de B y C dependen de la distribución de la producción entre las dos fábricas. Es improbable que los cobros futuros para B y para C puedan determinarse independientemente.

EI16   Como consecuencia de lo anterior, es probable que el conjunto formado por A, B y C (esto es, la totalidad de la empresa M) sea el grupo más pequeño identificable de activos independiente de los demás que genera flujos de entrada de efectivo.

D Cabeceras de revistas

Antecedentes

EI17   Una empresa editorial posee 150 cabeceras de revistas, de los cuales 70 han sido comprados y los 80 restantes han sido creados por ella misma. El precio que se paga por una cabecera de revista adquirida se reconoce como un activo intangible. Sin embargo, los costos de la creación y mantenimiento de las cabeceras existentes se reconocen como gastos en el momento en que se incurre en ellos. Los flujos de entrada de efectivo por ventas y publicidad son perfectamente identificables para cada una de las cabeceras de la editorial. Las cabeceras se administran por segmentos de clientes. El montante de ingresos por publicidad de cada cabecera de revista depende de la cantidad de cabeceras que la empresa ofrece en el segmento al que va dirigido la cabecera en cuestión. La gerencia de la empresa mantiene la política de abandonar las viejas cabeceras antes del final de su vida económica, y reemplazarlas inmediatamente por otros nombres dentro del mismo segmento de clientela.

¿Cuál es la unidad generadora de efectivo para cada una de las cabeceras de revista, considerados individualmente?

Análisis

EI18   Es probable que pueda evaluarse el importe recuperable de una cabecera individual. Los flujos de entrada de efectivo procedentes de las ventas directas y de la publicidad pueden identificarse perfectamente para cada cabecera, incluso aunque el montante de ingresos por publicidad esté influido, en cierta medida, por las otras cabeceras que corresponden al mismo segmento de clientela. Además, aunque las cabeceras se administran por segmentos de clientela, las decisiones de abandonar una cabecera se toman de forma individual para el mismo.

EI19 Por lo tanto, es muy probable que cada una de las cabeceras de revista, consideradas individualmente, genere flujos de entrada de efectivo que pueden considerarse, en buena medida, independientes de los producidos por los demás, y por tanto, cada cabecera es una unidad generadora de efectivo separada del resto.

E Edificio parcialmente alquilado a terceros y parcialmente ocupado por el propietario

Antecedentes

EI20 M es una empresa de manufactura. Es propietaria del edificio sede de la empresa, el cual utiliza, pero no ocupa totalmente. Tras una reducción de tamaño, la mitad del edificio está ahora ocupado por la empresa y la otra mitad ha sido alquilado a un tercero. El contrato de alquiler con el arrendatario es por cinco años.

¿Cuál es la unidad generadora de efectivo para el edificio?

Análisis

EI21 El objetivo fundamental del edificio es servir como un activo de la empresa, dando cobertura a las actividades de manufactura. Por tanto, no puede considerarse que el edificio, en su conjunto, genere flujos de entrada de efectivo que sean, en buena medida, independientes de los que corresponden a la totalidad de la entidad. Por tanto, es probable que la unidad generadora de efectivo para el edificio sea la empresa M, considerada globalmente.

EI22 El edificio no se mantiene como una propiedad de inversión. Por tanto, podría no ser apropiado determinar el valor en uso del mismo a partir de proyecciones de los alquileres a recibir en el futuro.

Ejemplo 2 Cálculo del valor en uso y reconocimiento de una pérdida por deterioro de valor

En este ejemplo se ignoran los efectos impositivos.

Antecedentes y cálculo del valor en uso

EI23 A finales del 20X0, la entidad T adquiere la entidad M, pagando por ella 10.000 u.m. M cuenta con fábricas en tres países.

Cuadro 1. Datos a finales del 20X0

Finales del 20X0	Distribución del precio de compra	Valor razonable de los activos identificables	Plusvalía(a)
	u.m.	u.m.	u.m.
Operaciones en el País A	3.000	2.000	1.000
Operaciones en el País B	2.000	1.500	500
Operaciones en el País C	5.000	3.500	1.500
Total	10.000	7.000	3.000

(a) Las operaciones de cada país representan el nivel más bajo al cual la plusvalía se controla a efectos internos de la gerencia (calculadas como la diferencia entre el precio de compra de las operaciones en cada país, tal como se especifica en el acuerdo de compra, y el valor razonable de los activos identificables).

EI23A Como consecuencia de que la plusvalía ha sido distribuida entre las operaciones en cada país, cada una de esas operaciones debe ser sometida a una comprobación por deterioro anualmente, o con mayor frecuencia si existe cualquier indicación de que podría haberse deteriorado su valor (véase el párrafo 90 de la NIC 36).

EI24 El importe recuperable (esto es, el mayor entre su valor en uso y su valor razonable menos los costos de disposición) de las unidades generadoras de efectivo se determinará de acuerdo con los cálculos aplicados para el valor en uso. A finales de 20X0 y 20X1, el valor en uso de cada unidad generadora de efectivo es superior a su importe en libros. Por lo tanto, se consideran que las operaciones en cada país y la plusvalía asignada a esas operaciones no han sufrido un deterioro de valor.

EI25 A principios del año 20X2 es elegido un nuevo gobierno en el País A. Éste aprueba ciertas leyes restringiendo significativamente las exportaciones del principal producto que T fabrica. Como resultado de esto, se estima que en un futuro cercano la producción de T en el País A se recortará un 40 por ciento.

EI26 Las importantes restricciones a la exportación, y el recorte consiguiente de la producción, obligan a T a estimar, a principios de 20X2, el importe recuperable de las operaciones en el País A.

EI27 T utiliza el método de depreciación lineal en un periodo de 12 años para los activos identificables en el País A, después del cual no se espera que los activos tengan ningún valor residual.

EI28 A fin de determinar el valor en uso de la unidad generadora de efectivo del País A (véase el Cuadro 2) T ha procedido a:

(a) Preparar pronósticos de flujos de efectivo, a partir de los presupuestos y pronósticos financieros más recientes, aprobadas por la gerencia de la empresa para los cinco años siguientes (años 20X2 a 20X6).

(b) Estimar los flujos de efectivo correspondientes a los años posteriores (años 20X7 a 20Y2), utilizando tasas de crecimiento decrecientes. La tasa correspondiente al 20X7 se ha estimado en el 3 por ciento. Esta tasa es menor que la que corresponde al crecimiento promedio a largo plazo para el mercado en el País A.

(c) Seleccionar una tasa de descuento del 15 por ciento, que representa la tasa antes de impuestos que refleja adecuadamente las valoraciones que el mercado realiza del valor temporal del dinero y de los riesgos específicos soportados por la unidad generadora de efectivo del País A.

Medición y reconocimiento de la pérdida por deterioro de valor

EI29 El importe recuperable de la unidad generadora de efectivo del País A es de 1.360 u.m.

EI30 T procede a comparar el importe recuperable y el importe en libros de la unidad generadora de efectivo del País A (véase el Cuadro 3).

EI31 Puesto que el importe en libros sobrepasa al importe recuperable en 1.473 u.m., T procede a reconocer, en el estado de resultados, una pérdida por deterioro de 1.473 u.m. Antes de reducir el importe en libros de otros activos identificables pertenecientes a la unidad generadora de efectivo del País A, T reducirá a cero el importe en libros de la plusvalía que corresponde a la operación del País A (véase el párrafo 104 de la NIC 36).

EI32 Los efectos impositivos se han de contabilizar por separado, de acuerdo con la NIC 12 *Impuesto a las Ganancias* (véase el Ejemplo Ilustrativo 3A).

Cuadro 2. Cálculo del valor en uso para la unidad generadora de efectivo del País A a principios del 20X2

Año	Tasas de crecimiento a largo plazo	Flujos de efectivo futuros	Factor de actualización al 15% de descuento[a]	Flujos de efectivo futuros descontados
		u.m.		u.m.
20X2 (n=1)		230[b]	0.86957	200
20X3		253[b]	0.75614	191
20X4		273[b]	0.65752	180
20X5		290[b]	0.57175	166
20X6		304[b]	0.49718	151
20X7	3%	313[c]	0.43233	135
20X8	(2%)	307[c]	0.37594	115
20X9	(6%)	289[c]	0.32690	94
20Y0	(15%)	245[c]	0.28426	70
20Y1	(25%)	184[c]	0.24719	45
20Y2	(67%)	61[c]	0.21494	13
Valor en uso				1.360

(a) El factor de descuento se calcula como $k = 1/(1+a)^n$, donde a es la tasa de descuento y n el periodo a descontar.

(b) Cifras basadas en la mejor estimación, por parte de la gerencia, de los flujos netos de efectivo (tras el recorte del 40% de la producción).

(c) Cifras basadas en extrapolaciones a partir de los años precedentes, utilizando tasas de crecimiento decrecientes.

Cuadro 3. Cálculo y distribución de la pérdida por deterioro para la unidad generadora de efectivo del País A, a principios del 20X2

Principios del 20X2	Plusvalía	Activos identificables	Total
	u.m.	u.m.	u.m.
Costo histórico	1.000	2.000	3.000
Depreciación acumulada (20X1)	–	(167)	(167)
Importe en libros	1.000	1.833	2.833
Pérdida por deterioro de valor	(1.000)	(473)	(1.473)
Importe en libros tras deducir la pérdida por deterioro de valor	–	1.360	1.360

Ejemplo 3 Efectos de los impositivos diferidos

Se utilizan los datos correspondientes a la entidad T, que se han presentado en el Ejemplo 2, junto con información adicional que se proporciona a continuación.

A Efectos impositivos diferidos del reconocimiento de una pérdida por deterioro de valor

EI33 A principios del 20X2, la base fiscal que corresponde a los activos identificables de la unidad generadora de efectivo para el País A es de 900 u.m. Las pérdidas por deterioro no son fiscalmente deducibles. La tasa impositiva es del 40 por ciento.

EI34 El reconocimiento de una pérdida por deterioro de los activos de la unidad generadora de efectivo del País A reduce la diferencia temporal imponible relacionada con tales activos. De acuerdo con ello es preciso reducir, en la misma proporción, el pasivo por impuestos diferidos.

Principios del 20X2	*Importe de los activos identificables antes de la pérdida por deterioro de valor*	*Pérdida por deterioro de valor*	*Importe de los activos identifi- cables después de la pérdida por deterioro de valor*
	u.m.	**u.m.**	**u.m.**
Importe en libros (Ejemplo 2)	1.833	(473)	1.360
Base fiscal	900	–	900
Diferencias temporarias imponibles	933	(473)	460
Pasivos por impuestos diferidos al 40%	373	(189)	184

EI35 De acuerdo con la *NIC 12 Impuesto a las Ganancias*, no se registró inicialmente ninguna partida de impuestos diferidos relacionada con la plusvalía. **[Referencia: párrafo 15(a), NIC 12]** Por tanto, la pérdida por deterioro relativa a la plusvalía no lleva consigo ningún ajuste de las partidas de impuestos diferidos.

B Reconocimiento de un activo por impuestos diferidos creado por el reconocimiento de una pérdida por deterioro de valor

EI36 Una determinada entidad tiene un activo cuyo importe en libros es de 1.000 u.m. Su importe recuperable es de 650 u.m. La tasa impositiva asciende al 30 por ciento, mientras que la base fiscal del activo es de 800 u.m. Las pérdidas por deterioro no son fiscalmente deducibles. El efecto impositivo de la pérdida por deterioro se calcula como sigue:

	Antes de la pérdida por deterioro de valor	Efecto de la pérdida por deterioro de valor	Después de la pérdida por deterioro de valor
	u.m.	u.m.	u.m.
Importe en libros	1.000	(350)	650
Base fiscal	800	–	800
Diferencias temporarias imponibles (deducibles)	200	(350)	(150)
Pasivo (activo) por impuestos diferidos, evaluado al 30%	60	(105)	(45)

EI37   De acuerdo con lo establecido en la NIC 12, la entidad procederá a reconocer activos por impuestos diferidos en la medida que sea probable que vaya a disponer de ganancias fiscales contra las que pueda ser utilizada la diferencia temporaria.

Ejemplo 4 Reversión de una pérdida por deterioro de valor

Se utilizan los datos correspondientes a la entidad T, que se han presentado en el Ejemplo 2, junto con información adicional que se proporciona a continuación. En este ejemplo se ignoran los efectos impositivos.

Antecedentes

EI38   En el año 20X3, el gobierno anterior está todavía en funciones en el País A, pero la situación económica está mejorando. Los efectos de las leyes que limitaban las exportaciones de T, se han manifestado menos importantes de lo que inicialmente esperaba la gerencia de la empresa. Como consecuencia, la gerencia estima que la producción aumentará un 30 por ciento. Este cambio favorable exige que T estime nuevamente el importe recuperable de sus activos en las operaciones del País A (véanse los párrafos 110 y 111 de la NIC 36). La unidad generadora de efectivo para los activos netos del País A sigue siendo las operaciones de ese País.

EI39   Cálculos similares a los del Ejemplo 2 demuestran que el importe recuperable que corresponde a la unidad generadora de efectivo del País A es, ahora, de 1.910 u.m.

Reversión de la pérdida por deterioro de valor

EI40   T compara el importe recuperable de la unidad generadora de efectivo del País A con su importe en libros.

Cuadro 1. Cálculo del importe en libros de la unidad generadora de efectivo del País A, a finales del 20X3

	Plusvalía	Activos identi-ficables	Total
	u.m.	u.m.	u.m.
Principios del 20X2 (Ejemplo 2)			
Costo histórico	1.000	2.000	3.000
Depreciación acumulada	–	(167)	(167)
Pérdida por deterioro de valor	(1.000)	(473)	(1.473)
Importe en libros tras deducir la pérdida por deterioro de valor	–	1.360	1.360
Finales del 20X3			
Depreciación adicional (2 años) (a)	–	(247)	(247)
Importe en libros	–	1.113	1.113
Importe recuperable			1.910
Exceso del importe recuperable sobre el importe en libros			797

(a) Después del reconocimiento de la pérdida por deterioro, a finales del 20X2, T revisó los cargos por depreciación de los activos identificables del País A (de 166,7 u.m. por año a 123,6 u.m. por año), a partir de los valores en libros revisados y de la vida útil restante de los citados activos (11 años).

EI41   Desde la última pérdida por deterioro reconocida, se ha producido un cambio favorable en las estimaciones utilizadas para determinar el importe recuperable de los activos netos del País A. Por tanto, y de acuerdo con el párrafo 114 de la NIC 36, T procederá a reconocer la reversión de la pérdida por deterioro contabilizada en el 20X2.

EI42   De acuerdo con los párrafos 122 y 123 de la NIC 36, T incrementa el importe en libros de los activos identificables del País A por importe de 387 u.m. (ver el Cuadro 3), es decir, hasta alcanzar el menor valor entre el importe recuperable (1.910 u.m.) y el costo histórico, neto de depreciaciones o amortizaciones (1.500 u.m.) de los activos identificables (véase el Cuadro 2). Este incremento se reconoce en el estado de resultados de forma inmediata.

EI43   De acuerdo con el párrafo 124 de la NIC 36, la pérdida por deterioro que se reconoció en la plusvalía no se revierte.

Cuadro 2. Determinación del costo histórico depreciado de los activos identificables del País A a finales del 20X3

Finales del 20X3	Activos identifica-bles
	u.m.
Costo histórico	2.000
Depreciación acumulada *(166,7 × 3 años)*	(500)
Costo histórico de depreciación	1.500
Importe en libros (según el Cuadro 1)	1.113
Diferencia	387

Cuadro 3. Importe en libros de los activos del País A, a finales del 20X3

Finales del 20X3	Plusvalía	Activos identifi-cables	Total
	u.m.	**u.m.**	**u.m.**
Importe en libros bruto	1.000	2.000	3.000
Amortización acumulada	–	(414)	(414)
Pérdida por deterioro de valor acumulada	(1.000)	(473)	(1.473)
Importe en libros	–	1.113	1.113
Reversión de la pérdida por deterioro de valor	0	387	387
Reversión de la pérdida por deterioro de valor	–	1.500	1.500

Ejemplo 5 Tratamiento de una reestructuración futura

En este ejemplo se ignoran los efectos impositivos.

Antecedentes

EI44 A finales del 20X0, la entidad K procede a realizar las pruebas sobre una de sus fábricas, para detectar una posible pérdida por deterioro. La fábrica es una unidad generadora de efectivo. Sus activos se contabilizan por el costo histórico neto de la depreciación acumulada. El importe en libros de la fábrica es de 3.000 u.m. y su vida útil restante de 10 años.

EI45 El importe recuperable de la fábrica (es decir, el mayor entre su valor razonable menos los costos de disposición y su valor en uso) se determina de acuerdo con los cálculos del valor en uso. La tasa de descuento utilizada para los cálculos del valor en uso es el 14 por ciento.

EI46 Los presupuestos aprobados por la gerencia muestran que:

(a) A finales del año 20X3, la fábrica sufrirá una reestructuración, con un costo estimado de 100 u.m. Puesto que K no está todavía comprometida a la reestructuración, no se ha reconocido provisión alguna para cubrir los costos de la reestructuración.

(b)   Los beneficios futuros que se derivarán de la reestructuración llegarán a la empresa en forma de reducciones de las salidas de efectivo futuras.

EI47   A finales del 20X2, K se compromete a realizar la reestructuración. Como los costos de la misma todavía se estiman en 100 u.m., se procede a reconocer una provisión para cubrir este mismo importe. Los flujos de efectivo futuros de la fábrica reflejados en los presupuestos, aprobados recientemente por la gerencia, se detallan en el párrafo EI51 y la tasa de descuento a utilizar es la misma que la utilizada a finales del 20X0.

EI48   A finales del 20X3, los costos reales de reestructuración incurridos por importe de 100 u.m. han sido pagados. De nuevo, los flujos de efectivo futuros estimados para la fábrica, reflejados en los presupuestos aprobados más recientemente por la gerencia, así como la tasa actual de descuento, coinciden con los estimados a finales del 20X2.

A finales del 20X0

Cuadro 1. Cálculo del valor en uso de la fábrica a finales del 20X0

Año	Flujos de efectivo futuros	Desconta-dos al 14%
	u.m.	u.m.
20X1	300[(a)]	263
20X2	280[(b)]	215
20X3	420[(b)]	283
20X4	520[(b)]	308
20X5	350[(b)]	182
20X6	420[(b)]	191
20X7	480[(b)]	192
20X8	480[(b)]	168
20X9	460[(b)]	141
20X10	400[(b)]	108
		2.051

(a) Se excluyen los costos estimados de la reestructuración, reflejados en los presupuestos de la gerencia.

(b) Se excluyen los beneficios esperados de la reestructuración, reflejados en los presupuestos de la gerencia.

EI49   El importe recuperable de la fábrica (es decir, su valor en uso), es menor que su importe en libros. Por tanto, K reconocerá una pérdida por deterioro para la fábrica.

Cuadro 2. Cálculo de la pérdida por deterioro a finales del 20X0

	Fábrica
	u.m.
Importe en libros antes de la pérdida por deterioro de valor	3.000
Importe recuperable (Cuadro 1)	2.051
Pérdida por deterioro de valor	(949)
Importe en libros tras deducir la pérdida por deterioro de valor	2.051

A finales del 20X1

EI50   No ha ocurrido ningún suceso que obligue a la entidad a reestimar el importe recuperable de la fábrica. Por tanto, no es necesario realizar ningún cálculo del importe recuperable.

A finales del 20X2

EI51   La entidad está comprometida ahora en la reestructuración. Por lo tanto, al estimar los flujos de caja futuros, para determinar el valor en uso de la fábrica, se consideran los beneficios esperados procedentes de la reestructuración. Como resultado se incrementan los flujos de efectivo futuros sobre las estimaciones hechas a finales del 20X0. De acuerdo con los párrafos 110 y 111 de la NIC 36, se ha de volver a determinar el valor en uso de la fábrica a finales del 20X2.

Cuadro 3. Cálculo del valor en uso de la fábrica a finales del 20X2

Año	Flujos de efectivo futuros	Desconta-dos al 14%
	u.m.	u.m.
20X3	420[(a)]	368
20X4	570[(b)]	439
20X5	380[(b)]	256
20X6	450[(b)]	266
20X7	510[(b)]	265
20X8	510[(b)]	232
20X9	480[(b)]	192
20X10	410[(b)]	144
		2.162

(a) Se excluyen los costos estimados por la reestructuración, puesto que ya ha sido reconocido el pasivo correspondiente.

(b) Se incluyen los beneficios esperados de la reestructuración en forma de mayores flujos de efectivo, según reflejan los presupuestos de la gerencia.

EI52 El importe recuperable de la fábrica (valor en uso) es mayor que su importe en libros (véase el Cuadro 4). Por tanto, K procederá a reconocer la reversión de la pérdida por deterioro registrada para la fábrica a finales del 20X0.

Cuadro 4. Cálculos correspondientes a la reversión de la pérdida por deterioro a finales del 20X2

	Fábrica
	u.m.
Importe en libros a finales del 20X0 (Cuadro 2)	2.051
Finales del 20X2	
Cargos por depreciación (para el 20X1 y el 20X2–Cuadro 5)	(410)
Importe en libros antes de la reversión	1.641
Importe recuperable (Cuadro 3)	2.162
Reversión de la pérdida por deterioro	521
Importe en libros tras la reversión	2.162
Importe en libros: costo histórico depreciado (Cuadro 5)	2.400[(a)]

(a) Tras la reversión, el nuevo importe en libros de la fábrica no excede del importe en libros que hubiera resultado según el costo histórico neto de la depreciación acumulada. Por lo tanto, se reconoce la reversión de la totalidad de la pérdida por deterioro.

A finales del 20X3

EI53　Se ha producido una salida de efectivo de 100 u.m. para pagar los costos de la reestructuración. Aun cuando haya tenido lugar una salida de efectivo, no se han producido cambios en las estimaciones de los flujos de efectivo futuros utilizados para calcular el valor en uso al final del 20X2. Por tanto, a finales del 20X3 no se calcula el importe recuperable.

Cuadro 5. Resumen del importe en libros de la fábrica

Final del año	Costo histórico de depreciación	Importe recuperable	Cargo por depreciación ajustado	Pérdida por deterioro de valor	Importe en libros tras reconocer la pérdida por deterioro de valor
	u.m.	u.m.	u.m.	u.m.	u.m.
20X0	3.000	2.051	0	(949)	2.051
20X1	2.700	n.c.	(205)	0	1.846
20X2	2.400	2.162	(205)	521	2.162
20X3	2.100	n.c.	(270)	0	1.892

nc=no calculado, puesto que no había indicios de que la pérdida por deterioro hubiera aumentado o disminuido.

Ejemplo 6 Tratamiento de costos futuros

En este ejemplo se ignoran los efectos impositivos.

Antecedentes

EI54   A finales del 20X0, la entidad F procede a realizar las pruebas sobre una de sus máquinas, para detectar una posible pérdida por deterioro. La máquina es una unidad generadora de efectivo. El elemento se contabiliza al costo histórico, neto de depreciaciones acumuladas, y su importe en libros en ese momento asciende a 150.000 u.m. Le resta una vida útil que se estima en 10 años.

EI55   El importe recuperable de la fábrica (es decir, el mayor entre su valor razonable menos los costos de disposición y su valor en uso) se determina de acuerdo con los cálculos del valor en uso. La tasa de descuento utilizada para los cálculos del valor en uso es el 14 por ciento.

EI56   Los presupuestos aprobados por la gerencia reflejan:

(a)   los costos estimados necesarios para mantener el nivel de beneficios económicos que se espera surjan de la máquina en su estado actual; y

(b)   en el 20X4 se incurrirá en unos costos de 25.000 u.m. para mejorar el rendimiento de la máquina a través del incremento de su capacidad productiva.

EI57   A finales del 20X4 se incurre en costos para mejorar el rendimiento de la máquina. Los flujos de efectivo futuros de la máquina reflejados en los presupuestos aprobados recientemente por la gerencia se detallan en el párrafo EI60 y la tasa de descuento a utilizar es la misma que la utilizada a finales del 20X0.

A finales del 20X0

Cuadro 1. Cálculo del valor en uso de la máquina a finales del 20X0

Año	Flujos de efectivo futuros u.m.	Descontados al 14% u.m.
20X1	22.165[a]	19.443
20X2	21.450[a]	16.505
20X3	20.550[a]	13.871
20X4	24.725[a],[b]	14.639
20X5	25.325[a],[c]	13.153
20X6	24.825[a],[c]	11.310
20X7	24.123[a],[c]	9.640
20X8	25.533[a],[c]	8.951
20X9	24.234[a],[c]	7.452
20X10	22.850[a],[c]	6.164
Valor en uso		121.128

(a) Incluye los costos estimados necesarios para mantener el nivel de beneficios económicos que se espera surjan de la máquina en su estado actual.

(b) Se excluyen los costos estimados para mejorar el rendimiento de la máquina, reflejados en los presupuestos de la gerencia.

(c) Se excluyen los beneficios esperados de la mejora del rendimiento de la máquina, reflejados en los presupuestos de la gerencia.

EI58 El importe recuperable de la máquina (valor en uso) es menor que su valor en libros. Por tanto, F reconocerá una pérdida por deterioro para la máquina.

Cuadro 2. Cálculo de la pérdida por deterioro a finales del 20X0

	Máquina u.m.
Importe en libros antes de la pérdida por deterioro de valor	150.000
Importe recuperable (Cuadro 1)	121.128
Pérdida por deterioro de valor	(28.872)
Importe en libros tras deducir la pérdida por deterioro de valor	121.128

Años 20X1 a 20X3

EI59 No ha ocurrido ningún suceso que obligue a la entidad a reestimar el importe recuperable de la máquina. Por tanto, no es necesario realizar ningún cálculo adicional, ni contabilizar cambio alguno.

A finales del 20X4

EI60   La entidad ha realizado los costos para mejorar el rendimiento de la máquina. Por lo tanto, al estimar los flujos de efectivo para determinar el valor en uso de la máquina se han de considerar los beneficios futuros, derivados de la mejora del rendimiento de la máquina. Como resultado se incrementan los flujos de efectivo futuros sobre las estimaciones hechas a finales del 20X0. Como consecuencia, de acuerdo con los párrafos 110 y 111 de la NIC 36, se ha de volver a determinar el importe recuperable de la máquina a finales del 20X4.

Cuadro 3. Cálculo del valor en uso de la máquina a finales del 20X4

Año	Flujos de efectivo futuros (a)	Descontados al 14%
	u.m.	u.m.
20X5	30.321	26.597
20X6	32.750	25.200
20X7	31.721	21.411
20X8	31.950	18.917
20X9	33.100	17.191
20X10	27.999	12.756
Valor en uso		122.072

(a) Incluye los beneficios esperados de la mejora del rendimiento de la máquina, reflejados en los presupuestos de la gerencia.

EI61   El importe recuperable de la máquina (es decir valor en uso) es mayor que su importe en libros al costo histórico depreciado (véase el Cuadro 4). Por tanto, K procederá a reconocer la reversión de la pérdida por deterioro registrada para la máquina a finales del 20X0, de forma que la misma será contabilizada de nuevo al costo histórico depreciado.

Cuadro 4. Cálculos correspondientes a la reversión de la pérdida por deterioro a finales del 20X4

	Máquina
	u.m.
Importe en libros a finales del 20X0 (Cuadro 2)	121.128
Finales del 20X4	
Cargos por depreciación (entre el 20X1 y el 20X4 - Cuadro 5)	(48.452)
Costos para mejorar el rendimiento del activo	25.000
Importe en libros antes de la reversión	97.676
Importe recuperable (Cuadro 3)	122.072
Reversión de la pérdida por deterioro	17.324
Importe en libros tras la reversión	115.000
Importe en libros: costo histórico depreciado (Cuadro 5)	115.000[a]

(a) El valor en uso de la máquina excede el que habría sido el importe en libros a costo histórico depreciado. Por lo tanto, la reversión se limita a un importe que no supone que el importe en libros de la máquina exceda el costo histórico depreciado.

Cuadro 5. Resumen del importe en libros de la máquina

Año	Costo histórico de depreciación	Importe recuperable	Cargo por depreciación ajustado	Pérdida por deterioro de valor	Importe en libros tras reconocer la pérdida por deterioro de valor
	u.m.	u.m.	u.m.	u.m.	u.m.
20X0	150.000	121.128	0	(28.872)	121.128
20X1	135.000	n.c.	(12.113)	0	109.015
20X2	120.000	n.c.	(12.113)	0	96.902
20X3	105.000	n.c.	(12.113)	0	84.789
20X4	90.000		(12.113)		
mejora	25.000		—		
	115.000	122.072	(12.113)	17.324	115.000
20X5	95.833	n.c.	(19.167)	0	95.833

nc=no calculado, puesto que no había indicios de que la pérdida por deterioro hubiera aumentado o disminuido.

Ejemplo 7 Comprobación del deterioro de valor de unidades generadoras de efectivo con plusvalía y participaciones no controladoras

Ejemplo 7A Participaciones no controladoras medidas inicialmente como la parte proporcional de los activos identificables netos

En este ejemplo se ignoran los efectos impositivos.

Antecedentes

EI62 La Controladora adquiere un 80 por ciento de las participaciones en la propiedad de la Subsidiaria por 2.100 u.m. a fecha 1 de enero de 20X3. En dicha fecha, los activos identificables netos de la subsidiaria tienen un valor razonable de 1.500 u.m. La controladora elige medir las participaciones no controladoras de acuerdo a la participación proporcional en los activos identificables netos de la subsidiaria de 300 u.m. (20% de 1500 u.m.). La plusvalía de 900 u.m. es la diferencia entre la suma total de la contraprestación transferida y el importe de las participaciones no controladoras (2.100 u.m. + 300 u.m.) y los activos identificables netos (1.500 u.m.).

EI63 El conjunto de activos de la Subsidiaria es el grupo más pequeño de activos que generan flujos de entrada de efectivo que son, en buena medida, independientes de los flujos de entrada de efectivo generados por otros activos o grupos de activos. Por lo tanto, la Subsidiaria es una unidad generadora de efectivo. Dado que se espera que otras unidades generadoras de efectivo de la Controladora se beneficien de las sinergias de la combinación, la plusvalía de 500 u.m. asociada a dichas sinergias ha sido distribuida a las otras unidades generadoras de efectivo dentro de la Controladora. Como consecuencia de que esta unidad generadora de efectivo incluye una plusvalía dentro de su importe en libros, debe ser sometida a una comprobación de deterioro anualmente, o con mayor frecuencia si existe cualquier indicación de que podría haberse deteriorado su valor (véase el párrafo 90 de la NIC 36).

EI64 A finales del 20X3, la Controladora determina que el importe recuperable de la unidad generadora de efectivo Subsidiaria es de 1.000 u.m. El importe en libros de los activos netos de la Subsidiaria, excluida la plusvalía, es de 1.350 u.m.

Comprobación del deterioro de valor de la Subsidiaria (unidad generadora de efectivo)

EI65 La plusvalía atribuible a las participaciones no controladoras está incluida en el importe recuperable de la subsidiaria de 1.000 u.m. pero que no ha sido reconocida en los estados financieros de la controladora. Por ello, de acuerdo con el párrafo C4 del Apéndice C de la NIC 36, antes de comparar el importe en libros de la Subsidiaria con su importe recuperable de 1.000 u.m., el importe en libros de la Subsidiaria debe teóricamente ajustarse para incluir plusvalía atribuible a las participaciones no controladoras. La plusvalía atribuible al 80 por ciento de participación de la Controladora en la

Subsidiaria en la fecha de adquisición es de 400 u.m. una vez distribuidas 500 u.m. a otras unidades generadoras de efectivo dentro de la Controladora. Por tanto, la plusvalía atribuible al 20 por ciento de las participaciones no controladoras en la Subsidiaria en la fecha de adquisición es de 100 u.m.

Cuadro 1. Comprobación del deterioro de valor de la Subsidiaria a finales del 20X3

Finales del 20X3	Plusvalía de la Subsidiaria	Activos identificables netos	Total
	u.m.	u.m.	u.m.
Importe en libros	400	1.350	1.750
Participaciones no controladoras no reconocidas	100	–	100
Importe en libros ajustado	500	1.350	1.850
Importe recuperable			1.000
Pérdida por deterioro de valor			850

Asignación de la pérdida por deterioro

EI66 De acuerdo con el párrafo 104 de la NIC 36, la pérdida por deterioro de 850 u.m. se distribuirá a los activos de la unidad, reduciendo en primer lugar el importe en libros de la plusvalía.

EI67 Por lo tanto, de las 850 u.m. de pérdida por deterioro para la unidad, 500 u.m. se reducen de la plusvalía. De acuerdo al párrafo C6 del Apéndice C de la NIC 36, si la subsidiaria parcialmente participada es en sí misma una unidad generadora de efectiva, la pérdida por deterioro de valor de la plusvalía se imputa a las participaciones controladoras y no controladoras sobre la misma base por la que se distribuye el resultado. En este ejemplo, el resultado se distribuye según la base de las participaciones relativas de propiedad. No obstante, debido a que la plusvalía se reconoce sólo hasta el límite del 80 por ciento de la participación en la Subsidiaria, la controladora reconocerá sólo el 80 por ciento de esa pérdida por deterioro del valor de la plusvalía comprada (es decir, 400 u.m.).

EI68 Las restantes 350 u.m. de pérdida por deterioro se reconocen reduciendo los importes en libros de los activos identificables de la Subsidiaria (véase el Cuadro 2).

Cuadro 2. Distribución de la pérdida por deterioro de la Subsidiaria a finales del 20X3

Finales del 20X3	Plusvalía	Activos identi-ficables netos	Total
	u.m.	u.m.	u.m.
Importe en libros	400	1.350	1.750
Pérdida por deterioro de valor	(400)	(350)	(750)
Importe en libros tras deducir la pérdida por deterioro de valor	–	1.000	1.000

Ejemplo 7B Participaciones no controladoras medidas inicialmente por su valor razonable y la subsidiaria relacionada es una unidad generadora de efectivo independiente

En este ejemplo se ignoran los efectos impositivos.

Antecedentes

EI68A   La Controladora adquiere un 80 por ciento de las participaciones en la propiedad de la Subsidiaria por 2.100 u.m. a fecha 1 de enero de 20X3. En dicha fecha, los activos identificables netos de la subsidiaria tienen un valor razonable de 1.500 u.m. La controladora elige medir las participaciones no controladoras por su valor razonable, que es de 350 u.m. La plusvalía de 950 u.m. es la diferencia entre la suma total de la contraprestación transferida y el importe de las participaciones no controladoras (2.100 u.m. + 350 u.m.) y los activos identificables netos (1.500 u.m.).

EI68B   El conjunto de activos de la Subsidiaria es el grupo más pequeño de activos que generan flujos de entrada de efectivo que son, en buena medida, independientes de los flujos de entrada de efectivo generados por otros activos o grupos de activos. Por lo tanto, la Subsidiaria es una unidad generadora de efectivo. Dado que se espera que otras unidades generadoras de efectivo de la Controladora se beneficien de las sinergias de la combinación, la plusvalía de 500 u.m. asociada a dichas sinergias ha sido distribuida a las otras unidades generadoras de efectivo dentro de la Controladora. Como consecuencia de que la Subsidiaria incluye una plusvalía dentro de su importe en libros, debe ser sometida a una comprobación de deterioro anualmente, o con mayor frecuencia si existe cualquier indicación de que podría haberse deteriorado su valor (véase el párrafo 90 de la NIC 36).

Comprobación del deterioro de valor de la Subsidiaria

EI68C   A finales del 20X3, la Controladora determina que el importe recuperable de la unidad generadora de efectivo Subsidiaria es de 1.650 u.m. El importe en libros de los activos netos de la Subsidiaria, excluida la plusvalía, es de 1.350 u.m.

Cuadro 1. Comprobación del deterioro de valor de la Subsidiaria a finales del 20X3

Finales del 20X3	Plusvalía	Activos identificables netos	Total
	u.m.	u.m.	u.m.
Importe en libros	450	1.350	1.800
Importe recuperable			1.650
Pérdida por deterioro de valor			150

Asignación de la pérdida por deterioro

EI68D — De acuerdo con el párrafo 104 de la NIC 36, la pérdida por deterioro de 150 u.m. se distribuirá a los activos de la unidad, reduciendo en primer lugar el importe en libros de la plusvalía.

EI68E — Por lo tanto, el importe íntegro de la pérdida por deterioro de 150 para la unidad, se imputa a la plusvalía. De acuerdo al párrafo C6 del Apéndice C de la NIC 36, si la subsidiaria parcialmente participada es en sí misma una unidad generadora de efectiva, la pérdida por deterioro de valor de la plusvalía se imputa a las participaciones controladoras y no controladoras sobre la misma base por la que se distribuye el resultado.

Ejemplo 7C Participaciones no controladoras medidas inicialmente por su valor razonable y la subsidiaria relacionada es parte de una unidad generadora de efectivo mayor

En este ejemplo se ignoran los efectos impositivos.

Antecedentes

EI68F — Supóngase que, para la combinación de negocios descrita en el párrafo EI68A del Ejemplo 7B, los activos de la Subsidiaria generarán flujos de entrada de efectivo junto con otros activos o grupos de activos de la Controladora. Por lo tanto, en lugar de ser la Subsidiaria la unidad generadora de efectivo a efectos de la comprobación del deterioro de valor, la Subsidiaria pasa a ser parte de una unidad generadora de efectivo mayor, Z. Se espera que otras unidades generadoras de efectivo de la Controladora se beneficien de las sinergias de la combinación. En consecuencia, la plusvalía asociada a dichas sinergias, por importe de 500 u.m., ha sido distribuida a aquellas otras unidades generadoras de efectivo. La plusvalía de Z asociada a las combinaciones de negocios previas es de 800 u.m.

EI68G — Puesto que Z incluye la plusvalía dentro de su importe en libros, tanto de la Subsidiaria como de las combinaciones de negocios previas, debe comprobarse anualmente el deterioro, o con mayor frecuencia si hay algún indicio de que pudiera estar deteriorado (véase el párrafo 90 de la NIC 36).

Comprobación del deterioro de valor de la Subsidiaria

EI68H A finales del 20X3, la Controladora determina que el importe recuperable de la unidad generadora de efectivo Z es de 3.300 u.m. El importe en libros de los activos netos de Z, excluida la plusvalía, es de 2.250 u.m.

Cuadro 3. Comprobación del deterioro de valor de Z a finales del 20X3

Finales del 20X3	Plusvalía	Activos identificables netos	Total
	u.m.	u.m.	u.m.
Importe en libros	1.250	2.250	3.500
Importe recuperable			3.300
Pérdida por deterioro de valor			200

Asignación de la pérdida por deterioro

EI68I De acuerdo con el párrafo 104 de la NIC 36, la pérdida por deterioro de 200 u.m. se distribuirá a los activos de la unidad, reduciendo en primer lugar el importe en libros de la plusvalía. Por tanto, el importe íntegro de la pérdida por deterioro de 200 u.m. de la unidad generadora de efectivo Z se imputa a la plusvalía. De acuerdo con el párrafo C7 del Apéndice C de la NIC 36, si la Subsidiaria participada parcialmente forma parte de una unidad generadora de efectivo mayor, la pérdida por deterioro de la plusvalía se imputaría primero a las partes de la unidad generadora de efectivo, Z, y después a las participaciones controladoras y no controladoras de la Subsidiaria parcialmente participada.

EI68J La controladora imputa la pérdida por deterioro a las partes de la unidad generadora de efectivo sobre la base de los valores en libros relativos de la plusvalía de las partes antes del deterioro de valor. En este ejemplo se imputa a la Subsidiaria el 36 por ciento del deterioro (450/1.250). La pérdida por deterioro se distribuye a las participaciones controladoras y no controladoras con la misma base con que se distribuye el resultado.

Ejemplo 8 Distribución de los activos comunes

En este ejemplo se ignoran los efectos impositivos.

Antecedentes

EI69 La entidad M cuenta con tres unidades generadoras de efectivo: A, B y C. Los importes en libros de esas unidades generadoras de efectivo no incluyen ninguna plusvalía. En el entorno donde esta entidad opera, se están produciendo cambios tecnológicos que le son adversos. Por esa razón, M está llevando a cabo comprobaciones para detectar pérdidas por deterioro en cada una de sus unidades generadoras de efectivo. A finales del 20X0, los valores en libros de las unidades ascienden a 100 u.m. (A), 150 u.m. (B) y 200 u.m. (C).

EI70   Las operaciones se dirigen desde la sede central. El importe en libros que corresponde a esta sede es de 200 u.m.: un edificio por valor de 150 u.m. y un centro de investigación por valor de 50 u.m. La proporción que los valores en libros de las unidades representan sobre el total, es una indicación razonable de la proporción del edificio de la sede central dedicado a cada unidad generadora de efectivo. Sin embargo, el importe en libros del centro de investigación no puede ser distribuido, de forma razonable, entre las unidades.

EI71   La estimación de vida útil restante para la unidad generadora de efectivo A es de 10 años. Para las unidades B y C, la vida útil restante se estima en 20 años. La sede central se deprecia de forma lineal.

EI72   El importe recuperable (el mayor entre su valor en uso y su valor razonable menos los costos de disposición) de cada una de las unidades generadoras de efectivo se basa en su valor en uso. La tasa de descuento utilizada para los cálculos del valor en uso es el 15 por ciento.

Identificación de los activos comunes

EI73   De acuerdo con el párrafo 102 de la NIC 36, M identificará en primer lugar todos los activos comunes que se relacionen con las unidades que se están revisando. En este caso los activos comunes son el edificio central y el centro de investigación.

EI74   A continuación, M decidirá cómo tratar cada uno de los activos comunes:

   (a)   el importe en libros del edificio puede ser objeto de distribución, de una forma razonable y congruente, entre las unidades generadoras de efectivo que se están considerando; y

   (b)   el importe en libros del centro de investigación no puede ser distribuido, de forma razonable y consistente, entre las unidades de generación de efectivo individuales bajo revisión.

Distribución de los activos comunes

EI75   El importe en libros del edificio de la sede central se distribuye entre los valores en libros de cada una de las unidades generadoras de efectivo. Se utilizará una distribución ponderada, puesto que la vida útil restante de la unidad A es de 10 años, mientras que la correspondiente a las unidades B y C asciende a 20 años.

Cuadro 1. Cálculo de la distribución ponderada del importe en libros del edificio de la sede central entre las unidades

Finales del 20X0	A	B	C	Total
	u.m.	u.m.	u.m.	u.m.
Importe en libros	100	150	200	450
Vida útil	10 años	20 años	20 años	
Ponderación basada en la vida útil	1	2	2	
Importe en libros después de la ponderación	100	300	400	800
Proporción del edificio que corresponde a cada unidad	12%	38%	50%	100%
	(100/800)	(300/800)	(400/800)	
Distribución del importe en libros del edificio (basada en la proporcionalidad anterior)	19	56	75	150
Importe en libros (tras la distribución del edificio)	119	206	275	600

Determinación del importe recuperable y cálculo de las pérdidas por deterioro

EI76   El párrafo 102 de la NIC 36 exige, en primer lugar, que el importe recuperable de cada unidad generadora de efectivo se compare con su importe en libros, incluyendo la parte del importe en libros del edificio de la sede central asignado a la unidad, así como cualquier pérdida por deterioro reconocida. Posteriormente, el párrafo 102 de la NIC 36 exige la comparación del importe recuperable de M en su conjunto (es decir, el grupo más pequeño de unidades generadoras de efectivo que incluya el centro de investigación) con su importe en libros, incluyendo tanto al edificio como al centro de investigación de la sede central.

Cuadro 2. Cálculo del valor en uso de A, B, C y M, a finales del 20X0

Año	A Flujos de efectivo futuros	A Descontados al 15%	B Flujos de efectivo futuros	B Descontados al 15%	C Flujos de efectivo futuros	C Descontados al 15%	M Flujos de efectivo futuros	M Descontados al 15%
	u.m.	u.m.	u.m.	u.m.	u.m.	u.m.	u.m.	u.m.
1	18	16	9	8	10	9	39	34
2	31	23	16	12	20	15	72	54
3	37	24	24	16	34	22	105	69
4	42	24	29	17	44	25	128	73
5	47	24	32	16	51	25	143	71
6	52	22	33	14	56	24	155	67
7	55	21	34	13	60	22	162	61
8	55	18	35	11	63	21	166	54
9	53	15	35	10	65	18	167	48
10	48	12	35	9	66	16	169	42
11			36	8	66	14	132	28
12			35	7	66	12	131	25
13			35	6	66	11	131	21
14			33	5	65	9	128	18
15			30	4	62	8	122	15
16			26	3	60	6	115	12
17			22	2	57	5	108	10
18			18	1	51	4	97	8
19			14	1	43	3	85	6
20			10	1	35	2	71	4
Valor en uso		199		164		271		720[a]

(a) Se supone que el centro de investigación genera flujos de efectivo adicionales para la entidad en su conjunto. Por tanto, la suma de los valores de uso de las unidades generadoras de efectivo individuales es menor que el valor en uso de la totalidad de la empresa. Los flujos de efectivo que componen el exceso no son atribuibles a la sede social

Cuadro 3. Comprobación de las pérdidas por deterioro para A, B y C.

Finales del 20X0	A	B	C
	u.m.	u.m.	u.m.
Importe en libros (tras la distribución del valor del edificio, según el Cuadro 1)	119	206	275
Importe recuperable (Cuadro 2)	199	164	271
Pérdida por deterioro de valor	0	(42)	(4)

EI77   El próximo paso consiste en distribuir la pérdida por deterioro entre los activos de la unidad generadora de efectivo y el edificio de la sede central.

Cuadro 4. Distribución de las pérdidas de las unidades generadoras de efectivo B y C

Unidad generadora de efectivo.	B		C	
	u.m.		u.m.	
Al edificio central	(12)	$(42 \times {}^{56}/_{206})$	(1)	$(4 \times {}^{75}/_{275})$
A los activos de la unidad generadora de efectivo	(30)	$(42 \times {}^{150}/_{206})$	(3)	$(4 \times {}^{200}/_{275})$
	(42)		(4)	

EI78   Puesto que el valor del centro de investigación no ha podido ser distribuido de forma razonable y congruente entre las unidades generadoras de efectivo A, B y C, M procederá a comparar el importe en libros del grupo más pequeño de unidades generadoras de efectivo a la que pueda atribuirse el importe en libros del centro de investigación (es decir, M en su conjunto), con su importe recuperable.

Cuadro 5. Comprobación del deterioro para el grupo más pequeño de unidades generadoras de efectivo a la que pueda atribuirse el importe en libros del centro de investigación (es decir, M en su conjunto)

Finales del 20X0	A	B	C	Edificio	Centro de investiga-ción	M
	u.m.	u.m.	u.m.	u.m.	u.m.	u.m.
Importe en libros	100	150	200	150	50	650
Pérdida por deterioro de valor surgida en el primer paso de la comprobación	–	(30)	(3)	(13)	–	(46)
Importe en libros tras el primer paso de la compro-bación	100	120	197	137	50	604
Importe recuperable (Cuadro 2)						720
Pérdida por deterioro de valor para la unidad generadora de efectivo "más grande"						0

EI79 Por tanto, de la aplicación de la comprobación sobre M en su conjunto no se deduce ninguna pérdida por deterioro. Únicamente será preciso reconocer la pérdida de 46 u.m. resultante de la aplicación del primer paso de la comprobación a A, B y C.

Ejemplo 9 Información a revelar sobre unidades generadoras de efectivo que contienen una plusvalía o activos intangibles con vidas útiles indefinidas

El propósito de este ejemplo es ilustrar el tipo de información a revelar exigido por los párrafos 134 y 135 de las NIC 36.

Antecedentes

EI80 La entidad M es una compañía manufacturera multinacional que utiliza segmentos geográficos para la presentación de información financiera por segmentos. Con base en ese formato, M debe informar sobre tres segmentos: Europa, América del Norte y Asia. A efectos de comprobación del deterioro, la plusvalía ha sido distribuida entre tres unidades generadoras de efectivo – dos en Europa (unidades A y B) y una en América del Norte (unidad C) – y un grupo de unidades generadoras de efectivo (compuesto por la operación XYZ) en Asia. Tanto las unidades A, B y C como la operación XYZ representan el nivel más bajo dentro de M al cual la plusvalía se controla para efectos internos de la gerencia.

EI81   M adquirió la unidad C, operación manufacturera en América del Norte, en diciembre de 20X2. A diferencia del resto de operaciones de M en Norte América, C opera en una industria con elevados márgenes y tasas de crecimiento también elevadas, y tiene la ventaja de poseer una patente para 10 años en su producto principal. La patente le fue concedida a C justo antes de que fuera adquirida por M. Como parte de la contabilización de la adquisición de C, M reconoció, además de la patente, una plusvalía de 3.000 u.m. y una marca comercial de 1.000 u.m. La gerencia de M ha determinado que la marca registrada tiene una vida útil indefinida [Referencia: párrafo 88, NIC 38]. M no posee ningún otro activo con vida útil indefinida.

EI82   El importe en libros de la plusvalía y activos intangibles con vidas útiles indefinidas [Referencia: párrafo 88, NIC 38] distribuidos a las unidades A, B y C y a la operación XYZ es el siguiente:

	Plusvalía	Activos intangibles con vidas útiles indefinidas
	u.m.	**u.m.**
A	350	
B	450	
C	3.000	1.000
XYZ	1.200	
Total	5.000	1.000

EI83   Durante el año que termina el 31 de diciembre de 20X3, M determina que ninguna de sus unidades generadoras de efectivo o grupo de unidades generadoras de efectivo que contengan plusvalía, ni tampoco los activos intangibles con vidas útiles indefinidas [Referencia: párrafo 88, NIC 38] han visto deteriorado su valor. Los importes recuperables (es decir, el mayor entre su valor en uso y su valor razonable menos los costos de disposición) de esas unidades y grupo de unidades se determinan de acuerdo con los cálculos aplicados para el valor en uso. M ha determinado que el cálculo del importe recuperable es más sensible a cambios en las siguientes hipótesis:

Unidades A y B	Unidad C	Operación XYZ
Margen bruto durante el periodo presupuestado (el periodo presupuestado es de 4 años)	La tasa de interés de los bonos de estado en USA durante el periodo presupuestado (el periodo presupuestado es de 5 años)	Margen bruto durante el periodo presupuestado (el periodo presupuestado es de 5 años)
Aumento del precio de las materias primas durante el periodo presupuestado	Aumento del precio de las materias primas durante el periodo presupuestado	Tasa de cambio yen japonés/dólar USA durante el periodo presupuestado
Cuota de mercado durante el periodo presupuestado	Cuota de mercado durante el periodo presupuestado	Cuota de mercado durante el periodo presupuestado
Tasa de crecimiento utilizada para extrapolar los flujos de efectivo más allá del periodo presupuestado	Tasa de crecimiento utilizada para extrapolar los flujos de efectivo más allá del periodo presupuestado	Tasa de crecimiento utilizada para extrapolar los flujos de efectivo más allá del periodo presupuestado

EI84 M estima los márgenes brutos durante el periodo presupuestado para A, B y XYZ, a partir de los márgenes promedio obtenidos en el periodo inmediatamente anterior al comienzo del periodo presupuestado, incrementados en un 5 por ciento anual para tener en cuenta las mejoras en la eficiencia esperadas. A y B fabrican productos complementarios y son gestionadas por M para conseguir los mismos márgenes brutos.

EI85 M estima las cuotas de mercado durante periodo presupuestado sobre la base del promedio de las cuotas obtenidas en el periodo inmediatamente anterior al comienzo del periodo presupuestado, ajustando cada año para incorporar cualquier aumento o disminución previsto para las cuotas de mercado. M prevé que:

(a) Las cuotas de mercado para A y B diferirán, pero ambas crecerán durante el periodo presupuestado en un 3 por ciento anual como resultado de las mejoras continuas en la calidad del producto.

(b) La cuota de mercado de C aumentará durante el periodo presupuestado en un 6 por ciento anual como resultado del incremento en los gastos de publicidad y la ventaja de la protección de la patente durante 10 años para su producto principal.

(c) La cuota de mercado de XYZ permanecerá constante durante el periodo presupuestado como resultado de la combinación de dos factores: mejora continua en la calidad del producto e incremento previsto en la competencia.

EI86 A y B compran las materias primas a los mismos proveedores europeos, mientras que C adquiere sus materias primas a varios proveedores en América del Norte. M prevé que el incremento de los precios de las materias primas sea congruente con la predicción de los índices de precios al consumo publicados por las agencias gubernamentales en los respectivos países Europeos y de América del Norte.

EI87 M estima que la tasa de interés de los bonos de estado a 5 años en USA durante el periodo presupuestado sea congruente con el rendimiento de dichos bonos al principio del periodo presupuestado. M estima que la tasa de cambio del yen japonés/dólar USA sea congruente con el promedio de la tasa de cambio del mercado de futuros durante periodo presupuestado.

EI88 M utiliza tasas constantes de crecimiento para extrapolar los flujos de efectivo para A, B, C y XYZ más allá del periodo presupuestado. M estima que las tasas de crecimiento para A, B y XYZ son congruentes con la información pública disponible sobre el promedio de las tasas de crecimiento para los mercados en los que A, B y XYZ operan. Sin embargo, la tasa de crecimiento para C supera el promedio de la tasa de crecimiento a largo plazo para el mercado en el que opera C. La gerencia de M opina que este hecho es razonable a la luz de la protección de la patente para 10 años sobre el principal producto de C.

EI89 M divulga la siguiente información en las notas a sus estados financieros para el año que termina el 31 de diciembre de 20X3.

Prueba de Deterioro del Valor para la Plusvalía y Activos Intangibles con Vidas Útiles Indefinidas.

A efectos de comprobación del deterioro, la plusvalía ha sido distribuida entre tres unidades generadoras de efectivo—dos en Europa (unidades A y B) y una en América del Norte (unidad C)—y un grupo de unidades generadoras de efectivo (compuesto por la operación XYZ) en Asia. El importe en libros de la plusvalía distribuida a la unidad C y a la operación XYZ es significativo en comparación con el importe en libros total de la plusvalía, pero el importe en libros de la plusvalía distribuida a las unidades A y B no lo es. Sin embargo, el importe recuperable de las unidades A y B está basado en algunas de las mismas hipótesis clave y el importe en libros total de la plusvalía distribuida a esas unidades es significativo.

Operación XYZ

El importe recuperable de la operación XYZ ha sido determinado de acuerdo con los cálculos aplicados para el valor en uso. Esos cálculos utilizan proyecciones de los flujos de efectivo basadas en los presupuestos financieros aprobados por la gerencia, que cubren un periodo de cinco años, y una tasa de descuento del 8,4 por ciento. Los flujos de efectivo más allá de ese horizonte temporal han sido extrapolados utilizando una tasa de crecimiento constante del 6,3 por ciento. Esta tasa de crecimiento no supera al promedio de la tasa de crecimiento a largo plazo para el mercado en el que XYZ opera. La gerencia cree que cualquier cambio razonablemente posible en las hipótesis clave sobre las cuales se basa el importe recuperable de XYZ *no* causaría que el importe en libros de XYZ superase a su importe recuperable.

Unidad C

El importe recuperable de la unidad C también ha sido determinado de acuerdo con los cálculos aplicados para el valor en uso. Esos cálculos utilizan proyecciones de los flujos de efectivo basadas en los presupuestos financieros aprobados por la gerencia, que cubren un periodo de cinco años, y una tasa de descuento del 9,2 por ciento. Los flujos de efectivo más allá de ese horizonte temporal han sido extrapolados utilizando una tasa de crecimiento constante del 12 por ciento. Esta tasa de crecimiento excede en 4 puntos porcentuales al promedio de la tasa de crecimiento a largo plazo para el mercado en el que C opera. Sin embargo, C se beneficia de la protección que le otorga una patente por un periodo de diez años sobre su principal producto, que le fue concedida en diciembre de 20X2. La gerencia cree que una tasa de crecimiento del 12 por ciento es razonable a la luz de dicha patente. La gerencia también cree que cualquier cambio razonablemente posible en las hipótesis clave sobre las cuales se basa el importe recuperable de C *no* causaría que el importe en libros de C superase a su importe recuperable.

Unidades A y B

Los importes recuperables de las unidades A y B han sido determinados de acuerdo con los cálculos aplicados para el valor en uso. Estas unidades fabrican productos complementarios, y sus importes recuperables están basados en algunas de las mismas hipótesis clave. Los cálculos de ambos valores en uso utilizan proyecciones de flujos de efectivo basadas en los presupuestos financieros aprobados por la gerencia, que cubren un periodo de cuatro años, y una tasa de descuento del 7,9 por ciento. Los dos conjuntos de flujos de efectivo más allá de ese horizonte temporal de cuatro años han sido extrapolados utilizando una tasa de crecimiento constante del 5 por ciento. Esta tasa de crecimiento no supera al promedio de la tasa de crecimiento a largo plazo para el mercado en el que A y B operan. Tanto para A como para B las proyecciones de los flujos de efectivo durante el periodo presupuestado también están basadas en los mismos márgenes brutos esperados y el mismo incremento en el precio de las materias primas durante el periodo presupuestado. La gerencia cree que cualquier cambio razonablemente posible en cualquiera de dichas hipótesis clave sobre las cuales se basa el importe recuperable de XYZ *no* causaría que el importe en libros agregado de A y B superase al importe recuperable agregado de ambas unidades.

	Operación XYZ	Unidad C	Unidades A y B (en forma agregada)
Importe en libros de la plusvalía	1.200 u.m.	3.000 u.m.	CU800
Importe en libros de la marca comercial con vida útil indefinida	–	1.000 u.m.	–

Hipótesis clave utilizadas en los cálculos para el valor en uso[a]

Hipótesis clave	Márgenes brutos presupuestados	Tasa de cambio de los bonos del estado USA a 5 años	Márgenes brutos presupuestados
Base para determinar el (los) valor(es) asignado a cada hipótesis clave	Promedio de los márgenes brutos obtenidos en el periodo inmediatamente anterior al periodo presupuestado, incrementados para tener en cuenta las mejoras esperadas en la eficiencia.	Rendimiento de los bonos del estado USA a cinco años a principios del periodo presupuestado.	Promedio de los márgenes brutos obtenidos en el periodo inmediatamente anterior al periodo presupuestado, incrementados para tener en cuenta las mejoras esperadas en la eficiencia.
	Los valores asignados a las hipótesis clave reflejan la experiencia pasada, excepto para el caso de las mejoras en la eficiencia. La gerencia cree que unas mejoras en la eficiencia del 5% anual son razonablemente alcanzables.	El valor asignado a la hipótesis clave es congruente con fuentes externas de información.	Los valores asignados a las hipótesis clave reflejan la experiencia pasada, excepto para el caso de las mejoras en la eficiencia. La gerencia cree que unas mejoras en la eficiencia del 5% anual son razonablemente alcanzables.

continúa...

...continuación

Hipótesis clave	Tasa de cambio yen japonés/dólar USA durante el periodo presupuestado	Aumento del precio de las materias primas.	Aumento del precio de las materias primas.
Base para determinar el (los) valor(es) asignado a cada hipótesis clave	Promedio de la tasa de cambio del mercado de futuros durante periodo presupuestado.	Predicción de los índices de precios al consumo durante el periodo presupuestado para los países norteamericanos donde se compran las materias primas.	Predicción de los índices de precios al consumo durante el periodo presupuestado para los países europeos donde se compran las materias primas.
	El valor asignado a la hipótesis clave es congruente con fuentes externas de información.	El valor asignado a la hipótesis clave es congruente con fuentes externas de información.	El valor asignado a la hipótesis clave es congruente con fuentes externas de información.
Hipótesis clave	Cuota de mercado presupuestada	Cuota de mercado presupuestada	
Base para determinar el (los) valor(es) asignado a cada hipótesis clave	Promedio de la cuota de mercado para el periodo inmediatamente anterior al periodo presupuestado.	Promedio de la cuota de mercado para el periodo inmediatamente anterior al periodo presupuestado, incrementada cada año según el crecimiento esperado para la cuota de mercado.	

continúa...

...continuación

| | El valor asignado a la hipótesis clave refleja la experiencia pasada. No se espera ningún cambio en la cuota de mercado como resultado de la mejora continua en la calidad junto con el aumento esperado en la competencia. | La gerencia cree que un crecimiento del 6% anual de la cuota de mercado es razonablemente alcanzable debido al aumento en los gastos de publicidad, la ventaja que se deriva por la protección de la patente durante 10 años en el principal producto de C y las sinergias que se espera alcanzar del funcionamiento de C como parte del segmento de M en Norteamérica. |

(a) Las hipótesis clave mostradas en esta tabla para las unidades A y B son sólo aquellas utilizadas en los cálculos del importe recuperable para ambas unidades.

Provisiones, Pasivos Contingentes y Activos Contingentes

El texto normativo de la NIC 37 se encuentra en la Parte A de esta edición. Su fecha de vigencia en el momento de la emisión era el 1 de julio de 1999. El texto de los Fundamentos de las Conclusiones de la NIC 37 se encuentra en la Parte C de esta edición. Esta parte presenta los siguientes documentos:

GUÍA DE IMPLEMENTACIÓN

A Tablas – Provisiones, pasivos contingentes, activos contingentes y reembolsos

B Árbol de decisión

C Ejemplos: reconocimiento

D Ejemplos: información a revelar

Guía de Implementación de la NIC 37 *Provisiones, Pasivos Contingentes y Activos Contingentes*

Esta guía acompaña a la NIC 37, pero no forma parte de la misma.

A Tablas – Provisiones, pasivos contingentes, activos contingentes y reembolsos

El propósito de estas tablas es resumir los principales requerimientos de la Norma.

Provisiones y pasivos contingentes

En el caso de que, como consecuencia de sucesos pasados, pueda producirse una salida de recursos económicos que incorporen beneficios económicos para pagar: (a) una obligación presente; o (b) una obligación posible, cuya existencia ha de ser confirmada sólo por que ocurra, o en su caso no ocurra, uno o más eventos inciertos en el futuro, que no están enteramente bajo el control de la entidad.		
Existe una obligación presente que probablemente exija una salida de recursos.	Existe una obligación posible, o una obligación presente, que puede o no exigir una salida de recursos.	Existe una obligación posible, o una obligación presente en la que se considera remota la posibilidad de salida de recursos.
Se procede a reconocer una provisión (párrafo 14).	No se reconoce provisión (párrafo 27).	No se reconoce provisión (párrafo 27).
Se exige revelar información sobre la provisión (párrafos 84 y 85).	Se exige revelar información sobre el pasivo contingente (párrafo 86).	No se exige revelar ningún tipo de información (párrafo 86).

También aparece un pasivo contingente en el caso, extremadamente raro, de que exista una obligación que no pueda ser reconocida en los estados financieros porque no pueda ser medida con fiabilidad. Se requiere información a revelar sobre el pasivo contingente.

Activos contingentes

En el caso de que, como consecuencia de sucesos pasados, exista un activo posible, cuya existencia ha de ser confirmada sólo porque ocurra, o en su caso no ocurra, de uno o más eventos inciertos en el futuro, que no están enteramente bajo el control de la entidad.		
La entrada de beneficios económicos es prácticamente cierta.	La entrada de beneficios económicos es probable, pero no prácticamente cierta.	La entrada de beneficios económicos no es probable.
El activo no es de carácter contingente (párrafo 33).	No se reconoce ningún activo (párrafo 31).	No se reconoce ningún activo (párrafo 31).
	Se exige revelar información (párrafo 89).	No se exige revelar ningún tipo de información (párrafo 89).

Reembolsos

Se espera que una parte o la totalidad de los desembolsos necesarios para liquidar una provisión sean reembolsados a la entidad por un tercero.		
La entidad no ha contraído obligaciones por la parte del desembolso que ha de ser reembolsado por el tercero.	La entidad está obligada por la parte de la deuda cuyo reembolso se espera, y además está prácticamente segura de que recibirá el reembolso cuando liquide la provisión.	La entidad está obligada por la parte de la deuda cuyo reembolso se espera, pero el reembolso no es prácticamente seguro cuando la entidad liquide la provisión.
La entidad no tiene responsabilidad por el importe que ha de ser reembolsado (párrafo 57).	El reembolso es objeto de reconocimiento, como activo separado, en el estado de situación financiera y puede ser compensado con el gasto en el estado del resultado integral. El importe reconocido como reembolso esperado no superará al pasivo (párrafos 53 y 54).	El reembolso esperado no se reconoce como un activo (párrafo 53).
No se exige revelar información.	Se revela información sobre las condiciones del reembolso a la vez que del importe del mismo [párrafo 85(c)].	Se revela información sobre el reembolso esperado [párrafo 85(c)].

B Árbol de decisión

Su propósito es el de resumir las principales exigencias de la Norma para las provisiones y los pasivos contingentes.

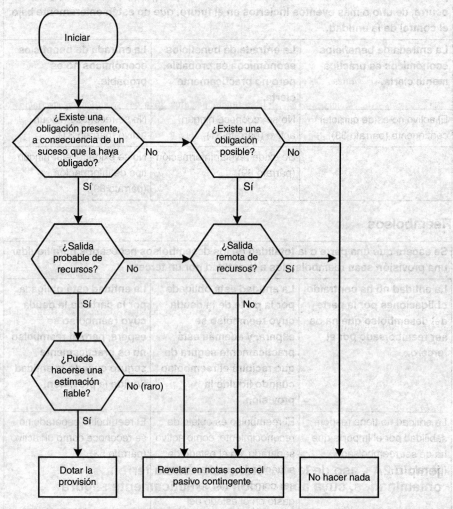

Nota: En algunos casos excepcionales no queda claro si existe o no una obligación en el momento presente. En tales circunstancias, se considera que el suceso ocurrido en el pasado ha dado lugar a una obligación presente si, teniendo en cuenta toda la evidencia disponible al final del periodo sobre el que se informa, es mayor la probabilidad de que exista una obligación presente que de lo contrario (párrafo 15 de la Norma).

[Referencia: párrafo 16]

C Ejemplos: reconocimiento

Todas las entidades de los ejemplos que siguen cierran su periodo contable a 31 de diciembre. En todos los casos existe la suposición de que puede hacerse una estimación fiable de todas las salidas de recursos esperadas. En algunos ejemplos, las circunstancias que se describen pudieran haber producido pérdidas por deterioro en el valor de algunos activos, pero este extremo particular no es objeto de tratamiento en este Apéndice.

Las referencias cruzadas que se indican en los ejemplos indican los párrafos de la Norma que son particularmente relevantes.

Las referencias a la "mejor estimación" **[Referencia: párrafos 36 a 44]** *se entienden efectuadas al valor presente* **[Referencia: párrafos 45 a 47]** *de la partida correspondiente, en los casos donde el efecto del valor temporal del dinero es significativo.*

Ejemplo 1 Garantías

Una entidad de manufacturas ofrece, a los compradores de su producto, garantías en el momento de realizar sus adquisiciones. En virtud de las condiciones del contrato de venta, la entidad manufacturera se compromete a subsanar, por medio de la reparación o de la sustitución de los productos, los defectos de fabricación que se pongan de manifiesto en el transcurso de tres años desde el momento de la transacción. Según la experiencia pasada, es probable (es decir, es más posible su ocurrencia que lo contrario) que se presenten algunas reclamaciones en el periodo de garantía.

Obligación presente como consecuencia de un suceso pasado que ha dado origen a la misma – El suceso que da origen a la obligación es la venta del producto con garantía, la cual hace que se produzca una obligación legal.

Una salida de recursos que incorporan beneficios económicos – Resulta probable para el conjunto de las garantías a los compradores (véase el párrafo 24).

Conclusión – Se reconocerá una provisión por el importe de la mejor estimación de los costos de reparar o sustituir los productos vendidos antes del final del periodo sobre el que se informa (véanse los párrafos 14 y 24).

Ejemplo 2A Caso de legislación, referente a terrenos contaminados, cuya aprobación es prácticamente segura

Una entidad petrolífera produce contaminación, pero no sanea los terrenos que ha utilizado más que cuando la legislación del país en el que opera obliga a ello. Un determinado país en el cual tiene operaciones no cuenta, hasta el momento presente, con legislación que le obligue al saneamiento de los terrenos utilizados durante varios años. Sin embargo, es prácticamente seguro que, poco después del 31 de diciembre del año 20X0, se aprobará en el país en cuestión una ley, ahora en proyecto, que obligará a la entidad a sanear y limpiar los terrenos ya contaminados.

Obligación presente como consecuencia de un suceso pasado que ha dado origen a la misma – El suceso que da origen a la obligación es la contaminación de los terrenos, a causa de la práctica seguridad de la aprobación de la legislación que exige su saneamiento y limpieza.

Una salida de recursos que incorporan beneficios económicos – Probable.

Conclusión – Se reconocerá la oportuna provisión, por importe de la mejor estimación de los costos de saneamiento y limpieza de los terrenos (véanse los párrafos 14 y 22).

Ejemplo 2B Caso de una obligación implícita para sanear terrenos contaminados

Una entidad petrolera, que produce contaminación en los terrenos que explota, opera en un país donde no existe legislación medioambiental. No obstante, la entidad cuenta con una bien conocida política medioambiental, según la cual toma bajo su responsabilidad la limpieza de toda la contaminación que produce su actividad. La entidad hace honor a sus compromisos.

Obligación presente como consecuencia de un suceso pasado que ha dado origen a la misma – El suceso que ha dado origen al compromiso es la contaminación de los terrenos, produciendo una obligación implícita, puesto que la conducta de la entidad ha creado una expectativa válida, ante los afectados, de que procederá al saneamiento de la contaminación causada.

Una salida de recursos que incorporan beneficios económicos – Probable.

Conclusión – Se reconocerá la oportuna provisión, por importe de la mejor estimación de los costos de saneamiento y limpieza de los terrenos (véanse tanto el párrafo 10, para la definición de obligación implícita, como los párrafos 14 y 17).

Ejemplo 3 Plataforma petrolífera marina

Una entidad explota un yacimiento marino, y la concesión que tiene para hacerlo le exige retirar la plataforma petrolífera al final del periodo de producción y restaurar el fondo marino. El noventa por ciento de los eventuales costos tienen relación con la retirada de la plataforma y con la restauración de los daños causados por su instalación, mientras que sólo el diez por ciento de los citados costos se deriva de la extracción del crudo. Al final del periodo sobre el que se informa, ha sido construida e instalada la plataforma, pero no se ha comenzado la extracción de petróleo.

Obligación presente como consecuencia de un suceso pasado que ha dado origen a la misma – Es la construcción e instalación de la plataforma, según las condiciones de la concesión, el suceso que produce la obligación legal de retirarla y restaurar el fondo marino, y por tanto este es el suceso que da origen a la obligación. Al final del periodo sobre el que se informa, no obstante, no hay ninguna obligación de reparar los daños que se deriven de la extracción del crudo.

Una salida de recursos que incorporan beneficios económicos – Probable.

Conclusión – Se reconocerá una provisión, por importe del noventa por ciento de la mejor estimación de los eventuales costos, que corresponde a los de retirada de la plataforma petrolífera y restauración de los daños causados por su construcción e instalación (véase el párrafo 14). Estos costos se sumarán al resto de los que compongan el importe en libros de la plataforma. El restante diez por ciento de los costos, que surgirán por la obtención del crudo, se reconocerán a medida que el petróleo sea extraído.

Ejemplo 4 Reembolso de las ventas a voluntad del cliente

Un almacén de venta al detalle tiene la política de reembolsar las ventas a los clientes que no estén satisfechos con ellas, incluso en los casos en los que no hay obligación legal de hacerlo. Esta práctica de reembolso a voluntad del cliente es ampliamente conocida.

Obligación presente como consecuencia de un suceso pasado que ha dado origen a la misma – El suceso que da origen al compromiso es la venta del producto, de la que surge la obligación implícita, puesto que el comportamiento pasado del almacén ha dado pie a la creación de una expectativa válida por parte de los clientes, a los que éste reembolsa a voluntad sus compras.

Salida de recursos que incorporan beneficios económicos – Probable, puesto que una determinada proporción de los bienes se devuelven y reembolsan (véase el párrafo 24).

Conclusión – Se reconocerá una provisión por importe de la mejor estimación de los costos de los reembolsos a efectuar (véanse tanto el párrafo 10, para la definición de obligación implícita, como los párrafos 14, 17 y 24).

Ejemplo 5A Cierre de una división, que no se llevará a cabo antes del final del periodo sobre el que se informa

El 12 de diciembre del año 20X0, el órgano de administración de la entidad decidió cerrar una de sus divisiones. Con anterioridad al final del periodo sobre el que se informa (que tuvo lugar el 31 de diciembre del año 20X0) ni se comunicó la decisión a ninguno de los afectados ni se tomó ninguna otra medida para llevar a cabo la clausura decidida.

Obligación presente como consecuencia de un suceso pasado que ha dado origen a la misma – No ha habido ningún suceso que de origen a compromisos, y por tanto no existe obligación alguna.

Conclusión – No se reconocerá provisión alguna (véanse los párrafos 14 y 72).

Ejemplo 5B Cierre de una división, que ha sido objeto de comunicación o implementación antes del final del periodo sobre el que se informa

El 12 de diciembre del año 20X0, el órgano de administración tomó la decisión de cerrar la división que fabricaba un producto en particular. El 20 de diciembre del mismo año se acordó, por parte del órgano, un plan detallado para implementar el cierre; se mandaron cartas a los clientes avisándoles de que se buscarán una fuente alternativa de suministro, a la vez que se mandaron los correspondientes avisos para el personal que prestaba sus servicios en la división.

Obligación presente como consecuencia de un suceso pasado que ha dado origen a la misma – El suceso que ha dado origen a la obligación es la comunicación realizada a los clientes y al personal de la división, lo cual ha dado lugar a una obligación implícita desde esa fecha, puesto que ha creado una expectativa válida respecto a la clausura de la división y a sus efectos.

Una salida de recursos que incorporan beneficios económicos – Probable.

Conclusión – Se reconocerá una provisión a 31 de diciembre del año 20X0, por el importe de la mejor estimación de los costos que se derivarán del cierre de la división (véanse los párrafos 14 y 72).

Ejemplo 6 Obligación legal de colocar filtros para el humo

Según la legislación recién aprobada, la entidad está obligada a colocar filtros para el humo en las chimeneas de sus fábricas antes del 30 de junio del año 20X1. La entidad no ha colocado tales filtros:

(a)   A 31 de diciembre de 20X0, el final del periodo sobre el que se informa

Obligación presente como consecuencia de un suceso pasado que ha dado origen a la misma – No hay evento alguno que de origen a la obligación de incurrir en el costo de los filtros para el humo ni en las multas que la legislación prevea de no colocarlos.

Conclusión – No se reconocerá provisión por el costo de los filtros para el humo (véanse los párrafos 14 y 17 a 19).

(b)   A 31 de diciembre de 20X1, el final del periodo sobre el que se informa

Obligación presente como consecuencia de un suceso pasado que ha dado origen a la misma – No se ha producido todavía ningún suceso que haya dado origen a una obligación en lo que se refiere a los costos de colocar los filtros para el humo, puesto que no se ha procedido a colocarlos. No obstante, y en virtud de lo que prevea la legislación, ha podido surgir una obligación de pago de multas o sanciones, puesto que se ha producido el suceso que da origen a la sanción (el incumplimiento de las normas de funcionamiento en las fábricas).

Salida de recursos que incorporan beneficios económicos – La evaluación de la probabilidad de incurrir en multas o sanciones por el incumplimiento de las Normas de funcionamiento en las fábricas, depende de los detalles concretos de la legislación, así como de la seriedad del régimen de vigilancia y aplicación de la normativa.

Conclusión – No se reconocerá provisión alguna por los costos de los filtros para el humo. No obstante, se ha de reconocer una provisión por importe de la mejor estimación de las multas o sanciones, siempre que haya más posibilidad de que sean impuestas a la entidad que de lo contrario (véanse los párrafos 14 y 17 a 19).

Ejemplo 7 Actualización formativa del personal como consecuencia de cambios en el sistema del impuesto a las ganancias

El gobierno ha introducido ciertos cambios en el sistema del impuesto a las ganancias de las entidades. Como consecuencia de tales cambios, una entidad del sector de servicios financieros puede encontrar necesario actualizar los conocimientos de una gran parte de sus empleados de las áreas comercial y administrativa, para asegurarse de que se seguirá observando la regulación que atañe a los servicios financieros. Al final del periodo sobre el que se informa, no se han llevado a cabo acciones formativas.

Obligación presente como consecuencia de un suceso pasado que ha dado origen a la misma – No ha habido ningún suceso que de origen a compromisos (en concreto no se han producido las acciones formativas), y por tanto no existe obligación alguna.

Conclusión – No se reconocerá provisión alguna (véanse los párrafos 14 y 17 a 19).

Ejemplo 8 Un contrato de carácter oneroso

[Eliminado]

Ejemplo 9 Un aval individual

[Eliminado]

Ejemplo 10 Un caso judicial

Tras la celebración de una boda, en el año 20X0, murieron diez personas, posiblemente a causa de comida en malas condiciones, que había sido elaborada con productos vendidos por la entidad. Se emprendieron reclamaciones legales contra la entidad solicitando indemnización por daños, cuya responsabilidad ésta no aceptaba. Hasta la fecha de autorización de los estados financieros del ejercicio cerrado el 31 de diciembre del año 20X0 para su emisión, los abogados de la entidad eran de la opinión de que la entidad probablemente no sería declarada culpable, y por tanto no tendría que afrontar ninguna responsabilidad. Sin embargo, cuando la entidad estaba elaborando sus estados financieros correspondientes al periodo contable cerrado el 31 de diciembre del año 20X1, los abogados opinaban que, tras los últimos desarrollos del proceso judicial, era probable que la entidad fuera encontrada culpable.

(a)   A 31 de diciembre de 20X0

Obligación presente como consecuencia de un suceso pasado que ha dado origen a la misma – A partir de la evidencia disponible, en la fecha de la aprobación de los estados financieros por parte del órgano de gestión de la entidad, no existe obligación alguna a consecuencia de sucesos pasados.

Conclusión – No se reconocerá provisión alguna (véanse los párrafos 15 y 16). La reclamación será presentada como un pasivo contingente en las notas, a menos que la probabilidad de salida de recursos se considere remota (véase el párrafo 86).

(b)   A 31 de diciembre de 20X1

Obligación presente como consecuencia de un suceso pasado que ha dado origen a la misma – A partir de la evidencia disponible, existe una obligación presente.

Una salida de recursos que incorporan beneficios económicos – Probable.

Conclusión – Se reconocerá una provisión, por importe de la mejor estimación de los costos que supondrá cancelar la obligación que surja del proceso judicial (véanse los párrafos 14 a 16).

Ejemplo 11 Mantenimiento y reparaciones

Algunos activos requieren, además del mantenimiento rutinario, desembolsos sustanciales cada varios años para importantes reacondicionamientos o reparaciones, así como sustitución de sus principales componentes. En la NIC 16 *Propiedades, Planta y Equipo*, se proporcionan guías para distribuir la inversión realizada en un activo, entre las partes que lo componen, en el caso de que tales partes tengan diferentes vidas útiles o suministren beneficios económicos con patrones diferentes.

Ejemplo 11A Costos de renovación, en caso de que no exista obligación legal de hacerla

Un horno cuenta con un revestimiento que necesita ser repuesto cada cinco años, por razones técnicas. Al final del periodo sobre el que se informa, el revestimiento en cuestión ha estado en uso durante los últimos tres años.

Obligación presente como consecuencia de un suceso pasado que ha dado origen a la misma – No hay obligación presente alguna.

Conclusión – No se reconocerá provisión alguna (véanse los párrafos 14 y 17 a 19).

El costo de reemplazar el revestimiento no se reconoce porque, al final del periodo sobre el que se informa, no existe ninguna obligación de renovación que sea independiente de las actuaciones futuras de la compañía, ya que incluso la intención de incurrir en el costo de reemplazo del revestimiento depende de que la entidad se decida por continuar explotando el antiguo o hacer la reposición. En lugar de reconocer una provisión, la depreciación del revestimiento tendrá en cuenta su ritmo de consumo, esto es, el costo será distribuido entre cinco años. Por lo tanto, los costos de reemplazar el viejo revestimiento serán capitalizados, y el consumo correspondiente a cada nueva inversión será mostrado como un gasto por depreciación a lo largo de los siguientes cinco años.

Ejemplo 11B Costos de renovación, en el caso de que exista obligación legal de hacerla

Una determinada compañía aérea está obligada, por ley, a someter a revisión las aeronaves cada tres años.

Obligación presente como consecuencia de un suceso pasado que ha dado origen a la misma – No hay obligación presente alguna.

Conclusión – No se reconocerá provisión alguna (véanse los párrafos 14 y 17 a 19).

El costo de revisar la aeronave no se tiene que reconocer como provisión por las mismas razones dadas respecto a los costos del revestimiento del horno, en el ejemplo 11 A, que no se reconocían por anticipado como provisión. Por tanto, ni siquiera cuando existe obligación legal de hacer la revisión nace un pasivo, puesto que la obligación en cuestión no es independiente de las actuaciones futuras de la entidad: la entidad puede evitar el desembolso futuro con las actuaciones correspondientes, por ejemplo vendiendo el aparato antes de que se cumpla el plazo de hacer la revisión. En lugar de reconocer provisión alguna, la amortización de la aeronave habrá de tener en cuenta la incidencia futura de esos costos extras de mantenimiento, esto es, habrá de procederse a amortizar en tres años un costo similar al previsto para la revisión.

D Ejemplos: información a revelar

En primer lugar se suministran dos ejemplos de la información en notas exigida por el párrafo 85.

Ejemplo 1 Garantías

Una entidad manufacturera ofrece garantías, en el momento de la venta, para sus tres líneas de producto. Según las condiciones de la garantía, la entidad se compromete a reparar o sustituir los artículos que no funcionen de forma satisfactoria en un periodo de dos años desde el momento de la venta. Al final del periodo sobre el que se informa, se ha procedido a reconocer una provisión por importe de 60.000. El anterior importe no ha sido objeto de descuento, puesto que el efecto de la actualización es insignificante. Se revela la siguiente información complementaria en las notas:

Se ha dotado una provisión de 60.000 para cubrir las reclamaciones por la garantía de los productos vendidos a lo largo de los últimos tres periodos. Se espera aplicar la mayoría de este importe en el próximo periodo para cubrir las reclamaciones que se presenten, y la totalidad del saldo será utilizado en los próximos dos años a partir del periodo sobre el que se informa.

Ejemplo 2 Costos de desmantelamiento

En el año 2000, cierta entidad implicada en actividades con energía nuclear ha reconocido una provisión por desmantelamiento de las instalaciones por importe de 300 millones. El importe de la citada provisión ha sido estimado utilizando la hipótesis de que el desmantelamiento tendrá lugar en un plazo de 60 a 70 años. No obstante, cabe la posibilidad de que no tenga lugar hasta un plazo de 100 a 110 años, en cuyo caso el valor presente de los costos quedaría reducido de manera significativa. Se revela la siguiente información complementaria en las notas:

Se ha dotado una provisión de 300 millones por costos de desmantelamiento. Se espera incurrir en los citados costos entre los años 2060 y 2070, no obstante es posible que el citado desmantelamiento no tenga lugar hasta los años 2100 a 2110. Si los costos se hubieran medido utilizando esta última expectativa, el importe de la provisión se hubiera reducido, por efecto del descuento de las cantidades, en 136 millones. El importe de la provisión ha sido estimado teniendo en cuenta la tecnología y los precios existentes en la actualidad, y utilizando un tipo de descuento real del 2 por ciento.

En segundo lugar se ofrece un ejemplo de la información en notas exigida por el párrafo 92 donde alguna de la información requerida no es suministrada porque puede esperarse que perjudique seriamente la posición de la entidad.

Ejemplo 3 Exención de información a revelar

Cierta entidad está envuelta en una disputa con un competidor, el cual alega que ésta ha infringido su derecho a utilizar determinadas patentes y reclama daños y perjuicios por 100 millones. La entidad ha procedido a reconocer una provisión, por el importe de la mejor estimación de la obligación, pero no revela ninguno de los datos exigidos por los párrafos 84 y 85 de la Norma. Se revela la siguiente información complementaria en las notas:

Está en proceso un litigio con un competidor, quien alega que la entidad ha infringido su derecho a utilizar determinadas patentes y reclama daños y perjuicios por importe de 100 millones. No se detalla la información exigida por la NIC 37 Provisiones, Pasivos Contingentes y Activos Contingentes, puesto que revelar información sobre los datos correspondientes puede esperarse que perjudique seriamente el desenlace del litigio. La gerencia de la entidad es de la opinión de que la compañía podrá defender con éxito su posición en el proceso.

Documentos del IASB publicados para acompañar a la

NIC 38

Activos Intangibles

El texto normativo de la NIC 38 se encuentra en la Parte A de esta edición. Su fecha de vigencia en el momento de la emisión era el 31 de marzo de 2004. El texto de los Fundamentos de las Conclusiones de la NIC 38 se encuentra en la Parte C de esta edición. Esta parte presenta los siguientes documentos:

EJEMPLOS ILUSTRATIVOS

Evaluación de la vida útil de activos intangibles

NIC 38 *Activos Intangibles*
Ejemplos Ilustrativos

Estos ejemplos acompañan a la NIC 38, pero no forman parte de ella.

Evaluación de la vida útil de activos intangibles

La siguiente guía proporciona ejemplos sobre la forma de determinar la vida útil de un activo intangible, de acuerdo con lo establecido en la NIC 38.

Cada uno de los ejemplos que siguen describe un activo intangible adquirido, los hechos y las circunstancias que rodean la determinación de su vida útil, y el tratamiento contable posterior basado tal determinación.

Ejemplo 1   Adquisición de una lista de clientes

Una compañía dedicada a la mercadotecnia directa por correo adquiere un listado de clientes y espera obtener beneficios por el uso de la información contenida en él durante un año como mínimo, y tres años como máximo.

La lista de clientes podría amortizarse **[Referencia: párrafos 97 a 106]** de acuerdo con la mejor estimación de su vida útil hecha por la dirección, **[Referencia: párrafos 88 a 96]** esto es, 18 meses. Aunque la compañía de mercadotecnia directa pueda añadir nombres de clientes y otra información a la lista en el futuro, los beneficios esperados por la adquisición de la lista de clientes se refieren exclusivamente a los clientes incluidos en la lista cuando ésta fue adquirida. La lista de clientes también debería ser revisada por deterioro del valor, de acuerdo con la NIC 36 *Deterioro del Valor de los Activos*, evaluando al final de cada periodo sobre el que se informa si existe alguna indicación de que la lista de clientes pueda haber sufrido deterioro de valor. **[Referencia: párrafo 111]**

Ejemplo 2   Adquisición de una patente que expira en 15 años

Se espera que el producto, que se encuentra protegido por la patente tecnológica, genere flujos netos de efectivo durante no menos de 15 años. La entidad tiene un compromiso, por parte de un tercero, de comprar la patente dentro de cinco años por el 60 por ciento del valor razonable que la misma tenía cuando fue adquirida, y la entidad tiene la intención de vender la patente en cinco años.

La patente se amortizaría **[Referencia: párrafos 97 a 106]** a lo largo de los cinco años de vida útil **[Referencia: párrafos 88 a 96]** para la entidad, con un valor residual **[Referencia: párrafos 100 a 103]** igual al valor presente del 60 por ciento del valor razonable que la patente tenía cuando fue adquirida. La patente será también revisada por deterioro de valor de acuerdo con la NIC 36 evaluando al final de cada periodo sobre el que se informa si existe alguna indicación de un posible deterioro de valor. **[Referencia: párrafo 111]**

Ejemplo 3   Adquisición de un derecho de autor al que le restan 50 años de vida legal

Un análisis de los hábitos de los consumidores y de la evolución del mercado proporciona evidencia de que el material sobre el que se posee el derecho de autor sólo generará flujos de efectivo netos durante los próximos 30 años.

El derecho de autor se amortizaría [Referencia: párrafos 97 a 106] en los 30 años en que se estima su vida útil [Referencia: párrafos 88 a 96]. El derecho de autor también se revisaría por deterioro de valor de acuerdo con la NIC 36, evaluando al final del periodo sobre el que se informa si existe alguna indicación de que puede haber sufrido deterioro de valor. [Referencia: párrafo 111]

Ejemplo 4   Licencia de radiodifusión adquirida que expira dentro de cinco años

La licencia de radiodifusión es renovable cada 10 años, siempre que la entidad proporcione un nivel promedio de servicio a sus clientes y cumpla con los requisitos legales que le son aplicables. La licencia puede ser renovada indefinidamente con un costo muy bajo, y ha sido renovada en dos ocasiones anteriores a la adquisición más reciente. La entidad adquirente pretende renovar la licencia indefinidamente y existe evidencia de su capacidad para hacerlo. Históricamente no ha existido competencia que suponga un peligro para la renovación de la licencia. No se espera reemplazar la tecnología usada para las emisiones por ninguna otra en un futuro previsible. Por lo tanto, se espera que la licencia contribuya de forma indefinida a los flujos netos de efectivo de la entidad.

La licencia podría tratarse como si tuviera una vida útil indefinida, dado que se espera que contribuya a los flujos netos de efectivo de la entidad de forma indefinida [Referencia: párrafos 88 a 96]. Por lo tanto, la licencia no se amortizaría hasta que se determine que su vida útil es finita. [Referencia: párrafos 107 a 110] Se comprobará el deterioro de valor de la licencia de acuerdo a la NIC 36 anualmente y cuando exista alguna indicación de que puede existir deterioro de valor. [Referencia: párrafo 108]

Ejemplo 5   La licencia de radiodifusión del Ejemplo 4

La autoridad que emite las licencias decide posteriormente no proceder a la renovación de las licencias, puesto que pretende subastarlas. En el momento en que se produce la decisión por parte de la autoridad competente, la licencia de radiodifusión de la entidad expirará en un plazo de tres años. La entidad espera que la licencia siga contribuyendo a los flujos netos de efectivo hasta que expire.

Dado que la licencia de radiodifusión no puede ser ya renovada, su vida útil ya no puede considerarse indefinida. [Referencia: párrafo 109] Por lo tanto, la licencia adquirida se amortizaría [Referencia: párrafos 97 a 106] durante los tres años restantes de vida útil, e inmediatamente se comprobará por deterioro de valor de acuerdo con la NIC 36. [Referencia: párrafo 110]

Ejemplo 6 Adquisición de una ruta de aérea adquirida para volar entre dos ciudades europeas que expira dentro de tres años

La autorización de la ruta puede ser renovada cada cinco años, y la entidad adquirente pretende cumplir con las normas y regulaciones aplicables para lograr la renovación. Las renovaciones de la autorización de la ruta se conceden de forma rutinaria por un costo muy bajo, e históricamente se han obtenido renovaciones cuando la aerolínea ha cumplido con las normas y regulaciones aplicables. La entidad adquirente espera proporcionar servicio de forma indefinida entre desde los aeropuertos centrales de las dos ciudades, y espera que toda la infraestructura necesaria relacionada con el servicio (accesos, embarques y servicios de las terminales alquiladas) permanezca instalada en esos aeropuertos mientras exista la autorización de la ruta. El análisis de la demanda y de los flujos de efectivo corroboran esas suposiciones.

Dado que los hechos y las circunstancias respaldan la capacidad de la entidad adquirente para continuar suministrando el servicio aéreo de forma indefinida entre las dos ciudades, el activo intangible relacionado con la autorización de la ruta se trata como si tuviese una vida útil indefinida. [Referencia: párrafos 88 a 96] Por lo tanto, la autorización de la ruta no se amortizaría hasta que se determine que su vida útil es finita. [Referencia: párrafos 107 a 110] Se comprobará el deterioro de valor de acuerdo con la NIC 36 anualmente y cuando exista alguna indicación de que puede existir deterioro de valor. [Referencia: párrafo 108]

Ejemplo 7 Adquisición de una marca que se utiliza para identificar y distinguir un producto de consumo líder en el mercado durante los últimos ocho años

A la marca le restan cinco años de vida legal, pero es renovable cada 10 años a un costo muy bajo. La entidad adquirente pretende renovar la marca continuamente, y la evidencia respalda su capacidad para hacerlo. El análisis de los siguientes factores: (1) estudios del ciclo de vida del producto, (2) mercado, competencia y tendencia del entorno, y (3) oportunidades de ampliación de la marca; proporciona evidencias de que la marca generará flujos netos de efectivo para la entidad adquirente durante un periodo indefinido.

La licencia podría tratarse como si tuviera una vida útil indefinida, dado que se espera que contribuya a los flujos netos de efectivo de la entidad de forma indefinida [Referencia: párrafos 88 a 96]. Por lo tanto, la marca no se amortizaría hasta que se determine que su vida útil es finita. [Referencia: párrafos 107 a 110] Se comprobará el deterioro de valor de acuerdo con la NIC 36 anualmente y cuando exista alguna indicación de que puede existir deterioro de valor. [Referencia: párrafo 108]

Ejemplo 8 Adquisición de una marca hace 10 años que distingue a un producto líder en el mercado

Cuando fue adquirida la marca su vida útil se consideró indefinida, ya que se esperaba que el producto asociado a la marca proporcionase flujos netos de efectivo de forma indefinida. [Referencia: párrafos 88 a 96] Sin embargo, de forma inesperada otra empresa ha entrado a competir en el mercado, con lo que se reducirán las ventas futuras del producto. La dirección estima que los flujos netos de efectivo generados por el producto serán un 20 por ciento menores en el futuro inmediato. Sin embargo, la dirección espera que el producto continúe generando flujos netos de efectivo, con la reducción indicada, de forma indefinida. [Referencia: párrafo 109]

Como resultado de la disminución esperada en los flujos netos de efectivo futuros, la entidad determina que el importe recuperable de servicio de la marca es menor que su importe en libros, por lo que se reconoce una pérdida por deterioro de valor. [Referencia: párrafo 108] Dado que todavía se considera indefinida la vida útil, [Referencia: párrafos 88 a 96] la marca continuará sin ser depreciada, pero se realizará una comprobación del deterioro de valor de acuerdo con la NIC 36 anualmente, así como cuando exista alguna indicación de que pueda haber un posible deterioro de valor. [Referencia: párrafos 107 a 110]

Ejemplo 9   Marca registrada de una línea de productos que fue adquirida hace varios años en una combinación de negocios

En la fecha en que se produjo la combinación de negocios, la entidad adquirida llevaba produciendo la línea de productos 35 años, desarrollando numerosos modelos nuevos bajo la marca. En la fecha de adquisición la entidad adquirente esperaba continuar con la producción de la línea, y el análisis de diversos factores económicos indicaba que no había un límite para el periodo en que se estimaba que la línea contribuyese a los flujos netos de efectivo. [Referencia: párrafos   88 a 96] Por ello, la marca registrada no fue amortizada por la entidad adquirente. [Referencia: párrafo 107] Sin embargo, la dirección ha decidido recientemente que la línea de productos dejará de producirse dentro de cuatro años. [Referencia: párrafo 109]

Dado que ya no se considera indefinida la vida útil de la marca adquirida, debe hacerse una comprobación del deterioro del valor del importe en libros de la misma de acuerdo con la NIC 36 [Referencia: párrafo 110], y depreciarla durante los cuatro años restantes de su vida útil. [Referencia: párrafos 97 a 106]

Documentos del IASB publicados para acompañar a la

NIC 39

Instrumentos Financieros: Reconocimiento y Medición

El texto normativo de la NIC 39 se encuentra en la Parte A de esta edición. Su fecha de vigencia en el momento de la emisión era el 1 de enero de 2005. El texto normativo de los Fundamentos de las Conclusiones de la NIC 39 se encuentra en la Parte C de esta edición. Esta parte presenta los siguientes documentos:

EJEMPLO ILUSTRATIVO

GUÍA DE IMPLEMENTACIÓN

NIC 39 *Instrumentos Financieros: Reconocimiento y Medición*
Ejemplos Ilustrativos

Este ejemplo acompaña a la NIC 39, pero no forma parte de la misma.

Datos

EI1   El 1 de enero del año 20X1, la Entidad A identifica una cartera compuesta por activos y pasivos cuyo riesgo de tasa de interés desea cubrir. Los pasivos incluyen depósitos a la vista cuyo titular puede retirar en cualquier momento sin aviso previo. Para la gestión del riesgo, la entidad considera que todas las partidas de la cartera tienen una tasa de interés fijo.

EI2   Para la gestión del riesgo, la Entidad A analiza los activos y pasivos de la cartera en los periodos de revisión de precios, a partir de fechas de revisión esperadas. La entidad utiliza periodos mensuales y distribuye las partidas para los siguientes cinco años (es decir, tiene 60 periodos mensuales diferentes).[1] Los activos de la cartera son activos prepagables que la Entidad A distribuye en periodos basados en las fechas de prepago esperadas, distribuyendo un porcentaje del total de activos, en lugar de por partidas individuales, a cada periodo de tiempo. La cartera también incluye pasivos exigibles que la entidad espera, en función de la cartera total, reembolsar en periodos que van desde un mes a cinco años y, por motivos de gestión del riesgo, los periodos están distribuidos conforme a este criterio. A partir de este análisis, la Entidad A decide qué importe desea cubrir en cada periodo.

[Referencia: párrafo 78]

EI3   Este ejemplo trata sólo el periodo de revisión del precio que finaliza en un plazo de tres meses, es decir, que la fecha de vencimiento es el 31 de marzo de 20X1 (para el resto de los 59 periodos se emplearía un procedimiento similar). La Entidad A ha distribuido activos por 100 millones de u.m.[2] y pasivos por 80 millones de u.m. Todos los pasivos se reembolsan cuando son reclamados.

EI4   La Entidad A decide, por motivos de gestión del riesgo, cubrir la posición neta de 20 millones de u.m., por lo que contrata una permuta financiera de tasas de interés[3] el 1 de enero de 20X1 pagando a una tasa de interés fijo y recibiendo a una tasa de interés variable de acuerdo con el índice LIBOR, por un importe nocional del principal de 20 millones de u.m. y una duración de tres meses.

[Referencia: párrafo 81A]

---

1   En este Ejemplo los flujos de efectivo principales han sido distribuidos en periodos, pero los flujos de efectivo del interés relacionados se han incluido cuando se calcula el cambio en el valor razonable de la partida cubierta. Sería posible aplicar otros métodos de distribución de los activos y pasivos. Además, en este Ejemplo, se han utilizado periodos de revisión mensuales. Una entidad puede escoger periodos de tiempo más largos o cortos.

2   En este ejemplo, los importes monetarios están expresados en "unidades monetarias (u.m.)."

3   El Ejemplo utiliza una permuta financiera como instrumento de cobertura. Una entidad podría usar futuros de tasas de interés u otros derivados como instrumentos de cobertura.

EI5 Para este ejemplo se suponen las siguientes simplificaciones:

(a) el cupón de la parte a tasa de interés fijo de la permuta financiera es igual al cupón fijo del activo;

(b) El cupón de la parte a tasa de interés fijo de la permuta financiera es pagadero en las mismas fechas que los intereses del activo; y

(c) el interés en la parte variable de la permuta financiera es la tasa LIBOR al cierre. Como resultado, la totalidad del cambio en el valor razonable de la permuta financiera se produce por la parte a tasa de interés fijo, dado que la parte a tasa de interés variable no está expuesta a cambios en su valor razonable debido a cambios en las tasas de interés.

En aquellos casos en los que no se mantengan estas simplificaciones, se producirán mayores ineficacias. [Las ineficacias que se produzcan por el apartado (a) pueden eliminarse estableciendo como partida cubierta una porción de los flujos de tesorería del activo que sean equivalentes a la parte a tasa de interés fijo de la permuta financiera.]

EI6 También se supone que la Entidad A comprueba la eficacia mensualmente.

EI7 El valor razonable de un activo equivalente no prepagable de 20 millones de u.m., sin considerar los cambios en el valor que no sean atribuibles a los movimientos de las tasas de interés, en diferentes momentos durante el periodo de la cobertura, son los siguientes:

	1 de enero 20X1	31 de enero 20X1	1 de febrero 20X1	28 de febrero 20X1	31 de marzo 20X1
Valor razonable (activo) (u.m.)	20.000.000	20.047.408	20.047.408	20.023.795	Nulo

EI8 El valor razonable de la permuta financiera en diferentes momentos durante el periodo de la cobertura es el siguiente:

	1 de enero 20X1	31 de enero 20X1	1 de febrero 20X1	28 de febrero 20X1	31 de marzo 20X1
Valor razonable (pasivo) (u.m.)	Nulo	(47.408)	(47.408)	(23.795)	Nulo

Tratamiento contable

EI9 El 1 de enero de 20X1, la Entidad A designa como partida cubierta un importe de 20 millones de u.m. de activos para un periodo de tres meses. El riesgo cubierto es el cambio en el valor de la partida cubierta (es decir, 20 millones de u.m. de activos) que es atribuible a los cambios en el índice LIBOR. Asimismo, se cumplen los otros requerimientos de designación establecidos en los párrafos 88(d) y GA119 de la Norma.

[Referencia: párrafos 81A y GA114]

EI10   La Entidad A designa como instrumento de cobertura a la permuta financiera de tasa de interés descrito en el párrafo EI4.

Fin del mes 1 (31 de enero de 20X1)

EI11   El 31 de enero de 20X1 (al final del mes 1), cuando la Entidad A comprueba la eficacia, el LIBOR ha disminuido. Basándose en la experiencia histórica de los prepagos, la Entidad A estima que, como consecuencia de lo anterior, los prepagos se producirán antes de lo que se había previamente estimado. Por ello procede a reestimar el importe de activos distribuidos a este periodo (excluyendo aquellos nuevos activos originados durante el mes) y los sitúa en 96 millones de u.m.

EI12   El valor razonable de la permuta financiera de tasas de interés designada, con un principal nocional de 20 millones de u.m., es de (47.408) u.m.,[4] por lo cual la permuta financiera es un pasivo.

EI13   La Entidad A calcula el cambio en el valor razonable de la partida cubierta, teniendo en cuenta el cambio en los prepagos estimados de la siguiente manera:

(a)   En primer lugar, calcula el porcentaje de la estimación inicial de los activos que fueron cubiertos en el periodo. Esto es, el 20 por ciento (20 millones de u.m. ÷ 100 millones de u.m.).

(b)   En segundo lugar, aplica este porcentaje (20 por ciento) a su estimación revisada del importe para ese periodo (es decir, 96 millones de u.m.), a fin de calcular el importe que supone la partida cubierta en relación a su estimación revisada. Esto es 19,2 millones de u.m.

(c)   En tercer lugar, se calcula el cambio en el valor razonable de esta estimación revisada de la partida cubierta (19,2 millones de u.m.) que es atribuible a los cambios en el LIBOR. Esto es 45.511 u.m. (47.408 u.m.[5] × (19,2 millones de u.m. ÷ 20 millones de u.m.)).

[Referencia: párrafo GA126]

EI14   La Entidad A realiza los siguientes asientos contables relacionados con este periodo:

Dr Efectivo		172.097 u.m.
Resultado del periodo (ingreso por		
Cr intereses)[(a)]		172.097 u.m.

Para reconocer los intereses recibidos por el importe cubierto (19,2 millones de u.m.).

continúa...

---

4   Véase el párrafo EI8

5   Es decir, 20.047.408 u.m – 20.000.000 u.m. Véase el párrafo EI7.

...continuación

Dr	Resultado del periodo (gastos por intereses)	179.268 u.m.
	Cr Resultado del periodo (ingreso por intereses)	179.268 u.m.
	Cr Efectivo	Nulo

Para reconocer los intereses recibidos y pagados en la permuta financiera designada como instrumento de cobertura.

Dr	Resultados del periodo (pérdida)	47.408 u.m.
	Cr Pasivo por el derivado	47.408 u.m.

Para reconocer el cambio en el valor razonable de la permuta financiera.
[Referencia: párrafos 89(a) y GA114(h)]

Dr	Partida separada en el estado de situación financiera	45.511 u.m.
	Cr Resultados del periodo (ganancia)	45.511 u.m.

Para reconocer el cambio en el valor razonable del importe cubierto
[Referencia: párrafos 89(b), 89A y GA114(g)]

   (a) Este ejemplo no muestra cómo se han calculado los importes de los ingresos por intereses y los gastos por intereses.

EI15   El resultado neto será (excluyendo los ingresos y gastos por intereses) reconocer una pérdida en resultados por importe de (1.897 u.m.). Esto representa la ineficacia en la relación de cobertura que surge por el cambio en las fechas de prepago estimadas.

    [Referencia: párrafos GA114(h) e (i) y GA126(b)(iv)]

Comienzo del mes 2

EI16   El 1 de febrero de 20X1 la Entidad A vende una porción de los activos pertenecientes a distintos periodos. La Entidad A calcula que ha vendido un $8\frac{1}{3}$ por ciento de la totalidad de los activos de la cartera. Dado que los activos se distribuyeron, entre los periodos, asignando un porcentaje de los activos en cada periodo (en lugar de asignar activos individuales), la Entidad A considera que no puede establecer en qué periodo concreto se localizan los activos vendidos. Por lo tanto, establece el criterio para la distribución sobre una base sistemática y racional. Partiendo de la suposición de que se ha vendido una selección representativa de los activos de la cartera, la Entidad A distribuye la venta proporcionalmente entre todos los periodos.

    [Referencia: párrafo GA128]

EI17   Sobre estas bases, la Entidad A calcula que ha vendido un $8^1/_3$ por ciento de los activos distribuidos en el periodo de tres meses, es decir, 8 millones de u.m. ($8^1/_3$ por ciento de 96 millones de u.m.). Los ingresos recibidos son 8.018.400 u.m., equivalentes al valor razonable de los activos.[6] Al dar de baja en cuentas los activos, la Entidad A también elimina de la partida separada del estado de situación financiera un importe que representa el cambio en el valor razonable de los activos cubiertos que ya han sido vendidos. Esto es un $8^1/_3$ por ciento de la partida separada del balance de 45.511 u.m., es decir, 3.793 u.m.
        [Referencia: párrafo GA128]

EI18   La Entidad A realiza los siguientes asientos- contables para reconocer la venta del activo y la eliminación de parte del saldo en la partida separada del estado de situación financiera:

Dr	Efectivo	8.018.400 u.m.	
	Cr Activo		8.000.000 u.m.
	Cr Partida separada en el estado de situación financiera		3.793 u.m.
	Cr Resultados del periodo (ganancia)		14.607 u.m.

        Para reconocer la venta del activo a su valor razonable y para reconocer la ganancia por la venta.

        Debido a que el cambio en el valor de los activos no es atribuible al cambio en la tasa de interés cubierta, no aparece ninguna ineficacia.
        [Referencia: párrafos 89A y GA128]

EI19   La Entidad A tiene ahora activos por valor de 88 millones de u.m. y pasivos por importe de 80 millones de u.m. en este periodo. Por lo tanto, el importe neto que la Entidad A quiere cubrir es ahora de 8 millones de u.m. y, consecuentemente, establece 8 millones de u.m. como importe cubierto.
        [Referencia:
        párrafos 81A y GA127
        párrafo FC205, Fundamentos de las Conclusiones]

EI20   La Entidad A decide ajustar el instrumento de cobertura utilizando únicamente una proporción de la permuta financiera original como instrumento de cobertura. Por ello, designa como instrumento de cobertura 8 millones de u.m., o el 40 por ciento del importe nocional de la permuta financiera original, con un periodo a vencimiento de dos meses y un valor razonable de 18.963 u.m.[7] La Entidad también cumple con los otros requisitos de designación establecidos en los párrafos 88(a) y GA119 de la Norma. Los 12 millones de u.m. del importe nocional de la permuta financiera que ya no están designados como instrumento de cobertura, se clasifican como mantenidos para la venta con los cambios en el valor razonable reconocidos en

---

6   El importe realizado en la venta del activo es el valor razonable de un activo prepagable, que es menor que el valor razonable del activo no prepagable equivalente al mostrado en el párrafo EI7.

7   40 por ciento de 47.408 u.m.

© IFRS Foundation

resultados, o bien se designan como instrumento de cobertura en una cobertura diferente.[8]

[Referencia:

párrafos 75 y GA127

párrafo FC205, Fundamentos de las Conclusiones]

EI21   El 1de febrero de 20X1 y tras la contabilización de la venta de los activos, la partida separada en el estado de situación financiera vale 41.718 u.m. (45.511 u.m. – 3.793 u.m.), que representa el cambio acumulado en el valor razonable de los 17,6 millones[9] de u.m.10 de activos. Sin embargo, a fecha 1 de febrero de 20X1 la Entidad A está cubriendo sólo 8 millones de activos, que tienen un cambio acumulado en su valor razonable de 18.963 u.m.[10] La cantidad restante en la partida separada de estado de situación financiera con un importe de 22.755 u.m.[11] se refiere a una cantidad de activos que la Entidad A todavía posee pero no está cubriendo. Consecuentemente la Entidad A amortiza este importe durante el periodo de vida restante, es decir, amortiza 22.755 u.m. en dos meses.

[Referencia: párrafos 91, 92 y GA131]

EI22   La Entidad A considera que no es práctico utilizar un método de amortización basado en calcular nuevamente el rendimiento efectivo y por tanto utiliza un método de reparto lineal.

[Referencia: párrafo 92]

Fin del mes 2 (28 de febrero de 20X1)

EI23   El 28 de febrero del 20X1, la Entidad A comprueba nuevamente la eficacia, y el LIBOR permanece sin cambios. La Entidad A no revisa sus expectativas de prepagos. El valor razonable de la permuta financiera de tasa de interés utilizada con un principal nocional de 8 millones de u.m. es (9.518 u.m.)[12], por lo que la permuta financiera es un pasivo. Además, la Entidad A calcula el valor razonable de los 8 millones de u.m. de los activos cubiertos a 28 de febrero de 20X1, que importa 8.009.518 u.m.[13]

EI24   La Entidad A realiza los siguientes asientos contables relacionados con la cobertura durante el periodo:

---

8   La entidad podría, en vez de hacer esto, entrar en una permuta financiera compensatoria con un principal nocional de 12 millones de u.m. para ajustar su posición y designar como instrumento de cobertura el total de los 20 millones de u.m de la permuta financiera existente y los 12 millones de u.m. de la nueva permuta financiera compensatoria. **[Referencia: párrafo 77]**

9   19,2 millones u.m. – (8$^{1}/_{3}$% × 19,2 millones u.m.)

10   41.718 u.m. × (8 millones u.m ÷ 17,6 millones u.m.)

11   41.718 u.m. – 18.963 u.m.

12   23.795 u.m. [véase el párrafo EI8] × (8 millones u.m. ÷ 20 millones u.m.)

13   20.023.795 u.m. [véase el párrafo EI7] × (8 millones u.m. ÷ 20 millones u.m.)

| Dr | Efectivo | 71.707 u.m. | |
| | Cr Resultado del periodo (ingreso por intereses) | | 71.707 u.m. |

Para reconocer los intereses recibidos por la cantidad cubierta (8 millones u.m.).

Dr	Resultado del periodo (gastos por intereses)	71.707 u.m.	
	Cr Resultado del periodo (ingreso por intereses)		62.115 u.m.
	Cr Efectivo		9.592 u.m.

Para reconocer el interés recibido y pagado por la parte de la permuta financiera designada como instrumento de cobertura (8 millones de u.m.).

| Dr | Pasivo por el derivado | 9.445 u.m. | |
| | Cr Resultados del periodo (ganancia) | | 9.445 u.m. |

Para reconocer el cambio en el valor razonable de la porción de la permuta financiera designada como instrumento de cobertura (8 millones u.m.) (9.518 u.m. – 18.963 u.m.). [Referencia: párrafos 89(a) y GA114(h)]

| Dr | Resultados del periodo (pérdida) | 9.445 u.m. | |
| | Cr Partida separada en el estado de situación financiera | | 9.445 u.m. |

Para reconocer el cambio en el valor razonable del importe cubierto (8.009.518 u.m. – 8.018.963 u.m.). [Referencia: párrafos 89(b), 89A y GA114(g)]

EI25   El efecto neto en resultados (excluidos los ingresos y gastos por intereses) es cero, lo que refleja que la cobertura ha sido totalmente efectiva.

EI26   La Entidad A realiza el siguiente asiento contable para amortizar la partida de balance para este periodo.

| Dr | Resultados del periodo (pérdida) | 11.378 u.m. | |
| | Cr Partida separada en el estado de situación financiera | | 11.378 u.m.[a] |

Para reconocer la amortización cargada en el periodo [Referencia: párrafos 92 y GA131]

(a) 22.755 u.m. ÷ 2

Fin del mes 3

EI27   Durante el tercer mes no hay más cambios en el importe de activos o pasivos para el periodo de tres meses. El 31 de marzo de 20X1 los activos y la permuta financiera vencen y todos los saldos son reconocidos en resultados.

EI28   La Entidad A realiza los siguientes asientos contables relacionados con este periodo:

Dr   Efectivo   8.071.707 u.m.

   Cr   Activo (estado de situación financiera)   8.000.000 u.m.

   Cr   Resultado del periodo (ingreso por intereses)   71.707 u.m.

Para reconocer los intereses y el efectivo recibido al vencimiento de la cantidad cubierta (8 millones u.m.).

Dr   Resultado del periodo (gastos por intere-   71.707 u.m.
      ses)

   Cr   Resultado del periodo (ingreso por intereses)   62.115 u.m.

   Cr   Efectivo   9.592 u.m.

Para reconocer el interés recibido y pagado por la parte de la permuta financiera designada como instrumento de cobertura (8 millones de u.m.).

Dr   Pasivo por el derivado   9.518 u.m.

   Cr   Resultados del periodo (ganancia)   9.518 u.m.

Para reconocer la expiración de la parte de la permuta financiera designada como instrumento de cobertura (8 millones u.m.). **[Referencia: párrafos 89(a) y GA114(h)]**

Dr   Resultados del periodo (pérdida)   9.518 u.m.

   Cr   Partida separada en el estado de situación financiera   9.518 u.m.

Para eliminar lo restante en la partida a la expiración del periodo. **[Referencia: párrafos 89(b), 89A, 91 y GA114(g)]**

EI29   El efecto neto en resultados (excluidos los ingresos y gastos por intereses) es cero, lo que refleja que la cobertura ha sido totalmente efectiva.

EI30   La Entidad A realiza el siguiente asiento contable para amortizar la partida de balance para este periodo.

Dr   Resultados del periodo (pérdida)   11.377 u.m.

   Cr   Partida separada en el estado de situación financiera   11.377 u.m.[a]

Para reconocer la amortización cargada en el periodo **[Referencia: párrafos 92 y GA131]**

(a)   22.755 u.m. ÷ 2

Resumen

EI31 La tabla siguiente resume:

(a) los cambios en la partida separada en el estado de situación financiera;

(b) el valor razonable del derivado;

(c) el efecto sobre los resultados de la cobertura para el periodo completo de los tres meses que han sido cubiertos; y

(d) los ingresos y gastos por intereses relacionados con la cantidad designada como cobertura.

Descripción	1 de enero 20X1	31 de enero 20X1	1 de febrero 20X1	28 de febrero 20X1	31 de marzo 20X1
	u.m.	u.m.	u.m.	u.m.	u.m.
Importe de los activos cubiertos	20.000.000	19.200.000	8.000.000	8.000.000	8.000.000

(a) Los cambios en la partida separada en el estado de situación financiera

Saldo anterior					
Saldos a amortizar	Nulo	Nulo	Nulo	22.755	11.377
Saldos restantes	Nulo	Nulo	45.511	18.963	9.518
Menos: ajustes por venta de activo	Nulo	Nulo	(3.793)	Nulo	Nulo
Ajustes por cambios en el valor razonable del activo cubierto	Nulo	45.511	Nulo	(9.445)	(9.518)
Amortización	Nulo	Nulo	Nulo	(11.378)	(11.377)
Periodo siguiente					
Saldos a amortizar	**Nulo**	**Nulo**	**22.755**	**11.377**	**Nulo**
Saldos restantes	**Nulo**	**45.511**	**18.963**	**9.518**	**Nulo**

(b) Valor razonable del derivado

	1 de enero 20X1	31 de enero 20X1	1 de febrero 20X1	28 de febrero 20X1	31 de marzo 20X1
20.000.000 u.m.	Nulo	47.408	—	—	—
12.000.000 u.m.	Nulo	—	28.445	No designado ya como instrumento de cobertura	
8.000.000 u.m.	Nulo	—	18.963	9.518	Nulo
Total	**Nulo**	**47.408**	**47.408**	**9.518**	**Nulo**

continúa...

...continuación

(c) Efecto en resultados de la cobertura

	1 de enero 20X1	31 de enero 20X1	1 de febrero 20X1	28 de febrero 20X1	31 de marzo 20X1
Cambio en la partida: activo	Nulo	45.511	N/A	(9.445)	(9.518)
Cambio en el valor razonable del derivado	Nulo	(47.408)	N/A	9.445	9.518
Efecto Neto	**Nulo**	**(1.897)**	**N/A**	**Nulo**	**Nulo**
Amortización	**Nulo**	**Nulo**	**N/A**	**(11.378)**	**(11.377)**

Además, existe una ganancia por venta de activos de 14.607 u.m. el 1 de febrero de 20X1

(d) Ingresos y gastos por intereses relacionados con el importe designado como cobertura

Resultados reconocidos por el importe cubierto	1 de enero 20X1	31 de enero 20X1	1 de febrero 20X1	28 de febrero 20X1	31 de marzo 20X1
Ingresos por intereses					
– en el activo	Nulo	172.097	N/A	71.707	71.707
– en la permuta financiera	Nulo	179.268	N/A	62.115	62.115
Gastos por intereses					
– en la permuta financiera	Nulo	(179.268)	N/A	(71.707)	(71.707)

Guía de Implementación de la
NIC 39 *Instrumentos Financieros: Reconocimiento y Medición*

Esta guía acompaña a la NIC 39, pero no forma parte de la misma.

Secciones A a G

[Eliminado]

Documentos del IASB publicados para acompañar a la

NIC 41

Agricultura

El texto normativo de la NIC 41 se encuentra en la Parte A de esta edición. Su fecha de vigencia en el momento de la emisión era el 1 de enero de 2003. El texto de los Fundamentos de las Conclusiones de la NIC 41 se encuentra en la Parte C de esta edición. Esta parte presenta el siguiente documento:

EJEMPLOS ILUSTRATIVOS

Ejemplos Ilustrativos

Estos ejemplos que han sido preparados por el personal técnico del IASC, y no ha sido sometido a aprobación por parte del Consejo del IASC, acompaña a la NIC 41 pero no forma parte de la Norma. Se ha actualizado para tener en cuenta los cambios realizados por la NIC 1 Presentación de Estados Financieros *(revisada en 2007) y* Mejoras a las NIIF *emitido en 2008.*

A1   El Ejemplo 1 ilustra cómo pueden ser puestas en práctica las exigencias de presentación y revelación de esta Norma por parte de una entidad lechera. En esta Norma se recomienda, para los activos biológicos de la entidad, la separación del cambio en el valor razonable menos los costos de venta, en sus componentes de cambio físico y cambio en el precio. Esta separación se refleja en el Ejemplo 1. El Ejemplo 2 ilustra cómo realizar la separación entre cambio físico y cambio en el precio.

A2   Los estados financieros del Ejemplo 1 no cumplen, necesariamente, con todas las exigencias de revelación y presentación de otras Normas. Pueden, por tanto, ser adecuadas otras formas de presentación y revelación.

Ejemplo 1: Granja Lechera XYZ, S.A.

Estado de situación financiera

Granja Lechera XYZ, S.A. Estado de situación financiera	Notas	31 diciembre de 20X1	31 de diciembre de 20X0
ACTIVOS			
Activos no corrientes [Referencia: párrafos 60 a 68, NIC 1]			
Ganado lechero – por madurar[a] [Referencia: párrafos 41 a 45]		52.060	47.730
Ganado lechero – maduro[a] [Referencia: párrafos 41 a 45]		372.990	411.840
Subtotal – activos biológicos [Referencia: párrafo 54(f), NIC 1]	3	425.050	459.570
Propiedades, planta y equipo [Referencia: párrafo 54(a), NIC 1]		1.462.650	1.409.800
Activos no corrientes totales		**1.887.700**	**1.869.370**
Activos corrientes [Referencia: párrafos 66 a 68, NIC 1]			
Inventarios [Referencia: párrafo 54(g), NIC 1]		82.950	70.650
Deudores comerciales y otras cuentas por cobrar [Referencia: párrafo 54(h), NIC 1]		88.000	65.000
Efectivo [Referencia: párrafo 54(i), NIC 1]		10.000	10.000
Total activos corrientes		**180.950**	**145.650**
Total activos		**2.068.650**	**2.015.020**

continúa...

...continuación

Granja Lechera XYZ, S.A. Estado de situación financiera	Notas	31 diciembre de 20X1	31 de diciembre de 20X0
PATRIMONIO Y PASIVOS			
Patrimonio			
Capital emitido		1.000.000	1.000.000
Ganancias acumuladas		902.828	865.000
Total patrimonio		**1.902.828**	**1.865.000**
Pasivos corrientes **[Referencia: párrafos 69 a 76, NIC 1]**			
Deudores comerciales y otras cuentas por cobrar [Referencia: párrafo 54(k), NIC 1]		165.822	150.020
Pasivos corrientes totales		**165.822**	**150.020**
Patrimonio y pasivos totales		**2.068.650**	**2.015.020**

(a) Se recomienda, pero no se exige, a la entidad que suministre una descripción cuantificada de cada grupo de activos biológicos, distinguiendo en ella entre los que se tienen para consumir y para mantener, así como entre los activos biológicos maduros y por madurar, cuando esto sea apropiado. Una entidad revelará las bases sobre las que hace estas distinciones.

Estado del resultado integral[1]

Granja Lechera XYZ, S.A. Estado del resultado integral	Notas	Año que terminal 31 de diciem- brede 20X1
Valor razonable de la leche producida [Referencia: párrafo 40]		518.240
Ganancias surgidas por cambios en el valor razonable menos los costos de venta del ganado lechero [Referencia: párrafo 40]	3	39.930
		558.170
Inventarios utilizados		(137.523)
Costos de personal		(127.283)
Gastos por depreciación		(15.250)
Otros gastos de la operación		(197.092)
		(477.148)
Ganancia procedente de las operaciones		81.022
Gasto por impuestos a las ganancias [Referencia: párrafo 82(d), NIC 1]		(43.194)
Beneficio/resultado integral total del año **[Referencia: párrafo 82(f), NIC 1]**		37.828

---

1   Este estado del resultado integral presentará un desglose de los gastos mediante una clasificación basada en la naturaleza de estos gastos. En la NIC 1 *Presentación de Estados Financieros*, se exige a la entidad que presente, ya sea en el estado del resultado integral o en las notas al mismo, un desglose de los gastos utilizando una clasificación basada en la naturaleza de los gastos o en su función dentro de la entidad. La NIC 1 recomienda la presentación del desglose de los gastos en el estado del resultado integral.

Estado de cambios en el patrimonio

Granja Lechera XYZ, S.A.
Estado de cambios en el patrimonio

	Capital en acciones	Ganancias acumuladas	**Año que terminal 31 de diciembre de 20X1** **Total**
Saldo a 1 de enero de 20X1	1.000.000	865.000	**1.865.000**
	[Referencia: párrafo 106(d), NIC 1]	[Referencia: párrafo 106(d), NIC 1]	
Beneficio/resultado integral total del año		37.828	**37.828**
[Referencia: párrafo 106(a), NIC 1]		[Referencia: párrafo 106(d), NIC 1]	
Saldo a 31 de diciembre de 20X1	**1.000.000**	**902.828**	
	[Referencia: párrafo 106(d), NIC 1]	[Referencia: párrafo 106(d), NIC 1]	**1.902.828**

Estado de flujos de efectivo[2]

Granja Lechera XYZ, S.A. Estado de flujos de efectivo	Notas	Año que terminal 31 de diciem- bre de 20X1
Flujos de efectivo por actividades de operación [Referencia: párrafo 10, NIC 7]		
Cobros por ventas de leche [Referencia: párrafo 14, NIC 7]		498.027
Cobros por ventas de ganado [Referencia: párrafo 14, NIC 7]		97.913
Pagos a proveedores y al personal [Referencia: párrafo 14, NIC 7]		(460.831)
Pagos por compras de ganado [Referencia: párrafo 14, NIC 7]		(23.815)
		111.294
Impuestos sobre las ganancias pagados [Referencia: párrafos 35 y 36 de la NIC 7]		(43.194)
Efectivo neto proveniente de actividades de operación		**68.100**
Flujos de efectivo por actividades de inversión [Referencia: párrafo 10, NIC 7]		
Adquisición de propiedades, planta y equipo [Referencia: párrafo 21, NIC 7]		(68.100)
Efectivo neto utilizado en actividades de inversión		**(68.100)**
Incremento neto de efectivo		**0**
Efectivo al comienzo del año		**10.000**
Efectivo al final del año		**10.000**

---

2 Este estado de flujos de efectivo informa sobre los flujos de efectivo procedentes de actividades de operación utilizando el método directo. La NIC 7 *Estados de Flujos de Efectivo*, requiere que una entidad presente los flujos provenientes de las actividades de operación utilizando el método directo o el indirecto. La NIC 7 recomienda, no obstante, el uso del método directo.

Notas

1   Operaciones y actividades principales

Granja Lechera XYZ, S.A. ("la Compañía") se ocupa de la producción de leche, que suministra a varios clientes. **[Referencia: párrafo 46(a)]** A 31 de diciembre de 20X1, la Compañía contaba con 419 vacas **[Referencia: párrafo 46(b)(i)]** productoras de leche (activos maduros), así como 137 terneras **[Referencia: párrafo 46(b)(i)]** en crecimiento que producirán leche en el futuro (activos por madurar). La Compañía produjo, en el año finalizado el 31 de diciembre de 20X1, 157.584 Kg de leche **[Referencia: párrafo 46(b)(ii)]** con un valor razonable **[Referencia: párrafo 8]** menos los costos de venta **[Referencia: párrafo 5]** de 518.240 **[Referencia: párrafo 48]** (cuantía determinada en el momento del ordeño) en el año terminado a 31 de diciembre de 20X1. **[Referencia: párrafos 41 a 45]**

2   Políticas contables

Ganado y leche

El ganado se mide a su valor razonable **[Referencia: párrafo 8 (definición de valor razonable)]** menos los costos de venta **[Referencia: párrafo 5 (definición de costos de venta)]**. El valor razonable del ganado se basa en los precios cotizados de los animales con edad, raza y características genéticas similares en el mercado principal (o más ventajoso) para el ganado. La leche se mide inicialmente en el momento del ordeño, por el valor razonable menos los costos de venta. El valor razonable de la leche se basa en los precios cotizados del área local en el mercado principal (o más ventajoso) para la leche. **[Referencia: párrafo 47]**

3   Activos biológicos

Conciliación de los valores en libros del ganado lechero	20X1
Importe en libros al 1 de enero de 20X1 **[Referencia: párrafo 50]**	**459.570**
Los incrementos debidos a compras; **[Referencia: párrafo 50(b)]**	26.250
Ganancias surgidas por cambios en el valor razonable menos los costos de venta atribuible a cambios físicos[a] **[Referencia: Referencia: párrafos 50(a), 51 y 52]**	15.350
Ganancias surgidas por cambios en el valor razonable menos los costos de venta atribuible a cambios de precios[a] **[Referencia: párrafos 50(a) y 51]**	24.580
Incrementos debidos a compras **[Referencia: párrafo 50(c)]**	(100.700)
Importe en libros al 31 de diciembre de 20X1 [Referencia: párrafo 50]	**425.050**

(a) La separación del incremento en el valor razonable menos los costos de venta, entre la porción que se atribuye a los cambios físicos y la porción que se atribuye a los cambios de precio es una recomendación, pero no una exigencia de esta Norma.

4   **Estrategias de gestión del riesgo financiero**

La Compañía está expuesta a riesgos financieros provenientes de cambios en los precios de la leche. La Compañía no espera que los precios de la leche vayan a caer de forma significativa en el futuro predecible y, por tanto, no ha realizado contratos de derivados u otros para gestionar el riesgo de caída de los precios de la leche. La Compañía revisa, de forma regular, el estado de los precios lácteos, al reconsiderar la necesidad de gestión activa del riesgo financiero.

[Referencia: párrafo 49(c)]

Ejemplo 2: Cambios físicos y cambios en los precios

[Referencia: párrafos 50(a), 51 y 52]

En el ejemplo que sigue se ilustra cómo separar el cambio físico del cambio en el precio. La separación del incremento en el valor razonable [Referencia: párrafo 8 (definición de valor razonable)] menos los costos de venta [Referencia: párrafo 5 (definición de costos de venta)] entre la porción que se atribuye a los cambios físicos y la porción que se atribuye a los cambios de precio es una recomendación, pero no una exigencia de esta Norma.

Se posee un rebaño de 10 animales de 2 años de edad al 1 de enero de 20X1. En 1 de julio de 20X1 se compró un nuevo animal de 2,5 años por 108, y en esa misma fecha nació otro. No se vendió ni se dispuso de ningún animal durante el periodo. Los valores razonables por unidad, menos los correspondientes costos de venta, han sido los siguientes:

Animal de 2 años, al 1 de enero de 20X1	100
Animal recién nacido, al 1 de julio de 20X1	70
Animal de 2,5 años, al 1 de julio de 20X1	108
Animal recién nacido, al 31 de diciembre de 20X1	72
Animal de 0,5 años, al 31 de diciembre de 20X1	80
Animal de 2 años, al 31 de diciembre de 20X1	105
Animal de 2,5 años, al 31 de diciembre de 20X1	111
Animal de 3 años, al 31 de diciembre de 20X1	120

Valor razonable [Referencia: párrafo 8 (definición de valor razonable)] menos los costos de venta [Referencia: párrafo 5 (definición de costos de venta)] del rebaño a 1 de enero de 20X1 (10 × 100)	1.000
Compra en 1 de julio de 20X1 (1 x 108)	108
Incremento en el valor razonable menos costos de venta debido a cambio en los precios:	
10 × (105 − 100)	50
1 × (111 − 108)	3

---

continúa...

...continuación

$1 \times (72 - 70)$	2	55

Incremento en el valor razonable menos costos de venta debido a cambios físicos:
[Referencia: párrafo 52]

$10 \times (120 - 105)$	150	
$1 \times (120 - 111)$	9	
$1 \times (80 - 72)$	8	
1×70	70	237

Valor razonable menos costos de venta del rebaño a 31 de diciembre de 20X1

11×120	1.320	
1×80	80	1.400

Documentos publicados para acompañar a la

CINIIF 1

Cambios en Pasivos Existentes por Retiro del Servicio, Restauración y Similares

El texto normativo de la Interpretación CINIIF 1 se encuentra en la Parte A de esta edición. Su fecha de vigencia en el momento de la emisión era el 1 de septiembre de 2004. El texto normativo de los Fundamentos de las Conclusiones de la Interpretación CINIIF 1 se encuentra en la Parte C de esta edición. Esta parte presenta los siguientes documentos:

EJEMPLOS ILUSTRATIVOS

Ejemplo 1: Modelo del costo

Ejemplo 2: Modelo de revaluación

Ejemplo 3: Transición

Interpretación CINIIF 1
Ejemplos Ilustrativos

Estos ejemplos acompañan a la CINIIF 1, pero no son parte de la misma.

Hechos comunes

EI1   Una entidad tiene una planta de energía nuclear y un pasivo por retiro del servicio relacionado. La planta de energía nuclear comenzó a operar el 1 de enero de 2000. La planta tiene una vida útil de 40 años. Su costo inicial fue de 120.000 u.m.;[1] esto incluye el importe por costos de desmantelamiento de 10.000 u.m., que representan 70.400 en flujos de efectivo estimados pagaderos en 40 años descontado a una tasa de riesgo ajustada del 5 por ciento. El periodo contable de la entidad termina el 31 de diciembre.

Ejemplo 1: Modelo del costo

EI2   El 31 de diciembre de 2009, la planta tiene 10 años. La depreciación acumulada es 30.000 u.m. (120.000 u.m. $\times\ ^{10}/_{40}$ años). Debido a la reversión del descuento (5 por ciento) a lo largo de 10 años, el pasivo por retiro del servicio ha aumentado de 10.000 u.m. a 16.300 u.m.

EI3   El 31 de diciembre de 2009, la tasa de descuento no ha cambiado. Sin embargo, la entidad estima que, como resultado de avances tecnológicos, el valor neto actual del pasivo por retiro del servicio ha disminuido en 8.000 u.m. Por consiguiente, la entidad ajusta el pasivo por retiro del servicio de 16.300 u.m a 8.300 u.m. A esta fecha, la entidad realiza el siguiente asiento en el libro diario para reflejar el cambio:

	u.m.	u.m.
Dr pasivo por retiro del servicio	8.000	
Cr costo del activo		8.000

[Referencia: párrafos 4 y 5]

EI4   Tras este ajuste, el importe en libro del activo es de 82.000 u.m. (120.000 u.m. − 8.000 u.m. − 30.000 u.m.), que se depreciará a lo largo de los 30 años de vida útil restante del activo, dando lugar a un gasto por depreciación para el próximo años de 2.733 u.m. (82.000 u.m. ÷ 30). El próximo año el costo financiero de la reversión del descuento será 415 u.m (8.300 u.m × 5 por ciento).

[Referencia: párrafos 7 y 8]

EI5   Si el cambio en el pasivo ha sido el resultado de un cambio en la tasa de descuento, en lugar de un cambio en los flujos de efectivo estimados, la contabilización del cambio hubiera sido la misma pero el costo financiero del siguiente año hubiera reflejado la nueva tasa de descuento.

[Referencia: párrafos 4, 5, 7 y 8]

---

1   En este ejemplo, los importes monetarios están expresados en "unidades monetarias" (u.m.).

Ejemplo 2: Modelo de revaluación

EI6   La entidad adopta el modelo de revaluación de la NIC 16 según el cual la planta se revalúa con suficiente regularidad para que el importe en libros no difiera significativamente del valor razonable. La política de la entidad es eliminar la depreciación acumulada a la fecha de revaluación contra el importe bruto del importe en libros del activo.

[Referencia: párrafos 31 a 42, NIC 16]

EI7   Cuando se contabilizan los activos revaluados que incorporan pasivos por retiro del servicio, es importante entender la base de la valoración obtenida. Por ejemplo:

(a)   si un activo se valora con base en los flujos de efectivo descontados, algunos tasadores pueden valorar el activo sin deducir cualquier provisión por costos de retiro del servicio (una valoración "bruta"), mientras que otros pueden valorar el activo después de deducir una provisión por costos de retiro del servicio (una valoración "neta"), porque una entidad adquirente del activo generalmente asume el pasivo por retiro del servicio. A efectos de información financiera, el pasivo por retiro del servicio se reconoce como una obligación separada, y no se deduce del activo. Por consiguiente, si el activo se valora por el neto, es necesario ajustar la valoración obtenida sumando de nuevo la provisión por el pasivo, de forma que éste no se cuente dos veces.[2]

(b)   si un activo se valora con base en el costo depreciado de reposición, la valoración obtenida puede no incluir el importe del componente de retiro del servicio del activo. Si no lo incluye, se necesitará añadir un importe apropiado a la valoración para reflejar el coste depreciado de reposición de dicho componente.

EI8   Se supone que el 31 de diciembre de 2002 se obtiene una valoración de mercado de los flujos de efectivo descontados de 115.000 u.m. Esto incluye una provisión por costos de retiro del servicio de 11.600 u.m., que no representa un cambio en la estimación inicial, después de revertir el descuento de tres años. Los importes incluidos en el estado de situación financiera a 31 de diciembre de 2002 son los siguientes:

	u.m.
Activo en valoración (1) **[Referencia: párrafo 31, NIC 16]**	126.600
Depreciación acumulada **[Referencia: párrafo 35(b), NIC 16]**	nula
Pasivo por desmantelamiento **[Referencia: párrafo 60, NIC 37]**	(11.600)
Activos netos	115.000

continúa...

---

2   Para ejemplos de este principio, véanse la NIC 36 *Deterioro del Valor de los Activos* y la NIC 40 *Propiedades de Inversión*.

...continuación

Ganancias acumuladas (2)	(10.600)
Superávit de revaluación (3)	15.600

Notas:

1   Valoración obtenida de 115.000 u.m. más costos por retiro del servicio de 11.600 u.m., tenidas en cuenta en la valoración pero reconocidas como un pasivo separado = 126.000 u.m. **[Referencia: párrafo EI7(a), Ejemplos Ilustrativos]**

2   Tres años de depreciación del costo original 120.000 u.m. × 3/40 = 9.000 u.m **[Referencia: párrafo 31, NIC 16]** más el componente de descuento acumulado de 1.000 u.m al 5 por ciento = 1.600 u.m.; **[Referencia: párrafo 60, NIC 37]** total 10.600 u.m.

3   Importe revaluado 126.600 u.m. menos el valor neto previo en libros de 110.000 u.m. (costo 120.000 u.m. menos depreciación acumulada 9.000 u.m.) **[Referencia: párrafo 39, NIC 16]**

EI9   El gasto por depreciación en 2003 es por tanto 3.420 u.m. (126.600 u.m. × $1/_{37}$) y el gasto por descuento en 2003 es 600 u.m. (5 por ciento de 11.600 u.m.). **[Referencia: párrafos 7 y 8]** El 31 de diciembre de 2003, el pasivo por retiro del servicio (antes de cualquier ajuste) es 12.200 u.m. y la tasa de descuento no ha cambiado. Sin embargo, en dicha fecha, la entidad estima que, como resultado de avances tecnológicos, el valor actual del pasivo por retiro del servicio ha disminuido en 5.000 u.m. Por consiguiente, la entidad ajusta el pasivo por retiro del servicio de 12.2000 u.m. a 7.200 u.m. **[Referencia: párrafo 60, NIC 37]**

EI10   La totalidad de este ajuste se lleva al superávit de revaluación, porque no excede el importe en libros que se hubiera reconocido si el activo se hubiera reconocido según el modelo del costo. **[Referencia: párrafo 6(a)(i)]** Si se ha hecho, el exceso debería haber sido llevado a resultados de acuerdo con el apartado (b) del párrafo 6. La entidad realiza el siguiente asiento en el libro diario para reflejar el cambio:

	u.m.	u.m.
Dr pasivo por retiro del servicio	5.000	
Cr superávit de revaluación		5.000

EI11   La entidad decide que a 31 de diciembre de 2003 se necesita una valoración completa del activo, para asegurarse de que el importe en libros no difiere significativamente de su valor razonable. **[Referencia: párrafo 6(c)]** Supongamos que el activo se valora ahora por 107.000 u.m., neto de la provisión de 7.200 por la obligación por retiro del servicio reducida que debe reconocerse como un pasivo separado. La valoración del activo a efectos de información financiera, antes de deducir esta provisión, es por tanto de 114.200 u.m. Se necesita el siguiente asiento contable:

	u.m.	u.m.
Dr depreciación acumulada (1)	3.420	
Cr activo en valoración		3.420
Dr superávit por revaluación (2)	8.980	
Cr activo en valoración (3)		8.980

Notas:

1   Eliminación de la depreciación acumulada de 3.420 u.m. de acuerdo con la política contable de la entidad. **[Referencia: párrafo 35(b), NIC 16]**

2   Se carga al superávit de revaluación porque el déficit que surge de la revaluación no excede el crédito de balance existente en el superávit de revaluación con respecto al activo. **[Referencia: párrafo 40, NIC 16]**

3   Valoración previa (antes de la provisión por costos por retiro del servicio) 126.600 u.m., menos la depreciación acumulada de 3.420 u.m., menos la nueva valoración (antes de la provisión por costos por retiro del servicio) 114.200 u.m. **[Referencia: párrafo 31, NIC 16]**

EI12   Después de esta valoración, los importes incluidos en el estado de situación financiera son:

	u.m.
Activo en valoración	114.200
Depreciación acumulada	nula
Pasivo por desmantelamiento	(7.200)
Activos netos	107.000
Ganancias acumuladas (1)	(14.620)
Superávit de revaluación (2)	11.620

Notas:

1   10.600 u.m. a 31 de diciembre de 2002 más el gasto por depreciación de 2003 de 3.420 y el gasto por descuento de 600 u.m = 14.620 u.m. **[Referencia: párrafos 7 y 8]**

2   15.600 u.m. a 31 de diciembre de 2002, más 5.000 que vienen de la disminución en el pasivo, **[Referencia: párrafo 6(a)]** menos 8.980 u.m. del déficit de revaluación **[Referencia: párrafo 40, NIC 16]** = 11.620 u.m.

Ejemplo 3: Transición
[Referencia: párrafo 10]

EI13   El siguiente ejemplo ilustra la aplicación retroactiva de la Interpretación para los que elaboran la información que ya aplican las NIIF. Se requiere la aplicación retroactiva en la NIC 8 *Políticas Contables, Cambios en las Estimaciones Contables y Errores*, cuando sea posible, **[Referencia: párrafos 19 a 27 y 50 a 53, NIC 8]** y es el tratamiento de referencia en la versión anterior de la NIC 8. El ejemplo supone que la entidad:

(a)   adoptó la NIC 37 el 1 de julio de 1999;

(b)   adopta la Interpretación el 1 de enero de 2005; y

(c)   antes de la adopción de la Interpretación, reconocía los cambios en los flujos de efectivo estimados para liquidar el pasivo por retiro del servicio como ingreso o como gasto.

EI14   El 31 de diciembre de 2000, debido a la reversión del descuento (5 por ciento) de un año del pasivo por retiro del servicio ha aumentado de 10.000 u.m. a 10.500 u.m. Además, basándose en hechos recientes, la entidad estima que el valor actual del pasivo por retiro del servicio ha aumentado en 1.500 u.m. y conforme a ello se ajusta de 10.500 u.m a 12.000 u.m. De acuerdo con su política de entonces, el incremento en el pasivo se reconoce en resultados.

EI15   El 1 de enero de 2005, la entidad hace el siguiente asiento en el libro diario para reflejar la adopción de la Interpretación:

		u.m.	u.m.
Dr	costo del activo	1.500	
	Cr depreciación acumulada		154
	Cr ganancias acumuladas iniciales		1.346

EI16   El costo del activo se ajusta a lo que habría sido si el incremento en el importe estimado por el costo por retiro del servicio a 31 de diciembre de 2000 hubiese sido capitalizado en dicha fecha. Este costo adicional hubiera sido depreciado durante 39 años. Por tanto, la depreciación acumulada sobre dicho importe a 31 de diciembre de 2004 hubiera sido de 154 u.m (1.500 u.m $\times$ $^4/_{39}$ años).

EI17   Dado que, antes de adoptar la Interpretación el 1 de enero de 2005, la entidad reconocía los cambios en el pasivo por retiro del servicio en resultados, el ajuste neto de 1.346 u.m se reconoce como un crédito en las ganancias acumuladas iniciales. No se requiere que se revele información sobre este crédito en los estados financieros, por la reexpresión descrita a continuación.

EI18   La NIC 8 requiere que los estados financieros comparativos se reexpresen **[Referencia: párrafos 19 y 22, NIC 8]** y que se revele el ajuste a las ganancias acumuladas iniciales al principio del periodo comparativo. **[Referencia: párrafo 28, NIC 8]** Los asientos en el libro diario equivalentes a 1 de enero de 2004 se muestran a continuación. Además, el gasto por depreciación del año que termina el 31 de diciembre de 2004 aumenta en 39 u.m. del importe sobre el que inicialmente se informaba:

	u.m.	u.m.
Dr costo del activo	1.500	
Cr depreciación acumulada		115
Cr ganancias acumuladas iniciales		1.385

Documentos publicados para acompañar a la

CINIIF 7

Aplicación del Procedimiento de Reexpresión según la NIC 29 Información Financiera en Economías Hiperinflacionarias

El texto normativo de la Interpretación CINIIF 7 se encuentra en la Parte A de esta edición. Su fecha de vigencia en el momento de la emisión era el 1 de marzo de 2006. El texto de los Fundamentos de las Conclusiones de la Interpretación CINIIF 7 se encuentra en la Parte C de esta edición. Esta parte presenta el siguiente documento:

EJEMPLO ILUSTRATIVO

Interpretación CINIIF 7
Ejemplos Ilustrativos

Este ejemplo acompaña a la CINIIF 7, pero no forma parte de la misma.

EI1 Este ejemplo ilustra la reexpresión de partidas de impuestos diferidos cuando una entidad las reexpresa por los efectos de la inflación según la NIC 29 *Información Financiera en Economías Hiperinflacionarias*. Como el ejemplo pretende solo ilustrar los mecanismos del enfoque de la reexpresión en la NIC 29 de las partidas de impuestos diferidos, no ilustra los estados financieros completos conforme a las NIIF de una entidad.

Datos

EI2 El estado de situación financiera de apertura conforme a las NIIF de una entidad a 31 de diciembre de 20X4 (antes de la reexpresión) es como sigue:

Nota:	Estado de situación financiera	20X4[(a)]	20X3
		millones de u.m.	millones de u.m.
	ACTIVOS		
1	Propiedades, planta y equipo	300	400
	Otros activos	XXX	XXX
	Total activos	XXX	XXX
	PATRIMONIO Y PASIVOS		
	Total patrimonio	XXX	XXX
	Pasivos		
2	Pasivo por impuestos diferidos	30	20
	Otros pasivos	XXX	XXX
	Total pasivos	XXX	XXX
	Total patrimonio y pasivos	XXX	XXX

(a) En este ejemplo, los importes monetarios están expresados en "unidades monetarias (u.m.)".

Notas

Propiedades, planta y equipo

Todas las partidas de propiedades, planta y equipo se adquirieron en diciembre de 20X2. Las propiedades, planta y equipo se deprecian durante su vida útil, la cual es cinco años.

Pasivo por impuestos diferidos

El pasivo por impuestos diferidos a 31 de diciembre de 20X4 de 30 millones de u.m. se mide como la diferencia temporaria imponible entre el importe en libros de las propiedades, planta y equipo de 300 y su base fiscal de 200. La tasa impositiva aplicable es del 30 por ciento. De forma similar, el pasivo por impuestos diferidos a 31 de diciembre de 20X3 de 20 millones de u.m. se mide como la diferencia temporaria imponible entre el importe en libros de las propiedades, planta y equipo de 400 u.m. y su base fiscal de 333 u.m.

EI3   Suponemos que una entidad identifica la existencia de hiperinflación **[Referencia: párrafos 2 y 3, NIC 29]** en, por ejemplo, abril de 20X4 y por ello aplica la NIC 29 desde el inicio de 20X4. La entidad reexpresa sus estados financieros según el siguiente índice general de precios y factores de conversión.

	Índice general de precios	Factores de conversión a 31 de diciembre de 20X4
Diciembre de 20X2[(a)]	95	2,347
Diciembre de 20X3	135	1,652
Diciembre de 20X4	223	1,000

(a) Por ejemplo, el factor de conversión para diciembre de 20X2 es 2,347 = 223/95.

Reexpresión

EI4   La reexpresión de los estados financieros de 20X4 de la entidad se basa en los siguientes requerimientos:

- Las propiedades, la planta y el equipo se reexpresan aplicando la variación de un índice general de precios desde la fecha de adquisición hasta el final del periodo sobre el que se informa a su costo histórico y a su depreciación.

- Los impuestos diferidos deben contabilizarse según la NIC 12 *Impuesto a las Ganancias*.

- Las cifras comparativas de propiedades, planta y equipo del periodo anterior se presentan en términos de la unidad de medida corriente al final del periodo sobre el que se informa.

- Las cifras comparativas de los impuestos diferidos deben medirse según el párrafo 4 de la Interpretación.

EI5   Por ello, la entidad reexpresa su estado de situación financiera a 31 de diciembre de 20X4 como sigue:

Nota	Estado de situación financiera (reexpresado)	20X4	20X3
		millones de u.m.	millones de u.m.
	ACTIVOS		
1	Propiedades, planta y equipo	704	939
	Otros activos	XXX	XXX
	Total activos	XXX	XXX
	PATRIMONIO Y PASIVOS		
	Total patrimonio	XXX	XXX
	Pasivos		
2	Pasivo por impuestos diferidos	151	117
	Otros pasivos	XXX	XXX
	Total pasivos	XXX	XXX
	Total patrimonio y pasivos	XXX	XXX

continúa...

© IFRS Foundation

...continuación

Notas

1   *Propiedades, planta y equipo*

Todas las partidas de propiedades, planta y equipo se adquirieron en diciembre de 20X2 y se deprecian en un periodo de cinco años. El coste de las propiedades, la planta y el equipo se reexpresa para reflejar la variación en el nivel del índice de precios general desde la adquisición, esto es el factor de conversión es 2,347 (223/95).

	Millones de u.m. históricas	Millones de u.m. reexpresadas
Costo de propiedades, planta y equipo	500	1.174
Depreciación en 20X3	(100)	(235)
Importe en libros al 31 de diciembre de 20X3	400	939
Depreciación en 20X4	(100)	(235)
Importe en libros al 31 de diciembre de 20X4	300	704

2   *Pasivo por impuestos diferidos*

El nominal del pasivo por impuestos diferidos a 31 de diciembre de 20X4 de 30 millones de u.m. se mide como la diferencia temporaria imponible entre el importe en libros de las propiedades, planta y equipo de 300 u.m. y su base fiscal de 200 u.m. De forma similar, el pasivo por impuestos diferidos a 31 de diciembre de 20X3 de 20 millones de u.m. se mide como la diferencia temporaria imponible entre el importe en libros de las propiedades, planta y equipo de 400 u.m. y su base fiscal de 333 u.m. La tasa impositiva aplicable es del 30 por ciento.

continúa...

...continuación

En sus estados financieros reexpresados, al final del periodo sobre el que se informa la entidad vuelve a medir las partidas de impuestos diferidos según las disposiciones generales de la NIC 12, esto es, según sus estados financieros reexpresados. Sin embargo, debido a que las partidas de los impuestos diferidos son una función de los importes en libros de los activos y pasivos y de sus bases fiscales, una entidad no puede reexpresar sus partidas comparativas de los impuestos diferidos aplicando un índice de precios general. En cambio, en el periodo sobre el que se informa en el cual una entidad aplica la reexpresión según la NIC 29, la entidad (a) reexpresa sus partidas comparativas de los impuestos diferidos según la NIC 12 después de que ha reexpresado los importes en libros nominales de sus partidas no monetarias **[Referencia: párrafos 12 a 14, NIC 29]** en el estado de situación financiera de apertura del periodo actual aplicando la unidad de medida en esa fecha, y (b) reexpresa las partidas de impuestos diferidos nuevamente medidas por el cambio en la unidad de medida desde la fecha del estado de situación financiera de apertura del periodo actual hasta el final del periodo sobre el que se informa.

En el ejemplo, el pasivo por impuestos diferidos reexpresado se calcula como sigue:

	millones de u.m.
Al final del periodo sobre el que se informa:	
Importe en libros reexpresado de propiedades, planta y equipo (véase la nota 1)	704
Base fiscal	(200)
Diferencia temporaria	504
@ 30 por ciento de tasa impositiva = Pasivo por impuestos diferidos reexpresado a 31 de diciembre de 20X4	151

continúa...

...continuación

Cifras comparativas de los impuestos diferidos:

Importe en libros reexpresado de las propiedades, planta y equipo [o 400 × 1,421 (factor de conversión 1,421 = 135/95), o 939/1,652 (factor de conversión 1,652 = 223/135)]	568
Base fiscal	(333)
Diferencia temporaria	235
@ 30 por ciento de tasa impositiva = Pasivo por impuestos diferidos reexpresado a 31 de diciembre de 20X3 al nivel general de precios al final de 20X3	71
Pasivo por impuestos diferidos reexpresado a 31 de diciembre de 20X3 al nivel general de precios al final de 20X4 (factor de conversión 1,652 = 223/135)	117

EI6   En este ejemplo, el pasivo por impuestos diferidos reexpresado se incrementa en 34 u.m. a 151 u.m. desde el 31 de diciembre de 20X3 al 31 de diciembre de 20X4. Este incremento, el cual se incluye en el resultado del periodo de 20X4, refleja (a) el efecto del cambio en la diferencia temporaria imponible de las propiedades, planta y equipo, y (b) una pérdida de poder de compra en la base fiscal de las propiedades, planta y equipo. Los dos elementos pueden analizarse como sigue:

	millones de u.m.
Efecto en el pasivo por impuestos diferidos debido a la disminución en la diferencia temporaria imponible de las propiedades, planta y equipo (235 u.m. + 133 u.m.) × 30%	31
Pérdidas en la base fiscal debido a la inflación de 20X4 (333 u.m. × 1,652 – 333 u.m.) × 30%	(65)
Incremento neto del pasivo por impuestos diferidos	(34)
Cargo a resultados en 20X4	34

La pérdida en la base fiscal es una pérdida monetaria. El párrafo 28 de la NIC 29 explica esto como sigue:

> La pérdida o ganancia por la posición monetaria neta se incluirá en la ganancia neta del periodo. El ajuste efectuado en los activos y pasivos indexados por cambios en precios, hecho de acuerdo con el párrafo 13, se compensará con la pérdida o ganancia derivada de la posición monetaria neta. Otras partidas de ingreso y gasto, tales como los ingresos y gastos financieros, así como las diferencias de cambio en moneda extranjera, relacionadas con los fondos prestados o tomados en préstamo, estarán también asociadas con la posición

monetaria neta. Aunque estas partidas se revelarán por separado, puede ser útil presentarlas de forma agrupada con las pérdidas o ganancias procedentes de la posición monetaria neta en el estado del resultado integral.

Documentos publicados para acompañar a la

CINIIF 12

Acuerdos de Concesión de Servicios

El texto normativo de la Interpretación CINIIF 12 se encuentra en la Parte A de esta edición. Su fecha de vigencia en el momento de la emisión era el 1 de enero de 2008. El texto normativo de los Fundamentos de las Conclusiones de la Interpretación CINIIF 12 se encuentra en la Parte C de esta edición. Esta parte presenta los siguientes documentos:

NOTAS DE INFORMACIÓN

1 Marco contable para acuerdos de servicios de entidades públicas con operadores privados

2 Referencias a las NIIF que se aplican a ejemplos típicos de acuerdos de entidades públicas con operadores privados

EJEMPLOS ILUSTRATIVOS

Nota de información 1

Marco contable para acuerdos de servicios de entidades públicas con operadores privados

Esta nota acompaña, pero no forma parte de la CINIIF 12.

El siguiente diagrama resume la contabilización de acuerdos de servicios establecida por la CINIIF 12.

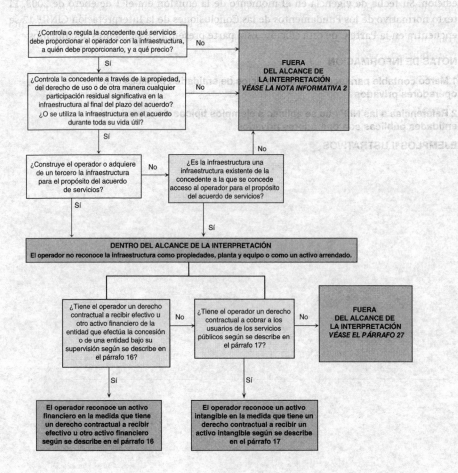

Nota de información 2

Referencias a las NIIF que se aplican a ejemplos típicos de acuerdos de entidades públicas con operadores privados

Esta nota acompaña, pero no forma parte de la CINIIF 12.

La tabla muestra los ejemplos típicos de acuerdos para la participación del sector privado en el suministro de servicios del sector público y proporciona referencias a las NIIF que se aplican a esos acuerdos. La lista de tipos de acuerdos no es exhaustiva. El propósito de la tabla es destacar la similitud de contenidos de los acuerdos. El CINIIF no intenta transmitir la impresión de que existen diferencias claras entre los requerimientos de contabilización de acuerdos de entidades públicas con operadores privados.

Categoría	Arrendatario	Suministrador del servicio			Propietario	
Ejemplos de acuerdos típicos	Arrendamiento (por ejemplo, el Operador arrienda el activo de la concedente)	Contrato de servicios y/o mantenimiento (tareas específicas, por ejemplo, cobro de deudas)	Rehabilitar-operar-transferir	Construir-operar-transferir	Construir-poseer-operar	100% Desinversión/ Privatización/ Sociedad por acciones
Propiedad del activo	Concedente				Operador	
Inversión de capital	Concedente		Operador			
Riesgo de demanda	Compartido	Concedente	Operador y/o concedente		Operador	
Duración típica	8–20 años	1–5 años	25–30 años			Indefinida (o puede ser limitada por la licencia)
Participación residual	Concedente				Operador	
NIIF aplicables	NIIF 16	NIIF 15	CINIIF 12		NIC 16	

Ejemplos Ilustrativos

Estos ejemplos acompañan a la CINIIF 12, pero no son parte de la misma.

Ejemplo 1: La concedente proporciona al operador un activo financiero

Términos del acuerdo

EI1   Los términos del acuerdo requieren que un operador construya una carretera —finalizando la construcción dentro de dos años— y la mantenga y opere de acuerdo con un estándar especificado durante ocho años (es decir, años 3 a 10). Los términos del acuerdo también requieren que el operador pavimente de nuevo la carretera al final del año 8. Al final del año 10, el acuerdo finalizará. Supóngase que el operador identifica tres obligaciones de desempeño para los servicios de construcción, servicios de operación y nueva pavimentación de la carretera. El operador estima que el costo en que incurrirá para cumplir sus obligaciones será:

Tabla 1.1 *Costos del contrato*

	Año	u.m.[(a)]
Servicios de construcción	1	500
	2	500
Servicios de operación (por año)	3-10	10
Nueva pavimentación de la carretera	8	100

(a) en este ejemplo, los importes monetarios están expresados en "unidades monetarias" (u.m.).

EI2   Los términos del acuerdo requieren que la concedente pague al operador 200 unidades monetarias (200 u.m.) por año en los años 3 a 10 para hacer que la carretera esté disponible para el público.

EI3   Para el propósito de este ejemplo, se supone que todos los flujos de efectivo tienen lugar al final del año.

Ingresos de actividades ordinarias

EI4   El operador reconoce ingresos de actividades ordinarias, para los servicios que preste, de acuerdo con la NIIF 15 *Ingresos de Actividades Ordinarias procedentes de Contratos con Clientes*. Ingresos de actividades ordinarias —el importe debido de la contraprestación a la que espera tener derecho procedente de la concedente por los servicios prestados— se reconoce al mismo tiempo cuando (o a medida que) se satisfacen las obligaciones de desempeño. **[Referencia: párrafo 31, NIIF 15]** Según los términos del acuerdo, el operador está obligado a pavimentar de nuevo la carretera al final del año 8. En el año 8, la concedente reembolsará al operador la nueva pavimentación de la carretera.

EI5 La contraprestación total esperada (200 u.m. en cada uno de los años 3 a 10) se asigna a las obligaciones de desempeño sobre la base de los precios de venta independientes relativos **[Referencia: párrafo 74, NIIF 15]** de los servicios de construcción, servicios de operación y de nueva pavimentación de la carretera, teniendo en cuenta el componente de financiación significativo, de la forma siguiente:

Tabla 1.2 *Precio de la transacción asignado a cada obligación de rendimiento*

	Asignación del precio de la transacción (incluyendo el componente de financiación significativo) u.m.
Servicios de construcción (a lo largo de dos años)[a]	1.050
Servicios de operación (a lo largo de ocho años)[b]	96
Servicios de nueva pavimentación de la carretera (en el año 8)[c]	110
Total	1.256
Tasa de interés implícita[d]	6,18% por año

(a) El operador estima el precio de venta independiente relativo por referencia a los costos previstos más un 5 por ciento.

(b) El operador estima el precio de venta independiente relativo por referencia a los costos previstos más un 20 por ciento.

(c) El operador estima el precio de venta independiente relativo por referencia a los costos previstos más un 10 por ciento.

(d) La tasa de interés implícita se supone que es la tasa que reflejaría en una transacción financiera entre el operador y la concedente.

EI6 En el año 1, por ejemplo, costos de construcción de 500 u.m., ingresos de actividades ordinarias de construcción de 525 u.m., y por ello la ganancia de construcción de 25 u.m. se reconoce en el resultado del periodo.

[Referencia: párrafos 13 y 14]

Activo financiero
[Referencia: párrafos 23 a 25]

EI7 Durante los primeros dos años, la entidad reconoce un activo del contrato y contabiliza el componente de financiación significativo de acuerdo con la NIIF 15. Una vez se completa la construcción, los importes debidos por la concedente se contabilizan de acuerdo con la NIIF 9 *Instrumentos Financieros* como cuentas por cobrar.

EI8   Si los flujos de efectivo y los valores razonables son los mismos que los previstos, la tasa de interés efectiva es 6,18 por ciento por año **[Referencia: Apéndice A (definición de tasa de interés efectiva), NIIF 9]** y la partida por cobrar reconocida al final de los años 1 a 3 será:

Tabla 1.3 *Medición del activo del contrato/cuenta por cobrar*

	u.m.
Importe adeudado por la construcción en el año 1	525
Activo del contrato al final del año 1[(a)]	**525**
Interés efectivo en el año 2 sobre el activo del contrato al final del año 1 (6,18% × 525 u.m.)	32
Importe adeudado por la construcción en el año 2	525
Cuenta por cobrar al final del año 2	**1.082**
Interés efectivo en el año 3 sobre la partida por cobrar al final del año 2 (6,18% × 1.082 u.m.)	67
Importe adeudado por la construcción en el año 3 (10 u.m. x (1 + 20%))	12
Cobros en el año 3	(200)
Cuenta por cobrar al final del año 3	**961**

(a) En el año 1 no surge interés efectivo, porque se supone que los flujos de efectivo tienen lugar al final del año.

Representación de los flujos de efectivo, estado del resultado integral y estado de situación financiera

EI9   Para el propósito de este ejemplo, se supone que el operador financia el acuerdo enteramente con deuda y ganancias acumuladas. Paga interés al 6,7 por ciento por año sobre la deuda pendiente. Si los flujos de efectivo y valores razonables son los mismos que los previstos, los flujos de efectivo, estado del resultado integral y estado de situación financiera del operador a lo largo de la duración del acuerdo serán:

Tabla 1.4 *Flujos de efectivo (unidades monetarias)*

Año	1	2	3	4	5	6	7	8	9	10	Total
Cobros	-	-	200	200	200	200	200	200	200	200	1.600
Costos del contrato[(a)]	(500)	(500)	(10)	(10)	(10)	(10)	(10)	(110)	(10)	(10)	(1.180)
Costos por présta-mos[(b)]	-	(34)	(69)	(61)	(53)	(43)	(33)	(23)	(19)	(7)	(342)
Entrada/(salida) neta	(500)	(534)	121	129	137	147	157	67	171	183	78

(a) Tabla 1.1
(b) Deuda a comienzos de año (tabla 1.6) x 6,7%

Tabla 1.5 *Estado del resultado integral (unidades monetarias)*

Año	1	2	3	4	5	6	7	8	9	10	Total
Ingresos de actividades ordinarias	525	525	12	12	12	12	12	122	12	12	1.256
Costos del contrato	(500)	(500)	(10)	(10)	(10)	(10)	(10)	(110)	(10)	(10)	(1.180)
Ingresos financieros(a)	-	32	67	59	51	43	34	25	22	11	344
Costos por préstamos(b)	-	(34)	(69)	(61)	(53)	(43)	(33)	(23)	(19)	(7)	(342)
Ganancia neta	25	23	-	-	-	2	3	14	5	6	78

(a) Importe adeudado por la concedente a comienzo de año (tabla 1.6) × 6,18%

(b) Efectivo/(deuda) (tabla 1.6) × 6,7%

Tabla 1.6 *Estado de situación financiera (unidades monetarias)*

Final del año	1	2	3	4	5	6	7	8	9	10
Importe adeudado por la concedente(a)	525	1.082	961	832	695	550	396	343	177	-
Efectivo/(deuda)(b)	(500)	(1.034)	(913)	(784)	(647)	(500)	(343)	(276)	(105)	78
Activos netos	25	48	48	48	48	50	53	67	72	78

(a) Importe adeudado por la concedente a comienzo de año, más ingresos de actividades ordinarias e ingresos financieros obtenidos en el año (tabla 1.5), menos los cobros en el año (tabla 1.4).

(b) Deuda a comienzos del año más el flujo de efectivo en el año (tabla 1.4).

EI10 Este ejemplo trata solo uno de los muchos tipos posibles de acuerdos. Su propósito es ilustrar el tratamiento contable de algunas características que comúnmente se encuentran en la práctica. Para hacer el ejemplo tan claro como sea posible, se ha supuesto que el periodo del acuerdo es solo de diez años y que los cobros anuales del operador son constantes durante ese periodo. En la práctica, los periodos del acuerdo pueden ser mucho más largos y los ingresos de actividades ordinarias anuales pueden incrementarse con el tiempo. En dichas circunstancias, los cambios en la ganancia neta de un año a otro podrían ser mayores.

Ejemplo 2: La concedente proporciona al operador un activo intangible (una licencia para cobrar a los usuarios)

Términos del acuerdo

EI11 Los términos de un acuerdo de servicios requieren que un operador construya una carretera —finalizando la construcción dentro de dos años— y la mantenga y opere de acuerdo con un estándar especificado durante ocho años (es decir, años 3 a 10). Los términos del acuerdo también requieren que el operador pavimente de nuevo la carretera, cuando el pavimento original se haya deteriorado por debajo de una condición especificada. El operador estima que tendrá que llevar a cabo la nueva pavimentación al final del año 8. Al final del año 10, el acuerdo de servicios finalizará. Supóngase que el operador identifica una obligación de desempeño única por los servicios de construcción. **[Referencia: párrafo 22, NIIF 15]** El operador estima que el costo en que incurrirá para cumplir sus obligaciones será:

Tabla 2.1 *Costos del contrato*

	Año	u.m.[a]
Servicios de construcción	1	500
	2	500
Servicios de operación de la carretera (por año)	3-10	10
Nueva pavimentación de la carretera	8	100

(a) en este ejemplo, los importes monetarios están expresados en "unidades monetarias" (u.m.).

EI12   Los términos del acuerdo permiten que el operador cobre peajes a los conductores que utilicen la carretera. El operador prevé que el número de vehículos permanecerá constante a lo largo de la duración del contrato y que recibirá peajes de 200 unidades monetarias (200 u.m.) en cada uno de los años 3 a 10.

EI13   Para el propósito de este ejemplo, se supone que todos los flujos de efectivo tienen lugar al final del año.

Activo intangible

EI14   El operador suministra servicios de construcción a la concedente a cambio de un activo intangible, es decir, un derecho a cobrar peajes a los usuarios de la carretera en los años 3 a 10. De acuerdo con la NIIF 15, el operador mide esta contraprestación distinta al efectivo a valor razonable. **[Referencia: párrafo 66, NIIF 15]** En este caso, el operador determina el valor razonable indirectamente por referencia al precio de venta independiente **[Referencia: párrafo 67, NIIF 15]** del servicio de construcción prestado.

[Referencia: párrafo 26]

EI15   Durante la fase de construcción del acuerdo, el activo del contrato del operador (que representa el derecho que ha obtenido a ser pagado por proporcionar servicios de construcción) se clasifica presenta como un activo intangible (licencia para cobrar a los usuarios de la infraestructura). El operador estima el precio de venta independiente de los servicios de construcción como igual a los costos de construcción previstos más un margen del 5 por ciento, lo cual concluye el operador que es congruente con la tasa que un participante del mercado requeriría como compensación por proporcionar los servicios de construcción y por asumir el riesgo asociado con los costos de construcción. También se supone que, de acuerdo con la NIC 23 *Costos por Préstamos*, el operador capitaliza los costos por préstamos, estimados al 6,7 por ciento, durante la fase de construcción del acuerdo:

[Referencia: párrafo 22]

Tabla 2.2 *Medición inicial del activo intangible*

	u.m.
Servicios de construcción en el año 1	525
Capitalización de los costos por préstamos (tabla 2.4)	34
Servicios de construcción en el año 2	525
Activo intangible al final del año 2	1.084

EI16   De acuerdo con la NIC 38, el activo intangible se amortiza a lo largo del periodo en que se espera que esté disponible para el uso por el operador, es decir, años 3 a 10. El importe del activo intangible que se debe amortizar (1.084 u.m.) se distribuye utilizando un método de amortización lineal. El cargo por amortización anual es, por ello, 1.084 u.m. dividido por 8 años, es decir, 135 u.m. por año.

[Referencia: párrafo 97, NIC 38]

Costos e ingresos de actividades ordinarias de construcción

EI17   El operador contabiliza los servicios de construcción de acuerdo con la NIIF 15. Mide los ingresos de actividades ordinarias del contrato por el valor razonable de la contraprestación distinta al efectivo recibida o por recibir. [Referencia: párrafo 66, NIIF 15] Así, en cada uno de los años 1 y 2 reconoce en su resultado del periodo los costos de construcción de 500 u.m., los ingresos de actividades ordinarias de construcción de 525 u.m. y, por tanto, la ganancia de construcción de 25 u.m.

[Referencia: párrafo 14]

Ingresos de actividades ordinarias de peaje

EI18   Los usuarios de la carretera pagan por los servicios públicos al mismo tiempo que los reciben, es decir, cuando utilizan la carretera. Por ello, el operador reconoce ingresos de actividades ordinarias de peaje cuando cobra los peajes.

Obligaciones de nueva pavimentación

EI19   La obligación de nueva pavimentación del operador surge como consecuencia del uso de la carretera durante la fase de operación. Estas se reconocen y miden de acuerdo con la NIC 37 *Provisiones, Pasivos Contingentes y Activos Contingentes*, es decir, según la mejor estimación del desembolso requerido para cancelar la obligación presente al final del periodo de presentación.

[Referencia: párrafo 21]

EI20   Para el propósito de este ejemplo, se supone que los términos de la obligación contractual del operador son tales que la mejor estimación del desembolso requerido para cancelar la obligación en cualquier fecha es proporcional al número de vehículos que han utilizado la carretera hasta esa fecha y se incrementa en 17 u.m. (descontado a un valor actual) cada año. El operador descuenta la provisión a su valor actual de acuerdo con la NIC 37. El cargo reconocido cada periodo en resultados es:

Tabla 2.3 *Obligación de nueva pavimentación (unidades monetarias)*

Año	3	4	5	6	7	8	Total
Obligación que surge en el año (17 u.m. descontadas al 6%)	12	13	14	15	16	17	87
Incremento en la provisión de los años anteriores que surge del paso del tiempo	0	1	1	2	4	5	13
Gasto total reconocido en los resultados	12	14	15	17	20	22	100

Representación de los flujos de efectivo, estado del resultado integral y estado de situación financiera

EI21   Para los propósitos de este ejemplo, se supone que el operador financia el acuerdo totalmente con deuda y ganancias acumuladas. Paga interés al 6,7 por ciento por año sobre la deuda pendiente. Si los flujos de efectivo y valores razonables son los mismos que los previstos, los flujos de efectivo, estado del resultado integral y estado de situación financiera del operador a lo largo de la duración del acuerdo serán:

Tabla 2.4 *Flujos de efectivo (unidades monetarias)*

Año	1	2	3	4	5	6	7	8	9	10	Total
Cobros	-	-	200	200	200	200	200	200	200	200	1.600
Costos del contrato[a]	(500)	(500)	(10)	(10)	(10)	(10)	(10)	(110)	(10)	(10)	(1.180)
Costos por préstamos[b]	-	(34)	(69)	(61)	(53)	(43)	(33)	(23)	(19)	(7)	(342)
Entrada/(salida) neta	(500)	(534)	121	129	137	147	157	67	171	183	78

(a)   Tabla 2.1
(b)   Deuda a comienzos de año (tabla 2.6) × 6,7%

Tabla 2.5 *Estado del resultado integral (unidades monetarias)*

Año	1	2	3	4	5	6	7	8	9	10	Total
Ingresos de actividades ordinarias	525	525	200	200	200	200	200	200	200	200	2.650
Amortización	-	-	(135)	(135)	(136)	(136)	(136)	(136)	(135)	(135)	(1.084)
Gastos de nueva pavimentación	-	-	(12)	(14)	(15)	(17)	(20)	(22)	-	-	(100)
Otros costos del contrato	(500)	(500)	(10)	(10)	(10)	(10)	(10)	(10)	(10)	(10)	(1.080)
Costos por préstamos[a],[b]	-	-	(69)	(61)	(53)	(43)	(33)	(23)	(19)	(7)	(308)
Ganancia neta	25	25	(26)	(20)	(14)	(6)	1	9	36	48	78

(a)   Los costos por préstamos se capitalizan durante la fase de construcción.
(b)   Tabla 2.4

Tabla 2.6 *Estado de situación financiera (unidades monetarias)*

Final del año	1	2	3	4	5	6	7	8	9	10
Activo intangible	525	1.084	949	814	678	542	406	270	135	-
Efectivo/(deuda)(a)	(500)	(1.034)	(913)	(784)	(647)	(500)	(343)	(276)	(105)	78
Obligaciones de nueva pavimentación	-	-	(12)	(26)	(41)	(58)	(78)	-	-	-
Activos netos	25	50	24	4	(10)	(16)	(15)	(6)	30	78

(a) Deuda a comienzos del año más el flujo de efectivo en el año (tabla 2.4)

EI22 Este ejemplo trata solo uno de los muchos tipos posibles de acuerdos. Su propósito es ilustrar el tratamiento contable de algunas características que comúnmente se encuentran en la práctica. Para hacer el ejemplo tan claro como sea posible, se ha supuesto que el periodo del acuerdo es solo de diez años y que los cobros anuales del operador son constantes durante ese periodo. En la práctica, los periodos del acuerdo pueden ser mucho más largos y los ingresos de actividades ordinarias anuales pueden incrementarse con el tiempo. En dichas circunstancias, los cambios en la ganancia neta de un año a otro podrían ser mayores.

Ejemplo 3: La concedente proporciona al operador un activo financiero y un activo intangible

Términos del acuerdo

EI23 Los términos de un acuerdo de servicios requieren que un operador construya una carretera—finalizando la construcción dentro de dos años—y opere la carretera y la mantenga de acuerdo con un estándar especificado durante ocho años (es decir, años 3 a 10). Los términos del acuerdo también requieren que el operador pavimente de nuevo la carretera, cuando el pavimento original se haya deteriorado por debajo una condición especificada. El operador estima que tendrá que llevar a cabo la nueva pavimentación al final del año 8. Al final del año 10, el acuerdo finalizará. Supóngase que el operador identifica una obligación de desempeño única por los servicios de construcción. **[Referencia: párrafo 22, NIIF 15]** El operador estima que el costo en que incurrirá para cumplir sus obligaciones será:

Tabla 3.1 *Costos del contrato*

	Año	u.m.[a]
Servicios de construcción	1	500
	2	500
Servicios de operación de la carretera (por año)	3-10	10
Nueva pavimentación de la carretera	8	100

(a) en este ejemplo, los importes monetarios están expresados en "unidades monetarias" (u.m.).

EI24   El operador estima que la contraprestación con respecto a los servicios de construcción será de 1.050 u.m. por referencia al precio de venta independiente **[Referencia: párrafo 74, NIIF 15]** de esos servicios (que estima a los costos previstos más el 5 por ciento).

EI25   Los términos del acuerdo permiten que el operador cobre peajes a los conductores que utilicen la carretera. Además, la concedente garantiza al operador un importe mínimo de 700 u.m. y el interés a una tasa especificada del 6,18 por ciento para reflejar el calendario de cobros. El operador prevé que el número de vehículos permanecerá constante a lo largo de la duración del contrato y que recibirá peajes de 200 u.m. en cada uno de los años 3 a 10.

EI26   Para el propósito de este ejemplo, se supone que todos los flujos de efectivo tienen lugar al final del año.

División del acuerdo

EI27   El derecho contractual a recibir efectivo de la concedente por los servicios y el derecho a cobrar a los usuarios por los servicios públicos deben considerarse como dos activos separados según las NIIF. Por ello, en este acuerdo es necesario dividir el activo del contrato durante la fase de construcción del operador en dos componentes: un componente de activo financiero basado en el importe garantizado y un activo intangible por el resto. Cuando los servicios de construcción se completan, los dos componentes del activo del contrato se clasificarían y medirían como un activo financiero y un activo intangible correspondientemente.

[Referencia: párrafo 18]

Tabla 3.2 *División de la contraprestación del operador*

Año	Total	Activo financiero	Activo intangible
Servicios de construcción en el año 1	525	350	175
Servicios de construcción en el año 2	525	350	175
Servicios de construcción totales	1.050	700	350
	100%	*67%*[(a)]	*33%*
Ingresos financieros, a una tasa de interés especificada del 6,18% sobre la partida por cobrar (véase la tabla 3.3)	22	22	-
Costos por préstamos capitalizados (interés pagado en los años 1 y 2 × 33%) (véase la tabla 3.7)	11	-	11
Valor razonable total de la contraprestación del operador	1.083	722	361

(a) Importe garantizado por la concedente como una proporción de los servicios de construcción

Activo financiero
[Referencia: párrafos 23 a 25]

EI28   Durante los primeros dos años, la entidad reconoce un activo del contrato y contabiliza el componente de financiación significativo de acuerdo con la NIIF 15. Una vez se complete la construcción, el importe debido por la concedente o por una entidad bajo la supervisión de ella, a cambio de los servicios de construcción se contabilizará de acuerdo con la NIIF 9 como una cuenta por cobrar.

EI29   Según esta premisa, la partida por cobrar reconocida a finales de los años 2 y 3 será:

Tabla 3.3 *Medición del activo del contrato/cuenta por cobrar*

	u.m.
Servicios de construcción en el año 1 asignados al activo del contrato	350
Activo de contrato al final del año 1	350
Servicios de construcción en el año 2 asignados al activo del contrato	350
Interés en el año 2 sobre el activo del contrato al final del año 1 (6,18% × 350 u.m.)	22
Cuenta por cobrar al final del año 2	722
Interés en el año 3 sobre la cuenta por cobrar al final del año 2 (6,18% × 722 u.m.)	45
Cobros en el año 3 (véase la tabla 3.5)	(117)
Cuenta por cobrar al final del año 3	650

Activo intangible
[Referencia: párrafo 26]

EI30 De acuerdo con la NIC 38 *Activos Intangibles*, el operador reconoce el activo intangible al costo, es decir, el valor razonable de la contraprestación recibida o por recibir.

EI31 Durante la fase de construcción del acuerdo la parte del activo del contrato del operador que representa el derecho que ha obtenido a que se le pague por los importes que excedan la cantidad garantizada por proporcionar los servicios de construcción se presenta como un derecho a recibir una licencia para cobrar a los usuarios de la infraestructura. El operador estima el precio de venta independiente de los servicios de construcción como igual a los costos de construcción previstos más un 5 por ciento, lo cual concluye el operador que es congruente con la tasa que un participante del mercado requeriría como compensación por proporcionar los servicios de construcción y por asumir el riesgo asociado con los costos de construcción. También se supone que, de acuerdo con la NIC 23 *Costos por Préstamos*, el operador capitaliza los costos por préstamos, estimados al 6,7 por ciento, durante la fase de construcción del acuerdo:

Tabla 3.4 *Medición inicial del activo intangible*

	u.m.
Servicios de construcción en el año 1	175
Costos por préstamos (interés pagado en los años 1 y 2 × 33%) (Véase la tabla 3.7)	11
Servicios de construcción en el año 2	175
Activo intangible al final del año 2	361

EI32   De acuerdo con la NIC 38, el activo intangible se amortiza a lo largo del periodo en que se espera que esté disponible para el uso por el operador, es decir, años 3 a 10. El importe del activo intangible que se debe amortizar (361 u.m. que incluyen los costos por préstamos) se distribuye utilizando un método lineal. El cargo de amortización anual es, por ello, 361 u.m. dividido por 8 años, es decir, 45 u.m. por año.

Ingresos de actividades ordinarias y costos

EI33   El operador proporciona los servicios de construcción a la concedente a cambio de un activo financiero y un activo intangible. Según el modelo del activo financiero y el modelo del activo intangible, el operador contabiliza los servicios de construcción de acuerdo con la NIIF 15. Así, en cada uno de los años 1 y 2 reconoce en resultados del periodo los costos de construcción de 500 u.m. y los ingresos de actividades ordinarias de construcción de 525 u.m.

[Referencia: párrafo 14]

Ingresos de actividades ordinarias de peaje

EI34   Los usuarios de la carretera pagan por los servicios públicos al mismo tiempo que los reciben, es decir, cuando utilizan la carretera. Según los términos de este acuerdo, los flujos de efectivo se reparten proporcionalmente entre el activo financiero y el activo intangible, de forma que el operador distribuye los cobros de los peajes entre el reembolso del activo financiero y los ingresos de actividades ordinarias obtenidos del activo intangible:

[Referencia: párrafo 18]

Tabla 3.5 *Distribución de los cobros por peaje*

Año	u.m.
Cobro garantizado de la concedente	700
Ingresos financieros (véase la tabla 3.8)	237
Total	937
Efectivo asignado a la realización del activo financiero por año (937 u.m. / 8 años)	117
Cobros atribuibles al activo intangible (200 u.m. x 8 años − 937 u.m.)	663
Cobro anual procedente del activo intangible (663 u.m. / 8 años)	83

Obligaciones de nueva pavimentación
[Referencia: párrafo 21]

EI35   La obligación de nueva pavimentación del operador surge como consecuencia del uso de la carretera durante la fase de operación. Estas se reconocen y miden de acuerdo con la NIC 37 *Provisiones, Pasivos Contingentes y Activos Contingentes*, es decir, según la mejor estimación del desembolso requerido para cancelar la obligación presente al final del periodo de presentación.

EI36 Para el propósito de este ejemplo, se supone que los términos de la obligación contractual del operador son tales que la mejor estimación del desembolso requerido para cancelar la obligación en cualquier fecha es proporcional al número de vehículos que han usado la carretera hasta esa fecha y se incrementa en 17 u.m. cada año. El operador descuenta la provisión a su valor actual de acuerdo con la NIC 37. El cargo reconocido cada periodo en resultados es:

Tabla 3.6 *Obligación de nueva pavimentación (unidades monetarias)*

Año	3	4	5	6	7	8	Total
Obligación que surge en el año (17 u.m. descontadas al 6%)	12	13	14	15	16	17	87
Incremento en la provisión de los años anteriores que surge del paso del tiempo	0	1	1	2	4	5	13
Gasto total reconocido en los resultados	12	14	15	17	20	22	100

Representación de los flujos de efectivo, estado del resultado integral y estado de situación financiera

EI37 Para los propósitos de este ejemplo, se supone que el operador financia el acuerdo totalmente con deuda y ganancias acumuladas. Paga interés al 6,7 por ciento por año sobre la deuda pendiente. Si los flujos de efectivo y valores razonables son los mismos que los previstos, los flujos de efectivo, estado del resultado integral y estado de situación financiera del operador a lo largo de la duración del acuerdo serán:

Tabla 3.7 *Flujos de efectivo (unidades monetarias)*

Año	1	2	3	4	5	6	7	8	9	10	Total
Cobros	-	-	200	200	200	200	200	200	200	200	1.600
Costos del contrato[a]	(500)	(500)	(10)	(10)	(10)	(10)	(10)	(110)	(10)	(10)	(1.180)
Costos por préstamos[b]	-	(34)	(69)	(61)	(53)	(43)	(33)	(23)	(19)	(7)	(342)
Entrada/(salida) neta	(500)	(534)	121	129	137	147	157	67	171	183	78

(a) Tabla 3.1
(b) Deuda a comienzos de año (tabla 3.9) × 6,7%

Tabla 3.8 *Estado del resultado integral (unidades monetarias)*

Año	1	2	3	4	5	6	7	8	9	10	Total
Ingresos de actividades ordinarias de construcción	525	525	-	-	-	-	-	-	-	-	1.050
Ingresos de actividades ordinarias del activo intangible	-	-	83	83	83	83	83	83	83	83	663
Ingreso financiero(a)	-	22	45	40	35	30	25	19	13	7	237
Amortización	-	-	(45)	(45)	(45)	(45)	(45)	(45)	(45)	(46)	(361)
Gastos de nueva pavimentación	-	-	(12)	(14)	(15)	(17)	(20)	(22)	-	-	(100)
Costos de construcción	(500)	(500)									(1.000)
Otros costos del contrato(b)			(10)	(10)	(10)	(10)	(10)	(10)	(10)	(10)	(80)
Costos por préstamos (tabla 3.7)(c)	-	(23)	(69)	(61)	(53)	(43)	(33)	(23)	(19)	(7)	(331)
Ganancia neta	25	24	(8)	(7)	(5)	(2)	0	2	22	27	78

(a) Intereses sobre la partida por cobrar
(b) Tabla 3.1
(c) En el año 2, los costos por préstamos se expresan netos del importe capitalizado en el intangible (véase la tabla 3.4).

Tabla 3.9 *Estado de situación financiera (unidades monetarias)*

Final del año	1	2	3	4	5	6	7	8	9	10
Cuenta por cobrar	350	722	650	573	491	404	312	214	110	-
Activo intangible	175	361	316	271	226	181	136	91	46	-
Efectivo/(deuda)(a)	(500)	(1.034)	(913)	(784)	(647)	(500)	(343)	(276)	(105)	78
Obligaciones de nueva pavimentación	-	-	(12)	(26)	(41)	(58)	(78)	-	-	-
Activos netos	25	49	41	34	29	27	27	29	51	78

(a) Deuda a comienzos del año más el flujo de efectivo en el año (tabla 3.7)

EI38   Este ejemplo trata solo uno de los muchos tipos posibles de acuerdos. Su propósito es ilustrar el tratamiento contable de algunas características que comúnmente se encuentran en la práctica. Para hacer el ejemplo tan claro como sea posible, se ha supuesto que el periodo del acuerdo es solo de diez años y que los cobros anuales del operador son constantes durante ese periodo. En la práctica, los periodos del acuerdo pueden ser mucho más largos y los ingresos de actividades ordinarias anuales pueden incrementarse con el tiempo. En dichas circunstancias, los cambios en la ganancia neta de un año a otro podrían ser mayores.

Documentos publicados para acompañar a la

CINIIF 14

NIC 19—El Límite de un Activo por Beneficios Definidos, Obligación de Mantener un Nivel Mínimo de Financiación y su Interacción

El texto normativo de la Interpretación CINIIF 14 se encuentra en la Parte A de esta edición. Su fecha de vigencia en el momento de la emisión era el 1 de enero de 2008. El texto normativo de los Fundamentos de las Conclusiones de la Interpretación CINIIF 14 se encuentra en la Parte C de esta edición. Esta parte presenta el siguiente documento:

EJEMPLOS ILUSTRATIVOS

Ejemplos Ilustrativos

Estos ejemplos acompañan a la CINIIF 14, pero no son parte de la misma.

Ejemplo 1—Efecto de la obligación de mantener un nivel mínimo de financiación cuando hay un superávit según la NIC 19 y las aportaciones exigidas a efectos de mantener un nivel mínimo de financiación son completamente reembolsables para la entidad

EI1   Una entidad tiene un nivel de financiación por una obligación de financiación mínima (la cual se mide a partir de una base contable diferente a la requerida por la NIC 19) de un 82 por ciento en el Plan A. Según la obligación de mantener un nivel mínimo de financiación, se requiere que la entidad incremente inmediatamente el nivel de financiación al 95 por ciento. Como resultado, la entidad tiene la obligación legal de realizar una aportación inmediatamente al Plan A de 200 al final del periodo sobre el que se informa. Las normas del plan permiten una devolución completa a la entidad de cualquier superávit al final de la vida del plan. Las valoraciones al final del año del Plan A se incluyen a continuación.

Valor razonable de los activos	1.200
Valor presente de la obligación por beneficios definidos según la NIC 19	(1.100)
Superávit	100

Aplicación de los requerimientos

EI2   El párrafo 24 de la CINIIF 14 requiere que la entidad reconozca un pasivo en la medida en que las aportaciones a pagar adicionales no estén totalmente disponibles. El pago de la aportación de 200 incrementará el superávit según la NIC 19 de 100 a 300. Según las reglas del plan, este importe será completamente reembolsable a la entidad sin costos asociados. Por ello, no se reconoce un pasivo por la obligación de pagar las aportaciones y el activo por beneficios definidos neto es 100.

Ejemplo 2—Efecto de la obligación de mantener un nivel mínimo de financiación cuando hay un déficit según la NIC 19 y las aportaciones exigidas a efectos de mantener un nivel mínimo de financiación no serían totalmente reembolsables para la entidad

EI3   Una entidad tiene un nivel de financiación por una obligación de financiación mínima (la cual se mide a partir de una base contable diferente a la requerida por la NIC 19) de un 77 por ciento en el Plan B. Según la obligación de mantener un nivel mínimo de financiación, se requiere que la entidad incremente inmediatamente el nivel de financiación al 100 por ciento. Como resultado, la entidad tiene la obligación legal de pagar inmediatamente al final del periodo sobre el que se informa una aportación adicional de 300 al Plan B.

Las normas del plan permiten un reembolso máximo del 60 por ciento del superávit según la NIC 19 a la entidad y a ésta no se le permite reducir sus aportaciones por debajo de un nivel determinado lo que sucede cuando iguala el costo de servicio según la NIC 19. Las valoraciones al final del año del Plan B se incluyen a continuación.

Valor razonable de los activos	1.000
Valor presente de la obligación por beneficios definidos según la NIC 19	(1.100)
Déficit	(100)

Aplicación de los requerimientos

EI4   El pago de los 300 cambiaría el déficit de 100 según la NIC 19 por un superávit de 200. De estos 200, el 60 por ciento (120) es reembolsable.

EI5   Por tanto, de las aportaciones de 300, 100 elimina el déficit de la NIC 19 y 120 (60 por ciento de 200) está disponible en forma de un beneficio económico. Las restantes 80 (40 por ciento de 200) de las aportaciones pagadas no están disponibles para la entidad.

EI6   El párrafo 24 de la CINIIF 14 requiere que la entidad reconozca un pasivo en la medida en que las aportaciones a pagar no estén totalmente disponibles.

EI7   Por ello, el pasivo por beneficios definidos neto es 180, comprendiendo el déficit de 100 más la pasivo adicional de 80 que procede de los requerimientos del párrafo 24 de la CINIIF 14. No se reconoce ningún otro pasivo respecto a la obligación legal de pagar aportaciones por 300.

Resumen

Valor razonable de los activos	1.000
Valor presente de la obligación por beneficios definidos según la NIC 19	(1.100)
Déficit	(100)
Efecto de techo del activo	(80)
Pasivo por beneficios definidos neto	(180)

EI8   Cuando se pagan las aportaciones de 300, el activo de beneficios definidos neto será de 120.

Ejemplo 3—Efecto de la obligación de mantener un nivel mínimo de financiación cuando las aportaciones a pagar no estuvieran totalmente disponibles y efecto sobre el beneficio económico disponible en forma de una reducción en las aportaciones futuras

EI9 Una entidad tiene un nivel de financiación sobre la base de mantener un nivel mínimo de financiación (el cual se mide a partir de una base contable diferente a la requerida por la NIC 19) de un 95 por ciento en el Plan C. La obligación de mantener un nivel mínimo de financiación, requiere que la entidad incremente el nivel de financiación al 100 por ciento en los próximos tres años. Se requiere que las aportaciones corrijan el déficit de la obligación de mantener un nivel mínimo de financiación (insuficiencia) y cubrir el servicio futuro.

EI10 El Plan C también tiene un superávit de 50 según la NIC 19 al final del periodo sobre el que se informa, el cual no puede reembolsarse a la entidad bajo ninguna circunstancia.

EI11 Se incluyen a continuación los importes nominales de las aportaciones requeridas para satisfacer los requerimientos de mantener un nivel mínimo de financiación con respecto a la insuficiencia y el servicio futuro por los tres próximos años.

Año	Total aportaciones por la obligación de mantener un nivel mínimo de financiación	Aportaciones requeridas para corregir la insuficiencia	Aportaciones requeridas para cubrir el servicio futuro
1	135	120	15
2	125	112	13
3	115	104	11

Aplicación de los requerimientos

EI12 La obligación actual de la entidad respecto a los servicios ya recibidos incluye las aportaciones requeridas para corregir la insuficiencia pero no incluye las aportaciones requeridas para cubrir el servicio futuro.

EI13 El valor presente de la obligación de la entidad, suponiendo una tasa de descuento del 6 por ciento al año, es aproximadamente 300, que se calcula de la forma siguiente:

$$[120/(1,06) + 112/(1,06)^2 + 104/(1,06)^3]$$

EI14 Cuando se pagan estas aportaciones al plan, el superávit según la NIC 19 (es decir el valor razonable de los activos menos el valor presente de la obligación por los beneficios definidos) se incrementaría, siendo el resto de aspectos iguales, de 50 a 350 (300 + 50).

EI15 Sin embargo, el superávit no es reembolsable aunque un activo pueda estar disponible en forma de una reducción en las aportaciones futuras.

EI16   De acuerdo con el párrafo 20 de la CINIIF 14, el beneficio económico disponible en forma de una reducción en las aportaciones futuras es la suma de:

(a)   cualquier importe que reduzca las aportaciones derivadas de la obligación de mantener un nivel mínimo de financiación para servicios futuros porque la entidad realizó pagos anticipados (es decir pagó el importe antes de requerírsele que lo hiciera); y

(b)   el costo del servicio futuro estimado en cada periodo de acuerdo con los párrafos 16 y 17, menos las aportaciones estimadas derivadas de la obligación de mantener el nivel mínimo de financiación que serían requeridas para el servicio futuro en esos periodos si no hubiera habido pagos anticipados conforme se describe en (a).

EI17   En este ejemplo no existe pago anticipado conforme se describe en el párrafo 20(a). Los importes disponibles como una reducción en las aportaciones futuras cuando se aplica el párrafo 20(b) se muestran a continuación.

Año	Costos por servicios según la NIC 19	Aportaciones mínimas requeridas para cubrir el servicio futuro	Importe disponible en forma de reducción en la aportación
1	13	15	(2)
2	13	13	0
3	13	11	2
4+	13	9	4

EI18   Suponiendo una tasa de descuento del 6 por ciento, el valor presente del beneficio económico disponible en forma de una reducción en las aportaciones futuras es por tanto igual a:

$$(2)/(1,06) + 0/(1,06)^2 + 2/(1,06)^3 + 4/(1,06)^4 ... = 56$$

Por ello de acuerdo con el párrafo 58(c) de la NIC 19, el valor presente del beneficio económico disponible por las reducciones en las aportaciones futuras se limita a 56.

EI19   El párrafo 24 de la CINIIF 14 requiere que la entidad reconozca un pasivo en la medida en que las aportaciones adicionales a pagar no estarán totalmente disponibles. Por ello, el efecto del techo del activo es de 294 (50 + 300 − 56).

EI20   La entidad reconoce en el estado de situación financiera un pasivo por beneficios definidos neto de 244. No se reconocerá otro pasivo respecto a la obligación de hacer aportaciones para financiar la insuficiencia del mínimo de financiación.

Resumen

Superávit	50
Activo de beneficios definidos neto (antes de la consideración de la obligación de mantener un nivel mínimo de financiación)	50
Efecto de techo del activo	(294)
Pasivo por beneficios definidos neto	(244)

EI21   Cuando se pagan las aportaciones de 300 en el plan, el activo de beneficios definidos neto pasará a ser de 56 (300 – 244).

Ejemplo 4—Efecto de un pago anticipado cuando la obligación de mantener un nivel mínimo de financiación supera el cargo por el servicio futuro esperado

EI22   Se requiere que una entidad financie el Plan D de forma que no surja déficit sobre la base de mantener un nivel mínimo de financiación. Se requiere que la entidad pague las aportaciones derivadas de la obligación de mantener un nivel mínimo de financiación para cubrir el costo del servicio en cada periodo determinado sobre la base de mantener un nivel mínimo de financiación.

EI23   El Plan D tiene un superávit según la NIC 19 de 35 al comienzo de 20X1. Este ejemplo supone que la tasa de descuento y el rendimiento sobre los activos esperado son 0 por ciento y que el plan no puede refinanciar el superávit a la entidad bajo cualesquiera circunstancias pero puede utilizar el superávit para reducciones de aportaciones futuras.

EI24   Las aportaciones mínimas requeridas para cubrir el servicio futuro son 15 para cada uno de los próximos cinco años. El costo de servicio de la NIC 19 esperado es 10 en cada año.

EI25   La entidad realiza un pago anticipado de 30 al comienzo de 20X1 con respecto a los años 20X1 y 20X2, incrementando su superávit al comienzo de 20X1 a 65. Ese pago anticipado reduce las aportaciones futuras que espera realizar en los dos años siguientes, de la forma siguiente:

Año	Costos por servicios según la NIC 19	Aportación derivada de la obligación de mantener un nivel mínimo de financiación antes del pago anticipado	Aportación derivada de la obligación de mantener un nivel mínimo de financiación después del pago anticipado
20X1	10	15	0
20X2	10	15	0
20X3	10	15	15
20X4	10	15	15
20X5	10	15	15
Total	50	75	45

Aplicación de los requerimientos

EI26 De acuerdo con los párrafos 20 y 22 de la CINIIF 14, al comienzo de 20X1, el beneficio económico disponible como una reducción de las aportaciones futuras es la suma de:

(a) 30, siendo el pago anticipado de las aportaciones derivadas de la obligación de mantener un nivel mínimo de financiación; y

(b) nulo. Las aportaciones estimadas derivadas de la obligación de mantener un nivel mínimo de financiación requerida para servicios futuros sería de 75 si no hubiera pagos anticipados. Esas aportaciones superan el costo de servicio futuro estimado (50); por ello la entidad no puede utilizar ninguna parte del superávit de 35 señalado en el párrafo EI23 (véase el párrafo 22).

EI27 Suponiendo una tasa de descuento del 0 por ciento, el valor presente del beneficio económico disponible en forma de una reducción en las aportaciones futuras es, por tanto, igual a 30. Por ello, de acuerdo con el párrafo 64 de la NIC 19, la entidad reconoce el activo de beneficios definidos neto de 30 (porque este es menor que el superávit de la NIC 19 de 65).

Documentos publicados para acompañar a la

CINIIF 16

Coberturas de una Inversión Neta en un Negocio en el Extranjero

El texto normativo de la Interpretación CINIIF 16 se encuentra en la Parte A de esta edición. Su fecha de vigencia en el momento de la emisión era el 1 de octubre de 2008. El texto normativo de los Fundamentos de las Conclusiones de la Interpretación CINIIF 16 se encuentra en la Parte C de esta edición. Esta parte presenta el siguiente documento:

EJEMPLO ILUSTRATIVO

Ejemplos Ilustrativos

Este ejemplo acompaña a la CINIIF 16, pero no forma parte de la misma.

Disposición de un negocio en el extranjero (párrafos 16 y 17)

EI1 Este ejemplo ilustra la aplicación de los párrafos 16 y 17 en relación con el ajuste de reclasificación en el momento de la disposición de un negocio en el extranjero.

Antecedentes

EI2 Este ejemplo supone la estructura de grupo establecida en la guía de aplicación y que la Controladora utilizó un préstamo en dólares de EE.UU. (USD) en la Subsidiaria A para cubrir el riesgo EUR/USD de la inversión neta en la Subsidiaria C en los estados financieros consolidados de la Controladora. La controladora utiliza el método por etapas de consolidación. Supóngase que la cobertura fue totalmente efectiva y el cambio acumulado USD/EUR total en el valor del instrumento de cobertura antes de la disposición de la Subsidiaria C es 24 millones de euros (ganancia). Esto se compensa exactamente con la depreciación en el valor de la inversión neta en la Subsidiaria C, al medirla contra la moneda funcional de la Controladora (euro).

EI3 Si se utiliza el método directo de consolidación, la depreciación en el valor de la inversión neta de la Controladora en la Subsidiaria C de 24 millones de euros se reflejaría totalmente en la reserva de conversión de moneda extranjera correspondiente a la Subsidiaria C en los estados financieros consolidados de la Controladora. Sin embargo, puesto que la Controladora utiliza el método por etapas, esta depreciación en el valor de la inversión en la en la Subsidiaria C de 24 millones de euros se reflejaría en la reserva de conversión de moneda extranjera de la Subsidiaria B correspondiente a la Subsidiaria C y en la reserva de conversión de moneda extranjera de la Controladora correspondiente a la Subsidiaria B.

EI4 El importe agregado reconocido en la reserva de conversión de moneda extranjera en lo que respecta a las Subsidiarias B y C no se ve afectado por el método de consolidación. Supóngase que se utiliza el método directo de consolidación, las reservas de conversión de moneda extranjera para las Subsidiarias B y C en los estados financieros consolidados de la Controladora son 62 millones de euros de ganancia y 24 millones de euros de pérdidas respectivamente; utilizando el método por etapas de consolidación esos importes son 49 millones de euros de ganancia y 11 millones de pérdida respectivamente.

Reclasificación

EI5 Cuando se dispone de la inversión en la Subsidiaria C, la NIIF 9 requiere que la ganancia total de 24 millones de euros sobre el instrumento de cobertura se reclasifique a resultados del periodo. Utilizando el método por etapas, el importe a reclasificar a resultados del periodo en relación con la inversión neta en la Subsidiaria C sería solo de 11 millones de euros de pérdida. La Controladora podría ajustar las reservas de conversión de moneda extranjera de las Subsidiarias B y C por 13 millones para compensar los importes reclasificados en relación con el instrumento de cobertura y la inversión neta como habría sido el caso si se hubiera utilizado el método directo de consolidación, si esa fue su política contable. Una entidad que no tiene cubierta su inversión neta habría realizado la misma reclasificación.

Documentos publicados para acompañar a la

CINIIF 17

Distribuciones, a los Propietarios, de Activos Distintos al Efectivo

El texto normativo de la Interpretación CINIIF 17 se encuentra en la Parte A de esta edición. Su fecha de vigencia en el momento de la emisión era el 1 de julio de 2009. El texto normativo de los Fundamentos de las Conclusiones de la Interpretación CINIIF 17 se encuentra en la Parte C de esta edición. Esta parte presenta el siguiente documento:

EJEMPLOS ILUSTRATIVOS

Ejemplos Ilustrativos

Estos ejemplos acompañan a la CINIIF 17, pero no son parte de la misma.

Alcance de la Interpretación (párrafos 3 a 8)

GRÁFICO 1 (distribución de títulos disponibles para la venta)

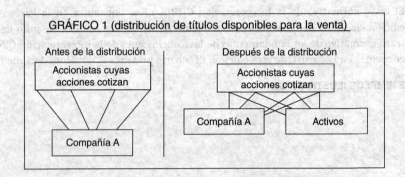

GRÁFICO 1 (distribución de títulos disponibles para la venta)

EI1   Supóngase que la Empresa A pertenece a accionistas cuyas acciones cotizan. Ningún accionista individualmente controla la Empresa A y ningún grupo de accionistas está ligado por un acuerdo contractual para actuar unidos para controlar la Empresa A conjuntamente. La Empresa A distribuye a los accionistas ciertos activos (por ejemplo títulos disponibles para la venta) proporcionalmente. Esta transacción queda dentro del alcance de la Interpretación.

EI2   Sin embargo, si uno de los accionistas (o grupo ligado por acuerdo contractual para actuar unidos) controla la Empresa A antes y después de la transacción, la transacción en su totalidad (incluyendo las distribuciones a los accionistas no controladores) no queda dentro del alcance de la Interpretación. Esto es así porque en una distribución proporcional a todos los propietarios de la misma clase de instrumentos de patrimonio, los accionistas controladores (o grupo de accionistas) continuarán con el control de los activos distintos al efectivo tras la distribución.

GRÁFICO 2 (distribución de acciones de subsidiarias)

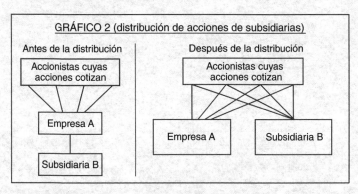

GRÁFICO 2 (distribución de acciones de subsidiarias)

EI3 Supóngase que la Empresa A pertenece a accionistas cuyas acciones cotizan. Ningún accionista individualmente controla la Empresa A y ningún grupo de accionistas está ligado por un acuerdo contractual para actuar unidos para controlar la Empresa A conjuntamente. La Empresa A posee todas las acciones de la Subsidiaria B. La Empresa A distribuye todas las acciones de la Subsidiaria B proporcionalmente a sus accionistas, perdiendo así el control de la Subsidiaria B. Esta transacción queda dentro del alcance de la Interpretación.

EI4 Sin embargo, si la Empresa A distribuye a sus accionistas acciones de la Subsidiaria B que representan solo una participación no controladora en la Subsidiaria B y mantiene el control de la Subsidiaria B, la transacción no queda dentro del alcance de la Interpretación. La Empresa A contabiliza la distribución de acuerdo con la NIIF 10 *Estados Financieros Consolidados*. La Empresa A controla a la Empresa B antes y después de la transacción.

Documentos publicados para acompañar a la

CINIIF 21

Gravámenes

El texto normativo de la Interpretación CINIIF 21 se encuentra en la Parte A de esta edición. Su fecha de vigencia en el momento de la emisión era el 1 de enero de 2014. El texto normativo de los Fundamentos de las Conclusiones de la Interpretación CINIIF 21 se encuentra en la Parte C de esta edición. Esta parte presenta el siguiente documento:

EJEMPLOS ILUSTRATIVOS

Interpretación CINIIF 21
Ejemplos Ilustrativos

Estos ejemplos acompañan a la CINIIF 21, pero no son parte de la misma.

EI1 El objetivo de estos ejemplos es ilustrar la forma en que una entidad debería contabilizar un pasivo para pagar un gravamen en sus estados financieros anuales y en su información financiera intermedia.

Ejemplo 1—Un gravamen se genera de forma progresiva a medida que la entidad obtiene el ingreso de actividades ordinarias

El periodo sobre el que informa la Entidad A finaliza el 31 de diciembre. De acuerdo con la legislación, se genera un gravamen de forma progresiva a medida que una entidad obtiene ingresos de actividades ordinarias en 20X1. El importe del gravamen se calcula por referencia al ingreso de actividades ordinarias generado por la entidad en 20X1.

En este ejemplo, el pasivo se reconoce de forma progresiva durante 20X1 a medida que la Entidad A genera el ingreso de actividades ordinarias, porque el suceso que da origen a la obligación, en los términos señalados por la legislación, es la obtención de ingresos de actividades ordinarias durante 20X1. En cualquier momento del 20X1, la Entidad A tiene una obligación presente de pagar un gravamen por los ingresos de actividades ordinarias generados hasta la fecha. La entidad A no tiene la obligación presente de pagar un gravamen que surgirá de la obtención de ingresos de actividades ordinarias en el futuro.

En la información financiera intermedia (si la hubiera), el pasivo se reconocerá de forma progresiva a medida que la Entidad A obtiene dichos ingresos. La Entidad A tiene una obligación presente de pagar el gravamen por los ingresos de actividades ordinarias generados desde el 1 de enero de 20X1 hasta el final de periodo intermedio.

Ejemplo 2—Un gravamen se genera totalmente tan pronto como la entidad genera el ingreso de actividades ordinarias

El periodo sobre el que informa la Entidad B finaliza el 31 de diciembre. De acuerdo con la legislación, se genera el total del gravamen tan pronto como una entidad obtiene ingresos de actividades ordinarias en 20X1. El importe del gravamen se calcula por referencia al ingreso de actividades ordinarias generado por la entidad en 20X0. La Entidad B obtuvo ingresos de actividades ordinarias en 20X0, y en 20X1 comienza a producir ingresos de actividades ordinarias el 3 de enero de 20X1.

En este ejemplo, el pasivo se reconoce totalmente el 3 de enero de 20X1 porque el suceso que da origen a la obligación, en los términos señalados por la legislación, es la primera vez que obtiene ingresos de actividades ordinarias en 20X1. La generación de ingresos de actividades ordinarias en 20X0 es necesaria, pero no suficiente, para crear una obligación presente. Antes del 3 de enero de 20X1, la Entidad B no tiene una obligación presente de pagar un gravamen. En otras palabras, la actividad que produce el pago del gravamen, en los términos señalados por la legislación, es el momento en el que la Entidad B obtiene por primera vez los ingresos de actividades ordinarias en 20X1. La generación de ingresos de actividades ordinarias en 20X0 no es la actividad que produce el pago del gravamen y el reconocimiento del pasivo. El importe de ingresos de actividades ordinarias obtenido en 20X0 solo afecta a la medición del pasivo.

En la información financiera intermedia (si la hubiera), el pasivo se reconocerá totalmente en el primer periodo intermedio de 20X1 porque el pasivo se reconoce totalmente el 3 de enero de 20X1.

Ejemplo 3—Un gravamen se produce totalmente si la entidad opera como un banco en una fecha especificada

La entidad C es un banco y tiene un periodo sobre el que informa que finaliza el 31 de diciembre. De acuerdo con la legislación, solo se produce un gravamen en su totalidad si una entidad opera como un banco al final del periodo anual sobre el que se informa. El importe del gravamen se calcula por referencia a los importes en el estado de situación financiera de la entidad al final del periodo anual sobre el que se informa. El final del periodo anual sobre el que informa la Entidad C es el 31 de diciembre de 20X1.

En este ejemplo, el pasivo se reconoce el 31 de diciembre de 20X1 porque el suceso que da origen a la obligación, en los términos señalados por la legislación, es que la Entidad C opera como un banco al final del periodo anual sobre el que se informa. Antes de ese momento, la Entidad C no tiene una obligación presente de pagar un gravamen, incluso si está obligada económicamente a continuar operando como un banco en el futuro. En otras palabras, la actividad que genera el pago del gravamen, en los términos señalados por la legislación, es que la entidad opera como un banco al final del periodo anual sobre el que se informa, lo cual no tiene lugar hasta el 31 de diciembre de 20X1. La conclusión no cambiaría incluso si el importe del pasivo se basa en la duración del periodo sobre el que se informa, porque el suceso que da origen a la obligación es que la entidad opere como un banco al final del periodo anual sobre el que se informa.

En la información financiera intermedia (si la hubiera), el pasivo se reconocerá totalmente en el periodo intermedio en que queda el 31 de diciembre de 20X1 porque el pasivo se reconoce totalmente en esa fecha.

Ejemplo 4—Un gravamen se genera si la entidad obtiene ingresos de actividades ordinarias por encima de un importe mínimo

El periodo sobre el que informa la Entidad D finaliza el 31 de diciembre. De acuerdo con la legislación, se genera un gravamen si una entidad obtiene ingresos de actividades ordinarias por encima de 50 millones de u.m. en 20X1. [a] El importe del gravamen se calcula por referencia al ingreso de actividades ordinarias obtenido por encima de 50 millones de u.m., con la tasa de gravamen al 0 por ciento para los primeros 50 millones de u.m. de ingresos de actividades ordinarias obtenidos (por debajo del umbral) y al 2 por ciento por encima de los 50 millones de u.m. de ingresos de actividades ordinarias. La Entidad D alcanza el umbral de 50 millones de u.m. de ingresos de actividades ordinarias el 17 de julio de 20X1.

En este ejemplo, el pasivo se reconoce entre el 17 de julio y el 31 de diciembre de 20X1 a medida que la Entidad D obtiene ingresos de actividades ordinarias por encima del umbral porque el suceso que da origen a la obligación, en los términos señalados por la legislación, es la actividad realizada después de alcanzar el umbral (es decir, la obtención de ingresos de actividades ordinarias después de haber alcanzado el umbral). El importe del pasivo se basa en el ingreso de actividades ordinarias obtenido hasta la fecha en que supera el umbral de 50 millones de u.m. de ingresos de actividades ordinarias.

En la información financiera intermedia (si la hubiera), el pasivo se reconoce entre el 17 de julio y el 31 de diciembre de 20X1 a medida que la Entidad D obtiene ingresos de actividades ordinarias por encima del umbral.

continúa...

...continuación

Ejemplo 4—Un gravamen se genera si la entidad obtiene ingresos de actividades ordinarias por encima de un importe mínimo

Variación:

Algunos parámetros de hechos como los anteriores (es decir se genera un gravamen si la Entidad D obtiene ingresos de actividades ordinarias por encima de 50 millones de u.m. en 20X1), excepto que el importe del gravamen se calcule sobre todos los ingresos de actividades ordinarias generados por la Entidad D en 20X1 (es decir incluyendo los primeros 50 millones de u.m. de ingresos de actividades ordinarias obtenidos en 20X1).

En este ejemplo, el pasivo para el pago del gravamen relacionado con los primeros 50 millones de u.m. de ingresos de actividades ordinarias se reconoce el 17 de julio de 20X1 cuando se alcanza el umbral porque el suceso que da origen a la obligación, en los términos señalados por la legislación, para el pago de ese importe es el alcance del umbral. El pasivo por el pago del gravamen relacionado con el ingreso de actividades ordinarias por encima del umbral se reconoce entre el 17 de julio y el 31 de diciembre de 20X1 a medida que la entidad obtiene ingresos de actividades ordinarias por encima del umbral porque el suceso que da origen a la obligación, en los términos señalados por la legislación, es la actividad realizada después de alcanzar el umbral (es decir la obtención de ingresos de actividades ordinarias después de haber alcanzado el umbral). El importe del pasivo se basa en el ingreso de actividades ordinarias obtenido hasta la fecha, incluyendo los primeros 50 millones de u.m. de ingresos de actividades ordinarias. Una entidad aplicará los mismos principios de reconocimiento en la información financiera intermedia (si la hubiera) que aplica en los estados financieros anuales.

(a) En esta Interpretación, los importes monetarios se denominan en "unidades monetarias" (u.m.).

Documentos publicados para acompañar a la

CINIIF 22

Transacciones en Moneda Extranjera y Contraprestaciones Anticipadas

El texto normativo de la Interpretación CINIIF 22 se encuentra en la Parte A de esta edición. Su fecha de vigencia en el momento de la emisión era el 1 de enero de 2018. El texto normativo de los Fundamentos de las Conclusiones de la Interpretación CINIIF 22 se encuentra en la Parte C de esta edición. Esta parte presenta el siguiente documento:

EJEMPLOS ILUSTRATIVOS

CINIIF 22 *Transacciones en Moneda Extranjera y Contraprestaciones Anticipadas* Ejemplos Ilustrativos

Estos Ejemplos Ilustrativos acompañan a la CINIIF 22, pero no son parte de la misma.

En estos Ejemplos Ilustrativos, los importes en moneda extranjera se denominan en "unidades de moneda extranjera" (m.e.) y los importes de moneda funcional se denominan "unidades monetarias" (u.m.).

EI1   El objetivo de estos ejemplos es ilustrar la forma en que una entidad determina la fecha de la transacción, cuando reconoce un activo no monetario o pasivo no monetario que surge de una contraprestación anticipada en moneda extranjera antes de reconocer el activo, gasto o ingreso relacionado (o la parte de estos que corresponda), aplicando las Normas NIIF correspondientes.

Ejemplo 1—Un único pago anticipado por la compra de un elemento único de propiedades, planta y equipo

[Referencia: párrafo 8]

EI2   El 1 de marzo de 20X1, la Entidad A contrató con un proveedor la compra de una máquina para usarla en su negocio. Según los términos del contrato, la Entidad A paga al proveedor un precio de compra fijo no reembolsable de 1.000 m.e. el 1 de abril de 20X1. El 15 de abril de 20X1, la Entidad A recibe la máquina.

EI3   La Entidad A reconoce inicialmente un activo no monetario convirtiendo 1.000 m.e. a su moneda funcional a la tasa de cambio de contado entre la moneda funcional y la moneda extranjera el 1 de abril de 20X1. Mediante la aplicación del párrafo 23(b) de la NIC 21 *Efectos de las Variaciones en las Tasas de Cambio de la Moneda Extranjera*, la Entidad A no actualiza el importe convertido de ese activo no monetario.

EI4   El 15 de abril de 20X1, la Entidad A recibe la máquina. La Entidad A da de baja en cuentas el activo no monetario y reconoce la máquina como propiedades, planta y equipo aplicando la NIC 16 *Propiedades, Planta y Equipo*. En el reconocimiento inicial de la máquina, la Entidad A reconoce el costo de la máquina utilizando la tasa de cambio en la fecha de la transacción, que es el 1 de abril de 20X1 (la fecha del reconocimiento inicial del activo no monetario).

Ejemplo 2—Cobros múltiples por ingresos reconocidos en un solo momento

[Referencia: párrafo 9]

EI5   El 1 de junio de 20X2, la Entidad B contrató con un cliente la entrega de bienes el 1 de septiembre de 20X2. El precio total del contrato fijado es un importe de 100 m.e., de las cuales 40 m.e. son exigibles y se reciben el 1 de agosto de 20X2 y el saldo es una cuenta por cobrar a recaudar el 30 de septiembre de 20X2.

EI6   La Entidad B reconoce inicialmente un pasivo no monetario convirtiendo 40 m.e. a su moneda funcional a la tasa de cambio de contado entre la moneda funcional y la moneda extranjera el 1 de agosto de 20X2. Mediante la aplicación del párrafo 23(b) de la NIC 21, la Entidad B no actualiza el importe convertido de ese pasivo no monetario.

EI7   Mediante la aplicación del párrafo 31 de la NIIF 15 *Ingresos de Actividades Ordinarias procedentes de Contratos con Clientes*, la Entidad B reconoce ingresos de actividades ordinarias el 1 de septiembre de 20X2, la fecha en la que transfiere los bienes al cliente.

EI8   La Entidad B determina que la fecha de la transacción para el ingreso de actividades ordinarias relacionado con la contraprestación anticipada de 40 m.e. es el 1 de agosto de 20X2. Mediante la aplicación del párrafo 22 de la NIC 21, la Entidad B determina la fecha de la transacción para el ingreso de actividades ordinarias restante es el 1 de septiembre de 20X2.

EI9   El 1 de septiembre de 20X2, la Entidad B:

(a)   da de baja en cuentas el pasivo del contrato de 40 m.e. y reconoce ingresos de actividades ordinarias usando la tasa de cambio del 1 de agosto de 20X2; y

(b)   reconoce ingresos de actividades ordinarias de 60 m.e. y la correspondiente cuenta por cobrar usando la tasa de cambio en esa fecha (1 de septiembre de 20X2).

EI10   La cuenta por cobrar de 60 m.e. reconocida el 1 de septiembre de 20X2 es una partida monetaria. La Entidad B actualiza el importe convertido de la cuenta por cobrar hasta que éste se liquide.

Ejemplo 3—Pagos múltiples por compras de servicios a lo largo de un periodo de tiempo

[Referencia: párrafo 9]

EI11   El 1 de mayo de 20X3, la Entidad C realiza un contrato con un proveedor de servicios. El proveedor proporcionará los servicios a la Entidad C uniformemente a lo largo del periodo del 1 de julio de 20X3 al 31 de diciembre de 20X3. El contrato requiere que la Entidad C pague al proveedor 200 m.e. el 15 de junio de 20X3 y 400 m.e. el 31 de diciembre de 20X3. La Entidad C ha determinado que, para este contrato, el pago de 200 m.e. el 15 de junio de 20X3 se relaciona con los servicios a recibir en el periodo del 1 de julio al 31 de agosto de 20X3, y el pago de 400 m.e. el 31 de diciembre de 20X3 se relaciona con servicios a recibir en el periodo del 1 de septiembre al 31 de diciembre de 20X3.

EI12   La Entidad A reconoce inicialmente un activo no monetario convirtiendo 200 m.e. a su moneda funcional a la tasa de cambio de contado entre la moneda funcional y la moneda extranjera el 15 de junio de 20X3.

EI13   En el periodo del 1 de julio al 31 de agosto de 20X3, la Entidad C da de baja en cuentas el activo no monetario y reconoce un gasto de 200 m.e. en el resultado del periodo a medida que recibe los servicios del proveedor. La Entidad C determina que la fecha de la transacción para el gasto relacionado con la contraprestación anticipada de 200 m.e. es el 15 de junio de 20X3 (la fecha del reconocimiento inicial del activo no monetario).

EI14   En el periodo del 1 de septiembre al 31 de diciembre de 20X3, la Entidad C reconoce el gasto en el resultado del periodo a medida que recibe los servicios del proveedor. En principio, las fechas de la transacción son cada día del periodo del 1 de septiembre al 31 de diciembre de 20X3. Sin embargo, si las tasas de cambio no fluctúan de forma significativa, la Entidad C puede usar una tasa que se aproxime a las tasas reales como permite el párrafo 22 de la NIC 21. Si es este el caso, la Entidad C puede, por ejemplo, convertir el gasto de 100 m.e. de cada mes (400 m.e. ÷ 4), a su moneda funcional usando la tasa de cambio de contado promedio para cada mes para el periodo del 1 de septiembre al 31 de diciembre de 20X3.

EI15   A medida que la Entidad C reconoce el gasto en el periodo del 1 de septiembre al 31 de diciembre de 20X3, reconoce un pasivo correspondiente con respecto a su obligación de pagar al proveedor. El pasivo es una partida monetaria. La Entidad C actualiza el importe convertido del pasivo hasta que éste se liquide.

Ejemplo 4—Cobros múltiples por ingresos reconocidos en diversos momentos

[Referencia: párrafo 9]

EI16   El 1 de enero de 20X4, la Entidad D realiza un contrato para vender dos productos a un cliente. La Entidad D transfiere un producto el 1 de marzo de 20X4 y el segundo el 1 de junio de 20X4. De acuerdo con el contrato, el cliente paga un precio de compra fijo de 1.000 m.e., de los cuales 200 m.e. son exigibles y se reciben por anticipado el 31 de enero de 20X4 y el saldo restante es exigible y se recibe el 1 de junio de 20X4.

EI17   Los hechos siguientes son relevantes:

(a)   Mediante la aplicación de la NIIF 15, la Entidad D asigna 450 m.e. del precio de transacción al primer producto y 550 m.e. al segundo producto.

(b)   La Entidad D ha determinado que, para este contrato, la contraprestación de 200 m.e. recibidas el 31 de enero de 20X4 se relacionan con el primer producto transferido el 1 de marzo de 20X4. En el momento de la transferencia de ese producto al cliente, la Entidad D tiene un derecho incondicional a las 250 m.e. de la contraprestación restante.

EI18   Las tasas de cambio de contado son:

Fecha	Tasa de cambio de contado M.E.:U.M.
31 de enero de 20X4	1:1.5
1 de marzo de 20X4	1:1.7
1 de junio de 20X4	1:1.9

EI19   Los siguientes asientos de diario ilustran cómo contabilizaría la entidad D los aspectos de la moneda extranjera del contrato:

(a)   La Entidad D recibe el pago anticipado de 200 m.e. el 31 de enero de 20X4, que convierte su moneda funcional usando la tasa de cambio al 31 de enero de 20X4.

Dr Efectivo (200 m.e.)   300 u.m.

Cr Pasivo del contrato (200 m.e.)   300 u.m.

(b)   Mediante la aplicación del párrafo 23(b) de la NIC 21, la Entidad D no actualiza el importe convertido de ese pasivo no monetario del contrato.

(c)   La Entidad D transfiere el control del primer producto con un precio de transacción de 450 m.e. a 1 de marzo de 20X4. La Entidad D da de baja en cuentas el pasivo del contrato y reconoce ingresos de actividades ordinarias por 300 u.m. La Entidad D reconoce el ingreso de actividades ordinarias restante de 250 m.e. relacionado con el primer producto y la cuenta por cobrar correspondiente, siendo ambos convertidos a la tasa de cambio de la fecha en que se reconoce inicialmente el ingreso de actividades ordinarias restante de 250 m.e., es decir el 1 de marzo de 20X4.

Dr Pasivo del contrato (200 m.e.)   300 u.m.

Dr Cuenta por cobrar (250 m.e.)   425 u.m.

Cr Ingresos de actividades ordinarias
(450 m.e.)   725 u.m.

(d)   La cuenta por cobrar de 250 m.e. es una partida monetaria. La Entidad D actualiza el importe convertido de la cuenta por cobrar hasta que éste se liquide (1 de junio de 20X4). El 1 de junio de 20X4, la cuenta por cobrar de 250 m.e. es equivalente a 475 u.m. De acuerdo con el párrafo 28 de la NIC 21, la Entidad D reconoce una ganancia de cambio de 50 u.m. en el resultado del periodo.

Dr Cuenta por cobrar   50 u.m.

Cr Ganancia por cambio de moneda
extranjera   50 u.m.

(e)   La entidad D transfiere el segundo producto con un precio de transacción de 550 m.e. al 1 de junio de 20X4. La Entidad D reconoce ingresos de actividades ordinarias por 550 m.e. usando la tasa de cambio de la fecha de la transacción, que es la fecha en que la Entidad D reconoce por primera vez esta parte de la transacción en sus estados financieros, es decir el 1 de junio de 20X4.

(f)   La Entidad D también recibe la contraprestación restante de 800 m.e. el 1 de junio de 20X4. Las 250 m.e. de la contraprestación recibida liquidan la cuenta por cobrar de 250 m.e. que surge de la transferencia del primer producto. La Entidad D convierte el efectivo a la tasa de cambio del 1 de junio de 20X4.

Dr Efectivo (800 m.e.)	1.520 u.m.	
Cr Cuenta por cobrar (250 m.e.)		475 u.m.
Cr Ingresos de actividades ordina-rias (550 m.e.)		1.045 u.m.

Documentos publicados para acompañar a la

CINIIF 23

La Incertidumbre frente a los Tratamientos del Impuesto a las Ganancias

El texto normativo de la Interpretación CINIIF 23 se encuentra en la Parte A de esta edición. Su fecha de vigencia en el momento de la emisión era el 1 de enero de 2019. El texto de los Fundamentos de las Conclusiones de la CINIIF 23 se encuentra en la Parte C de esta edición. Esta parte presenta el siguiente documento:

EJEMPLOS ILUSTRATIVOS

CINIIF 23 *La Incertidumbre frente a los Tratamientos del Impuesto a las Ganancias*
Ejemplos Ilustrativos

Estos ejemplos acompañan a la CINIIF 23, pero no son parte de ella.

EI1　Estos ejemplos muestran situaciones hipotéticas que ilustran la forma en que una entidad puede aplicar algunos de los requerimientos de la CINIIF 23 sobre la base de los hechos limitados presentados. En todos los ejemplos, como requiere el párrafo 8 de la CINIIF 23, la entidad ha supuesto que la autoridad fiscal inspeccionará los importes que tiene derecho a revisar y tendrá un conocimiento total de toda la información relacionada al realizar esas inspecciones.

Ejemplo 1—El método del valor esperado se usa para reflejar el efecto de la incertidumbre en tratamientos impositivos considerados de forma conjunta

[Referencia: párrafo 11(b)]

EI2　La declaración del impuesto a las ganancias de la Entidad A en una jurisdicción incluye deducciones relacionadas con la fijación de los precios de transferencia. La autoridad fiscal podría cuestionar esos tratamientos impositivos. En el contexto de la aplicación de la NIC 12, los tratamientos impositivos inciertos afectan solo la determinación de la ganancia imponible del periodo corriente.

EI3　La Entidad A destaca que la decisión de la autoridad fiscal sobre una fijación de precios de transferencia afectaría, o se vería afectada por el resto de los temas de fijación de precios de transferencia. Aplicando el párrafo 6 de la CINIIF 23, la Entidad A concluye que la consideración de los tratamientos impositivos de todos los temas de fijación de precios de transferencia en la jurisdicción conjuntamente predice mejor la resolución de la incertidumbre. La Entidad A también concluye que no es probable que la autoridad fiscal acepte los tratamientos impositivos. Por consiguiente, la Entidad A refleja el efecto de la incertidumbre al determinar su ganancia fiscal aplicando el párrafo 11 de la CINIIF 23. [Referencia: párrafo 6]

EI4　La Entidad A estima las probabilidades de los posibles importes adicionales que podrían añadirse a su ganancia fiscal, de la forma siguiente:

	Importe adicional estimado, u.m.(a)	Probabilidad, %	Estimación del valor esperado, u.m.
Resultado 1	–	5%	–
Resultado 2	200	5%	10
Resultado 3	400	20%	80
Resultado 4	600	20%	120
Resultado 5	800	30%	240
Resultado 6	1.000	20%	200
		100%	650

(a) En estos Ejemplos Ilustrativos, los importes monetarios se denominan en "unidades monetarias" (u.m.)

EI5 El Resultado 5 es el más probable. Sin embargo, la Entidad A observa que existe un rango de resultados posibles que no son duales ni concentrados en un valor. Por consiguiente, la Entidad A concluye que el valor esperado de 650 u.m. predice mejor la resolución de la incertidumbre.

EI6 Por consiguiente, la Entidad A reconoce y mide su pasivo por impuestos corrientes aplicando la NIC 12 sobre la base de la ganancia fiscal que incluye 650 u.m. para reflejar el efecto de la incertidumbre. El importe de 650 u.m. se suma al importe de la ganancia fiscal presentada en su declaración del impuesto a las ganancias.

Ejemplo 2—El método del importe más probable se usa para reflejar el efecto de la incertidumbre al reconocer y medir el impuesto diferido y el impuesto corriente

[Referencia: párrafo 11(a)]

EI7 La Entidad B adquiere por 100 u.m. un activo intangible identificable por separado que tiene una vida indefinida y, por ello, no se amortiza aplicando la NIC 38 *Activos Intangibles*. La legislación fiscal especifica que el costo total del activo intangible es deducible a efectos fiscales, pero el calendario de deducibilidad es incierto. Aplicando el párrafo 6 de la CINIIF 23, la Entidad B concluye que la consideración de este tratamiento impositivo por separado predice mejor la resolución de la incertidumbre. [Referencia: párrafo 6]

EI8 La Entidad B deduce 100 u.m. (el costo del activo intangible) al calcular la ganancia fiscal del Año 1 en su declaración del impuesto a las ganancias. Al final del Año 1, la Entidad B concluye que no es probable que la autoridad fiscal acepte el tratamiento impositivo. Por consiguiente, la Entidad B refleja el efecto de la incertidumbre al determinar su ganancia fiscal y la base fiscal del activo intangible aplicando el párrafo 11 de la CINIIF 23. La Entidad B concluye que el importe más probable que la autoridad fiscal aceptará como un importe deducible para el Año 1 es de 10 u.m. y es el importe más probable que mejor predice la resolución de la incertidumbre.

EI9   Por consiguiente, al reconocer y medir su pasivo por impuestos diferidos aplicando la NIC 12 al final del Año 1, la Entidad B calcula una diferencia temporaria imponible sobre la base del importe más probable de la tasa fiscal de 90 u.m. (100 u.m. – 10 u.m.) para reflejar el efecto de la incertidumbre, en lugar de la base fiscal calculada sobre la base de la declaración del impuesto a las ganancias (0 u.m.) de la Entidad B.

EI10   De forma análoga, como requiere el párrafo 12 de la CINIIF 23, la Entidad B refleja el efecto de la incertidumbre en la determinación de la ganancia fiscal del Año 1 usando juicios y estimaciones que son congruentes con los utilizados para calcular el pasivo por impuestos diferidos. La Entidad B reconoce y mide su pasivo por impuestos corrientes aplicando la NIC 12 sobre la base de la ganancia imponible que incluye 90 u.m. (100 u.m. – 10 u.m.). El importe de 90 u.m. se suma al importe de la ganancia fiscal incluida en su declaración del impuesto a las ganancias. Esto es porque la Entidad B dedujo 100 u.m. en el cálculo de la ganancia imponible del Año 1, mientras que el importe más probable de deducción es de 10 u.m.

Material publicado para acompañar a la

SIC-32

Activos Intangibles — Costos de Sitios Web

El texto de la parte normativa de la interpretación SIC-32 se encuentra en la Parte A de esta edición. Su fecha de vigencia en el momento de la emisión era el 25 de marzo de 2002. El texto normativo de los Fundamentos de las Conclusiones de la Interpretación SIC-32 se encuentra en la Parte C de esta edición. Esta parte presenta el siguiente documento:

EJEMPLO ILUSTRATIVO

Ejemplos Ilustrativos

Este ejemplo acompaña a la SIC-32, pero no forma parte de la misma. El objetivo del Apéndice es ilustrar ejemplos de desembolsos que se incurren durante cada una de las fases descritas en los párrafos 2 y 3 de la SIC-32, así como ilustrar la aplicación de la Interpretación, para ayudar a clarificar su significado. No se pretende incluir una relación detallada de desembolsos en los que podría incurrirse.

Ejemplo de aplicación de la SIC-32

Fase / Naturaleza del desembolso	Tratamiento contable
Planificación	
• estudios de viabilidad	Se llevan a gastos en cuanto se incurren, según el párrafo 54 de la NIC 38
• definición de las especificaciones de equipo y programas de cómputo	
• evaluación de productos y proveedores alternativos	
• selección de preferencias	
Desarrollo de la infraestructura y de la aplicación	
• compra o desarrollo de equipo de cómputo	Se aplican los requisitos de la NIC 16
• obtención de un nombre de dominio	Se lleva a gastos cuando se incurra en ellos, a menos que los desembolsos sean atribuidos directamente a la preparación del sitio web para operar en la forma prevista, y el sitio web satisfaga los criterios para reconocimiento de los párrafos 21 y 57 de la NIC 38[a]
• desarrollo de programas de cómputo de operación (por ejemplo, sistema operativo y programas de operación del servidor)	
• desarrollo de códigos para la aplicación	
• instalación de aplicaciones desarrolladas en el servidor web	
• pruebas de fiabilidad	
Desarrollo de diseño gráfico	
• diseño de la apariencia (por ejemplo, el formato y el color) de las páginas web	Se lleva a gastos cuando se incurra en ellos, a menos que los desembolsos sean atribuidos directamente a la preparación del sitio web para operar en la forma prevista, y el sitio web satisfaga los criterios para reconocimiento de los párrafos 21 y 57 de la NIC 38[a]

continúa...

...continuación

Fase / Naturaleza del desembolso	Tratamiento contable
Desarrollo del contenido	
• creación, compra, preparación (por ejemplo, creación de enlaces e identificación de etiquetas), y carga de información, ya sea textual o gráfica, en el sitio web antes de completar el desarrollo del mismo; ejemplos de contenido incluyen información acerca de la entidad, acerca de los productos o servicios que ofrece para su venta, y tópicos para el acceso de suscriptores.	Llevar a gastos cuando se incurran, según el párrafo 69(c) de la NIC 38, en la medida que se desarrolle el contenido con el fin de anunciar y promover los productos y servicios propios de la entidad (por ejemplo, fotografías digitales de productos). Se lleva a gastos cuando se incurra en ellos, a menos que los desembolsos sean atribuidos directamente a la preparación del sitio web para operar en la forma prevista, y el sitio web satisfaga los criterios para reconocimiento de los párrafos 21 y 57 de la NIC 38[a]
Operación	
• actualización del diseño y revisión del contenido • incorporación de nuevas funciones, características y contenido • registro del sitio web en los motores de búsqueda • realización de copias de seguridad • revisión de la seguridad de acceso • análisis del uso del sitio web	Se evalúa si cumple la definición de activo intangible y los criterios de reconocimiento establecidos en el párrafo 18 de la NIC 38 en cuyo caso el desembolso se reconoce en el importe en libros del activo sitio web

continúa...

...continuación

Fase / Naturaleza del desembolso	Tratamiento contable
Otros • desembolsos relacionados con la venta, administración y otros desembolsos generales, a menos que puedan ser directamente atribuidos a la preparación del sitio web para su uso • identificación clara de las ineficiencias y pérdidas operativas iniciales incurridas antes de que el sitio web alcance su rendimiento previsto (por ejemplo, una falsa pruebas de arranque) • entrenamiento de los empleados que operan el sitio web	Se llevan a gastos en cuanto se incurren, según los párrafos 65 a 70 de la NIC 38.

(a) Todos los desembolsos para desarrollar un sitio web única o fundamentalmente para promover y anunciar los productos y servicios de una entidad se reconocen como gastos cuando se incurre en ellos de acuerdo con el párrafo 68 de la NIC 38.

[Referencia: párrafos 7 a 10]

Documento de Práctica de las NIIF N° 1

Comentarios de la Gerencia

El Documento de Práctica de las NIIF N° 1 *Comentarios de la Gerencia* se emitió en diciembre de 2010 para ser aplicado a partir del 8 de diciembre de 2010. El texto de los Fundamentos de las Conclusiones se encuentra en la Parte C de esta edición.

Otras Normas han realizado modificaciones consiguientes de menor importancia al Documento de Práctica de las NIIF N° 1 *Comentarios de la Gerencia*, incluyendo *Modificaciones a las Referencias al Marco Conceptual en las Normas NIIF* (emitido en marzo de 2018).

CON RESPECTO A LOS FUNDAMENTOS DE LAS CONCLUSIONES, VÉASE LA PARTE C
DE ESTA EDICIÓN

FUNDAMENTOS DE LAS CONCLUSIONES

El Documento de Práctica de las NIIF Nº 1 *Comentarios de la Gerencia* está contenido en los párrafos 1 a 41 y en el Apéndice. Los términos definidos en el Apéndice están en *cursiva* la primera vez que aparecen en el Documento de Práctica. Las definiciones de otros términos están contenidas en el Glosario de las Normas Internacionales de Información Financiera. El Documento de Práctica debe ser entendido en el contexto de su objetivo y de los Fundamentos de las Conclusiones, del *Prólogo a las Normas NIIF* y del *Marco Conceptual para la Información Financiera*.

Introducción

Propósito del Documento de Práctica

IN1   El Documento de Práctica de las NIIF *Comentarios de la Gerencia* proporciona un marco amplio, no vinculante, para la presentación de los comentarios de la gerencia relacionados con estados financieros que han sido preparados de acuerdo con las Normas Internacionales de Información Financiera (NIIF).

[Referencia:

párrafos 1 a 4

párrafos FC12 a FC17, Fundamentos de las Conclusiones]

IN2   El Documento de Práctica no es una NIIF. Por consiguiente, las entidades que apliquen las NIIF no están obligadas a cumplir con el Documento de Práctica, a menos que les sea requerido específicamente por sus jurisdicciones. Además, la falta de cumplimiento del Documento de Práctica no impedirá que los estados financieros de una entidad cumplan con las NIIF, si lo hacen en todo lo demás.

[Referencia: párrafo FC17, Fundamentos de las Conclusiones]

¿Qué son los comentarios de la gerencia?

IN3   Los comentarios de la gerencia son un informe narrativo que proporciona un contexto dentro del cuál interpretar la situación financiera, el rendimiento financiero y los flujos de efectivo de una entidad. También proporcionan a la gerencia una oportunidad de explicar sus objetivos y sus estrategias para lograr esos objetivos. Los usuarios utilizan rutinariamente el tipo de información proporcionada en los comentarios de la gerencia como ayuda al evaluar las perspectivas de una entidad y sus riesgos generales, así como el éxito de las estrategias de la gerencia para alcanzar sus objetivos establecidos. Para muchas entidades, los comentarios de la gerencia son ya un elemento importante de su comunicación con los mercados de capital, así como un suplemento y complemento de los estados financieros.

[Referencia:

Apéndice (definición de comentarios de la gerencia)

párrafos FC3 a FC5, Fundamentos de las Conclusiones]

Cómo aplicar el Documento de Práctica

IN4   El Documento de Práctica se prepara sobre la base de que los comentarios de la gerencia se encuentran dentro de los límites de la información financiera porque cumplen la definición de otra información financiera del párrafo 7 del *Prólogo a las Normas Internacionales de Información Financiera*.[1] Por ello, los comentarios de la gerencia están dentro del alcance del *Marco Conceptual para la*

---

1   *Prólogo a las Normas Internacionales de Información Financiera* denominado nuevamente *Prólogo a las Normas NIIF* de diciembre de 2018. La referencia al párrafo 7 permanece sin cambios.

Información Financiera. Por consiguiente, el Documento debe interpretarse en el contexto del *Marco Conceptual*.

[Referencia: párrafos FC7 a FC11, Fundamentos de las Conclusiones]

IN5   El Documento de Práctica contiene los principios, **[Referencia: párrafos 8 a 19 y párrafos FC22 a FC41, Fundamentos de las Conclusiones]** características cualitativas **[Referencia: párrafos 20 y 21 y párrafos FC42 a FC44, Fundamentos de las Conclusiones]** y elementos **[Referencia: párrafos 24 a 40]** de los comentarios de la gerencia que son necesarios para proporcionar a los usuarios de los informes financieros información útil. Sin embargo, la forma y contenido de los comentarios de la gerencia pueden variar de unas entidades a otras. Por ello, el Documento también proporciona principios para permitir a las entidades adaptar la información que proporcionan a las circunstancias particulares de su negocio, incluyendo las circunstancias económicas y legales de cada jurisdicción en particular. Este enfoque flexible generará información a revelar más significativa, animando a las entidades que opten por presentar comentarios de la gerencia a comentar los asuntos que sean más relevantes en función de sus circunstancias individuales.

[Referencia:

párrafos 22 y 23

párrafos FC14 y FC45 a FC47, Fundamentos de las Conclusiones]

IN6   El Documento de Práctica hace referencia a la "gerencia" como las personas responsables de la toma de decisiones y supervisión de la entidad. Estas pueden incluir empleados ejecutivos, personal clave de la gerencia y miembros de un órgano de gobierno.[2]

[Referencia: párrafos FC29 a FC32, Fundamentos de las Conclusiones]

---

2   Para información adicional, véanse los párrafos FC31 y FC32.

Documento de Práctica de las NIIF N° 1
Comentarios de la Gerencia

Objetivo

[Referencia: párrafos FC12 a FC14, Fundamentos de las Conclusiones]

1   El objetivo del Documento de Práctica es ayudar a la gerencia a presentar *comentarios de la gerencia* útiles, que estén relacionados con los estados financieros que hayan sido preparados de acuerdo con las Normas Internacionales de Información Financiera (NIIF).

Alcance

[Referencia: párrafos FC15 a FC17, Fundamentos de las Conclusiones]

2   El Documento de Práctica se aplica únicamente a los comentarios de la gerencia y no a otra información presentada en los estados financieros o en informes financieros más amplios.

3   El Documento de Práctica debe aplicarse por las entidades que presenten comentarios de la gerencia relacionados con estados financieros preparados de acuerdo con las NIIF.

4   El Documento de Práctica no proporciona instrucciones sobre a qué entidades se les debe requerir que publiquen comentarios de la gerencia, la frecuencia con que deben hacerlo o el nivel de seguridad al que deben estar sujetos los comentarios de la gerencia.

Identificación de los comentarios de la gerencia

[Referencia: párrafos FC18 a FC21, Fundamentos de las Conclusiones]

5   Cuando los comentarios de la gerencia están relacionados con los estados financieros, una entidad debería poner a disposición los estados financieros junto con los comentarios o identificar en los comentarios los estados financieros a que hacen referencia.

6   La gerencia [Referencia: párrafo de la Introducción IN6] debería identificar con claridad qué se está presentando como comentarios de la gerencia y distinguirlos de otra información.

7   Cuando se presentan comentarios de la gerencia, ésta debería explicar la medida en que se ha seguido el Documento de Práctica. Una afirmación de que los comentarios de la gerencia cumplen con el Documento de Práctica solo puede hacerse si cumplen con el Documento en su totalidad.

Usuarios de los comentarios de la gerencia

[Referencia: párrafos FC22 a FC25, Fundamentos de las Conclusiones]

8   La gerencia [Referencia: párrafo de la Introducción IN6] debería determinar la información a incluir en los comentarios de la gerencia teniendo en cuenta las necesidades de los principales usuarios de los informes financieros. Esos usuarios son los inversores, prestamistas y otros acreedores existentes o potenciales. [Referencia: *Marco Conceptual* párrafo 1.5]

Marco para la presentación de los comentarios de la gerencia

Propósito
[Referencia: párrafos FC26 a FC28, Fundamentos de las Conclusiones]

9   Los comentarios de la gerencia deberían proporcionar a los usuarios de los estados financieros información integrada que facilite un contexto para los estados financieros relacionados. Esta información explica el punto de vista de la gerencia no solo sobre lo que ha sucedido, incluyendo tanto las circunstancias positivas como las negativas, sino también por qué ha sucedido y cuáles son las implicaciones para el futuro de la entidad.

10   Los comentarios de la gerencia complementan y amplían los estados financieros mediante la comunicación de información integrada sobre los recursos de la entidad y demandas contra la misma y sus recursos, así como las transacciones y otros sucesos que las modifican.

11   Los comentarios de la gerencia deberían explicar también las principales tendencias y factores que probablemente afecten el rendimiento futuro, situación y *progreso* de la entidad. Por consiguiente, los comentarios de la gerencia consideran no solo el presente, sino también el pasado y el futuro.

Principios
[Referencia: párrafos FC29 a FC44, Fundamentos de las Conclusiones]

12   La gerencia debería presentar comentarios que sean congruentes con los principios siguientes:

(a)   proporcionar el punto de vista de la gerencia [Referencia: párrafo de la Introducción IN6] sobre el rendimiento, situación y progreso de la entidad; [Referencia: párrafo 15] y

(b)   ampliar y completar la información presentada en los estados financieros. [Referencia: párrafo 16]

[Referencia: párrafo de la Introducción IN3]

13   Para alinearse con esos principios, los comentarios de la gerencia deberían incluir:

(a)   *información con vistas al futuro*; [Referencia: párrafos 17 a 19] y

(b)   información que tenga las características cualitativas descritas en el *Marco Conceptual para la Información Financiera*. **[Referencia: párrafos 20 y 21]**

14   Los comentarios de la gerencia deberían proporcionar información que ayude a los usuarios **[Referencia: párrafo 8]** de los informes financieros a evaluar el rendimiento de la entidad y las acciones de su gerencia relativas a las estrategias establecidas y los planes de progreso. Ese tipo de comentarios ayudarán a los usuarios de los informes financieros a comprender, por ejemplo:

(a)   la exposición al riesgo de la entidad, sus estrategias para gestionar riesgos y la eficacia de esas estrategias;

(b)   la forma en que los recursos que no se presentan en los estados financieros podrían afectar a las operaciones de la entidad; y

(c)   la forma en que factores no financieros han influido en la información presentada en los estados financieros.

El punto de vista de la gerencia
[Referencia:
párrafo de la Introducción IN6
párrafo 12(a)
párrafos FC29 a FC32, Fundamentos de las Conclusiones]

15   Los comentarios de la gerencia deberían proporcionar la perspectiva de ésta sobre el rendimiento, situación y progreso de la entidad. Los comentarios de la gerencia deberían derivar de la información que es importante para la gerencia en la gestión del negocio.

Ampliación y complemento de la información de los estados financieros
[Referencia:
párrafo 12(b)
párrafos FC33 y FC34, Fundamentos de las Conclusiones]

16   Los comentarios de la gerencia deberían ser una ampliación y un complemento de los estados financieros con explicaciones de los importes presentados en éstos, así como las condiciones y sucesos que determinaron esa información. Los comentarios de la gerencia deberían incluir también información sobre la entidad y su rendimiento que no se presenta en los estados financieros pero es importante para la gestión de la entidad.

Información con vistas al futuro
[Referencia:

párrafo 13(a)

párrafos FC35 a FC41, Fundamentos de las Conclusiones]

17 Los comentarios de la gerencia deberían comunicar la perspectiva de la gerencia sobre el rumbo de la entidad. Esta información no predice el futuro, sino que contiene los objetivos de la gerencia para la entidad y sus estrategias para alcanzar esos objetivos. La medida en que se espera que los comentarios de la gerencia sobre el futuro se verán influidos por el entorno regulatorio y legal en que opera la entidad.

18 La gerencia debería incluir información con vistas al futuro cuando es consciente de las tendencias, incertidumbres u otros factores que podrían afectar a la liquidez, recursos de capital, ingresos de operaciones ordinarias y los resultados de las operaciones de la entidad. Esta información debería centrarse en la medida en que la situación financiera, liquidez y rendimiento de la entidad puede cambiar en el futuro y porqué, e incluir la evaluación de la gerencia de las perspectivas de la entidad a la luz de los resultados del periodo corriente. La gerencia debería proporcionar información con vistas al futuro mediante explicaciones narrativas o información cuantificada, que puede— pero no requiere—incluir proyecciones o pronósticos. La gerencia debería revelar las hipótesis utilizadas para proporcionar información con vistas al futuro.

19 La gerencia debería explicar la forma y la razón por la que el rendimiento de la entidad es menor, cumple o excede la información a revelar con vistas al futuro revelada en los comentarios de la gerencia del periodo anterior. Por ejemplo, si la gerencia estableció objetivos sobre rendimientos futuros en periodos anteriores al que se informa, debería indicarse el rendimiento real de la entidad en el periodo corriente sobre el que se informa y analizar y explicar las variaciones significativas respecto a los objetivos establecidos con anterioridad, así como las implicaciones de esas variaciones sobre las expectativas de la gerencia sobre el rendimiento futuro de la entidad.

Características cualitativas de la información útil
[Referencia: párrafos FC42 a FC44, Fundamentos de las Conclusiones]

20 La información en los comentarios de la gerencia debería poseer las características cualitativas fundamentales de *relevancia y representación fiel*. [Referencia: *Marco Conceptual* párrafos 2.5 a 2.22] La información de los comentarios de la gerencia debería también maximizar las características cualitativas de mejora de la *comparabilidad*, [Referencia: *Marco Conceptual* párrafos 2.24 a 2.29] *verificabilidad*, [Referencia: *Marco Conceptual* párrafos 2.30 a 2.32] *oportunidad* [Referencia: *Marco Conceptual* párrafo 2.33] y *comprensibilidad* [Referencia: *Marco Conceptual* párrafos 2.34 a 2.36].

[Referencia: *Marco Conceptual* párrafos 2.37 y 2.38]

Materialidad o importancia relativa

21 La gerencia debería incluir información que sea significativa para la entidad en los comentarios de la gerencia. La *materialidad o importancia relativa* será diferente para cada entidad. La materialidad o importancia relativa es un "aspecto de relevancia específico de la entidad"; por ello, la información que es relevante para una entidad también será material o tendrá importancia relativa.

[Referencia: *Marco Conceptual* párrafo 2.11]

Presentación

[Referencia:
párrafo de la Introducción IN5
párrafos FC45 y FC46, Fundamentos de las Conclusiones]

22 Los comentarios de la gerencia deben ser claros y directos. La forma y contenido de los comentarios de la gerencia variarán entre entidades, reflejando la naturaleza de sus negocios, las estrategias adoptadas por la gerencia y el entorno regulatorio en que operan.

23 Los comentarios de la gerencia deben presentarse centrándose en la información más importante, en la forma deseada para abordar los principios descritos en este Documento de Práctica. Específicamente:

    (a) Los comentarios de la gerencia deben ser congruentes con sus estados financieros relacionados. Si los estados financieros incluyen información de segmentos, la información presentada en los comentarios de la gerencia debería reflejar esa segmentación.

    (b) Cuando sea practicable, la gerencia debería evitar duplicar en sus comentarios de la gerencia la información incorporada en las notas de sus estados financieros. Es improbable que reproducir la información de los estados financieros sin análisis, o presentar comentarios estandarizados que no proporcionan una mejor comprensión del rendimiento pasado o perspectivas de la entidad, facilite información que sea útil a los usuarios de los informes financieros, pero puede crear un obstáculo para que los usuarios identifiquen y comprendan las cuestiones más significativas que afronta la entidad.

    (c) La gerencia debería también evitar información a revelar genérica que no se relaciona con las prácticas y circunstancias de la entidad, así como información a revelar no significativa que hace que la información más importante sea difícil de encontrar.

Elementos de los comentarios de la gerencia

[Referencia: párrafos FC47 a FC49, Fundamentos de las Conclusiones]

24 Aunque la atención particular de los comentarios de la gerencia dependerá de los hechos y circunstancias de la entidad, los comentarios de la gerencia deberían incluir información que sea esencial para la comprensión de:

(a)   la naturaleza del negocio; **[Referencia: párrafo 26]**

(b)   los objetivos de la gerencia y sus estrategias para alcanzar esos objetivos; **[Referencia: párrafos 27 y 28]**

(c)   los recursos, riesgos y relaciones de la entidad más significativos; **[Referencia: párrafos 29 a 33]**

(d)   los resultados de las operaciones y las perspectivas sobre los mismos; **[Referencia: párrafos 34 a 36]** y

(e)   las medidas de rendimiento fundamentales e indicadores que la gerencia utiliza para evaluar el rendimiento de la entidad con respecto a los objetivos establecidos. **[Referencia: párrafos 37 a 40]**

25   Los elementos no están enumerados en un orden específico. Están, sin embargo, relacionados entre sí y no deben presentarse de aisladamente. La gerencia debería proporcionar su perspectiva sobre el negocio y su análisis de la interacción de los elementos, con el fin de ayudar a los usuarios a comprender los estados financieros de la entidad y los objetivos de la gerencia, así como las estrategias para alcanzar dichos objetivos.

Naturaleza del negocio
[Referencia:

párrafo 24(a)

párrafo FC48, Fundamentos de las Conclusiones]

26   La gerencia debería proporcionar una descripción del negocio que ayude a los usuarios de los informes financieros a aumentar su comprensión de la entidad y del entorno externo en que opera. Esa información sirve como punto de partida para evaluar y comprender el rendimiento, opciones estratégicas y perspectivas de una entidad. En función de la naturaleza del negocio, los comentarios de la gerencia pueden incluir un análisis integrado de los siguientes tipos de información:

(a)   los sectores industriales en que opera la entidad;

(b)   los principales mercados de la entidad y su posición competitiva en esos mercados;

(c)   características significativas del entorno legal, regulatorio y macro-económico que influyen en la entidad y en los mercados en los que opera;

(d)   los principales productos, servicios, procesos de negocios y métodos de distribución de la entidad; y

(e)   la estructura de la entidad y la forma en que crea valor.

Objetivos y estrategias
[Referencia:
párrafo 24(b)
párrafo FC48, Fundamentos de las Conclusiones]

27   La gerencia debería revelar sus objetivos y estrategias de forma que permita a los usuarios de los informes financieros comprender las prioridades de su acción, así como identificar los recursos que deben gestionarse para proporcionar resultados. Por ejemplo, información sobre la forma en que la gerencia pretende abordar las tendencias del mercado, así como sobre las amenazas y oportunidades que dichas tendencias de mercado representan, proporciona una mejor comprensión a los usuarios de los informes financieros que puede configurar sus expectativas sobre el rendimiento futuro de la entidad. La gerencia debería también explicar la forma en que se medirá el éxito y sobre qué periodo de tiempo se evaluará éste.

28   La gerencia tratará los cambios significativos en los objetivos y estrategias de una entidad con respecto al periodo o periodos anteriores. El análisis de la relación entre objetivos, estrategia, acciones de la gerencia y remuneración de ejecutivos también resulta de utilidad.

Recursos, riesgos y relaciones
[Referencia:
párrafo 24(c)
párrafo FC48, Fundamentos de las Conclusiones]

29   Los comentarios de la gerencia deberían incluir una descripción clara de los recursos, riesgos y relaciones más importantes que la gerencia considera que pueden afectar al valor de la entidad y la forma en que se gestionan esos recursos, riesgos y relaciones.

Recursos

30   Los comentarios de la gerencia deberían hacer referencia a los recursos financieros y no financieros disponibles para la entidad que sean fundamentales para la misma, así como a la forma en que esos recursos se utilizan para alcanzar los objetivos establecidos por la gerencia para dicha entidad. La información a revelar sobre recursos depende de la naturaleza de la entidad y de los sectores industriales en que opera. El análisis de la suficiencia de la estructura de capital, acuerdos financieros (reconocidos o no en el estado de situación financiera), liquidez y flujos de efectivo de la entidad, y los recursos humanos y de capital intelectual, así como los planes para tratar los recursos excedentes o las insuficiencias identificadas o esperadas, son ejemplos de información a revelar que puede proporcionar información útil.

Riesgos

31   La gerencia debería revelar las exposiciones a los riesgos principales de una entidad y los cambios en esos riesgos, junto con sus planes y estrategias para hacerles frente o mitigarlos, así como la eficacia de sus estrategias de gestión de riesgos. Esta información a revelar ayuda a los usuarios a evaluar los riesgos de la entidad, así como sus resultados esperados. La gerencia debería

diferenciar los riesgos e incertidumbres principales que afronta la entidad, en lugar de enumerar todos los riesgos e incertidumbres posibles.

32 La gerencia debería revelar sus principales riesgos estratégicos, comerciales, operativos y financieros, que son aquellos que pueden afectar de forma significativa a las estrategias de la entidad y el progreso del valor de ésta. La descripción de los riesgos principales que afronta la entidad debería abarcar tanto las exposiciones a consecuencias negativas como a oportunidades potenciales. Los comentarios de la gerencia proporcionan información útil cuando tratan los principales riesgos e incertidumbres necesarios para comprender los objetivos de la gerencia y las estrategias de la entidad. Los principales riesgos e incertidumbres pueden constituir un riesgo externo o interno significativo para la entidad.

Relaciones

33 La gerencia debería identificar las relaciones significativas que la entidad tiene con grupos de interés, la forma en que esas relaciones están probablemente afectando al rendimiento y valor de la entidad y la forma en que se gestionan esas relaciones. Este tipo de información a revelar ayuda a los usuarios de los informes financieros a comprender la forma en que las relaciones de una entidad influyen en la naturaleza de su negocio y si éstas exponen al negocio a riesgos sustanciales.

Resultados y perspectivas
[Referencia:
párrafo 24(d)
párrafo FC48, Fundamentos de las Conclusiones]

34 Los comentarios de la gerencia deberían incluir una descripción clara del rendimiento financiero y no financiero de la entidad, la medida en que ese rendimiento puede ser un indicador del rendimiento futuro y la evaluación de la gerencia de las perspectivas de la entidad. Información a revelar útil sobre esas cuestiones puede ayudar a los usuarios a realizar sus propias evaluaciones sobre el rendimiento, situación, progreso y perspectivas de la entidad.

Resultados

35 Los comentarios de la gerencia deberían incluir explicaciones del rendimiento y progreso de la entidad durante el periodo y su situación al final de ese periodo. Esas explicaciones proporcionan a los usuarios de los informes financieros una mejor comprensión de las principales tendencias y factores que afectan al negocio. Al proporcionar esas explicaciones, la gerencia debería describir la relación entre los resultados de la entidad, los objetivos de la gerencia y las estrategias de ésta para alcanzar dichos objetivos. Además, la gerencia debería tratar y analizar los cambios significativos en la situación financiera, liquidez y rendimiento en comparación con los del periodo o periodos anteriores, puesto que esto puede ayudar a los usuarios a comprender la medida en que el rendimiento pasado puede ser indicativo del rendimiento futuro.

Perspectivas

36   La gerencia debería proporcionar un análisis de las perspectivas de la entidad, que pueden incluir los objetivos establecidos para medidas financieras y no financieras. Esta información puede ayudar a los usuarios de los informes financieros a comprender la forma en que la gerencia pretende implementar sus estrategias para la entidad a largo plazo. Cuando los objetivos están cuantificados, la gerencia debería explicar los riesgos e hipótesis necesarias para que los usuarios evalúen la probabilidad de consecución de esos objetivos.

Medidas de rendimiento e indicadores
[Referencia:

párrafo 24(e)

párrafo FC48, Fundamentos de las Conclusiones]

37   Las medidas de rendimiento son mediciones cuantificadas que reflejan los factores de éxito fundamentales de una entidad. Los indicadores pueden ser evidencia narrativa que describe la forma en que se gestiona el negocio o medidas cuantificadas que proporcionan evidencia indirecta del rendimiento. La gerencia debería revelar las medidas de rendimiento e indicadores (financieros y no financieros en ambos casos) que utiliza para evaluar el progreso hacia los objetivos establecidos. La gerencia debería explicar la razón por la cuál han cambiado los resultados procedentes de las medidas de rendimiento a lo largo del periodo o la forma en que lo han hecho los indicadores. Esta información a revelar puede ayudar a los usuarios de los informes financieros a evaluar la medida en que se están alcanzando las metas y objetivos.

38   Las medidas de rendimiento e indicadores que son más importantes para comprender una entidad son los que la gerencia utiliza para gestionar esa entidad. Las medidas de rendimiento e indicadores habitualmente reflejarán el sector industrial en que opera la entidad. La comparabilidad se mejora si las medidas de rendimiento e indicadores son aceptados y utilizados ampliamente, ya sea dentro del sector industrial o con mayor generalidad. La gerencia debería explicar la razón por la que las medidas de rendimiento e indicadores utilizados son relevantes.

39   La información congruente sobre medidas de rendimiento e indicadores incrementa la comparabilidad de los comentarios de la gerencia a lo largo del tiempo. Sin embargo, la gerencia debería considerar si las medidas de rendimiento e indicadores utilizados en el periodo anterior continúan siendo relevantes. Dado que las estrategias y objetivos cambian, la gerencia puede decidir que las medidas de rendimiento e indicadores presentados en los comentarios de la gerencia del periodo anterior han dejado de ser relevantes. Cuando la gerencia cambia las medidas de rendimiento e indicadores utilizados, los cambios deben identificarse y explicarse.

40   Si la información de los estados financieros se ha ajustado para su incorporación a los comentarios de la gerencia, se debe revelar este hecho. Si se incluyen en los comentarios de la gerencia medidas de rendimiento financiero no requeridas o no definidas por las NIIF, dichas medidas deben

definirse y explicarse, incluyendo la relevancia de la medida para los usuarios. Cuando las medidas de rendimiento financiero se derivan o proceden de los estados financieros, esas medidas deben conciliarse con las medidas presentadas en los estados financieros que se han preparado de acuerdo con las NIIF.

Fecha de aplicación

41   Una entidad puede aplicar este Documento de Práctica a los comentarios de la gerencia presentados prospectivamente a partir del **8 de diciembre de 2010.**

Apéndice
Definiciones de términos

Este Apéndice forma parte integrante del Documento de Práctica.

información con vistas al futuro	Información sobre el futuro. Incluye información sobre el futuro (por ejemplo, información sobre perspectivas y planes) que puede presentarse posteriormente como información histórica (es decir, resultados). Es subjetiva y para su elaboración se requiere el ejercicio del juicio profesional. **[Referencia: párrafos FC35 a FC41, Fundamentos de las Conclusiones]**
comentarios de la gerencia	Un informe narrativo que hace referencia a estados financieros preparados de acuerdo con las NIIF. Los comentarios de la gerencia proporcionan a los usuarios explicaciones históricas sobre los importes presentados en los estados financieros, específicamente sobre la situación financiera, el rendimiento financiero y los flujos de efectivo de la entidad. También proporcionan comentarios sobre las perspectivas de una entidad y otra información no presentada en los estados financieros. Los comentarios de la gerencia también sirven como base para la comprensión de los objetivos de la gerencia y sus estrategias para alcanzar dichos objetivos. **[Referencia:** **párrafo de la Introducción IN3** **párrafos FC26 a FC32, Fundamentos de las Conclusiones]**
progreso	Refleja la forma en que la entidad ha crecido o cambiado en el ejercicio presente, así como la forma en que espera crecer o cambiar en el futuro. **[Referencia: párrafo FC28, Fundamentos de las Conclusiones]**

Los siguientes términos se utilizan en el Documento de Práctica con el significado especificado en el *Marco Conceptual para la Información Financiera*:

(a) comparabilidad **[Referencia: *Marco Conceptual* párrafos 2.24 a 2.29]**

(b) representación fiel **[Referencia: *Marco Conceptual* párrafos 2.12 a 2.19]**

(c) materialidad **[Referencia: *Marco Conceptual* párrafo 2.11]**

(d) relevancia **[Referencia: *Marco Conceptual* párrafos 2.6 a 2.10]**

(e) oportunidad **[Referencia: *Marco Conceptual* párrafo 2.33]**

(f) comprensibilidad **[Referencia: *Marco Conceptual* párrafos 2.34 a 2.36]**

(g) verificabilidad **[Referencia: *Marco Conceptual* párrafos 2.30 a 2.32]**.

Documento de Práctica de las NIIF N° 2

Realización de Juicios sobre Materialidad o Importancia Relativa

El Documento de Práctica de las NIIF N° 2 *Realización de Juicios sobre Materialidad o Importancia Relativa* se emitió en septiembre de 2017 para ser aplicado a partir del 14 de septiembre de 2017. El texto de los Fundamentos de las Conclusiones se encuentra en la Parte C de esta edición.

En febrero de 2021, el Consejo emitió *Información a Revelar sobre Políticas Contables* que modificó la NIC 1 *Presentación de Estados Financieros* y el Documento de Práctica de las NIIF N° 2 Realización de sobre Materialidad o Importancia Relativa. La modificación modificó el Documento de Práctica de las NIIF N° 2 para añadir guías que ayuden a las entidades a aplicar la definición de material o con importancia relativa al tomar decisiones sobre la información a revelar sobre políticas contables.

Otras Normas han realizado modificaciones de menor importancia al Documento de Práctica de las NIIF N° 2 *Realización de Juicios sobre Materialidad o Importancia Relativa*, incluyendo *Modificaciones a las Referencias al Marco Conceptual en las Normas NIIF* (emitido en marzo de 2018) y *Definición de Material o con Importancia Relativa* (Modificaciones a las NIC 1 y NIC 8) emitido en octubre de 2018.

ÍNDICE

continúa...

...continuación

APROBACIÓN POR EL CONSEJO DEL DOCUMENTO DE PRÁCTICA DE LAS NIIF Nº 2 *REALIZACIÓN DE JUICIOS SOBRE MATERIALIDAD O IMPORTANCIA RELATIVA* **EMITIDO EN SEPTIEMBRE DE 2017**

APROBACIÓN POR EL CONSEJO DE LAS MODIFICACIONES AL DOCUMENTO DE PRÁCTICA DE LAS NIIF Nº 2:

Información a Revelar sobre Políticas Contables **emitida en febrero de 2021**

CON RESPECTO A LOS FUNDAMENTOS DE LAS CONCLUSIONES, VÉASE LA PARTE C DE ESTA EDICIÓN

FUNDAMENTOS DE LAS CONCLUSIONES

El Documento de Práctica de las NIIF Nº 2 *Realización de Juicios sobre Materialidad o Importancia Relativa* (Documento de Práctica) se establece en los párrafos 1 a 89. Este Documento de Práctica debe ser entendido en el contexto de su objetivo y de los Fundamentos de las Conclusiones, así como en el contexto del *Prólogo a las Normas NIIF*, del *Marco Conceptual para la Información Financiera* y de las Normas NIIF.

Introducción

IN1   El objetivo de los estados financieros con propósito general es proporcionar información financiera sobre una entidad que informa que sea útil a los inversores, prestamistas y otros acreedores existentes y potenciales para tomar decisiones sobre el suministro de recursos a la entidad. La entidad identifica la información necesaria para cumplir ese objetivo mediante la realización de juicios apropiados sobre materialidad o importancia relativa.
[Referencia: párrafo 7]

IN2   El objetivo de este Documento de Práctica de las NIIF Nº 2 *Realización de Juicios sobre Materialidad o Importancia Relativa* (Documento de Práctica) es proporcionar a las entidades que informan, guías sobre la realización de juicios sobre materialidad o importancia relativa al preparar los estados financieros con propósito general de acuerdo con las Normas NIIF.
[Referencia: párrafo 1] Aunque algunas de las guías de este Documento de Práctica pueden ser útiles a las entidades que aplican la Norma *NIIF® para las PYMES*, el Documento de Práctica no está dirigido a estas entidades.
[Referencia: párrafo 3]

IN3   La necesidad de juicios sobre materialidad o importancia relativa está presente en todo el proceso de preparación de los estados financieros. Una entidad realiza juicios sobre materialidad o importancia relativa al tomar decisiones sobre el reconocimiento y medición, así como presentación e información a revelar. Los requerimientos de las Normas NIIF solo necesitan aplicarse si su efecto es material o tiene importancia relativa para el conjunto completo de los estados financieros.
[Referencia: párrafo 8]

IN4   Este Documento de Práctica:

    (a)   Proporciona una visión global de las características generales de la materialidad o importancia relativa. **[Referencia: párrafos 5 a 26]**

    (b)   Presenta un proceso de cuatro fases que una entidad puede seguir al realizar juicios sobre materialidad o importancia relativa al preparar sus estados financieros (proceso de materialidad o importancia relativa). La descripción del proceso relativo a la materialidad o importancia relativa proporciona una visión global sobre el papel que juega la materialidad o importancia relativa en la preparación de los estados financieros, centrándose en los factores que debería considerar la entidad al realizar juicios sobre materialidad o importancia relativa. **[Referencia: párrafos 29 a 65]**

    (c)   Proporciona guías sobre cómo realizar juicios sobre materialidad o importancia relativa en circunstancias específicas, concretamente, con respecto a la información del período anterior, **[Referencia: párrafos 66 a 71]** errores **[Referencia: párrafos 72 a 80]** y cláusulas con una condición financiera, **[Referencia: párrafos 81 a 83]** y en el contexto de la información intermedia. **[Referencia: párrafos 84 a 88]**

IN5   Si la información es material o tiene importancia relativa es un tema de juicio y depende de los factores implicados y las circunstancias de una entidad específica. Este Documento de Práctica ilustra los tipos de factores que debería considerar la entidad al juzgar si la información es material o tiene importancia relativa. **[Referencia: párrafos 42 a 55]**

IN6   Un Documento de Práctica no es una guía obligatoria desarrollada por el Consejo de Normas Internacionales de Contabilidad. No es una Norma. Por ello, no se requiere su aplicación para señalar el cumplimiento con las Normas NIIF.

[Referencia: párrafo 4]

IN7   Este Documento de Práctica incluye ejemplos que muestran la forma en que una entidad puede aplicar algunas de las guías del Documento de Práctica sobre la base de los hechos concretos presentados. El análisis en cada ejemplo no pretende representar la única forma en la que podría aplicarse la guía.

Documento de Práctica de las NIIF N° 2
Realización de Juicios sobre Materialidad o Importancia Relativa

Objetivo

[Referencia:

párrafos FC1 a FC4, Fundamentos de las Conclusiones (razones para emitir el Documento de Práctica)]

[Enlace a los párrafos FC42 a FC45, Fundamentos de las Conclusiones sobre efectos probables de este Documento d Práctica]

1 Este Documento de Práctica de las NIIF N° 2 *Realización de Juicios sobre Materialidad o Importancia Relativa* (Documento de Práctica) proporciona a las entidades que informan guías no obligatorias [Referencia: párrafos FC5 a FC8, Fundamentos de las Conclusiones] sobre la realización de juicios sobre materialidad o importancia relativa al preparar los estados financieros con propósito general de acuerdo con las Normas NIIF.
[Referencia: párrafo FC11, Fundamentos de las Conclusiones]

2 Las guías pueden también ayudar a otras partes involucradas en la información financiera a comprender la forma en que una entidad realiza juicios sobre materialidad o importancia relativa al preparar sus estados financieros. [Referencia: párrafo FC11, Fundamentos de las Conclusiones]

Alcance

3 El Documento de Práctica es aplicable en la preparación de estados financieros de acuerdo con las Normas NIIF. No está dirigido a entidades que apliquen la Norma *NIIF® para las PYMES*. [Referencia: párrafo FC12, Fundamentos de las Conclusiones]

4 El Documento de Práctica proporciona guías no obligatorias; [Referencia: párrafos FC5 a FC8, Fundamentos de las Conclusiones] por ello, no se requiere su aplicación para señalar el cumplimiento con las Normas NIIF.

Características generales de la materialidad o importancia relativa

Definición de material o con importancia relativa

5 El *Marco Conceptual para la Información Financiera* (*Marco Conceptual*) proporciona la siguiente definición de información material o con importancia relativa (párrafo 7 de la NIC 1 *Presentación de Estados Financieros* facilita una definición similar[1]):

---

1 Véase el párrafo 7 de la NIC 1 *Presentación de Estados Financieros*.

La información es material si su omisión, inexactitud u obscurecimiento podría razonablemente esperarse que influyera en las decisiones que toman los usuarios principales de los informes financieros con propósito general sobre la base de dichos informes, los cuales proporcionan información financiera sobre una entidad específica que informa. En otras palabras, la materialidad o la importancia relativa es un aspecto específico de la relevancia de una entidad, basado en la naturaleza o magnitud, o ambas, de las partidas a las que se refiere la información en el contexto del informe financiero de una entidad individual.[2]

[Referencia: párrafos FC14 a FC15, Fundamentos de las Conclusiones]

6 Al realizar juicios sobre materialidad o importancia relativa, una entidad necesita tener en cuenta cómo podría esperarse razonablemente que la información influyera en los usuarios principales de sus estados financieros — sus usuarios principales— cuando toman decisiones[3] sobre la base de esos estados (véanse los párrafos 13 a 23). [4]

7 El objetivo de los estados financieros es proporcionar información financiera sobre una entidad que informa que sea útil a los inversores, prestamistas y otros acreedores existentes y potenciales para tomar decisiones sobre el suministro de recursos a la entidad.[5] La entidad identifica la información necesaria para cumplir ese objetivo mediante la realización de juicios apropiados sobre materialidad o importancia relativa.

Los juicios sobre materialidad o importancia relativa están presentes en todo el proceso
[Referencia: párrafo FC16, Fundamentos de las Conclusiones]

8 La necesidad de juicios sobre materialidad o importancia relativa está presente en todo el proceso de preparación de los estados financieros. Una entidad realiza juicios sobre materialidad o importancia relativa al tomar decisiones sobre el reconocimiento y medición, así como presentación e información a revelar. Los requerimientos de las Normas NIIF solo necesitan aplicarse si su efecto es material o tiene importancia relativa para el conjunto completo de los estados financieros,[6] que incluye los estados financieros principales[7] y las notas. Sin embargo, no es adecuado para la entidad dejar de aplicar las Normas NIIF, o dejar de corregir errores, apoyándose en que el efecto no es significativo, con el fin de lograr una presentación particular de su posición financiera, rendimiento financiero o flujos de efectivo.[8]

---

2 Párrafo 2.11 del *Marco Conceptual para la Información Financiera* (*Marco Conceptual*).

3 A lo largo de este Documento de Práctica, el término "decisiones" hace referencia a decisiones sobre la provisión de recursos a la entidad, a menos que específicamente se indique otra cosa.

4 Véase el párrafo 7 de la NIC 1.

5 Véase el párrafo 1.2 del *Marco Conceptual*.

6 En este Documento de Práctica las frases "conjunto completo de estados financieros" y "estados financieros en su conjunto" se usan indistintamente.

7 A efectos de este Documento de Práctica, los estados financieros principales están formados por el estado de situación financiera, estado (o estados) del rendimiento financiero, estado de cambios en el patrimonio y estado de flujos de efectivo.

8 Véase el párrafo 8 de la NIC 8 *Políticas Contables, Cambios en las Estimaciones Contables y Errores*.

Reconocimiento y medición

9   Las Normas NIIF establecen los requerimientos de información que el Consejo
     de Normas Internacionales de Contabilidad (Consejo) ha concluido llevarán a
     unos estados financieros que proporcionen información sobre la situación
     financiera, rendimiento financiero y flujos de efectivo de una entidad que sea
     útil para los usuarios principales de esos estados. Solo se requiere que la
     entidad aplique los requerimientos de reconocimiento y medición cuando el
     efecto de aplicarlos sea material o tenga importancia relativa.
     [Referencia: párrafo 8, NIC 8]

**Ejemplo A—Juicios sobre materialidad o importancia relativa sobre la
aplicación de políticas contables**

Antecedentes

Una entidad tiene una política para capitalizar los desembolsos relativos a
elementos de propiedades, planta y equipo (PP&E) por encima de un umbral
especificado y de reconocimiento de los importes menores como un gasto.

Aplicación

La NIC 16 *Propiedades, Planta y Equipo* requiere que el costo de un elemento de
PP&E se reconozca como un activo cuando se cumplan los criterios del
párrafo 7 de la NIC 16.

La entidad ha evaluado que su política contable—no capitalizar de
desembolsos por debajo de un umbral específico—no tendrá un efecto
material o con importancia relativa sobre los estados financieros del periodo
corriente o sobre estados financieros futuros, porque la información que
refleja la capitalización y amortización de estos desembolsos podría
esperarse razonablemente que no influyera en las decisiones tomadas por los
usuarios principales de los estados financieros de la entidad.

Siempre que esta política no tenga un efecto material o no tenga
importancia relativa sobre los estados financieros y que no se establezca para
lograr intencionadamente una presentación concreta de la situación
financiera, rendimiento financiero o flujos de efectivo, los estados
financieros de la entidad cumplen con la NIC 16. No obstante, esta política se
evalúa nuevamente cada periodo sobre el que se informa para asegurar que
su efecto sobre los estados financieros de la entidad permanece no
significativo.

Presentación e información a revelar

10   Una entidad no necesita revelar información especificada por una Norma NIIF
     si la información procedente de esa revelación no es material o no tiene
     importancia relativa. Este es el caso incluso si la Norma contiene una lista de
     requerimientos específicos o los describe como "requerimientos mínimos".
     Por el contrario, la entidad debe considerar si proporcionar información no
     especificada por las Normas NIIF, si esa información es necesaria para que los
     usuarios principales comprendan el impacto de transacciones concretas, u

otros sucesos y condiciones sobre la situación financiera, rendimiento financiero y flujos de efectivo de la entidad.[9]

Ejemplo B—Juicios sobre materialidad o importancia relativa sobre información a revelar especificada por las Normas NIIF

Antecedentes

Una entidad presenta, las propiedades, planta y equipo (PP&E) como una partida de los estados financieros separada en su estado de situación financiera.

Aplicación

La NIC 16 *Propiedades, Planta y Equipo* establece requerimientos de información a revelar específicos para las PP&E incluyendo la información a revelar del importe de los compromisos contractuales para la adquisición de PP&E [párrafo 74(c) de la NIC 16].

Al preparar sus estados financieros, la entidad evalúa si la información a revelar especificada en la NIC 16 es material o tiene importancia relativa. Incluso si las PP&E se presentan como una partida de los estados financieros separada en el estado de situación financiera, no toda la información a revelar especificada en la NIC 16 será automáticamente requerida. En ausencia de cualquier consideración cualitativa (véanse los párrafos 46 a 51), si el importe de los compromisos contractuales para la adquisición de PP&E no es material o no tiene importancia relativa, no se requiere que la entidad revele esta información.

Ejemplo C—Juicios sobre materialidad o importancia relativa que conducen a revelar información adicional a los requerimientos de información a revelar de las Normas NIIF

Antecedentes

Una entidad tiene sus principales operaciones en un país que, como parte de un acuerdo internacional, está comprometido a introducir regulaciones para reducir el uso de energía basada en el carbón. Las regulaciones no habían sido todavía promulgadas por la legislación nacional de ese país al final del periodo sobre el que se informa.

La entidad posee en ese país una estación de producción de energía con carbón. Durante el periodo sobre el que se informa, la entidad registró una pérdida por deterioro de valor en su estación de producción de energía con carbón, reduciendo el importe en libros de la estación hasta su importe recuperable. No se incluyó ninguna plusvalía ni otros activos intangibles con vida útil indefinida en la unidad generadora de efectivo.

continúa...

---

9   Véanse los párrafos 17(c) y 31 de la NIC 1.

...continuación

Aplicación

El párrafo 132 de la NIC 36 *Deterioro del Valor de los Activos* no requiere que una entidad revele los supuestos usados para determinar el importe recuperable de un activo tangible, a menos que la plusvalía o los activos intangibles con una vida útil indefinida se incluyan en el importe en libros de la unidad generadora de efectivo.

No obstante, la entidad ha concluido que los supuestos sobre la probabilidad de que la promulgación en el país de regulaciones para reducir el uso de energía basada en el carbón, así como sobre el plan de promulgación, que consideró al medir el importe recuperable de su estación de energía de carbón podría razonablemente esperarse que influyeran en las decisiones que los usuarios principales realicen sobre la base de estados financieros de la entidad. Por ello, la información sobre esos supuestos es necesaria para que los usuarios principales comprendan el impacto del deterioro de valor de la situación financiera, rendimiento financiero y flujos de efectivo de la entidad. Por ello, aun cuando no sea requerida específicamente por la NIC 36, la entidad concluye que sus supuestos sobre la probabilidad de que la promulgación nacional de regulaciones para reducir el uso de energía basada en el carbón, así como sobre el plan de promulgación, constituyen información material o con importancia relativa y revela esos supuestos en sus estados financieros.

Juicios

11   Al evaluar si la información es material o tiene importancia relativa para los estados financieros, una entidad aplicará el juicio para decidir si la información podría esperarse razonablemente que influyera en las decisiones que los usuarios toman sobre la base de esos estados financieros. Al aplicar este juicio, la entidad considerará sus circunstancias específicas y la forma en que la información proporcionada en los estados financieros responde a las necesidades de información de los usuarios principales.

12   Puesto que las circunstancias de una entidad cambian a lo largo del tiempo, los juicios sobre materialidad o importancia relativa se evalúan nuevamente en cada fecha de presentación a la luz de esas circunstancias cambiantes.

Usuarios principales y sus necesidades de información

13   Al realizar juicios sobre materialidad o importancia relativa, una entidad necesita considerar el impacto que la información podría razonablemente esperarse que tuviera sobre los usuarios principales de sus estados financieros. Dichos usuarios principales son los inversores, prestamistas y otros acreedores existentes y potenciales — que no pueden exigir que las entidades les proporcionen información directamente, y deben basarse en los estados financieros con propósito general para obtener la mayor parte de la información financiera que necesitan.[10] Además de los usuarios principales,

---

10   Véase el párrafo 1.5 del *Marco Conceptual*.

otros grupos, tales como la gerencia de la entidad, reguladores y miembros del público, pueden estar interesados en la información financiera sobre la entidad y pueden encontrar los estados financieros útiles. Sin embargo, los estados financieros no están principalmente dirigidos a estos otros grupos[11]

[Referencia: párrafo FC17, Fundamentos de las Conclusiones]

14   Puesto que los usuarios principales incluyen inversores, prestamistas y otros acreedores potenciales, sería inapropiado para una entidad restringir la información proporcionada en sus estados financieros centrándose solo en las necesidades de información de los inversores, prestamistas y otros acreedores existentes.

[Referencia: párrafo FC18, Fundamentos de las Conclusiones]

Ejemplo D—Inversores, prestamistas y otros acreedores existentes y potenciales

Antecedentes

Una entidad es propiedad al 100 por ciento de su controladora. Ésta le proporciona productos semiterminados que ensambla y vuelve a vender a la controladora. La entidad está totalmente financiada por su controladora. Los usuarios actuales de los estados financieros de la entidad incluyen la controladora y los acreedores de la entidad (principalmente proveedores locales).

Aplicación

La entidad toma como referencia el *Marco Conceptual para la Información Financiera* para identificar los usuarios principales de sus estados financieros —inversores, prestamistas y otros acreedores existentes o potenciales que no pueden requerir que la entidad les proporcione información directamente y deben confiar en los estados financieros con propósito general. Al realizar juicios de materialidad o importancia relativa en la preparación de sus estados financieros, la entidad no reduce su información a revelar a solo a la que interesa a su controladora o a sus acreedores existentes. La entidad también considera las necesidades de información de los inversores, prestamistas y otros acreedores o potenciales al realizar estos juicios.

---

15   Al realizar juicios sobre materialidad o importancia relativa, una entidad también considera que se espera que los usuarios principales tengan un conocimiento razonable de las actividades económicas y empresariales y que revisen y analicen la información incluida en los estados financieros de forma diligente.[12]

---

11   Véanse los párrafos 1.9 y 1.10 del *Marco Conceptual*.

12   Véase el párrafo 2.36 del *Marco Conceptual*.

Decisiones tomadas por los usuarios principales
[Referencia: párrafo FC19, Fundamentos de las Conclusiones]

16　Una entidad necesita considerar qué tipo de decisiones toman sus principales usuarios sobre la base de los estados financieros y, en consecuencia, qué información necesitan para tomar esas decisiones.

17　Los usuarios principales de los estados financieros toman decisiones sobre la provisión de recursos a la entidad. Los usuarios principales de los estados financieros toman decisiones sobre la provisión de recursos a la entidad. Esas decisiones implican: la compra, venta, mantenimiento de instrumentos patrimonio y de deuda, proporcionando o liquidando préstamos y otras formas de crédito, y ejerciendo derechos mientras conserven inversiones (tales como el derecho a votar u otras formas de influir en las acciones de la gerencia que afectan el uso de los recursos económicos de la entidad).[13] Estas decisiones dependen de las rentabilidades que los usuarios principales esperan de una inversión en esos instrumentos.

18　Las expectativas de inversores, prestamistas y otros acreedores sobre rentabilidades, a su vez, dependen de su evaluación del importe, calendario e incertidumbre de la entrada de efectivo neta futura a la entidad,[14] y sus evaluaciones de la administración de los recursos de la entidad realizada por la gerencia.

19　Por consiguiente, los usuarios principales de una entidad necesitan información sobre:

(a)　los recursos de la entidad (activos), los derechos contra la entidad (pasivos y patrimonio) y cambios en esos recursos y derechos (ingresos y gastos); y

(b)　la medida en que la gerencia y los órganos de gobierno de la entidad han cumplido de forma eficiente y eficaz sus responsabilidades por el uso de los recursos de la entidad.[15]

20　La información financiera puede influir en las decisiones si tiene valor predictivo, valor confirmatorio o ambos.[16] Al realizar juicios sobre materialidad o importancia relativa, una entidad necesita evaluar si podría esperarse razonablemente que la información influyera en las decisiones de los usuarios principales, en lugar de evaluar únicamente si podría esperarse razonablemente que esa información cambiara sus decisiones.

13　Véase el párrafo 1.2 del *Marco Conceptual*.

14　Véase el párrafo 1.3 del *Marco Conceptual*.

15　Véase el párrafo 1.4 del *Marco Conceptual*.

16　Véase el párrafo 2.7 del *Marco Conceptual*.

Satisfacción de las necesidades de información de los usuarios principales
[Referencia: párrafo FC20, Fundamentos de las Conclusiones]

21 El objetivo de los estados financieros es proporcionar información financiera a los usuarios principales que les sea útil para tomar decisiones sobre la provisión de recursos a una entidad. Sin embargo, los estados financieros con propósito general no proporcionan, y no pueden proporcionar toda la información que los usuarios principales necesitan.[17] Por ello, la entidad pretende satisfacer las necesidades comunes de información de sus usuarios principales. No pretende abordar necesidades de información especializada— necesidades de información que son únicas para usuarios concretos.

Ejemplo E—Solicitudes de información individual o única de los usuarios principales

Antecedentes

Una entidad tiene veinte inversores con un 5 por ciento cada uno de los derechos de voto. Uno de estos inversores está particularmente interesado en información sobre los desembolsos de la entidad en una localidad concreta porque ese inversor opera otro negocio en esa localidad. Esta información podría razonablemente esperarse que no influyera en las decisiones que otros usuarios principales realizan sobre la base de los estados financieros de la entidad.

Aplicación

Al realizar sus juicios sobre materialidad o importancia relativa, la entidad no necesita considerar las necesidades de información específica de ese único inversor. La entidad concluye que la información sobre su desembolso en la localidad específica es información no material o sin importancia relativa para sus usuarios principales como grupo y, por ello, decide no proporcionarla en sus estados financieros.

---

22 Para satisfacer las necesidades comunes de información de sus usuarios principales, una entidad identifica primero por separado las necesidades de información que comparten los usuarios dentro de las tres categorías de usuarios principales definidas en el *Marco Conceptual*—por ejemplo, inversores (existentes y potenciales)—a continuación repite la evaluación para las dos categorías restantes—concretamente prestamistas (existentes y potenciales) y otros acreedores (existentes y potenciales). El total de necesidades de información identificado es el conjunto de necesidades comunes de información que la entidad tiene como objetivo satisfacer.

23 En otras palabras, la evaluación de las necesidades comunes de información no requiere la identificación de las necesidades de información compartidas por todos los inversores, prestamistas y otros acreedores existentes y potenciales. Algunas de las necesidades de información identificadas serán comunes a las tres categorías, pero otras pueden ser específicas de una o dos de esas categorías. Si una entidad fuera a centrarse solo en las necesidades de

---

17 Véase el párrafo 1.6 del *Marco Conceptual*.

información que son comunes a todas las categorías de usuarios principales, podría excluir información que satisface necesidades de solo una categoría.

Impacto de la información disponible públicamente

24   Los usuarios principales de los estados financieros recurren generalmente a información de otras fuentes distintas a los meros estados financieros. Por ejemplo, podrían considerar también otras secciones del informe anual, información sobre el sector industrial en que opera una entidad y sus competidores, y sobre el estado de la economía, así como los comunicados de prensa y otros documentos que haya publicado la entidad.

25   Sin embargo, se requiere que los estados financieros constituyan un documento integral que proporcione información sobre la situación financiera, rendimiento financiero y flujos de efectivo de una entidad que sea útil para los usuarios principales, al tomar decisiones sobre la provisión de recursos a la entidad. Por consiguiente, la entidad evalúa si la información es material o tiene importancia relativa para los estados financieros, independientemente de si esta información está también públicamente disponible desde otras fuentes.

26   Más aún, la disponibilidad pública de la información no exime a una entidad de la obligación de proporcionar información material o con importancia relativa en sus estados financieros.

Ejemplo F—Impacto de los comunicados de prensa de una entidad en los juicios sobre materialidad o importancia relativa

Antecedentes

Una entidad lleva a cabo una combinación de negocios en el periodo sobre el que se informa. La adquisición duplica el tamaño de las operaciones de la entidad en uno de sus mercados principales. En la fecha de adquisición, la entidad emitió un comunicado de prensa proporcionando amplia información de las principales razones para la combinación de negocios y una descripción de la forma en que obtuvo el control sobre el negocio adquirido, junto con otra información relacionada con la adquisición.

Aplicación

Al preparar sus estados financieros, la entidad consideró en primer lugar los requerimientos de información a revelar de la NIIF 3 *Combinaciones de Negocios*. El párrafo B64(d) de la NIIF 3 requiere que una entidad revele, para cada combinación de negocios que tenga lugar durante el periodo sobre el que se informa "las principales razones para la combinación de negocios y una descripción de la forma en que la adquirente obtuvo el control de la adquirida".

continúa...

...continuación

> La entidad concluye que la información sobre la combinación de negocios es material o tiene importancia relativa porque la adquisición se espera que tenga un impacto significativo sobre las operaciones de la entidad, debido a la cuantía global de la transacción en comparación con el tamaño de la entidad. En estas circunstancias, aun cuando la información relativa a las razones principales para la combinación de negocios y la descripción de la forma en que obtuvo el control ya está incluida en un documento público, la entidad necesita proporcionar la información en sus estados financieros.

Interacción con las leyes y regulaciones locales

[Referencia: párrafos FC21 a FC23, Fundamentos de las Conclusiones]

27 Los estados financieros de una entidad deben cumplir con los requerimientos de las Normas NIIF, incluyendo los requerimientos relacionados con la materialidad o importancia relativa (requerimientos de materialidad o importancia relativa), para que la entidad declare su cumplimiento con esas Normas. Por ello, una entidad que desee declarar el cumplimiento con las Normas NIIF no puede proporcionar menos información que la requerida por las Normas, incluso si las leyes y regulaciones locales permiten otra cosa. [Referencia: párrafo 69]

28 No obstante, las leyes y regulaciones locales pueden especificar requerimientos que afecten a qué información se proporciona en los estados financieros. En estas circunstancias, la provisión de información para satisfacer los requerimientos legales y de regulación está permitida por las Normas NIIF, incluso si esa información no es material o no tiene importancia relativa de acuerdo con los requerimientos de materialidad o importancia relativa de las Normas. Sin embargo, esta información no debe ensombrecer información que es material o tiene importancia relativa de acuerdo con las Normas NIIF. [18]

---

18 Véase el párrafo 30A de la NIC 1 y el párrafo FC30F de los Fundamentos de las Conclusiones de la NIC 1.

Ejemplo G—Información que no es material o no tiene importancia relativa de acuerdo con las Normas NIIF requerida por leyes y regulaciones locales

Antecedentes

Una entidad es una minorista de alimentación que opera en el país ABC. En el país ABC, las inversiones en investigación y desarrollo (I+D) del sector industrial son, generalmente, limitadas; no obstante, el gobierno requiere que todas las entidades revelen, en sus estados financieros, el importe agregado del desembolso en I+D incurrido durante el periodo.

En el periodo corriente sobre el que se informa, la entidad reconoció un pequeño importe de desembolso en actividades de I+D como un gasto. No se capitalizó ningún desembolso en I+D durante el periodo.

Al preparar sus estados financieros, la entidad evaluó la información a revelar sobre desembolsos en I+D incurridos durante el periodo como no materiales o sin importancia relativa, a efectos de las NIIF.

Aplicación

Para cumplir con las regulaciones, la entidad revela en sus estados financieros información sobre los desembolsos en I+D incurridos durante el periodo. Las Normas NIIF permiten que la entidad revele esa la información en sus estados financieros, pero la entidad necesita organizar su información a revelar para asegurar que no se ensombrece la información material o con importancia relativa.

Ejemplo G—Información que no es material o no tiene importancia relativa de acuerdo con las Normas NIIF requerida por leyes y regulaciones locales

Antecedentes

Una entidad opera en un país donde el gobierno requiere información a revelar sobre los detalles de disposiciones de propiedades, planta y equipo (PP&E), pero solo si los importes en libros superan un porcentaje especificado de los activos totales.

En el periodo corriente sobre el que se informa, la entidad dispuso de PP&E por debajo del umbral especificado en la regulación local. Esta transacción fue con una parte relacionada, que pagó a la entidad menos del valor razonable del elemento dispuesto.

Al preparar sus estados financieros, la entidad aplicó el juicio y concluyó que la información sobre los detalles de la disposición era material o tenía importancia relativa, principalmente debido a los términos de la transacción y el hecho de que fue con una parte relacionada.

continúa...

...continuación

> **Aplicación**
>
> Para cumplir con las Normas NIIF, la entidad revela detalles de esa disposición aun cuando las regulaciones locales requieren revelar las disposiciones de PP&E solo si su importe en libros supera un porcentaje especificado de activos totales.

Realización de juicios sobre materialidad

Visión global del proceso de materialidad o importancia relativa

29 Al preparar sus estados financieros, a una entidad le puede resultar útil seguir un proceso sistemático para realizar juicios sobre materialidad o importancia relativa. **[Referencia: párrafo FC24, Fundamentos de las Conclusiones]** El proceso de cuatro fases descrito en los párrafos siguientes es un ejemplo de este proceso. La descripción proporciona una visión global del papel que juega la materialidad o importancia relativa en la preparación de los estados financieros, centrándose en los factores **[Referencia: párrafos 44 a 55]** que debería considerar la entidad al realizar juicios sobre materialidad o importancia relativa. En este Documento de Práctica, este proceso de cuatro fases se denomina el "proceso de materialidad o importancia relativa".

[Referencia: párrafo FC26, Fundamentos de las Conclusiones]

30 El proceso de materialidad o importancia relativa describe la forma en que una entidad podría evaluar si la información es material o tiene importancia relativa a efectos de la presentación e información a revelar, así como del reconocimiento y medición. El proceso ilustra una posible forma de realizar juicios sobre materialidad o importancia relativa, pero incorpora los requerimientos sobre materialidad o importancia relativa que una entidad debe aplicar para declarar el cumplimiento de las Normas NIIF. **[Referencia: párrafo FC25, Fundamentos de las Conclusiones]** El proceso de materialidad o importancia relativa considera la omisión e inexactitud potenciales de información, así como la introducción innecesaria de información no significativa y si esta última información ensombrece información material o con importancia relativa. En todos los casos, la entidad necesita centrarse en la forma en que la información podría razonablemente esperarse que influyera en las decisiones de los usuarios principales de sus estados financieros.

31 La preparación de los estados financieros implica la realización de juicios sobre materialidad o importancia relativa. El proceso de materialidad o importancia relativa se diseña como una guía práctica para ayudar a una entidad a aplicar el juicio de forma eficiente y eficaz.

32 El proceso de materialidad o importancia relativa no pretende describir la evaluación de ésta a efectos legales y de regulación local. Una entidad se debe referir a sus requerimientos locales para evaluar si está cumpliendo con las leyes y regulaciones locales.

Un proceso de materialidad o importancia relativa en cuatro fases

33   Las fases identificadas como un enfoque posible para la evaluación de la materialidad o importancia relativa en la preparación de los estados financieros son, en resumen:

(a)   Fase 1—Identificar. Identificar información que tiene el potencial de ser material o con importancia relativa. **[Referencia: párrafos 35 a 39]**

(b)   Fase 2—Evaluar. Evaluar si la información identificada en la Fase 1 es, de hecho, material o con importancia relativa. **[Referencia: párrafos 40 a 55]**

(c)   Fase 3—Organizar. Organizar la información, al elaborar los estados financieros, de forma que esta información sea comunicada de forma clara y concisa a los usuarios principales. **[Referencia: párrafos 56 a 59]**

(d)   Fase 4—Revisar. Revisar el borrador de estados financieros para determinar si ha sido identificada toda la información material o con importancia relativa considerada desde una perspectiva amplia y de forma agregada, sobre la base del conjunto completo de estados financieros. **[Referencia: párrafos 60 a 65]**

34   Al preparar sus estados financieros, una entidad puede confiar en las evaluaciones de materialidad o importancia relativa de periodos anteriores, siempre que los reconsidere a la luz de los cambios en las circunstancias y de cualquier otra información nueva o actualizada.

Diagrama 1—El proceso de materialidad o importancia relativa de cuatro fases

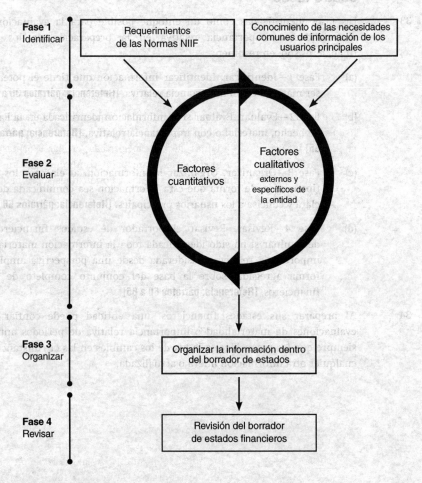

Fase 1—Identificar
[Referencia: párrafo FC27, Fundamentos de las Conclusiones]

35   Una entidad identifica información sobre sus transacciones, otros sucesos y condiciones que los usuarios principales podrían necesitar para comprender la toma de decisiones sobre la provisión de recursos a la entidad.

36   Al identificar esta información, una entidad considera, como punto de partida, los requerimientos de las Normas NIIF aplicables a sus transacciones, otros sucesos y condiciones. Este es el punto de partida porque, al desarrollar una Norma, el Consejo identifica la información que espera que satisfará las necesidades de un amplio rango de usuarios principales para una amplia variedad de entidades en un abanico de circunstancias.[19]

---

19 Véase el párrafo 1.8 del *Marco Conceptual*.

37   Cuando el Consejo desarrolla una Norma, también considera el equilibrio entre los beneficios de proporcionar información y los costos de cumplimiento con los requerimientos de esa Norma. **[Referencia:** *Marco Conceptual* párrafo 2.42] Sin embargo, el costo de aplicación de los requerimientos en las Normas no es un factor a considerar por una entidad al realizar juicios sobre materialidad o importancia relativa—la entidad no debería considerar el costo de cumplimiento con los requerimientos de las Normas NIIF, a menos que exista un permiso explícito en las Normas.

38   Una entidad también considera las necesidades comunes de información de los usuarios principales (como se explica en los párrafos 21 a 23) para identificar cualquier información—además de la especificada en las Normas NIIF— necesaria para permitir a los usuarios principales comprender el impacto de las transacciones de la entidad, otros sucesos y condiciones sobre la situación financiera, rendimiento financiero y flujos de efectivo de la entidad (véase el párrafo 10). Los inversores, prestamistas y otros acreedores existentes y potenciales necesitan información sobre los recursos de la entidad (activos), derechos contra la entidad (pasivos y patrimonio) y cambios en esos recursos y derechos (ingresos y gastos), e información que les ayude a la evaluación de la medida en que la gerencia y el órgano de gobierno han cumplido eficiente y eficazmente con sus responsabilidades relacionadas con el uso de los recursos de la entidad.[20]

39   El resultado de la Fase 1 es un conjunto de información potencialmente material o con importancia relativa.

Fase 2—Evaluar
[Referencia: párrafo FC28, Fundamentos de las Conclusiones]

40   Una entidad evalúa si la información potencialmente material o con importancia relativa identificada en la Fase 1, de hecho, lo es. Al realizar esta evaluación, la entidad necesita considerar si sus usuarios principales podrían razonablemente esperar que fueran influidos por la información al tomar decisiones sobre la provisión de recursos a la entidad sobre la base de los estados financieros. La entidad realiza esta evaluación en el contexto de los estados financieros en su conjunto.

41   Una entidad podría concluir que un elemento de información es material o tiene importancia relativa por varias razones. Esas razones incluyen la naturaleza o magnitud del elemento, o una combinación de ambas, juzgadas en relación con las circunstancias concretas de la entidad.[21] Por ello, la realización de juicios de materialidad o importancia relativa implica consideraciones cuantitativas y cualitativas. No sería apropiado para la entidad confiar simplemente en guías numéricas o aplicar un umbral cuantitativo uniforme para la materialidad o importancia relativa (véanse los párrafos 53 a 55).

---

20   Véase el párrafo 1.4 del *Marco Conceptual*.

21   Véase el párrafo 7 de la NIC 1.

42   Los párrafos siguientes describen algunos "factores de materialidad o importancia relativa" comunes que una entidad debería usar para ayudar a identificar cuándo un elemento de información es material o tiene importancia relativa. Estos factores se organizan en las siguientes categorías:

(a)   cuantitativa; **[Referencia: párrafos 44 y 45]** y

(b)   cualitativa—externa o específica de la entidad. **[Referencia: párrafos 46 a 51]**

43   El resultado de la Fase 2 es un conjunto de información preliminar material o con importancia relativa. En cuanto a la presentación e información a revelar, esto implica decisiones sobre qué información necesita proporcionar una entidad en sus estados financieros, y con cuánto detalle[22] (incluyendo la identificación de los niveles apropiados de agregación que una entidad proporciona en los estados financieros). Para el reconocimiento y medición, el resultado de la Fase 2 implica la identificación de información que, si no se reconoce o es inexacta podría razonablemente esperarse que influyera en las decisiones de los usuarios principales.

Factores cuantitativos

44   Una entidad generalmente evalúa si la información es cuantitativamente material o tiene importancia relativa considerando la dimensión del impacto de la transacción, otro suceso o condición con respecto a medidas de la situación financiera, rendimiento financiero y flujos de efectivo de la entidad. La entidad realiza esta evaluación considerando no solo la dimensión del impacto que reconoce en sus estados financieros principales, sino también de cualesquiera elementos no reconocidos que pudieran afectar en última instancia a la percepción global de los usuarios principales de la situación financiera, rendimiento financiero y flujos de efectivo de la entidad (por ejemplo, activos o pasivos contingentes). La entidad necesita evaluar si el impacto es de tal dimensión que la información sobre la transacción, otro suceso o condición podría razonablemente esperarse que influyera en las decisiones de los usuarios principales sobre la provisión de recursos a la entidad.

45   La identificación de las medidas con respecto a las cuales una entidad realiza esta evaluación cuantitativa es un tema de juicio. Ese juicio depende de qué medidas son de gran interés para los usuarios principales de los estados financieros de la entidad. Algunos ejemplos incluyen medidas de los ingresos de actividades ordinarias de la entidad, rentabilidad, ratios de situación financiera y medidas de flujos de efectivo de la entidad.

Factores cualitativos

46   A efectos de este Documento de Práctica, los factores cualitativos son características de las transacciones de una entidad, otros sucesos o condiciones, o de su contexto, que, si se presentan, hacen más probable que la información influya en las decisiones de los usuarios principales de los estados financieros de la entidad. La mera presencia de un factor cualitativo no hará

---

22   Véase el párrafo 29 de la NIC 1.

necesariamente la información material o con importancia relativa, pero es probable que incremente el interés de los usuarios principales en esa información.

47   Al realizar juicios sobre materialidad o importancia relativa, una entidad considera factores cualitativos específicos **[Referencia: párrafo 48]** y externos **[Referencia: párrafos 49 a 51]**. Estos factores se describen por separado en los párrafos siguientes. Sin embargo, en la práctica, la entidad puede necesitar considerarlos conjuntamente.

48   Un factor cualitativo específico de la entidad es una característica de la transacción, otro suceso o condición de la entidad. Ejemplos de estos factores incluyen, pero no solo se limitan a:

(a)   implicación de una parte relacionada de la entidad;

(b)   características de una transacción u otro suceso o condición poco frecuente o no normal; o

(c)   variación inesperada o cambios inesperados en tendencias. En algunas circunstancias, la entidad puede considerar un importe cuantitativamente no significativo como material o con importancia relativa debido a la variación inesperada en comparación con el importe del periodo anterior proporcionado en sus estados financieros.

49   La relevancia de la información de los usuarios principales de los estados financieros de una entidad puede también verse afectada por el contexto en el que opera la entidad. Un factor cualitativo externo es una característica del contexto en el que ocurre la transacción, otro suceso o condición de la entidad que, si se presenta, hace que sea más probable que la información influya en las decisiones de los usuarios principales. Algunas características del contexto de la entidad que pueden representar factores cualitativos externos incluyen, pero no se limitan a, la localización geográfica de la entidad, su sector industrial, o el estado de la economía o economías en las que opera la entidad.

50   Debido a la naturaleza de los factores cualitativos externos, las entidades que operan en el mismo contexto pueden compartir un número de factores cualitativos externos. Más aun, los factores cualitativos externos podrían mantenerse constantes a lo largo del tiempo o podrían variar.

51   En algunas circunstancias, si una entidad no está expuesta a un riesgo al que sí lo están otras entidades de su sector industrial, ese factor podría razonablemente esperarse que influyera en las decisiones de sus usuarios principales; es decir, la información sobre la ausencia de exposición a ese riesgo concreto podría ser información material o con importancia relativa.

Interacción entre factores cualitativos y cuantitativos

52   Una entidad podría identificar un elemento de información como material o con importancia relativa sobre la base de uno o más factores de materialidad o importancia relativa. En general, cuántos más factores se apliquen a un elemento concreto, o cuánto más significativos sean esos factores, más probable será que ese elemento sea material o tenga importancia relativa.

53   Aunque no existe jerarquía entre los factores de materialidad o importancia relativa, la evaluación primero de un elemento de información desde una perspectiva cuantitativa podría ser un enfoque eficiente para evaluar dicha materialidad o importancia relativa. Si una entidad identifica un elemento de información como material o con importancia relativa solo sobre la base de la dimensión del impacto de la transacción, otro suceso o condición, la entidad no necesita evaluar ese elemento de información adicionalmente contra otros factores de materialidad o importancia relativa. En estas circunstancias, un umbral cuantitativo—un nivel especificado, tasa o importe de una de las medidas usadas al evaluar la dimensión—puede ser una herramienta útil al hacer juicios sobre materialidad o importancia relativa. Sin embargo, una evaluación cuantitativa por sí sola no siempre es suficiente para concluir que un elemento de información no es material o no tiene importancia relativa. La entidad debería evaluar, además, la presencia de factores cualitativos.

54   La presencia de un factor cualitativo reduce los umbrales para la evaluación cuantitativa. Cuánto más significativos son los factores cualitativos, menores serán los umbrales cuantitativos. Sin embargo, en algunos casos una entidad puede decidir que, a pesar de la presencia de factores cualitativos, un elemento de información no es material o no tiene importancia relativa porque su efecto sobre los estados financieros es tan pequeño que no podría razonablemente esperarse que influyera en las decisiones de los usuarios principales.

55   En algunas otras circunstancias, un elemento de información podría razonablemente esperarse que influyera en las decisiones de los usuarios principales independientemente de su dimensión—un umbral cuantitativo podría incluso reducirse a cero. Esto podría suceder cuando la información sobre una transacción, otro suceso o condición es altamente controlado por los usuarios principales de los estados financieros de una entidad. Más aun, una evaluación cuantitativa no siempre es posible: información no numérica podría solo evaluarse desde una perspectiva cualitativa.

Ejemplo I—Información sobre una transacción con parte relacionada evaluada como material o con importancia relativa

Antecedentes

Una entidad ha identificado medidas de su rentabilidad como de gran interés para los usuarios principales de sus estados financieros. En el periodo corriente sobre el que se informa, la entidad firmó un contrato de cinco años con la empresa ABC. La empresa ABC proporcionará a la entidad servicios de mantenimiento para las oficinas de la entidad por una tarifa anual. La empresa ABC está controlada por un miembro del personal clave de la gerencia de la entidad. Por ello, la empresa ABC es una parte relacionada con la entidad.

continúa...

...continuación

Aplicación

La NIC 24 *Información a Revelar sobre Partes Relacionadas* requiere que una entidad revele, para cada transacción con partes relacionadas que tuvieron lugar durante el periodo, la naturaleza de la relación con las partes relacionadas, así como la información sobre la transacción y saldos pendientes, incluyendo compromisos, que sea necesaria para que los usuarios comprendan el efecto potencial de la relación sobre los estados financieros. **[Referencia: párrafo 18, NIC 24]**

Al preparar sus estados financieros, la entidad evaluó si la información sobre la transacción con la empresa ABC era material o tenía importancia relativa.

La entidad comenzó su evaluación desde una perspectiva cuantitativa y evaluó el impacto de la transacción con la parte relacionada con respecto a medidas de rentabilidad de la entidad. Habiendo concluido inicialmente que el impacto de la transacción con la parte relacionada no era material o no tenía importancia relativa, desde una perspectiva meramente cuantitativa, la entidad evaluó adicionalmente la presencia de eventuales factores cualitativos.

[Referencia: párrafo 53]

Como destacó el Consejo al desarrollar la NIC 24, las partes relacionadas pueden realizar transacciones que partes no relacionadas no realizarían, y las transacciones pueden fijar un precio a importes que difieran del de transacciones entre partes no relacionadas. **[Referencia: párrafo 6, NIC 24]**

La entidad identificó el hecho de que el acuerdo de mantenimiento fue concluido con una parte relacionada como una característica que hace que la información sobre esa transacción influya probablemente en las decisiones de sus usuarios principales.

La entidad, además, evaluó la transacción desde una perspectiva cuantitativa para determinar si el impacto de la transacción podría razonablemente esperarse que influyera en las decisiones de los usuarios principales al considerarlo con el hecho de que la transacción fue con una parte relacionada (es decir, la presencia de un factor cualitativo disminuye el umbral cuantitativo). Habiendo considerado que la transacción fue con una parte relacionada, la entidad concluyó que el impacto fue suficientemente grande como para que se espere razonablemente que influya en las decisiones de los usuarios principales. Por ello, la entidad evaluó la información sobre la transacción con la empresa ABC como material o con importancia relativa y reveló esa información en sus estados financieros.

Ejemplo J—Información sobre una transacción con partes relacionadas evaluada como no material o sin importancia relativa

---

Antecedentes

Una entidad ha identificado medidas de su rentabilidad como de gran interés para los usuarios principales de sus estados financieros. La entidad posee una gran flota de vehículos. En el periodo corriente sobre el que se informa, la entidad vendió un vehículo casi totalmente depreciado a la empresa DEF. La entidad transfirió el vehículo por la contraprestación total en congruencia con su valor de mercado y su valor en libros. La empresa DEF está controlada por un miembro del personal clave de la gerencia de la entidad. Por ello, la empresa DEF es una parte relacionada con la entidad.

Aplicación

Al preparar sus estados financieros, la entidad evaluó si la información sobre la transacción con la empresa DEF era material o tenía importancia relativa.

Como en el **Ejemplo I**, la entidad comenzó su evaluación desde una perspectiva cuantitativa y evaluó el impacto de la transacción con la parte relacionada con respecto a medidas de rentabilidad de la entidad. Habiendo concluido inicialmente que el impacto de la transacción con la parte relacionada no era material o no tenía importancia relativa, desde una perspectiva meramente cuantitativa, la entidad evaluó adicionalmente la presencia de eventuales factores cualitativos.

[Referencia: párrafo 53]

La entidad transfirió el vehículo por la contraprestación total en congruencia con su valor de mercado y su valor en libros. Sin embargo, la entidad identificó el hecho de que el vehículo fue vendido a una parte relacionada como una característica que hace que la información sobre esa transacción influya probablemente en las decisiones de sus usuarios principales.

La entidad, además, evaluó la transacción desde una perspectiva cuantitativa, pero concluyó que su impacto era demasiado pequeño para esperarse razonablemente que influyera en las decisiones de los usuarios principales, incluso al considerarlo con el hecho de que la transacción fue con una parte relacionada. La información sobre la transacción con la empresa DEF fue consecuentemente evaluada como no material o sin importancia relativa y no se reveló en los estados financieros de la entidad.

Ejemplo K—influencia de los factores cualitativos externos sobre los juicios sobre materialidad o importancia relativa

Antecedentes

Un banco internacional mantiene un importe muy pequeño de deuda procedente de un país cuya economía nacional está experimentando actualmente dificultades financieras graves. Otros bancos internacionales que operan en el mismo sector que la entidad mantienen importes significativos de deuda procedente de ese país y, por ello, están afectados de forma significativa por las dificultades financieras de ese país.

Aplicación

El párrafo 31 de la NIIF 7 *Instrumentos Financieros: Información a Revelar* requiere que una entidad revele información que permita que los usuarios de sus estados financieros evalúen la naturaleza y el alcance del riesgo que surge de los instrumentos financieros a los que la entidad esté expuesta al final del periodo sobre el que se informa.

Al preparar sus estados financieros, el banco evaluó si el hecho de mantener un importe muy pequeño de deuda procedente de ese país era información material o tenía importancia relativa.

Al hacer esa evaluación, el banco consideró la exposición a esa deuda concreta afrontada por otros bancos internacionales que operan en el mismo sector (factor cualitativo externo). **[Referencia: párrafo 51]**

En estas circunstancias, el hecho de que el banco esté manteniendo un importe muy pequeño de deuda (o incluso ninguna deuda en absoluto) procedente de ese país, mientras que otros bancos internacionales que operan en el mismo sector mantienen importes significativos, proporciona a los usuarios principales de la entidad información útil sobre la medida en que la gerencia ha sido eficaz en proteger los recursos del banco de efectos desfavorables de las condiciones económicas de ese país.

El banco evaluó la información sobre la ausencia de exposición a esa deuda concreta como material o con importancia relativa y la reveló en sus estados financieros.

Fase 3—Organizar
[Referencia: párrafo FC29, Fundamentos de las Conclusiones]

56 La clasificación, caracterización y presentación de la información de forma clara y concisa la hace comprensible.[23] Una entidad ejerce el juicio profesional al decidir cómo comunicar información con claridad y concisión. Por ejemplo, es más probable que la entidad comunique de forma clara y concisa la información material o con importancia relativa, identificada en la Fase 2, organizándola para:

(a) enfatizar los temas materiales o con importancia relativa;

(b) adaptar la información a las circunstancias propias de la entidad;

---

23 Véase el párrafo 2.34 del *Marco Conceptual*.

(c) describir las transacciones, otros sucesos y condiciones de la entidad tan simple y directamente como sea posible sin omitir información material o con importancia relativa y sin incrementar innecesariamente el tamaño de los estados financieros;

(d) destacar las relaciones entre las diferentes partes de la información;

(e) proporcionar información en un formato que sea apropiado a su tipo, por ejemplo, una tabla o descripción;

(f) facilitar información de forma que maximice, en la medida de lo posible, la comparabilidad entre entidades y entre periodos sobre los que se informa;

(g) evitar o minimizar duplicidades de información en diferentes partes de los estados financieros; y

(h) asegurar que la información material o con importancia relativa no se ensombrece por información no material o sin importancia relativa. **[Referencia: párrafo 30A, NIC 1]**

57 Los estados financieros son menos comprensibles para los usuarios principales si la información se organiza de forma poco clara. De forma análoga, los estados financieros son menos comprensibles si una entidad agrega partidas materiales o con importancia relativa que tienen distintas naturalezas o funciones, o si la información material o con importancia relativa se ensombrece,[24] por ejemplo, mediante una cantidad excesiva de información no material o sin importancia relativa.

58 Además, una entidad considera los diferentes papeles de los estados financieros principales y las notas al decidir si presentar un elemento de información de forma separada en los estados financieros principales, agregarlo con otra información o revelar la información en las notas.

59 El producto de la Fase 3 es el borrador de estados financieros.

Fase 4—Revisar
[Referencia: párrafo FC30, Fundamentos de las Conclusiones]

60 Una entidad necesita evaluar si la información es material o tiene importancia relativa de forma individual y en combinación con otra información[25] en el contexto de sus estados financieros en su conjunto. Incluso si se juzga que la información no es material o no tiene importancia relativa por sí misma, podría ser material o tener importancia relativa cuando se considera en combinación con otra información en el conjunto completo de estados financieros.

---

24 Véase el párrafo 30A de la NIC 1.

25 Véase el párrafo 7 de la NIC 1.

61 Al revisar su borrador de estados financieros, una entidad se basará en su conocimiento y experiencia de sus transacciones, otros sucesos y condiciones para identificar si se ha proporcionado en los estados financieros toda la información material o con importancia relativa y con la preponderancia apropiada.

62 Esta revisión proporciona a una entidad una oportunidad de "retroceder" y considerar la información proporcionada desde una perspectiva más amplia y de forma agregada. Esto permite que la entidad considere la imagen global de su situación financiera, rendimiento financiero y flujos de efectivo. Al realizar esta revisión, la entidad también considera si:

(a) Todas las relaciones relevantes entre elementos diferentes de información han sido consideradas. La identificación de nuevas relaciones entre información podría conducir a que esa información fuera identificada como material o con importancia relativa por primera vez.

(b) Los elementos de información que no son materiales o no tienen importancia relativa, al considerarlos de forma conjunta, podrían, no obstante, razonablemente esperarse que influyeran en las decisiones de los usuarios principales. **[Referencia: párrafo 5, NIC 8 y párrafo 7, NIC 1]**

(c) La información en los estados financieros se comunica de forma efectiva y comprensible, y se organiza para evitar el ensombrecimiento de información material o con importancia relativa.

(d) Los estados financieros proporcionan una presentación razonable de la situación financiera, rendimiento financiero y flujos de efectivo.[26]

63 La revisión puede conducir a:

(a) que se proporcione información adicional en los estados financieros;

(b) una mayor desagregación de la información que ya se había identificado como material o con importancia relativa;

(c) que información que ya se había identificado como no material o sin importancia relativa se elimine de los estados financieros para evitar el ensombrecimiento de información material o con importancia relativa; o

(d) que se reorganice información dentro de los estados financieros.

64 La revisión de la Fase 4 puede también conducir a que una entidad cuestione la evaluación realizada en la Fase 2 y decida realizar nuevamente la evaluación. Como resultado de la nueva evaluación en la Fase 2 la entidad puede concluir que la información anteriormente identificada como material o con importancia relativa es, de hecho, no material o sin importancia relativa, y eliminarla de los estados financieros.

65 El producto de la Fase 4 es el borrador de estados financieros.

---

26 Véase el párrafo 15 de la NIC 1.

Temas específicos

Información del período anterior
[Referencia: párrafos FC31 a FC33, Fundamentos de las Conclusiones]

66 Una entidad realiza juicios sobre materialidad o importancia relativa sobre el conjunto completo de estados financieros, incluyendo la información sobre el período anterior[27] proporcionada en los estados financieros.

67 Las Normas NIIF requieren que una entidad presente información con respecto al periodo anterior para todos los importes incluidos en los estados financieros del periodo corriente. [28] Además, la Norma requiere que la entidad aporte información sobre el período anterior para elaborar la información narrativa y descriptiva si es relevante para la comprensión de los estados financieros del periodo corriente.[29] Finalmente, la Norma requiere que una entidad presente como mínimo, dos estados de situación financiera, dos estados del resultado y otro resultado integral del periodo, dos estados del resultado del periodo (si los presenta por separado), dos estados de flujos de efectivo, dos estados de cambios en el patrimonio, y notas relacionadas.[30] Estos requerimientos son la información comparativa mínima identificada por las Normas. [31]

68 La evaluación de si la información del periodo anterior es material o tiene importancia relativa para los estados financieros del periodo corriente podrían conducir a que una entidad:

(a) proporcione más información del periodo anterior que la facilitada en los estados financieros del periodo anterior (véase el párrafo 70); o

(b) proporcione menos información del periodo anterior que la facilitada en los estados financieros del periodo anterior (véase el párrafo 71).

69 Una entidad también necesita considerar las leyes o regulaciones locales, con respecto a la información del periodo anterior a proporcionar en los estados financieros, al tomar decisiones sobre qué información del período anterior facilitar en los estados financieros del periodo corriente. Esas leyes o regulaciones locales pueden requerir que una entidad proporcione en los estados financieros información del período anterior, además de la información comparativa mínima requerida por las Normas. Las Normas permiten la introducción de esta información adicional, pero requieren que se prepare de acuerdo con las Normas[32] y no ensombrezca información material

---

27 Para este Documento de Práctica, "periodo anterior" debe entenderse como "periodos anteriores" si los estados financieros incluyen importes e información a revelar de más de un periodo anterior.

28 Excepto cuando las Normas NIIF permiten o requieren otra cosa. Véase el párrafo 38 de la NIC 1.

29 Véase el párrafo 38 de la NIC 1.

30 Véase el párrafo 38A de la NIC 1.

31 El párrafo 10(f) de la NIC 1 también requiere que una entidad proporcione un estado de situación financiera al principio del primer periodo inmediato anterior comparativo, cuando la entidad aplique una política contable de forma retroactiva o realice una reexpresión retroactiva de partidas en sus estados financieros, o cuando reclasifique partidas en sus estados financieros de acuerdo con los párrafos 40A a 40D de la NIC 1.

32 Véase el párrafo 38C de la NIC 1.

o con importancia relativa.[33] Sin embargo, una entidad que desee declarar el cumplimiento con las Normas NIIF no puede proporcionar menos información que la requerida por las Normas, incluso si las leyes o regulaciones locales permiten otra cosa. **[Referencia: párrafo 27]**

Información del periodo anterior no proporcionada previamente

70　Una entidad debe proporcionar la información del período anterior necesaria para comprender los estados financieros del periodo corriente,[34] independientemente de si esa información se proporcionó en los estados financieros del periodo anterior—este requerimiento no está condicionado a que la información del periodo anterior se facilitara en los estados financieros del periodo anterior. Por consiguiente, se requeriría la introducción de información del periodo anterior no anteriormente incluida si es necesario para que los usuarios principales comprendan los estados financieros del periodo corriente.

Información del periodo anterior no proporcionada previamente

Antecedentes

En el periodo anterior, una entidad tenía una cantidad muy pequeña de deuda pendiente. La información sobre esta deuda fue evaluada de forma apropiada como no material o sin importancia relativa en el periodo anterior, y de esta forma, la entidad no reveló ningún desglose de vencimientos mostrando los vencimientos contractuales pendientes u otra información que, en otro caso, se requiere por el párrafo 39(a) de la NIIF 7 *Instrumentos Financieros: Información a Revelar*.

En el periodo corriente, la entidad emitió una gran cantidad de deuda. La entidad concluyó que la información sobre el vencimiento de la deuda era información material o con importancia relativa, en los estados financieros del periodo corriente.

Aplicación

La entidad podría concluir que sería necesaria la introducción en los estados financieros de un desglose de vencimientos de deuda del periodo anterior para que los usuarios principales comprendan los estados financieros del periodo corriente. En estas circunstancias, podría ser suficiente una descripción narrativa del vencimiento de los saldos del periodo anterior de la deuda pendiente.

Resumen de la información del período anterior

71　Excepto por la medida requerida para cumplir con las leyes o regulaciones locales que afectan la preparación de los estados financieros o su auditoría, **[Referencia: párrafo 69]** una entidad no reproduce de forma automática en los estados financieros del periodo corriente toda la información proporcionada en los estados financieros del periodo anterior. En su lugar, la entidad puede

---

33　Véase el párrafo 30A de la NIC 1 y el párrafo FC30F de los Fundamentos de las Conclusiones de la NIC 1.

34　Véase el párrafo 38 de la NIC 1.

resumir la información del periodo anterior, conservando la información necesaria para que los usuarios principales comprendan los estados financieros del periodo corriente.

Ejemplo M—Resumen de la información del periodo anterior

Antecedentes

Una entidad reveló, en los estados financieros del periodo anterior, detalles de un litigio que condujo al reconocimiento, en ese periodo, de una provisión. De acuerdo con la NIC 37 *Provisiones, Pasivos Contingentes y Activos Contingentes* la entidad reveló en los estados financieros del periodo anterior una descripción detallada de incertidumbres sobre el importe y calendario de posibles salidas de efectivo , con respecto al litigio, junto con los supuestos más importantes realizados con respecto a sucesos futuros.

La mayoría de las incertidumbres se han resuelto en el periodo corriente, y, aun cuando el pasivo no se ha liquidado, un pronunciamiento de los tribunales confirmó el importe ya reconocido en los estados financieros por la entidad.

La entidad consideró las leyes locales relevantes, regulaciones y otros requerimientos de información y concluyó que no había obligaciones establecidas localmente en relación con la introducción de información del periodo anterior en los estados financieros del periodo corriente.

Aplicación

En estas circunstancias, sobre la base de los requerimientos de las Normas NIIF, la entidad puede no necesitar reproducir en los estados financieros del periodo corriente toda la información sobre el litigio legal proporcionada en los estados financieros del periodo anterior. Puesto que la mayoría de las incertidumbres han sido resueltas, los usuarios de los estados financieros del periodo corriente ya no necesitan información detallada sobre éstas. En su lugar, la información sobre esas incertidumbres puede resumirse y actualizarse para reflejar los sucesos y circunstancias del periodo corriente y la resolución de las incertidumbres anteriormente presentadas.

Errores

72   Los errores son omisiones o inexactitudes en los estados financieros de una entidad que surgen de un fallo en el uso, o mal uso, de la información fiable que está disponible, o podría razonablemente esperarse que lo estuviera.[35] Los errores materiales o con importancia relativa son aquellos que de forma individual o colectiva podrían razonablemente esperarse que influyeran en las decisiones de los usuarios principales se toman sobre la base de estos estados financieros. Los errores pueden afectar a las descripciones narrativas reveladas en las notas, así como a los importes presentados en los estados financieros principales o en las notas.

---

35   Véase el párrafo 5 de la NIC 8 (derivada de la definición de errores de periodos anteriores).

73   Con el fin de asegurar el cumplimiento con las Normas NIIF, una entidad debe corregir todos los errores materiales o con importancia relativa, así como los que no son materiales o no tienen importancia relativa, realizados intencionadamente para conseguir una presentación concreta de su situación financiera, rendimiento financiero o flujos de efectivo.[36] **[Referencia: párrafo FC37, Fundamentos de las Conclusiones]** La entidad debería referirse a la NIC 8 *Políticas Contables Cambios en las Estimaciones Contables y Errores* para obtener orientación sobre cómo corregir un error. **[Referencia: párrafo 42, NIC 8]**

74   Los errores que no son materiales o no tienen importancia relativa, si no se hicieron intencionadamente para conseguir una presentación concreta, no necesitan corregirse para asegurar el cumplimiento con las Normas NIIF. Sin embargo, la corrección de todos los errores (incluyendo los que no son materiales o no tienen importancia relativa) en la preparación de los estados financieros reduce el riesgo de que errores que no son materiales o no tienen importancia relativa se acumulen a lo largo de periodos sobre los que se informa y se conviertan en materiales o con importancia relativa.

75   Una entidad evalúa si un error es material o tiene importancia relativa aplicando las mismas consideraciones que las establecidas en la descripción del proceso de materialidad o importancia relativa. **[Referencia: párrafos 33 a 65]** La realización de juicios sobre materialidad o importancia relativa implica consideraciones cuantitativas y cualitativas. La entidad identifica información que, si se omite o es inexacta, podría razonablemente esperarse que influyera en las decisiones de los usuarios principales (como se describe en la Fase 1 y Fase 2 del proceso de materialidad o importancia relativa). La entidad también considera si los errores identificados son materiales o tienen importancia relativa sobre una base colectiva (como se describe en la Fase 4 del proceso de materialidad o importancia relativa). **[Referencia: párrafo FC34, Fundamentos de las Conclusiones]**

76   Incluso si una inexactitud se juzga que no es material o no tiene importancia relativa por sí misma, puede serlo cuando se considera con otra información. Sin embargo, en general, si un error es individualmente evaluado como material o con importancia relativa para los estados financieros de una entidad, la existencia de otros errores que afectan la situación financiera, rendimiento financiero o flujos de efectivo de la entidad de forma opuesta, no hacen que el error no material o sin importancia relativa, ni eliminan la necesidad de corregirlo.

---

36   Véase el párrafo 41 de la NIC 8.

Ejemplo N—Evaluación individual y colectiva de errores

Antecedentes

Una entidad ha identificado medidas de su rentabilidad como de gran interés para los usuarios principales de sus estados financieros. Durante el periodo corriente sobre el que se informa, la entidad reconoció:

(a)   un gasto acumulado (devengado) de 100 u.m.[a] que no debería haber sido reconocido. La acumulación (devengo) afectó la partida de los estados financieros "costo de servicios".

(b)   La reversión de una provisión de 80 u.m. reconocida en el periodo anterior no debería haberse revertido. La reversión afectó a la partida de los estados financieros "otros ingresos (gastos) de operación".

Aplicación

Al evaluar si estos errores son materiales o tienen importancia relativa para sus estados financieros, la entidad no identificó la presencia de factores cualitativos **[Referencia: párrafos 46 a 51]** y, por ello, realizó su juicio sobre materialidad o importancia relativa solo desde una perspectiva cuantitativa. **[Referencia: párrafos 44 y 45]** La entidad concluyó que los errores eran individualmente materiales o tenían importancia relativa por el impacto en su ganancia.

En estas circunstancias, sería inapropiado considerar el efecto cuantitativo de los errores sobre una base neta, es decir, como una sobrestimación de 20 u.m. de gastos, concluyendo de ese modo que los errores identificados no necesitaban corregirse. Si un error es individualmente evaluado como material o con importancia relativa para los estados financieros de una entidad, la existencia de otros errores que afectan la situación financiera, rendimiento financiero o flujos de efectivo de la entidad de forma opuesta, no eliminan la necesidad de corregirlo, ni hacen el error no material o sin importancia relativa.

(a)   En este ejemplo, los importes monetarios se denominan en "unidades monetarias (u.m.)".

Errores acumulados

77   Una entidad puede, a lo largo de un cierto número de periodos sobre los que se informa, acumular errores que fueron no materiales o sin importancia relativa, tanto considerados individualmente en cada periodo anterior, como de forma acumulada a lo largo de todos los periodos anteriores. Los errores sin corregir que se han acumulado a lo largo de más de un periodo se denominan en ocasiones "errores acumulados".

78   Los juicios sobre materialidad o importancia relativa sobre errores acumulados en estados financieros del período anterior que una entidad realiza en el momento en que los estados fueron autorizados para su emisión no necesitan ser revisados en periodos posteriores a menos que la entidad no use, o use inexactamente, información que:

(a)   estaba disponible cuando los estados financieros para tales periodos fueron formulados; y

(b)   podría esperarse razonablemente que se hubiera conseguido y tenido en cuenta en la elaboración de aquellos estados financieros.[37]

[Referencia: párrafo FC35(a), Fundamentos de las Conclusiones(a)]

79   Para evaluar si un error acumulado ha pasado a ser material o con importancia relativa para los estados financieros del periodo corriente, una entidad considera si, en el periodo corriente:

(a)   las circunstancias de la entidad han cambiado, conduciendo a una evaluación diferente de la materialidad o importancia relativa para el periodo corriente; o

(b)   ha ocurrido una acumulación adicional de un error del periodo corriente sobre el error acumulado.

[Referencia: párrafo FC35(b), Fundamentos de las Conclusiones(b)]

80   Una entidad debe corregir los errores acumulados si han pasado a ser materiales o con importancia relativa para los estados financieros del periodo corriente.

[Referencia: párrafo FC36, Fundamentos de las Conclusiones]

Ejemplo O—Evaluación del periodo corriente de errores acumulados

Antecedentes

Una entidad, hace tres años, compró una planta. La planta tiene una vida útil de 50 años y un valor residual que asciende al 20 por ciento del costo de la planta. La entidad comenzó a usar la planta hace tres años, pero no ha reconocido ninguna depreciación por ella (error acumulado). En cada periodo anterior, la entidad evaluó el error de no depreciar su planta como que era individual y acumuladamente no material o sin importancia relativa para los estados financieros de ese periodo. No existe indicación de que los juicios sobre materialidad o importancia relativa de periodos anteriores fueran erróneos.

En el periodo corriente, la entidad comenzó a depreciar la planta.

En el mismo periodo, la entidad experimentó una reducción significativa en las ganancias [el tipo de circunstancia a la que hace referencia el párrafo 79(a) del Documento de Práctica].

Aplicación

Al realizar sus juicios sobre materialidad o importancia relativa en la preparación de los estados financieros del periodo corriente, la entidad concluyó que el error acumulado era material o tenía importancia relativa para los estados financieros del periodo corriente.

continúa...

---

37   Véase el párrafo 5 de la NIC 8.

...continuación

En este escenario, la entidad no necesita revisar las evaluaciones sobre materialidad o importancia relativa realizadas en periodos anteriores. **[Referencia: párrafo 78]** Sin embargo, puesto que el error acumulado del periodo corriente ha pasado a ser material o tener importancia relativa para los estados financieros del periodo corriente, la entidad debe aplicar los requerimientos de la NIC 8 para corregirlo. **[Referencia: párrafo 80]**

Información sobre cláusulas con una condición financiera

81   Una entidad evalúa la materialidad o importancia relativa de la información sobre la existencia y términos de una cláusula contenida en un acuerdo de préstamo (cláusula con una condición financiera), o de una infracción de ésta, para decidir si proporcionar información relacionada con dicha cláusula con una condición financiera en los estados financieros. Esta evaluación se realiza de la misma forma que para otra información, es decir, considerando si esa información podría razonablemente esperarse que influyera en las decisiones que sus usuarios principales toman sobre la base de los estados financieros de la entidad (véase "Un proceso de materialidad o importancia relativa de cuatro fases", párrafo 33).

82   En concreto, cuando existe una cláusula con una condición financiera, una entidad considera:

(a)   Las consecuencias de que ocurra una infracción, es decir, el impacto que una infracción de la cláusula con una condición financiera tendría sobre la situación financiera, rendimiento financiero y flujos de efectivo de la entidad. Si esas consecuencias afectarían la situación financiera, rendimiento financiero o flujos de efectivo de la entidad de forma que podría razonablemente esperarse que influyeran en las decisiones de los usuarios principales, entonces la información sobre la existencia de la cláusula con una condición financiera y sus términos es probable que sea material o tenga importancia relativa. Por el contrario, si las consecuencias de una infracción de la cláusula con una condición financiera no afectarían a la situación financiera, rendimiento financiero o flujos de efectivo de la entidad de esta forma, entonces la información sobre la cláusula con una condición financiera podría no ser necesaria.

(b)   La probabilidad de que ocurra una infracción de la cláusula con una condición financiera. Cuánto más probable sea que ocurriera una infracción de la cláusula con una condición financiera, más probable será que la información sobre la existencia y términos de la cláusula con una condición financiera sea material o tenga importancia relativa.

[Referencia: párrafo FC39, Fundamentos de las Conclusiones]

83   Al evaluar si la información sobre una cláusula con una condición financiera es material o tiene importancia relativa, se aplica una combinación de consideraciones del párrafo 82(a) y 82(b). La información sobre una cláusula con una condición financiera para la cual las consecuencias de una infracción afectarían la situación financiera, rendimiento financiero o flujos de efectivo de una entidad de forma que podría razonablemente esperarse que influyeran en las decisiones de los usuarios principales, pero que solo existe una remota posibilidad de que ocurra la infracción, no es material o no tiene importancia relativa.

[Referencia: párrafo FC39, Fundamentos de las Conclusiones]

Ejemplo P—Evaluación de si la información sobre cláusulas con una condición financiera es material o tiene importancia relativa

Antecedentes

Una entidad ha crecido rápidamente a lo largo de los cinco últimos años y recientemente ha sufrido algunos problemas de liquidez. A la entidad se le concedió un préstamo a largo plazo en el periodo corriente sobre el que se informa. El acuerdo de préstamo incluye una cláusula con una condición financiera que requiere que la entidad mantenga una ratio de deuda sobre patrimonio por debajo de un umbral especificado, a medirse en cada fecha de presentación (la cláusula con una condición financiera). Según el acuerdo de préstamo, la ratio deuda sobre patrimonio tiene que calcularse sobre la base de las cifras de deuda y patrimonio tal como se presentan en los estados financieros de la entidad conforme a las NIIF. Si la entidad infringe la cláusula con una condición financiera, el préstamo en su totalidad pasa a ser exigible de inmediato. La información a revelar de los términos de la cláusula con una condición financiera en los estados financieros de una entidad no se requiere por las leyes o regulaciones locales.

Aplicación

El párrafo 31 de la NIIF 7 *Instrumentos Financieros: Información a Revelar* requiere que una entidad revele información que permita que los usuarios de sus estados financieros evalúen la naturaleza y el alcance del riesgo que surge de los instrumentos financieros a los que la entidad esté expuesta al final del periodo sobre el que se informa.

En la preparación de sus estados financieros, la entidad evalúa si la información sobre la existencia de la cláusula con una condición financiera y sus términos es información material o con importancia relativa, considerando las consecuencias [Referencia: párrafo 82(a)] y la probabilidad de que ocurra una infracción. [Referencia: párrafo 82(b)]

En estas circunstancias, la entidad concluyó que, considerando sus problemas de liquidez recientes, cualquier aceleración del plan de reembolso de los préstamos a largo plazo (la consecuencia de que ocurra la infracción de la cláusula con una condición financiera) afectaría la posición financiera, y los flujos de efectivo de forma que podría razonablemente esperarse que influyera en las decisiones de los usuarios principales.

continúa...

...continuación

La entidad también consideró la probabilidad de que ocurra una infracción.

Escenario 1 — El prestamista definió el umbral de la cláusula con una condición financiera sobre la base de un plan de negocio de tres años preparado por la entidad, añadiendo una tolerancia del 10 por ciento a las cifras previstas

En este escenario, aun cuando la entidad ha cumplido históricamente sus planes de negocio pasados, evaluó la probabilidad de que ocurra una infracción superior a remota. Por ello, la información sobre la existencia de una cláusula con una condición financiera y sus términos fue evaluada como material o con importancia relativa y lo reveló en los estados financieros de la entidad.

Escenario 2 — El prestamista definió el umbral de la cláusula con una condición financiera sobre la base de un umbral de negocio de tres años preparado por la entidad, añadiendo una tolerancia del 200 por ciento a las cifras previstas

En este escenario, la entidad evaluó como remota la probabilidad de que ocurriera una infracción, sobre la base del cumplimiento de los planes de negocio pasados que mostraban sus registros históricos, así como de la magnitud de la tolerancia incluida en el umbral de la cláusula con una condición financiera. Por ello, aunque las consecuencias de la infracción de la cláusula con una condición financiera afectarían la situación financiera y los flujos de efectivo de la entidad de forma que podría razonablemente esperarse que influyera en las decisiones de los usuarios principales, la entidad concluyó que la información sobre la existencia de la cláusula con una condición financiera y sus términos no era material o tenía importancia relativa.

[Referencia: párrafo 83]

Juicios sobre materialidad o importancia relativa para la información intermedia
[Referencia: párrafo FC41, Fundamentos de las Conclusiones]

84   Una entidad realiza juicios de materialidad o importancia relativa al preparar los estados financieros anuales y la información financiera intermedia de acuerdo con la NIC 34 *Información Financiera Intermedia*. En cualquier caso, la entidad podría aplicar el proceso de materialidad o importancia relativa descrito en los párrafos 29 a 65. Para su información financiera intermedia, la entidad considera los mismos factores de materialidad o importancia relativa que en sus evaluaciones anuales. Sin embargo, tiene en consideración que el periodo de tiempo y el propósito de la información financiera intermedia difieren del de los estados financieros anuales.

85   Al realizar los juicios sobre materialidad o importancia relativa sobre la información financiera intermedia, una entidad se centra en el periodo cubierto por esa información, es decir:

(a) Evalúa si la información en los informes financieros intermedios es material o tiene importancia relativa en relación con la información financiera del periodo intermedio, no con respecto a la información anual.[38]

(b) Aplica los factores de materialidad o importancia relativa sobre la base de la información intermedia corriente y también, siempre que exista más de un periodo intermedio (por ejemplo, en el caso de información trimestral), de la información para el ejercicio contable corriente hasta la fecha.[39]

(c) Puede considerar si proporcionar en los informes financieros intermedios información que se espera que sea material o tenga importancia relativa para los estados financieros anuales. Sin embargo, la información que se espera que sea material o tenga importancia relativa para los estados financieros anuales no necesita proporcionarse en la información financiera intermedia si no es material o no tiene importancia relativa para la información financiera intermedia.

Ejemplo Q—Información que se espera que sea material o tenga importancia relativa para los estados financieros anuales

Antecedentes

Una entidad vende principalmente productos estandarizados a clientes privados en su mercado local. En la primera mitad del periodo sobre el que se informa, el 98 por ciento de los ingresos de actividades ordinarias de la entidad fue generado por ventas del Producto X. Los ingresos de actividades ordinarias restantes procedían principalmente de una venta piloto de una línea de producto nueva — Producto Y — que la entidad planificó lanzar en el tercer trimestre del año. La entidad espera que los ingresos de actividades ordinarias del Producto Y se incrementen de forma significativa al final del periodo anual sobre el que se informa, de forma que el Producto Y proporcionará aproximadamente el 20 por ciento de los ingresos de actividades ordinarias de la entidad para el periodo anual completo.

Aplicación

El párrafo 114 de la NIIF 15 *Ingresos de Actividades Ordinarias Procedentes de Contratos con Clientes* requiere que una entidad desagregue los ingresos de actividades ordinarias reconocidos por contratos en categorías que representen la forma en que la naturaleza, importe, calendario e incertidumbre de los ingresos de actividades ordinarias y flujos de efectivo se ven afectados por factores económicos.

continúa...

---

38 Véanse los párrafos 23 y 25 de la NIC 34 *Información Financiera Intermedia*.

39 El párrafo 20 de la NIC 34 requiere que una entidad incluya en la información financiera intermedia los estados del resultado del periodo y otro resultado integral para ambos periodos, el periodo intermedio corriente y el ejercicio contable anual hasta la fecha.

...continuación

La entidad no identificó ningún factor cualitativo **[Referencia: párrafos 46 a 51]** que hiciera el importe de ingresos de actividades ordinarias del Producto Y material o con importancia relativa para el periodo intermedio.

En estas circunstancias, la entidad concluyó que la información sobre la desagregación de ingresos de actividades ordinarias por líneas de producto no era material o no tenía importancia relativa para la información financiera intermedia y no la reveló. En la preparación de la información financiera intermedia, no se requiere que la entidad desglose sus ingresos de actividades ordinarias por líneas de producto incluso si se espera que se requiera un mayor nivel de desglose para los estados financieros anuales posteriores. En otras palabras, aunque la entidad espera que los ingresos de actividades ordinarias por líneas de producto sean información material o con importancia relativa para los estados financieros anuales, ese hecho no influye en la evaluación de la materialidad o importancia relativa en la preparación de la información financiera intermedia de la entidad.

86   De forma análoga, una entidad puede considerar si proporcionar información en los estados financieros anuales que sea solo material o tenga importancia relativa para la información financiera intermedia. Sin embargo, si la información es material o tiene importancia relativa para la información financiera intermedia, no necesita presentarse o revelarse posteriormente en los estados financieros anuales si no es material o no tiene importancia relativa para esos estados.

Ejemplo R—Información que solo es material o tiene importancia relativa para la información financiera intermedia

Antecedentes

Una entidad ha identificado medidas de su rentabilidad y flujos de efectivo como de gran interés para los usuarios principales de sus estados financieros. Durante el periodo intermedio, la entidad construyó un proceso de tratamiento químico nuevo para permitirle cumplir con los requerimientos medioambientales para la producción y almacenamiento de productos químicos peligrosos. Esta partida de propiedades, planta y equipo (PP&E) cumple los requisitos para su reconocimiento como un activo de acuerdo con el párrafo 11 de la NIC 16 *Propiedades, Planta y Equipo*.

Aplicación

El párrafo 74(b) de la NIC 16 requiere revelar información sobre los desembolsos reconocidos en el importe en libros de una partida de PP&E en el curso de su construcción.

continúa...

...continuación

> En la preparación de la información financiera intermedia, la entidad evaluó, desde una perspectiva cuantitativa y cualitativa, la información sobre el desembolso reconocido en el importe en libros del proceso de tratamiento químico, concluyó que la información era material o tenía importancia relativa para la información financiera intermedia y la reveló.
> **[Referencia: párrafo 85(a)]**
>
> La entidad no incurrió en desembolsos adicionales relacionados con el proceso de tratamiento químico en la segunda mitad del periodo anual sobre el que se informa. En la preparación de sus estados financieros anuales, la entidad evaluó el desembolso reconocido en el importe en libros del proceso de tratamiento químico con respecto a las medidas de su rentabilidad anual y flujos de efectivo y concluyó que esta información no era material o no tenía importancia relativa para los estados financieros anuales. Para alcanzar esa conclusión, la entidad no identificó factores cualitativos que conducían a una evaluación diferente.
>
> No se requiere que la entidad revele información sobre el desembolso reconocido en el importe en libros de su proceso de tratamiento químico en sus estados financieros anuales.

87   Al evaluar la materialidad o importancia relativa, una entidad también considera el propósito de la información financiera intermedia, que difiere del propósito de los estados financieros anuales. La información financiera intermedia se elabora con la intención de poner al día el último conjunto de estados financieros anuales completos.[40] La información que es material o tiene importancia relativa para el periodo intermedio, pero que ya se proporcionó en los últimos estados financieros, no necesita reproducirse en la información financiera intermedia, a menos que ocurra algo nuevo o se necesite una actualización.[41]

Estimaciones de información intermedia

88   Cuando una entidad concluye que la información sobre la incertidumbre de la estimación es material o tiene importancia relativa, la entidad necesita revelar esa información. **[Referencia: párrafo 125, NIC 1]** Las medidas incluidas en la información financiera intermedia, a menudo, dependen más de estimaciones que de medidas incluidas en los estados financieros anuales.[42] Ese factor no hace, por sí mismo, las mediciones estimadas materiales o con importancia relativa. No obstante, depender de estimaciones para la información financiera intermedia en mayor medida que la información financiera anual puede dar lugar a más información a revelar sobre incertidumbres que son materiales o con importancia relativa, y, por ello, que se proporciona en la información financiera intermedia, en comparación con los estados financieros anuales.

---

40   Véase el párrafo 6 de la NIC 34.
41   Véanse los párrafos 15 a 15A de la NIC 34.
42   Véase el párrafo 41 de la NIC 34.

Información sobre políticas contables
[Referencia: párrafos FC41A a FC41F, Fundamentos de las Conclusiones]

88A   El párrafo 117 de la NIC 1 requiere que una entidad revele información sobre políticas contables que sea material o tenga importancia relativa.

[Referencia: párrafo FC41A, Fundamentos de las Conclusiones]

88B   La información sobre políticas contables que está relacionada con transacciones, otros sucesos o condiciones que carece de materialidad o importancia relativa no es material o no tiene importancia relativa y no necesita revelarse. La información sobre políticas contables podría, no obstante, ser material o tener importancia relativa, debido a la naturaleza de las transacciones , otros sucesos o condiciones relacionados, incluso si los importes no son materiales o no carecen de importancia relativa. Se requiere que una entidad revele información sobre políticas contables que se relaciona con transacciones, otros sucesos o condiciones materiales o con importancia relativa si esa información es material o tiene importancia relativa para esos estados financieros.

88C   Al evaluar si la información sobre políticas contables es material o tiene importancia relativa para sus estados financieros, una entidad considera si los usuarios de los estados financieros de la entidad la necesitarían para comprender otra información material o con importancia relativa de esos estados financieros. Una entidad realiza esta evaluación de la misma forma que para otra información: considerando los factores cualitativos y cuantitativos descritos en los párrafos 44 a 55. El Diagrama 2 ilustra la forma en que una entidad evalúa si la información sobre políticas contables es material o tiene importancia relativa y, por ello, debe ser revelada.

[Referencia: párrafo FC41C, Fundamentos de las Conclusiones]

Diagrama 2—determinación de si la información sobre políticas contables es material o tiene importancia relativa

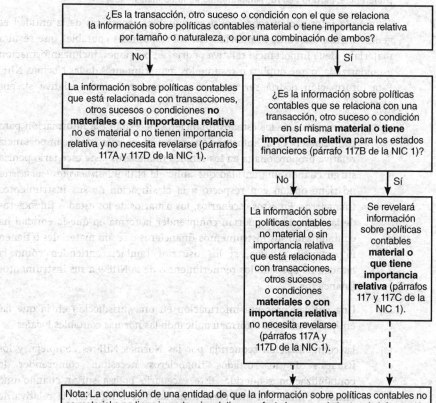

¿Es la transacción, otro suceso o condición con el que se relaciona la información sobre políticas contables material o tiene importancia relativa por tamaño o naturaleza, o por una combinación de ambos?

No → La información sobre políticas contables que está relacionada con transacciones, otros sucesos o condiciones **no materiales o sin importancia relativa** no es material o no tienen importancia relativa y no necesita revelarse (párrafos 117A y 117D de la NIC 1).

Sí → ¿Es la información sobre políticas contables que se relaciona con una transacción, otro suceso o condición en sí misma **material o tiene importancia relativa** para los estados financieros (párrafo 117B de la NIC 1)?

No → La información sobre políticas contables no material o sin importancia relativa que está relacionada con transacciones, otros sucesos o condiciones **materiales o con importancia relativa** no necesita revelarse (párrafos 117A y 117D de la NIC 1).

Sí → Se revelará información sobre políticas contables **material o que tiene importancia relativa** (párrafos 117 y 117C de la NIC 1).

Nota: La conclusión de una entidad de que la información sobre políticas contables no es material o no tiene importancia relativa no afecta los requerimientos de información a revelar relacionada establecidos en otras Normas NIIF (párrafo 117E de la NIC 1).

88D El párrafo 117B de la NIC 1 incluye ejemplos de circunstancias en las que una entidad es probable que considere que la información sobre políticas contables es material o tiene importancia relativa para sus estados financieros. La lista no es exhaustiva, pero proporciona guías sobre cuándo consideraría normalmente una entidad que la información sobre políticas contables es material o tiene importancia relativa.
[Referencia: párrafo FC41C, Fundamentos de las Conclusiones]

88E El párrafo 117C de la NIC 1 describe el tipo de información sobre políticas contables que los usuarios de los estados financieros encuentran más útil. Los usuarios, generalmente, encuentran la información sobre las características de las transacciones de una entidad, otros sucesos o condiciones—información específica de la entidad—más útil que la información revelada que solo incluye información estandarizada, o información que duplica o resume los requerimientos de las Normas NIIF. La información sobre políticas contables específicas de la entidad es particularmente útil cuando se relaciona con un área para la que una entidad ha ejercitado su juicio—por ejemplo, cuando una entidad aplica una Norma NIIF de forma diferente a entidades similares en el mismo sector industrial.

[Referencia: párrafo FC41C, Fundamentos de las Conclusiones]

88F Aunque la información sobre políticas contables específicas de la entidad es generalmente más útil, la información sobre políticas contables que resulta material o tiene importancia relativa podría, en ocasiones, incluir información estandarizada, o que duplica o resume los requerimientos de las Normas NIIF. Esta información podría ser material o tener importancia relativa si, por ejemplo:

(a) Los usuarios de los estados financieros necesitan esa información para comprender otra información material o que tiene importancia relativa proporcionada en los estados financieros. Este escenario podría surgir cuando una entidad que aplica la NIIF 9 *Instrumentos Financieros* no tiene opción con respecto a la clasificación de sus instrumentos financieros. En estos escenarios, los usuarios de los estados financieros de la entidad solo podrían comprender la forma en que la entidad ha contabilizado sus instrumentos financieros que son materiales o tienen importancia relativa, si los usuarios también entienden cómo la entidad ha aplicado los requerimientos de la NIIF 9 a sus instrumentos financieros.

(b) Una entidad presenta información en una jurisdicción en la que las entidades también informan aplicando las normas contables locales.

(c) La contabilización requerida por las Normas NIIF es compleja, y los usuarios de los estados financieros necesitan comprender la contabilización requerida. Este escenario podría surgir cuando una entidad contabiliza una clase material o con importancia relativa de transacciones, otros sucesos o condiciones aplicando más de una Norma NIIF.

[Referencia: párrafo FC41E, Fundamentos de las Conclusiones]

88G El párrafo 117D de la NIC 1 señala que si una entidad revela información sobre políticas contables que no es material o carece de importancia relativa, esta información no ensombrecerá la información que sí lo es. Los párrafos 56 a 59 proporcionan guías sobre la forma en que se comunica la información de forma clara y concisa en los estados financieros.

Ejemplo S—realización de juicios de materialidad o importancia relativa centrándose en información específica de la entidad a la vez que se evita información estandarizada (repetitiva) sobre políticas contables
[Referencia: párrafos FC41C y FC41D, Fundamentos de las Conclusiones]

---

continúa...

...continuación

Antecedentes

Una entidad opera dentro del sector de las telecomunicaciones. Ésta ha suscrito contratos con clientes minoristas para entregar un aparato de teléfono móvil y servicios de datos. En un contrato típico, la entidad proporciona al cliente un aparato y servicio de datos a lo largo de tres años. La entidad aplica la NIIF 15 *Ingresos de Actividades Ordinarias procedentes de Contratos con Clientes* y reconoce ingresos de actividades ordinarias cuando, o a medida que, satisface sus obligaciones de desempeño de acuerdo con los términos del contrato.

La entidad ha identificado dos obligaciones de desempeño y contraprestaciones relacionadas:

(a)   el aparato—el cliente realiza pagos mensuales por el aparato a lo largo de tres años; y

(b)   los datos—el cliente paga un cargo mensual fijo para utilizar una cantidad mensual especificada de datos a lo largo de tres años.

Por lo que se refiere al aparato, la entidad concluye que debería reconocer ingresos de actividades ordinarias cuando satisface la obligación de desempeño (proporciona el aparato al cliente). Por lo que se refiere al servicio de datos, la entidad concluye que debería reconocer ingresos de actividades ordinarias a medida que satisface la obligación de desempeño (esto es, a medida que la entidad proporciona servicios de datos al cliente a lo largo de los tres años de vida del contrato).

La entidad señala que, al contabilizar los ingresos de actividades ordinarias ha realizado juicios sobre:

(a)   la asignación del precio de transacción a las obligaciones de desempeño; y

(b)   el calendario de satisfacción de las obligaciones de desempeño.

La entidad ha concluido que los ingresos de actividades ordinarias generados por estos contratos son materiales o tienen importancia relativa para el periodo sobre el que se informa.

Aplicación

La entidad señala que para contratos de este tipo aplica políticas contables separadas para las dos fuentes de ingresos de actividades ordinarias, a saber, ingresos de actividades ordinarias procedentes de:

(a)   venta de aparatos; y

(b)   el suministro del servicio de datos.

continúa...

...continuación

Habiendo identificado que los ingresos de actividades ordinarias de contratos de este tipo son materiales o tienen importancia relativa para los estados financieros, la entidad evalúa si la información sobre políticas contables para los ingresos de actividades ordinarias de estos contratos es, de hecho, material o tiene importancia relativa.

La entidad evalúa el efecto de revelar información sobre políticas contables considerando la presencia de factores cualitativos. La entidad destaca que sus políticas contables de reconocimiento de ingresos de actividades ordinarias:

(a) no se cambiaron durante el periodo sobre el que se informa;

(b) no se eligieron entre las opciones de políticas contables disponibles en las Normas NIIF;

(c) no se desarrollaron de acuerdo con la NIC 8 *Políticas Contables, Cambios en las Estimaciones Contables y Errores*, en ausencia de una Norma NIIF que fuese aplicable de forma específica;

(d) no son demasiado complejas como para que los usuarios principales no puedan comprender las transacciones de ingresos de actividades ordinaras relacionados sin descripciones estandarizadas de los requerimientos de la NIIF 15.

Sin embargo, algunas de las políticas contables de reconocimiento de los ingresos de actividades ordinarias de la entidad están relacionadas con un área para la que la entidad ha realizado juicios significativos al aplicar sus políticas contables — por ejemplo, al decidir la forma de asignar el precio de transacción a las obligaciones de desempeño y el calendario de reconocimiento de ingresos de actividades ordinarias.

continúa...

...continuación

La entidad considera que, además de revelar la información requerida por los párrafos 123 a 126 de la NIIF 15 sobre los juicios significativos realizados al aplicar la NIIF 15, es probable que los usuarios principales de sus estados financiero necesiten comprender la información sobre políticas contables correspondiente. Por consiguiente, la entidad concluye que esta información sobre políticas contables podría razonablemente esperarse que influyera en las decisiones de los usuarios principales de sus estados financieros. Por ejemplo, la comprensión de:

(a)   la forma en que la entidad asigna el precio de transacción a sus obligaciones de desempeño es probable que ayude a los usuarios a comprender la forma en que cada componente de la transacción contribuye a los ingresos de actividades ordinarias y a los flujos de efectivo de la entidad; y

(b)   que algunos ingresos de actividades ordinarias se reconocen en un momento determinado y algunos otros a lo largo del tiempo es probable que ayude a los usuarios a entender la manera en que se informa de los flujos de efectivo en relación con los ingresos de actividades ordinarias.

La entidad también destaca que los juicios que realiza son específicos de la entidad. Por consiguiente, una información sobre políticas contables material o con importancia relativa incluiría información sobre la forma en que la entidad ha aplicado los requerimientos de la NIIF 15 a sus circunstancias específicas.

Por ello, la entidad evalúa que la información sobre políticas contable sobre el reconocimiento de ingresos de actividades ordinarias es material o tiene importancia relativa y debe revelarse. Esta información a revelar incluiría información sobre la forma en que la entidad asigna el precio de transacción a sus obligaciones de desempeño y cuándo reconoce los ingresos de actividades ordinarias.

Ejemplo T—juicios de materialidad o importancia relativa sobre información sobre políticas contables que solo duplica requerimientos de las Normas NIIF
[Referencia: párrafos FC41C y FC41D, Fundamentos de las Conclusiones]

Antecedentes

Las propiedades, planta y equipo son materiales o tienen importancia relativa para los estados financieros de una entidad.

La entidad no tiene activos intangibles ni plusvalía, y no ha reconocido una pérdida por deterioro de valor sobre sus propiedades, planta y equipo ni en el periodo sobre el que se informa ni en los periodos para los que se ofrece información comparativa.

continúa...

...continuación

En los periodos anteriores sobre los que se informa, la entidad reveló información sobre políticas contables relacionada con el deterioro de valor de activos no corrientes que duplica los requerimientos de la NIC 36 *Deterioro del Valor de los Activos* y no proporciona información específica de la entidad. La entidad reveló que:

Los importes en libros de los activos intangibles y sus propiedades, planta y equipo se revisan en cada fecha de presentación para determinar si existe alguna indicación de deterioro de valor. Si esta indicación existe, se estima el importe recuperable del activo. Para la plusvalía e intangibles con una vida útil indefinida, el importe recuperable se estima, al menos, anualmente.

Se reconoce una pérdida por deterioro del valor en el estado de resultados del periodo siempre que el importe en libros de un activo o de su unidad generadora de efectivo supera a su importe recuperable.

El importe recuperable de los activos es el mayor entre su valor razonable menos los costos de venta y su valor en uso. Al medir el valor en uso, se descuentan los flujos de efectivo estimados futuros al valor presente, usando una tasa de descuento antes de impuestos que refleja las evaluaciones actuales del mercado del valor temporal del dinero y los riesgos específicos del activo. Para un activo que no genera grandes entradas de efectivo independientes, el importe recuperable se determina con referencia a la unidad generadora de efectivo a la que pertenece el activo.

Las pérdidas por deterioro de valor reconocidas con respecto a las unidades generadora de efectivo se asignan primero a reducir el importe en libros de la plusvalía distribuida a esa unidad generadora de efectivo y, después, a reducir el importe en libros de los otros activos de la unidad sobre una base proporcional.

Una pérdida por deterioro de valor con respecto a la plusvalía no revierte posteriormente. Para otros activos, una pérdida por deterioro de valor revierte si ha habido un cambio en las estimaciones usadas para determinar el importe recuperable, pero solo en la medida en que el nuevo importe en libros no supere el importe en libros que se habría determinado, neto de depreciaciones y amortizaciones, si no se hubiera reconocido un deterioro de valor.

Aplicación

Habiendo identificado los activos que están sujetos a la prueba del deterioro de valor como materiales o que tienen importancia relativa, la entidad evalúa si la información sobre políticas contables para deterioros de valor es, de hecho, material o tiene importancia relativa.

continúa...

...continuación

Como parte de su evaluación, la entidad considera que no ha tenido lugar ni un deterioro de valor ni una reversión de un deterioro de valor en periodo actual sobre el que se informa o periodos comparativos. Por consiguiente, es improbable que la información sobre políticas contables sobre la forma en que la entidad reconoce y asigna las pérdidas por deterioro de valor sea material o tenga importancia relativa para sus usuarios principales. De forma análoga, puesto que la entidad no tiene activos intangibles ni plusvalía, la información sobre sus políticas contables sobre deterioro de valor de activos intangibles y plusvalía es improbable que proporcionen a sus usuarios principales información material o con importancia relativa.

Sin embargo, la política contable de deterioro de valor de la entidad se relaciona con un área para la cual se requiere que la entidad realice supuestos o juicios significativos, como se describe en los párrafos 122 y 125 de la NIC 1. Dadas las circunstancias específicas de la entidad, esta concluye que la información sobre sus juicios y supuestos significativos relacionados con sus evaluaciones de deterioro de valor podría razonablemente esperarse que influyera en las decisiones de los usuarios principales de los estados financieros de la entidad. La entidad destaca que su información a revelar sobre juicios y supuestos significativos ya incluye información sobre juicios y supuestos significativos usados en sus evaluaciones del deterioro de valor.

La entidad decide que sería improbable que los usuarios principales de sus estados financieros necesitasen comprender los requerimientos de reconocimiento y medición de la NIC 36 para entender la información relacionada en los estados financieros.

Por consiguiente, la entidad concluye que revelar un resumen de los requerimientos de la NIC 36 en una política contable separada para el deterioro de valor no proporcionaría información que pudiera razonablemente esperarse que influyera las decisiones realizadas por los usuarios principales de sus estados financieros. En su lugar, la entidad revela información sobre políticas contables material o que tiene importancia relativa relacionada con los juicios y supuestos significativos que ha aplicado, en sus evaluaciones del deterioro de valor, en otra parte dentro de los estados financieros.

Aunque la entidad evalúa que alguna información sobre políticas contables sobre deterioros de valor de activos no es material o no tiene importancia relativa, ésta todavía evaluará si deben revelarse otros requerimientos de información a revelar de la NIC 36 que proporcionan información material o con importancia relativa

Fecha de aplicación

89   Este Documento de Práctica no cambia ningún requerimiento de las Normas NIIF ni introduce ningún requerimiento nuevo. Se permite que una entidad que opte por aplicar las guías del Documento de Práctica las utilice en los estados financieros elaborados a partir del 14 de septiembre de 2017.

Apéndice
Referencias al *Marco Conceptual para la Información Financiera* y a las Normas NIIF

Extractos del *Marco Conceptual para la Información Financiera*

Párrafo 1.2

Referencia a los párrafos 7 y 17 del Documento de Práctica

El objetivo de la información financiera con propósito general es proporcionar información financiera sobre la entidad que informa que sea útil a los inversores, prestamistas y otros acreedores existentes y potenciales para tomar decisiones sobre el suministro de recursos a la entidad. Esas decisiones implican:

(a)   la compra, venta, mantenimiento de instrumentos patrimonio y de deuda;

(b)   proporcionando o liquidando préstamos y otras formas de crédito; o

(c)   el ejercicio de derechos para votar, o influenciar, las decisiones de la gerencia que afectan el uso de los recursos económicos de la entidad.

Párrafo 1.3

Referencia al párrafo 18 del Documento de Práctica

Las decisiones descritas en el párrafo 1.2 dependen de las rentabilidades que los inversores, prestamistas y otros acreedores existentes o potenciales esperen, por ejemplo, dividendos, pagos del principal e intereses o incrementos del precio de mercado. Las expectativas de inversores, prestamistas y otros acreedores sobre rentabilidades dependen de su evaluación del importe, calendario e incertidumbre sobre (las perspectivas de) la entrada de efectivo neta futura a la entidad y sus evaluaciones de la administración de los recursos económicos de la entidad realizada por la gerencia. Los inversores, prestamistas y otros acreedores existentes o potenciales necesitan información que les ayude a realizar dichas evaluaciones.

Párrafo 1.4

Referencia a los párrafos 19 y 38 del Documento de Práctica

Para realizar las evaluaciones descritas en el párrafo 1.3, los inversores, prestamistas y otros acreedores existentes y potenciales necesitan información sobre:

(a)   los recursos económicos de la entidad, los derechos contra la entidad y cambios en esos recursos y derechos (véanse los párrafos 1.12 a 1.21); y

(b)   la medida en que la gerencia y los órganos de gobierno de la entidad han cumplido de forma eficiente y eficaz sus responsabilidades por el uso de los recursos de la entidad (véanse los párrafos 1.22 a 1.23).

Párrafo 1.5

Referencia al párrafo 13 del Documento de Práctica

Numerosos inversores, prestamistas y otros acreedores existentes y potenciales no pueden requerir que las entidades que informan les proporcionen información directamente, y deben confiar en los informes financieros con propósito general para obtener la mayor parte de la información financiera que necesitan. Por consiguiente, ellos son los principales usuarios a quienes se dirigen los informes financieros con propósito general.

Párrafo 1.6

Referencia al párrafo 21 del Documento de Práctica

Sin embargo, los informes financieros con propósito general no proporcionan ni pueden proporcionar toda la información que necesitan los inversores, prestamistas y otros acreedores existentes o potenciales. Esos usuarios necesitan considerar la información pertinente de otras fuentes, por ejemplo, las condiciones económicas generales y las expectativas, los sucesos y la situación política, y las perspectivas del sector industrial y de la empresa.

Párrafo 1.8

Referencia al párrafo 36 del Documento de Práctica

Los usuarios principales individuales tienen necesidades de información y deseos diferentes, y que posiblemente entran en conflicto. El Consejo, al desarrollar las normas, tratará de proporcionar el conjunto de información que satisfaga las necesidades del mayor número de usuarios principales. Sin embargo, centrarse en las necesidades comunes de información no impide que la entidad que informa incluya información adicional que sea más útil a un subconjunto particular de usuarios principales.

Párrafo 1.9

Referencia al párrafo 13 del Documento de Práctica

La gerencia de una entidad que informa también está interesada en información financiera sobre la entidad. Sin embargo, la gerencia no necesita confiar en informes financieros con propósito general porque es capaz de obtener la información financiera que necesita de forma interna.

Párrafo 1.10

Referencia al párrafo 13 del Documento de Práctica

Otras partes, tales como reguladores y público distinto de los inversores, prestamistas y otros acreedores, pueden encontrar también útiles los informes financieros con propósito general. Sin embargo, esos informes no están principalmente dirigidos a estos otros grupos.

Párrafo 2.7

Referencia al párrafo 20 del Documento de Práctica

La información financiera es capaz de influir en las decisiones si tiene valor predictivo, valor confirmatorio o ambos.

Párrafo 2.11

Referencia al párrafo 5 del Documento de Práctica

La información es material o tiene importancia relativa si su omisión o expresión inadecuada puede influir en decisiones que los usuarios principales de los informes financieros con propósito general (véase el párrafo 1.5) adoptan a partir de dichos informes, que facilitan información financiera de una entidad que informa específica. En otras palabras, la materialidad o la importancia relativa es un aspecto específico de la relevancia de una entidad, basado en la naturaleza o magnitud, o ambas, de las partidas a las que se refiere la información en el contexto del informe financiero de una entidad individual. Por consiguiente, el Consejo no puede especificar un umbral cuantitativo uniforme para la materialidad o importancia relativa, ni predeterminar qué podría ser material o tener importancia relativa en una situación particular.

Párrafo 2.34

Referencia al párrafo 56 del Documento de Práctica

La clasificación, caracterización y presentación de la información de forma clara y concisa la hace comprensible.

Párrafo 2.36

Referencia al párrafo 15 del Documento de Práctica

Los informes financieros se preparan para usuarios que tienen un conocimiento razonable de las actividades económicas y del mundo de los negocios, y que revisan y analizan la información con diligencia. A veces, incluso los usuarios diligentes y bien informados pueden necesitar recabar la ayuda de un asesor para comprender la información sobre fenómenos económicos complejos.

Extracto de la NIC 1 *Presentación de Estados Financieros*

Párrafo 7

Referencia a los párrafos 5, 41 y 60 del Documento de Práctica

Material o con importancia relativa:

La información es material o tiene importancia relativa si su omisión, expresión inadecuada o ensombrecimiento podría esperarse razonablemente que influya sobre las decisiones que los usuarios principales de los estados financieros con propósito general toman a partir de los estados financieros, que proporcionan información financiera sobre una entidad que informa específica.

La materialidad o con importancia relativa depende de la naturaleza o magnitud de la información, o de ambas. Una entidad evalúa si la información en cuestión, individualmente o en combinación con otra información, es material o con importancia relativa en el contexto de sus estados financieros tomados en su conjunto.

Párrafo 7

Referencia al párrafo 6 del Documento de Práctica

La evaluación de si la información podría razonablemente esperarse que influya en las decisiones tomadas por los usuarios principales de los estados financieros con propósito general de una entidad que informa requiere que una entidad considere las características de los usuarios a la vez que considera también las circunstancias propias de la entidad. [...] A veces, incluso los usuarios diligentes y bien informados pueden necesitar recabar la ayuda de un asesor para comprender la información sobre fenómenos económicos complejos.

Párrafo 15

Referencia al párrafo 62 del Documento de Práctica

Los estados financieros deberán presentar razonablemente la situación financiera y el rendimiento financiero, así como los flujos de efectivo de una entidad. Esta presentación razonable requiere la presentación fidedigna de los efectos de las transacciones, así como de otros sucesos y condiciones, de acuerdo con las definiciones y los criterios de reconocimiento de activos, pasivos, ingresos y gastos establecidos en el *Marco Conceptual para la Información Financiera (Marco Conceptual)*. Se presume que la aplicación de las NIIF, acompañada de información adicional cuando sea preciso, dará lugar a estados financieros que proporcionen una presentación razonable.

Párrafo 17

Referencia al párrafo 10 del Documento de Práctica

En casi la totalidad de las circunstancias, una entidad logrará una presentación razonable cumpliendo con las NIIF aplicables. Una presentación razonable también requiere que una entidad:

(a)   Seleccione y aplique las políticas contables de acuerdo con la NIC 8 *Políticas Contables, Cambios en las Estimaciones Contables y Errores*. La NIC 8 establece una jerarquía normativa, a considerar por la gerencia en ausencia de una NIIF que sea aplicable específicamente a una partida.

(b)   Presente información, que incluya a las políticas contables, de una forma que sea relevante, fiable, comparable y comprensible.

(c)   Suministre información adicional, siempre que el cumplimiento con los requerimientos especificados por las NIIF resulte insuficiente para permitir a los usuarios comprender el impacto de determinadas transacciones, de otros sucesos o condiciones, sobre la situación financiera y el rendimiento financiero de la entidad.

Párrafo 29

Referencia al párrafo 43 del Documento de Práctica

Una entidad presentará por separado cada clase significativa de partidas similares. Una entidad presentará por separado las partidas de naturaleza o función distinta, a menos que no tengan importancia relativa.

Párrafo 30A

Referencia a los párrafos 28, 57 y 69 del Documento de Práctica

Al aplicar esta y otras NIIF una entidad decidirá, teniendo en consideración todos los hechos y circunstancias relevantes, la forma en que agrega la información en los estados financieros, los cuales incluyen a las notas. Una entidad no reducirá la comprensibilidad de sus estados financieros ensombreciendo información significativa en información sin importancia relativa o agrupando partidas importantes que tienen diferentes naturalezas o funciones.

Párrafo 31

Referencia al párrafo 10 del Documento de Práctica

Algunas NIIF especifican la información que se requiere incluir en los estados financieros, los cuales incluyen a las notas. No es necesario que una entidad revele información específica requerida por una NIIF si la información procedente de esa revelación carece de importancia relativa. Este es el caso incluso si la NIIF contiene una lista de requerimientos específicos o los describe como requerimientos mínimos. Una entidad decidirá también revelar o no información adicional, cuando el cumplimiento con los requerimientos específicos de las NIIF resulte insuficiente para permitir a los usuarios de los estados financieros comprender el impacto de transacciones concretas, así como de otros sucesos y condiciones, sobre la situación y el rendimiento financieros de la entidad.

Párrafo 38

Referencia a los párrafos 67 y 70 del Documento de Práctica

A menos que las NIIF permitan o requieran otra cosa, una entidad revelará información comparativa respecto del periodo anterior para todos los importes incluidos en los estados financieros del periodo corriente. Una entidad incluirá información comparativa para la información descriptiva y narrativa, cuando esto sea relevante para la comprensión de los estados financieros del periodo corriente.

Párrafo 38A

Referencia al párrafo 67 del Documento de Práctica

Una entidad presentará, como mínimo, dos estados de situación financiera, dos estados del resultado y otro resultado integral del periodo, dos estados del resultado del periodo separados (si los presenta), dos estados de flujos de efectivo y dos estados de cambios en el patrimonio, y notas relacionadas.

Párrafo 38C

Referencia al párrafo 69 del Documento de Práctica

Una entidad puede presentar información comparativa, además de los estados financieros comparativos mínimos requeridos por las NIIF, en la medida en que esa información se prepare de acuerdo con las NIIF. Esta información comparativa puede consistir en uno o más estados a los que hace referencia el párrafo 10, pero no necesita comprender un juego completo de estados financieros. Cuando este sea el caso, la entidad presentará información relacionada en una nota a dichos estados adicionales.

Párrafo 117

Referencia a los párrafos 88A y 88C del Documento de Práctica

Una entidad revelará la información, sobre sus políticas contables, que sea material o tenga importancia relativa (véase el párrafo 7). La información sobre políticas contables es material o tiene importancia relativa si, cuando es considerada conjuntamente con otra información incluida en los estados financieros de una entidad, puede razonablemente esperarse que influya en las decisiones que toman los usuarios principales de los estados financieros con propósito general, sobre la base de dichos estados financieros.

Párrafo 117A

Referencia al párrafo 88C del Documento de Práctica

La información sobre políticas contables que está relacionada con transacciones, otros sucesos o condiciones no materiales o sin importancia relativa no es material o no tiene importancia relativa y no necesita revelarse. La información sobre políticas contables podría, no obstante, ser material o con importancia relativa, debido a la naturaleza de las transacciones relacionadas, otros sucesos o condiciones relacionados, incluso si los importes no son materiales o carecen de importancia relativa. Sin embargo, no toda la información sobre políticas contables relacionada con transacciones, otros sucesos o condiciones materiales o con importancia relativa es, por sí misma, material o con importancia relativa.

Párrafo 117B

Referencia a los párrafos 88C y 88D del Documento de Práctica

La información sobre políticas contables se espera que sea material o que tenga importancia relativa si los usuarios de los estados financieros de una entidad la necesitarían para comprender otra información material o con importancia relativa en esos estados financieros. Por ejemplo, una entidad es probable que considere que la información sobre políticas contables es material o tiene importancia relativa para sus estados financieros si dicha información se relaciona con transacciones, otros sucesos o condiciones que son materiales o tienen importancia relativa y;

(a)   la entidad modificó su política contable durante el periodo sobre el que se informa, lo que dio lugar a un cambio material o con importancia relativa en la información de los estados financieros;

(b)   la entidad eligió la política contable de una o más opciones permitidas por las NIIF— esta situación podría surgir si la entidad eligió medir las propiedades de inversión a costo histórico en lugar de a valor razonable;

(c)   la política contable se desarrolló de acuerdo con la NIC 8, en ausencia de una NIIF que fuese aplicable de forma específica;

(d)   la política contable se relaciona con un área para la cual se requiere que una entidad realice juicios o supuestos significativos al aplicar una política contable, y revela esos juicios o supuestos de acuerdo con los párrafos 122 y 125; o

(e) la contabilidad requerida para ellos es compleja y los usuarios de los estados financieros de la entidad no comprenderían, en otro caso, dichas transacciones materiales o con importancia relativa, otros sucesos o condiciones—esta situación podría surgir si una entidad aplica más de una NIIF a una clase de transacciones que materiales o tienen importancia relativa.

Párrafo 117C

Referencia a los párrafos 88C y 88E del Documento de Práctica

La información sobre políticas contables que se centra en cómo ha aplicado una entidad los requerimientos de las NIIF a sus propias circunstancias, proporciona información específica de la entidad que es más útil a los usuarios de los estados financieros que la información estandarizada o la información que solo duplica o resume los requerimientos de las Normas NIIF.

Párrafo 117D

Referencia a los párrafos 88C y 88G del Documento de Práctica

Si una entidad revela información sobre políticas contables que no es material o carece de importancia relativa, esta información no deberá ensombrecer el resto de información sobre políticas contables.

Párrafo 117E

Referencia al párrafo 88C del Documento de Práctica

La conclusión de una entidad sobre que la información sobre políticas contables no es material o no tiene importancia relativa no afecta a los requerimientos de información a revelar relacionada establecidos en otras NIIF.

Párrafo FC30F de los Fundamentos de las Conclusiones

Referencia a los párrafos 28 y 69 del Documento de Práctica

El párrafo 30A se añadió a la NIC 1 para destacar que cuando una entidad decide la forma de agregar la información en los estados financieros, debería tener en consideración todos los hechos y circunstancias relevantes. El párrafo 30A enfatiza que una entidad no debería reducir la comprensibilidad de sus estados financieros proporcionando información no significativa que ensombrezca la información significativa de los estados financieros o agrupando partidas significativas que tienen diferentes naturalezas o funciones. Ensombrecer información significativa con información sin importancia relativa en los estados financieros hace la información significativa menos visible y, por ello, hace los estados financieros menos comprensibles. Las modificaciones no prohíben realmente que las entidades revelen información no significativa, porque el Consejo piensa que este requerimiento no sería operativo; sin embargo, las modificaciones enfatizan que la revelación de información no debe dar lugar a que se ensombrezca la información significativa.

Extractos de la NIC 8 *Políticas Contables, Cambios en las Estimaciones Contables y Errores*

Párrafo 5

Referencia a los párrafos 72 y 78 del Documento de Práctica

Errores de períodos anteriores son las omisiones e inexactitudes en los estados financieros de la entidad, para uno o más periodos anteriores, resultantes de un fallo al emplear o de un error al utilizar información fiable que:

(a) estaba disponible cuando los estados financieros para tales periodos fueron formulados; y

(b) podría esperarse razonablemente que se hubiera conseguido y tenido en cuenta en la elaboración y presentación de aquellos estados financieros.

Dentro de estos errores se incluyen los efectos de errores aritméticos, errores en la aplicación de políticas contables, la inadvertencia o la mala interpretación de hechos, así como los fraudes.

Párrafo 8

Referencia al párrafo 8 del Documento de Práctica

En las NIIF se establecen políticas contables sobre las que el IASB ha llegado a la conclusión de que dan lugar a estados financieros que contienen información relevante y fiable sobre las transacciones, otros eventos y condiciones a las que son aplicables. Estas políticas no necesitan ser aplicadas cuando el efecto de su utilización no sea significativo. Sin embargo, no es adecuado dejar de aplicar las NIIF, o dejar de corregir errores, apoyándose en que el efecto no es significativo, con el fin de alcanzar una presentación particular de la posición financiera, rendimiento financiero o flujos de efectivo de la entidad.

Párrafo 41

Referencia al párrafo 73 del Documento de Práctica

Los errores pueden surgir al reconocer, valorar, presentar o revelar la información de los elementos de los estados financieros. Los estados financieros no cumplen con las NIIF si contienen errores, tanto materiales como inmateriales, cuando han sido cometidos intencionadamente para conseguir, respecto de una entidad, una determinada presentación de su situación financiera, de su rendimiento financiero o de sus flujos de efectivo. Los errores potenciales del periodo corriente, descubiertos en este mismo periodo, se corregirán antes de que los estados financieros sean autorizados para la emisión. Sin embargo, los errores materiales en ocasiones no se descubren hasta un periodo posterior, de forma que tales errores periodos anteriores se corregirán en la información comparativa presentada en los estados financieros de los periodos siguientes (véanse los párrafos 42 a 47).

Extractos de la NIC 34 *Información Financiera Intermedia*

Párrafo 6

Referencia al párrafo 87 del Documento de Práctica

En beneficio de la oportunidad y del costo de la información, así como para evitar la repetición de datos anteriormente publicados, la entidad puede estar obligada a, o decidir por sí misma, la publicación de menos información en los periodos intermedios, que la suministrada en sus estados financieros anuales. En esta Norma se delimita el contenido mínimo de la información financiera intermedia, que incluye estados financieros condensados y notas explicativas seleccionadas. La información financiera intermedia se elabora con la intención de poner al día el último conjunto de estados financieros anuales completos. Por consiguiente, se pone énfasis en las nuevas actividades, sucesos y circunstancias, y por tanto no se duplica la información publicada previamente.

Párrafo 15

Referencia al párrafo 87 del Documento de Práctica

Una entidad incluirá en su información financiera intermedia una explicación de los sucesos y transacciones, producidos desde el final del último periodo anual sobre el que se informa, que sean significativos para comprender los cambios en la situación financiera y el rendimiento de la entidad. La información revelada en relación con esos sucesos y transacciones actualizará la información correspondiente presentada en el informe financiero anual más reciente.

Párrafo 15A

Referencia al párrafo 87 del Documento de Práctica

Un usuario de la información financiera intermedia de la entidad tendrá también acceso al informe financiero anual más reciente de ésta. Por tanto, es innecesario que las notas de la información financiera intermedia proporcionen actualizaciones relativamente poco significativas de la información que se proporcionó en las notas del informe financiero anual más reciente.

Párrafo 20

Referencia al párrafo 85 del Documento de Práctica

La información intermedia incluirá estados financieros intermedios (ya sean condensados o completos) para los periodos de la forma siguiente:

(a) **Estado de situación financiera al final del periodo intermedio corriente y un estado comparativo de la situación financiera al final del periodo contable inmediatamente anterior.**

(b) **Estado del resultado del periodo y otro resultado integral para el periodo intermedio presente y el acumulado para el periodo contable corriente hasta la fecha, junto con estados comparativos del resultado del periodo y otro resultado integral para los periodos intermedios correspondientes (presente y anual acumulado hasta la fecha) del periodo contable anual precedente inmediato. Según permite la NIC 1 (modificada en 2011), una información intermedia puede presentar para cada periodo un estado o estados del resultado del periodo y otro resultado integral.**

(c) **Un estado de los cambios en el patrimonio, acumulado para todo el periodo contable hasta la fecha, junto con un estado comparativo del mismo periodo de tiempo referido al periodo contable anual precedente.**

(d)   Un estado de flujos de efectivo acumulado para todo el periodo contable hasta la fecha, junto con un estado comparativo del mismo periodo de tiempo referido al periodo contable anual precedente.

Párrafo 23

Referencia al párrafo 85 del Documento de Práctica

Al tomar la decisión relativa a cómo reconocer, medir, clasificar o revelar información sobre una determinada partida en los estados financieros intermedios, la importancia relativa debe ser evaluada en relación con los datos financieros del periodo intermedio en cuestión. Al realizar evaluaciones sobre importancia relativa, debe tenerse en cuenta que las mediciones intermedias pueden estar basadas en estimaciones en mayor medida que las mediciones correspondientes a los datos del periodo anual.

Párrafo 25

Referencia al párrafo 85 del Documento de Práctica

Aunque siempre es necesario realizar juicios al evaluar la materialidad, en esta Norma se fundamentan las decisiones de reconocimiento y revelación a partir de los datos del propio periodo intermedio, por razones de comprensión de las cifras relativas al mismo. Así, por ejemplo, las partidas no usuales, los cambios en políticas contables o en estimaciones y los errores se reconocerán y revelarán según su importancia relativa, en relación con las cifras del periodo intermedio, para evitar las inferencias erróneas que se derivarían de la falta de revelación de tales partidas. El objetivo de esta excepción es asegurar que en el informe intermedio se incluyen todos los datos relevantes para comprender la situación y el rendimiento financieros de la entidad durante el periodo intermedio.

Párrafo 41

Referencia al párrafo 88 del Documento de Práctica

Los procedimientos de medición, que deben seguirse en los estados financieros intermedios, han de estar diseñados para asegurar que la información resultante sea fiable, y que se revela en ellos, de forma apropiada, toda la información financiera significativa que sea relevante para la comprensión de la situación financiera o la rentabilidad de la entidad. Aunque las mediciones realizadas tanto en los estados financieros anuales como en los intermedios se basan, frecuentemente, en estimaciones razonables, la preparación de la información financiera intermedia requerirá, por lo general, un uso mayor de métodos de estimación que la información anual.

Aprobación por el Consejo del Documento de Práctica de las NIIF N° 2 *Realización de Juicios sobre Materialidad o Importancia Relativa* emitido en septiembre de 2017

El Documento de Práctica de las NIIF N° 2 *Realización de Juicios sobre Materialidad o Importancia Relativa* se aprobó para su emisión por los doce miembros del Consejo de Normas Internacionales de Contabilidad.[43]

Hans Hoogervorst	Presidente
Suzanne Lloyd	Vicepresidenta
Stephen Cooper	
Martin Edelmann	
Françoise Flores	
Amaro Luiz de Oliveira Gomes	
Gary Kabureck	
Takatsugu Ochi	
Darrel Scott	
Thomas Scott	
Chungwoo Suh	
Mary Tokar	

---

43 Stephen Cooper fue un miembro del Consejo cuando se votó el Documento de Práctica de las NIIF N° 2 *Realización de Juicios sobre Materialidad o Importancia Relativa*.

Aprobación por el Consejo de *Información a Revelar sobre Políticas Contables* emitida en febrero de 2021

Información a Revelar sobre Políticas Contables, que modificó la NIC 1 y el Documento de Práctica de las NIIF N°2, se aprobó para su publicación por 10 de los 13 miembros del Consejo de Normas Internacionales de Contabilidad (Consejo). La Sr. Flores opinó en contrario. Su opinión en contrario se expone en los Fundamentos de las Conclusiones. Los Sres. Gast y Mackenzie se abstuvieron de votar debido a su reciente nombramiento en el Consejo.

Hans Hoogervorst	Presidente
Suzanne Lloyd	Vicepresidenta
Nick Anderson	
Tadeu Cendon	
Martin Edelmann	
Françoise Flores	
Zach Gast	
Jianqiao Lu	
Bruce Mackenzie	
Thomas Scott	
Rika Suzuki	
Ann Tarca	
Mary Tokar	

NOTES

NOTES

NOTES

NOTES

NOTES

NOTES

NOTES

NOTES

NOTES

NOTES

NOTES